SPEECH OF DELIGHT

MIPHAM'S COMMENTARY ON Śāntarakṣita's *Ornament of the Middle Way*

by

Mipham Jamyang Namgyal Gyatso

Foreword by

CHÖKYI NYIMA RINPOCHE

Translated by

THOMAS H. DOCTOR

Snow Lion
Boulder, Colorado

Snow Lion
An imprint of Shambhala Publications
2129 13th Street
Boulder, Colorado 80302
www.shambhala.com

Cover Photo:
Mañjughoṣa. Antique statue belonging to the incarnation lineage of Chökyi Nyima Rinpoche.
Illustrations:
Śākyamuni Buddha (pg. vi), by Robert Beer
Śāntarakṣita (pg. xvi) and Ju Mipham (pg. 2), by Gomchen Oleshe

Snow Lion is distributed worldwide by Penguin Random House, Inc., and its subsidiaries.

ISBN 978-1-64547-493-7

Cataloging-in-Publication Data is available from the Library of Congress
Cover and interior design by:
Rafael Ortet

153087375

Speech of Delight

Mipham's Commentary on Śāntarakṣita's *Ornament of the Middle Way*

Table of Contents

Śākyamuni Buddha

Foreword

by
Chökyi Nyima Rinpoche

Our Teacher, the Buddha and Transcendent Conqueror, is like a great unknown friend to all us sentient beings. He is a master of inconceivable and inexpressible qualities, such as wakeful wisdom, loving compassion, enlightened activity, and the power that saves and protects. His authentic teachings are expressed in the three consecutive wheels of the Dharma. Within these teachings, the *Ornament of the Middle Way* is classified primarily as an explanation on the intent of the intermediate Dharma wheel, which directly reveals the abiding way of all objects of cognition and establishes the principles of emptiness. Its author, the great preceptor Śāntarakṣita, was the founder of the Middle Way of Yogic Action and is repeatedly praised in prophesies in sūtras and tantras of the Victorious One. He became indisputably renowned, like the sun and the moon, in both the Noble Land of India and in Tibet.

In his *Ornament of the Middle Way*, Śāntarakṣita emphasizes the way to establish the unity of the two truths, which is the great indivisibility of appearance and emptiness, and thereby authentically elucidates the realization of the Victorious Lord of the Capable Ones. Due to the power of Śāntarakṣita's cultivation of the enlightened mind, and through his aspirations, the Buddha's teachings were disseminated and established in the snowy land of Tibet. Composed by this kind master, the *Ornament of the Middle Way* is a perfect scripture of extreme profundity.

The Lord of Speech in the Land of Snow, the king of all who have gained expertise and accomplishment, the all-seeing mahāpaṇḍita Mipham

Jamyang Namgyal Gyatso, saw many special reasons for writing a commentary on the *Ornament of the Middle Way* and so composed this perfect ṭīkā. Intended for those who pursue a knowledge that is both profound and vast, this commentary is given in a style that is concise and lucid. Profound and vast in meaning, it conveys the heart practice of all accomplished knowledge-holders and reveals the single path traversed to omniscience. Containing key-points and oral instructions for all philosophies, it is like a single bridge that spans a hundred rivers.

This commentary has now been rendered into English by my direct disciple, Thomas Doctor, also known by his Dharma name, Lungtog Sangpo, who has unchanging faith and trust in the Buddhadharma. Rejoicing from my heart in this fact, I offer benedictions and prayers that the genuine tradition of the Victorious Lion of the Śākyas may be present throughout all corners of the world as the source of happiness and joy for the benefit of the teachings and sentient beings.

This was written by Chökyi Nyima, who bears the name of Tulku, on the auspicious 10th day of the waxing second moon in the male water horse year, the year 2129 of the Tibetan kings.

Translator's Introduction

The *Madhyamakālaṃkāra* (hereafter MA) of Śāntarakṣita (8th century C.E.) is renowned as the principal scripture of the Yogācāramadhyamaka.[1] Although masters such as Ārya Vimuktisena[2] (6th century C.E.) are said to have set forth their presentations of the Madhyamaka in a way that employs the assertions specific to the Vijñānavāda, Śāntarakṣita was the one to found an actual system in which the ultimate freedom from constructs (Skt. niṣprapañca, Tib. spros bral) is realized through insight into the non-existence of any external matter (bāhyārtha, phyi don).[3] This synthesis of Yogācāra and Madhyamaka, the two great currents of Mahāyāna philosophy, the principles of the vast and the profound as originally set forth by Asaṅga (fl. 4th century) and Nāgārjuna (possibly 150-250 C.E.) respectively, is also characterized by its use of the pramāṇa methods of Dignāga (5th-6th century) and Dharmakīrti (6th-7th century) as integral steps towards the realization of the ultimate. The school was further propagated in India and Tibet by Śāntarakṣita's chief disciple, Kamalaśīla, and in Tibet it seems to have been universally recognized as an unsurpassable Madhyamaka presentation until at least the twelfth century.[4] With the later practice of distinguishing Madhyamaka philosophy chiefly in terms of Thal 'gyur ba/Prāsaṅgika and Rang rgyud pa/Svātantrika[5] and asserting the Prāsaṅgika to be, almost by definition, the supreme view[6] the school's influence became less evident. Hence, as the *Madhyamakāvatāra* of Candrakīrti (7th century) (in which the ultimate establishment of key principles in Vijñānavādin philosophy is refuted at length) gained increasing authority, it became less of an obvious choice to found one's presentation on the existence of such as the all-ground (ālaya, kun gzhi)—even if that existence was only in terms of the conventional (vyavahāra, tha snyad).

Nevertheless, the Vijñānavāda's explanations of the mental nature of all objects and of the arising of all appearances as rang snang—the display of mind itself—may be seen as highly compatible with the tantric teachings, and have been considered very propitious for an appreciation of their intent.[7] The Madhyamaka schools in Tibet that became renowned as the dBu ma gzhan stong, the Middle Way of Extrinsic Emptiness, and explained the Madhyamaka in a way that was concordant with or preparative to what they considered the intent of the tantras, would therefore continue to rely strongly on Yogācāra terminology.[8] Accordingly, these philosophers were often blamed for being nothing more than Vijñānavādin (if not much worse!) and thus not Mādhyamikas.

Mi pham 'jam dbyangs rnam rgyal rgya mtsho[9] (1846-1912) produced his commentary on the MA[10] in 1876, more than a millennium after the introduction of the original to Tibet. The general philosophical climate of the time may—roughly, and with respect to the Sūtrayāna only—be characterized by three main factors: the tenets of Tsong kha pa Blo bzang grags pa (1357-1419) and his heirs in the dGe lugs school,[11] the tenets of the Sa skya school as primarily propagated by Go rams pa bSod nams seng ge (1429-1489),[12] and the tenets of the gZhan stong school as principally formulated by Dol po pa Shes rab rgyal mtshan (1292-1361) and upheld by masters such as the seventh Karma pa, Chos grags rgya mtsho (1450-1506).[13] Although the central exponents of these philosophical views had all appeared several hundred years before Mi pham, their tenets continued to form the basic framework for exposition, debate, and literary composition.

A distinct rNying ma approach to Mahāyāna philosophy appears to have become almost invisible at the time of Mi pham, yet his prolific activity brought about increased concern for the works of Rong zom chos kyi bzang po (11th century) and Klong chen rab 'byams (1308-1368), the renowned 'Two Omniscient Ones' (kun mkhyen rnam gnyis) of the rNying ma school.

Mi pham's time was also one of great renewal. 'Jam dbyangs mkhyen brtse'i dbang po (1820-1892), Kong sprul blo gros mtha' yas (1813-1899), and mChog gyur bde chen gling pa (1829-1870) had initiated the *Ris med*, or impartial, movement which encouraged an impartial respect for, and appreciation of, the various Buddhist schools and traditions.[14] The *Ris med* was, it is important to remember, not an attempt to unify the manifold and so construct yet another school of philosophy, but instead a call to recognize the value and relevance of the diversity of already existing schools.[15] Mi pham considered 'Jam dbyangs mkhyen brtse'i dbang po his root-guru (rtsa ba'i bla ma) and states 'Jam dbyangs mkhyen brtse's command as the main reason for his writing the *dBu ma rgyan gyi rnam bshad*, the commentary that is here presented in English translation.[16]

Throughout his commentary, Mi pham relates to and builds upon the entirety of this rich heritage of Indo-Tibetan Mahāyāna Buddhism—from its ancient origins in India up to the time of Mi pham himself. For the rNying ma school of Buddhism, Mi pham's great exposition is a precious treasure that brings to life the full brilliance of this dynamic tradition.

REMARKS ON THE TRANSLATION

Throughout my efforts to produce an English translation of this illustrious classic, my highest hope and greatest ambition has been to provide just that: a translation. I have hoped that my efforts, feeble and circumstantial as they have been, could nevertheless form a mirror of language in which a reflection of the original would appear. With this basic hope, which we may call both naive and arrogant, I have tried to find a middle path between 'translationese' and interpretive rendition and, although a text such as this indeed demands investigation and research, I have tried to let the original speak through the translation with only minimal support from annotations.[17] An explanatory and comparative companion volume would, if authored by a capable scholar, be a valuable aid to studying the text, and perhaps such a book can be produced in the future. However, I believe that when translating a philosophical classic we may aim to provide readers with a text that resembles the source. If that is what we seek to provide, both in terms of literary style and content, then we may also see a certain merit in allowing readers to meet the translation face to face, as if they were encountering the original. Thus, there may be occasions where intermediaries and guides, no matter how insightful they otherwise may be, are not to be wished for.

That said, it must also be acknowledged that due to its vast and comprehensive scope, Mi pham's commentary requires from its readers a great deal of readiness to research and reflect. As Mi pham sees it, the MA was written "for those who, by taking the path of reasoning, pursue the achievement of an unswayable, profound, and vast knowledge of the meaning of all the scriptures pertaining to the Great Vehicle."[18] That perception is reflected in his commentary.

However, in the course of his great exposition Mi pham revisits certain philosophical topics and occasionally pauses to give exhaustive explanations of terms and issues—explanations that have become of defining importance for the rNying ma school. It is my hope, therefore, that readers will find the index in the back of this volume a useful tool. I feel that frequent use of the index may fulfill the same explanatory function as many a good footnote, with the added advantage of, in this way, being able to receive clarifications from Mi pham himself.

Despite my rather purist and idealistic concerns, it is undeniable that a translation necessarily expresses the translator's own understandings, inclinations, and preferences. This implicit reality will often be made explicit through my use of square brackets. Similarly, it will be clear to the reader familiar with Tibetan philosophical literature that the headings beginning the various subsections have been entered by the translator. The headings are, however, closely based on Mi pham's own *sa bcad* (a complex traditional heading system) that the reader will find translated in conjunction with my headings. Using such constructed headings while also translating the wording of the sa bcad may give the reader a sense of repetition. I have, nevertheless, chosen to do so, thinking that the English reading experience is significantly enhanced by the constructed headings, while the flow of the original sa bcad system is an integral part of the Tibetan text that must be appropriately reflected in the translation. For reference and overview the reader may want to frequently consult the survey of Mi pham's sa bcad system that is included as an appendix to this book.

The primary source for the translation of the *dBu ma rgyan gyi rnam bshad* has been vol. 13 of the Shechen (Zhe chen) edition of the collected works of Mi pham.[19] For the kārikās of the MA (of which only fragments remain in the original Sanskrit) I have consulted Ichigo's comparative edition[20] but translated according to the Tibetan version found in the *dBu ma rgyan gyi rnam bshad.* When the root text seemed open to several interpretations that could not all be reflected in the translation, I have tried to render the verses according to Mi pham's exegesis.

My translation of the kārikās is undeniably more prose than verse, and in this way differs from both the Tibetan version and the extant Sanskrit fragments. However, in the passages where Mi pham provides his *mchan 'grel* (traditional word-for-word commentary to the kārikās), I have sought to emulate this technique for explaining seminal root verses (which may in themselves at times be so concise that they can hardly be understood without commentary) by simply inflating these verses with additional explanatory words and sentences.

I have generally sought to use English versions for all terms, titles of texts, names of religious and philosophical schools, etc.[21] The reader may get an overview of my general translation choices from the glossary included in this volume.

Although Sanskrit words that appear in the translation are transcribed through diacritics, Tibetan proper names in the text are rendered phonetically through a simple and rather intuitive system. This has been done to avoid the complexities of Tibetan transcription (as evinced in this introduction), and with the knowledge that the reader may either consult the glossary for the actual transliterated spellings or refer directly to the Tibetan text.

ACKNOWLEDGEMENTS

It is due to the kindness of my source of refuge, Chökyi Nyima Rinpoche, stainless wisdom present in the form of a bodhisattva knowledge-holder who lights the lamp of Dharma, that I have been able to study and acquaint myself with this extraordinary text. Rinpoche has graciously granted his guidance and inspiration throughout the endeavor, and it was also he who, wishing that an English translation be made available, put me in contact with learned scholars and arranged for in-depth tuition.

My studies of Mi pham's commentary on the MA began in 1993 when I had the privilege of attending lectures on the text delivered by the Ven. Dzogchen Khenpo Chöga who was a guest lecturer at Rinpoche's Ka-Nying Shedrub Ling Monastery in the Kathmandu Valley.[22] Over the following years, I continued to audit philosophy classes taught by the scholars at Ka-Nying Shedrub Ling's monastic college (bshad sgrwa), and so had the fortune of being introduced to a number of Mi pham's central texts in this rich intellectual environment.

In 1998, I received a thorough and detailed exposition of Mi pham's commentary on the MA from the Ven. Lobpön Yeshe Tinley, and it was with reference to these illuminating lectures that I prepared the first draft. Later, in 1999, I had numerous opportunities to discuss key passages and unresolved points with the Ven. Lobpön Sang-ngag Tendzin who was lecturing at Ka-Nying Shedrub Ling. Finally, my draft translation of Mi pham's commentary was used at the Rangjung Yeshe Institute[23] during the 2000/1 and 2001/2 semesters, when the Ven. Khenpo Sherab Sangpo taught Mi pham's commentary with great erudition. I had the privilege of functioning as his oral translator during these lectures, and was in this way able to improve and refine this translation considerably. I am tremendously grateful to these gifted teachers for opening the text and sharing with me their views and profound insights.

I sincerely regret all faults and imperfections found in this book. Any such flaws are due to the superficial nature of my own understanding.

This book has been produced with the kind help of many friends and siblings in the Dharma. In particular, I wish to thank my wife, Heidrun Köppl, my mother, Kirsten Doctor, and her husband, William Sherwood, for their continuous help and creative input, their loving encouragement and support.

Special thanks are also due to my colleague, Joanne Larson, who skillfully and perceptively edited the entire manuscript and so improved it greatly.

To the Ven. Matthieu Ricard of the Shechen Monastery, I wish to express my gratitude for his generous assistance in providing a digital Tibetan text of Mi pham's commentary and allowing this material to be developed for the present purpose.

I likewise wish to thank my brother, Andreas Doctor, for writing the introduction to the Tibetan text, and for being a wonderful resource throughout my work. Thanks also to Douglas Duckworth for his valuable advice.

To Cortland Dahl, Kathleen Morris, and Matthew Zalichin, I am grateful for their proofreading of the translation, and I wish to thank the Ven. Karma Öser, the Ven. Kunga Sangpo and Karma Gongde for much help with preparing the Tibetan text.

To Rafael Ortet, I am grateful for his expertise in creating the book layout, the typeset, and the cover design.

I would also like to thank Marcia Binder Schmidt and Erik Pema Kunsang for all their support and experienced advice.

For their generous sponsorship, I am indebted to George MacDonald and Gregory Whiteside.

May the blessings of the root and lineage gurus make my sporadic efforts on the path of the Dharma meaningful. May any virtue there might be in producing this book become the source of peace, happiness, and freedom for all. May the holders of the teachings remain unceasingly, and the world be resplendent with the light of the Dharma.

Thomas H. Doctor, Bauddhanath, 2003

Śāntarakṣita

Introduction to the Tibetan Text

In this book the reader will find an illustrious example of Buddhist philosophical literature. The manuscript presented here is a commentary on the Indian master Śāntarakṣita's Mahāyāna classic *Madhyamakālaṃkāra* composed in Tibet by the famed scholar-practitioner Mi pham 'jam dbyangs rnam rgyal rgya mtsho (1846-1912).[24] Mi pham was no doubt one of the greatest philosophers to appear in the rich intellectual tradition of Tibetan Buddhism and, in the last century since his passing, devotees, philosophers and scholars alike have all found in his writings a depth and vastness of thought only rarely equaled in Tibetan literary history.[25] Although Mi pham was a competent and productive commentator on a vast array of topics within the traditional 'outer and inner sciences' (phyi dang nang gi rig pa) studied by the Buddhist literati, it was his hermeneutical gifts that contributed most significantly to the spread of his fame in Tibet. His encyclopedic literary knowledge and philosophical insights inspired the Ancient School (rNying ma) and gave it a boost of vitality, spurring it to engage with the rich philosophical heritage of Indian Buddhism—a heritage that for long had occupied a peripheral role in the literary activity of his school.

It is therefore of little surprise that over the years great efforts were exerted in collecting and preserving these valuable writings.[26] Before his death, Mi pham entrusted one of his close disciples, Zhe chen rgyal tshab (1871-1926), with the task of compiling his works into a unified body and soon after Mi pham passed away this work was undertaken. Initially, it was Zhe chen rgyal tshab himself who headed this task but in 1926, as he approached the end of his life, he passed on the responsibility to another of Mi pham's foremost students, the learned scholar Kun bzang dpal ldan (1872-1943). The laborious task of carving the wood blocks used for printing, combined with the challenge of editing the enormous body of work that Mi pham had produced, naturally became a costly enterprise. To begin with, the project enjoyed the support of the local aristocracy in sDe dge but due to the magnitude of the project it was decided at a relatively early stage to apply for financial support from the central government in Lhasa.

Given that Mi pham had often found himself in intellectual dispute with prominent dGe lugs pa clerics it is interesting to note that the Lhasa government, which traditionally had strong ties to the dGe lugs pa school, approved the application and decided to finance the project entirely with public funding.[27] As a result of the government sponsorship the printing process was now removed from Shechen (Zhe chen) Monastery to the publishing house of Chos mdzod chen po of Lhun grub steng in Eastern Tibet where work on Mi pham's compositions began in 1928. Unfortunately, war broke out in 1932 in the areas surrounding Lhun sgrub steng and the publishing efforts had to be temporarily suspended.

Even so, twenty years after Mi pham's passing, his students continued to collect and edit his numerous works, but once the strife surrounding Lhun sgrub steng had subsided it was decided in Lhasa that from then on only works already present at the publishing house would be completed. This had the effect that all manuscripts that had not already been collected and fully edited were excluded from the official collection. With this decision an eighteen volume "incomplete" collection of Mi pham's works was published from Lhun sgrub steng in 1937. The publication of this collection did not affect the efforts of Mi pham's students to continue collecting and editing the remainder of his works and, under the supervision of Kun bzang dpal ldan, work continued in Shechen Monastery towards the publication of a complete collection of Mi pham's compositions. It would, however, be many years before this undertaking would reach fruition. Although the editing process steadily continued the actual printing of the manuscripts was often carried out in a decentralized manner with individual monasteries printing the texts in their own possession without collaborating with the efforts of Shechen Monastery to gather Mi pham's writings into one authoritative collection. Finally, with the death of Kun bzang dpal ldan the efforts to centralize the printing process were abandoned but, as an important legacy for the future, Kun bzang dpal ldan left behind a catalogue (compiled in 1927 from memory and with the help of notes by Zhe chen rgyal tshab) listing all the titles he knew Mi pham to have authored.[28]

In Tibet, this was as far as the efforts went in compiling the entirety of Mi pham's works. It was not until 1984 that the reestablished Shechen Monastery in Kathmandu, headed by Dilgo Khyentse Rinpoche, sought out and sponsored a printing of all extant texts included in Kun bzang dpal ldan's catalogue. This new and complete collection contains an impressive 27 volumes with no less than 288 listed titles and remains a veritable treasure trove for anyone who wishes to study the depth and vastness of Tibetan Buddhist scholarship. It is from within this collection that we here reproduce Mi pham's commentary on the *Madhyamakālaṃkāra*. It is our hope that publishing the full Tibetan text in juxtaposition with the English translation will provide, not only a source of reference, or a useful academic tool for students and scholars of Tibetan language and philosophy, but also an important circumstance for the continuation of the study of Mi pham's works in their original format. It is hoped that printing this magnificent and extraordinary example of Tibetan scholarship may become a source for the continued study and practice of Tibet's great wisdom traditions.

Andreas H. Doctor, 2003

Notes for the Introductions

1. On this school, its masters, and its scriptures see RUEGG 1980: 87-100.
2. Renowned commentator on the *Abhisamayālaṃkāra*. See MAKRANSKY 1997.
3. On the various precursors to Śāntarakṣita's formalization of the Yogācāramadhyamaka see RUEGG 1980: 67-71 and 87-88.
4. See, e.g., the works of Ye shes sde (7th century), sKa ba dpal brtsegs (7th century), and Rong zom chos kyi bzang po (11th century) listed in the bibliography (cf. RUEGG 1980: 59; RUEGG 2000: 55-56 and TAUSCHER 1995, note 7). Moreover, prolific scholars such as rNgog blo ldan shes rab (1059-1109) and Phya pa chos kyi seng ge (1109-1169) both saw themselves as supporters of the way of Śāntarakṣita and Kamalaśīla. On the Madhyamaka of rNgog and Phya pa, see RUEGG 2000: 27-41.
5. The explict terms *thal 'gyur ba* and *rang rgyud pa* may have been coined in Tibet around the time of sPa tshab nyi ma grags, translator of the *Prasannapadā* and the *Madhymakāvatāra*, who was active as a teacher in Tibet during the first part of the 12th century (on sPa tshab see LANG 1990). Bu ston rin chen grub (1290-1364) thus treats the *Thal 'gyur ba*/*Rang rgyud pa* terminology as a Tibetan construct. Mi pham in his *Ke ta ka* commentary on the *Bodhicāryāvatāra* argues for the relevance of the terms by pointing to the actual debate that is evident in the writings of the Indian masters [*Shes rab kyi le'u 'grel pa nor bu ke ta ka*, 3b]: mkhas mchog bu ston la sogs pas ni thal rang gi khyad par 'di bod kyi rtog bzor zad de/ rgya gar du ma byung bar mdzad mod/ mthar thug gi don la khyad par ci yang med kyang gzhung 'chad tshul gyi dbang du khyad par yod de/ sangs rgyas bskyang kyi gzhung la legs ldan gyis dgag bya la don dam pa'i khyad par ma sbyar ba'i skyon brjod pa zla bas sun phyung ba lta bu'o. "The supreme scholar, Butön, and others indeed treat the distinction in terms of Consequence and Autonomy as simply an invention of Tibetan thought that did not exist in India. In terms of the final meaning there is not the least bit of a distinction [between the Consequentialist and Autonomist approaches], yet in terms of the way that the scriptures are explained there is. For instance, Bhāvaviveka did criticize Buddhapālita for not applying the specification of the ultimate with regard to the object of negation, and [that criticism] was repudiated by Candra."
6. In particular from the time of Tsong kha pa Blo bzang grags pa (1357-1419). See, e.g., MIMAKI 1983: 161. This tendency must have developed further, corresponding with the influence and authority of dGe lugs Madhyamaka exposition. In his commentary on the MA, Mi pham on several occasions gives us an impression of a philosophical atmosphere where scholars may add weight to their words by claiming

their teaching to be Prāsaṅgika, and where thus 'Prāsaṅgika' has become virtually equivalent with "the supreme position" (see, e.g. p. 89: "If, while learning and reflecting, one pathetically tries to seize the exalted by speaking of the Consequence, without even having grasped the extremely subtle points of reasoning regarding refutation and proof—not to mention having remained for even one session in the experience of the equal rest that accords with the basic space of phenomena—the outcome could hardly be anything good. Rather one should, by means of a scripture such as this one, become skilled in seizing the key points of the Middle Way"). What these scholars understand by 'Prāsaṅgika' may, nevertheless, seem rather divergent (See DREYFUS and MCCLINTOCK 2003).

7. See pp. 83-85: "Not only in Sūtra, but also in Mantra, it is [shown] how all appearances are self-appearances; and these are [then, in Mantra] further resolved as the great bliss of mind itself. Hence, this scripture reveals the crucial point that lies at the root of the teaching of the entire Great Vehicle of Sūtra and Mantra." Likewise p. 101: "Therefore, given that one is pursuing the path of either Sūtra or Mantra, it is of utmost necessity to be certain in the understanding that all that appears is personal experience. Nothing is more important than this."
8. Using the key Vijñānavāda concepts of the three natures Kong spruls blo gros mtha' yas sets forth the view of the gZhan stong in the following way (*Shes bya kun khyab* vol. 3, 61 [TAUSCHER 1995: 345]): dgag gzhi yongs grub brtags dang gzhan// de yis stong zhes rnal 'byor spyod rnams smra// dbye ba bcu bzhi bsdu na gnyis su bzhed// dgag bzhi yongs grub dbyings de bzhin nyid spros pa'i yul las 'das pa/ dgag bya kun brtags dang gzhan dbang gi mtshan nyid gnyis/ stong tshul dgag bya de gnyis kyis dgag gzhi la stong pas yongs grub nyid gzhan gyis stong pa yin ces rnal 'byor spyod pa ste gzhan stong gi srol 'dzin pa rnams smra'o. "The Yogācārins assert that the thoroughly established [nature], the basis for negation, is empty of the imputed and dependent [natures]. Fourteen divisions can be made, and when condensed there are two. [To explain these verses:] The Yogācārins, those who uphold the system of extrinsic emptiness, assert that the basis for negation is the thoroughly established nature, the basic space of suchness beyond the objects of construction. The neganda are the characteristics of the imputed and dependent. As for the mode of emptiness, it is the way that the basis for negation is empty of these two neganda, and therefore the thoroughly established [nature] is itself extrinsically empty."
9. For biographical information and a survey of Mi pham's philosophical stance, see the extensive introduction in PETTIT 1999.
10. On this commentary, see LIPMAN 1981, DREYFUS 2003, and DOCTOR 2003.
11. For a comprehensive presentation of Mahāyāna philosophy by Tsong kha pa's disciple mKhas grub rje dGe legs dpal bzang (1385-1438), see CABEZON 1992.

12. On Go rams pa's Madhyamaka, see DELLA SANTINA 1986 and TAUSCHER 1995.
13. On Dol po pa and the history of gZhan stong philosophy in Tibet, see STEARNS 1999.
14. This movement finds expression in, for instance, Mi pham's discussion (pp. 129-33) of simplicity (spros bral, niṣprapañca) as the central realization (dgongs pa'i mthil) within all schools of Buddhism in Tibet. On the *Ris med* movement, see SMITH 2001: 227-72.
15. Thus mDo sngags bstan pa'i nyi ma (died 1959), a disciple of Kun bzang dpal ldan (see pp. xviii - xix), in the following quotation, may be seen to express an important aspect of the spirit of the *Ris med* movement [*lTa grub shan byed gnad kyi sgron me'i rtsa 'grel*, 2]:

    de la sa dge bka' rnying so so yi/
    grub mtha' rnam dbye ma 'dres legs mkhyen nas/
    thun min rang lugs tshul bzhin 'dzin mkhas na/
    rgyal ba'i bstan pa'i skyes bur nges/.

    "The one who excellently comprehends, without mixing up,
    The individual philosophical distinctions of the Sakya, Gelug, Kagyu, and Nyingma
    And so becomes skilled in upholding his own unique tradition,
    Is certainly a person of the teachings of the Victor."

16. See p. 687.
17. In the translation, notes have generally been confined to providing short references to persons and places, Sanskrit names for philosophical schools, and brief clarifications of examples or images used by the author.
18. p.9.
19. On the Shechen edition, see Andreas Doctor's *Introduction to the Tibetan Text.*
20. ICHIGO 1989.
21. Sanskrit is, however, used for names of persons; for classes of sentient beings, such as nāgas, that have no equivalent in Western thought; for certain general Buddhist terms; and in instances where the Tibetan text itself uses Sanskrit.
22. One of the largest monasteries in Nepal and the center of affiliation for several smaller monasteries and retreat centers.
23. An international center for Buddhist studies founded by Chökyi Nyima Rinpoche and situated at Ka-Nying Shedrub Ling Monastery. Since 2001, Rangjung Yeshe Institute has been home to the Kathmandu University Centre for Buddhist Studies.
24. For an introduction to Mi pham's commentary on the *Madhyamakālaṃkāra* see *Translators Introduction*, DREYFUS 2003, and DOCTOR 2003. For biographical

information and a survey of Mi pham's philosophical stance see the extensive introduction in PETTIT 2000. On the life and work of Mi pham see also SCHUH 1973. On Śāntarakṣita see RUEGG 1981, 88-93.

25. To date, the most comprehensive compilation of Mi pham's works is found in MI PHAM 1984.
26. The history and genealogy of the printed works of Mi pham have been described in some detail by SCHUH 1973 and GOODMAN 1981 as well as, lately, by the Japanese Toyo Bunko Library in the introduction to their on-line catalogue of Mi pham's collected works (TOYO BUNKO, undated). The following outline of the events surrounding the compilation of Mi pham's works draws predominantly on these three sources.
27. SMITH 2001: 227-33 discusses the background and nature of the controversies between Mi pham and various dGe lugs pa professors. A reason that contributed to the official support received for the printing of Mi pham's works, in spite of his highly publicized disputes with the dGe lugs pa establishment, could be found in the fact that his writings included several extensive and detailed commentaries on the *Kālacakra Tantra* (a tantra highly cherished by the dGe lugs pa school) filling altogether two full volumes among his collected works (MI PHAM 1984, vols. 17-18). These commentaries still await a detailed study.
28. kun bzang dpal ldan, Undated.

Speech of Delight

Mipham's Commentary on Śāntarakṣita's *Ornament of the Middle Way*

Mipham Jamyang Namgyal Gyatso

༄། །མདྷྱམཀཱལཾཀཱརསྱབིབྷཱཥིཏམཉྫུགྷོཥགུརྦཱམོདསྱཱགམནཱམབིཧརཏིསྨ།།

༄།། །།དབུ་མ་རྒྱན་གྱི་རྣམ་བཤད་འཇམ་དབྱངས་བླ་མ་དགྱེས་པའི་ཞལ་ལུང་ཞེས་བྱ་བ་བཞུགས་སོ།།

Madhyamakālaṃkārasya
vibhāṣita Mañjughoṣagurvāmodasyāgama
nāma viharati sma

Herein Is Contained a Commentary on the Ornament of the Middle Way entitled

The Oral Transmission that Delights the Master of Gentle Melody

༄༅། །གང་གིས་རྨད་བྱུང་རྟེན་འབྲེལ་ལམ། །གསུང་མཆོག་མཚུངས་པ་མེད་པ་ཡིས།
།སྲིད་པའི་འཆིང་བ་བགྲོལ་མཛད་པ། །སྐྱོབ་པ་ཤཱཀྱ་སེང་གེར་འདུད། །གང་མཚན་དྲན་པས་
ཐོག་མེད་སྲིད་པའི་སྡུག །སྙིང་ལ་ཡུན་རིང་ཉལ་བའི་དགྲ་འཇོམས་པ། །གཞོན་ནུ་སྨྲ་བའི་ཉི་
མ་གང་དེ་དང་། །དབྱེར་མེད་དྲིན་ཅན་བླ་མས་བདག་སྐྱོངས་ཤིག །གང་ཞིག་ལྟ་ངན་མུན་པའི་
རྫུམ་ན་སྨྲ་ཚོགས་གྱ་གྱུས་རྟེན་པ་གློག་བཞིན་གཡོ་བའི་སྨྲ་བ་ངན་པའི་ལྡེ། །ཚངས་དབང་མཆོད་
ལས་ཤུགས་དྲག་རིགས་པའི་དཔལ་གྱིས་དུམ་བུར་ཆོད་ཅེས་འཇམ་དབྱངས་ཕྱག་གི་རལ་གྲིས་དབང་
བསྒྱུར་བས། །འཕགས་པའི་ཡུལ་དང་བསིལ་ལྡན་སོགས་གནས་བདག་ཏུ་ལྟ་བའི་རི་སྲུལ་བརྟེན་
པ་བོན་དང་མུ་སྟེགས་རི་དྭགས་ཚོགས། །གང་གི་མཚན་ཙམ་ཐོས་པས་རྣམ་པ་སྟོང་དུ་འཇིགས་
མཛད་འཇིགས་མེད་སྨྲ་བའི་སེང་གེ་གང་དེ་རྒྱལ་གྱུར་ཅིག །གང་གི་ལེགས་གསུང་ཟབ་མོ་དབུ་
མའི་རྒྱན། །རིགས་པའི་ཆུ་ཀླུང་འབུམ་ཕྲག་འཁྲིལ་བའི་མཚོ། །མཁས་མཆོག་ཀླུ་དབང་བྱེ་
བའི་རོལ་གནས་དེར། །དམན་པ་བདག་ཀྱང་དགའ་བའི་ཡིད་ཀྱིས་ཞུགས།

Preamble

The wondrous way of dependent origination
Is expressed by a supreme and unequaled voice
That liberates from the bondage of existence.
Homage to the protector, the Lion of the Śākyas!

By merely recalling his name, the beginningless darkness of existence,
That enemy that has slumbered so long in the heart, is overcome—
Such is the Youthful Sun of Speech.
Kind guru, you who are inseparable from him, please nurture me!

"In the dark realms of inferior views, the tongues of those who teach wrongly are moving like lightning, persisting through many deceits.
Cut them out and chop them up, with the sharpness of a reasoning more powerful than the weapon of Brahmā and Lord [Indra]!" Thus he was empowered by the sword of Mañjuśrī.
In the Noble Land,[1] *the Cool Abode,*[2] *and elsewhere, the Bönpos and the extremists, deer who live in the mountain ranges of belief in self,*
Are thus brought to panic in a thousand different ways, merely by the sound of his name. Let that fearless Lion of Speech be victorious!

His excellent statement, the profound Ornament of the Middle Way,
Is the ocean in which hundreds of thousands of rivers of reason merge.
Here, the supremely learned lords of the nāgas[3] *frolic in the millions—*
And I, the lowly one, also have entered with joy.

།མཚུངས་མེད་བློ་མཆོག་མངའ་བ་རྣམས་ཀྱིས་ཀྱང་། །བསྒྲིམས་ཏེ་རབ་ཏུ་འབད་པས་རྟོགས་བྱ་བ། །མཁས་པའི་གཞུང་ལུགས་བཟང་པོ་མ་ཉམས་པའི། །ཚུལ་རྣམས་ཅུང་ཟད་བླ་མའི་དྲིན་གྱིས་ཐོབ། །ཤིང་རྟའི་ལམ་སྲོལ་མཆོག་གི་རིགས་པའི་ཞུགས། །དུས་ཀྱི་ཁམས་སུ་བག་ལ་ཉལ་གྱུར་ཀྱང་། །ཚང་ཚིང་ནགས་ལ་མེ་བཞིན་འདིར་བསླངས་ན། །རང་གར་སྨྲ་བ་རྣམས་ཀྱིས་བག་ཡོད་མཛོད། །དེའང་བདག་ཅག་གི་སྟོན་པ་ཡང་དག་པར་རྫོགས་པའི་སངས་རྒྱས་ཉིད་ཀྱིས་བྱང་ཆུབ་མཆོག་ཏུ་ཐུགས་བསྐྱེད་ནས། ཚོགས་གཉིས་རྒྱ་མཚོ་ལྟ་བུས་རྒྱུད་ཡོངས་སུ་སྦྱངས་པས་གཟིགས་པ་རྣམ་པར་དག་པའི་མཐར་སོན་ཏེ། དེ་བཞིན་གཤེགས་པ་ཉིད་ཀྱི་སེང་གེའི་སྒྲ། མུ་སྟེགས་བྱེད་ཀྱི་གླང་པོ་དང་རི་དྭགས་ཀྱི་ཚོགས་སྐྲག་པར་བྱེད་པ། སྟོང་པ་ཉིད་ཀྱི་ཚུལ་ཕྱིན་ཅི་མ་ལོག་པར་སྟོན་པའི་ཆོས་ཀྱི་འཁོར་ལོ་ལེགས་པར་བསྐོར་བའི་བཀའ་དྲི་མ་མེད་པ་རྣམས་ཀྱི་དགོངས་པ། རིག་པའི་ལམ་ནས་དྲངས་ཏེ་མི་འཕྲོག་པའི་ཤེས་རབ་མཆོག་གི་མིག་བསྒྲུབས་ནས། དངོས་པོའི་རྣམ་པ་མ་བརྟགས་གཅིག་པུ་ན་ཉམས་དགའ་བ་མ་ལུས་པ་གཟུགས་བརྙན་ལ་སོགས་པ་ལྟ་བུར་ཡང་དག་པར་རང་བཞིན་མེད་པར་ཤེས་ཤིང་། ཉོན་མོངས་པ་དང་ཤེས་བྱའི་སྒྲིབ་པ་མཐའ་དག་སྤངས་ནས་བདག་དང་གཞན་གྱི་དོན་ཕུན་སུམ་ཚོགས་པའི་འབྱོར་པ་ལ་དབང་སྒྱུར་བར་འདོད་པ་རྣམས་ཀྱི་འཇུག་ངོགས་བླ་ན་མེད་པའི་ཚུལ་ལུགས་འདི་ལྟ་བུ་ལ་རང་ཉིད་གོམས་པར་བྱ་བ་དང་། རང་དང་སྐལ་པ་མཉམ་པ་གཞན་ལའང་སྐུལ་བར་བྱེད་པའི་རྒྱུ་ཙམ་དུ་དམིགས་ནས་གཞུང་འདི་ཉིད་ཀྱི་དོན་ཅུང་ཟད་རྣམ་པར་དབྱེ་བ་ལ། བཤད་བྱའི་ཡན་ལག་དང་། བཤད་བྱ་དངོས་གཉིས་ལས།

Masters of unequaled, supreme intellect
Have striven and endeavored to realize this.
The uncorrupted, excellent scriptural traditions of these experts
Will here, by the kindness of my guru, be briefly explained.

The power of the reasoning of this supreme chariot way
Has remained dormant within the realm of time.
But when enkindled here, like fire in a dense forest,
All wanton talkers, do be careful!

Our Teacher, the Buddha, the truly and completely enlightened one, set his mind on supreme enlightenment. By completely purifying his being through the ocean-like two accumulations, he fully unfolded pure vision.

The lion voice of the Thus Gone One frightens the hordes of extremist elephants and deer, [but] the immaculate words of the excellent turnings of the wheel of Dharma unerringly reveal the way of emptiness. By taking the path of reasoning, their intent can be seen with the eye of supreme, inalienable insight.

Without exception, all features of entities—delightful only when not examined—are then understood to possess no nature in reality and therefore to resemble reflections and so forth. One thus abandons the obscurations of affliction and of cognition in all their aspects and becomes endowed with the wealth of perfect goodness for both oneself and all others.

For those who aspire to such [enlightenment], this [*Ornament of the Middle Way*] forms an unsurpassable entrance.

As it is my wish to familiarize myself with the character and ways of such a scripture, and furthermore, as it is my hope that doing so may become a mere circumstance for the inspiration of others of equal fortune, I shall here elaborate a bit on its meaning. This will be done under two headings: *Framework for the Explanation*, and *Actual Explanation*.

དང་པོ། སྟོན་གྱི་མཁས་པ་དག་གི་རྗེས་སུ་འབྲངས་ཏེ་རྩིས་མགོ་ལྟའི་ཚུལ་དུ་ཅུང་ཟད་བཤད་པར་བྱ་སྟེ། དེ་ལ་གཞུང་འདི་སུ་ཞིག་གིས་མཛད་ན། མཁས་བཙུན་བཟང་པོའི་རྣམ་ཐར་གྱི་ཡང་རྩེར་སོན་ནས་གྲུབ་པའི་གོ་འཕང་མཐོན་པོར་རྩོད་མེད་དུ་གཤེགས་པ། རྒྱ་བོད་གཉིས་ན་ཉི་ཟླ་ལྟར་གྲགས་པའི་སློབ་དཔོན་ཆེན་པོ་ཞི་བ་འཚོས་མཛད། སུའི་དོན་དུ་ན། ཐེག་པ་ཆེན་པོའི་གཞུང་ལུགས་མཐའ་དག་གི་དོན་ལ་ཡང་དག་པའི་རིགས་ལམ་ནས་དྲངས་པའི་གཞན་གྱིས་བཀྲི་བར་མི་ནུས་པའི་ཟབ་པ་དང་རྒྱ་ཆེ་བའི་ཤེས་རབ་དོན་དུ་གཉེར་བ་དག་གི་ཆེད་དུ་མཛད། ཕྱོགས་གང་དུ་གཏོགས་ན། ཐེག་ཆེན་གྱི་བཀའ་སྡེ་དང་། ཟླ་སྒྲོན་སོགས་ཟབ་མོའི་མདོ་སྡེ་རྣམས་ཀྱི་ཕྱོགས་སུ་གཏོགས། དབུ་ཞབས་ཀྱི་བསྡུས་དོན་ནི། བདེན་པ་གཉིས་ཀྱི་དེ་ཁོ་ན་ཉིད་ཕྱིན་ཅི་མ་ལོག་པའི་ཚུལ་གཉིས་ཀྱིས་བསྡུས་པའི་རྣམ་གཞག་གསལ་པོར་སྟོན་པའོ། །དགོས་པ་ཐེག་པ་ཆེན་པོ་མཐའ་དག་གི་དོན་ལ་ངེས་པ་བདེ་བླག་ཏུ་རྙེད་ནས་བྱང་ཆུབ་མཆོག་ཐོབ་པའི་དོན་དུའོ།

Part 1
Framework for the Explanation

BRIEF PRESENTATION OF THE FIVE MEASURES

Following [the tradition of] the scholars of the past, I shall first explain briefly according to the way of the five measures.

When [thus first] inquiring into the identity of the one who composed this scripture, we find that it was written by the great master Śāntarakṣita, who was renowned in India and Tibet like the sun and the moon. During his life he scaled the peaks of expertise, purity, and excellence, and indisputably reached a high level of accomplishment.

For whose benefit was it written? For those who, by taking the path of reasoning, pursue the achievement of an unswayable, profound, and vast knowledge of the meaning of all the scriptures pertaining to the Great Vehicle.

Under which category can it be classified? Under that of the common teachings of the Great Vehicle, and of the profound sūtra section to which, for example, the *Moonlamp* [*Sūtra*] belongs.

What is the essential content of the entire scripture? A clear exposition of the principles comprising the two unerring approaches to the essential nature of the two truths.

Its purpose is to establish certainty with ease in the meaning of the entire Great Vehicle and so bring forth the attainment of supreme enlightenment.

།དེ་རྣམས་ཅུང་ཟད་སྤྲོས་ན། དང་པོ་མཛད་པ་པོ་འདི་ནི། འཇམ་དཔལ་རྩ་རྒྱུད་ལས། བསྟན་པའི་སྙིང་བདག་དང་། སློམ་བརྩོན་དང་། བྲམ་ཟེ་རྣམས་ལུང་བསྟན་པའི། སློམ་བརྩོན་གྱི་ཐོག་མར། སྟོན་པའི་གསུང་རབ་སྙིང་དུ། །དུས་མཐར་འཇིག་རྟེན་ཉམས་པ་ན། །སློམ་བརྩོན་རྒྱལ་པོའི་ཚུལ་གྱིས་ནི། །འབྱུང་བར་འགྱུར་བ་ཐེ་ཚོམ་མེད། །ཅེས་སློམ་བརྩོན་གྱི་རྒྱལ་པོའམ་གཙོ་བོ་དུམ་ཞིག་འབྱུང་ངོ་ཞེས་སྤྱིར་བསྟན་ནས། བྲེ་བྲག་དམ་པ་མང་པོ་ཞིག་ལུང་བསྟན་པའི་ནང་ནས། ཡི་གེ་བ་ཞེས་སློམ་བརྩོན་བསྒྲགས། །ཞེས་མཚན་གྱི་ཐོག་མ་གསལ་བར་བསྟན་ཅིང་། མཇུག་ཏུ་དེ་ཐམས་ཅད་སྟུགས་གྲུབ་ནས་བྱང་ཆུབ་ཏུ་ལུང་བསྟན་པ་དང་། ལང་ཀར་གཤེགས་པ་ལས། ཐུབ་དུས་སུ་སྐྱེགས་ཀྱི་ལྷ་ངན་འབྱུང་བའི་གཉེན་པོ་ལྷ་བུར། དེ་ཡི་འོག་ཏུ་བྱུས་དུས་ལ། །འདྲེན་པ་ཀློ་གྲོས་ཞེས་བྱ་བ། །ཤེས་བྱ་ལྟ་རྣམས་སྟོན་པ་པོ། །དཔའ་བོ་ཆེན་པོ་འབྱུང་བར་འགྱུར། །ཞེས་ཀློ་གྲོས་ནི་མཁན་པོའི་མཚན་གྱི་རྣམ་གྲངས་སུ་སྨོན་གྱི་མཁས་པ་དག་གིས་བཤད་ལ། ཞི་འཚོ་ནི་རབ་ཏུ་བྱུང་བའི་མཚན་དུ་མངོན་ཞིང་། གཞན་ཡང་མཚན་གྱི་རྣམ་གྲངས་དུ་མ་སྣང་ངོ་།

ELABORATE EXPLANATION OF THE FIVE MEASURES

The Identity of the Composer

When elaborating a bit more with respect to the identity of the composer, one can quote the *Root Tantra of Mañjuśrī* in which we find prophesied the benefactors of the teachings, the ones who persevere in the vows, and the sages. At the beginning of [the chapter concerning] those who persevere in the vows, it is said:

> When on this earth the words of the Teacher
> Deteriorate in the world of the final time,
> Individuals persevering in the vows will, as kings,
> Without a doubt, appear.

Thus it makes a general statement that several kings, or leaders, of those who persevere in the vows will appear. More specifically, when prophesying a great number of holy beings, it mentions:

> The syllable *ba* is famed for perseverance in the vows.

This clearly points to the first part of the name [*Bodhisattva Śāntarakṣita*]. At the end [of the same chapter] it is prophesied that all these [holy ones] will accomplish Mantra and attain enlightenment. Moreover, the *Ascent onto Laṅkā* mentions someone who will be like an antidote against the occurrence of the unfortunate beliefs held by the extremists:

> At a time that is to follow,
> The guide known as Mati,
> Teacher of the five topics
> And a great hero, will appear.

The scholars of the past have counted *Mati* among the Preceptor's names. For while, Śāntarakṣita is his actual ordination name, various [other] names occur as well.

།ཞེས་བྱ་ལྷ་ནི་ཆོས་ལྷ་རིགས་པས་གདན་ལ་ཕབ་ནས་ཐེག་ཆེན་མཐའ་དག་དགོངས་པ་གཅིག་ཏུ་སྒྲུབ་པར་ལུང་བསྟན་པའོ། །དེ་བཞིན་དུ་ཏིང་འཛིན་རྒྱལ་པོ་ལས། ཟད་དུས་མི་བཟད་པ་ལ་བྱང་ཆུབ་སེམས་དཔའ་གང་། །བདེ་བར་གཤེགས་པའི་བསྟན་པའི་ཆོས་མཆོག་འདི་སྲུང་བ། །དེ་དག་ང་ཡི་སྲས་ཏེ་ཕྱི་དུས་ཆོས་སྐྱོང་བ། །དེ་དག་སངས་རྒྱས་བྱེ་བ་སྟོང་གིས་ཡོངས་སུ་གཏད། །ཅེས་བོ་དྷི་སཏྭ་རཀྵི་ཏ་ཞེས་པའི་མཚན་ཚང་བར་བསྟན་ཏེ། མཁན་པོའི་མཚན་རྒྱ་སྐད་སོར་གཞག་ཏུ་གློག་པ་དེ་ལྟར་ན་འདིར་ཡང་། ཟད་དུས་མི་བཟད་པ་ལ་བོ་དྷི་སཏྭ་གང་། །ཞེས་བསྒྱུགས་ན་བདེའོ། །རཀྵི་ཏའི་སྒྲ་འཚོ་བའམ་སྲུང་བ་ལ་འཇུག་པས་སྒྲ་དེའང་བརྗོད་བྱའི་དོན་དང་ལྡན་ཅིག་ཏུ་འཚོན་པར་མཛད་པ་སྟེ། དངོས་ཤུགས་ཟུར་གྱི་རྣམ་པ་དུ་མ་འདྲིན་དུ་རུང་བ་ནི་སངས་རྒྱས་ཀྱི་བཀའི་ཁྱད་ཆོས་སོ། །མདོ་འདི་གཉིས་ཀྱི་དགོངས་པ་དྲི་མེད་རིགས་པའི་ལམ་དུ་སློབ་དཔོན་འདིས་དྲངས་ནས་ཚུལ་གཉིས་ཤིང་རྟའི་སྲོལ་ཕྱེ་བར་མཛད་པས་ན་མདོ་དེ་གཉིས་སུ་ལུང་སྟོན་པའི་རྒྱུ་མཚན་ཡང་དེ་ཉིད་དོ། །དེ་ལ་སོགས་པ་མདོ་རྒྱུད་དུ་མ་ནས་ཡང་ཡང་ལུང་བསྟན་པའི་ཤིང་རྟ་ཆེན་པོ་འདིའི་ཡོན་ཏན་གྱི་ཁྱད་པར་ནི། ཇི་སྐད་དུ། སློབ་དཔོན་ཞི་བ་འཚོ་བདག་དང་གཞན་གྱི་གྲུབ་པའི་མཐའ་རྒྱ་མཚོའི་ཕ་རོལ་ཏུ་སོན་པ། འཕགས་པ་ངག་གི་དབང་ཕྱུག་གི་ཞབས་ཀྱི་པདྨོ་རྟོག་པ་མེད་པའི་ཟེའུ་འབྲུ་སྤྱི་བོས་ལེན་པ། ཞེས་གསུངས་པ་ལྟར། སྔོན་གྱི་ལོ་རྒྱུས་ཁུངས་མ་ལས་འདི་ལྟར་མཐོང་སྟེ། དེའང་སློབ་དཔོན་འདི་ཤར་ཕྱོགས་ཟ་ཧོར་རྒྱལ་པོའི་སྲས་སུ་འཁྲུངས་ནས་ནཱ་ལེནྡྲའི་ཐམས་ཅད་ཡོད་སྨྲའི་སྡེ་པའི་མཁན་པོ་ཡེ་ཤེས་སྙིང་པོ་ལས་རབ་ཏུ་བྱུང་ཞིང་། མཚན་བོ་དྷི་སཏྭ་ཤཱནྟ་རཀྵི་ཏ་ཞེས་གསོལ། རིག་པའི་གནས་མཐའ་དག་ལ་མཁས་པར་གྱུར་ཏེ། ནཱ་ལེནྡྲའི་མཁན་པོ་མཛད་ཅིང་རྒོལ་བ་ངན་པ་མཐའ་དག་ཚར་བཅད་དེ། མཁས་པའི་གྲགས་པ་སེང་གེའི་སྒྲ་ཆེན་པོས་སའི་སྟེང་ཐམས་ཅད་ཁྱབ་པར་གྱུར་ཏོ།

As for the five topics (i.e., the five principles) the prophesy here is that [the Preceptor], by means of reasoning, will reach a conclusive insight with regard to these five principles, and so establish the unity of intent within all of the Great Vehicle. Likewise, the *Sūtra of the King of Absorption* states:

> At the excruciating time of exhaustion, those heroes of enlightened mind
> Who protect this supreme Dharma taught by the Bliss Gone One are my sons.
> Sustaining the Dharma in the future,
> They will fully receive the transmission of ten billion Buddhas.

This reveals the full name *Bodhisattva Rakṣita*. If one reads [the passage] leaving the Preceptor's name in Sanskrit, it reads delightfully: "At the excruciating time of exhaustion, those *Bodhisattvas*..." The word *rakṣita* means to nourish or protect, so this word is also conveyed simultaneously with the meaning [of the statement]. This ability to explicitly, implicitly, and also indirectly communicate a variety of meanings is a special characteristic of the words of the Buddha.

On the path of reasoning, this master extracted the stainless realization of these two sūtras, [the *Ascent onto Laṅkā* and the *King of Absorption*,] and so opened the chariot way of the two approaches. That is also why the master is prophesied in both of these sūtras. Concerning the special qualities of this great chariot who was repeatedly prophesied in many sūtras and tantras such as those mentioned above, it is said:

> ...master Śāntarakṣita, who has gone beyond the ocean of our philosophies and those of others, and has placed on the top of his head, the anthers of the stainless lotus flowers of the feet of the Noble Lord of Speech.

As it appears in those old histories that have authentic origins, our master was born as the son of the king of the eastern land of Sahor. He was ordained by the preceptor of the School of Omni-existence,[4] Jñānagarbha[5] of Nālandā,[6] and received the name Bodhisattva Śāntarakṣita. Having become an expert in all of the disciplines of learning, he acted as preceptor at Nālandā, refuting all malicious attacks. The great lion's roar of his fame as an expert came to pervade everywhere on earth.

།དེའི་ཚེ་ལྷོ་ཕྱོགས་ནས་བྲམ་ཟེ་མུ་སྟེགས་སོགས་ཀྱི་རིག་བྱེད་མཐའ་དག་ལ་མཁས་པ་ཞིག་གིས་ཕྱི་ནང་གཉིས་ཀའི་རྩོལ་བ་རྣམས་ཕམ་པར་བྱས་ཏེ་སུས་ཀྱང་འགྲན་མི་བཟོད་པ་ན། ད་ནི་ནཱ་ལེནྡྲར་སོང་ལ་མཁན་པོ་ཞི་བ་འཚོ་ཕམ་པར་བྱས་ན་ས་སྟེང་ན་འགྲན་པའི་ཟླ་མེད་པར་འགྱུར་རོ་སྙམ་དུ་སེམས་ཤིང་། མཁན་པོའི་བཞུགས་སར་རིམ་གྱིས་འོངས་ཏེ་བལྟས་པས་མཁན་པོ་མི་སྣང་ཞིང་འཛམ་པའི་དབྱངས་ཀྱི་སྐུ་གསེར་བཙོ་མའི་མདོག་ལྟར་འབར་བ་ཞིག་བཞུགས་པར་མཐོང་སྟེ་ཕྱིར་འོངས་ནས་གཞན་ལ་དྲིས་པས་མཁན་པོ་དེ་ཉིད་ན་བཞུགས་ཡོད་ཟེར། སླར་ལོག་ནས་བལྟས་པས་སྔར་གྱི་ས་དེ་ན་མཁན་པོ་བཞུགས་པར་མཐོང་བས། ལྷག་པའི་ལྷ་དངོས་སུ་གྲུབ་པས་སུས་ཀྱང་རྩོད་པས་མི་ཐུབ་པར་ཤེས་ནས་ཤིན་ཏུ་དད་པར་གྱུར་ཏེ་རྩོད་པའི་བསམ་པ་དོར་ནས་གུས་པས་ཞབས་སྤྱི་བོར་བླངས་ཏེ་བསྟན་པའི་སྒོར་ཞུགས་པར་གྱུར་པ་དེ་ལྟ་བུ་ལ་སོགས་མཁས་པའི་རྣམ་པར་ཐར་པ་འགྲན་པའི་ཟླ་ཐམས་ཅད་དང་བྲལ་ཞིང་། བོད་དུ་བྱོན་པའི་ཚེའང་བཙད་པོ་ལ། །གལ་ཏེ་སངས་རྒྱས་པའམ་གཞན་པར་གྱུར་པ་སུ་ཞིག་ལ་འགྲན་ཟླ་ཚོལ་བ་ན། རྫུ་འཕྲུལ་ནི་འཛམ་བུའི་གླིང་ན་པདྨ་སཾ་བྷ་ཝ་ཉིད་ལས་ཆེ་བ་སུ་ཡང་མེད་པས་དེ་དང་འགྲན་དུ་གཞུག་ལ། གཏན་ཚིགས་ནི་བདག་དང་ཤགས་སུ་བཀྱེ་བ་ན་ད་ལྟ་སའི་སྟེང་ན་ཁོ་བོ་ལས་མཁས་པ་མེད་པས་རྩོལ་བ་ཐམས་ཅད་ཚར་བཅད་ནས་སངས་རྒྱས་ཀྱི་བསྟན་པ་རྒྱས་ཤིང་བཙད་པོའི་དགོངས་པ་འགྲུབ་ཅེས་མཁས་པར་བདག་ཉིད་ཀྱིས་ཀྱང་ཞལ་གྱིས་བཞེས་སོ། །དེ་ལྟ་བུའི་སློབ་དཔོན་འདི་ཉིད་ཀྱིས་དབུ་མ་རྣལ་འབྱོར་སྤྱོད་པའི་ཤིང་རྟའི་སྲོལ་ཕྱེས་ཤིང་། པཎྜི་ཏ་ཐམས་ཅད་ཀྱི་ནང་ན་རྒྱལ་མཚན་གྱི་རྩེ་མོའི་ཏོག་ལྟར་གསལ་བར་སྣ་ན་འཕགས་པ་ནི་མཁས་པའི་རྣམ་ཐར་མདོ་ཙམ་སྟེ། ཤིང་རྟ་ཆེན་པོ་འདིའི་རིང་ལུགས་སྐྱོང་བ་ཡང་། འཕགས་ཡུལ་དུ་སློབ་དཔོན་སེང་གེ་བཟང་པོ། ཀ་མ་ལ་ཤཱི་ལ། ཆོས་ཀྱི་བཤེས་གཉེན་ལ་སོགས་པ་དང་། གཞན་ཡང་པཎྜི་ཏ་རྣམས་ལས་མང་ཤོས་ཞིག་ཡིན་ལ། ཡེ་ཤེས་ཞབས། འཕགས་གྲོལ་སྡེ། སེང་བཟང་། ཨ་བྷ་ཡཱ་ཀ་ར་སོགས་ཀྱིས་ཤེར་ཕྱིན་གྱི་ལྟ་བ་འདི་ཁོ་ན་ལྟར་གཏན་ལ་ཕབ་པར་མཛད།

At that time, a southern expert in all those disciplines of knowledge [held in esteem] by the extremist Brahmins and others had defeated every Buddhist and non-Buddhist attack. Since no one had been able to match him, he thought that he would go to Nālandā, defeat the Preceptor Śāntarakṣita, and become peerless on the face of the earth.

When arriving at the Preceptor's residence, he looked for the Preceptor but could not find him. Instead he beheld an image of Mañjughoṣa shining with the hue of refined gold. Leaving [the residence], he inquired of some people who confirmed that it was indeed the Preceptor's residence. He then returned and, in the same place where [the image of Mañjughoṣa had been] before, he now saw the Preceptor sitting. Realizing that [Śāntarakṣita] had manifestly accomplished the supreme deity and would therefore be unassailable in debate, he felt intense faith. Having given up the idea of staging an argument, he raised [the Preceptor's] feet above his head and entered the gate of the teachings.

Given [accounts] such as these, [Śāntarakṣita's] life example is one of completely unequaled expertise. Moreover, when arriving in Tibet he told the king:

> If one were to search for my peer, Buddhist or otherwise, no one in this world is greater than Padmasambhava when it comes to miraculous powers, and so he is my match. In terms of logical argument, no one now on earth is more expert than I. Were someone to dispute, I would vanquish any attack, establish the teaching of the Buddha, and fulfill Your Majesty's intent.

So even he himself admitted his own expertise. It was this master who opened the chariot way of the Middle Way of Yogic Action. Among all paṇḍitas, he was clearly exalted and held supreme, like the top ornament of a victory banner. This, in brief, is his life example in terms of expertise.

As for those in the Noble Land who maintained the tradition of this great chariot, there were the masters Haribhadra,[7] Kamalaśīla, Dharmamitra,[8] and so forth, a great number of paṇḍitas. [Buddha]jñānapāda,[9] Ārya Vimuktisena, Haribhadra, Abhayākara[gupta],[10] and others resolved the view of the transcendent knowledge in exactly the same way as he.

དེ་ལས་འཕགས་གྲོལ་སོགས་སློབ་དཔོན་འདིའི་སྔོན་དུ་རྣལ་འབྱོར་སྤྱོད་པའི་དབུ་མ་བཞེད་མཁན་འགའ་ཙམ་ཡོད་ཀྱང་། དངོས་སུ་ཕྱི་དོན་མེད་པར་རྣམ་རིག་པའི་ཚུལ་དང་མཐུན་པའི་དབུ་མའི་ཤིང་རྟའི་སྲོལ་ཕྱེ་བ་པོ་ནི་སློབ་དཔོན་འདི་ཡིན་པར་མཁས་དབང་ཐམས་ཅད་མགྲིན་གཅིག་ཏུ་བཞེད་ལ། དེ་ལྟར་རིགས་པས་ཀྱང་འགྲུབ་པ་རྒྱ་གཞུང་རྣམས་ལ་བལྟས་པས་ཤེས་སོ། །དེས་ན་ཀླུ་སྒྲུབ་ཡབ་སྲས་གཞུང་ཕྱི་མོའི་དབུ་མ་པ་དང་། ཟླ་བ་གྲགས་པ་ཐལ་འགྱུར་དང་། ལེགས་ལྡན་འབྱེད་མདོ་སྡེའི་དབུ་མ་དང་། སློབ་དཔོན་འདི་རྣལ་འབྱོར་སྤྱོད་པའི་དབུ་མའི་ཤིང་རྟའི་སྲོལ་འབྱེད་ཡིན་པར་བཤད་དོ། །བོད་དུ་ནི་སྔ་རབས་པ་ཕལ་མོ་ཆེ་དང་། ཁྱད་པར་ལུགས་འདི་གཙང་མར་འཛིན་པ་རྔོག་ལོ་ཆེན་པོ། ཕྱ་པ་ཆོས་སེང་། རོང་སྟོན་ཆོས་རྗེ་ལ་སོགས་པ་ཡིན་ལ། འདིའི་འཆད་ཉན་ཀྱང་རྗེ་ཡབ་སྲས་ཀྱི་སྐུ་དུས་བར་དུ་རྒྱ་ཆེར་བྱུང་བར་བཤད་ལ། རྗེ་བརྒྱུད་འཛིན་དང་བཅས་པས་ཤིན་ཏུ་ཐུགས་གཙིགས་ཆེ་ཞིང་ཟིན་བྲིས་སོགས་ཅི་རིགས་མཛད། གཞན་ཡང་ཆོས་རྗེ་ས་པཎ་སོགས་དབུ་མར་སྨྲ་བ་ཀུན་གྱིས་ཞི་འཚོ་ཡབ་སྲས་ཀྱི་གསུང་ཐུགས་ཀྱི་བཅུད་དུ་མཛད། མདོར་ན་གང་ཟག་ཆོས་སྤྱན་ལྡན་པ་རྣམས་ནི། འདིའི་རིགས་པའི་གནད་ཟབ་མོའི་དགའ་སྟོན་སྤྱོང་བ་ན་ཡིད་དབང་མེད་དུ་ཁྲོགས་ཏེ་པད་ཚལ་ལ་བུང་བ་བཞིན་དང་དུ་ལེན་པ་ཡིན་ནའང་། དེང་སང་ནི་གྲུབ་མཐའི་ཕྱོགས་སུ་ལའང་འཆད་ཉན་ལྟ་ཅི་གླེགས་བམ་ལ་ལྟ་རྟོག་བྱེད་མཁན་ཙམ་ཡང་དཀོན་པར་སྣང་བས་ན་བློ་ལྡན་རྣམས་ཀྱིས་ཕྱོགས་དུས་ཀྱི་སྣ་མཐར་ཁྱབ་ཅིང་རྒྱས་པའི་ཐུགས་ཁུར་མཛད་པར་རིགས་སོ། །མདོར་ན་ཐེག་པ་ཆེན་པོའི་ཚུལ་གཉིས་རིས་སུ་མ་ཆད་པར་འཛིན་ཅིང་། ཁྱད་པར་དབུ་མ་པ་གང་ཞིག་ཚད་མ་ལ་ཐུགས་ཞེན་ཆེ་བ་རྣམས་ནི་ཤིང་རྟ་ཆེན་པོ་འདིའི་སྲོལ་ལ་ངང་གིས་དགའ་ཞིང་འཇུག་པར་འགྱུར་བ་ཞིག་གོ །གཉིས་པ་བརྩམ་པའི་རྣམ་ཐར་ནི།

There were some, such as Ārya Vimuktisena, who declared the Middle Way of Yogic Action earlier than this master. Still, the great scholars unanimously state that [Śāntarakṣita] was the one to actually found a tradition for the Middle Way that, by not [asserting] external objects, is in accord with the Proponents of Awareness.[11] Reasoning also confirms this, as will be seen through studies of the Indian scriptures. Nāgārjuna, father and son, are thus explained as being representatives of the Middle Way of the Original Scriptures, Candrakīrti [as being of the] Middle Way of Consequence, Bhāvaviveka[12] [as an advocate of the] Middle Way of Sūtra Reliance, and the present master as the one who opened the chariot way of the Middle Way of Yogic Action.

In Tibet, most of the early generations, in particular [masters] such as the great lotsawa Ngog,[13] Chaba Chöseng,[14] and Rongtön Chöje,[15] upheld this way purely. It is stated that exposition and study according to this [transmission] continued on a vast scale up into the time of Lord [Tsongkhapa], father and sons. Lord [Tsongkhapa] and the holders of his lineage valued [the works of Śāntarakṣita] highly, producing note sets and various other [texts]. Furthermore, all proponents of the Middle Way, such as the Dharma lord Sakya Paṇḍita,[16] treated the teachings of Śāntarakṣita, father and son, as the essence of their realization. In short, when experiencing the feast of his profound key points of reasoning, all who are endowed with the eye of the Dharma are helplessly enraptured, responding to them like bees to an abundance of lotus flowers.

Nevertheless, among the philosophers of the present day one looks in vain for any expositions or studies—it appears rare to even find someone just reading the books. It would be appropriate for anyone endowed with intelligence to take responsibility for spreading and expanding [these teachings] to the ends of the directions and time.

In short, anyone who impartially upholds the two approaches of the Great Vehicle, and especially anyone of the Middle Way who strongly desires [to experience] valid cognition, will spontaneously appreciate the way of this great chariot and embark upon it.

Second is [the issue of Śāntarakṣita's] life example in terms of purity. The sacred Vinaya holders of the Noble Land were numerous, like a garland

འཕགས་ཡུལ་ན་འདུལ་འཛིན་དམ་པ་མང་པོ་གསེར་རིའི་ཕྲེང་བ་ལྟ་བུའི་ནང་ན་འདུལ་བའི་རྣམ་ཐར་གཙང་མ་སྐྱོང་བ་ལ་རི་དབང་ལྟར་མཐོ་ཞིང་སྡོམ་བརྩོན་ཐམས་ཅད་ཀྱི་རྒྱལ་པོ་ཚུལ་ཁྲིམས་གཙང་པའི་ཚད་དུ་གླེང་བར་གྲགས། གསུམ་པ་གྲུབ་པའི་ཚུལ་ནི། གཙོ་བོར་འཕགས་ས་མངོན་སུམ་མཛད་པའི་སྤྱང་རྟོགས་ལ་འཇོག་དགོས་ཀྱང་། དེ་ཕལ་པའི་སྤྱོད་ཡུལ་དུ་མི་འགྱུར་བས། ཕྱིར་མི་ལྡོག་པའི་བྱང་སེམས་ལུས་ངག་གི་རྟགས་ལས་དཔགས་པར་གསུངས་པ་ལྟར། མཁན་ཆེན་འདི་ཉིད་འཛམ་གླིང་སྤྱི་དང་ཁྱད་པར་མཐའ་འཁོབ་མུན་པའི་གླིང་གདུལ་བ་དང་། ཐེག་པ་ཆེན་པོའི་བཀའི་དགོངས་པ་ཤིང་རྟ་གཉིས་ཀྱིས་ལེགས་པར་ཕྱེས་ཟིན་ནའང་དེ་དག་དགོངས་པ་གཅིག་ཏུ་སྒྲུབ་པའི་ཤིང་རྟའི་ལམ་སྲོལ་གསུམ་པ་ཕྱེ་བའི་དོན་དུ་བསམ་བཞིན་དུ་སྤྲུལ་ནས་བོད་ཡུལ་གྱི་ལྷ་བཙད་པོ་ཁྲི་སྲོང་ལྡེའུ་བཙན་འབྲུངས་ནས་བཅོམ་ལྡན་འདས་ཀྱི་བསྟན་པ་བྱང་དུ་དར་བར་ལུང་བསྟན་པའི་དུས་ལ་མ་བབས་ཀྱི་བར་དེ་ཉིད་དུ་སྐུ་ཚེའི་འདུ་བྱེད་བྱིན་གྱིས་བརླབས་པས་ལོ་དགུ་བརྒྱར་བཞུགས་པར་ཞལ་ཤད་པས་ནང་ཚོ་ལ་དབང་ཐོབ་ཅིང་། བསམ་ཡས་ལ་རབ་གནས་མཛད་པའི་ཚེ་བཙད་པོས་མཁན་པོ་ཉིད་འཛམ་པའི་རྡོ་རྗེར་དངོས་སུ་གཟིགས་ཤིང་། རྟེན་ལྷ་རྣམས་ཡེ་ཤེས་པར་དངོས་སུ་གྱུར་ནས་རྫུ་འཕྲུལ་གྱི་རྣམ་པར་རོལ་པ་ཚད་མེད་པ་མཛད་པ་ཀུན་གྱི་མཐུན་སྣང་དུ་གྱུར་པ་སོགས་ཕྱི་རོལ་ལ་དབང་ཐོབ་ཅིང་། ཁྱད་པར་སུས་ཀྱང་མ་ཐུལ་བའི་བོད་ཡུལ་འདིར་སངས་རྒྱས་ཀྱི་བསྟན་པ་ཉི་མ་ལྟར་སྣང་བར་མཛད་ནུས་པ་ནི་རྒྱལ་སྲས་སེམས་དཔའ་གཞན་ལས་འཕགས་པའི་གྲུབ་པའི་འབྲས་རྟགས་ཡང་དག་གོ

།བཞི་པ་བཟང་པོའི་རྣམ་ཐར་ནི། བསྟན་འགྲོ་ལ་ཕན་པའི་མཛད་པ་བཟང་པོ་སྟེ། དེའང་མཁན་པོ་འདི་རྒྱ་བྱང་ཆུབ་ཀྱི་ཐུགས་ལེགས་པར་འབྱོངས་པས་བོ་དྷི་སཏྭ་ཞེས་པའི་མཚན་དོན་དང་ལྡན་པར་ཉི་ཟླ་ལྟར་གྲགས་ཤིང་། འཛམ་པའི་དབྱངས་དང་ངོ་བོ་དབྱེར་མེད་པའི་སྡོམ་བརྩོན་ཆེན་པོ་འདི་དགུང་ལོ་བརྒྱ་ཕྲག་དུ་མར་བཞུགས་ནས།

of gold mountains. Among these, [Śāntarakṣita] maintained a life example of pure Vinaya discipline, elevated like Mount Sumeru. He is renowned as a king of those persevering in the vows and as one who has perfected pure discipline.

Third, regarding the way of accomplishment, this should primarily refer to the relinquishments and realizations that are actualized on the grounds of the noble ones, but since these surpass the scope of mind of ordinary beings, it is said that one must assess non-returning Bodhisattvas using physical and verbal indications.

The great Preceptor knowingly emanated for the benefit of Jambudvīpa[17] in general. In particular [he came] to tame the barbarian realm of darkness and, although the intent of the Great Vehicle's authoritative teachings had already been excellently revealed by the two chariots, [he came] in order to open a third chariot way establishing these two as being of a single intent. It is said that until the divine king Trisong Deutsen[18] had been born and the prophesied time for the northern spread of the Transcendent Conqueror's teaching had come, [Śāntarakṣita] blessed the formation of his life span, and so lived for nine hundred years, having internally gained mastery over life.

At the time of the consecration of Samye,[19] the king saw the Preceptor as Mañjuvajra[20] in person, and in the common perception of everyone, the divine supports manifested as wakefulness-beings, performing an unlimited miraculous display. [Accounts of events] such as these [illustrate his] attainment of mastery over the external. In particular, the fact that he was able to make the teaching of the Buddha shine like the sun in this utterly untamed land of Tibet is an authentic evidence of effect, [which proves] that he reached an accomplishment superior to other Bodhisattvas, children of the Victorious Ones.

Fourth, regarding the life example in terms of excellence, this refers to good deeds that benefit the teachings and sentient beings. Since the preceptor had trained well in the cause, the mind of enlightenment, there was meaning to the name Bodhisattva, under which he became as renowned as the sun and the moon. Essentially inseparable from Mañjughoṣa, this great perseverer in the vows is said to have remained for several hundred years

ནཱ་ལེནྡྲ་དང་། རྒྱ་གར་ཤར་ཕྱོགས་དང་། རྒྱ་ནག་ལ་སོགས་པར་སངས་རྒྱས་ཀྱི་བསྟན་པ་ལེགས་པར་བསྐྱངས་པར་བཤད་ལ། གཙོ་བོར་ནི་ཚུལ་གཉིས་ཟུང་དུ་འབྲེལ་བའི་ཤིང་རྟའི་ལམ་སྲོལ་དྲི་མ་མེད་པ་ཕྱེ་ཞིང་། དངོས་སྟོབས་ཀྱི་རིགས་པས་ལོག་སྨྲ་ཚར་གཅོད་ཅིང་སྐལ་ལྡན་རྗེས་སུ་བཟུང་བར་འཆད་རྩོད་རྩོམ་གསུམ་དང་། འདུལ་བའི་རྣམ་ཐར་གཙང་མར་སྐྱོང་བ་སྡེ་མཁས་བཙུན་གྱི་དང་ཚུལ་ཟླ་མེད་པས་བཟང་པོའི་ཕྲིན་ལས་སའི་སྟེང་ཀུན་ཏུ་ཁྱབ་པར་གྱུར་ཅིང་། ཁྱད་པར་དུ་སྔོན་གྱི་སྨོན་ལམ་དང་རྒྱལ་བ་སྲས་དང་བཅས་པའི་ཐུགས་བསྐྱེད་དུས་སུ་སད་པའི་མཐུ་ལས། སུས་ཀྱང་གདུལ་དཀའ་བ་གངས་ཅན་མུན་པའི་སྨག་རུམ་འདིར་བྱོན་ནས་ལྷ་བཙད་པོ་ཁྲི་སྲོང་ལྡེའུ་བཙན་དང་མཇལ། དེའི་ཚེ་སྟོན་ཉིད་དང་ཆོས་རྒྱལ་ལྷན་ཅིག་ཏུ་སྨོན་ལམ་བཏབ་པའི་ཚུལ་དང་རྒྱལ་པོའི་སྐུ་ཆས་ཀྱི་རྟེན་འབྲེལ་ལ་བརྟགས་ནས་རྒྱལ་རྒྱུད་ཆགས་འཛིག་གི་ལུང་བསྟན་སོགས་མཛད། དགེ་བ་བཅུ་དང་ཁམས་བཅོ་བརྒྱད་རྟེན་འབྲེལ་བཅུ་གཉིས་ཀྱི་ཆོས་བཤད། རེ་ཞིག་ཞི་བས་མི་འདུལ་བའི་ལྷ་འདྲི་རྣམས་གདུལ་བའི་དོན་དུ་པདྨ་སཾ་བྷ་ཝ་སྤྱན་དྲངས་ཤིག་པར་ལུང་བསྟན་གནང་། མཁན་སློབ་ལྷན་ཅིག་ཏུ་བསམ་ཡས་ལས་དཔྱད་མཛད་ནས་ཕྱི་གཙུག་ལག་རྟེན་དང་བརྟེན་པར་བཅས་པ་བཞེངས་པའི་རབ་གནས་སོགས་མཛད། སད་མི་མི་བདུན་རབ་ཏུ་བྱུང་སྟེ་བསྟན་རྩ་འདུལ་བའི་སྲོལ་བཏོད། ལོ་ཙཱ་བ་རྣམས་ལ་སྐད་ཀྱི་བསྒྱུར་ཚུལ་དང་ཕྱི་ནང་གི་ཆོས་མ་ལུས་པ་བསླབས། བཀའ་དང་དགོངས་པ་འགྲེལ་བའི་བསྟན་བཅོས་ཀྱི་ཚོགས་མ་ལུས་པ་འཆད་ཉན་གྱིས་གཏན་ལ་ཕབ་པས་བོད་ཡུལ་ཆོས་ཀྱི་སྣང་བ་ཆེན་པོས་ཁྱབ་པར་མཛད། བསྟན་པ་འདི་ལས་ཕྱི་རོལ་དུ་གྱུར་པའི་བོན་གྱི་ཚོགས་རྣམས་རིགས་པས་ཚར་བཅད་ཅིང་མིང་གི་ལྷག་མ་ཙམ་དུ་མཛད་པས་བསྟན་པ་དྲི་མེད་དུ་གྱུར། འདའ་ཁར་ཡང་སྐུ་གདུང་གི་རྟེན་འབྲེལ་ལས་བོད་ན་རབ་བྱུང་འབྱུང་ཚུལ་དང་།

sustaining the teaching of the Buddha at Nālandā, in Eastern India, in China, and elsewhere. Chiefly, he opened the immaculate chariot way of the unity of the two approaches. Through reasoning by the power of fact, he subjugated those who taught wrongly and accepted those endowed with fortune.

As teacher, debater, author, and as someone who maintained an example of pure Vinaya discipline, he naturally appeared unequaled in terms of expertise and purity. Hence his kind and excellent activity spread everywhere across the earth. In particular, by the power of the timely awakening of his past aspirations and the compassionate intent of the Victorious Ones and their children, he went into the dense darkness of this Land of Snow, which was unlikely to be tamed by anyone, and met the divine king Trisong Deutsen. At that time he revealed, for instance, how he and the king had formed aspirations together in the past, and how, judging from the coincidence of the king's garments, the royal lineage would come to an end.

He taught the Dharma of the 10 virtues, 18 elements, and 12 links of dependent origination. Once, to subdue the gods and demons who could not be tamed by peaceful means, he gave the instruction to invite Padmasambhava.[21] Together, the Preceptor and the Master investigated the land at Samye, and performed the consecration of the outer temple, the supports, and the supported. [Śāntarakṣita] ordained the seven men to be tested, and so established the Vinaya tradition which is the root of the teachings.

He taught the lotsawas the ways of translating, and all the non-Buddhist and Buddhist teachings. Through expositions and studies, [the translators] arrived at certainty concerning the compilations of the [Buddha's] words, and the commentaries on their intent, the treatises. And so the great light of Dharma came to pervade all of Tibet. By means of reasoning, he defeated the Bönpos who were outside these teachings and reduced them to nothing but name. Through this, the [Buddhist] teachings became free from stain. On the verge of passing away, [he let it be known that] the future of ordination in Tibet could be learned from indications in his physical remains, and a letter was given to the paṇḍitas

ནམ་ཞིག་ལྟ་བ་རྟོད་པ་ཅན་དུ་གྱུར་ཚེ་པཎྜི་ཏ་ཀ་མ་ལ་ཤཱི་ལ་སྤྱན་དྲངས་ལ་བསྟན་པ་རྣམ་དག་ཏུ་སྒྲུབས་ཤིག་ཅེས་པཎྜི་ཏ་ལ་ཕྱག་ཡིག་བསྐུལ་བ་སོགས་དུས་གསུམ་སྒྲིབ་མེད་དུ་མཁྱེན་པས་ངང་ལས་བོད་ཡུལ་ལ་ཐུགས་བརྩེ་བ་ཆེན་པོ་ལྷག་པར་བསྐྱེད་དེ་བཀའ་དྲིན་བསམ་མི་ཁྱབ་པ་མཛད། སློབ་དཔོན་པདྨའི་ངང་ཚུལ་འདི་མཁན་པོའི་སློབ་མ་ཡིན་ཅིང་། དེ་ཉིད་ཀྱི་ཕྱིར་མཁན་པོའི་དབུ་ཚད་ཀྱི་གཞུང་ལ་འགྲེལ་པའང་མཛད་དོ། །དེ་ལྟར་མདོར་ན་མཁན་པོ་འདི་ཉིད་ཀྱིས་བོད་ཡུལ་དུ་དང་པོར་བསྟན་པའི་སྲོལ་བཏོད། བར་དུ་དར་ཞིང་རྒྱས་པར་མཛད། ཐ་མར་བསྟན་པ་དེ་ཉིད་སྐྱོང་བའི་སྤྲུལ་པ་ཡང་ནས་ཡང་དུ་བསྟན་པ་ནམ་གནས་ཀྱི་བར་དུ་རྒྱུན་མི་འཆད་དེ། རྗེ་བོ་ཆེན་པོས་བོད་དུ་བསྟན་པ་འཛུགས་པའི་མཁན་ཆེན་ཉིད་དང་། མཁན་རྒྱུད་དང་། མ་འོངས་བསྟན་པ་གནས་པ་དེ་སྲིད་དུ་མཁན་རྒྱུད་ལ་སྤྲུལ་པ་བྱོན་པ་དེ་ཀུན་རྗེ་བོ་ཉིད་དང་ངོ་བོ་གཅིག་པར་གསུང་བ་བཞིན་ནོ། །དེས་ན་བོད་དུ་བསྟན་པ་གནས་པ་འདི་མཁན་ཆེན་ཉིད་ཀྱི་ཐུགས་བསྐྱེད་དང་སྨོན་ལམ་ཁོ་ནའི་མཐུ་ལས་བྱུང་བར་གོར་མ་ཆག་ཀྱང་། གང་ཟག་སོ་སོའི་སྣང་བ་ལ་རང་རང་གི་བླ་མ་རེ་དང་དགོན་སྡེ་རེའི་མཛད་པའི་སྟོབས་ཀྱིས་བྱུང་བར་སེམས་པ་ནི། སྐྲ་ལ་གྲི་འཇུ་བ་དང་གོས་ལ་ཚོན་འཛིན་པ་རྒྱུན་ཆད་སངས་རྒྱས་ཀྱི་བྱིན་ལས་ཡིན་ཀྱང་སུས་མི་ཤེས་པ་དང་འདྲའོ། །དེ་ལྟ་བུའི་ཤིང་རྟ་ཆེན་པོ་འདིའི་ཡོན་ཏན་གྱི་སྣང་པ་དང་། མཛད་པ་བཟང་པོས་སའི་སྟེང་འདི་མ་ལུས་པ་ཁྱབ་ཅིང་ཉི་ཟླ་ལྟར་གྲགས་པ་སྟེ། དེའང་དེང་སང་བོད་ན་སློས་དབང་གི་གྲགས་ཙུར་ཐོབ་པ་དེ་འདྲ་མིན་པར་འཕགས་ཡུལ་ན་ཕྱི་ནང་གི་པཎྜི་ཏ་དུ་མས་ཡང་དང་ཡང་དུ་བསྔགས་བཅད་བརྟར་བའི་གསེར་བཞིན་བརྟགས་ནས་ཐེ་ཚོམ་དང་བྲལ་བ་ཞིག་ལ་བླ་མར་འཛིན་པ་ཡིན་ནོ། །འཕགས་ཡུལ་དུ་དེ་སྐབས་པཎ་གྲུབ་གཅིག་ལས་གཅིག་མཆར་བགྲང་ལས་འདས་པ་བཞུགས་ཀྱང་།

with instructions for a time when dispute in terms of view would occur. They were then to invite the paṇḍita Kamalaśīla and so re-establish the purity of the teachings. In ways such as these, from within the state that knows the three times without obscuration, he regarded Tibet with great love and acted with inconceivable kindness.

The master Kamalaśīla was a disciple of this Preceptor and therefore composed commentaries on his scriptures on the Middle Way and valid cognition.

In short, the Preceptor first established the way of the teachings in Tibet. Next, he furthered and developed it, and finally, he [now] sustains it by a repeated display of emanations that will continue for as long as the teachings remain. The great Lord [Atiśa][22] explained that the Great Preceptor who introduced the teachings in Tibet, as well as his lineage of preceptors, would be present in the future for as long as the teachings remain by means of emanations who would appear within the lineage of preceptors. This also speaks of [Śāntarakṣita] being essentially identical with Lord [Atiśa] himself.

Therefore, it is undoubtedly due to nothing other than the power of the generation of [enlightened] mind and the aspirations of this great Preceptor that the teachings are present in Tibet. Yet, from their individual perspectives, people believe that this presence is because of their own particular gurus and monasteries. Similarly, everything down to [such things as] hair being shaved off and clothes being given the [monastic] colors is the kind activity of the Buddha, but nobody realizes this.

The glories of this great chariot's qualities and his excellent deeds pervaded the entire face of the earth, and were as renowned as the sun and the moon. That is to say, he was not like those in Tibet these days who have accidentally achieved some hollow clamor of fame. Many non-Buddhist and Buddhist paṇḍitas in the Noble Land tested him as one would burn, cut, and rub gold, and when free of doubt they then considered him their guru.

In those days in the Noble Land, there were countless learned and accomplished masters, one more marvelous than the other. Still, being well aware of [the master Śāntarakṣita who resided] in a country about

དང་པོ་ནས་ཆོས་རྒྱལ་སྤྲུལ་པའི་ལོ་པཎ་རྣམས་ཀྱིས་རྒྱུས་མེད་ཀྱི་ཡུལ་ནའང་རྒྱུས་ཡོད་བཞིན་དུ་ཐེ་ཚོམ་མེད་པར་མཁན་པོ་འདི་ཉིད་ཁོན་སློགས་ཤིང་སྤྱན་དྲངས་པ་ནི། རྒྱ་སྐར་གྱི་ཁྲོད་ན་ཟླ་བ་ལྟར་ཕྱོགས་ཀྱི་ཐ་གྲུ་ཁྱབ་པའི་ཤིང་རྟ་ཆེན་པོའི་རྣམ་ཐར་མཚུངས་པ་མེད་པའི་སྙན་གྲགས་ཀྱི་རང་འོད་མ་བསྒྲིབས་པར་གསལ་བའི་མཐུས་ཡིན་ལ། སྤྱིར་བདག་ཅག་གི་སྟོན་པའི་བསྟན་པ་འདི་ལ་བྱ་བ་ཆེར་མཛད་པའི་གཙོ་བོ་ནི། ཉེ་སྲས་བརྒྱད་དང་གནས་བརྟན་བཅུ་དྲུག་ཡིན་པས་དེ་རྣམས་ཀྱི་རྣམ་འཕྲུལ་རྒྱན་དྲུག་ལ་སོགས་པའི་དམ་པ་མང་ཞིག་བྱོན་པ་ལས། ཤིང་རྟ་ཆེན་པོ་འདི་ནི་རྒྱལ་བ་ཀུན་གྱི་ཐུགས་རྡོ་རྗེ་གསང་ཆེན་བཀའི་སྡུད་པོ་གཅིག་པུར་གྱུར་པ་གསང་བའི་བདག་པོ་ཡིན་པས་འདིའི་རྣམ་ཐར་དང་ཡོན་ཏན་ས་ལ་གནས་པའི་སྤྱོད་ཡུལ་དུའང་མི་འགྱུར་ན་ཐལ་པས་ལྟ་ཅི་སྨོས། འོན་ཀྱང་ཐུན་མོང་གི་སྣང་ངོར་ཡང་འཕགས་བོད་ཀུན་ཏུ་མཛད་པའི་རོལ་མོ་ཆེས་མཚུངས་པ་མེད་པའི་ངོ་མཚར་བསམ་མི་ཁྱབ་པ་ཡོད་ཀྱང་ཞིབ་པར་ཡི་གེར་བཀོད་པ་སོགས་མི་སྣང་ཡང་། འདིར་ནི་ལོ་རྒྱུས་སྙིང་མ་རྣམས་ལས་ཙུང་ཟད་བསྡུས་ཏེ་བསྟན་པ་ནི་མཁན་པོ་དེ་ཉིད་ཀྱི་བཀའ་དྲིན་རྗེས་སུ་དྲན་པར་བྱ་བའི་ཕྱིར་དུ་ཡིན་ལ། བློ་དང་ལྡན་པ་རྣམས་ཀྱིས་ནི་ལེགས་པར་བཤད་པའི་གསུང་རྣམས་དང་བཀའ་དྲིན་ཚད་མེད་པའི་ཕྱག་རྗེས་ལས་དཔགས་ན་སངས་རྒྱས་དངོས་ཀྱི་འདུ་ཤེས་སྐྱེ་བར་འགྱུར་རོ། །མདོར་ན་འཕགས་བོད་གཉིས་ན་ཤིང་རྟ་ཆེན་པོར་རྩོད་མེད་དུ་གྲགས་པའི་སློབ་དཔོན་དེ་ལྟ་བུ་ནི་གཞུང་འདི་མཛད་པ་པོ་ཡིན་པར་ཤེས་པར་བྱའོ། །རྒྱལ་བ་སྐྱོབ་པ་དེ་ཡི་ལེགས་གསུང་ཆོས། །རྒྱ་ཆེན་སྤྱོད་པའི་གཞུང་བཟང་ཐོགས་མེད་དང་། །ཟབ་མོ་ལྟ་བའི་ཚ་རྣམས་ཀླུས་བཀྲལ་བས། །ཤིང་རྟ་གཉིས་ཞེས་ཉི་ཟླ་ལྟར་གྲགས་ཀྱང་། །དེ་ཚུལ་སྐྱོང་བའི་བློ་ལྡན་སེམས་དཔའ་རྣམས། །ལེགས་བཤད་ཆུ་ཀླུང་ཕྱོགས་སུ་བཀྲམ་མོད་ཀྱི། །ད་དུང་ཐུབ་པ་ཆེན་པོའི་ཐེག་མཆོག་མཚོ། །རྫོགས་པར་སྤྱོད་པའི་དགའ་སྟོན་ཐོབ་པ་མེད།

which they were [otherwise] uninformed, the Dharma King and the emanated lotsawas had no doubts about pursuing and inviting this particular preceptor. This was due to the renown of [this] great chariot's incomparable life example, which shone immaculately with a natural radiance throughout all the lands, like the moon amidst the stars.

In general, the 8 close sons[23] and the 16 elders[24] are chief among those who serve our Teacher's teachings through their great activities, and many holy beings, such as the Six Ornaments,[25] have appeared as their miraculous displays. As for this great chariot, he is the Lord of Secrets,[26] the sole compiler of the pronouncements of the great secret, the vajra mind of all the Victorious Ones. Therefore, his life example and qualities surpass even the scope of those who abide on the grounds, not to mention ordinary beings. Furthermore, in the generally shared perception, the great melody of his deeds throughout the Noble Land and Tibet creates unequaled and inconceivable wonder.

Although it does seem that there aren't any detailed written accounts or other sources, I have presented a bit of what I have gathered from the old histories, so that the kindness of the Preceptor may be recalled. Intelligent ones will, by evaluating the words of his excellent speech and the imprints of his limitless kindness, begin to perceive him as the Buddha in person. In short, concerning the composer's identity, it should be known that he was a master as described above, indisputably famed as a great chariot in both the Noble Land and Tibet.

Some verses in closing:

The Dharma, excellently taught by the Victorious Protector,
Is through Asaṅga explained as the good way of vast activity,
And by Nāgārjuna in terms of profound view.
The renown of these two chariots is like that of the sun and moon.

The intelligent heroes of mind who sustain these ways
Display each aspect through rivers of excellent statements,
Yet the sea of the great Capable One's Supreme Vehicle
Remains still to be experienced at the feast of completion.

།ཁྱོད་ཀྱིས་ཚུལ་གཉིས་ཤིང་རྟའི་རྒྱ་མཚོ་ནི། །རྣམ་དཔྱོད་རིགས་པའི་ཧུབ་ཆེན་གཅིག་གིས་འཐུང་། །དེ་ཚེ་ཁྱོད་ནི་ནམ་མཁའི་ཁམས་བཞིན་དུ། །མཐའ་དག་ཐེག་ཆེན་ཆོས་ཡངས་སྤྲིན་གྱིས་མཛེས། །དོན་དམ་མཁའ་ལྟར་ཞི་བའི་ཐུགས་བསྐྱེས་པས། །དཔལ་ལྡན་ཟླ་བ་འཇིག་རྟེན་གསུམ་ན་མཛེས། །ཐ་སྙད་འཇའ་ལྟར་མ་འདྲེས་གསལ་གཟིགས་པས། །ཆོས་ཀྱི་གྲགས་པས་ས་ཆེན་འདི་ཁྱབ་ཀྱང་། །དེ་ཚུལ་གསལ་བར་བྱེད་པའི་མཁྱེན་མཆོག་རྣམས། །གཞུང་ལུགས་བཞེན་པ་བཟང་པོའི་ཁྲིགས་བརྟེན་མོད། །དྲི་མེད་ཚད་མ་གཉིས་ཀྱི་གནས་ཡངས་པོ། །བདེ་བླག་དུས་གཅིག་གཞལ་བའི་སྟོབས་ཤུགས་ཞན། །ཁྱོད་ཀྱི་བདེན་གཉིས་རིགས་པའི་ས་ཆེན་འདི། །རྣམ་དཔྱོད་གོམ་པའི་སྟོབས་ཆེན་གསུམ་གྱིས་བཅད། ཐ་སྙད་པའི་ཚད་མ་དང་། དོན་དམ་ལ་རྣམ་གྲངས་ཡིན་མིན་གཉིས་སུ་ཕྱེ་བ་གསུམ་མོ། །མཆན། །དེ་ཚེ་ཁྱོད་ནི་འཛིན་མའི་ཁྱོན་བཞིན་དུ། །མཐའ་དག་རིགས་པའི་ཚུལ་མང་བཀོད་པས་མཛེས། །དེ་ཕྱིར་ཚུལ་གཉིས་ཤིང་རྟའི་ལམ་སྲོལ་དང་། །དེ་དག་གཅིག་ཏུ་བསྒྲུབས་པའི་སྲོལ་ཆེན་ཏེ། ཐུབ་པའི་ཐེག་མཆོག་བསྟན་པའི་འཇུག་ངོགས་ལ། །གསུམ་པོ་འདི་ལས་གཞན་པའི་སྲོལ་མི་སྲིད། །རྒྱལ་ཀུན་བཀའ་ཡི་སྙིང་པོ་ཁྱོད་ཡིན་ཕྱིར། །འདིར་ནི་ཐེག་མཆོག་རིགས་པའི་ཚུལ་གྱིས་བསྡུས། །ཟབ་གནད་སྙིང་པོའི་ཉི་མ་འདི་གཅིག་གིས། །ས་སྟེང་གནས་པའི་རབ་རིབ་རྣམ་པར་བཅོམ། །ཚད་མེད་བསམ་གྱིས་མི་ཁྱབ་ཐེག་མཆོག་གནད། །ཆེས་ཉུང་རིགས་པའི་འཕྲུལ་ཐབས་གཅིག་གིས་ནི། །བདེ་བླག་སྟོན་པའི་གཞུང་བཟང་འདི་ལྟ་བུ། །རྡོ་རྗེའི་རིག་སྔགས་ཆེན་པོར་བདག་གིས་འཚལ། །ཞེས་བྱ་བ་ནི་བར་སྐབས་ཀྱི་ཚིགས་སུ་བཅད་པའོ།

The ocean of the approaches of the two chariots
You drink in one great swallow of discerning logic.
Then you are like the sky,
Beautified by the clouds of the expansive Dharma of the entire Great Vehicle.

Discovering the ultimate meaning of mind at peace like the sky,
Glorious Candra[27] *is beauty in the three worlds.*
Seeing conventions distinctly and clearly like rainbows,
Dharmakīrti is present everywhere upon the great earth.

Yet the supreme experts who illumine these ways,
Although relying on the excellent palanquins of the scriptural traditions to carry them,
Still lack the strength that it takes to cross, with ease and at once,
The wide abode of the two stainless valid cognitions.

This great earth of your reasoning of the two truths
*Is covered in three strides of discernment.**
Then you are like the extent of the ground,
Beautified everywhere with manifold arrays of reasoning.

Therefore the two chariot ways,
And the great way that accomplishes them in one,
Are the passages to the Capable One's teaching of the supreme vehicle—
Other than by these three, there can be no way.

You are the compiler of the words of all the Victorious Ones,
And so the Supreme Vehicle is here contained through reasoning.
This single sun of the essential, profound key point
Fully overcomes the haze upon the earth.

The key points of the immeasurable and inconceivable supreme vehicle
Are revealed concisely, gracefully, and with ease
With one magical method of reasoning. To such an excellent scripture,
A great vajra knowledge mantra, I offer my homage.

---

* Author's note: Conventional valid cognition plus, with respect to the ultimate, the two [valid cognitions] that evaluate, [respectively,] the categorized and the uncategorized [ultimate]. Thus, three in all.

།གཉིས་པ་སུའི་དོན་དུ་མཛད་པ་ལ། ཐེག་པ་ཆེན་པོ་ནི་གང་། །དེའི་གཞུང་ལུགས་ནི་གང་། དེའི་དོན་ལ་རིགས་པས་དྲངས་པའི་ཤེས་རབ་ཇི་ལྟར་སྐྱེ་སྙམ་ན། ཐེག་པ་ཆེན་པོ་ནི་རྒྱུ་བསམ་པ་བྱང་ཆུབ་སེམས་ཀྱིས། ལམ་ཕར་ཕྱིན་བཅུ་དང་ལྡན་པས་རྫོགས་སྨིན་སྦྱངས་གསུམ་མཐར་སོན་པར་བྱས་ཏེ། འབྲས་བུ་སྐུ་གཉིས་ཟུང་འཇུག་གི་སངས་རྒྱས་འགྲུབ་པར་བྱེད་པ་ཡིན་ལ། དེའི་གཞུང་ལུགས་ནི་དབུ་མ་དང་སེམས་ཙམ་སྟེ་ཚུལ་གཉིས་སུ་གྲགས་པ་ཁོ་ནའོ། །དེ་འདྲ་བའི་གཞུང་ལུགས་བཟང་པོ་དེ་ནི་མུ་སྟེགས་དང་ཉན་རང་གི་ཡང་སྤྱོད་ཡུལ་ལས་འདས་པ། ཤིན་ཏུ་བདེན་ཞིང་ཟབ་མོའི་མཐར་ཐུག་པ་ཡིན་ལ། དེ་ལྟར་བདེན་ཞིང་ཟབ་མོའི་དོན་དེ་ལ་དད་པས་མོས་པ་ཙམ་མིན་པར། ཡང་དག་པའི་རིགས་ལམ་ནས་ངེས་པ་གཏིང་ཚུགས་པ་སྐྱེད་པ་ནི་རྒྱུ་ཡིན་ལ། དེ་ལས་བྱུང་བའི་ཤེས་རབ་དྲི་མེད་ཀྱི་ངོ་བོ་ནི་ཟབ་པ་དང་རྒྱ་ཆེ་བ་གཉིས་སོ། །དེ་ལ་ཟབ་པ་ནི་ཆོས་ཐམས་ཅད་སྦྲང་རྩི་རོ་གཅིག་པ་བཞིན་དུ་མཐའ་ཀུན་དང་བྲལ་བའི་དབུ་མ་ཆེན་པོར་གཏན་ལ་ཕབ་པ་ཡིན་ལ། རྒྱ་ཆེ་བ་ནི་ཐེག་ཆེན་དབུ་སེམས་གཉིས་ཀྱི་སྤྱི་སྤྱོད་དག་གི་གཞུང་ལུགས་ཡི་གེ་འབྲུ་གཅིག་ཀྱང་དོར་རྒྱུ་མེད་པར་ཐམས་ཅད་གནད་གཅིག་ཏུ་དྲིལ་ཤེས་པ་ནི་གཞུང་མཐའ་དག་རྫོགས་པས་ན་རྒྱ་ཆེ་བ་ཞེས་བྱའོ། །ཤེས་རབ་དེའི་བྱེད་ལས་ནི་རང་གིས་བསླབས་པའི་ས་ལ་ཡིད་ཆེས་ནས་གཞན་གྱིས་དཀྲི་བར་མི་ནུས་པས་ན་ཤེས་ནས་དད་པ་ཐོབ་པ་ཞེས་བྱ་སྟེ་ལམ་མཚན་ཉིད་པ་ལ་ཞུགས་པའོ། །དེ་ལྟར་ལམ་གྱི་ཐོག་མར་མིག་ཏུ་གྱུར་པའི་ལྟ་བ་རྣམ་པར་དག་པའི་ཤེས་རབ་དེ་འདྲ་བ་མེད་དུ་མི་རུང་བར་ཤེས་ནས་ཆོལ་ཞིང་དོན་དུ་གཉེར་བ་ནི་འདི་ཡི་ཆེད་དུ་བྱ་བའི་གདུལ་བྱའོ། །གསུམ་པ་ཕྱོགས་གར་གཏོགས་ན། བསྟན་བཅོས་འདིས་ཞེས་བྱ་ཆོས་ལྔའི་རང་བཞིན་གཏན་ལ་ཕབ་པ་ཡིན་ཞིང་།

The Intended Recipients of the Ornament of the Middle Way

Second, for whose benefit was [the scripture] written? Here one may wonder: "What is the Great Vehicle? What are its scriptural traditions? How does knowledge of its meaning arise when taking the path of reasoning?"

The cause of the Great Vehicle is the intentional mind of enlightenment. Through this, the path of perfecting, ripening, and purifying by means of the ten transcendences is fully traversed, and the fruition, the Buddhahood of the two bodies as unity, is accomplished.

Its scriptural traditions are exclusively the Middle Way and Mind Only, the renowned two approaches. Such excellent scriptural traditions are beyond the scope of the extremists, as well as beyond the scope of the Listeners[28] and the Self-realized Buddhas.[29] They are extremely precise and of ultimate profundity.

When one is not merely faithfully interested in such a true and profound meaning, but arrives at certainty from deep within by means of the path of authentic reasoning, then that is the cause. From this comes stainless knowledge, in essence both profound and vast. Here, *profound* is the decisive insight into the great Middle Way in which all phenomena are, like the same taste of honey, free from all extremes. *Vast* is the knowledge of how to gather the entire scriptural tradition of the receptacles of the Great Vehicle's Middle Way and Mind Only [traditions] into a single key point, without discarding even one syllable. Because it is the completion of all of the scriptural traditions, it is called vast. This knowledge gives rise to an inalienable confidence in one's way of training, and with this faith due to insight, one has embarked upon the actual path.

The disciples for whom this [scripture] was composed are those who search and apply themselves, having understood that at the beginning of the path, the eye of such a knowledge of the authentic view is indispensable.

Classification of the Ornament of the Middle Way

Third, how is [the scripture] classified? This treatise resolves the nature of the five principles that are to be understood, and it will be explained

དེར་ཐེག་ཆེན་མཐའ་དག་འདུ་ཚུལ་འོག་ཏུ་འཆད་འགྱུར་ལྟར་ཡིན་པས་ཐེག་ཆེན་མཐའ་དག་གི་དགོངས་འགྲེལ་ཡིན་ཀྱང་། ཁྱད་པར་ལང་ཀར་གཤེགས་པ་དང་། ཟླ་བ་སྒྲོན་མེས་ཞུས་པའི་ཏིང་འཛིན་སོགས་ཟབ་མོའི་མདོ་སྡེ་རྣམས་ཀྱི་བསྟན་དོན་དྲི་མ་མེད་པ་ཡིན་ཏེ། དེའང་ཐ་སྙད་དུ་སེམས་ཙམ་ཞལ་གྱིས་བཞེས་ཚུལ་འདི་ནི། ལང་གཤེགས་ལས། ཕྱི་རོལ་གྱི་ནི་གཟུགས་མེད་དེ། །རང་གི་སེམས་ནི་ཕྱིར་རོལ་སྣང་། །སེམས་ནི་ཁོང་དུ་མི་ཆུད་ཕྱིར། །བྱིས་པ་རྣམས་ནི་འདུས་བྱས་རྟོག །ཅེས་པ་ལ་སོགས་པས་ཡང་ཡང་གསལ་བར་བསྟན་ལ། བདེན་པ་གཉིས་ཀྱི་འདོད་ཚུལ་ཡང་མདོ་དེ་ཉིད་ལས། ཀུན་རྫོབ་ཏུ་ནི་དངོས་རྣམས་ཡོད། །དོན་དམ་དུ་ན་རང་བཞིན་མེད། །རང་བཞིན་མེད་ལ་གང་ནོར་བ། །དེ་ནི་ཀུན་རྫོབ་བདེན་པ་ཡིན། །ཞེས་དང་། ཚུལ་གཉིས་ཟུང་འཇུག་གི་འདོད་ཚུལ་ཡང་མདོ་དེ་ལས། སེམས་ཙམ་ལ་ནི་བརྟེན་ནས་སུ། །ཕྱི་རོལ་དོན་ལ་མི་བརྟག་གོ །ཡང་དག་དམིགས་པར་གནས་ནས་སུ། །སེམས་ཙམ་ལས་ཀྱང་ཤིན་ཏུ་བཟླ། །སེམས་ཙམ་ལས་ནི་བཟླས་ནས་ཀྱང་། །སྣང་བ་མེད་ལས་ཤིན་ཏུ་བཟླ། །སྣང་མེད་གནས་པའི་རྣལ་འབྱོར་པ། །དེ་ཡིས་ཐེག་པ་ཆེན་པོ་མཐོང་། །འཇུག་པ་ལྷུན་གྱིས་གྲུབ་ཅིང་ཞི། །སྨོན་ལམ་དག་གིས་རྣམ་པར་སྦྱངས། །ཡེ་ཤེས་དམ་པ་བདག་མེད་པ། །སྣང་བ་མེད་ལ་མི་མཐོང་ངོ་། །ཞེས་གསུངས་པ་དང་།

below how the entire Great Vehicle is contained in those. In this way, it is a commentary on the entire Great Vehicle's intent. In particular, this is the stainless meaning taught in the profound sūtra section to which, for example, the *Ascent onto Laṅkā* and the *Absorption of Moonlamp* belong.

Regarding how Mind Only is asserted conventionally, *The Ascent onto Laṅkā* states:

> There are no external forms.
> It is one's own mind that appears as the external.
> Since they do not comprehend the mind,
> The childish conceive of conditioned phenomena.

This is repeatedly taught with clarity. Concerning the ways of positing the two truths, the same sūtra proclaims:

> Relatively entities exist,
> Ultimately they have no nature.
> When mistaking what has no nature
> It is the truth of the relative.

On the claim of unity of the two approaches, it reads:

> Based on mind only,
> One will not impute external objects.
> The one who observes purely
> Utterly transcends mind only as well.
>
> When having transcended mind only,
> Non-appearance is utterly transcended as well.
> The yogi who abides in non-appearance
> Sees the Great Vehicle.
>
> Engagement is spontaneously accomplished and peaceful,
> Thoroughly purified by aspirations.
> [To] the sacred, selfless wakefulness,
> There are no appearances and nothing is seen.

དོན་དམ་པར་རང་བཞིན་མེད་ཚུལ་མདོ་དེ་དང་། ཁྱད་པར་ཏིང་འཛིན་རྒྱལ་པོ་ལས། སེམས་ཀྱི་རང་བཞིན་ཤེས་པས་ན། །ཕྱིར་ཡང་ཡེ་ཤེས་འབྱུང་བར་འགྱུར། །ཞེས་དང་། མཁས་པས་འདུས་བྱས་འདུས་མ་བྱས་རིག་སྟེ། །མཚན་མའི་འདུ་ཤེས་དག་ནི་རྣམ་བཤིག་ནས། །མཚན་མ་མེད་པ་ལ་ནི་དེ་གནས་ན། །ཆོས་རྣམས་ཐམས་ཅད་སྟོང་པར་རབ་ཏུ་ཤེས། །ཞེས་དང་། ཡོད་དང་མེད་ཅེས་བྱ་བ་གཉིས་ཀ་མཐའ། །གཙང་དང་མི་གཙང་འདི་ཡང་མཐའ་ཡིན་ཏེ། །དེ་ཕྱིར་གཉིས་ཀའི་མཐའ་ནི་རབ་སྤངས་ནས། །མཁས་པ་དབུས་ལའང་གནས་པར་ཡོང་མི་བྱེད། །ཅེས་དང་། སྒྲ་དང་ཚིག་གི་ལམ་བྲལ་བརྗོད་དུ་མེད། །ནམ་མཁའ་ཇི་བཞིན་ཆོས་ཀྱི་རང་བཞིན་ཏེ། །འདི་ལྟ་བུ་ཡི་ཚུལ་མཆོག་རྣམ་རིག་ན། །དེ་ཡི་སྤོབས་པ་དག་ཀྱང་མི་ཟད་འགྱུར། །ཞེས་སོགས་ཇི་སྐད་གསུངས་པའི་ཚུལ་དུ་རྣམ་གྲངས་དང་རྣམ་གྲངས་མ་ཡིན་པའི་དོན་དམ་པའི་རང་བཞིན་ཤིན་ཏུ་གསལ་བར་མཛད་པ་ཡིན་ཏེ། རང་འགྲེལ་ལས། རིགས་དང་མདོ་སྡེ་སྣ་ཚོགས་ཀྱི། །རིན་ཆེན་བཀོད་པས་མཛེས་པར་བྱས། །ཞིབ་པའི་བློ་ཡིས་འདི་རྟོགས་ནས། །ཀླུ་སྒྲོན་ལ་སོགས་མདོ་ཟབ་རྣམས། །སྐྱེ་བོ་བློ་ཡི་ནོར་ལྡན་ཞིང་། །བརྟན་རྣམས་འཇིགས་མེད་སྒོམ་པར་ཤོག

This sūtra and, in particular, the *King of Absorption,* teach how, in the ultimate sense, nothing has a nature:

> Having understood the nature of mind,
> Wakefulness will arise.

Thus it is said [in the *King of Absorption*], along with:

> The learned understand the conditioned and the unconditioned.
> When the perception of attributes has entirely collapsed
> And one remains beyond attributes,
> All phenomena are perfectly understood to be empty.

Moreover:

> "Existence" and "nonexistence" are both extremes.
> "Clean" and "unclean" are extremes as well.
> Hence, fully abandoning the extremes of both,
> The learned do not even remain in the middle.

And:

> Inexpressible beyond the path of word and name,
> The nature of phenomena resembles space.
> Whenever that supreme way is realized,
> Eloquent courage will likewise be inexhaustible.

Through such statements, the nature of both the categorized and the uncategorized ultimate is shown with utmost clarity. The *Auto-commentary* states:

> Beautifully studded with the jewels
> Of various reasonings and sūtras,
> May this be realized by those of subtle mind.
> [Through] the profound sūtras, that of *Moonlamp* and so forth,
> May beings be endowed with the wealth of mind,
> And may the stable ones train in fearlessness.

།ཅེས་གསུངས་པ་ལྟར་བཀའ་དྲི་མ་མེད་པའི་དགོངས་པ་དེ་དག་ཚུལ་འདི་ཉིད་ཀྱི་ཡང་དག་པའི་ཚད་མས་གཞན་གྱིས་དྲང་དུ་མེད་པར་གཏན་ལ་ཕབ་པའི་ཤིང་རྟའི་ལམ་སྲོལ་ཕྱེས་པའི་གནད་ཟིན་པར་བྱའོ། །བཞི་པ་དབུ་ཞབས་ཀྱི་དོན་ལ། བདེན་པ་གཉིས་ཀྱི་དེ་ཉིད་མ་ནོར་བ་ནི་ཅི། ཚུལ་གཉིས་ནི་གང་ཡིན་སྙམ་ན། བདེན་གཉིས་ཀྱི་རང་བཞིན་གང་ཡིན་པ་ནི་ཤེས་པར་བྱ་བ་ཡིན་ལ། །ཚུལ་གཉིས་ནི་དེའི་དོན་ཇི་ལྟ་བར་ངེས་པའི་ལམ་ཡིན་ནོ། །དེ་ལ་ཤེས་བྱ་འདི་དག་ཡང་དག་པ་ཡིན་མིན་གཉིས་ཀྱིས་ཕྱེ་བས་ན་བདེན་པ་གཉིས་སུ་ཟད་པར་འདུ་ཞིང་། དོན་དེ་གཉིས་ལ་བློས་འཇལ་ཚུལ་ཕྱིན་ཅི་ལོག་དང་། ཕྱོགས་ཙམ་དང་། ཡང་དག་པར་རྟོགས་ཚུལ་གྱིས་ཕྱི་ནང་སོ་སོའི་གྲུབ་མཐའ་སྣ་ཚོགས་བྱུང་སྟེ། འདི་ལྟར་ཕྱི་རོལ་སེར་སྐྱ་པ་དག་ནི། ཡོན་ཏན་གསུམ་མཉམ་པར་གྱུར་པའི་རང་བཞིན་ཅན་གྱི་གཙོ་བོ་དང་། བདག་གཉིས་ནི་དོན་དམ་པ་ཡིན་ཅིང་། གཙོ་བོ་དེའི་རྣམ་འགྱུར་རྣམས་ནི་ཀུན་རྫོབ་བསླུ་བའི་ཆོས་ཅན་དུ་འདོད་ལ། ནམ་ཞིག་ལམ་བསྒོམས་པས་བསམ་གཏན་གྱི་མིག་ཐོབ་ནས་བལྟས་པས་རྣམ་འགྱུར་རྣམས་ཀྱི་མཚང་མཐོང་སྐུམ་དུ་རིག་སྟེ་རྣམ་འགྱུར་རྣམས་གཙོ་བོའི་ཀློང་དུ་ཐིམ་ནས་བདག་ཤེས་རིག་གི་སྐྱེས་བུ་འདྲིད་ཅིང་བསླུ་བ་ལྟ་བུའི་ཡུལ་དང་འབྲེལ་བ་མེད་པས་རང་གཅིག་པུ་ཡན་གར་དུ་གནས་པ་ནི་ཐར་པའོ་ཞེས་འདོད་པ་དང་། གསང་བ་པ་དག་བདག་དམ་པ་གཅིག་པུ་རྣམ་ཤེས་ཙམ་གྱི་རང་བཞིན་ཀུན་ལ་ཁྱབ་པས་ནམ་མཁའ་ཆེན་པོ་དང་འདྲ་བ་ནི་དོན་དམ། དུ་མར་སྣང་ཡང་དེ་ལྟར་མི་བདེན་པར་བདག་ཤེས་རིག་ཙམ་དུ་གཅིག་པས་ན་སྣོད་བཅུད་སོགས་ཀྱི་དངོས་པོ་སོ་སོར་རིས་ཆད་དུ་སྣང་བ་ནི་ཀུན་རྫོབ། བདག་དམ་པ་དེ་ཚུལ་བཞིན་རྣལ་འབྱོར་པས་བསྒོམས་པས་གཟུགས་མ་དང་གཟུགས་མ་མ་ཡིན་པས་མ་རིག་པ་དང་བྲལ་ནས་བུམ་པ་ཆགས་ན་དེའི་ནང་གི་ནམ་མཁའ་ནམ་མཁའ་ཆེན་པོར་འདུ་བ་བཞིན་དུ་བདག་ཆེན་པོ་དེར་ཐིམ་སྟེ་གྲོལ་བར་འདོད་པ་དང་།

The key point to understand is that the authentic valid cognitions of this system have opened up a chariot way that resolves the intent of such stainless statements in a way that could not otherwise be achieved.

The Essential Content

Fourth, regarding the essential content of the entire scripture, one may wonder: "What is the essential nature of the two truths, and what are the two approaches?" The nature of the two truths is what is to be understood, and the two approaches are the path that brings certainty concerning the exact meaning of that. Since they are divided in terms of the authentic and the inauthentic, all objects of cognition are fully included in the two truths. It is by estimating the meaning of these two in ways that are either mistaken, incomplete, or authentically realized that the various sets of non-Buddhist and Buddhist philosophies come about.

The non-Buddhist Followers of Kapila[30] assert the ultimate truth to be the self and the main [principle], in which the three qualities are in natural balance. The transformations of the main [principle] are asserted to be relative, deceptive occurrences. When, through training on the path, the eye of concentration has been attained, one sees the hidden faults of the transformations directly. The transformations then dissolve into the expanse of the main [principle]. The self, the cognizant and aware being, which now has no relation to the alluring and deceptive objects, then abides alone and apart. This is asserted to be liberation.

For the Secretists,[31] the ultimate truth is the sacred, single self, its nature mere consciousness that is all-pervasive like vast space. Although appearing as a multiplicity, it is not truly so. The appearance of distinctly confined entities—worlds, beings, and so forth—is relative, since as the self of mere conscious awareness, they are all [actually] the same. They believe that by training correctly in the yoga of the sacred self, one becomes free of inherent and non-inherent ignorance. Just as the space inside a vase is absorbed into the great space when the vase is broken, [they believe that] dissolving into the great self is liberation.

རིག་བྱེད་པ་སོགས་སོ་སོར་རང་རང་གི་ལྟར་བཟུང་བའི་ཚངས་པ་དང་ཁྱབ་འཇུག་དབང་ཕྱུག་ལ་སོགས་པ་རྣམས་ནི་རྟག་པ་དོན་དམ་པ། དེའི་རྣམ་འཕྲུལ་ལས་བྱུང་བའི་དངོས་པོ་རྣམས་མི་བརྟན་བསླུ་བའི་རང་བཞིན་དུ་ཁས་ལེན་ཅིང་། ལྷ་དེ་དག་གི་གོ་འཕང་ཐོབ་ན་གཏན་དུ་རྣམ་པར་གྲོལ་བ་ཡིན་པར་རློམས་ནས། དེ་སྒྲུབ་པའི་ལམ་དཀའ་ཐུབ་དང་བརྟུལ་ཞུགས་སྣ་ཚོགས་དང་། མཆོད་སྦྱིན་དང་། བསམ་གཏན་དང་རླུང་ལ་སོགས་པའི་རྣལ་འབྱོར་སྒོམ་པའི་ཐབས་དུ་མ་ལ་བརྟེན་པར་བྱེད་དོ། །གཞན་ཡང་རྟག་པའི་བདག་དང་ནམ་མཁའ་སོགས་ཡེ་ནས་རང་བཞིན་གྱིས་ཡོད་པར་སྨྲ་བ་ཡེ་སྲིད་པའི་ལུགས་ཞེས་པ་སོགས་གྲུབ་མཐའི་མིང་དང་འདོད་ཚུལ་བྱེ་བྲག་པ་ཆེས་མང་པོ་ཡོད་ཀྱང་དེ་དག་ཐམས་ཅད་མདོར་བསྡུ་ན་འཁོར་བར་བཅིངས་གྲོལ་གྱི་རྒྱུ་རྟག་པའི་དངོས་པོ་ཞིག་ཁས་ལེན་པ་ཡིན་ལ། རྟག་སྨྲ་བ་འདི་དག་ཐར་པ་ཡོད་པར་སྨྲ་བའི་ལུགས་ཡིན་པས་ན་དེའི་ལམ་ཡང་བསྒྲུབ་པར་རློམས་པའི་ཕྱིན་ཅི་ལོག་གི་བརྟུལ་ཞུགས་ལ་བརྟེན་པ་ཡིན་ནོ། །དེ་ཐམས་ཅད་རྟག་དངོས་བཀག་པས་ཁེགས་ཤིང་སོ་སོར་འགོག་པའང་གཞུང་གི་སྐབས་སུ་ཤེས་པར་བྱའོ། །རྒྱང་འཕེན་པ་ནི། མངོན་སུམ་གྱི་ཡུལ་དུ་སྣང་བའི་འབྱུང་བ་བཞི་པོ་འདི་ཙམ་ཡོད་ཅིང་འདི་ཡུལ་དབང་རྣམ་ཤེས་ཀུན་གྱི་རྒྱུ་ཡིན་པས་དོན་དམ་ཡིན་ལ། འདི་ལས་སྐྱེ་ཞིང་སྣར་འཇིག་པའི་ཆོས་ཅན་གྱི་དངོས་པོ་འདི་རྣམས་མི་བརྟན་སླུ་བའི་རང་བཞིན་དུ་ཁས་ལེན་ཅིང་། ལམ་གོམས་པས་སོགས་ཚེ་སྔ་ཕྱིའི་ལས་འབྲས་མི་སྲིད་དེ། ད་ལྟའི་རིག་པ་འདི་མངལ་གྱི་གནས་སྐབས་ཀྱི་འབྱུང་བ་འདུས་པ་མེར་མེར་པོ་ལ་སོགས་པ་ལས། ཆང་ལས་མྱོས་བྱེད་ཀྱི་ནུས་པ་གསར་དུ་སྐྱེ་བ་ལྟར་གློ་བུར་དུ་བྱུང་གི་ཚེ་སྔ་མའི་རིག་པ་སྔོན་དུ་སོང་བ་ལས་བྱུང་བ་མིན་ཞིང་། འཇིག་རྟེན་འདིར་ཧེ་ཙམ་སྡོད་པ་དེ་སྲིད་དུ་བློ་དང་དབུགས་ཀྱང་འབྱུང་ལ། འཆི་བ་ན་མར་མེ་རྒྱུན་ཆད་པ་ལྟར་ལུས་རྟུལ་དུ་དེངས། སེམས་ནམ་མཁར་ཐིམ་པ་དེས་ན་སྐྱེ་བ་ཕྱི་མ་མེད་ལ། དེས་ན་ལས་འབྲས་དང་ལམ་དང་ཐར་པ་ནི་མེད་ཅིང་། བདེ་སྡུག་སོགས་མི་འདྲ་བ་སྣང་བ་ནི་སྲན་མ་ཟླུམ་པ་དང་ཚེར་མ་རྣོ་བ་སུས་ཀྱང་མ་བྱས་པ་བཞིན་དུ་རྒྱུ་མེད་པར་ངོ་བོ་ཉིད་ཀྱིས་དེ་ལྟར་བྱུང་ངོ་ཞེས་ཟེར།

The Followers of the Vedas and others hold their particular deity of choice—Brahmā, Viṣṇu, Īśvara, etc.—to be permanent and ultimately real. All entities appear by their magical creativity, and are considered to be unstable and deceptive. Assuming the level of these gods to be liberation, such [practitioners] undergo various hardships and austerities on the path for accomplishing the [level of these deities], bringing offerings and gifts and relying on various methods for yogic training, such as concentrations, winds, and so forth.

There is also, for instance, the Way of Primordial Existence, which teaches that the permanent self, space, and so forth have primordial, natural existence.

In short, while a great number of such varying philosophical assertions and terminologies exist, they all claim that a permanent entity is the cause for bondage in and liberation from cyclic existence. These proponents of permanence all speak of the existence of liberation, and believing they are accomplishing the path of that [liberation], they diligently engage in fallacious disciplines. Their [beliefs] are all disproved by refuting permanent entities, and individual refutations can be found in [Part 2, the Actual Explanation of] the scripture.

In the case of the Far Throwers,[32] only the four elements that appear as the objects of direct perception [are said to] exist. They are the cause of any object, faculty, or consciousness, and are therefore what is ultimately real. All entities that arise from them and are subject to future disintegration are claimed to be of unstable and deceptive nature. Any effect of actions throughout consecutive lives is impossible, including familiarity with the path. Awareness in the present [life] temporarily arises from the particular combination of elements in the womb, the subtle embryo and so forth, just as when the power to intoxicate is newly produced from grain mash. Thus, [the present mind] has not arisen due to a preceding awareness during a past life. Mind and breathing continue for as long as one remains in this world, and dying is like a lamp burning out. The body disintegrates into subtle materiality and mind dissolves into space. Accordingly, there are no future lives and so no effect of karma, no path, and no liberation. They will say that no one ever rounded the pea or sharpened the thorn.

དེས་ན་ལུས་དང་བློ་ཚོགས་པ་མ་ཞིའི་བར་ཇི་སྲིད་དུ་བདག་ལ་ཕན་པ་ཙམ་ཁོ་ན་དོན་དུ་གཉེར་བ་ཡིན་ནོ། །འདི་འགོག་པ་ལ་འབྱུང་བཞི་ཡོད་པར་འདོད་པ་ལ་རྟོལ་ཕྲན་འགོག་པའི་རིགས་པ་དང་། སྐྱེ་བ་སྔ་ཕྱི་མེད་པར་འདོད་པ་འགོག་ཚུལ་རྒྱུ་མེད་འགོག་པའི་རིགས་པ་དང་། ཀུན་རྫོབ་ཀྱི་རྣམ་གཞག་འཆད་པའི་སྐབས་ཀྱི་གཞུང་གི་རིགས་པ་ལས་ཞེས་པར་བྱའོ། །དེ་ལྟར་ཕྱི་རོལ་པའི་འདོད་པ་དེ་དག་ནི་ཐམས་ཅད་དངོས་པོར་ལྟ་བ་འབའ་ཞིག་ཡིན་ཏེ། རྟག་སྨྲ་བ་རྣམས་ཀྱི་ནི་བདག་ལ་སོགས་པ་རྟག་དངོས་སུ་འདོད་ཅིང་། ཆད་ལྟ་བའང་འདིར་མངོན་སུམ་མཐོང་བའི་དངོས་པོ་རྣམས་ལ་བདེན་འཛིན་འཐུག་པོ་དང་བཅས་བཞིན་དུ་འདི་འགགས་ཞིང་ཞིག་ནས་སྐྱེ་བ་སྔ་ཕྱི་མཚམས་མི་སྦྱོར་བ་ཙམ་ཡིན་ནོ། །དེས་ན་དེ་དག་གི་ཆོས་འགའ་ཞིག་བརྟེན་པ་དང་སླུ་བའི་ཆོས་སུ་བཞག་ནའང་མཐར་གཏུགས་ན་དངོས་པོ་ཞིག་ལ་བརྟེན་ཏེ་འཛིན་པ་ཁོ་ན་ཡིན་ཏེ། འཇིག་རྟེན་པའི་ལམ་ཐམས་ཅད་ཐོག་མེད་ནས་ལྷན་ཅིག་ཏུ་ཞུགས་པའི་མ་རིག་པ་དང་མཚུངས་པར་ལྡན་པའི་ཚུར་མཐོང་གི་ཞེན་པ་རང་ག་མ་འདི་ཙམ་གྱིས་བཞག་པས་ན། འདོད་ཚུལ་སྣ་ཚོགས་མཐའ་མེད་པ་ཡོད་ཀྱང་དངོས་ཞེན་ལས་འདའ་མི་སྲིད་དེ། མཁྲིས་ནད་ཅན་གྱིས་དུང་དང་ཟླ་བ་དངུལ་ལ་སོགས་པ་མི་འདྲ་བ་མཐོང་ཡང་སེར་པོ་ལས་གཞན་དུ་མི་མཐོང་བ་བཞིན་ནོ། །དེས་ན་ཕྱིན་ཅི་ལོག་གི་ལྟ་བ་གནས་པ་དེ་རྣམས་ལ་བདག་མེད་པ་སེང་གེའི་སྒྲ་ཆེན་པོ་བཟློད་པ་སུའང་མེད་ཅིང་དེ་དག་གིས་ཡང་དག་པ་དང་ཡང་དག་པ་མ་ཡིན་པ་གཉིས་སུ་ཕྱེ་བའི་རྣམ་གཞག་སྣ་ཚོགས་བྱས་ཀྱང་དངོས་འཛིན་གྱི་རྩ་བ་ལ་ཅིའང་མི་གནོད་པའི་ཉི་ཚེ་བའི་སྟོང་པ་ཞེས་བྱ་སྟེ་བདེན་གཉིས་ལ་རྨོངས་ཤིང་ལོག་པར་རྟོག་པ་ཡིན་ནོ། །གཉིས་པ་འཇིག་རྟེན་གྱི་ལམ་ལས་འཕགས་པ་རང་སྡེ་ནང་པ་སངས་རྒྱས་པ་ལའང་། །བདེན་པ་གཉིས་ཀྱི་དོན་ལ་ཕྱོགས་མཐུན་ཙམ་རྟོགས་པ་དང་། ཡང་དག་པ་ཇི་ལྟ་བ་བཞིན་དུ་རྟོགས་ཚུལ་གྱིས་གོང་ནས་གོང་དུ་ཁྱད་ཞུགས་ཏེ། དེ་ལས་དོན་སྨྲ་སྡེ་གཉིས་པོ་ལ་བྱེ་བྲག་འདོད་ཚུལ་མི་འདྲ་བ་ཡོད་ཀྱང་།

Just so are [all] the various appearances—pleasant, painful, and so forth—uncaused, and occur in their particular ways by the very nature of things. Until death, for the time that body and mind are together, the [Far Throwers] will therefore strive exclusively for mere personal benefit.

As for refuting them, the claim that the four elements exist is [dismantled] by the reasoning refuting material particles. The claim that past and future lives do not exist is disproved by the reasoning that refutes absence of cause. Further [refutations] are to be learned from the scripture's reasonings that explain the principles of the relative.

Accordingly, these assertions of the non-Buddhists are all nothing but views of entities. The proponents of permanence assert the self and so forth to be permanent entities. The proponents of annihilation grasp at the true existence of those entities directly perceived in this [life], but believe that when this has come to an end and disintegrated, there is simply no connection between past and future lives.

Although these [various schools] categorize some phenomena as being false and deceptive, in the end they always make their assertions based on the existence of some entity. All mundane paths are merely put forth by the mind of crude and confined perception that accompanies beginningless coemergent ignorance. Therefore, although the various ways of making assertions may be limitless, they cannot possibly go beyond attachment to entity. In the same way, a person suffering from jaundice may see various things—conches, the moon, silver—yet never [see them as any color] other than yellow. Therefore, there is no one among those who so abide in mistaken views who can withstand the great lion-voice of selflessness. Although they make various divisions regarding what is authentic and what is not, such so-called 'limited emptiness' does not harm the root for apprehending entity in the slightest, and so this [too] is delusion and misconception concerning the two truths.

Second, concerning our own group of Buddhists who have risen above the mundane paths, there are progressive differences in terms of realization, from that which merely partially accords with the meaning of the two truths to the to that realization that is authentic and perfect. The two groups who are proponents of [external] objects assert in specific, differing

དོན་དུ་འདི་ལྟར་འདོད་དེ། བཙོམ་ཞིང་གཞན་བསལ་བར་གྱུར་ན་རང་འཛིན་གྱི་བློ་འདོར་དུ་རུང་བའི་རགས་པ་རྣམས་ཀུན་རྫོབ། མི་འདོར་བ་ཤེས་པ་སྐད་ཅིག་ཆ་མེད་ཙམ་དང་། བེམ་པོ་རྡུལ་ཕྲན་ཆ་མེད་ཙམ་དོན་དམ་དུ་ཡོད་དགོས་ཏེ། དེ་མེད་ན་བེམ་ཤེས་རགས་པ་འདི་ཀུན་རྫོབ་གཞི་མེད་པས་ན་འདི་ལྟར་སྣང་བར་ཡང་མི་འཐད་དེ་སྣལ་མ་མེད་པའི་སྣམ་བུ་བཞིན་ནོ་སྙམ་པའོ། །དེས་ན་རྡུལ་ཕྲ་རབ་དང་ཤེས་པ་སྐད་ཅིག་མ་དུ་མ་ཚོགས་པའི་ཉེར་ལེན་གྱི་ཕུང་པོ་ལྔ་སྐད་ཅིག་གིས་སྐྱེ་ཞིང་འཇིག་པའི་བདག་ཉིད་ཅན་འདི་ལ་དམིགས་ནས་ངའོ་སྙམ་དུ་རློམ་པར་ཟད་ཀྱི། འདི་ལས་ལོགས་སུ་བདག་མ་དམིགས་ཤིང་འདི་ཇི་ལྟར་རློམ་པའི་བདག་དེའི་མཚན་ཉིད་དང་མི་མཐུན་པས་དེ་དང་ངོ་བོ་གཅིག་མིན་པ་དེའི་ཕྱིར་ན། རྟག་གཅིག་རང་དབང་ལ་སོགས་པའི་རྣམ་པར་བཟུང་བའི་བདག་དེ་ནི་མེད་ལ། བདག་དེས་སྟོང་པའི་རྡུལ་དང་ཤེས་པའི་ཕྲ་བ་མཐར་ཐུག་པ་རྣམས་ཡོད་པར་འདོད་ཅིང་རྡུལ་ཕྲ་རབ་ཀྱང་སྐད་ཅིག་མར་འདོད་ལ། ལམ་གང་ཟག་གི་བདག་མེད་གོམས་པས་འཇིག་ལྟའི་རྩ་བ་ཅན་གྱི་འཁོར་བའི་ཉོན་མོངས་པ་རྣམས་ཟད་ནས་འབྲས་བུ་ཁམས་གསུམ་འཁོར་བ་ལས་རྣམ་པར་གྲོལ་ཏེ་ལེན་པ་མེད་པ་ཡོངས་སུ་མྱ་ངན་ལས་འདའ་བར་འདོད་ཅིང་། རང་སྡེ་དངོས་སྨྲ་བ་འདི་དག་དངོས་པོ་མེད་པ་ལ་སོགས་པའི་མདོའི་ཚིག་འཆད་པ་ན། སྨད་པ་དང་ཆུང་བའི་དོན་ལ་སོགས་པར་འཆད་དེ། དངོས་པོ་རྣམས་ངན་པ་ཡིན་པས་དངོས་པོ་མེད་པ་སྟེ། ད་ལྟར་གྱི་གནས་སྐབས་ན་མི་བརྟན་པའི་ཕྱིར་རོ། །ཡང་དངོས་པོ་རྣམས་ལ་དངོས་པོ་མེད་པ་མང་བས་དངོས་པོ་མེད་པར་གསུངས་ཏེ། སྔོན་དང་ཕྱི་མའི་མཐར་མ་སྐྱེས་པ་དང་། འདས་པ་ཡིན་པས་སོ་ཞེས་འདོད་དོ། །སེམས་ཙམ་པ་ནི། གཟུང་འཛིན་གཉིས་སུ་སྣང་བ་འདི་མེད་བཞིན་ཀུན་ཏུ་བཏགས་པ་ཙམ་ཡིན་པའི་ཀུན་རྫོབ། དེ་དག་གི་སྣང་གཞི་གཞན་དབང་གི་རྣམ་ཤེས་མཐར་ཐུག་པ་ཤེས་པ་རང་རིག་རང་གསལ་ཙམ། ཕྱི་རོལ་གཟུང་བ་དང་དེར་འཛིན་པས་སྟོང་པ་ནི་ཡོངས་གྲུབ་སྟེ་དོན་དམ་པ་ཡིན་ལ།

ways, yet what they actually claim is as follows: the relative is the coarse—the apprehension of which will cease in the wake of destruction or exclusion of other. That which cannot be discarded, simply the partless instant of consciousness and the partless material particle must have ultimate existence. Without these there would be no basis for the formation of coarse matter and mind, in which case what currently appears would be as infeasible as woolen garments without yarn. It is simply by observing the five perpetuating aggregates that instantaneously arise and cease, and in which multiple most subtle particles and instants of consciousness come together, that the arrogant idea of 'I' can occur. There is no self observed other than [in terms of] the [aggregates]. Yet the [aggregates] and the [self] are not of the same essence either, for the characteristics of the [aggregates] conflict with how the self is thought to be. Therefore that self, which is believed to feature permanence, singularity, independence, and so forth does not exist. The ultimate materiality and the subtle consciousness, which are both empty of such a self, are said to exist, and the most subtle particles are also asserted to be momentary.

On the path, one becomes accustomed to the absence of personal self and so exhausts the afflictions of cyclic existence, which are rooted in the view of the transitory collection. This results in complete liberation from the three realms of cyclic existence, and without grasping, suffering is utterly transcended. These are their assertions.

Those of our own group who are proponents of entities explain words such as "no entities exist," that are found in the sūtras, to signify contempt, small numbers, and so forth. In the sense of being unstable in the present situation, entities are inferior and so do not exist. Or they explain that non-entities are more numerous than entities, since [the entities] of the past and the future have [respectively] ceased to be or have not yet occurred. That then is why the nonexistence of entities has been taught.

For the Mind Only, that which appears as the duality of apprehender and apprehended is the relative since it is merely imputed while not being existent. The basis for these appearances, the final dependent consciousness, is mere self-aware and self-cognizant mind. Empty of the externally apprehended and the one who apprehends, it is the thoroughly established

འཁོར་འདས་གཉིས་ཀྱི་སྣང་ཆ་འདི་རྣམས་ལ་སྣང་གཞི་རྣམ་ཤེས་ཞིག་ཀྱང་མེད་ན་ནམ་མཁའི་མེ་ཏོག་ལྟར་འགྱུར་རོ་སྙམ་དུ་རྣམ་རིག་ཙམ་དོན་དམ་དུ་སྨྲའོ། །དེ་ལ་དེ་དག་གིས་འདི་ལྟར་ཞེས་པ་ལས་ངོ་བོ་ཐ་དད་དུ་གྱུར་པའི་ཐེམ་པོ་ནི་རྡུལ་ཕྲན་འགོག་པའི་རིགས་པ་སོགས་ཀྱིས་ཁེགས་པས་ཕྱི་དོན་མི་འགྲུབ་ལ། འོ་ན་རི་རབ་ཁང་ཁྱིམ་ལ་སོགས་བསྐྱུ་མེད་བསྐྱོན་མེད་དུ་སྣང་བ་འདི་ཅི་ཡིན་སྙམ་ན། འདི་རྣམས་ནི་ཕྱི་རོལ་ན་ཐེམ་པོའི་བདག་ཉིད་དུ་མེད་ཀྱང་འཁྲུལ་པའི་ངོར་ན་ཡོད་པ་ལྟར་སྣང་བ་སྟེ། དཔེར་ན་རྨི་ལམ་གྱི་སྣང་བ་བཞིན་ནོ། དེ་ལྟར་སྣང་བའི་རྒྱུ་མཚན་ཡང་ཞེས་པ་གསལ་རིག་གི་ངོ་བོ་ཙམ་ནོར་བུ་དྲི་མ་དང་བྲལ་བ་ལྟ་བུ་ལ། དག་དང་མ་དག་པའི་བག་ཆགས་སྣ་ཚོགས་ཀྱི་ཚོན་གྱིས་ཁ་བསྒྱུར་བས་ཞེས་པ་ཉིད་དེ་དང་དེའི་རྣམ་པར་སྣང་བ་ནི་གཞན་དབང་གི་རྣམ་ཤེས་ཞེས་བྱ་སྟེ་རྟེན་འབྲེལ་དང་དོན་འདྲའོ། །དེ་ལྟར་འདོད་འཇིགས་དང་མི་སྡུག་པ་སོགས་གོམས་པ་བཞིན་དུ་ཐོག་མེད་གོམས་པའི་བག་ཆགས་ཀྱི་རྐྱེན་ལས་ཞེས་པ་ཉིད་ལུས་དང་ལོངས་སྤྱོད་གནས་ལ་སོགས་པར་སྣང་ཡང་བྱིས་པ་སོ་སོའི་སྐྱེ་བོས་དེ་རང་གི་སེམས་ཀྱི་བདག་ཉིད་དུ་ཁོང་དུ་མ་ཆུད་པར། ཡུལ་ཕར་ཀ་དང་། སེམས་ཚུར་ཀ་ལྟ་བུར་གཟུང་འཛིན་གཉིས་ཐ་དད་པར་རྒྱང་ཆད་དུ་དོན་ལ་གྲུབ་པར་འཛིན་པ་ནི་དངོས་པོའི་ཡིན་ལུགས་མ་ཡིན་པའི་ཀུན་ཏུ་བརྟགས་པའམ་འཁྲུལ་པ་སྟེ། རྨི་ལམ་གྱི་གླང་ཆེན་ལ་རང་སྣང་དུ་མ་ཤེས་པར་ཕྱི་རོལ་གྱི་གླང་པོ་དངོས་སུ་འཛིན་པ་ལྟ་བུའོ། །དེ་ལྟར་གཟུང་འཛིན་དུ་སྣང་བཞིན་པ་གཞན་དབང་གི་རྣམ་ཤེས་དེའི་རང་བཞིན་མཐར་ཐུག་པ་རང་རིག་རང་གསལ་ཙམ་ལས་མ་འདས་པས་དེ་ཙམ་བདག་གཉིས་ཀྱིས་སྟོང་པའི་ལྡོག་ཆ་ནས་ཡོངས་སུ་གྲུབ་པ་དངོས་པོའི་ཡིན་ལུགས་གཏིང་སླེབས་པ་ཉིད་དུ་འདོད་དེ།

[nature], and as such is the ultimate truth. They believe that if some consciousness were not the basis for the appearing aspects of cyclic existence and transcending suffering, everything would be like sky flowers. Hence they claim mere awareness to be the ultimate truth.

Using the reasoning that refutes particles and so forth, these [proponents of Mind Only] negate the existence of any matter that could be of an essentially different identity than cognition, and so establish the nonexistence of external objects. What then, one may wonder, are the mountains, ranges, houses, homes, and so on that appear infallibly and undeniably? Although they do not exist with material identity, they appear to exist as such to deluded perception—as do, for example, the appearances in a dream. The reason for the appearances is merely the clear and aware essence of cognition, which is like a stainless jewel. As this becomes tainted by the colorings of the various pure and impure habitual tendencies, cognition itself comes to appear as these objects and features. Accordingly, it is called the *dependent consciousness*, which is similar to dependent origination in meaning.

In accordance with the conditioning of desire, fear, disgust, and so forth—the conditioning of habitual tendencies that one has been accustomed to since beginningless time—mind itself appears as body, enjoyments, abode, and so forth. Yet, childish ordinary individuals do not comprehend that these [appearances] are the identity of their own minds. Conceiving of mind as being "here" and objects "over there," they hold the separation, the vast divide between the apprehended and apprehender, to be established in actuality. This is entirely imputation, or a deluded misapprehension of the way things are, as when not knowing that the dream elephant is personal experience, but instead apprehending it as an actual elephant in the external world.

Therefore, the dependent consciousness, which appears as the apprehender and the apprehended, is, in its ultimate nature, never any more than mere self-aware self-clarity. The aspect of that [dependent consciousness] being empty of the two selves is distinguished as the thoroughly established nature. This is what they hold as having reached the depths of [understanding] how things are.

ཤེས་ཉིད་སྣང་བ་སྣ་ཚོགས་སུ་ཇི་ལྟར་སྣང་བའི་ཚུལ་རྒྱས་པར་ཕྱེ་ན་རྣམ་པར་ཤེས་པ་ཚོགས་བརྒྱད་ཀྱི་ཚུལ་ལས་བརྩམས་ཏེ་ཤེས་དགོས་པས་དེ་དག་ཞིབ་པར་འཕགས་པ་ཐོགས་མེད་ཀྱི་གཞུང་ལས་ཤེས་པར་བྱའོ། །དེས་ན་གཞན་དབང་དོན་དམ་དང་ཀུན་རྫོབ་ཏུ་བཤད་ཚུལ་གཞུང་སོ་སོར་བྱུང་བ་གནད་མ་ཤེས་ན་གློ་བལ་བ་རྫ་བཞིན་འཁྲུགས་པར་འགྱུར་བས་ན། གཞན་དབང་ཉིད་ལ་གནས་ཚུལ་མཐར་ཐུག་པའི་དོན་དབང་བཙན་དུ་བྱས་ན་དོན་དམ་དང་། སྣང་ཚུལ་དབང་བཙན་དུ་བྱས་ཏེ་གཞལ་ན་ཀུན་རྫོབ་ཏུ་བསྟུར་རུང་བ་གནད་ཀྱི་དོན་ནོ། །དེ་ལྟ་བས་ན་སེམས་ཀྱི་རང་བཞིན་མ་ཡིན་པའི་དྲི་མ་གློ་བུར་བ་རྣམས་སྤངས་ཀྱང་། རང་བཞིན་འོད་གསལ་གྱི་རྣམ་ཤེས་ཙམ་ནི་སངས་རྒྱས་ཀྱི་ས་ནའང་མི་ལྡོག་པར་ཞིང་དང་སྐུར་སྣང་བའི་གཞིར་འདོད་དོ། །འདི་པ་རང་གི་ལུགས་ལ་བདག་མེད་གཉིས་ཀ་རྫོགས་པར་འདོད་དོ། ཀུན་བཏགས་ཀྱིས་སྟོང་པ་དང་སྐྱེ་བ་ངོ་བོ་ཉིད་མེད་པས་སོགས་ཆོས་བདག་མེད་ཀྱི་དོན་དུ་འདོད་ཀྱང་དབུ་མ་པས་དཔྱད་ན་སྣང་གཞི་ཤེས་པ་ཉིད་བདེན་པར་ཁས་བླངས་པས་ཆོས་བདག་མེད་ཀྱི་མཚན་ཉིད་ཡོངས་སུ་མ་རྫོགས་པས་ཉི་ཚེ་བར་ཞེས་སོ། །ལམ་ཚོགས་གཉིས་ལ་འབད་པས་འབྲས་བུ་གནས་གྱུར་པའི་ཡེ་ཤེས་ལྔའི་བདག་ཉིད་སངས་རྒྱས་སུ་འགྲུབ་པར་འདོད་དོ། །དེ་ལ་ཀུན་རྫོབ་ཙམ་དུ་བྱང་ཆུབ་སེམས་དཔས་སེམས་ཅན་ཐམས་ཅད་སྨྱ་ངན་ལས་བཟླ་བར་བྱའོ་སྙམ་པའི་གོ་ཆ་ཆེན་པོ་བགོས་ཤིང་། ལམ་ཚོགས་གཉིས་ཚད་མེད་པ་ལ་བསྐལ་པ་གྲངས་མེད་དུ་མར་ཡང་ནས་ཡང་དུ་སྤྱད་ནས། འབྲས་བུ་རྣམ་མཁྱེན་གྱི་ཡེ་ཤེས་ཐོབ་སྟེ་གདུལ་བྱའི་རེ་བ་ཡིད་བཞིན་དུ་སྐོང་བ་ཡང་། སྐྱེ་བ་རེ་རེ་དང་ལུས་རེ་རེ་ཙམ་གྱིས་མ་ཡིན་ལ། ཐུགས་ཀྱི་རྒྱུད་ཡོན་ཏན་གྱི་ཁྱད་པར་གྱིས་གོང་ནས་གོང་དུ་འཕགས་ཤིང་།

For an elaborate explanation of how mind itself comes to manifest as various appearances, it is necessary to begin by understanding the eight collections of consciousness. These can be learned in detail from the scriptures of the noble Asaṅga.

The various scriptures contain explanations of the dependent [consciousness] as being either ultimate or relative, and if one doesn't understand the crucial point, one's mind will become as ruffled as jute. When emphasizing the final natural condition of the dependent [nature], it is the ultimate, and when evaluating it with emphasis on how it appears, it is appropriately included in the relative. This is the crucial point. Therefore, even when the temporary stains that are not the nature of mind have been relinquished, there is no separation from the mere consciousness of natural clarity, even at the level of Buddhahood. Here it is asserted to be the basis for the appearances of the [pure] fields and the bodies [of enlightenment].

According to that tradition, this is considered the complete two-fold absence of self. The emptiness of imputation, the essential absence of origination, and so forth are asserted to be the meaning of absence of self in phenomena. When investigated by those of the Middle Way, however, this doesn't completely comply with the definition of absence of self in phenomena, since the basis for appearance, mind itself, is claimed as real. [This selflessness] is therefore seen as limited.

[The Mind Only] asserts that the efforts on the path of the two accumulations accomplish the transformation into the fruition of the Buddhahood that is the identity of the five [types of] wakefulness. From the mere relative [perspective], the Bodhisattva dons the great armor of taking responsibility for bringing all sentient beings beyond suffering. Having continuously acted in accord with the path of the two limitless accumulations for several uncountable eons, he attains the fruition of the omniscient wakefulness that fulfills all hopes of those to be tamed. This is not just [a matter of] a few lives and a few bodies, since the mind-stream of the noble ones must become ever more exalted, [becoming infused] with remarkable qualities and finally gaining mastery over all wakefulness and good qualities.

མཐར་ཡེ་ཤེས་དང་ཡོན་ཏན་མཐའ་དག་ལ་མངའ་དབང་འབྱོར་དགོས་པའི་རྒྱ་ཆེ་བའི་ལམ་ལུགས་འདི་ལ་ཚོས་ཤིང་མཛེས་པ་ཡིན་པས་ཐ་སྙད་ཀྱི་འཇོག་ཚུལ་འདི་ལྟ་བུས་གཞི་བཏིང་ནས་རྒྱ་ཆེ་བའི་ལམ་གྱི་གཞུང་བསྲུང་དགོས་པ་ཡིན་པས། འཕགས་པ་ཐོགས་མེད་ཀྱིས་རྒྱ་ཆེན་སྤྱོད་པའི་སྲོལ་ཕྱེས་སོ་ཞེས་གྲགས་པ་བཞིན་ཐེག་ཆེན་པ་ཀུན་ལ་དགོས་པའི་གནད་གཅིག་ཡིན་པར་ཤེས་པར་བྱའོ། །དེས་ན་སེམས་ཙམ་པའི་ཚུལ་འདི་ཀུན་རྫོབ་ཐ་སྙད་ཀྱི་དེ་ཁོ་ན་ཉིད་ཤིན་ཏུ་བདེན་པ་ཡིན་མོད། འོན་ཀྱང་འདིའི་རྣམ་ཤེས་རང་གསལ་གྱི་རང་བཞིན་ལ་བདེན་གྲུབ་ཏུ་ཞེན་པའི་ཆ་དེ་དགག་བྱ་ཡིན་ནོ། །ཕྱི་ནང་གི་གྲུབ་མཐའི་སྐབས་འདིར་སོ་སོའི་འདོད་པའི་རྣམ་གཞག་ཙམ་ཟད་གཞུང་དུ་འཆད་པར་འགྱུར་ལ། འདིར་བདེན་གཉིས་ཀྱི་འདོད་ཚུལ་སྙིང་པོ་ཙམ་བརྗོད་པ་ཡིན་ནོ། །བློ་འཆལ་མང་དུ་སྤྲོ་བས་ཅི་བགྱི་སྟེ། །དབང་པོ་ཀུན་གྱི་རྩ་བ་སྲོག་བཞིན་དུ། །གྲུབ་མཐའི་ཟབ་གནད་རྗེན་ཅེར་ཟིན་པའི་བློ། །རྒྱ་ལས་འོམ་འབྱེད་པའི་ངང་མོ་བཞིན། །ཞེས་བྱ་བ་བར་སྐབས་ཀྱི་ཚིགས་བཅད་དོ། །དེ་ལྟར་རང་གི་སྡེ་པ་དེ་དག་ལ་བློའི་རྩལ་ཆེ་ཆུང་གིས་སྟོང་པ་རྟོགས་ཚུལ་ལ་ཁྱབ་ཆེ་ཆུང་ཡོད་པས་བདེན་གཉིས་ཀྱི་ཡིན་ལུགས་དང་ཇི་ཉེར་སོང་བས་གོང་ནས་གོང་དུ་ཁྱད་ཞུགས་ཀྱང་། དེ་ཐམས་ཅད་མཚུངས་པར་སྣང་གཞི་བདེན་གྲུབ་གཅིག་ལས་འདའ་མ་ནུས་པས་ཉི་ཚེའི་སྟོང་པ་ཞེས་བྱ་ལ། གཞུང་འདིར་ནི་ཞེས་བྱའི་ཆོས་ཀྱི་ཁོང་འདི་ན་རང་བཞིན་བདེན་གྲུབ་དངོས་པོ་ཅུང་ཟད་ཅིག་ཀྱང་ཁས་མི་ལེན་པ་ཡིན་ཏེ། ཟླ་སྒྲོན་ལས། ཆོས་རྣམས་ཐམས་ཅད་རྟག་ཏུ་རང་བཞིན་སྟོང་། །རྒྱལ་སྲས་རྣམས་ཀྱིས་དངོས་པོ་རྣམས་ཞིག་ན། སྲིད་པ་ཐམས་ཅད་ཡོང་ཡེ་སྟོང་པ་སྟེ། །ཉི་ཚེའི་སྟོང་པ་མུ་སྟེགས་ཅན་རྣམས་ཀྱི། །ཞེས་པ་ལ་སོགས་པས་བསྟན་པ་དེ་ལྟ་བུའི་དབུ་མའི་གཞུང་འཛུགས་ལ།

For this vast path, [such principles of the Mind Only approach] are both appropriate and beautiful, so one should lay the foundation by setting forth the conventional in this way, and thus cultivate the qualities of this vast path. It is renowned that "noble Asaṅga founded the Tradition of the Vast Activity," and one must therefore understand how [these principles] constitute key points necessary for anyone of the Great Vehicle.

The Mind Only's explanation of the essential nature is, relatively and conventionally, extremely accurate, yet the aspect of attachment to the natural self-clarity of consciousness as being truly established is still to be refuted. As for the various sets of assertions of the non-Buddhist and Buddhist philosophies, these will be explained a bit in the scripture; here I have just mentioned their core assertions with regard to the two truths.

A closing verse:

Why mindlessly speak on?
The profound key point of philosophy is like the life force, the root of all faculties.
The mind which seizes it nakedly and directly
Is like a swan that separates milk from water.

In this way, these members of our own group realize emptiness to different extents in accordance with their mental capacities. Coming increasingly closer to the actual condition of the two truths, they become progressively more exalted. But since they are all equal in not being able to go beyond a truly established basis for appearance, this is called limited emptiness. In this scripture, not a single entity within the realm of knowable phenomena is claimed to be of a truly established nature.

From the *Moonlamp Sūtra*:

> All phenomena are forever naturally empty.
> When the children of the Victorious Ones have eliminated all entities,
> The entirety of existence is utterly and primordially empty.
> The limited emptiness of the extremists...

The scriptural tradition of the Middle Way is founded on such teachings.

དབུ་མ་དེ་ལའང་སྣང་ཚོད་ཀུན་རྫོབ་ཀྱི་དངོས་པོ་འདི་མ་བརྟགས་མ་དཔྱད་པའི་བློ་ངོར་སྣང་ཙམ་འཇིག་རྟེན་ལ་གྲགས་པ་ལྟར་ཁས་ལེན་པ་དང་། དཔྱད་པའི་གྲུབ་མཐའ་མདོ་སྡེ་པ་སོགས་དོན་སྨྲའི་ལུགས་ལྟར་ཁས་ལེན་པ་ཡོད་ཀྱང་། གཞུང་འདིར་ནི་ཐ་སྙད་ཀྱི་འདོད་ཚུལ་སེམས་ཙམ་པ་དང་མཐུན་པར་བཞེད་པས་དབུ་མ་རྣལ་འབྱོར་སྤྱོད་པའི་ཤིང་རྟའི་སྲོལ་དང་པོར་ཕྱེ་བར་མཛད་པ་ཡིན་ནོ། །ཀུན་རྫོབ་ཀྱི་འཇོག་ཚུལ་འདི་རིགས་པས་དཔྱད་ན་ཐ་སྙད་ཀྱི་དེ་ཁོ་ན་ཉིད་མཐར་ཐུག་པ་ཡིན་ཅིང་། དཔལ་ལྡན་ཆོས་ཀྱི་གྲགས་པའི་དགོངས་པའང་ཡིན་ནོ། །དེ་ལ་ཐ་སྙད་དང་དོན་དམ་པའི་ཚད་མ་སོ་སོས་རྙེད་དོན་སོ་སོ་བ་ཡིན་ཅིང་ཐ་སྙད་ཀྱི་རྣམ་གཞག་ལ་རྩེ་མོར་གྱུར་པ་སེམས་ཙམ་པ་ཡིན་པས། ལུགས་འདི་ལྟ་བུར་ཁས་ལེན་པ་ནི་ཐ་སྙད་པ་དེ་ཞིང་གཞན་ཡང་དགོས་པའི་མཆོག་དུ་མ་ཡོད་པ་ཅུང་ཟད་ཅིག་འོག་ནས་འཆད་པར་འགྱུར་རོ། །དེ་ལ་འདི་ལྟ་བུའི་ཐ་སྙད་ཀྱི་འདོད་ཚུལ་ཡང་དོན་དམ་པར་སྣང་བ་སེམས་སུ་གྲུབ་མ་གྲུབ་ཀྱི་དཔྱད་པ་མ་ཡིན་ལ། བསླུ་མེད་སྣང་ཙམ་གྱི་ཆོས་འདི་རྣམས་ལ་ཐ་སྙད་ཀྱི་ཚད་མས་གཞལ་ཚུལ་ཡིན་ཏེ། དཔེར་ན་རྨི་ལམ་གྱི་སྣང་བ་འདི་དག་ནང་གི་སེམས་ཡིན་ནམ། འོན་ཏེ་ཕྱི་རོལ་ན་ཡོད་ཅེས་དྲི་ན། བློ་དང་ལྡན་པ་ཁ་ཅིག་གིས་བརྟགས་ཤིང་དཔྱད་ནས་དེ་ཕྱི་རོལ་ན་ཡོད་པར་མི་འཐད་པས་རང་སྣང་ཙམ་མོ་ཞེས་སྨྲ་བ་དང་འདྲ་ཡང་། གང་དག་ཚད་མ་གཉིས་ཀྱིས་གཞལ་ཚུལ་བསྲ་བསྲེར་གྱུར་ཏེ། མ་བརྟགས་མ་དཔྱད་པའི་སྣང་ཙམ་ལས་དཔྱད་པའི་གྲུབ་མཐའ་ཞིག་ཁས་ལེན་ན་ཐལ་འགྱུར་བའི་ལུགས་དང་ཆེས་འགལ་སྙམ་དུ་སེམས་པར་མི་བྱ་སྟེ། དེ་ཡང་འདིར་སུ་ཞིག་གིས་ཆོས་འདི་དག་རང་གི་མཚན་ཉིད་ཀྱིས་གྲུབ་བམ་ཞེའམ། དེའི་ངོ་བོ་ཚད་མས་གྲུབ་པ་སོགས་གང་ཡིན་ཀྱང་རུང་སྟེ། འཇལ་བྱེད་ཀྱི་ཚད་མ་ཤན་ཕྱེད་པ་གལ་ཆེ་སྟེ། དོན་དམ་པའི་ཚད་མའི་ངོར་ནས་གཞལ་བ་ཡིན་ན་ནི། སྣང་བའི་མདུན་ན་སྣུན་པ་ལྟར་དེའི་ངོར་ནམ་ཡང་མི་འགྲུབ་པས་ན་ཅུང་ཟད་ཀྱང་གྲུབ་པ་གཞག་ཏུ་མེད་ལ།

As for the Middle Way, some will accept all of these mere appearances of relative entities just as they appear to a mind that has not investigated or analyzed—as they are known in the world. Others may assert in accordance with the analytical philosophy of such object proponents as the Sūtra Followers. However, in this scripture the conventional claims are made in accordance with the Mind Only, and so this is the first opening of the chariot way of the Middle Way of Yogic Action.

When examining these claims about the relative through reasoning, they are [seen to be] the final essential nature of convention, as well as the intent of glorious Dharmakīrti. What is discovered with conventional valid cognition is different from what is discovered with ultimate valid cognition, and in terms of conventional principles, those of the Mind Only are the pinnacle. Assertions made in accordance with these are convenient conventions, and moreover, they have many supreme purposes that will be briefly mentioned below.

This way of asserting the conventional is not an analysis of whether appearances are ultimately established as mind. Rather, this is a conventionally valid evaluation of all these phenomena that are undeceiving mere appearance. For example, are the appearances in a dream mind, or do they exist externally? If asked such a question, an intelligent person will, after investigation, answer that since they also cannot reasonably have any external existence, they are merely personal experience.

Some mix up the two kinds of valid cognition [when they are using them] for evaluation. They believe that if, apart from just what appears without analysis or investigation, any analytical philosophical tenet is claimed, then this is in great conflict with the way of Consequence. Do not think that.

Moreover, in this context, when someone maintains that these phenomena are established by their own characteristics, or when someone claims that their essence is established from the perspective of valid cognition, and so forth, it is, in any case, important to distinguish the valid cognitions with which the evaluations are made. If it is an evaluation from the viewpoint of ultimate valid cognition, then since from this perspective nothing can ever be existent (like darkness in the face of light), nothing

ཐ་སྙད་པའི་ཚད་མའི་ངོར་ནས་གཞལ་བ་ཡིན་ན་ནི། དེའི་ངོར་བསླུ་མེད་བསློན་མེད་དུ་གྲུབ་པས་དེས་ཐ་སྙད་ཀྱི་སྣང་ཚུལ་དང་མཐུན་པར་ཇི་ཙམ་དཔྱད་ཀྱང་ཚད་མའི་གཞུང་ནས་སྐྱེ་བ་སྔ་ཕྱི་སོགས་ཡོད་པར་སྒྲུབ་པའི་དཔྱད་པ་ལ་སོགས་པ་ཇི་ལྟ་བ་བཞིན་དུ་དོན་དམ་དཔྱོད་བྱེད་དུ་མི་འགྲོའོ། །མདོར་ན་མཐུན་སྣང་གི་དངོས་པོ་འདི་ཙམ་དགག་པའི་དབུ་མ་པ་སུ་ཡང་མེད་ལ། རང་བཞིན་བདེན་གྲུབ་ཀྱི་དངོས་པོ་འདོད་པའི་དབུ་མ་པ་སུ་ཡང་མེད་ཀྱང་། བདེན་གཉིས་ཟུང་དུ་ཆུད་ཚུལ་གྱི་རྟོགས་པའི་རྣལ་འཕངས་ལས་དོན་དམ་པ་གཏན་ལ་འབེབས་ཚུལ་ལ་ཁྱད་ཡོད་པ་ལས། ཐ་སྙད་བཞེད་ཚུལ་ཙམ་གྱི་གྲུབ་མཐའི་མཐོ་དམན་མི་འདྲ་ངོ་། །དེས་ན་བུམ་པ་རང་བཞིན་མེད་པ་དང་། སྟོང་པ་ཡིན་པ་ལྟ་བུ་ལ་དངོས་སུ་དོན་དམ་གྱི་ཁྱད་པར་སྦྱར་བ་མེད་ཀྱང་། གྲུབ་མཐའ་དང་ཐ་སྙད་མཁས་པ་དག་གིས་སྐབས་ཀྱི་དོན་ལས་དོན་དམ་དཔྱོད་པའི་དབང་དུ་བྱས་པར་གོ་ཞིང་། བུམ་པ་ཚད་མས་གྲུབ་པ་དང་རང་མཚན་གྱིས་གྲུབ་པའང་ཐ་སྙད་དུ་གོ་བར་འགྱུར་གྱི། ཕན་ཚུན་འཚོལ་བའི་རྩོངས་པ་མི་སྐྱེ་ཡང་། ཚིག་གིས་རྩོངས་ནས་བྱ་རོག་གི་ཁྲུ་འཕྲིགས་ཞུགས་པ་ཅན་དག་ལ་རང་བློ་ལ་རྟག་ཏུ་ཞེན་པའི་ཚིག་ཙམ་ལྷུར་བྱེད་ཀྱང་། དོན་དུ་མ་ལ་ཐུན་མོང་དུ་གྲགས་པའི་ཚིག་རྣམས་ནི་དོན་གྱི་རྣམ་པར་བཅད་པ་ལ་མི་ལྟོས་པར་དངོས་པོ་གཅིག་གི་རྗོང་བྱེད་དུ་ངེས་པ་མེད་དེ། དཔེར་ན་བདེན་གྲུབ་ཅེས་པའང་། དོན་དམ་དཔྱོད་པས་དཔྱད་བཟོད་དུ་གྲུབ་པ་ལ་གྲགས་ཆེ་བས་ཕལ་ཆེར་དེ་ལྟར་གོ་བ་ཡིན་གྱི། གཞན་དུ་བདེན་པ་ཞེས་པ་བདེན་པ་གཉིས་ཀར་ཡང་གོ་རུང་བ་བཞིན། གྲུབ་ཅེས་པའང་དེའི་ཚིག་མཐའ་ཙམ་དུ་བསམས་ན། ཐ་སྙད་ལ་གོ་མི་རུང་བའི་རྒྱུ་མཚན་ཡང་མེད་པ་དེ་བཞིན་ཁྱད་པར་སྦྱར་བ་འགའ་ཞིག་ཀྱང་གཞན་དུ་འཁྲུལ་མི་སྲིད་པ་མ་ཡིན་པས་སྐབས་ཀྱི་དོན་ལས་ཐ་སྙད་བདེ་བླག་ཏུ་ངེས་པ་རྒྱ་གཞུང་ཆེན་པོ་རྣམས་ཀྱི་སྲོལ་བཞིན་རྗོད་པ་ལེགས་ཤིང་།

whatsoever can be established. If it is an evaluation from the viewpoint of conventional validity, then from this perspective, existence is unfailing and undeniable. Analysis may be carried out in accordance with the apparent way of the conventional, as when the scriptures on valid cognition investigate to establish the existence of past and future lives, and so on. No amount of such analysis, however, will turn it into an investigation of the ultimate meaning.

In short, there is no one of the Middle Way who would negate the mere common appearance of entities. There is also no one of the Middle Way who would assert any entity of truly established nature. According to the force with which the unity of the two truths is realized, there are differences as to how the ultimate meaning is ascertained, but simply the way the philosophies explain the conventional does not make them either superior or inferior.

When [it is said], for example, that the vase has no nature and that it is empty, this is not directly specified as applying to the ultimate truth. Yet, those learned in philosophy and conventions will understand from the present context that it is [said] in terms of an investigation into the ultimate meaning. Likewise, the vase established to valid cognition and the vase established by its specific characteristics will be understood as [being] the conventional. There will be no deluded confusion between those [two ways of investigation]. Nevertheless, those deluded by words will, possessed by a crow-like nervous suspiciousness, only appreciate those words that their minds are always obsessed with.

Words that commonly have multiple meanings cannot, independently of the import of their meaning, be determined to express [just] a single meaning. For example, *truly established* is more often heard as [referring to] that which is established by having withstood ultimate investigation. Therefore, it is generally understood in this way. Still, *truly* can be understood as [referring to] both of the truths, and if one considers simply the mere word *established* there is also no reason why it could not be understood in terms of the conventional. So while there are no specifications that cannot be confused as something other [than what they were meant to be], the words can easily be determined from the context.

གོ་བ་ལ་ཕན་སྐད་ཁྱད་པར་སོགས་སྦྱར་ཡང་འགལ་བ་མེད་དེ། ངག་ནི་བརྗོད་འདོད་ཀྱི་རྒྱུ་ཅན་ཡིན་པའི་ཕྱིར་རོ། །དེས་ན་གཞུང་རྣམས་སུ་བདེན་གྲུབ་དང་རང་མཚན་གྱིས་གྲུབ་པ་སོགས་ལ་ཁྱད་མེད་དུ་དགག་པ་དང་། ཁྱད་པར་ཕྱི་སྨྲ་བཤད་པ་ལྟ་བུ་སོགས་སྐྱེ་བོ་རྣམས་མི་རྟོགས་པར་བྱ་བའི་ཕྱིར་ཚད་མ་སོ་སོས་གཞལ་ཚུལ་གྱི་གནད་རེ་ཡོད་པ་ཤན་མ་ཕྱེད་པ་ཚིག་གི་ཟེར་སྒྲོས་ཙམ་གྱིས་གྲུབ་མཐའ་ཕྱེ་བ་ཤིན་ཏུ་ཐང་ཆད་དོ། །དེས་ན་རྗེས་ཐོབ་ཤན་འབྱེད་པའི་སྐབས་སུ་ཚད་མ་གཉིས་ཀྱིས་གཞལ་བའི་རྣམ་གཞག་མ་འཁྲུགས་པར་འཇོག་དགོས་ཀྱི། ཤན་ཕྱེད་པ་མེད་པར་ཐ་སྙད་དུའང་དཔྱད་པ་ཙམ་གྱིས་དོན་དམ་དཔྱོད་པར་འགྲོ་བ་ལྟ་བུ་ན། ཐེག་ཆེན་ལ་ཞུགས་པའི་གང་ཟག་འཚང་རྒྱ་བ་ཡོད་ཅེས་ཁས་བླངས་པའང་དོན་དམ་པར་ཡོད་པར་ཁས་བླངས་པ་ལྟ་བུར་འགྱུར་ཞིང་། ཀུན་རྫོབ་བདེན་པ་ཞེས་སྨྲ་ནའང་ནེམ་ནུར་དགོས་པའི་འགགས་ལ་ཐུག་ཅིང་། ལམ་དང་འབྲས་བུ་གྲུབ་པའི་མཐའ་སྨྲ་བར་དཀའོ། །གལ་ཏེ་གང་ཟག་འཚང་རྒྱ་བ་ཡོད་པར་སྨྲ་བ་ནི་ཐ་སྙད་ཙམ་གྱི་དབང་དུ་བྱས་སོ་སྙམ་ན། དེ་ལྟར་ན་བདེན་གཉིས་སོ་སོར་ཕྱེས་ནས་སྨྲ་བ་ཉིད་ཀྱི་ལུགས་ཁས་བླངས་པར་གྱུར་པ་སྟེ། ལུགས་དེས་ཀྱང་ཐ་སྙད་ཙམ་དུ་དངོས་པོའི་མཚན་ཉིད་གྲུབ་པ་དང་། སེམས་ཙམ་དུ་སྨྲ་བའང་དེ་ལྟར་ཤེས་པར་གྱིས་ཤིག །ཁོ་ན་རེ། གལ་ཏེ་དེ་ནི་གཞན་ངོ་ཙམ་དུ་ཁས་བླང་གི་རང་ལུགས་མིན་ནོ་སྙམ་ན་རང་ལ་རྗེས་ཐོབ་ཀྱི་སྐབས་ན་ལམ་འབྲས་ཀྱི་རྣམ་གཞག་དང་རྟེན་འབྲེལ་ཙམ་དུ་ཁས་ལེན་ཡོད་པར་བཤད་པ་སོགས་དང་འགལ་ལོ། །དེས་ན་ཐ་སྙད་ཚད་གྲུབ་འདོད་པའི་ལུགས་ལ་བདེན་གཉིས་ཕྱེ་སྟེ་སྨྲ་ཞིང་། མ་ཕྱེས་པར་དཔྱད་ཙམ་གྱིས་དོན་དམ་དཔྱོད་པར་མི་འགྲོ་བའི་ཚུལ་ཤེས་པར་བྱའོ།

It is good to speak in accordance with the way of the great Indian scriptures. However, there is no mistake in specifying and otherwise [clarifying] for the sake of furthering understanding. Words are the effect of the wish to express. In order to rid people of delusion, the scriptures will, for example, refute the truly established, that which is established by way of specific characteristics, and so forth without making distinctions—as well as give explanations that are based on [such] distinctions. There are crucial points for evaluating with each of the valid cognitions. An exposition of philosophy that does not distinguish [between these types of evaluations] but instead bases itself on words that are merely second-hand is extremely tiresome.

Therefore, when making distinctions during the ensuing attainment one must set forth principles as evaluated with the two valid cognitions without mixing these [types of cognition] up. If without a distinction [in terms of conventional and ultimate validity], a mere investigation into the conventional also becomes an investigation into the ultimate, a claim such as "the person who has entered the Great Vehicle attains enlightenment" ends up being an assertion of this being so ultimately. Although one then calls it "the relative truth," one is still stuck with having to doubt it, and it becomes difficult to speak of any tenets of the path and fruition.

If one says the attainment of enlightenment is spoken of merely in terms of the conventional, then that is an acceptance of exactly the way that teaches by separating the two truths. According to that way as well, entities are, just conventionally, established by their specific characteristics. Know that the claim of Mind Only is also such mere convention!

Some may think: "The [attainment of enlightenment] is merely accepted as the perspective of others, but is not our own way." Yet such an idea conflicts with the explanation that during the ensuing attainment, one accepts the principles of the path and fruition, as well as mere dependent origination. Hence it should be understood that the way that asserts conventional valid existence teaches by means of distinguishing the two truths, and it should be known that without [such] a distinction, mere investigation does not [necessarily] become investigation into the ultimate truth.

།མདོར་ན་མཉམ་གཞག་སྒྲ་དང་རྟོག་པའི་ཡུལ་ལས་འདས་པའི་གཞལ་དོན་ལྟར་མཐར་ཐུག་གི་གནས་ཚུལ་བདེན་པ་དབྱེར་མེད་ཀྱི་དབང་དུ་བྱས་ན་ནི་བདེན་གཉིས་ཕྱེ་མི་དགོས་པས་འདི་ལྟར་སྣང་བའི་ཆོས་ཐམས་ཅད་ཡེ་ནས་ཡོད་མེད་ཡིན་མིན་སོགས་དགག་སྒྲུབ་ཀྱི་ཁས་ལེན་གང་ཡང་མེད་པས་ཅིའང་མི་གསུང་བའི་ཚུལ་གྱིས་ལན་བཏབ་པ་དང་འདྲ་བར་ཡང་དག་པར་ན་ཐ་སྙད་ཐམས་ཅད་ལས་འདས་ཤིང་བརྗོད་དུ་མེད་པ་དང་སྤྲོས་པ་དང་བྲལ་བ་དང་མཉམ་པ་ཉིད་ཀྱི་ཕྱིར་ཁས་ལེན་མེད་པར་གྲུབ་ཀྱང་། རྗེས་ཐོབ་སྒྲ་རྟོག་གི་ཡུལ་དུ་གྱུར་པ་སྣང་ཚུལ་གྱི་དབང་དུ་བྱས་ཏེ་གཞི་ལམ་འབྲས་བུ་སོགས་ཀྱི་རྣམ་གཞག་ཞིག་རང་གིས་བསམ་ཞིང་གཞན་ལའང་སྨྲ་དགོས་ན་ནི་ཚད་མ་གཉིས་ཕྱེ་སྟེ་དགག་སྒྲུབ་ཀྱི་ཚུལ་ལ་འཇུག་པ་ལས་འདའ་བ་མི་སྲིད་དོ། །དེ་ལྟར་ན་འདི་དང་ཐལ་འགྱུར་གཉིས་ཆེས་མི་འདྲའོ་སྙམ་དུ་རྟོག་པར་མི་བྱ་སྟེ། ཐ་སྙད་ཞལ་གྱིས་བཞེས་ཚུལ་ཙམ་མི་འདྲ་ཡང་། ཤིང་རྟ་ཆེན་པོའི་དགོངས་པ་མཐར་ཐུག་གནད་གཅིག་ཏུ་དབྱེར་མེད་པར་རིགས་པས་གྲུབ་པས་སོ། །དེ་ལྟར་ཤེས་ན་གངས་ཅན་འདིར་ཡང་མཁས་པ་ལ་ལས་ཀུན་རྫོབ་ཚད་གྲུབ་ཏུ་བཞེད་པ་ལ། གཞན་དག་གིས་དེ་མི་སྲིད་པའི་གཏམ་ངན་དུ་སྨྲ་བ་དང་། མཁས་པ་སྣ་མའི་བཞེད་ཚུལ་ལ་ཁ་ཅིག་གིས་དེ་རྣམས་ཀྱིས་ཐལ་འགྱུར་བའི་ལྟ་བ་རྣལ་མ་མ་རྟོགས་པའི་སྐྱུར་འདེབས་སོགས་དང་། གཞན་ཡང་ཤིང་རྟ་ཆེན་པོ་རྣམས་ཀྱི་ལུགས་ལ་རྫོངས་པའི་དྲི་མ་མང་ཞིག་རང་གྲོལ་དུ་འགྱུར་རོ། །དེ་ཡང་འདི་ལྟ་བུའི་བདེན་གཉིས་ཀྱི་རྣམ་པར་གཞག་པ་གཏན་ལ་འབེབས་པའི་ཚེ་ན་འདི་སྙམ་དུ། ཀུན་རྫོབ་ཅེས་པ་ཡང་དག་པའི་དོན་ལ་བསྒྲིབས་པའམ་འགེབས་པ་ལྟ་བུར་བཤད་ན། མ་དག་པའི་ཆོས་རྣམས་ནི་དེ་ལྟར་ཡིན་མོད་ཀྱི། གཏི་སྨུག་དང་བྲལ་བ་ཡང་དག་པའི་ཆོས་སངས་རྒྱས་ཀྱི་སྐུ་དང་ཡེ་ཤེས་ལ་སོགས་པ་ཀུན་རྫོབ་མ་ཡིན་ལ། དེའི་ཕྱིར་ན་མི་སྟོང་ངོ་སྙམ་དུ་སེམས་ན་དེ་ནི། རྒྱལ་བ་སོགས་ལ་ཆགས་པ་ཕྲ། །ཞེས་གསུངས་པ་ལྟར་ཡིན་པས་བདེན་ཞེན་སྤང་དགོས་ཏེ།

In short, when one is in accord with the findings of the meditative equipoise beyond the domain of word and thought, and in accord with the final abiding condition in which the truths are inseparable, there is no need to distinguish between two [types of] truth. From the beginning, all these appearing phenomena have been entirely beyond all claims, regardless of whether they are affirmative or negative, predicative or existential, and so forth. As when replying by not saying anything at all, the authentic condition transcends all conventions, and being inexpressible, simplicity, and equality, [the abiding condition] is established without making a claim.

However, in terms of the ensuing attainment, the domain of word and thought and the apparent condition, one must conceive of principles such as the ground, path, and fruition, as well as speak of them to others. One thus distinguishes two valid cognitions and cannot possibly go beyond operating by way of negations and affirmations. Do not think that this is very different from the Consequence, for it is merely the conventional claims that do not resemble one another. In the end, the intents of the great chariots are established by reasoning to be a single, inseparable key point.

When some scholars in this Land of Snow teach that the relative is established by valid cognition, others consider such [statements to be] wicked ravings. Still others will criticize the way that earlier scholars asserted, saying that they did not realize the genuine view of the Consequence. Knowing what was just explained will spontaneously dissolve many of these stains of delusion concerning the ways of the great chariots.

In the context of ascertaining these principles of the two truths, it may be thought: "If what is called the relative is explained as being a sort of obscuration or concealment of the authentic meaning, then impure phenomena may definitely be so, but the authentic phenomena free from delusion—the bodies and types of wakefulness of the Buddha, and so forth—are not relative, and therefore are not empty."

Just as explained by, "subtle attraction to the Victorious One and so forth...," the attachment to truth needs to be given up. One must develop certainty in accordance with the point conveyed here:

ཆོས་མཆོག་མྱ་ངན་ལས་འདས་པ་ལས་ལྷག་པའི་ཆོས་ཞིག་ཡོད་ན་དེའང་སྒྱུ་མ་དང་རྨི་ལམ་ལྟར་བལྟའོ་གསུངས་པའི་དོན་བཞིན་ངེས་པ་བསྐྱེད་པར་བྱའོ། །དེའང་བཀའ་དང་བསྟན་བཅོས་རྣམས་ན་བདེན་གཉིས་འཇོག་ཚུལ་གཉིས་སུ་གནས་ཏེ། གནས་ལུགས་དོན་དམ་ལ་དཔྱོད་པའི་ཚད་མའི་དབང་དུ་བྱས་ཏེ། སྟོང་པ་ལ་དོན་དམ་དང་། སྣང་བ་ལ་ཀུན་རྫོབ་ཅེས་བཞག་པ་དང་། སྣང་ཚུལ་ལ་དཔྱོད་པ་ཀུན་ཏུ་ཐ་སྙད་པའི་ཚད་མའི་དབང་དུ་བྱས་ཏེ། གནས་སྣང་མཐུན་པ་མི་བསླུ་བའི་ཡུལ་དང་ཡུལ་ཅན་ལ་དོན་དམ་དང་། ལོག་ཕྱོགས་ལ་ཀུན་རྫོབ་ཏུ་འཇོག་པའི་ཚུལ་གཉིས་ལས། ཕྱི་མའི་དོན་དམ་ཡིན་ཀྱང་ངོ་བོ་སྟོང་པ་ཡིན་ལ། སྐབས་འདིར་ནི་སྔ་མ་ལྟར་ཡིན་ཅིང་། དེའང་ཀུན་རྫོབ་ཀྱི་དོན་ཡང་དག་པ་ཡིན་མིན་གཉིས་སུ་ཕྱེ་བའི་མིན་པ་ལ་འཇོག་པའི་ཚུལ་ནི། ཡང་དག་པ་ཞེས་བྱ་བའི་དོན་དངོས་པོའི་ཡིན་ལུགས་ཏེ་རང་བཞིན་གྱིས་མ་གྲུབ་པའི་སྟོང་པ་ཉིད་ལ་བརྗོད་པས་ན། ཀུན་རྫོབ་ཅེས་པ་སྒྲིབ་སོགས་སུ་སྣང་བའི་ཚུལ་གྱིས་བྱིས་པ་རྣམས་ཀྱི་ངོར་སྟོང་པ་ཉིད་སྦས་ཤིང་བསྒྲིབས་པར་གྱུར་བ་ལྟ་བུ་ཞིག་ཁོ་ན་ལ་གོ་དགོས་ཀྱི། རྣམ་པ་ཐམས་ཅད་དུ་བསླུ་ཞིང་བརྫུན་པའོ་ཞེས་གོ་བར་མི་བྱ་ཞིང་། དེས་སྟོང་པ་ཉིད་ལ་རྟག་ཏུ་བསྒྲིབས་པར་ཡང་གོ་བར་མི་བྱ་སྟེ། འཕགས་པ་རྣམས་ལ་སྟོང་དང་རྟེན་འབྱུང་གཅིག་གིས་གཅིག་གསལ་བའི་ཕྱིར་རོ། །དེས་ན་སྣང་ཙམ་གྱིས་སྟོང་ཉིད་ལ་བསྒྲིབས་པ་མ་ཡིན་ཡང་སྣང་བ་ལ་བདེན་འཛིན་ཞུགས་པའི་གཏི་མུག་གི་དབང་གིས་ཡུལ་རྣམས་ཀྱི་རང་བཞིན་ཕྱིན་ཅི་ལོག་ཏུ་དམིགས་པའོ། །དེས་ན་གདུལ་བྱ་རྣམས་ཀྱི་ལོག་རྟོག་བཟློག་པའི་དོན་དུ་སྟོན་པ་ཐབས་མཁས་ལ་ཐུགས་རྗེ་ཆེན་པོ་མངའ་བས་གདུལ་བྱའི་རྒྱུད་དང་བསྟུན་ནས་སྣང་བ་ལ་ཀུན་རྫོབ་ཅེས་དོན་དམ་པ་རྟོགས་པའི་ཚིག་བླ་དྭགས་དེ་སྐད་དུ་བཏགས་མོད། སྣང་བ་དང་ཀུན་རྫོབ་དོན་དུ་གཅིག་སྟེ། སྣང་ནི་སྣང་ཡང་སྣང་བ་ལྟར་བདེན་པར་གྲུབ་པ་མེད་པ་ལ་གོ་དགོས། བདེན་པ་མེད་ཅེས་རྗོད་པ་དེས་ཀྱང་ཕྱིན་ཅི་ལོག་གི་སྣང་བ་ཡིན་པར་སྟོན་མི་དགོས་ཏེ། སྟོང་པ་ཡིན་པ་ལ་བདེན་པ་མེད་ཅེས་བཏགས་པ་གོ་དགོས། དེ་དེ་ལྟར་སྣང་བ་ལྟར་གྲུབ། སྣང་བ་ལྟར་བདེན་ན་

> If there is any property superior to the supreme property of transcending suffering, then that should also be seen as illusory and dream-like.

In the Buddha's words and in their commentaries one finds two ways of setting forth the two truths. In terms of the valid cognition that analyzes the ultimate way of abiding, emptiness is posited as the ultimate and appearance as the relative. In terms of entirely conventional valid cognition that analyzes the apparent, the ultimate is the undeceiving subject and object in which what is accords with what appears. The opposite of this is the relative. Also, with respect to this latter ultimate, the essence is [still] empty.

At this point [in teaching the Middle Way, the assertions] are in accordance with the earlier [definition of empty as ultimate and appearance as relative], and among the two [possibilities of] the relative objects being either authentic or inauthentic they are [considered] inauthentic in the following way...

If *authentic* is taken to signify the way things are, the emptiness of there being no established nature, then *relative* must exclusively be understood as the way that the appearance of origination and so forth conceals and obscures emptiness in the perspective of childish individuals. It should not be thought of as deceptive and false under all circumstances, and likewise one should not understand it as always obscuring emptiness, for to noble beings the empty and the dependently originating clarify each other. Hence, mere appearance does not obscure emptiness, but the delusion of apprehending reality in the appearances causes a misapprehension of the nature of the objects.

In order to reverse the false conceptions of those to be tamed and for the sake of a realization of the ultimate, the Teacher, who is skilled in means and the master of great compassion, has in accordance with the mind-streams of those to be tamed, applied the designation *relative* to appearances. Appearance and the relative are actually the same. Appearances do appear, but one must understand that they are not truly established the way they appear. Speaking of *absence of truth* does not have to imply that the appearances are mistaken; rather one should understand the term absence of truth to refer to their being empty. If they were established the way they appear and were

ཀུན་རྫོབ་ཙམ་གདགས་པར་མི་རུང་ལ། དེ་ལྟར་ན་མི་སྟོང་པར་འགྱུར་ཞིང་། མི་སྟོང་པའི་དངོས་པོ་ཞིག་ཤེས་བྱར་མི་སྲིད་པའི་ཚུལ་རིགས་པས་ཡང་དག་པར་གྲུབ་པ་དེས་ན་ཤེས་བྱའི་ཁོང་འདི་ན་སྣང་སྟོང་གཉིས་རེས་སུ་ཆད་པའི་ཕྱོགས་གཅིག་ཁོ་ནར་གྱུར་པའི་ཆོས་ཞིག་མི་སྲིད་ལ། དངོས་པོའི་གཞིས་ལ་མེད་པས་ན་རིགས་པར་སྨྲ་བས་དེ་ལྟ་བུ་ཡོད་པར་ཁས་ཀྱང་མི་ལེན་པ་དེས་ན། མདོར་ན་ཀུན་རྫོབ་ཙམ་པའི་ཚིག་གིས་ནི་སྣང་བཞིན་པ་དེ་སྟོང་པར་བསྟན་པ་ཁོ་ནའི་དོན་ཡིན་གྱི། གཞན་ཀུན་རྫོབ་ཙམ་ཚིག་ཙམ་ལ་བསམས་ནས་ཧེ་སྒྲོན་ཅན་ངན་པ་ལྟ་བུ་ཞིག་ལ་བཟུང་ནས། དེ་དང་སྟོང་ཉིད་ལ་རྩིས་ཆེ་ཆུང་བྱེད་པ་རྣམས་ལ་ནི་ཟབ་མོ་དབུ་མའི་ལྟ་བ་རྣམ་དག་ཅིག་འབྱུང་དཀའོ། །དེས་ན་མི་བདེན་པའི་སྣང་བ་ལ་ཀུན་རྫོབ་ཙམ་བཏ་གདགས་ཤིང་། རང་བཞིན་མ་གྲུབ་པའི་སྟོང་པ་ལ་དོན་དམ་ཞེས་བཏགས་པ། དེ་གཉིས་པོ་ལ་རྩིས་ཆེ་ཆུང་མེད་པར་གཟུགས་ནས་རྣམ་མཁྱེན་གྱི་བར་དུ་མགོ་སྙོམས་སུ་སྦྱོར་བ་འདི་ཤེས་ན་ཤེས་བྱའི་ཁོང་ན་དེ་ལས་ཤེས་རྒྱ་གལ་ཆེ་བ་གཅིག་ཀྱང་མེད་པར་ངེས་སོ། །དེས་ན་དབྱིངས་དང་གཉིས་སུ་མེད་པའི་ཡེ་ཤེས་ཀྱི་སྣང་བ་རྣམས་ཀྱང་ངོ་བོ་མི་སྟོང་ན་དབྱིངས་ལས་ཐ་དད་པར་འགྱུར་བས་ན་དབྱིངས་དང་མཉམ་པ་ཉིད་ཀྱི་ཕྱིར་སྣང་སྟོང་དབྱེར་མེད་ཤིན་ཏུ་རྣམ་པར་དག་པའི་བདག་ཉིད་དུ་རིག་པར་བྱའོ། །དེ་ལྟར་བདེན་པ་གཉིས་ཀྱི་གནས་ལུགས་ཡང་དག་པར་རྟོགས་པ་ནི་དབུ་མའི་ལམ་ཁོ་ན་ཡིན་ནོ། །དེས་བདེན་གཉིས་ཀྱི་ཚུལ་འཕྲོས་དོན་དང་བཅས་པ་མདོ་ཙམ་བསྙད་ནས། ད་ནི་དེ་ལྟ་བུའི་བདེན་པ་གཉིས་ཀྱི་རང་བཞིན་དེ་ཉམས་སུ་ལེན་པའི་ཐེག་པ་ཆེན་པོ་བ་དག་གིས་ཇི་ལྟར་ཤེས་ཤིང་ཇི་ལྟར་རྣལ་འབྱོར་དུ་བྱ་སྙམ་ན། ཚུལ་གཉིས་ཀྱི་ཤིང་རྟ་ཆེན་པོའི་ལམ་སྲོལ་དྲི་མ་མེད་པ་ལ་རྗེས་སུ་ཞུགས་པས་ཐོབ་སྟེ། དེ་ལ་ཐེག་པ་ཆེན་པོ་ནི་ཟབ་ཅིང་རྒྱ་ཆེ་ཡང་། མདོར་བསྡུ་ན། ལང་ཀར་གཤེགས་པ་ལས། ཆོས་ལྔ་དང་ནི་རང་བཞིན་གསུམ། །རྣམ་ཤེས་བརྒྱད་པོ་ཉིད་དག་དང་། །བདག་མེད་དོན་ནི་རྣམ་གཉིས་པོར། །ཐེག་ཆེན་ཐམས་ཅད་བསྡུས་པ་ཡིན།

true as they appear, calling them relative would be inappropriate and they would not be empty. Reasoning authentically establishes the impossibility of a knowable entity that is not empty, and so within this realm of objects of cognition there cannot possibly be any phenomenon which, in terms of two confined principles of appearance and emptiness, belongs to only one of the two. Since the nature of entities is devoid of this, proponents of reason do not claim any such existence either.

In short, the word *relative* exclusively conveys the meaning that while appearing it is empty. The profound view of the Middle Way will hardly occur to those who otherwise, by thinking of the mere word relative, perceive it as something faulty and inferior, and thus believe that the relative and emptiness have a different value. Therefore, untrue appearance is termed *the relative,* and the emptiness of there being no established nature *the ultimate.* Without making any qualitative difference between them, these two may be applied equally from [the aggregate of] form up to omniscient enlightenment. Within the realm of objects of cognition, the knowledge of this is certainly of unsurpassed importance. Accordingly, if the appearances of wakefulness that are indivisible from the basic space were not also empty in essence, they would be different from basic space. Because they and the basic space are equality, they should be known as the utterly pure identity of indivisible appearance and emptiness. As it so appears, authentic realization of the abiding way of the two truths is exclusively the path of the Middle Way.

Following this explanation of the condition of the two truths and its subsidiary topics, one might wonder how those of the Great Vehicle are to become aware of and genuinely unite with the nature of these two truths. This achievement comes from following the immaculate way of the great chariots of the two approaches. The Great Vehicle is vast and profound, but in short, the *Ascent onto Laṅkā* teaches:

> The five principles and the three natures,
> The eight consciousnesses,
> And the two meanings of selflessness,
> Are the condensation of the entire Great Vehicle.

།ཞེས་གསུངས་པ་ལྟར། མིང་། རྒྱུ་མཚན། རྣམ་རྟོག །ཡང་དག་པའི་ཡེ་ཤེས། དེ་བཞིན་ཉིད་དེ་ཆོས་ལྔ་དང་། ཀུན་བརྟགས། །གཞན་དབང་། །ཡོངས་གྲུབ་སྟེ་མཚན་ཉིད་གསུམ་དང་། རྣམ་པར་ཤེས་པའི་ཚོགས་བརྒྱད་དང་། གང་ཟག་དང་ཆོས་ཀྱི་བདག་མེད་པ་གཉིས་ཏེ་དེ་རྣམས་སུ་འདུ་ལ། མཚན་ཉིད་གསུམ་སོགས་ཕྱིམ་དེ་དག་ཀྱང་ཆོས་ལྔའི་ནང་དུ་ཇོགས་པར་འདུ་ཚུལ། མདོ་ཉིད་ལས་ཇི་སྐད་འབྱུང་བ་ལྟར་ཤེས་པར་བྱ་སྟེ། །དེ་ལ་རྒྱུ་མཚན་ནི་དབྱིབས་དང་གཟུགས་ལ་སོགས་པའི་མཚན་ཉིད་དུ་སྣང་བའོ། །མཚན་ཉིད་དེ་ལ་བུམ་སོགས་ཀྱི་མིང་གིས་གཞན་རྣམ་པར་བཅད་ནས་དེ་དང་དེར་ཞེན་ཅིང་གདགས་པ་ནི་མིང་ངོ་། །དེ་ལྟར་མིང་བརྟགས་ནས་རྒྱུ་མཚན་རྣམས་གསལ་པར་བྱེད་པའོ། །དེ་གཉིས་ནི་ཀུན་བརྟགས་ཡིན་ཏེ་སྒྲ་རྟོག་གི་སྤྱོད་ཡུལ་ཅན་གཟུང་འཛིན་གཉིས་སུ་སྣང་བ་བརྟགས་ན་མི་བདེན་པའི་ཕྱིར་རོ། །དེ་ལྟར་གཟུང་ཡུལ་འཛིན་པའི་སེམས་སེམས་བྱུང་གི་ཆོས་རྣམས་ལ་རྣམ་པར་རྟོག་པ་ཞེས་བྱ་ཞིང་། དེ་ལ་ཕྱེ་ན་རྣམ་པར་ཤེས་པའི་ཚོགས་བརྒྱད་ཡོད་དོ། །དེ་ནི་གཞན་གྱི་དབང་ཉིད་ཡིན་ཏེ་ཐ་སྙད་ཙམ་དུ་སྣང་བ་སྣ་ཚོགས་ཀྱི་སྣང་གཞིར་གྱུར་པའོ། །དེ་ལྟར་ཕྱི་ནང་གིས་བསྡུས་པའི་ཆོས་དེ་དག་ལ་བདག་གཉིས་ཀྱི་རང་བཞིན་ཅུང་ཟད་གྲུབ་པ་མེད་པའི་ཆོས་ཀྱི་དབྱིངས་ནི་དེ་བཞིན་ཉིད་ཡིན་ལ། དེའི་རྗེས་སུ་ཞུགས་པ་ཡང་དག་མིན་རྟོག་དང་བྲལ་བའི་ཡུལ་ཅན་སོ་སོ་རང་རིག་པ་ནི་ཡང་དག་པའི་ཡེ་ཤེས་ཞེས་བྱའོ། །ཕྱིམ་ཡུལ་ཡུལ་ཅན་འདི་གཉིས་ནི་ཡོངས་སུ་གྲུབ་པ་ཞེས་བྱ་སྟེ། ངོ་བོ་བདེན་པར་གྲུབ་པ་ནི་མིན་གྱི་ཡིན་ལུགས་མ་ནོར་བས་ན་ཚིག་དེ་སྐད་བླ་དྭགས་སུ་བརྟགས་པ་ཡིན་ནོ། །དེས་ན་དེ་ལྔ་ཡི་ནང་དུ་སེམས་ཙམ་དང་དབུ་མའི་གཞུང་ལུགས་མཐའ་དག་འདུས་པར་རིགས་པས་གྲུབ་པའི་ཕྱིར་ན་ཐེག་ཆེན་མཐའ་དག་ཀྱང་དེ་ཙམ་དུ་ཟད་པར་ཤེས་པར་བྱ་ཞིང་། དེ་ལ་མིང་རྒྱུ་མཚན་གྱིས་བསྡུས་པའི་ཕྱི་རོལ་གྱི་སྣང་བ་སྣ་ཚོགས་པར་སྣང་བ་འདི་ནི་ཕྱི་རོལ་གྱི་དོན་དུ་བདེན་པར་གྲུབ་པ་མེད་དེ། འདི་ལྟར་སྣང་བ་ནི་ཀུན་གཞིའི་རྣམ་པར་ཤེས་པའི་ཁམས་ལ་གནས་པའི་བག་ཆགས་སྣ་ཚོགས་པ་སྨིན་པའི་དབང་ལས་བྱུང་སྟེ་རྨི་ལམ་གྱི་སྣང་བ་ལྟ་བུར་ཤེས་པ་ནི་ཐ་སྙད་རྣམ་རིག་པའི་ཚུལ་ཏེ་ཚུལ་དང་པོ་ཡིན་ལ།

Therefore, everything is included in the five principles of name, reason, concept, authentic wakefulness, and suchness; the three natures of the imputed, the dependent, and the thoroughly established; the eight collections of consciousness; and the selflessness of person and of phenomena.

From the same sūtra it can be learned that the three natures and all the rest are fully included in the five principles. As for these [principles], *reason* is the appearance of the characteristics of shape, form, and so forth. *Name* is attaching and designating labels such as 'vase' onto these characteristics by way of excluding that which is other. When names are so given, the reasons become clarified. Both of these are the imputed [nature], because they are the domain of word and thought, the dualistic appearance of apprehender and apprehended, which when analyzed is [found to be] untrue. *Concept* is any phenomenon of mind and mental states that apprehends objects, and when this is divided there are the eight collections of consciousness. These are the dependent [nature], that which merely conventionally forms the basis for appearances. *Suchness* is the basic space of phenomena in which these inner and outer phenomena are not established as the nature of either of the two kinds of self. *Authentic wakefulness* is the subject, individual self-awareness, which, free from inauthentic conception, engages in that [suchness].

These latter [two], [authentic wakefulness as] subject and [suchness as] object are called the thoroughly established [nature]. This does not imply that they are of truly existent essence, but since it is the unmistaken actual condition, this nominal designation is used. Since reasoning establishes that all of the scriptural traditions of the Mind Only and the Middle Way are contained within these five [principles], it should be known that the entire Great Vehicle comes down to just these.

All that is included under name and reason and experienced as external phenomena are not truly established as external objects. These appearances have occurred because of the ripening of the various tendencies remaining in the element of the all-ground consciousness, and should be known to be like appearances in a dream. This is the conventional Approach

ཆོས་ལྔ་ལས་སྔ་མ་གསུམ་དེར་འདུའོ། །དེ་ལྟར་ཐ་སྙད་དུ་སེམས་ཉིད་སྣང་བ་སྣ་ཚོགས་པར་སྣང་ཡང་སེམས་ཀྱང་རང་བཞིན་གྱིས་བདེན་པར་མེད་པས་ན། གཟུགས་ནས་རྣམ་མཁྱེན་གྱི་བར་གྱི་ཆོས་ཐམས་ཅད་བདེན་མེད་སྐྱེ་མེད་དུ་ཤེས་པ་ནི་དོན་དམ་དབུ་མའི་ཚུལ་ལམ་ཚུལ་གཉིས་པ་སྟེ། ཆོས་ལྔ་ལས་ཕྱི་མ་གཉིས་དེར་འདུའོ། །དེ་ལྟ་བུའི་ཚུལ་གཉིས་པོ་དེ་ནི་འགལ་བ་མ་ཡིན་ཏེ། དགོངས་པ་ངེས་པར་འགྲེལ་པའི་མདོ་ལས། འདུ་བྱེད་ཁམས་དང་དོན་དམ་མཚན་ཉིད་ནི། །གཅིག་དང་ཐ་དད་བྲལ་བའི་མཚན་ཉིད་དེ། །གཅིག་དང་ཐ་དད་དུ་ཡང་གང་རྟོག་པ། །དེ་དག་ཚུལ་བཞིན་མ་ཡིན་ཞུགས་པ་ཡིན། །ཞེས་གསུངས་པ་ལྟར་གཅིག་དང་ཐ་དད་གང་དུའང་ཁས་མི་ལེན་པར་ཐ་སྙད་དང་དོན་དམ་པའི་བདེན་པ་གཉིས་ཟུང་དུ་ཞུགས་པའི་ལམ་ཚུལ་གང་ཡིན་པ་དེ་ནི་ཐེག་པ་ཆེན་པོ་ཡིན་ལ། དེ་ལ་གནས་པའི་གང་ཟག་ནི་ཐེག་པ་ཆེན་པོ་པ་ཞེས་པའི་མིང་དོན་དང་ལྡན་པ་ཉིད་དོ། །དེ་ལྟར་དང་པོ་ཐོས་བསམ་གྱི་སྒྲ་རྟོག་གི་ཡུལ་དུ་གྱུར་པའི་ཐ་སྙད་དུ་སྐྱེ་བ་དང་། དོན་དམ་པར་མི་སྐྱེ་བ་ལྟ་བུ་ཚུལ་གཉིས་ཟུང་དུ་བཞག་པའི་ཡ་གྱལ་རྣམ་གྲངས་པའི་དོན་དམ་ནི། ཀུན་རྫོབ་ཡོད་པའི་ཟླ་ལ་སྦྱར་བའི་ཅིག་ཤོས་ཀྱི་ཟླས་དྲངས་པའི་ཕྱིར་རམ། དོན་དམ་པའི་གྲངས་སུ་གཏོགས་པས་ན་རྣམ་གྲངས་ཏེ། བདེན་པ་གཉིས་ཞེས་པའི་ཀུན་རྫོབ་ཀྱི་ཟླར་བགྲང་རྒྱུ་དེ་ཡིན་ལ། དེ་ནི་དོན་དམ་མཐར་ཐུག་དང་མཐུན་པའི་སྒོ་ཙམ་མམ། དེ་གོམས་པས་ཐོག་མེད་ནས་གོམས་པའི་བག་ཆགས་ཀྱི་མཐུ་བརྟས་པའི་དངོས་པོར་འཛིན་པ་གཞོམ་ནུས་པའི་ཕྱིར་ན་དོན་དམ་ཡང་ཡིན་ལ། དེའི་ངོ་ལ་ལྟོས་ན་སྐྱེ་བ་མེད་ཅེས་པའི་ཁས་ལེན་ཡང་ཡོད་པར་ཤེས་པར་བྱའོ། །དེའི་དཔྱད་པ་ཚད་དུ་ཕྱིན་ཀྱང་རྗེས་ཐོབ་ཀྱི་ངེས་པ་སྐྱེ་ཚུལ་ཙམ་ཡིན་ནོ།

of Awareness, the first [of the two] approaches, and of the five principles, the first three are included in that. Conventionally, mind itself arises as various appearances, but mind is also by nature devoid of reality. Hence understanding that all phenomena from [the aggregate of] form up until [and including the state of] omniscience are devoid of truth and origination is the ultimate Approach of the Middle Way, the second approach [among the two], and of the five principles, the last two are included in that. These two approaches are not in conflict. As it is said in the *Sūtra of the Definitive Explanation of the Intent*:

> The characteristics of the realm of formation and of the ultimate
> Are characterized as being neither the same nor different.
> Those conceiving of sameness or difference
> Have entered into error.

Accordingly, the Great Vehicle is the path upon which the conventional and ultimate truths are a unity, without any claim of sameness or difference whatsoever. A person who abides in this is a representative of the Great Vehicle in both word and meaning.

To begin with, [it may be said that] origination occurs at a conventional level, within the domain of the words and thoughts of learning and reflection, but that ultimately, there is no arising. When two modes are paired this way, the latter is the categorized ultimate. Because it is categorized in dichotomy with its partner, relative existence, and because it pertains to the category of the ultimate, it is called categorized. This is what is categorized as the partner to the relative when speaking of the "two truths."

Since it is merely an entrance point that accords with the final ultimate truth, and since familiarization with this can overcome the apprehension of entities that is due to the habitual tendencies that have solidified since beginningless time, it should be understood that this is the ultimate, and that this is also a perspective from which the claim of no origination is posited. One should know that even when having perfected the investigation into this, it is no more than a way of having certainty during the ensuing attainment.

།ཡང་དག་པའི་གནས་ལུགས་མཐར་ཐུག་པའི་དབང་དུ་ན། སྐྱེ་བས་དྲངས་པའི་སྐྱེ་མེད་ཅེས་པའང་བློས་གཞན་བསལ་བའི་རྣམ་རྟོག་གི་གཟུགས་བརྙན་ཙམ་ཡིན་པས། སྐྱེ་བ་ཡོད་མེད་སོགས་མཐའ་ཐམས་ཅད་ལས་འདས་ཤིང་སྒྲ་དང་རྟོག་པའི་སྤྱོད་ཡུལ་ཐམས་ཅད་སྤངས་པའི་འཕགས་པའི་མཉམ་གཞག་ཡེ་ཤེས་ཤིན་ཏུ་དྲི་མ་མེད་པའི་གཟིགས་དོན་ནི་རྣམ་གྲངས་མ་ཡིན་པའི་དོན་དམ་བླ་ན་མེད་པ་ཡིན་ལ། དེའི་ངོ་ལ་ལྟོས་ན་ཁས་ལེན་ཀུན་དང་བྲལ་བའང་ཡིན་ནོ། །རྣམ་གྲངས་པའི་དོན་དམ་ནི་འདི་དང་ཉེ་ཤིང་མཐུན་པས་ན་དེའང་དོན་དམ་གྱི་གྲངས་སུ་བགྲང་སྟེ་མཐུན་པའི་དོན་དམ་ཞེས་བྱ་བ་ཡིན་ནོ། །ཚུལ་འདི་ལྟ་བུ་ལ་བསྒོམས་པས་ཉམས་མྱོང་གིས་སྨུས་རིག་ཀྱང་གང་ཟག་དེས་རྗེས་ཐོབ་ཀྱི་ཁས་ལེན་མཛད་ཚུལ་ལ་ལྟོས་ཏེ་ཐལ་རང་སོགས་མིང་ཅི་བཏགས་ཀྱང་རུང་། རྟོགས་པའི་མཐོ་དམན་རྡུལ་ཙམ་མེད་པར་འཕགས་པའི་གཟིགས་པ་གནད་གཅིག་ཏུ་འབབ་པ་ཞེས་པར་བྱའོ། །འདི་གལ་ཆེ་བས་འོག་ཏུ་དགོས་པའི་སྐབས་སུའང་ཅུང་ཟད་འཆད་དོ། །འཕགས་པའི་མཉམ་གཞག་གི་ཡེ་ཤེས་དེ་ལྟ་བུའི་རྒྱུ་ནི་བདེན་གཉིས་ཟུང་ཅིམ་ལོག་པར་འོང་དུ་ཆུད་པ་ལས་གཞན་ཅུང་ཟད་ཙམ་ཡང་མེད་དེ། དཔེར་ན། གཙུབ་ཤིང་དང་གཙུབ་སྟན་ཟུང་དུ་མ་ཚོགས་པར་གང་རུང་རེ་རེས་མི་འབྱུང་བ་མི་སྲིད་པ་ལྟར། འདིར་ཡང་ཚུལ་གཉིས་པོ་མཉམ་པར་མ་སྦྲར་ན་མཐའ་བཞི་སྤྲོས་བྲལ་ལ་ངེས་པ་མི་སྐྱེ་བས་བསམ་བརྗོད་ལས་འདས་ཞེས་བརྗོད་ཀྱང་བརྗོད་དུ་མེད་པའི་བདག་བསྒོམ་པ་ལྟ་བུ་ལས་སོ་སོ་རང་རིག་པའི་ཡེ་ཤེས་ཀྱིས་ཆོས་ཀྱི་གཏིང་སླེབ་པ་མི་སྲིད་པས་ཡང་དག་པའི་རིགས་ལམ་དང་མ་བྲལ་བའི་ཐོས་བསམ་གྱི་མིག་བསྒྲུབས་ནས་ངེས་ཤེས་སྐྱེ་བར་བྱས་ནས་དེའི་དོན་སྒོམ་པས་ཉམས་སུ་མྱོང་བར་བྱའི། ངེས་ཤེས་མ་སྐྱེས་པའི་མཐའ་བྲལ་དང་བརྗོད་བྲལ་ཞེས་མིག་ཧུར་ཧུར་བྱེད་པ་རྣམས་ནི་

In terms of the final abiding way of authenticity, the deduction of no origination based on origination is mere mental other-exclusion, a mere conceptual reflection. Beyond all extremes of origination, no origination, and so forth, and leaving all objects of word and thought behind, the meaning perceived by the stainless wakefulness of the meditative equipoise of the noble ones is the unsurpassable uncategorized ultimate. From this perspective, no claim whatsoever is made.

Since the categorized ultimate is near to and in accord with this, it belongs to the category of the ultimate and is given the name the *according ultimate*.

Based on how claims are made during the ensuing attainment, one may, for instance, say that [a scholar] belongs to the Consequence, or that he belongs to the Autonomy. Yet the ones who master the experience of these systems by means of meditation have all arrived at the single key point of the vision of the noble ones. There is not the slightest bit of qualitative difference in their realization. That must be understood. Since this is important, it will be expanded upon slightly below, when the purpose [of the treatise is explained].

This wakefulness of the meditative equipoise of the noble ones is exclusively caused by the unmistaken comprehension of the two truths, and not by anything else. If, for example, the two pieces of wood used for making fire by means of friction do not come together, neither of them is going to produce fire on its own. Similarly, if the two modes [of valid cognition] are not applied equally, there will be no certainty with respect to the simplicity free from the four extremes. One may then use the expression "inconceivable and inexpressible," as when meditating on the inexpressible self, but this will certainly not be [the same as] reaching the depth of phenomena through individual self-aware wakefulness. Therefore, without departing from the path of authentic reasoning, one must accomplish the eye of learning and reflection, and when certainty has arisen, one must gain experience through training in the meaning.

On the other hand, those who have not arrived at certainty but who sit with glaring eyes and proclaim "freedom from extremes!" and "beyond

མིང་ཙམ་ལ་མངོན་སྙོམ་དང་བཅས་ཏེ་དམིགས་པ་ཙམ་ཡིན་པས། དེས་སྲིད་རྩ་ལ་གནོད་ན་དུམ་རོ་མཉམ་དུ་སྨྲ་བ་གསང་བ་པ་སོགས་ཀྱང་ལམ་དེས་གྲོལ་བར་ཅིས་མི་འགྱུར། དེས་ན་ཞིང་རྟ་ཆེན་པོའི་ལུགས་བཞིན་དུ་ཐ་སྙད་དང་དོན་དམ་ལ་དཔྱོད་པའི་ཚད་མ་དྲི་མེད་ཀྱི་ཚུལ་གཉིས་མཉམ་པར་སྦྱར་བའི་ཡེ་ཤེས་ཀྱི་མེས་གཉིས་སྣང་ཤེས་བྱའི་བུད་ཤིང་མ་ལུས་པ་ལྷག་མེད་དུ་བསྲེགས་ནས་མཐའ་བྲལ་ཆོས་ཀྱི་དབྱིངས་མཉམ་པ་ཉིད་ལ་གནས་པར་འགྱུར་ཏེ། གཙུབ་ཤིང་གཙུབ་སྟན་བསྲུབས་པ་ལས་མེ་བྱུང་ནས་དེ་གཉིས་ཉིད་ཀྱང་བསྲེགས་པ་ལྟར། བདེན་གཉིས་མཉམ་པར་སྦྱར་བའི་ཡེ་ཤེས་ཀྱི་མེས་བདེན་གཉིས་སོ་སོར་ཞེན་པའང་བསྲེགས་ནས་སྣང་སྟོང་རིས་སུ་མ་ཆད་པའི་དབྱིངས་དམིགས་པའི་མཐའ་ཐམས་ཅད་དང་བྲལ་བ་ལ་རབ་ཏུ་གནས་པ་སྟེ། ཡོན་ཏན་རིན་པོ་ཆེ་སྡུད་པ་ལས། གང་ཚེ་འདུས་བྱས་འདུས་མ་བྱས་དང་དཀར་ནག་ཆོས། །ཤེས་རབ་རྣམ་པར་བཤིག་ན་རྡུལ་ཙམ་མི་དམིགས་ཚེ། །འཇིག་རྟེན་དག་ན་ཤེས་རབ་ཕ་རོལ་ཕྱིན་གྲངས་འགྲོ། །ནམ་མཁའ་གང་ལའང་ཅུང་ཟད་མི་གནས་དེ་དང་འདྲ། །ཞེས་དང་། དེ་ལྟར་སྤྱོད་པའི་བྱང་ཆུབ་སེམས་དཔའ་མཁས་གསལ་བ། །ཆགས་པ་བཅད་ནས་འགྲོ་ལ་ཆགས་པ་མེད་པར་འགྲོ། །ཉི་མ་སྒྲ་གཅན་གཟའ་བྲལ་ལྷང་ངེར་འདུག་པ་དང་། །མེ་བཏང་རྩྭ་དང་ཤིང་དང་ནགས་ཚལ་སྲེག་པ་བཞིན། །ཆོས་རྣམས་ཐམས་ཅད་རང་བཞིན་དག་ཅིང་ཡོངས་དག་པར། །བྱང་ཆུབ་སེམས་དཔའ་ཤེས་རབ་ཕ་རོལ་ཕྱིན་ལྟ་ན། །བྱེད་པ་པོ་ཡང་མི་དམིགས་ཆོས་ཀུན་མི་དམིགས་ཏེ། །འདི་ནི་ཤེས་རབ་ཕ་རོལ་ཕྱིན་མཆོག་སྤྱོད་པ་ཡིན།

expression!" are just observing mere words, assuming them to be the actual [condition]. If this could obliterate the root of existence, then why wouldn't, for example, the Secretists, who propose the one taste of plurality, also be liberated by that path?

The two stainless modes of valid cognition, one investigating into the conventional and the other into the ultimate, can, in accordance with the approaches of the great chariots, be joined as equals. The fire of wakefulness will then consume, without exception, all the firewood of dualistic experience so that nothing remains and so that there will be abidance beyond extremes within the equality of the basic space of all phenomena.

When a fire has been lit by the two pieces of wood, these two themselves will be consumed by the [fire]. Likewise, the fire of wakefulness in which the two truths are joined as equals will consume even the attachment to two separate truths. Hence, without differentiation between the empty and the appearing, there will be full abidance within the basic space of phenomena beyond all extremes of apprehension. The *Gathering of Precious Qualities* states:

> When the conditioned and the unconditioned, [as well as] good and evil properties,
> Have been crushed by knowledge so not even a particle can be observed,
> They, within the worlds, come to belong to the transcendent knowledge,
> Just as space remains nowhere at all.

Along with:

> The Bodhisattva who so engages is skilled and bright.
> Having cut through attachment, he wanders unattached among the wanderers.
> Likewise, when free from eclipse, the sun remains resplendent,
> And when fire has been lit, it burns the grass, the trees, and the forest.
> With all phenomena naturally pure, utterly pure,
> The Bodhisattva looks towards transcendent knowledge.
> No doer is observed and no phenomena observed—
> This is the supreme engagement in transcendent knowledge.

།ཞེས་གསུངས་པ་ལྟར་མཐའ་བཞིའི་སྤྲོས་བྲལ་སོ་སོར་རང་གི་ཡེ་ཤེས་ཀྱི་སྤྱོད་ཡུལ་ཙམ་ལས་སྒྲ་དང་རྟོག་པས་བསམ་ཞིང་སྨྲ་བར་མི་ནུས་ཏེ། ཕལ་པོ་ཆེ་ལས། ཇི་ལྟར་བར་སྣང་གནས་ཀྱི་བྱ་ཡི་རྗེས། །ཤིན་ཏུ་སྨྲ་དཀའ་བསྟན་པར་མི་ནུས་པ། །དེ་ལྟར་བདེ་གཤེགས་སྲས་ཀྱི་ས་རྣམས་ཀྱང་། །ཡིད་དང་སེམས་ཀྱི་ཡུལ་གྱིས་ཤེས་མི་ནུས། །ཞེས་གསུངས་པ་ལྟར་འཕགས་པ་རྣམས་ཀྱི་ཆོས་ཀྱི་དབྱིངས་ལ་གསལ་སྣང་ཐོབ་ཚུལ་ལས་ས་ནས་སར་འཕར་ཞིང་། མཐར་སྒྲིབ་གཉིས་མཐའ་དག་བྲལ་བའི་ཆོས་ཀྱི་དབྱིངས་མངོན་སུམ་མཛད་པ་ནི། ཇི་སྐད་དུ་རྒྱ་ཆེར་རོལ་པ་ལས། ཟབ་ཞི་རྡུལ་བྲལ་འོད་གསལ་འདུས་མ་བྱས། །བདུད་རྩིའི་ཆོས་ནི་བདག་གིས་ཐོབ་པར་གྱུར། །བདག་གིས་བསྟན་ཀྱང་གཞན་གྱིས་མི་ཤེས་ཏེ། །མི་སྨྲ་ནགས་འདབ་གནས་པར་བྱ་བ་སྙམ། །ཞེས་གསུངས་པ་ལྟར། མདོར་ན་དུས་གསུམ་གྱི་རྒྱལ་བ་སྲས་དང་བཅས་པ་ཐམས་ཅད་ཀྱི་འབྱུང་གནས་ཡུམ་ཤེས་རབ་ཀྱི་ཕ་རོལ་ཏུ་ཕྱིན་པ་ལ་ཇི་ལྟར་རྣལ་འབྱོར་དུ་བྱ་བའི་ཚུལ་ནི་སོ་སོའི་སྐྱེ་བོའི་ས་ན་ཐོས་བསམ་གྱིས་སྒྲོ་འདོགས་བཅད་དེ། རིགས་པས་དྲངས་པའི་ངེས་ཤེས་ཁྱད་པར་ཅན་ལ་མཉམ་པར་འཇོག་པ་ཁོན་ཡིན་པ་ཤེས་པར་བྱའོ། །དེ་ལྟར་བདེན་པ་གཉིས་ཀྱི་ཚུལ་རྣམ་པར་གཞག་པ་འདི་ལྟ་བུ་ནི་ལུགས་སོ་སོ་བ་ཙམ་མ་ཡིན་གྱི། ཐེག་ཆེན་སྤྱིའི་ལམ་པོ་ཆེ་ཡིན་ཏེ། ཆོས་ཐམས་ཅད་རང་བཞིན་གྱིས་སྟོང་ཞིང་ཐ་སྙད་སྣང་ཙམ་པ་འདི་ལ་སེམས་ཙམ་ལས་རྒྱུ་གཞན་ཁས་མི་ལེན་པའི་ཕྱིར་ནའོ། །དེའང་ལང་ཀར་གཤེགས་པ་ལས། ཐོག་མ་མེད་པའི་ཀློས་བགོས་པས། །སེམས་ནི་གཟུགས་བརྙན་ལྟ་བུར་སྣང་། །དོན་གྱི་རྣམ་པར་སྣང་ཡང་ནི། །ཡང་དག་ཇི་བཞིན་མཐོང་དོན་མེད།

As so explained, the simplicity free from the four extremes is exclusively the domain of individual wakefulness. Words and thoughts cannot express or conceive of this. From the *Great Host*:

> The path of a bird flying in space
> Is difficult to speak of and impossible to show.
> The grounds of the sons of the Bliss Gone One
> Are likewise not comprehended by [contemplating] the objects of conceptual mind or thought.

The noble ones progressively ascend from level to level, in accordance with achieving [increasingly] clear experience of the basic space of phenomena. As to how the basic space of phenomena free from all obscuration is finally made directly perceptible, the *Vast Display* teaches:

> Profound, peaceful, stainless, luminous, and unconditioned—
> I have obtained an elixir-like Dharma.
> Were I to teach this, no one would understand.
> Thus I sense I must remain silent in the forest.

In short, the Mother, transcendent knowledge, is the source of all the Victorious Ones and their children throughout the three times.. The way to merge naturally with this while at the level of an ordinary individual is to gain understanding and cut through doubt by means of learning and reflection. Know that it is exclusively through the special certainty derived through reasoning that one will settle within equality.

This presentation of the modes of the two truths is not just some isolated tradition; it is the universal highway of the Great Vehicle, for all phenomena [are here taught as] being empty, while no other cause than mind is claimed for these conventional mere appearances. From the *Ascent onto Laṅkā*:

> Covered by beginningless conceptualization,
> Mind is like a reflection.
> Features of [external] objects appear,
> Yet in reality there are no [external] objects to be seen.

།ཅེས་ཕྱི་དོན་མེད་པར་སེམས་ཙམ་དུ་བསྟན་པ་དང་། གང་ཟག་རྒྱུན་དང་ཕུང་པོ་དང་། །རྐྱེན་དང་དེ་བཞིན་རྡུལ་རྣམས་དང་། །གཙོ་བོ་དབང་ཕྱུག་བྱེད་པོ་དག །སེམས་ཙམ་པོ་ལས་རྣམ་པར་བརྟག །ཅེས་བྱེད་པོ་གཞན་མེད་པར་སེམས་ཙམ་དུ་བསྟན་པ་གཉིས་ཀྱི་ཕྱི་མ་ལྟར། སྣང་བ་སྣ་ཚོགས་པ་ཅན་གྱི་སྲིད་པ་ཐོག་མཐའ་མེད་པ་འདི་རྒྱུ་མེད་ངོ་བོ་ཉིད་ཀྱིས་བྱུང་བ་མ་ཡིན་ལ། འདི་ལ་རྒྱུར་གྱུར་པ་གཞན་དུས་དང་། རྡུལ་དང་། དབང་ཕྱུག་དང་། བདག་ལ་སོགས་པའི་བྱེད་པོ་གཞན་མེད་པར་རང་གི་སེམས་ཀྱི་དབང་ལས་བྱུང་བར་སྨྲ་བ་ཙམ་ལ་ནང་པ་སངས་རྒྱས་པའི་ཐེག་ཆེན་གྱི་ཤིང་རྟ་སུ་ལའང་མི་འདྲ་བ་མེད་དེ། ཟླ་བའི་ཞབས་ཀྱིས་ཀྱང་། སེམས་ཉིད་ཀྱིས་ནི་སེམས་ཅན་འཇིག་རྟེན་དང་། །སྣོད་ཀྱི་འཇིག་རྟེན་ཤིན་ཏུ་དཔག་ཡས་འགོད། །འགྲོ་བ་མ་ལུས་ལས་ལས་སྐྱེས་པར་གསུངས། །སེམས་སྤངས་ན་ནི་ལས་ཀྱང་ཡོད་མ་ཡིན། །ཞེས་གསུངས་ཤིང་། གལ་ཏེ་སུ་ཞིག་སྲིད་པའི་སྣང་བ་འདི་རྣམས་རང་སེམས་ལས་མ་བྱུང་བར་སྨྲ་ན་དེའི་རྒྱུ་སེམས་ལས་ལོགས་སུ་འདོད་དགོས་ལ། དེ་ལྟར་ན་གང་ཟག་གི་སེམས་འཁོར་བར་བཅིང་གྲོལ་གྱི་རྒྱུ་གཞན་ཞིག་ཁས་བླངས་པས་གདོན་མི་ཟ་བར་མུ་སྟེགས་ཀྱི་གྲུབ་མཐར་ལྟུང་བར་འགྱུར་རོ། །དེས་ན་བྱེད་པོ་གཞན་མེད་ཅིང་ཕྱི་དོན་མེད་པར་སེམས་ཀྱི་སྣང་བ་ཙམ་དུའང་རིམ་གྱིས་འགྲུབ་པས་ནི། ཐ་སྙད་སེམས་ཙམ་དུ་འདོད་པ་འདི་ཐེག་ཆེན་སྤྱི་ལུགས་ལ་གྲུབ་པ་ཡིན་ནོ། །འོ་ན་དཔལ་ལྡན་ཟླ་བ་སོགས་ཀྱིས་ཀྱང་ཐ་སྙད་ཀྱི་རྣམ་གཞག་དེ་ལྟར་ཅིའི་ཕྱིར་མ་མཛད་སྙམ་ན། གོང་དུ་ཇི་སྐད་བཤད་པ་ལྟ་བུའི་རྣམ་གྲངས་མ་ཡིན་པའི་དོན་དམ་འཕགས་པའི་མཉམ་གཞག་ཡེ་ཤེས་ཀྱི་སྤྱོད་ཡུལ་དང་རྗེས་སུ་མཐུན་པར་གཏན་ལ་ཕབ་ཆེ།

In this way, it teaches how there are no external objects and only mind exists. Moreover:

> Person, continuity, and aggregates,
> Conditions, and likewise particles,
> The main principle, the Almighty, and the creator:
> [All] are imputations based on mind alone.

This is the teaching of Mind Only in terms of there being no creator other [than mind]. According to the latter of these two [stanzas], the beginningless and endless existence that involves diverse appearances is not an uncaused occurrence that is [simply] due to the very nature of things. Neither is this created by extraneous causes such as time, particles, the Almighty, the self, and so forth, for they occur merely by the power of mind. Such a proposition is common to any Great Vehicle chariot of Buddhism. Venerable Candra proclaims this as well:

> Mind itself arranges the world of sentient beings
> And the world of the vessel, utterly beyond measure.
> It is taught that wandering beings without exception arise from karma,
> When mind has been relinquished there is no karma either.

If anyone were to posit that these appearances of existence do not arise from mind, [such a person] would need to assert that their cause is different from mind. In that case he would be claiming some cause other [than mind] for a person's bondage to and liberation from cyclic existence, and so undoubtedly would have fallen into an extremist philosophy. Without any other creator, and without any existence of external objects, it also can be gradually established that appearances are merely mental. And so, this conventional assertion of Mind Only is therefore established as the universal way of the Great Vehicle.

One may wonder, "Well then, why don't [masters] such as glorious Candra also set forth the conventional principles in that way?"

[The reply to this is as follows:] When resolving [the view] in accordance with the uncategorized ultimate explained above, the domain of the wakefulness of the noble ones, then it suffices to take all the

སྣང་སྲིད་འཁོར་འདས་ཀྱི་ཆོས་འདི་ཀུན་མ་བརྟགས་མ་དཔྱད་པར་འཇིག་རྟེན་ན་སྣང་ཚོད་གྲགས་ཚོད་ལྟར་གཞལ་བྱར་བྱས་པས་ཆོག་གི །འདི་ཀུན་མཐའ་བཞིའི་སྤྲོས་བྲལ་ཆེན་པོར་ཡེ་ནས་གནས་པའི་ཕྱིར་སྣང་ཚུལ་ཐ་སྙད་ལ་གྲུབ་མཐའི་དཔྱད་པ་ཞིབ་མོར་གཞུག་དགོས་པ་མིན་ཅིང་། སྣང་བ་དེ་ལ་སྒྲ་རྟོག་གིས་གཞལ་ཏེ་ཡོད་དོ་ཞེའམ། མེད་དོ་ཞེའམ། སེམས་ཡིན་ནོ་ཞེའམ། མིན་ནོ་ཞེས་པ་ལ་སོགས་པའི་ཕྱོགས་གང་དུ་ཁས་ལེན་ནའང་དེ་དང་དེ་ལྟར་གནས་ལུགས་ལ་གྲུབ་པ་མེད་པས་དོན་དམ་ལ་དཔྱོད་པའི་རིགས་པའི་ཐལ་འགྱུར་གྱིས་གཏོལ་བའི་ལོག་རྟོག་དགག་པ་ཙམ་ཡིན་གྱི། རང་ལུགས་ལ་མཚན་མའི་དམིགས་གཏད་ཅིའང་མེད་པས་ཁས་ཀྱང་ཅི་ཞིག་ལེན་ཏེ་མི་ལེན་ནོ། །ཚུལ་དེ་ལྟར་ན་ཡོད་པ་དང་མེད་པ་ལ་སོགས་པ་གང་དུ་དམ་བཅས་ཀྱང་བདེན་པ་གཉིས་སོ་སོར་ཕྱེ་མི་དགོས་པར་དགག་ནུས་ཏེ། འདིར་བདེན་གཉིས་སོ་སོ་བ་རེ་རེའི་ཚད་མས་གཞལ་ན་ཤན་མ་ཕྱེད་པར་དགག་སྒྲུབ་མི་ནུས་ཀྱང་། འདིར་རྣམ་གྲངས་མ་ཡིན་པའི་དོན་དམ་པའི་བདེན་གཉིས་ཟུང་དུ་འཇུག་པའི་གནས་ལུགས་དཔྱོད་པའི་རིག་ཤེས་ཚད་མར་བྱས་ཏེ་གཞལ་བའི་ཕྱིར་རོ། །འཇུག་འགྲེལ་ལས། དོན་དམ་པར་ན་བདེན་པ་གཉིས་སུ་མེད་པར། དགེ་སློང་དག །བདེན་པ་དམ་པ་འདི་ནི་གཅིག་སྟེ། ཞེས་སོགས་ལུང་དྲངས་ནས་གསུངས་པ་བཞིན་ནོ། །དེས་ན་ཟླ་བའི་ཞབས་ཀྱིས་དང་པོ་ནས་རྣམ་གྲངས་མ་ཡིན་པའི་དོན་དམ་རྩལ་དུ་བཏོན་ནས་གཏན་ལ་ཕབ་པས་རྗེན་ཉིད་འདི་པ་ཙམ་གྱི་སྣང་བ་འགོག་ཏུ་མེད་པ་འདི་ཙམ་ཞིག་བརྟག་གཞིའམ། དོན་དམ་རྟོགས་པའི་ཐབས་སམ་སྒོ་ཡིན་པས་དེ་ཙམ་རྗོད་གཞིར་བཟུང་སྟེ་སྤྲོས་བྲལ་ཆེན་པོར་གཏན་ལ་ཕབ་ནས། རྗེས་ཐོབ་ཏུ་ལམ་དང་འབྲས་བུའི་རྣམ་པར་གཞག་པ་ཐམས་ཅད་ཚད་མ་གཉིས་ཀྱིས་ཇི་ལྟར་གཞལ་བ་ལྟར་དགག་སྒྲུབ་ཀྱི་ཐ་སྙད་ཀྱང་གནོད་མེད་དུ་མཛད་ལ། དེའང་རྗེན་ཉིད་འདི་པ་ཙམ་མམ། རྟེན་ཅིང་འབྲེལ་འབྱུང་ཙམ་དུ་ཁས་ལེན་པ་ཡིན་ནོ།

phenomena of cyclic existence and transcending suffering as objects of evaluation just as they appear and just as they are known in the world when not analyzed or investigated. Since all of these have been great simplicity beyond the four extremes since the beginning, it isn't necessary to venture into a detailed philosophical investigation of the way they seem conventionally. Regardless of the type of claim that is made about appearances using verbal and conceptual evaluation—that they exist or that they don't, that they are mind or that they aren't—it is not the abiding condition, and therefore the Consequence's reasoning into the ultimate merely refutes the misconception of the opponent. What kind of claim would it make on its own, since it holds no reference point of characteristics whatsoever? It does not make any. No matter what the thesis may be—existence, nonexistence, and so forth—it can, through this approach, be refuted without any need to separate the two truths. If one evaluates with separate valid cognitions for each of the two truths, negation and affirmation will not be possible unless one distinguishes [correctly between the two]. Yet here [in the approach of the Consequence] the evaluation is made with the validity of the aware cognition that engages in the uncategorized ultimate, the abiding way of the unity of the two truths. In the [*Auto-*]*commentary* on *Entering* [*the Middle Way*], the ultimate non-duality of the two truths is explained with a quotation from authoritative scripture:

> Monks, this sacred truth is one!

Venerable Candra resolves [the intrinsic nature] by emphasizing the uncategorized ultimate from the outset, and so simply these irrefutable and merely conditional appearances are the basis for examination. Being the means for, or the door to, the realization of the ultimate, [it is] merely these [appearances that] are taken as the topic for debate and then resolved as great simplicity.

During the ensuing attainment, conventional negations and affirmations are unflawed and carried out according to how the two valid cognitions evaluate the principles of the path and the fruition. This also implies an acceptance of mere conditionality and mere dependent origination.

།རྐྱེན་ཉིད་འདི་པ་ཙམ་དེ་ལ་ཐ་སྙད་ཀྱི་ཚད་མས་གཞལ་ན་སྲིད་པའི་ཡན་ལག་བཅུ་གཉིས་འབྱུང་ལྡོག་གིས་ཀུན་ཉོན་དང་རྣམ་བྱང་འཇུག་ཚུལ་མི་བཞེད་པ་མ་ཡིན་ལ། སེམས་ཉིད་དག་པ་དང་མ་དག་པའི་གཞན་དབང་གིས་རྟེན་ཅིང་འབྲེལ་བར་འབྱུང་བར་བསྟན་པས་སེམས་ཙམ་གྱི་གྲུབ་མཐའ་གསལ་བར་བྱས་པ་ཡིན་ནོ། །མཁན་ཆེན་གྱི་གཞུང་འདིར་རྣམ་གྲངས་ཀྱི་དོན་དམ་རྩལ་དུ་བཏོན་ནས། དང་པོ་བདེན་གཉིས་སོ་སོར་ཕྱེས་ཏེ་ཚད་མ་སོ་སོས་གཞལ་བའི་རང་རང་གི་ཁས་ལེན་ཡོད་པར་བསྒྲུབས་ནས་མཐར་ཁས་ལེན་ཀུན་དང་བྲལ་བའི་རྣམ་གྲངས་མིན་པའི་དོན་དམ་ལ་སྦྱོར་བར་མཛད་པས། འདི་གཉིས་རིམ་ཅིག་ཅར་ལྟ་བུ་ཡིན་པས་འདིའི་གནད་ཟིན་ན་ཐལ་འགྱུར་བའི་ཟབ་གནད་མཐར་ཐུག་པའང་ཟིན་ཅིང་། གཞུང་འདིར་ཡང་། དངོས་པོ་ཀུན་གྱི་རང་བཞིན་ནི། །རིགས་པའི་ལམ་གྱི་རྗེས་འབྲང་བར། །ཞེས་པ་ནས། ཀུན་རྫོབ་ཏུ་འགྱུར་ཡང་དག་མིན། །ཞེས་པའི་བར་གྱི་དོན་དཔལ་ལྡན་ཟླ་བ་དང་དགོངས་པ་གཅིག་དང་དབྱངས་གཅིག་ཏུ་གྱུར་པ་ཡིན་ནོ། །དེས་ན་ཇི་སྲིད་ཆོས་གཅིག་གི་སྟེང་དུ་བདེན་པ་གཉིས་སོ་སོར་ཞེན་པ་ཡོད་ཀྱི་རིང་ལ་དེའི་ངོར་ཐ་སྙད་ཚད་གྲུབ་དང་། དེའི་བདེན་མེད་གཉིས་མི་བཀྲོག་པར་མགོ་མཉམ་ལ། བདེན་གཉིས་སོ་སོར་ཞེན་པའི་ཡུལ་རིགས་པས་སུན་ཕྱུང་ནས་འཛིན་པ་ཕྲ་མོ་དང་བྲལ་བ་ན། །དེ་གཉིས་མགོ་མཉམ་དུ་ཁེགས་ཏེ་སྤྲོས་པ་དང་བྲལ་བར་འགྱུར་རོ། །དེ་ལྟར་ན་གནས་སྐབས་བློ་ངོར་བདེན་པ་གཉིས་སུ་ཕྱེ་ཡང་། མཐར་ཐུག་དོན་ལ་གཉིས་སུ་མེད་པར་སྤྲོས་བྲལ་ཏུ་གྲུབ་པའི་གནད་ཀྱིས་མཉམ་གཞག་རྣམ་པར་མི་རྟོག་པའི་ཡེ་ཤེས་ཀྱི་སྤྱོད་ཡུལ་གཏན་ལ་འབེབས་པའི་སྐབས་དང་། རྗེས་ཐོབ་ཤན་འབྱེད་པའི་ཤེས་རབ་ཀྱི་སྤྱོད་ཡུལ་གཏན་ལ་འབེབས་པའི་སྐབས་དང་། ཁས་ལེན་ཡོད་ཚུལ་དང་མེད་ཚུལ་སོགས་ཤན་ཕྱེད་པ་གལ་ཆེའོ།

When evaluating mere conditionality with conventional valid cognition, it does not remain unaffirmed that in forward progression, the 12 links of the dependent origination of existence create affliction and in reverse they establish complete purification. The philosophy of Mind Only is also illuminated when it is taught how [phenomena] are interrelated, originating in dependency upon the purity or impurity of mind itself.

This scripture of the Great Preceptor emphasizes the categorized ultimate. Beginning by distinguishing between the two truths and establishing the particular assertions arrived at by investigating with the separate valid cognitions, it eventually reaches the uncategorized ultimate beyond all assertions.

The two [approaches of Śāntarakṣita and Candrakīrti] are, so to speak, the gradual and the instantaneous [way to realization]. Therefore, when the key point of this [approach of *The Ornament of the Middle Way*] has been seized, the profound key point of the Consequence will have been seized as well. The meaning that the scripture conveys from: "*As for the nature of all entities, the path of reasoning is followed,*" to "*is still relative and not authentic,*" is, in terms of both intent and resonance, identical with that of glorious Candra. Therefore, for as long as there is attachment to two separate truths with respect to a single phenomenon, the conventional valid establishment [of that phenomenon], as well as its lack of truth, will both be equally undeniable from that perspective. When reasoning has eliminated the objects that relate to two separate truths so that there is freedom from subtle apprehending, both [truths] will have been equally invalidated and there will then be freedom from constructs.

Accordingly, there is a temporary division into two truths from the perspective of conceptual mind. However, there is one occasion where the domain engaged in by the wakefulness of the noble ones is ascertained (by means of the key point that establishes the non-dual simplicity of the final meaning) and another occasion where the domain engaged in by the discriminating knowledge of the ensuing attainment is ascertained. There is also a way of making claims and a way of not making any and so forth. It is important to distinguish between these.

།དེས་ན་འཁོར་འདས་འཆིང་གྲོལ་གྱི་ཚུལ་རྣམས་མཉམ་བཞག་གི་ཡེ་ཤེས་ཀྱི་དོན་མི་གནས་ཀྱང་། རྗེས་ཐོབ་ཤེས་རབ་ཀྱིས་གཞལ་བྱར་ཡོད་པ་དེས་ན་རྨ་བའི་ཞབས་ཀྱང་ལམ་ལ་སློབ་ཚུལ་དང་འབྲས་བུ་སངས་རྒྱས་ཚུལ་རྣམས་བཞེད་ཀྱི་འཇིག་རྟེན་ཐ་མལ་པའི་སྣང་དོན་སྣང་བ་ཁོན་ལས་དེ་རམ་གྲགས་པ་ཐམས་ཅད་ཁས་མི་ལེན་ཏོ་ཞེས་མ་གསུངས་སོ། །དེ་ལ་ཐལ་འགྱུར་བས་འཇིག་རྟེན་གྲགས་པ་ལྟར་ཁས་ལེན་ཚུལ་དེའང་། གྲུབ་མཐས་བློ་བསྒྱུར་མ་བསྒྱུར་གཉིས་ཀྱི་ནང་གི་མ་བསྒྱུར་བའི་འཇིག་རྟེན་ཕལ་པ་ལྟར་རོ་ཞེས་འཆད་པ་ནི་ཤིན་ཏུ་ཡ་མཚན་པ་ཞིག་གོ །འདིའི་འཇིག་རྟེན་ཞེས་པ་ལམ་ཞུགས་མ་ཞུགས་གཉིས་ཀ་ལ་འཇོན་དགོས་ཏེ། ཞི་བ་ལྷས། རྣལ་འབྱོར་འཇིག་རྟེན་དང་འཇིག་རྟེན་ཕལ་པ་ཞེས་གསུངས་པ་བཞིན་ནོ། །དེས་ན་ལམ་ལ་ཞུགས་མ་ཞུགས་ཀྱི་འཇིག་རྟེན་དེ་དག་ལ། དག་པ་དང་མ་དག་པའི་རྟེན་འབྲེལ་གྱི་དབང་གིས། རང་རང་ལ་གྲགས་ཤིང་གྲུབ་པའི་སྣང་ཚུལ་སྣ་ཚོགས་ཡོད་པའི་རང་ངོར་སྣང་བ་དེ་དག་ཐད་ཀ་རང་སར་སྤྲོས་བྲལ་དུ་གཏན་ལ་འབེབས་པ་ཡིན་གྱི། རྐྱེན་ཉིད་འདི་པ་ཙམ་གྱི་ཐ་སྙད་དེ་ལ་གྲུབ་མཐའི་དཔྱད་པ་ཞིབ་མོར་གཞུག་མི་དགོས་པར་མ་དཔྱད་པར་གྲགས་པ་ལྟར་ཁས་ལེན་པ་ཡིན་པའི་ཤན་འདི་ལྟར་ཕྱེད་པ་གལ་ཆེ་སྟེ། གཞན་རྣལ་འབྱོར་པ་རང་གི་ལམ་དང་འབྲས་བུའི་རྣམ་གཞག་འཇོག་ཆེ། ཐ་མལ་པ་གཞན་གྱི་བློ་ལ་རེ་ལྟོས་འཆའ་དགོས་པ་མཚར་རོ། །དེས་ན་དོན་དམ་གཏན་ལ་འབེབས་ཚུལ་ཞིག་ཡིན་གྱི། སྤྱིར་ཤིང་རྟ་ཆེན་པོ་རྣམས་ནི་མཉམ་རྗེས་ཀྱི་དགོངས་པ་གནད་གཅིག་པར་ཤེས་པར་བྱའོ། །ཚུལ་འདི་ལྟ་བུ་ཟབ་པ་གང་དག་སྐྱེས་སྦྱངས་ཕུན་སུམ་ཚོགས་པའི་དབང་ཕྱུག་རྣམས་ཀྱིས་ཀྱང་རྟོགས་དཀའ་བའི་གནས་སུ་མཛད་ན། བདག་ལྟ་བུ་རྟོག་གེ་ཙོལ་ཆུང་དག་གིས་ལོ་བརྒྱར་བསམས་ཀྱང་ཟབ་གནད་ཕིགས་པར་དཀའ་བས་ན་རང་སློབས་ཀྱིས་ཕྱེད་པར་ག་ལ་ནུས་ཀྱང་།

Although from the perspective of the wakefulness of meditative equipoise, the ways of bondage and liberation in cyclic existence and transcending suffering do not remain, [bondage and liberation] do exist as what is to be evaluated with the knowledge of the ensuing attainment. Therefore, Venerable Candra also taught the ways of training on the path and of attaining the fruition of Buddhahood. He did not say: "I exclusively accept that which is renowned and experienced from the perspective of ordinary worldly beings, and nothing other than that!" Therefore it is extremely bizarre to explain the way that the Consequence makes claims in accordance with what is renowned in the world by saying that out of two [perspectives]—that of someone whose mind has been influenced by a philosophy and that of someone whose mind has not—[the claims of the Consequence] will follow [the assertions of] the ordinary worldly being. The word *worldly* must be understood as referring here to [both] those who have embarked upon the path as well as those who have not. In the same way, Śāntideva[33] speaks of "worldly beings who are yogis" and "ordinary worldly beings." Worldly beings, whether or not they have embarked upon the path, experience their own particular versions of what is renowned and manifest, through the power of pure and impure dependent origination. It is these personal perceptions that are themselves resolved directly as simplicity. It is not necessary to undertake any detailed philosophical investigation into the conventions of mere conditionality, and so they can be accepted just as they are renowned without analysis. It is important to distinguish in this way. Otherwise, it would be quite amazing if the yogi, when laying out the principles of his path and fruition, had to put his hopes in the beliefs of irrelevant ordinary beings. This, then is one way of resolving the ultimate, but in general, the realization of the meditative equipoise and ensuing attainment of all the great chariots should be understood as constituting the same key point.

Since even the lords of perfect inherent [knowledge] and perfect accomplished [knowledge] consider such a profound approach hard to realize, a gullible thinker like me would not penetrate the profound key point even if I were to ponder for a hundred years, so of course I cannot explain anything by myself. Still, based on the scriptures of the lineage of

དཔལ་རོང་ཟོམ་པ་དང་ཀློང་ཆེན་ཆོས་ཀྱི་རྒྱལ་པོའི་ལེགས་བཤད་ལ་སོགས་པ་རིག་འཛིན་བརྒྱུད་པའི་ལུང་ལ་བརྟེན་ན་བློ་གྲོས་ཀྱི་འཇུག་པ་ཙུང་ཟད་ཐོབ་པའི་མཐུས་སླུས་པ་ཡིན་པས། རྟོལ་བྲལ་ཡང་དག་པའི་མཐའ་ལ་མཉམ་པར་བཞག་པ་རྣམས་དང་། ཐབ་ཅིང་རྒྱ་ཆེའི་གནས་ལ་སྦྱངས་པ་མཐར་སོན་པ་རྣམས་ཤིན་ཏུ་ཡིད་ཆེས་པར་འགྱུར་རོ། །རྒྱ་ཆེར་འཆད་ཅེས་སླུ་བ་མང་མོད་ཀྱི། །ཐབ་དོན་ཤེས་ཤིང་སྤྱོད་པ་ཤིན་ཏུ་དཀོན། །ཐབ་ལས་ཆེས་ཐབ་རིག་པའི་ལྷུགས་མཆོག་ཙན། །ཡོད་ན་ཐབ་དོན་རོ་མཆོག་འདི་སྤྱོངས་ཤིག །ཅེས་བར་སྐབས་ཀྱི་ཚིགས་བཅད་དོ། །སེམས་ཙམ་དུ་བཞེད་ཚུལ་དེ་ལའང་། ཕྱིས་སུ་གཞུང་འཆད་པ་དག་གིས། མཁན་ཆེན་འདི་ཉིད་ཀྱིས་ཚོགས་དྲུག་ལས་ཐ་དད་པའི་ཀུན་གཞི་མི་བཞེད་ལ། སྔོར་ཡིད་རྣམ་ལ་ཆ་ཕྱེ་བའི་ཕྲ་མོ་འགའ་ཞིག་ལ་ཀུན་གཞིའི་སྒྲས་བསྟན་པ་དབུམ་པ་ཆེན་པོ་འགའ་དང་སྔགས་ཕྱོགས་སུའང་མང་པོ་འབྱུང་ངོ་ཞེས་གསུངས་ཀྱང་། སྔོར་གཞུང་འདི་ན་ཀུན་གཞི་བཞེད་པའི་ཚིག་ཟིན་གསལ་ཁ་མི་སྣང་བས་རང་འདོད་དང་བསྟུན་ཏེ་དེ་ལྟར་བཞག་ཀྱང་རེ་ཞིག་ཚོག་མོད། ལར་སྣང་བ་སེམས་སུ་འདོད་པ་ལ་བག་ཆགས་འཛིན་པའི་ཀུན་གཞི་ཞིག་ངེས་པར་ཁས་མ་བླངས་ན་མི་རུང་བས། ལང་གཤེགས་དང་དགོངས་འགྲེལ་ལ་སོགས་པའི་བསྟན་དོན་ཇི་ལྟ་བ་བཞིན་དུ་སེམས་ཙམ་མཚན་ཉིད་པ་ཞིག་ཁས་ལེན་ན་ཀུན་གཞི་ངེས་པར་འདོད་དགོས་ཏེ། ཀུན་གཞི་ནི་སེམས་ཙམ་གྱི་གྲུབ་མཐའི་སྙིང་པོ་ལྟ་བུ་ཡིན་ཅིང་། དེ་གྲུབ་ན་ཉོན་ཡིད་ཀྱང་ཡོད་པ་ལ་འགལ་བ་མེད་པས་ཚོགས་བརྒྱད་འདོད་དགོས་ལ། གཞུང་འདིར་ཡང་། ཚུལ་གཉིས་ཀྱིས་བསྡུས་པའི་ཐེག་པ་མདོར་བསྟན་པ་ནི་འདི་ལྟ་སྟེ། ཞེས་ཆོས་ལྔ་རང་བཞིན་གསུམ་སོགས་ཀྱི་ལུང་དྲངས་པ་ལྟར་སེམས་ཙམ་སྤྱི་ལུགས་ཀྱི་ཀུན་གཞིའང་ཅིའི་ཕྱིར་མི་བཞེད་དེ་བཞིན་དོ་སྙམ་མོ།

knowledge holders—the excellent statements of glorious Rongzom, the Dharma-king Longchen,[34] and so forth—I have achieved some small measure of intelligence. It is by the power of this that I have spoken [the above]. Therefore, those resting equally in the stainless authentic limit, as well as those who have perfected the training in the profound and vast topics, will come to trust this completely.

A stanza in closing:

Many are those who claim to teach vastly,
Yet understanding and experience of the profound meaning is extremely rare.
If you possess the supreme tongue of exceedingly profound knowledge,
Then experience this supreme taste of the meaning that is profound!

Concerning the assertions of Mind Only, some later lecturers have taught that this great expert does not assert an all-ground that is different from the six collections [of consciousness], but that nevertheless there have appeared many proponents of the great Middle Way, as well as many tantric teachers, who have taught that the term *all-ground* refers to a subtle aspect of the mental consciousness. Generally, as the explicit term all-ground does not occur in this scripture, it may indeed be permissible to temporarily make the statement above in accordance with one's personal wishes. Yet, the assertion of appearances as mind will be inappropriate without a definitive acceptance of an all-ground that holds the habitual tendencies.

If, in perfect accordance with the meaning conveyed in the *Ascent onto Laṅkā*, the *Definitive Explanation of the Intent*, and so forth, one accepts a genuine Mind Only, the assertion of the all-ground will definitely be necessary. The all-ground is, as it were, the core of the Mind Only philosophy. Once that is established, there is no conflict in asserting the existence of the afflicted mental consciousness, and so one must assert the eight collections of consciousness. In this scripture it is said:

> The vehicle comprised of two approaches is taught, in short, like this...

Why then wouldn't this scripture, in accordance with the cited scriptural statement on the five principles, three natures, and so forth,

།དེ་ལ་ཡིད་རྣམ་ཕྲ་བ་ལ་སྟུགས་སོགས་སུ་ཀུན་གཞིར་བརྗོད་པ་འདི་ཅི་ཞིག །ཚོགས་དྲུག་ལས་ཐ་དད་ཅེས་པ་འདི་ཅི་ཞིག་སྙམ། དེ་ལ་ཡིད་རྣམ་ལ་ཕྱི་ཡང་རྟུང་སྐྱེ་རྟེན་དང་བརྟེན་པའི་ཚུལ་དུ་བག་ཆགས་འཛིན་ནུས་ཀྱི་ཤེས་པ་ཀུན་གཞི་ལ་ཐ་སྙད་མཛད་པའི་མཚན་ཉིད་དེ་ལ་ཡོད་ན་ནི། ཡིད་རྣམ་ཕྲ་བ་བྱས་ཀྱང་རྟུང་སྐྱེ་དོན་ཀུན་གཞི་ལས་མ་འདས་པས་མིང་ཙམ་དུ་ཟད་ལ། གལ་ཏེ་དེ་ལ་ཀུན་གཞིའི་མཚན་ཉིད་མེད་ན་ནི་རྟ་ལ་བ་ལང་དུ་བཏགས་པ་ལྟར་མིང་ཙམ་དུ་ཟད་པས་དགོས་པ་ཅིའང་མེད་ལ། ཚོགས་དྲུག་ལས་ཐ་དད་ཅེས་པའང་། ངོ་བོའམ། ལྡོག་པ་གང་ཡིན། དང་པོ་ལྟར་ན་རྒྱུད་ཐ་དད་དམ། བྱེད་ལས་སོགས་ཐ་དད་པ་གང་ལ་ཟེར། ཚོགས་དྲུག་དང་རྒྱུད་ཐ་དད་པའི་ཤེས་པ་ལ་ཟེར་ན་ནི། དབུ་མ་པར་མ་ཟད་དེ་འདྲ་བ་འདོད་མཁན་གྱི་སེམས་ཙམ་པ་སུའང་མེད་དེ། ཤེས་པ་རྣམས་ཤེས་པའི་ངོ་བོ་ཙམ་དུ་རྒྱུད་མི་གཅིག་ན། གང་ཟག་གཅིག་ལ་ཤེས་རྒྱུད་གཉིས་ཡོད་པར་ཐལ་བའི་ཕྱིར་རོ། །བྱེད་ལས་སོགས་ཐ་དད་དུ་མེད་ན་དེར་བཏགས་པས་ཅི་བྱ་སྟེ་དགོས་པ་མེད་པས་སོ། །ཐ་སྙད་ཙམ་དུ་ལྡོག་པ་ལ་བསམས་ན་ནི། ཀུན་གཞི་མེད་བྱས་པས་ཆོག་གི །ཚོགས་དྲུག་ལས་ཐ་དད་ཅེས་པའི་སྒྲ་ལ་རྣམ་བཅད་མེད་པས་དེ་བརྗོད་པ་ལ་དགོས་ནུས་མེད་པར་འགྱུར་ཏེ། ལྡོག་པ་ཙམ་དུའང་ཚོགས་དྲུག་ལས་ཐ་དད་དུ་བཞག་པ་མེད་ན་ཀུན་གཞི་ཞེས་གང་ལ་གདགས་ཏེ་ཀུན་གཞི་དང་ཚོགས་དྲུག་བཏགས་པའི་ཐ་སྙད་ཙམ་དུའང་ཐ་དད་དུ་མེད་པས་སོ། །བརྟག་པའི་སྒོ་ཙམ་བརྗོད་པ་ལ་དྲང་པོར་དཔྱོད་ཅིག །དེ་ལ་བདག་ཅག་ནི་མཁན་པོ་འདི་ཉིད་ཚོགས་བརྒྱད་ཀྱང་བཞེད་དོ་ཞེས་འདོད་ལ། དེར་དངོས་སུ་དབྱུག་པ་སོགས་ཀྱི་གནོད་པ་མ་བྱུང་ན་རིགས་པའི་གནོད་པ་ནི་འབྱུང་བར་མི་སེམས་སོ།

accept the all-ground in the common way of the Mind Only? I believe that it does.

What is this subtle mental consciousness that in Mantra and elsewhere is called all-ground, and what does "different from the six collections" mean? Although taught as subtle mental consciousness, if it is an aspect of mind that is capable of retaining the habitual tendencies in the manner of a base and [that which is] based, it is defined in exactly the same way as the all-ground. In that case, it may be called the subtle mental consciousness, but actually being nothing other than the all-ground, [the difference] is then merely nominal. If not defined the same way as the all-ground, it is then like calling a horse 'cow,' merely a name, and so completely pointless.

As for the statement that this is different from the six collections, is this meant in terms of essence or contradistinction? If the former is the case, does 'different' then refer to a different continuum, a different function, or something else? If it means that it is the continuum of this cognition that is different from [that of] the six collections, then there is no one at all, either among those of the Middle Way or among the proponents of the Mind Only, who asserts in such a way. For if the cognitions are not of the same continuum, in the sense of [both] being essentially cognition, the consequence will be that a single person possesses two mind-streams. If there is no difference in terms of function, and so forth, then what point is there to the term? It then has no purpose. If [the difference] is thought of as merely conventional and in terms of contradistinctions, it would suffice just to say that the all-ground does not exist. Other than that, the words 'different from the six collections' do not eliminate anything, and so using them would be unnecessary and meaningless. If it cannot, even as a mere contradistinction, be categorized as different from the six collections, then what does the term all-ground apply to? At that point, there is not even a conventional difference between the designations of all-ground and six collections. This was just said as an introduction for examination. Take it under honest investigation.

As for ourselves, we hold that this preceptor does assert the eight collections, and although direct harm from sticks and so forth [may occur], I believe that no harm can occur from reasoning.

།དེ་ལྟར་ན་ཚོགས་བརྒྱད་གནས་གྱུར་པའི་ཡེ་ཤེས་ལྔ་འདོད་དགོས་པ་སོགས་ཀྱི་ཕྱིར་དུ་གཞུང་ལུགས་འདི་ཐེག་ཆེན་སྤྱིའི་ལུགས་ལ་ཤིན་ཏུ་མཛེས་ཏེ། ཐ་སྙད་ཙམ་དུ་ཉོན་མོངས་པའི་ཡིད་དང་། བྱེ་བྲག་སོ་སོའི་རྣམ་ཤེས་སུ་ཕྱོགས་མ་བཅད་པའི་ཤེས་པ་གསལ་རིག་གི་ངོ་བོ་ཙམ། ཐོག་མ་མེད་པའི་དུས་ཀྱི་བག་ཆགས་འཛིན་པའི་སེམས་ཞིག་ཡོད་པ་ལ་འགལ་བ་མེད་པར་མ་ཟད་ཡོད་དགོས་པར་རིགས་པས་གྲུབ་པ་ཡིན་ནོ། །འོན་ཀྱང་དེ་ཀུན་བཏགས་ཀྱི་གཞིར་གྱུར་པའི་གཞན་དབང་གི་ངོ་བོར་བདེན་པར་ནི་མི་གྲུབ་པས་ཟླ་བའི་ཞབས་སོགས་ཀྱིས་བཀག་པའང་དེ་ལྟར་དུ་ཤེས་པར་བྱ་སྟེ། རང་རིག་དང་ཀུན་གཞི་འགོག་པའི་རིགས་པ་འདི་ཀུན་སེམས་ཙམ་པ་རང་རིག་བདེན་གྲུབ་ཏུ་འདོད་པ་ལ་འཇུག་གི ཀུན་གཞི་དང་རང་རིག་ཐ་སྙད་ཙམ་དུ་ཁས་ལེན་པའི་ལུགས་ལ་རྣམ་པ་ཀུན་ཏུ་མི་འཇུག་པར་ཤེས་པར་བྱ་སྟེ། དཔེར་ན་ཕུང་ཁམས་སྐྱེ་མཆེད་དང་ལམ་དང་འབྲས་བུ་ཐམས་ཅད་བདེན་གྲུབ་འགོག་པའི་རིགས་པ་དེས། དབུ་མ་པ་ཐ་སྙད་ཙམ་དུ་ཕུང་ཁམས་ཀྱི་རྣམ་གཞག་དང་ལམ་འབྲས་ཁས་ལེན་པ་ལ་མི་གནོད་པ་བཞིན་ནོ། །སྒྱུ་སྒེགས་བྱེད་ཀྱིས་སྨྲས་པ་རྟག་དངོས་ཀྱི་བདག་ལྟ་བུ་ལ་སོགས་པ་ནི་ཐ་སྙད་དུའང་མི་སྲིད་པར་ཤེས་པར་བྱ་སྟེ། མདོར་ན་ཐ་སྙད་ཀྱི་ཚད་མའི་ངོར་ཡོད་པར་གྲུབ་ན་དེ་ཐ་སྙད་དུ་སུས་ཀྱང་དགག་མི་ནུས་ལ། ཐ་སྙད་པའི་ཚད་མས་གནོད་པ་ཡོད་ན་དེ་ཐ་སྙད་དུ་ཡོད་པར་སུས་ཀྱང་སྒྲུབ་མི་ནུས་ཤིང་། དོན་དམ་པའི་ཚད་མས་མེད་པར་གྲུབ་པ་དེ་དོན་དམ་པར་ཡོད་དོ་ཞེས་སུས་ཀྱང་སྒྲུབ་མི་ནུས་པ་ནི་དངོས་པོ་རྣམས་ཀྱི་ཆོས་ཉིད་དོ། །དེ་ལྟར་ཤན་འབྱེད་པ་ནི་ཐེག་ཆེན་མདོ་སྔགས་སྤྱི་ལ་གལ་པོ་ཆེ་ཞིག་ཡིན་ནོ། །དེས་ན་མདོ་ཙམ་དུ་མ་ཟད་སྔགས་སུའང་སྣང་བ་ཐམས་ཅད་རང་སྣང་དང་དེའང་སེམས་ཉིད་བདེ་བ་ཆེན་པོར་གཏན་ལ་འབེབས་པ་ཡིན་པས་

Since assertions such as the transformation of the eight collections into the five types of wakefulness must also be made, this scriptural tradition greatly beautifies the universal way of the Great Vehicle. Merely conventionally, no contradiction is entailed by the existence of the afflicted mental cognition and the mere clear and aware essence of cognition that, not confined to being any of the particular consciousnesses, is the mental basis that holds the habitual tendencies of beginningless time. On the contrary, reasoning establishes that this must exist.

Yet, in the essence of the dependent [nature], the basis for the imputed, there is no true establishment, and one must, because of that, understand why the likes of venerable Candra have also refuted [such an all-ground consciousness]. One must know that all these reasonings that refute self-awareness and the all-ground are [only] applicable against the Mind Only's assertion of [self-awareness and the all-ground] as being truly established. But on no occasion are they applicable against the way that asserts the all-ground and self-awareness as mere conventions. For example, the reasoning that completely refutes truly established aggregates, elements, and sources, as well as the path and fruition, does in the same way not impair the Middle Way's merely conventional claims regarding the principles of aggregates and elements, the path and fruition.

It must be understood how, for instance, the self that extremists posit as being a permanent entity is impossible even conventionally. In short, if the existence [of something] is established from the perspective of conventional valid cognition, no one will be able to refute it conventionally. If [something] is seen to be flawed by conventional valid cognition, no one will be able to establish its conventional existence. When the absence of something has been established by ultimate valid cognition, nobody will be able to establish it by saying, "This has ultimate existence!" Such is the intrinsic nature of all entities.

Distinguishing in this way is of major importance within the Great Vehicle of both Sūtra and Mantra. Not only in Sūtra, but also in Mantra it is [shown] how all appearances are self-appearances; these are [then, in Mantra] further resolved as the great bliss of mind itself. Hence, this

མདོར་ན་ཐེག་ཆེན་མདོ་སྔགས་མཐའ་དག་གི་བཞེད་པའི་རྩ་བར་གྱུར་པའི་གནད་སྟོན་པ་ནི་གཞུང་འདི་ཡིན་ཏེ། ཐེག་ཆེན་མཐའ་དག་ཆོས་ལྔ་རང་བཞིན་གསུམ་ལ་སོགས་པར་འདུ་བར་རྒྱལ་བས་གསུངས་པ་བཞིན་ཐེག་ཆེན་པ་ཀུན་དེ་ལྟར་འདོད་ཀྱང་། དེ་ཇི་ལྟར་ཉམས་སུ་ལེན་པའི་ལམ་ནི་སློབ་དཔོན་འདི་ཁོ་ནས་ཤིང་རྟའི་སྲོལ་ཕྱེས་པ་ཡིན་པས་གཞུང་འདི་ཤིན་ཏུ་གལ་ཆེ་ལ། ཐ་སྙད་དུ་དངོས་པོ་ཡོད་པར་བཞེད་ཅིང་གཏན་ཚིགས་རང་རྒྱུད་དུ་སྨྲ་བའི་ཁས་ལེན་ཡོད་པའི་རྣམ་གྲངས་པའི་དོན་དམ་རྩལ་དུ་བཏོན་ཏེ་གཞུང་བསྒྲངས་པས་རང་རྒྱུད་ཀྱི་སློབ་དཔོན་དུ་བགྲང་བ་ཡིན་ནའང་། ལྟ་བ་ཐལ་འགྱུར་ལས་དམན་ནོ་སྙམ་དུ་བསམ་པར་མི་བྱ་སྟེ། ཚུལ་གཉིས་ཟུང་དུ་འཇུག་པའི་ཐེག་ཆེན་སྤྱིའི་ལམ་སྲོལ་དེ་ལྟར་ཕྱེས་ནས་དོན་གྱི་བདེན་གཉིས་ཟུང་འཇུག་རབ་ཏུ་མི་གནས་པའི་དབྱིངས་ལ་གནད་མཐུན་པར་གྱུར་པ་ལ་ཁྱད་པར་གང་ཡང་མེད་པའི་ཕྱིར་རོ། །དེས་ན་དཔལ་ལྡན་ཟླ་བའི་དགོངས་པ་སྣང་བ་འདི་ཀུན་ཐད་ཀ་རང་སར་དག་པས་ཐ་སྙད་ཀྱི་རྫུན་རིས་དབྱིངས་སུ་ཡལ་བའི་ཟབ་མོའི་ལྟ་བ་ནི། རྫོགས་ཆེན་གྱི་གཞུང་ནས་ཀ་དག་གཏན་ལ་འབེབས་ཚུལ་དང་མཚུངས་པ་དེ་ཉིད་ཀྱི་ཕྱིར་ན་རིག་འཛིན་བརྒྱུད་པའི་རང་ལུགས་སུ་དོན་གྱིས་མཛད་པ་ཡིན་པས་དམན་པ་བདག་ཀྱང་དེ་ཁོ་ན་ལྟར་སྨོན་ན་རང་། འདི་ལྟ་བུའི་གཞུང་ནི་ཐེག་ཆེན་སྤྱིའི་ལམ་པོ་ཆེ་ཡིན་ཏེ། ཤིང་རྟ་རྣམ་པ་གཉིས་ཀྱི་གཞུང་དགོངས་པ་རྒྱ་བོ་གཅིག་འདྲེས་སུ་སྨྲ་ཞིང་། ཁྱད་པར་དོན་དམ་པའི་ཚད་མ་དཔལ་ལྡན་ཀླུ་ཡིས་ཇི་ལྟར་བཞེད་པ་དང་། ཐ་སྙད་ཀྱི་ཚད་མ་དཔལ་ཆོས་ཀྱི་གྲགས་པས་ཇི་ལྟར་བཞེད་པ་གཉིས་རིགས་པའི་རྒྱ་མཚོ་ཆེན་པོར་རོ་གཅིག་ཏུ་བསྐྱིལ་ཞིང་། མཐར་ཐུག་མཐའ་བཞི་སྤྲོས་བྲལ་གྱི་དབུ་མ་ཆེན་པོར་སྐྱིལ་བའི་གཞུང་འདི་ལ་བཀའ་ཐེག་ཆེན་གྱི་དོན་རྒྱན་དྲུག་ལ་སོགས་པ་ཤིང་རྟ་ཆེན་པོ་རྣམས་ཀྱིས་ཇི་ལྟར་བཀྲལ་བའི་ཟབ་གནད་མ་ཚང་བ་མེད་པར་རྫོགས་པས།

scripture reveals the crucial point that lies at the root of the teaching of the entire Great Vehicle of Sūtra and Mantra.

Everyone of the Great Vehicle asserts in accordance with the Victorious One's statement that the five principles, the three natures, and so forth are the condensation of the entire Great Vehicle. Yet it was exclusively this master who opened the chariot way that is the path for taking this into experience, and so this scripture is extremely important. Since he teaches the conventional existence of entities, and since, through autonomous arguments, the scripture is composed so that emphasis is given to the categorized ultimate that involves claims, the present master is designated a master of the Autonomy. Yet, do not believe that the view is inferior to that of the Consequence, for once the universal highway of the Great Vehicle in which the two approaches are united has thus been opened, the key points are in harmony within the utterly non-abiding basic space, the actual unity of the two truths. Therefore there is not the slightest difference [from the view of the Consequence].

The realization of glorious Candra is the profound view in which the direct and immediate purity of all these appearances causes the false confines of convention to fade away into basic space. This is equal to the way that the scriptures of the Great Perfection[35] resolve primordial purity, and for this very reason it is what has been upheld in actuality by our own school, the lineage of knowledge holders. Hence I too, the lowly one, aspire only to this.

Still, a scripture such as this one constitutes the universal highway of the Great Vehicle, for the scriptures of the two chariots are joined here to mingle in a single river of realization. In particular, the ultimate valid cognition as set forth by glorious Nāgārjuna and the conventional valid cognition as claimed by glorious Dharmakīrti merge here, becoming of one taste in a great ocean of reasoning. Eventually, this scripture brings one to the great Middle Way of simplicity beyond the four extremes.

The profound key points that reveal the meaning of the Buddha's words on the Great Vehicle are here, without lacking anything, perfectly complete, just as they are explained by all the great chariots, the Six

སའི་སྙིང་ན་འགྲན་ཟླ་དང་བྲལ་བའི་ལེགས་བཤད་ཆེན་པོ་འདི་ཕྱོགས་རེ་རེ་བ་འཛིན་པ་ཀུན་གྱིས་ཀྱང་སྤྱི་བོ་ཉིད་དུ་ཅིའི་ཕྱིར་མི་བཀུར་ཏེ་བློ་ཀུན་ནས་འབད་པས་འཇུག་པར་གྱིས་ཤིག །དེའི་ཕྱིར་སངས་རྒྱས་བཅོམ་ལྡན་འདས་ཀྱི་དགོངས་པའི་བབས་སོ་ཆེན་པོ། ཤིང་རྟ་མཆོག་གི་ལུགས་སྲོལ་མ་ལུས་པ་འཕྲིལ་བའི་རྒྱ་མཚོ་ནི་འདི་ཡིན་པས་ན། ཆོས་ཀྱི་དབྱིངས་དང་རྗེས་སུ་མཐུན་པའི་མཉམ་གཞག་གི་སྦྱོང་བ་ཐུན་གཅིག་ལ་གནས་པ་ལྟ་ཅི། ཐོས་བསམ་གྱི་དུས་ན་དགག་སྒྲུབ་ཀྱི་རིགས་པ་ཤིན་ཏུ་ཕྲ་བའི་གནད་ཀྱང་མ་ཟིན་པར། ཐལ་འགྱུར་ཞེས་མཐོ་སྙེགས་བྱས་པ་ཙམ་གྱིས་ཕན་དཀའ་བས་གཞུང་འདི་ལྟ་བུའི་ལམ་ནས་དབུ་མའི་གནད་ཟིན་པ་ལ་མཁས་པར་བྱའོ། །དེས་ན་འདི་ལྟ་བུའི་གཞུང་ལ་སྦྱངས་པ་ལེགས་པར་ཐོན་ན་དབུ་ཚད་སེང་གེ་མཛིང་བསྒྲོལ་ཞེས་བོད་ལ་གྲགས་པ་ལྟར་མིང་དོན་དང་ལྡན་པར་ཐོབ་ལ། བདེན་པ་གཉིས་ཀྱི་ཚད་མ་གཅིག་གྲོགས་སུ་གཅིག་འཆར་བའི་ལེགས་བཤད་འགྲན་མེད་དུ་སྨྲ་བའི་དབང་ཕྱུག་ཆེན་པོའི་གོ་འཕང་གི་མཆོག་སྨིན་པའི་གཞུང་དག་ནི་འཕགས་ཡུལ་དུའང་འདི་ཁོ་ན་ཙམ་ཡིན་ཏེ། ཅིའི་ཕྱིར་ན་ཤིང་རྟའི་ལུགས་སྲོལ་སོ་སོ་བ་གཅིག་ཏུ་བསྡུས་པའི་རིགས་པའི་སྙིང་པོ་མཆོག་དམ་པ་འདི་གཅིག་པུ་ལས་གཞན་དུ་མ་དམིགས་པའི་ཕྱིར་རོ། །དེ་ལྟར་ཚུལ་གཉིས་ཀྱི་དོན་དེ་གཞུང་གིས་ཇི་ལྟར་སྟོན་པ། གཞུང་འཆད་པའི་བསྡུས་དོན་གྱིས་གསལ་བར་བཤད་པ་དེ་ལྟ་བུ་ནི་འདིའི་དབུ་ཞབས་ཀྱི་དོན་ཏོ། །དེ་འདྲ་བའི་ཚུལ་གཉིས་སུ་བཞག་པ་འདི་སློབ་དཔོན་ཀླུ་སྒྲུབ་ཀྱིས་བཞེད་པ་ཡིན་ནམ་སྙམ་ན་ཡིན་ཏེ། རིགས་པ་དྲུག་ཅུ་པ་ལས། འབྱུང་བ་ཆེ་ལ་སོགས་བཤད་པ། །རྣམ་པར་ཤེས་སུ་ཡང་དག་འདུ། །དེ་ཤེས་པས་ནི་འབྲལ་འགྱུར་ན། །ལོག་པར་རྣམ་བརྟགས་མ་ཡིན་ནམ།

Ornaments, and so forth. So why wouldn't everyone who upholds partial aspects [of the Great Vehicle] venerate [this scripture by placing] these great and excellent statements, matchless upon the surface of the earth, above the crowns of their heads? By all means strive to apply yourselves [to these teachings]! This is the great flow of the realization of the Buddha, the Transcendent Conqueror, and it is the ocean in which the traditions of all the great chariots merge.

If while learning and reflecting, one pathetically tries to seize the exalted by speaking of the Consequence, without even having grasped the extremely subtle points of reasoning regarding refutation and proof—not to mention having remained for even one session in the experience of the equal rest that accords with the basic space of phenomena—the outcome could hardly be anything good. Rather, one should, by means of a scripture such as this one, become skilled in seizing the key points of the Middle Way. Having successfully gone through the training in a scripture such as this, one will achieve the meaning of the well-known Tibetan expression, "the crossed lion necks of the Middle Way and valid cognition."

Even in the Noble Land, this was the only scripture that, in unequaled and excellent statements, let the valid cognitions of the two truths arise as mutual enhancers, [thereby] granting the supreme level of the great Lord of Speech. How can we say that? Because, apart from this one, we find no other supreme, sacred core of reasoning that gathers the individual traditions of the chariots into one.

The meaning of the two approaches, just as taught by the scripture, has been clarified [here] in the form of a summary of the scripture's explanations. This may therefore be considered its essential content.

Were one to wonder, "Are these principles of the two approaches accepted by the Master Nāgārjuna?" the answer would be, "Yes they are." From *The Sixty* [*Stanzas of*] *Reasoning*:

> That which is taught as the great elements, and so forth,
> Is authentically contained within consciousness.
> Since by the knowledge of that they are discarded,
> Would they not then be misconception?

།ཞེས་ཚིག་རྐང་དང་པོ་གཉིས་ཀྱིས། བཅོམ་ལྡན་འདས་ཀྱིས་འབྱུང་བ་ཆེན་པོ་བཞི་ལ་སོགས་པ་སྣེ་འབྱུང་གྱུར་དང་བཅས་པར་བཤད་པ་དེ། རྣམ་ཤེས་ལས་དོན་ལོགས་སུ་མེད་པར་ཤེས་ཉིད་དེ་དག་གི་རྣམ་པར་སྣང་བ་ལ་བཞག་པས་རྣམ་ཤེས་སུ་འདུ་ལ། རྐང་པ་ཕྱི་མ་གཉིས་ཀྱིས། འབྱུང་བ་རྣམས་ཕྱི་རོལ་ལམ། དེ་མིན་པར་རྣམ་ཤེས་ཀྱི་བདག་ཉིད་ཡིན་ཀྱང་རུང་སྣེ་དོན་ལ་ཡོད་དོ་སྙམ་ན། ཤེས་པ་དེའི་རང་བཞིན་ཤེས་པའི་ཡེ་ཤེས་ཀྱི་ངོ་ན་འབྲལ་ཞིང་སྤོང་བ་སྟེ། ཡང་དག་པའི་ཡེ་ཤེས་ལ་དེ་མི་སྣང་བའི་ཕྱིར་ན་ལོག་པར་རྣམ་པར་བརྟག་པ་ཙམ་མ་ཡིན་ནམ། །ཞེས་སོ། །ཚུལ་གཉིས་ཤིང་རྟ་ཆེན་པོའི་ལམ་སྲོལ་གང་། །ཚུལ་གཅིག་ཉིད་དུ་བསྒྲུབས་པའི་གཞུང་ལུགས་ལ། །ཚུལ་བཞིན་རྗེས་སུ་ཞུགས་པ་གང་ཡིན་དེས། །ཚུལ་བཟང་ཐེག་མཆོག་ཆོས་ཀྱི་རྒྱལ་སྲིད་ཐོབ། །ཡིན་ནམ་མིན་ཀྱང་གཞན་ཟེར་རྗེས་བཟླས་ན། །དེ་ཕྱོགས་འཛིན་པའི་ཡིད་ལ་འཐད་མོད་ཀྱང་། །ཤིང་རྟའི་གཞུང་བཟང་དྲང་པོར་བཤད་པ་འདི། །གང་ལ་གཟེན་པོར་གྱུར་རྣམས་བཟོད་པར་མཛོད། །ཅེས་པའང་བར་སྐབས་ཀྱི་ཚིགས་སུ་བཅད་པའོ། །ལྔ་པ་དགོས་པ་ལ། ཐེག་ཆེན་མཐའ་དག་གི་དོན་ལ་ངེས་པ་ཇི་ལྟར་སྐྱེ། དེའང་བདེ་བླག་ཅེས་བྱ་བ་ནི་ཇི་ལྟ་བུ། དེས་བྱང་ཆུབ་ཆེན་པོ་ཇི་ལྟར་ཐོབ་སྙམ་ན། སྤྱིར་ཐེག་པ་ནི་རྣམ་གྲོལ་བྱང་ཆུབ་གསུམ་ལ་སྦྱོར་བར་བྱེད་པའི་བཞོན་པར་གྱུར་པའི་མིང་ཡིན་ལ། དེ་ལ་དམན་པའི་ཐེག་པ་ལས་དམིགས་པ་སོགས་ཆེན་པོ་བདུན་གྱིས་འཕགས་པ་ནི་དབུ་སེམས་ཀྱི་གཞུང་ལུགས་སོ། །དེའང་དབུ་སེམས་དེ་གཉིས་སོ་སོའི་ཕྱོགས་རེ་བ་མིན་པར་གཉིས་ཀའི་དགོངས་པ་ཟུང་གཅིག་ཏུ་རྩད་པ་ནི་མཐའ་དག་གོ

The first two lines teach that what the Transcendent Conqueror has explained as the four great elements and so forth (thus including their transformations) are in fact nothing other than consciousness. Since they are classified as being the mind itself, appearing with those features, they are contained within consciousness.

Through the latter two lines the following is taught: one may believe that the elements—either as external or as identies of consciousness—have actual existence. Yet [in any case], since from the perspective of the wakefulness that knows the nature of cognition, those [elements and so forth] are discarded and relinquished because they do not appear to the authentic wakefulness, would they not then be simply misconception?

Some verses in closing:

The ways of the great chariots of the two approaches
Are by a certain scriptural tradition established as one single approach.
Whoever follows this correctly
Attains the way of excellence, the Dharma kingdom of the supreme vehicle.

Whether it is with a "yes" or a "no" that one apes what is said by others,
It certainly will seem reasonable to those who hold on to fractions.
Yet if this honest explanation of the excellent chariot scripture
Might cause a sting for someone, I request your forbearance.

The Purpose

Fifth, regarding the purpose, one may wonder: "How does certainty in the meaning of the entire Great Vehicle arise? Moreover, what is meant by 'with ease'? And how does this accomplish great enlightenment?" Generally, *vehicle* is the name for the carriage that delivers one to the three types of liberation and enlightenment. The scriptural traditions of the Middle Way and the Mind Only are those which, in terms of their focus and so forth, are exalted above the Inferior Vehicle by the seven kinds of greatness. *Entire* refers to the unification of the intent of both the Middle Way and the Mind Only without any incompleteness.

།དེ་དག་གི་དོན་ལ་ངེས་པ་སྐྱེ་བའི་ཚུལ་ནི། སྤྱིར་བསྒོམས་ཤིང་ཉམས་སུ་སྦྱོང་བས་པའི་ཤེས་རབ་ཀྱིས་མཐར་ཐུག་གི་འབྲས་བུ་ལ་སྦྱོར་བར་བྱེད་ལ། དེ་དག་གི་མེད་ན་མི་འབྱུང་གི་རྒྱུ་ནི་ཚུལ་བཞིན་བརྟགས་ནས་ངེས་པ་སྐྱེད་པ་བསམ་པའི་ཤེས་རབ་ཡིན་ལ། དེའི་རྒྱུ་ནི་ལེགས་པར་བཤད་པའི་གཞུང་ཐོས་པ་ལས་ཡིན་ཞིང་། དེའང་གཞུང་ཐོས་ཙམ་དང་། དེའི་དོན་ལ་མོས་པ་ཙམ་གྱིས་ས་ལམ་བགྲོད་མི་ནུས་ཏེ། ཡང་དག་པའི་དོན་ལ་ངེས་ཤེས་ཚུལ་བཞིན་སྐྱེས་ནས་རང་རྒྱུད་ཀྱི་ཕྱིན་ཅི་ལོག་གི་རྟོག་པ་ངན་པ་རྣམས་སྤོང་དགོས་པའི་ཕྱིར་རོ། །དེ་ན་དཔྱད་གསུམ་གྱིས་དག་པའི་སངས་རྒྱས་ཀྱི་བཀའི་དོན། རིགས་པ་ཚད་མས་བསྒྲུབས་པའི་ལམ་འདི་ལྟ་བུའི་རྗེས་སུ་ཞུགས་ན་རང་ལ་ཡིད་ཆེས་ཁྱད་པར་ཅན་སྐྱེས་ནས། གཞན་གྱི་དྲིང་ལ་མི་འཇོག་པ་དང་། གཞན་གྱི་དྲང་དུ་མི་བཏུབ་པའི་ཤེས་རབ་ཀྱི་སྣང་བ་ཆེན་པོས་སངས་རྒྱས་བཅོམ་ལྡན་འདས་རྣམས་གཤེགས་ཤིང་རྗེས་སུ་གཤེགས་པའི་ལམ་པོ་ཆེ་མཐོང་ནས་དེར་ལྡོག་མེད་དུ་ཞུགས་པར་འགྱུར་ཏེ། དེ་ལ་གཞན་ཟེར་ཙམ་དང་། མོས་པ་ཙམ་མིན་པར་རང་གི་རིགས་པའི་སྟོབས་ཀྱིས་ཡིད་ཆེས་པ་ནི་གཞན་ལ་ལྟོས་པའམ། གཞན་གྱི་མཐུ་ལ་ལྟོས་པ་འཇོག་མི་དགོས་པར་རང་དབང་འགྱུར་བ་ནི་གཞན་དྲིང་ལ་མི་འཇོག་པ་ཞེས་བྱ་ལ། ཤེས་ནས་དད་པ་ཐོབ་པའི་རྒྱུ་མཚན་གྱིས་བདུད་དང་ཕྱིར་རྒོལ་བ་ཀུན་གྱིས་ཀྱང་ལམ་དེ་ལས་གཞན་དུ་ཁ་ལོ་དྲང་བར་མི་ནུས་པ་ནི་གཞན་གྱིས་དྲང་དུ་མི་བཏུབ་པ་ཞེས་བྱ་སྟེ། དེ་ལྟ་བུའི་ཤེས་རབ་ཀྱི་སྤྱན་མངའ་བའི་གང་ཟག་དེས། ཡང་དག་པའི་ཆོས་ལ་གཞན་ལས་ཁྱད་པར་དུ་འཕགས་པའི་ངེས་ཤེས་སྐྱེད་པ་དང་། ཡང་དག་མིན་པ་ཆོས་མིན་གྱི་ཕྱོགས་སུན་འབྱིན་པས། ཆོས་དང་ཆོས་མིན་རྣམ་པར་འབྱེད་པའི་བློའི་མཐུ་ཐོབ་པ་ནི་མིག་གསལ་བས་གཟུགས་ལ་ལྟ་བ་བཞིན་ནོ། །དེ་སྐད་དུའང་མགོན་པོ་བྱམས་པས། ཆོས་བཟང་རིགས་པས་རྣམ་དཔྱད་བསམ་པ་ཅན། །རྟག་ཏུ་བདུད་ཀྱིས་བར་ཆད་བྱེད་པ་མེད། །ཁྱད་པར་སྐྱེད་དང་གཞན་གྱི་ཕྱོགས་སུན་འབྱིན། །མི་འཕྲོག་ཡོངས་སུ་སྨིན་པའི་མཚན་ཉིད་དོ། །ཞེས་གསུངས་པ་བཞིན་ནོ།

As for how *certainty in the meaning* of this occurs, generally speaking, the knowledge that arises through familiarization and experience delivers one to the final fruition. The indispensable cause for this [knowledge through experience] is the certainty arrived at through correct investigation—the knowledge of reflection. The cause of this [knowledge of reflection] is studying the scriptures of excellent statements. But merely learning the scriptures and having devoted interest in their meaning will not be sufficient for traversing the grounds and paths. The mistaken and harmful concepts of one's mind-stream must be relinquished by genuinely manifesting certainty with respect to the authentic meaning.

The meanings of the words of the Buddha are verified by threefold investigation, and when following a path that is established by valid reasoning, such as this one, a distinct certainty arises within oneself. By the great light of the knowledge that neither relies on nor is led astray by others, one comes to see the great highway upon which all the Buddhas, the Transcendent Conquerors, continue to journey. One then irrevocably enters that path. Rather than merely [believing] what others say and simply having devoted interest, one's trust is based on the power of one's own reasoning. Therefore, one doesn't need to rely on others, nor on their power, but becomes self-reliant. This is called not relying on the power of others. Having gained the faith that comes from understanding, no demon or adversary of any sort will be able to turn one away from the path. This is called not possibly being led astray by others.

A person who possesses the eye of this knowledge finds an exceptional certainty in the authentic Dharma and is able to disprove what is inauthentic and non-Dharma. He attains the power of mind that discerns Dharma from non-Dharma, like a sharp eye that distinguishes forms. As the protector Maitreya said:

> Against the one who investigates using the reasoning of the good Dharma,
> The demons can never create any obstacle.
> Discovering the extraordinary and disproving the positions of others
> Is the characteristic of a maturity that is complete and unassailable.

།དེའི་ཕྱིར་ན་ཡང་དག་པའི་ལམ་ཐམས་ཅད་ནི་ཤེས་ཤིང་མཐོང་ནས་གོམས་པ་ཡིན་གྱི། རང་གིས་ངེས་པ་མ་རྙེད་བཞིན་དུ་གོམས་ཤིང་འབྲས་བུ་ལ་སྦྱོར་བའི་ལམ་རྣམ་དག་མི་སྲིད་པར་ཤེས་པར་བྱའོ། །དེས་ན་ཚུལ་འདི་ཚད་མ་གཉིས་ཀྱི་གཞུང་གི་རིགས་པའི་སྙིང་པོ་ཡིན་པས་གནད་འདི་ཙམ་ཟིན་ན། འདི་སངས་རྒྱས་ཀྱི་བཀའ་ཟབ་ཅིང་རྒྱ་ཆེ་བའི་ཐེག་ཆེན་མཐའ་དག་འབད་མེད་རང་གྲོལ་དུ་ཤེས་ཤིང་དད་པར་ཡང་འགྱུར་ཏེ། ཕྱོགས་ཀུན་ནས་ཤེས་རབ་མཆེད་པར་འགྱུར་བ་ནི། མེ་སྟག་ཆུང་ངུའི་མེ་ནགས་ལ་ཟིན་པ་བཞིན་ནོ། །དེ་ལྟ་བུའི་གཞུང་འདི་ཀུན་ལས་འཕགས་པར་རིགས་པས་གྲུབ་པ་ལྟར་ལུང་གིས་ཀྱང་གྲུབ་སྟེ། ལང་ཀར་གཤེགས་པ་ལས། ཆོས་ལྟའི་དོན་གོང་དུ་ཇི་སྐད་བཤད་པ་དེ་དག་གཞུང་དེ་ཉིད་ཀྱིས་རྒྱས་པར་བསྟན་ཏེ་མཇུག་ཏུ། སུ་ཞིག་ཚུལ་འདི་རིགས་པས་དཔོག་བྱེད་པ། །དད་ལྡན་རྣལ་འབྱོར་བརྟེན་ཞིང་མི་རྟོག་པ། །མི་གནས་དོན་ལ་བརྟེན་པར་གྱུར་པ་དེ། །ཆོས་ཀྱི་རྣམ་པར་གསེར་བཞིན་སྦྱུད་པར་བྱ། །ཞེས་སོགས་གསུངས་པ་ནི། ཚུལ་གཉིས་གཅིག་ཏུ་སྦྱོར་ཞིང་རིགས་པས་གཏན་ལ་དབབ་པའི་གཞུང་འདི་ལྟ་བུ་ལས་གཞན་མ་བྱུང་བས། འོས་མེད་ཀྱི་རིགས་པས་གཞུང་འདི་ཆེ་ཐད་དུ་བསྔགས་པར་གྲུབ་བོ། །ཞིབ་ཏུ་ནི་ལང་གཤེགས་རྒྱན་སྟུག་པོ། དགོངས་པ་ངེས་འགྲེལ། ཡབ་སྲས་མཇལ་བ། ཟླ་བ་སྒྲོན་མེའི་ཏིང་འཛིན། གླང་པོའི་རྩལ་གྱི་མདོ། བློ་གྲོས་མི་ཟད་པ། ཆོས་ཡང་དག་པར་སྡུད་པ། ཀླུའི་རྒྱལ་པོ་རྒྱ་མཚོས་ཞུས་པ། དཀོན་ཅོག་སྤྲིན། རྒྱལ་བའི་ཡུམ་ལ་སོགས་པ་ཐེག་ཆེན་གྱི་བཀའ་རྣམས་ཀྱི་དགོངས་པ་དྲི་མ་མེད་པ་ལ་ཞིབ་མོར་བསམས་ན་འདི་ལ་སླར་ཡང་ཡིད་ཆེས་པར་འགྱུར་རོ། བྱེ་བྲག་གི་ངེས་པ་སྐྱེ་ཚུལ་གྱི་དབང་དུ་ན། གཞུང་འདི་ལ་དབུ་མ་གཞན་ལས་ཁྱད་པར་དུ་འཕགས་པ་རང་ལུགས་ཐུན་མིན་གྱི་བཞེད་པ་ལྔ་ཡོད་དེ། ཡུལ་གཞལ་བྱ་མཚན་ཉིད་པ་དོན་བྱེད་ནུས་ཀྱི་དངོས་པོ་ཁོ་ན་ལ་འཇོག་པ་དང་།

Therefore, all authentic paths are to be assimilated once one has understood and seen them. Without discovering individual certainty, one cannot possibly become familiar with an authentic path and arrive at the fruition. This [*Ornament of the Middle Way*] includes the core of the reasonings found in the scriptures of the two valid cognitions. By seizing the key point of this [scripture], one will effortlessly and spontaneously understand and develop faith in the Buddha's words regarding the entire profound and vast Great Vehicle. Knowledge will unfold from all sides, as when a small spark of fire consumes the forest.

Just as reasoning establishes the universal superiority of such a scripture, it is also established by scriptural authority. Having taught extensively on the meaning of the five topics explained above, the *Ascent onto Laṅkā* likewise states, in conclusion:

> Whoever comprehends this way through reasoning
> Will, with faith, persist in the yoga, and beyond concept,
> Reach stability in the non-abiding meaning.
> Thus the features of the Dharma shall be examined like gold.

No other scripture has appeared which, like this one, joins the two approaches [of the Middle Way and Mind Only] as one and brings confidence through reasoning. It is therefore praised as supreme through reasonings of undeniable validity. Specifically, additional confidence in this [scripture] will arise if one carefully contemplates the stainless intent of the Buddha's words on the Great Vehicle, in such sūtras as the *Ascent onto Laṅkā*, *Dense Ornamentation*, the *Definitive Explanation of the Intent*, the *Meeting of Father and Son*, the *Absorption of Moonlamp*, the *Elephant's Strength*, *Taught by Akṣayamati*, *Authentically Compiling Phenomena*, *Requested by the Nāga King Sāgara*, the *Precious Cloud*, the *Mother of the Victorious Ones*, and so forth.

As for the particular ways in which certainty arises, this scripture makes five assertions unique to its approach that are superior to other [presentations of the] Middle Way:

- Only entities capable of functional performance are set forth as fully qualified objects of evaluation.

ཞེས་པ་ཡུལ་མེད་རང་རིག་རང་གསལ་གྱི་འདོད་ཚུལ་ཐུན་མོང་མ་ཡིན་པ་དང་། ཕྱི་རོལ་གྱི་སྣང་བ་སྣ་ཚོགས་རང་སེམས་ཀྱི་དབང་ལས་སྣང་བས་སེམས་ཙམ་དུ་འདོད་པ་དང་། དོན་དམ་ལ་རྣམ་གྲངས་དང་རྣམ་གྲངས་མ་ཡིན་པ་གཉིས་སུ་ཕྱེ་བ་དང་། རྣམ་གྲངས་པའི་དོན་དམ་གཏན་ལ་འབེབས་པའི་སྐབས་སུ་ཚད་མ་སོ་སོའི་རྐྱེད་དོན་འགལ་མེད་དུ་འཛིན་པའོ། །དེ་རྣམས་སོ་སོའི་དགོས་པའང་། དང་པོ་ཡུལ་གཞལ་བྱ་མཚན་ཉིད་པ་ཀུན་རྫོབ་ནི་དོན་བྱེད་ནུས་པ་ཡིན་གྱི། དངོས་མེད་ཀྱི་ཆ་རྣམས་ནི་རང་དབང་གིས་སྣང་མི་ནུས་པར་དངོས་པོ་ལ་བརྟེན་ཏེ་གཞན་སེལ་གྱི་བློས་བཏགས་པ་ཡིན་པར་ཞེས་པས། ཚུར་མཐོང་གི་རྣམ་གཞག་འཐད་པ་དང་། དེས་ཚུར་མཐོང་གི་ཡུལ་དུ་སྣང་བའི་ཤེས་བྱ་ཐམས་ཅད་མི་རྟག་པར་གཏན་ལ་ཕེབ་པ་ཡིན་ཏེ། འདི་ལྟར་ནམ་མཁའ་སོགས་ནི་རྟག་པར་སྣོམ་པར་ཟད་ཀྱི། དེ་ལ་དངོས་པོ་མེད་པའི་བཏགས་པ་ཙམ་དུ་གྲུབ་ན། གང་དངོས་པོ་ཡིན་ན་དོན་བྱེད་ནུས་པ་ཡིན་དགོས་ལ། དེ་ཡིན་ན་སྐད་ཅིག་མར་གྲུབ་པས། དངོས་ཀུན་མི་རྟག་པར་བདེ་བླག་ཏུ་འགྲུབ་བོ། །ཡུལ་རྫས་བཏགས་ལ་སྣང་སེལ་གྱི་བློ་ནས་འཇུག་ཚུལ་ཞེས་ན་འདི་ལ་གོ་བ་གཏིང་ལོངས་པ་སྐྱེ་ཞིང་ཚད་མའི་གཞུང་གི་སྙིང་དང་མིག་ལྟ་བུའོ། །ཐ་སྙད་རང་ལ་ནང་གསེས་ཡང་དག་ཡིན་མིན་གཉིས་ཕྱེ་བའི་དོན་བྱེད་ནུས་དོན་དམ་དུ་ཡོད་པར་འདོད་པ་འདི་མདོ་སྡེ་པ་དང་མཐུན་ལ། ཆོས་ཀྱི་གྲགས་པས་ཀྱང་། གལ་ཏེ་ཕྱི་རོལ་དཔྱོད་ལ་འཇུག་པ་ན། །ཕྱི་རོལ་མདོ་སྡེའི་སྐབས་ལ་རྣམ་པར་བརྟེན། །ཞེས་གསུངས་པར་གྲགས།

- The self-aware self-clarity of consciousness devoid of object is extraordinarily asserted.
- Since they appear by the power of mind, the various outer appearances are asserted to be mind only.
- Regarding the ultimate, there is the distinction between the categorized and uncategorized ultimate.
- When ascertaining the categorized ultimate, the findings of each of the valid cognitions are understood without any conflict.

Let us consider the individual purposes of these.

1) Only what is capable of functional performance is a fully qualified relative object of evaluation. No sort of non-entity can appear by itself, for [non-entities] are dependent upon entities, imputed by the mind through other-exclusion. By understanding this, the principles of confined perception will be feasible, and all objects of cognition appearing to confined perception will be ascertained to be impermanent. Space and other [unconditioned phenomena] are, in the end, simply imagined to be permanent. They are merely established as imputations where there is no entity. That which is an entity must be something that is capable of functional performance. If that is the case, [entities] are established as momentary, and this then easily establishes that all entities are impermanent.

When comprehending how [mind] engages in substantial and imputed objects through appearance and other-exclusion [respectively], a profound understanding occurs. This is, as it were, the heart and the eyes of the scriptures on valid cognition. When, in terms of the two subdivisions of the conventional—the authentic and the inauthentic—[the *Ornament of the Middle Way*] ascribes ultimate existence to that which is capable of functional performance, it does so in accord with the Sūtra Followers. Similarly, it is well known that Dharmakīrti says:

> When venturing into an investigation of the external,
> I rely on the staircase of the Sūtra Followers.

འདིར་ཕྱི་དོན་ལྐོག་ན་མོ་མི་འདོད་ཀྱང་སེམས་ཀྱི་དབང་གིས་སྣང་བ་སྣ་ཚོགས་སུ་ཤར་བའི་སྣང་ཚུལ་དེ་ལ་ཐ་སྙད་ཀྱི་གཞལ་ཚུལ་འདི་ལྟར་བྱེད་དགོས་སོ། །གཉིས་པ་ཐ་སྙད་ཙམ་དུ་རང་རིག་ཡོད་ཅིང་། དེའང་རང་གི་ངོ་བོ་གཅིག་ལ་རིག་བྱ་རིག་བྱེད་དུ་ཕྱེ་བའི་ཡུལ་རིག་པ་མིན་ཀྱང་། ཞིམ་པོ་ལས་ལྡོག་སྟེ་སྐྱོང་བ་གསལ་རིག་གི་ངོ་བོར་སྐྱེས་ཙམ་གྱི་དོན་ལ་རང་རིག་གི་ཐ་སྙད་འཐད་པའི་རྣམ་གཞག་བསྟན་པས། རང་གིས་རང་ལ་བྱེད་པ་འགལ་སོགས་ཀྱི་ཀླན་ཀ་ཅིའང་མི་འཇུག་པར་རང་རིག་ཐ་སྙད་དུ་གནོད་མེད་གྲུབ་ཅིང་། དེས་སྣང་བ་སེམས་སུ་བསྒྲུབ་པ་དང་། ཡུལ་སྐྱོང་བའི་ཐ་སྙད་གནོད་མེད་དུ་འགྲུབ་པ་ཡིན་ལ། འདི་ལྟར་ཁས་མ་བླངས་ན་འབྲེལ་བ་མེད་པས་ཕྱི་དོན་ཉམས་སུ་སྐྱོང་བ་སོགས་མི་འགྲུབ་པས་ཚུར་མཐོང་གི་རྣམ་གཞག་ཀུན་འཇིག་པས་ན་རང་རིག་ནི་ཀུན་ཏུ་ཐ་སྙད་པའི་ཚད་མའི་གནད་གཅིག་པུར་གྱུར་པའོ། །གསུམ་པ་སྣང་བ་སྣ་ཚོགས་པ་སེམས་ཀྱི་རྣམ་འཕྲུལ་དུ་ཁས་བླངས་པས་ཐ་སྙད་ཀྱི་ཡིན་ལུགས་མཐར་ཐུག་པ་ཤེས་ཤིང་འཁོར་བར་འཇུག་ལྡོག་གི་ཚུལ་ལ་ཡིད་ཆེས་ཐོབ་སྟེ། དེ་ལ་དམིགས་མཚན་སྤྲོས་པ་ཐམས་ཅད་དང་བྲལ་བའི་གནས་ལུགས་ཀྱི་དབང་དུ་ན། སྣང་བ་སེམས་ཡིན་ནོ་ཞེས་ཀྱང་མི་དམིགས་མོད། དེ་ནི་ཐ་སྙད་ལས་འདས་པའི་དོན་དམ་པ་ཡིན་ལ། ཐ་སྙད་སྣང་བའི་ངང་ཚུལ་འདི་ལ་གནས་ན་ནི། ཕྱི་དོན་ཡོད་པ་ལ་རིགས་པས་གནོད་ཅིང་། སེམས་ཙམ་ཡིན་པ་ལ་རིགས་པའི་སྒྲུབ་བྱེད་ཡོད་པས་ཚུར་མཐོང་གིས་ལས་མ་བརྒལ་བར་ཐ་སྙད་ཞིག་ཁས་ལེན་ན་འདི་ལས་གོང་དུ་གྱུར་པ་མེད་དེ། རྟོག་པའི་དབང་གིས་བཞག་པ་ཙམ་གྱི་ཆོས་རྣམས་དཔྱད་ན་གང་དུའང་མ་གྲུབ་ཀྱང་། རང་ངོར་སྐྱོང་བའི་ཚུལ་གྱིས་བསླུ་མེད་དུ་སྣང་བ་འགོག་ཏུ་མེད་པ་འདི་སེམས་ཀྱི་སྣང་བའམ་རང་སྣང་ཙམ་དུ་དངོས་པོའི་སྟོབས་ཀྱིས་གྲུབ་པ་ཡིན་ནོ།

Although in this [scripture] the hidden external object is not asserted, the seeming way that diverse appearances arise by the power of mind still has to be conventionally evaluated in this way, [positing only the functional as a fully qualified object of evaluation].

2) As mere convention, self-awareness exists. In the essence of [awareness] itself, there is no division with respect to the object of awareness and that which is aware, and therefore there is no object-awareness. Yet considering the presence of an essential aware clarity of experience that is the opposite of matter, self-awareness is a reasonable convention, and so this principle has been taught. The objections that it is contradictory [to claim] that something engages in itself and so forth do not apply in the slightest, and so self-awareness is conventionally established beyond refutation. This [presence of essential clarity] proves appearances are mind, and the conventions for object experience can hereby be flawlessly established. Without making such claims, there [could] be no connection [between consciousness and the objects]. If that were the case, the experience of external objects and so forth could not be established, and all principles of confined perception would fall apart. In this way, self-awareness turns out to be the single crucial point for entirely conventional valid cognition.

3) When accepting that the diversity of appearances is a magical manifestation of the mind, one comes to understand the final way of being of the conventional, and gains confidence in the way of engaging in and disengaging from cyclic existence. In terms of the way of abiding free from all observations, attributes, and constructs, there is definitely no observation of appearances as mind, either. That is the ultimate beyond convention. If one remains within the state of conventional experience, however, the [belief that] external objects exist will be impaired by reasoning, and there are logical proofs that [what appears] is only mind. Therefore, if one doesn't go beyond the level of confined perception, but instead accepts some convention, there is nothing superior to this [view of the Mind Only]. All phenomena that have been posited merely by the power of conceptualization are, when investigated, not established as anything at all. Yet these irrefutable appearances that are experienced unfailingly in one's own perspective are established by the

།དེ་ལས་བརྒལ་ན་ཐ་སྙད་ལས་འདས་པའི་དོན་དམ་པའི་ས་ཡིན་གྱི། འདིའི་གོང་དུ་གྱུར་པའི་ཐ་སྙད་ཀྱི་རྣམ་གཞག་ཞིག་མི་སྲིད་པར་ཤེས་པར་བྱའོ། །དེས་ན་དཔལ་ཆོས་ཀྱི་གྲགས་པས་ཀྱང་། བཅོམ་ལྡན་འདས་ཀྱི་ཡེ་ཤེས་ཀྱི་སྤྱན་གྱིས་དངོས་པོའི་གནས་ཚུལ་ཇི་ལྟ་བར་གཟིགས་པའི་དགོངས་དོན་ཐ་སྙད་ཀྱི་རྣམ་གཞག་གསལ་བར་མཛད་པའི་སྙིང་པོ་ནི་དེ་ཙམ་ཡིན་ནོ། །དེ་ལྟ་ནའང་ཐ་སྙད་པའི་ཚད་མ་དང་དོན་དམ་པ་སྦྱར་ཏེ་སྟོན་པ་ནི་གཞུང་འདིའི་ཁྱད་ཆོས་སོ། །དེ་ལྟར་སྣང་བ་སེམས་ཉིད་ཀྱི་རོལ་པར་ཤེས་ན་འཁོར་བར་འཇུག་ལྡོག་གི་ཚུལ་ལ་ངེས་པ་རྙེད་ཚུལ་ཡང་། འདི་ལྟར་སེམས་ལ་ཕྱིན་ཅི་ལོག་གི་བག་ཆགས་སྣ་ཚོགས་བཞག་པའི་དབང་གིས་སྲིད་པའི་རྒྱུན་བར་མ་ཆད་དུ་རྨི་ལམ་ལྟ་བུའི་སྣང་བ་སྣ་ཚོགས་སུ་ཤར་ཡང་། དེ་ཉིད་ལ་སེམས་ལས་རྒྱུ་གཞན་མེད་པའི་རྒྱུ་མཚན་གྱིས་སེམས་ཉོན་མོངས་པའི་དབང་དུ་གྱུར་པ་སྲིད་པའི་ཁམས་སུ་འཇུག་པ་ལ་དེ་བཞིན་གཤེགས་པའི་ཕྱག་གིས་ཀྱང་དགག་ཏུ་མི་སྲིད་ཅིང་། རང་སེམས་ལ་དབང་ཐོབ་ན་དེ་ཁོ་ནས་ཆོས་ཀུན་ལ་དབང་བསྒྱུར་བ་ཡིན་གྱི། ཕྱི་རོལ་ནས་དབང་ཕྱུག་སོགས་མཉེས་པ་དང་། ཡུལ་དུས་ངན་པ་ནས་གྲོལ་ཏེ་བཟང་པོ་གཞེད་དུ་འགྲོ་བ་སོགས་རྒྱུ་གཞན་ལ་མི་ལྟོས་པར། བཟོད་པ་ཐོབ་ནས་དེ་ཕན་ཆད་ངན་སོང་དུ་མི་འགྲོ་བ་སོགས་ལམ་དང་འབྲས་བུའི་ཡོན་ཏན་སྣང་བ་ཡིན་གྱི། གཞན་དུ་རང་གི་སེམས་ཉིད་ཀྱི་དབང་གིས་མིན་པར། ཕྱི་རོལ་གྱི་དངོས་པོའི་མཐུ་ཡིས་ཡིན་ན་ནི་བཟང་ངན་གྱི་དངོས་པོ་སྣ་ཚོགས་པ་ནི་རྟག་ཏུ་སྣང་བ་རྒྱུན་མི་འཆད་པས། ལམ་ཉམས་སུ་བླངས་པའི་གང་ཟག་ལ་ཕྱི་རོལ་གྱི་དབང་ལས་བྱུང་བའི་སྡུག་བསྔལ་བ་སོགས་གཏན་དུ་སྤངས་པ་མི་སྲིད་པ་ལ་སོགས་པའི་ཕྱིར་ན། སྣང་བ་སེམས་སུ་ཤེས་པ་དེས་འཁོར་བར་འཇུག་ལྡོག་ལ་ཤིན་ཏུ་ཡིད་ཆེས་ཀྱི་ངེས་པ་བརྟན་པོ་རྙེད་པ་ཡིན་ནོ། །དེས་ན་རང་གི་སེམས་ཉིད་ཀྱི་སྟེང་དུ་ཆོས་ཀུན་གཏན་ལ་འབེབས་པ་ནི་སངས་རྒྱས་པ་རྣམས་ཀྱི་གྲུབ་མཐའི་ཁྱད་ཆོས་མཆོག །དངོས་པོའི་སྣང་ཚུལ་གྱི་ཡིན་ལུགས། བསྒོམ་པའི་མན་ངག་གི་གནད་དམ་པ།

power of fact as being mental appearances and merely personal experience. If that has been transcended, we are at the level of the ultimate beyond conventions. Know that there cannot possibly be any conventional principle superior to this.

Moreover, just as it is seen precisely with the wisdom eye of the Transcendent Conqueror, this alone is the core of glorious Dharmakīrti's clarification of the conventional principles that apply to realizing the abiding way of entities. The special quality of this scripture is to teach by joining the conventional valid cognition with the ultimate.

Understanding appearances to be the play of mind itself, one finds certainty in how to engage in and disengage from cyclic existence in the following way: when various mistaken habitual patterns have been left in the mind, various dream-like appearances arise as the uninterrupted continuity of existence. These have no cause other than mind. It is for this reason that even the hand of the Thus-gone One cannot stop the mind governed by afflictions from engaging in the realms of existence. It is only when mastery over one's own mind has been gained that mastery over all phenomena will be accomplished. One does not depend on any other cause, such as the external conditions of the Almighty being pleased, and so forth, nor on journeying from an evil place and time to some [condition] of excellence. From the point at which [the stage of] acceptance has been accomplished, the qualities of the path and fruition, such as not having to go to the lower realms, will appear. Let us assume that [appearances do] not [arise] by the power of mind itself, but by the force of external entities. The diversity of good and bad entities would then always and uninterruptedly appear, and it would, for example, be impossible for a person practicing the path to permanently relinquish that suffering, which thereby occurs due to external forces. In this way, because of understanding that appearances are mind, one will discover a stable certainty and intense confidence with regard to the way that cyclic existence is created and dissolved.

To resolve that all phenomena are based on one's own mind is the supreme and exceptional quality of the philosophy of all Buddhists. This is the way of being of apparent entities, and for the practice of meditation it is the sacred key point of the oral instructions. This is what dismantles

སྲིད་པའི་འཁྲུལ་འཁོར་འཇིག་པ་ལ་ཤན་པ་སྲོག་གི་གནད་དང་། ཤིང་མཁན་ཤིང་གི་གནད་ལ་མཁས་པ་ལ་སོགས་པ་ལྟ་བུ་ཡིན་ལ། ཐབས་ཁྱད་པར་བས་ཟིན་ན་མཐར་ཐུག་རྡོ་རྗེ་ཐེག་པའི་སྐབས་སུ་མན་ངག་གི་སྙིང་པོའང་འདི་ཁོ་ན་ཡིན་ནོ། །དེང་སང་ནི་ཆོས་ཀྱི་རྩ་བ་སྒྲོང་བས་མ་རྙེད་པར་ཚིག་ཙམ་ཁ་ལ་ཁྱེར་བ་རྣམས་ཀྱིས་སེམས་ལ་གདར་ཤ་གཅོད་པ་ཙམ་གྱི་ཆོས་དེ་རླབས་ཆུང་ཞིང་། དེ་ལས་རླབས་ཆེ་བའི་གཏན་ཚིགས་དང་། ཤད་རྒྱ་ཆེས་བསྐྱེད་དེ་ལམ་བསྒྲུབ་པར་བྱའོ་སྙམ་ནའང་། ལར་ཐོས་བསམ་གྱི་སྐྱི་ཀྲུ་གཅོད་དགོས་མོད་ཀྱང་། ཉམས་ལེན་སྙིང་པོར་ཡང་དྲིལ་དགོས་ཆོད་གདའ་སྟེ། ཆོས་ལག་ཏུ་ལེན་པའི་དམ་པ་རྣམས་ཀྱིས་གཟིགས་ན། རྒྱལ་བའི་ཡུམ་ལས། རྩ་བ་བོར་ནས་ཡལ་ག་ཚོལ་བ། ཟས་མཆོག་རྙེད་ནས་ཟས་ངན་ཚོལ་བ། གླང་པོ་རྙེད་ནས་གླང་རྗེས་ཚོལ་བ། བཟང་མང་སྐྱེར་བའི་རྗེ་བོ་ལ་མི་སློང་བར་ངན་ཁུང་སྐྱེར་བའི་བྲན་ལ་སློང་བ་ལ་སོགས་པའི་དཔེ་གསུངས་པ་དེའི་ཚུལ་དུ་ཆོས་ཀྱི་རྩ་བ་བོར་ནས་ཚིག་གི་སྤྲུན་པ་ཙམ་སྦྱངས་པའི་དྲིགས་པས། གནད་དང་ལྡན་པ་གཞན་ལའང་བརྙས་པར་བྱེད་པ་རྣམས་ཀྱིས་ནི་ཆོས་རླབས་ཆེ་ཆུང་གོ་བསློལ་བར་བཟུང་བའི་ཚོད་དུ་གདའོ། །དེས་ན་སྣང་བ་ཐམས་ཅད་རང་སྣང་དུ་ཤེས་པ་འདི་ནི་མདོ་སྔགས་གང་གི་ཡང་ལམ་རྡོན་དུ་གཉེར་བ་ཞིག་ཡིན་ཕན་ཆད་ཤིན་ཏུ་ཡིད་ཆེས་དགོས་པ་ཞིག་ལ་འདི་ལས་གལ་ཆེ་བ་མེད་དེ། མཚན་གཅིག་གི་རྨི་ལམ་ན་སྣང་བའི་ཚུལ་སྣ་ཚོགས་ལའང་། ཐབས་གཞན་གྱིས་སྤྱང་བར་རྩོམ་ན་ཟད་དུ་མེད་ཀྱང་། སེམས་ཉིད་ལས་བྱུང་བར་ཤེས་ན་དེ་ཐམས་ཅད་ཅིག་ཅར་རང་ཞིར་འགྱུར་བ་བཞིན་དུ་སྲིད་པའི་སྣང་བ་དུས་ཀྱི་མཐའ་དང་ཕྱོགས་ཀྱི་མུ་མེད་པའང་དེ་དང་འདྲ་བར་ཤེས་པར་བྱའོ། །བཞི་པ་རྣམ་གྲངས་དང་རྣམ་གྲངས་མ་ཡིན་པའི་དོན་དམ་གཉིས་སུ་ཕྱེ་བ་ནི་ཆེས་མཆོག་ཏུ་གྱུར་པའི་ལུགས་སྲོལ་བཟང་པོ་སྟེ། འདི་ལྟར་ཐོག་མ་ཁོ་ནར་བདེན་མེད་དུ་མ་བསྟན་ན་ནི་ཐོག་མེད་ནས་གོམས་པའི་དངོས་འཛིན་ཕྱིན་ཅི་ལོག་འཇིལ་བའི་ཐབས་མེད་ལ།

the machinery of existence. As [the saying goes:] "The butcher is an expert in the key points of the life force, the lumber jack an expert in the key points of trees." Embraced with special methods, it is also this alone that is the core of the oral instructions in the context of the Vajra Vehicle.

Failing to find the root of the Dharma through experience, some people these days merely pay lip service. They believe that a Dharma that simply arrives at a conclusion about mind is unavailing, and they think they will accomplish the path by giving rise to what is more powerful: logical arguments and vast explanations. Yet although it is definitely necessary to embrace general learning and reflection, it is meaningful to condense one's practice to its core. The *Mother of the Victorious Ones* gives examples of those who abandon the root to search for the branches, those who have come to a sublime feast but search for an inferior meal, those who have found the elephant but search for its foot prints, those who do not turn to the lord who offers many welcome benefits, but turn to the slave who gives little and of inferior quality, and so on. There are some who have, in a similar way, abandoned the root of Dharma, becoming haughty from experiencing the mere husks of words, and who also despise those who possess the key points. From the perspective of the sacred ones who hold the Dharma in their hands, they are to be taken as examples of how one can be mistaken about which Dharma is the more effective. Therefore, given that one is pursuing the path of either Sūtra or Mantra, it is of utmost necessity to be certain in the understanding that all that appears is personal experience. Nothing is more important than this. Although one may try many methods for abandoning them, the various nighttime dream appearances will be inexhaustible unless it is understood that they originate from mind itself. Instantaneously, they will then be naturally pacified. All the appearances of existence, unending with respect to time and unconfined with respect to direction, should be understood in this way.

4) Dividing the ultimate into the categorized and uncategorized is a magnificent approach. If, to begin with only, one is not taught the absence of truth, there will be no opportunity to eliminate the error of apprehending entities, which one has been accustomed to since beginningless time. But if only something like that is taught as the ultimate, some feeble-minded

དེ་ཙམ་ཞིག་དོན་དམ་དུ་བསྟན་ན་ནི་བློ་ཆུང་བ་ཁ་ཅིག་དགག་བྱ་བཀག་པའི་མེད་པ་ཙམ་གནས་ལུགས་སོ་སྙམ་དུ་སྟོང་པ་ཉིད་ལ་ཞེན་ནས་གསོར་མི་རུང་བའི་ལྟ་བར་འགྱུར་ལ། ཞེན་ཚུལ་ལའང་སྟོང་ཉིད་ལ་དངོས་པོར་ཞེན་པ་དང་དངོས་མེད་དུ་ཞེན་པ་གཉིས་ཡོད། མཐའ་གང་དུའང་ཞེན་མི་རུང་ངོ་ཞེས་སྨྲས་ན། སྲིད་པའི་རིམས་ནད་མཐའ་དག་གི་གཉེན་པོ་སྟོང་ཉིད་ཟབ་མོའི་བདུད་རྩིའི་འབྱུང་གནས་རིགས་པའི་རྣམ་དཔྱོད་ཀྱིས་དྲངས་པའི་ངེས་ཤེས་ནི་བོར་ཏེ། ཅི་ཡང་ཡིད་ལ་བྱས་ན་མི་རུང་ངོ་སྙམ་དུ་དྲན་མེད་མུན་པའི་འཐིབས་པོར་ཞུགས་པ་དེ་ལྟ་བུས་ན། ཆོས་ཟབ་མོ་འདི་བལྟ་ཞིང་མཐོང་བ་དང་རྟོག་ཅིང་ཉམས་སུ་མྱོང་དཀའ་བ་ཡིན་ཏེ། དབུ་མའི་བསྟན་བཅོས་ལས། སྟོང་པ་ཉིད་ལ་ལྟ་ཉེས་ན། །ཤེས་རབ་ཆུང་རྣམས་ཕུང་བར་འགྱུར། །ཇི་ལྟར་སྦྲུལ་ལ་བཟུང་ཉེས་དང་། །རིག་སྔགས་ཉེས་པར་བསྒྲུབས་པ་བཞིན། །དེ་ཕྱིར་ཞན་པས་ཆོས་འདི་ཡི། །གཏིང་རྟོགས་དཀའ་བར་མཁྱེན་གྱུར་ནས། །ཐུབ་པའི་ཐུགས་ནི་ཆོས་བསྟན་ལས། །རབ་ཏུ་ལོག་པར་གྱུར་པ་ཡིན། །ཞེས་གསུངས་པ་བཞིན་ནོ། །དེས་ན་དང་པོར་རྣམ་གྲངས་ཙམ་གྱི་དོན་དམ་པ་འདིས་དངོས་ཞེན་བཤིག་ནས། དེའི་རྗེས་སུ་རྣམ་གྲངས་མིན་པའི་དོན་དམ་བསྟན་པས་དངོས་མེད་ལ་དེར་ཞེན་གྱི་ཆའང་བཀག་སྟེ། མདོར་ན་ཡོད་པ་དང་། མེད་པ་དང་། གཉིས་ཡིན་དང་། གཉིས་མིན་གྱི་མཐའ་བཞི་ཀ་ལ་བདེན་གྲུབ་སོགས་ཀྱི་ཁྱད་པར་གང་ཡང་མ་སྦྱར་བར་དེ་དག་གི་དམིགས་གཏད་ཞིག་པའི་སྤྲོས་བྲལ་ཆེན་པོ་སོ་སོ་རང་གིས་རིག་པར་བྱ་བའི་དོན་ཟབ་མོ་བདེ་བླག་ཏུ་ངོས་ཟིན་པའི་དགོས་པ་ཡོད་དོ། །ཚུལ་དེ་དག་ནི་ཞི་བ་ལྷས། སྟོང་ཉིད་བག་ཆགས་གོམས་པས་ནི། །དངོས་པོའི་བག་ཆགས་སྤོང་འགྱུར་ཞིང་། །ཅི་ཡང་མེད་ཅེས་གོམས་པས་ནི། །དེ་ཡང་ཕྱི་ནས་སྤོང་བར་འགྱུར།

ones may think that mere nonexistence, in which the object for negation has been negated, is the way of abiding. Once they've become attached to emptiness, their view becomes incurable.

Regarding the ways of being attached, there can be attachment to emptiness as an entity or as a non-entity. The certainty arrived at by logical investigation is the source of the profound elixir of emptiness that is the antidote to all the plagues of existence. If one disposes of that, saying that it's unacceptable to be attached to any extreme, one will have entered the dense darkness of oblivion, thinking that any mental doing is unacceptable. In such a case it will be hard to look toward, see, understand, and experience this profound Dharma. As explained in the treatise of the Middle Way:

> When viewing emptiness wrongly,
> Those of little knowledge will be ruined,
> As when catching a snake wrongly
> Or practicing a knowledge mantra wrongly.
>
> Hence, knowing that the depth of this Dharma
> Would be hard for others to understand,
> The realized mind of the Capable One
> Turned entirely away from teaching the Dharma.

Once the categorized ultimate has destroyed the attachment to entity, the teaching of the uncategorized ultimate will prevent attachment to some absence of entity. At that point there will be, in short, no distinctions, such as true establishment, applied to any of the four extremes of existence, nonexistence, both, or neither. The profound meaning to be individually realized, the great simplicity within which the reference points of each of these [extremes] has collapsed, will then be identified with ease. This is the purpose [for teaching the categorized and uncategorized ultimate]. Understand this as explained by Śāntideva:

> By becoming accustomed to the habitual tendencies of emptiness
> The habitual tendencies for entities are relinquished.
> Having become accustomed to "nothing at all,"
> One must later abandon that, too.

།གང་ཚེ་གང་ཞིག་མེད་དོ་ཞེས། །བརྟག་བྱའི་དངོས་པོ་མི་དམིགས་པ། །དེ་ཚེ་དངོས་མེད་རྟེན་བྲལ་བ། །བློ་ཡི་མདུན་ན་ཇི་ལྟར་གནས། །གང་ཚེ་དངོས་དང་དངོས་མེད་དག །བློ་ཡི་མདུན་ན་མི་གནས་པ། །དེ་ཚེ་རྣམ་པ་གཞན་མེད་པས། །དམིགས་པ་མེད་པར་རབ་ཏུ་ཞི། །ཞེས་གསུངས་པ་བཞིན་དུ་ཤེས་པར་བྱའོ། །འོ་ན་མཐའ་བཞི་ལས་གཞན་པའི་བསམ་བྱ་ཞིག་མི་སྲིད་པས་མཐའ་བཞི་ཆར་བཀག་ན་ཅིའང་ཡིད་ལ་མི་བྱེད་པ་ཧྭ་ཤང་གི་ལུགས་དང་ཁྱད་ཅི་ཡོད་སྙམ་ན། ཧྭ་ཤང་ལ་སོགས་པ་ནི་དངོས་ཞེན་ཐམས་ཅད་ཁེགས་ནས་དམིགས་གཏད་ཀྱི་མཚན་མ་ཅི་ཡང་མ་མཐོང་ནས་ཡིད་ལ་མི་བྱེད་པ་མིན་གྱི། སེམས་ལ་འགྱུ་འཕྲོ་ཐམས་ཅད་བཀག་པ་ཙམ་ལ་མཐའ་ཐམས་ཅད་སེལ་བ་ལྟ་ཅི། ཡོད་མཐའ་ཡང་སེལ་བའི་རྒྱུ་མཚན་མེད་ལ། རྣམ་པར་མི་རྟོག་པ་ནི་དེ་ལྟ་བུ་མ་ཡིན་ཏེ། ཆོས་ཉིད་རྣམ་འབྱེད་ལས། ཡིད་ལ་མི་བྱེད་ཡང་དག་འདས། །ཉེ་བར་ཞི་དང་ངོ་བོའི་དོན། །མངོན་རྟགས་འཛིན་པ་རྣམ་པ་ལྔ། །སྤང་བའི་རང་གི་མཚན་ཉིད་དོ། །ཞེས་འཛིག་རྟེན་པའི་ཡིད་ལ་མི་བྱེད་པ་སོགས་ལྔ་དང་མ་འདྲེས་པའི་ཚུལ་གྱིས་བསྟན་པ་ལྟར་ཤེས་པར་བྱའོ། །མེད་པར་རིགས་པས་དཔྱད་ནས་འཛིན་སྟངས་དང་བཅས་ཏེ་བསྒོམས་ན་ཡོད་ཞེན་གྱི་གཉེན་པོ་བྱེད་ཀྱང་དངོས་མེད་ལ་དམིགས་པ་མ་དོར་བས་སྤྲོས་བྲལ་དང་སྟོང་ཉིད་རྟོགས་པའི་ཡེ་ཤེས་མཚན་ཉིད་པ་ནི་ག་ལ་ཡིན། ལ་ལས་བདེན་གྲུབ་བཀག་པའི་མེད་དགག་ལ་ཞེན་ན་ཆད་ལྟའོ་ཞེས་ཟེར་ཡང་

> Whenever it is said that something does not exist,
> And no entity to be examined is observed,
> How can non-entity, originating in dependency,
> Remain before the mind?
>
> When entity and non-entity
> Do not remain before the mind,
> There are then no other features.
> And thus, free from observation, [mind] is thoroughly at peace.

"Well, if, because it is impossible to think of anything other than the four extremes, one negates all four extremes and does nothing mentally, would that then be any different from the way of Hashang[36]?"

Were one to wonder in this way, [the answer would be that] in the case of the likes of Hashang, the mental non-doing is not one that ensues from having invalidated all attachment to entities so that no reference point whatsoever is seen. Forget about the idea that the mere prevention of mental movement and activity should be able to clear away all extremes—there's not even any reason why it should clear away the extreme of existence. Non-conceptuality is not like that. This is to be understood in the way that *Distinguishing Between Phenomena and their Intrinsic Nature* teaches with respect to the way of being uncorrupted by the five [factors] of mundane individuals, such as mental non-doing:

> Mental non-doing, authentic transcendence,
> Thorough pacification, the meaning of the essence,
> And manifest comprehension—these five apprehensions
> Are characteristically abandoned.

If, after having logically determined nonexistence, one meditates using the modes of apprehending, that [meditation] will function as an antidote to the attachment to existence. However, since the attachment to non-entity has not been given up, how could this ever be the genuine wakefulness that realizes simplicity and emptiness?

Some say that if there is attachment to the existential negation that refutes true establishment, this is the view of annihilation. However,

དངོས་ཞེན་དང་བཅས་བཞིན་དུ་རྒྱུ་འབྲས་ལ་སྐུར་བ་འདེབས་པར་ཆད་ལྟ་ཞེས་གྲགས་པས་ན་འདི་ཆད་ལྟའང་ག་ལ་ཡིན་ཏེ། འདི་བདེན་པར་ཡོད་ཞེན་གྱི་གཉེན་པོར་འཛིན་སྟངས་དོན་མཐུན་ཡིན་པས་མི་རྟག་པ་དང་མི་སྡུག་པ་སོགས་བཞིན་དུ་ལམ་དང་པོ་པའི་བསྒོམ་པར་བྱ་བའང་ཡིན་མོད། ལྟ་དང་ཁས་ལེན་ཀུན་བྲལ་གྱི་དབུ་མ་ཆེན་པོ་མི་རྟོག་ཡེ་ཤེས་ཀྱི་བདག་ཉིད་ལ་བསྟུན་ན་ཤིན་ཏུ་དམན་ཏེ་རྣམ་པར་རྟོག་པའི་རང་བཞིན་ཅན་གྱི་མེད་པར་ལྟ་བ་ནི་ཡིན་ནོ། །དེའང་ལམ་དང་པོ་པའི་དགག་བྱ་བཀག་པའི་མེད་རྐྱང་ཙམ་ཞིག་བློ་ཡུལ་དུ་འཆར་སྲིད་ཀྱང་། དབུ་མས་དཔྱད་པ་གནད་དུ་སོང་བའི་གང་ཟག་གིས། རང་བཞིན་མེད་པ་དང་། མེད་པ་ཙམ་གྱི་ཁྱད་ལེགས་པར་ཕྱེད་པའི་བློ་ནས། རང་བཞིན་མེད་པ་དང་རྟེན་འབྱུང་དོན་དུ་དབྱེར་མེད་པའི་ངེས་ཤེས་ཁྱད་པར་ཅན་གྱི་འཛིན་སྟངས་ནི། གཡངས་ས་ལྟ་བུ་རྟག་ཆད་ཀྱི་མཐའ་གཉིས་སེལ་བའི་གཉེན་པོ་ཡིན་མོད། ཇི་སྲིད་དགག་སྒྲུབ་ཀྱི་འཛིན་སྟངས་དང་བཅས་པ་དེ་སྲིད་དུ་རྣམ་པར་རྟོག་པའི་སྤྲོས་པ་མཐའ་བཞི་བྲལ་བའི་རང་བཞིན་མ་ཡིན་ནོ། །མཐའ་བཞིའི་གང་དུའང་གནས་པ་མེད་པར་རིགས་པས་རྩད་དར་ཆོད་པའི་ངེས་ཤེས་ཀྱིས་དྲངས་པའི་ཆོས་ཀྱི་དབྱིངས་ལ་སོ་སོ་རང་རིག་པའི་རྩལ་དུ་མཉམ་པར་བཞག་པས་ནི་སྤྲོས་པའི་མཐའ་ཐམས་ཅད་སེལ་བར་ནུས་ལ། དེ་ལས་སྒྲོ་འདོགས་གཅོད་པ་དང་བོགས་དབྱུང་དུ་མེད་པའི་ཡང་དག་མཐའ། ཡུམ་ནས་བཤད་པའི་ཡིད་ལ་མི་བྱེད་པའི་དོན་རྣལ་མ་ལ་ཡིད་ཆེས་པར་འགྱུར་རོ། །དེ་ལྟར་མཉམ་གཞག་གི་སྤྱོད་ཡུལ་དུ་གྱུར་པའི་གནས་ལུགས་མཐར་ཐུག་གི་དབང་དུ་ན། མཐའ་བཞིའི་དམིགས་གཏད་མེད་ཅིང་སྒྲ་རྟོག་གི་ཡུལ་མིན་པས་ཁས་ཀྱང་མི་ལེན་པ་ཡིན་གྱི། དམིགས་གཏད་ཡོད་བཞིན་དུ་ཁས་མི་ལེན་པ་ནི་གཡོ་སྒྱུའི་ལྟ་བ་ཡིན་ཏེ། དེ་གཉིས་ཁས་མི་ལེན་པ་ཙམ་འདྲ་ཡང་། དོན་ལ་བདེན་རྫུན་གྱི་ཁྱད་ཡོད་དེ། རྐུན་པོ་ཡིན་པ་ཞིག་གིས་བརྐུས་པར་ཁས་མི་ལེན་པ་དང་།

deprecating cause and effect while being attached to entity is what is renowned as the view of annihilation. How could this [teaching of the categorized ultimate] ever be that view?

This [teaching] is an antidote to attachment to true existence and a way of apprehending that accords with the ultimate. As such, it is—just like impermanence, repulsiveness, and so forth—something that the beginner should definitely train in. But when compared to the great Middle Way free from all views and claims, the identity of non-conceptual wakefulness, it is extremely inferior, for it is by nature a conceptual view of nonexistence. For the beginner, an exclusive nonexistence that merely negates the object of negation can occur to the mind, but someone who has arrived at the key point of the Middle Way's investigation will distinguish well between absence of nature and mere nonexistence. Thereby [the latter] way of apprehending—endowed with distinctive certainty about the ultimate inseparability of absence of nature and dependent origination—will indeed become the antidote that clears away the abyss-like extremes of permanence and annihilation. Yet, as long as there is apprehension in terms of negation and affirmation, this is not the nature free from the four extremes of conceptualization. When led on by the certainty derived from logical inquiry, and without remaining in any of the four extremes, one comes to rest in the equipoise of one's individual awareness of the basic space of phenomena, the [equipoise] that is capable of clearing away all constructed extremes, then that is the authentic limit, beyond enhancement and with no superimposition to cut through. One comes to trust in the natural meaning of mental non-doing, as taught in the *Mother of the Victorious Ones*.

Therefore, in terms of the final way of abiding that is the domain of the meditative equipoise, there are no reference points with respect to any of the four extremes, and since this [way of abiding] is no object of word or thought, no claim is made either. In contrast, to make no claims while [still] holding reference points is a deceitful view. These two [ways of not claiming] are similar merely in that no claim is made. In actuality the difference between them is that between truth and falsity. That is to say, these can be compared [on the one hand] to a thief who does not admit to

རྐུན་པོ་མིན་པ་ཞིག་གིས་བརྐུས་པར་ཁས་མ་བླངས་པ་ལྟར་ཡིན་ནོ། །དེའང་མཉམ་གཞག་གི་སྤྱོད་ཡུལ་བརྗོད་དུ་མེད་པའི་དོན་དེ་ཉིད་ལ་འཇུག་པའི་ཐབས་སུ་རྗེས་ཀྱི་ངེས་པས་རྗོད་པ་ཚིག་གི་ཐ་སྙད་དུ་བརྡར་བཏགས་ཏེ། སྐྱེ་མེད་དང་རང་བཞིན་མེད་པ་སྟོང་ཉིད་སྤྲོས་བྲལ་དམིགས་མེད་མཐའ་བྲལ་ལ་སོགས་པའི་མིག་གིས་སྒྲུབ་པའི་ཚུལ་གྱི་རྗོད་པའི་ཚེ། ཚིག་རྣམས་ནི་རང་གི་བརྗོད་བྱ་ཉིད་ངེས་པར་གཟུང་བའི་ཚུལ་གྱིས་འཇུག་པས་ན། དེ་ལས་ལྡོག་སྟེ་ནམ་ཡང་མི་སྨྲ་བས། དོན་དེ་ཉིད་དུ་ཁས་བླངས་པ་ལྟ་བུར་སྟོན་པ་ལས་འོས་མེད་ཅིང་བློས་ཀྱང་དེ་ལྟར་འཛིན་པར་བྱེད་མོད། དོན་དུ་ཚིག་དེ་དག་ནི་ཁས་ལེན་དང་དམིགས་པའི་སྤྱོད་ཡུལ་ཐམས་ཅད་སེལ་བའི་སྐད་དུ་བསྟན་པ་སྟེ། དཔེར་ན། ང་ལ་ཁས་ལེན་མེད་པས་ན། །ཞེས་པ་དང་། སངས་རྒྱས་ཀྱི་ཡེ་ཤེས་ནི་བསམ་བརྗོད་ཀྱི་ཡུལ་མ་ཡིན་ནོ། །ཞེས་ཁས་བླངས་པའི་ཚིག་དེ་དག་ནི་ཁས་ལེན་ཡོད་པ་དང་བསམ་བརྗོད་ཀྱི་ཡུལ་ཡིན་པ་འགོག་པའི་སྐད་དུ་རྗོད་པ་བཞིན་ནོ། །དེ་ལྟར་ནའང་མཛུབ་མོས་ཟླ་བ་བསྟན་པ་ན་ཟླ་བ་ལ་མི་བལྟ་བར་མཛུབ་མོ་ལ་ལྟ་བ་ལྟར། རྨོངས་པས་ཚིག་ལ་འཆེལ་ནས་ཁས་ལེན་མེད་པར་ཁས་བླངས་པ་དང་། བསམ་མི་ཁྱབ་ཏུ་བསམ་པ་དང་། བརྗོད་དུ་མེད་པར་བརྗོད་པའི་ཕྱིར་སླམ་དུ་གསུང་རབ་ཀྱི་ཚིག་དེ་དག །རྒྱང་འཕེན་པས་རྗེས་དཔགས་ཚད་མ་མིན་པར་ཁས་བླངས་པ་ལྟར་འགལ་བར་གོ་བ་ནི་ཆེས་འཁྲུལ་པ་སྟེ་ཤིན་ཏུ་མི་རུང་བ་བཞིན་དུ་འདིར་ཡང་བརྗོད་དུ་མེད་པའི་དོན་མཚོན་བྱེད་རྗོད་པའི་བརྡར་བྱས་པ་དང་། ཁས་ལེན་མེད་པའི་དོན་ངེས་བཟུང་གི་ཚིག་གིས་ཁས་བླངས་པ་གཉིས་འགལ་བ་ཅན་དུ་མི་བཟུང་བར་གནད་གཅིག་ཏུ་གོ་བ་གལ་ཆེ་སྟེ། འདི་ལྟར་སྐྱེ་མེད་ལ་སོགས་པའི་ཚིག་གིས་དམིགས་པའི་སྤྱོད་ཡུལ་མཐའ་དག་སྟོང་པར་སྟོན་ཅིང་། ཆོས་གང་སྟོང་པ་དེ་ལ་དེར་ཞེན་ལྡོག་པས་ན་དམིགས་པ་མེད་པར་བསྟན་པར་ཟད་དོ། །དེས་ན་བདེན་མེད་ཅེས་པའི་ཚིག་གིས་དངོས་པོ་རྣམས་དཔྱད་ན་མ་གྲུབ་པ་ཙམ་ཞིག་སྟོན་གྱི། བདེན་གྲུབ་ཅེས་དགག་རྒྱུ་གཞན་ཞིག་གིས་བུམ་སོགས་སྟོང་པ་ལྟ་བུ་མིན་ཞིང་། ཆོས་གང་ལ་བདེན་པ་མེད་པ་དེ་ལ་དེར་ཞེན་ལྡོག་དགོས་པས་ན།

theft, and [on the other] to someone who is not a thief and also does not admit to stealing.

Conventional words and expressions are made during the certainty of the ensuing attainment as a means for gaining access to the very meaning of the inexpressible domain of the equipoise. When proving [the ultimate] through the use of designations such as absence of origination, absence of nature, emptiness, simplicity, absence of observations, and freedom from extremes, these words are used so that one can ascertain what they in fact refer to. They are never used for any other [reason].

It is unavoidable that the specific point will seem to be claimed, and the mind may indeed come to apprehend it as if it were [claimed]. Yet these words are taught so that all claims and objects of observation can be cleared away. This is just like making claims such as, "since I do not claim anything..." and "the wakefulness of the Buddha is no object of thought or verbal expression," which are said for the sake of bringing an end to holding claims and to [holding the belief that the Buddha's wakefulness] is an object of thought and verbal expression.

Just as if they were looking at the finger when the moon was being pointed at, rather than at the moon, the ignorant, out of attachment to words, believe that since the statements of the teachings claim no claim, conceive of the inconceivable, and express the inexpressible, they are contradictory in the same way as the Far Throwers's claim that inference is not valid cognition. This is a great delusion and entirely inappropriate.

Here it is important to understand that using terms to reveal the inexpressible meaning and to claim the meaning beyond claim by means of definitive words entails no contradiction but comes down to a single key point. Words such as *absence of origination* show that the entire realm of observed objects is empty. If a phenomenon is empty, the attachment to its being a particular way will be reversed, so that what is shown is then simply the absence of observation. The words *absence of truth* merely point out the fact that when analyzed, no entity is established. There is no other negandum called *true establishment* that vases and so forth are empty of. When [understanding that] a phenomenon is devoid of truth, the attachment to its being a particular way will be reversed, and so when realizing

ཆོས་ཐམས་ཅད་བདེན་པ་མེད་པར་རྟོགས་ནས་འཛིན་སྟངས་ཐམས་ཅད་ཞིག་དགོས་ཀྱི། བདེན་མེད་ཀྱི་སྒྲ་དོན་ཙམ་ལ་ཞེན་པའི་འཛིན་པ་ཡོད་ན་ད་རུང་ལྟ་བ་མ་ཞིག་པ་ཡིན་ནོ། །དེ་ལ་གཞི་གང་གི་སྟེང་དུ་དེ་དག་གི་སྟོང་ཉིད་ལ་བདེན་གྲུབ་འགོག་པའི་རིགས་པ་དེས། དེ་རང་བཞིན་མེད་ཅེས་འཛིན་པའི་ཞེན་ཡུལ་ཀྱང་མ་གྲུབ་པར་ངེས་ནུས་ལ། རང་བཞིན་མེད་པ་ལའང་བདེན་གྲུབ་མེད་ཀྱང་དེར་འཛིན་ཞིག་པར་མི་བྱ་ན། གཟུགས་སོགས་དངོས་པོ་ཀུན་ཀྱང་དེ་དང་འདྲ་ལ། དེ་ལྟར་ན་དོན་དམ་དཔྱོད་པའི་རིགས་པས་བདེན་གྲུབ་ཅེས་པ་དེ་ཁོ་ན་འགོག་གི་ཆོས་ཅན་གཅིག་ཀྱང་མི་ཁེགས་ལ། དེའི་ཡུལ་ཅན་གྱི་འཛིན་པ་མཐའ་དག་ཀྱང་མི་བཟློག་ན། གཟུང་འཛིན་གྱི་སྤྲོས་པ་མཐའ་དག་སྟོང་ཉིད་ཀྱིས་མི་ཁེགས་ལ། གཞན་ཡང་འཕགས་པའི་མཉམ་གཞག་དངོས་པོའི་འཇིག་རྒྱུར་ཐལ་བ་སོགས་གསུམ་པོ་འཇུག་ཅིང་། དོན་དམ་དཔྱོད་པས་དཔྱད་ནས་མི་བཟློག་པའམ་མི་ཁེགས་པ་ཞིག་ཡོད་ན་བདེན་གྲུབ་ཏུ་འགྱུར་བས་ན། སྐྱེ་མེད་ལ་སོགས་པའི་ཚིག་གིས་སྤྲོས་པ་མཐའ་དག་ཞི་བའི་དོན་ལ་འཇུག་པར་བྱའོ། །དེས་ན་དམིགས་གཏད་གང་ཡང་མེད་པའི་ཤེར་ཕྱིན་ཟབ་མོ་ནི། ཧྭ་ཤང་གི་དེ་དང་ག་ལ་འདྲ་སྟེ། མཐའ་བཞིའི་སྤྲོས་བྲལ་ནི་ཡོད་མེད་གཉིས་ཀའི་ཕྱོགས་སུ་མ་ལྷུངས་པ་སྟེ། སོ་སོ་རང་ཤེས་ཀྱི་སྤྱོད་ཡུལ་ལས་ཇི་ལྟ་བ་བཞིན་སྒྲ་རྟོག་གིས་བསྟན་པར་མི་ནུས་ཀྱང་། མཚོན་པའི་ཚིག་ཏུ། སྣང་སྟོང་དབྱེར་མེད་དམ། བདེན་གཉིས་ཟུང་འཇུག་གི་དབུ་མ་ཞེས་གྲགས་པ་དེའོ། །དེའང་འཛིན་སྟངས་ནི་རྟག་ཏུ་རང་གི་གཟུང་ཡུལ་དང་བཅས་པ་ཡིན་ལ། དེ་དང་བྲལ་བས་ཡང་དག་པའི་དོན་མི་མཐོང་ན། ཇི་ལྟ་བའི་ཡུལ་ཅན་མཉམ་གཞག་གིས། གཉིས་སྣང་མཐའ་དག་ནུབ་པའི་ཚུལ་གྱིས་གནས་ལུགས་གཟིགས་པར་མི་འགྱུར་བས། བསྟན་པ་འདི་ལ་གུས་པ་དག་གིས་དེ་ལྟར་བརྗོད་པར་མི་བྱའོ།

that all phenomena possess no truth, all modes of apprehension must collapse. If there is still a conceptual apprehension of the mere word-object, absence of truth, then the views still have not fallen apart.

The reasoning that refutes true establishment with regard to the emptiness of any given basis is also capable of ascertaining the lack of establishment of the object conceived when apprehending an absence of nature. What has no nature is likewise not truly established. Yet if these particular ways of apprehending have not collapsed, all entities—vases and so forth—will likewise [remain unrefuted]. In that case, the reasoning that investigates into the ultimate will exclusively negate true establishment without even a single phenomenon having been invalidated, and all the apprehensions of the [perceiving] subject of the [various phenomena] will likewise not be reversed. Hence emptiness will not invalidate all the constructs of apprehended and apprehender. All the three [consequences demonstrated by Candrakīrti]—the equipoise of the noble ones becoming the destroyer of entities and so forth—will apply as well.

If something is neither reversed nor invalidated by analyzing using ultimate investigation, then it is truly established. Therefore, by means of words such as absence of origination, one should gain access to the meaning that pacifies, without exception, all constructed extremes.

How could the profound transcendent knowledge, which holds no reference point at all, be similar to Hashang's [view]? The simplicity free from the four extremes does not fall to either side of existence or nonexistence. It is the domain of one's individual cognition, and cannot, either verbally or conceptually, be shown exactly as it is. Nevertheless, "inseparability of appearance and emptiness" and "the Middle Way of the two truths as unity" are renowned as words that indicate [the actual condition].

Modes of apprehending always entail their particular apprehended objects. If when free from those the authentic meaning is [still] not seen, then no matter what the character of the subject's equipoise may be, it will not bring about the vision of the abiding way within the dissolving of all dualistic appearances. Those who hold these teachings in esteem should therefore not say that [freedom from the modes of apprehension does not

།སྐབས་འདི་ཤིན་ཏུ་དོན་ཆེ་ཡང་། ཟབ་མོ་རྟོགས་པར་དཀའ་བའི་ངོ་བོ་ཇི་ལྟར་བཤད་ཀྱང་ནམ་མཁའ་ལ་མདའ་འཕངས་པ་ལྟར་བྱིས་པའི་བློ་འཇུག་པའི་གནས་མི་རྙེད་པར་གསུངས་པས་ན། མང་དུ་རྗོད་པས་ཅི་བྱ་སྟེ། ཚུལ་འདིའི་གནད་ལ་མི་འཕྱུགས་པར་རིག་པའི་ཐབས་བདེན་གཉིས་ཟུང་དུ་འཇུག་པའི་རིགས་ལམ་ལ་ངེས་པ་བསྐྱེད་པར་བྱ་སྟེ། དང་པོ་སྣང་བ་ཐམས་ཅད་སྟོང་པར་གཏན་ལ་ཕབ། དེ་ནས་སྟོང་པ་རྟེན་འབྱུང་དུ་འཆར་ཚུལ་ལ་ཡིད་ཆེས། དེ་ནས་སྟོང་བཞིན་དུ་སྣང་ལ། སྣང་བཞིན་དུ་སྟོང་པའི་སྟོང་པ་དང་རྟེན་འབྱུང་ཟུང་དུ་འཇུག་པའི་ཚུལ་ལ་བརྟེན་ནས་མཉམ་པ་ཉིད་སྤྲོས་པ་དང་བྲལ་བ་འདི་ཉམས་སུ་མྱོང་བ་མེད་པའི་ཚུལ་གྱིས་མྱོང་བར་བྱེད་དོ། །དེས་ན་ཡོད་པར་ཞེན་པ་དགག་པའི་དོན་དུ་ཕྱི་སྟོང་པ་ཉིད་ལ་སོགས་པ་དང་། དེ་ལྟར་བཀག་པའི་དངོས་མེད་ལ་ཞེན་པ་དགག་པའི་ཆེད་དུ་སྟོང་པ་ཉིད་སྟོང་པ་ལ་སོགས་པ་ཇི་སྐད་གསུངས་པའི་ཚུལ་གྱིས་མཐའ་ཀུན་བྲལ་བ་ནི་རྣམ་གྲངས་མིན་པའི་དོན་དམ་འདི་ཡིན་ནོ། །དེ་ལ་རང་རྒྱུད་པ་དག་ནི་བློ་ཡི་ནུས་པའི་དབང་གིས་དང་པོར་རེ་ཞིག་རྣམ་གྲངས་པའི་དོན་དམ་ལ་ཞེན་ཏེ། དངོས་འཛིན་འདིས་སྲིད་པར་བསྒྲུས་ཤིང་འདིའི་ཡུལ་ཡང་དག་པ་མ་ཡིན་པས། དོན་དམ་པར་ན་ངོ་བོ་ཉིད་གྲུབ་པ་གང་ཡང་མེད་དོ་སྙམ་དུ་མེད་དགག་གི་འཛིན་སྟངས་ལ་རྩིས་ཆེར་བཟུང་། འདི་པས་མཐའ་བཞི་ཀ་དགག་ཀྱང་། དོན་དམ་པའམ་རང་བཞིན་གྱིས་ཞེས་སམ། བདེན་གྲུབ་ལྟ་བུའི་ཁྱད་པར་མ་སྦྱར་བར་དགག་པ་མིན་ལ། བདེན་གཉིས་ཕྱེས་ནས་ཡོད་མེད་ཀྱི་མཐའ་སེལ་ཚུལ་སོགས་ཤན་ཕྱེས་ཏེ་སྨྲའོ། །ཚུལ་དེའི་དབང་གིས་དོན་དམ་པར་མ་གྲུབ་སྙམ་པའི་མེད་འཛིན་དང་། ཀུན་རྫོབ་ཏུ་དངོས་པོ་རྣམས་རང་གི་མཚན་ཉིད་ཀྱིས་གྲུབ། དེ་མ་གྲུབ་པར་འཛིན་ན་ཀུན་རྫོབ་ཀྱི་སྣང་བ་ལ་སྐུར་པ་བཏབ་པར་འགྱུར་རོ་སྙམ་དུ་ཡོད་འཛིན་དང་བཅས་པའོ།

make way for the vision of the intrinsic nature]. This topic is extremely important. Yet its essence is profound and hard to realize, and it's said that no matter how this is explained, it will be as if arrows were shot into space, and have no effect on the minds of the childish.

So what is the point of so much talking? The path of reasoning into the unity of the two truths is the means for unerringly reaching the key point of this system [of the *Ornament of the Middle Way*], and one must become certain through that [path]. First, all appearances must be resolved as empty. Then, one must come to trust in the way that the empty arises as dependent origination. Appearing while empty and empty while appearing—based on that way of the unity of emptiness and dependent origination, this equality that is the freedom from constructs comes to be experienced in the manner of nothing to be experienced. For the purpose of rejecting the attachment to existence, there are the teachings of the *emptiness of the external* and so forth, and in order to stop the attachment to the non-entity of such a negation, we find the teachings of the *emptiness of emptiness* and so forth. That freedom from all extremes, which these [teachings] thus explain precisely, is indeed the uncategorized ultimate.

Due to their [particular] mental capacity, Autonomists will at first be attached to the categorized ultimate. However, apprehension of entity produces deception within existence, and its object is inauthentic. The mode of apprehension that is an existential negation based on thinking "ultimately nothing at all is of established essence!" is therefore very valuable.

Although the [Autonomists] refute all four extremes, they do not refute without applying distinctions such as *ultimately*, *by nature*, or *truly established*. Their discussion is based on differentiation, so that, for example, the extremes of existence and nonexistence are cleared away by means of a distinction between two truths. Because of that, they apprehend nonexistence by believing that "ultimately nothing is established," and they apprehend existence by believing that "relatively all entities are established by their specific characteristics, and if one were to apprehend otherwise it would be a denigration of relative appearances." One may wonder why the categorized absence of origination, because of being

།དེ་ལ་རྣམ་གྲངས་པའི་སྐྱེ་མེད་ནི་སྐྱེ་བའི་ཟློག་ཕྱོགས་ཙམ་ཡིན་པས། སྐྱེ་བ་དང་སྐྱེ་མེད་དེ་དག་གཞི་གཅིག་གི་སྟེང་དུ་ཕན་ཚུན་སྤོང་བའི་ཚུལ་གྱིས་འགལ་བར་ཅི་སྟེ་མི་འགྱུར་སྙམ་ན། ས་བོན་ལས་མྱུ་གུ་སྐྱེ་ཡང་བདེན་པའི་སྐྱེ་བ་མེད་པ་དང་། ཐ་སྙད་དུ་རང་མཚན་གྲུབ་པའང་བདེན་པར་མ་གྲུབ་པ་ནི། སྣང་ཚུལ་ཀུན་རྫོབ་དང་། གནས་ཚུལ་དོན་དམ་གྱི་དབང་དུ་བྱས་པས་ན། འགལ་བ་མེད་པར་མ་ཟད་ཆེས་འཐད་པ་དངོས་པོའི་ཆོས་ཉིད་ཀྱི་སྟོབས་ལས་གསལ་པོར་གྲུབ་པའི་ཕྱིར། ཚུལ་དེ་གཉིས་གཅིག་གིས་གཅིག་མི་འགོག་ལ། གང་རུང་རེའི་ཡུལ་ཅན་ཚད་མའི་ངོར་བྱས་ན། རང་རང་གིས་ཇི་ལྟར་བཅད་པ་ལས་ཟློག་ཕྱོགས་ནམ་ཡང་མི་སྒྲུབ་པས། སོ་སོའི་སྒྲུབ་བྱེད་གཏན་ཚིགས་རང་རྒྱུད་དུ་འགོད་པའང་དེ་ལྟར་འཐད་དོ། །དེས་ན་བདེན་གཉིས་སོ་སོར་ཞེན་ཅིང་། སོ་སོའི་ལུགས་སུ་ཁས་ལེན་པས་ན། རང་རྒྱུད་ཀྱི་ཁས་ལེན་ཀྱང་ཡོད་དེ། དོན་དམ་པར་མེད་ཀྱང་། ཀུན་རྫོབ་ཏུ་ཡོད་དོ་ཞེས་བཞེད་དོ། །དེ་ལྟར་བདེན་གཉིས་སོ་སོར་ཞེན་པའི་ཆ་དེ་ཐལ་འགྱུར་བའི་དགག་བྱ་ཐུན་མོང་མིན་པ་ཡིན་ཏེ། གལ་ཏེ་རང་རྒྱུད་པ་དག་བདེན་གཉིས་སོ་སོར་ཞེན་པའི་དགག་བྱ་དང་བྲལ་བར་གྱུར་ན། ཐལ་འགྱུར་བ་སོགས་ལའང་ལྟ་བ་དེ་ལས་སྐྱེད་ཙུང་ཟད་ཀྱང་འདོན་རྒྱུ་མེད་པར་ཤེས་པར་བྱ་སྟེ། མཐའ་བཞིའི་སྤྲོས་བྲལ་ཁས་ལེན་ཐམས་ཅད་དང་བྲལ་བ་ལས་ལྷག་པའི་སྤྲོས་པ་གཅོད་རྒྱུ་ཞིག་ཡོད་པར་རིགས་པས་ནམ་ཡང་འགྲུབ་དཀའོ། །དེས་ན་ཇི་སྲིད་འཛིན་པ་དང་བཅས་ཤིང་བདེན་གཉིས་རོ་གཅིག་ཏུ་མ་གྱུར་པ་དེ་སྲིད་དུ་རྣམ་པར་རྟོག་པའི་བློའི་སྤྱོད་ཡུལ་ལས་མ་འདས་པས་སྒྲོ་འདོགས་སོ་གཉིས་དང་བྲལ་བའི་ཤེར་ཕྱིན་མཚན་ཉིད་པ་རྣམ་པར་མི་རྟོག་པའི་ཡེ་ཤེས་མི་འཐོབ་པས། ཐལ་འགྱུར་པས་དང་པོ་ནས་སྣང་སྟོང་ཟུང་འཇུག་སྤྲོས་བྲལ་དུ་གཏན་ལ་ཕབ་པ་ཡིན་ཏེ། དེ་ལ་བདེན་གྲུབ་མེད་ཀྱང་ཀུན་རྫོབ་ཙམ་དུ་རང་གི་མཚན་ཉིད་ཀྱིས་གྲུབ་པ་ཡོད་སྙམ་པའི་ཞེན་ཆ་དེ་རིགས་པས་སུན་ཕྱུང་བས། བདེན་གཉིས་སོ་སོ་རང་ས་ན་འདུག་པ་ལྟ་བུའི་ཐ་དད་དུ་ཞེན་པ་ཞིག་ནས།

simply the opposite of origination, would not lead to a contradiction due to the mutual exclusion of origination and absence of origination with regard to a single basis. [Yet] although the sprout is born from the seed, there is no true origination, and the conventional establishment through specific characteristics is not truly established either. If the apparent condition is considered the relative and the actual condition is considered the ultimate, not only is there no contradiction, the great rationale [of the tenets] is clearly established by the power of the intrinsic nature of entities, and so these two modes do not oppose one another. From the perspective of either of the subjects of valid cognition, only what is decided by the individual valid cognition itself will be established, and never the opposite of that. Therefore, it is also reasonable to arrange the logical arguments that establish the respective [truths] in the manner of autonomy.

Since it conceives of two separate truths and makes assertions for each of them in this way, the Autonomy does hold claims; it asserts ultimate nonexistence, but relative existence. This attachment to the separation of the two truths is the extraordinary object of refutation by the Consequence. Nevertheless, it should be understood that when the Autonomists have become free of that object of refutation, the attachment to two separate truths, then the Consequentialists and others cannot bring about a more valuable view. It will always be hard to logically establish the existence of a way of cutting through constructs that is superior to the simplicity free from the four extremes and beyond all claims. Hence, for as long as apprehension continues and the two truths have not become of one taste, there will not be any transcendence of the domain of conceptual mind, and the non-conceptual wakefulness that is the genuine transcendent knowledge free from the thirty-two superimpositions will not be attained either. From the start, the Consequentialists ascertain the simplicity in which the appearing and the empty are a unity. Reasoning disproves attachment to the belief that while there is nothing truly established, there is, merely relatively, establishment by specific characteristics. The attachment to distinctions between the two truths, as though each remained in its own location, will thereby fall apart. The two truths thus

བདེན་གཉིས་རོ་གཅིག་ཏུ་འདྲེས་པར་འགྱུར་ལ། དེས་ཡོད་པ་དང་མེད་པ་ལ་སོགས་པར་འཛིན་པའི་འཛིན་སྟངས་ཐམས་ཅད་ཞིག་པར་འགྱུར་ཏེ། དེ་ལྟར་ན་འདི་པའི་ལུགས་ལ་མཐའ་བཞི་པོར་བདེན་གྲུབ་དང་དོན་དམ་སོགས་ཀྱི་བདེན་གཉིས་སོ་སོའི་ཁྱད་པར་སྦྱར་མི་དགོས་པར་མཐའ་བཞིའི་ཞེན་ཡུལ་ཁེགས་པས་ཡུལ་ཅན་བློས་དམིགས་པ་དང་། ཁས་ལེན་ཐམས་ཅད་དང་བྲལ་བའི་སྟོང་པ་ཆེན་པོ་མཐར་ཐུག་པའི་གནས་ལུགས་འཕགས་པའི་མཉམ་གཞག་ཡེ་ཤེས་དང་རྗེས་སུ་མཐུན་པར་ལ་ཟློ་བ་ཡིན་ཀྱང་། རྗེས་ཐོབ་ཏུ་ལམ་དང་འབྲས་བུའི་ཆོས་ཐམས་ཅད་བདེན་པ་གཉིས་ཀྱི་ཚད་མས་ཇི་ལྟར་གཞལ་བ་ལྟར་གནོད་མེད་དུ་འཇོག་པའང་ཆེས་འཐད་པ་ཡིན་ནོ། །དེ་ན་ཐལ་འགྱུར་བ་ལ་ཁས་ལེན་ཡོད་མེད་མཐའ་གཅིག་ཏུ་མི་གཟུང་བར་རྣམ་པར་ཕྱེ་སྟེ་སྨྲ་བ་འདི་ཀུན་མཁྱེན་ཀློང་ཆེན་རབ་འབྱམས་ཀྱི་བཞེད་པ་ཐུན་མོང་མིན་པ་སྟེ། གཞན་སྐྱེ་འགོག་པའི་ཐལ་ཟློག་སོགས་ལ་ཞིབ་ཏུ་དཔྱད་ན་ཡིད་ཆེས་སྐྱེའོ། །མཁན་པོའི་གཞུང་འདིར་ནི། ཐོག་མར་བདེན་གཉིས་སོ་སོར་འཇལ་བའི་ཤེས་རབ་དྲི་མ་མེད་པས་ཚུལ་གཉིས་བསྒྲུབས་ནས། མཐར་རྣམ་གྲངས་མ་ཡིན་པའི་དོན་དམ་ཆེན་པོར་བདེན་གཉིས་སོ་སོར་ཞེན་པའང་བཀག་ནས་མཉམ་གཞག་རྣམ་པར་མི་རྟོག་པའི་ཡེ་ཤེས་དང་རྗེས་སུ་མཐུན་པར་ཁས་ལེན་ཐམས་ཅད་དང་བྲལ་བར་གཏན་ལ་ཕབ་པས་གཞུང་དེ་གཉིས་མཐར་ཐུག་གི་དགོངས་པ་ལ་དབྱེ་བསྲེ་མེད་པར་མཉམ་པ་ཉིད་དོ། །འོ་ན་ཐལ་འགྱུར་བའི་གཞུང་དོན་མེད་དུ་འགྱུར་རོ་སྙམ་ན་མི་འགྱུར་ཏེ། ཁས་ལེན་ཀུན་དྲལ་གྱི་སྟོང་པ་ཉིད་རིགས་པས་རྒྱ་ཆེར་བསྒྲུབས་པའི་ཕྱིར་རོ། །དེས་ན་རྣམ་གྲངས་པའི་དོན་དམ་ཁས་ལེན་དང་བཅས་པ་དེ་རྟལ་དུ་བཏོན་ནས་འཆད་པ་རང་རྒྱུད་པའི་མཚན་ཉིད་ཡིན་ལ། རྣམ་གྲངས་མ་ཡིན་པའི་དོན་དམ་ཁས་ལེན་ཀུན་བྲལ་རྟལ་དུ་བཏོན་ནས་འཆད་པ་ཐལ་འགྱུར་བ་ཡིན་པ་ཤེས་པར་བྱའོ། །འདི་གཉིས་ཀྱི་མཚན་ཉིད་འཇོག་པའི་སྐབས་སུ་ཐ་སྙད་དུ་རང་མཚན་གྱིས་གྲུབ་པ་འདོད་མི་འདོད་དང་གཏན་ཚིགས་འགོད་ཚུལ་སོགས་ཀྱི་ཁྱད་པར་ཕྱེས་ཏེ་འཇོག་པ་ནི་ཡན་ལག་གི་དབྱེ་བ་ཙམ་སྟེ་གོང་གི་མཚན་ཉིད་འདིར་འདུ་བ་ཡིན་ཏེ།

mingle as one taste, and all modes of grasping through apprehending existence, nonexistence, and so forth will collapse.

Therefore, according to the way of these [teachers of the Consequence], there is no need to apply any distinctions that imply two separate truths, such as 'truly established' and 'ultimate,' to the four extremes. The conceived objects that relate to the four extremes are invalidated, and one comes to settle in accordance with the wakefulness of the equipoise of the noble ones, the final abiding way of great emptiness in which there is freedom from all of the subject's mental observations and claims. Yet during the ensuing attainment, it is still highly reasonable and unimpeachable to posit all phenomena of the path and fruition, just as they are evaluated by the valid cognitions of the two truths. This explanation that avoids unequivocal judgment as to whether or not the Consequence makes claims is the extraordinary position of the omniscient Longchen Rabjam. Trust [in it] will come about through careful studies of such [reasonings] as the consequential reversal that refutes origination through other.

As for this scripture of the Preceptor, the two approaches are first established using the stainless knowledge that separately evaluates the two truths. Finally, the attachment to two separate truths is also refuted within the great uncategorized ultimate and, beyond all claims, [the treatise] arrives at a conclusion that accords with the non-conceptual wakefulness of the equipoise. The ultimate intentions of the two scriptural traditions [of the Autonomy and the Consequence] are hence an inseparable equality.

"Well, in that case, the scriptures of the Consequence turn out to serve no purpose." The reply to such an idea will be "No, they don't [become unnecessary], because their reasonings comprehensively prove the emptiness that is free from all claims." Therefore it should be understood that the Autonomy is characterized by explanations that emphasize the categorized ultimate that involves claim, while the Consequence explains with emphasis on the uncategorized ultimate beyond all claim.

When setting forth the defining characteristics of these two [approaches], it is only secondary to make distinctions in terms of whether there is an assertion of conventional establishment by specific characteristics, or in terms of how the logical argument is arranged. These aspects

ཁས་ལེན་ཡོད་མེད། ཐ་སྙད་དུ་རང་མཚན་གྱིས་གྲུབ་པ་ཞལ་གྱིས་བཞེས་མི་བཞེས། །རང་བཞིན་མེད་སྨྲ་བ་ཀྱི་གཏན་ཚིགས་ཐལ་རང་དུ་འགོད་ཚུལ། དགག་བྱ་ལ་དོན་དམ་གྱི་ཁྱད་པར་སྦྱར་མི་སྦྱར་གྱི་གནད་ཀྱང་བཤད་མ་ཐག་པའི་ཚུལ་དེ་ཉིད་ཀྱི་དབང་གིས་ཡིན་ནོ། །དེས་ན་ཐལ་འགྱུར་བ་རྣམ་གྲངས་པའི་དོན་དམ་ལ་གནས་ནས་བདེན་གཉིས་སོ་སོའི་ཁས་ལེན་དང་བཅས་པ་ཞིག་རྣམ་པ་ཀུན་ཏུ་ཡིན་ན། རང་རྒྱུད་པ་དང་ཁྱད་ཕྱེ་མི་ནུས་ཏེ། རང་མཚན་གྱིས་གྲུབ་པ་ཐ་སྙད་དུའང་འགོག་པའི་རིགས་པ་ཐེ་སྙིད་པ། རང་གི་ཀུན་རྫོབ་ཚད་གྲུབ་ལའང་མཚུངས་ཏེ། གང་ཡང་དཔྱད་མི་བཟོད་པར་མཚུངས་པའི་ཕྱིར། རང་མཚན་གྱིས་གྲུབ་པ་ཐ་སྙད་དུའང་བཀག་པས་ཐ་སྙད་ཀྱི་རྣམ་གཞག་མི་བདེ་བ་ཙམ་ལས། ཡོན་ཏན་གྱི་ཁྱད་པར་ཅིའང་མི་འཐོབ་ལ། རང་རྒྱུད་པས་ཀྱང་རང་མཚན་གྱིས་གྲུབ་པ་དོན་དམ་དཔྱད་བཟོད་དུ་བསྒྲུབ་པ་མིན་པས། དོན་དམ་རྟོགས་ཚུལ་ལ་དོན་གྱི་ཁྱད་པར་ཅི་ཞིག་གིས་འཕགས་པའང་འདིའོ་ཞེས་ཡིད་ཆེས་གཏིང་ཚུགས་པ་རྙེད་པར་མི་འགྱུར་རོ། །དེ་ལྟར་མཁན་ཆེན་གྱི་དབུ་མའི་རྒྱན་འདིར་ནི་ཐལ་རང་གཉིས་ཀ་དོན་གྱིས་འདུ་བས་དབུ་མ་ཀུན་གྱི་རྒྱན་ཡིན་ནོ། །དེ་ལ་ཐལ་རང་ཞེས་འདོགས་པའི་རྒྱུ་མཚན་ཡང་། བདེན་གཉིས་སོ་སོའི་ཚད་མས་ཇི་ལྟར་གཞལ་བ་ལྟར་སོ་སོར་ཁས་ལེན་པ་ལ་རང་ཉིད་གནས་ནས། གཞན་ལ་ཚད་མས་གྲུབ་པའི་གཏན་ཚིགས་རང་རྒྱུད་པ་གཙོ་ཆེར་སྦྱོར་བའི་སྒོ་ནས་རྒོལ་བའི་སྤོབས་པ་འཇོམས་པ་ལ་རང་རྒྱུད་པ་ཞེས་བྱ་ཞིང་། རང་མཐའ་བཞི་སྤྲོས་བྲལ་ཁས་ལེན་ཐམས་ཅད་དང་བྲལ་བ་ལ་གནས་ནས།

are included within the definition above. Presence or absence of claim, accepting or not accepting conventional establishment by specific characteristics, arranging the logical argument proving absence of nature in the manner of autonomy or of consequence, using or not using the distinction 'ultimate' with regard to the object of refutation—all of these key points come about precisely because of the way [that the Autonomy emphasizes the categorized ultimate and the Consequence emphasizes the uncategorized], as was just explained.

If the Consequence were always involved with making claims about two separate truths based on adhering to the categorized ultimate, it could not be distinguished from the Autonomy. All the reasonings that refute even a conventional establishment by specific characteristics [apply] equally to one's so-called relative valid establishment. That too cannot withstand investigation even in the slightest. Except for simply complicating conventional presentations by refuting even conventional establishment by specific characteristics, not the slightest distinction in terms of quality will be achieved [by a merely nominal view of Consequence that still differentiates between the two truths].

Also, since the Autonomists do not posit an establishment by specific characteristics that withstands investigation, how could the way that the ultimate is realized [by the Consequence] actually be distinctively exalted [above the Autonomy]? Because one fails to point out [any superior distinction of the Consequence], no deeply founded trust [in its acclaimed superiority] can be acquired.

Both the Consequence and the Autonomy are, in fact, subsumed in this, the Preceptor's *Ornament of the Middle Way*, and thus this is an ornament of all of the Middle Way.

Let us examine the reasons for speaking of Consequence and Autonomy. One belongs to the Autonomy when, in exact accordance with the assessments of the valid cognitions of the two separate truths, one abides by separate claims [concerning them]. With regard to others, one overcomes the self-confidence of an opponent primarily through the application of validly established arguments of autonomy. Being Consequentialist implies that one remains in the simplicity free from the four extremes and beyond

གཞན་ཁས་ལེན་ཅན་གྱི་རྒོལ་བ་ལ་ཕོ་རང་གིས་ཁས་བླངས་པའི་གཏན་ཚིགས་ཐལ་འགྱུར་དུ་བཀོད་པའི་སྒོ་ནས་ལོག་རྟོག་བཟློག་པས་ན་ཐལ་འགྱུར་བ་ཞེས་བྱ་ལ། དེའང་སློབ་དཔོན་གྱིས། གལ་ཏེ་མངོན་སུམ་ལ་སོགས་པའི། །དོན་གྱིས་འགའ་ཞིག་དམིགས་ན་ནི། །བསྒྲུབ་པའམ་བཟློག་པར་བྱ་ན་དེ། །མེད་ཕྱིར་ང་ལ་ཀླན་ཀ་མེད། །ཅེས་དང་། གང་ལ་སྟོང་མིན་ཙུང་ཟད་ཡོད། །སྟོང་པའང་ཙུང་ཟད་ཡོད་པར་འགྱུར། །མི་སྟོང་ཙུང་ཟད་ཡོད་མིན་ན། །སྟོང་པ་ཡོད་པར་ག་ལ་འགྱུར། །ཞེས་གསུངས་པ་བཞིན། རྐྱེན་ཉིད་འདི་པ་ཙམ་གྱི་དངོས་པོ་ཐམས་ཅད་ལ་རང་མཚན་གྱིས་གྲུབ་པ་དང་སྐྱེ་བ་སོགས་ཐ་སྙད་དུའང་མེད་པར་གཏོད་ནས་རང་བཞིན་མེད་པའི་ངང་ཚུལ་དུ་གནས་པར་མཐོང་བའི་ཚེ། བསྒྲུབ་ཅིང་དམིགས་པར་བྱ་བའམ། དགག་ཅིང་བསལ་བར་བྱ་བ་ཙུང་ཟད་མེད་པར་སྤྲོས་པའི་མཐའ་ཐམས་ཅད་དང་བྲལ་བ་ཉིད་དུ་ཁོང་དུ་ཆུད་པར་གྱུར་ནས། ཁས་ལེན་དང་འཛིན་སྟངས་ཐམས་ཅད་དང་བྲལ་བ་ཟུང་འཇུག་རབ་ཏུ་མི་གནས་པའི་དོན་ལ་རེག་པར་གྱུར་པ་ནི་ཟླ་བའི་གཞུང་གི་བསྟན་དོན་དྲི་མ་མེད་པའོ། །དབུ་མ་ཤེས་རབ་ལ་འཇུག་པ་ལས་ཀྱང་། དགག་སྒྲུབ་གཉིས་ཀ་དགག་འབའ་ཞིག །དངོས་ལ་དགག་སྒྲུབ་གང་ཡང་མེད། །ཅེས་གསུངས་སོ། །ཕྱིར་གཏོད་ནས་མ་སྐྱེས་པ་ལ་བསལ་གཞག་མེད་པར་སྟོན་པའི་ཤིན་ཏུ་ཟབ་པའི་དོན་ཅན་གྱི་ཚིག་རྣམས་ཀྱི་བསྟན་དོན་ཇི་བཞིན་རྟེན་པར་འཆར་དཀའ་བས་གོམས་པ་ཡུན་བསྲིང་བར་བྱའོ། །ཐལ་འགྱུར་བའི་ལུགས་རྣལ་མ་འཛིན་ན་ད་བཤད་མ་ཐག་པའི་ཚིགས་སུ་བཅད་པ་དེ་རྣམས་ཀྱི་དོན་ལྟར་ཡེ་སྟོང་སྤྲོས་བྲལ་ཆེན་པོའི་ཚུལ་དུ་འཛིན་པར་མཛོད་ཅིག །དེ་ཕྱིར་ཐལ་རང་དེ་དག་མཉམ་གཞག་བདེན་གཉིས་རོ་གཅིག་པའི་ཡེ་ཤེས་དང་།

all claim. With regard to others, one brings about a reversal of misconception through arguments that are accepted by the asserting opponent himself and arranged consequentially. As the Master [Nāgārjuna] has said:

> If due to objects of direct perception and so forth
> Anything is observed,
> There must be affirmation or refutation.
> But without that, there will be no blame.

along with:

> If there is a bit that is not empty
> There will also be a bit that is empty.
> But if there is not a bit that is not empty
> How could there possibly be anything empty?

In this way, all these objects of mere conditionality are, even conventionally, devoid of establishment by specific characteristics, origination, and so forth. When seeing that [they] remain primordially in a state devoid of their own nature, one has, without the slightest need to establish and observe or refute and clear away, come to fully comprehend the very simplicity that is beyond all extremes. One has reached the utterly non-abiding meaning of unity beyond all claims and all modes of apprehending—the stainless intent of the teaching of Candra's scriptures. The *Entry into the Knowledge of the Middle Way* similarly explains:

> Negation and affirmation are entirely refuted.
> In actuality there is nothing at all to refute or to prove.

The words that reveal the primordial non-arising [that lies] beyond anything to clear away or retain carry an extremely profound meaning. Generally, authentic and naked insight into the meaning they explain arises only with difficulty. One must therefore go through a period of familiarization. If [you wish to] comprehend the genuine way of the Consequence, then do so in accordance with the meaning of the stanzas just quoted—the way of the primordial emptiness of great simplicity. It should therefore be understood that the Consequence explains by emphasizing

རྗེས་ཐོབ་བདེན་གཉིས་སོ་སོར་འབྱེད་པའི་ཤེས་རབ་ལ་རྟལ་དུ་བཏོན་ནས་འཆད་པའི་ཚུལ་དེ་ལྟར་ཡིན་པ་ཞེས་པར་བྱའོ། །དེས་ན་དོན་དམ་ལ་གཉིས་སུ་ཕྱེ་བ་འདིས་ཐལ་རང་གི་གཞུང་ཡང་ཀྱུ་བོ་གཅིག་འདྲིས་སུ་སྦྱར་ཞིང་། རྗེས་ཐོབ་ཏུ་ཤན་འབྱེད་སོ་སོར་རྟོགས་པའི་ཤེས་རབ་ཀྱིས་རྣམ་པར་དཔྱད་པའི་འབྲས་བུ། མཉམ་གཞག་ཏུ་མཐའ་ཀུན་ཏུ་རྣམ་པར་མི་རྟོག་པའི་ཡེ་ཤེས་ལ་འཇུག་པ་སོགས་དགོས་པའི་རབ་དམ་པ་དུམ་ཡོད་པ་ཡིན་ནོ། །དེ་ལྟར་ཇི་སྐད་བཤད་པས་མཚོན་སྦྱོར་གྲུབ་པའི་མཐའ་རྣམ་དག་གང་ལའང་གནད་ཟིན་ན་ལག་མཐིལ་དུ་སྐྱུ་རུ་ར་བཞག་པ་ལྟར་གྲུབ་མཐའི་གཉིང་སླེབས་ནས་སོམ་ཉི་ལས་བརྒལ་བར་འགྱུར་གྱི། གཞན་དུ་ན་ཤིན་ཏུ་དཀའ་བ་ཡིན་ནོ། །བོད་འདིར་ཐལ་འགྱུར་བ་རྣམས་ཀྱི་དགོངས་བཞེད་ཀྱང་རང་རྒྱུད་པའི་ཕྱོགས་སུ་འཁོར་བ་ནི་སྔོན་གྱི་རྟེན་འབྲེལ་གྱི་ཁྲེད་ཞིག་ལས་ཡིན་ནམ་སྙམ་མོ། །མངོན་སུམ་ཐག་ཆོད་རིགས་པའི་མན་ངག་འདི། །འཇམ་དབྱངས་རྣམ་པར་དགྱེས་པའི་འབྲུག་སྒྲ་ཡིན། །གྲུབ་མཐའ་ཤན་མ་ཕྱེད་པའི་རྨི་ལམ་གཉིད། །འདི་དང་ཕྲད་ན་སྐད་ཅིག་ཉིད་ལ་སྟོང་། བར་གྱི་ཚིགས་བཅད་དོ། །ལྔ་པ་བདེན་གཉིས་སོ་སོའི་ཁས་ལེན་མ་འཁྲུགས་པའི་དགོས་པ་ནི། མཉམ་གཞག་གི་ཡེ་ཤེས་ནི་སྨྲ་བསམ་བརྗོད་པ་དང་བྲལ་བས་སྒྲ་རྟོག་གི་ཡུལ་ལས་འདས་པའི་ཕྱིར། བདེན་གཉིས་ཀྱི་ཚད་མ་ཤེས་རབ་དྲི་མེད་ཚུལ་བཞིན་དུ་མ་སྐྱེས་པར་ཡེ་ཤེས་དེ་ལྟ་བུ་ལ་འཇུག་ཀྱང་མི་ནུས་ལ། འཕགས་པ་རྣམས་ཞུགས་ཀྱང་རྗེས་ཐོབ་ཏུ་ཡོད་མེད་ཡིན་མིན་སོགས་དགག་སྒྲུབ་ཀྱི་ཆ་ཐམས་ཅད་སྒྲ་རྟོག་གི་སྤྱོད་ཡུལ་ལས་མ་འདས་པས་ན་གཞན་ལ་འདོམས་ཤིང་རྗེས་སུ་སྟོན་པ་དང་།

the wakefulness of the two truths as one taste during equipoise and that the Autonomy teaches by emphasizing the knowledge of two differentiated truths during ensuing attainment.

This division of the ultimate into two [as taught in the *Ornament of the Middle Way*] mingles the scriptures of the Consequence and the Autonomy and merges them as a single river. It has several supreme purposes, for instance, as the result of having thoroughly investigated during the ensuing attainment, using the discriminating knowledge that clearly sets [the two truths] apart, one may enter the wakefulness of equipoise that is entirely beyond the concepts of the extremes.

In general, the comprehension of the key point of any of the utterly pure philosophies will, as shown by the explanation above, be similar to when the amala fruit[37] is placed in one's hand. One will have plumbed the depths of philosophy and gone beyond all doubt. Any other way will be extremely difficult. Here in Tibet, [people] may claim that they assert the intent of the Consequentialists, yet they are still attracted to the position of the Autonomists. I wonder whether this might be because of a particular link of dependency with the past.

A closing stanza:

This oral instruction of reasoning that resolves [the view] through direct perception
Is the thunder of joyful Mañjughoṣa.
The stupor of the dreams of confused philosophy
Is, when meeting with this, dispelled in an instant.

5) Let us now consider the purpose for [making] flawlessly distinct assertions regarding the two truths. Free from conceptual or verbal expression, the wakefulness of the equipoise transcends the domain of word and thought. Access to this wakefulness is therefore not possible unless the stainless knowledge of the valid cognitions of the two truths has arisen correctly.

The noble ones have entered [this wakefulness], yet during the ensuing attainment all aspects of negation and affirmation in terms of existence, predication, and so forth do not transcend the domain of word and thought

གྲོལ་བ་ལ་རྩོད་པའི་གཏམ་སྨྲ་བ་སོགས་ལ། འདི་ལྟར་ན་ཡོད། འདི་ལྟར་ན་མེད། ཅེས་པ་ལ་སོགས་པའི་དོན་ཐམས་ཅད་མ་འདྲེས་མ་ནོར་བར་ཆོས་རབ་ཏུ་རྣམ་པར་འབྱེད་པའི་ཤེས་རབ་ཀྱིས་བརྟགས་ནས་སྨྲས་པས། ལས་རྒྱུ་འབྲས་དང་ལམ་དང་འབྲས་བུའི་ཚུལ་ཐམས་ཅད་ལ་དགག་པ་དང་སྒྲུབ་པ་མ་ལུས་པ་རིགས་པའི་ལམ་གྱིས་གྲུབ་པའི་ཡང་དག་པའི་ཐ་སྙད་གནོད་མེད་དུ་འཇོག་ནུས་པ་དང་། ཤེས་བྱའི་རྣམ་པ་མ་ལུས་པ་ཤན་འབྱེད་པའི་སོ་སོར་རྟོག་པའི་ཤེས་རབ་ཀྱི་སྤྱན་ཐོབ་པ་དེ་ལ་བརྟེན་ནས་སྤྲོས་པ་ཐམས་ཅད་དང་བྲལ་བ་མཉམ་པ་ཉིད་ཀྱི་དོན་མངོན་སུམ་མཐོང་བའི་ཡེ་ཤེས་ཀྱི་གཟིགས་པ་ལ་མངའ་དབང་འབྱོར་བར་འགྱུར་རོ། །དེའང་སྣང་སྟོང་མཉམ་ཉིད་ཆེན་པོ་མཐའ་བཞིའི་སྤྲོས་བྲལ་རྣམ་གྲངས་མ་ཡིན་པའི་དོན་དམ་འཇལ་བའི་རིག་ཤེས་ཀྱི་དབང་དུ་བྱས་ན་བདེན་གཉིས་སོ་སོར་ཞེན་པའང་རྟོག་པ་ཙམ་དུ་ཟད་པས་ཐ་སྙད་དུའང་ཀུན་རྫོབ་རང་མཚན་གྱིས་གྲུབ་པ་ཁེགས་པ་ཡིན་གྱི། རྣམ་གྲངས་པའི་དོན་དམ་མེད་རྐྱང་ཙམ་ལ་གནས་ནས་ཐ་སྙད་ཚད་མས་རྙེད་དོན་གྱི་ཀུན་རྫོབ་མཚན་ཉིད་ཀྱིས་གྲུབ་པ་ནམ་ཡང་འགོག་མི་ནུས་ལ། གལ་ཏེ་བཀག་ནས་མེད་པ་ཙམ་བསྒོམས་ན་བདེན་གཉིས་ཕྱོགས་སུ་ལྷུང་སྟེ་སྣང་ཕྱོགས་ལ་སྐུར་པ་བཏབ་པས། ཕུར་བུ་པས་ཀུན་རྫོབ་ཀྱང་མེད་པར་སྒོམ་པ་སོགས་བསམ་གཏན་དད་པ་བདུན་གྱི་གཞུང་དང་ཚུལ་འདྲ་བའི་རྣམ་པ་དེ་ལྟ་བུ་ལ་དགོངས་ནས། ཡིད་བཞིན་རིན་པོ་ཆེའི་མཛོད་ལས་ཀྱང་། ཚུལ་འདི་མི་ཤེས་སྟོང་པ་ཕྱང་ཆད་པ། །ཚིག་ཏུ་ཡོད་མེད་མཐའ་བྲལ་ཞེས་སྨྲ་ཡང་། །བྲལ་གཞི་མི་ཤེས་སྲིད་རྩེའི་ལྟ་བ་ཅན། །བསྟན་པ་འདི་ལས་ཕྱི་རོལ་གྱུར་པའི་ཕྱིར། །ནམ་མཁའི་ཡིད་ཅན་ཐལ་བས་བྱུགས་པ་རྟུང་། །ཞེས་གསུངས་ལ།

and so they instruct and teach others, set forth arguments against adversaries, and so forth. "From this perspective, there is existence," "From this perspective, there is no existence," and so on—any such point they may posit is based on an examination that uses a knowledge that discerns phenomena distinctly and without error. Therefore, with regard to any aspect of the cause and effect of actions, the path, or the fruition, they are consummately capable of refutation and proof by means of the flawless positing of authentic conventions established by the path of reasoning. Furthermore, because of having attained the eye of discriminating knowledge that clearly distinguishes the features of all objects of cognition without exception, they gain mastery over the vision of wakefulness that directly perceives the meaning of equality beyond all constructed extremes.

In terms of the aware cognition that evaluates the great equality of appearance and emptiness—the uncategorized ultimate beyond the constructs of the four extremes—the idea of two separate truths is also nothing other than mere conceptual thought. Therefore, even conventional establishment by specific characteristics is invalidated. But when abiding by the categorized ultimate of bare nonexistence, the relative establishment by characteristics as discovered by conventional valid cognition can never be refuted. If one negates this and meditates on mere nonexistence, there will be bias with respect to the two truths, because one is then deprecating the aspect of appearance. The citation below is taken from the *Wishfulfilling Precious Treasury*. It considers [those views] that resemble the systems found in the scriptures of the seven types of concentration and faith, such as meditating on even a conventional nonexistence, as practiced by the Followers of Bṛhaspati.

> Not understanding this way, the proponents of the completely vacuous empty
> May nominally assert a freedom from the extremes of existence and nonexistence.
> Yet without knowing the basis for the freedom, their view is that of the summit of existence.
> Being outside these teachings,
> Those who possess a mind of space might therefore just as well anoint themselves with ashes.

དེ་ལྟ་བུའི་མཐའ་བཞིའི་སྤྲོས་བྲལ་རྒྱུད་ལ་སྐྱེ་ཚུལ་ཡང་། ལས་དང་པོ་པ་རིམ་གྱིས་འཇུག་པའི་དབང་དུ་ན། ཡང་དག་པའི་རིགས་པ་དྲི་མེད་ཀྱིས་དང་པོར་འདུས་བྱས་འདུས་མ་བྱས་ཀྱི་ཆོས་ཐམས་ཅད་ལ་དངོས་པོ་ཡོད་འཛིན་གྱི་ཞེན་ཡུལ་སུན་ཕྱུང་ལ། ཕྱིས་ནས་མེད་པ་སོགས་ལྷག་མ་གསུམ་གྱི་ཞེན་ཡུལ་ཡང་བཀག་ནས། ཕྱོགས་རེ་བའི་ཞེན་ཡུལ་ལ་མི་གནས་པའི་ངེས་ཤེས་ཁྱད་པར་ཅན་རྗེས་མཐུན་དུ་བསྒོམས་པས་ནམ་ཞིག་རེས་འཇོག་མེད་པར་སྤྲོས་པའི་མཐའ་ཀུན་ཅིག་ཅར་ཁེགས་ནས་ཆོས་ཀྱི་དབྱིངས་ལ་གསལ་སྣང་འཐོབ་པར་འགྱུར་ཏེ། ཀུན་མཁྱེན་ཆེན་པོ་བསོད་ནམས་སེང་གེའི་ཞལ་སྔ་ནས། གནས་ལུགས་དཔྱོད་པའི་སོ་སྐྱེའི་བློ་གྲོས་ཀྱིས། །མཐའ་བཞིའི་སྤྲོས་པ་ཅིག་ཅར་མི་ཁེགས་ཀྱང་། །རེས་འཇོག་ཚུལ་གྱིས་བཞི་ཆར་བཀག་ནས་ནི། །ཚུལ་བཞིན་བསྒོམས་པའི་མཐོང་ལམ་སྐྱེས་པའི་ཚེ། །ལྟ་བ་ཆོས་དབྱིངས་མཐོང་བའི་ཐ་སྙད་མཛད། །ཅེས་གསུངས་པ་བཞིན་ནོ། །དེ་ལྟ་བུའི་མཐའ་བཞིའི་སྤྲོས་བྲལ་བདེན་པ་དབྱེར་མེད་ཀྱི་གནས་ལུགས་འདི་ལ་སྔ་འགྱུར་གྱི་མཁས་གྲུབ་རྣམས་ཀྱིས་རང་ལུགས་དྲི་མ་མེད་པར་བཟུང་ནས། རྡོ་རྗེ་ཐེག་པའི་མན་ངག་ཟབ་མོའི་གནད་དང་ལྡན་པའི་སྒོ་ནས་དེ་ཁོ་ན་ཉིད་མངོན་དུ་བྱེད་པའི་ཐབས་རྫོགས་པ་བཞིའི་གཏན་ཚིགས་སོགས་རིགས་པ་རྣམ་དག་གི་ལམ་ནས་ངེས་ཤེས་བསྐྱེད་དེ་བསྒོམས་པས་ཀ་དག་ལྷུན་གྲུབ་བདེན་པ་དབྱེར་མེད་ཀྱི་དོན་ལ་ངེས་པའི་གདིང་ཐོབ་པས་གྲུབ་བརྙེས་བར་མ་ཆད་པར་བྱོན་ཅིང་། ཐུགས་ནས་ཆོས་གཏེར་འབུམ་ཕྲག་རྡོལ་བ་དང་། འཇའ་ལུས་ཟང་ཐལ་གྱི་ས་ལ་གཤེགས་པ་མང་ཞིག་བྱོན་པ་ནི་ལམ་གྱི་འདྲེན་པ་ལྟ་བ་རྣམ་པར་དག་པའི་འབྲས་རྟགས་ཡང་དག་གོ

Now, how does such simplicity beyond the four extremes arise in one's being? Let us consider the gradual engagement of a beginner. With regard to any conditioned or unconditioned phenomenon, an immaculate, authentic reasoning must first disprove the conceived object that results from apprehending entities as existent. Later, the objects conceived based on the remaining three [possibilities], nonexistence and so forth, are refuted as well. One then trains by means of the special certainty that grants access to [the uncategorized ultimate] beyond all confinements of conceptual view. By this, all constructed extremes will at some point be brought to an end simultaneously, not alternatingly, and the clear experience of the basic space of phenomena is thus achieved. As is explained by the great omniscient Sönam Senge:[38]

> The intelligence of ordinary beings investigating the abiding way
> Does not invalidate the constructs of the four extremes simultaneously.
> Yet when all four have been refuted in alternation,
> And the correct meditation of the path of seeing has occurred,
> The conventional designation is the view that sees the basic space of phenomena.

The learned and accomplished [masters] of the Early Translations[39] considered this simplicity beyond the four extremes, this abiding way in which the two truths are indivisible, as their own immaculate way. Endowed with the profound key points of the Vajra Vehicle's oral instructions, they gave rise to certainty through the path of authentic reasoning—the methods for actualizing the essential nature, such as the logical arguments of the four realizations. They then trained in accordance with that [certainty] and gained the confidence of having ascertained the meaning of the indivisible truths of primordial purity and spontaneous presence. Thereby they found accomplishment. In this way great masters continuously appeared. Hundreds of thousands of Dharma-treasures would gush forth from their realized minds, and there were many who would progress to the level of the unimpeded body of rainbow light. This is authentic evidence of effect regarding the utterly pure view, the guide on the path.

།འོ་ན་འདི་རྙིང་མ་ཁོ་ནའི་བཞེད་པ་ཡིན་ནམ་སྙམ་ན་མ་ཡིན་ཏེ། རྒྱལ་བས་ཟབ་མོའི་མདོ་རྒྱུད་རྣམས་སུ་ཡང་ཡང་བསྟན་པའི་མཐའ་བཞིའི་སྤྲོས་བྲལ་དེ་ཉིད་རྒྱན་དྲུག་ལ་སོགས་པའི་མཁས་པ་རྣམས་ཀྱིས་དངོས་དང་བརྒྱུད་པའི་ཚུལ་དུ་ཤིན་ཏུ་གསལ་བར་བྱས་ཤིང་། གྲུབ་ཆེན་རིག་པ་འཛིན་པ་མཐའ་དག་གི་ཐུགས་ཉམས་སུ་བསྟར་བ། རྣམ་པ་ཐམས་ཅད་མཁྱེན་པའི་ལམ་བགྲོད་པ་གཅིག་པུ་པ་ཡིན་པས་གསར་རྙིང་ཐམས་ཅད་ཀྱི་དགོངས་པའི་མཐིལ་ཡིན་ཏེ། དེའི་ཚུལ་མཚོན་ཙམ་བཤད་ན། དཔྱིས་མཛོད་ལོ་ཙྪ་བ་ཆེན་པོས། མཐར་ཐུག་ལྟ་བ་ཁྱད་པར་ཅན། །ཟུང་འཇུག་རབ་ཏུ་མི་གནས་པ། །དུས་གསུམ་རྒྱལ་བའི་དགོངས་པ་ཡིན། །ཐབས་ཤེས་ཡ་བྲལ་འདོད་པ་གང་། །མཐའ་རུ་ལྷུང་བས་དགག་བྱའི་ཕྱིར། །ཞེས་པ་ལ་སོགས་པ་དང་། བོད་ཡུལ་གྲུབ་པའི་རྒྱལ་པོ་བཞད་པ་རྡོ་རྗེས། སྣང་དང་སྟོང་པ་དབྱེར་མེད་ན། །ལྟ་བ་སྐྱོང་དུ་གྱུར་པ་ཡིན། །ཞེས་དང་། ཡོད་པ་དངོས་པོར་སྣང་བ་དང་། མེད་པ་སྟོང་པའི་ཆོས་ཉིད་གཉིས། །ངོ་བོ་དབྱེར་མེད་རོ་གཅིག་པས། །རང་རིག་གཞན་རིག་ཡོད་མིན་ཏེ། །ཞེས་སོགས་དང་། བླ་མ་ས་སྐྱ་པ་ཆེན་པོ་ལ་འཇམ་པའི་དབྱངས་ཀྱིས་གདམས་པ་ཞེན་པ་བཞི་བྲལ་གྱི་མན་ངག་ལས། འཛིན་པ་བྱུང་ན་ལྟ་བ་མིན། །ཅེས་དང་། གངས་ཅན་མཁས་པའི་དབང་པོ་ས་སྐྱ་པཎྜི་ཏས། འདིར་འཐད་པའི་ཕྱོགས་གང་ཡིན་ཞེ་ན། གང་ཟག་ལ་གང་ལ་ལྟོས་ཀྱང་བླ་སྟེ། སྣང་བའི་ཆ་ཀུན་རྫོབ། སྟོང་པའི་ཆ་དོན་དམ། དབྱེར་མི་ཕྱེད་པའི་ཆ་ཟུང་འཇུག་སྟེ། རིམ་ལྔ་ལས།

"Well, are these tenets exclusive to the Nyingma?" The answer to such a question is 'no'. In the profound sūtras and tantras, the Victorious One has repeatedly taught the very simplicity that is beyond the four extremes, and in ways both direct and indirect it has been well-illuminated by the experts, the Six Ornaments and so forth. This is also what all the knowledge holders of great accomplishment have taken as their essential practice. This is the single path traversed to omniscience, and therefore the core of the realization of all the new and old [schools]. One may explain how this is so simply by means of illustrations. The great Pleasing Lotsawa[40] proclaims:

> The distinctive final view,
> The utterly non-abiding unity,
> Is the realization of the mother of the Victorious Ones in the three times.
> Those who assert a separation of means and knowledge
> Fall into extremes and are thus to be refuted.

Moreover, the king of siddhas in Tibet, Laughing Vajra,[41] states:

> When the appearing and the empty are inseparable,
> The view has reached perfection.

As well as, for instance:

> The appearances of existence and entity
> And the intrinsic nature of nonexistence and emptiness
> Are in essence inseparable and of a single taste.
> There is therefore no self-awareness and no other-awareness.

The pith instructions of the *Parting from the Four Attachments*, imparted by Mañjughoṣa to the great Sakyapa lama,[42] state that:

> If apprehension occurs, it is not the view.

The lord of experts in the Land of Snow, Sakya Paṇḍita, explains:

> If you are wondering which side is the reasonable one, you may turn to any person as you please. The appearing aspect is relative, and the empty aspect ultimate. The aspect of inseparability is unity. Just as The Five Stages explains:

སྣང་བ་དང་ནི་སྟོང་པ་གཉིས། །སོ་སོའི་ཆར་ནི་ཤེས་གྱུར་ནས། །གང་དུ་ཡང་དག་འདྲེས་གྱུར་པ། །ཟུང་དུ་འཇུག་པར་དེ་བཤད་དོ། །ཞེས་གསུངས་པས་སོ། །ཚུལ་གསུམ་པོ་འདི་འང་དོན་ཇི་ལྟར་ཡིན་པ་རྟོགས་པ་ཤེས་བྱའི་གནས་སོ། །དེ་ཐབས་ཤེས་རབ་ཟུང་དུ་འཇུག་པའི་སྒོ་ནས་ཉམས་སུ་ལེན་པ་བསྒོམ་པར་བྱ་བའི་ལམ། དེ་རྟོགས་ནས་གནས་སྐབས་ས་དང་ལམ་བགྲོད་དེ། མཐར་ཐུག་སྐུ་གསུམ་ཐོབ་པ་འབྲས་བུའོ། །ཚུལ་འདི་ལུང་དང་རིགས་པ་དང་མི་འགལ་བ་ངེས་པའི་དོན་གྱི་སྡེ་སྣོད་ཐམས་ཅད་ཀྱི་དགོངས་པ་ཡིན་ནོ། །ཞེས་དང་། རྗེ་ཙོང་ཁ་པས་ཀྱང་། ལས་དང་པོ་པ་རིགས་པས་དཔྱད་པའི་ངེས་ཤེས་མེད་པར་སྤྲོས་བྲལ་ཙམ་དུ་ཤོར་བས་དངོས་ཞེན་ལ་ཅི་འང་མི་གནོད་པས་ལམ་གོལ་པར་གྱུར་པ་རྣམས་ཐུགས་རྗེའི་ཕྱག་གིས་བསྐྱབ་པའི་ཆེད་དུ་དཔྱད་པས་དྲངས་པའི་རང་བཞིན་མེད་པའི་འཛིན་སྟངས་ཉིད་རེ་ཞིག་གལ་ཆེ་བར་གསུངས་ནས་མཐར་ཐུག་གི་གདམས་པར། སྣང་བ་རྟེན་འབྱུང་བསླུ་བ་མེད་པ་དང་། །སྟོང་པ་ཁས་ལེན་བྲལ་བའི་གོ་བ་གཉིས། །ཇི་སྲིད་སོ་སོར་སྣང་བ་དེ་སྲིད་དུ། །ད་དུང་ཐུབ་པའི་དགོངས་པ་རྟོགས་པ་མེད། །ནམ་ཞིག་རེས་འཇོག་མེད་པར་ཅིག་ཅར་དུ། །རྟེན་འབྲེལ་མི་བསླུར་མཐོང་བ་ཙམ་ཉིད་ནས། །ངེས་ཤེས་ཡུལ་གྱི་འཛིན་སྟངས་ཀུན་ཞིག་ན། །དེ་ཚེ་ལྟ་བའི་དཔྱད་པ་རྫོགས་པ་ལགས། ཞེས་པ་ལ་སོགས་པ་དང་། དཔལ་རང་བྱུང་ཞབས་ཀྱིས་ཀྱང་། ཡོད་པ་མ་ཡིན་རྒྱལ་བས་ཀྱང་མ་གཟིགས། །མེད་པ་མ་ཡིན་འཁོར་འདས་ཀུན་གྱི་གཞི། །འགལ་འདུ་མ་ཡིན་ཟུང་འཇུག་དབུ་མའི་ལམ། །མཐའ་བྲལ་སེམས་ཀྱི་ཆོས་ཉིད་རྟོགས་པར་ཤོག །ཅེས་དང་།

When the appearing and empty aspects
Have been understood individually
And come to mingle authentically,
Then that is what is taught as unity.

Realization of these three modes just as they are is the topic to be understood. Taking that into experience by uniting means and knowledge is the path to be trained upon. Through realizing that, the grounds and paths will be traversed. Finally, the fruition is the attainment of the three bodies of enlightenment. This approach does not conflict with any scripture or reasoning, but is the intent of all the [scriptural] vessels of definitive meaning.

Lord Tsongkhapa would explain that for a beginner who lacks the certainty of logical investigation, simplicity would be lost [through being left] as a mere name, and so the attachment to entity would not be harmed even in the slightest. For the sake of protecting, with the hand of compassion, those mistaken about the path, he would therefore teach for a while on the importance of precisely that mode of apprehending an absence of nature that is derived from logic. Yet in his final instructions he proclaims such words as these:

The appearance of unfailing dependent origination
And the understanding of the empty beyond claim—
For as long as these two appear separate
The intent of the Capable One has not yet been realized.

At a certain point the mere seeing that dependent origination is unfailing
Will, without alternation and all at once,
In itself bring certainty and the collapse of all modes of object apprehension.
The investigations of the view will then have been perfected.

Glorious Rangjung[43] also exclaims:

Not existent, since even the Victorious One has not seen it.
Not nonexistent, for it is the basis for all cyclic existence and transcendence.
This is no contradiction, but the Middle Way of Unity.
May we realize the intrinsic nature of mind beyond extremes.

རྟོགས་པའི་དབང་ཕྱུག་རོལ་པོ་པས་ཀྱང་། རྗེས་ཐོབ་ཤན་འབྱེད་པའི་ཤེས་རབ་ཀྱིས་དཔྱད་ཚེ། མཐར་འབྲས་སྐུ་དང་ཡེ་ཤེས་ཀྱི་རང་བཞིན་བདེ་གཤེགས་སྙིང་པོ་ཉིད་རྟག་བརྟན་ཞི་བ་གཡུང་དྲུང་གི་བདག་ཉིད་མི་བསྒྱུ་བའི་བདེན་པ་དམ་པ་ཡིན་ཅིང་། མཉམ་གཞག་ལ་རློ་བའི་ཚེ་ན་སྤྲོས་པ་ཀུན་བྲལ་བསྒོམས་པར་གསུངས་པའང་ཞེན་དུ་གནད་ཟབ་ཅིང་། གཞན་ཡང་གསང་བདག་སློབ་པའི་མགོན་པོས། དེ་ལྟར་འཇིག་རྟེན་སྣང་བ་འདི་རྣམས། །རི་བོང་རྭ་ལྟར་ཅང་མེད་དམ། །བདེན་པའི་དངོས་པོར་རྣམ་བརྟགས་པས། །རྟག་ཆད་གཉིས་སུ་ལྟུང་བར་འགྱུར། རྟེན་འབྲེལ་གྱིས་ཆད་སྟོང་པས་རྟག །སྟོང་ཞིང་རྟེན་ཅིང་འབྱུང་ཕྱིར་སྟོང་། །སྟོང་ཉིད་ཕྱིར་ན་ཀུན་འབྱུང་བས། །སྟོང་དང་རྟེན་འབྲེལ་གཉིས་མེད་པ། ཞེས་པ་ལ་སོགས་པས་མཚོན་ཏེ་དམ་པ་རྣམས་ནི་སངས་རྒྱས་དང་གྲུབ་ཐོབ་དགོངས་པ་གཅིག་ཟེར་བ་ལྟར་གྱུར་ཏོ། །འོན་ཀྱང་མེད་པ་དང་ཡོད་པའི་ཕྱོགས་རེ་རེ་རྩལ་དུ་བཏོན་པའི་གཞུང་རྣམས་ཀྱང་ཀུན་ཏོན་ཕྱོགས་འཛོམས་པ་དང་། རྣམ་བྱང་ཕྱོགས་སྐྱབ་པའི་ཐབས་མཁས་ཁྱད་པར་བ་ཡིན་ཀྱང་། མཐར་ཐུག་གི་གནས་ལུགས་ལ་དེ་ཁོན་ལྟར་གྲུབ་པ་ནི་མ་ཡིན་ཏེ། དཔེར་ན། སྲིད་པའི་སྡུག་བསྔལ་ལ་འཇིགས་པའི་ཡིད་དང་། ཞི་བ་ལ་དགའ་བའི་ཡིད་གཉིས། ལས་དང་པོ་པས་བསྐྱེད་དགོས་པ་ཡིན་ཀྱང་། བྱང་སེམས་བདག་ཉིད་ཆེན་པོ་རྣམས་ཀྱིས་སྲིད་ཞི་མཉམ་པ་ཉིད་དུ་གཟིགས་པའི་སྐབས་ན། འཁོར་འདས་ལ་འཇིགས་སྲིད་ཀྱང་སྤང་དགོས་པ་བཞིན་ནོ། །དེས་ན་མཐར་ཐུག་གི་གནས་ལུགས་དཔྱོད་པའི་ཚེ་ན། རྟོན་པ་བཞི་དང་ལྡན་པ་རྣམས་ཀྱིས་མཐའ་བཞི་སྤྲོས་བྲལ་ཉིད་བསྒྲུབས་ནས། དེ་དང་འགལ་བ་རྣམས་དགག་པར་བྱེད་ལ།

Dolpopa, sovereign of realization, taught that when investigating with the clearly discerning knowledge of the ensuing attainment, the unfailing sacred truth is the final fruition, the nature of the enlightened bodies and wakefulnesses, the very core of the Bliss Gone, the permanent, stable, peaceful, and unchanging identity. In order to resolve [the view] decisively during equipoise, he taught the training [for realizing] freedom from constructs. That too constitutes an extremely profound key point. The lord of secrets, Drolway Gönpo,[44] states:

> These stupid worldly beings
> Have imputed either a nothing at all, like the horns of a rabbit,
> Or true entities.
> They therefore fall to the side of permanence or annihilation.
>
> With dependent origination, annihilation is relinquished.
> And through emptiness, permanence is abandoned.
> Due to dependent arising there is emptiness, and because of emptiness everything comes about.
> Therefore emptiness and dependent origination are no duality.

Statements such as these illustrate how, regarding the sacred ones, it is as [described] in the saying: "The Buddhas and accomplished ones are of a single realization."

The scriptures that teach with an emphasis on [either] of the aspects of nonexistence or existence constitute particular skillful means for overcoming the factors of thorough affliction and for accomplishing the factors of complete purification. Yet in terms of the final abiding way, it is not exclusively as [they teach]. This may be illustrated by the following example. For a beginner it is necessary to engender a mind that both fears the sufferings of existence, and that is fond of peace. Yet when the Bodhisattvas, the great beings, have seen the equality of existence and peace they must abandon [all] fear and craving with regard to cyclic existence and transcendence. When investigating into the abiding way, those who possess the four reliances will establish the simplicity beyond the four extremes and refute whatever conflicts with that. But there are also some

ཡང་འགའ་ཞིག་གིས་མཐར་ཐུག་མཐའ་བཞི་སྤྲོས་བྲལ་ལ་ཞེ་ཕུག་མཛད་ནས་དགོས་པའི་དབང་གིས་ཡོད་མེད་ཕྱོགས་རེ་བ་རྩལ་འདོན་མཛད་པའང་ཡོད་ལ། རྟོན་པ་བཞི་དང་བྲལ་བ་གཞན་ཁ་ཅིག་ནི་ཕྱོགས་རེ་བའི་ལམ་དེ་ཉིད་གནས་ལུགས་མཐར་ཐུག་ཏུ་བསྙེམས་ནས། དོན་ལ་མཉམ་པར་གཞག་པ་ཙུང་ཟད་ཀྱང་མེད་པའི་ཚིག་གི་དགག་སྒྲུབ་ཙམ་གྱི་སྤྲོས་པ་ལ་འཆེལ་བ་དག་གིས་ནི། མདོ་ལས་སྨྲ་ལ་དགའ་བའི་ཉེས་པ་དྲུག་གསུངས་པ་དང་། ཁྱད་པར་ཆོས་སྤོང་བ་དང་། རང་དང་གཞན་གྱི་ཕྱོགས་སུ་བཟུང་བའི་དམ་པ་རྣམས་ལ་སྐུར་པ་བཏབ་པའི་ཕུང་ཁྲོལ་ཆེན་པོ་བྱས་པ་ཡིན་ནོ། །དེ་ལ་གཞན་ལ་སྐུར་པ་ཡིན་ཀྱང་རུང་། རང་ཕྱོགས་ཀྱི་དམ་པ་རྣམས་ལ་ཇི་ལྟར་སྐུར་པ་བཏབ་སྙམ་ན། ཕྱོགས་རེའི་མིག་ཅན་དེ་དག་གིས་ནི་རང་ཕྱོགས་ཀྱི་གང་ཟག་རྣམས་ལ་མཆོག་ཏུ་བསྟོད་ཀྱང་དོན་གྱིས་ཆེས་སྨད་པ་ཡིན་ཏེ། དེའི་རྒྱུ་མཚན་ཡང་། དཔེར་ན། ཕྱི་རོལ་པ་རྣམས་ཀྱིས་རང་རང་གི་སྟོན་པར་བཟུང་བ་དབང་ཕྱུག་དང་ཁྱབ་འཇུག་སོགས་ལ། བུད་མེད་དང་རོལ་བ། གཞན་འཇོམས་པའི་ཁྲོ་བ་དང་གཡོ་སྒྱུའི་སྟོབས་ཆེ་བས་བསྔགས་པ་ནི། མཁས་པ་དག་གིས་བལྟས་ན་ཉོན་མོངས་པའི་དྲི་མས་དབང་དུ་བྱས་པར་བསྟན་པའི་ཕྱིར་སྨད་པ་ལས་མ་འདས་པ་བཞིན་དུ། འདིར་ཡང་དེ་དག་གིས། རྒྱལ་བའི་མདོ་རྒྱུད་ཟབ་མོའི་མཐར་ཐུག་པ་རྣམས་ནས་ཡང་ཡང་གསུངས་ཤིང་། གནས་ལུགས་མཐར་ཐུག་དཔྱོད་པའི་རིག་ཤེས་ཀྱིས་བསླུ་མེད་བསྙོན་མེད་དུ་གྲུབ་པའི་མཐའ་བཞི་སྤྲོས་བྲལ་ཉིད་རང་རང་གི་ཕྱོགས་སུ་བཟུང་བའི་གང་ཟག་དེ་དག་གིས་ཁོང་དུ་ཆུད་མ་ནུས་ཞེས་དོན་གྱིས་ཁས་བླངས་པའི་ཕྱིར་རོ། །དེ་འདྲ་བའི་ལམ་ངན་པ་བྱུང་དང་འབྱུང་འགྱུར་རྣམས་སྤང་བའི་ཕྱིར། ཡིད་བཞིན་མཛོད་ལས། གཞུང་ལུགས་ཀུན་ལས་མི་རྟོག་ཡེ་ཤེས་མཆོག །ཟབ་ཞི་སྤྲོས་བྲལ་གནས་ལུགས་བསྒོམ་པར་གསུངས། །དེ་དང་འགལ་གྱུར་ལམ་ངན་ཇི་སྙེད་པ། །དེང་སང་དར་བས་ཐར་འདོད་རྣམས་ཀྱིས་སྤོངས། །ཞེས་གསུངས་པ་ཡིན་ནོ།

who, having taken their stand in final simplicity beyond the four extremes, will for [particular] purposes still give partial emphasis to existence or nonexistence.

Lacking the four reliances, others again will arrogantly conceive of a path that is partial [to either extreme] as being the final abiding way, and without the slightest bit of meditative equipoise that accords with the meaning [of the teachings] they will put their credence in the constructs of mere verbal refutation and proof. The sūtras speak of many faults stemming from fondness for words, but in particular [the people aforementioned] will create great disaster by giving up the Dharma and by disparaging holy ones, regardless of whether they perceive them to be on their side or the opposition's. Although such [people] disparage their opponents, one may wonder how they disparage the holy ones of their own side. The reply is that those whose eyes are biased will praise those belonging to their own side as supreme, although in fact [their praise only brings] disgrace. Consider this example: non-Buddhists will extol the one they consider their teacher—Īśvara, Viṣṇu, etc.—by mentioning his reveling with maidens, his wrath that destroys others, and the powerful tricks that he plays. But in the eyes of learned people, this demonstrates how [that deity] is governed by the stains of affliction, and thus this is nothing but bringing disgrace. Likewise, what the [aforementioned people] in fact come to claim is that the ones they consider to be on their own side are unable to comprehend that very simplicity beyond the four extremes that is repeatedly taught in the Victorious Ones' sūtras and tantras of ultimate profundity, [a simplicity that is also] unfailingly and undeniably established by the aware cognition that investigates into the final way of abiding. For the sake of abandoning all such evil paths now and in the future, the *Wishfulfilling Treasury* explains:

> All the scriptural traditions teach supreme non-conceptual wakefulness,
> Profound and peaceful simplicity, the meditation of the abiding way.
> All possible evil ways opposed to this are these days widespread,
> And must thus be abandoned by those wishing for liberation.

།གཉིས་པ་བདེ་ལྷག་ཏུ་ཞེས་པ་ཅི་ཡིན་ན། ངེས་པ་དེའང་སྨྱུར་དུ་འདྲེན་ནུས་པ་སྟེ། འདི་ལྟར་ཚོགས་ཆུང་དུས་དོན་ཆེན་པོ་ངེས་པར་ཐོབ་པ་བདེ་ལྷག་ཅེས་བྱ་སྟེ། དེའང་གཞུང་འདི་ཚིག་ཉུང་ཞིང་གསལ། དོན་ཟབ་ཅིང་རྒྱ་ཆེ་སྟེ། དེའང་བརྗོད་བྱ་རྒྱ་ཆེན་པོ་ལ་ལྟོས་ན་གཞུང་འདི་ཤིན་ཏུ་ཉུང་ཡང་། རང་སྡེ་རྣམ་རིག་སྨྲ་བ་མན་ཆད་ཀྱི་ཕྱི་རོལ་པ་དང་ནང་པས་བཏགས་པའི་གྲུབ་མཐའི་སྐྱོན་ཐམས་ཅད་ལྷག་མ་མེད་པར་མི་ཐུས་ལ་མི་སྤྲག་ཞུགས་པ་བཞིན་དུ་གཏོང་ནུས་པའི་རིགས་པ་རྗེ་ལ་ཏུར་ཆེ་བ་བདེན་གཉིས་དཔྱོད་པའི་ཚད་མ་རྩ་ཤེས་དང་རྣམ་འགྲེལ་ལྟ་བུའི་གཞུང་གི་སྙིང་པོའི་བཅུད་མ་ལུས་པ་འདུས་པ་ཤིན་ཏུ་ཕྲ་ཞིང་ཟབ་པའི་དོན་མཐར་ཐུག་པ་སྟོན་ཀྱང་། གཏན་ཚིགས་དང་ངག་གི་སྡེབ་སྦྱོར་ཆེས་གསལ་བས་བདེ་ལྷག་ཏུ་ཁོང་དུ་ཆུད་ནུས་པ་ལ་དེ་སྐད་ཅེས་བྱ་སྟེ། རང་འགྲེལ་ལས་ཀྱང་། གསལ་བའི་ལུང་དང་རིགས་པ་དག་གིས་གང་ཞིག་འདིར་བརྗོད་པ། །རྒྱལ་བ་ཀླུ་མཆོག་དམ་པའི་གསུང་རབ་སྒྲོན་ཆེན་ཡང་དག་པར། །གསལ་བྱེད་འདི་ནི། ཞེས་གསུངས་པ་ལྟར་རོ། །དེ་ལ་སྤྱིར་དབུ་མའི་གཞུང་ན་གཏན་ཚིགས་ལྔའམ་བཞིར་གྲགས་ཀྱང་། དེ་རྣམས་ཀྱི་གཙོ་བོ་ལྟ་བུ་རིགས་པའི་རྒྱལ་པོ་རྟེན་འབྲེལ་ཆེན་པོ་ཡིན་ལ། གཞན་དེ་ཉིད་དུ་འདུ་བ་ཡིན་ཀྱང་། གཅིག་དུ་བྲལ་གྱི་རིགས་པ་འདི་ནི་རིགས་པ་དེ་རྣམས་ལས་རལ་གྲིའི་སོ་དང་མདུང་གི་རྩེ་ལྟ་བུ་ཡིན་ཏེ། གཅིག་དུ་མའི་ཚུལ་ཙམ་རྟོགས་སླ་ཞིང་། བརྟག་བདེ་བ། ཚོད་ཆེ་བ་སོགས་ཁྱད་པར་དུ་མས་འཕགས་པ་ཡིན་པས་སློབ་དཔོན་འདི་ཉིད་ཀྱིས། རིགས་པ་དེ་གཅིག་པུས་ཤེས་བྱ་ཐམས་ཅད་བདེན་སྟོང་དུ་གཏན་ལ་འབེབས་ཚུལ་འདི་ནི། ནད་ལ་སྨན་ཐེབས་པའམ། གནད་ལ་མཚོན་བསྣུན་པ་ལྟར་ཆེས་དགོས་པའི་གཏིང་དུ་སླེབ་པ་ཞིག་སྟེ། རྩ་ཤེས་རབ་བྱེད་གཞན་ཉེར་དྲུག་པོའི་ཉམས་ལེན་སྙིང་པོར་དྲིལ་བ་ལྟ་བུའི་རབ་བྱེད་བཅོ་བརྒྱད་པ་ལས་གཅིག་དུ་བྲལ་གྱི་རིགས་པ་གསུངས་ཤིང་།

Next, what is meant by *with ease*? [This scripture is] capable of speedily inducing certainty. That is to say, the certainty of the great meaning is attained through little hardship. That is the *ease*. The words of this scripture are few and clear. Their meaning is profound and vast. Considering the vastness of what is expressed, this scripture is extremely short. Yet, it contains nimble and sharp reasonings capable of completely eliminating, like a spark touching fuel, all the faults of imputed philosophy, whether non-Buddhist or Buddhist, up to and including the Proponents of Awareness within our own group. It also contains the entirety of the valid cognitions used for analysis of the two truths, the essential elixir of such scriptures as the *Root Knowledge* and the *Commentary* [*on Valid Cognition*]. It reveals the final meaning, extremely subtle and profound. Since the [scripture's] logical arguments and literary style are extremely clear as well, it can be comprehended *with ease*. As said in the *Auto-commentary*:

> What is expressed here through clear quotations and reasonings
> Authentically brightens the great lamp of the statements of the Victorious
> One, the sacred leader of the gathering.

Generally, five or four logical arguments are renowned in the scriptures of the Middle Way. The king of reasonings, the great dependent origination, is as it were, principal among them and includes the others. Yet among these reasonings, the reasoning into absence of one and many [found in the *Ornament of the Middle Way*] is like the edge of the sword or the point of the spear. It is exalted because of many special features, for the simple way of one and many is easily understood, convenient for analysis, vastly decisive, and so forth.

Therefore the present master, by means of that reasoning alone, resolves all objects of cognition to be empty of truth. This is done in a way that profoundly accomplishes the great purpose, as when a medicine is used against a disease or when a weapon pierces a vital point. The experiential application of all the twenty-six other investigations of the *Root Knowledge* is, in essence, condensed in its 18th investigation where the reasoning into absence of one and many is taught. Moreover, in that concise [presentation of] the Middle Way's key points, *Entry into the Knowledge*, it is

དབུ་མའི་གནད་དྲིལ་བ་ཤེས་རབ་ལ་འཇུག་པ་སོགས་སུའང་གཅིག་དུ་བྲལ་ཁོ་ནས་དངོས་ཀུན་བདེན་མེད་དུ་བསྒྲུབ་པ་སོགས་གཞུང་འདི་དང་མཚུངས་པ་ཁོ་ནར་མཛོད་པ་སོགས་གཞུང་ཀུན་གྱི་རིགས་པའི་རྣོ་སོ་ཆེན་པོ་ཡིན་ནོ། །དེ་ལ་ཆོས་འདི་ཀུན་རྟེན་འབྲེལ་ཡིན་པའི་གནད་ཀྱིས་གཅིག་དང་དུ་མ་བྲལ་བ་ཡིན་ལ། གཅིག་དང་དུ་མ་བྲལ་བའི་གནད་ཀྱིས་རང་དབང་ཚུགས་ཐུབ་ཏུ་མ་གྲུབ་པར་རྐྱེན་གྱིས་བཅོས་ནས་སྒྱུ་མ་ལྟར་སྣང་བ་ནི་རྟེན་འབྲེལ་ཡིན་ལ། རྟེན་འབྲེལ་མ་ཡིན་པར་ངོ་བོ་ཉིད་ཀྱིས་གྲུབ་ན་གཅིག་དང་དུ་མར་བྲལ་བ་མི་སྲིད། གཅིག་དང་དུ་མར་བདེན་པ་ལ་རྟེན་འབྲེལ་མི་སྲིད་པའི་གནད་ཀྱིས་གཏན་ཚིགས་གཞན་ཀུན་ཀྱང་དོན་གྱིས་འདིར་བསྡུས་ཀྱང་རུང་སྟེ་མདོར་ན། གང་གིས་སྟོང་དང་རྟེན་འབྱུང་དག །དབུ་མའི་ལམ་དུ་དོན་གཅིག་པར། །གསུང་མཆོག་མཚུངས་པ་མེད་པ་ཡི། །ཐུབ་དབང་དེ་ལ་ཕྱག་འཚལ་ལོ། །ཞེས་གསུངས་པ་ལྟར་སྟོང་པར་སྒྲུབ་པའི་གཏན་ཚིགས་ཐམས་ཅད་གཅིག་གི་དོན་གཅིག་ལ་ཚང་བར་ཐམས་ཅད་རྟེན་འབྱུང་གི་གནད་ཁོ་ནར་ཐུབ་པར་ཤེས་པ་ནི་དབུ་མར་སྨྲ་བ་རྣམས་ཀྱིས་ཤེས་པར་བྱ་བའི་གནད་གལ་པོ་ཆེ་ཡིན་ནོ། །དེ་སྐད་དུའང་རང་འགྲེལ་ལས། རྒྱལ་བ་གང་དག་རྟེན་འབྲེལ་འབྱུང་། །རྟོག་པ་མི་བཟད་དྲྭ་བ་ཀུན། །རྣམ་གྲོལ་གསུང་བ་དེ་དག་ལ། །རྟག་པར་རྒྱུན་དུ་ཕྱག་འཚལ་ལོ། །ཞེས་གསུངས་སོ། །དེ་ལྟར་གཞུང་འདི་ཚད་མ་གཉིས་ཀྱི་སྙིང་པོའི་གནད་ཟིན་པའི་བསྟན་བཅོས་ཡིན་པས་ན། འཛམ་གླིང་མཛེས་པར་བྱེད་པའི་རྒྱན་དྲུག་རྗེས་འབྲངས་དང་བཅས་པའི་ལེགས་པར་བཤད་པ་ཐམས་ཅད་ཀྱི་དོན་བསྡུད་འདུས་པ་འདི་ཉིད་ཤེས་པ་ཙམ་གྱིས་གཞུང་ལུགས་འབུམ་ཕྲག་དུ་མའི་དཀའ་གནད་རང་གྲོལ་ཏེ།

also exclusively through the absence of one and many that all entities are proven to be devoid of truth, and so forth. There is clearly a complete congruence with this scripture. In these ways and others, [the *Ornament of the Middle Way*] is the great sharpness of the reasonings found in all the classical texts.

By means of the key point that all these phenomena are dependent origination, they are neither one nor many. By the key point of absence of one and many, none of them are established with any sense of sovereignty and endurance. They are produced by conditions and appear like illusions—they are dependent origination. If something doesn't originate dependently and is established by its very essence, it cannot possibly lack [both] singularity and plurality. That which is true as either one or many cannot [on the other hand] possibly originate in dependency. All the other logical arguments can, in actuality, be subsumed in this key point. In short:

> Homage to the Lord of the Capable,
> Who with supreme and unequaled statements
> Teaches that emptiness and dependent origination
> Carry the same meaning on the Middle Way.

In this way, all the logical arguments proving emptiness contain the meaning of one another, and they all exclusively come down to dependent origination. This insight constitutes a crucial key point that must be comprehended by all representatives of the Middle Way. The *Auto-commentary* proclaims:

> To these Victorious Ones who, [with] dependent origination,
> Teach complete liberation
> From the entire net of inexhaustible thought,
> I always and continuously prostrate.

And so this scripture is a treatise that joins the key points of the cores of the two valid cognitions. As such it contains the absolute elixir of all that has been excellently stated by the Six Ornaments who embellish Jambudvīpa and their followers. Simply coming to an understanding of this [scripture] will result in the spontaneous unraveling of the difficult points

འཇམ་དཔལ་སྨྲ་བའི་སེང་གེ་ངག་དང་ཡིད་ལ་ཁྱབ་ནས་ཞེས་རབ་ཀྱི་རྩལ་འབར་བར་བྱེད་པ་ནི་བློ་གྲོས་དང་ལྡན་པ་རྣམས་ཀྱིས་སྨན་དང་རིག་སྔགས་ཀྱི་ནུས་པ་བཞིན་དུ་མངོན་སུམ་ཡིད་ཆེས་པར་འགྱུར་ན་མང་དུ་སྨྲ་ཅི་དགོས་ཏེ། རང་འགྲེལ་ལས་ཀྱང་། བརྟན་རྣམས་འདི་འཛིན་བྱེད་པ་དང་། །མཁས་ལ་སྟོན་པར་བྱེད་པ་ནི། །བདག་དང་གཞན་ལ་ཁྱབ་མཆོག་གིས། །ཡོངས་སུ་མགུ་བར་རབ་ཏུ་བྱེད། །དམིགས་པ་ཅན་ཀུན་སྤྱི་བརྟོལ་གྱིས། །སྙེམས་པ་རྣམ་པར་བསལ་བྱས་ནས། །སྤོབས་པ་སོ་སོ་རིག་པ་ཡིས། །ཤིན་ཏུ་མཐོ་བར་འགྱུར་བར་བྱེད། །ཟབ་མོའི་ཆོས་ཀྱི་ཡང་དག་ཉིད། །སྟོན་པར་མཛད་པའི་ཐུབ་ཆེན་གྱི། །གྲགས་པ་དག་ནི་ཕྱོགས་རྣམས་ཀྱི། །རབ་འབྱམས་ཀུན་ཏུ་རྒྱས་པར་བྱེད། །ཅེས་གསུངས་པ་ལྟར། རང་ཉིད་ཀྱིས་ཡང་དག་པའི་ལམ་ལ་ཡིད་ཆེས་སྐྱེད་ནས། སྐལ་ལྡན་རྗེས་སུ་འཛིན་པ་དང་། རྒོལ་བ་ཚར་གཅོད་པའི་སྤོབས་པ་ཕྱོགས་ཀུན་ལས་རྣམ་པར་རྒྱལ་བ་ཐོབ་སྟེ་སངས་རྒྱས་ཀྱི་བསྟན་པ་སྤེལ་བར་བྱེད་དོ། །ཞེས་སོ། །གསུམ་པ་བྱང་ཆུབ་ཆེན་པོ་ཇི་ལྟར་ཐོབ་ཚུལ། ཐེག་པ་ཆེན་པོའི་གཞུང་ལམ་ཡོངས་སུ་རྫོགས་པའི་བཞོན་པ་བཟང་པོ་ཞོན་ནས་འབྲས་བུ་བྱང་ཆུབ་ལ་སྦྱོར་བར་བྱེད་དེ། དེའང་མཆོག་གསུམ་ལ་ཞེས་ནས་དད་པ་ཐོབ་ཅིང་། རང་བཞིན་མེད་པར་རྟོགས་པས་སྲིད་པ་ལ་འཇིགས་པ་དང་། ཞི་བ་ལ་དགའ་བའི་ཡིད་སྤངས་ཏེ་སྒྱུ་མ་ལྟ་བུའི་སྙིང་རྗེ་མཁའ་དང་མཉམ་པའི་བྱང་ཆུབ་ཀྱི་སེམས་རིན་པོ་ཆེས་རྒྱུ་བྱས་ཏེ། ལམ་ཚོགས་གཉིས་དྲི་མ་མེད་པ་ལ་འབད་པས་རང་གཞན་དོན་གཉིས་འབྱོར་བའི་རྒྱལ་བ་ཆོས་ཀྱི་དབང་ཕྱུག་ཏུ་འགྱུར་བ་ནི་རྒྱུ་དང་འབྲས་བུའི་ཚུལ་བསླུ་བ་མེད་པའོ།

found within many hundreds of thousands of scriptural traditions. Mañjuśrī, the Lion of Speech, will be drawn within one's voice and mind, and thus the energy of knowledge will blaze forth. Yet why say much? Intelligent ones will, as [one does] with the capabilities of a medicine or a knowledge mantra, become convinced about this through their direct perception. The *Auto-commentary* states:

> When the supports uphold this
> And teach it to the learned,
> Everyone without exception
> Will be satisfied to their hearts' content.
>
> The insolent assumptions
> Of those retaining observations will be dispelled,
> And through the eloquent courage of discriminating awareness
> The majestic poise will be extremely exalted.
>
> The renown of the Great Capable One,
> Who reveals the true authenticity of profound Dharma,
> Will expand victoriously
> Throughout the infinite directions.

As is said, once one has found confidence in the authentic path, one will then accept the fortunate [as disciples] and gain the completely victorious courage of eloquence that eliminates all antagonism. In this way, the teachings of the Buddha will be enriched.

Third, how is great enlightenment achieved? Riding [this] excellent carriage [along] the utterly perfect path of the Great Vehicle, one will arrive at the fruition of enlightenment. The causal factors [for this] are the attainment of faith through insight with regard to the three supreme ones, and the abandonment of the fear of existence and the fondness for peace. This occurs[, respectively,] through the realization of absence of nature and through the illusory compassion of the precious mind of enlightenment [that permeates as far] as space. Having thereby persisted on the path of the two stainless accumulations, the transformation into the Victorious Sovereign of Dharma who accomplishes the twofold

།དེ་འདྲ་བའི་མཐར་ཐུག་གི་འབྲས་བུ་དེའང་སྒོམ་བསམ་ཐོས་པའི་ཤེས་རབ་དང་རིམ་པས་རྒྱུ་འབྲས་སུ་འབྲེལ་ཞིང་། ཐོས་པའང་རིགས་པའི་ལམ་ཚུལ་དྲི་མེད་འདི་ལྟ་བུས་མ་ནོར་ཞིང་ངེས་པ་རྙེད་པར་གཏན་ལ་འབེབས་དགོས་པས། གཞུང་འདི་འདྲ་བ་ཐོས་ཤིང་ཐོས་དོན་བསམས་ལ། བསམ་ཞིང་བསམ་པས་ངེས་པ་རྙེད་པའི་དོན་ལ་གོམས་པར་བྱས་ན་ཟབ་མོའི་ལམ་ལ་བཟོད་པ་རིམ་གྱིས་སྐྱེ་བར་འགྱུར་ཏེ། ཟླ་བ་སྒྲོན་མེའི་མདོ་ལས་བཟོད་པ་གསུམ་གྱི་སྐབས་སུ་ཇི་སྐད་བཤད་པ་ལ་སོགས་པ་བཞིན་ནོ། །དེ་ལྟ་བུའི་དགོས་པ་དེ་རྣམས་ཀྱང་གཞུང་ཉིད་ཀྱིས་དངོས་ཤུགས་ལ་གསལ་པོར་བསྟན་པའི་ཚུལ་གཞུང་ཉིད་འཆད་པའི་སྐབས་སུ་ཤེས་པར་འགྱུར་རོ། །དེ་ལྟ་བུའི་རྩིས་མགོ་ལྔ་པོ་དེ་ཚང་བར་བསྟན་བཅོས་ཀྱི་གཞུང་ན་དངོས་སུ་སྟོན་མི་སྟོན་ཅི་རིགས་ཡོད་ཀྱང་། འདིར་ནི་མཛད་པ་པོ་མཛད་བྱང་གིས་གསལ་ཞིང་། ཆེད་དུ་བྱ་བའི་ཡུལ་ཟབ་རྒྱས་ཀྱི་དོན་འཛིན་པའི་སྤྱོད་ཤུགས་ལས་བསྟན་ཏེ། ཚུལ་གཉིས་ཤིང་རྟ་ཆེན་ནས་སུ། །ཞེས་པ་ལ་སོགས་པས་སོ། །གཞན་གསུམ་གཞུང་དངོས་ཀྱི་དོན་ཡིན་ནོ། །དེ་ལྟར་ཡན་ལག་ལྔའི་ཚུལ་གྱིས་སྤྱི་དོན་དང་བརྒལ་ལན་དགོས་པ་ལ་སོགས་པ་དོན་མང་པོ་ཞིག་གསལ་ཞིང་ཟབ་པར་བསྟན་པ་ཡིན་ལ། དེ་དག་གིས་གཞུང་འདི་ཉིད་ཀྱི་ཆེ་བའང་ཕྱོགས་ཙམ་ཤེས་པར་འགྱུར་རོ། །ཡུལ་དུས་དམན་པར་གྱུར་ཀྱང་བདག་ཅག་གིས། །ཤིང་རྟ་ཆེན་པོའི་བཞེད་སྲོལ་དྲི་མེད་གང་། །རང་འདོད་འཁྲུག་བཤད་ཉེས་པས་མ་སྦགས་པར། །ཕྲ་ཞིང་ཟབ་མོའི་ཟབ་གནད་གསལ་བར་བཤད། །དེང་དུས་སྐྱེ་བོ་བློ་དང་ཐོས་པ་དམན། །ཕྱོགས་ལྷུང་ཕྲག་དོག་སླེམས་པའི་འདུ་ཤེས་མཐོ། །དེ་ཕྱིར་གཞན་དོན་འགྱུར་བར་དཀའ་ན་ཡང་། །རང་བློ་ལེགས་བཤད་གོམས་པའི་ཆེད་དུ་བྲིས།

benefit of self and others will occur in the manner of infallible cause and effect. Such a final fruition depends on the knowledge that arises from meditation, reflection, and study—all successively linked in causality.

As for study, one must unerringly discover certainty and reach a decisive insight by following an immaculate path of reasoning such as this one. An acceptance of the profound path gradually arises when studying this type of scripture, reflecting on the meaning of what one has studied, and familiarizing oneself with that meaning, which has been ascertained through continuous reflection. This is as explained in the [*Sūtra*] *Requested by Moonlamp* in the passage on three-fold acceptance. The scripture has itself, directly and indirectly, taught such purposes with great clarity. This will be understood in the context of explaining the actual scripture.

In the treatises, each of these five measures will at times be shown explicitly, while at other times they will not. In this case, the composer is evident from the author's colophon. Recipients capable of seizing the profound and vast meaning are the ones for whom [the scripture] is intended. This is implicitly shown in [verses] such as: "*Those who, while riding the chariot of the two approaches,*. . ." The remaining three [measures] are [included in] the actual content of the scripture.

By using these five factors, I have, in the manner above, taught clearly and in depth about a great many topics—the survey of the meaning, replies to critique, purpose, and so forth. A mere fraction of the scripture's greatness will thereby be understood.

Although the place and time are inferior,
I have, without being smeared by the faults of selfishness and contrivance,
Illuminated subtle and exceedingly profound key points,
The immaculate position of the great chariot.

These days, the minds and the learning of people are base,
[But their] biased, envious, arrogant assumptions most lofty.
Although it will therefore hardly be of any benefit for others,
I have written this to accustom my mind to excellent statements.

།གསེར་དང་བོང་བ་མཉམ་པའི་འཕགས་མཆོག་ལ། །གླིང་བཞིའི་ཕུན་ཚོགས་བསྐལ་ཀྱང་ཅི་བགྱི་སྟེ། །དེ་ཡི་ཐུགས་ལ་བརྟག་པའི་ཆོས་བཟུང་ན། །དགོངས་པ་ཡོངས་སུ་རྫོགས་པར་འགྱུར་ཞེས་གྲགས། །དེ་ཕྱིར་གངས་ཅན་མིག་གཅིག་མགོན་པོ་དེ། །རེ་ཞིག་ཞི་བར་གཤེགས་པའི་ཚུལ་མཛད་ཀྱང་། །སྣ་ཚོགས་སྡུག་བསྔལ་འཁྲུགས་པའི་འགྲོ་བ་ལ། །ཐུགས་རྗེས་སྤྱན་རས་ནམ་ཡང་ཡོལ་བ་མེད། །དེ་སླད་ཞིང་མཆོག་གང་ན་ཞི་བའི་སྤྱན། །པདྨའི་འདབ་ལྟར་མཛེས་པས་དགྱེས་བཞིན་དུ། །མངོན་སུམ་གཟིགས་པ་གང་གི་མདུན་ས་རུ། །ལེགས་བཤད་དབྱངས་འདིའི་མཆོད་པས་མཉེས་གྱུར་ཅིག

A supremely noble one, to whom gold and dirt are the same,
May be proffered all the perfections of the four continents, yet what would be the use?
But if one seizes the Dharma that the noble mind cherishes,
It is well known that the enlightened intent will be perfectly fulfilled.

Therefore the protector, single eye of the Abode of Snow,
May for a while give an appearance of being peacefully asleep.
Yet from the wanderers, distressed by numerous sufferings,
The eyes of compassion will never depart.

So in whichever supreme field you may be—
Before your eyes of peace, lovely like lotus blossoms,
Joyfully perceiving everything directly,
I offer this melody of excellent statement; may you be pleased!

།གཉིས་པ་བཤད་བྱ་གཞུང་གི་དོན་རྣམ་པར་དབྱེ་བ་ལ། དངོས་དང་། དེ་ལྟར་ཕྱེ་བའི་དགོས་པ་གཉིས། དང་པོ་བཤད་བྱའི་གཞུང་བདེན་པ་གཉིས་ཀྱི་དེ་ཁོ་ན་ཉིད་གསལ་བར་བྱེད་པ་དབུ་མའི་རྒྱན་འདི་འཆད་པ་ལ། མཚན་དོན། འགྱུར་ཕྱག །གཞུང་དོན། མཇུག་དོན་བཞི་ལས། དང་པོ། རྒྱ་གར་སྐད་དུ། མ་དྷྱ་མ་ཀ་ཨ་ལཾ་ཀཱ་ར་ཀཱ་རི་ཀཱ། །བོད་སྐད་དུ། དབུ་མ་རྒྱན་གྱི་ཚིག་ལེའུར་བྱས་པ། ཞེས་གསུངས་ཏེ། ལེགས་པར་སྦྱར་བའི་སྐད་དུ་སྨོས་པ་དེ་དག་བོད་སྐད་དང་ཤན་སྦྱར་ན། མ་དྷྱ་མ་ཀ་ནི་དབུ་མ། ཨ་ལཾ་ཀཱ་ར་རྒྱན། ཀཱ་རི་ཀཱ་ཚིགས་སུ་བཅད་པའམ་ཚིག་ལེའུར་བྱས་པ་ཞེས་བྱའོ། །དེ་ལ་དབུ་མ་ཞེས་པ་མཐའ་གང་ལའང་མི་གནས་པའི་མིང་ཡིན་ལ། མིང་དེ་གང་ལ་འཇུག་པའི་དོན་ལ་དབྱེ་ན། བརྗོད་བྱ་དོན་གྱི་དབུ་མ་དང་། རྗོད་བྱེད་ཚིག་གི་དབུ་མ་གཉིས་སུ་ཡོད་ཅིང་། དང་པོ་ལ་གཞི་དང་ལམ་དང་འབྲས་བུ་གསུམ་དུ་དབྱེར་ཡོད་ལ། ཕྱི་མ་ལ་རྒྱལ་བའི་ཡུམ་ལ་སོགས་པ་ལྟ་བུ་བཀའ་དང་། དེ་དག་གི་དགོངས་པ་འགྲེལ་བ་རྩ་བ་ཤེས་རབ་ལྟ་བུ་བསྟན་བཅོས་ཏེ་གཉིས་སུ་ཡོད་ཅིང་།

Part 2
Actual Explanation

The analysis of the subject to be explained, the meaning of the scripture, is divided into two parts: 1) the actual [analysis], and 2) the purpose of this analysis. First, the actual explanation of this scripture, the *Ornament of the Middle Way*, which illuminates the essential nature of the two truths, includes four [topics]: 1) the meaning of the title, 2) the translator's homage, 3) the meaning of the scripture, and 4) the meaning of the conclusion.

The Meaning of the Title

Regarding the first, the scripture reads:

- In the Indian Language: *Madhyamakālaṃkārakārikā.*
- In the Tibetan Language: *dbu ma rgyan gyi tshig le'ur byas pa*, [*Ornament of the Middle Way in Stanzas*].

When comparing what is said in Sanskrit with the Tibetan, "madhyamaka" is "dbu ma," ["the Middle Way,"] "alaṃkāra" is "rgyan," ["ornament,"] and "kārikā" means "tshigs su bcad pa," ["in verse,"] or "tshig le'ur byas pa," ["in stanzas"]. *Middle Way* implies not abiding in any extreme whatsoever. When dividing that to which this name refers, there is the Middle Way of the expressed meaning, and the Middle Way of the expressing words. The first of these is divided into ground, path, and fruition, while the second is composed of the words of the Buddha, such as the *Mother of the Victorious Ones*, and the treatises that comment on their intent,

རྗོད་བྱེད་ཚིག་གི་དབུ་མ་ལ་གཞུང་དབུ་མ་ཞེས་གྲགས་སོ། །རྒྱན་གྱི་དོན་ནི་མཛེས་ཤིང་གསལ་བར་བྱེད་པ་ཡིན་ལ། དེ་ལ་འདི་དབུ་མའི་རྒྱན་དུ་ཇི་ལྟར་འགྱུར་ན། བརྗོད་བྱ་དོན་གྱི་དབུ་མ་སྐྱེས་བུ་ལུས་མཛེས་པ་ལྟ་བུ་ལ་རྗོད་བྱེད་གཞུང་གི་དབུ་མ་རིན་པོ་ཆེའི་རྒྱན་གྱིས་བརྒྱན་པ་དང་འདྲ་བར་གནས་པ་དེ། ཚུལ་འདི་ཉིད་ཀྱིས་གསལ་བར་བྱེད་པས་ན་འདི་ནི་རྒྱན་དང་བཅས་པའི་ལུས་གསལ་བར་འཆར་བའི་མེ་ལོང་ལྟ་བུ་སྟེ་གསལ་བྱེད་ཀྱི་རྒྱན་ནོ། །དེས་ན་འདི་ནི་དབུ་མ་མཐའ་དག་གི་རྒྱན་ཡིན་གྱི་ཕྱོགས་རེ་བ་མིན་ནོ། །འོ་ན་འདི་དབུ་མ་ཐལ་འགྱུར་བའི་གཞུང་གི་རྒྱན་དུ་འགྱུར་རམ་མི་འགྱུར། འགྱུར་ན་འདི་ཐལ་འགྱུར་བར་འདོད་དགོས་ལ། མི་འགྱུར་ན་དབུ་མ་མཐའ་དག་གི་རྒྱན་དུ་ཁས་བླངས་པ་དང་འགལ་ཞིང་། ཁྱད་པར་གཞུང་དབུ་མའི་དགོངས་པ་མཐར་ཐུག་པ་ནི་ཐལ་འགྱུར་བའི་ལུགས་ལྟར་ཡིན་ན། དེའི་རྒྱན་དུ་མ་གྱུར་ན་དབུ་མའི་རྒྱན་དུ་ཡང་དག་པ་ཞིག་འགྱུར་བར་དཀའོ་སྙམ་ན། འདི་ཐལ་འགྱུར་བའི་རྒྱན་དུ་གྱུར་ཡང་ཐལ་འགྱུར་བའི་གཞུང་ཡིན་པར་ཐལ་བ་མེད་དེ། འདིར་རྗེས་ཐོབ་ཁས་ལེན་དང་བཅས་པ་རྣམ་གྲངས་པའི་དོན་དམ་རིགས་པས་སྒྲུབ་ཚུལ་གཙོ་བོར་འཆད་པའི་གཞུང་ཡིན་པའི་ཕྱིར་རོ། །རྗེས་ཐོབ་བདེན་གཉིས་སོ་སོའི་གནས་ཚུལ་གཏན་ལ་ཕབ་ན་དེས་བདེན་གཉིས་ཟུང་འཇུག་ཁས་ལེན་དང་བྲལ་བའི་དབུ་མ་ཚོགས་མེད་པར་འགྲུབ་པས་ན་རྣམ་གྲངས་མིན་པའི་དོན་དམ་མདོ་ཙམ་བསྟན་པ་དེ་ཉིད་དབུ་མ་ཐལ་འགྱུར་བ་དང་དགོངས་པ་གཅིག་ཡིན་ནོ། །དེ་དག་གི་གནད་ནི་སྤྱི་དོན་གྱི་སྐབས་སུ་བཤད་ཟིན་ལ། མཐའ་དཔྱད་དགོས་པ་མང་དུ་སྣང་ཡང་བློ་ལྡན་རྣམས་ལ་དོན་གྱི་སྙིང་པོ་ཙམ་བསྟན་པས་ཆོག་པ་དེས་ན་གཞུང་གི་འབྲུ་གནོན་པའི་སྐབས་འདིར་ཚིག་ཕྱུང་རྡུས་འཆད་པར་འདོད་དོ། །མདོར་ན་ཐལ་རང་གི་སྲོལ་འདི་དག་རྗེས་ཐོབ་བདེན་གཉིས་སོ་སོར་སྣང་བའི་སྐབས་དང་།

such as the *Root Knowledge of the Middle Way*. The Middle Way of expressing words is [also] renowned as the Middle Way of scripture.

The significance of an *ornament* is that it beautifies and illuminates. How is this [text] an ornament of the Middle Way? The Middle Way of the expressed meaning is like a human being with a beautiful physique, whereas the Middle Way of the expressing words is like adorning that person with precious ornaments. Since [this text] illuminates [the adorned body], it is [called] an illuminating ornament, similar to a mirror in which the body, along with its ornaments, clearly appears. Therefore, this is an impartial ornament of the entire Middle Way.

One may wonder: "Well then, is this an ornament of the Consequence, or is it not? If it is, it must be classified as Consequentialist, and if it is not, then that contradicts the claim that it is an ornament of the entire Middle Way. In particular, the final realization of the Middle Way of scripture accords with the way of the Consequence. Thus, if this [scripture] were not the latter's ornament, it could hardly be an authentic ornament of the Middle Way."

Although this is an ornament of the Consequence, it does not follow that it is a scripture of the Consequence, because this scripture teaches by emphasizing the ensuing attainment and the way to logically establish the categorized ultimate, which involves claims. Once the ways of abiding of the two separate truths have been ascertained during the ensuing attainment, then the unity of the two truths, the Middle Way free from claims, will be easily accomplished. In intent, this [treatise's] concise teaching of the uncategorized ultimate is therefore identical with the Middle Way of Consequence.

The key points have already been explained within the context of the survey [presented in part 1], and although it appears that many conclusions must be made, merely showing the heart [of the issue] will suffice for intelligent ones. Therefore, in this context of explaining the scripture word for word, I intend to explain in brief. In short, the ways of the Consequence and the Autonomy are [distinguished] merely in terms of their emphasis. The latter [emphasizes] the ensuing attainment in which the two truths appear separate. [The former emphasizes] the meditative equipoise in which

མཉམ་གཞག་བདེན་གཉིས་རོ་མཉམ་པའི་གནས་སྐབས་ལ་རྩལ་འདོན་མཛད་པ་ཙམ་དུ་གོ་བ་ནི་ཤིན་ཏུ་འགག་ཆེ་ཞིང་དོན་ཆེ་བ་ཡིན་ནོ། །དེས་ན་དབུ་མའི་མཐར་ཐུག་མཉམ་གཞག་ཡེ་ཤེས་དང་མཐུན་པ་ཐལ་འགྱུར་བའི་ལུགས་ལྟར་ངེས་ཀྱང་། དེའི་རྗེས་ཐོབ་བདེན་གཉིས་ཚད་མའི་གནས་ཚུལ་རང་རྒྱུད་པའི་ལུགས་དེ་ཡིན་པས། མདོ་རྣམས་ནའང་ལ་ལར་ཡོད་མེད་སོགས་མཐའ་ཐམས་ཅད་བྲལ་བའི་སྤྲོས་བསམ་བརྗོད་མེད་རྣམ་གྲངས་མིན་པའི་དོན་དམ་བསྟན། ལ་ལར་གཟུགས་མེད་རྣམ་ཤེས་མེད་ཅེས་མེད་དགག་ཙམ་གྱི་རྣམ་གྲངས་པའི་དོན་དམ་བསྟན། སློབ་དཔོན་ཀླུ་སྒྲུབ་ཀྱིས་མདོའི་དགོངས་པ་དེ་བཞིན་དུ་རྒྱུ་རྐྱེན་འབྲས་བུའི་ཆོས་ཐམས་ཅད་བདེན་མེད་དུ་བསྒྲུབས་ནས། མཐར་མཐའ་ཐམས་ཅད་དང་བྲལ་བ་སྤྲོས་བྲལ་ཆེན་པོར་རིགས་པས་བསྒྲུབས་ལ། ཚུལ་དེ་བཞིན་དུ་ཐལ་རང་གི་སློབ་དཔོན་རྣམས་ཀྱིས་མཉམ་རྗེས་ཀྱི་དབུ་མ་ལ་སོ་སོའི་རྩལ་འདོན་མཛད་ཚུལ་གྱིས་དེ་ལྟར་མིང་ཐོགས་པ་ཡིན་གྱི། རང་རྒྱུད་པ་རྣམས་ཀྱིས་མདོ་དང་བསྟན་བཅོས་ཀྱི་དོན་ཇི་བཞིན་མ་བཀྲལ་བ་ནི་མ་ཡིན་ནོ། །དེ་ལ་དང་པོར་རྗེས་ཐོབ་བདེན་གཉིས་སོ་སོར་འབྱེད་པའི་དབུ་མ་འདི་ཙམ་ཞིག་ལ་མ་བརྟེན་ན་རྒྱུ་མེད་པས་འབྲས་བུ་མཉམ་གཞག་དབུ་མ་ཐོབ་པར་མི་ནུས་ཏེ། ཐ་སྙད་བདེན་པ་ཐབས་སུ་གྱུར་པ་དང་། །དོན་དམ་བདེན་པ་ཐབས་བྱུང་གྱུར་པ་སྟེ། །ཞེས་དང་། ཐ་སྙད་ལ་ནི་མ་བརྟེན་པར། །དམ་པའི་དོན་ནི་རྟོགས་མི་འགྱུར། །ཞེས་གསུངས་པ་ཡིན་ལ། འདིའི་ཐ་སྙད་ཅེས་པ་རྣམ་གྲངས་པའི་དོན་དམ་གྱི་རྒྱར་གྱུར་པའི་ཀུན་རྫོབ་ཙམ་ལ་མི་གཟུང་གི །ཤེས་བརྗོད་འཇུག་གསུམ་གྱི་ཐ་སྙད་ཅན་སྒྲ་རྟོག་གི་སྤྱོད་ཡུལ་བདེན་གཉིས་སོ་སོར་སྣང་བ་འདི་ཡིན་པས་

the two truths are of equal taste. This understanding is both crucial and deeply meaningful. Therefore, through the way of the Consequence one gains certainty regarding the final Middle Way that accords with the wakefulness of meditative equipoise, while [during] the ensuing attainment the validly cognized abiding modes of the two truths are the very way of the Autonomy.

In the same way, the sūtras sometimes teach the inconceivable and inexpressible uncategorized ultimate, free from all extremes of existence, nonexistence, and so forth. At other times, their teaching is "no form, no consciousness," the categorized ultimate's mere existential negation. Accordingly, the master Nāgārjuna showed the intent of the sūtras to be the absence of truth with regard to all phenomena, causes, conditions, and effects, and through reasoning he then finally established this as the great simplicity free from all extremes. In accordance with this, the masters of the Consequence emphasized the Middle Way of meditative equipoise, while those of the Autonomy emphasized the Middle Way of ensuing attainment. Based on this, they have been classified [as belonging to either the Consequence or the Autonomy]. It is not the case that the Autonomists failed to properly elucidate the meaning of the sūtras and the treatises.

Without first relying on the type of Middle Way that distinguishes two truths during the ensuing attainment, the Middle Way of meditative equipoise—which is the result—cannot be attained because its cause will be missing. As has been stated:

> The conventional truth, which is method,
> And the ultimate truth, which is the outcome of method,

along with:

> Without relying on the conventional,
> The ultimate will not be realized.

Here conventional should not be understood as only the relative that pairs with the categorized ultimate. Rather, it refers to the conventionality of cognition, expression, and engagement, the domain of word and thought, and to the separate appearances of the two truths. Therefore, the categorized

རྣམ་གྲངས་པའི་དོན་དམ་ཡང་ཐ་སྙད་དང་ཀུན་རྫོབ་ཀྱི་ཕྱོགས་སུ་གཏོགས་སོ། །དེ་འདྲ་བའི་བདེན་གཉིས་ཀྱི་ཚུལ་རྟོགས་པའི་ཐ་སྙད་ལ་བརྟེན་ནས། ཐ་སྙད་ཐམས་ཅད་དང་བྲལ་བའི་ཟུང་འཇུག་རབ་ཏུ་མི་གནས་པའི་དབུ་མ་ཆེན་པོའམ་སྤྲོས་བྲལ་བློ་འདས་ནི་དོན་དམ་བདེན་པའམ། དམ་པའི་དོན་ཞེས་བྱ་སྟེ་རྣམ་གྲངས་མིན་པའི་དོན་དམ་ཡིན་ནོ། །དེ་ལྟར་ན་དོན་དམ་ཞེས་པའི་སྒྲ་གང་བྱུང་ཡང་། གཞུང་གི་བདེན་གཉིས་ཀྱི་ཆོས་སྐད་སོགས་ལ་གོམས་པའི་དབང་གིས་ཐོས་བསམ་པ་རྣམས་ཀྱིས་མེད་དགག་ཞིག་ལ་གོ་བ་སྐྱེ་སླ་འདུག་པ་དེ་ལ་བརྟེན་ནས་འཁྲུལ་པ་འབྱུང་སྲིད་པས་སོ་སོའི་ཐད་དུ་ཤན་འབྱེད་དགོས་ཏེ། དོན་དམ་ལ་དངོས་བཏགས་ཆེ་ཆུང་། རྣམ་གྲངས་ཡིན་མིན་སོགས་དུ་མ་ཡོད་དེ་དགྲ་བཅོམ་དང་མྱང་འདས་བཞིན་ནོ། །དེ་བཞིན་དུ་སྐྱེ་མེད་སྟོང་ཉིད་ལ་སོགས་པའི་ཚིག་རྣམས་ཀྱང་ངེས་པར་བྱའོ། །དེ་ལྟར་ཐ་སྙད་ཁས་ལེན་ཀུན་བྲལ་དོན་དམ་ཆེན་པོ་རྩལ་འདོན་དུ་མཛད་པ་ཐལ་འགྱུར་བའི་ལུགས་ཐུན་མིན་ཡིན་ཀྱང་། གཞུང་འདིར་ཡང་རང་འགྲེལ་ལས། སྐྱེ་བ་མེད་པ་ལ་སོགས་པའང་ཡང་དག་པའི་ཀུན་རྫོབ་ཏུ་གཏོགས་པ་ཡིན་དུ་ཟིན་ཀྱང་། ཞེས་སོགས་དང་། སྐྱེ་ལ་སོགས་པ་མེད་པའི་ཕྱིར། །ཅེས་པ་ལ་སོགས་པའི་སྤྱི་འགྲེལ་དུ། ཅིའི་ཕྱིར་དངོས་སུ་དོན་དམ་པ་མ་ཡིན་པ་བསྟན་པ་ཞེས་དང་། དོན་དམ་པ་ནི་དངོས་པོ་དང་དངོས་པོ་མེད་པ་དང་། སྐྱེ་བ་དང་མི་སྐྱེ་བ་དང་། སྟོང་པ་དང་མི་སྟོང་པ་ལ་སོགས་པའི་སྤྲོས་པའི་དྲྭ་བ་མཐའ་དག་སྤངས་པའོ། །སྐྱེ་བ་མེད་པ་ལ་སོགས་པ་ནི། དེ་ལ་འཇུག་པ་དང་མཐུན་པའི་ཕྱིར་དོན་དམ་པ་ཞེས་ཉེ་བར་འདོགས་སོ། །ཞེས་པ་ལ་སོགས་པས་གསལ་བར་བསྟན་པ་ཡིན་ནོ། །དེ་ལྟར་དབུ་མ་ཐམས་ཅད་ཀྱི་རྒྱན་དུ་འགྱུར་ཚུལ་ཤེས་པར་བྱའོ། །དེ་ལ་ཁ་ཅིག་འདི་སྙམ་དུ། སློབ་དཔོན་ཀླུ་སྒྲུབ་ཀྱི་དགོངས་པ་ཐལ་རང་གི་སློབ་དཔོན་སོ་སོས་འགྲེལ་ཐ་དད་པ་ཡིན་ན། དེ་གཉིས་སྦྱར་མི་དགོས་སྙམ་ན། ཤིང་རྟ་ཆེན་པོ་རྣམས་ཀྱི་དགོངས་པ་འགལ་མེད་དུ་རྟོགས་ནུས་པའི་བློ་ལྡན་རྣམས་ལ་ཤིན་ཏུ་དགོས་པའི་ཕྱིར་ཅི་ནས་ཀྱང་སྦྱར་ཏེ་བཤད་དོ། །ཚིག་ལེའུར་བྱས་པ་ཞེས་བྱ་བ་ཚིག་རྐང་པར་བྲངས་སུ་བཅད་པ་སྟེ་ལྷུག་པམ་ཡིན་པའི་དོན་ཏོ། །གཉིས་པ་འགྱུར་ཕྱག་ནི། འཇམ་དཔལ་གཞོན་ནུར་གྱུར་པ་ལ་ཕྱག་འཚལ་ལོ། །ཞེས་ལོ་ཙྪ་བ

ultimate is also included within the conventional and the relative. The utterly non-abiding, great Middle Way of unity, or the simplicity beyond mind, is based on conventional realizations of the way of these two truths, [yet it is itself] free from all convention. [That simplicity is also] termed the ultimate truth or the ultimate, but here this implies the uncategorized ultimate.

Those who study and reflect may, due to their familiarity with the Dharma terminology of the two truths that is found in the scriptures, automatically take the word 'ultimate' to imply an existential negation. Confusion may arise, and it is therefore necessary to discern the context of each [use of the term 'ultimate'], for in the same way as with 'foe destroyer', or 'transcending suffering', there are many [types of ultimate]—the actual and the imputed, the greater and the lesser, the categorized and uncategorized, and so forth. Terms such as 'absence of origination' and 'emptiness' must also be ascertained according [to the context in which they appear].

Emphasis on the great ultimate free from all claims is the extraordinary way of the Consequence. Nevertheless, with regard to this scripture[, the *Ornament of the Middle Way*], the *Auto-commentary* reads: "Absence of origination and so forth have also been included in the authentic relative." Likewise, when commencing the explanation of: "*Since origination and so forth do not exist,*" [the *Auto-commentary* explains]: "Now it shall be shown how that is not actually the ultimate." Moreover, there are clear explanations such as the following:

> The ultimate evades the entire net of constructs, entity and non-entity, origination and absence of origination, empty and not empty. Since the absence of origination and so forth apply to and accord with [that ultimate], [the absence of origination] is as well given the name ultimate.

Thus it should be understood how this is an ornament of the entire Middle Way. Some believe that since the masters of the Consequence and the Autonomy have had their own separate ways of commenting on the intent of the master Nāgārjuna, there is no need to join those two [ways] together. Still, [joining the traditions] is highly relevant for intelligent

ཆེན་པོ་ཡེ་ཤེས་སྙིས་འགྱུར་མཛད་པའི་སྤྱི་ལོགས་སུ་དོན་དམ་པའི་ཆོས་མངོན་པ་རྣམ་པར་གཞག་པའི་གཞུང་འདིའི་ཀླད་དུ་བཀས་བཅད་དང་མཐུན་པར་ཕྱག་འཛད་པའི་ཚིག་བཀོད་པའོ། །དེ་ལ་གང་གི་ཐུགས་ཆོས་ཀྱི་དབྱིངས་དང་མཉམ་པ་ཉིད་དུ་གྱུར་པ་ལ་སྤྲོས་པའི་ཐུགས་རྗེ་ཐམས་ཅད་དང་བྲལ་བ་ནི་འཛམ་པ་ཡིན་ལ། མཁྱེན་གཉིས་ཡེ་ཤེས་ཀྱི་སྐུ་ནམ་མཁའ་ཇི་སྲིད་དུ་འགྲོ་བའི་དོན་རྟག་ཁྱབ་ལྷུན་གྲུབ་ཏུ་མཛད་པ་ནི་དོན་གཉིས་འབྱོར་པའི་དཔལ་ཡིན་ནོ། །དེ་ལྟ་བུ་ནི་རྒྱལ་བ་ཐམས་ཅད་ཀྱི་རྣམ་པར་མི་རྟོག་པའི་ཡེ་ཤེས་ཀྱི་ངོ་བོ་ཡིན་ཀྱང་། རྣམ་པ་ས་བཅུའི་སེམས་དཔའ་ཆེན་པོའི་ཚུལ་དུ་སྣང་ནས་འཁོར་བ་ཇི་སྲིད་དུ་རྟག་བརྟན་བགྲེས་རྒུད་བྲལ་བའི་གཞོན་ནུའི་གཟུགས་སུ་བཞུགས་པས་ན་གཞོན་ནུར་གྱུར་པ་ཞེས་བྱ་ལ། དེ་ལྟ་བུའི་མགོན་པོ་གང་ལ་སྒོ་གསུམ་འདུད་པར་བྱེད་པ་ནི་ཕྱག་འཚལ་བའོ། །གསུམ་པ་གཞུང་དོན་ལ་ཤེས་བྱ་བདེན་གཉིས་ཀྱི་དོན་གཏན་ལ་དབབ་པ་དང་། དེ་ལྟ་བུའི་ཚུལ་ལ་བརྟགས་པས་དོན་བསྡུ་བ་གཉིས། དང་པོ་ལ་བདེན་གཉིས་ཀྱི་ཚུལ་ངོས་གཟུང་བ། དེ་ལ་རྩོད་པ་སྤོང་བ། དེ་ལྟར་རྟོགས་པའི་ཕན་ཡོན་གསུམ། དང་པོ་ལ་དོན་དམ་པར་དངོས་པོ་མེད་པར་བསྟན་པ། ཀུན་རྫོབ་ཏུ་ཡོད་པར་བསྟན་པ་གཉིས། དང་པོ་ལ་རྩ་བའི་རྟགས་འགོད་པ་དང་། དེའི་ཚུལ་སྒྲུབ་པ་གཉིས།

individuals capable of realizing that there is no conflict in the intent of all the great chariots. By all means, one must therefore explain in a way that unites them. *In stanzas* means that this is delivered in verse rather than prose.

The Translator's Homage

Second, *Homage to the youthful Mañjuśrī!* is the translator's prostration. Before producing his translation, the great lotsawa Yeshe De, in accordance with the [royal] edict, entered this line of prostration at the beginning of the scripture, which is classified as ultimate Abhidharma.

Here *Mañju* ["smooth" or "gentle"] refers to the one whose mind is equal to the basic space of phenomena, and is free from all the pain of constructs. *Śrī*, ["splendor"] implies the splendor of being endowed with the twofold benefit, the body of the wakefulness of the twofold knowledge which permanently, pervasively, and spontaneously accomplishes the welfare of wandering beings for as long as space endures. Although this is the essence of the non-conceptual wakefulness of all the Victorious Ones, the features [Mañjuśrī] appear in the manner of a great Bodhisattva of the 10th ground who, for as long as there is cyclic existence, remains in the form of a youth, permanently and stably, free from aging and decay, and therefore *youthful*. *Homage to* implies venerating such a protector.

The Meaning of the Scripture

Third, the meaning of the scripture includes: 1) resolving what is to be understood, the meaning of the two truths, and 2) concluding by praising the way of these [two truths]. The first includes: 1) identifying the modes of the two truths, 2) relinquishing dispute with respect to them, and 3) the benefits of such a realization. The first includes: 1) how ultimately entities do not exist, and 2) how they relatively do. The first includes: 1) the arrangement of the root evidence, and 2) the establishment of its mode.

དང་པོ། བདག་དང་གཞན་སྨྲས་དངོས་འདི་དག །ཡང་དག་ཏུ་ན་གཅིག་པ་དང་། །དུ་མའི་རང་བཞིན་བྲལ་བའི་ཕྱིར། །རང་བཞིན་མེད་དེ་གཟུགས་བརྙན་བཞིན། །ཞེས་གསུངས་ཏེ། འདི་ལྟར་**བདག**་རང་སྡེ་ནང་པ་སངས་རྒྱས་པ་**དང**། **གཞན**་ཕྱི་རོལ་མུ་སྟེགས་རྣམས་ཀྱིས་གང་བདེན་གྲུབ་ཏུ་**སྨྲས**་པའི་**དངོས**་པོ་**འདི་དག**་ཐམས་ཅད་ནི། **ཡང་དག**་པའི་དོན་**དུ་ན**། རིགས་པས་ལེགས་པར་དཔྱད་པའི་ཚེ་**གཅིག་པ་དང་དུ་མའི་རང་བཞིན**་གཉིས་ཀ་དང་**བྲལ་བའི་ཕྱིར**། །འདི་རྣམས་ལ་**རང་བཞིན**་གྱིས་གྲུབ་པ་ཙུང་ཟད་ཀྱང་**མེད་དེ**། དཔེར་ན་སྣང་ཡང་མི་བདེན་པ་**གཟུགས་བརྙན་བཞིན**་ནོ་ཞེས་སོ། །ངག་དོན་དུ་འགོད་ན། རང་གཞན་གྱི་སྡེ་པས་བདེན་པར་སྨྲ་བའི་ཕྱི་ནང་གི་དངོས་པོ་འདི་ཀུན་ཆོས་ཅན། ཡང་དག་པར་རང་བཞིན་མེད་དེ། བདེན་པའི་གཅིག་དང་དུ་མ་བྲལ་བའི་ཕྱིར། །མེ་ལོང་ནང་གི་གཟུགས་བརྙན་བཞིན་ཞེས་སོ། །དེ་ལ་རང་སྡེས་སྨྲས་པ་ཕུང་པོ་ལ་སོགས་པ་དང་། གཞན་སྡེས་སྨྲས་པ་གཙོ་བོ་ལ་སོགས་པའོ། །དེ་ལ་གལ་ཏེ་བདེན་པ་ཞིག་ཡོད་ན་གཅིག་དང་དུ་མ་གང་རུང་གི་ཚུལ་དུ་ཡོད་དགོས་ཏེ། གཅིག་དང་དུ་མ་ནི་ཕན་ཚུན་སྤངས་ཏེ་གནས་པ་ཡིན་པས་དེ་གཉིས་མ་ཡིན་པའི་བདེན་ཚུལ་ཕུང་གསུམ་པ་ཞིག་ཤེས་བྱ་ལ་མི་སྲིད་པ་དེས་ན་རྟགས་འདི་བདེན་པའི་ཁྱབ་བྱེད་མ་དམིགས་པ་ཡིན་ནོ། །འདིར་འཕྲོས་དོན་ཙུང་ཟད་བཤད་ན། ཆོས་ཅན་ལ་དཔྱད་པ། གཏན་ཚིགས་ལ་དཔྱད་པ། དཔེའི་ཚུལ་བཤད་པ་གསུམ། དང་པོ་ཁ་ཅིག་འདི་སྐམ་དུ།

DEMONSTRATING ULTIMATE NON-EXISTENCE

Arrangement of the Root Evidence

First, it is stated:

> *These entities spoken of by ourselves and others*
> *Possess in reality*
> *Neither a nature as one nor as many.*
> *Hence they have no nature and are like reflections. [1]*

All *these entities spoken of* as truly established *by ourselves*, the followers of Buddhism *and others*, the non-Buddhist extremists, *possess, in* terms of thorough, reasoned investigation of the actual *reality, neither a nature as one nor as many. Hence they have no* established *nature* whatsoever, *and are like*, for instance, *reflections* that appear, yet are not real.

One may construct the argument in the following way: the subject, those internal and external entities spoken of by our own and other groups, in reality have no nature, because they are neither truly one nor many, just like the reflections in a mirror. If anything is real among what is asserted by our own group, such as the aggregates and so forth, and among what is spoken of by other groups, such as the main principle and so forth, then it must exist as either one or many. One and many are mutually exclusive [and all-inclusive]. Therefore, among objects of cognition there cannot possibly be any third category of true existence that is neither of these two. Thus this evidence is one of non-observation regarding that which pervades truth.

As a brief supplementary explanation, one could address: 1) investigation into the subject, 2) investigation into the logical argument, and 3) the character of the example.

Investigation into the Subject

First, some may wonder: "If the entities spoken of by philosophies are refuted here, how will that [refutation] impair the coemergent

འདིར་གྲུབ་མཐས་སྤྲུལ་པའི་དངོས་པོ་རྣམས་བཀག་པར་མཛད་པས་ཐོག་མེད་ནས་གོམས་པ་བདག་འཛིན་ལྷན་སྐྱེས་ལ་གནོད་ཚུལ་ཇི་ལྟར་ཡིན་སྙམ་ན། གཞུང་འདིར་རང་གཞན་གྱི་སྡེ་པས་འདོད་པ། རྟག་དངོས། འདུས་མ་བྱས། གང་ཟག །ཁྱབ་པ། རགས་པ། ཕྲ་བ། ཤེས་པ་རྣམས་ཆོས་ཅན་དུ་བཟུང་བས། དེ་རྣམས་སུ་རྟག་མི་རྟག །ཕྱི་དང་ནང་། ཡུལ་ཡུལ་ཅན། ཁྱབ་མ་ཁྱབ། རགས་པ་ཕྲ་བ། ཤེས་བྱ་དང་ཤེས་པ་སོགས་འདུས་བྱས་འདུས་མ་བྱས་ཀྱི་ཆོས་ཀུན་འདུ་བ་ཡིན་པས་དེ་རྣམས་རིགས་པས་བདེན་མེད་དུ་གྲུབ་ན་དེས་བདག་འཛིན་ལྷན་སྐྱེས་གཉིས་པོ་རྡུང་ནས་འབྲིན་ནུས་ཏེ། སྤྱིར་འགྲོ་བ་རྣམས་ཀྱི་རྒྱུད་ལ་ལྷན་སྐྱེས་ཀྱི་རྨོངས་པའི་དབང་གིས་བུམ་སོགས་དངོས་པོ་རྣམས་ལ་དེ་དང་དེར་གྲུབ་པར་འཛིན་ཞིང་། དངོས་པོ་ལ་བརྟེན་ནས་དངོས་མེད་ཀྱི་ཐ་སྙད་ཀྱང་བྱེད་ལ། དངོས་དང་དངོས་མེད་ལ་དེ་ཉིད་དུ་ཞེན་པ་དང་། རང་རྒྱུད་ཀྱི་ཕུང་པོ་ལྔ་ལ་བརྟེན་ནས་ངའོ་སྙམ་དུ་མ་བརྟགས་མ་དཔྱད་པར་འཛིན་པའི་འཇིག་ལྟ་ལྷན་སྐྱེས་ཀྱང་འབྱུང་ཞིང་། དེ་ལྟར་ཆོས་དང་གང་ཟག་གྲུབ་གྲུབ་ལྟར་ཞེན་པའི་ངོ་བོ་དེ་དག་གི་གདགས་གཞི་ནི་ཕུང་སོགས་ཡིན་ལ། གཞན་ཡང་ཐ་སྙད་དུ་མེད་བཞིན་ལོག་པའི་རྒྱུ་མཚན་བཟུང་སྟེ་རང་བློས་ནན་གྱིས་བཏགས་པ་རྟག་དངོས་ཀྱི་བདག་ལ་སོགས་པ་འདུ་ཤེས་སྣ་ཚོགས་འཇུག་ཅིང་ཞེན་པའི་སྤྲད་བྱས་བྱིས་པ་རྣམས་བཅིངས་པར་གྱུར་ཏོ། །དེ་ལ་དེ་རྣམས་གཅིག་བཀག་པས་གཅིག་ཁེགས་པ་དང་མི་ཁེགས་པའི་ཚུལ་ནི། རྟག་དངོས་སུ་ཞེན་པའི་ཡུལ་རྣམས་དེ་དང་དེ་འགོག་པའི་རིགས་པས་བཀག་ཀྱང་། དེ་ངར་འཛིན་ལྷན་སྐྱེས་ཀྱི་རྟེན་མ་ཡིན་པས་ད་རུང་ངར་འཛིན་ལྷན་སྐྱེས་མི་ཁེགས་ཀྱང་། ངར་འཛིན་ལྷན་སྐྱེས་ཀྱིས་གཟུང་བ་ལྟར་གྱི་ཡུལ་བདག་མེད་པར་ཤེས་ན། བདག་དེ་རྟག་པ་དང་བྱེད་པོ་སོགས་སུ་འདོད་པའི་ཀུན་བཏགས་ཐམས་ཅད་ཁེགས་ཏེ། མོ་གཤམ་གྱི་བུ་མེད་པར་ཤེས་ན་དེའི་ཁ་དོག་ཀྱང་མེད་པར་ཐག་ཆོད་པ་བཞིན་ནོ།

apprehension of self that one has been accustomed to since beginningless time?" In this scripture, our own and other groups' assertions of permanent entities, the unconditioned, the person, the pervasive, the coarse, the subtle, and cognition are taken as the subject. This includes all conditioned and unconditioned phenomena: permanent and impermanent, external and internal, subjects and objects, the pervasive and the not pervasive, the coarse and the subtle, cognized objects and cognitions, and so forth. Therefore, when reason establishes that all of these possess no reality, that is capable of uprooting both [types of] coemergent apprehension of self.

Generally, because the mind-streams of wandering beings are coemergently deluded, they apprehend entities, such as vases and so forth, as if they were established as such. Based on those entities, they also create the convention of non-entity. Then, attached to entity and non-entity, they believe 'I am' based on the continuum of their five aggregates. Thus, without examination and investigation, they apprehend by holding this coemergent view of the transitory collection. Meanwhile, the bases for imputing an essential, complete reality of phenomena and persons are the aggregates and so forth. Furthermore, the permanent entities of the self and so forth, while [even] conventionally nonexistent, are persistently imputed by their minds, which draw the wrong conclusions. Engaging in and being attached to such various conceptions are strings that tie up the childish.

As for these [two types of self, coemergent and imputed], the refutation of one, [the coemergent,] also invalidates the other, while [a refutation of only the imputed self] does not invalidate the [coemergent self]. The objects that are conceived of as permanent entities are invalidated by reasonings specific to them. Yet since these [conceived objects] are not the basis for coemergent ego grasping, this coemergent apprehension still hasn't been invalidated. However, when understanding that there is no self in the object believed in by coemergent ego grasping, all the imputations—the assertions of that self being permanent, a creator, and so forth—will have been invalidated. Having understood that the son of the barren woman does not exist, one also becomes certain about the nonexistence of his complexion.

།དེ་ལྟར་འདི་ཡང་གང་ཟག་དང་འདུས་བྱས་འདུས་མ་བྱས་ཀྱི་ཆོས་ཐམས་ཅད་བདེན་པའི་གཅིག་དུ་བྲལ་གྱིས་རང་བཞིན་མེད་པར་གྲུབ་ན་བདག་གཉིས་ཀྱི་འཛིན་པ་ག་ལ་འབྱུང་སྟེ། ཞེས་བྱ་ཐམས་ཅད་རང་བཞིན་མེད་པར་གཏན་ལ་ཕབ་གྲུབ་པའི་ཕྱིར་རོ། །དེས་ན་ཀུན་བཏགས་དང་ལྷན་སྐྱེས་ཀྱི་གཟུང་ཡུལ་རྣམས་བསྒོམས་ཏེ་ཆོས་ཅན་དུ་མཛད་པ་སྟེ། འཇིག་རྟེན་གནོད་མེད་ཀྱི་ཞེས་པ་ལ་སྣང་བའི་དངོས་པོ་ཙམ་དུ་མ་ཟད་ཕྱི་རོལ་པས་ཀུན་ཏུ་བཏགས་པ་སོགས་ཀྱང་བསྒྲུ་བའི་ཆེད་ཡིན་ནོ། །གཉིས་པ་གཏན་ཚིགས་ཐལ་རང་གང་ཡིན། དོན་སྒྲུབ་དང་ཐ་སྙད་སྒྲུབ་གང་ཡིན། མེད་དགག་དང་མ་ཡིན་དགག་གང་ཡིན་དཔྱད་པའོ། །དང་པོ་གཏན་ཚིགས་འདི་ཐལ་འགྱུར་དུ་འགོད་དམ། རང་རྒྱུད་དུ་འགོད། དང་པོ་ལྟར་ན་རྟགས་ཕ་རོལ་པོས་ཁས་བླངས་པས་གྲུབ་པ་ཞིག་དགོས་པ་ལ། འདིར་ནི་ཕ་རོལ་པོས་གཅིག་དང་དུ་མ་བྲལ་བར་ཁས་མ་བླངས་པས་མི་འཐད་ཅིང་། གལ་ཏེ་རང་རྒྱུད་དུ་འགོད་ན་རྟགས་ལ་ཚུལ་གསུམ་ཚང་བས་ཚད་མས་གྲུབ་པ་ཞིག་དགོས་པ་ལ། འདིར་ཆོས་ཅན་རྟག་བདག་དང་རྟག་པའི་དབང་ཕྱུག །རྡུལ་དང་ཤེས་པ་ཆ་མེད་རྣམས་མ་གྲུབ་པས་ཆོས་ཅན་མི་འགྲུབ་ལ། དེ་མ་གྲུབ་ན་ཕྱོགས་ཆོས་འགྲུབ་ཐབས་མེད་པས་ཚུལ་གསུམ་མི་ཚང་བར་འགྱུར་རོ་སྙམ་ན། རྒྱ་བོད་ཀྱི་མཁས་པ་ལ་ལས་གཞན་སྡེས་བརྟགས་པ་མ་གྲགས་པ་ལ་ཐལ་བར་སྒྲུབ་པ་དང་། གྲགས་པའི་ངོ་བོ་རྣམས་ལ་གཉིས་ཀ་ལྟར་ཡང་རུང་གསུངས་ཀྱང་། དབུ་མ་སྣང་བ་སོགས་ལས་བཤད་པ་ལྟར་ཁྱད་ཕྱི་མི་དགོས་པར་ཐལ་རང་གང་ལྟར་བཀོད་ཀྱང་རུང་ངོ་།

How, then, can any apprehension of the two selves occur once [the logical argument of] the absence of true singularity and plurality has established here that the person and all conditioned and unconditioned [phenomena] are devoid of nature? [This reasoning] will have resolved the absence of nature with regard to any object of cognition. Therefore, all apprehended objects of imputation and coemergence are gathered here and taken as the subject in order to include not only the entities that appear to an unimpaired worldly cognition, but also, for instance, the imputations of the non-Buddhists.

Investigation into the Logical Argument

Second, is the logical argument consequential or autonomous? Does it establish a meaning or a convention? Is the negation existential or predicative? These are the topics for investigation.

Is the Logical Argument One of Consequence or Autonomy?

First, as to whether the logical argument is arranged in the manner of consequence or autonomy, some may think: "If the first were the case, the evidence would have to be established as per the claim of the adversary. In this case, the adversary does not claim the absence of one and many, so it is not reasonable [to call this an arrangement in the manner of consequence].

If [an argument] is arranged as an autonomous [argument], it must be validly established by virtue of the three modes being complete regarding the evidence. Here, none of the subjects of permanent self, permanent Almighty, partless matter, and partless cognition are established, and so the subject is not established. Without an establishment of that, there is no means for proving the property of the position, and so the three modes are not complete."

Some scholars of India and Tibet have explained that, with regard to the uncommon imputations of outside groups, one must argue in consequence, while in terms of commonly held beliefs, either of the two types [of argumentation, consequence or autonomy,] will be appropriate. Still, as is taught in scriptures such as the *Light of the Middle Way*, one need not make any [such] distinction, for arrangement in consequence or with autonomy will both be equally suitable.

།དེ་ཐལ་འགྱུར་དུ་འགོད་ན། ཕ་རོལ་པོས་དངོས་སུ་གཅིག་དུ་བྲལ་ཡིན་ནོ་ཞེས་ཁས་མ་བླངས་ཀྱང་། ཁྱབ་བྱ་དངོས་སུ་ཁས་བླངས་པ་དེ་ཐལ་འགྱུར་དུ་བཀོད་ནས་བསྒྲུབས་པས་རྟགས་དེ་ལས་གཞན་ལ་ལྟོས་མི་དགོས་པར་གཅིག་དུ་བྲལ་དུ་ཁས་ལེན་དགོས་པ་ལས་འོས་མེད་པ་ཡིན་ཏེ། དཔེར་ན་དབང་ཕྱུག་རྟག་པར་ཁས་ལེན་ཀྱང་དེའི་འབྲས་བུ་རྣམས་དུ་མར་ཁས་བླངས་པས་ན། དུ་མར་ཁས་བླངས་པའི་འབྲས་བུ་དེ་ཉིད་ཀྱིས་དབང་ཕྱུག་གཅིག་ཡིན་པ་འགོག་ནུས་ཤིང་། གཅིག་ཡིན་པ་ཁེགས་ན་དུ་མའང་ཁེགས་པས། དོན་དུ་རྒོལ་བ་རང་གིས་ཁས་བླངས་ཀྱི་རྟགས་ཀྱིས་གཅིག་བྲལ་བསྒྲུབས་པ་ཡིན་ལ། དུ་མར་ཁས་བླངས་པས་གཅིག་བྲལ་དུ་གྲུབ་བོ། །དེ་བཞིན་དུ་ཀུན་ལ་འགྲེའོ། །ཡང་རང་རྒྱུད་དུ་སྦྱོར་ཡང་རུང་སྟེ། ཆོས་ཅན་དབང་ཕྱུག་རྟག་པ་སོགས་དོན་ལ་མི་སྲིད་ཀྱང་། བློ་ངོར་དབང་ཕྱུག་རྟག་པ་མིན་པ་ལས་ལོག་ཙམ་གྱིས་གཞན་སེལ་འགྲུབ་ལ། དེ་ལ་བདེན་མེད་ཀྱི་ཐ་སྙད་གྲུབ་པས། ཕྱི་རོལ་ན་རྟག་དངོས་ཀྱི་དབང་ཕྱུག་ཞིག་ཡོད་པར་ཞེན་པའང་ཁེགས་ཏེ། རྟག་པའི་སྒྲ་ཆོས་ཅན་དུ་བཞག་པ་ལ་སོགས་པའང་དེ་དང་འདྲ་བ་རང་རང་གི་བློས་ཇི་ལྟར་བཞག་པ་དེ་ཙམ་ལ་དགག་པ་འཇུག་པ་ཆེས་འཐད་པ་ཡིན་ཏེ། རང་གི་བློ་ངོར་གཞན་སེལ་གྱིས་བཟུང་ཙམ་དང་། ཕྱི་རོལ་གྱི་སྣང་བ་གཉིས་སྣང་བཏགས་གཅིག་ཏུ་བསྲེས་ནས་འཛིན་པ་ལ་དགག་སྒྲུབ་ཀྱི་ཐ་སྙད་ཐམས་ཅད་འཇུག་པ་ཚད་མ་སྤྱིའི་ལུགས་དམ་པ་ཡིན་པའི་ཕྱིར་རོ། །དེས་ན་ཆོས་ཅན་དོན་དུ་མི་སྲིད་པ་རྣམས་ལ་བརྟག་བྱ་དོན་གྱི་རང་མཚན་མེད་ཀྱང་ཡོད་པ་ལྟར་ཞེན་པའི་སྣང་ངོའི་ཡུལ་དེ་ལ་བདེན་མེད་ཀྱི་ཐ་སྙད་གྲུབ་པས་དེ་དོན་དུ་མེད་པར་ཤེས་ནུས་སོ།

In terms of the arrangement in the manner of consequence, the adversary will not have explicitly claimed: "There is neither one nor many!" Yet, when proving through a consequential arrangement of something that he has explicitly claimed and that is pervaded [by absence of singular and multiple nature], then such evidence will, by itself and independently of anything else, make anything other than an acceptance of absence of one or many inappropriate. For instance, a permanent Almighty is asserted, but his effects are asserted to be manifold. That the effects are many is, in itself, capable of refuting that the Almighty is one, and the invalidation of one entails the invalidation of many as well. In actuality, it is therefore evidence claimed by the adversary himself that proves the absence of singularity. If [the subject] is claimed to be manifold, the absence of one will [already] have been established. This [perspective on consequential reasoning] is universally relevant.

[This logical argument] is also suitable to be applied in the manner of autonomy. The permanent Almighty and other such imputations may in actuality be impossible, yet by simply differentiating from an Almighty who is not permanent, such [an entity can], from the mind's perspective, be established by other-exclusion. Regarding that [object of other-exclusion], the absence of truth is a proven convention, so the concept of the external existence of some permanent entity such as the Almighty is therefore also invalidated. The case is similar when permanent sound and so forth are set forth as subjects [for debate]. It is highly rational to venture into a refutation of exactly what is asserted by the individual's mind. The excellent universal method of valid cognition is to apply all the conventions for negation and affirmation to the apprehensions [which come about] by mixing up the apparent (that which is merely apprehended in the mind's perspective by way of other-exclusion) with the designated (the outer appearance) as if they were one. Therefore, with regard to those subjects that are actually impossible, no specifically characterized phenomenon exists to be examined. But with regard to the object that appears from the perspective of someone who conceives as if there were [such a specifically characterized phenomenon], the convention of absence of truth is proven. It can thereby be understood how the [subject] does not exist in actuality.

།གཉིས་པ་དོན་དང་ཐ་སྙད་སྒྲུབ་གང་ཡིན་དཔྱད་པ་ལ། གལ་ཏེ་འདི་དོན་སྒྲུབ་ཀྱི་གཏན་ཚིགས་ཡིན་ན། རང་བཞིན་མེད་པའི་དོན་ནི་དགག་བྱའི་རང་བཞིན་མེད་པར་དགག་པ་ཙམ་སྟེ། བཀག་པའི་ཤུལ་དུ་ཆོས་གཞན་མི་འཕེན་པས། དེ་ཙམ་ཞིག་འདིས་སྒྲུབ་ན་བསྒྲུབ་པར་བྱ་བའི་གཞི་ཆོས་ཅན་རྣམས་སྐྱེད་པར་མི་འགྱུར་ཏེ་ནམ་མཁའི་མེ་ཏོག་བཞིན་ནོ། །དེ་ལྟར་ན་ཆོས་དང་ཆོས་ཅན་ཐ་དད་དུ་མེད་པར་འགྱུར་རོ། །གལ་ཏེ་འདིས་ཐ་སྙད་སྒྲུབ་པོ་ཞེ་ན། རང་བཞིན་མེད་པའི་ཐ་སྙད་དངོས་པོའི་ཆོས་རྣམས་ཀྱི་སྟེང་དུ་བསྒྲུབ་ཆེ། བུམ་མེད་ཀྱི་ས་ཕྱོགས་བཞིན་དུ་རང་བཞིན་མེད་པ་དང་ལྡན་པའི་གཞི་ཉིད་གྲུབ་པར་འགྱུར་རོ་ཞེ་ན། འདི་དོན་སྒྲུབ་ཡིན་ཀྱང་བསྒྲུབ་གཞི་རྣམས་མེད་པར་མི་འགྱུར་ཏེ། ཐོག་མེད་དངོས་ཞེན་གྱི་དབང་གིས་ཇི་ལྟར་སྣང་བ་དེ་ལ་བདེན་པར་ཞེན་པའི་དངོས་པོ་རྣམས་རང་བཞིན་མེད་པ་ཙམ་དུ་བསྒྲུབ་ཀྱི། ཆོས་གཞན་ངོ་བོས་དམིགས་སུ་ཡོད་པ་རྡུལ་ཙམ་བསྒྲུབ་པ་མེད་ཀྱང་། འཇིག་རྟེན་རབ་ཏུ་གྲགས་པའི་དངོས་ལ་ཞེན་པ་ཅན་གྱི་ངོར་སྣང་བ་འདི་རྣམས་ལ་བརྟེན་ནས། རང་བཞིན་མེད་པའི་ཆོས་ཅན་དང་བསྒྲུབ་བྱའི་ཐ་སྙད་འཐད་དོ། །གལ་ཏེ་ཕྱི་ནང་གི་དངོས་པོ་སྒྱུ་མ་ལྟ་བུའི་སྣང་བ་འདི་སྣང་ཚོད་གྲགས་ཚོད་དང་བསྟུན་ཏེ་ཆོས་ཅན་དུ་གཟུང་བ་ལ་རྟགས་ཡང་དག་གི་སྒོ་ནས་རང་བཞིན་མེད་པའི་སྒྲ་བློའི་ཐ་སྙད་བསྒྲུབ་སྟེ། ནོག་སོགས་འདུས་པ་ལ་བ་ལང་གི་ཐ་སྙད་དུ་གདགས་པ་བཞིན། ངེས་ཅིན་ལ་ཡང་ཡང་དྲན་པར་བྱ་བ་དང་། མ་ངེས་པ་རྣམས་ལ་རྟགས་ལས་རྗེས་སུ་དཔོག་པར་བྱས་ཀྱང་། ཆོས་དང་ཆོས་ཅན་ཐ་དད་དུ་མི་འགྱུར་ཏེ། རང་བཞིན་མེད་ཀྱང་སྣང་བར་མི་འགལ་བ་ནི་དངོས་པོའི་ཆོས་ཉིད་དོ། །སྔ་ཕྱི་གཉིས་ཀྱི་དཔེ་ནི་ཆུ་ནང་གི་ཟླ་བའི་གཟུགས་བརྙན་བཞིན་ནོ།

Does It Establish a Meaning or a Convention?

Second, regarding the investigation into whether this establishes a meaning or a convention, it may be argued: "If this is a logical argument that establishes a meaning, then the meaning of ***absence of nature*** is merely an existential negation of the negandum, nature. No other phenomenon is implied by the refutation. If that is all the [logical argument] establishes, then the subjects, the bases upon which the establishment is to be made, will not be found, just like sky flowers. The property and the subject will then have become indistinguishable. You may then claim that this establishes a convention. But when establishing the convention of absence of nature with respect to the phenomena of entities, the outcome is the establishment of that very basis which, like a location [qualified by an] absence of vase, is endowed with [the quality of] absence of nature."

Given this idea, [the reply is as follows]. This is an establishment of meaning, but the bases for establishment do not become nonexistent. Due to beginningless attachment to entity, appearances are conceived of as true entities, and with regard to these [conceived entities], the mere absence of nature is established. Not even a particle of some other property of observable essence will be established. Nevertheless, based on these entities that are spoken of so much in the world and that appear from the perspective of those who are attached, the conventions of a subject and a probandum without nature are justified. If all the illusion-like appearances of outer and inner entities, in whichever way they may appear and be commonly accepted, are taken as the subject, then authentic evidence will establish the convention of the word-concept 'absence of nature' [regarding this subject, the conceived entities], just as when the convention 'ox' is applied to the coming together of hump and so forth [i.e., all that defines an ox]. Thus, one may remind oneself of what has already been ascertained, and with evidence make inference with regard to what is indeterminate. The property and the subject do not become different, because absence of nature does not conflict with appearance—this is the intrinsic nature of entities.

In both the former and latter [type of argument], the example is "like the reflection of the moon in water."

།འདི་ལ་དཔེ་ཆ་གཞན་ཀུན་ན་ཕྱོགས་གང་རུང་རེར་འཛིན་པ་ལས་མི་སྣང་ཡང་། འདི་བཞིན་ཞེས་ན་སྐྱི་དང་ཁྲིད་པར་སྐབས་འདིར་གོ་བ་ཤིན་ཏུ་ལེགས་པ་གལ་ཆེ་བ་ཞིག་ཡིན་ནོ། །གསུམ་པ་རྟགས་དང་དགག་བྱ་གཉིས་ཀ་མེད་དགག་ཡིན་ནམ། མ་ཡིན་དགག་ཡིན། དང་པོ་ལྟར་ན་དགག་བྱ་བཅད་ཙམ་ལས་རང་གི་ངོ་བོ་མེད་པའི་དངོས་མེད་རྐྱང་པ་ཙམ་ལ་འབྲེལ་བ་མི་སྲིད་པས། བསྒྲུབ་བྱ་གོ་བྱ་དང་། གཏན་ཚིགས་གོ་བྱེད་དུ་མི་རུང་ལ། མ་ཡིན་དགག་ཡིན་ན་ནི་དགག་བྱ་བཀག་ཤུལ་དུ་སྒྲུབ་ཆོས་དངོས་པོ་ཞིག་ཁས་ཅིའི་ཕྱིར་མི་ལེན་སྙམ་ན། འདི་ལ་མཁས་པ་དག་རྣམ་པར་ཕྱེ་སྟེ་སོ་སོར་སྒྲུབ་པ་མང་ཡང་། རྟགས་གཅིག་ཏུ་བྲལ་དང་། བསྒྲུབ་བྱ་བདེན་མེད་གཉིས་ཀ་མེད་དགག་ཡིན་ཏེ། དགག་བྱ་རྣམ་པར་བཅད་ཙམ་གྱི་མེད་པ་ཡིན་ཀྱང་རྟགས་དང་བསྒྲུབ་བྱ་འབྲེལ་མེད་དུ་མི་འགྱུར་ཏེ། དགག་བྱ་བཅད་ཕྱོག་གི་གཞན་སེལ་གཉིས་ཀ་བདག་མེད་ཀྱི་ངོ་བོར་འདྲ་བས་ངོ་བོ་གཅིག་གི་འབྲེལ་བ་གྲུབ་པོ། །དེས་ན་འཇོད་ཚུལ་སྣ་ཚོགས་པ་དེ་དག་དགག་སྒྲུབ་ཀྱི་ངལ་བ་མང་པོ་བྱེད་ཀྱང་། སྣང་སེལ་ལེགས་པར་ཕྱེད་ན་ཟབ་ཆོས་ཀྱི་སྙིག་དངས་པར་འགྱུར་གྱི། གཞན་དུ་ཇི་ལྟར་དཔྱད་ཀྱང་ཇི་བཞིན་པའི་ངེས་པ་རྙེད་དཀའོ། །སྤྱིར་རྟགས་རིགས་འདི་སྐབས་གཞན་སེལ་དང་ཚུལ་གསུམ་དང་དགག་སྒྲུབ་ཀྱི་རྣམ་གཞག་དཔྱིས་ཕྱིན་པ་གལ་ཆེ་ཡང་འདིར་ཡི་གེ་མང་གིས་དོགས་ནས་མ་བྲིས་ཀྱང་ཞིབ་ཏུ་ཚད་མའི་གཞུང་ལས་ཤེས་པར་བྱའོ། །གསུམ་པ་སྣང་ཡང་བདེན་པ་མེད་པའི་དཔེ་ནི་གཟུགས་བརྙན་ལ་སོགས་པ་སྟེ། དེའང་ཡབ་སྲས་མཇལ་བའི་མདོ་ལས།

In all other texts, it appears that one or the other of the two positions [of either establishment of meaning or of convention] will be assumed. Yet looking at it in this way yields an excellent and significant understanding of the [topic], both in general and in this particular context.

Is the Negation Existential or Predicative?

Third, are the evidence and [the negation of] the negandum both existential or predicative negations? It may be thought: "If the first is assumed, they are no more than mere eliminations of the objects of negation. No relationship is possible between what are simply bare nonentities, devoid of any essence of their own. The probandum is therefore unsuited to be a topic to be understood, and the logical argument cannot bring forth an understanding. If [they] are predicative negations, then why wouldn't the negation of the object of refutation imply the established property of an entity?" With respect to this, scholars individually discern and establish in a number of ways. Still, the evidence (lack of singularity and multiplicity) and the probandum (absence of truth) are both existential negations. Although they are absences in the sense of being mere eliminations of the object of negation, there is no lack of relationship between the evidence and the probandum. Both of these other-exclusions, which are contradistinctions through elimination of the negandum, are alike in being essentially selflessness, and so a relationship of identical essence is established. One could wear oneself out refuting and establishing with so many ways of assertion. Yet it is when appearance and exclusion are thoroughly discerned that the darkness of doubt becomes transparent. Actual certainty will hardly be won otherwise, regardless of the amount of investigation. In the context of the types of evidence, it is important that the principles of other-exclusion, the three modes, and negation and affirmation are all fully comprehended. Yet fearing an excess of words, I have not written [about them] here. Their details can be learned from the scriptures on valid cognition.

The Character of the Example

Third, reflections and so forth are examples of what appears yet is devoid of truth. From the *Sūtra of the Meeting of Father and Son*:

།མི་ལོང་ཤེལ་དུ་ཡོངས་དག་ལ། །ཇི་ལྟར་རང་བཞིན་མེད་པ་ཡི། །གཟུགས་བརྙན་སྣང་བ་དེ་བཞིན་དུ། །སྟོན་པ་ཆོས་འདི་ཤེས་པར་གྱིས། །ཞེས་གསུངས་པ་ལྟར། གཟུགས་བརྙན་ལ་སོགས་པ་འདི་རྣམས་སྣང་ཡང་མི་བདེན་པར་འཇིག་རྟེན་པ་རྣམས་ཀྱིས་ཀྱང་ཁས་ལེན་པ་དེ་ལ་དཔེར་བྱས་ནས་ཆོས་ཀུན་ཀྱང་དེ་དང་འདྲ་བར་གཏན་ཚིགས་ཀྱིས་ཤེས་པར་བྱེད་པ་ཡིན་ལ། དེའང་མེ་ལོང་དང་བཞིན་ཕན་ཚུན་རྟེན་འབྲེལ་དུ་འགྱུར་པ་ན། གདོང་གི་རྣམ་པ་ཇི་ལྟ་བུའི་གཟུགས་བརྙན་འབྱུང་སྟེ། གཟུགས་ལ་ཇི་ལྟར་ཡོད་པའི་མདོག་དང་དབྱིབས་ལ་སོགས་པ་མ་འདྲེས་པར་མངོན་སུམ་དམིགས་ཤིང་། དེམ་བརྟགས་མ་དཔྱད་པར་མཐོང་ཙམ་སྣང་ཙམ་དེ་ཉིད་དུ་བཞག་ན། གཟུགས་དངོས་དང་ཁྱད་མེད་པ་ལྟ་བུར་སྣང་ཡང་དཔྱད་ན་དེ་ལ་གདོང་ལ་སོགས་པའི་གཟུགས་དངོས་ཡིན་པའི་ཆ་རྡུལ་ཕྲ་བ་ཙམ་ཡང་མི་རྙེད་ལ་དེ་ཙམ་དུ་མ་ཟད་སྣང་ཙམ་འགོག་མེད་དུ་རང་གིས་ཉམས་སུ་མྱོང་ཡང་བརྟགས་ན་གཟུགས་བརྙན་དེ་གང་དུ་མཐོང་བའི་གོ་ས་མེ་ལོང་གི་ཕྱི་ནང་བར་གསུམ་དང་། ཤེས་པ་དང་ཡུལ་གྱི་བར་སྟོང་པའི་ཆ་དང་། ནང་གི་ཤེས་པ་ཉིད་ཀྱི་ཆ་ཀུན་ཏུ་ཡང་མེད་ན་ཕྱོགས་གཞན་དུ་ག་ལ་ཡོད། མ་རྙེད་བཞིན་དུ་ཡོད་པར་འཛིན་པའང་རིགས་པ་མིན་ཏེ། གལ་ཏེ་མ་རྙེད་པར་ཡང་ཡོད་པར་བཟུང་བས་ཆོག་ན་མོ་གཤམ་བུ་ཡང་ཡོད་པར་ཅིས་མི་འཛིན། དེས་ན་སྣང་ཡང་བདེན་པ་མེད་པ་དཔེ་དེའི་ཚུལ་དུ་ཤེས་པར་བྱའོ། །དེ་བཞིན་དུ་ཏིང་འཛིན་རྒྱལ་པོ་ལས། ཇི་ལྟར་མཚན་མོ་ཆུ་ཡི་ཟླ་བ་དག །དྭངས་ཤིང་རྙོག་པ་མེད་པའི་ཆུ་ནང་སྣང་། །ཆུ་ཟླ་སྟོང་པ་གསོག་སྟེ་གཟུང་དུ་མེད། །ཆོས་རྣམས་ཐམས་ཅད་དེ་བཞིན་ཤེས་པར་གྱིས། །ཞེས་གསུངས་སོ། །དེ་ལ་འདི་སྐབས་དཔེ་ལ་ལོག་པར་རྟོག་པ་ཅུང་ཟད་དགག་ན། རྒྱལ་དཔོགས་པ་ལ་སོགས་པ་ན་རེ། འདི་ལྟར་གཟུགས་བརྙན་མཐོང་བ་ནི།

In an utterly and completely pure mirror
Reflections appear
That lack any nature.
Thus, oh Druma, must you understand this phenomenon.

Even mundane beings accept that although reflections and so forth appear, they are not real. Taking these [reflections] as the example, the logical argument will then make it understood how all phenomena are similar.

The mirror and the image are in a state of mutual dependency, so an exact reflection of the features of the face appears in the mirror. Distinctly and directly, one observes the colors, shapes, and so forth just as they exist physically. If, without examining or investigating, one lets this be just as it is seen, it will seem to be in no way different from the actual [physical] form. But when investigating, one will not find any quality in the [appearance], not even a subtle particle, that is of the actual physical face. Moreover, the undeniable mere appearance that one experiences and that, when examined, is [found to be] a reflection, does not exist within the mirror where it is seen: not on its inside, not on its outside, and not in-between. Neither does it exist within the empty space between the cognizer and the object, nor possibly [within] any aspect of the inner consciousness. How then could it ever exist anywhere else?

Holding on to the idea of existence where one does not find any is irrational. If it were acceptable to believe in the existence of what cannot be found, then why not believe in the existence of the barren woman's son? The example for what appears yet has no reality should be understood in such a way. Likewise, the *King of Absorption* explains:

At night, reflections of the moon
Appear in clear and untroubled water.
The water moons are empty, false, and cannot be grasped.
Understand all phenomena to be like this.

In this context, one could refute a few misconceptions regarding the example. The Followers of Jaimini[45] and others say: "Regarding reflections,

མེ་ལོང་གི་ངོས་ལ་རང་གི་མིག་གི་འོད་ཟེར་ཕོག་ནས་ཕྱིར་ལོག་པས་རང་གི་བཞིན་ལ་སོགས་པ་དེ་ལྟར་དམིགས་པ་ཡིན་པ་ལ་གཟུགས་བརྙན་གྱི་ཐ་སྙད་བཏགས་སོ་ཞེས་ཟེར་རོ། །དེ་དག་གི་ལྟར་ན་ཐ་སྙད་དུ་གཟུགས་བརྙན་ཞེས་མཐོང་ཚུལ་ལ་བརྟེན་ནས་བཏགས་པ་མ་གཏོགས་ངོ་བོ་གཟུགས་དངོས་དང་བདག་གཅིག་ཏུ་འབྲེལ་བ་ལྟ་བུར་འདོད་པ་ལ། དེ་མི་འཐད་དེ་ལུགས་དེ་ལྟར་ན་མེ་ལོང་གི་ངོས་བྱང་དུ་བལྟས་ན་གཟུགས་བརྙན་ལྷོ་ཕྱོགས་སུ་བལྟས་པ་མ་མཐོང་བས་གཟུགས་དང་གཟུགས་བརྙན་གཉིས་ཕྱོགས་འགལ་བ་དང་། མེ་ལོང་གི་ངོས་ཆུང་ངུ་ལ་རང་གི་བཞིན་ཆེན་པོའི་གཟུགས་བརྙན་ཆུང་ངུར་སྣང་བས་ཚད་མི་འདྲ་བ་དང་། གཟུགས་བརྙན་མེ་ལོང་གི་ནང་དུ་སོན་པར་སྣང་བས་གནས་མི་འདྲ་བ་དང་། ཡང་ཆུ་དངས་པའི་མཚོ་འགྲམ་གྱི་རི་དང་ཤིང་གི་ཡལ་ག་དང་རྩེ་མོ་གྱེན་དུ་བལྟས་པ་མང་པོའི་གཟུགས་བརྙན་ཡལ་ག་དང་རྩེ་མོ་ཐུར་དུ་བསྟན་པར་དམིགས་པས་གནས་སྐབས་མི་མཐུན་པ་དེས་ན་གཟུགས་བརྙན་འཛིན་པའི་ཤེས་པ་དང་། གཟུགས་འཛིན་པའི་ཤེས་པ་གཉིས་ཀྱི་དམིགས་པ་མི་འདྲ་བས་ན། དཔེར་ན་སྒྲ་ཤེས་དང་གཟུགས་ཤེས་བཞིན་དུ་སྤྱོད་ཡུལ་ཐ་དད་པ་ཡིན་གྱི། གཟུགས་བརྙན་འཛིན་པའི་ཤེས་པས་རང་གི་བཞིན་ལ་སོགས་པ་གཟུགས་དངོས་བཟུང་བ་མིན་པར་ཤེས་པར་བྱའོ། །ཡང་བྱེ་བྲག་ཏུ་སྨྲ་བ་ན་རེ། གཟུགས་བརྙན་ནི་མེ་ལོང་ལ་སོགས་པའི་ནང་དུ་ཞེ་ཏུ་དངས་པའི་གཟུགས་གཞན་ཞིག་སྐྱེ་བ་ཡིན་ནོ་ཞེས་ཟེར་བ་དེ་མ་ཡིན་ཏེ། གཟུགས་རྡུལ་ཕྲན་གྱི་རང་བཞིན་ཡིན་པས་ལུས་ཅན་རྣམས་ནི་ཕན་ཚུན་གཅིག་གི་གོ་སར་གཅིག་འཇུག་པ་ལ་གེགས་མི་བྱེད་པ་མི་སྲིད་པས་ཡུལ་ཕན་ཚུན་སྤངས་ཏེ་གནས་པ་ཡིན་ལ། དེ་ལྟར་མིན་པར་གོ་ས་གཅིག་ཏུ་ཞུགས་ན་ཕན་ཚུན་ཐ་དད་མེད་པར་འདྲེས་ཤིང་ངོ་བོ་གཅིག་གི་བདག་ཉིད་དུ་འགྱུར་བར་འདོད་དགོས་པས། འདིར་གཟུགས་བརྙན་ནི་མེ་ལོང་ལ་སོགས་པའི་ངོས་ཀྱི་ཕྱོགས་དེ་ཉིད་ན་དམིགས་པར་འགྱུར་པས་གཟུགས་བརྙན་ཡང་གཟུགས་ཡིན་པར་འགྱུར་ན། གཟུགས་གཉིས་གོ་ས་གཅིག་ཏུ་ཇི་ལྟར་གནས་ཏེ།

they are seen when the light rays of one's eyes hit the surface of a mirror and are repelled, making one's face and the like observable. This is what the verbal convention of a reflection refers to. According to the [Followers of Jaimini], the word 'reflection' is simply applied because of a [particular] way of seeing. Apart from this [distinction between the physical form and its reflection] they assert that the essence [of the reflection] and the actual physical form are in some sort of relationship of same identity.

That is not reasonable, for their assertion [is disproved by the following observations]. When [looking in] a mirror that faces the north, one does not see reflections that face south. The [reflected] physical form and the reflection are [turned] in opposite directions. The dimensions [of the form and its reflection] do not resemble one another either, for a small reflection of one's larger face appears upon the surface of a small mirror. Nor are their locations alike, for the reflection appears to have gone into the mirror. Also, at the edge of a clear body of water, the many upward-pointing branches of trees and the summits of mountains are shown pointing downward when reflected. In that way, the [image and its reflection] are different in terms of what is observed. Therefore, the observations of a cognition apprehending a reflection are not like those of a cognition apprehending physical form. Their spheres of activity differ, as is the case with, for instance, the sound cognition and the form cognition. It should be under-stood that the cognition apprehending a reflection does not apprehend the actual physical form of one's face, and so forth.

Moreover, the Proponents of Differences[46] say: "A reflection is an occurrence of another extremely subtle physical form within, for example, a mirror." This is not so. The nature of physical form is to be made up of particles. Hence, regarding all that is corporeal, obstruction would be inevitable if such [entities] were to appear in each other's places. The objects would thereby mutually exclude one another. Otherwise, if [two material entities] occupy a single location [simultaneously], one would have to assert that they have mingled beyond all differences and become a single essence. If the reflection also becomes a [physical] form, by virtue of being observed when looking at, for example, the surface of a mirror, how could [these] two forms remain at a single location? That would be as impossible

བྲུམ་པ་གཉིས་བྲུམ་པ་གཅིག་གི་གོ་སར་གནས་མི་སྲིད་པ་བཞིན་ནོ། །གཏན་ཚིགས་འདི་སྣུང་དང་ཉིམ་ལ་སོགས་པས་མ་ངེས་པའང་མ་ཡིན་ཏེ། སྣུང་དང་ཉིམ་ལ་སོགས་པའི་རྡུལ་ཕྲ་མོ་རྣམས་ཐལ་བ་དང་རྫམ་པ་ལྟར་འདྲེས་པ་ཡིན་མོད་ཀྱི། ཡུལ་ཕན་ཚུན་སྤངས་ཏེ་གནས་པ་ཡིན་གྱི་གཅིག་ཏུ་སོང་བ་མིན་ནོ། །དེ་ལྟར་རྒྱལ་དཔོགས་པ་དང་བྲེ་སྦྲ་བ་གཉིས་གཟུགས་བརྙན་ལ་གཟུགས་སུ་ཞེན་པས་དེ་མ་བཀག་ན། བསྒྲུབ་པར་བྱ་བ་དང་སྒྲུབ་པའི་ཆོས་གཉིས་ཀ་དང་ལྡན་པའི་དཔེ་གཟུགས་བརྙན་བཀོད་པ་མ་གྲུབ་པར་འགྱུར་བའི་ཕྱིར་བཀག་ལ། ཡང་གཟུགས་བརྙན་ཤེས་པར་འདོད་པ་མདོ་སྡེ་པ་ལ་སོགས་པ་ན་རེ། དངོས་པོའི་ནུས་པ་བསམ་གྱིས་མི་ཁྱབ་པའི་མཐུས་མེ་ལོང་སོགས་ཀྱི་རྐྱེན་ལས་ཤེས་པ་ཉིད་གཟུགས་བརྙན་དེའི་རྣམ་པར་སྣང་བ་ཙམ་དུ་བྱུང་བ་ཡིན་ནོ་ཞེས་ཟེར་རོ། །དེ་ལ་གཟུགས་བརྙན་འདི་ནི་ཡུལ་མེད་ཀྱི་ཤེས་པ་དེ་ལྟར་སྣང་བའོ་ཞེས་འདོད་ན། གཟུགས་ལ་སོགས་པ་བདེན་པར་འདོད་པའང་ཡུལ་མེད་བཞིན་དུ་སྣང་བ་ཡིན་ནོ་ཞེས་ཅིའི་ཕྱིར་མི་འདོད་དེ། གཟུགས་གཟུགས་བརྙན་གཉིས་ཀའི་སྣང་བ་ནི་རྣམ་པ་ཙམ་དུ་འདོད་པས་སོ། །གལ་ཏེ་གཟུགས་བརྙན་ནི་རྣམ་པ་གཏོད་བྱེད་ཀྱི་ཡུལ་ཉིད་དུ་མི་འཐད་དེ་གཟུགས་བརྙན་ཉིད་མི་འགྲུབ་པས་ཡུལ་མེད་ལ་ཤེས་པ་ཙམ་མོ་སྙམ་ན། དེ་ལྟར་ན་རྣམ་པ་གཏོད་བྱེད་ཀྱི་ཡུལ་ཕྱི་རོལ་ན་ཡོད་པར་འདོད་པ་གཟུགས་སོགས་ཀྱང་རྡུལ་ཕྲ་རབ་ཉིད་དུའང་མ་གྲུབ་པ་སོགས་གཟུང་བ་འགོག་པའི་རིགས་པས་ཡུལ་ལ་གནོད་པ་ཡོད་པས་གཟུགས་བརྙན་དང་ཁྱད་མེད་དུ་ཐལ་ལོ། །དེ་བཞིན་དུ་སྒྱུ་མ། རྨི་ལམ། སྨིག་རྒྱུ། དྲི་ཟའི་གྲོང་ཁྱེར་དང་། མགལ་མེའི་འཁོར་ལོ་ལ་སོགས་པའི་དཔེའང་དེའི་ཚུལ་གྱིས་གྲུབ་པར་བཤད་དོ། །དེ་ལ་གཞོན་ནུ་མ་ལེན་ལ་སོགས་པ་ན་རེ། སྒྱུ་མ་ལ་སོགས་པ་མི་བདེན་པ་ནི་མ་ཡིན་ཏེ། དཔེར་ན་འཇིམ་པའི་དུམ་བུ་ལ་སྒྱུ་མའི་སྔགས་བརྗོད་དམ། འོན་ཏེ་དེ་ལྟར་སྣང་བའི་ཤེས་པ་ལ་ཟེར། དང་པོ་ལྟར་ན་གཟུགས་ཡིན་ལ། ཕྱི་མ་ལྟར་ན་ཤེས་པ་ཡིན་པས་གང་ལྟར་ཡང་སྒྱུ་མའི་རྟ་གླང་སོགས་མེད་པར་མི་གྲུབ་སྟེ།

as two vases remaining at the location of a single vase. Wind and sun [particles] and so forth do not make this argument indeterminate either. The subtle particles of wind and sun may well have mixed, just like ashes and flour, but the objects still remain mutually exclusive and have not become one.

In this way, the Followers of Jaimini and the Proponents of Differences conceive of reflections as form. If these [conceptions] are not refuted, the use of reflections as an example that possesses the properties of both the probandum and the proof cannot be established. This is the reason for the refutation.

Furthermore, the Sūtra Followers[47] and others who assert that reflections are cognition will say: "By the power of the inconceivable energy of entities [and] due to the condition of a mirror and so forth, it is merely cognition itself that appears with the features of a reflection." Since they thus assert that "a reflection is the appearance of a cognition without an object," then why not also assert that the forms and so forth that are [otherwise] posited as true [merely] appear, while [in actuality] there are no objects? The appearances of both forms and reflections have [already] been asserted as mere features.

It may be thought that because they themselves are not established, reflections cannot reasonably be actual objects that transmit features, and therefore that they are merely cognitions that lack an object. Yet form and so forth, the objects that are asserted to exist and transmit features in the outer world, are [also] not established, even as most subtle particles.

In ways such as this, the reasoning that refutes the apprehended damages the [the validity of the notion of] objects, so that in consequence, there is no difference between those [objects] and reflections. It is taught that examples such as illusions, dreams, a mirage, a city of the smell-eaters, and a fire brand circle are established in the same way. Here Kumārila[48] and others will say: "Illusions and so forth are not untrue. For example, is it the portion of clay [used by the magician] that you call illusion, or is it the cognition to which it appears? If it is the first, [the illusion] is [then] form, and if the latter, it is cognition. In any case, the illusory horses and elephants are not nonexistent. The same applies to dreams

དེ་བཞིན་དུ་རྨི་ལམ་ལ་སོགས་པ་ཐམས་ཅད་ལ་རྒྱུར་གྱུར་པའི་གཟུགས་སམ་ཤེས་པ་གང་རུང་བདེན་པར་ཡོད་པས་ན་ཐམས་ཅད་བདེན་མེད་ཀྱི་དཔེར་མི་རུང་ངོ་ཞེས་ཟེར་རོ། །དེ་མི་འཐད་དེ། འདི་ལྟར་སྒྱུ་མ་སོགས་ཀྱི་སྣང་བ་ནི། རྣམ་བཅས་པ་ཤེས་པའི་རྣམ་པ་སྣང་བར་འདོད་པའམ། རྣམ་མེད་པ་ཡུལ་དངོས་སུ་རིག་པར་འདོད་པའི་ཕྱོགས་གཉིས་པོ་གང་ཡིན་ཀྱང་རུང་སྟེ། བློ་ངོ་ལ་ཇི་ལྟར་སྣང་བའི་དམིགས་ཡུལ་དེ་ཉིད་ལ་འཛོག་གི །དེའི་རྒྱུ་ཙམ་ལ་སྒྱུ་མ་སོགས་ཀྱི་སྣང་པར་གདགས་པ་མིན་ཏེ། རྒྱུ་ཙམ་ལ་གདགས་ན་མིག་སོགས་ཀྱང་རྒྱུ་ཡིན་པས་དེ་རྣམས་ཀྱང་སྒྱུ་མ་སོགས་སུ་ཐལ་བའི་ཕྱིར་རོ། །དེས་ན་རྒྱུ་དང་དམིགས་པ་ཐ་དད་ཡིན་པས་ན། སྒྱུ་མ་སོགས་ཀྱི་རྒྱུར་གྱུར་པ་གཟུགས་དང་ཤེས་པ་དག་ཡོད་དུ་ཟིན་ཀྱང་དེ་ལ་དཔེར་བྱས་པ་མིན་ཏེ། དཔེར་ན་འཇིམ་པའི་དུམ་བུ་ཡོད་དུ་ཟིན་ཀྱང་དེ་རྟ་གླང་སོགས་སུ་མ་དམིགས་ན། དེ་ལ་སྒྱུ་མའི་སྣང་བ་ཞེས་མི་བརྗོད་ཅིང་དཔེར་ཡང་མི་བྱེད་ལ། འཇིམ་དུམ་དེ་ཉིད་རྟ་གླང་སོགས་སུ་དམིགས་ཚེ་དེ་ལ་སྒྱུ་མ་ཞེས་གདགས་ཤིང་དཔེར་བྱེད་པའོ། །དེ་ལ་སྤྱིར་དོན་ཤེས་ཉིས་ཆར་ཡང་བདེན་མེད་དུ་གྲུབ་པས་རྒྱུ་བདེན་པའོ་ཞེས་སྒྲུབ་པར་མི་ནུས་ལ། གལ་ཏེ་རེ་ཞིག་རྒྱུ་གཟུགས་ཤེས་དག་ལ་བདེན་པར་རློམ་དུ་ཆུག་ནའང་། དེས་དམིགས་པ་ཉིད་བརྫུན་པ་ལ་བདེན་པར་བྱ་མི་ནུས་ཏེ། དཔེར་ན་སྒྱུ་མས་མིག་བསླད་ཀྱང་སྒྱུ་མ་ཡིན་པར་ཤེས་པ་དག་ལ་སྒྱུ་མའི་སྣང་བ་ཡོད་ཀྱང་། གཞི་དེར་རྟ་གླང་སོགས་ཡོད་པར་འཛིན་པ་ཅུང་ཟད་ཀྱང་མི་སྐྱེ་བ་ཡིན་གྱི། འདིའི་རྒྱུ་འཇིམ་དུམ་དང་མིག་ཤེས་དང་སྒྱུ་མཁན་སོགས་ཡོད་པས་འདིའང་བདེན་ནོ་སྙམ་དུ་མི་འཛིན་པ་བཞིན་ནོ། །དེས་ན་དམིགས་པ་ཉིད་ཐད་ཀ་རང་ས་ན་ཡིན་ཡིན་ལྟར་སྣང་འདུག་པ་སྟེ། སྣང་བ་ལྟར་མ་གྲུབ་པར་ཤེས་པ་ལ་དཔེར་བྱས་པས་དཔེ་མ་གྲུབ་པ་མིན་ནོ།

and so forth. What causes these is either form or cognition, and both of these exist. Therefore, none of the [examples] are appropriate examples for absence of truth."

Such [a position] is not reasonable. Regarding the appearances of illusion and so forth, the Proponents of Features[49] may assert the appearances of the features of cognition, whereas the Proponents of No Features[50] assert objects that are actually cognized. Yet, according to both of these positions, [the term illusion and so forth] apply to the observed object itself, just as it appears to the mind. The mere causes for this are not designated as the appearance of illusion and so forth. If the mere causes were [so] designated, the eyes and other factors, which are also causes, would in consequence also be illusion and so forth. The causes and that which is observed are therefore different from one another. Form and cognition, which are the causes for illusions and so forth, may thus be considered existent, yet they are not what is taken as the example.

For example, if a portion of clay is considered existent and not observed as horses, elephants, and so forth, then this is not called an illusory appearance, and is not to be treated as an example [here] either. It is when that very ball of clay is observed as horses, elephants, and so on, that one speaks of "an illusion," and it is that which is taken as the example. Generally, one will not achieve anything by saying that "the causes are true!" for the establishment of both the objects and the cognitions is devoid of truth also. But even if one allows for a temporary assumption of the causal forms and cognitions as true, then that which is observed by [their constellation] is still itself false and cannot be made true.

For example, illusory appearances may be experienced by those who, in spite of their vision being spoiled by illusion, know the illusion to be what it is. Yet such people will in no way believe in an existence of horses, elephants, and so forth at that particular place. They do not apprehend [the appearances] thinking, "their causes—the clay, the eye cognition, the magician, and so on—all exist, so this must be true!" Therefore, the observed phenomena are themselves directly apparent in their own place like a perfect reality, yet they are not established the way they appear. It is this understanding that is used as the example. The example is therefore not

།དེ་དག་རང་འགྲེལ་ལས་གསུངས་པ་རྣམས་གསལ་པོར་ཕྱེ་སྟེ་བཤད་པ་ཡིན་ནོ། །གཉིས་པ་རྟ་བའི་རྟགས་བཀོད་པ་དེའི་ཚུལ་སྒྲུབ་པ་ལ། ཕྱོགས་ཆོས་སྒྲུབ་པ་དང་། ཁྱབ་པ་སྒྲུབ་པ་གཉིས། དང་པོ་ལ་བདེན་པའི་གཅིག་བྲལ་སྒྲུབ་པ་དང་། བདེན་པའི་དུ་བྲལ་སྒྲུབ་པ་གཉིས། དང་པོ་ལ་ཁྱབ་པའི་གཅིག་དགག །མ་ཁྱབ་པའི་གཅིག་དགག་པ་གཉིས། དང་པོ་ལ་ཁྱབ་བྱེད་བྱེ་བྲག་པ་གཅིག་བདེན་དགག །མཁའ་སོགས་ཁྱབ་བྱེད་སྤྱི་གཅིག་བདེན་དགག་པ་གཉིས། དང་པོ་ལ་རྟག་དངོས་གཅིག་བདེན་དགག །གང་ཟག་གཅིག་བདེན་དགག་པ་གཉིས། དང་པོ་ལ་གཞན་སྡེས་བཏགས་པའི་རྟག་དངོས་དགག །རང་སྡེས་བཏགས་པའི་རྟག་དངོས་དགག །དེ་ལྟར་བཀག་པའི་མཇུག་བསྡུ་བ་གསུམ། དང་པོ། འབྲས་བུ་རིམ་ཅན་ཉེར་སྦྱོར་བས། །རྟག་རྣམས་གཅིག་པུའི་བདག་ཉིད་མིན། །འབྲས་བུ་རེ་རེ་ཐ་དད་ན། །དེ་དག་རྟགས་ལས་ཉམས་པར་འགྱུར། །ཞེས་གསུངས་ཏེ། དེ་ལ་སྤྱིར་གོང་དུ་ཇི་སྐད་བཤད་པའི་གཅིག་དུ་བྲལ་གྱི་རྟགས་དེ་རང་གཞན་གྱི་སྡེ་པས་སྨྲས་པའི་དངོས་པོ་ཞེས་འདོད་ཆོས་ཅན་རྣམས་ཀྱི་སྟེང་དུ་གྲུབ་པ་ནི་ཚུལ་དང་པོ་ཕྱོགས་ཆོས་ཞེས་བྱ་ཞིང་། གཅིག་དུ་བྲལ་གྱི་རྟགས་དེ་ཡོད་ན་བསྒྲུབ་བྱ་བདེན་མེད་ཡོད་དགོས་པ་ནི་ཚུལ་གཉིས་པ་རྗེས་འགྲོའོ།

unestablished. This was presented as a clarifying examination of the *Autocommentary*'s discussion.

Establishing the Arrangement of the Root Evidence

Second, establishing the arrangement of the root evidence includes: 1) establishing the property of the position, and 2) establishing the pervasion. Establishing the property of the position includes: 1) establishing the absence of true singularity, and 2) establishing the absence of true multiplicity. The first includes: 1) refuting the singularity of the pervasive, and 2) refuting the singularity of the non-pervasive. The first includes: 1) refuting the true singularity of pervading particulars, and 2) refuting the true singularity of pervading universals, such as space. The first includes: 1) refuting the true singularity of permanent entities, and 2) refuting the true singularity of the person. The first includes: 1) refuting the permanent entities imputed by other groups, 2) refuting the permanent entities imputed by our own group, and 3) concluding these refutations.

Refuting the Permanent Entities Imputed by Other Groups

First, it is said:

> *Since the effects are achieved gradually,*
> *The permanent ones are not singular identities.*
> *If different for each of the results,*
> *They lose their permanence. [2]*

Generally, the first mode, the property of the position, is the establishment of the evidence communicated above (lack of singularity and multiplicity) upon the subjects about which knowledge is sought (the entities asserted by our own and other groups). The second mode, the concomitance, is the necessary presence of the probandum, the absence of truth, if there is a presence of the evidence, the lack of singularity and multiplicity. The third mode, the reverse endowment, is the reversal of

།བསྒྲུབ་བྱ་བདེན་མེད་མེད་ན་གཅིག་དུ་བྲལ་གྱི་རྟགས་ཀྱང་ལྡོག་པ་ནི་ཚུལ་གསུམ་པ་ལྡོག་ལྡན་ནོ། །དེ་ལྟར་བསྒྲུབ་བྱ་དང་རྟགས་གཉིས་རྗེས་སུ་འགྲོ་ཞིང་ལྡོག་པའི་འབྲེལ་པ་ཁྱད་པར་ཅན་ངེས་པས་ན་རྟགས་དེས་བསྒྲུབ་ཆོས་དེ་འགྲུབ་ངེས་པའི་ཁྱབ་པ་ཡོད་པ་ནི་ཁྱབ་པ་ཞེས་བྱ་སྟེ། །ཁྱབ་པ་གྲུབ་པའི་རྟགས་དེ་ཕྱོགས་ཞེས་འདོད་ཆོས་ཅན་གང་གི་ཆོས་སུ་འགྲུབ་ན་དེས་བསྒྲུབ་བྱ་འགྲུབ་པ་ལ་བསླུ་བ་མེད་པས་ཚུལ་གཉིས་དང་དྲུག་ལ་སོགས་པའི་མང་ཉུང་གི་མཐའ་ཡང་ཁེགས་པ་ཡིན་པ་དེས་ན། ཚུལ་གསུམ་རྟགས་ལས་དོན་མཐོང་བའོ། །ཞེས་དང་། ཕྱོགས་ཆོས་དེ་ཆས་ཁྱབ་པ་ཡི། །ཞེས་གསུངས་པ་བཞིན་ནོ། །དེས་ན་རྩ་བའི་རྟགས་འགོད་པའི་ཚེ་གཅིག་དུ་བྲལ་གསུངས་པ་དེ། རང་གཞན་གྱི་སྡེ་པས་སྨྲས་པའི་དངོས་པོ་རྣམས་ཀྱི་སྟེང་དུ་གྲུབ་པའི་ཚུལ་རིམ་པར་འཆད་པར་འདོད་ནས། འདི་ཐད་ཀྱི་སྤྱི་འགྲེལ་དུ་གཏན་ཚིགས་འདི་མ་གྲུབ་པོ་སྙམ་དུ་མ་སེམས་ཤིག །ཅེས་གསུངས་ལ། རྗེ་ལྟར་གྲུབ་སྙམ་ན། དང་པོ་བདེན་པའི་གཅིག་བྲལ་བསྒྲུབ་པ་ཡིན་ཏེ། གཅིག་མ་གྲུབ་ན་དུམ་གྲུབ་པ་མི་སྲིད་ཅིང་དུ་མའི་བརྩམ་གཞི་གཅིག་ཡིན་པས་དེ་དང་པོར་སྒྲུབ་བོ། །དེ་ལ་ཕྱིར་ཞེས་བྱའི་ཁོངས་ན་མཐའ་གཅིག་ཏུ་བདེན་པར་གྲུབ་པ་ཞིག་ཡོད་ན་སྣང་བ་དང་མི་སྣང་བ་སོགས་ཀྱི་ཆ་དབྱེ་རྒྱུ་མེད་པར་གཅིག་པུའི་བདག་ཉིད་དུ་ཕྱོགས་དུས་ཐམས་ཅད་ན་ཡོད་དགོས་ལ། དེ་ལྟར་ན་མཐར་ཕྱོགས་དུས་ཀྱིས་བསྡུས་པའི་ཤེས་བྱ་ཐམས་ཅད་ཀུན་སོ་སོར་མི་སྣང་བར། རིལ་གཅིག་ཏུ་ནམ་མཁའ་འབའ་ཞིག་ལྟ་བུར་འགྱུར་དགོས་ན། དེ་ལྟར་མ་ཡིན་པར་ཕྱོགས་དུས་ཀྱི་སྣང་བ་སྣ་ཚོགས་ཚད་མེད་པ་ཆེས་བཀྲ་བ་མངོན་སུམ་དུ་སྣང་པ་འདི་དག་གཅིག་ཏུ་བདེན་པ་མེད་པའི་གནད་ཀྱིས་སྣང་བ་ཁོ་ན་ཡིན་པས།

the evidence, the lack of singularity and multiplicity, when there is an absence of the probandum, absence of truth.

When a distinctive relationship of concomitance and reversal is ascertained between the probandum and the evidence, the evidence establishes the property of the probandum with certified pervasion. This is the so-called *pervasion*. When an evidence with proven pervasion is established as the property of a given position for the subject about which knowledge is sought, then that establishes the probandum unfailingly. This [explanation] also invalidates the various extreme [ideas] with respect to the number of modes [needed]—two, six, or some other [number]. As is said:

> The meaning is seen with an evidence of three modes.

As well as:

> In terms of the property of the position and the pervasion of the aspect...

The intent, then, is to explain how the lack of singularity and multiplicity, which was taught when the root evidence was arranged, is established regarding all entities posited by our own or other groups. At this point, the original commentary teaches:

> Do not think that this argument is unestablished!

One may then wonder how is it established. First, the absence of a true singularity will be proven, for if singularity is not established, multiplicity cannot be possible. Since one is the basis for the formation of many, the [lack of singularity] is proven first. Now generally, if something unequivocally established as true existed within the realm of cognizable objects, it would have to exist in all directions and at all times as a single identity, without any basis for divisions in terms of its appearing or not appearing, and so forth. Eventually, in this way, none of the objects of cognition contained within the directions and times would appear individually. All would have to turn into a single whole, as if [there were] nothing but space. Yet that is not how it is—the appearances of place and time are perceived directly in a limitless and highly variegated display.

གང་སྣང་སྲིད་འཁོར་འདས་ཀྱིས་བསྡུས་པའི་ཤེས་བྱ་ཡིན་ནོ་ཅོག་ལ་གཅིག་དུ་བྲལ་གྱི་རིགས་པ་མི་འཇུག་པ་ཞིག་མི་སྲིད་དོ། །དེས་ན་འདིར་བདག་གཞན་གྱིས་སྨྲས་པའི་དངོས་པོ་རྣམས་ཀྱི་སྟེང་དུ་རྟགས་གྲུབ་ཚུལ་རིམ་པས་སྟོན་པ་ལ་ས་བཅད་ཀྱི་དབང་དུ་ན། རྟག་མི་རྟག་གཉིས་སམ། ཕྱི་གཟུང་ཡུལ་དང་། ནང་འཛིན་སེམས་གཉིས་སམ། ཤེས་བྱའི་ཡུལ་དང་། ཤེས་བྱེད་ཀྱི་བློ་གཉིས་ཀྱིས་བསྡོམས་ཀྱང་རུང་མོད། འདིར་དཀའ་འགྲེལ་ལས། ཁྱབ་པ་ནི་བདག་དང་ནམ་མཁའ་ལ་སོགས་པའོ། །མི་རྟག་པ་རྣམས་ནི་མ་ཁྱབ་པའི་ཕྱུང་པོར་བསྡུ་བར་བཤད་པ་ལྟར། དེ་གཉིས་ཀྱིས་སྡོམ་དུ་བྱས་པ་ཡིན་ལ། རྟག་དངོས་དང་གང་ཟག་ཡོད་པར་སྨྲ་བའི་ལུགས་ལ་དེ་དག་ཡུལ་ཐ་དད་ན་རིས་སུ་བཅད་པར་མཐའ་གཅིག་ཏུ་གཟུང་མི་ནུས་པའི་ཁྱབ་པའི་ཕྱོགས་སུ་གཏོགས་པར་བསྡུའོ། །རང་འགྲེལ་ལས། ཐ་དད་ཕྱོགས་ཅན་ཞེས་སོགས་ཀྱི་ཚིགས་བཅད་ཀྱི་ཐད་ཁོ་ནར་ཁྱབ་མ་ཁྱབ་ཞེས་གསུངས་པ་ཁྱབ་པ་མཚན་ཉིད་པའི་དབང་དུ་བྱས་པར་གསལ་ལོ། །དེས་ན་ཁྱབ་པ་བྱེ་བྲག་པའི་ནང་ཚན་དང་པོ་རྟག་དངོས་སྨྲ་བའི་ཕྱི་རོལ་པ་རྣམས་ཀྱིས་སྨྲས་པའི་དངོས་པོ་ལ་བདེན་པའི་གཅིག་བྲལ་གྲུབ་ཚུལ་གོང་དུ་ཇི་སྐད་སྨྲས་པའི་ཚིགས་སུ་བཅད་པས་བསྟན་ཏེ། དེ་ལ་སྨྲ་སྐྱེགས་ཁ་ཅིག་དབང་ཕྱུག་ལ་སོགས་པ་ངོ་བོ་ནི་རྟག་པ་ཡིན་ལ། དེའང་ནམ་མཁའ་ལ་སོགས་པ་ལྟར་དོན་མི་བྱེད་པ་ནི་མ་ཡིན་གྱི། དོན་བྱེད་པའི་དངོས་པོ་ཞིག་ཏུ་ཁས་བླངས་སོ། །རྒྱུ་དབང་ཕྱུག་ལ་སོགས་པ་དེ་ནི་དུས་གསུམ་དུའང་འགྱུར་བ་མེད་པས་རྟག་བཞིན་དུ་དེས་སྣོད་བཅུད་ཀྱི་དངོས་པོ་འདི་རྣམས་རྫ་མཁན་གྱིས་རྫ་བུམ་བྱས་པ་བཞིན་དུ་བྱེད་པར་གློས་བཏགས་སོ། །དེ་ལ་སྣོད་བཅུད་ཀྱི་དངོས་པོ་རྣམས་ནི་ཅིག་ཅར་དུ་འབྱུང་བ་ཞིག་ནམ་ཡང་མི་སྲིད་པས་རིམ་ཅན་དུ་སྣང་བ་ལྟར་རིམ་ཅན་དུ་ཁས་ཀྱང་མི་ལེན་པའི་ཐབས་མེད་དོ། །དེས་ན་ཁྱོད་ཀྱིས་རྟག་པར་འདོད་པའི་རྒྱུ་གང་དེས་**འབྲས་བུ**་འདི་རྣམས་དུས་ཅིག་ཅར་དུ་མི་བསྐྱེད་པར་གཅིག་རྗེས་སུ་གཅིག་མཐུད་དེ་**རིམ་པ་ཅན་དུ་ཉེ་བར་སྦྱོར**་པའམ་སྐྱེད་པར་སྣང་**བས**ན།

They appear exclusively because of the crucial fact that none of them is true as a singularity. Thus, there cannot possibly be any object of cognition contained in existence and peace, cyclic existence and transcendence of suffering, to which the reasoning into the absence of one and many does not apply.

It will now be sequentially shown how this evidence is established with regard to all entities asserted by ourselves and others. In terms of topic headings, one may here summarize under the permanent and the impermanent, the outer apprehended objects and the inner apprehending mind, the objects of cognition and the cognizing mind. Yet because the *Commentary on Difficult Points* [treats] the self, space, and so forth as being pervasive, while it explains that all impermanent [entities] are to be included in the aggregation of what is not pervasive, I have used those two categories. Within the systems that posit an existence of permanent entities and the person, such [phenomena] are included in the category of the pervasive, which cannot be understood to be decisively confined to distinct locations.

The *Auto-commentary* speaks of pervasion and lack of pervasion only when concerned with the stanza [that begins]: "*Related to what has separate parts...*" This is obviously in terms of genuine pervasion [as taught in logic]. Hence, as the first subdivision of [the chapter concerned with] particular pervasives, the stanza given above shows how the absence of true singularity is established with regard to the entities asserted by those non-Buddhists who are proponents of permanent entities.

Some extremists have asserted [a being] such as the Almighty who is permanent in essence, yet who is nevertheless not non-functional in the way that space and so forth are, but is a functional entity. This cause (for instance, the Almighty) remains unchanging in the three times. While thus being permanent, it creates all the entities of world and beings in the manner of a potter making pots. These are the imputations of their minds.

Regarding that [type of assertion, it is said] that simultaneous occurrence of all entities, worlds and beings, is never possible. Just as they appear gradually, there is no way around accepting that they do [in fact] develop gradually. *Since* it is therefore apparent that this cause, which you assert as permanent, does not give rise to the results all at once and simultaneously,

རྒྱུ་དབང་ཕྱུག་སོགས་**རྟག**་པའི་དངོས་པོར་ཁས་བླངས་པ་དེ་**རྣམས་གཅིག་པུའི་བདག་ཉིད**་དུ་བདེན་པ་**མིན**་ནོ། །ཞེས་སོ། །དེ་ལ་རྒྱུ་རྟག་པ་གཅིག་པུ་ཆ་མེད་པའི་རིལ་པོ་གཅིག་གིས་འབྲས་བུ་འདི་ཀུན་སྐྱེད་ན། རྒྱུ་དེའི་སྟེང་ན་འབྲས་བུ་གང་ཇི་སྙེད་པ་སྐྱེད་པའི་ནུས་པ་མ་ཚང་བ་མེད་པར་ཡོད་དགོས་པས་འབྲས་བུ་བདེ་སྡུག་བཏང་སྙོམས་ལ་སོགས་པ་ཐམས་ཅད་ཀྱང་དུས་ཅིག་ཅར་དུ་ཅིའི་ཕྱིར་མི་འབྱུང་སྟེ། འབྲས་བུ་རྣམས་ནི་རྒྱུ་མ་ཚང་ན་མི་སྐྱེ་ལ། རྒྱུའི་ནུས་པ་ཐོགས་མེད་དུ་གྱུར་ན་དེའི་ཚེ་འབྲས་བུ་ཤོལ་བ་ག་ལ་སྲིད། ཤོལ་ན་ནི་རྒྱུའི་རྗེས་སུ་འགྲོ་ལྡོག་མི་བྱེད་པས་དེའི་འབྲས་བུ་ཡིན་པར་ཡང་གཞག་ཏུ་མི་རུང་ངོ་། །དེ་ལ་ཁོ་ན་རེ། དེ་ལྟར་འབྲས་བུ་རྣམས་དུས་ཅིག་ཅར་དུ་མི་སྐྱེ་བ་ནི་ལྷན་ཅིག་བྱེད་པའི་རྐྱེན་སོ་སོའི་དབང་གིས་ཡིན་ནོ་ཟེར་ན་ནི། རྟག་པ་གང་ཡིན་པ་གནས་སྐབས་གཅིག་ལས་འགྱུར་མི་སྲིད་པས་ལྷན་ཅིག་བྱེད་པའི་རྒྱུ་ལ་ལྟོས་པ་མི་འཐད་དེ་རྐྱེན་གྱིས་བསྒྱུར་དུ་མི་རུང་བའི་ཕྱིར་ཏེ། དཔེར་ན་ནམ་མཁའ་ལ་ཚོན་བྱུགས་པ་བཞིན་ནོ། །ལྟོས་ཤིང་བསྒྱུར་དུ་ཡོད་ན་ནི་རྟག་པ་ཡིན་པ་ཉམས་སོ། །གལ་ཏེ་ལྟོས་སུ་ཆུག་ནའང་ལྷན་ཅིག་བྱེད་རྐྱེན་དང་ལྡན་པའི་སྐབས་ཀྱི་རྟག་དངོས་དང་བྲལ་བའི་སྐབས་ཀྱི་རྟག་དངོས་དེ་ལ་ཁྱད་པར་ཡོད་དམ་མེད། ཡོད་ན་ནི་རྟག་པ་ཉམས་ལ། ཁྱད་མེད་ན་ནི་དང་པོའི་གནས་སྐབས་ཇི་ལྟ་བ་བཞིན་དུ་ཕྱི་མས་ཀྱང་ལྷན་ཅིག་བྱེད་རྐྱེན་རྣམས་འབྲལ་བའི་དབང་མེད་པར་མགྱོགས་ནས་ཐག་པས་བཏགས་པ་བཞིན་སྟོབས་ཀྱིས་དྲངས་ཏེ་གནས་ནས་སྤུམས་བྱས་པའི་འབྲས་བུ་གང་ཡིན་པ་དེའང་རྒྱུ་མ་ཚང་བ་མེད་པས་ན་ནམ་ཡང་ལྡོག་པར་མི་འགྱུར་རོ། །ཚུལ་འདིས་ལྷན་ཅིག་བྱེད་རྐྱེན་ལ་རྒྱུ་དབང་ཕྱུག་སོགས་ཀྱི་ནུས་པར་མིང་བཏགས་ནས་དེས་འབྲས་བུ་རྣམས་རིམ་པས་བྱས་སོ་ཞེས་ཟེར་བའང་ཁེགས་ཏེ། ཁོ་རང་གི་ངོ་བོ་དང་ནུས་པ་གཉིས་ཐ་དད་ན་ནི་ལྷན་ཅིག་བྱེད་པའི་རྒྱུ་ལ་ནུས་པའི་མིང་གིས་བཏགས་པར་ཟད་ལ།

but that instead *the effects are achieved* or produced *gradually*, one after the other, *the permanent ones* who are claimed to be causal entities—the Almighty and so forth—*are not singular identities.*

If a cause that is some permanent, single, partless whole were to give rise to all these effects, that cause would have to possess, without any incompleteness, the power to produce the entire multiplicity of effects. Why then don't all effects—pleasure, pain, indifference—and so forth, arise simultaneously? Effects do not occur if their causes are incomplete, but how could the effects ever be delayed once the power of their cause is unimpeded? If they were delayed, [the effects] would not follow their cause, and they could not then appropriately be set forth as its effects.

At this point, one may object that it is because of the particular cooperative conditions that the results do not arise simultaneously. Yet the permanent cannot possibly change from one occasion to another, and therefore it is not reasonable for it to depend on cooperative causes. Conditions cannot function to change [the permanent]. That would be, for example, like space becoming covered with paint. If [the permanent] is reliant and changeable, it has lost its permanence.

Nevertheless, we could let ourselves assume that [the permanent] is reliant. Given that, is there, or is there not, a difference between the permanent entity when it possesses the cooperative conditions, and the permanent entity when it is free from the cooperative conditions? If there is, its permanence is lost. If there is no difference, whichever cooperating conditions were [present] at the first occasion would have to be present at the latter as well—helplessly pulled on by force, as if tied by ropes to the neck [of the Almighty]. In the same way as before, there would be no incompleteness regarding the causes, and the various results could never be halted.

This also invalidates calling the cooperating conditions the energy of the cause that is the Almighty and so forth, and then saying that it is this [energy] that gradually gives rise to the effects. If there is a difference between his essence and his energy, that would merely mean that the cooperating causes have been designated by the name 'energy.' If there

ཐ་མི་དད་ན་ནི་ཆ་ཤད་མ་ཐག་པ་ལྟར་རྟག་ཏུ་འབྲས་བུ་མི་ལྡོག་པ་སོགས་ཀྱིས་གནོད་དོ། །དེས་ན་འབྲས་བུ་རིམ་ཅན་དུ་སྐྱེད་པར་ཁས་བླངས་ཕན་ཆད་རྒྱུ་རྟག་པ་གང་ཡིན་པ་གཅིག་པུར་བདེན་པ་ཞིག་མི་སྲིད་པར་ཤེས་པར་བྱའོ། །སྤྱི་ཕྱི་གཅིག་པུར་མ་བདེན་ཕན་ཆད་རྟག་པ་མ་ཡིན་པར་ངེས་སོ། །ཡང་དེ་དག་ཇི་སྐད་ཆ་ཤད་མ་ཐག་པའི་ཉེས་པ་དེ་དག་བཟློག་ཏུ་མེད་པར་མཐོང་ནས། རྒྱུ་རྟག་པ་ཡིན་ཀྱང་གཅིག་པུ་མ་ཡིན་ཏེ། **འབྲས་བུ་རེ་རེ**་བཞིན་དུ་རྒྱུ་དེ་དག་གི་རང་བཞིན་ཡང་གཞན་དང་གཞན་དུ་རིམ་ཅན་**ཐ་དད**་པའི་ཚུལ་གྱིས་ཡོད་པར་འདོད་**ན་ནི**། དབང་ཕྱུག་སོགས་ཀྱི་དངོས་པོ་**དེ་དག་རྟག**་པ་ཡིན་པ་**ལས་ཉམས་པར**་ཅིའི་ཕྱིར་མི་**འགྱུར**་ཏེ། གནས་སྐབས་གཞན་དང་གཞན་དུ་འགྱུར་བའི་ཕྱིར་རོ། །ཞེས་སོ། །དེ་ལ་ཕ་རོལ་པོས། རིལ་པོ་གཅིག་མིན་ཀྱང་རྡུང་རང་བཞིན་ནམ་རྒྱུད་ལྟ་བུ་གཅིག་ཡིན་པས་གནས་སྐབས་ཐ་དད་ནའང་རྟག་པ་ཡིན་པ་ཅི་འགལ་སྙམ་དུ་སེམས་པ་སྟེ། དཔེར་ན་འཇིག་རྟེན་ན་གར་གྱི་ཆས་སྣ་ཚོགས་སུ་ཞུགས་ཀྱང་སཱུ་ཏྲའི་གར་མཁན་དེ་ཕྱི་ཏྲའི་དེ་དང་གཅིག་པར་འདོད་པ་ལྟ་བུར་འདོད་དོ། །དེ་ལ་དཔྱད་ན་གཅིག་པུ་ཆ་མེད་པ་མིན་ཕན་ཆད་རྟག་པ་མི་འཐད་པས་ཚོགས་བཅད་ཀྱི་ཕྱེད་སྔ་མས་རྟག་པར་འདོད་པ་ལ་གཅིག་བདེན་བཀག །ཕྱེད་ཕྱི་མས་གཅིག་མིན་པ་ལ་རྟག་པ་བཀག་པ་ཡིན་ནོ། །འདི་ལ་འགྲེལ་ལུགས་སྣ་ཚོགས་མཛད་འདུག་ཀྱང་གཞུང་དོན་མ་ནོར་བ་འདི་ཁོ་ནའོ། །དེ་ལ་རང་བཞིན་དང་རྒྱུད་ལྟ་བུ་ནི་འདྲ་བ་ལ་གཅིག་ཏུ་བཏགས་པ་ཡིན་གྱི། བདེན་པའི་གཅིག་ཅིག་ཡོད་པར་ནམ་ཡང་མི་གྲུབ་པ་ལ། བདེན་གཅིག་ཡིན་ན་སྔར་གྱི་སྐྱོན་ལས་མི་འདའ་ཞིང་། བཏགས་པའི་གཅིག་ཙམ་ནི་འདིར་དགག་པ་མ་ཡིན་ལ། དེ་དོན་དུ་མེད་པས་རྟག་པར་བཞག་ཏུ་འང་མེད་དེ། །དེས་ན་གནས་སྐབས་ཐ་དད་ཕན་ཆད་གཅིག་པུར་མ་བདེན་པ་ཡིན་གྱི། དེ་ལ་ཆ་ཕྱེས་ཏེ་ཚོགས་སུ་རྟག་གཅིག་ཏུ་བཞག་རྒྱུ་ནམ་ཡང་མི་སྲིད་དོ།

is no difference, [the explanation] would be flawed in the same way that was just explained. The results could never be halted, and so forth. Hence, it should be understood that, having claimed that the effects occur gradually, the permanent cause—whatever it may be—can no longer possibly be a true singularity. When it no longer remains true as one throughout [all] earlier and later [moments], it is certainly not permanent.

If, having seen the inevitability of the faults just explained, [the adversary] asserts that although the cause is permanent, it is not singular, that instead, the nature of this type of cause undergoes gradual change as well and exists in *different* ways *for each of the results,* why then wouldn't *they* (the entities that are the Almighty and so forth) *lose their permanence,* since they change from one occasion to the next?

Here the adversary thinks: "It doesn't matter that this is not a singular whole—its nature, or its continuity, is one. Therefore, there are different situations, but why would that be incompatible with being permanent?" What they assert is similar, for example, to how the world asserts that although a dancer may have engaged in a variety of dances, he is still the same in the afternoon as he was in the morning. When investigating, [it becomes clear that] unless something is singular and partless it cannot reasonably be permanent. Thus, the first half of the stanza refutes the true singularity of the asserted permanent [entity], while the second half refutes the permanence of that which is not singular. Although many types of commentary have been offered, this alone is the exclusive and unmistaken meaning of the scripture.

Now, regarding nature and continuity, they are imputations of oneness based on a similarity. They are in no way established as truly existent singularities. If they are [asserted to be] true singularities, the [position] will not be beyond the faults shown above. Singularity as a mere imputation will not be refuted here, but since in actuality it is nonexistent, it should not be posited as permanent. Therefore, [what is involved in] different situations is not true as singularity. No further modification [of the arguments already] made to posit a singular permanence will ever be successful.

།གཉིས་པ་རང་སྡེས་བཏགས་པའི་རྟག་དངོས་དགག་པ་ལ། འགོག་བྱེད་ཀྱི་རིགས་པ་མདོར་བསྟན་པ་དང་། དེའི་རྩུལ་རྒྱས་པར་བཤད་པ་གཉིས། དང་པོ། བསྒོམས་ལས་བྱུང་བའི་ཤེས་པ་ཡིས། །ཤེས་བྱ་འདུས་མ་བྱས་སྨྲ་བའི། །ལུགས་ལའང་གཅིག་མིན་དེ་དག་ནི། །རིམ་ཅན་ཤེས་དང་འབྲེལ་ཕྱིར་རོ། །ཞེས་གསུངས་ཏེ། རང་སྡེ་བྱེ་བྲག་སྨྲ་བ་རྣམས་ཀྱིས་འདུས་མ་བྱས་གསུམ་རྟག་པའི་དངོས་པོར་འདོད་དེ། །དེའང་ནམ་མཁའ་དང་། སོ་སོར་བརྟགས་པའི་སྟོབས་ཀྱིས་ཁེགས་པ་མིན་ཡང་རང་བཞིན་གྱི་རྐྱེན་མ་ཚང་བས་གང་སྐྱེ་བ་མིན་པ་ལ་དེ་མ་སྐྱེས་པའི་ཚེ་དེ་ག་ལ་དངོས་པོ་དེ་སྐྱེ་བའི་གེགས་བྱེད་པའི་འདུས་མ་བྱས་སོ་སོར་བརྟགས་མིན་ཞེས་རྫས་སུ་སྨོམ་པ་དང་། ཡང་ལམ་བསྒོམས་པའི་སྟོབས་ཀྱིས་ཉོན་མོངས་བྲལ་བའི་ཆ་ལ་སོ་སོར་བརྟགས་པས་འགོགས་པ་ཞེས་རྫས་སུ་ཞེན་པ་ཡིན་ལ། དེ་གསུམ་གྱི་ནང་ནས་འདིར་སོ་སོར་བརྟགས་འགོག་གཅིག་བདེན་བཀག་པས། རིགས་པ་དེ་ཉིད་ཀྱིས་གཞན་གཉིས་ཀྱང་གཅིག་བདེན་ཁེགས་པ་ཡིན་ནོ། །དེ་ལ་བྱེ་བྲག་ཏུ་སྨྲ་བ་རྣམས་ན་རེ། བསྒོམས་པའི་སྟོབས་ཀྱིས་བྱུང་བ་རྣལ་འབྱོར་མངོན་སུམ་གྱི་ཤེས་པའི་ཡུལ་དུ་གྱུར་པ། འདུས་བྱས་ཀྱི་མཚན་ཉིད་ཀུན་དང་བྲལ་བའི་སོ་སོར་བརྟགས་འགོག་འདུས་མ་བྱས་ནི་དོན་དམ་པར་ཡོད་དོ། །དེ་ནི་རྣལ་འབྱོར་པའི་ཤེས་པ་དམ་པའི་ཡུལ་ཡིན་པའི་ཕྱིར་དོན་དམ་པར་ཡོད་ཀྱང་དེ་རང་བཞིན་གྱི་གནས་པ་ཉིད་རྣལ་འབྱོར་པའི་ཤེས་པས་རིག་པ་ཙམ་ཡིན་གྱི། དེས་རང་ལ་དམིགས་པའི་ཡིད་སྐྱིད་པ་ནི་མ་ཡིན་ཏེ།

Refuting the Permanent Entities Imputed by Our Own Group

Second, refuting the permanent entities imputed by our own group includes: 1) a brief presentation of the refuting reasoning, and 2) an elaborate explanation of its mode.

Brief Presentation of the Refuting Reasoning

First it is said:

> *Regarding the system which posits*
> *That cognition arising from meditation cognizes an unconditioned object,*
> *This is not singular either,*
> *For it is related to stages of cognition. [3]*

Among our own group, the Proponents of Differences assert three unconditioned [phenomena] to be permanent entities. They assume the existence of a substance of space and of *non-analytical cessation,* which is an unconditioned [phenomenon] that obstructs the arising of an entity—exactly that quality of the absence of something where this something does not arise due to a natural incompleteness of the conditions and not because it has been invalidated by the power of analysis. They also conceive of *analytical cessation*—the quality of freedom from affliction that is due to the power of meditating on the path—as a substance. When here, from among these three, the true singularity of the analytical cessation has been refuted, the true singularity of the other two will also have been invalidated by the very same reasoning.

The Proponents of Differences say: "The object of the direct cognition of the yogi, which occurs by the power of meditation, is free from all the characteristics of conditioned phenomena. This is the unconditioned analytical cessation, and we assert it to be ultimately existent. It exists ultimately because it is the sacred object of the yogi's cognition, a natural abidance, which only the yogi's cognition is aware of. Yet it is not that this [unconditioned phenomenon] gives rise to the mental observation of itself.

འབྲས་བུ་བསྐྱེད་པ་འདུས་བྱས་ཀྱིས་ཚུལ་ཡིན་ན་འདི་འདུས་མ་བྱས་ཡིན་པས་སོ་ཞེས་ཟེར་ཏེ། དེ་དག་གི་བསམ་ངོ་ལ། ཡུལ་ཡིན་ན་རྒྱུའི་ངོ་བོ་ཡོན་ནར་འགྱུར་བ་མ་ཡིན་པར་བསམས་ནས། ཡུལ་འདུས་མ་བྱས་དེ་ཤེས་པ་སྔ་ཕྱི་རིམ་ཅན་གྱིས་ཤེས་ཀྱང་དེ་ཤེས་པ་དང་འབྲེལ་བ་མེད་པས་སོ་སོར་བརྟགས་འགོག་རང་གི་ངོ་བོ་ནི་འདུས་མ་བྱས་ཀྱི་ངོ་བོར་གཅིག་བདེན་དུ་རྟག་པར་གནས་སོ་སྙམ་པའོ། །དེ་ལ་འདི་སྐད། **བསྒོམས་པ་ལས་བྱུང་བའི་**རྣལ་འབྱོར་མངོན་སུམ་གྱི་**ཤེས་པ་དེ་ཡིས།** **ཤེས་བྱ་**སོ་སོར་བརྟགས་འགོག་**འདུས་མ་བྱས་**བདེན་པར་གྲུབ་པར་འདོད་པའི་གྲུབ་མཐའ་**སྨྲ་བའི་ལུགས་ལའང་**རིགས་པས་བརྟགས་ན་ཡུལ་འདུས་མ་བྱས་དེ་**གཅིག་**ཏུ་བདེན་པ་**མིན་**ཏེ། གང་གི་ཕྱིར་ན་ཡུལ་འདུས་མ་བྱས་**དེ་དག་ནི།** སྔ་ཕྱི་**རིམ་**པ་**ཅན་**གྱི་**ཤེས་**པ་**དང་།** ཤེས་བྱ་ཤེས་བྱེད་དུ་**འབྲེལ་**པའི་**ཕྱིར་རོ།** །ཞེས་སོ། །འང་ཞེས་པ་རྟག་དངོས་ཀྱིས་བུམ་སོགས་འབྲས་བུ་བསྐྱེད་པར་འདོད་པ་ཕྱི་རོལ་པའི་ལུགས་མི་འཐད་པར་མ་ཟད། འབྲས་བུ་མི་བསྐྱེད་ཀྱང་རང་བཞིན་གྱིས་རྟག་པར་འདོད་པ་བྱེ་སྨྲའི་ལུགས་ལའང་མི་འཐད་པ་ཡོད་ཅེས་གོང་མ་དང་ཕྱོགས་སྦྱར་ཏེ། འབྲས་བུ་བསྐྱེད་དམ་མི་བསྐྱེད་པ་སོགས་གང་ཡིན་ཀྱང་རུང་སྟེ། རྟག་དངོས་གཅིག་བདེན་ནམ་ཡང་མི་སྲིད་ཅེས་པའི་ཚིག་གི་ནུས་པ་འདོན་པའོ། །དེ་ལ་ཕ་རོལ་པོའི་བསམ་ངོར། ཡུལ་ཁོ་རང་རྟག་པ་ཡིན་པའམ་གཅིག་བདེན་ཡིན་ན། ཡུལ་ཅན་གྱི་ཤེས་པ་དང་ངོ་བོས་འབྲེལ་བ་མ་ཡིན་ལ་ཤེས་བྱ་ཤེས་བྱེད་དུ་འབྲེལ་བ་ཙམ་ཡིན་པས། ཡུལ་ཅན་གྱི་སྟོབས་ཀྱིས་ཡུལ་མི་རྟག་པ་དང་དུ་མར་ག་ལ་འགྱུར་སྙམ་དུ་སེམས་ཏེ། འདི་ནི་རང་སྡེ་ཆོས་ཉིད་རྟག་པར་འདོད་པ་དང་། གཞན་སྡེ་ཆོས་ཅན་བུམ་པ་སོགས་འཇིག་པའི་རྒྱུ་མ་བྱུང་གི་བར་དུ་རྟག་པར་འདོད་པ་ལ་སོགས་པ་ཡུལ་གང་ཞིག་རྟག་པར་འདོད་པ་ཐམས་ཅད་ཀྱི་ཞེ་འདོད་གཅིག་པུ་པ་ཡིན་ཏེ། དཔེར་ན་ཁར་སང་མཐོང་བའི་བུམ་པ་དང་དེ་རིང་མཐོང་བའི་བུམ་པ་གཉིས་ཡུལ་ཅན་ཤེས་པ་མི་འདྲ་ཡང་། ཡུལ་བུམ་པ་གཅིག་ཡིན་ནོ་སྙམ་དུ་འཛིན་པ་བཞིན་ནོ། །དེ་ལ་ཡུལ་ཅན་ཐ་དད་ན་ཡུལ་ཡང་གཅིག་པུ་ཉིད་དུ་བདེན་པར་མི་འགྱུར་བའི་ཚུལ་རྒྱས་པར་བཤད་དགོས་པས།

It is the nature of conditioned phenomena to produce effects. This, however, is unconditioned."

According to their conception, an object does not exclusively have to be causal in essence, and so they believe that "Although the unconditioned object is cognized by earlier and later stages of cognition, it is not linked to cognition. Therefore, the essence of the analytical cessation permanently remains a true singularity, as an unconditioned essence."

To that, [the reply is] this: *Regarding the* philosophical *system that posits that* the yogi's direct *cognition arising from meditation cognizes* analytical cessation—*an unconditioned,* truly existent *object—this* unconditioned object *is,* when examined by reasoning, *not* truly *singular either.* This is so *for* the reason that *it,* the unconditioned object of cognition, *is related to* former and latter *stages of cognition* in the manner of cognized object and cognizing mind. The word 'either' refers back to the previous [stanza]. It is not only the non-Buddhist systems that assert that a permanent entity produces results (vases and so forth) that are irrational. The system of the Proponents of Differences is not rational either, when it asserts an unproductive natural permanence. Whether or not it produces results and so forth, the true singularity of a permanent entity will never be possible. This is what is implied by the word ['either'].

Here the adversary thinks: "If the object itself is permanent, or if it is truly singular, it will not be essentially related to the cognition of the subject. Their relationship will be merely that of cognized and cognizer. How then could the subject ever make the object impermanent and multiple?" The essential position is the same in the case of those of our own group who assert the intrinsic nature to be permanent, and in the case of those of other groups who assert, for instance, that subjects such as vases are permanent until the causes for their destruction have occurred. Some sort of object is asserted to be permanent. For instance, an object—a vase—is conceived of and apprehended as one, although the cognizing subject that sees a vase today is different from the cognizing subject that saw a vase yesterday.

Here it is necessary to explain elaborately how the object cannot be true as a genuine singularity if the subjects are different.

ས་བཅད་གཉིས་པ་དེའི་ཚུལ་རྒྱས་པར་བཤད་པ་ལ། ཤེས་པ་སྔ་མའི་ཡུལ་ཕྱི་མའི་རྗེས་སུ་འབྲང་ན་མི་འཐད། མི་འབྲང་ན་མི་འཐད་པས་དགག་པའོ། །དང་པོ། རྣམ་ཤེས་སྔ་མས་ཤེས་བྱ་བའི། །རང་བཞིན་རྗེས་སུ་འབྲང་ན་ནི། །ཤེས་པ་སྔ་མའང་ཕྱི་མར་འགྱུར། །ཕྱི་མའང་དེ་བཞིན་སྔ་མར་འགྱུར། །ཞེས་གསུངས་ཏེ། དེ་ལ་འདུས་མ་བྱས་རྟག་པར་འདོད་པ་ཁྱོད་ཀྱི་ཤེས་པ་སྔ་མའི་ཡུལ་དུ་གྱུར་པའི་འདུས་མ་བྱས་དེ་ཁོན་ཤེས་པ་ཕྱི་མའི་ཡུལ་དུ་འགྱུར་བ་ཡིན་ནམ་མིན་ཅེས་དྲིའོ། །དེ་ལ་དེ་དག་གིས་ཡུལ་འདུས་མ་བྱས་ཡོད་པར་ནི་ཁས་བླངས་ཡོད་པ་ལ་ཤེས་པས་དམིགས་པ་ལས་གཞན་ཚད་མ་མི་སྲིད་ཅིང་། ཤེས་པས་དམིགས་པ་ལ་རིམ་ཅན་གྱིས་ཁྱབ་པ་དང་། རིམ་ཅན་ལ་སྔ་མའི་ཡུལ་ཕྱི་མའི་རྗེས་སུ་འབྲང་མི་འབྲང་གང་རུང་ལས་ཁས་ལེན་གཞན་མི་སྲིད་པས་ན། ཕྱོགས་དང་པོ་ལྟར་ཁས་བླངས་ཏེ། འདི་ལྟར་**རྣམ་ཤེས་སྔ་མས་ཤེས**་པར་**བྱ་བའི**་ཡུལ་འདུས་མ་བྱས་ཀྱི་**རང་བཞིན**་གང་ཡིན་པ་དེ་ཁོན་ཤེས་པ་ཕྱི་མའི་**རྗེས་སུ་འབྲང**་བའམ། ཕྱི་མའི་དུས་ནའང་ཡོད་ཅིང་དེ་ལ་དམིགས་པ་ཡིན་**ན་ནི**། འོ་ན་ཡུལ་ལ་ཁྱད་པར་ཅུང་ཟད་ཀྱང་མེད་པའི་གཅིག་པུ་ལ་དམིགས་པ་ཡིན་པས་དེ་འཛིན་པའི་བློ་ལའང་ཁྱད་ཡོད་པར་མི་རིགས་ཏེ། ཡུལ་གང་དང་གང་ཤེས་པ་ལ་དེ་དང་དེའི་ཤེས་པ་ཞེས་འཇོག་གི །གཞན་དུ་ཤེས་པའི་དབྱེ་བ་དུམ་འཇོག་པར་མི་ནུས་སོ། །དེ་ལྟར་ན་སྐྱེས་བུ་གཅིག་གི་རྒྱུད་ཀྱི་བུམ་འཛིན་ཤེས་པ་སྐད་ཅིག་མ་ལ་བུམ་པའི་ཡུལ་ཅན་གྱི་བློ་མི་འདྲ་བ་དུམ་མེད་པ་དང་།

Elaborate Explanation of the Mode of the Reasoning

The second subdivision—the elaborate explanation of the mode of this [reasoning]—includes refuting: 1) how the object of the former cognition cannot reasonably follow [as the object of] the latter, as well as 2) how it cannot reasonably not follow.

How the Object of the Former Cognition Cannot Reasonably Follow as the Object of the Latter One

First, it is said:

> *If the nature*
> *Of the former cognition's object follows,*
> *The former cognition becomes the latter*
> *And the latter becomes the former as well. [4]*

Here a question is asked: "You who assert permanent unconditioned phenomena—is it or is it not, exclusively the unconditioned phenomenon that was the object of your former cognition that is the object of your latter cognition?" The [Proponents of Differences] claim the existence of an unconditioned object, but [to establish this existence,] no validity other than its observation by cognition is possible. The mind's observations are always sequential. With regard to sequential [cognition], it is only possible to claim that the object of the former [cognition] either follows as [the object of] the latter, or that it doesn't.

If the claim is of the first kind, the following [consequence] will ensue. *If the* particular *nature of the former cognition's* unconditioned *object follows* completely during the latter cognition, or if it exists and is observed at the latter time as well, then, since what is observed is a single object without any difference whatsoever, there cannot logically be any difference in the apprehending mind either. Cognitions are qualified by their particular objects; other than that we have no way to speak of multiple diverse cognitions. Within a person's stream of being the momentary cognition that apprehends a vase cannot contain multiple different

འདུས་མ་བྱས་ཞེས་པའི་ཤེས་པ་སྔ་མ་རང་གི་ངོ་བོ་ལ་ཡུལ་གཅིག་ལ་དམིགས་པའི་འདུས་མ་བྱས་ཤེས་པར་བཞག་གི ། ཆོས་གཞན་གྱི་ཡུལ་ཅན་གྱི་ཤེས་པར་གཞག་ཏུ་མི་རུང་བས་ཞེས་པ་དེ་ལ་གཉིས་སུ་དབྱེ་བ་མེད་པ་ལྟར། འདིར་ཡང་ཤེས་པ་སྔ་ཕྱི་གཉིས་ཀྱི་ཡུལ་གཅིག་གི་ངོ་བོར་བདེན་པ་དེས་ན། **ཤེས་པ་སྔ་མའང་ཕྱི་མར་འགྱུར་ལ། ཕྱི་མའང་དེ་བཞིན་སྔ་མར་འགྱུར་**དགོས་པས། དེ་ལྟར་ན་རྣམ་ཤེས་སྔ་མའི་ཡུལ་འདུས་མ་བྱས་ནི་ཕྱི་མའི་དུས་ནའང་ཡོད་ལ་རྣམ་ཤེས་སྔ་མ་ནི་མེད་ཅིང་། རྣམ་ཤེས་ཕྱི་མའི་ཤེས་བྱ་ནི་སྔ་མའི་དུས་ན་ཡོད་ལ་རྣམ་ཤེས་ཕྱི་མ་ནི་མེད་དོ་ཞེས་བྱ་བའང་མི་རུང་ངོ་། །ཡུལ་དེ་ལ་དུས་སྔ་ཕྱིའི་ཁྱད་ཡོད་ན་སྔ་ཕྱི་གཅིག་པར་མི་རུང་ལ། ཡུལ་ལ་ཁྱད་མེད་ཀྱང་ཡུལ་ཅན་བློ་སྐད་ཅིག་མ་ཡིན་པས་སྔ་ཕྱི་དུ་མས་དེ་གཅིག་པུ་ཡང་ཡང་དམིགས་སོ་སྙམ་ན། བློ་རང་རང་གིས་དམིགས་ཡུལ་དུ་གྱུར་པའི་ཆ་དེ་ཡུལ་ཅན་མེད་པའི་སྔ་ལོགས་དང་། ཡུལ་ཅན་འགགས་པའི་ཕྱི་ལོགས་སུ་ཡོད་ན་དེའི་ཡུལ་ཅན་ཡང་ཅིའི་ཕྱིར་མེད་དེ། སོ་སོའི་ཡུལ་གྱི་དམིགས་པ་དེ་དང་དམིགས་བྱེད་བློ་ཁ་བྲལ་ནས་ཡུལ་འཛིན་པ་མི་སྲིད་པས་སོ། །སོ་སོའི་ཡུལ་དེ་དང་དེ་མིན་པའི་གཅིག་བདེན་གཞན་མེད་དེ། དེ་ཡོད་ན་སྐད་ཅིག་མའི་བློའི་ཡུལ་མིན་པར་ཐལ་ལ། དེ་ལྟར་ན་དེ་གཅིག་བདེན་དུ་བློ་ངོར་གྲུབ་པའང་མི་སྲིད་པར་ཤེས་པར་བྱའོ། །འདི་ལ་ཡུལ་གཅིག་ཡིན་པ་ཙམ་གྱིས་དེ་འཛིན་པའི་ཤེས་པ་རིམ་ཅན་མི་སྲིད་པ་མ་ཡིན་གྱི། ཡུལ་བདེན་པའི་གཅིག་ཡིན་ན་དེ་འཛིན་པའི་ཤེས་པ་རིམ་ཅན་དུ་འབྱུང་མི་ཤེས་པ་ཡིན་ཏེ། དེ་ལ་ཡུལ་བུམ་པ་ལྟ་བུ་གཅིག་ཁར་སང་ཡང་ཤེས་དེ་རིང་ཡང་ཤེས་སོ་ཞེས་སྨྲ་པ་ནི། བུམ་པའི་རང་མཚན་སྐད་ཅིག་མ་འདྲ་བ་རྒྱུན་མ་ཆད་དུ་བྱུང་བ་ལ་འཁྲུལ་གཞི་བྱས་ཏེ་གཅིག་ཅེས་བཏགས་པ་ཙམ་ཡིན་གྱི།

subjects of vase cognition. [Similarly,] the former cognition that cognized the unconditioned is, in terms of essence, classified as cognition of the unconditioned, and as such it must observe a single object. It cannot appropriately be classified as a subjective cognition of any other phenomenon, and hence there is no way of dividing this cognition in two.

Accordingly, since the object of the former and the latter cognitions is [said to be] true as a single essence, it follows that *the former cognition becomes the latter, and the latter becomes the former as well.* It is therefore not appropriate to say that the unconditioned object of the former consciousness exists at the latter time, while the former consciousness [itself] does not, and that the object of the latter consciousness existed at the former time, while the latter consciousness did not. When, with respect to the object, there are differences in terms of former and latter times, it is not feasible [for it to] be the same throughout the sequence. It may, though, be thought: "While the object is not different, a multitude of former and latter [cognitions] repeatedly observe only that, for the subjective mind is momentary."

Yet, given that before a subject's existence and after a subject's cessation, there is an existence of the quality that is the object observed by all the [other] individual minds, how then could its subjects be absent? If the object observed by each [of the minds] has separated from the minds that observe [it], no object apprehension will be possible. There can be no true singularity apart from what would be the object of individual [cognitions]. It should be understood that if there were, it would, in consequence, not be an object of the momentary mind, and it could thus not possibly be established in one's mental perspective as a true singularity.

Here it is not the case that merely being singular will prevent an object from being apprehended by sequential cognition. If the object is a true singularity, however, the cognition that apprehends it cannot be sequential. If it is assumed that an object cognized yesterday, such as a vase, is cognized today as well, the basis for this delusion is the occurrence of an uninterrupted continuity of similar moments of specifically characterized vase. It is simply for this reason that [the mind] imputes oneness.

དོན་ལ་གཅིག་ཡིན་པར་བདེན་ནོ་སྙམ་ན་རིགས་པ་འདིས་ཁེགས་པས་ལྟོས་མེད་དང་གནོད་པ་ཅན་ལ་སོགས་པའི་གཏན་ཚིགས་མང་པོ་ཞིག་ཀྱང་ཚུལ་འདིས་ཚེགས་མེད་པར་འགྲུབ་པ་ཡིན་ནོ། །དེས་ན་འདུས་མ་བྱས་ཡིན་ཀྱང་རུང་འདུས་བྱས་ཡིན་ཀྱང་རུང་སྟེ་གཅིག་ཏུ་བདེན་པར་ཁས་བླངས་ན། དེ་ལ་དམིགས་པའི་བློ་རིམ་ཅན་འབྱུང་མི་ཤེས་པར་གྲུབ་པའི་རིགས་པ་འདིས་འགོག་པ་ཡིན་གྱི། བཏགས་པ་ཙམ་གྱི་གཅིག་དང་དུ་མ་ནི་རྣམ་པ་ཀུན་ཏུ་དགག་པ་མ་ཡིན་ཏེ། རང་གིས་ཀྱང་འདོད་པ་ཡིན་པའི་ཚུལ་ཤན་ཕྱེད་པ་འདི་རྣམ་པ་ཀུན་ཏུ་གལ་ཆེའོ། །ཚུལ་འདི་དང་མཚུངས་པར་རྟག་བདེན་འགོག་པའང་། རྣམ་འགྲེལ་ལས། བརྟན་གང་རྡོ་རྗེ་རྡོ་སོགས་ཀྱི། དོན་ཡང་གཞན་ལ་ལྟོས་མེད་པར། །འགྲོ་བ་ཀུན་གྱི་ཤེས་པ་ནི། །ཅིག་ཅར་རང་ཉིད་བསྐྱེད་པར་འགྱུར། ལྷན་ཅིག་བྱེད་པས་ཕན་འདོགས་ཕྱིར། །འདི་ཡི་དེ་དག་རིམ་འབྱུང་ན། །སྐད་ཅིག་སོ་སོར་གཞན་ཡིན་བརྗོད། །ཅེས་པ་ལྟར་ཡུལ་གཅིག་བདེན་དུ་བསྒྲུབ་པ་ལ་བློས་དེར་དམིགས་ནས་བཞག་དགོས་ཤིང་། དམིགས་ན་དམིགས་རྐྱེན་དེས་རང་འཛིན་ཤེས་པ་བསྐྱེད་པ་ལ་རང་གི་ངོ་བོ་ཡུལ་དུས་ཀྱི་ཆ་མི་འདྲ་བ་ཅིའང་དབྱེར་མེད་པས་གཅིག་བདེན་ལྟོས་མེད་ཡིན་པས་ཡུལ་ཅན་མི་གཅིག་པ་དུ་མ་ཡང་ཡང་བསྐྱེད་པ་མི་སྲིད་དོ། །དེ་ལ་གོང་དུ་བཤད་པ་དེ་དག་གིས་ལེགས་པར་གྲུབ་ཀྱང་འདི་ལ་འབྲེལ་རྒྱུས་བསྒྲིབས་ཏེ། ད་དུང་ཡུལ་གཅིག་བདེན་ལ་དམིགས་པའི་བློ་ཐ་དད་ཡོད་པ་ཅི་འགལ་ཏེ། བུམ་པ་གཅིག་ལ་དམིགས་པའི་བློ་དུ་མ་བཞིན་ནོ་སྙམ་དུ་ཞེན་པ་ལྟོག་དཀའ་བས། གོང་གི་དོན་རྒྱས་པར་ཕྱེ་ན། ཤེས་པ་སྔ་མའི་དུས་ན་ཡོད་པའི་ཤེས་བྱ་དེ་ཤེས་པ་སྔ་མས་ཤེས་བཞིན་པའི་སྐབས་དེ་ན་ཕྱི་མས་ཤེས་སམ་མ་ཤེས། ཤེས་པར་མི་སྲིད་དེ་དེ་དུས་ཤེས་པ་ཕྱི་མ་མ་སྐྱེས་ལ།

The belief that "in actuality, this truly is one!" is invalidated by this reasoning. A great many logical arguments—the absence of reliance, the presence of flaw, and so forth—are likewise hereby established without any difficulty. Therefore, true singularity, whether it is claimed to be an unconditioned or a conditioned phenomenon, will be refuted by this reasoning, which proves how a mind that observes a [true singularity] could not arise in sequence. Yet as mere imputations, one and many are in no way refuted. In this way, and under all circumstances, it is important to distinguish [what must be refuted by reasoning] from what one oneself must also agree to. Refuting true permanence in a way that parallels this, the *Commentary [on Valid Cognition]* teaches:

> The cognition of that object which, stable like the vajra stone and so forth,
> Does not depend on anything else,
> Will, for all beings,
> Be produced simultaneously.
> If, furthered by the cooperating [conditions],
> The [cognitions] of this occur gradually,
> It will be said to be different for each instant.

Hence, an object's establishment as true singularity must be posited based on mind having observed it as such, and if observed, the condition of the observed object must have given rise to the cognition that apprehended it. However, being an independent true singularity, the essence of [the observed object] cannot possibly be divided into various aspects of location and time, and it is therefore impossible for it to repeatedly produce many different subjects.

Thorough proof has been given by the [reasonings] above. Yet because of the obscuring causes for delusion, it may still be hard to change the following idea: "What conflict is there in separate minds observing a singular and true object? It is just like many minds observing a single vase."

Therefore, let us elaborate on the meaning of these [reasonings]. Is the object that existed at the former time cognized by the latter cognition at the [same] time that it is being cognized by the former cognition, or is it not? It cannot possibly be [cognized] that way, for at the [former] time,

མ་ཤེས་ན་ཤེས་པ་སྔ་མའི་ཤེས་བྱར་སོང་ལ། ཕྱི་མའི་ཤེས་བྱར་མ་སོང་བའི་སྐབས་ཞིག་སྲིད་དགོས་ལ། དེ་ལྟར་ན་ཕྱི་མའི་རང་དུས་སུའང་ཤེས་པར་མི་རུང་སྟེ། ཡུལ་དེ་གཅིག་པུ་ཆ་མེད་པའི་རྟག་པ་ཡིན་པར་འདོད་པ་ལ་དང་པོ་ཇི་ལྟར་ཡོད་པ་དེ་ཕྱིན་ལྟར་ཕྱིས་ཀྱང་ཡིན་དགོས་ཀྱི། དེ་ལས་གཞན་ཞིག་ཡོད་ན་ཆ་མེད་པ་དང་རྟག་པ་ལས་ཉམས་པར་འགྱུར་རོ། །ཡང་ཕྱི་མའི་དུས་ལ་སྔ་མས་ཤེས་མི་ཤེས་དེ་ལྟར་དཔྱད་ནས་སྔ་ཕྱིའི་ཡུལ་གཅིག་ཡིན་ནོ་སྙམ་པ་འགོག་པ་ཡིན་ནོ། །དེས་ན་ཤེས་པ་སྔ་ཕྱིའི་རང་དུས་ཀྱི་ཡུལ་དེ་གཉིས་ཐ་དད་ཡིན་ཏེ། སྔ་མའི་ཡུལ་ཕྱི་མས་མ་ཤེས་ལ། ཕྱི་མའི་ཡུལ་སྔ་མས་མ་ཤེས་པའི་ཁྱད་པར་ཡོད་པའོ། །དེ་ལྟར་ཁྱད་ཕྱི་རྒྱུ་མེད་པར་སྔ་མའི་ཡུལ་ཕྱི་མས་ཤེས། ཕྱི་མའི་ཡུལ་སྔ་མས་ཤེས་ན། ཕྱི་མའི་ཡུལ་ཤེས་པའི་ཤེས་པ་ཡིན་པས་ན་སྔ་མའང་ཕྱི་མའི་ཤེས་པར་འགྱུར་ལ། སྔ་མའི་ཡུལ་ཤེས་པའི་ཤེས་པ་ཡིན་པས་ན་ཕྱི་མའང་སྔ་མའི་ཤེས་པར་འགྱུར་ཏེ་རིམ་ཅན་གྱི་ཤེས་པ་དང་། འདས་མ་འོངས་དང་། ཡུལ་ཡུལ་ཅན་སོགས་ཀྱི་རྣམ་གཞག་མཐའ་དག་འཇིག་པར་འགྱུར་རོ། །དེས་ན་ཡུལ་གཅིག་པུ་ཆ་མེད་དུ་བདེན་ཕན་ཆད་དེ་ལ་དམིགས་པའི་བློ་ཡང་གཅིག་པུ་གཅིག་ཁོ་ན་ལས་དུ་མ་མི་སྲིད་པར་ཤེས་པར་བྱའོ། །དེ་ལའང་འདི་སྙམ་དུ་ཤེས་ངོ་ལ་སྣང་བའི་ཡུལ་ཐ་དད་ཡིན་ཡང་དོན་གྱི་ཡུལ་གཅིག་ཡིན་ནོ་ཞེས་ཤིན་ཏུ་བླུན་པ་དག་ཞེན་ན་དེའང་མི་རུང་སྟེ། བྱེ་སྨྲའི་ལུགས་ལ་ཡུལ་རྣམ་མེད་དུ་འདོད་པས་གྲུབ་མཐའ་དང་འགལ་ལ། གཞན་རྟག་སྨྲ་བས་དེ་ལྟར་ཁས་བླངས་ཀྱང་རུང་སྟེ། ཕྱི་དོན་གྱི་རྣམ་པ་གཏོང་བྱེད་གཅིག་ཡིན་པས་སྣང་ངོའི་ཡུལ་ལའང་མི་འདྲ་བ་ག་ལ་འོང་སྟེ་འོང་མི་རིགས་སོ།

the latter cognition has not yet come into being. But if it is not cognized that way, there will have to be a point in time when the object is that of the former cognition, while not [yet] that of the latter. It is not feasible then for [that object] to also be known at the particular time of the latter [cognition]. What is asserted as a singular and partless permanence must later be exactly and exclusively the way that it was before. If it is anything other than that, it has lost its partlessness and permanence.

The idea of a single object [cognized] at former and latter [times] is refuted again when investigating in a similar way into whether or not the former [cognition] cognizes at the latter time. The objects cognized at the individual times of sequential cognitions are therefore separate. There are differences between them, because the object of the former [cognition] is not cognized by the latter, and the object of the latter is not cognized by the former. Without making this distinction [it may be held that] the object of the former [mind] is cognized by the latter, and the object of the latter was cognized by the former one. Yet in that case, since it is that [former] cognition that cognizes the object of the latter, the former [cognition] becomes the latter. Likewise, since it is that [latter] cognition that cognizes the object of the former [cognition], the latter becomes the former. All principles of sequential cognition—as well as of past and future, object and subject, and so forth—will then have been destroyed. One should therefore understand that if an object were truly singular and partless, it could not possibly be observed by multiple minds, but [could be cognized] only by a mind that is singular and partless as well.

"Although the object apparent in the mental perspective is multiple, the [actual] object is one." This conception of the extremely dull-minded is not appropriate either.

In the system of the Proponents of Differences, the object is asserted to be [cognized] without [transmission of] features, so this is incompatible with the [present] philosophy. Yet other proponents of permanence do claim this. In any case, since the external, feature-transmitting object is singular, how could it ever come across differently? It could not reasonably do so.

།ཡང་དེ་དག་འདི་སྙམ་དུ། གང་ཟག་དུ་མའི་བློས་ཡུལ་བུམ་པ་གཅིག་ལ་དམིགས་པ་ལྟར་བློ་ཐ་དད་ཀྱང་ཡུལ་གཅིག་ཡིན་པ་ཅི་འགལ་སྙམ་ན། བུམ་པ་གཅིག་ཅེས་པ་ནི་བློ་ལྷིར་བའི་རྣམ་པར་སྣང་བ་ལ་བུམ་མིན་གཞན་རྣམ་པར་བཅད་པའི་བློས་བུམ་པ་ཞེས་ཐ་སྙད་བཏགས་ཏེ། རང་མཚན་གྱི་ཆོས་རྫས་དུ་མ་འདུས་པ་ལ་གཅིག་ཅེས་བཏགས་པ་ཙམ་ཡིན་གྱི་དེ་གཅིག་བདེན་མ་ཡིན་ལ། གཅིག་བདེན་ཡིན་ན་གང་ཟག་དུ་མའི་བློ་ཐ་དད་ཀྱིས་དམིགས་མི་རུང་བར་རིགས་པ་འདིས་གནོད་པ་ཡིན་པས་དེ་དཔེར་མི་རུང་ངོ་། །མདོར་ན་འདུས་བྱས་གཅིག་ལ་ཡུལ་དུས་ཐ་དད་པའི་བློས་དམིགས་པར་སྣང་བ་ནི་རྫས་དང་སྐད་ཅིག་ལ་སོགས་པའི་ཆ་དུ་མ་འདུས་པ་ལ་གཅིག་ཅེས་ཞེན་ནས་དེ་ལ་དམིགས་པར་རློམ་པ་ཡིན་ལ། འདུས་མ་བྱས་གཅིག་ལ་བློ་དུ་མས་དམིགས་པར་སེམས་པ་ནི། དགག་བྱ་བཅད་པའི་དངོས་མེད་ཀྱི་ཆ་ལ་དེར་ཞེན་པ་ཙམ་ལས་ཡུལ་གཞན་མེད་ཀྱང་། དངོས་པོ་ཡོད་པ་བཅད་པའི་གཞན་སེལ་གྱི་བློས་འདུས་མ་བྱས་ཞེས་པ་ལ་སོགས་པའི་ཐ་སྙད་བཏགས་པ་དེ་ལ་ཡུལ་དུ་ཞེན་ནས་ནམ་དེའི་ཐ་སྙད་དྲན་པ་ན་བློའི་ཡུལ་རྣམས་འདྲ་བ་ལྟ་བུར་སྣང་བ་ལ་གཅིག་ཏུ་བདེན་པར་ཞེན་པ་ཙམ་ཡིན་ནོ། །རིགས་པ་འདིས་ཆོས་ཉིད་རྟག་པ་བདེན་གྲུབ་དྲི་མ་རིམ་གྱིས་སྦྱོང་ཞིང་ཤེས་པ་སྤུ་ཕྱིའི་ཡུལ་དུ་འདོད་པ་ལ་གནོད་པ་འདི་བས་ཐུབ་གཞན་མི་འདུག་ཅེས་མཁས་པ་རྣམས་གསུངས་པ་ལྟར། ཆོས་ཉིད་ཡིན་ཀྱང་རུང་སྐྱེ་རྟག་བདེན་དེ་ལས་མཁན་ཆེན་གྱི་རིགས་པ་འདི་ཆེས་སྟོབས་དང་ལྡན་པ་ཞིག་གོ། །དེའང་ངོ་བོ་སྟོང་པའི་གནད་ཀྱིས་བདེ་བར་གཤེགས་པའི་སྐུ་དང་ཡེ་ཤེས་ཀྱི་ཆོས་རྣམས་ཤེས་བྱའི་ཁོངས་ན་དེ་བས་མཆོག་གཞན་མེད་པ་མི་བསླུ་བའི་དམ་པ་དང་། དུས་ཚད་མེད་དང་ཕྱོགས་ཚད་མེད་དུ་འཇུག་པ་སོགས་ཇི་སྙེད་ཙཤད་པའི་ཡོན་ཏན་ཐམས་ཅད་རིགས་པས་གནོད་མེད་དུ་འཇོག་ནུས་པའི་ཕྱིར་རོ།

Again it may be thought: "The minds of many people may observe a single object, a vase. How would separate minds then contradict the object being singular?"

Let us consider what we call 'one vase'. Mind imputes the convention of 'vase' based on the appearance of the round features, having eliminated everything other than vase. 'One' is merely imputed onto the conglomeration of numerous particles [that constitute] the specifically characterized phenomenon. This is not a true singularity. If it were a true singularity, it could not be observed by the separate minds of many people. The example is not appropriate, for it is [seen to be] flawed by this reasoning.

In short, when minds of separate locations and times appear to observe a single compound, it is a conglomeration of multiple aspects of particles, moments, and so forth that is conceptualized as 'one' and then assumed to be observed. As for the idea that many minds observe a single unconditioned phenomenon, it is merely the aspect of non-entity, the elimination of a negandum, that is conceived of as [an unconditioned phenomenon]. There is no other object. Still, the mind of other-exclusion eliminates the existence of entity and imputes the conventions of unconditioned phenomenon and so forth. When these have been conceived of as objects, mental objects that resemble them will appear whenever those particular conventions are recalled. It is merely these that are conceived of as true singularities.

The learned have all proclaimed that no reasoning is more powerful than this when it comes to exposing the flaws of the assertion of a permanent and truly established intrinsic nature, from which stains are gradually purified, and which is the object of former and latter cognitions.

This reasoning of the Great Preceptor possesses far more strength than any true permanence, even that of the intrinsic nature. Moreover, the crucial fact of empty essence enables one to fully declare, without being harmed by reasoning, all those qualities that are taught as the phenomena of the Bliss Gone One's bodies and types of wakefulness, as the unsurpassed excellence within the realm of objects of knowledge, as the undeceiving authenticity, as the infinite activity throughout all times and directions, and so forth.

།དེ་ལ་གཞུང་འདིར་དུས་ལ་བརྟེན་པའི་ཤེས་པ་སྔ་ཕྱི་རིམ་ཅན་གྱི་ཡུལ་དུ་འགྱུར་ན་གཅིག་བདེན་མི་འགྲུབ་པ་ཙམ་གྱིས་འདུས་མ་བྱས་བདེན་གྲུབ་བཀག་ཀྱང་། དོན་དུ་ཕྱོགས་དུས་ཐ་དད་ལ་བརྟེན་པའི་ཤེས་པ་མཐའ་དག་གི་ཡུལ་དུ་འགྱུར་མི་འགྱུར་ལ་དཔྱད་ནས་འདུས་བྱས་འདུས་མ་བྱས་སམ། གལ་ཏེ་དེ་གཉིས་མིན་པར་སྨྲ་ཡང་རུང་སྟེ་དོན་དུ་ཤེས་བྱ་བདེན་གྲུབ་ཞིག་ཡིན་ཚད་འགོག་པ་ཡིན་ནོ། །དེ་ལ་ཕྱོགས་དུས་གང་ན་གཅིག་ཅེས་གང་ཡོད་པ་ཐམས་ཅད་ལ་གཅིག་བདེན་ནི་མི་སྲིད་ལ། ཆོས་དུམ་ལ་གཅིག་ཅེས་བཏགས་པ་ཙམ་དུ་ཟད་དེ། ཤེས་བྱ་མིན་པ་བཅད་ནས་ཤེས་བྱ་ཞེས་གཅིག་ཏུ་བཞག་པ་དང་། དེ་བཞིན་དུ་དངོས་པོ་བཅད་པའི་དངོས་མེད། དངོས་མེད་བཅད་པའི་དངོས་པོ་སོགས་མདོར་ན་རང་མ་ཡིན་པ་རྣམ་པར་བཅད་པའི་སྒྲ་དང་། རྟོག་པས་གཅིག་ཅེས་བཞག་མོད་ཀྱི། སོ་སོའི་གཅིག་ལའང་ནང་གསེས་མང་པོ་དབྱེ་བ་ཡོད་ཅིང་དབྱེ་བ་རེ་རེ་ལ་གཅིག་ཅེས་བཏགས་པའང་། མཐར་བེམ་ཤེས་རྡུལ་དང་སྐད་ཅིག་ཆ་མེད་ཀྱི་བར་དུ་དུམ་པར་དབྱེར་ཡོད་ཀྱི་གཅིག་པུ་ཞིག་མི་རྙེད་ལ། ཆ་མེད་གཉིས་པོའང་ཇི་སྲིད་དམིགས་པ་དང་མ་བྲལ་གྱི་བར་དུ་གཅིག་པུར་བདེན་པ་མི་འགྲུབ་པ་དེས་ན་གཅིག་ཅེས་གང་བཞག་པ་ཀུན་ལ་དཔྱད་ན་ཐ་སྙད་དུ་བཏགས་པ་ཙམ་ལས་གཅིག་པུར་བདེན་པ་ཞིག་མི་འགྲུབ་བོ། །དེས་ན་ཤེས་པ་སྔ་མའི་ཡུལ་ཡང་འདི། ཕྱི་མའི་ཡུལ་ཡང་འདི་ཞེས་པ་ལྟ་བུན་སྐད་ཅིག་མའི་ཆོས་དུམ་ལ་གཅིག་ཏུ་བཏགས་པར་ཟད་ལ། ཁྱོད་ཀྱིས་མཐོང་བ་འདི་ངས་མཐོང་བའང་འདི་ཞེས་པ་ལྟ་བུའི་དུས་གཅིག་ཏུ་ཕྱོགས་ཐ་དད་ཀྱི་ཤེས་པའི་ཡུལ་གཅིག་པུར་གཟུང་བ་ནི། ཡུལ་དེ་ཉིད་ཀྱི་གདགས་གཞིའི་ཆོས་དུམ་ལ་གཅིག་ཏུ་བཏགས་པར་ཟད་ཀྱི། མདོར་ན་ཕྱོགས་དུས་ཀྱི་ཤེས་པའི་ཡུལ་གང་ཡིན་ཀྱང་གཅིག་བདེན་ནི་མི་སྲིད་དོ། །འོ་ན་དངོས་མེད་ལ་ཆ་དབྱེ་རྒྱུ་མེད་དོ་སྙམ་ན། སྤྱིར་དངོས་མེད་ལ་བུམ་མེད་གཏན་མེད་སོགས་དབྱེར་ཡོད་ལ། བྱེ་བྲག་བུམ་མེད་ལྟ་བུ་ལའང་གསེར་བུམ་མེད་པ་སོགས་དངོས་པོ་ཇི་སྙེད་ཀྱི་གྲངས་བཞིན་ལྡན་ལ།

In this scripture, the true establishment of unconditioned phenomena has been refuted by simply [showing] how anything that is an object of former and later stages of temporal cognition cannot be an established true singularity. Yet, in actuality, this refutes any truly established object of cognition—whether it is a conditioned phenomenon, an unconditioned phenomenon, or even if it is posited as neither of these—by investigating into whether or not it is the object of absolutely all cognitions based in various directions and times. Wherever and whenever something may be called one, there cannot actually and truly be one. In the end, it is simply many that are referred to as 'one'.

The singularity of the object of cognition is set forth by eliminating everything that is not the object of cognition. The case is the same with the non-entity that is an elimination of entity, and the entity that is an elimination of non-entity. In short, singularity can be posited both nominally and conceptually. Yet for each singularity there are many divisions, and each of these divisions is again called 'one'. Finally, all matter and cognition, down to the partless particle and the partless instant [of consciousness], can be divided into many without finding anything singular. For as long as observation persists, the two partless [phenomena] will not be established as singular truths either, and so, when investigating into whatever it is that is posited as one, it all is merely designated so conventionally. Nothing is established as true singularity. Therefore, ideas such as "this was the object of the former cognition, just as it will be that of the latter" end up as imputations of oneness based on a multiplicity of momentary phenomena. In addition, when it is said that "what you see is also what I see," and so forth, this apprehension of the singularity of an object that is simultaneously cognized by separately located cognitions is simply imputation of oneness onto the multiple phenomena that constitute the basis for imputation. In short, whatever is an object of the cognitions within time and place cannot possibly be one.

Next it may be thought, "Well then, non-entity is indivisible." In general, non-entity may be divided into the absence of vase, total absence, and so forth, but a particular absence of vase also has the divisions of absence of gold vase, and so forth—a number of divisions that equals the

རང་རང་གི་དགག་བྱ་དེ་བཅད་ཙམ་གྱི་ཆ་ཞིག་ལ་བློས་དེ་ལྟར་བཟུང་བ་ཙམ་ཡིན་པས། བློ་ངོ་ན་སྣང་བའི་ཡུལ་ལྟ་བུ་དེ་ལས་ཕྱི་རོལ་ན་རང་དབང་གིས་གནས་པ་ཙུང་ཟད་ཀྱང་མེད་དོ། །དེས་ན་དངོས་པོ་དང་དངོས་མེད་ཀྱི་ཆོས་གང་དག་ཞེས་པ་ཐ་དད་པས་ཡུལ་དུ་གྱུར་ཕན་ཆད་ཡུལ་དེ་ལ་བདེན་པར་གྲུབ་པའམ། གཅིག་པུའི་བདག་ཉིད་དུ་བདེན་པ་མིན་པར་ཞེས་པར་བྱ་སྟེ། གལ་ཏེ་བརྟགས་པའི་མཐའ་བཟུང་ན་འདི་ལྟར་རྡུལ་ཕྲ་རབ་ལྟ་བུ་ཞིག་གཅིག་པུར་བདེན་ན། དེ་རང་ས་ན་ཕྲ་མོར་བདེན་འདུག་རྒྱུ་ཡོད་པ་མ་ཡིན་ཏེ། དེའི་སྟེང་ན་ཆོས་གཞན་ཞིག་དབྱེ་བ་མི་སྲིད་པ་དགོས་ལ། དེ་ལྟར་ན་དེ་འབའ་ཞིག་ཙམ་ལ་ཞེས་བྱ་གཞན་ཐམས་ཅད་མི་སྲིད་པར་འགྱུར་དགོས་ཏེ་ཞེས་བྱའི་ཁོངས་ན་ཆོས་གང་བདེན་པར་ཡོད་ཀྱང་དེ་དང་འདྲའོ། །དེ་ལ་རྡུལ་ལྟ་བུ་གཅིག་པུའི་ཆོས་སུ་བདེན་པར་གཞག་པ་དེ་ལ། ཕྱོགས་ཀྱི་དབང་དུ་ན་སེམས་ཅན་གྱི་རྒྱུད་ཀྱིས་བསྡུས་པའི་ཤེས་པ་ཐ་དད་ཀྱི་ཐ་སྙད་གཞག་ཏུ་རུང་ངོ་ཙོག་ལས་གང་དུ་ཞིག་གིས་ཡུལ་དེ་མ་དམིགས་པ་ཡོད་ན་ཡུལ་དེའི་སྟེང་དུ་དེ་སྙེད་ཀྱིས་མ་དམིགས་པའི་ཆོས་ཀྱི་དབྱེ་བ་རུང་ལ། དུས་ཀྱི་དབང་དུ་ན་སེམས་ཅན་ཐམས་ཅད་ཀྱི་བསྐལ་པ་ལོ་ཟླ་ཞག་དུས་སྐད་ཅིག་གི་སེམས་ཚད་མེད་པ་ལས་དུ་ཞིག་གིས་མ་དམིགས་ན་དེ་དང་དེའི་གྲངས་ཀྱིས་མ་དམིགས་པའི་ཆོས་སུ་དབྱེ་རུང་ཞིང་། ཞེས་པ་མིན་པ་བུམ་པ་མིན་པ་སོགས་ཁོ་རང་མིན་པའི་ཞེས་བྱའི་ཆ་ཐེ་སྙེད་ཡོད་པ་དེ་སྙེད་ཀྱི་གྲངས་སུ་དབྱེར་རུང་ལ། ཡང་ཕྱོག་ཕྱོགས་ནས་ཕྱོགས་དུས་ཀྱི་ཤེས་པ་དུ་ཞིག་གིས་དམིགས་ཀྱང་དེ་དང་དེས་དམིགས་པའི་རྡུལ་ཕྲན་ཞེས་དུ་མའི་ཆོས་སུ་གཞག་རུང་ལ། ཕྲ་མོ་ཡིན་པ། ཆུང་ངུ་ཡིན་པ། ཞེས་བྱ་ཡིན་པ་སོགས་བློས་བཏགས་ཡིན་པའི་ཆ་ཐེ་ཡོད་པ་དེ་སྙེད་ཀྱི་གྲངས་སུའང་འགྱུར་ཞིང་དུ་མར་བཞིག་ཏུ་ཡོད་ན། དེ་རྣམས་ཀྱི་ནང་ནས་གཅིག་པུར་བདེན་པ་དེ་གང་ལ་ངོས་འཛིན། དེ་རྣམས་ཀྱི་ནང་ནས་གང་ཡང་མིན་པར་ལོགས་ཤིག་ཏུ་གཅིག་པུར་བདེན་པ་ཞིག་འདོད་ན་ནི། ཕྱོགས་དུས་ཀྱི་ཤེས་པ་གང་གི་ཡང་ཤེས་བྱར་མི་རུང་བས་གཅིག་པུར་བདེན་ནོ་ཞེས་པའང་དམ་བཅའ་ཙམ་མ་ཡིན་ནམ།

number of possible entities. [Non-entity] is simply apprehended as such by a mind that has eliminated particular objects of negation. Aside from such an object being apparent to the mind, it has not the slightest bit of external, independent existence. It should therefore be understood that any phenomenon, entity or non-entity, that is an object of separate cognitions is neither truly established nor truly existent as a solitary identity.

For instance, we may hypothetically assume that the most subtle particle is [in fact] truly singular. If so, then not [even] some subtle truth can exist in its place, and no other phenomenon can possibly be a division of it. It must then follow that except for just this, all other phenomena will be impossible. The case would be similar for any truly existent phenomenon within the realm of objects of cognition. For instance, the particle that has been posited as a truly solitary object, must, in terms of directions, [be observed] by everything that can be conventionally posited as the separate cognitions comprising the mind-streams of sentient beings. If some [beings] do not observe this object, the properties in terms of not being observed by those particular [cognitions] will have become feasible divisions of the object. If, in terms of time, there are—out of the limitless eons, years, months, days, and instants of all the minds of sentient beings—points at which this [object] is not observed, it can then be appropriately divided into as many types of non-observation as there are such [points]. It can [also] be divided into not being cognition, not being vase, and so forth—into as many aspects as there are objects of cognition that are not itself.

Consequently, if it is observed by many cognitions in place and time, it is appropriate to posit it as multiple phenomena, for one will speak of "the particle observed by so and so." It will also have a number [of divisions] equal to the number of its mentally imputed qualities—being subtle, being small, being an object of cognition, and so forth. What is there to identify as true singularity among that which is thus multiplicity?

If the assertion is of a true singularity that is entirely beyond all of the above, then such [a singularity] is not suited to be an object of any cognition within place and time. Wouldn't the true singularity then be merely a claim? Since the [various qualities and aspects] are limitless in number,

དེ་རྣམས་ནི་དུ་མ་ཚད་མེད་པ་ཡིན་པས་དེ་རྣམས་ཆོས་གཅིག་གི་ངོ་བོར་གཅིག་ཏུ་བདེན་པའང་ག་ལ་སྲིད། དེ་རྣམས་ལས་གང་ཡང་རུང་བ་ཞིག་བཟུང་ནས་འདིའོ་ཞེས་དེ་ལ་སྨྲར་ཡང་ཆ་དབྱེ་རྒྱུ་མེད་པ་ཞིག་ནི་མི་སྲིད་ལ། ཆོས་དུ་མར་དབྱེར་ཡོད་པ་ལ་གཅིག་མ་ཡིན་པ་དང་། དབྱེ་བ་མེད་པ་ལ་གཅིག་པུར་བདེན་ཞེས་མི་འདོགས་ན་གཅིག་པའི་ཆོས་སུ་འཛོག་པའི་རྒྱུ་གཞན་ཤེས་བྱའི་ཁོངས་ན་སྲིད་པར་དཀའ་བ་མ་ཡིན་ནམ། མདོར་ན་ཤེས་བྱའི་ཁོངས་འདི་ན་ངོ་བོ་ཅི་འདྲ་བ་ཞིག་ཡིན་ཡང་རུང་སྟེ། གཅིག་པུར་བདེན་པའི་ཆོས་ཤིག་ཡོད་ན། ཕྱོགས་དུས་ཀྱི་ཤེས་པ་ཚད་མེད་པ་ཀུན་གྱིས་དེ་འབའ་ཞིག་དམིགས་པ་ལས་གཞན་ཆོས་གཅིག་ཀྱང་དམིགས་པ་མི་སྲིད་པ་དང་། དེ་འབའ་ཞིག་མ་གཏོགས་ཕྱོགས་དུས་ཀྱི་ཆོས་གཞན་གཅིག་ཀྱང་མེད་དགོས་ལ། མཐར་འདི་ནི་གཅིག་པུའོ་ཞེས་ཤེས་པ་རང་ལས་ཐ་དད་པའི་ཡུལ་ཅན་ཀྱང་མེད་དགོས་ཏེ། གལ་ཏེ་ཡོད་ན་ཡུལ་གཅིག་པུ་དེ་མིན་པའི་ཆ་ཞིག་དབྱེར་ཡོད་པའི་ཕྱིར་རོ། །རང་ཡུལ་དུ་བྱེད་པའི་ཤེས་པ་དེའང་མེད་ན་ཡུལ་གཅིག་བདེན་དེའང་སུ་ཞིག་གིས་དམིགས་ཏེ་དམིགས་མི་སྲིད་ལ། དེ་ལྟར་ན་ཤེས་བྱའི་སྣང་བ་སྣ་ཚོགས་པ་གང་ཡང་རི་བོང་གི་རྭ་ལྟར་གཏན་མེད་དུ་འགྱུར་རོ། །དེའི་ཕྱིར་ན་ཤེས་བྱའི་ཁོངས་ན་གཅིག་པུར་བདེན་པའི་ཆོས་ཤིག་གཞིམ་གྲུབ་མི་འགྲུབ་འགྲུབ་པར་མི་འགྱུར་བས་ན་ཕྱོགས་དུས་ཀྱི་སྣང་བ་སྣ་ཚོགས་ཆེས་བཀྲ་བ་འདི་འཐད་པ་ཡིན་ནོ། །ཤེས་བྱའི་ཁོངས་ན་བདེན་གྲུབ་གཅིག་ཡོད་ན། །ཤེས་བྱ་འདི་ཀུན་གཏན་ནས་མི་སྣང་འགྱུར། །ཤེས་བྱ་གཅིག་ཀྱང་བདེན་པར་མ་གྲུབ་པས། །མཐའ་མེད་ཤེས་བྱའི་ཆོས་ཚུལ་རྣམ་པར་བཀྲ། །ཨེ་མ་ཆོས་རྣམས་ཀྱི་ཆོས་ཉིད་ནི་བསམ་གྱིས་མི་ཁྱབ་ཅིང་ངོ་མཚར་ཆེ་ལ་དེ་མཁྱེན་པའི་དེ་བཞིན་གཤེགས་པའི་མཉམ་པ་ཉིད་སྟོན་པའི་སེང་གེའི་སྒྲ་ཐོས་པ་ལས་བློ་གྲོས་ཀྱི་ལུས་སྟོབས་ཆེས་ཆེར་རྒྱས་པས་མཐའ་མེད་པའི་ནམ་མཁའ་ཉིད་ཁམ་གཅིག་གིས་ཟ་བར་བརྩོད་པ་ལྟ་བུ་གང་གིས། སྣང་སྲིད་ལ་སྤྲོས་པ་ཅིག་ཅར་གཅོད་པ་ཤིན་ཏུ་ཟབ་ཅིང་དཔགས་པར་དཀའ་བའི་རིགས་པ་འཇམ་དབྱངས་ཕྱག་གི་རལ་གྲི་འདི་ཐོགས་ལ།

how could they truly be the essence of a single phenomenon? Regardless of what we take hold of and point to, there are none that cannot be further divided into aspects, and what can be divided into multiple properties is not one.

If by true singularity we do not refer to that which has no divisions, won't it be hard to find anything else within the realm of the knowable to classify as a singular phenomenon? In short, no matter what its essence may be, if any phenomenon within this realm of objects of cognition is a true singularity, then all the countless cognitions of place and time must exclusively observe just that, and could not possibly observe any other phenomenon. It would have to be the case that, except for this alone, not a single phenomenon of place and time would be observed, and in the end, even the subjective cognition that, separate from [the object,] thinks: "This is singular!" could not be present. If such [a cognition] were present, a distinct quality that is not the singular object would then exist.

Who could be confident of observing the object of singular truth if not even the cognition that takes this as its object exists? It could not possibly be observed. All the various appearances of objects of cognition would then be as utterly nonexistent as the horns of a rabbit. Therefore, within the realm of the objects of cognition, there was never a phenomenon of true singularity. There aren't any now, and there will never be any. This is why we can experience this vivid diversity within directions and time.

If, among the objects of cognition, there were one that was truly established,
All these objects of cognition would entirely fail to appear.
But not a single object of cognition is truly established,
Therefore this great vividness of infinite objects of cognition appears!

Amazing! The intrinsic nature of all phenomena is inconceivable and most wondrous. It is known by the Thus Gone One, and when the lion's voice of that teacher of equality is heard, the body of intelligence will develop its strength further and further. You who can, as it were, endure consuming the entirety of limitless space in a single swallow, take up this sword of Mañjuśrī, the reasoning which, extremely profound and hard to fathom, simultaneously cuts through all the constructs of appearance and

ཆོས་གཅིག་ཀྱང་བདེན་པར་མ་གྲུབ་པས་ཐམས་ཅད་སྣང་བའི་ཕྱིར་སྟོང་པ་ཉིད་འབྱུང་དུ་འཆར་རྒྱུལ་ཁྲིད་པར་ཅན་ལ་ཡིད་ཆེས་ལྡོག་པ་མེད་པ་ཀུན་ལ་བསྐྱེད་པར་མཛོད་ཅིག །དེ་ལྟར་གཞུང་གི་རིགས་པ་ལས་འཕྲོས་ཏེ་བདེན་སྟོང་ཆེན་པོའི་རིགས་པ་འདི་ནི་རང་གྲོལ་རྩལ་དུ་བཏོན་ཏེ་སྐལ་ལྡན་རྣམས་ལ་བཤད་པ་ཡིན་ནོ། །ས་བཅད་གཉིས་པ་རྗེས་སུ་མི་འབྲང་ན་མི་འཐད་པ་ལ། ཡུལ་འདས་མ་བྱུས་སྐད་ཅིག་མར་ཐལ་བ་དང་། དེ་ལྟར་ཁས་ལེན་ན་སྐྱོན་ཡོད་པར་བསྟན་པ་གཉིས། དང་པོ། སྔོན་དང་ཕྱི་མའི་གནས་རྣམས་སུ། །དེ་ཡི་ངོ་བོ་མི་འབྱུང་ན། །འདས་མ་བྱུས་དེ་ཞེས་པ་བཞིན། །སྐད་ཅིག་འབྱུང་བར་ཞེས་པར་བྱ། །ཞེས་གསུངས་ཏེ། གལ་ཏེ་ཕྱོགས་གཉིས་པ་ལྟར་ཁས་བླངས་ཏེ། ཞེས་པ་**སྔོན**་མ་**དང་ཕྱི་མའི་གནས**་སྐབས་**རྣམས་སུ**་ཡུལ་**དེ་ཡི་ངོ་བོ**་གཅིག་ཁོ་ན་**མི་འབྱུང**་བར་ཞེས་པ་སྔ་མ་རང་དུས་ཀྱི་ཡུལ་འདས་མ་བྱུས་དེ་ཞེས་པ་ཕྱི་མའི་གནས་སྐབས་ན་མེད། ཕྱི་མའི་ཡུལ་སྔ་མའི་དུས་ན་མེད་པར། མདོར་ན་རང་ཡུལ་བྱེད་ཀྱི་ཞེས་པ་སོ་སོའི་ཡུལ་སོ་སོ་བ་ཡིན་གྱི་གཅིག་གི་ཡུལ་གཅིག་ལ་རྗེས་སུ་འབྲང་བ་མིན་**ན་ནི**། ཡུལ་**འདས་མ་བྱུས་དེ**་ཡང་། དཔེར་ན་སྐྱེས་མ་ཐག་ཏུ་འགགས་ནས་དུས་གཞན་དུ་མི་གནས་པའི་རྣམ་པར་**ཞེས་པ**་ཇི་ལྟ་བ་**བཞིན**་དུ། **སྐད་ཅིག**་མའི་རང་བཞིན་དུ་**འབྱུང**་བ་ལས་མི་འདའ་**བར**་བློ་དང་ལྡན་པ་རྣམས་ཀྱིས་**ཞེས་པར་བྱའོ**།

existence. Since not a single phenomenon is truly established, everything appears. Let all feel irreversible confidence in this extraordinary way of emptiness arising as dependent origination!

Expanding on the reasonings of the scripture, I have here, by my own understanding, stressed the reasoning into the great emptiness of truth, and explained it for the fortunate.

How the Object Cannot Reasonably Not Follow

The second subdivision, the irrationality that entails when [objects do] not follow [through successive cognitions], includes: 1) showing how the unconditioned in consequence becomes momentary, and 2) how such an assertion is flawed.

As a Consequence, the Unconditioned Becomes Momentary

First, it is said:

If the essence of that does not occur
At all former and latter occasions,
It should be understood how, just like the cognition,
The unconditioned is a momentary occurrence. [5]

If the claim is of the second kind, then *the* single and exclusive *essence of that* object *does not occur at all former and latter occasions* of cognition. The unconditioned object that was at the former cognition's particular time does not exist during the latter cognition, and the object of the latter was not present at the time of the former [cognition either]. In short, for each of the object-related cognitions, the objects are separate, and no single object follows for all.

In that case, *it should be understood* by the intelligent, *how, just like the cognition* which, having ceased as soon as it has arisen, does not remain at any other time, so too *the unconditioned* object *is* also not beyond being, by nature, *a momentary occurrence.*

།གཉིས་པ་དེ་ལྟར་ཁས་ལེན་ན་སྐྱོན་བསྟན་པ་ལ། རྐྱེན་ལ་ལྟོས་ན་འདུས་བྱས་སུ་ཐལ་བ། མི་ལྟོས་ན་རྟག་ཏུ་ཡོད་པའམ་མེད་པར་ཐལ་བ་གཉིས། དང་པོ། སྔ་མ་སྔ་མའི་སྐད་ཅིག་གི །མཐུ་ཡིས་འབྱུང་བར་འགྱུར་པ་ན། །འདུས་མ་བྱས་སུ་འདི་མི་འགྱུར། །སེམས་དང་སེམས་ལས་བྱུང་བ་བཞིན། །ཞེས་གསུངས་ཏེ། དེ་ལྟར་ཡུལ་ཅན་སོ་སོའི་ཡུལ་འདུས་མ་བྱས་དེ་སོ་སོ་བར་གྲུབ་པས་སྐད་ཅིག་མར་གྲུབ་ལ། དེ་ལྟར་ནའང་ད་རུང་འདུས་མ་བྱས་ཡོད་དོ་ཞེས་སྨྲ་པ་དེ་དག་ལ་འདི་དྲི་སྟེ། དེ་ལྟ་བུའི་ཡུལ་ཅན་སོ་སོའི་ཡུལ་དུ་གྱུར་པའི་འདུས་མ་བྱས་དེ་རྣམས་རྐྱེན་ལ་ལྟོས་སམ་མི་ལྟོས་ཞེས་དྲིའོ། །ཕྱོགས་དང་པོ་ལྟར་ཡུལ་འདུས་མ་བྱས་རང་གི་**སྔ་མ་སྔ་མའི་སྐད་ཅིག**་མ་རིམ་པར་འབྱུང་བ་གང་**གི་མཐུ་ཡིས**་སྐད་ཅིག་ཕྱི་མ་ཕྱི་མ་རྣམས་**འབྱུང་བར་འགྱུར་བ**་ཡིན་ན་ནི། རྒྱུ་དང་རྐྱེན་ལས་སྐྱེས་པའི་དངོས་པོ་ཡིན་པའི་ཕྱིར་**འདུས་མ་བྱས་སུ་འདི་མི་འགྱུར**་ཏེ། དཔེར་ན་འདུས་བྱས་**སེམས་དང་སེམས་ལས་བྱུང་བ**་ཇི་ལྟ་བ་**བཞིན**་དུ་འགྱུར་རོ། །གཉིས་པ། སྐད་ཅིག་མ་རྣམས་འདི་དག་ཏུ། །རང་དབང་འབྱུང་བར་འདོད་ན་ནི། །གཞན་ལ་ལྟོས་པ་མེད་པའི་ཕྱིར། །རྟག་ཏུ་ཡོད་པའམ་མེད་པར་འགྱུར།

Revealing the Flaw of the Assertion

Second, showing how such an assertion is flawed includes [explaining]: 1) [how being] conditioned is the consequence if there is a reliance on conditions, and 2) how permanent presence or absence is the consequence if there is no [such] reliance.

Being Conditioned as a Consequence If There Is Reliance on Conditions

First, it is said:

> *If they occur by the power*
> *Of the former succession of instants*
> *Then they are not unconditioned,*
> *Just like mind and mental states. [6]*

Since for each subject there is a separate unconditioned object, [these objects] are established as momentary. Those who nevertheless still assume that unconditioned phenomena exist are now asked: "Are such unconditioned phenomena—the objects of separate subjects—dependent on conditions, or are they not?" *If*, according to the first position, *they*, the unconditioned objects, *occur* in a latter succession [of instants] *by the power of the* particular *former succession of instants, then they are not unconditioned*, for these are then entities that have arisen due to causes and conditions. They will thus have become *just like* conditioned *mind and mental states.*

Permanent Absence or Presence Is a Consequence If There Is No Reliance

Second, it is said:

> *If it is asserted that throughout these,*
> *The moments occur independently,*
> *Since they are not reliant on anything else,*
> *They will forever be either present or absent. [7]*

།ཞེས་ཕྱོགས་གཉིས་པ་ལྟར་ཁས་བླངས་ཏེ། འདི་ལྟར་ཡུལ་འདུས་མ་བྱས་ཀྱི་**སྐད་ཅིག་མ་རྣམས**་རང་ཡུལ་བྱེད་ཀྱི་ཤེས་པ་སོ་སོའི་རང་དུས་ལ་སོགས་པ་**འདི་དག་ཏུ**་སྐད་ཅིག་སྔམ་སོགས་རྐྱེན་ལ་ལྟོས་མི་དགོས་པར་**རང་དབང་དུ་འབྱུང་བར་འདོད་ན་ནི།** **རྒྱུ**་**གཞན་ལ་ལྟོས་པ**་ཅུང་ཟད་ཀྱང་**མེད་པའི་ཕྱིར**་ན། **དུས་རྟག་ཏུ་ཡོད་པའམ།** ཡང་ན་རྟག་ཏུ་**མེད་པར་འགྱུར**་བ་ཁོ་ནར་ཟད་དོ། །དེ་ལ་རྒྱུ་མེད་པའི་དངོས་པོ་ཞིག་ཁས་ལེན་ན་རྟག་ཏུ་ཡོད་མེད་གང་རུང་དུ་འགྱུར་དགོས་ཚུལ་ནི། བརྟགས་མཐའ་བཟུང་སྟེ་གལ་ཏེ་རྒྱུ་མེད་བཞིན་པའི་དངོས་པོ་ཞིག་ཡོད་སྲིད་ན་དེ་རྟག་ཏུ་ལྡོག་པ་མེད་པར་ཡོད་པར་ཅིས་མི་འགྱུར་ཏེ། དངོས་པོ་གཞན་སྔར་ཡོད་ལ་ཕྱིས་མེད་པ་རྣམས་ནི་རྒྱུ་ལོག་སྟོབས་ཀྱིས་འབྲས་བུ་ལྡོག་པའི་སྟོབས་ཀྱིས་ཡོད་པ་དང་མེད་པའི་གནས་སྐབས་སྲིད་པ་ཡིན་ལ། འདི་ལ་རྒྱུ་མེད་པས་དེ་ལོག་པ་མེད་ལ་རང་གི་ངོ་བོ་ནི་ལན་ཅིག་སྲིད་ཟིན་པས་མ་འོངས་པ་ནའང་ལྡོག་པ་མི་སྲིད་ལ། འདི་མ་བྱུང་པའི་དུས་ཀྱང་མི་སྲིད་དེ། དངོས་པོ་གཞན་མ་སྐྱེས་པ་ནི་རྒྱུ་མ་ཚང་བས་ཤོལ་པ་ཡིན་ལ། འདི་ལ་རྒྱུ་མི་དགོས་པས་ནམ་ཡང་ཡོད་པར་ཅིས་མི་འགྱུར་ལ་དེ་བཞིན་དུ་ཕྱོགས་ཀུན་ནའང་ཡོད་དགོས་ལ། ཡང་ན་དངོས་པོ་རྣམས་ཡོད་པ་འདི་དག་ནི་རང་རང་གི་རྒྱུ་ཡིས་བྱས་པ་སྟེ། ས་བོན་མ་བཏབ་བཞིན་དུ་ལོ་ཏོག་ཉེ་བར་སྣང་ནས་ལོངས་སྤྱོད་པ་མེད་ནའང་། ས་བོན་བཏབ་ན་ལོ་ཏོག་མངོན་སུམ་ཡོད་པར་བྱུར་རུང་བ་བཞིན་རྒྱུ་ལ་ལྟོས་ཚད་ཀྱི་དངོས་པོ་རྒྱུའི་སྟོབས་ཀྱིས་མངོན་སུམ་དུ་ཡོད་ཅིང་སྣང་དུ་རུང་མོད་ཀྱི། གང་ལ་རྒྱུ་མེད་པ་དེ་དག་རྒྱུའི་རྗེས་སུ་མི་བྱེད་པ་ཡིན་པས་དེ་ནམ་དུའང་ཡོད་པར་གྱུར་མི་ནུས་ཤིང་ཡོད་པར་མི་རུང་སྟེ་རི་བོང་གི་རྭ་ལ་སོགས་པ་བཞིན་ནོ། །དེས་ན་འདུས་མ་བྱས་སྐད་ཅིག་མ་རྣམས་འདུས་བྱས་སུ་འགྱུར་དུ་རྟོགས་ནས་རྒྱུ་ལ་ལྟོས་མེད་དུ་ཁས་ལེན་པ་དེ་དག་གིས་རྟག་ཏུ་ཡོད་པའི་སྐད་ཅིག་མའམ། རྟག་ཏུ་ཡོད་མ་མྱོང་བའི་སྐད་ཅིག་དུ་མ་ཞིག་ཁས་ལེན་དགོས་པས་འགལ་འདུ་ལ་དེ་ལས་ཆེ་བ་མེད་ཅིང་བཞད་གད་ཀྱི་གནས་སོ། །དེས་ན་དངོས་པོ་བསལ་ཙམ་གྱི་གཞན་སེལ་རྟོག་པའི་གཟུགས་བརྙན་ལ་ཡུལ་འདུས་མ་བྱས་ཞེས་གཅིག་བདེན་དུ་བརྗོམས་པར་ཟད་ཀྱི།

If, claiming in accordance with the second position, ***it is asserted that throughout these***—the individual times and so forth of separate cognitions engaging in their objects—***the moments*** of the unconditioned objects ***occur independently***, without having to rely on conditions such as the former instant, then, ***since they are not reliant on anything else*** in the slightest, ***they will*** inevitably end up as ***forever be***ing ***either present or absent.***

The way that the claim of an uncaused entity entails either permanent absence or presence is as follows. If we hypothetically assert that the existence of an uncaused entity is possible, why wouldn't it then be forever and irreversibly present? Other entities that first exist and later cease to be can be present and then absent, because when the power of the cause has receded, the effect will withdraw. Yet in this case there are no causes, and so no receding, and once its essence has become existent, it could not possibly withdraw in the future. A time when it has not occurred would not be possible either. Other entities that have not arisen are deferred because of an incompleteness of causes, but since no causes are necessary in this case, why wouldn't it be present at all times? Likewise, it would have to exist in all locations.

Alternatively [it will be as follows]: each existing entity has been made by its particular causes. If the seeds haven't been sown, crops will not appear and cannot be enjoyed, but if seeds have been sown, the existence of the crops can be perceived directly. Likewise, all entities that rely on causes can feasibly exist and appear to direct perception by the power of these causes, but because the uncaused is not created by any cause, it can never be made existent nor feasibly exist. [The uncaused object] is similar to the horns of a rabbit and the other [examples of the completely nonexistent].

Those who, fearing that the momentary unconditioned phenomenon [they assert] may turn into something conditioned, then claim that [such unconditioned phenomena] do not rely on causes, will therefore have to claim either a multitude of instants that are forever, or instants that never were. In terms of contradictions, there is nothing greater than this. Very humorous! Therefore, the so-called unconditioned object is, in the end, a presumption of true singularity that is simply based on the

ཡུལ་ཁོ་རང་གི་ངོ་བོ་ལ་ཐ་སྙད་དུ་དོན་བྱེད་པའི་ནུས་པ་འང་མེད་ན་དོན་དམ་པར་གྲུབ་པ་ལྟ་ཅི་སྨོས། དེས་ན་དོན་བྱེད་ནུས་ཀྱི་དངོས་པོ་གནོད་མེད་ཀྱི་དབང་པོ་ལ་མངོན་སུམ་སྣང་བའི་ཆོས་རྣམས་ལ་དེ་དང་དེར་ཞེན་པའི་འགྲོ་བ་རྣམས་ནི་འོས་ཤིང་། མངོན་སུམ་དུ་མ་སྣང་། ཚད་མས་མི་འགྲུབ་པའི་རྟག་དངོས་སོགས་ལ་བློ་རྟེན་འཆའ་བ་རྣམས་ནི་ཆེས་མི་འོས་པ་ཉིད་དོ། །གསུམ་པ་རྟག་དངོས་བཀག་པའི་མཇུག་བསྡུ་བ་ནི། དོན་བྱེད་ནུས་པ་མ་ཡིན་ལ། །དེ་འདོད་བརྟགས་པས་ཅི་ཞིག་བྱ། །མ་ནིང་གཟུགས་བཟང་མི་བཟང་ཞེས། །འདོད་ལྡན་རྣམས་ཀྱིས་བརྟགས་ཅི་ཕན། །ཞེས་གསུངས་ཏེ། དེ་ལྟར་རྟག་བདག་དང་དབང་ཕྱུག་འདུས་མ་བྱས་སོགས་ལ་རློམ་པས་གཞག་པ་ཙམ་ལས་ཡུལ་རང་ལ་**དོན་བྱེད**་པའི་**ནུས་པ**་ཅུང་ཟད་ཀྱང་ཡོད་པ་**མ་ཡིན**་པ་དེ་འདྲ་བ་**ལ**། ཡུལ་**དེ**་ལྟ་བུ་བྱེད་པ་པོ་སོགས་སུ་**འདོད**་པའི་བློས་ནན་གྱིས་དེ་ཡོད་པར་**བརྟགས་པས་ཅི་ཞིག་བྱ**་སྟེ། དཔེར་ན་འཁྲིག་པ་བརྟེན་མི་ནུས་པའི་**མ་ནིང**་ཞིག་ལ་དམིགས་ནས་འདི་**གཟུགས་བཟང**་ངམ་**མི་བཟང་ཞེས**། འཁྲིག་པའི་**འདོད**་པ་དང་**ལྡན**་ཞིང་དོན་དུ་གཉེར་བའི་བུད་མེད་**རྣམས་ཀྱིས**་ཡུལ་དེ་**བརྟགས**་པས་**ཅི**་ཞིག་**ཕན**་ཏེ། དེ་དག་གིས་གྲུབ་ཏུ་རེ་བའི་འདོད་དོན་ནི་འཁྲིག་པ་ཡིན་ན། །མ་ནིང་དེ་འཁྲིག་པའི་དོན་བྱེད་པའི་ནུས་པ་དང་བྲལ་བས་རེ་བ་སྐྲུབ་མི་ནུས་པ་དང་འདྲ་བར་རྟག་དངོས་ཀྱི་ཡུལ་དེ་འདྲ་བ་ནི་དོན་བྱེད་པའི་ནུས་པས་སྟོང་པས་དེ་ཁས་བླངས་ཀྱང་། ཁས་བླངས་པའི་དོན་ལྟར་ཐོབ་པ་ནམ་ཡང་མེད་དོ། །དེས་ན་བློ་དང་ལྡན་རྣམས་ནི་དོན་བྱེད་ནུས་པའི་དངོས་པོ་རྣམས་ལ་དགག་པ་དང་བསྒྲུབ་པའི་རྣམ་གཞག་བྱེད་ཀྱི། མེད་བཞིན་ནན་གྱིས་བཏགས་པའི་དོན་མེད་ཀྱི་ངལ་བ་དང་དུ་མི་ལེན་ཞིང་མི་བསྒྲུབ་ལ། དེ་ཉིད་ཀྱི་ཕྱིར་ན་ནད་མེད་ལ་སྨན་བཏུང་མི་དགོས་པ་ལྟར་དགག་དགོས་པ་འང་མེད་པས་བཏང་སྙོམས་སུ་བྱ་བ་ཡིན་ནོ།

conceptual reflection, through other-exclusion, whereby entity is excluded. If an object is, in essence, even conventionally devoid of the ability to perform any function, then there is no need to mention that such [an object] is [not] ultimately established. Wandering beings are therefore justified when they conceive in accordance with the way that functional entities appear to direct perception by their unimpaired sense faculties. Putting one's trust in permanent entities and so forth—that which is neither directly apparent nor established by valid cognition—is highly unjustified indeed.

Concluding the Refutations of Permanent Entities

Upon concluding the refutation of permanent entities, it is said:

> *Why examine that which is asserted*
> *When it cannot perform any function?*
> *The desirous may wonder whether the neuter is handsome or ugly,*
> *Yet what purpose will their examination serve? [8]*

The permanent self, the Almighty, the unconditioned, and so forth are merely declared by arrogant assumption. ***Why*** persistently ***examine*** the existence of ***that*** object ***which is asserted*** to be creator and so forth, ***when*** that type of object itself ***cannot perform any function*** at all? For instance, ***the desirous*** women in pursuit of intercourse ***may wonder whether the*** observed ***neuter***, who is sexually dysfunctional, ***is handsome or ugly, yet what purpose will their examination*** of that object ***serve***? If what they desire is intercourse, the neuter cannot fulfill their hopes, for he lacks the ability to perform such a function. Similarly, objects such as permanent entities are devoid of the ability to function. They may be claimed to be [functional], but that claim can never be justified. Intelligent ones therefore apply the principles of negation and affirmation to functional entities, but do not accept pointlessly exhausting themselves by persistently imputing the nonexistent. Since they do not posit such [non-functional entities], they need not be refuted either but can be ignored, just as medicine need not be taken if one is not sick.

།འོ་ན་གོང་དུ་རྟག་དངོས་མ་བཀག་གམ་ཞེ་ན། དེ་ནི་གཞན་གྱི་ལོག་རྟོག་དགག་པ་སྟེ། གལ་ཏེ་གཞན་གྱིས་དེ་ལྟར་བརྟགས་སུ་ཟིན་པ་མིན་ན་དགག་པའང་བྱེད་མི་དགོས་པས་དགག་པ་དེ་ནི་གཞན་དབང་གིས་བྱུང་བར་ཤེས་པར་བྱའོ། །དེས་ན་དོན་བྱེད་ནུས་པ་དངོས་པོའི་མཚན་ཉིད་ཅེས་སྨྲ་ཞིང་། དངོས་པོ་དེ་ལྟ་བུ་ལ་གང་ཟག་དང་ཆོས་ལ་བདག་མེད་པ་ལ་སོགས་པ་ཚད་མ་གཉིས་ཀྱི་སྒྲུབ་པ་ཕྱིན་ཅི་མ་ལོག་པ་སྟོན་ཅིང་། དེ་ལས་བཟློག་པ་སྒྲོ་བཏགས་པའི་དངོས་པོ་དགག་པར་བྱེད་དེ། དོན་བྱེད་ནུས་པ་བརྟག་གཞིར་བྱས་པ་ལ་དགག་སྒྲུབ་ཀྱི་ཚད་མས་བཅད་པ་ལྟར་སྐྱེས་བུའི་དོན་བསླུ་མེད་དུ་ཐོབ་ནུས་པ་ཡིན་ཏེ། འདོད་ལྡན་བུད་མེད་ཀྱིས་སྐྱེས་པ་ལ་བརྟག་པ་བཞིན་ནོ། །འོ་ན་དངོས་པོ་ཙམ་ལ་བདག་མེད་བསྒྲུབ་པ་ཡིན་པས་ཆོས་ཐམས་ཅད་བདག་མེད་པར་མ་བསྟན་ནོ་སྙམ་ན་མ་ཡིན་ཏེ། ཐམས་ཅད་ཅེས་པའི་སྒྲས་བརྗོད་པར་འདོད་པའི་དོན་མ་ལུས་པ་བརྗོད་ལ། བརྗོད་པར་འདོད་པ་ནི་དོན་བྱེད་ནུས་ཀྱི་དངོས་པོ་ལ་འཛིན་ནོ། །དངོས་པོ་ལ་བདག་མེད་པར་རྟོགས་ན་དངོས་མེད་ལ་ཅིའི་ཕྱིར་མི་རྟོག་སྟེ། དངོས་མེད་ནི་དངོས་པོ་བཅད་པའི་མེད་དགག་ཙམ་ལས་གཞན་དུ་མེད་པས་ན་ཐ་སྙད་ཀྱི་ཚད་མས་ཀྱང་དོན་བྱེད་ནུས་སྟོང་ལ་ཡུལ་རང་དབང་དུ་གྲུབ་པ་ཙུང་ཟད་ཀྱང་མེད་པར་ངེས་ནས། དངོས་མེད་ཁོ་རང་རང་རྒྱུད་ཐུབ་པར་གཞིར་བཞག་ལ་དགག་སྒྲུབ་མི་བྱེད་པར་བསྟན་ན་དོན་དམ་པར་མ་གྲུབ་པ་ལྟ་ཅི་སྨོས། དངོས་པོ་ལ་རྣམ་པར་དཔྱད་དེ་དངོས་པོ་གང་དགག་པ་དེ་ལ་དངོས་མེད་ཅེས་བཏགས་ཀྱི། དེ་ལས་ལོགས་སུ་དངོས་མེད་ཅེས་རང་དབང་གིས་གློར་འཆར་བ་ནམ་ཡང་མི་སྲིད་ན་མཁས་པ་དག་གིས་དེ་རང་རྒྱུད་ཐུབ་པར་ཡོད་པར་ཇི་ལྟར་འཛིན། མ་བཟུང་ན་དེ་ཁོ་ན་ལ་དགག་ཀྱང་ཅི་དགོས་ལ། བསྒྲུབ་ཀྱང་ཅི་སྒྲུབ་སྟེ་མོ་གཤམ་གྱི་བུ་ལ་སོགས་པ་བཞིན་དུ་བཏང་སྙོམས་སུ་གཞག་པ་ཞེས་བྱའི། དངོས་མེད་སོགས་ཀྱི་ཐ་སྙད་ནི་ཡོད་ཅིང་དེ་དངོས་པོ་ལ་བརྟེན་ནས་འབྱུང་གི་ལོགས་སུ་འབད་པ་རྩོམ་དགོས་པ་མིན་ནོ།

One may then wonder, "But weren't permanent entities refuted above?" Here the misconceptions of others are refuted, but when others have not imputed something, refuting it will not be necessary. One must understand that refutation occurs in dependence. The capacity to function is therefore posited as the defining characteristic of an entity, and regarding such entities, it is shown that the two valid cognitions unerringly establish, for example, the absence of self in terms of person and phenomena. As opposed to such [functional entites], the superimposed entities are refuted. When the functional is taken as the basis for examination, the aims of a person can be unfailingly achieved by following the conclusions [arrived at through] affirming and negating valid cognitions, as when a desirous woman examines a man.

Next it might be thought, "Well then, since the absence of self is being established only with regard to entities, the absence of self with regard to all phenomena has not been shown."

That is not correct. The word "all" signifies all that is intended for expression, and functional entities are understood to be those that are intended for expression. If it is understood that entities are selfless, why wouldn't it be understood that non-entities are too? Non-entity is simply the existential negation that is the elimination of entity—nothing other than that. Therefore, even conventional valid cognition will ascertain that it is empty of the capacity to function and devoid of any aspect of independent establishment. When it is taught that one never affirms or negates based on an acceptance of self-sufficient non-entities, it is indeed unnecessary to mention that [such non-entities] are not ultimately established. When entities are examined, 'non-entity' is a designation that is given to their negation. Aside from that, [the idea of] non-entity can never occur to the mind on its own. How would the learned then come to think that such [non-entities] could exist self-sufficiently?

Why negate or affirm at all, if there is no such idea [to begin with]? It is taught that [non-entities] may be ignored, just as [one need not pay attention to] the son of a barren woman. The conventions of non-entity and so forth exist, but they occur in dependence upon entity, and so one need not apply logical effort regarding anything other [than

།དེས་ན་ཀུན་རྫོབ་ནི་དོན་བྱེད་ནུས་ཀྱི་དངོས་པོ་ཁོ་ན་ལ་འཇོག་ལ། དེ་ནི་དོན་བྱེད་ནུས་པ་ཡིན་པའི་ཕྱིར་ན་སྐད་ཅིག་མ་ཡིན་པས་ཁྱབ་སྟེ། གཞན་སྐད་ཅིག་མ་མིན་པ་ནི་རིམ་དང་ཅིག་ཤོས་ཀྱི་དོན་བྱེད་པ་དང་འགལ་བའི་ཕྱིར་རོ། །ཚུལ་འདི་ཀུན་རྫོབ་བཤད་པའི་སྐབས་སུ་གནད་ཆེའོ། །དེ་ལྟར་ཐ་སྙད་ལ་དཔྱད་ནས་རྫས་ཡོད་ལ་ཀུན་རྫོབ་ཏུ་འཛིན་པའི་ལུགས་ལ། བཏགས་ཡོད་ཙམ་ནི་རང་རྒྱུ་ཐུབ་པའི་ངོ་བོར་མེད་པས། དེ་དག་དོན་གཞན་ཞིག་ཏུ་གཞག་མི་དགོས་ཏེ། བུམ་པ་དང་བུམ་པའི་སྤྱི་ལ་སོགས་པ་བཞིན་ནོ། །དེའང་དོན་དམ་པར་རྟག་མི་རྟག་གཉིས་གང་དུའང་མ་གྲུབ་ཀྱང་། ཐ་སྙད་དུ་དངོས་པོ་རྣམས་མི་རྟག་པར་ངེས་པ་ཡིན་ཅིང་རྟག་པའི་ཐ་སྙད་ནི་མི་རྟག་པ་ལས་ལོག་ཙམ་ལ་རྟག་པར་བཞག་པ་དང་། རིགས་འདྲ་རྒྱུན་མི་འཆད་པ་ལ་རྟག་པ་ཞེས་བཏགས་ལ་ཙམ་དུ་ཤེས་པར་བྱའོ། །དེས་ན་གནས་ཚུལ་ལ་དཔྱོད་པའི་ངོར་ཆོས་ཐམས་ཅད་བརྟེན་ནས་བཏགས་པ་ཙམ་དུ་གནས་ལ། རྟེན་ཅིང་འབྲེལ་བའི་ངང་ཚུལ་ཅན་གྱི་སྣང་བ་རྣམས་ནི་མ་གྲུབ་བཞིན་དུ་འགོག་ཏུ་མེད་པ་ཆུ་ནང་གི་ཟླ་བ་ལྟ་བུ་ཡིན་པ་དེས་ན་གང་གཅིག་ཕྱུར་བདེན་པ་མི་སྲིད་དོ། །དེས་ན་གཅིག་དུ་བྲལ་འདིས་དུས་དང་རྣམ་པ་ཀུན་ཏུ་གཅིག་བདེན་འགོག་གི །ཐ་སྙད་བཏགས་པའི་གཅིག་ཙམ་འགོག་པ་མིན་པར་ཤེས་པར་བྱའོ། །བཏགས་པའི་གཅིག་ཙམ་ནི་དུམ་ལ་གཅིག་ཅེས་བཏགས་པ་ཙམ་ཡིན་པས་དོན་དུ་གཅིག་ཕྱུར་གྲུབ་པ་མ་ཡིན་པས་དེས་གཅིག་བདེན་ལ་མི་གནོད་དོ། །དེ་བཞིན་དུ་ཡང་དག་པར་བདེན་གྲུབ་དང་། ཐ་སྙད་བཏགས་ཙམ་གྱི་གྲུབ་པ་སོགས་ཤན་ཕྱེད་པ་རྣམ་པ་ཀུན་ཏུ་གལ་ཆེ་སྟེ། སེཏྟ་པའི་སྒྲ་བཞིན་དུ་ཐད་ཀར་གོ་བ་ཤན་ཕྱེད་པ་ཞིག་ལེན་མ་ཤེས་ན་གཞུང་གང་འཆད་ཉན་སེམས་ཀྱང་རྩྭ་པལ་བ་ཛ་བཞིན་འཛིངས་ནས་ཅིར་ཡང་ངོས་མི་ཟིན་པ་འབྱུང་བས་ཤན་ཕྱེད་པར་བྱའོ།

entities]. The relative is therefore posited as being only functional entities, and because such [entities] are functional, it follows that they are momentary. Not being momentary conflicts with being functional—whether [we think of] a sequence [of effects] or the opposite, [a simul-taneous manifestation of effects]. This presentation is most vital when explaining the relative.

Within the system that, when investigating the conventional, holds the substantially existent to be the relative, it is not necessary to classify what exists merely by imputation as something else, for such [non-entities] do not exist self-sufficiently. The case is the same with the vase and the vase universal, [where the universal has no existence apart from the vase itself]. Although ultimately [they are] in no way established as permanent or impermanent, it is certain that conventionally, entities are impermanent. It should be understood that the convention of permanence is simply set forth as the opposite of that which is impermanent, and that so-called permanence is simply an imputation based on the uninterrupted continuity of similar type. From the viewpoint of an investigation into the abiding way, all phenomena are merely dependent imputations, and the appearances of dependent origination are unestablished yet undeniable, like the moon in water. Therefore, none of them can possibly be a true singularity.

This [reasoning into] the absence of one and many thus refutes true singularity at all times and occasions, but it should be understood that it does not refute the mere conventional designation 'one'. The mere designation of one is simply applied onto many, while in actuality nothing is established as singular. The [conventional] truth of singularity is therefore not impaired. In the same way, distinguishing between true establishment in the authentic sense versus establishment as mere conventional designation is extremely important. As with the word sendhapa[51] [which at times means weapons and at other times food], if one doesn't know how to discern the meanings directly, one's mind will become as ruffled as jute no matter what scripture is studied or taught, and one will fail to identify anything. Therefore, such distinctions must be made.

།གཉིས་པ་གང་ཟག་གཅིག་བདེན་དགག་པ། སྐད་ཅིག་སྐད་ཅིག་མ་ཡིན་པར། །གང་ཟག་བསྟན་དུ་མི་རུང་བས། །གཅིག་དང་དུ་མའི་རང་བཞིན་དང་། །བྲལ་བར་གསལ་བར་རབ་ཏུ་ཤེས། །ཞེས་གསུངས་ཏེ། །དེ་ལ་འཁོར་བ་གཅིག་ནས་གཅིག་ཏུ་བརྒྱུད་ཅིང་བཅིང་གྲོལ་གྱི་ཐ་སྙད་གདགས་པའི་གཞིར་གྱུར་པ་སེམས་ཅན་རྣམས་ཀྱི་རྒྱུད་ལ་གཅིག་པུར་ཞེན་ནས་གང་ཟག་ཅེས་ཐ་སྙད་བཏགས་ཏེ། གང་ཟག་འཁོར་བར་འཁྱམས། ཐར་པ་ཐོབ་ཅེས་སྔ་ཕྱིའི་སྐད་ཅིག་དུ་མ་བསྡོམས་པ་ལ་འཇོག་པའི་ཕྱིར་རོ། །དེ་ལ་བློས་དམིགས་ནས་བདག་དང་སྐྱེས་བུ་ལ་སོགས་པའི་རྣམ་གྲངས་ཀྱིས་བརྗོད་ཅིང་རང་རྒྱུད་དུ་གཏོགས་པ་གང་ཡིན་པ་དེ་ལ། འགྲོ་བ་རྣམས་ནི་མ་བརྟགས་མ་དཔྱད་པར་ངའོ་སྙམ་དུ་འཛིན་ཞིང་། དེའང་ཕྱི་རོལ་པ་རྣམས་ནི་བདག་དེ་ཉིད་ཟ་བ་པོ་དང་། རྟག་པའི་དངོས་པོ་དང་། རྣམ་འགྱུར་གྱི་བྱེད་པ་པོ་མིན་པ་སོགས་ཀྱི་མཚན་ཉིད་དང་ལྡན་པར་འདོད་ལ། ངོ་བོ་ཡང་མ་སྐྱེས་ཡེ་ཡོད་ལྷ་བུར་ཞེན། དེ་ལ་ལས་ཐམས་ཅད་ལ་ཁྱབ་པ་དང་། ལ་ལས་མ་ཁྱབ་པ་དང་། ལ་ལས་བེམ་པོ། ལ་ལས་ཤེས་པ་སོགས་ལྷན་སྐྱེས་ཀྱི་ལུགས་སློག་ལ་ཀུན་བཏགས་ཀྱི་གཟེར་སྣ་ཚོགས་བཏབ་པའི་གྲུབ་མཐའ་སྨྲའོ། །གནས་མ་བུའི་སྡེ་པ་དག་ནི་བདག་དེ་ནི་དངོས་པོར་ཡོད་ཅིང་ལས་འབྲས་ཀྱི་རྟེན་ཡིན་ལ། དེ་ཕུང་པོ་དང་གཅིག་ཀྱང་མ་ཡིན་ལ་ཐ་དད་དུའང་བརྗོད་དུ་མེད་ཅིང་། དེ་བཞིན་དུ་རྟག་མི་རྟག་སོགས་གང་དུའང་བརྗོད་དུ་མེད་པར་འདོད་དོ། །སངས་རྒྱས་པའི་གྲུབ་མཐའ་མཚན་ཉིད་པ་འཛིན་པའི་ནང་པ་ཐམས་ཅད་ནི་ཕུང་པོ་ལྔའི་ཚོགས་པ་དང་རྒྱུན་ལ་ངའོ་སྙམ་དུ་སྙེམ་པར་ཟད་ཀྱི། བདག་རང་ངོས་ནས་གྲུབ་པ་མེད་པར་འདོད་པའི་དེ་ཡི་ཚུལ་རིགས་པས་གཏན་ལ་ཕབ་ན། འདི་ལྟར་**སྐད་ཅིག་སྐད་ཅིག**གིས་སྐྱེ་ཞིང་འཇིག་པ་ཉེར་ལེན་གྱི་ཕུང་པོ་ལྔ་པོ་འདི་**མ་ཡིན་པར།**

Refuting the True Singularity of the Person

Second, [concerning] refuting the true singularity of the person, it is said:

> *Other than as the utterly momentary*
> *The person cannot be demonstrated.*
> *It is therefore clearly and thoroughly understood*
> *That it possesses no nature as one or as many. [9]*

The streams of being of sentient beings form the basis for imputing such conventions as bondage, liberation, and the continuity from one cyclic existence to another. It is because of attachment to these streams as if they were singular that the convention of the so-called person is imputed. When it is said that "the person wandered in cyclic existence but attained liberation," this is posited because of having bound together a multitude of successive instants. Based on the mental observation of those [instants], wandering beings speak of the self, the individual, and so forth, and [it is those instants] that are included in the stream of being. Thus they think, "I!" without any examination or investigation.

In addition, non-Buddhists assert that this self is characterized by being consumer, by being a permanent entity that is not the creator of the transformations, and so forth; while [its] essence is conceived of as unborn and primordially existent. Some [posit that] it pervades everything, while others [assert] that it doesn't. Some [claim] it to be matter, while others [claim] it to be mind. In these ways, their philosophical teachings have driven various stakes of imputation into the iron chains of the coemergent.

The Followers of Vātsīputra[52] assert that the self exists as an entity that is the support for the results of actions. Just as it cannot be said to be either one with the aggregates or different from them, it likewise cannot be spoken of as permanent or impermanent.

All Buddhists who uphold genuine Buddhist philosophy assert that the idea "I am" is an arrogant assumption [based] on the gathering and the continuity of the aggregates, while the self has no establishment of its own. When ascertaining that through reasoning, it appears that *other than as the utterly momentary* five perpetuating aggregates, arising and ceasing

གཞན་ཞིག་ནས་**གང་ཟག**ཅེས་བྱ་བ་ཞིག་རྡུལ་ཙམ་ཡང་རིགས་པ་དང་མཐུན་པར་**བསྟན་དུ་མི་རུང་བས**་ན། གང་ཟག་ཅེས་བྱ་བ་གདགས་གཞི་ཕུང་པོ་ལ་བརྟེན་ནས་བཏགས་པ་ཙམ་ལས་དོན་དུ་བདེན་པའི་**གཅིག་དང་དུ་མའི་རང་བཞིན་དང་བྲལ་བར**བློ་དང་ལྡན་པ་རྣམས་ཀྱིས་ཆེས་ཤིན་ཏུ་**གསལ་བར་རབ་ཏུ་ཞུགས**་པ་ཡིན་ཏེ། ཕུང་པོ་ལས་ཐ་དད་པའི་བདག་མ་གྲུབ་ལ་ཕུང་པོ་ནི་དུ་མ་དང་མི་རྟག་པ་ཡིན་པས་བདག་གཅིག་བདེན་གྱི་རང་བཞིན་དུ་མི་རུང་ངོ་། །གཞན་ཡང་བདག་དེ་སྐད་ཅིག་མ་ཉིད་ཡིན་པར་གྱུར་ན་ནི་རང་བཞིན་གཞན་དང་གཞན་འབྱུང་བས་དུ་མར་འགྱུར་ཞིང་བྱེད་པོ་སྤྱོད་པོ་ཐ་དད་ལ། སྐད་ཅིག་མ་མིན་ན་ནི་སྔ་མ་མི་འཇིག་ལ་ཕྱི་མ་གཞན་མི་འབྱུང་བར་རྟག་པ་གཅིག་པུའི་རང་བཞིན་དུ་འགྱུར་ལ། དེ་ལྟར་ན་བཅིང་གྲོལ་བདེ་སྡུག་སོགས་མི་འཐད་ཅིང་མ་སྐྱེས་པ་ལ་དངོས་པོ་ཡོད་པའི་སྐབས་མི་སྲིད་དེ་མོ་གཤམ་གྱི་བུ་ལྟར་འགྱུར་ཞིང་སྤྱིར་རྟག་དངོས་འགོག་པའི་རིགས་པས་ཁེགས་སོ། །བརྗོད་མེད་ཀྱི་བདག་ནི་བདེན་པའི་ཁྱབ་བྱེད་ལོག་པས་ཁྱབ་བྱ་བདེན་པར་གནས་ག་ལ་སྲིད་དེ། གཅིག་དང་ཐ་དད་གང་དུ་མེད་པ་དེ་ཉིད་ཀྱི་ཕྱིར་ན་ནམ་མཁའི་མེ་ཏོག་ལ་སོགས་ལྟར་བསྒྲིམ་མི་དགོས་པར་གྲུབ་ལ་ཐ་སྙད་དུའང་དངོས་པོ་ཡིན་ན་གཞི་གཅིག་ལ་ལྟོས་ནས་གཅིག་དང་ཐ་དད་གང་རུང་དུ་གཞག་ཏུ་ཡོད་པས་ཁྱབ་པ་ལ་བདག་ལ་དེ་མེད་པས་ན་བདག་དངོས་པོར་ཡོད་ཅེས་དམ་བཅའ་ཁྱབ་བྱེད་མེད་པའི་ཁྱབ་བྱ་ཁས་ལེན་པ་ནི་ཤིན་ཏུ་སྨྱོན་པ་སྟེ། ཤིང་མེད་པར་ཁས་བླངས་ནས་ཤ་པ་ཡོད་པར་འདོད་པ་བཞིན་ནོ། །དེས་ན་བཅོམ་ལྡན་འདས་ཀྱིས། དཔེར་ན་ཡན་ལག་ཚོགས་རྣམས་ལ། །ཤིང་རྟ་ཞེས་ནི་བྱ་བར་འདོད། །དེ་བཞིན་ཕུང་པོ་རྣམས་བརྟེན་ནས། །ཀུན་རྫོབ་ཏུ་ནི་སེམས་ཅན་བརྗོད།

from instant to instant, even a speck of something that could be called *the person cannot be* logically *demonstrated.* The person is merely dependently imputed onto the aggregates, which are the basis for imputation. *It is therefore* most *clearly and thoroughly understood* by all intelligent ones *that it*—the person—*possesses no nature as* truly *one or as* truly *many.* The self has no establishment apart from the aggregates, but the aggregates are multiple and impermanent. Therefore, it is not feasible for the self to be a true singularity.

Furthermore, if the self were in fact momentary, its nature would be continuously changing. There would then be multiple [selves] and the agent [of an action] would be different from the one who experiences [its result]. If not momentary, what formerly was would not cease, and nothing else would later occur. [The self] would be of a permanent and singular nature, in which case bondage and liberation, pleasure and pain, and so forth would not be feasible. The unborn can never exist as an entity, thus [the self] is similar to the barren woman's son, as well as generally invalidated by the reasoning that refutes permanent entity.

As for the inexpressible self [asserted by the Followers of Vātsīputra], how could the pervaded[, the inexpressible self,] possibly remain true when that which pervades truth, [singular and multiple nature,] is absent? The [inexpressible self] is neither established as one nor as many, and that is precisely the reason why—just as with sky flowers and so forth—no attention need be paid to it.

On the conventional [level], it also follows that if something is an entity it can be posited as either one with or distinct from a single basis. Yet in terms of the self this is not the case. The claim that the self exists as an entity is therefore an affirmation of something pervaded, but without a pervader. Extremely foolish, as if one were to assert the existence of juniper but reject the existence of tree. The Transcendent Conqueror has said:

> For example, when the parts have come together
> It is asserted to be 'a chariot.'
> Likewise, with the aggregates as causes,
> One speaks relatively of a sentient being.

ཅེས་གསུངས་པ་ལྟར་གང་ཟག་ཅེས་བྱ་བ་གཅིག་དང་དུ་མའི་རང་བཞིན་དང་བྲལ་བས་དོན་དམ་པར་བདེན་པ་མེད་ཀྱང་། ཀུན་རྫོབ་ཐ་སྙད་དུ་ཕུང་པོ་ལྔ་རྒྱུར་བྱས་ནས་བདག་ཏུ་དམིགས་པ་སྟེ། ཕུང་པོ་ལྔ་ཆམ་ཕྲིས་པ་ཙམ་ལ་གཅིག་ཏུ་བཟུང་བ་ལ་གང་ཟག་ཅེས་བཏགས་པ་དང་། ཕུང་པོ་ལྔའི་རྒྱུན་སྐད་ཅིག་མ་རྣམས་ལ་གཅིག་ཏུ་བཟུང་སྟེ་རྒྱུད་ཅེས་བྱ་ཞིང་། ཕྱོགས་དང་དུས་ཀྱི་ཆ་ཕྲིས་པ་མ་ཡིན་པར་དེའི་རྒྱུད་དུ་གཏོགས་པའི་ཆོས་རྣམས་ལ་གཅིག་པུར་བཏགས་ཏེ། གང་ཟག་འདི་ནི་སྔར་འདི་ནས་འཁོས། ཕྱིས་འདིར་སྐྱེ་ཞེས་ཐ་སྙད་རུང་བ་བཞིན་ནོ། །དེ་ལ་ངར་འཛིན་ལྷན་སྐྱེས་ཀྱི་ཕུང་པོ་ལྔ་ལ་བརྟེན་ནས་བཏགས་པའི་ང་ཙམ་ལ་དམིགས་ཀྱི། ཕུང་པོ་ལྔ་ལ་ཆ་ཕྲིས་ནས་གསལ་པོར་དམིགས་པ་མ་ཡིན་ཏེ། དེ་དམིགས་རྣམ་སོ་སོར་མི་ཕྱེད་པར་གོམས་པའི་ཤུགས་ཀྱིས་འཇུག་པ་ཙམ་ཡིན་པའི་ཕྱིར་རོ། །འོན་ཀྱང་བཏགས་ཆོས་གང་ཟག་དེའི་གདགས་གཞི་ཕུང་པོ་ལྔ་ཡིན་པས་ཕུང་པོ་ལྔ་ཙམ་ལ་གང་ཟག་ཏུ་བཏགས་ཞེས་དམིགས་རྣམ་ཕྱེ་ཞིང་དཔྱད་ན་དེ་ལྟར་འཇོག་དགོས་ཏེ། བུམ་འཛིན་གྱི་བློས་དམིགས་ཡུལ་བཏགས་པའི་བུམ་པ་ཙམ་ཡིན་ཀྱང་། གདགས་གཞི་གཟུགས་ལ་སོགས་པའི་རང་མཚན་དམིགས་པར་འཇོག་པ་བཞིན་ནོ། །དེས་ན་ལས་འབྲས་ཀྱི་རྟེན་དུ་གྱུར་པའི་བདག་དེ་གང་ཡིན་དཔྱད་ན། ཁ་ཅིག་གིས་ཡིད་རྣམ་གྱི་རྒྱུན་དང་། ཁ་ཅིག་གིས་ཕུང་པོའི་རྒྱུན་སོགས་འདོད་ཀྱང་། དོན་དུ་ལས་བྱེད་པ་པོ་ཉིད་ལ་སྨིན་གྱི་གཞན་དུ་སྨིན་མི་སྲིད་པ་ལ། ལས་བྱེད་པ་པོ་ཞེས་བྱ་བའང་དུ་མ་ཚོགས་པའི་ཆོས་ཞིག་ལ་བྱེད་པོ་ཞེས་གཅིག་ཏུ་བཏགས་པ་ཙམ་ལས་དོན་དམ་པར་ནི་ལས་བྱེད་པོ་དང་ལས་འབྲས་སོགས་བདེན་པར་གྲུབ་པ་མེད་ལ་དེ་མེད་པའི་གནད་ཀྱིས་ལས་རྒྱུ་འབྲས་བྱས་པ་ཆུད་མི་ཟ་ཞིང་། མ་བྱས་པ་དང་མི་ཕྲད་པ་ཡིན་ཏེ། བཏགས་ཙམ་མིན་པར་ལས་བྱེད་པ་པོ་ཡོད་ན། དེ་རྟག་པ་ཡིན་ན་ནི་ལས་བྱར་མི་རུང་ལ་

Accordingly the so-called "person" has neither a nature as one nor as many, and so has no ultimate reality. Yet, in terms of relative convention, the five aggregates function as the cause for the observation of self. It is simply the five aggregates which, undifferentiated, are apprehended as one and then called "the person." Meanwhile, the instants that make up the continuity of the five aggregates are apprehended as one and named "the stream of being." Without differentiating in terms of place and time, all the phenomena constituting the stream of being are labeled as a singularity, and in this way conventions such as the person being transferred from one particular [existence] in the past into another in the future become practicable.

What is observed here is merely the I of the coemergent apprehension, imputed in dependence on the five aggregates. There is no clear observation as a result of having distinguished [particular] aspects of the five aggregates, for the features that are observed are not individually differentiated but are merely engaged in by the power of habituation. Yet since the five aggregates are the basis for imputing the person, one will, when differentiating and investigating the observed features, have to posit that "the person is merely imputed onto the five aggregates." Similarly, the observed object of a mind that is apprehending vase is merely the imputed vase, while the basis for the imputation is posited to be the observation of the specifically characterized [phenomena], the form, and so forth.

When investigating what the self that becomes the support for the result of actions might be, some will assert it to be the continuity of the mental consciousness, others the continuity of the aggregates, and so forth. Yet in actuality [the results] cannot possibly ripen onto anything other than the exact agent of the actions. The so-called agent of the actions is also merely the imputation of a singularity, the agent, onto a multiplicity of phenomena, for ultimately the agent of actions, the results of actions, and so forth are not truly established. Because of the key point that these are [ultimately] not [established], the consequences of actions do not dissipate, while what has not been done will not be encountered.

If, other than as imputation, there were an agent of the actions, that [agent] would be permanent and unable to perform actions. The

འབྲས་བུ་སྨིན་ཡང་རུང་བ་མི་འཐད། མི་རྟག་པ་ཡིན་ན་ནི་བྱེད་པོ་དང་སྤྱོད་པོ་ཐ་དད་པས་རྣམ་སྨིན་སྨྱོང་བར་མི་འཐད་པ་དེས་ན་ཆོས་དུས་ལ་གཅིག་ཏུ་བཏགས་པའི་ང་ཙམ་དེ་ཉིད་བྱེད་པོར་ཡང་རུང་ལ་རྣམ་སྨིན་སྨྱོང་བ་པོར་འཐད་དེ། སྔར་ངས་འདི་བྱས། ད་ལྟ་ས་བོན་འདི་འདེབས། སང་སྔོན་དུས་བཟའོ་ཞེས་དུས་ཀྱི་ཆ་མི་ཕྱེ་བར་གཅིག་ཏུ་ཞེན་པ་མ་བརྟགས་མ་དཔྱད་པའི་ང་ཙམ་དེ་ཡི་དབང་དུ་བྱས་ཏེ་ལས་རང་གིར་བྱ་བར་གསུངས་པ་ཡིན་གྱི། དོན་དམ་པར་ད་ལྟའི་ང་ཙམ་པོ་འདི་ཡང་མེད་པར་གསུངས་པའི་ཕྱིར་ན་ལས་འབྲས་ཀྱི་རྟེན་དཔྱོད་རིགས་ཀྱིས་རྙེད་དགོས་པ་མ་ཡིན་ནོ། །དེ་ལ་བདག་སྔར་སྡུག་བསྔལ་འདི་སྨྱོང་སྙམ་པ་དང་། ད་ལྟ་བདེའོ་སྙམ་པ་སྔར་གྱི་ཕུང་པོ་ལྔ་དང་ད་ལྟའི་ཕུང་པོ་ལྔ་ཆམ་ཕྱེས་པར་གཅིག་ཏུ་བཏགས་པ་དེ་བཞིན་སྲིད་པ་ཐོག་མཐའ་མེད་པའི་བར་དུ་རིལ་པོ་གཅིག་ཏུ་བཏགས་ནས་ངའོ་སྙམ་པ་དེའི་དབང་དུ་ན་ཡུལ་དང་དུས་ལ་སོགས་པའི་ཆ་སོ་སོར་བརྟགས་ཤིང་དཔྱད་ནས་མ་ཕྱེས་པའི་ང་ཙམ་ཞིག་ལས་འབྲས་ཀྱི་རྟེན་དུ་འཐད་དེ། ཆ་ཕྱེས་ན་ནི་རྒྱུ་དང་འབྲས་བུ་དུས་མཉམ་པ་ནི་མི་སྲིད་པས་ལས་བྱེད་པ་པོ་ཉིད་ལ་རྣམ་པར་སྨིན་པ་འབྱུང་བར་བསྒྲུབ་མི་ནུས་སོ། །དེ་ལྟར་སྔར་གྱི་ལས་བྱེད་པ་པོ་དང་། ད་ལྟའི་སྨྱོང་བ་པོ་དང་། མ་འོངས་ན་སྨྱོང་བར་འགྱུར་བ་པོ་རྣམས་བདག་གོ་ཞེས་གཅིག་ཏུ་བཏགས་པ་དེས་ན་བདག་དེ་ནི་དུས་ལ་གཅིག་ཏུ་བཏགས་པ་ཡིན་གྱི། ལེགས་པར་དཔྱད་ན་སྔར་དང་ད་ལྟ་མ་འོངས་པའི་ཕུང་པོ་ཐམས་ཅད་རིམ་པས་སྐད་ཅིག་མ་མ་གཏོགས་གཅིག་ཡིན་པ་མི་སྲིད་པས་དཔྱད་པའི་དབང་དུ་ན་ལས་བྱེད་པོ་དང་སྨྱོང་པོ་རྒྱུན་གཅིག་ལ་བཏགས་པས་རྒྱུན་ཙམ་བཞག་ཀྱང་གཞལ་ལུགས་གཅིག་ཏུ་ན་འགལ་བ་མེད་མོད།

practicability of the ripening of results would not be reasonable either. If [the agent] were impermanent, the doer [of the action] and the one who experiences [its result] would be different from one another, and the experience of ripening would therefore not be feasible. It is therefore exactly that mere I, which is imputed onto a multitude of phenomena, that is feasible as the doer of actions and reasonable as the one who experiences their ripening. "I have done that before. Now I am sowing this seed, and in autumn I shall eat." Saying this, one conceives of a singularity without making any differentiation with respect to time. When it is taught that the effects of actions are to be experienced by oneself, it is in terms of such a mere unexamined and uninvestigated I.

Even the mere I of the present has been explained to be ultimately nonexistent, so a basis for the results of actions need not be found through analytical reasoning. The idea, "in the past I experienced that pain, but now I feel good," is an imputation of singularity onto the five aggregates of the past and the five aggregates of the present without differentiating between their [constituent factors]. In this way one imputes a singular whole and falls under the power of thinking "I am" throughout existences without beginning or end. It is just such an undifferentiated I, unanalyzed and uninvestigated in terms of the various aspects of location, time, and so forth, that is feasible as the basis for the effects of actions. When differentiating, one will fail to establish that [the results] ripen upon the agent of the actions, for the cause and its result cannot possibly be simultaneous.

In this way, the agent of past actions, the one who experiences in the present, and the one who will experience in the future are all imputed to be a oneness called self. Hence, this self is an imputation of one onto many. When properly investigated, all past, present, and future aggregates are nothing but a succession of momentary [occurrences]. They cannot possibly be one. In terms of such an investigation, one way of evaluating suggests there may not be any contradiction [entailed by] positing a mere continuity. The agent of the action and the one who experiences [its result] may thus be spoken of as [belonging to] the same continuity. Nevertheless, the aggregates that are referred to as a

འོན་ཀྱང་རྒྱུན་ཙམ་ཞེས་པའི་ཕུང་པོའང་དཔྱད་ན་བཏགས་པ་ཙམ་ཡིན་ལ། མཐར་དུ་ན་ཡ་མ་
བཏགས་པའི་གཅིག་བདེན་མི་རྙེད་པས། མདོར་ན་གང་ཟག་གཅིག་བདེན་མི་སྲིད་པར་དུ་མ་ལ་
གཅིག་ཏུ་བཏགས་པའི་གང་ཟག་ཙམ་གྱི་ཚུལ་འདིས་ལས་འབྲས་ཀྱི་འཇོག་ཚུལ་སོགས་གནད་ཀྱི་དོན་
དུ་མ་ཤེས་པར་བྱའོ། །འདི་སྐབས་ལས་འབྲས་ཀྱི་རྟེན་ཞེས་པ་ལས་ཀྱི་རྣམ་པར་སྨིན་པ་ནི་
ལས་བསགས་པ་པོ་རང་ལ་སྨིན་པར་གསུངས་པའི་བདག་དེ་གང་ལ་ངོས་འཛིན་དཔྱད་པ་ཡིན་གྱི།
།བག་ཆགས་ཀྱི་བགོ་གཞི་སོགས་ཀྱི་རྟེན་དུ་གོ་བར་མི་བྱའོ། །གཉིས་པ་ཁྱབ་བྱེད་ཀྱི་སྤྱི་གཅིག་
བདེན་དགག་པ་ནི། ཐ་དད་ཕྱོགས་ཅན་དང་འབྲེལ་ཕྱིར། །ཁྱབ་རྣམས་གཅིག་པུར་ག་ལ་
འགྱུར། །ཞེས་གསུངས་ཏེ། དེ་ལ་སྤྱིར་ཁྱབ་པ་ཞེས་བྱ་བ་ཆོས་དུ་མ་ལ་དེའི་རང་བཞིན་རྗེས་སུ་
སོང་བ་ངོ་བོ་གཅིག་གི་ཚུལ་གྱིས་ཁྱབ་པ་སྤྱི་བྱེ་བྲག་ལྟ་བུ་དང་། ཆོས་གང་གི་མཐའི་བར་དུ་གང་
གནས་པར་འགྱུར་པ་ངོ་བོ་ཐ་དད་པའི་ཚུལ་གྱིས་ཁྱབ་པ་གོས་ལ་སྔོན་གྱིས་ཁེབས་པ་ལྟ་བུ་གཉིས་ཡོད་
ཅིང་། དེ་ལས་ཐམས་ཅད་ལ་སྤྱིར་ཁྱབ་པ་ནམ་མཁའ་དང་དུས་དང་ཕྱོགས་རྣམས་ལ་ཆེན་པོ་དང་
ཚད་མེད་པའི་འདུ་ཤེས་ཀྱིས་དངོས་པོར་ཞེན་ནས་དུས་རྒྱུར་སྨྲ་བ་སོགས་ཕྱི་རོལ་པའི་འདོད་ཚུལ་བྱུང་
ཞིང་། ཡང་བྱེ་བྲག་པ་ལ་སོགས་པ་ནི་རང་གིས་གསལ་བའམ་བྱེ་བྲག་དུ་མ་ལ་རྗེས་སུ་འགྲོ་
བའི་སྤྱི་ནི་ཁྱབ་པ་རྟག་པ་མི་སྣང་བའི་རང་བཞིན་ཅན་དུ་ཡོད་ཅིང་དེས་གསལ་བ་རྣམས་བ་ལང་དུ་མ་
ཐག་པ་གཅིག་གིས་བཏགས་པ་བཞིན་དུ་སྦྲེལ་ཞིང་གནས་ལ།

mere continuity are, when investigated, also [seen to be] imputations, and so one finally fails to find any true singularity that has not been imputed onto many.

In short, the person cannot possibly be a true singularity, and by [understanding] the characteristics of that person, who is merely an imputation of singularity onto multiplicity, various crucial points with respect to positing the results of actions and so forth can be comprehended as well.

The 'basis for the result of actions' has been brought up at this point in terms of identifying and investigating the self [that is referred to] when it is said that the ripening of a karmic action is experienced by the one who accumulated it. It should not be understood as referring to the basis that is the ground for the infusion of habitual tendencies and so forth.

Refuting the True Singularity of Pervading Universals

Second, with regard to refuting the true singularity of a pervading universal, it is said:

> *Related to what has separate parts,*
> *How could the pervasives be singular? [10ab]*

Generally, pervasion is of two kinds: pervasion where the nature of the [pervasive] coexists with a multitude of phenomena in the manner of same essence (as in the case of the universal and its particulars) and pervasion where something extends throughout a given phenomenon in the manner of a separate essence (as in the case of a dye covering a garment).

Non-Buddhist assertions such as those of the Proponents of Time Being the Cause have come about due to a perspective that conceives of the universal pervasives of space, time, and direction as being great and limitless entities. According to the Differentialists[53] and others, the universal that coexists with the many instances or particulars exists as a permanent and non-appearing nature that connects the instances in a manner similar to a [single] rope tying a herd of cattle. Moreover, [this system] asserts great

དེའང་སྤྱི་ཆེན་པོ་ཡོད་པ་ལྷ་བྱུ་ཐམས་ཅད་ལ་ཁྱབ་པ་དང་། ཉི་ཚེ་བ་བ་ལང་གི་སྤྱི་ལྷ་བྱུ་གཉིས་སུ་ཡོད་ཅིང་སྤྱི་གསལ་རྫས་ཐ་དད་དུ་འདོད། གྲངས་ཅན་པ་སྤྱི་གསལ་རྫས་གཅིག་ཏུ་འདོད་དོ། །དེ་ལ་སོགས་པ་ཁྱབ་བྱེད་རྣམས་གང་ཡིན་ཡང་རུང་རིགས་པ་འདིས་འགོག་པ་ཡིན་ཏེ། **ཐ་དད**པའི་**ཕྱོགས་ཅན**ནམ ཕྱོགས་ཐ་དད་པ་ཅན་ཏེ་ཁྱབ་བྱའི་དངོས་པོ་མི་འདྲ་བ་ཞིང་ལ་སོགས་པ་**དང་འབྲེལ**བའི་**ཕྱིར**ན། **ཁྱབ**པའི་དངོས་པོར་འདོད་པ་དེ་**རྣམས**ཀྱང་**གཅིག་པུར**བདེན་པར་**ག་ལ་འགྱུར**ཏེ། གལ་ཏེ་ནམ་མཁའ་དང་སྤྱི་ལ་སོགས་པ་ཁྱབ་པའི་དངོས་པོ་དེ་དག་ཁྱབ་ཕྱོགས་དང་དུས་ཀྱིས་བསྡུས་པའི་དངོས་པོ་དེ་དག་དང་མ་འབྲེལ་ན་ནི་ཁྱབ་པར་འཇོག་མི་རུང་ལ། འབྲེལ་ན་ནི་ཤར་ཕྱོགས་ཀྱི་ཞིང་ལ་ཁྱབ་པའི་ཆ་དེ་ནུབ་ཕྱོགས་ཀྱི་ཞིང་ལ་ཁྱབ་པའི་ཆ་དེ་དང་གཅིག་ཡིན་ནམ་མིན། ཡིན་ན་ནི་ཁྱབ་བྱེད་ཀྱི་དངོས་པོ་གཅིག་ཡིན་པ་དེ་བཞིན་དུ་དེ་དང་འབྲེལ་ཞིང་དབྱེར་མེད་དུ་འབྲེལ་བའི་ཁྱབ་བྱ་གསལ་བ་དང་ཞིང་དེ་དག་ཀྱང་ཐ་དད་མེད་པར་ངོ་བོ་གཅིག་ཏུ་འགྱུར་བ་དང་། གཞན་ཡང་ཁྱབ་བྱ་བྱེ་བྲག་པ་ཞིང་ལྷ་བྱུ་གཅིག་སྐྱེས་ན་ཡུལ་དུས་ཐ་དད་པའི་ཞིང་རྣམས་ཅིག་ཅར་སྐྱེ་དགོས་པ་སོགས་ཀྱིས་གནོད་ལ། ཆ་སོ་སོ་གཅིག་མིན་ན་ནི་ཁྱབ་པ་གཅིག་པུར་ག་ལ་འགྱུར་ཏེ་ཁྱབ་བྱ་དང་གསལ་བ་ཐ་དད་པའི་གྲངས་བཞིན་དུ་མར་འགྱུར་རོ། །དེས་ན་སྤྱི་གསལ་སོགས་ལ་འདོད་རྒྱལ་དུ་མ་ཡོད་ཀྱང་དོན་དུ་དེ་གཉིས་མ་འབྲེལ་ན་ཁྱབ་བྱ་ཁྱབ་བྱེད་དུ་མི་རུང་ལ། འབྲེལ་ཕན་ཆད་རིགས་པ་འདི་གཅིག་པུས་ཁྱབ་པ་ཡིན་ནོ་ཅོག་གཅིག་བདེན་འགོག་ནུས་སོ། །དེ་ལྟར་ཁྱབ་བྱེད་སྤྱི་ཞེས་པ་དེ་མིན་རྣམ་པར་བཅད་ཙམ་གྱི་གཞན་སེལ་ཡིན་གྱི་དོན་ལ་གྲུབ་པ་མེད་དེ། དཔེར་ན་ཡལ་ག་ལོ་མ་ལྡན་པ་མཐོང་བ་ན་དེ་མིན་རྣམ་པར་བཅད་ནས་ཤིང་ཞེས་བཏགས་པ་དེ་ལ་སྤྱིའི་ཐ་སྙད་བཏགས་པ་སྟེ། དེ་ཡུལ་དུས་ཐ་དད་པའི་བྱེ་བྲག་ལ་རྗེས་སུ་འགྲོ་བའང་ཡིན་ཅིང་། སྤྱི་དེ་ལ་རང་མཚན་དུ་ཞེན་ནས་སྣང་བཏགས་གཅིག་ཏུ་བསྲེས་ཏེ་

universals that are all-pervading, such as existence, and limited [ones], such as the cattle-universal. The [Differentialists] posit the universal and the instances to be separate substances, while the Enumerators assert universal and instance to be of identical substance.

Whatever the pervaders are [said to be] like, they are refuted by the following reasoning: when they are *related to what has separate*, or different, *parts* (the various pervaded entities such as trees), *how could* the asserted entities, *the pervasives, be* truly *singular*? If pervasive entities such as space, the universal, and so forth are not related to the pervaded objects, the entities contained in time and direction, they cannot be posited as pervasives. If they are related, then is the aspect that pervades the tree [that grows] in the east identical with the aspect that pervades the tree in the west? If it is, then just as the pervading entity is one, those trees, the instances, the pervaded objects with which it is fused and inseparably connected, must likewise be an undifferentiated single essence. [The assertion] is further impaired since it follows that if, for example, one pervaded instance, such as one tree, comes into being, all trees at all places and at all times must arise simultaneously with it. If the various aspects are not the same, then how can the pervasive ever be singular? It will be as multiple as the separate pervaded instances.

Numerous assertions have been made concerning [issues] such as [the relationship between] universal and instance. Nevertheless, in actuality [the instance and the universal] are not feasible as pervaded and pervader if the two are not related. If, on the other hand, they *are* related, this single reasoning is capable of refuting the true singularity of any given pervasive. Accordingly, the so-called pervading universal is an other-exclusion that has simply eliminated what is not itself. It has no actual establishment.

For example, when one sees branches with leaves, one imputes 'tree', having eliminated all that is not branches with leaves. This is the imputation of the convention of a universal. Moreover, that [universal] will coincide with the particulars that exist in separate locations and times. When conceiving of the universal as being specifically characterized, the apparent and the designated are mingled as one, and thus one negates

དགག་སྒྲུབ་བྱས་པའི་སྤྱི་ཁེགས་པས་བྱེ་བྲག་ཁེགས་པ་དང་དེ་གཉིས་གཅིག་དང་ཐ་དད་པ་སོགས་པའི་སྐྱོན་ལས་གྲོལ་བ་ཡིན་ནོ། །དེ་ལ་གཞན་ལས་ལྡོག་པར་སྣང་བའི་ལྡོག་པ་ཅིག་རྐྱང་སྤྱི་དང་། གཞན་དང་རང་གི་རིགས་མཐུན་མཐའ་དག་ལས་ཀྱང་ལྡོག་པའི་ལྡོག་པ་གཉིས་ཚོགས་ནི་རང་མཚན་ལ་འབབ་པས་བྱེ་བྲག་ཡིན་ལ་གཉིས་པོ་དེའང་ཆོས་དུམ་ལ་གཅིག་ཏུ་བཏགས་པ་ཙམ་ཡིན་པས་གཅིག་བདེན་མི་སྲིད་ལ། ནམ་མཁའ་ནི་དངོས་པོར་མི་གྲུབ་པའི་རྒྱལ་འོག་ཏུའང་འཆད་དོ། །གཉིས་པ་མ་ཁྱབ་པའི་གཅིག་བདེན་དགག་པ་ལ། ཕྱི་རོལ་གཅིག་བདེན་དགག །ཤེས་པ་གཅིག་བདེན་དགག་པའོ། །དང་པོ་ལ་རགས་པ་གཅིག་བདེན་དང་། རྡུལ་ཕྲན་གཅིག་བདེན་དགག་པ་གཉིས། དང་པོ། བསྒྲིབས་དང་མ་བསྒྲིབས་དངོས་སོགས་ཕྱིར། །རགས་པ་རྣམས་ཀྱང་གཅིག་པུ་མིན། །ཞེས་གསུངས་ཏེ། དེ་ལ་རགས་པ་ཞེས་བྱ་བ་རྡུལ་ཕྲ་རབ་དུམ་ཚོགས་པའི་ཚ་སྟེ། དེའང་ནང་གི་ལུས་ལ་སོགས་པ་དང་། ཕྱི་རོལ་དུ་བུམ་སྣམ་ཁང་པ་རི་གླིང་ལྷུན་པོ་སྟོང་ཆེན་པོའི་གནས་ཀྱི་བར་དུ་སྣང་བ་དེ་དག་གང་ཡང་རུང་སྟེ། དེ་དག་ལ་གོས་ལ་སོགས་པས་**བསྒྲིབས་**པ་**དང་མ་བསྒྲིབས་**པའི་**དངོས་**པོ་**སོགས་**ཐ་དད་པ་ཡོད་པའི་**ཕྱིར་**ན། **རགས་པ་རྣམས་ཀྱང་**བདེན་པའི་**གཅིག་པུ་**ཉིད་དུ་འགྱུར་བ་**མིན་**ནོ། །དེའང་ལུས་ལྟ་བུ་ལ་དཔེར་མཚོན་ན།

and affirms. Yet, by invalidating the universal, one also invalidates the particular, and one is thereby freed from the faults of, for instance, [conceiving] that the two are either one or separate.

The single contradistinction that appears as distinct from that which is other is the universal. The double contradistinction that is [not only] distinct from other, but is also [distinct] from all that is of the same type, is actually the specifically characterized, and is therefore the particular. Since both of these [contradistinctions, the single and the double,] are merely imputations of one onto many, they cannot possibly be true singularities. In addition, how space is not established as an entity will be explained below.

Refuting the True Singularity of the Not Pervasive

Second, refuting the true singularity of what is not pervasive includes: 1) refuting external true singularity, and 2) refuting the true singularity of cognition. Refuting external true singularity includes: 1) refuting the true singularity of the coarse, and 2) refuting the true singularity of the particle.

Refuting the True Singularity of the Coarse

First, it is said:

> *Because they are, for instance, entities that are veiled and unveiled,*
> *The coarse are not singular either. [10cd]*

Here, "the coarse" refers to whatever is a composite of many most subtle particles. There may be appearances of the internal—the body and so forth—or of the external—vases, woolen cloth, houses, mountains, continents, and Mt. Sumeru, up to a billion-fold universe. Yet in any case, ***because they are*** the separate existences of, ***for instance, entities*** that are ***veiled and unveiled*** by cloth, and so forth, ***the coarse are not*** truly and actually ***singular either***. Taking something like the body as an example, there is a part that is veiled by clothes and a part that is not. Likewise, as

གོས་ཀྱིས་བསྒྲིབས་པའི་ཆ་དང་མ་བསྒྲིབས་པའི་ཆ་དང་། །དེ་བཞིན་དུ་སོགས་ཁོངས་ནས། གཡོ་བ་དང་མི་གཡོ་བ། ཚོན་གྱིས་བསྒྱུར་བ་དང་མ་བསྒྱུར་བ། ཚིག་པ་དང་མ་ཚིག་པ་ལ་སོགས་པ་མི་མཐུན་པའི་ཆོས་དུ་མ་ཡོད་པས་དེ་དག་གཅིག་པུའི་རང་བཞིན་དུ་ག་ལ་འགྱུར། གལ་ཏེ་བསྒྲིབས་མ་བསྒྲིབས་སོགས་ནི་ཡན་ལག་ཁང་པ་སོགས་ལ་ཡིན་གྱི། ཡན་ལག་ཅན་ལ་མིན་ནོ་ཞེ་ན། ཅི་ཡན་ལག་ཅན་ཞེས་པ་དེ་ཡན་ལག་རྣམས་དང་གཅིག་གམ་ཐ་དད། གཅིག་ན་ནི་མི་འདྲ་བ་དུ་མའི་ཆོས་སུ་གནས་པ་དེ་ཁོན་ལྟར་གྲུབ་ལ། ཐ་དད་ན་སྣང་དུ་རུང་དགོས་པ་ལ་མ་དམིགས་པས་ཁེགས་ཤིང་། གཞན་ཡང་དེ་གཉིས་ཀ་བུམ་བཞིན་དུ་འབྲེལ་མེད་དུ་འགྱུར་རོ། །དེ་གཉིས་འདུ་བའི་མཚན་ཉིད་ཀྱིས་འབྲེལ་བས་ལོགས་ཤིག་ཏུ་དམིགས་མི་དགོས་ཤེ་ན། ཁང་པ་ལ་འདུ་བས་འབྲེལ་བ་གང་ཡིན་པ་ལག་པ་དང་འདུ་པ་གཉིས་མི་གཅིག་ན་ནི་རགས་པ་རྣམས་གཅིག་པུར་མི་རུང་ལ། གཅིག་ན་ནི་དུ་མའི་ཆོས་སུ་དམིགས་པའི་ཕྱིར་འགལ་བ་ལྷག་པར་ཡང་དེ་ལ་གནས་པ་ཉིད་དོ། །དེས་ན་ཡན་ལག་ཅན་ཞེས་པ་ཡན་ལག་དུ་མ་ཚོགས་པ་ལ་གཅིག་ཏུ་ཞེན་པའི་བློས་བཏགས་པ་ཙམ་ལས་གཅིག་བདེན་མི་གྲུབ་པས་ཐ་སྙད་རྣམས་འཐད་ཀྱི། གཞན་དུ་ཡན་ལག་ཅན་གཅིག་བདེན་དུ་ཡོད་ན་ཡན་ལག་དང་གཅིག་ཐ་དད་སོགས་ཀྱི་བརྟགས་པ་མི་འཛུག་མི་སྲིད་དོ། །གཉིས་པ་རྟུལ་ཕྲན་འགོག་པའི་རིགས་པ་བསྟན་པ་དང་། དེ་ཁེགས་པས་དངོས་པོ་དུ་མ་ཁེགས་པར་བསྟན་པའོ། །དང་པོ་ལ་ཕྱོགས་སྔའི་འདོད་ཚུལ་བརྗོད་པ་དང་། དེ་དགག་པ་གཉིས།

implied by "for instance," there are many distinct properties such as being in movement and not in movement, colored and uncolored, burned and not burned, and so forth. How could the [coarse objects] then be of a singular nature?

It may be said that veiled and not veiled and so forth applies to the parts—the legs and so forth—but not to the whole. In that case, what [is meant by] the whole? Is it one with the parts or separate from them? If one [with the parts], it is present as those multiple properties and is then exclusively established as such. If separate [from them], it must be suited to appear [on its own], but since no such [appearance] is observed [the concept of the whole] has been invalidated. Moreover, [if the parts and what possesses them are separate from one another,] they become as unrelated as a pillar and a vase.

It may then be said that since the way these two [aspects] relate is characterized by inherence, [the whole] need not be observed as something separate [from the parts]. [Yet,] if that which is inherently related to the legs is different from that which is inherent in the arms, the coarse [phenomenon] cannot feasibly be singular. If, [on the other hand,] they are one, there is a severe contradiction, because what is observed is multiple phenomena. The whole is thus merely an imputation by a mind that conceives of a oneness in the gathering of multiple parts. It is not established as a true singularity. In that sense, [the parts and the whole] are reasonable conventions. But otherwise, if the whole [is asserted to be] existent as a true singularity, the examinations that look at whether it is the same or different from the parts will unavoidably apply.

Refuting the True Singularity of the Particle

Second, there will be: 1) a demonstration of the reasoning that refutes the particle, and 2) a demonstration of how the invalidation of the [particle] invalidates many entities. The demonstration of the reasoning that refutes the particle includes: 1) the assertions of the opponents, and 2) their refutations.

དང་པོ། འགྱུར་བ་དང་ནི་བསྐྱོར་བའམ། །བར་མེད་རྣམ་པར་གནས་ཀྱང་རུང་། །ཞེས་གསུངས་ཏེ། དེ་ལ་འདིར་ཡུལ་ལྔ་དང་དབང་པོ་ལྔ་སྟེ་གཟུགས་ཅན་གྱི་ཁམས་བཅུ་པོ་འདི་དག་ནི་གང་ཡང་རུང་སྟེ། རགས་པར་སྣང་བ་ལ་དུ་མར་བཤིག་ཏུ་ཡོད་ཅིང་ཕན་ཚུན་གཅིག་གི་གོ་སྐབས་སུ་གཅིག་འདུག་པ་ལ་གེགས་བྱེད་པ་དུམ་བསགས་པའི་རང་བཞིན་ཅན་དུ་མཐོང་བས་དེ་དག་རྡུལ་ཕྲ་རབ་ཀྱི་བར་དུ་གཞིག་ཏུ་རུང་སྟེ། དཔེར་ན་རྫ་བུམ་གྱོ་མོར་བྱས། གྱོ་མོ་ཕྱེ་མར་བཏག །ཕྱེ་མའང་རྟིང་པོ་ཞིབ་མོར་བྱས་པ་ལྟ་བུའི་ཚུལ་གྱིས་གཟུགས་ཅན་རྣམས་སིལ་མར་བཅད་དུ་ཡོད་པ་ལྟ་བུ་ཡིན་པས་ན་མིང་དུའང་གཟུགས་ཞེས་བཙུགས་སུ་རུང་བ་ལྟ་བུ་ཡིན་ཏེ། དོན་དུ་ན་ཐོགས་རེག་གི་རྣམ་པར་ཡོད་པས། རྣམ་ཤེས་ལྟ་བུ་མ་ཡིན་པར་འཛིན་དུ་ཡོད་པ་གནོད་པ་བྱར་རུང་བ་ཞིག་གི་ཀླ་དྭགས་སུ་གཟུགས་ཞེས་བཤད་དེ་གྲི་གཟུགས་ཟེར་བ་ལྟ་བུའོ། །འོན་རྡུལ་ཕྲ་རབ་ལ་དེ་མ་གྲུབ་སྙམ་ན་རགས་པ་ལ་ཡོད་པས་སྐྱོན་མེད་དོ། རྣམ་རིག་མིན་པའི་གཟུགས་འདོད་པ་ལྟར་ནའང་རྟེན་ལ་གནོད་པ་བྱར་ཡོད་པས་དེ་སྐད་གདགས་སུ་རུང་སྟེ། སྤྱིར་སྒྲ་ལ་བཤད་འཇུག་གཉིས་ཀ་ཡོད་པ་དང་། གང་རུང་རེ་ལས་མེད་པ་སྟེ་སྒུ་གསུམ་དུ་ཡོད་པ་ཡིན་ནོ། །དེས་ན་གཟུགས་སུ་རུང་བ་གཟུགས་ཀྱི་མཚན་ཉིད་ཅེས་ཀྱང་བྱ་ལ། གཟུགས་དེ་ལས་ཀྱང་ཆེས་རགས་པ་མིག་གི་ཡུལ་ལ་གཟུགས་ཞེས་བྱེ་བྲག་ཏུ་བཏགས་པའོ། །དེ་ལ་བེམ་པོ་དེ་དག་རགས་པ་ཕྲ་བར་གསིལ་ནས་ཕྲ་བ་མཐར་ཐུག་པ་ལ་ཆ་གསིལ་རྒྱུ་མེད་པ་ལ་རྡུལ་ཕྲ་རབ་ཅེས་བྱའོ།

Assertions of the Opponents

First, it is said:

> *Whether they join or surround,*
> *Or remain without any space in between, [11ab]*

In the case of any of the five objects and the five sense faculties (i.e., the 10 elements possessing form), they appear as the coarse and exist as a multiplicity. They mutually obstruct one another, so that one will not remain in the place of another, and they are seen to be, by nature, accumulations of many [factors]. These [elements] can therefore be broken down into most subtle particles.

For instance, a clay vase can be made into shards, the shards ground to sand, and the rough sand further made fine. In this way, all that possesses form can, as it were, be broken down into dust. Even the name [given to this category] is *gzugs* [form], or as is implied [by the Tibetan word]: "that which is prone to penetration." In fact, [form] exists as something that is obstructive and tangible, and so [form] is perceptible in a way that something like consciousness is not. The word *gzugs*, [the penetrable], designates something suited to be harmed. Similarly, one may say *gri gzugs*[, 'the knife will penetrate']. It might then be thought: "Well, the [reasoning] above is not established in the case of the most subtle particle." [But] since this is the case regarding the coarse, there is no error. With regard to the assertion of imperceptible forms, the [physical] support for the [imperceptible form] can be harmed and it is therefore still appropriate to label them [form]. Generally, only three alternatives are open in terms of words: they may be both explicable as well as applicable, or only one or the other of these two. Thus *gzugs*, [form,] is defined as "that which is suited to be form," [or in other words, "that which is suited for penetration"].[54] As a particular of the [general category] termed 'form', the extremely coarse objects [that are apprehended by] the eyes are also designated form.

When splitting coarse matter into subtle, the absolute subtlety that cannot be split further is called the most subtle particle. Since it is

།དེའང་དེ་ལས་ཆུང་ངུར་གཏོང་དུ་མེད་པ་རྡུལ་ཕྲ་བའི་རབ་བམ། ཕྲ་བའི་མཐར་ཐུག་དང་། དེ་བདུན་ལ་རྡུལ་ཕྲན་སོགས་འགྱུར་ཏེ། རིམ་པས་ལྕགས་ཆུ་རི་བོང་ལུག་གླང་ཉི་ཟེར་རྡུལ་རྣམས་དང་སྲོ་མ་ཤིག་ནས་སོར་ཚད་ཀྱི་བར་བདུན་འགྱུར་དུ་རྩི་བ་ཡིན་ནོ། །དེ་ལ་འདོད་ཁམས་ན་དབང་པོ་ལ་སྣང་རུང་གི་རྡུལ་ཆུང་ངུ་ཞིག་ལམ་མཐའ་ཡང་དབང་པོ་དང་སྦྲ་མེད་པའི་རྡུལ་ཕྲ་རབ་བརྒྱད་འདུས་ཡོད་ཅིང་། དབང་པོ་ལ་སོགས་ཡོད་ན་དོ་དེས་ཀླུགས་ཏེ་ཤེས་པར་བྱའོ། །དེས་ན་མཐར་ཆ་མེད་པའི་རྡུལ་ནི་འབྱུང་བ་དང་འབྱུང་འགྱུར་གྱི་རྡུལ་རེ་རེ་བ་དམིགས་ཀྱིས་བཀར་ནས་གཟུང་བའི་དབང་དུ་ཡིན་གྱི་ཆ་སོ་སོ་བ་མེད་ལ། རགས་པ་རྣམས་ལ་ཆེ་ཆུང་གི་དབང་གིས་རྡུལ་ཕྲ་རབ་ཀྱང་དེ་སྙེད་དུ་མང་ཤུང་ཡོད་པར་འདོད་དོ། །བོད་ཁ་ཅིག་རྡུལ་ཕྲན་ཐུག་མེད་དུ་འདོད་པའང་བྱུང་ལ། དེ་ལྟར་ན་རགས་པ་རྩོམ་པ་མི་སྲིད་པ་སོགས་ཀྱིས་གནོད་པས་མི་འཐད་དོ། །མདོར་ན་རགས་པ་ཆ་གསལ་དུ་ཡོད་པས་ཇེ་ཕྲ་ཇེ་ཕྲར་གཏོང་བ་ཡིན་ལ། མཐར་གཞི་མེད་དུ་གྱུར་ན་རགས་པ་མེད་དུ་འགྱུར་བར་བསམས་ནས་རྡུལ་ཕྲ་རབ་དེ་ལས་ཆུང་ངུར་གཏོང་རྒྱུ་མེད་པ་ཞིག་ཡོད་པར་འདོད་པ་ནི་རྡུལ་ཕྲ་རབ་འདོད་པ་སྤྱིའི་ལུགས་ཡིན་ལ། གཞན་སྡེ་རྣམས་ནི་རྡུལ་དེ་རྟག་པར་འདོད་ལ། རང་སྡེ་རྣམས་ནི་སྐད་ཅིག་མར་འདོད་པ་ཁྱད་པར་རོ། རྡུལ་ཕྲ་རབ་དེས་རགས་པ་རྩོམ་པའི་སྐབས་ན་རྡུལ་དེ་དག་ལ་བར་ཡོད་པ་དང་། མེད་པ་གང་རུང་གི་ཚུལ་དུ་རྩོམ་དགོས་པས། དེ་ལ་འདོད་ལུགས་གསུམ་བྱུང་སྟེ། གཟེགས་ཟན་པ་ན་རེ། ཕྲད་ནས་ཚོགས་པ་རྩོམ་དགོས་ཀྱི། མ་ཕྲད་ན་རགས་པའི་དངོས་པོ་གཅིག་ཏུ་མི་རུང་བས་རྡུལ་རྣམས་ནི་གཅིག་ལ་གཅིག་འབྲུར་ཏེ་གནས་པ་ཁོ་ནའོ་ཞེས་ཟེར་རོ། །དེ་ལ་ཆ་མེད་པ་ལ་ཕྱོགས་ཐ་དད་ཅིག་གིས་འབྲུར་ན་ནི་འབྲུར་བ་དང་མ་འབྲུར་བའི་ཆ་ཡོད་པས་ཆ་མེད་དུ་མི་རུང་ལ།

impossible to reduce [any material matter] beyond that, this particle is the most subtle, the one of absolute subtlety. Seven of these become one particle and by successively multiplying by seven, one enumerates the particles of iron, water, rabbit, sheep, cow, and sunbeam, up to and including [matter] the size of a louse egg, a louse, a barley grain, and a finger [width]. A minor particle that can appear to the senses in the Desire Realm will, without including sense faculties and sound, contain eight most subtle particles at a minimum. If sense faculties and so forth are present, it should be understood that there are correspondingly more. The final partless particle is distinguished and apprehended in terms of each of the elements and their transformations, but there are no separate, [perceptible] aspects. Moreover, it is asserted that the number of most subtle particles corresponds with the size of the coarse [entity]. In Tibet, some have asserted that particles [can be divided] endlessly, but since in that case [the particles] cannot [function to] form the coarse and so forth, such [a claim] is flawed and therefore is not reasonable.

In short, the general way of asserting a most subtle particle [comes about] because of the idea that [although] the coarse can be split into parts, and so be made continuously more subtle, the coarse would be primordially nonexistent, if, finally, there were no basis for it. One therefore asserts the existence of some particle that, as the most subtle, cannot be further reduced.

There are differences [in these assertions], in that other groups claim such particles to be permanent, while according to our own group they are impermanent. When the most subtle particles are forming coarse [entities], these particles will have to form either by having a space between them or not. With respect to this, there are three assertions.

The Followers of Kaṇāda[55] say: "In order to form a conglomeration, the particles must meet. If they didn't meet, they couldn't form a single coarse entity. Particles therefore exclusively remain joined to one another." In this case, if the partless [particle] is joined [to another particle] on a particular side, there will be parts of it that are joined and other parts that are not. [The particle] then cannot reasonably be a partless [entity]. If, [on the other hand], there is not even a single part [of the first particle]

མ་འབྱུར་བའི་ཆ་གཏན་ནས་མི་སྲིད་ན་ནི་དེ་གཉིས་ལ་ཐ་དད་ཀྱི་གོ་སྐབས་ག་ལ་ཡོད་དེ་གཅིག་ཏུ་གྱུར་ནས་མཐར་རིའི་རྒྱལ་པོ་རི་རབ་ཀྱང་ཆ་མེད་པའི་རྡུལ་གཅིག་ཏུ་འགྱུར་བས་མི་འཐད་དོ། །ཡང་བྱེ་སྙེ་སོགས་ཕལ་ཆེ་བ་ཞིག་གིས་ཕན་ཚུན་མཐུས་མི་འཐོར་བར་འཛིན་གྱི། གཅིག་ཏུ་འབྱུར་བ་གོང་ལྟར་མི་འཐད་པས་རྡུལ་གཅིག་ལ་རྡུལ་གཞན་གྱིས་བསྐོར་བ་ཙམ་དུ་བར་དང་བཅས་པར་གཡག་རྫ་དང་ནེའུ་གསེང་ལྟར་གནས་སོ་ཞེས་ཟེར། །དེའང་མི་འཐད་དེ། བར་ཡོད་ན་དེར་སྣང་སྐྱུན་གྱི་རྡུལ་ཕྲ་རབ་འཇུག་པའི་གོ་སྐབས་ཡོད་པར་འགྱུར་ལ། དེ་དང་ཡང་ཕན་ཚུན་ཕྲད་མི་ཤེས་པས་དེའི་བར་དུའང་རྡུལ་གཞན་ཡོད་དགོས་བ་སོགས་མཐར་རྡུལ་ཕྲ་རབ་གཉིས་ཚོགས་པའི་བར་དུ་སྲིད་པ་གསུམ་ཡང་ཤོང་བར་འགྱུར་བའི་ཕྱིར་རོ། །དེ་ལ་མདོ་སྡེ་པ་སོགས་ནི་རེག་ལ་མ་འབྱུར་བར་འདོད་དེ། གོང་ལྟར་འབྱུར་མ་འབྱུར་གཉིས་ཀ་མི་འཐད་པས་རྡུལ་མང་པོ་དག་ལ་དོན་དུ་གཅིག་གཅིག་ལ་རེག་པའམ་འབྱུར་བ་མེད་ཀྱང་བར་མེད་པས་རེག་པར་འདུ་ཤེས་པ་ཡིན་ནོ་ཞེས་ཟེར་ཡང་། གཅིག་གཅིག་ལ་རེག་ཅིང་བར་མེད་ན་འབྱུར་བ་དང་དོན་གཅིག་ལས་དབྱེ་བ་ཅུང་ཟད་ཀྱང་མི་སྲིད་དེ། ཇི་སྲིད་གཅིག་ཏུ་མ་གྱུར་པ་དེ་སྲིད་བར་མེད་པ་མི་སྲིད་པས་ན། ཕྲད་པ་དང་འབྱུར་བ་དོན་དུ་གཅིག་ཡིན་པས་ཤིང་རྟ་ཆེན་པོ་རྣམས་ཀྱིས་བསྒྲུབས་ཟིན་ཏོ། །དེས་ན་རེག་པའམ་བར་མེད་ན་མ་འབྱུར་བ་མི་སྲིད། མ་འབྱུར་ན་རེག་པའམ་བར་མེད་པ་མི་སྲིད་པས་འདི་ཡང་གོང་གི་ཕྲད་མ་ཕྲད་བརྟགས་པས་ཁེགས་སོ། །དེ་ལ་རགས་པ་རྩོམ་པའི་གཞི་ཕྲ་རབ་ཀྱི་རྡུལ་དེ་དག་གཅིག་ལ་གཅིག་**འབྱུར་བ**་ཉིད་དུ་འདོད་པའི་ལུགས་དེ་**དང་ནི**། གཞན་མ་འབྱུར་བར་བར་དང་བཅས་ཏེ་**བསྐོར་བ**་ཙམ་དུ་འདོད་པ**འམ**། ཡང་མ་འབྱུར་ལ་**བར་མེད**་པའི་**རྣམ་པར་གནས**་པར་འདོད་པའི་ལུགས་དེ་གསུམ་པོ་གང་ཡིན་**ཀྱང་རུང**་སྟེ།

that is not joined [to the second], how could the two ever be different from one another? They would be one, and therefore in the end, even Mt. Sumeru, the king of mountains, would turn into a single particle. [Such an assertion] is unreasonable.

Most Proponents of Differences and others who assert similarly will say: "It is due to their mutual forces that [the particles] adhere and do not scatter. Since joining as one in the way [described] above is irrational, each particle, in the manner of [the hairs] in the tail of a yak or [the grass in] a lawn, simply remains surrounded by others with a space between them." This is also unreasonable. If there is a space, there will be the opportunity for the most subtle particles of light and darkness to enter it. Since these [particles] cannot meet with one another either, there can be other particles present in between them, and so on. Finally, even the [entire] triple realm of existence would be able to fit into the space between two agglomerated particles.

The Sūtra Followers and others [who make similar assertions] say that [particles] touch [one another], but are not joined. They say that: "The two [options of the particles] either being joined or not joined are both unreasonable. The particles do, therefore, in fact neither join nor touch, yet, as there is no space between them either, the particles are conceived of as touching each other." Still, if [the particles] touch each other without any space between them, that has the same meaning as being joined and can't be distinguished from that at all. Unless [touching] has the same [sense as joining], there cannot be an absence of space in between. The great chariots have hence proven that meeting and joining are equivalent. Accordingly, there must be joining if there is touching and no space, while there cannot possibly be touching and no space if there is no joining. Thus, this [third assertion of the Sūtra Followers] is also invalidated by the examination above in terms of [particles] meeting and not meeting.

Whether it is asserted that *they*—the most subtle particles, the basis for the formation of the coarse—are truly *joined* to one another, *or* whether it is asserted that without joining, they *surround* each other with a space between them, *or* whether it is even asserted that without joining, [the

ཕྱོགས་ཆ་ལ་བརྟགས་པའི་རིགས་པ་འདིས་འགོག་པ་ཡིན་ནོ་ཞེས་སོ། །གཉིས་པ་རྡུལ་ཕྲ་རབ་བདེན་པར་འདོད་པ་དེ་དགག་པ་ལ། ཆ་མེད་ན་རགས་པ་མི་འགྲུབ། ཡོད་ན་ཕྲ་རྡུལ་མི་འགྲུབ་པར་བསྟན་པའོ། དང་པོ། དབུས་གནས་རྡུལ་ཕྲན་རྡུལ་གཅིག་ལ། །བལྟས་པའི་རང་བཞིན་གང་ཡིན་པ། །རྡུལ་ཕྲན་གཞན་ལ་ལྟ་བ་ཡང་། །དེ་ཉིད་གལ་ཏེ་ཡིན་བརྗོད་ན། །དེ་ལྟ་ཡིན་ན་ས་ཆུ་སོགས། །ཇི་ལྟར་རྒྱས་འགྱུར་མ་ཡིན་ནམ། །ཞེས་གསུངས་ཏེ། དེའང་ཕྱོགས་ཆ་ལ་བརྟགས་པའི་ཚུལ་ནི། རགས་པ་རྩོམ་པའི་ཚེ་དབུས་ན་གནས་པའི་རྡུལ་ཕྲན་ལྟ་བུ་དེ་ལ་ཕྱོགས་ཕྱོགས་ནས་རྡུལ་དུམ་ཚོགས་ནས་འདུ་དགོས་ལ། དེའང་དཔེར་ན་ཁང་པ་ལྟ་བུ་ཞིག་ལ་ཤར་ངོས་སུ་བལྟས་པའི་ཆ་དང་། དེ་བཞིན་དུ་ཕྱོགས་གཞན་ལ་ལྟ་བའི་ངོས་དེ་དང་དེ་ལ་འདི་ཕྱོགས་འདི་ལ་བལྟས་པའི་ངོས་ཡིན་ནོ་ཞེས་གདགས་པ་དེ་བཞིན་དུ་རྡུལ་དུམ་འདུས་ནས་རགས་པ་རྩོམ་པའི་ཚེའང་། **དབུས་**ན་**གནས་**པའི་**རྡུལ་ཕྲན་**དེ་ལ། ཤར་ཕྱོགས་ཀྱི་**རྡུལ་**ཕྲན་ལྟ་བུ་**གཅིག་ལ་བལྟས་པའི་རང་བཞིན་གང་ཡིན་པ་**དེ་ཁོ་ན་ལས་ཆ་གཞན་མེད་པས། ཕྱོགས་ལྷག་པའི་**རྡུལ་ཕྲན་གཞན་ལ་ལྟ་བ་ཡང་།** ཤར་ལ་ལྟ་བའི་ངོས་སམ་ཆ་**དེ་ཉིད་**ཁོ་ན་**ཡིན་**ནོ་ཞེས་**གལ་ཏེ་བརྗོད་ན་**ནི། ཁྱོད་ཀྱིས་ཁས་བླངས་པའི་ཚུལ་**དེ་ལྟ་ན་**ནི། **ས་**དང་**ཆུ་**ལ་**སོགས་**པ་འདི་དག་**ཇི་ལྟར་རྒྱས་འགྱུར་མ་ཡིན་**པ་ཉིད་དུ་ཁས་ལེན་**ནམ་**ཏེ། འོན་ཏེ་རྡུལ་ཕྲན་བསགས་པས་ས་དང་ཆུ་ལ་སོགས་པ་ཇེ་ཆེ་ཇེ་རྒྱས་སུ་འགྱུར་བར་འདོད་ན་ནི་

particles] ***remain without any space in between*** them, any one of these three systems of assertion is refuted by this reasoning that examines sides and parts.

Refuting the Assertion of a True Most Subtle Particle

Second, to refute the assertion of true and most subtle particles, it will be shown: 1) how the coarse is not established if [the particles] have no parts, and 2) how, if they do, the most subtle particle is not established.

How the Coarse Cannot Be Established by the Partless

First, it is said:

> *If it is said that the particular nature*
> *Of the central particle that faces one particle [11cd]*
>
> *Will be the very same*
> *As that which faces other particles,*
> *In that case, is it not so*
> *That earth, water, and so forth will not develop? [12]*

The way of examining with regard to sides and parts is as follows. In order to form the coarse, a particle that remains in the middle will have to conglomerate by gathering a multitude of particles to all sides. Now, for example, regarding a house, one part of it is the side facing the east, while other sides face in the other directions, so that one will speak of particular sides [of the house] facing particular directions. Likewise, ***if it is said that*** when many particles have gathered to form the coarse, ***the particular nature of the central particle that faces one particle***, such as the one to the east, ***will*** (since there are no other parts) have to ***be the very same*** eastern side, or part, ***as that which faces other particles*** in the remaining directions, then, ***in that case, is it not so that*** this way of claiming indeed holds that ***earth, water, and so forth will not develop*** [in conglomeration]?

If, on the other hand, you assert that [the elements of] earth, water,

རྡུལ་གཅིག་ལ་གཏད་པའི་ངོས་གང་ཡིན་པ་དེ་གཞན་ལའང་བལྟས་སོ་ཞེས་པའི་དམ་བཅའ་འདི་འདོར་བར་བྱ་སྟེ་འདི་གཉིས་འགལ་བའི་ཕྱིར་རོ། ཇི་ལྟར་འགལ་ན་རགས་པ་རྩོམ་དུས་ཀྱི་དབུས་ན་གནས་པའི་རྡུལ་དེ་ལ་ཕྱོགས་བཅུའི་རྡུལ་བཅུས་ཅིག་ཅར་བསྐོར་བའི་ཚེ་དེ་ལ་ཆ་དུམ་དབྱེ་རྒྱུ་མེད་པས་ཕྱོགས་གཅིག་གི་རྡུལ་ལས་རྡུལ་གཞན་ལ་གོས་གཞན་ཐོབ་པ་མེད་པས་ཕྱོགས་ལྷག་མ་དོན་མེད་པར་ཕྱོགས་གཅིག་ཏུ་འགྱུར་ཞིང་། སླར་ཡང་རྡུལ་ཇི་ཙམ་ཚོགས་ཀྱང་ཐུ་མ་བཞིན་དུ་འགྱུར་བ་ལས་མི་སྲིད་པས་རགས་པ་རྩོམ་མི་ཤེས་ལ། ད་རུང་ཞིབ་ཏུ་དཔྱད་ན་རྡུལ་གཅིག་གི་གོ་ས་ཀློད་པ་དེའང་རྡུལ་སྔ་མའི་ཆ་ཐམས་ཅད་ལ་ཕྱི་མའི་ཆ་ཐམས་ཅད་ཀྱིས་མ་ཁྱབ་ན་ནི་གཉིས་ཀ་ཕྲ་རྡུལ་ཡིན་པ་ཉམས་ཏེ། ཁྱབ་མ་ཁྱབ་ཀྱི་ཆ་གཉིས་སུ་འགྱུར་ལ། ཐམས་ཅད་དུ་ཁྱབ་ན་ནི་བར་གྱི་གོ་སྐབས་ཙུང་ཟད་མེད་པས་གཅིག་ཏུ་འགྱུར་ལ། གཅིག་ཏུ་སོང་ཡང་རྫེ་ཆེར་འགྲོ་བ་ནི་མེད་དེ། རྫེ་ཆེར་སོང་ན་ཆ་མེད་མ་ཡིན་པར་གྱུར་པས་ཆ་མེད་གཅིག་གིས་ཅིག་ཤོས་ཁྱབ་པའང་མི་རིགས་པ་དེས་ན་རྡུལ་ཕྲན་ཆ་མེད་གཅིག་བདེན་ཞིག་ཡོད་ན། སའི་དཀྱིལ་འཁོར་ཆེན་པོ་དང་། ཆུ་རྒྱ་མཚོ་ཆེན་པོར་ལོངས་པའི་རྡུལ་ཕྲན་ཚོགས་ཀྱང་། རྡུལ་ཇི་ཙམ་མང་བ་དེ་ཙམ་ཆ་ཞིང་རྒྱས་པར་མི་འགྱུར་བར་རྡུལ་ཕྲན་གཅིག་གི་ཚད་ཁོ་ནར་འགྱུར་རོ། འདི་སྐབས་རྡུལ་ཕྲན་ཞེས་པ་ཕྲ་རབ་ཀྱི་རྡུལ་ཆ་མེད་ལ་གོ་དགོས་ཀྱི། དེ་བདུན་བསགས་པའི་རྡུལ་ཕྲན་ལ་གོ་བར་མི་བྱའོ། །སྤྱིར་རྡུལ་ཕྲན་དང་རྡུལ་ཕྲ་རབ་ལ་ཁྱད་ཡོད་དེ། རྡུལ་ཕྲན་ཆ་བདུན་དང་བཅས་པ་ཡིན་ལ། ཕྲ་རབ་ཅེས་ཕྲ་བའི་རབ་ཏུ་གྱུར་པའམ་མཐར་ཐུག་པ་ཡིན་མོད། རྡུལ་ཕྲ་མོ་དང་། དེ་སྒྲ་བསྡུས་པའི་རྡུལ་ཕྲན་ཞེས་པ་སྤྱི་མིང་ཡིན་པས་བྱེ་བྲག་སོ་སོའི་ཐད་དུ་འཇུག་ཡུལ་ཤན་ཕྱེད་དགོས་སོ།

and so forth expand and develop due to an accumulation of particles, you should give up claiming that the side [of a particle] facing one [particular] particle is also the [very] same [side] that faces [all] other [particles], for these two [statements of your assertion] are contradictory.

How are they contradictory? When the coarse is being formed, the central particle is simultaneously surrounded by [other] particles in each of the ten directions. Since the [central particle] cannot be divided into multiple parts, it will be impossible for the surrounding particles to attain any status other than that of being the particles [positioned in] a single direction. Therefore, all remaining directions lose their meaning and turn into that one direction. No matter how many particles come together, the situation cannot possibly turn out any other way than this, and hence there is no means for the coarse to form.

We may investigate in further detail. Thus, with regard to that which has gained the status of single particles, particle *x* has to be, in all parts, pervaded by particle *y*. Otherwise [the claim that] both of these are most subtle particles will have been lost, for there will then be parts that are pervaded as well as parts that are not. If, [on the other hand, the former particle] is fully pervaded [by the latter], there will be no space between them whatsoever, and [the two] will therefore turn into one. Once [they are] one, there can be no increase. Alternatively, if there is increase, [the particles] are no longer partless. Therefore, it is also unreasonable that one partless particle pervades its partner. Accordingly, if there exists a truly singular partless particle, [all] particles constituting the great circle of earth and the great ocean of water may come together, but no matter how many particles there may be, nothing will grow or develop. Their extent will be that of only a single particle.

Here, particle is to be understood as the most subtle partless particle, not as the particle that is the accumulation of seven such [most subtle particles]. Generally, there is a difference between a particle and a most subtle particle, for a particle has seven parts, whereas the most subtle is that of utmost, or final, subtlety. Nevertheless, since subtle particle and its abbreviated form, particle, are general terms as well, at any particular occasion one must determine what object [the term] applies to.

།གཉིས་པ་ཆ་ཡོད་ན་ཕྲ་རྡུལ་དུ་མི་འཐད་པར་བསྟན་པ། རྡུལ་ཕྲན་གཞན་ལ་ལྟ་བའི་ངོས། །གལ་ཏེ་གཞན་དུ་འདོད་ན་ནི། །རབ་ཏུ་ཕྲ་རྡུལ་ཇི་ལྟ་བུར། །གཅིག་པུ་ཆ་ཤས་མེད་པར་འགྱུར། །ཞེས་གསུངས་ཏེ། གོང་ལྟར་དཔྱད་པས་འཇིགས་ནས། དབུས་རྡུལ་གྱི་རྡུལ་ཕྲན་གཅིག་ལ་ལྟ་བའི་རང་བཞིན་གཅིག་པུ་དེ་གཞན་ལ་ལྟ་བ་མ་ཡིན་གྱི། **རྡུལ་ཕྲན་གཞན་ལ་ལྟ་བའི་ངོས་གལ་ཏེ་གཞན་**དང་གཞན་**དུ་**ཡོད་པར་**འདོད་ན་ནི།** **རབ་ཏུ་ཕྲ་**བའི་**རྡུལ་**དེ་**ཇི་ལྟ་བུར་**ན་**གཅིག་པུ་ཆ་ཤས་མེད་**པའི་རང་བཞིན་དུ་བདེན་**པར་འགྱུར་**ཏེ་ཕྱོགས་བཅུའི་ཆ་དང་ལྡན་པས་སོ། །དེས་ན་ཕྲ་བ་རྣམས་ཀྱང་རགས་པ་ལ་ལྟོས་ནས་བཞག་ཅིང་། དེའི་གདགས་གཞི་འང་དུ་མ་ལ་དམིགས་ནས་བཞག་གི ཆ་མེད་གཅིག་བདེན་གྱི་རང་མཚན་མི་སྲིད་པར་ཤེས་པར་བྱའོ། །གཉིས་པ་རྡུལ་ཕྲན་དེ་ཁེགས་པས་དངོས་པོ་དུ་མ་ཁེགས་པར་བསྟན་པ་ལ། རྟགས་འགོད་པ་དང་། ཁྱབ་པ་སྒྲུབ་པ་གཉིས། དང་པོ། རྡུལ་ཕྲན་རང་བཞིན་མེད་གྲུབ་པ། །དེ་ཕྱིར་མིག་དང་རྫས་ལ་སོགས། །བདག་དང་གཞན་སྨྲས་མང་པོ་དག །རང་བཞིན་མེད་པར་མངོན་པ་ཡིན། །ཞེས་གསུངས་ཏེ།

How the Most Subtle Particle Cannot Be Established If It Possesses Parts

Second, to show how having parts makes the subtle particle unfeasible, it is said:

If the side facing another particle
Is asserted as another,
How can the most subtle particle then
Be singular and partless? [13]

Frightened by investigations like those above, [the opponent may hold that] the single nature of the central particle facing one [particular] particle is not the one that faces the remaining [particles]. *If* instead, ***the side facing another particle is*** now ***asserted as another*** individual side, ***how can the most subtle particle then be*** of a truly ***singular and partless*** nature? It possesses a part for each of the ten directions. Therefore, know that the subtle is posited in dependence on the coarse, and that, regarding the basis for such a designation, this positing is also due to an observation of multiplicity. There cannot possibly be any specifically characterized phenomenon that is partless and truly singular.

Refuting Many Entities by Way of Refuting the Particle

Second, in order to show how invalidating the particle has invalidated many entities, there will be: 1) an arrangement of the evidence, and 2) an establishment of the pervasion.

Arrangement of the Evidence

First, it is said:

The absence of nature in terms of the particle has been proven.
Therefore eyes, substance, and so forth—
An abundance spoken of by us and others—
Are clearly devoid of nature. [14]

གང་དེ་ལྟར་**རྡུལ་ཕྲན་རང་བཞིན་མེད་**པར་**གྲུབ་པ་དེ་**ཡི་**ཕྱིར་**ན། **མིག་དང་རྣས་ལ་སོགས་**པ་**བདག་དང་གཞན་**གྱི་སྡེ་པས་**སྨྲས་**པའི་ཆོས་**མང་པོ་དག་**ཀྱང་**རང་བཞིན་མེད་པར་མངོན་པ**འམ་གསལ་བ་**ཡིན་**ཏེ། འཛེམ་པ་མེད་པར་རྫ་བུམ་མི་འབྱུང་བ་བཞིན་ནོ། །དེ་ལ་རང་སྡེས་སྨྲས་པ་མིག་དང་གཟུགས་དང་དེའི་རྣམ་པར་ཤེས་པ་སོགས་དོན་དམ་པར་འདོད་པའོ། །གཞན་སྡེ་གཟེགས་ཟན་སོགས་ཀྱིས་སྨྲས་པ་རྫས་དང་ཡོན་ཏན་ལ་སོགས་པའོ། །གཉིས་པ་ཁྱབ་པ་སྒྲུབ་པ། དེ་ཡི་རང་བཞིན་དེས་བཙམ་དང་། །དེ་ཡི་ཡོན་ཏན་དེ་ལས་བདག །དེ་ཡི་སྤྱི་དང་ཁྱད་པར་ཡང་། །དེ་དག་དེ་དང་འདུ་བ་ཅན། །ཞེས་གསུངས་ཏེ། དེ་ལ་རྡུལ་ཕྲན་མེད་པས་མིག་སོགས་དེ་དག་རང་བཞིན་མེད་པའི་འཐད་པ་ཅི་ཡིན་ན། འདི་ལྟར་རང་སྡེ་དག་ནི་གཟུགས་ཅན་གྱི་ཁམས་བཅུ་པོ་རྡུལ་བསགས་པ་ཡིན་པས་ན་རྡུལ་ཕྲན་**དེ་ཡི་རང་བཞིན་**དུ་འདོད་པ་དང་། ཕྱི་རོལ་པ་དག་གིས་འདོད་པའི་རྡུལ་གཉིས་ལ་སོགས་པའི་ཡན་ལག་ཅན་གྱི་རྫས་རྣམས་ཀྱང་དངོས་དང་བརྒྱུད་པའི་སྒོ་ནས་རྡུལ་**དེས་བཙམ་**པར་འདོད་པ་**དང་**། གཟུགས་དང་དྲི་དང་རོ་ལ་སོགས་པ་ཕལ་ཆེར་རྡུལ་**དེ་ཡི་ཡོན་ཏན་**ཡིན་པ་དང་། འདེགས་འཛོག་བརྐྱངས་བསྐུམ་འགྲོ་བའི་ལས་ནི་ལུས་ཅན་ལ་བརྟེན་པའི་ཕྱིར་ན་རྡུལ་**དེ་**ཡི་**ལས་**ཀྱི་**བདག་**ཉིད་ཡིན་པ་དང་། ཡོད་པ་དང་བ་ལང་ལྟ་བུ་སོགས་སྤྱི་ཆེན་པོ་དང་ཉི་ཚེ་བ་དང་། བྱེ་བྲག་གམ་ཁྱད་པར་ས་ལ་སོགས་པ་དག་ཀྱང་ཕལ་ཆེར་དེ་དང་འབྲེལ་པ་དང་རྟེན་པ་ཡིན་པས། རྡུལ་**དེ་ཡི་སྤྱི་**ཡིན་པ་**དང་**རྡུལ་དེ་ཉིད་**ཁྱད་པར་ཡང་**ཡིན་ལ། རྡུལ་**དེ་དག་**ཅིག་ཤོས་ཀྱི་དངོས་པོ་**དེ་དང་**ལྷན་ཅིག་**འདུ་བ་ཅན་**ཡང་ཡིན་པར་འདོད་པ་དེའི་ཕྱིར་དེ་མེད་པས་

Accordingly, *the absence of nature in terms of the particle has been proven. Therefore eyes, substance, and so forth—an abundance of phenomena spoken of by us and* the groups of *others—are clearly*, or obviously, *devoid of nature*, just as there can be no earthen vases without clay. Here, that which is spoken of by our own group refers to the claims that [entities] such as the eye, form, and the relevant consciousness are ultimate. That which is spoken of by other groups, such as the Followers of Kaṇāda, are substance, the qualities, and so forth.

Establishing the Pervasion

Second, with regard to establishing the pervasion, it is said:

> *The nature of these, that which is formed by these,*
> *The qualities of these, the identity of the actions of these,*
> *The universals of these and the particulars of these—*
> *These are inherent in those. [15]*

It may be asked: "How does the nonexistence of particles make it unreasonable for the eyes and so forth to possess any nature?"

In the case of our own group, it is asserted that all 10 elements that are form are the accumulation of particles, and as such, that they are of *the nature of these* particles. The substances of the wholes possessing two or more particles that are asserted by the non-Buddhists are also, directly or indirectly, *that which is formed by these* particles. Forms, smells, tastes, and so forth are, for the most part, *the qualities of these* particles. Actions of wandering beings, such as lifting, putting down, stretching, and bending, are based on the corporeal, and *their identity* is therefore that *of* being *the actions of these* particles.

Both great and limited universals, such as the existent and ox, as well as particulars (or distinctions) such as earth and so forth, are also, for the most part, related to and dependent upon such [particles], and therefore are indeed *the universals of these and the particulars of these* particles. *These* particles *are* also asserted to be co-emergently *inherent in those* entities that partner with them. Since the [particles] don't exist, all the [entities] that

དེ་ལ་དངོས་སམ་བརྒྱུད་པས་འབྲེལ་བ་དེ་རྣམས་ཀྱང་རྡུལ་ཕྲན་གྱི་རྩ་བ་ཅན་ཡིན་པས་ན་མེད་པར་འགྱུར་ཏེ། འདི་ལྟར་རྡུལ་ཕྲ་རབ་མེད་པས་གཟུགས་ཅན་གྱི་ཁམས་བཅུ་བདེན་པར་མེད་ལ་དེ་ལྟར་ན་དབང་ལྔ་ལ་བདག་རྐྱེན་དང་ཡུལ་ལྔ་ལ་དམིགས་རྐྱེན་བྱས་ཏེ་སྐྱེས་པའི་མིག་ཤེས་སོགས་ལྔའང་བདེན་པར་མི་འགྲུབ་ལ། དེ་མ་གྲུབ་ན་དེ་མ་ཐག་རྐྱེན་དེས་མཚོན་པར་བསྒྲུབས་པའི་ཡིད་ཤེས་ཀྱང་བདེན་པར་མི་འགྲུབ་ཅིང་། དེ་ལྟར་ཚོགས་དྲུག་མ་གྲུབ་ན་དེ་འདས་མ་ཐག་པའི་ཡིད་ཀྱང་བདེན་པར་མེད་ལ། སེམས་བདེན་པར་མེད་པ་དེའི་ཚེ་དེ་དང་གྲུབ་བདེ་རྫས་གཅིག་པའི་འདུ་ཤེས་དང་། ཚོར་བ་དང་། སེམས་པ་ལ་སོགས་པའི་སེམས་བྱུང་རྣམས་ཀྱང་རང་བཞིན་མེད་པར་བདེ་བླག་ཏུ་ཤེས་ནུས་སོ། །ལྡན་མིན་འདུ་བྱེད་རྣམས་ཀྱང་གཟུགས་ལ་སོགས་པ་ལ་དངོས་སམ་བརྒྱུད་པས་འབྲེལ་བ་ཅན་དེ་དག་ཀྱང་བདེན་མེད་དུ་གྲུབ་ཅིང་། ལྡན་མིན་དེ་དག་བློས་བཏགས་པ་ཙམ་ལས་དོན་དུ་མེད་པར་མཁས་པ་རྣམས་ཀྱིས་དུམ་བུ་དུམ་བུར་ལན་བརྒྱར་བཤིག་པས་ཤི་ཟིན་པ་ལ་བརྣན་ཏེ་མཚོན་འདེབས་མི་དགོས་པ་བཞིན་ནོ། །རྣམ་པར་རིག་བྱེད་མིན་པའང་འབྱུང་བ་རྣམས་རྒྱུར་བྱས་ནས་གྲུབ་པར་སྨྲ་བ་དེ་ལྟར་ན་འབྱུང་བ་མེད་པས་དེའང་མེད་དོ། །མཁའ་སོགས་འདུས་མ་བྱས་ནི་སྔར་བསལ་ཟིན་ཏོ། །དེས་ན་ཁམས་བཅོ་བརྒྱད་པོའང་རང་བཞིན་མེད་པར་གསལ་བས་ན་རང་སྡེས་སྨྲས་པ་མང་པོ་ཞིག་བདེན་མེད་གྲུབ་ཚུལ་དེ་ལྟར་ཡིན་ནོ། །གཞན་སྡེས་སྨྲས་པའི་དངོས་པོ་མང་པོ་ཞིག་བདེན་མེད་གྲུབ་ཚུལ་ཡང་། རྡུལ་གཉིས་ལ་སོགས་པ་དུམ་འདུས་པ་ལ་ཡན་ལག་ཅན་དུ་བཏགས་པ་ཡིན་པས་རྩུབ་རྡུལ་མེད་ན་དེ་མེད་པ་དང་། སྒྲ་ནམ་མཁའི་ཡོན་ཏན་ཡིན་པ་མ་གཏོགས་གཟུགས་སོགས་འབྱུང་བཞིའི་ཡོན་ཏན་དུ་ཁས་ལེན་པའི་འབྱུང་བཞི་བདེན་པར་མ་གྲུབ་ན་དེ་མི་འགྲུབ་པ་དང་། འདེགས་སོགས་ལས་ནི་ལུས་ཅན་ལ་བརྟེན་ལ་ལུས་ཀྱི་རྩོམ་གཞི་རྡུལ་མེད་པས་དེའང་མེད་པར་ཞེས་པ་དང་།

are either directly or indirectly related to them are also devoid of existence, since they are rooted in these particles.

In this way, the 10 elements that are form do not have any reality if the most subtle particle does not exist, and the five cognitions of the eye and so forth—having arisen by the ruling conditions of the five faculties and the observed conditions of the five objects—are also not truly established. Without a true establishment of these, the mental cognition that is manifest because of such immediately preceding conditions will not be truly established either. If, in this way, the six collections are not established, the mental [faculty] that arises upon their immediate demise possesses no truth, and when mind is of no truth, one can easily understand how perception, sensation, attraction, and so forth—the mental states that are easily proven to be the same substance—possess no nature either.

Also, the non-concurrent formations are either in a direct or indirect relationship with form and so forth, and the lack of truth is [therefore] established with regard to these as well. Apart from being mere mental imputations, the non-concurrent [formations] have no actual existence. Since the learned have repeatedly cut them to hundreds of pieces [they deserve no special attention,] just as one need not repeatedly use weapons to strike at that which has already died. The imperceptible [forms], posited in terms of being produced by the causal factors of the [four] elements, are also nonexistent when the [four] elements do not exist. Unconditioned phenomena, such as space, have already been dismissed.

When it becomes evident in this way that none of the 18 elements possesses any nature, it will have been proven that an abundance of things spoken of by our own group are devoid of truth. This also proves that an abundance of things spoken of by other groups are devoid of truth. The so-called whole refers to a conglomeration of two or more particles. Accordingly, the whole cannot exist if its root—the particle—does not.

In terms of the claim that, except for sound (which is the quality of space), form and so forth are the qualities of the four elements, such [qualities] will not be established if the four elements are not truly established. Actions such as lifting are based on something having a body, but when the particles, the basis for the formation of the body, do not

སྤྱི་ཆེན་པོ་ཡོད་པ་དང་བ་ལང་གི་སྤྱི་ལྟ་བུའང་གཟུགས་སོགས་དང་འབྲེལ་བའི་དེའི་སྤྱི་ཡིན་པ་དང་། བྱེ་བྲག་ཤིང་དང་ས་ལ་སོགས་པ་གཟུགས་སུ་གཏོགས་པ་ཐམས་ཅད་རྡུལ་ལ་རག་ལས་ཤིང་རྟེན་བརྟེན་པ་ཡིན་པ་དང་། ཕན་ཚུན་འདུ་བར་ཁས་བླངས་པ་དག་ཀྱང་ཕལ་ཆེར་རྡུལ་ཕྲན་ལ་རག་ལས་པ་དེས་ན་ཕྱི་རོལ་པ་དེ་དག་གི་འདོད་པ་རྣམས་ཀྱང་འཇིག་གོ །མདོར་ན་ལེགས་པར་དཔྱད་ན་ཤེས་དང་ཤེས་བྱ་ཕན་ཚུན་རྟེན་འབྲེལ་དུ་གྱུར་པའི་གནད་ཀྱིས་རྡུལ་མ་གྲུབ་པས་བེམ་པོ་མི་འགྲུབ་ལ། དེས་སེམས་ཀྱང་བདེན་པར་གྲུབ་པ་མེད་པར་ཤེས་ཤིང་མཐར་ཆོས་ཀུན་ལའང་བདེན་པའི་ཞེན་པ་འཇིག་ནུས་ཏེ། དཔེར་ན་ལྕུགས་ཕྲན་གྱི་ཡོན་པོ་ལས་གང་ཡང་རུང་བ་ཞིག་ཕྱུང་བས་གཞན་མི་བརྟན་ཞིང་རིམ་གྱིས་འཐོར་འགྲོ་བ་བཞིན་ནོ། །གཉིས་པ་ཤེས་པ་གཅིག་བདེན་དགག་པ་ལ། ཕྱི་དོན་ཡོད་པར་འདོད་པའི་ལུགས་ལ་ཤེས་པ་གཅིག་བདེན་དགག་པ་དང་། ཕྱི་དོན་མི་འདོད་པའི་ལུགས་ལ་ཤེས་པ་གཅིག་བདེན་དགག་པའོ། །དང་པོ་ལ་ཐུན་མིན་སོ་སོའི་འདོད་པ་འགོག་པ་དང་། ཐུན་མོང་དུ་གཅིག་བདེན་གྱི་ཤེས་པ་མི་སྲིད་པར་བསྟན་པས་མཇུག་བསྡུ་བ་གཉིས། དང་པོ་ལ་རང་སྡེ་དོན་སྨྲ་སྡེ་གཉིས་ཀྱི་ལུགས་དགག་པ་དང་། ཕྱི་རོལ་པའི་ལུགས་དགག་པ་གཉིས། དང་པོ་ལ་རྣམ་མེད་བྱེ་སྨྲ་བའི་ལུགས་དགག་པ་དང་། རྣམ་བཅས་མདོ་སྡེ་པའི་ལུགས་དགག་པ་གཉིས། དང་པོ་ལ་རང་རིག་འཐད་པར་སྒྲུབ། དོན་རིག་མི་འཐད་པར་སྒྲུབ། དེས་ན་རྣམ་མེད་པའི་ལུགས་མི་འཐད་པར་བསྟན་པ་གསུམ། དང་པོ་ལ་རང་རིག་གི་ངོ་བོ་ངོས་གཟུང་། དེ་རང་རིག་ཡིན་པའི་འཐད་པ་བསྟན་པ་གཉིས།

exist, one understands that the [body and its actions] do not exist either. Also, a great universal such as the existent, and a [limited] universal such as that of ox, are related to form and so forth by being their universals. Particulars such as wood and earth are included in [the category of material] form. They depend on the particles [in the manner of] supported and support. [Those entities] asserted as mutually inherent are, for the most part, dependent on particles too. All such non-Buddhist assertions are therefore destroyed.

In short, when thoroughly investigating, one will, by the key point of the mutually dependent origination of cognition and the cognized, come to understand that without an established particle there will be no established matter and, therefore, no truly established mind either. Finally, this [insight] is capable of destroying the attachment to the truth of any phenomenon whatsoever. Just as, for instance, when any one of the twigs in a bundle is pulled out, the others will no [longer remain] together and will gradually fall apart.

Refuting the True Singularity of Cognition

Second, refuting the true singularity of cognition includes: 1) refuting the true singularity of cognition [as claimed] in the systems that assert external objects, and 2) [as claimed] in the system that does not assert external objects. The first includes: 1) refuting specific individual assertions, and 2) concluding by showing how, in general, any true, singular cognition is impossible. The first includes: 1) refuting the systems of the two parties within our own group who assert the existence of external objects, and 2) refuting non-Buddhist systems. The first includes: 1) the refutation of the No-Feature System of the Proponents of Differences, and 2) the refutation of the Feature System of the Sūtra Followers. The first includes: 1) establishing the rationale of self-awareness, 2) establishing how one cannot reasonably be aware of matter, and 3) demonstrating, therefore, how the No-Feature System is not rational. The first includes: 1) identifying the essence of self-awareness, and 2) demonstrating the rationale that this is self-awareness.

དང་པོ། རྣམ་ཤེས་བེམ་པོའི་རང་བཞིན་ལས། །བཟློག་པ་རབ་ཏུ་སྐྱེ་བ་སྟེ། །བེམ་མིན་རང་བཞིན་གང་ཡིན་པ། །དེ་འདི་བདག་ཉིད་ཤེས་པ་ཡིན། །ཞེས་གསུངས་ཏེ། དེ་ལ་སྤྱིར་ཕྱི་དོན་འདོད་པ་དང་མི་འདོད་པ་གཉིས། འདོད་པ་ལ་འང་ཤེས་པ་རྣམ་མེད་པ་དང་། རྣམ་བཅས་པ་གཉིས་ཡོད་དེ། དང་པོ་རྣམ་མེད་དུ་སྨྲ་བ་བྱེ་བྲག་སྨྲ་བ་རྣམས་ནི། ཕྱི་དོན་ཡོད་ཀྱང་དེ་དབང་པོས་མཐོང་བ་ཡིན་གྱི། རྣམ་ཤེས་ནི་ཤེལ་སྒོང་ལྟ་བུ་ཡུལ་གྱི་རྣམ་པ་མི་འཛིན་པར་འདོད་དེ། འདི་ལྟར་གཟུགས་ལ་སོགས་པ་ནི་རྟེན་བཅས་ཀྱི་དབང་པོས་ཡུལ་ཁོ་རང་རྗེན་ཅེར་དུ་གཟུང་བ་ཡིན་གྱི། ཡུལ་དང་ཡུལ་ཅན་གྱི་བར་ན་མཚམས་སྦྱོར་བའི་རྣམ་པ་ཞིག་ག་ལ་དགོས་ཏེ། བུམ་པ་ལྟ་བུ་མཐོང་ན་ཡུལ་གྱི་གོས་དེ་ན་གནས་པའི་བུམ་པའི་རང་མཚན་ཉིད་མངོན་སུམ་རྗེན་ནེ་མཐོང་བ་འདི་ཙམ་མོ་སྙམ་པ་སྐྱེ་འདི་ནི་འཇིག་རྟེན་པ་རྣམས་ཀྱི་བསམ་ངོ་དང་མཐུན་ཏེ། དེ་དག་གིས་ངས་མིག་གིས་བུམ་པ་མཐོང་ཞེས་མཐོང་བྱེད་མིག་དང་མཐོང་བྱ་བུམ་པ་ཁོན་ར་ཞེན་ནས་མངོན་སུམ་སྣང་བཞིན་པ་འདི་ཡུལ་ཁོ་རང་གི་ངོ་བོ་རྗེན་ཅེར་མཐོང་བའོ་སྙམ་དུ་སེམས་པས་དེ་ལྟར་ན་གང་ཟག་བརྒྱས་བུམ་པ་གཅིག་ལ་བལྟས་ན་ཐམས་ཅད་ཀྱིས་མཐོང་རྒྱུ་བུམ་པ་གཅིག་པུ་དེ་ཡིན་པར་འདོད་དོ། །དེ་ལ་མདོ་སྡེ་པ་སོགས་ཀྱིས་དཔྱད་ན། ཡུལ་ཐམས་ཅད་རང་གི་ཤེས་ངོ་ལ་སྣང་ནས་གཟུང་བ་ཁོན་ཡིན་གྱི། ཤེས་པས་མ་བཟུང་ན་ཤེས་པར་ཡང་ག་ལ་རུང་སྟེ་བེམ་པོ་ལ་ཡུལ་ཤེས་པ་མི་སྲིད་དོ། །དེས་ན་མིག་དབང་གིས་མཐོང་བ་མ་ཡིན་ཏེ། དེ་བེམ་པོ་ཡིན་པས་ལྟ་བྱེད་དུ་མི་རུང་ལ་ཤེལ་སོགས་དྭང་བའི་གཟུགས་ཀྱིས་བར་ཆོད་ནའང་མཐོང་བའི་ཕྱིར་རོ།

Identifying the Essence of Self-awareness

First, it is said:

Consciousness arises entirely
As the opposite of the nature of matter.
Therefore, such an immaterial nature
Knows of itself. [16]

In general, there are those who assert external objects and those who do not. In terms of [the schools that] do assert [external objects], there are both Proponents of No Features as well as Proponents of Features. Now, the Proponents of Differences take the position that no features [are cognized]. They assert that external objects exist and that they are perceived by the sense faculties, while the consciousness is like a crystal sphere and does not apprehend any features of the objects. In this way, form and so forth are [said to be] naked apprehensions of the objects themselves made by the sense faculties with support. [They thus hold it] absolutely unnecessary to have some feature [of the object] between the object and subject as a connecting link. Therefore, when they see something such as a vase, they simply believe that what they see, directly and nakedly, at the location of the object is indeed the specifically characterized vase. This agrees with the ideas of mundane beings, who will say, "I saw the vase with my eyes," conceiving only in terms of the eyes being that which performs the act of seeing and the vase being that which is seen. They think of the directly apparent as if it were a naked perception of the essence of the object itself, and in that way, it is held that when a hundred people look at a vase, one single vase is seen by everyone.

When this is investigated by the Sūtra Followers and others, [they will argue that] all objects are exclusively apparent to, and apprehended by, cognition, for if they aren't apprehended by cognition, how could they ever be cognized by it? Matter cannot possibly know objects. Therefore, [according to this school, the objects are] not seen by the eye faculty. Being [unconscious] matter, it is not feasible that this is what sees, since when a clear form, such as glass, obstructs, one still sees [through the

།དེས་ན་ཡུལ་གང་དང་གང་ཡིན་པ་ཐམས་ཅད་ཤེས་པས་མཐོང་ཞིང་ཤེས་པ་ཡིན་གྱི། ཤེས་པ་དང་བྲལ་ནས་ཇི་ལྟར་ཤེས་སུ་རུང་སྟེ་ཤེས་མི་སྲིད་དོ། །དེས་ན་དབང་པོ་མིག་ཤེས་ཡུལ་ལ་འཇུག་པའི་རྐྱེན་ཙམ་སྟེ་ཡུལ་འཛིན་པའི་ནུས་པ་ཞིག་ཡིན་པར་རྗེས་སུ་འགྲོ་ལྡོག་གི་ངེས་པས་གྲུབ་ལ། དེ་ཕྱིར་དཔེར་ན་མེ་ལོང་གི་ནང་དུ་གཟུགས་བརྙན་ཤར་བ་ནི་མེ་ལོང་ནང་ལ་ཤར་རྒྱུའི་གཟུགས་དང་འདྲ་བར་སྐྱེས་པའི་གཟུགས་བརྙན་ཡིན་གྱི། གཟུགས་དངོས་ག་ལ་ཡིན། དེ་བཞིན་དུ་ཤེས་པ་ལ་སྣང་བའི་ཆ་ཐམས་ཅད་ནི་ཤེས་པ་དོན་དེའི་རྣམ་པར་སྣང་བ་ཙམ་ཡིན་ཏེ། མི་བརྒྱས་བུམ་པ་གཅིག་ལ་བལྟས་ན་སོ་སོ་རང་རང་གི་ཤེས་པ་བུམ་པའི་རྣམ་པར་སྣང་བ་སྟེ། མེ་ལོང་བརྒྱའི་ནང་དུ་བུམ་པ་གཅིག་གི་གཟུགས་བརྙན་སོ་སོར་ཤར་བ་བཞིན་ནོ། །དེ་ལྟར་མ་ཡིན་ན་གང་ཟག་བརྒྱ་པོ་དེ་སོ་སོ་རང་རང་གི་རྒྱུད་ན་བུམ་པ་ཤེས་པའི་སྣང་ཆའམ་ཤེས་ཆ་རེ་མེད་ན་ནི་བུམ་པ་ཤེས་པར་ཡང་མི་རུང་ལ། ཡོད་ན་སོ་སོའི་བློ་ངོར་ལ་སྣང་བའི་ཆ་དེ་ཅིག་ཤོས་ལ་སྣང་མི་སྲིད་དེ་རྒྱུད་ཐ་དད་པའི་ཕྱིར་རོ། །དེས་ན་གང་སྣང་ཕན་ཆད་རང་སྣང་ཡིན་པར་བཟློག་ཏུ་མེད་ཀྱང་། འོན་ཀྱང་སྣང་བའི་རྣམ་པ་དེ་ལྟ་བུ་རྒྱུ་མེད་དུ་མི་འབྱུང་བས་རྣམ་པ་གཏོད་བྱེད་ཀྱི་ཕྱི་དོན་ནི་ཡོད་དེ། དེ་ལས་དེའི་རྣམ་པ་འབྱུང་བ་ནི། རྒྱུ་ལས་རྒྱུའི་འབྲུར་ལྟ་བུའམ། གཟུགས་ལས་གཟུགས་བརྙན་ལྟ་བུ་སྟེ། དཔེར་ན། མེ་ལོང་གི་ནང་དུ་གཟུགས་ཀྱི་རྣམ་པ་ཤར་ན། གཟུགས་དངོས་ནི་མེ་ལོང་ལ་ནམ་ཡང་འཆར་མི་སྲིད་ཀྱང་། གཟུགས་ལ་ཇི་ལྟར་ཡོད་པ་ལྟར་སྣང་བ་བཞིན་དུ། རང་སེམས་ལ་གང་སྣང་བ་དེ་ནི་ཕྱི་དོན་གྱི་རྣམ་པ་ལས་འོས་མེད་ཀྱང་རྣམ་པ་དེ་ལ་ཇི་ཡོད་པ་མ་ལྷག་མ་ཆད་པར་ཕྱི་རོལ་ལའང་ཡོད་དགོས་ལ། དེ་ལྟར་རང་གི་བློ་ངོར་ལ་སྣང་བའི་རྣམ་པ་དང་། རྣམ་པ་གཏོད་བྱེད་ཀྱི་ཕྱི་དོན་གཉིས་གཅིག་ཏུ་འཁྲུལ་པ་ཡིན་གྱི། དོན་དུ་སྣང་ངོའི་འདི་རྣམ་པ་ཡིན་གྱི་དོན་དངོས་མིན་པས།

glass].[56] Therefore, whatever the object is, it is both seen and cognized by cognition. How could there possibly be a cognition of the [object] if the [object] were separated from the cognition? Any cognition would be impossible. In that way, the sense faculty is merely a condition for the eye cognition to engage in its object, yet it is proven through definite concomitance and reversal that the faculty exists as the capacity for taking hold of the objects.

For example, when a reflection emerges in a mirror, the reflection occurs in a way that is similar to the actual form shown in the mirror. Yet how could the [reflection] ever be the actual form? Likewise, all that appears to mind is simply cognition appearing with the features of the object. When a hundred people look at one vase, the individual cognitions of each of them appear with the features of the vase, just as separate reflections of the vase would arise in a hundred [separate] mirrors.

Were it not so—were there not one experiential, or cognitive, quality of vase-cognition for each of the individual mind-streams of the one hundred [people]—their cognition of vase would be impossible. If there is [such separate, individual perception], the quality that appears in one mental perspective cannot possibly appear to another, for the mind-streams are separate. Whatever appears is therefore irrefutably self-appearance. Nevertheless, such features do not occur without a cause, and so the external objects transmitting the features [do, according to this school,] exist.

[The way the] features of the [object] come about due to the [object itself] is similar to [the way in which] an imprint of a seal [is created] because of the seal, or [how] a reflection of a [physical] form [appears] because of the form [itself]. For example, when the reflection of a form appears in a mirror, it cannot possibly be the actual form that is seen in the mirror. Yet what appears there is just like that form. Similarly, whatever appears to one's mind could not reasonably be other than the features of the outer object. Yet there must still be an external existence that tallies exactly with the way that the features appear—nothing more, and nothing less.

The features that appear in one's mental perspective and the external object that transmits those features are mistakenly taken to be one and the same. Yet what appears is in fact the features and not the actual object.

ཕྱི་དོན་དངོས་ནི་ལྐོག་ན་མོའི་ཚུལ་ཏེ་རྣམ་པ་དེའི་ཕག་ཏུ་ཡིབ་པ་ལྟ་བུའི་ཚུལ་གྱིས་མཐོང་བ་མེད་པར་འདོད། ལུགས་འདི་ཕྱི་དོན་ཡོད་པར་འདོད་ཕན་ཆད་འདི་ལྟར་ཁས་ལེན་པ་ལས་འོས་མེད་པས་ཤིན་ཏུ་འཐད། འདི་དག་གིས་དཔེར་ན། ཚོན་གྱིས་བསྒྱུར་བའི་ཤེལ་མངོན་སུམ་བཟུང་ན། ཤེལ་མངོན་སུམ་ཚོན་གཟུགས་བརྙན་བཟུང་བ་ཡིན་པ་ལྟར། མངོན་སུམ་སྣང་བ་ཤེས་པ་ཁོ་ན་ཡིན་ལ་ཁ་དོག་དང་དབྱིབས་སུ་སྣང་བའི་གཞི་ནི་ཤེས་པ་ལས་ཐ་དད་པའི་རྡུལ་ཕྲ་རབ་ཚོགས་པའི་ཕྱི་དོན་ཡིན་པར་འདོད་པ་དེས་ན་དབང་པོས་ཡུལ་མི་འཛིན་པར་ཤེས་པས་འཛིན་པར་འདོད་པའོ། །དེ་ལ་ཁ་ཅིག་གིས་ཕྱི་དོན་གཏན་ནས་མ་སྣང་ན་ཤ་ཟ་སོགས་ཀྱི་རྣམ་པའང་ཅིས་མི་འཛིན་ཏེ། བུམ་པ་དང་ཤ་ཟ་གཉིས་ལྐོག་གྱུར་ཡིན་པ་ལ་ཁྱད་མེད་པའི་ཕྱིར་ན་སྐད་ཅིག་དང་པོ་ལ་ཕྱི་དོན་སྣང་ཞིང་དེ་ཕན་ཆད་ལྐོག་གྱུར་ཡིན་ཟེར་ཀྱང་མདོ་སྡེ་པའི་གྲུབ་མཐའ་གཏན་མ་རྒྱབ་པ་སྟེ། སྐད་ཅིག་དང་པོ་ལ་ཡུལ་དངོས་སུ་རིག་ན་གཉིས་པ་སོགས་སུའང་ཅིས་མི་རིག །ལྐོག་གྱུར་ཡིན་ཡང་གང་གིས་རྣམ་པ་གཏད་པ་དེའི་རྣམ་པ་འཛིན་པ་ལས་གཞན་མི་སྲིད་དེ། མེ་ལོང་གི་ནང་དུ་གཟུགས་དངོས་ཤར་བ་ནམ་ཡང་མི་སྲིད་ཀྱང་། གང་མེ་ལོང་ལ་ཕྱོགས་པ་དེ་འཆར་བ་ལས་གང་རུང་རུང་མི་འཆར་བ་བཞིན་ནོ། །དེ་ལ་སྐབས་འདིར་གཟུགས་བརྙན་གྱི་དཔེར་བརྗོད་པའི་འདི་ནི་བློ་ལ་གོ་སླ་བར་བརྗོད་པ་ཙམ་ཡིན་ནོ། །དེ་ལྟར་ཤེས་པ་རྣམ་བཅས་སུ་སྨྲ་བ་ལ་སེམས་ཙམ་པ་དང་འདི་གཉིས་འདྲ་ཡང་། ཕྱི་དོན་ལོགས་སུ་ཡོད་པར་འདོད་མི་འདོད་ཀྱི་ཁྱད་པར་ཙམ་མོ། །དེ་ལ་རྣམ་བཅས་པ་ལ་གཟུང་བའི་རྣམ་པ་དང་། དེ་འཛིན་པའི་ཤེས་པ་གཉིས་ལ་བརྟགས་པའི་སྨྲ་གསུམ་ཡོད་པ་ནི་འོག་ཏུ་འཆད་པར་འགྱུར་ལ། གཞུང་འདིར་ཐ་སྙད་དུ་དེ་གསུམ་གྱི་ནང་ནས་གང་བཞེད་ཅེ་ན། །དགེ་ལྡན་གྱི་མཁས་པ་རྣམས་ནི་ཚད་མ་དང་འདི་ཀུན་མཐུན་པར་སྣ་ཚོགས་གཉིས་མེད་པར་བཞེད་ཅེས་གསུངས་ཀྱང་།

Since it is hidden in this way—that is, covered by the features—the actual external object remains unseen. This is what [the Sūtra Followers] assert, and as long as external objects are asserted, there is no other appropriate way of claiming, so their [system] is extremely reasonable.

Using the example of a direct apprehension of a crystal that reflects color, the [Sūtra Followers] assert that just as a crystal [placed upon a colored fabric] is perceived directly while the color [of the fabric] is perceived as a reflection [within the crystal], all that appears directly is exclusively cognition, while the basis for the appearances of color and shape is the external object, which is a conglomeration of most subtle particles that is different from the cognition. Therefore, it is not the faculty that apprehends the object, but cognition.

At this point, some will say: "If the external object never appears, then why don't we perceive the features of flesh-eating [spirits] and so forth too, since [according to your explanations,] both the vase and the spirit are equally hidden. In the first moment the external object appears, and from then on it remains hidden." Yet this [shows an] incomplete understanding of the philosophy of the Sūtra Followers. If there were an awareness of the actual object in the first moment, why wouldn't there be one in the second? Although [the object itself] is hidden, the apprehended features are still those of the [object] that transmits them and could not possibly be those of anything else. Similarly, although the actual form cannot possibly emerge in the mirror, it is still only what faces the mirror that appears there, not just any random thing. The example of a reflection is brought up here merely for the sake of promoting an understanding [of the philosophical assertion]. This [system] and that of the Mind Only are alike in that they both say that cognition is endowed with features. The two differ only in that, [respectively], they do and do not assert the existence of external objects apart [from cognition].

For the Proponents of Features there are only three possible alternatives in terms of examining the apprehended features and the apprehending cognition. These are addressed below. If one were to ask which of these three this scripture ascribes to conventionally, the scholars of the Gelug school will argue that all the [scriptures on] valid cognition, including

སྤྱིར་ཁ་ནང་ལྟ་རང་རིག་གི་དབང་དུ་བྱས་ནས་ཞེས་རྒྱུད་ཙམ་ལ་བསམས་ན། སྣང་བ་སྣ་ཚོགས་སེམས་སུ་གཉིས་མེད་ཅེས་པ་དེའི་ཐ་སྙད་རུང་བའི་སྐབས་ཙམ་ཞིག་ཡོད་མོད་ཀྱི། སྐུ་གསུམ་པོའི་སྐབས་འདིར་ནི་དེ་ཙམ་མིན་པར་རྒྱུའི་སྟོབས་ཀྱིས་རྣམ་པ་འཛིན་ཚུལ་ལ་གོད་གོས་པས་ན་ཤིན་ཏུ་མི་འཐད་པས་ལུགས་འདིར་ནི་ཐ་སྙད་ཀྱི་ཚད་མས་གྲུབ་ཅིང་གནོད་པ་མེད་པ་ནི་གཟུང་འཛིན་གྲངས་མཉམ་པ་ཁོ་ནར་མཐོང་བས་བདག་ནི་དེ་ཁོན་ལྟར་སྨྲ་ལ། གཞུང་གི་དགོངས་པའང་འདི་ཡིན་ཏེ། དེ་ལ་སེམས་ཙམ་གཟུང་འཛིན་གྲངས་མཉམ་པ་འགོག་པའི་སྐབས་སུ། སྔོན་གྱི་སློབ་དཔོན་ཁ་ཅིག་སྔོ་སོགས་འཛིན་པའི་སེམས་རིགས་འདྲ་ཞ་སྙག་པ་དུ་མ་ལྷན་ཅིག་སྐྱེ་བར་འདོད་པ་ལ། དེ་ལྟར་ན་བཅོམ་ལྡན་འདས་ཀྱིས། གང་སྔ་ཕྱི་མེད་པར་སེམས་གཉིས་འབྱུང་བ་འདི་གནས་མ་ཡིན་གོ་སྐབས་མེད་དོ། །ཞེས་དང་། ཡང་སེམས་ཅན་ཐམས་ཅད་ནི་རྣམ་པར་ཤེས་པའི་རྒྱུད་གཅིག་པའོ། །ཞེས་འབྱུང་བའི་ལུང་དང་འགལ་བ་བསྟན་པ་ལ། དེ་དག་གིས་ཀླན་ཀ་སྤང་བའི་དོན་དུ་ལུང་དེ་འདྲ་བ་རྣམ་སྨིན་གྱི་རྣམ་ཤེས་ཀུན་གཞི་ལ་དགོངས་སོ་ཟེར་བའང་མི་འཐད་དེ། ཀུན་གཞིའང་གནས་ལུས་ལོངས་སྤྱོད་སྣ་ཚོགས་ཀྱི་རྣམ་པར་སྣང་བས་དུ་མར་ཐལ་བ་དང་། ལུང་ཡང་སྔོན་གྱི་སློབ་དཔོན་ཆོས་ཀྱི་གྲགས་པས། དེ་དག་རྣམས་ལས་རིགས་མཐུན་པའི། །ཞེས་པ་ལ་སོགས་ཀྱིས་མདོའི་དགོངས་པ་རིགས་མཐུན་གྱི་ཤེས་པ་གཉིས་ལྷན་ཅིག་འབྱུང་བར་མི་སྲིད་པ་ལ་བཤད་པས་ཁྱོད་ཀྱི་ཚུལ་དེ་བོར་ནས་འཆད་པ་དེ་ལྟར་ན་མདོའི་དོན་འདི་ལྟར་ཁོ་བོས་རིགས་པས་གསལ་པོར་སྨྲས་ཀྱང་ཆོག་སྙམ།

this one, agree in making their claims [according to the system of] the Non-dual Diversity. When looking inward and thinking of simply the continuity of cognition in terms of self-awareness, there may well be some occasion when it becomes an appropriate convention to say: "The various appearances are beyond duality within the mind." Yet, in the context of the three alternatives [to be discussed below], this is not the full [meaning]. [Non-dual diversity] is here to be understood as referring to the way that features are apprehended in terms of their pairing [with cognitions]. In this respect, it is extremely unreasonable.

In [Śāntarakṣita's] approach, only the system of Equal Number of Objective and Subjective Features is flawlessly established by conventional valid cognition. Therefore, I posit strictly in accordance with that [position], which is also the intent of the scriptures. Some scholars of the past have asserted that multiple minds of entirely the same type can coemerge. In the context of refuting the Mind Only [school that posits] an equal number of objective and subjective features, their [assertion] has been taught to be in conflict with the following statements of the Transcendent Conqueror:

> It is incorrect that two minds occur simultaneously. There is no such occasion.

As well as:

> Furthermore, for each sentient being, there is a single stream of consciousness.

To deflect such criticism, some may say that these quotations refer to the all-ground consciousness of maturation. Yet that isn't reasonable either, because, since the all-ground appears as the features of abode, body, and enjoyments, the [all-ground] would consequently become multiple too.

Regarding the quotations [above], the master of old, Dharmakīrti, has said: "Regarding these, same types..." to teach that the intent of [such statements from] the sūtras is to show the impossibility of there being two coemergent cognitions of the same type.

Now because, in your interpretation, you [scholars who explain the Buddha's statements in terms of the all-ground] disregard the way [that Dharmakīrti expounds the sūtras], I am justified in expounding clearly

སེམས་གཉིས་ལྷན་ཅིག་མི་འབྱུང་བར་གསུངས་པ་ནི་མི་མཐུན་ཕྱོགས་དང་གཉེན་པོའི་དབང་དུ་མཛད་ནས་གསུངས་པ་དང་། སེམས་རྒྱུད་གཅིག་པ་ཞེས་པའང་གྲངས་ཀྱི་གཅིག་མ་ཡིན་པར་འབའ་ཞིག་པའི་དོན་ཏེ། དེ་ལ་ཕྱི་རོལ་གྱི་དོན་མེད་པར་བདག་དང་བདག་གི་དང་གཟུང་འཛིན་དང་བྲལ་བའི་སེམས་ཉིད་འབའ་ཞིག་ཡོད་དོ་ཞེས་བསྟན་པར་གྱུར་ནའང་རུང་ཞིང་འཐད་པ་ཉིད་དོ། །དེ་ལྟར་སྨྲས་པ་མི་འཐད་པ་མེད་ཀྱང་རུང་། དགོས་པ་ཡོན་ཏན་ཅི་ཡོད་ཅེ་ན། རྣམ་སྨིན་ཀུན་གཞིའི་ཤེས་པ་གནས་ལུས་ལོངས་སྤྱོད་སྣ་ཚོགས་སུ་སྣང་བའི་རྣམ་པ་ཐ་དད་པས་ཐ་དད་པར་འགྱུར་བའི་ཉེས་པ་ནི་མི་བསྐྱེད་པས་ཁྱོད་ཀྱི་ཁས་ལེན་ཚུལ་ལས་འཕགས་སོ། །འོ་ན་ཕ་རོལ་པོས་འདོད་པ་བཀག་ཀྱང་དེ་ལྟ་བུའི་ཚུལ་བཟུང་ན་ཅི་ལུགས་འདི་རྨ་མེད་པ་ཡིན་ནམ་ཞེ་ན། མ་ཡིན་པར་བརྗོད་པ་ཞེས་གཟུང་འཛིན་གྲངས་མཉམ་འགོག་པའི་རིགས་པ་བསྟན་འདུག་པ་འདིས་གཟུང་འཛིན་གྲངས་མཉམ་འདོད་ཚུལ་གཞན་གྱི་ལུགས་དགག་པའི་ཤུགས་ཀྱིས། རང་ལུགས་ཀྱི་གྲངས་མཉམ་ཁས་ལེན་ཚུལ་བཅས་བསྟན་པ་ཡིན་ནོ། །དེ་ལ་སྒོང་ཕྱེད་ཚལ་པའི་ལུགས་ལ་སྐྱོན་བརྗོད་པ་དེ་དོན་དམ་པར་མ་ཟད་ཐ་སྙད་དུའང་འཇུག་ལ། སྣ་ཚོགས་གཉིས་མེད་པའི་ལུགས་ལའང་ནམ་མཁའི་གོས་ཅན་ལུགས་སམ་ཅི་ཞེས་སུན་འབྱིན་གྱི་ཚིག་དང་བཅས་ཏེ་བཀག་པ་དེའང་ཐ་སྙད་དུ་འཇུག་ལ་གཟུང་འཛིན་གྲངས་མཉམ་འགོག་པའི་རིགས་པ་ནི་དོན་དམ་པར་འཇུག་གི་ཐ་སྙད་ཙམ་དུ་མི་འཇུག་པས་ལུགས་འདི་ཁས་ལེན་པ་འཐད་དོ། །དེ་ལ་སྐབས་འདིར་ཐལ་ཆེར་རྟོག་པ་དང་རྟོག་མེད་ཀྱི་ཁྲིད་པ་འདྲེས་ཏེ་ཚུལ་བཞིན་སྨྲ་བ་དཀོན་པར་འདུག་ནའང་།

through reasoning as follows: when it is said that two minds do not co-emerge, it is said in terms of the discordant factors and [their] antidotes. Moreover, 'single stream of mind' carries the meaning of exclusiveness rather than enumeration. It is both appropriate and reasonable to elucidate [the quotation by saying]: "While there are no external objects, it is mind itself which, free from I and mine, apprehended and apprehender, exclusively exists!"

One might then ask: "Although this is not unreasonable, what is the [special] quality of such an explanation, and why is it presented?"

[This explanation] avoids the flaw [made above of failing to acknowledge that] the all-ground consciousness of maturation turns into separate [identities] due to its separate features appearing as the diversity of abode, body, and enjoyments. [This explanation] is therefore superior to the way that you [who interpret the statements from the sktras to imply a singularity of the all-ground] have proposed.

[In response] one may say: "Well then, the assertions of the adversary may be refuted [i.e., the unacceptable consequence of multiple all-grounds will be avoided], but what are the consequences of taking such a view? Is this system [of the Equal Number of Objective and Subjective Features] an incontrovertible one?"

No, it's not. The reasoning that is taught here to refute equal numbers of objective and subjective features refutes the assertion of equal numbers of objective and subjective features found in other systems, and the way of claiming equal number according to our own system is thereby shown implicitly. The criticism of the Split Egg System not only applies ultimately, it also applies conventionally, and the discrediting refutation of the system of Non-dual Diversity: "*Would this then be the Way of the Sky-clad?*" likewise applies conventionally. Yet, while the reasoning that refutes the Equal Numbers of Objective and Subjective Features applies ultimately, it does not apply on the level of mere convention. Therefore, an acceptance of this system is reasonable.

In this context, the distinctions between conceptual and non-conceptual [cognition tend to] become mixed up, and it is rare to find someone who can explain properly. Regardless of that, from the perspective

དོན་དུ་རྟོག་མེད་ཀྱི་ཤེས་ངོར་ཡུལ་གྱི་རྣམ་པ་ཐ་དད་ལ་གཅིག་ཏུ་མི་སྣང་། གཅིག་ལ་ཐ་དད་དུ་སྣང་མི་སྲིད་དེ། སྣང་ན་བློ་དོན་མཐུན་དུ་མི་འགྱུར་བས་ན་དོན་ཇི་ལྟར་སྣང་བ་ལྟར་ཞེས་པའང་དེ་ལྟར་འགྱུར་དགོས་པ་ནི། དཔེར་ན་བུམ་པའི་རང་མཚན་མཐོང་ཚེ་དེ་དག་ཡུལ་དུས་རྣམ་པ་མ་འདྲེས་པར་འཛིན་དགོས་པས་བུམ་པའི་ཁ་དང་ལྟོ་བ་ཞབས་སོགས་ཆ་སོ་སོ་ནས་རྣམ་པ་གཏད་པ་ལྟར་འཛིན་གྱི། གཅིག་ཏུ་བསྲེས་ཏེ་འཛིན་པ་ནི་མི་སྲིད་ལ། ཁ་ཁྱེར་འཛིན་པའི་ཤེས་པ་དང་། ཞབས་ཀྱི་ཆ་འཛིན་པ་གཉིས་གཅིག་ཏུ་རིགས་པ་མ་ཡིན་པས་ཤེས་པ་དུ་མའི་ཐ་སྙད་ཐོབ་ཀྱི་གཅིག་གི་ཐ་སྙད་ག་ལ་ཐོབ། འོན་ཀྱང་དེ་ཀུན་བསྡོམས་ནས་བཟུང་བ་བུམ་འཛིན་གྱི་ཤེས་པར་རིགས་གཅིག་པ་ལས་གཞན་མེད་ལ། བྱེ་བྲག་ཁ་ཁྱེར་འཛིན་པ་ལྟ་བུའང་ཁ་ཁྱེར་འཛིན་པར་དོན་མཐུན་གྱི་གཞན་ལ་མི་མཐུན་ལ། ཁ་ཁྱེར་གྱིའང་སྟེང་འོག་འཛིན་པའི་ཆ་སོ་སོ་ནང་རིགས་མི་མཐུན་ཡང་ཁ་ཁྱེར་གྱི་ཤེས་པ་གཅིག་པུའི་གདགས་གཞིར་རུང་བ་ཡིན་པ་སོགས་ཀུན་ལ་སྦྱར་ན། རིགས་མཐུན་གྱི་ཤེས་པ་གཉིས་ནམ་ཡང་དུས་གཅིག་ཏུ་སྐྱེ་བ་མེད་དེ། གལ་ཏེ་ཡུལ་བུམ་པ་ལྟ་བུ་གཅིག་ལ་དམིགས་པའི་ཚེ་བུམ་འཛིན་གྱི་ཤེས་པ་རྟོག་མེད་རིགས་མཐུན་ནམ། རྟོག་བཅས་གཉིས་དུས་སྔ་ཕྱི་མེད་པར་སྐྱེ་ན་ཡུལ་ཅན་གཉིས་སུ་སོང་བས་རྒྱུད་ཐ་དད་པར་འགྱུར་དགོས་པ་ཡིན་ལ། རིགས་མི་མཐུན་དུ་མ་སྐྱེ་ཡང་རྒྱུད་དང་རྣམ་ཤེས་ཐ་དད་པར་མི་འགྱུར་བའི་ཚུལ་ལ་ཡིད་ཆེས་པར་འགྱུར་ཏེ། དེ་ལ་ཁ་ཁྱེར་འཛིན་པའང་བུམ་འཛིན་ཤེས་པ་གཅིག་ཡིན། ལྟོ་བ་འཛིན་པའང་དེ་གཅིག་པ་ལྟ་བུར་གོ་བ་བྱས་ན་ཆེས་ལེགས་པར་འཕྲུམས་པ་ཡིན་ནོ། །དེས་ན་ཁ་ཁྱེར་ཞེས་པ་དང་ལྟོ་བ་ཞེས་པ་སོགས་མཐོང་བའི་སྣོད་ཡུལ་ཡོངས་སུ་རྫོགས་པ་ལ་གཅིག་ཏུ་བསྡོམས་ཏེ་བུམ་འཛིན་ཞེས་པར་བཞག་པས་ན་

of a non-conceptual cognition, the features of the objects do in fact appear separately and not as one [single feature]. [That which is] one could not possibly appear as separate [features]. If it did, the [apprehending] mind would not be in accord with fact. Cognition has to be in complete accordance with the appearance of the object.

When, for instance, the specifically characterized vase is seen, this perception will have to be one that does not mix up locations, times, and features. Hence, [it must be] a perception that accords with the features transmitted by the particular parts of the vase—spout, belly, foot, and so forth—and could not possibly be one that blends [these all] as one. It is unreasonable for the cognition that apprehends the rounded spout and the one that apprehends the foot to be the same. Conventionally, we must, therefore, speak of multiple cognitions. How could the applicable convention ever be that of [just] a single [cognition]?

Nevertheless, the vase-apprehending cognition that gathers all of these [features] is of a single type. There are no other [cognitions of that type]. A particular [cognition], such as the apprehension of the spout, is also (by virtue of being the apprehension of the spout) concordant with [its] object, and not with anything else. The specific aspects of apprehending the upper [part of the] spout and the lower [part of the] spout are not of the same type either, although they are still workable as the basis for the designation of the sole cognition of the spout. This mode [of analysis] can be applied to all [cognitions]—there is never a simultaneous occurrence of two cognitions of the same type.

If, while observing an object such as a vase, either two non-conceptual or two conceptual cognitions of the same type of vase apprehension were to arise at the same time, the [apprehending] subject would have become two, and [these two] would in that way have to belong to separate mind-streams. One will [hereby] come to trust in the way that multiple cognitions of different types arise without [there being] separate mind-streams or consciousnesses. The understanding that the spout apprehension and the belly apprehension are both one single vase apprehension will be seen to be completely wrong. The cognition of vase is therefore posited by gathering the entire field of perception that is the cognition of the spout, the cognition

ཤེས་པ་ཐ་དད་དུ་མི་འགྱུར་ཏེ། འཕང་ལོ་དང་ལྟེ་བ་རྩིབས་སྦུ་ཁྲུད་སོགས་ལ་ཤིང་རྟར་བཏགས་ཚེ། ཡན་ལག་དེ་རྣམས་ནང་ཕན་ཚུན་གཅིག་མིན་ཀྱང་། དེས་ཡན་ལག་ཅན་ཤིང་རྟ་གཉིས་སུ་མི་འགྱུར་བ་བཞིན་ནོ། །དེས་ན་བུམ་པའོ་སྙམ་དུ་རྟོགས་པའི་ཚེ། བུམ་མིན་ཐམས་ཅད་རྣམ་པར་མ་བཅད་ན་དེ་མི་གྲུབ་པས་དེ་ག་རང་གཅིག་པུ་ལས་རྟོག་པ་གཞན་དང་དུས་མཉམ་འགྲོགས་པ་མི་སྲིད། དེ་བཞིན་ཁྲ་འཛིན་ཙམ་དང་། ཁྲ་བོའི་བྱེ་བྲག་སྔོ་འཛིན་དང་། སྔོན་པོའི་བྱེ་བྲག་དབུས་ཀྱི་སྔོན་པོ་སོགས་ཇི་སྲིད་རྒྱས་ཕྱེ་བ་སྲིད་དུ་དེ་ལྟར་ཤེས་པར་བྱའོ། །དེས་ན་ཤེས་པ་རྒྱུད་གཅིག་པ་དང་ངོ་བོ་གཅིག་པ་སོགས་འཇོག་ཚུལ་དེ་ལྟ་བུ་ཡིན་གྱི། ནང་གསེས་དུ་མ་མེད་པ་ཞིག་ལ་འཇོག་ན་ཡུལ་ཆ་མེད་དང་རྣམ་ཤེས་ཆ་མེད་གཅིག་བདེན་ཞིག་ཁས་ལེན་ན་མ་གཏོགས་ཇི་ལྟར་བསྒྲུབ་སོམས་ཞིག །གཞན་ཡང་བུམ་པའི་ཁ་ཁྱེར་དང་ལྟོ་བ་སོགས་ཡུལ་སོ་སོ་བ་ཡིན་པས་ཡུལ་ཅན་ཤེས་པ་རིགས་མི་མཐུན་མིན་པར་སྣ་ན་བུམ་འཛིན་དང་ཀྱུ་འཛིན་ཞེས་པའང་གཅིག་ཏུ་འགྱུར་ཞིང་། མཐར་ཡུལ་ཅན་ཤེས་པ་ཙམ་དུ་འདྲ་བས་སྣ་ཤེས་གཟུགས་ཤེས་སོགས་ཤེས་པ་ཡིན་ནོ་ཅོག་གཅིག་ཏུ་འགྱུར་བས། དེ་ལྟར་ན་རིགས་མི་མཐུན་པའི་ཤེས་པ་གཞི་མ་གྲུབ་པས་སློབ་དཔོན་གྱིས་ཤེས་པ་རིགས་མཐུན་མི་མཐུན་དུ་ཕྱེ་བ་ལ་དགོས་པ་མེད་པར་འགྱུར་རོ། །དེས་ན་ལུགས་འདི་ལ་ཕྱེ་མ་ལེབ་ཁྲ་སོགས་ཀྱི་ཁ་དོག་ཅིག་ཅར་དམིགས་པ་སྲིད་ཀྱི། གཞན་དུ་དེ་མི་སྲིད་དེ་རིམ་ཅན་དུ་དམིགས་ན་སྒོང་ཕྱེད་ཚལ་བ་ལ་བརྗོད་པའི་ལྷུགས་སྣ་སོགས་ཀྱི་རིགས་པས་གནོད་ལ། ཅིག་ཅར་དམིགས་བཞིན་དུ་ཡང་རྣམ་པ་སོ་སོའི་འཛིན་པ་མེད་ན་

of the belly, and so forth into one and thereby the cognition [of the vase] does not become [a cognition] of separate [identities]. In the same way, when wheels, hubs, spokes, rims, and so forth are designated 'chariot', although those parts are not one with each other, the chariot possessing these parts does not break apart.

The idea of vase cannot occur unless all that is not vase has been eliminated. Accordingly, that [thought of vase] will have to arise entirely alone. It cannot possibly be accompanied by any other concept. It should be understood that this is not just the case in terms of [for example] a mere apprehension of the multicolored, and the apprehension of [the color] blue that is a particular of it. This also applies in terms of [the apprehension of] the blue in the center, which is [again] a particular of that [field of blue], and so forth. As far as mind can discern, this is how it is. Having understood this, one will know how to posit cognition as being of a single mind-stream, a single essence, and so forth. If one posits [cognition] as something that does not have multiple subdivisions, won't one have to claim the true singularities of a partless object and a partless cognition? Think about that.

Furthermore, since the vase's spout, belly, and so forth are separate objects, if it is held that the cognition of the subject is not of [many] different types, the cognition that apprehends vase will be the same as the one that apprehends the water [in it]. Finally, the cognition of sound, form, and so forth—all that is cognition—will turn into one, for they are all alike in simply being subjective cognition. In this way, there would be no established basis for cognitions of different types, and therefore, no need for the Master to distinguish between cognitions of the same or different types.

Accordingly, in this system, all the colors of, for example, a multicolored butterfly can be observed at one time. In the other [systems], this is impossible. If [it is claimed that] one observes sequentially, such a [claim] will be impaired by the reasoning used against the Split Egg System, which [investigates the sequential] sound [*latā*, the Sanskrit word for] creeper. Moreover, if it is held that while one observes [the features] simultaneously, the subjective apprehension is not one of distinct features, faults such as

ཞེས་རྣམ་གཉིས་འབྲེལ་མེད་དུ་འགྱུར་བ་སོགས་ཀྱི་སྐྱོན་ཡོད་པས་སྣ་ཚོགས་གཉིས་མེད་པའང་ཅེས་མི་འཐད་ཅིང་། མཐར་སྣང་ཡུལ་སྔོན་པོ་ལྟ་བུ་གཅིག་ལའང་དབུས་མཐའ་ལ་སོགས་པའི་དབྱེ་བ་ཡོད་པས། དེ་ཇི་བཞིན་འཛིན་པའི་ཡུལ་ཅན་རྣམ་པ་ཐ་དད་མེད་པ་མི་སྲིད་དེ། སྲིད་ན་ཆ་ཡོད་ཀྱི་རྣམ་པ་ལ་ཆ་མེད་དུ་འཛིན་པ་ཚད་མར་ག་ལ་འཐད། ཞེས་པ་དུ་མར་འདོད་པའི་ལུགས་འདི་ལ་ཐ་སྙད་དུ། གཞལ་བྱ་འཛིན་པའི་ཚད་མ་རུང་བར་འགྱུར་ཏེ། བུམ་པ་རྟུལ་དུ་མའི་བདག་ཉིད་དུ་འདོད་པ་རྣམས་ཀྱིས་ཆ་མེད་ཀྱི་བུམ་པ་ཁས་མི་ལེན་ཅིང་དེའི་རྒྱུ་མཚན་ཆ་བཅས་སུ་ཞེས་ཇོ་ལ་སྣང་བས་འཛོག་པ་བཞིན་ནོ། །ལུགས་དེར་ཡང་གཟུང་རྣམ་འཛིན་རྣམ་རིགས་མཐུན་གྱི་ཞེས་པ་གཉིས་དུས་གཅིག་ཏུ་སྐྱེས་པར་མི་འགྱུར་ཏེ། དེ་གཉིས་བཏགས་པའི་ཐ་སྙད་དུ་ཕྱེ་བ་ལས། དོན་ལ་ཐ་དད་མེད་པའི་ཕྱིར་རོ། །དེ་ལྟར་གཞན་ན་མ་མཐོང་ཡང་ཚུལ་འདི་ཁོ་ན་ཐ་སྙད་དུ་ཁས་ལེན་ནོ་ཞེས་བདག་གཅིག་པུ་འཇིགས་པ་མེད་པར་སྨྲའོ། །དཔལ་ཆོས་གྲགས་ཀྱི་བཞེད་པ་མཐར་ཐུག་པའང་དེར་གནས་སུ་ཟིན་མོད། ཚུལ་བཞིན་གང་ན་གསལ་བློ་ལྡན་རྣམས་ཀྱིས་རྒྱ་བོད་ཀྱི་གཞུང་བསྒྲུགས་ན་འབྱེད་ཏོ། །འདི་ལ་བརྗོད་དགོས་པ་མང་ཡང་རེ་ཞིག་མདོ་ཙམ་བསྟན་པའོ། །དེ་ལ་རྣམ་མེད་པའི་ལུགས་ནི་ཤེས་འབྲེལ་བ་མེད་པར་སྟོན་དགོས་པ་ལ། དང་པོ་རང་རིག་འཐད་པར་བསྒྲུབ་དགོས་པས། དེའང་གཟུང་ཆར་སྣང་བའི་རྣམ་པ་དེའང་ཞེས་པ་ཡིན། དེ་འཛིན་པའང་ཞེས་པ་ཡིན་ཅིང་དེ་གཉིས་ངོ་བོ་གཅིག་ཡིན་ན་རང་གིས་རང་ལ་བྱེད་པར་འགལ་བས་དེ་མི་འཐད་སྙམ་ན། འདི་ལྟར་གཞལ་བྱ་སྣ་ཚོགས་པ་སྣང་བའི་ཡུལ་དང་། དེ་འཛིན་པའི་ཡུལ་ཅན་སོ་སོར་ཡོད་པ་ལྟ་བུའི་སྣང་ཚུལ་གྱི་དབང་དུ་བྱས་ཏེ་གཟུང་རྣམ་དང་འཛིན་རྣམ་ཞེས་བཞག་ཀྱང་

the cognition and the features being unrelated will occur, and therefore the [system of] Non-dual Diversity is also highly irrational.

In the end, a single object that appears, such as blue, must also have divisions in terms of center, border, and so forth, and therefore the subject that apprehends it as such cannot possibly lack separate features. If it could, then how could such a partless apprehension of features with different parts ever reasonably be a valid cognition?

In this system that asserts cognition to be multiple, it is conventionally possible to operate with a valid apprehension of the evaluated object. Likewise, those who assert that the vase is the identity of multiple particles do not claim that the vase is partless, and the reason they do not is that [the vase] appears, from the cognitive perspective, to have parts. In that system [of the Equal Number of Objective and Subjective Features], a simultaneous occurrence of two cognitions of the same type will also not come about with respect to the objective and subjective features, for those two [aspects of features] are differentiated when designating conventionally, while in actuality they are inseparable.

Although I have not seen this elsewhere, I am not afraid to state on my own that this system [of Equal Numbers of Objective and Subjective Features] is the only one that can be conventionally claimed. Indeed, glorious Dharmakīrti's final position is also contained within this. When reading the scriptures of India and Tibet, it will become obvious to the intelligent where the correct way is presented. Although much ought to be said here, I have just presented [the issue] in brief.

Next, the utter lack of relationship in a system that does not posit features needs to be revealed, and for this, the rationale of self-awareness must first be established. It might be thought that if both the features (that appear and are apprehended) and the apprehensions of them are [taught to be] cognition, then such an essential oneness of the two will be unreasonable, for it would be contradictory for something to engage in itself. Considering how it seems that apparent objects, the various phenomena being evaluated, exist apart from a subject that apprehends them, so-called objective features and subjective features have [indeed] been posited. Yet, in actuality, *consciousness* will be that which, characteristically

དོན་ལ་**རྣམ་པར་ཤེས**་པ་གང་ཞིག་ཤིང་རྟ་དང་རྩིག་པ་ལ་སོགས་པ་**བེམ་པོའི་རང་བཞིན**་གསལ་རིག་དང་བྲལ་བ་དག་**ལས་བཟློག་པ**་གསལ་ཞིང་རིག་པའི་མཚན་ཉིད་ཅན་དུ་**རབ་ཏུ་སྐྱེ་བ་སྟེ**། དེ་ལྟར་**བེམ་པོ་མིན**་པའི་**རང་བཞིན་གང་ཡིན་པ་དེ**་ལྟ་བུ་**འདི**་ནི་**བདག**་རང་**ཉིད་ཤེས་པ**འམ་རང་རིག་རང་གསལ་ཞེས་པ་**ཡིན**་ནོ། །གཉིས་པ་དེ་ལ་རང་རིག་ཏུ་གདགས་པའི་འཐད་པ། གཅིག་པ་ཆ་མེད་རང་བཞིན་ལ། །གསུམ་གྱི་རང་བཞིན་མི་འཐད་ཕྱིར། །དེ་ཡི་རང་གིས་རིག་པ་ནི། །བྱ་དང་བྱེད་པའི་དངོས་པོར་མིན། དེ་ཕྱིར་འདི་ནི་ཤེས་པ་ཡི། །རང་བཞིན་ཡིན་པས་བདག་ཤེས་རུང་། །ཞེས་གསུངས་ཏེ། འདི་ལྟར་རྣམ་ཤེས་རང་ཉིད་ཅེས་བྱ་བ་དངོས་པོ་གཞན་བཅད་ནས་**གཅིག་པ**་ཉིད་དུ་གྱུར་ཅིང་། རང་ལས་གཞན་པའི་**ཆ་མེད**་པའི་**རང་བཞིན**་ཞིག་ཡིན་དགོས་པ་**ལ**། དངོས་སུ་ན་སྐྱེད་པར་བྱེད་པ་པོ་རྣམ་འཇོག་གི་རྒྱུ་རིག་པར་བྱ་བའི་ཡུལ་དང་། དེས་བསྐྱེད་བྱ་ཡུལ་རིག་པ་པོ་དང་། བསྐྱེད་འབྲས་སམ་རིག་པ་སྟེ་བྱ་བྱེད་ལས་**གསུམ་གྱི་རང་བཞིན**་ཡོད་པར་**མི་འཐད**་པའི་**ཕྱིར་ན**། ཞེས་པ་**དེ་ཡི་རང་གིས་རང་རིག་པ**་ཞེས་རྗོད་པ་གང་ཡིན་པ་**ནི**། སྔ་རེ་ཤིང་ལ་གདབ་པ་ལྟ་བུར་དངོས་སུ་རང་ལས་ཐ་དད་པའི་རང་འཛིན་ཤེས་པ་བསྐྱེད་པའམ། ཤེས་པས་རིག་པར་**བྱ་བ**་ཡུལ་**དང**། ཡུལ་དེ་རིག་པར་**བྱེད་པའི་དངོས་པོར**་འདོད་པ་**མིན**་པ་**དེ**་ཡི་**ཕྱིར་ན་འདི་ནི་ཤེས་པ་ཡི་རང་བཞིན་ཡིན་པས་བདག་ཤེས**་ཀྱི་ཐ་སྙད་འཐད་ཅིང་**རུང་བ**་ཡིན་ནོ། །དེ་ལ་དངོས་སུ་རང་རིག་པ་ཞེས་ཡུལ་ཅན་དང་ཡུལ་བསྐྱེད་བྱ་སྐྱེད་བྱེད་ཀྱི་རང་བཞིན་དུ་འདོད་ན་མི་འཐད་དེ། དངོས་པོ་བདག་ཉིད་བསྐྱེད་ན་མ་སྐྱེས་པའམ།

clear and aware, *arises entirely as the opposite of the nature of* that which lacks clarity and awareness, [i.e.,] *matter*—chariots, walls, and so forth. *Therefore, such an immaterial nature knows of itself,* or, as it is said, is self-aware and self-illuminating.

The Rationale for Designating Self-Awareness

Second, concerning the rationale for designating this self-awareness, it is said:

> *A nature that is singular and has no parts*
> *Cannot reasonably be threefold.*
> *Awareness of itself is, therefore, not in terms*
> *Of entities that are object and agent. [17]*
>
> *Therefore, since this is the nature of cognition,*
> *Self-cognition is appropriate. [18ab]*

Therefore, having eliminated other entities, consciousness itself must be of *a nature that is* absolutely *singular and has no parts* that are different from itself. In reality, there *cannot reasonably* be any object of awareness—any producer or cause for features to be imprinted. Neither can there be anything produced by that—someone aware of an object—nor can there be any resulting production or awareness. Therefore, [the nature of consciousness] cannot *be* a *threefold* nature containing object, agent, and action. When it is said that cognition includes an *awareness of itself,* it *is therefore not*—as opposed, for example, to when an ax strikes wood—an assertion that refers to the production of a cognition that apprehends itself, in the sense of the [awareness] and itself actually being different from each other. In other words, this is not said *in terms of* the *entities that are* an *object* that cognition is aware of *and* an *agent* that cognizes that object. *Therefore, since this is the nature of cognition,* the convention of *self-cognition is* reasonable and *appropriate.*

If what we call *self-awareness* is asserted to have a nature as subject and object, or produced and producer, this will be unreasonable. If an entity is produced by itself, is what is produced something not yet originated, or

སྐྱེས་ཟིན་པ་བསྐྱེད་དང་པོ་ལྟར་ན་མི་འཐད་དེ་སྐྱེས་པའི་སྔ་ལོགས་ན་དེ་མེད་པས་སྐྱེད་པའི་ནུས་པ་མེད་ལ། ཇི་སྟེ་སྐྱེས་ཟིན་ནས་ནུས་པ་ཡོད་པའི་དུས་ན་དེ་དང་ངོ་བོ་གཅིག་ཏུ་བསྐྱེད་བྱ་ཡང་གྲུབ་ཅིང་། རང་གིས་རང་ལ་བྱེད་པར་འགལ་ཏེ་རལ་གྲིས་རང་མི་གཅོད་པ་སོགས་བཞིན་ནོ། །དེ་ལྟ་བས་ན་ཡུལ་བུམ་པ་སོགས་བེམ་པོ་ཡིན་པས་དེ་དག་ལ་གསལ་ཞིང་རིག་པ་མི་སྲིད་ལ། དེས་ན་དེ་དག་གི་ངོ་བོར་རིག་པར་བྱེད་པ་རང་ལས་གཞན་པ་གསལ་ཞིང་རིག་པའི་བློ་ལ་ལྟོས་དགོས་ཀྱང་། ཤེས་པ་འདི་ནི་རང་གི་ངོ་བོ་བེམ་པོ་ལྟ་བུམ་ཡིན་པས་རང་གི་ངོ་བོ་རིག་པར་བྱ་བ་རྐྱེན་གཞན་ལ་ལྟོས་མི་དགོས་པ་དེ་ཕྱིར་རང་རིག་ཅེས་བཞག་པ་ཐ་སྙད་ཆེས་འཐད་དེ། །ཤེ་རང་སྐྱེས་ཙམ་ནས་གསལ་རིག་གི་རང་བཞིན་ཅན་ཡིན་པས། །ཤེས་གཞན་རིག་ཀྱང་ཤེ་ལ་རིག་མཁན་གཞན་མེད་ན་རང་མི་རིག་པ་མ་ཡིན་པས། གྲུ་པ་རང་གིས་རང་རྒྱུ་ལས་བསྒྲལ་ཟེར་བ་དང་། མར་མེ་རང་གིས་རང་གསལ་ཟེར་བ་དང་འདྲ་སྟེ། དེའང་སྨུན་ཁང་ནང་གི་བུམ་པ་སོགས་མར་མེས་སྣང་བར་བྱས་ཀྱང་། མར་མེ་རང་སྣང་བར་བྱེད་པ་ལ་རྒྱུ་གཞན་མི་དགོས་པས་རང་གསལ་ཞེས་ཐ་སྙད་བཏགས་པ་ལས་མར་མེས་རང་གིས་རང་ཡུལ་དུ་བྱས་ནས་གསལ་བ་མིན་པ་ལྟ་བུའོ། །དེས་ན་སྟོང་བ་གསལ་རིག་གི་ངོ་བོར་སྐྱེས་པ་ལ་རང་རིག་ཅེས་བཏགས་པ་ཡིན་པས་སྤྱིར་ཤེས་པ་ཡིན་ན་ངོ་བོའི་དབང་དུ་བྱས་ཏེ་རང་གིས་རང་རིག་པ་ཡིན་པས་ཁྱབ་ཀྱང་། གཟུང་འཛིན་གཉིས་སུ་ཕྱེ་བའི་འཛིན་རྣམ་ལ་རང་རིག་ཏུ་བཞག་པའི་ལྟོག་ཆ་ནས་དེ་ཡིན་པས་མ་ཁྱབ་པ་ལྟ་བུར་སྣང་བ་སོགས་ཤེས་པར་བྱའོ། །དེས་ན་རང་རིག་ཅེས་པའི་ཐ་སྙད་ཙམ་ཞིག་སྒྲུབ་ཚུལ་དེ་ལྟར་ཤེས་ན་ཀུན་རྫོབ་ཏུ་རང་རིག་འཐད་པ་ལ་གནོད་པ་གང་ཡང་མི་འབབ་སྟེ། ཤེས་པས་རང་གསལ་ན་མིག་གིས་རང་མཐོང་བ་དང་། ཡང་བཙོར་ཅན་རང་གི་ཕྲག་པར་ཞོན་པ་སོགས་མི་རུང་བ་ལྟ་བུའི་ཚུལ་དུ་གསུངས་པ་དང་།

something that has already originated? The first is not feasible, because before [the product] has originated, the [cause] does not exist, and thus the ability to produce is absent. Yet, in terms of having already been originated, the product will, at the time when the [causal and productive] ability is present, also be established, because it is of the same essence [as the cause]. Just as a knife will not cut itself, it is contradictory for something to engage in itself.

Since objects such as vases and so forth are material, they cannot possibly be clarity and awareness. To have an awareness of the essences of these, it is thus necessary to rely on something that is different from them, [namely] mind, which is clarity and awareness. However, since the essence of this cognition is not like matter, it does not have to depend on any other conditions in order to be aware of its own essence. Therefore, the convention set forth as self-awareness is highly reasonable. By its mere existence, this [consciousness] possesses a clear and aware nature. The [mind] is, therefore, aware of other, but there is no one aware of the [mind], other [than the mind itself]. Thus, [mind] is not unaware of itself.

[Stating that the mind is self-aware] is similar to saying that the boatman carries himself across the water and that the lamp illuminates itself. Vases and other things within a dark house will be illuminated by lamplight, but for the illumination of the lamp itself, no other cause is needed. Therefore, the convention of 'self-illumination' can be used, although it is not that the lamp is illuminated by taking itself as its object.

The occurrence of an essentially clear and aware experience is termed self-awareness. Therefore, it generally follows that whatever is cognition is also, in terms of essence, an awareness of itself. Nevertheless, it should be understood how, for example, this will not seem to follow in the case where, once apprehender and apprehended are distinguished, the features of the apprehender are classified as self-awareness. If it is understood how, as mere convention, [the principle of] self-awareness is established in this way, self-awareness will, in terms of the relative, be rational and without flaw.

Criticisms such as those expressed by saying that if the mind could illuminate itself, the eye would be able to see itself and the acrobat would

མར་མེས་རང་གསལ་ན་མུན་པས་རང་བསྒྲིབས་པར་ཐལ་བ་སོགས་ཀྱི་རིགས་པ་ཐམས་ཅད། རང་རིག་བདེན་པར་ཁས་བླངས་ན་འཇུག་སྟེ། རང་ཡིན་ན་ཡུལ་ཡིན་པ་འགལ། ཡུལ་ཡིན་ན་རང་ཡིན་པ་འགལ། གལ་ཏེ་མི་འགལ་ན་མུན་པས་རང་བསྒྲིབས་དགོས་པ་སོགས་གནོད་པ་བཟློག་མེད་དུ་འབབ་ཀྱི། ཡུལ་མྱོང་བའི་སྣང་ཚུལ་ལས་གཟུང་འཛིན་ལྟ་བུར་བཏགས་ཀྱང་དོན་ལ་ཐ་དད་མེད་པའི་ཆ་ནས་བཞག་པའི་ཐ་སྙད་ཙམ་གྱི་འཇོག་ཚུལ་འདི་ལ་སྐྱོན་གང་ཡང་མེད་དོ། །དཔེར་ན་རྨི་ལམ་གྱི་བློ་ངོར་ཡུལ་རྟ་གླང་ཕྱི་རོལ་ན་ཡོད་པ་ལྟ་བུ་དང་། དེར་འཛིན་དབང་པོའི་བློ་ནང་ན་ཡོད་པ་ལྟར་སྣང་ཡང་། དོན་ལ་ཤེས་པ་དེར་སྣང་གི་གསལ་ཆ་ཙམ་ཡིན་པས་གཟུང་ཆ་དང་འཛིན་ཆར་སྣང་བ་དེ་དག་ཤེས་པ་རང་ལས་གཞན་མིན་ཅིང་གསལ་བར་ཉམས་སུ་མྱོང་བའང་ཡོད་པའི་ཕྱིར་རང་རིག་ཅེས་པའི་ཐ་སྙད་འཐད་དེ། བདག་རང་ལ་རང་དོན་དུ་འབྲེལ་མི་སྲིད་ཀྱང་ལྡོག་པ་ཐ་དད་ཀྱི་རྣམ་པ་གང་དག་དོན་གང་གི་ངོ་བོར་གཅིག་པ་ལ་བདག་གཅིག་འབྲེལ་ཞེས་གཞག་པ་བཞིན་ནོ། །དེས་ན་གང་ཤེས་བྱའི་རྣམ་པ་ཉམས་སུ་མྱོང་ངོ་ཅོག་ཐམས་ཅད་མྱོང་བ་གསལ་རིག་གི་ངོ་བོར་སྐྱེས་པས། ཐ་སྙད་དུ་ཤེས་པས་ཡུལ་མཐའ་དག་ཉམས་སུ་མྱོང་བར་འཐད་ཅིང་ལྟོས་ཏེ་ཡུལ་དང་ཡུལ་ཅན་དུ་བཏགས་པ་ཙམ་ལ་རང་རིག་པར་ཆེས་འཐད་དོ། །དེའང་རྗེས་དཔག་ཚད་མའི་མཐའ་མངོན་སུམ་ལ་ཐུག་ཅིང་། མངོན་སུམ་དོན་རིག་ཀྱང་མཐར་གསལ་བར་ཉམས་སུ་མྱོང་བའི་རང་རིག་གིས་ཚར་ཕྱིན་པ་ཡིན་པས་རྒྱུར་མཐོང་ཚད་མའི་རྣམ་གཞག་ཞིག་འདོད་ན་རང་རིག་མེད་དུ་མི་རུང་བ་ཡིན་པས། རང་རིག་མི་འདོད་པའི་ཕྱོགས་སུན་འབྱིན་པ་དང་། དེ་ཡང་དག་པར་གྲུབ་པའི་ཚུལ་རྣམས་རིགས་པའི་དབང་ཕྱུག་གི་གཞུང་ལས་ཤེས་པར་བྱའོ།

be riding on his own shoulders—as well as reasonings such as [the one making] the self-obscuration of darkness a consequence of the self-illumination of the lamp—will all apply if self-awareness is claimed to be true. Being oneself is incompatible with being an object, and being an object is incompatible with being oneself. If these weren't [considered] incompatible, [the assertion of self-awareness] would unavoidably be invalidated by [the argument that] darkness obscures itself, and so forth.

On the other hand, although in terms of how objects are apparently experienced, there are designations such as the apprehended and the apprehender, this way of proposing mere conventions is posited based on these [aspects of apprehended and apprehender] actually being inseparable. As such, [the claim of self-awareness] is not the slightest bit flawed. For instance, from the perspective of a dreaming mind, the horses and elephants that are [dreamt] objects will seem to exist externally, while the faculty of the mind that apprehends them will appear to be internal. Yet in fact, it is merely the clear quality of cognition that appears as the dream. Since what appears as the apprehended and what appears as the apprehender are all nothing other than cognition itself, and since, moreover, there is a presence of clear experience, the convention of self-awareness is reasonable. Similarly, although it's not possible for anything to truly relate to itself, one speaks of a *relationship of single identity* when certain features that are separate contradistinctions are essentially the same object.

Hence, all the features of objects experienced by cognition have without exception arisen within the essence of clear and aware experience. Therefore, it is conventionally reasonable that all objects are experienced by cognition, and in terms of the mere dependent designations of subject and object, self-awareness is highly reasonable. In the end, the valid cognition of inference comes down to direct perception, and direct perception as the experience of an object is, in the end, also achieved through the clear experience of self-awareness. If one asserts any principles of a valid cognition of confined vision, self-awareness will therefore be indispensable. The ways of disproving those who do not assert self-awareness, as well as the ways for authentically verifying such [self-awareness], are to be learned from the scriptures of the Lord of Reasoning, [Dharmakīrti].

།གཉིས་པ་དོན་རིག་མི་འཐད་པར་བསྟན་པ། དོན་གྱི་རང་བཞིན་གཞན་དག་ལ། །དེ་ཡིས་ཇི་ལྟར་ཤེས་པར་འགྱུར། །དེ་ཡི་རང་བཞིན་གཞན་ལ་མེད། །གང་གིས་དེ་ཤེས་གཞན་ཡང་ཤེས། །ཤེས་དང་ཤེས་པར་བྱ་བའི་དོན། །ཐ་དད་པར་ནི་འདོད་ཕྱིར་རོ། །ཞེས་གསུངས་ཏེ། དེ་ལྟར་གསལ་ཞིང་རིག་པ་ཡིན་པས་བདག་ཤེས་སུ་རུང་གི །གསལ་རིག་མ་ཡིན་པའི་**དོན་གྱི་རང་བཞིན་**ཤེས་པ་ལས་**གཞན་**དུ་གྱུར་པ་**དག་ལ།** ཞེས་པ་**དེ་ཡིས་ཇི་ལྟར་ཤེས་པར་འགྱུར་**ཏེ་འབྲེལ་བ་མེད་པའི་ཕྱིར་རོ། །དེ་ལ་ཇི་ལྟར་ན་ཞེས་པ་**དེ་ཡི་རང་བཞིན་**སྐྱོང་བ་གསལ་རིག་གི་མཚན་ཉིད་དེ་ནི་**གཞན་**དོན་**ལ་མེད་**ན། རྒྱུ་མཚན་**གང་གིས་**ཞེས་པ་**དེ་**རང་གིས་རང་**ཤེས་**སུ་རུང་བ་བཞིན་དུ་དོན་**གཞན་ཡང་**དངོས་སུ་སྐྱོང་ཞིང་**ཤེས་**པར་ག་ལ་རུང་སྟེ། དོན་རིག་སྨྲ་བ་ཁྲོད་**ཤེས་**པ་**དང་ཤེས་པར་བྱ་བའི་དོན་**གཉིས། ངོ་བོ་**ཐ་དད་པར་ནི་འདོད་**པའི་**ཕྱིར་རོ།**

།དེ་ལ་ཡུལ་ཡོངས་སུ་གཅོད་པ་ཞེས་བྱ་བ་ནི་ཤེས་པའི་ཐུན་མོང་མིན་པ་སྟེ། བདེ་སོགས་ཉམས་སུ་སྐྱོང་བ་ལྟ་བུ་ཡིན་པས་དེ་དོན་ལ་ཡོད་པར་མི་རིགས་ལ། གང་ཤེས་པས་ཉམས་སུ་སྐྱོང་བའམ་ཤེས་ངོ་ལ་སྣང་ཕན་ཆད་གསལ་ཞིང་རིག་ནས་ཤེས་དགོས་ཀྱི་གསལ་རིག་དང་བྲལ་ན་ཤེས་པར་ག་ལ་རུང་། དེས་ན་བུམ་འཛིན་ཤེས་པའི་ངོ་ལ་བུམ་པ་གསལ་བར་སྣང་བ་དེ་ཤེས་པ་ཉིད་མ་ཡིན་པར་ལོགས་ཤིག་ན་བེམ་པོའི་དོན་དུ་གྲུབ་ཡོད་པ་ལྟར་ན། བེམ་པོའི་ཆོས་ཤེས་པ་ལ་མེད། ཤེས་པའི་ཆོས་བེམ་པོ་ལ་མེད་པས་དེ་གཉིས་གསལ་རིག་ཡིན་མིན་གྱིས་ཕན་ཚུན་སྤངས་ཏེ་གནས་པས་ཐ་དད་ལ།

Establishing That One Cannot Reasonably Be Aware of Matter

Second, to show that [the idea that one can be] aware of matter is irrational, it is said:

> *How to know of*
> *The natures of objects that are other? [18cd]*
>
> *The nature of this is not in the other.*
> *How could this, in addition to knowing itself, know other,*
> *Since cognition and the object to be cognized*
> *Are asserted to be different? [19]*

Since [cognition] is, as shown above, clear and aware, it is appropriate that it knows itself, but *how* could cognition come *to know of the natures of objects that are* not clear and aware, but something *other* than the cognition, since there is no relationship [between them]? When *the nature of this* cognition, characterized as clear and aware experience, *is not* present *in the* objects that are *other, how*, then, *could this* cognition ever, *in addition to* being capable of *knowing itself*, also be fit to directly experience and *know* the objects that are *other, since cognition and the object to be cognized are asserted*, by you who are proponents of an awareness of objects, *to be* essentially *different*?

The so-called thorough determination of the object is the unique [function] of cognition. Since this includes the experiences of pleasure and so forth, it cannot reasonably be present within [material] objects. Whenever something is experienced by cognition, or whenever something appears in the cognitive perspective, it will always have to be cognized through clarity and awareness. How could it ever be feasible to have a cognition in the absence of clarity?

Let us assume that the vase that clearly appears in the perspective of a vase-apprehending cognition does not exist as cognition itself, but as a materially established object present elsewhere. Since the properties of matter are not present in cognition, and the properties of cognition are not present in matter, the [apprehending mind] and the [apprehended object] will remain mutually exclusive in terms of being and not being

ཐ་དད་ཀྱིས་ཐ་དད་ནམ་ཡང་དངོས་སུ་མྱོང་བར་ག་ལ་འཐད་དེ། སྣང་མུན་བཞིན་འབྲེལ་མེད་དུ་འགྱུར་བས་ན། ཤེས་པ་ནི་རྟག་ཏུ་རང་གི་མཚན་ཉིད་གསལ་རིག་ཙམ་ལས་འདའ་བ་མ་ཡིན་པའི་ཕྱིར། དེ་ལ་གསལ་རིག་དང་བྲལ་བའི་བེམ་པོ་ཉམས་སུ་མྱོང་བའི་གོ་སྐབས་ནམ་ཐོབ། དེས་ན་བུམ་འཛིན་ཤེས་པའི་ངོ་ན་སྣང་རྒྱུའི་བུམ་པ་ལྟ་བུའི་རྣམ་པ་དེའང་གསལ་རིག་ཤེས་པའི་རང་བཞིན་ལས་ལོགས་སུ་གྱུར་པ་མི་སྲིད་དོ། །དེ་ཕྱིར་ཤེས་པ་དང་ཡུལ་ལ་འབྲེལ་བ་མེད་ན་ཡུལ་མྱོང་བར་མི་འཐད་ལ། ཡུལ་ཡོངས་སུ་གཅོད་པ་དང་ཤེས་པ་གཉིས་མྱོང་བ་གསལ་རིག་གི་ངོ་བོར་གཅིག་ཏུ་འབྲེལ་ན་ཤེས་པས་དོན་རིག་པར་འགྱུར་བ་ཞིག་ནའང་། ཕྱི་དོན་ལ་མངོན་ཞེན་གྱི་དུག་གིས་མ་རྨོངས་པར་བྱས་པའི་བསམ་པ་ཅན་གྱི་ལུགས་ལ་རྒྱལ་དེ་འདྲ་བ་མི་སྲིད་དེ། དོན་ཤེས་གཉིས་ཐ་དད་པར་འདོད་པའི་ཕྱིར་རོ། །དེས་ན་བདག་གཅིག་གི་འབྲེལ་བ་མེད་ཕན་ཆད་ཡུལ་མྱོང་བར་མི་འཐད་དེ། ཤེས་པའི་ངོ་ན་གང་སྣང་སྣང་དང་གང་ཉམས་སུ་མྱོང་མྱོང་ཐམས་ཅད་ཤེས་པ་གསལ་རིག་གི་རང་བཞིན་ཁོ་ན་ཡིན་དགོས་པའི་ཕྱིར། དེ་བྱུང་གི་འབྲེལ་པ་ཙམ་གྱིས་ནི་དོན་མྱོང་བར་མི་འགྲུབ་སྟེ། དུས་མཉམ་པའི་མིག་ལ་སོགས་པའང་མྱོང་བར་ཐལ་བར་འགྱུར་བའི་ཕྱིར་དང་། རྣམ་མེད་པ་ལ་ཡུལ་གྱིས་བསྐྱེད་པའི་འབྲས་བུ་རྣམ་པ་མེད་ན་ཅི་ཞིག་བསྐྱེད་དེ་དེ་མི་སྲིད་པའི་ཕྱིར་རོ། །གང་ཕྱི་རོལ་པ་དག་དོན་གྱི་རྣམ་པ་ལ་རིག་པ་མེད་པར་འདོད་པར་མ་ཟད་རང་རིག་པའང་མེད་པར་འདོད་པ་དེ་ལྟར་ན། དོན་ཤེས་གཉིས་ཀའི་ཐ་སྙད་ཀྱང་མེད་པར་འགྱུར་ཏེ། ཤེས་པ་ནི་གསལ་བ་ཡིན་དགོས་ན། དེ་གསལ་བ་མ་ཡིན་ན་མི་གཞན་གྱི་མངོན་སུམ་གྱི་ཡུལ་རང་གི་སྤྱོད་ཡུལ་དུ་མ་གྱུར་པ་བཞིན་དུ། རང་གི་མདུན་ན་འདུག་པའི་དོན་ཡང་མངོན་སུམ་མྱོང་བར་མི་འགྱུར་ཏེ་དོན་ཤེས་ལ་འབྲེལ་བའི་རྒྱུ་མཚན་མེད་པའི་ཕྱིར་རོ།

clear awareness, respectively. They are thus [entirely] different from one another, and how could anything ever directly experience that which remains different from itself? [The two] will be as unrelated as light and darkness. When will cognition, which is never beyond its defining characteristic of simply being clear awareness, ever find an occasion for experiencing matter, which is devoid of clear awareness?

Accordingly, features, such as those of a vase, apparent from the perspective of a cognition that apprehends a vase, cannot be of any nature other than clear and aware cognition. An experience of objects is not feasible without a relationship between cognition and object. When the thoroughly determined object and the cognition are related as one in the essence of clear awareness, cognition can experience objects. Nevertheless, in the system of those whose thoughts have been rendered unfit by the poison of attachment to external objects, this will not be possible, for they assert that objects and cognition are different from one another. Without a relationship of single identity the experience of objects will not be feasible, for anything whatsoever that appears and is experienced must exclusively be the nature of clear and aware cognition.

The experience of objects will not be established by a mere causal relationship, because, in consequence, there would then be, for example, the [visual] experience of the eyes that are present at the same time [as the object seen].[57] [Moreover,] what [experience] could be produced when, for the Proponents of No Features, the features that are the results produced by the objects do not exist? An [apprehension] could not possibly take place.

If we follow the assertions of those non-Buddhists who not only deny awareness with respect to the features of the objects, but also deny the existence of self-awareness, even the conventions of object and cognition will cease to be. Cognition has to be clarity. If it is not clarity, one will fail to perceive the object in front of one, just as an object of the direct perception of some other person does not become the object of one's own experience. The reason for this is that [without clarity] there is no relationship between object and cognition. Therefore, not only are objects such as vases seen directly, but one's own mind is not concealed

།དེས་ན་དོན་བྱམས་པ་ལྷ་བུ་མངོན་སུམ་མཐོང་བ་ལས་ཀྱང་རང་བློ་རང་ལ་ལྐོག་ཏུ་མ་གྱུར་པ་འདི་རང་རིག་པའི་བདག་ཉིད་མིན་ན་བློས་ཡུལ་རིག་པའམ་སྣང་བ་ཐམས་ཅད་མི་སྲིད་པས་རང་རིག་ཆེས་འཐད་དོ། །གསུམ་པ་རྣམ་མེད་པའི་ལུགས་མི་འཐད་པར་བསྟན་པ་ལ། རྣམ་བཅས་པ་ལ་དོན་སྣང་བའི་ཐ་སྙད་ཙམ་འཐད་པར་བསྟན་པ། རྣམ་མེད་པ་ལ་དོན་སྣང་བའི་ཐ་སྙད་ཙམ་ཡང་མི་འཐད་པས་ཆེས་དམན་པར་བསྟན་པ་གཉིས། དང་པོ། ཤེས་པ་རྣམ་བཅས་ཕྱོགས་ལ་ནི། །དངོས་སུ་དེ་གཉིས་ཐ་དད་ཀྱང་། །དེ་དང་གཟུགས་བརྙན་འདྲ་བས་ན། །བཏགས་པ་ཙམ་གྱིས་ཚོར་བར་རུང་། །ཞེས་ཕྱི་དོན་འདོད་ཀྱང་**ཤེས་པ་རྣམ་**པ་དང་**བཅས་**པར་སྨྲ་བའི་**ཕྱོགས་ལ་ནི།** **དངོས་སུ་**དོན་དང་ཤེས་པ་**དེ་གཉིས་ཐ་དད་**ཡིན་པར་འདོད་**ཀྱང་།** ཕྱི་རོལ་གྱི་དོན་**དེ་དང་**དེའི་རྣམ་པ་གཉིས་གཟུགས་དང་**གཟུགས་བརྙན་འདྲ་བས་ན།** **བཏགས་པ་ཙམ་གྱིས་**ཞེས་པས་ཡུལ་དེ་ཤེས་པའམ། ཉམས་སུ་**ཚོར་བར་**གདགས་**རུང་**སྟེ། ཡུལ་དངོས་སུ་མ་མྱོང་ཀྱང་འདྲ་བ་ཉམས་སུ་ཚོར་བ་ལ་བྱམས་པ་མཐོང་། སྒྲ་ཐོས་སོགས་ཀྱི་ཐ་སྙད་ཙམ་ཞིག་བྱས་ཆོག་པའོ། །གཉིས་པ།

from oneself either. If [the mind] were not this self-aware identity, any awareness or experience of objects by the mind would be impossible. Self-awareness is, therefore, highly reasonable.

Establishing the Irrationality of the No-Feature System

Third, showing the irrationality of the No-feature System includes showing: 1) how, for the Proponents of Features, the mere conventional experience of matter is reasonable, and 2) how, for the Proponents of No Features, not even the conventional experience of matter is reasonable, and why, therefore, [that position] is extremely inferior.

How, for the Proponents of Features, the Mere Conventional Experience of Matter Is Reasonable

First, it is said:

> *As for the position that cognition is endowed with features,*
> *The two are actually different.*
> *Yet, since that resembles the reflection,*
> *Sensing is nominally appropriate. [20]*

As for the position of those who, although asserting external objects, hold *that cognition is endowed with features, the two*—the object and the cognition—*are* asserted to *actually* be *different. Yet, since that* pair—which is the object and its feature—*resembles* a form and *the reflection* of it, speaking of cognition cognizing, or *sensing,* the object *is nominally appropriate.* Although the object is not actually experienced, something that resembles [it] is still sensed, so it is permissible to use the mere conventions of the vase being seen, the sound being heard, and so forth.

How, for the Proponents of No Features, Even the Mere Conventional Experience of Matter Is Not Reasonable

Second, it is said:

དོན་གྱི་རྣམ་པས་བསྒྱུར་ལྡན་པའི། །རྣམ་ཤེས་སུ་ཞིག་མི་འདོད་པ། །དེ་ལ་ཕྱི་རོལ་རིག་པ་ཡི། །རྣམ་པ་འདི་ཡང་ཡོད་མ་ཡིན། །ཞེས་བུམ་སོགས་ཕྱི་**དོན་གྱི་རྣམ་པས་བསྒྱུར**་བ་དང་**ལྡན་པའི་རྣམ་ཤེས་སུ་ཞིག**་གིས་**མི་འདོད་པ**། རྣམ་མེད་བྲེ་སྣ་སོགས་ཀྱི་ལུགས་**དེ་ལ**་ཡུལ་ཤེས་ཀྱི་འབྲེལ་བ་མི་འཐད་པས་**ཕྱི་རོལ**་གྱི་དོན་དུ་འདོད་པ་སྔོ་སེར་སོགས་འདི་དང་འདིའོ་ཞེས་ཤེས་ཤིང་**རིག་པ་ཡི**། **རྣམ་པ**་མངོན་སུམ་པ་**འདི་ཡང**་དུས་ཀུན་ཏུ་**ཡོད་པ་མ་ཡིན**་ནོ། །དེའང་དཔེར་ན་ཤེལ་གོང་སྔོན་གྱིས་བསྒྱུར་དུ་མི་རུང་ན་དེ་ལ་སྔོ་སེར་སོགས་ཀྱི་ཁ་དོག་ཇི་བསྟན་ཀྱང་རང་མདོག་གཅིག་པུ་ལས་གཡོ་བ་མེད་པ་བཞིན་དུ། འདི་དག་གི་ལུགས་ལྟར་ན་ཕྱི་དོན་ནི་བེམ་པོ་རིག་པ་མེད་པ་ཡིན། །ཤེས་པ་ནི་རིག་པ་ཡིན་པས་དོན་ཤེས་གཉིས་ཐ་དད་རྒྱང་རིང་དུ་གྱུར་པ་ཡིན་པས་དངོས་སུ་སྤྱོད་བ་མེད་པར་མ་ཟད། དེ་གཉིས་འབྲེལ་བའི་རྒྱུ་གཟུགས་བརྙན་ལྟ་བུའི་རྣམ་པའང་ཁས་མི་ལེན་པའི་ཐ་སྙད་ཙམ་དུའང་མཐོང་ཐོས་སོགས་མི་སྲིད་པར་འགྱུར་བས། རྣམ་བཅས་པའི་ལུགས་ལེགས་པར་བརྟགས་ན་ཕྱི་དོན་ཡོད་པར་འདོད་པས་ཤིན་ཏུ་འབྲེལ་མེད་པ་དེ་བས་ཀྱང་འདི་ནི་ཆེས་དམན་ཏེ་མངོན་སུམ་ལ་སྐུར་བ་འདེབས་པར་འགྱུར་རོ། །དེ་ལ་དེ་དག་གི་རྣམ་པ་མེད་ཀྱང་མངོན་སུམ་སྣང་བ་ཡོད་སྙམ་པ་ཡིན་ནའང་། རྣམ་པ་མེད་ན་ཕྱི་དོན་མངོན་སུམ་སྤྱོད་བ་མེད་དགོས་པར་རིགས་པས་གྲུབ་པ་ཡིན་ནོ། །དེ་ལྟར་རྣམ་པ་མེད་པའི་ཤེས་པ་མི་སྲིད་པར་བསྟན་ནས། རྣམ་པ་སྣ་ཚོགས་ཤེས་པའི་རྣམ་པ་དང་ལྡན་པའི་ཤེས་པ་དེ་ལ་གཅིག་བདེན་འགོག་པའི་ཚུལ་སོ་སོའི་ལུགས་དང་བསྟུན་ཏེ་རིགས་པས་གཏན་ལ་དབབ་པར་བྱེད་པ་ཡིན་ནོ།

Where no one asserts
That cognition is changed by the features of objects,
Even the known features of the external
Will not exist. [21]

In the system of the Proponents of Differences and others, ***where no one asserts that cognition is changed by the features of*** such outer ***objects*** as vases, a relationship between object and cognition is not feasible. Therefore, ***even the*** distinctively cognized and ***known features of*** blue, yellow, and so forth that are directly perceived and asserted to be ***the external*** objects ***will not exist*** at any time.

For instance, if it didn't possess the readiness to be changed by colors, a crystal would simply remain its own color, unchanged despite placing colors such as blue, yellow, and so forth next to it. Similarly, according to the system of those [who say that objects are cognized directly], object and cognition will be vastly different from one another since the object is matter, devoid of awareness, while cognition is aware. Not only is there no actual experience [of the object by the cognition], because the cause for the relationship between the two, the reflection-like features, is not accepted either, there cannot even conventionally be any seeing, hearing, and so forth.

When the system of the [Sūtra Followers] who assert features is examined thoroughly, [cognition and object] are, because of the assertion of the existence of external objects, definitely unrelated. [Yet] the present [system that does not assert features] is still decidedly inferior, because it denigrates direct perception. Although the [Proponents of Differences and others] may believe that [the object] appears to direct perception without [transmitting] any features, reasoning has established that without features, there cannot be direct perception of an external object. Hence, it has been demonstrated that cognition without features is impossible. By following the individual systems we will now, through reasoning, refute any true singularity with regard to the cognition that is endowed with the features of a variety of perceptions.

།གཉིས་པ་མདོ་སྡེ་པའི་ལུགས་དགག་པ་ལ། སྣ་ཚོགས་གཉིས་མེད་པ། སྒོ་ང་ཕྱེད་ཚལ་པ། རྣམ་ཤེས་གྲངས་མཉམ་པའི་ལུགས་དགག་པ་གསུམ། དང་པོ་ལ་ཤེས་པ་བཞིན་དུ་རྣམ་པ་གཅིག་ཏུ་ཐལ་བ། རྣམ་པ་བཞིན་དུ་ཤེས་པ་དུ་མར་ཐལ་བ། དེ་ལྟར་མིན་ན་ཤེས་རྣམ་ཐ་དད་དུ་ཐལ་བས་དགག་པ་གསུམ། དང་པོ། ཤེས་གཅིག་ཐ་དད་མ་ཡིན་པས། །རྣམ་པ་མང་པོར་མི་འགྱུར་ཏེ། །དེ་ཕྱིར་དེ་ཡི་མཐུ་ཡིས་ནི། །དོན་ཤེས་འགྱུར་བར་གཞག་པ་མེད། །ཅེས་གསུངས་ཏེ། དེ་ལ་རྣམ་བཅས་པའི་ལུགས་དེ་ལའང་། གཟུང་རྣམ་གཅིག་ཏུ་འདོད་པ་དང་། དུ་མར་འདོད་པ་གཉིས། དུ་མར་འདོད་པ་ལ་རྣམ་པའི་གྲངས་བཞིན་དུ་ཤེས་པ་དུ་མར་འདོད་པ་དང་། མི་འདོད་པར་ཤེས་པ་གཅིག་ཏུ་འདོད་པ་སྐེ་སྨུ་གསུམ་ལས་རྟོག་ཚུལ་གཞན་མི་སྲིད་པས། དེ་གསུམ་ལས། དང་པོ་རྣམ་པ་དུ་མ་ཡོད་ཀྱང་ཤེས་པ་གཅིག་སྐྱེ་བར་འདོད་པ་རྣམས་ནི། ཡུལ་སྔོན་པོ་དང་གྲུབ་བདེ་རྫས་གཅིག་པའི་བུམ་པ་མི་རྟག་སོགས་ཇི་སྙེད་ཀྱི་རྣམ་པ་ཤར་ཡང་། ཡུལ་ཅན་ཤེས་པ་སྔོན་པོ་ཁོ་ནའི་རྣམ་ལྡན་དུ་སྐྱེ་བ་དང་། ཁྲ་འཛིན་མིག་ཤེས་ལ་ཡུལ་ཁྲ་བོས་སྔོ་སེར་སོགས་དུ་མས་རྣམ་པ་གཏད་ཀྱང་

Refuting the Feature System of the Sūtra Followers

Second, refuting the system of the Sūtra Followers includes refuting the assertions of: 1) the Non-dual Diversity, 2) the Split Egg, and 3) the Equal Number of Features and Cognitions. The first includes a triple refutation that shows these consequences: 1) in accordance with the [singular] cognition there will be only a single feature, 2) in accordance with the multiple cognitions there will be [multiple] features, or alternatively, 3) cognition and features will be different from one another.

A Single Feature as the Consequence of Positing Singular Cognition

First, it is said:

> *Since the single cognition is not different,*
> *There cannot be multiple features.*
> *Accordingly, it cannot be posited*
> *That objects are cognized because of them. [22]*

In terms of the system of those who assert features, [some] assert that the apprehended features are a singularity while [others] assert that they are a multiplicity. Those who assert a multiplicity are divided, in that [some] assert a multiplicity of cognitions equal to the number of features, while [others] do not, but hold instead that the cognition is singular. Except for these three alternatives, no other way of conceiving [of a relationship between features and cognition] is possible.

The first of these three is [the position of] those who assert that a single cognition occurs although there are many features. They hold that while the relevant features of the object (blue and such [properties as] product, impermanence, and so forth, that are the same, conveniently proven substance) all arise, the cognition that occurs in the subject is nevertheless endowed with the feature of blue only. Also, although a multicolored object transmits multiple features of blue, yellow, and so forth to the eye cognition that apprehends multicolor, the eye cognition that arises

མིག་ཤེས་དེ་སྐྱེད་ཀྱི་གྲངས་ལྡན་དུ་མི་སྐྱེ་བར་ཁྲ་ཙམ་འཛིན་པའི་མིག་ཤེས་གཅིག་སྐྱེ་བར་འདོད་པ་ལ། རྣམ་པ་དུ་མ་ཡུལ་ཅན་ཤེས་པ་གཅིག་གི་ངོ་བོར་གྱུར་པ་ལྟ་བུས་ན། ལུགས་དེ་ལ་སྣ་ཚོགས་གཉིས་མེད་པ་ཞེས་མིང་དུའང་གདགས་སོ། །དེ་ལ་ལུགས་དེ་དག་གི་འདོད་པ་ལྟར་ན། **ཤེས་**པ་**གཅིག་**པུ་པ་དེ་དང་རྣམ་པ་གཉིས་རྗེས་**ཐ་དད་པ་མ་ཡིན་པས།** **རྣམ་པ་**ཡང་གཅིག་ལས་སྔོ་སེར་དཀར་དམར་སོགས་**མང་པོར་མི་འགྱུར་ཏེ་**གཅིག་ཏུ་འགྱུར་དགོས་ལ། རྣམ་པ་མང་པོར་མི་འགྱུར་བ་**དེའི་ཕྱིར་ན་**རྣམ་པ་སོ་སོ་སྣ་ཚོགས་པ་**དེ་ཡི་མཐུ་ཡིས་ནི།** ཕྱི་རོལ་ན་སྔོ་སེར་སོགས་**དོན་**སོ་སོ་སྣ་ཚོགས་ཡོད་པ་**ཤེས་**པར་**འགྱུར་བར་གཞག་པ་**དེའང་**མེད་**པར་འགྱུར་ཏེ། དེ་ལ་རི་མོ་བཀྲངས་པ་མཐོང་བའི་ཚེ་རི་མོ་དེ་ལ་ཡོད་པའི་སྔོ་སེར་སོགས་སོ་སོའི་རྗེས་སུ་བློ་མ་ཞུགས་ན་བློ་དོན་དང་མི་མཐུན་པར་འགྱུར་ལ། དེ་ལྟར་ན་འདི་ནི་སྔོན་པོའོ། །འདི་ནི་སེར་པོའོ་ཞེས་རྣམ་པ་སྣ་ཚོགས་སུ་གདགས་པའི་རྒྱུའང་རྣམ་པར་གཞག་པ་མེད་དོ། །གཉིས་པ། རྣམ་པ་རྣམས་དང་མ་བྲལ་བས། །རྣམ་ཤེས་གཅིག་པུར་མི་འགྱུར་རོ། །ཞེས་གསུངས་ཏེ། དེ་ལྟར་རྣམ་པ་སྣ་ཚོགས་མེད་པར་ཁས་བླངས་ན་མངོན་སུམ་དང་འགལ་ཞིང་མཐར་ཐ་སྙད་ཐམས་ཅད་འཇིག་པས་དེ་ནི་ངེས་པར་ཁས་བླང་ངོ་སྙམ་ན། དེ་ལྟར་ན་སྣ་ཚོགས་དུ་མའི་བདག་ཉིད་དང་ལྡན་པའི་**རྣམ་པ་རྣམས་དང་མ་བྲལ་བས་རྣམ་ཤེས་**དེའང་**གཅིག་པུ་**ཉིད་དུ་**མི་འགྱུར་**ཏེ་རྣམ་པའི་གྲངས་བཞིན་དུ་དུ་མར་འགྱུར་རོ། །གསུམ་པ། དེ་ལྟར་མིན་ན་འདི་གཉིས་ལ། །གཅིག་ཅེས་ཇི་སྐད་བརྗོད་པར་བྱ། །ཞེས་གསུངས་ཏེ།

is still not endowed with a proportional number of features, but arises as an eye cognition that simply apprehends multicolor. Since the multiple features are, as it were, in essence a single subjective cognition, that system has accordingly been given the name Non-dual Diversity.

Following the assertions of that system, [it will appear that] *since the single cognition is not* of a substance *different* from the features, *there cannot*, of necessity, *be multiple features* of blue, yellow, and so forth, but just one single [feature]. *Accordingly*, since the features are no longer multiple but have become a singularity, *it* also *cannot be posited that* diverse and specific *objects* of blue, yellow, and so forth *are cognized* as externally present *because of them*, the diverse and specific features. If, when the unfurled [canvas of a] painting is seen, the mind is not imbued with each of the [properties of] blue, yellow, and so forth that are present in the pattern, the mind does not accord with fact. In this way, there also isn't any basis for speaking of a diversity of features in terms of something being blue and something else yellow.

Multiple Cognitions As the Consequence of Positing Multiple Features

Second, it is said:

> *When not free from features,*
> *Consciousness will not be singular. [23ab]*

It might now be thought that since the claim that there is no diversity of features contradicts direct perception, and in the end destroys all conventions, a [diversity of features] must certainly be accepted. *When* it is *not free from* such *features* of diverse and plural identity, the *consciousness will not be singular* either, but just as multiple as the number of features.

Difference Between Cognitions and Features as Consequence

Third, it is said:

> *Otherwise how to explain*
> *That these two are the same? [23cd]*

དེ་ལྟར་མདོར་ན་ཤེས་རྣམ་གཅིག་ཏུ་ཁས་བླངས་ནས་ཤེས་པ་གཅིག་དང་རྣམ་པ་དུ་མར་འདོད་ན། ཡང་ན་རྣམ་པ་དུ་མར་འདོད་པ་སྤང་བའམ། ཡང་ན་ཤེས་པ་གཅིག་ཡིན་པར་འདོད་པ་དེ་འདོར་དགོས་པར་རིགས་པ་བཤད་མ་ཐག་པས་འགྲུབ་ལ། བཤད་མ་ཐག་པ་**དེ་ལྟ**་བུར་འགྱུར་དགོས་པ་**མིན་ན**་ནི་ཁྱོད་ཀྱིས་ཤེས་རྣམ་**འདི་གཉིས་ལ་**ངོ་བོ་**གཅིག**་ཡིན་**ཞེས་ཇི་སྐད་བརྗོད་པར་བྱ་**སྟེ། ཤེས་པ་གཅིག་ཡིན་ལ་རྣམ་པ་དུ་མ་ཡིན་པས་གཅིག་དང་ཐ་དད་འགལ་བའི་ཆོས་སུ་གནས་པ་ངོ་བོ་གཅིག་ཡིན་པ་སྲིད་ན་ཁྱོད་ཀྱི་ལུགས་ལ་མི་སྲིད་པ་ཅི་ཞིག་ཡོད་དེ་མོ་གཤམ་གྱི་བུ་སོགས་ཀྱང་སྲིད་པར་ཐལ་ལོ། །གཉིས་པ་སྣ་ཚོགས་གཉིས་མེད་ཚུལ་བའི་ལུགས་དགག་པ་ལ། འདོད་པ་བརྗོད་པ་དང་། དེ་དགག་པ་གཉིས། དང་པོ། དཀར་པོ་དག་ལ་སོགས་པ་ལ། །ཤེས་པ་དེ་ནི་རིམ་འབྱུང་སྟེ། །མགྱོགས་པར་འབྱུང་ཕྱིར་བླུན་པོ་དག །ཅིག་ཅར་སྙམ་དུ་ཤེས་པ་ཡིན། །ཞེས་རྣམ་པའང་གཅིག་ལ་ཤེས་པ་གཅིག་ཡིན་པར་སྨྲ་བ་རྣམས་ནི་འདི་ལྟར། ཡུལ་སྔོན་པོ་དང་གྲུབ་བདེ་རྫས་གཅིག་གི་བྲུས་མི་རྟག་སོགས་ཀྱི་རྣམ་པ་སོ་སོར་མི་གཏོད་པར་སྤྱི་ཙམ་ཞིག་གི་རྣམ་པ་གཏོད་ཅིང་ཤེས་པའང་སྤྱི་ཙམ་ཞིག་གི་རྣམ་ལྡན་དུ་སྐྱེ། ཁྲ་འཛིན་མིག་ཤེས་ལའང་ཡུལ་ཁྲ་བོའི་སྔོ་སེར་སོགས་དུམ་རྣམ་པ་དུས་གཅིག་ཏུ་མ་གཏད་པར་ཁྲ་ཙམ་ཞིག་གི་རྣམ་པ་གཏད།

In short, if one claims that cognition and features are the same and asserts that cognition is one and the features are many, the reasoning just explained establishes that one will either have to give up asserting multiple features or else discard the assertion that the cognition is singular. *Otherwise*, if the [consequences] just explained do not have to follow, then *how* are you going *to explain that these two*, cognition and features, *are* essentially *the same*? If cognition is one while the features are many—if the two incompatible properties of one and many can possibly remain essentially the same—then what is impossible in your system? A barren woman's son and so forth will, consequently, be possible as well.

Refuting the Split Egg System

Second, refuting the Split Egg System includes: 1) stating the assertions, and 2) refuting them.

Stating the Assertions of the Split Egg System

First, it is said:

> *Cognitions of white and so forth*
> *Occur in sequence.*
> *Yet, since they arise rapidly,*
> *Fools cognize by believing them to be simultaneous. [24]*

Those who posit both a single cognition and a single feature assert as follows. The features of the object, blue plus the [the properties] of product, impermanence, and so forth that are conveniently proven to be the same substance, are not transmitted individually. What *is* transmitted is some feature of mere blue, and cognition also arises endowed with that feature of mere blue. In terms of the eye cognition that apprehends multicolor, the multiple [colors of] blue, yellow, and so forth [found in] the multicolored object do not simultaneously transmit their features. [The object] transmits the single feature of multicolor, and the subject also arises endowed with that single feature, multicolor. Therefore, in the essence of a

ཡུལ་ཅན་ཡང་ཁྲ་ཙམ་ཞིག་གི་རྣམ་ལྡན་དུ་སྐྱེ་བས་ཞེས་པ་གཅིག་གི་ངོ་བོ་ལ་གཟུང་རྣམ་གཅིག་དང་འཛིན་རྣམ་གཅིག་ཐད་ཀར་གནས་པར་འདོད་པས་སྒོང་ཕྱེད་ཚལ་བ་ཞེས་འདྲ་བ་རྒྱུ་མཚན་དུ་བྱས་པའི་མིང་ངོ་། །འོ་ན་ཕྱེ་མ་ལེབ་ཁྲ་བོ་དང་། རས་གཞིའི་སྟེང་ན་རི་མོ་སྣ་ཚོགས་བཀྲངས་པའམ་བཀྲམ་པ་ལ་དུས་ཅིག་ཅར་མིག་ཤེས་ཀྱིས་དམིགས་སུ་རུང་བས་གནོད་དོ་སྙམ་ན། དེ་དག་ན་རེ། སེར་པོ་དང་**དཀར་པོ་དག་ལ་སོགས་པ་ལ།** དེ་དང་དེའི་ཡུལ་ཅན་གྱི་**ཤེས་པ་དེ་ནི་**དུས་ཅིག་ཅར་འཇུག་པ་མེད་ལ་བྱེ་བྲག་སོ་སོ་བ་རེ་རེ་བཀར་ཏེ་**རིམ་གྱིས་འབྱུང་**བ་ཁོ་ན་**སྟེ།** འོན་ཀྱང་ཅིག་ཅར་དམིགས་པ་ལྟར་སྣང་བ་ནི། མེ་ཏོག་ཨུཏྤ་ལའི་འདབ་མ་བརྒྱ་བརྩེགས་པ་ལ་ཁབ་ཀྱི་མདས་བཏབ་པ་ལྟར། ཤེས་པ་ཡུལ་ལ་འཇུག་པ་ཤིན་ཏུ་**མགྱོགས་པར་འབྱུང་**བའི་**ཕྱིར་**ན། བྱིས་པ་**བླུན་པོ་དག་**སྟོ་སེར་སོགས་དུས་**ཅིག་ཅར་**དམིགས་སོ་**སྙམ་དུ་ཞེས་པ་ཡིན་**ཏེ། དཔེར་ན་མགལ་མེ་མགྱོགས་པར་བསྐོར་ན་འཁོར་ལོར་སྣང་ཡང་མགལ་མེ་དུམ་བུ་ཆུང་ངུ་ཞིག་ཡིན་པས་ཕྱོགས་ཐམས་ཅད་དུ་རྒྱུན་མ་ཆད་པའི་སྣང་བ་འབྱུང་མི་རིགས་པ་ལ་དེ་ལྟར་འབྱུང་བ་ནི་མགལ་མེའི་སྐད་ཅིག་སྔ་ཕྱིར་དམིགས་པའི་བློ་རྣམས་བསྡོམས་ཏེ། འཁོར་ལོ་ལྟར་སྣང་བ་བཞིན་ནོ་སྙམ་དུ་ལོག་པར་རློམ་པའོ། །གཉིས་པ་དེ་དགག་པ་ལ། དོན་དགག་པ་དང་། དཔེ་དགག་པ་གཉིས། དང་པོ་ལ། ཡི་གེ་ལ་དམིགས་པའི་བློས་མ་ངེས། ཡིད་རྟོག་འབའ་ཞིག་ཡུལ་ལ་འཇུག་ཚུལ་གྱིས་མ་ངེས། བློ་ཐམས་ཅད་ཀྱིས་མ་ངེས་པར་བསྟན་པའོ། །དང་པོ།

single cognition, one feature of the apprehended and one feature of the apprehender remain directly [facing each other]. The name given [to this system] is the Split Egg, since it resembles one.

One might then think that such [assertions] are flawed, since the eye cognition is able to simultaneously observe the multiple colors of a butterfly or the various designs on an unfurled canvas on display. The [proponents of the Split Egg System] will reply: "The respective subjects of the *cognitions of white*, yellow, *and so forth* do not perceive [their objects] simultaneously. [Cognitions] of each of the specific particulars only *occur* separately and *in sequence*, *yet* it appears as a simultaneous observation [of all the features]. *Since*, just as when a needle pierces a stack of a hundred utpala flower petals, *they*, the cognitions perceiving their objects, *arise* extremely *rapidly*, childish *fools cognize by believing them to be simultaneous* observations of blue, yellow, and so forth.This is similar to when, for example, a rapidly spinning firebrand appears as wheel. Yet, since it is just a small piece of flaming wood, it cannot actually appear uninterruptedly in a full circle. When [the appearance of a wheel] occurs, it is because of a gathering together of the minds that observe the succession of instants of the firebrand. It then appears as a wheel." These are their erroneous assumptions.

Refuting the Assertion

Second, refuting such [assertions] includes: 1) refuting the meaning, and 2) refuting the example. The first includes demonstrating: 1) the uncertainty with respect to how a mind observes syllables, 2) the uncertainty with respect to the way that only thoughts pertaining to the mental cognition engage in objects, and 3) the uncertainty with respect to all [aspects of] mind.

Demonstrating the Uncertainty with Respect to How a Mind Observes Syllables

First, it is said:

ལྷུགས་མའི་སྦྲ་ལ་སོགས་པའི་བློ། །རབ་ཏུ་མགྱོགས་པར་འབྱུང་ཡིན་ན། །དེ་ཕྱིར་ཅིག་ཅར་འབྱུང་བ་ཡི། །འདིར་ཡང་ཅི་ཕྱིར་འབྱུང་མི་འགྱུར། །ཞེས་དེ་ལྟར་མགྱོགས་པ་ཙམ་གྱིས་དུས་ཅིག་ཅར་དམིགས་པའི་གསལ་སྣང་ལྟ་བུ་བསྐྱེད་ན། **ལྷུགས་མའི་སྦྲ་ལ་སོགས་**པ་འཛིན་**པའི་བློ་**ཡང་**རབ་ཏུ་མགྱོགས་པར་འབྱུང་བ་ཡིན་ན།** རབ་ཏུ་མགྱོགས་པ་**དེ་**ཡི་**ཕྱིར་**ན་**ཅིག་ཅར་འབྱུང་བ་ཡི་**བློ་སྐབས་**འདིར་ཡང་ཅི་**ཡི་**ཕྱིར་འབྱུང་**བར་**མི་འགྱུར་**ཏེ་འབྱུང་དགོས་སོ། །དེ་ལ་ཡུལ་སྤོ་སེར་སོགས་ལ་རིམ་གྱིས་མགྱོགས་པར་དམིགས་པ་དེ་བཞིན་ཡུལ་ཡི་གེའི་སྒྲ་ལ་དམིགས་པའང་དེ་དང་འདྲ་དགོས་ན། དེ་ལྟར་ན། ལ་ཏ་ཞེས་པ་ལྷུགས་མའི་མིང་དང་། ཏ་ལ་ཞེས་པ་ཤིང་ཏ་ལའི་མིང་ཡིན་པ་ལ་ཡིག་འབྲུ་དེ་གཉིས་ལ་བློ་རིམ་གྱིས་ཞུགས་ཀྱང་འཇུག་པ་མགྱོགས་པས་ཅིག་ཅར་ལྟ་བུར་སྣང་ན་ནི། ལ་སྔོན་དུ་བྱས་པ་དང་ཏ་སྔོན་དུ་བྱས་པ་ལ་ཁྱད་མེད་པར་འགྱུར་ཏེ། གང་ལྟར་ཡང་དེ་གཉིས་སྤོ་སེར་གྱི་རི་མོ་དུས་མཉམ་དུ་མཐོང་བ་བཞིན་དུ་སྔ་ཕྱི་མེད་པར་སྣང་བས་ན། ལ་ཏ་ལ་དམིགས་པའི་བློའང་ཏ་ལ་ལ་ཉེར་སྤྱོད་ལ། ཏ་ལ་ལ་དམིགས་པའི་བློའང་ལྷུགས་མ་ལ་གོ་བས་ཡིག་འབྲུའི་གོ་རིམ་དོན་མེད་ལ། ཡང་ན་ནི་གཉིས་ཀར་ཡང་གོ་བར་མི་རུང་ངོ་། །དེ་བཞིན་དུ་ས་ར་ཞེས་པ་རྒྱ་མཚོའི་མིང་དང་། རས་རོ་བྲོ་བ་སོགས་ཡིག་འབྲུ་གོ་རིམ་བཟློལ་བའི་ཅིག་ཤོས་གོ་ནུས་པ་ཐམས་ཅད་རོ་མཉམ་པར་འགྱུར་ཏེ་གང་ལྟར་བརྗོད་ཀྱང་སྔ་ཕྱི་མེད་པ་ལྟར་སྣང་བའི་ཕྱིར་རོ། །དེས་ན་ཡིག་འབྲུ་སིལ་བུ་བ་ལྟ་བུ་ལ་རིམ་ཅན་དུ་དམིགས་པའི་བློ་ལས་ཀྱང་མགྱོགས་པའི་རིམ་ཅན་ཞིག་ནི་འདི་ལྟ་བུའོ་ཞེས་སྟོང་བར་དཀའ་ན། ཉམས་སུ་མྱོང་བ་བཞིན་རིམ་ཅན་ཡིན་ནོ་ཟེར་བའང་དོན་མེད་ཅིང་། མགྱོགས་པར་འབྱུང་བར་འདྲ་ཡང་ཅིག་ཅར་གྱི་སྣང་བ་མི་བསྐྱེད་ན་དེ་ཉིད་དེའི་རྒྱུ་ཡིན་པར་ཡང་གཞག་མི་རུང་ངོ་།

Given that the mind that hears a sound such as 'latā'
Arises most rapidly indeed,
Why, then, doesn't a simultaneity
Arise here as well? [25]

If mere speed produces such clearly apparent, simultaneous observations, ***given that the mind that hears*** by apprehending ***a sound such as 'latā'*** also ***arises most rapidly indeed, why, then,*** because of the high speed, ***doesn't*** a mind [that perceives] ***a simultaneity arise here as well?*** It would have to arise.

The observation of objects [that are the] sounds of syllables must be similar to the gradual [but] fast observation of the blue, yellow, and other [aspects of a multicolored] object. Now, the [Sanskrit] name for a creeper is 'latā' and the name for the palmyra palm is 'tāla'. If mind perceives the two syllables gradually, but because of the speed of the perception they appear as if they were simultaneous, then it would make no difference whether 'la' or 'tā' is put first [in the word]. Just as when the blue and the yellow in a painting are seen simultaneously, in both cases, the two [syllables] would not appear in sequence, and so the mind observing 'latā' could mistakenly [apprehend] 'tāla', and the mind observing 'tāla' could also understand 'creeper,' ['latā']. Either there would be no purpose to the order of the syllables, or else both [words] would be incomprehensible. The same is the case with [words] such as 'sara,' the name for lake, and 'rasa' the name for the experience of flavor. The syllables combined in [one] order would be capable of conveying [the meaning of] the other [constellation]. [Both words] would have the same value, because however the expression is made, it would appear as if there were no sequence [of syllables].

It is hard to experientially determine any sequence faster than the mind that sequentially observes short syllables, and there is no point in calling something sequential that is not experienced [that way]. [The mind observing the syllables of a word and the mind observing the many colors in a painting] are alike in that they arise quickly, yet [in the case of the reading of a word], the appearance of simultaneity is, [nevertheless,] not

རྒྱུ་ཡིན་ཕན་ཆད་འབྲས་བུ་དེའི་རྗེས་སུ་འགྲོ་ཞིང་ལྡོག་པས་ཁྱབ་པའི་ཕྱིར། གཉིས་པ། ཡིད་ཀྱི་རྟོག་པ་འབའ་ཞིག་ལའང་། །རིམ་དུ་ཤེས་པར་མི་འགྱུར་རོ། །རིང་དུ་གནས་པ་མ་ཡིན་པས། །བློ་རྣམས་ཀུན་ཀྱང་མགྱོགས་འབྱུང་འདྲ། །ཞེས་གསུངས་ཏེ། འདི་ལྟར་ཡུལ་གྱི་ངོ་བོ་ལ་སེམས་པ་དང་། དེའི་ཁྱད་པར་ལ་དཔྱོད་པ་དང་། བློ་སྦྱོང་བའི་ཡིད་ལ་སེམས་པ་སོགས་**ཡིད་ཀྱི་རྟོག་པ**་རྐྱང་པ་**འབའ་ཞིག**་པ་སྟེ། མིག་ཤེས་སོགས་དང་མ་འདྲེས་པ་དག་རྒྱུན་བར་མ་ཆད་དུ་འབྱུང་བ་དེ་དག་**ལའང**་སྔ་ཕྱི་གཉིས་ཀ་ཅིག་ཅར་སྣང་བའི་ཤེས་པ་བྱུང་སྟེ། **རིམ**་ཅན་**དུ**་བྱུང་བར་**ཤེས་པར་མི་འགྱུར་རོ**། །དེ་ཅིའི་ཕྱིར་ཞེ་ན། སྐད་ཅིག་སྐད་ཅིག་གིས་སྐྱེ་འགག་བྱེད་པས་ཡུན་**རིང་དུ་གནས་པ་མ་ཡིན་པས**། **བློ་རྣམས་ཀུན་ཀྱང་མགྱོགས**་པར་**འབྱུང**་བ་ལ་**འདྲ**་ཞིང་ཁྱད་མེད་པའི་ཕྱིར་རོ། །ཕ་རོལ་གྱི་ལུགས་ལས་ཀྱང་བློ་ཐམས་ཅད་མྱུར་དུ་འཇིག་པར་ཁས་བླངས་པ་ཡིན་ནོ། །གསུམ་པ། དེ་ཕྱིར་ཡུལ་རྣམས་ཐམས་ཅད་ལ། །རིམ་གྱིས་འཛིན་པར་མི་འགྱུར་གྱི། །རྣམ་པ་དག་ནི་ཐ་དད་ལྟར། །ཅིག་ཅར་འཛིན་པར་སྣང་བར་འགྱུར། །ཞེས་གསུངས་ཏེ།

produced. Therefore, it is not appropriate to posit the [speed of sequential cognitions] as the cause for the [simultaneous appearance of the painting's colors]. When something is a cause, it follows that the presence or absence of its effect is dependent upon it.

Demonstrating the Uncertainty with Respect to How Just Thoughts of the Mental Cognition Engage in Objects

Second, it is said:

In terms of thoughts of the mental cognition alone,
There would also not be sequential cognition.
Since they do not remain long,
All minds are alike in occurring rapidly. [26]

In terms of just *the thoughts of the mental cognition alone*—conceiving of the essence of the object, investigating its particularities, being attentive with trained mind, and so forth—that, distinct from the eye cognition and so forth, occur in an uninterrupted continuity, a simultaneous cognition of both what was before and what is later would also occur. In this case, *there would*, therefore, *also not be sequential cognition*. Why is that? Because, *since* they arise and cease from one moment to the next, *they do not remain long*, and *all minds are* thus *alike in occurring rapidly*. There is no difference [in terms of speed between conceptual and non-conceptual cognitions]. The system of the adversary also claims that all minds disintegrate rapidly.

Demonstrating the Uncertainty with Respect to All Aspects of Mind

Third, it is said:

Therefore, with respect to all objects,
They would not be apprehended sequentially.
Instead they would, like the separate features,
Appear to be apprehended simultaneously. [27]

དེ་ལྟར་བློ་ཐམས་ཅད་ཀྱང་མགྱོགས་པར་འབྱུང་བ་ལ་འདྲ་ཞིང་ཁྱད་མེད་པ་**དེ་ཕྱིར་བློ**་ཡི་ཡུལ་**རྣམས་ཐམས་ཅད་ལ**་ཡང་**རིམ་གྱིས་འཛིན**་པ་ཡིན་པའི་ཚུལ་ཞེས་**པར་མི་འགྱུར་གྱི།** སྔོ་སེར་སོགས་ཀྱི་**རྣམ་པ་དག་ནི་ཐ་དད**་པ་ལ་དུས་ཅིག་ཅར་བཟུང་བར་སྣང་བ་དེ་**ལྟར།** **ཅིག་ཅར་འཛིན་པར་སྣང་བར་འགྱུར**་རོ། །དེ་ལ་ཡུལ་རི་མོ་བཀྲངས་པ་ལ་སྔོ་སེར་སོགས་ལྡན་ཅིག་ཡོད་དུ་ཟིན་ཀྱང་བློ་རིམ་གྱིས་འཇུག་པ་མ་གཏོགས་ཅིག་ཅར་མི་འཇུག་པས་ཡི་གེ་ལ་དམིགས་པ་སོགས་དང་ཁྱད་མེད་ལ། འཇུག་པའང་ཡི་གེ་སྔ་མའི་བློ་འགགས་ནས་ཕྱི་མ་སྐྱེ་བའི་ཐོག་མཐའ་སྐད་ཅིག་མ་ཡིན་གྱི། དེ་ལས་རིང་དུ་སྡོད་པ་མི་སྲིད་པའི་ཚུལ་དེ་བཞིན་རིམ་ཅན་གྱི་བློ་སྔ་ཕྱི་མཚམས་སྦྱོར་ལ་དཔྱད་ན་འདིའི་གོ་བ་གཏིང་ཚུགས་པ་སྐྱེའོ། །དེ་ལ་བློ་དེར་སྔ་ཕྱི་རིམ་ཅན་དུ་སྣང་ཕན་ཆད་དེས་ཅིག་ཅར་སྣང་བ་ཁེགས་ལ། ཅིག་ཅར་སྣང་བ་དེས་སྔ་ཕྱིར་བྱུང་བ་དམིགས་མི་ཤེས་པས་བློ་དེར་རིམ་ཅན་ལ་ཅིག་ཅར་སྣང་ངོ་ཞེས་ནམ་ཡང་མངོན་སུམ་གྱིས་གྲུབ་པ་མེད་ལ། དེ་ཤེས་བྱ་གང་ལ་སྦྱར་ཡང་དེའི་ངང་ཚུལ་ལས་འདའ་མི་སྲིད་པས་རྗེས་དཔགས་དང་དཔེ་མི་རྙེད་དོ། །གཉིས་པ་དཔེ་དགག་པ་ལ། རྟགས་འགོད་པ་དང་། དེ་སྒྲུབ་པ་གཉིས། དང་པོ། མགལ་མེ་ལ་ཡང་ཅིག་ཅར་དུ། །འཁོར་ལོར་སྣང་བའི་འཁྲུལ་པ་འབྱུང་། །གསལ་བར་རབ་ཏུ་སྣང་བའི་ཕྱིར། །མཐོང་བས་མཚམས་སྦྱོར་མ་ཡིན་ནོ།

Therefore, given the fact that they arise rapidly, all minds are similar rather than different. So, *with respect to all objects* of mind, *they would not be apprehended* the way they in fact are, namely *sequentially*. *Instead they would, like the separate features* of blue, yellow, and so forth that seem to be grasped simultaneously, *appear to be apprehended simultaneously*. Blue, yellow, and so forth coexist in the painting on display. Yet, the mind's engagement [with them] is sequential and not simultaneous. Therefore, this is no different than [mind's] observing syllables, and so forth. In terms of the [mind's] engagement, when the mind of the previous syllable has ceased the mind of the subsequent arises. [The process is] momentary from beginning to end. In this way, [the cognitions] cannot possibly remain any longer [than merely an instant]. When investigating how the minds are joined like this in a temporal progression, a profound understanding of the [issue] will take place.

That is to say, as long as there is a temporal sequence of appearance from the cognitive perspective, this will invalidate simultaneous appearance. And, when the appearance is simultaneous, it cannot possibly be observed as occurring in temporal sequence. Therefore, [the claim] that in the cognitive perspective the sequential appears simultaneously, can never be established by direct perception. Moreover, since, regardless of the object of cognition one turns to, it will not be outside of the [above] condition, no inference or example can be found [either].

Refuting the Example

Second, refuting the example includes: 1) arranging the evidence and 2) establishing it.

Arranging the Evidence

First, it is said:

> *Moreover, the simultaneity of the firebrand*
> *That appears as a wheel is an occurrence of delusion.*
> *Since it is clearly and vividly apparent,*
> *Seeing has not created a connection. [28]*

།ཞེས་ཁྲོད་ཀྱི་དཔེ་དེའི་མི་འཐད་དེ། འདི་ལྟར་མ**གལ་མེ་ལ་**ཡང་དུས་**ཅིག་ཅར་དུ་འཁོར་ལོར་སྣང་བའི་འཁྲུལ་པ་འབྱུང་**བ་ཡིན་གྱི། འདི་རྟོག་མེད་ཀྱི་ཤེས་པ་ལ་**གསལ་བར་རབ་ཏུ་སྣང་བའི་ཕྱིར་**མངོན་སུམ་མཐོང་བ་ཡིན་ལ། མངོན་སུམ་གྱི་**མཐོང་བས་**དུས་སྔ་ཕྱི་གཅིག་ཏུ་སྦྲེལ་ཏེ་**མཚམས་སྦྱོར་**སྒྲིད་པ་**མ་ཡིན་ནོ།** །མགལ་མེ་ཉིད་མྱུར་དུ་བསྐོར་བས་རྗེས་སུ་ཞུགས་པ་ཉིད་ཅིག་ཅར་དུ་གསལ་བར་སྣང་བའི་དངོས་པོ་འཁོར་ལོ་ལ་འཁྲུལ་པ་སྐྱེད་ནུས་ཀྱི་འཁྲུལ་སྣང་ཞིག་ཡིན་གྱི། སྔ་ཕྱིའི་ཡུལ་སྐད་ཅིག་དུ་མ་བློས་མཚམས་སྦྱར་ཏེ་འཁོར་ལོར་འཁྲུལ་པ་ནི་མིན་པར་ཞེས་པར་བྱའོ། །གཉིས་པ་དེའི་ཁྱབ་པ་སྒྲུབ་པ་ལ། མཐོང་དྲན་ཡུལ་འགལ་བར་བསྟན་པ། དེས་ན་མཚམས་སྦྱོར་ཡིན་ན་གསལ་ལ་སྣང་མི་རིགས་པར་བསྟན་པའོ། །དང་པོ། འདི་ལྟར་མཚམས་རྣམས་སྦྱོར་བ་ནི། །དྲན་པས་བྱེད་པ་ཉིད་ཡིན་གྱི། །མཐོང་བས་མ་ཡིན་འདས་པ་ཡི། །ཡུལ་ལ་འཛིན་པ་མིན་ཕྱིར་རོ། །ཞེས་ཏེ་གསལ་སྣང་དང་མཚམས་སྦྱོར་འགལ་ལམ་ཞེ་ན་འགལ་ཏེ། **འདི་ལྟར་**སྔ་ཕྱིའི་**མཚམས་རྣམས་སྦྱོར་བ་ནི་**སྔར་འདས་པ་དེ་དྲན་ནས་མཚམས་སྦྱོར་གྱི། མ་དྲན་པ་ལ་མཚམས་སྦྱོར་མི་ནུས་པ་དེ་ཕྱིར་**དྲན་པས་**མཚམས་སྦྱོར་བར་**བྱེད་པ་ཉིད་ཡིན་གྱི།** ད་ལྟ་**མཐོང་བས་**མཚམས་སྦྱོར་བ་**མ་ཡིན་**ཏེ། མཐོང་བ་དེ་རང་ད་ལྟ་བའི་ཡུལ་ལ་འཇུག་གི །**འདས་པ་ཡི་ཡུལ་ལ་འཛིན་པ་མིན་**པའི་**ཕྱིར་རོ།**

Moreover, your example is not reasonable either, for the simultaneity of the firebrand that appears as a wheel is an occurrence of delusion. Yet, since it is clearly and vividly apparent to non-conceptual cognition, it has accordingly been seen by direct perception. Therefore, the seeing that is direct perception has definitely not created a connection and linked a temporal succession as one. Since the firebrand rotates quickly, it is, for the pursuing [mind], capable of creating an illusion—the simultaneous clear appearance of an entity, a wheel. As such, it is an illusory appearance. Yet it is not that the mind is deluded in terms of [perceiving] a wheel by having connected multiple moments of successive objects. That must be understood.

Establishing the Pervasion of the Evidence

Second, establishing the pervasion of the [evidence] includes: 1) showing the incompatibility between seen and recalled objects, and 2) demonstrating that what was [mentally] connected does not appear clearly.

Showing the Incompatibility Between Seen and Recalled Objects

First, it is said:

> *In this way, all connecting is*
> *Definitely done by recall and*
> *Not by seeing, for that is not*
> *An apprehension of a past object. [29]*

One might wonder, "Are clear appearance and [mental] connecting incompatible?" Yes, they are. *In this way, all* [mental] *connecting* of the previous and the subsequent is done by recalling what was in the past. Without recall, [cognition] will not be able to connect [anything]. Therefore, [the connecting] *is definitely done by recall and not by* the present *seeing, for that* seeing engages in a current object. It *is not an apprehension of a past object.*

།གཉིས་པ། དེ་ཡི་ཡུལ་དུ་གང་གྱུར་པ། །དེ་ནི་ཞིག་པས་གསལ་མ་ཡིན། །དེ་ཕྱིར་འཁོར་ལོར་སྣང་བ་འདི། །གསལ་བ་མ་ཡིན་འགྱུར་བའི་རིགས། །ཞེས་མགལ་མེ་ལ་འཁོར་ལོར་སྣང་བ་འདི་ཁྱོད་ཀྱི་ཞེ་འདོད་ལྟར་སྔ་ཕྱིའི་སྐད་ཅིག་དུ་མ་མཚམས་སྦྱར་ནས་གཅིག་ཏུ་སྣང་བ་ཡིན་ནོ་དྲན་པས་མཚམས་སྦྱོར་དགོས་ལ། དྲན་པ་**དེ་ཡི་ཡུལ་དུ་གང་གྱུར་པ་དེ་ནི**་སྔར་**ཞིག**་ཟིན་**པས་ན**་དྲན་པར་བྱེད་པ་ཙམ་ལས་**གསལ**་བར་སྣང་ནུས་པ་**མ་ཡིན**་ཏེ། དེ་ཕྱིར་དྲན་པ་ནི་འདས་པའི་ཡུལ་ཅན་ཁོ་ན་ཡིན་པས་མདུན་ན་འདུག་པའི་དངོས་པོ་ལའང་ཞེན་ཏུ་གསལ་བར་མི་རྟོག་སྟེ་ད་ལྟ་བའི་ཡུལ་ཅན་མིན་པའི་ཕྱིར་རོ། །རྒྱུ་མཚན་**དེ་ཕྱིར**་མཚམས་སྦྱོར་ཡིན་དགོས་ན་ད་ལྟར་གྱི་**འཁོར་ལོར་སྣང་བ་འདི**་ཡང་། མི་གསལ་བ་དྲན་པའི་ཡུལ་ཙམ་དུ་འགྱུར་གྱི། མངོན་སུམ་དུ་**གསལ་བ**་འདི་འདྲ་བ་**མ་ཡིན**་པར་**འགྱུར་བའི་རིགས**་སོ། །ཨུཏྤ་ལའི་འདབ་མ་བརྒྱ་འབིགས་པར་ཞེས་པ་གང་ཡིན་པ་དེ་ནི་མགལ་མེའི་འཁོར་ལོ་ལ་སོགས་པ་མཐོང་བ་ལྟར་ཅིག་ཅར་གསལ་པོར་སྣང་བ་མ་ཡིན་ཏེ། ཅིག་ཅར་འབིགས་མི་སྲིད་པས་བློ་ལྡན་རྣམས་ཀྱིས་རིམ་ཅན་དུ་ངེས་པར་བྱེད་དེ། དཔེར་ན་ཟངས་མའི་གླེགས་མ་སོགས་ཕུག་པ་བཞིན་དུ་ཀླ་ཁོག་བརྩེགས་པ་མང་པོ་དག་བྱེད་པ་པོ་གཅིག་གིས་འབིགས་ཚེ་ཅིག་ཅར་ཕུག་པ་ལ་ཚད་མས་གནོད་པ་ཡོད་པས་ཨུཏྤལ་འབིགས་པའང་མི་གཅིག་གིས་བྱེད་པ་ལ་རྗེས་སུ་དཔགས་པ་ཡིན་ནོ། །གསུམ་པ་རྣམ་ཤེས་གྲངས་མཉམ་པ་དགག་པ་ལ། འདོད་པ་བརྗོད། དེ་དགག་པའོ།

How Joining Cannot Reasonably Produce Clear Appearance

Second, it is said:

That which is the object of that
Has ceased and is hence not clear.
It is, therefore, reasonable that
The appearance of the wheel would not be clear. [30]

If, as you assert, the firebrand appears as a wheel based on connecting multiple sequential instants into a single appearance, this connecting would have to be done by recall. ***That which is the object of that*** recall ***has*** already ***ceased and is*** merely remembered. ***Hence***, it can***not*** be experienced ***clear***ly. Recall is exclusively related to the past. Therefore, it cannot conceive of the entities that are [directly] in front of [oneself] in full clarity, because it is not related to the present. ***It is, therefore, reasonable that the*** current ***appearance of the wheel would***, if it had to be [the product of] a connection, also merely be an unclear object of recall. It would ***not be*** as ***clear*** and directly perceptible as it actually is.

[Moreover,] the cognition of one hundred utpala petals being pierced does not appear simultaneously and with clarity in the same way that seeing a firebrand circle and so forth does. It is not possible to pierce [the petals] simultaneously, so intelligent people will determine that [the cognition of this piercing] is sequential [as well]. For example, with regard to copper plates being perforated, when a single agent pierces through the many layers in the stack, valid cognition will invalidate that they were simultaneously perforated. One can then infer the same regarding a person piercing the petals of an utpala.

Refuting the Equal Number of Features and Cognitions

Third, refuting the Equal Number of Features and Cognitions includes: 1) stating the assertion, and 2) refuting it.

།དང་པོ། རི་མོ་བརྐྱངས་པ་མཐོང་བའི་ཚེ། །དེ་ལ་དེ་བཞིན་སེམས་མང་པོ། །ཇི་སྙེ་གཅིག་ཆའི་ཚུལ་གྱིས་སུ། །འབྱུང་བར་འགྱུར་བར་འདོད་ན་ཀོ། །ཞེས་གསུངས་ཏེ། དེ་ལ་གཟུང་རྣམ་གྱི་གྲངས་བཞིན་ཤེས་པའང་དུ་མ་ཡོད་པར་འདོད་པའི་ལུགས་ལ། ཡུལ་སྔོན་པོ་དང་གྲུབ་བདེ་རྫས་གཅིག་པའི་བྱས་མི་རྟག་སོགས་ཇི་སྙེད་ཡོད་པ་དེ་སྙེད་ཀྱི་རྣམ་པ་གཏད་ལ་ཤེས་པའང་དེ་སྙེད་ཀྱི་རྣམ་ལྡན་དུ་སྐྱེ། ཡུལ་ཁྲ་བོས་ཀྱང་རང་འཛིན་མིག་ཤེས་ལ་སྔོ་སེར་སོགས་ཡུལ་ལ་ཇི་སྙེད་ཡོད་པའི་རྣམ་པ་གཏད་ལ་ཤེས་པའང་དེ་སྙེད་ཀྱི་རྣམ་ལྡན་དུ་སྐྱེ་བར་འདོད་པ་སྟེ། དཔེར་ན་**རི་མོ་བརྐྱངས་པ་མཐོང་བའི་ཚེ**་ཡུལ་**དེ་ལ**་སྔོ་སེར་སོགས་ཇི་ཡོད་པ་**དེ་བཞིན་སེམས་མང་པོ་ཅི་སྙེ**་ཅིག་ཅར་རམ་**གཅིག་ཆའི་ཚུལ་གྱིས་སུ་འབྱུང་བར་འགྱུར་བར་འདོད་ན་ཀོ**་ཞེས་ཕྱོགས་སྔའི་ཚུལ་བརྗོད་པའོ། །དེའང་སྐབས་འདིར་ལེགས་པར་དཔྱད་ན། སྣང་ཡུལ་རྫས་ཀྱི་རྣམ་པ་སོ་སོར་འཆར་རུང་གི་ཆ་ཇི་སྙེད་པའི་གྲངས་བཞིན་ཤེས་པ་སྐྱེ་ཡང་། རྫས་དང་ངོ་བོ་ཐ་དད་དུ་མེད་པའི་ལྡོག་པའི་ཆ་རྣམས་ནི། ཡུལ་གྱི་ངོ་བོ་སྣང་བ་ཉིད་ཀྱིས་ལྡོག་ཕྱོགས་སུ་སྒྲོམ་བཏགས་པའི་ཆ་ནས་དེའི་ཡུལ་ཅན་ལའང་དེའི་རྣམ་པ་ཅན་དུ་ལྡོག་པས་ཕྱེ་བ་ཙམ་ཡིན་ནོ། །དེ་ལ་གཟུང་འཛིན་གྲངས་མཉམ་པའམ། རྣམ་ཤེས་གྲངས་མཉམ་པ་འདི་དག་ཐལ་ཆེར་ཤེས་པ་དེ་དག་རིགས་མཐུན་ཡང་། རིགས་མི་མཐུན་པ་བཞིན་དུ་དུས་འབྱུང་བ་ལ་འགལ་བ་མེད་དོ་སྙམ་དུ་སེམས་པ་ཡིན་ཀྱང་རིགས་མཐུན་དུས་ལྷན་ཅིག་འབྱུང་བ་མེད་དེ།

STATING THE ASSERTION

First, it is said:

If someone asserts
That when a displayed painting is seen
There is an equal number of minds
Occurring simultaneously... [31]

Now, according to the system that asserts cognition to be as multiple as the number of apprehended features, everything that exists as the object blue and the [properties of] product, impermanence, and so forth that are conveniently proven to be the same substance will be transmitting features, and the cognition that arises will be endowed with a corresponding number of features too. Also, the multicolored object will transmit to the eye cognition that apprehends it as many features of blue, yellow, and so forth as are found in the object, and the cognition that arises will have a corresponding set of features too. This position of the opponent is alluded to when it is said: "***If someone asserts***, for instance, ***that when a displayed painting is seen, there is an equal number of minds occurring simultaneously*** as there are [features of] blue, yellow, and so forth..."

If one investigates this thoroughly, [one sees that] cognitions [must] occur in correspondence with the number of qualities that can arise as the specific features of the appearing object. As for the various properties of contradistinction, they are not of separate substance or essence. Considering how (based on the appearance of the essence of the object) they do not superimpose the opposites; the subjects of the [properties of contradistinction] are also merely differentiated by contradistinction and by possessing the features of these [contradistinctions]. Regarding this, the proponents of Equal Number of Objective and Subjective Features, or of Equal Number of Features And Cognitions, for the most part believe that no contradiction is entailed [by claiming] that cognitions of the same type arise in multiplicity in the same way that cognitions of different types do. Nevertheless, multiple [cognitions] of the same type do not coemerge. An explanation in accordance with the position of our own tradition—that

འཛིན་རྣམ་དུ་མ་ཡོད་ཀྱང་རིགས་མཐུན་དུ་མ་མེད་ཚུལ་གྱི་རང་ལུགས་སྟོར་བཤད་ཟིན་ཏོ། །གཉིས་པ་དེ་དགག་པ་ལ། བློ་ཐམས་ཅད་དུ་མའི་རྣམ་པ་ཅན་དུ་སྒྲུབ། ཆ་མེད་ཀྱི་གཅིག་བདེན་མི་སྲིད་པར་བསྟན་པ་གཉིས། དང་པོ། དེ་ལྟ་ཡིན་ན་དཀར་ལ་སོགས། །རྣམ་པ་སྣ་གཅིག་ཞེས་པ་ཡང་། །ཐོག་མ་དབུས་མཐའ་ཐ་དད་པས། །དམིགས་པ་སྣ་ཚོགས་ཉིད་དུ་འགྱུར། །ཞེས་བཤད་མ་ཐག་པའི་ལུགས་**དེ་ལྟ་ཡིན་ན**འང་ཁྲ་བོའི་གཞི་མཐོང་བ་ལ་སྔོ་སེར་སོགས་རྣམ་པ་མང་བ་དེ་བཞིན་དུ་དེའི་བྱེ་བྲག་ཡུལ་**དཀར་པོ་ལ་སོགས**་པ་**རྣམ་པ་སྣ་གཅིག་ཞེས་པ**་དེ་ལ་**ཡང་**། **ཐོག་མ**་སྟེ་སྟེང་དང་དེ་བཞིན་དུ་འོག་དང་ཕ་རོལ་ཚུ་རོལ་དང་**དབུས**་དང་**མཐའ**་ཡི་ཆ་**ཐ་དད་པས**་ན་**དམིགས་པ་སྣ་ཚོགས་པ་ཉིད་དུ་འགྱུར**་གྱི། གཅིག་ཅེས་བདེན་པ་ཞིག་མི་སྲིད་དོ། །གཉིས་པ་ལ། དམིགས་བྱ་བེམ་པོ་ལ་བརྟགས་ན་གཅིག་པུར་དམིགས་པ་མེད་ཚུལ་དང་། དམིགས་བྱེད་བློ་ལ་བརྟགས་ན་དེ་མེད་ཚུལ་གཉིས། དང་པོ།

there are multiple apprehending features, although these are not multiple [features] of the same type—has already been given.

Refuting the Assertion

Second, the refutation includes: 1) establishing that all minds possess multiple features, and 2) demonstrating the impossibility of a partless true singularity.

Establishing That All Minds Have Multiple Features

First, it is said:

> *Then, in that case, the cognition*
> *Of a single feature such as white will,*
> *Since beginning, middle, and end are different,*
> *Indeed become an observation of multiplicity as well. [32]*

If we accept [the assertions of] the system just explained, ***then, in that case,*** just as seeing a multicolored basis entails many features of blue, yellow, and so forth, ***the cognition of a single feature*** of a particular, ***such as*** the object ***white, will, since*** that [cognized object] has a ***beginning*** or top side, just as it has a bottom side, this side, that side, a ***middle, and*** an ***end***—aspects that ***are*** all ***different—indeed become an observation of multiplicity as well.*** There is nothing that can truly be called singular.

Demonstrating the Impossibility of a Partless True Singularity

Second, there are 1) the way in which the observed matter, when examined, cannot be observed as singular, and 2) the way in which the observing mind, when examined, cannot be so [either].

When Examined, the Observed Matter Is Not Observed As Singular

First, it is said:

རྡུལ་ཕྲན་བདག་ཉིད་དཀར་ལ་སོགས། །གཅིག་པུའི་བདག་ཉིད་ཆ་མེད་པ། །ཤེས་པ་གང་ལ་སྣང་གྱུར་བར། །བདག་གིས་རབ་ཏུ་ཚོར་བ་མེད། །ཅེས་གསུངས་ཏེ། དེ་ལྟར་རྣམ་པ་གཅིག་ལ་རྣམ་པ་དུ་མར་དབྱེར་ཡོད་ན་གཅིག་པུར་གྱུར་པ་གང་ཡིན་ཏེ་མི་རིགས་སོ། །གང་ཡན་ལག་དབྱེ་བར་མི་ནུས་པའི་རྡུལ་ཕྲ་རབ་ཙམ་ཡོད་ལ་དེ་ལ་དམིགས་པའི་རྣམ་པ་གཅིག་པུ་ཡིན་ནོ་སྙམ་ན། བདག་གིས་ཇི་ལྟར་ནན་ཏན་དུ་འབད་ནས་བརྟུད་དེ་བལྟས་ཀྱང་། **རྡུལ་ཕྲན་**གྱི་**བདག་ཉིད་**ཅན་གྱི་**དཀར་**པོ་**ལ་སོགས་**པ་གཞན་དང་མ་འདྲེས་པའི་རང་**གཅིག་པུའི་བདག་ཉིད་**ཡིན་པ་དེའང་ཕྱོགས་ཀྱི་**ཆ་**དབྱེ་རྒྱུ་**མེད་པ་**ཞིག་ནི། **ཤེས་པ་**ཡིན་ནོ་ཅོག་**གང་ལ་སྣང་**བར་**གྱུར་བར།** འདི་འོ་ཞེས་**བདག་གིས་རབ་ཏུ་ཚོར་བ་མེད་**ཅེས་མདོར་ན། རྡུལ་ཕྲ་རབ་ཆ་མེད་པ་མངོན་སུམ་ཉམས་སུ་མྱོང་བ་ནི་གང་ན་མི་སྲིད་ཅེས་སོ། །དེ་ལྟར་ན་རྟོག་ལྡན་རྣམས་ཀྱིས་ཡོད་པར་ཁས་ལེན་པའི་རྒྱུ་ཚད་མས་དམིགས་པ་ཡིན་ན་མ་དམིགས་བཞིན་དུ་ཡོད་དོ་ཞེས་ཁས་བླངས་ནས་རང་གིས་རང་ལ་ཇི་ལྟར་བསླུ། དེས་ན་བཅོས་མ་རས་ཁྲ་བོས་སོགས་དང་བཅོས་མིན་ཕྱེ་མ་ལེབ་ཁྲ་བོ་ལ་སོགས་པ་ཇི་བཞིན་དུ་རྣམ་པ་སྣ་ཚོགས་པའི་ཤེས་པའང་གཅིག་པུར་བདེན་པ་མེད་དོ།

།གཉིས་པ། རྣམ་ཤེས་ལྔ་ཡི་ཁམས་རྣམས་ནི། །བསགས་ལ་དམིགས་པའི་རྣམ་པ་ཡིན། །སེམས་དང་སེམས་བྱུང་དམིགས་པ་ནི། །དྲུག་པར་བཞག་པ་བྲུས་པ་ཡིན། །ཞེས་ཡུལ་ཅན་གྱི་སེམས་ཀྱང་མིག་སོགས་དབང་པོའི་**རྣམ་**པར་**ཤེས་**པ་**ལྔ་ཡི་ཁམས་རྣམས་ནི་**རང་རང་གི་ཡུལ་རྡུལ་ཕྲ་རབ་**བསགས་**པ་**ལ་དམིགས་པའི་རྣམ་པ་**ཅན་**ཡིན་**པས་རྣམ་པ་དེ་སྙེད་དུ་དུ་མར་འགྱུར་ལ།

I have never felt at all
That something made of particles, such as white,
Was apparent to any cognition
As a singular identity beyond parts. [33]

If a feature can be divided into many features, then how can it be singular? It cannot reasonably be so. It might be thought: "The mere most subtle particle that cannot be split into parts exists, and the feature [cognized by] observing such [a particle] is singular."

[To this, the reply is] that although having respectfully and persistently considered this, *I have never felt at all that something made of particles, such as white, was* decisively *apparent to any* type of *cognition as a* sort of *singular identity* which, distinct from all others, was also *beyond* being divided into *parts* [such as those] of the directions. In short, the direct experience of a partless, most subtle particle is impossible. The intelligent let observation by valid cognition be the cause for asserting existence. Why then fool oneself by wholeheartedly accepting the existence [of something] while at the same time failing to observe it? Therefore, just as the manufactured multicolored cotton fabric and the naturally multicolored butterfly are not true singularities, neither is the cognition that is endowed with a diversity of features.

When Examined, the Observing Cognition Is Not Observed to Be Singular

Second, it is said:

The elements of the five cognitions
Have features that are based on observing agglomerations.
The observations of mind and mental states
Have been posited as the sixth. [34]

[In terms of] the mind of the subject, [it is] also [the case that] *the elements of the five cognitions* of the eye faculty and so forth *have features that are based on observing* those *agglomerations* of most subtle particles that

ཡིད་ཤེས་ཀྱང་དེ་དང་མཐུན་ཏེ་དེ་དང་གྲུབ་བདེ་གཅིག་པའི་ཕྱིར་རོ། །ཆོས་ཁམས་ཀྱང་རྣམ་རིག་མིན་པ་དང་འདུས་མ་བྱས་ནི་ལོགས་སུ་ཡོད་པར་མི་རིགས་པར་བཏགས་པ་ཙམ་ཡིན་པས་རྣམ་བཅད་ཀྱི་སྒོ་ནས་མིང་ལ་དམིགས་པ་ཡིན་ལ། ཚོར་འདུ་འདུ་བྱེད་ཀྱི་ཕུང་པོ་གསུམ་ཙམ་གྱི་བདག་ཉིད་དེ། དེ་ལ་དམིགས་པའི་ཡིད་ཀྱང་སེམས་འབྱུང་འབའ་ཞིག་མི་འཛིན་གྱི། སེམས་སེམས་བྱུང་གི་ཚོགས་ལ་དམིགས་པ་ཡིན་པས་ན། **སེམས་དང་སེམས་བྱུང་**ལྡན་དུ་ཚོགས་པའི་**དམིགས་པ་ནི**་ཡིད་ཤེས་སམ། རྣམ་ཤེས་**དྲུག་པར་བཞག་པ**འམ། དེའི་དམིགས་སྐལ་དུ་**བྱས་པ་ཡིན**་པར་འདོད་དོ། །དེའང་རང་སྡེའི་བཞེད་ཚུལ་ལྟར་བརྗོད་པ་ཡིན་ནོ། །དེ་ལྟར་ན་གཅིག་ལ་དམིགས་པའི་ཤེས་པ་མི་སྲིད་དོ། །གཉིས་པ་ཕྱི་རོལ་པའི་ལུགས་དགག་པ་ལ། རིག་པ་ཅན་སོགས་ཀྱི་དགག་པ་སྤྱིར་བསྟན། བྱེ་བྲག་སོ་སོའི་འདོད་པ་དགག་པའོ། །དང་པོ། ཕྱི་གཞུང་རྣམས་ལའང་རྣམ་ཤེས་ནི། །གཅིག་ཏུ་སྣང་བར་མི་འགྱུར་ཏེ། །ཡོན་ཏན་ལ་སོགས་ལྡན་པ་ཡི། །རྫས་ལ་སོགས་པར་དམིགས་ཕྱིར་རོ། །ཞེས་གསུངས་ཏེ། གང་དག་བསྟན་པ་འདི་ལས་ཕྱི་རོལ་ཏུ་གྱུར་པ་གཟེགས་ཟན་དང་སེར་སྐྱ་ལ་སོགས་པའི་རྗེས་སུ་འཇུག་པ་ལ་ཕྱི་རོལ་པའམ་མུ་སྟེགས་ཞེས་བྱ་ཞིང་། སྐྱེ་བོའི་ལོག་པར་རྟོག་པ་ལ་མཐའ་མེད་པའི་ཕྱིར་གྲུབ་མཐའི་ལྟ་ངན་ལའང་བྱེ་བྲག་དེ་ཙམ་སྲིད་མོད་ཀྱི་སྤྱི་རིགས་ནས་རྟག་ཆད་ལས་འདའ་མི་སྲིད་ལ་རྟག་སྨྲ་བའང་རྣམ་པ་མང་དུ་ཡོད་པས།

constitute their individual objects. They are, therefore, as multiple as there are features of [the objects]. The case is similar for the mental cognition, for it is easily proven to be of the same substance. In terms of the element of mental objects, the imperceptible [forms] and the non-compounds cannot reasonably have any existence apart [from the mind that conceives of them]. Since they are merely imputed, what is observed is simply names, by way of elimination. [Moreover, as for] the identities of the three aggregates of sensation, perception, and formation, the mind that observes these does not exclusively apprehend [one] mental state either, but observes a collection of mind and mental states. Therefore, *the observations of* a collection of *mind and mental states have been posited as the* mental cognition, or the *sixth* consciousness. [In other words,] they have been treated as that portion of the observations that pertains [particularly] to the [mental cognition]. Thus, this explanation follows the assertions of our own group. Consequently, cognition cannot possibly observe a singularity.

Refuting Non-Buddhist Systems

Second, the refutation of the non-Buddhist systems includes: 1) general refutation of the Logicians[58] and others, and 2) specific refutations of individual assertions.

General Refutation of the Logicians and Others

Also, according to the scriptures that are external,
Consciousness does not appear as one,
Because substances and so forth
Are observed to possess such things as qualities. [35]

The followers of those who are outside these Teachings, such as Kaṇāda and Kapila, are said to be non-Buddhists or extremists. Since people's misconceptions are limitless, the number of unfortunate philosophical views may be equally limitless. Nevertheless, in terms of general types, none [of the non-Buddhist systems] transcends [the views of] permanence or annihilation. Those who are proponents of permanence form a very

ལྟ་བ་སུམ་བརྒྱ་དྲུག་ཅུ། དྲུག་ཅུ་རྩ་གཉིས། སྡེ་ཚན་བཅུ་གཅིག་སོགས་དབྱེ་སྒོ་མང་ཡང་། ཕྱོགས་བསྡུས་པས་ཏྲཀྐ་སྡེ་ལྔ་ལ་བསྡུར་རུང་བ་ཡིན་ལ། སྤྱིར་མུ་སྟེགས་ཞེས་པ་སྒྲ་བཤད་པའི་དབང་དུ་བྱས་ཏེ་ཕྱི་ནང་གཉིས་ཀའི་དངོས་སྦྱོར་རྣམས་ལའང་འཇུག་པ་དང་། ཐལ་ཆེར་ཕྱི་རོལ་པའམ་མུ་སྟེགས་སྤྱི་ལ་གྲགས་ཤིང་། སྒྲ་འདོམ་པ་སོགས་ཀྱི་ཚེ་རྟག་སྨྲ་བ་ལ་བྱེ་བྲག་ཏུ་གོ་བ་དང་། རྒྱང་འཕེན་ཡང་དེ་བཞིན་ཕྱི་རོལ་བ་སྤྱི་དང་། བྱེ་བྲག་ཅན་སྨྲ་བ་ལ་སྒེར་དུ་འཇུག་པ་སོགས་ཡོད་པ་དེ་བཞིན་གྲངས་ཅན་པ་སོགས་སོ་སོའི་མིང་ཡང་སྤྱི་དང་བྱེ་བྲག་གི་འཇུག་ཚུལ་གྱི་དབང་དུ་བྱས་ཏེ་གཞུང་སོ་སོར་ལ་ལར་གཅིག་ལྟ་བུ་དང་ལ་ལར་མི་གཅིག་པ་ལྟ་བུ་མང་པོ་ཡོད་པ་རྣམས་སྤྱིར་འདྲ་བ་ལས་བྱེ་བྲག་ཏུ་འདོད་ཚུལ་ཕྲ་མོའི་དབྱེ་སྒོ་ཡིན་པ་སོགས་དང་། སྒྲ་བཤད་འཇུག་གི་རྒྱུ་མཚན་ལ་བརྟེན་པ་སོགས་ཤེས་པར་བྱས་ཏེ་སྐབས་ཐོབ་ཀྱི་གོ་བ་ལེན་པ་ཞིག་མ་བྱུང་བར་མིང་གཅིག་ལ་འཛོམས་ན་གཞུང་འཆད་པ་འཁྲུགས་ནས་ཅིར་ཡང་ངོས་མི་ཟིན་པར་འགྱུར་བས་ཤན་ཕྱེད་པར་བྱ་དགོས་སོ། །དེ་ལ་གཟེགས་ཟན་སྟོན་པར་འཛིན་པའི་ལུགས། བྱེ་བྲག་པའམ་འུག་ཕྲུག་པ་དང་རིག་པ་ཅན་པ་ཞེས་སོགས་སུ་གྲགས་པ་རྣམས་ནི་ཚིག་གི་དོན་དྲུག་ཏུ་འདོད་དེ། ས་ལ་སོགས་པའི་རྫས་དགུ་དང་། གཟུགས་ལ་སོགས་པའི་ཡོན་ཏན་ཉེར་བཞི། བརྐྱང་བསྐུམ་སོགས་ཀྱི་ལས་ལྔ། དེ་གསུམ་ལ་ཡོད་པའི་ཁྱབ་བྱེད་སྤྱི་ཆེན་པོ་དང་རྒྱང་དུ། སྤྱི་དེའི་བྱེ་བྲག་གམ་ནང་གསེས་ཀྱི་དབྱེ་བ་གསལ་བ། ཐ་དད་པའི་འདུ་བ་མགོ་ལ་རྭ་ལྟ་བུ་དང་། ཐ་མི་དད་དུ་འདུ་བ་དུང་ལ་དཀར་རྒྱུམ་ལྟ་བུ་སྟེ། དེ་ལྟར་ཚིག་གི་དོན་དྲུག་གིས་ཐམས་ཅད་བསྡུས་པར་འདོད་པ་སྟེ། དེའང་གཟེགས་ཟན་པས་དཀའ་ཐུབ་ཀྱི་སྒོ་ནས་དབང་ཕྱུག་བསྒྲུབས་པས་རྟེན་རྡོའི་ཕོ་མཚན་གྱི་སྟེང་དུ་འུག་པ་བབས་པ་ལ་དབང་ཕྱུག་ཏུ་བཟུང་ནས

diverse group. The technical divisions [of the non-Buddhist schools] are manifold—the 360 views, the 62 [views], the 11 classes, and so forth[59]—yet when classified, they can all appropriately be included in the Five Tarka Schools.[60]

Generally speaking, and in terms of the explicability of the term, *extremist* can apply to both non-Buddhist and Buddhist proponents of entities. Still, for the most part, extremists is generally synonymous with non-Buddhists, although the word is occasionally specified to mean the proponents of permanence in particular. Also, [a term] such as *Far Thrower* can apply to non-Buddhists in general as well as specifically to the proponents of annihilation. It is the same with the Enumerators and others—the various names have general as well as particular applications. Therefore, there are many instances of apparent agreement and disagreement in the various scriptures. While being generally similar, they also differ individually based on subtle, philosophical perspectives. One must understand that this can be due to, for instance, the explicability and applicability of words. If one does not consider the context well, but [instead] becomes dazed by a single word, the explanation of the scripture will become confused, and one will fail to identify anything. It is, therefore, necessary to discriminate.

Now, as for the tradition that holds Kaṇāda as teacher and is known as the Differentialists, the Disciples of the Owl, the Logicians, and so forth, six topics are asserted: 1) the nine substances that are earth and so forth; 2) the twenty-four qualities, form and so forth; 3) the five actions, stretching, contracting, and so forth; 4) the great and the lesser pervading universals that exist for these [first] three [topics]; 5) the instances, which are the particulars or the subdivisions of those universals; and 6) the separate inherence in the case of, for instance, horns on a head, along with the non-separate inherence in the case of, for instance [the relationship between] circular whiteness and a conch. It is asserted that these six topics include everything.

While Kaṇāda was undergoing austerities, performing the practices of Īśvara, an owl descended upon the stone liṅga that was the support [for his practice]. Taking the owl to be Īśvara, [Kaṇāda] asked six questions

དེ་ལ་རྫས་ཡོད་དམ་ཞེས་སོགས་དྲུག་པོ་དྲིས་པ་ལ་མགོ་གྱུག་རེ་བྱས་མཐར་འཕུར་བས་དྲུག་པོ་དེ་ཁོ་ནའོ་སྙམ་པའོ། །འདི་དག་དབང་ཕྱུག་ལྷར་འཛིན་ཅིང་དབང་ཕྱུག་དེ་རྟག་པ་སོགས་ཡོན་ཏན་ལྡའམ། ཕྲ་ཡང་སོགས་ཡོན་ཏན་བརྒྱད་དང་ལྡན་པ་གཞན་འཕྲུལ་ན་གནས་པར་འདོད། ཚིག་གི་དོན་དྲུག་ཤེས་ནས་བསྒོམས་ན་ཐར་བར་འདོད་ཅིང་། ཐར་ཚེ་བདག་དེ་ཡོད་མེད་སོགས་ཐམས་ཅད་བྲལ་བར་འདོད། གཞུང་ཞི་བའི་རྒྱུད་ལ་སོགས་པ་ལ་བརྟེན་ཏེ་བདག་བེམ་པོ་ཡིན་ཅིང་རྟག་པར་འདོད་པའོ། །དེའང་རྫས་དགུ་སྟེ། བདག་དང་དུས་དང་ཕྱོགས་དང་ནམ་མཁའ་དང་རྡུལ་ཕྲ་རབ་སྟེ་རྟག་པའི་རྫས་ལྔ། ས་ཆུ་མེ་རླུང་སྟེ་མི་རྟག་པའི་རྫས་བཞིའོ། །ཡོན་ཏན་ཉེར་བཞི་ནི། གཅིག་ལ་སོགས་པའི་གྲངས་དང་། རིང་ཐུང་སོགས་བོང་ཚད་དང་། ཕན་ཚུན་འཕྲད་པ་དང་། སོ་སོར་དབྱེ་བ་དང་། ཐ་དད་པ་གཞན་དང་། ཐ་མི་དད་པ་གཞན་མིན་པ་སྟེ་དྲུག་ནི་ཐུན་མོང་སྤྱིའི་ཡོན་ཏན་དང་། སྒྲ་ནམ་མཁའི་ཡོན་ཏན། རེག་བྱ་རླུང་གི་ཡོན་ཏན། གཟུགས་མེའི་ཡོན་ཏན། རོ་ཆུའི་ཡོན་ཏན། དྲི་སའི་ཡོན་ཏན་ཏེ་ཡུལ་ཡོན་ཏན་ལྔ་ནི་འབྱུང་བ་སོ་སོའི་ཡོན་ཏན་ཡིན་ལ། དེ་ཕྱིར་སྒྲ་ནི་ནམ་མཁའི་ཁྲོད་ན་རྟག་ཏུ་གནས་ཀྱང་རླུང་རྣོན་པས་གཡོགས་ནས་མ་ཐོས་པ་ཡིན་ལ། སྐྱེས་བུས་ཨོཾ་ལྷ་བུ་བརྗོད་ཚེ་ཁོག་པ་ནང་སྟོང་པའི་ཆའི་རླུང་དེ་བསལ་ནས་ཐོས་ཤིང་སླར་རླུང་ཤུལ་དུ་ཞུགས་ནས་རྟག་ཏུ་མི་ཐོས་པར་འདོད། བདག་ལ་གནས་པའི་ཡོན་ཏན་བཅུ་གསུམ་སྟེ། མིག་གི་བློ་སོགས་དབང་བློ་ལྔ། བདེ་བ་སྡུག་བསྔལ། འདོད་པ་སྡང་བ། ཆོས་དང་ཆོས་མིན། འབད་རྩོལ་དང་། འདུ་བྱེད་པའི་ཤུགས་ཏེ་བདག་གི་ཡོན་ཏན་དེ་དག་དམིགས་པའི་བློ་ནས་བདག་ཡོད་པར་སྒྲུབ། ལས་ནི་དངོས་པོ་གང་ཡང་རུང་སྟེ། ཕར་བརྐྱངས་པ་དང་། ཚུར་བསྐུམ་པ་དང་། གྱེན་དུ་འདེགས་པ་དང་། གནས་གཞན་དུ་འཇོག་པ་དང་། གནས་གཅིག་ལས་བརྒལ་ཏེ་འགྲོ་བ་དང་ལྔའོ། །ཡོན་ཏན་དང་ལས་དེ་དག་གི་རྟེན་ནི་རྫས་ཡིན་ལ། དེ་དག་ལ་ཁྱབ་བྱེད་སྤྱི་སྟེ་བྱེ་བྲག་རིགས་མཐུན་ལ་སྒྲ་བློ་མཐུན་པར་འཇུག་པའི་གཞིར་གྱུར་པ་དང་།

regarding whether there is substance and so forth. For each question the owl nodded once, and in the end it flew away. Therefore, he thought that there was nothing more than those six [topics].

The [Followers of Kaṇāda] hold Īśvara as their deity. They assert that this Īśvara abides in [the Abode of Control over] Other's Emanations and is endowed with either the five qualities of permanence and so forth, or the eight qualities of subtlety, lightness, and so forth. Liberation is said [to occur] when the six topics are understood and meditated on, and at the time of liberation it is held that the self is free from all [confines] of existence, nonexistence, and so forth. They rely on such scriptures as the *Tantra of Peace,* and assert that the self is material and permanent.

Furthermore, the nine substances consist of the five permanent substances of self, time, direction, space, and the most subtle particle, as well as the four impermanent substances of earth, water, fire, and wind. The 24 qualities are as follows. Number (such as one), extent (such as length), mutual meeting, specific division, other (which is that which is different), and not other (which is not different). These are the six general qualities. The five object qualities are each the quality of an element. Sound is the quality of space, texture the quality of wind, form the quality of fire, taste the quality of water, and smell the quality of earth. Sound permanently remains in the midst of space, but being covered by moist wind, it is not heard. They assert that when a person utters [a sound] such as Oṃ, the winds within the cavities of the torso are expelled, and [the sound] is thereby heard. When the winds have receded again, [the sound remains] permanently unheard. Thirteen qualities abide upon the self: the five minds (the mind of the eye and so forth), pleasure, pain, attachment, aggression, dharma, non-dharma, effort, and the force of conditioning. That these are observed proves the existence of the self.

Actions [pertain to] any entity. The five [actions] are stretching, contracting, lifting, placing somewhere else, and moving away from a location.

The substances are the support for these qualities and actions. With regard to those, [there are] the pervading universals, which are the basis for the correct use of language and mind with respect to particulars that

ཁྱབ་བྱ་སོ་སོར་འབྱེད་པའི་བྱེད་ལས་ཅན་གྱི་བྱེ་བྲག་དང་། ཕན་རྒྱུན་འབྲེལ་བར་བྱེད་པའི་འདུ་བའོ། །དེ་ལྟར་ན་བདེ་སོགས་ནང་གི་བདག་ལ་གནས་པའི་བེམ་པོར་འདོད། གྲངས་ཅན་པས་ཕྱིའི་སྣུམ་བུ་སོགས་ཀྱི་སྙིང་ན་དེའི་རང་བཞིན་བདེ་སོགས་གནས་པས་ན་ཕྱིའི་བེམ་པོར་འདོད་ཀྱང་། བདེ་སོགས་དེ་དག་སྤྱོད་པའི་ཚེ་བདག་གིས་མྱངས་སྙམ་པའང་ཤེས་པ་དང་འདྲེས་ནས་ཆ་མི་ཕྱེད་པའི་ཚུལ་གྱིས་སྤྱོད་པར་འདོད། དེའང་བདག་ལ་ཤེས་པ་མེད་ཀྱང་བདག་ཡོན་ཏན་ཤེས་པ་དང་འབྲེལ་བའི་སྟོབས་ཀྱིས་བདག་གིས་ཤེས་སོ་སྙམ་དུ་རྟོག་ལ། མུ་སྟེགས་པ་འདི་པའི་ལུགས་ཀྱི་བེམ་པོ་ཞེས་པ་འདི་རྫས་གྲུབ་ཀྱི་བེམ་པོ་ལ་མཐའ་གཅིག་ཏུ་མི་གོ་བར། ཤེས་པ་མིན་ཚད་ལ་སྤྱི་ཁྱབ་ཏུ་གོ་དགོས་པས་ན། བྱེ་བྲག་པའི་འདོད་པའི་བདག་དེ་ནི་ནམ་མཁའ་དང་ཕྱོགས་ལ་སོགས་པ་བཞིན་དུ་ཁྱབ་ཅིང་རྗེ་བོ་ཞེས་པའི་རང་བཞིན་མ་ཡིན་པ་ཞིག་ལ་འདོད་དོ། །དེ་ལ་སོགས་པ་བསྟན་པ་འདི་ལས་**ཕྱི**་རོལ་ཏུ་གྱུར་པའི་**གཞུང་རྣམས་ལའང་རྣམ་ཤེས་ནི་གཅིག་པུ་ཉིད་དུ་**སྣང་བར་མི་རུང་སྟེ**། རྒྱུ་མཚན་གང་གིས་ན་ཕྱི་རོལ་པ་དེ་དག་ཀྱང་**ཡོན་ཏན་**དང་ལས་དང་ཡན་ལག་**ལ་སོགས་པ་ལྡན་པ་ཡི**། **རྫས**་དང་རྣམ་འགྱུར་དང་ལུས་**ལ་སོགས་པ་དམིགས་པར་འདོད་པའི་**ཕྱིར་རོ**། །ཞེས་ཕྱི་གཞུང་རྣམས་ན་གང་ལ་དམིགས་པའི་ཡུལ་རྫས་ལ་སོགས་པ་གང་ཡིན་པ་དེའང་ཡོན་ཏན་ལ་སོགས་པའི་ཁྱད་པར་དུ་མ་ཅན་ཡིན་གྱི། ཁྱད་པར་དབྱེ་བ་མེད་པའི་གཅིག་པུ་བ་ཞིག་སྣང་མི་ཤེས་པའི་ཕྱིར་ན་ཤེས་པ་གཅིག་པུ་ཞིག་སྲིད་པ་མིན་ནོ། །ཞེས་སོ།

།གཉིས་པ་བྱེ་བྲག་ཏུ་དགག་པ་ལ། རྒྱལ་བ་དང་རྒྱལ་དཔོགས་པའི་ལུགས་དགག་པ། རྒྱང་འཕེན་པའི། གྲངས་ཅན་པའི། གསང་བ་པའི་ལུགས་དགག་པ་བཞི།

are of same type. [There are also the] the particulars, which function to specifically distinguish the pervaded, and there is inherence, which establishes mutual relationships. Based on these, [the Differentialists] assert that pleasure and so forth are material and abide on the inner self.

The Enumerators assert that there is a natural presence of pleasure and so forth on an external [object] such as woolen cloth, and that, therefore, [sensations such as pleasure] are external matter. Nevertheless, when pleasure and so forth are experienced, it is the self that experiences. It is held that [those qualities] mingle with cognition and are experienced without being distinguished from it.

[According to the Differentialists], the self possesses no cognition. Yet it is related to the cognition of qualities, and in that way the self becomes thought of as the knower. In this extremist system [of the Differentialists, the word] 'matter' should not necessarily be understood as the materiality that is established by particles, but rather as a general [term] for all that is not cognition. The self, as asserted by the Differentialists, is a [sort of] pervasive similar to space and direction, and its essence is not cognizant.

Also, according to the scriptures that are external to the teachings in these ways, *consciousness does not appear as one*. This is *because* the non-Buddhists also assert that the *substances*, transformations, bodies, *and so forth are observed to possess such things as qualities*, actions, parts, and so forth. Whatever substance and so forth the observed objects may be, they are, according to the non-Buddhist scriptures, endowed with multiple particulars, such as the qualities and so forth. Therefore, since nothing is capable of appearing entirely singular and without specific divisions, it is explained that a singular cognition is also impossible [according to these systems].

Specific Refutations

Second, the specific refutations cover refuting: 1) the systems of the Jains and the Followers of Jaimini, 2) the system of the Far Throwers, 3) the system of the Enumerators, and 4) the system of the Secretists.

དང་པོ། ནོར་བུ་གཟི་ཡི་བདག་ཉིད་ལྟར། །དངོས་པོ་ཀུན་ཅེས་ལྟ་བ་ལ། །དེ་ལ་འཛིན་པའི་སེམས་ཀྱང་ནི། །གཅིག་པུའི་ངོ་བོར་སྣང་མི་རིགས། །ཞེས་གསུངས་ཏེ། དེ་ལ་བྲམ་ཟེ་རྒྱལ་བ་སྔོན་པར་འཛིན་པས་ན་རྒྱལ་བ་པ་ཞེས་བྱ་ཞིང་། གཞུང་རྒྱལ་བྱེད་སོགས་ལ་ཚད་མར་འདོད་པ་དེ་དག་ལ། ཟད་བྱེད་པ། གཅེར་བུ་པ། ཚངས་པ་བ། ཀུན་ཏུ་རྒྱུ་སོགས་མིང་དུ་མ་ཡོད་ལ། དེ་དག་ཚངས་པ་ལྟར་འཛིན་ཅིང་བདག་འཆིང་གྲོལ་གྱི་རྒྱུ་ལས་ཁོན་ཡིན་པས་དེ་ཟད་པ་ན་ཐར་པར་འདོད། གཞུང་ཚིག་གི་དོན་བདུན་གྱིས་ཐམས་ཅད་བསྡུས་པར་འདོད་དེ། དགའ་ཐུབ་སྡོམ་པ་ཉོན་མོངས་བཅིང་བ་གྲོལ་བ་སྲོག་སྲོག་མིན་ནོ། །དེ་ལ་དགའ་ཐུབ་ནི་གཅེར་བུར་རྒྱུ་བ་ཟས་མི་ཟ་བ་མེ་ལྔ་བརྟེན་པ་ཕྱུགས་ཀྱི་བརྟུལ་ཞུགས་ལ་སོགས་པའོ། །སྡོམ་པ་ནི་ཟག་པ་འགོག་པ་དང་ལས་གསར་དུ་མི་གསོག་པའི་ཕྱིར་དགེ་བཅུ་སྤྱོད་པ་སྟེ། རྐང་འོག་ཏུ་སྲོག་ཆགས་ཤི་བའི་སྡིག་གིས་གོས་ནས་རྐང་པར་དྲིལ་གཡེར་འདོགས་ཤིང་ཤིང་ཡང་མི་གཅོད། ལྗང་སྔོན་དུ་ཆུ་ཡང་སྦྱིར་མཁན་གཞན་མ་བྱུང་ན་མི་འཐུང་། བརྟུན་ལ་སྐྲག་པས་མི་སྨྲ་བའི་བརྟུལ་ཞུགས་འཛིན་པ་སོགས་སོ། །ཉོན་མོངས་ནི་དུག་གསུམ་ལ་སོགས་པའོ། །དེ་དག་སྡོམ་པའི་མི་མཐུན་ཕྱོགས་སོ། །བཅིང་བ་ནི་ལས་མ་ཟད་པས་བདག་འཁོར་བ་ན་གནས་པའི་ཐ་སྙད་དོ། །གྲོལ་བ་ནི་ལས་ཟད་ནས་ཐར་ཏེ་འཇིག་རྟེན་ཐམས་ཅད་ཀྱི་སྟེང་ན་གདུགས་བཀན་པའི་དབྱིབས་འདྲ་བ་ཟླུམ་ཞིང་མདོག་བ་ཞོ་དང་ཁབ་རྒྱ་སྤྲོས་ཀྱི་མེ་ཏོག་སོགས་དང་འདྲ་བར་དཀར་བའི་གཟུགས་ཅན་ཞིག་ཏུ་འགྱུར་བར་འདོད། སྲོག་ནི་སེམས་ཡོད་པ་ལ་འདོད་དེ། དེ་ལ་འབྱུང་བ་བཞི་ནི་སེམས་དང་དེ་སྟེང་ལུས་དབང་གཅིག་པུ་ལྡན།

REFUTING THE SYSTEMS OF THE JAINS AND THE FOLLOWERS OF JAIMINI

First, it is said:

> *"All entities are like the identity of the agate."*
> *Also, according to that view,*
> *The mind that apprehends those cannot*
> *Reasonably appear as essentially one. [36]*

Those who take the Brahmin Jina as their teacher are called the Jains. They consider scriptures such as the *Conquering* to be valid, and have many names, such as the Exhausters, the Nude, the Followers of Brahmā, and the Vagrants. They hold Brahmā as their divinity, and assert that the exclusive cause for the self's bondage and emancipation is karma. Liberation [occurs] when that [karma] has been brought to exhaustion. The seven topics of their scriptures are asserted to include everything: 1) austerity, 2) vow, 3) affliction, 4) bondage, 5) emancipation, 6) life, and 7) non-life.

Austerity includes wandering naked, refraining from eating, taking the support of the five fires, [engaging in] the cattle discipline, and so forth. *Vow* means to engage in the 10 virtues for the sake of bringing an end to the defiling and to prevent further accumulation of karma. That is, fearing the evil [that would come] from living beings dying under one's feet, they attach little bells to their legs. They do not cut trees either. If, when in an uninhabited area, no one comes to offer water, they will not drink any. Dreading lying, they adhere to the discipline of silence, and so forth. *Affliction* is the three poisons and so forth, the factors adverse to the [fulfillment of] the vows. *Bondage* is the term for abiding in cyclic existence because of not having exhausted karma. *Emancipation* is the liberation that follows the exhaustion of karmic action. They assert that [one] is transformed into a white, circular structure, resembling the shape of an upside-down parasol, that lies above the whole world and is similar in color to yogurt, a tagara flower, and so forth. *Life* refers to that which possesses mind.

The four elements are endowed with mind and possess, based on the existence of mind, the single faculty of the body. The plantain possesses

ཆུ་ཞིང་ལ་རྣ་དབང་ཡོད་དེ་འབྲུག་སྒྲ་ཐོས་ན་སྐྱེ་བ་སོགས་དབང་པོ་སོ་སོ་ཡོད་པའི་ཞིང་འདོད་ལ། དེ་བཞིན་དུ་སྲིན་བུ་དུང་ཀ་ཕྲིས་སོགས་ལ་ལུས་ལྕེ་གཉིས་ཡོད། མེ་ཁྱེར་གྲོག་མ་སོགས་ལུས་ལྕེ་སྣ་གསུམ་སྣེ་དབང་པོ་གསུམ་དང་ལྡན། བུང་བ་སྦྲང་བུ་མཆུ་རིང་སོགས་མིག་ལས་དབང་པོ་གཞན་བཞི་ཚང་། མི་རྟ་སོགས་ལ་མིག་ཀྱང་ཚང་བས་དབང་པོ་ལྔ་ལྡན་ནོ་ཞེས་འདོད། །སྲོག་མེད་ནི་སེམས་མེད་པ་སྒྲ་དྲི་རོ་འོད་ནམ་མཁའ་གྲིབ་མ་འཇའ་གཟུགས་བརྙན་ལ་སོགས་པའོ། །གཞན་ཡང་ཚིག་གི་དོན་དགྲར་བཤད་པ་ཡོད་དེ། སྲོག་ཟག་པ་སྡོམ་པ་ངེས་པར་ཀྲས་པ་འཆིང་བ་ལས་སྡིག་པ་བསོད་ནམས་ཐར་པ་དང་དགྲ་ལ་བཤད་ཀྱང་། ངེས་པར་ཀྲས་པ་ལུས་གདུང་བའི་དཀའ་ཐུབ་ཡིན་པས་དཀའ་ཐུབ་ཀྱི་ནང་དུ་འདུ་ལ། ལས་ལ་སྦྱོང་འགྱུར་གྱི་ལས་དང་མིང་རྟུས་ཚེ་དང་བཞིར་བཤད་ཀྱང་ཕལ་ཆེར་འཆིང་བ་དང་དོན་གཅིག་ལ། ཟག་པ་དང་ཉོན་མོངས་དོན་གཅིག །བསོད་ནམས་དང་སྡོམ་པའང་འདྲ་ཞིང་། སྡིག་པ་ནི་ཟག་པ་དང་འཆིང་བར་བསྡུ་རུང་བས་དོན་སྡོམ་བདུན་དང་གཅིག་གོ །འདི་དག་གིས་ཞེས་བྱ་སྤྱིའི་གནས་ལུགས་ཡུལ་དུས་གྲངས་ཀྱི་དུ་མ་རང་བཞིན་གཅིག་པ་ཞེས་འདོད་དོ། །གཉིས་པ་རྒྱལ་དཔོགས་པ་ཞེས་པ། བྲམ་ཟེ་རྒྱལ་དཔོགས་པ་སྟོན་པར་འཛིན་ཅིང་ཁྱབ་འཇུག་ལྷར་འདོད་པ། གཞུང་རྟོག་པ་ལ་ཕན་པའི་ཡལ་ག་ལོ་མ་ཅན་གྱི་གསང་ཚིག་ལ་སོགས་པའི་རྗེས་སུ་འབྲང་བ་ལ་སྤྱོད་པ་པ། རིག་བྱེད་པ། ཁྱབ་འཇུག་པ་སོགས་སུ་གྲགས་པ། བརྗོད་པ་དག་ཀྱང་འདིའི་བྱེ་བྲག་གོ །དེ་ལ་རིག་བྱེད་པ་དེ་དག་གི་འདོད་པ་མང་ཡང་བསྡུ་ན། འབྲས་བུ་དོན་དུ་གཉེར་བྱ་ནི་རིག་བྱེད་ལས་གྲགས་པའི་སྐྱེས་བུ་དེ་མཐོང་ཞིང་རྟོགས་ན་འཆི་བ་མེད་པའི་གནས་ཐོབ་པར་འདོད་དེ། དེའང་སའི་དཀྱིལ་འཁོར་ལས་ཤིན་ཏུ་འདས་པའི་མུན་པའི་དཀྱིལ་འཁོར་ན་གནས་པ་ཉི་མའི་འོད་ལྟ་བུ་དང་ལྡན་པ། ཁ་དོག་དཀར་སྔོ་དམར་པོ་བཀླ་ཡུང་བ་ཕྱུག་རོན་བཙོད་དང་ཀ་པི་ཛ་ལའི་ཁ་དོག་འཛིན་པ་ཞིག་ཏུ་ཡོད་ལ། དེའི་མིང་གི་རྣམ་གྲངས་ཀྱང་། ཚངས་པ་དང་། བདག་དང་། དབང་ཕྱུག་དང་། ཀུན་ལ་ཁྱབ་པ་དང་། རྟག་པ་ཞེས་ཀྱང་བྱའོ། །ཞེས་ཟེར་ཞིང་།

the ear faculty, for when hearing thunder it grows. Thus they explain, in different ways, that plants possess specific faculties. Similarly, worms, oysters, and so forth possess [the faculties] of body and tongue. Fire-flies, ants, and so forth are endowed with the three faculties of body, tongue, and nose. Bees, flies, mosquitoes, and so forth possess all five faculties except for that of the eye. Humans, horses, and so forth possess the eye faculty as well, and are, therefore, claimed to be endowed with five faculties. *Non-life* refers to that which does not possess mind: sounds, smells, tastes, light, shade, rainbows, reflections, and so forth.

Nine topics are also taught: 1) life, 2) defilement, 3) vow, 4) definite decay, 5) bondage, 6) karma, 7) evil, 8) merit, and 9) liberation. Yet, since *definite decay* implies the austerities of tormenting the body, it is included within [the topic of] austerity above. As for *karma*, four [types] are taught: the karma to be experienced, plus those of name, family, and life-span. Nevertheless, these are mainly equivalent to [the earlier category of] bondage. *Defilement* and affliction are equivalent, and *merit* resembles vow. *Evil* can appropriately be included under defilement and bondage. The meaning is hence identical with the seven [topics] above. The [Jains] assert the general condition of the objects of cognition to be "a natural sameness of multiple locations, times, and numbers."

Next, the so-called Followers of Jaimini hold the Brahmin Jaimini as teacher and assert Viṣṇu to be divine. They follow scriptures such as the *Branches that Improve Thought* and the *Leafy Spells*, and are renowned as the Ritualists, the Followers of the Vedas, the Followers of Viṣṇu, and so forth. The Grammarians are a division of this [group] as well. Although the assertions of these Followers of the Vedas are many, when condensed they are as follows.

The fruition to be pursued is that being who is renowned in the Vedas. When seeing and realizing that, one reaches the abode of immortality. Endowed with light like the sun, this [being] remains upon the circle of darkness that is utterly beyond the circle of the earth. It is white, blue and red, and [also] displays the colors of orpiment yellow, turmeric, the dove, madder, and the kapiñjala.[61] Brahmā, the Self, the Almighty, the All-pervasive, and the Permanent are all said to be synonyms for this. Moreover,

གཞན་ཡང་ཚངས་དབང་ཁྱབ་འཇུག་ལ་སོགས་སོ་སོར་རྟལ་དུ་བཏོན་ཏེ། བྱེད་པ་པོར་བསྒོམས་ཤིང་ལམ་ཡང་མཆོད་སྦྱིན་ཞི་དྲག་དང་རླུང་དང་བསམ་གཏན་སོགས་མང་དུ་ཡོད་དོ། །འདོད་པ་གཙོ་ཆེ་བ་བརྗོད་ན་དམ་བཅའ་བཅུ་ལས་རྣམ་གྲོལ་བསྒྲུབ་པར་འདོད་དེ། ཉ་ལ་སོགས་པའི་འཇུག་པ་བཅུ་ལྡན་གྱི་ཁྱབ་འཇུག་ལྷར་ཁས་ལེན་པ། དེ་བཞིན་སྐྱེས་བུས་མ་བྱས་པའི་རིག་བྱེད་ཚད་མ། གངྒཱའི་ཁྲུས་ཀྱིས་སྡིག་པ་འདག་པ། བུད་མེད་ལ་བུ་ཡོད་ན་མཐོ་རིས་སུ་སྐྱེ་བར་འདོད་པས་བུ་བསྐྱེད་དགོས་པ། གཡུལ་དུ་ཞུགས་ན་བསོད་ནམས་ཆེ་ལ་གཡུལ་དུ་ཤི་ན་མཐོ་རིས་སུ་སྐྱེ་བས་གཡུལ་ལ་རྗེས་སུ་བྱེད་པ་གཡུལ་བསྲུངས་པས་དག་པ། སྲོག་སྲུང་བ་དཔེར་ན་སྨུ་གེས་ཤི་ལ་ཐུག་པ་ན་བཀྲུས་ན་དེས་དག་པ་དང་ཕན་པར་འགྱུར་ཏེ་སྲོག་གལ་ཆེ་བ་དེ་བསྲུངས་པས་སོ་ཟེར་བ་དང་། དངོས་མེད་རྒྱུ་མེད་དུ་བྱུང་བར་འདོད་པ། བྲམ་ཟེ་དང་རིག་བྱེད་དང་བླ་མ་ལ་གནོད་པ་བསད་ན་དག་པར་འདོད་པ་ཆོས་བསྲུངས་པས་དག་པ། ཀུ་རུའི་ཡུལ་སོགས་སུ་སྐྱེས་པ་འབའ་ཐན་དེའི་རྫུལ་གྱིས་རེག་ཀྱང་མཐོ་རིས་སུ་སྐྱེ་བ། ཞེས་པས་རང་མི་རིག་པ་དང་བཅུའོ། །དེའང་སུ་རྟོགས་པ་དེ་དག་རང་རང་གི་གཞུང་ལ་འཆེལ་ནས་ལྷར་སྣང་བའི་གཏན་ཚིགས་ཀྱིས་བསྒྲུབས་ཤིང་། ཕལ་ཆེར་བྲམ་ཟེ་གདུག་པའི་གསང་ཚིག་ལ་བརྟེན་པའི་ཕྱོགས་རྣམས་ལ་འགལ་བ་བསྟན་ཡང་ཕ་རོལ་མཐོན་སུམ་མཐོང་བའི་དྲང་སྲོང་རྣམས་ཀྱི་ཚིག་ལ་རྗེས་དཔག་གིས་མི་གནོད་ཅེས་ཤིན་ཏུ་ཧླུན་པའི་རང་མཚང་སྟོན་ཅིང་། ནང་གསེས་ཀྱི་འདོད་རྒྱལ་ཕྲ་མོ་ཤིན་ཏུ་མང་པོ་ཡོད། ཕྱིར་རོལ་པ་འདི་དག་གི་ལུགས་དེ་ལ་སྒྲོ་འདོགས་པའི་རྒྱུ་མཚན། དེ་ལ་བརྟེན་ནས་གྲུབ་མཐའི་ཞེ་འདོད། དེ་མི་འཐད་པའི་ཚུལ་རྣམས་ཞིབ་པར་བཤད་ན་བློ་སྐྱེད་ལ་ཕན་སྲིད་ཅིང་།

Brahmā, Īśvara, Viṣṇu, and so forth are emphasized individually by various groups and assumed to be the creator.

The path is manifold, [encompassing various practices of] peaceful and violent offerings, wind, concentration, and so forth. Were one to state their chief assertion, it would be their contention that 10 resolves accomplish liberation. [These 10 are] the acceptance of:

1) the divinity of Viṣṇu, manifesting as the 10 incarnations of fish and so forth,
2) the validity of the Vedas, which are not humanly produced.
3) purification due to bathing in the Ganges,
4) the need for a woman to give birth to sons (they assert that a woman who has a son will be born in the higher realms),
5) purification through warfare (warfare is held in esteem, for going to war is meritorious, and the fallen will be born in the higher realms),
6) protection of the life force (for example, if one is on the verge of dying from starvation, stealing is said to be purifying and beneficial, for it is being done in order to protect the precious life force),
7) uncaused origination of non-entities,
8) purification through protecting the dharma. Killing those who inflict harm upon Brahmins, the Vedas, and gurus is held to be purifying,
9) birth in the higher realms by virtue of having been born in [realms] such as Kurukṣetra,[62] or even by just having touched its soil,
10) cognition is not self-aware.

These extremists give credence to their own particular scriptures, and establish them by means of facsimiles of logical arguments. Even when being shown the contradictions, the factions who rely on the spells of evil-minded Brahmins will, for the most part, reply that the statements of the sages who have directly perceived the beyond cannot be impaired by inference. Thus, they reveal the fault of extreme foolishness. Their [general] position has many divisions that are upheld by numerous sub-schools.

It is possible that spiritual development may be furthered by a detailed explanation of how the extremist systems make unfounded claims to create their philosophical tenets, and how those [tenets] are unreasonable.

གྲངས་ཅན་ལ་སོགས་ཀྱི་ཞེ་འདོད་གསལ་པོར་ཕྱེ་ནུས་ནའང་འདིར་ཡི་གེ་མང་པོར་འགྱུར་བས་བཞག་ལ། གྲུབ་མཐའི་འདོད་པ་ཕྱོགས་ཙམ་མ་སྨྲས་ན་ཕྱོགས་སྔ་གང་ལ་མཇུག་མོ་འཇུགས་སྙོར་གྱིས་དོགས་ནས། ཏརྐ་སྡེ་ལྔ་གསང་བ་པ་དང་བཅས་པའི་རྒྱལ་མཚན་ཙམ་སོ་སོའི་ཐད་དུ་འདྲི་བ་ཡིན་ནོ། །དེ་ལ་སྐབས་འདིར་ཞེས་པ་ཡུལ་ལ་འཇུག་ཚུལ་ཙམ་གྱི་སྙིང་ནས་དགག་པ་གཙོར་མཛད་པས་རྒྱལ་བ་པ་དང་རྒྱལ་དཔོགས་པའི་ལུགས་དེ་གཉིས་མཐུན་པར་འདི་ལྟར་དཔེར་ན། ཁ་དོག་སྣ་ཚོགས་པ་ཅན་གྱི་**ནོར་བུ་གཟི་ཡི་བདག་ཉིད་ཇི་ལྟར་དུ།** ཡུལ་**དངོས་པོ་**མི་གཅིག་པ་རྣམ་པ་སྣ་ཚོགས་པ་**ཀུན་**ཀྱང་ངོ་བོ་གཅིག་ཡིན་ནོ་**ཞེས་**གཅིག་ཏུ་བསྒོམས་ནས་ཞེན་ཅིང་**ལྟ་བ་**དེ་དག་གི་ལུགས་**ལ་**ཡང་ཡུལ་དངོས་པོ་སྣ་ཚོགས་པ་**དེ་ལ་འཛིན་པའི་སེམས་**དེ་དག་**ཀྱང་ནི། གཅིག་པུའི་ངོ་བོར་སྣང་མི་རིགས་**ཏེ། ཡུལ་སྣ་ཚོགས་ལ་སྣ་ཚོགས་སུ་མ་བཟུང་ན་ཞེས་པ་ཡུལ་དང་མཐུན་པར་ཇི་ལྟར་འགྱུར། མ་མཐུན་ན་དེས་དེ་ཞེས་པར་ཡང་གཞག་ཏུ་མི་རུང་བའི་ཕྱིར་རོ། །དེ་ལ་དེ་དག་གི་འདོད་ཚུལ་ནི་ཞེས་བྱ་ཐམས་ཅད་རང་བཞིན་རིལ་པོ་གཅིག་ཡིན་པར་ལྟ་བ་སྟེ་ནོར་བུ་དང་། ཁྲ་མོ་ཙམ་བཞིན་ནོ་ཞེས་འཛེར་ཏོ། །འོ་ན་ཐམས་ཅད་ཀྱིས་རྟོགས་པ་འདྲ་བར་འགྱུར་ཏེ་དམིགས་པ་གཅིག་ཡིན་པས་སོ་ཟེར་ན་མི་འགྱུར་ཏེ། དེ་ལ་སྒྲ་ཡིས་བརྗོད་ཚུལ་དང་ཡིད་ཀྱིས་འཇུག་ཚུལ་གཉིས་ལས། དང་པོ། དུ་མའི་ངོ་བོ་ཅན་གྱི་དངོས་པོ་གཅིག་པུ་དེ་ལ་གཅིག་ཉིད་དུ་མར་བརྗོད་པར་འདོད་པས་སྔོ་སེར་ལ་སོགས་པ་སོ་སོའི་ངོ་བོ་དེ་དང་དེར་འདོད་པའམ་བཞག་པ་ཡིན་ཏེ། མང་པོའམ་ཐམས་ཅད་ལྟ་བུ་ཅིག་ཅར་བརྗོད་པའམ། གཟུགས་སྒྲ་ཞེས་པ་སོགས་དངོས་པོ་དེ་རིམ་གྱིས་བརྗོད་ཚུལ་གཉིས་ལས་ཚིག་གིས་བརྗོད་པར་བྱ་བའི་ཚུལ་གཞན་ནི་མེད་དོ། །དེས་ན་བརྗོད་འདོད་ཀྱི་དངོས་པོའི་བྱེ་བྲག་རེ་རེ་རིམ་གྱིས་བརྗོད་ཀྱང་རུང་། ཅིག་ཅར་ཁོ་རང་བརྗོད་ཀྱང་རུང་སྟེ་དོན་དུ་དངོས་པོའི་རང་བཞིན་གཅིག་པུ་དེ་ལས་མ་འདས་སོ། །དེ་བཞིན་བློས་འཛིན་ཚུལ་ཡང་།

Although for that reason, a clear exposition of the tenets of the Enumerators and others could be given, it would end up being [rather] long, and therefore I shall not go into such detail. Yet, unless at least a fraction of the philosophical assertions are taught, any direct identification of the opponents may be lost. Therefore, as a mere introduction, I [here] progressively inquire into the systems of the five Tarka schools and the Secretists. In this context, the refutations are primarily based on simply the way that cognition engages in objects.

On this point, the Jains and the Followers of Jaimini agree. They say: "*All* the distinct and variegated *entities are* of a single essence, *like*, for example, *the identity of the agate*, which possesses variegated colors." However, *also, according to that view*, which conceives in terms of a unification of everything, *the mind that apprehends* the objects, *those* variegated entities, *cannot reasonably appear as essentially one*. If the variegated objects are not apprehended as variegated, how will the cognition be in accord with [its] object? If there is no [such] accord, it is not appropriate to posit it as the cognition of those [objects]. These [non-Buddhist groups] assert the view that all objects of cognition are a natural, unified whole. As they say, "it is simply like a jewel and its multiple colors."

Here, one may object that then everyone will have similar realization, for what is observed is the same for everyone. Yet, the Jains and others will say: "No, two processes are [relevant] here—verbal expression and mental engagement.

First, given a singular entity that is multiple in essence, when [one] wishes to express singularity in plurality, one asserts or posits individual essences of whatever blue, yellow, and so forth, there may be. There is no other type of expression, except for these two: simultaneous expressions, such as "many" or "all," and sequential expressions such as "form," "sound," and so forth. Regardless of whether the details of the entities intended for expression are expressed sequentially, one by one, or expressed simultaneously, in actuality they are not beyond the singular nature of entities.

[Second,] the same is true with respect to the apprehensions of the intellect. For instance, the multicolored object is, as a single essence, the

དཔེར་ན་ཡུལ་ཁྲ་བོ་གཅིག་གི་ངོ་བོ་ཡིན་པ་ལ་འདྲ་ཡང་དེའི་ཁ་དོག་ལ་རང་རང་གིས་ཇི་ལྟར་འདོད་པ་བཞིན་དུ་དེའི་བྱེ་བྲག་རེ་རེ་བ་སྔོ་སེར་སོགས་བཀར་ཏེ་འཛིན་པ་དེ་ལྟར་དངོས་པོ་དེའང་གཅིག་མིན་པར་སྣ་ཚོགས་པའི་རང་བཞིན་ཅན་ཡིན་པས་བློས་དེ་ལ་ཐ་དད་མིན་པར་གཅིག་ཏུ་འཛིན་པ་དང་། ཐ་དད་དུ་ཕྱེ་སྟེ་འཛིན་པའི་ཚུལ་གཉིས་བྱུང་བ་ཡིན་ཞེས་གཅེར་བུ་པ་སོགས་སྨྲ་བར་བྱེད་དེ། རང་འགྲེལ་ན་ཕྱོགས་སྔས་བརྗོད་པའི་ཤོ་ལོ་ཀ་གཉིས་བཀོད་འདུག་པའང་དེ་བཞིན་ནོ། དེ་ལ་དེ་དག་གི་ཞེ་འདོད་ལ་ཁྲ་བོ་ཞེས་རང་བཞིན་གཅིག་ཡིན་ལ། ཁྲ་བོ་དེ་ལ་ཁ་དོག་སྣ་ཚོགས་མེད་ན་ཁྲ་བོར་མི་སྣང་བས་ཁ་དོག་སྣ་ཚོགས་པ་ཅན་གྱི་ཁྲ་བོ་གཅིག་ཅེས་འཛོག་པ་དེ་བཞིན་ཆོས་སྣ་ཚོགས་པ་ཅན་གྱི་དངོས་པོ་གཅིག་ཅེས་ལྟ་བ་ཡིན་ཏེ། དེ་དག་བཏགས་པ་ཙམ་གྱི་གཅིག་ཡིན་པར་ཁོང་དུ་མ་ཆུད་ནས་གཅིག་བདེན་ཞིག་ཏུ་ལྟ་བ་ཡིན་པས། གཅིག་བདེན་ལ་དུ་མ་སྲིད་ན་མི་སྲིད་པ་ཅིའང་མེད་པར་ཐལ་བ་སོགས་རིགས་པ་བརྒྱ་ཕྲག་གི་མཚོན་རྣོན་ཅིག་ཅར་ཕོག་པ་ཡིན་ནོ། །ཚིགས་བཅད་འདིའི་ཐད་དུ། ལ་ལས་ནོར་བུའི་གཟི་ཞེས་ཡུལ་དུ་མར་འདོད་པའི་དཔེར་གོ་བ་བླངས་པ་ནི་མི་འཐད་དེ། ཕྱོགས་སྔའི་འདོད་པ་དང་མི་འབྲེལ་བས་སོ། །གཉིས་པ་རྒྱང་འཕེན་པའི་ལུགས་དགག་པ། ས་ལ་སོགས་པ་འདུས་པ་ལ། །ཡུལ་དང་དབང་པོ་ཀུན་འཛོག་པ། །སུ་འདོད་དེ་ཡི་ལུགས་ལ་ཡང་། །དངོས་པོ་གཅིག་དང་མཐུན་འཇུག་མེད། །ཅེས་གསུངས་ཏེ། དེའང་སྔོན་ལྷ་དང་ལྷ་མིན་འཐབ་པའི་ཚེ་ལྷ་རྣམས་རང་བཞིན་གྱིས་ཆོས་ལ་དགར་བས་འཐབ་མ་སྒྲོན་ནས་ལྷ་ཕམ་དུ་ཉེ་བ་ན། ལྷ་ཕུར་བུས་འཇིག་རྟེན་སྔ་ཕྱི་མེད་པའི་བསྟན་བཅོས་བརྩམས་པ་རིམ་གྱིས་གྲོག་མཁར་བ་ལ་སོགས་པས་མི་ཡུལ་དུ་དར་བར་བྱས་པ་སོགས་ལ་ཚད་མར་བྱེད་པ་ཕུར་བུ་པ། རྒྱང་འཕེན་པ། ཚུ་རོལ་མཛེས་པ་པ་ཞེས་སོགས་སུ་གྲགས་པ་དེ་དག་གི་འདོད་ཚུལ་མདོར་བསྡུས་ན།

same [everywhere]. Yet its colors will, in accordance with the intent of the individual, be distinguished and apprehended as the particular [colors] of blue, yellow, and so forth. In this way, the entity is not singular either, but possesses a variegated nature. Mind will, for this reason, apprehend both singularity without difference as well as specific differences." This is also [the content of] the two ṣlokas that are expressed by the opponent in the *Auto-commentary*.

According to their tenets, what is referred to as multicolor is a singular nature. [Yet] unless multicolor possesses various colors it cannot appropriately be multicolor. Therefore, they classify it as singular multicolor possessing various colors, and also hold the view that a singular entity may possess various properties. Not comprehending that this oneness is a mere imputation, they view it as a true singularity, and so are hit all at once by the sharp weapons of hundreds of reasonings. For instance, if the truly singular can be multiple, the consequence is that nothing whatsoever will be impossible. In this stanza, some understand the agate as an example of the assertion of multiple objects. Yet this is unreasonable, for it has no relation to the assertions of the opponents.

Refuting the System of the Far Throwers

Second, refuting the system of the Far Throwers, it is said:

Also, in the system of those
Who posit all objects and faculties
Based on the aggregation of earth and so forth,
Engagement in a single entity is not tenable. [37]

During a war between the gods and demigods, the gods, being naturally inclined toward Dharma and taking no joy in battling, had come close to defeat. At that time the god Bṛhaspati composed a treatise on the absence of past and future existences, and this treatise was later gradually propagated in the human realm by the likes of The One from the Anthill. Those who hold this treatise to be valid are renowned as the Followers of Bṛhaspati, the Far Throwers, or the Proponents of the Beauty of This Side.

ཚེ་སྔ་ཕྱི་ལས་རྒྱུ་འབྲས་ཐམས་ཅད་མཁྱེན་པ་མ་མཐོང་བའི་འགྲོ་བ་སོགས་མི་འདོད་ཅིང་། ཚེ་འདི་གང་ཙམ་ལ་ཕན་ཕྱིར། བརྒྱ་བྱིན་དང་། ཉི་ཟླ་ལྷར་འཛིན་ལ། ལྷ་བའི་སྙིང་པོ་དང་ཕུར་བུའི་རྒྱུད་སྡེ་དྲུག་ལ་སོགས་པ་ཚད་མར་འཛིན་ཅིང་། གྲུབ་མཐའ་ཡང་རིགས་པའི་སྒོ་གཅིག་དཔེ་གསུམ་ཚུལ་བཞིས་རྟོགས་པར་བྱེད་དེ། ཚེ་སྔ་ཕྱི་སོགས་མེད་དེ་རང་གི་དབང་པོའི་སྤྱོད་ཡུལ་དུ་མ་མཐོང་བའི་ཕྱིར་ཞེས་པ་རིགས་པའི་སྒོ་གཅིག་ཡིན་ལ། དཔེ་གསུམ་ནི། རྒྱུ་མེད་པའི་དཔེ་སྐྱང་ལ་ཤ་མོ་རྟོལ་བ། འབྲས་བུ་མེད་པའི་དཔེ་ཐལ་བ་རླུང་གིས་གཏོར་བ། ངོ་བོ་ཉིད་ལས་བྱུང་བའི་དཔེ་ཉི་ཤར་དང་ཆུ་བོ་ཐུར་འབབ་དང་སྲན་རླུམ་ཚེར་མ་རྣོ་བ་སོགས་སོ། །ཚུལ་བཞི་ནི། ཚེ་སྔ་ཕྱི་མེད་ཀྱང་ད་ལྟའི་འཇིག་རྟེན་བདེ་སྐྱིད་སོགས་ཡོད་པའི་ཚུལ། བདག་གཙོ་བོ་ལྟ་བུ་སྔ་ཕྱིར་འཕོ་བ་མེད་ཀྱང་གློ་བུར་ལུས་གྲུབ་དུས་རང་ཆས་ཡོད་ཚུལ། ས་སོགས་འབྱུང་བར་རིག་པ་སྐྱེད་ནུས་ཀྱི་རྒྱུ་ཡོད་པ་འདུས་པ་ལས་ཆང་ལས་མྱོས་བྱེད་ཀྱི་ནུས་པ་ལྟར་ཤེས་པ་གསར་དུ་གྲུབ་ཚུལ། ལམ་སྤྱོང་དཀའ་ཐུབ་ཀྱིས་གྲོལ་བ་མེད་ཀྱང་རང་བཞིན་ཤི་བ་ན་ཐམས་ཅད་གྲོལ་བ་གཅིག་པའི་དབྱིངས་སུ་གནས་པའི་རྒྱུ་འབྲས་མེད་པའི་ཚུལ་ཤེས་ན་གྲོལ་བའི་ཆེད་དུ་ངལ་དུབ་སོགས་ལ་མི་བརྟེན་པའི་རྒྱང་འཕེན་གྱི་གཞུང་བསྟན་པ་དོན་མེད་མིན་པའི་ཚུལ་ཏེ་དེ་ལྟར་འདོད་དོ། འདི་དག་གི་གྲུབ་མཐའ་རྣམ་པར་བཞག་པའི་རྒྱུ་རྩ་བ་འཇིག་རྟེན་ཕ་རོལ་མངོན་སུམ་དུ་མི་འགྱུར་བས་དེ་མེད་ལ་ད་ལྟ་འདི་གང་ཙམ་མོ་སྙམ་པའོ།

When condensed, their assertions are as follows: past and future lives, omniscience, unseen beings, and so forth are rejected, while for the benefits of just this one life Indra, the Sun, and the Moon are held to be gods. Such [scriptures] as the *Core of the View* and the *Six Tantras of Bṛhaspati* are taken to be valid. Moreover, their philosophy is realized by means of a *single door of reasoning*, *three examples*, and *four modes*. Past and future lives and so forth do not exist, for they are not perceived within the sense faculties' sphere of activity. This is the single door of reasoning. The three examples are:

1) the example of absence of cause (mushrooms shooting forth in a meadow),
2) the example of absence of effect (ashes being scattered by the wind),
3) the example of origination by the essential nature (the sun rising, water falling, the round pea, the sharp thorn, and so forth).

As for the four ways, these are:

1) the way the present world, feelings, and so forth exist without there being any past and future lives,
2) the way [the person] exists intrinsically at the time of the body's temporary establishment, although no sort of self, or central [being], is transferred from a past to a future life,
3) the way cognition is newly established (earth and so forth possess the causes capable of producing cognizance, just as the capacity to intoxicate [derives] from mash),
4) the way of absence of cause and effect (the hardship of training on a path does not liberate, but with the natural [event of] death one will come to abide in a field of nothing but freedom).

Understanding this, one will not exhaust oneself for the sake of liberation and so forth, so the teaching of the scriptures of the Far Throwers is not meaningless. These are their assertions. The root cause of their philosophical principles is their lack of direct perception of [anything] beyond this world. Because they do not directly perceive anything other than that, they believe that there is merely this one [life].

།ཀྱིམ་བླུན་པོ་གང་དག་ད་ལྟ་མངོན་སུམ་དུ་མ་གྱུར་པ་ཐམས་ཅད་མེད་པར་དཔོགས་ན་སང་དང་གནངས་ཀྱི་དུས་ཀྱང་མེད་པས་ཟས་སོགས་ཉེར་བསྡོགས་བྱེད་མི་འོས་ལ། འཇིག་རྟེན་ཕ་རོལ་ཡོད་པར་མངོན་སུམ་མ་མཐོང་ཡང་མེད་པར་ཡང་མཐོང་བ་མེད་ན་མེད་ཅེས་ཅི་ཞིག་གིས་དཔོགས། རང་གིས་རྗེས་དཔག་ཚད་མར་མི་འདོད་བཞིན་གྲུབ་མཐའི་རྗེས་དཔགས་ལོག་པ་ལ་འཇུ་བ་སྙིང་རྗེའི་ཕུམ་མོ་དང་ངོ་མཚར་གྱི་ཁྲིལ་བགད་དུས་གཅིག་འོས་པ་ལུགས་འདི་ཀྱིམ་སླམ་མོ། །དེ་ལྟ་བུའི་ལུགས་ལ་དགོངས་ནས་གང་དོན་དམ་པར་ཡོད་པར་འདོད་པའི་**ས་ལ་སོགས་པ**་འབྱུང་བ་ཆེན་པོ་བཞི་**འདུས་པ་ལ།** **ཡུལ་ལྔ་དང་དབང་པོ་**ལྔ་པོ་**ཀུན་འཛོམ་པ་སུ**་ཞིག་གིས་**འདོད**་པ་**དེ་ཡི་ལུགས་ལ་ཡང་།** འདུས་པ་ཞེས་པ་འདུས་པ་ཅན་དུ་མ་ཚོགས་པ་ཡིན་པས་ན། འདུས་པ་འཛིན་པའི་**ཤེས་པ**་དེ་འང་དུ་མར་འགྱུར་གྱི་ཡུལ་དངོས་པོ་**གཅིག་དང་མཐུན**་པར་**འཇུག་པ་མེད་དོ**། །ཞེས་སོ། །གསུམ་པ་གྲངས་ཅན་པའི་ལུགས་ལ་ཤེས་པ་བདེན་གཅིག་མི་སྲིད་པར་བསྟན་པ་ལ། དགག་པ་བརྗོད་པ་དང་། ཉེས་སྤོང་གི་ལན་དགག་པ་གཉིས། དང་པོ། སྙིང་སྟོབས་ལ་སོགས་བདག་སྒྲ་སོགས། །ཕྱོགས་ལའང་དོན་གཅིག་སྣང་བ་ཅན། །ཤེས་པ་རིགས་པ་མ་ཡིན་ཏེ། །གསུམ་གྱི་བདག་ཉིད་ཡུལ་སྣང་ཕྱིར། །ཞེས་གསུངས་ཏེ། དེའང་དྲང་སྲོང་སེར་སྐྱ་ཞེས་བྱ་བ་དཀའ་ཐུབ་ཀྱི་ཡོན་ཏན་ཐོབ་པ། རྒྱལ་པོ་ཡུལ་འཁོར་སྐྱོང་གི་དུས་སུ་བྱུང་བ་གངས་རི་ན་ཡོད་པའོ། །དེས་རང་གི་བསམ་གཏན་གྲུབ་པའི་ཉམས་དང་མཐུན་པར་བརྩམས་པའི་གཞུང་དབང་ཕྱུག་ནག་པོ་རྒྱུད་དྲུག་ཅུ་པ།

Alas! For those fools who infer the lack of existence of all that is not directly perceptible in the present, any preparations related to food and other [necessities] will not be appropriate either, since tomorrow and the day after also don't exist. Although they do not see the existence of something beyond this world, they do not see any absence of this either. So how can they infer there is nothing? They do not hold inference to be valid, yet they [still] cling to mistaken philosophical inferences. This system calls for both tears of compassion as well as astounded scornful laughter—how pitiful!

When considering such a system it is said, "*Also, in the system of those who posit all* five *objects and* five *faculties based on the aggregation of* the ultimately existent four great elements of *earth and so forth, engagement in* an object that is *a single entity is not tenable.* A so-called aggregation is an assembly of multiple components, and the cognition apprehending an aggregation will, therefore, be multiple as well."

Demonstrating the Impossibility of a True Singularity of Cognition in the System of the Enumerators

Third, demonstrating the impossibility of a true singularity of cognition in the system of the Enumerators includes: 1) stating the refutation, and 2) refuting their defense.

Stating the Refutation

First, it is said:

A cognition that has the appearance of a single object
Is also not reasonable according to the position
That sound and so forth are the identity of courage and so forth,
For those objects appear as an embodiment of the three. [38]

At the time of King Rāṣtrapāla, the sage known as Kapila lived at Snowy Mountain. He had achieved certain abilities due to practicing austerities and composed scriptures in accordance with his experiences.

མཚན་ཉིད་ལྔ་བཅུ་པ་སོགས་དང་། ཚད་མ་གསུམ། འགྲེལ་པ་བདུན་ལ་སོགས་པ་སྟོན་པར་བྱེད་པའི་གཞུང་ལ་ཚད་མར་བྱེད་པ་ལ་སེར་སྐྱ་པའམ། གྲངས་ཅན་པ་ཞེས་གྲགས་སོ། །དེ་དག་གིས་ཤེས་བྱ་ཐམས་ཅད་དེ་ཉིད་ཉེར་ལྔར་སྡུ་སྟེ། དེའང་བེམ་ཤེས་གཉིས་ལས། བདག་ཤེས་རིག་གི་སྐྱེས་བུ་ཤེས་པ་ཡིན་ལ་རྟག་དངོས་ལ་སོགས་པའི་ཁྱད་པར་ལྔ་ལྡན་ནོ། །བེམ་པོ་ཐམས་ཅད་ཀྱི་འབྱུང་ཁུངས་གཙོ་བོ་རྟག་གཅིག་བེམ་པོ་ཟ་པོ་མིན་ལ་བྱེད་པོ་ཡིན་པའོ། །དེའི་ངོ་བོ་རྡུལ་མུན་སྙིང་སྟོབས་གསུམ་ཆ་མཉམ་པས་རྟོགས་དཀའ་བ་སྟེ། རྡུལ་ནི་སྡུག་བསྔལ་ལམ་གཡུང་བ། སྙིང་སྟོབས་བདེ་བ། མུན་པ་བཏང་སྙོམས་ཏེ་ཡོན་ཏན་གསུམ་མོ། །དེ་གསུམ་ཤས་ཆེ་ཆུང་མེད་པས་གང་གི་ཕྱོགས་སུ་མ་ལྷུང་བ་རྒྱུ་གཙོ་བོ་སྟེ་ཐུམ་པ་སོགས་ཀྱི་རྒྱུ་འཛིམ་པ་ལྟ་བུ། དེ་ལས་རྣམ་འགྱུར་ཉེར་གསུམ་བྱུང་བར་འདོད་དེ། དེའང་གཙོ་བོ་ལས་ཆེན་པོའམ་བློ་མི་ལོང་དང་བ་ལྟ་བུ་ཕྱི་ནས་ཡུལ་དང་ནང་ནས་ཤེས་རིག་གི་སྐྱེས་བུ་གཉིས་ཀྱི་གཟུགས་བརྙན་ཤར་ནས་སྐྱེས་བུ་ཡུལ་ལ་ལོངས་སྤྱོད་པའི་མཚམས་སྦྱོར་ཡིན་ནོ། །དེ་ལས་ཡོན་ཏན་གསུམ་འཕེལ་ནས་ཆེན་པོ་ལས་ང་རྒྱལ་གསུམ་བྱུང་སྟེ་རྣམ་པར་འགྱུར་བ་ཅན་གྱི་ང་རྒྱལ་དང་། སྙིང་སྟོབས་ཅན་གྱི་ང་རྒྱལ་དང་། མུན་པ་ཅན་གྱི་ང་རྒྱལ་ལོ། །དེ་གསུམ་གཅིག་ཏུ་བསྡོའོ། །ང་རྒྱལ་དང་པོ་ལས་དེ་ཙམ་ལྔ་བྱུང་སྟེ། སྒྲ་རེག་རོ་གཟུགས་དྲི་རྣམས་སོ། །དེ་ཙམ་ལྔ་ལས་འབྱུང་བ་ནམ་མཁའ་སོགས་ལྔ་བྱུང་སྟེ། རིམ་པས་ཡོན་ཏན་གཅིག་ནས་ལྔའི་བར་དུ་ཡོད་པས་རྒྱུ་དེ་དག་ལས་མཁའ་སོགས་སུ་གཞག་པ་སྟེ། གཟུགས་དང་རོ་སོགས་ལས་འོ་མར་གཞག་པ་བཞིན་ནོ། །

The ones who ascribe validity to those scriptures, to scriptures such as the *Sixty-Fold Tantra of Īśvarakṛṣṇa*, the *Fifty Characteristics*, and to the scriptures that teach the three validities, the seven commentaries, and so forth, are known as the Followers of Kapila, or the Enumerators. The [Enumerators] posit that all objects of cognition are included in the 25 essential natures. In terms of matter and cognition, the self, the cognizant and aware being, is cognition and is endowed with the five distinctions of being a permanent entity and so forth.

The source of all matter is the main [principle], which is [distinguished by being] permanent, singular, material, and not a consumer, but the creator. In essence, it is the balance of materiality, darkness, and courage, and is therefore hard to realize. Materiality is suffering or pain, courage is happiness, and darkness is neutrality. [These] are known as the three qualities. The main [principle] is not in any way determined by these, for [within it] the three [qualities] are not present in different quantities. This [main principle] is the [fundamental] cause, just as clay is the cause for vases and so forth. The 23 transformations that are held to occur from it are as follows.

1) Out of the main [principle] appears the great, or mind, which is like a bright mirror. On its outside arise reflections of the objects, and on its inside [appears the reflection] of the cognizant aware being. This is what constitutes the connecting link for the being to engage with objects.

2) Through the development of the three qualities from the great, three kinds of pride manifest out of it—the pride possessing transformation, the pride possessing courage, and the pride possessing darkness. Those three are counted as one [among the 25 transformations].

3-7) From the first pride, the five rudimentary factors of sound, texture, taste, form, and smell arise.

8-12) From the five rudimentary factors, the five elements of space and so forth arise. Space and so forth, each of which possesses from one to five qualities, are posited as occurring from these causes, [the rudimentary factors,] in the same way that milk is posited [as arising] from form, taste, and so forth.

སྙིང་སྟོབས་ཅན་བདག་མཆོག་འཛིན་ལྟ་བུའི་ང་རྒྱལ་ལས་དབང་པོ་བཅུ་གཅིག་བྱུང་སྟེ། མིག་རྣ་སྣ་ལྕེ་ལུས་ཏེ་བློའི་དབང་པོ་ལྔ་དང་། སྨྲ་བ་ལ་དབང་བ་ངག་གི་དབང་པོ། །དེ་བཞིན་དུ་བྱིན་ལེན་ལགས། འགྲོ་བ་རྐང་པ། སྙིགས་མ་འདོར་བ་རྐུབ། དགའ་བར་བྱེད་པ་འདོམས་ཀྱི་དབང་པོ་སྟེ་ལས་ཀྱི་དབང་པོ་ལྔ། ཐམས་ཅད་ལ་དབང་བ་བློའི་དབང་པོ་སྟེ་དབང་པོ་བཅུ་གཅིག་བྱུང་ངོ་། །སྨུན་ཅན་གྱི་ང་རྒྱལ་གྱིས་དེ་གཉིས་ཀྱི་གྲོགས་བྱེད་དོ། །དེ་ལྟར་ཡུལ་དང་ཡུལ་ཅན་དུ་འབྲེལ་ནས་གནས་པ་དེ་སྲིད་སྲིན་བུ་བལ་གྱིས་བཏུམ་པ་ལྟར་འཁོར་བར་འཁྱམས་ལ། ནམ་ཞིག་ཡུལ་གྱི་ཉེས་དམིགས་རིག་ནས་ནང་དུ་རྩེ་གཅིག་མཉམ་པར་གཞག་པའི་བསམ་གཏན་གྱི་མིག་ཐོབ་ནས་བལྟས་པས་གཙོ་བོ་སྐྱེངས་པའི་ཚུལ་གྱིས་རྣམ་འགྱུར་རྣམས་བསྡུས་པའི་ཚེ་བདག་ཤེས་རིག་གི་སྐྱེས་བུ་ཡུལ་དང་མི་འབྲེལ་བར་ཡན་གར་དུ་གནས་པ་འཆིང་བྱེད་ཡུལ་དང་བྲལ་ཏེ་ཐར་བར་འདོད་དོ། །འདིས་ཀུན་གཞི་ལ་གཙོ་བོ་དང་ཡིད་ཤེས་ལ་བདག་ཏུ་འཁྲུལ་གཞི་བྱས་པ་ཡིན་ཅིང་། གཙོ་བོའི་ཀློང་ལས་རྣམ་འགྱུར་མཆེད་ཚུལ་སོགས་ཤེས་པ་མཆེད་པའི་ཚུལ་ལྟ་བུ་ཡིན་ལ། ཞིབ་ཏུ་གྲུབ་མཐའི་བབ་སེམས་ཙམ་རྣམ་བརྫུན་པ་དང་ཆེས་ཉེ་བ་ཡིན་ནོ་ཞེས་ཟེར། ཕྱི་རོལ་པའི་ནང་ན་གྲུབ་མཐའ་ལེགས་ཤོས་ཡིན་ཅིང་། ཁོ་རང་རང་ལུགས་ཙམ་གྱི་དབང་དུ་གོ་རྒྱུ་ཡང་ལེགས་པོ་ཡོད་པ་ཡིན་ནོ། །དེ་ལྟར་སེར་སྐྱ་པའི་རྗེས་འབྲང་རྣམས་ཡུལ་ཐམས་ཅད་ཡོན་ཏན་གསུམ་གྱི་རང་བཞིན་འདོད་པ་དེ་ལ་དགོངས་ནས་འདི་སྐད་དུ། གང་**སྙིང་སྟོབས་ལ་སོགས**་པ་ཡོན་ཏན་གསུམ་གྱི་**བདག**་ཉིད་དུ་གྱུར་པའི་**སྒྲ**་དང་རེག་བྱ་ལ་**སོགས**་པ་རྣམ་འགྱུར་རྣམས་དམིགས་པའི་ཡུལ་དུ་འདོད་པའི་**ཕྱོགས**་ཁས་ལེན་པ་དེ་**ཡང་དོན་གཅིག**་པུ་ཁོ་ན་ཞིག་**སྣང་བ་ཅན**་གྱི་**ཤེས་པ**་ཡོད་པར་**རིགས་པ་མ་ཡིན་ཏེ**་འདི་ལྟར་ཡོན་ཏན་**གསུམ་གྱི་བདག་ཉིད**་ཅན་གྱི་**ཡུལ་སྣང**་བར་ཁས་བླངས་པའི་**ཕྱིར**་ཞེས་འདི་པའི་ལུགས་ལ་ཡུལ་ཐམས་ཅད་ཡོན་ཏན་གསུམ་གྱི་རང་བཞིན་ཅན་ཡིན་པས་ཁྱབ་ལ། གསུམ་ལ་དམིགས་པ་གཅིག་ཡིན་པར་མི་རུང་ངོ་།

13-23) From the pride possessing courage, which is like an apprehension of the self being supreme, the 11 faculties arise. These are the five faculties of the eyes, ears, nose, tongue, and body, and the five faculties of action: the faculty of the voice, capable of speech; the faculty of the hands, capable of giving and taking; the faculty of the legs, capable of walking; the faculty of the anus, capable of disposing of leftovers; and the faculty of the genitals, capable of enjoyment. The eleventh is the faculty of the mind, capable of all. The pride possessing darkness functions to assist the [other] two [types of pride].

As long as object and subject remain connected, one wanders in cyclic existence like a [silk]worm enclosed in its cocoon. [Yet,] once one has become aware of the defects of the objects, one will attain the eye of one-pointed meditative equipoise. When one looks [with this eye], the main [principle] will, as if embarrassed, withdraw its transformations, and the self, the cognizant and aware being, will at that point be disconnected from the objects. This abiding alone, free from the ensnaring objects, is asserted to be liberation.

Here the all-ground is the basis for the delusion of the main [principle], and the mental cognition is the basis for that of the self. Moreover, the way in which the transformations evolve from the expanse of the main [principle] resembles the evolving of cognition. It is explained that on a subtle [level], this mode of philosophy is indeed very close to that of the False-Feature Mind Only School. Among the non-Buddhist philosophies this system is the best, and in and of itself contains points of fine understanding.

Accordingly, the ones who follow [the way] of Kapila assert all objects to be of the nature of the three qualities. Considering that, it is said that the existence of *a cognition that has the appearance of* just *a single object is also not reasonable according to the position* that affirms the assertion *that* the transformations of *sound,* texture, *and so forth are* observed objects and *the identity of* the three qualities of *courage and so forth.* This is so *for* the reason that *those objects* are [here] held to *appear as an embodiment of the three* qualities. In their system it follows that all objects possess the nature of the three qualities, and a threefold observation cannot be one.

།གཉིས་པ། དངོས་པོའི་ངོ་བོ་རྣམ་གསུམ་ལ། །དེ་ནི་གལ་ཏེ་རྣམ་གཅིག་སྟེ། །དེ་དང་མི་མཐུན་སྣང་ན་གོ། །དེ་ནི་དེར་འཛིན་ཇི་ལྟར་འདོད། །ཅེས་གསུངས་ཏེ། དེ་ལ་གྲངས་ཅན་པ་དེ་དག་ཡུལ་**དངོས་པོའི་ངོ་བོ་**ཡོན་ཏན་**རྣམ་པ་གསུམ་**ཡིན་པ་**ལ།** ཞེས་པ་**དེ་ནི་གལ་ཏེ་རྣམ་པ་གཅིག་**པུར་སྣང་བ་**སྟེ།** ཡུལ་**དེ་དང་**ཡུལ་ཅན་གཉིས་**མི་མཐུན་**པའི་ཚུལ་གྱིས་ཡུལ་**སྣང་**བར་འདོད་**ན་གོ།** །འོ་ན་ཞེས་པ་**དེ་ནི་**ཡུལ་**དེར་འཛིན་**པའི་ཡུལ་ཅན་ཀྱང་ཡིན་པར་**ཇི་ལྟར་འདོད་**དེ་འདོད་མི་རིགས་སོ། །གྲངས་ཅན་པ་ན་རེ། ཡུལ་གསུམ་ཀ་ཚང་བར་ཡོད་ཀྱང་དམིགས་པའི་ཚེ་དེ་གསུམ་ལས་གང་ཤས་ཆེ་བ་ཁོ་ན་དམིགས་པས་དམིགས་པ་གཅིག་ཏུ་འགྱུར་རོ་ཞེ་ན་དེ་ལྟར་མི་འཐད་དེ། སེམས་ཅན་རྣམས་ཀྱི་རིགས་དང་མོས་པ་དང་ལམ་བསྒོམས་པའི་ཁྱད་པར་གྱིས་སྒྲ་ལྟ་བུ་ཅིག་ལའང་སོ་སོས་ཉམས་གདུང་བདེ་བར་དམིགས་པས་ཡོན་ཏན་གསུམ་ལ་ཡུལ་གྱི་སྟེང་ན་ཤས་ཆེ་ཆུང་མི་རུང་ལ། གང་ཤས་ཆུང་བ་མི་སྣང་བའི་དབང་གིས་ཞེས་པས་མ་བཟུང་ཞེ་ན། ཡུལ་ཇི་ལྟར་གནས་པའི་རང་བཞིན་དང་མཐུན་པར་ཞུགས་ན་ཡུལ་དེ་ཤེས་པའི་ཤེས་པར་གཞག་རུང་གི། ཡུལ་དང་མ་མཐུན་ན་དེ་དེར་འཛིན་གྱི་ཤེས་པ་ཡིན་པར་མི་རུང་སྟེ། སྔོ་འཛིན་གྱི་ཤེས་པ་ཁྲ་འཛིན་དུ་མི་རུང་བ་བཞིན་ནོ། །དེ་ལྟར་ན་སྒྲ་ཤེས་པ་འདིའང་སྒྲ་ཤེས་ཡིན་པར་མི་རུང་སྟེ། སྒྲ་ནི་གསུམ་གྱི་རང་བཞིན་ཡིན་པ་ལ་འདི་ནི་གཅིག་བུ་འཛིན་པ་ཡིན་པས་ཡུལ་དེ་འཛིན་པ་མ་ཡིན་པར་འགྱུར་རོ། །དེས་རྟོག་གེ་སྡེ་ལྔ་སྤྱིར་བསྟན་ཏེ། དེ་ལ་ཡང་དག་པའི་ཡེ་ཤེས་སྤྱངས་པའི་རྒྱུ་རོལ་མཐོང་བ་ཙམ་གྱིས་དཔྱད་ནས་བཞག་པའི་ཕྱིར་གྲུབ་མཐའ་དེ་ཐམས་ཅད་རྟོག་གེ་ཞེས་བྱ་བ་ཡིན་ནོ།

Refuting Their Defense

Second, it is said:

> *If the entity is essentially the three,*
> *While this is a single feature*
> *So that that indeed appears without conformity,*
> *Then how can one assert that this is the apprehension of that? [39]*

If the assertion of the Enumerators is that *the* objective *entity is essentially the three* qualities, *while this*, the cognition, *is* apparent as *a single feature, so that that*, the object, *indeed appears without* there being any *conformity* between itself and its subject, *then how can one assert that this* cognition *is the* subjective *apprehension of that* objective [entity]? Such an assertion is unreasonable.

The Enumerators say: "The object possesses all three in completeness, but in terms of what is observed, there is only the observation of that which predominates among the three. That is how [the object] comes to be observed as singular."

Yet this is not feasible. Due to their particular constitutions, inclinations, and trainings on the path, sentient beings will individually observe [a phenomenon] such as a sound as either depressing, painful, or delightful. Therefore, it is not feasible for there to be particular quantities of the three qualities present within the objects. It may be said that since the smaller quantities are not apparent they will not be apprehended by the cognition, yet a cognition is said to be that of a particular object when it engages in conformity with the natural constitution of that object. If it does not conform with the object, it cannot appropriately be the cognition that apprehends that object, just as the cognition that apprehends blue cannot appropriately be the one that apprehends multicolor. If we follow the [assertions of the Enumerators,] even the present cognition of a sound cannot be the cognition of that sound. The sound has a threefold nature, so by apprehending it as singular, one will not be apprehending the object.

This was a general presentation of the Five Groups of Intellectualists. These philosophies are all known as *Intellectualist* [or *Tarka*] since they are

།བཞི་པ། ཕྱི་རོལ་ཡུལ་རྣམས་མེད་པར་ཡང་། །སྣ་ཚོགས་སྣང་ལ་རྟག་པ་སྟེ། གཅིག་ཆའམ་ཅི་སྟེ་རིམ་འབྱུང་བའི། །རྣམ་ཤེས་རུང་བ་ཤིན་ཏུ་དཀའ། །ཞེས་གསུངས་ཏེ། དེ་ལ་རིག་བྱེད་ཀྱི་མཐའ་གསང་བ་སྨྲ་བའི་ལུགས་འདི་ནི་ཕྱིར་གོང་བརྗོད་རིག་བྱེད་པའི་ཁོངས་སུ་གཏོགས་ཀྱང་རིག་བྱེད་ཀྱི་ཟབ་གནད་མཐར་ཐུག་གསང་བ་དམ་པ་ཡིན་ནོ་ཞེས་ཁོ་རང་ལ་ཐུན་མིན་གྱི་འདོད་ཚུལ་དུ་མ་ཡོད་པ་དང་། ཁྱད་པར་གོང་བཤད་ལྟ་བོ་ཡུལ་དང་ཡུལ་ཅན་སོ་སོར་ཡོད་པར་ཁས་ལེན་པ་ལ། འདི་ནི་ཡུལ་དང་ཡུལ་ཅན་སོ་སོར་མེད་པར་ཐམས་ཅད་རིལ་གཅིག་ཏུ་འདོད་པ་ཡིན་པས་དེའི་ལུགས་ལའང་རྣམ་ཤེས་གཅིག་བདེན་མི་སྲིད་ཅེས་སྐྱོན་དགོས་པས་ཡིན་ལ། དེའང་དངོས་པོ་དུ་མ་དག་གཅིག་ཏུ་རློམ་ཚུལ་རིག་བྱེད་པའི་སྐབས་སུ་བཤད་པ་བཞིན་ལ་ཁྱད་པར་འདི་པའི་དྲན་པར་བྱེད་པ་བསླབ་པའི་འཁོར་ལོ་ལ་སོགས་པའི་གཞུང་ལ་བརྟེན་ནས་མཁའ་ལྟར་ཤེས་བྱ་ཐམས་ཅད་ལ་ཁྱབ་ཅིང་ཐམས་ཅད་དེ་གཅིག་གི་རང་བཞིན་དུ་གྱུར་པའི་བདག་ཁྱད་པར་དགུ་ལྡན་ཞིག་འདོད་དེ། ངོ་བོ་སེམས་ཅན་ཡིན་པ། ལུས་ཡོད་པ། ཁྱབ་པ། རྟག་པ། གཅིག་པུ། འབྱུང་འཇིག་གི་རྟེན་དུ་གྱུར་པ། ལུས་ཅན་གྱི་སྐྱོན་ཡོན་གྱིས་མ་གོས་པ། བློའི་སྤྱོད་ཡུལ་དུ་མ་གྱུར་པ། ངག་གིས་བརྗོད་དུ་མེད་པ། ལུས་སུ་སྣང་ཡང་ངོ་བོ་ལ་ལུས་མེད་པ་ཞེས་རིག་ཙམ་མོ་ཞེས་འདོད་དེ། འདི་དག་གིས་འཕྲུལ་གཞི་ཕྱི་ནང་སྣོད་བཅུད་ཀྱི་དངོས་པོ་ཐམས་ཅད་ཤེས་བྱ་ཙམ་གྱི་རང་བཞིན་དུ་གཅིག་པའི་བརྟགས་ཙམ་གྱི་གཅིག་དེ་ལ་བློ་ཡི་རྟེན་འཚོས་ནས་བདག་ཏུ་བརྟགས་ཏེ་ཁྱད་པར་དུ་མའི་རང་བཞིན་ཅན་དུ་བལྟས་པའོ།

based merely on the investigations of the confined vision that is deprived of authentic wakefulness.

Refuting the System of the Secretists

Fourth, it is said:

> *No external objects,*
> *But apparent diversity and permanence—*
> *The practicability of cognition will be extremely unlikely*
> *Whether it is instantaneous or sequential. [40]*

The Vedānta, the system of the Secretists, generally belongs to the [system of the] Followers of the Vedas mentioned above. Nevertheless, it makes a number of uncommon claims, such as: "The final, profound key-point of the Vedas is a holy secret!" In particular, while each of the five groups above affirms the separate existences of object and subject, this [system] asserts everything to be a single whole with no separation of subject and object. It should therefore be demonstrated that a true singularity of cognition is not possible according to this system either.

The way in which [the Secretists] assume that multiple entities are one is as explained [above] in the treatment of the Followers of the Vedas. Particular to the [Secretists], based on such scriptures as the *Wheel of Training Producing Recall*, is the assertion that a self endowed with nine distinctions pervades all objects of cognition, and that everything is the nature of that [self] alone. [The self] is hence in essence a sentient being, it possesses body, is pervasive, permanent, singular, the basis for emergence and destruction, untainted by the faults and good qualities of corporeal beings, not an object of mental activity, and inexpressible by means of words. It is held that although [this self] appears as body, in essence it possesses none, [but] is mere cognizant awareness.

All external and internal entities (the world and beings) share the same nature in simply being objects of cognition. This merely imputed oneness is the basis for delusion, [for] out of this the [Secretists] construct

།དེའང་ལུས་ནི་སྟེང་ཕྱོགས་སྐྱེས་བུའི་མགོ །འོག་ཕྱོགས་རྐང་པ། ནམ་མཁའ་ལྟོ་བ། ཕྱོགས་བཞི་ལག་པ། གཟའ་སྐར་སྤུ། རི་རབ་བྲང་། གངྒཱ་སོགས་ཆུ་རྣམས་རྩ། ནགས་ཚལ་སྤུ་སེན། མཐོ་རིས་རྒྱབ། ཚངས་པ་དཔྲལ་བ། ཆོས་སྦྱིན་མ་གཡས། ཆོས་མིན་སྦྱིན་གཡོན། འཆི་བདག་ཁྲི་གཉེར། ཉི་ཟླ་མིག་གཡས་གཡོན། རླུང་དབུགས། དབྱངས་ཅན་ལྕེ། ཉིན་མོ་མིག་ཕྱེ། མཚན་མོ་མིག་བཙུམ། སྐྱེས་པ་གཡས་ཀྱི་ཆ། བུད་མེད་གཡོན། ཁྲབ་འཇུག་རྐང་པ། ཁ་དོག་རྣམས་ཁྲག །འཛིག་རྟེན་པ་ནུ་བར་གཡས། འདས་པ་གཡོན། དགའ་བའི་རང་བཞིན་ནི་སྐྱེ་རྒྱུའི་བདག་པོ་ལ་སོགས་པ་དེ་ལྟ་བུའི་རྩལ་གྱིས་ཐམས་ཅད་དེ་ལས་བྱུང་། དེ་ལ་གནས་དེ་ལ་ཐིམ་ཀྱང་དེ་གཅིག་པུ་རང་གི་ངོ་བོ་ལ་འགྱུར་བ་མེད་པའི་རྟག་པ་ཡིན་ཅིང་ཤེས་པ་ཡིན་ནོ། །དེས་ན་བདག་དེའི་རང་བཞིན་ཐམས་ཅད་ལ་ཁྱད་མེད་པར་ཁྱབ་ཀྱང་། སོ་སོར་རིས་ཆད་དུ་སྣང་བ་ནི་ཆོས་ཅན་གྱི་དབང་གིས་ཐ་དད་པར་སྣང་བ་སྟེ་བུམ་པའི་ནང་གི་ནམ་མཁའ་བཞིན་ནོ། །དེའང་དམ་པའི་དོན་དུ་བདག་དེའི་རང་བཞིན་གཅིག་པུ་ཤེས་པའི་རང་བཞིན་བཅིང་ཐར་སྐྱེ་འགག་མེད་པ་ལ་དེ་ལྟར་མ་ཤེས་པར་ཐག་པ་ལ་སྦྲུལ་བཞིན་འཁྲུལ་ཏེ་གཟུང་འཛིན་གཉིས་སུ་སྣང་ཞིང་། སྲིད་པ་འདི་རྨི་ལམ་སྒྱུ་མ་དྲི་ཟའི་གྲོང་ཁྱེར་བཞིན་དུ་མཐོང་བ་ཡིན་ཏེ། ལ་ལས་འབྱུང་བར་བརྟག ལ་ལས་ཡོན་ཏན་རིག་ནས་དེར་བཏགས་པ་ཡིན་ལ། དག་དང་མ་དག་པར་སྣང་བ་ཡང་ནམ་མཁའ་སྤྲིན་གྱིས་ཁེབས་མ་ཁེབས་ལྟ་བུ་ཡིན་ཅིང་། བདག་བདེན་པ་རྟོགས་ཏེ་མི་རྟོག་པ་ལ་གནས་ན་ཡིད་མེད་པར་འགྱུར་ལ་དེའི་ཚེ་གཉིས་སྣང་ཡང་ལོག་པར་འགྱུར་བ་ཡིན་ནོ་ཞེས་སྨྲ་བ་སྟེ། རང་འགྲེལ་ལས་ཕྱོགས་སྔའི་གཞུང་བཀོད་པ་བཞིན་ནོ།

a mental basis and impute the self, which they view as endowed with multiple distinctions.

Concerning the body of this being, [the self,] it is held that up is its head, while down is its legs. Space is its stomach. The four directions are its hands. The heavenly bodies are its hair. Mount Sumeru is its chest. Rivers such as the Ganges are its veins. The forests are its body hairs and nails. The higher realms are its back. Brahmā is its forehead. Dharma is its right eyebrow, and non-dharma is its left eyebrow. The Lord of Death is its frown. The sun and the moon are its left and right eye respectively. Wind is its breath. Sarasvatī is its tongue. Day is its eyes being open; night its eyes being closed. Males are its right side; females are its left. Viṣṇu is its feet. The colors are its blood. The mundane is its right breast. Transcendence is its left breast. The nature of joy is Prajāpati, and so forth. Therefore, although everything emerges from it, abides within it, and is absorbed into it, it alone remains in essence permanent and cognizant beyond change.

As for appearances being separately confined, despite the nature of the self being all-pervasive and without distinctions, such apparent differences are due to the subject, in the same way that the space within a vase [appears separate from universal space only because of the walls of the vase].

The nature of cognition is, as the single nature of that self, ultimately beyond bondage and liberation, arising and ceasing. Yet, when one does not know that to be so, one is deluded, as when taking a rope for a snake. The dichotomy of apprehended and apprehender will therefore appear, and this [realm of] existence will be seen in the manner of a dream, an illusion, or a city of the gandharvas.[63] Some will analyze the elements, while others will become aware of the qualities and analyze those. The appearances of purity and impurity are similar to the sky being either overcast or cloudless. When the truth of the self is realized, one will abide in non-thought, and the mental cognition will disappear. All dualistic appearances will have been reversed at that point. This presentation of their position corresponds with quotations from this opponent's scriptures, which are given in the *Auto-commentary*.

།དེ་ལྟར་དེ་མ་རྟོགས་ན་འཁོར་བར་འགྱུར་ལ། གང་གིས་དེ་རྟོགས་ན་ཆོས་ཐམས་ཅད་རོ་གཅིག་ཏུ་འགྱུར་བ་ཡིན་ཏེ། བྱིས་པ་དང་མཁས་པ། སྡིག་པ་དང་བསོད་ནམས། བྲམ་ཟེ་དང་གདོལ་པ་མཉམ་པ་ཉིད་དེ་དགེ་སྡིག་གིས་མི་གོས་ལ། བདག་ཆེན་པོ་དེར་ཐིམ་ན་ཡང་སྲིད་མི་ཡིན་པས། རྣལ་འབྱོར་པས་ཤེས་བྱའི་རང་བཞིན་འཛིགས་མེད་སྟོང་ཉིད་ཀྱི་བདག་དེའི་ངང་དུ་ཅིའང་མི་བསམ་མི་བརྗོད་པར་བཞག་པས་གཉུག་མའི་མ་རིག་པ་བྱ་དང་རི་དྭགས་སོགས་ཀྱི་རྒྱུད་ནའང་རང་བཞིན་གྱིས་ཡོད་པ་དང་། གཉུག་མ་མིན་པའི་མ་རིག་པ་ནི་དོན་དམ་པ་དེའི་རང་བཞིན་དང་མི་མཐུན་པའི་བསྟན་བཅོས་མཁན་པ་ལས་སྐྱེས་པའི་སྒྲོ་བཏགས་གཉིས་དང་བྲལ་ནས་བུམ་པ་ཆག་ན་བུམ་པའི་ནང་གི་ནམ་མཁའ་ཉི་ཚེ་བ་ནམ་མཁའ་ཆེན་པོར་རོ་གཅིག་ཏུ་འགྱུར་བ་ལྟར་གཉིས་སུ་མེད་པའི་བདག་ཆེན་པོ་དེར་ཐིམ་ནས་གྲོལ་བར་འདོད་པའོ། །བདེན་སྟོང་གདར་ཤ་མ་ཆོད་པར་སེམས་ཉིད་རྟག་ཁྱབ་ཀྱི་དངོས་པོར་དམིགས་པའང་ཚུལ་འདི་འདྲར་འགྱུར་ཉེ་བས་ཤིང་རྟ་ཆེན་པོའི་ལུགས་དྲི་མེད་ལ་ཐོས་བསམ་རྟུད་གདར་ཆོད་པ་རེ་བྱས་ན་ལེགས། འོན་ཀྱང་ཆོས་ཀྱི་དབྱིངས་དང་སངས་རྒྱས་ཀྱི་ཡེ་ཤེས་ལ་མིང་ཙམ་གྱི་སྒྲོ་ནས་ཞེན་ནའང་སངས་རྒྱས་ལ་དམིགས་པ་ཆུད་མི་ཟ་བར་གསུངས་པའི་མུ་སྟེགས་པའི་ལམ་དང་ཁྱད་མེད་ཅེས་སྨྲ་བར་ཡང་བདག་ཅག་མི་སྤོབས་ཏེ། རྒྱུ་འབྲས་བསམ་གྱིས་མི་ཁྱབ་པའི་ཕྱིར་རོ། །དེ་ལྟར་ནའང་དངོས་ཞེན་དང་བཅས་པ་དེ་འདྲ་བ་རྒྱལ་བ་དགྱེས་པའི་ལམ་ཡང་དག་པ་མིན་ནོ་ཞེས་ལུང་དང་རིགས་པས་གསལ་བར་གྲུབ་བོ། །དེ་ལ་གསང་བ་པའི་ལུགས་འདི་ལ་གཅིག་གྲོལ་ན་ཐམས་ཅད་གྲོལ་བར་ཐལ་བ་དང་། མ་གྲོལ་ན་སུ་ཡང་གྲོལ་མི་སྲིད་པ་དང་ལམ་དོན་མེད་དུ་འགྱུར་ཏེ་སྤང་གཉེན་ཡོད་ན་གལ་ཏེ་སྤང་བྱ་ཕྱིན་ཅི་ལོག་བདག་དེའི་རང་བཞིན་ལ་ལྡན་ན་ནི་དེ་སྤང་བར་མི་རུང་བ་དང་། ཡེ་ཤེས་ཕྱིན་ཅི་མ་ལོག་པ་ལྡན་དུ་ཟིན་ན་བསྐྱེད་ཀྱང་མི་དགོས་པ་དང་།

Without such a realization there is cyclic existence, but for whoever realizes this, everything will become of the same taste. The child and the scholar, sin and merit, the Brahmin and the outcast will all be equality, and neither good nor evil will stain. When dissolving into the great self, one undergoes no further existences. The yogi lets go, without the slightest conceptualization or expression, within the state of that self of indestructible emptiness, which is the nature of [all] objects of cognition. This liberates [the yogi] from the two [kinds of] ignorance: the inherent ignorance, which is also naturally present in the mind-streams of birds, deer, and so forth, and from the non-inherent ignorance, the superimpositions that are due to [the influence of] treatises discordant with the nature of the ultimate.

Liberation is asserted to be dissolving into the great self of non-duality, just as the limited space within a vase becomes of one taste with great space when the vase is broken. If, without having fully resolved the emptiness of truth, one focuses on mind nature as if it were a permanent and pervasive entity, that comes close being an approach like this one. Therefore, it is beneficial to learn about and reflect quite thoroughly upon the stainless way of the great chariots. Nevertheless, it is said that even an attachment to the mere names of the basic space of phenomena, or the wakefulness of the Buddha, is a way of focusing on the Buddha that is not in vain. Therefore, we do not dare to say that this would be indistinguishable from an extremist path. Causality does indeed evade the scope of thought. Yet in any case, both scripture and reasoning establish that such practice based on attachment to entity is not the path that delights the Victorious Ones.

In the system of the Secretists, it becomes a consequence that when one is liberated, everyone else is too, while if one [person] is not liberated, no one else could ever possibly be so either. The path becomes meaningless, because, given the existence of factors to be discarded as well as their antidotes, if the factors to be discarded are contained within the nature of the self, discarding them will not be feasible. If, [on the other hand, the self is] already endowed with unerring wakefulness, there will be no need to give rise to [such wakefulness]. Separate natures in terms of location,

ཡུལ་དུས་རྣམ་པ་ཐ་དད་པའི་རང་བཞིན་མི་འཐད་དེ། མདོར་ན་རྟག་པ་གཅིག་པུའི་རང་བཞིན་དུ་བདེན་པའི་ཕྱིར་རོ། །ནམ་མཁའི་དཔེ་ཡང་རྟག་དངོས་འགོག་པས་ཁེགས་སོ། །དེ་ལྟར་ཡུལ་ཡུལ་ཅན་ཤེས་པ་རྟག་པ་གཅིག་པུའི་རང་བཞིན་སྣ་ཚོགས་སུ་ཤར་བར་ཁས་ལེན་པའི་ལུགས་ལ་གཅིག་བདེན་གྱི་རྣམ་ཤེས་མི་སྲིད་པར་སྟོན་ཏེ། འདི་ལྟར་**ཕྱི་རོལ་གྱི་ཡུལ་རྣམས**་ལོགས་སུ་**མེད་པར་ཡང**། ཤེས་པ་གཅིག་པུ་ཉིད་དངོས་པོའི་རྣམ་པ་**སྣ་ཚོགས**་སུ་**སྣང**་བས་ཐམས་ཅད་རིལ་པོ་བདག་ཤེས་པ་གཅིག་གི་རང་བཞིན་ཡིན་**ལ**། དེའང་རྟག་ཏུ་འགྱུར་བ་མེད་པའི་**རྟག་པ་སྟེ**། གཅིག་པུ་བདེན་པའི་བདག་ཉིད་དུ་འདོད་པའི་ལུགས་དེ་ལྟར་ན། སྣང་བ་སྣ་ཚོགས་པའི་རྣམ་པར་**གཅིག་ཆ་འམ**། **ཡི་སྟེ**་དེ་མིན་པར་**རིམ**་གྱིས་**འབྱུང་བའི་རྣམ་ཤེས**་གཅིག་བདེན་ཞིག་འཇོག་ཏུ་**རུང་བ་ཤིན་ཏུ་དཀའ་སྟེ**། ཅིག་ཅར་དུ་མ་སྣང་ནའང་དུ་མའི་བདག་ཉིད་དང་ཐ་མི་དད་པའི་ཕྱིར་དུ་མར་འགྱུར་ལ་རིམ་གྱིས་སྣང་ཡང་རུང་། གཟུགས་དང་སྒྲ་སོགས་རྣམ་པ་སོ་སོའི་གྲངས་བཞིན་དུ་དུ་མར་ཅི་སྟེ་མི་འགྱུར། །གཞན་ཡང་རིམ་གྱིས་སྣང་ན་དང་པོ་སྔོན་པོར་སྣང་བའི་ཤེས་པ་དང་། རྗེས་སུ་དམར་པོར་སྣང་བའི་ཤེས་པ་གཉིས་ངོ་བོ་ཐ་མི་དད་པས་ན་དང་པོའི་དུས་སུའང་ཕྱི་མ་སྣང་བ་ཐལ་ཏེ། རྟག་པ་འགྱུར་མེད་ཀྱི་ཤེས་པ་གཅིག་གི་ངོ་བོར་གཅིག་པའི་ཕྱིར་རོ། །གལ་ཏེ་སྣ་ཚོགས་པའི་སྣང་བ་བཞིན་དུ་ཤེས་པའང་སྣ་ཚོགས་སུ་མི་འགྱུར་ན་འདི་གཉིས་གཅིག་ཡིན་པར་ཡང་མི་རུང་ངོ་། །གསང་བ་པ་འདིས་རྣམ་ཤེས་ཀུན་ལ་ཁྱབ་པར་འདོད་ཀྱང་འདི་རྣམ་ཁྱབ་པ་འགོག་པའི་ས་ཁོངས་སུ་བཞག་པ་ནི་མི་འགལ་ཏེ་དངོས་པོའི་གནས་ཚུལ་དབང་བཙན་དུ་བྱས་པའི་ཕྱིར་རོ། །ཕྱི་དོན་ཡང་ཤེས་པ་ཡིན་པར་སྨྲ་ཡང་དོན་འདོད་པའི་ཁོངས་སུ་བྱས་པ་ནི་མུ་སྟེགས་གཞན་གྱི་ལུགས་ལ་བསྟན་པའི་ཕྱིར་རོ།

time, and features will not be feasible either. In short, [all of these consequences follow] because [the self] is [held to be] true as a singular and permanent nature. Moreover, the example of space has [already] been invalidated by the refutation of permanent entities.

Now it should be demonstrated how a cognition of true singularity is impossible in the system that claims that subject and object are the manifest diversity of the single and permanent nature of cognition. [According to such a system] there are *no external objects, but* the single consciousness is itself *apparent* as the *diversity* of the features of entities. Everything, without exception, is the nature of the single consciousness of the self *and* that, moreover, is an unchanging *permanence.* As for the system that asserts a solitary true identity in this way, *the practicability of* positing the *cognition* of the various appearances as a singular truth *will be extremely unlikely, whether it is* an *instantaneous* cognition *or* whether it is a *sequential* one. If the multiplicity appears instantaneously, [the cognition of it] will be multiple [as well], since it is not different from the identity of the multiplicity. If [the diversity] appears sequentially, then why wouldn't [the cognition] become as multiple as the number of individual features of form, sound, and so forth?

Moreover, if appearance is sequential, the lack of difference between an initial cognition of apparent blue and a later cognition of apparent red will, in consequence, entail that the later one must be apparent at the initial time as well. [This is] because [the two] are the same, the essence of the single cognition that is permanent and beyond change. If cognition does not become multiple to correspond with multiple appearance, a sameness of cognition and appearance is not feasible.

Although the Secretists assert that consciousness pervades everything, here they have been treated under the heading of the refutation of non-pervasives. This is not contradictory, for this has been done while giving emphasis to the abiding way of entities [where an all-pervasive cognition has no bearing]. They [also] speak of external objects being cognition, and yet have been placed among [those who] assert [external] objects. This has been done in order to treat [this system] in relation to the other extremist [philosophies].

།དེ་ལྟར་ཏརྐ་སྡེ་ལྔ་དང་རིག་བྱེད་གསང་བ་སྨྲ་བ་སོགས་ཀྱི་ཞེ་འདོད་མཐུན་པའི་དྲ་བ་འཇིགས་སུ་རུང་བ་དཀྲིགས་ནའང་དངོས་པོའི་ཆོས་ཉིད་ལྟ་དང་བཅས་པའི་འཇིག་རྟེན་གྱིས་འཁྲུགས་པར་བྱ་མི་ནུས་པ་དེ་ནི་ཁས་ལེན་ཅི་བྱས་ཀྱང་ལྟུགས་བསྒྲིགས་སྦྲ་བས་དྲིལ་བ་ལྟར་སྤྱ་བ་རམ་ནུས་ནས་སླར་ཕྱིན་ཅི་ལོག་གི་གྲུབ་མཐའ་དེ་དག་འཇིག་པར་བྱེད་པ་ཡིན་ལ། དངོས་པོ་སྟོབས་ཞུགས་ཀྱི་རིགས་པ་སྨྲ་བ་དག་ནི་འཇིག་རྟེན་ན་འཇིགས་པ་དང་བག་ཚ་བ་མེད་པར་སེང་གེ་བཞིན་དུ་རྒྱུ་བར་བྱེད་དོ། །གཞན་ཡང་ཡང་དག་པའི་ཡེ་ཤེས་མངའ་བའི་གསུངས་པ་དཔྱད་གསུམ་གྱིས་དག་པའི་ལུང་མེད་བཞིན་དུ་རང་གར་ལམ་ཆོལ་བར་ཞུགས་པ་དག་ལ་འཇིག་རྟེན་གྱི་ལྟ་བར་བརྟེན་པའི་འཁྲུལ་པ་དུ་མ་སྣང་དང་ད་ལྟར་བྱུང་། མ་འོངས་པ་ནའང་འབྱུང་བ་ནི་སེམས་ཀྱི་འཇུག་པ་སྲིད་དུ་མང་མོད་ཀྱི། ཤེས་བྱའི་གཞིས་ལ་གཅིག་བདེན་མེད་པས་ན་ཕྱོགས་དུས་གང་ན་གཅིག་བདེན་སྒྲུབ་ནུས་པའི་གྲུབ་མཐའ་མི་སྲིད་པར་ཤེས་པའི་ཆེད་དུ་དེ་ལྟར་བསྟན་པ་ཡིན་ནོ། །སུ་སྟེགས་པའི་ལུགས་འདིར་ཕལ་ཆེར་བསམ་གཏན་ཙམ་གྱི་ཉམས་ལ་བརྟེན་པ་དང་། འགའ་ཞིག་རིགས་པས་དཔྱད་པ་ལ་བརྟེན་པ་དང་། ཕལ་ཆེར་བྲམ་ཟེ་གདུག་པས་རང་གི་ཞེ་འདོད་གྲུབ་པའི་སླད་དུ་གཡོ་སྒྱུའི་ཚིག་སྦྱར་བ་ཡིན་ནོ། །བོད་དུའང་བོན་ཞེས་པ་དང་པོ་ཆོས་ཡི་མ་དར་གོང་དུ་བོད་ཕྱུག་ཞིག་འདྲེས་བརྣམས་ནས་ལྷ་འདྲེ་མཆོད་ཐབས་སོགས་རྩོལ་ཐབས་སུ་ཤེས་པ་ཞིག་བྱུང་བ་ལས་རིམ་པས་རྗེ་རྒྱས་སུ་བྱུང་བར་མངོན་ཞིང་། དེང་སང་ནི་ནང་པའི་གྲུབ་མཐའ་ཐམས་ཅད་ལ་མིང་བསྒྱུར་གྱི་དོད་རེ་ཡོད་པར་འདུག་ལ། ཁ་ཅིག་བོན་ཆོས་དང་རྙིང་མ་འདྲའོ་ཞེས་ཟེར་ཡང་། ཆོས་སྐད་ལ་སོགས་པ་འདྲ་བའང་མང་དུ་འདུག་མོད། དེ་དག་གིས་བོན་ཆོས་ལ་ཕྱོགས་བསྟུན་ནས་བྲིས་པས་ན་འདྲ་བར་ཅིས་མི་འོང་སྟེ། དཔེར་ན། རྒྱ་གར་དུ་ནང་པའི་གྲུབ་མཐའ་ཉན་ཐོས་ལ་མགོ་སྐོམས་པ་ཐ་སྙད་པ་དང་། དེ་བཞིན་རང་རྒྱལ་སེམས་ཙམ་དང་། བྱ་སྤྱོད་རྣལ་འབྱོར་ཕ་རྒྱུད་མ་རྒྱུད་གཉིས་མེད་ལ་མགོ་སྐོམས་པ་བཅུ་ཕྲད་པ་སོགས་བཞིན་དུ།

The fearful web of darkness—the tenets of those such as the Five Tarka Groups and the Proponents of the Secret of the Vedas—may thus draw itself together. Yet, the [entire] world, including the gods, cannot upset the intrinsic nature of entities. Whatever claims they make will be as unsuccessful an embellishment as a cover of moss over red hot iron, and the mistaken philosophies will, in the end, be destroyed once again. Those who speak with reasoning by the power of fact roam fearlessly throughout the world, undaunted like lions.

Not possessing the authoritative statements taught by means of the mastery of authentic wakefulness and verified by triple investigation, [beings] have searched for the path in isolation. For those who did so in the past, a multitude of delusions based on a mundane view occurred. Right now, [the same] is happening, and [it] will be so in the future too, for [such delusions] are indeed as abundant as the activity of conceptual mind. Yet, no true singularity exists within the basic nature of the objects of cognition. Therefore, nowhere in time and space can there possibly be a philosophy that is capable of establishing a singular truth. The [reasonings] above have been taught in order to make that understood.

As for these extremist systems, [some] are based mainly on experiences of mere concentration, some are based on logical investigation, [and others] are chiefly the deceitful compositions of evil-minded Brahmins intent on fulfilling their own wishes. In Tibet, what is known as Bön apparently developed gradually from [the teachings of] a Tibetan child who appeared long before the spread of the Dharma, and who, having been abducted by demons, naturally knew how to worship gods and demons. These days [the Bönpos] have substituted different names for all aspects of Buddhist philosophy. Some say that the Bön-Dharma resembles the Nyingma. There are certainly a lot of similarities in terms of the religious idiom and so forth, and why wouldn't that be the case, since they've written [their teachings] to conform to the Bandhe-Dharma[64]?

For example, it is said that in India there were the 10 representative copies of the Buddhist philosophy of the Listeners and the Self-realized Victors, of the Mind Only [and the Middle Way],[65] of the Conduct, the Action, and of the Yoga Tantra, and of the Father, the Mother, and the

བོད་དུ་འང་བོན་པོ་ལ་དབུ་ཕར་འདུལ་མཛོད་སྔགས་ཀྱི་གཞུང་རྣམས་ཀུན་དང་། བདེ་མཆོག་འཇིགས་བྱེད་ཕུར་པ་སོགས་ལྷ་རྣམས་དང་། གཏུམ་མོ་ཕྱག་ཆེན་རྫོགས་ཆེན་སོགས་བན་ཆོས་ལ་ཇི་ཡོད་འདྲ་བཟོ་རི་ཡོད་པར་འདུག་ལ་དེ་དག་གཏེར་ནས་ཡོད་པ་མ་ཡིན་པས་གློ་བུར་ཀུན་བཏགས་མཐའ་མེད་ལ་དགག་པར་ག་ལ་ལངས། འོན་ཀྱང་ཕྱུ་གཤེན་དང་སྔགས་ལ་སོགས་པ་འཕྲུལ་དུ་ཕན་པ་དག་ཀྱང་སྣང་བ་རྣམས་ནི་སངས་རྒྱས་བྱང་སེམས་ཀྱི་ཕྲིན་ལས་དང་སྤྲུལ་པས་བསྟན་པ་ཡིན་ཀྱང་སྲིད་དེ། རྒྱལ་བ་དང་རྒྱལ་སྲས་རྣམས་ཀྱི་ཐབས་ལ་མཁས་པའི་སྤྱོད་ཡུལ་བསམ་གྱིས་མི་ཁྱབ་པའི་ཕྱིར་ཀུན་ཏུ་རྒྱུ་བདེན་སླུའི་རྣམ་ཐར་བཞིན་ནོ། །དེ་ལྟར་ནའང་འདི་དག་གིས་ཀྱང་ཆོས་འདི་པའི་སྟོན་པ་དང་བསྟན་པ་རྣམ་དག་ལ་སྐྱབས་སུ་ཁས་འཆེ་བའམ། ཡང་ན་ཁོ་རང་གི་བསྟན་པ་རང་རྒྱུ་ཐུབ་པ་ཞིག་བཟུང་ན་བཙོའི་མཁས་པ་རྣམས་དང་གཏན་ཚིགས་འགྲན་པའི་འོས་སུ་འགྱུར་གྱི། བརྟགས་ན་ཅིའང་མ་ཡིན་པ་ནི་བྱིས་པ་འདྲིད་པ་ཙམ་ལ་གྲུབ་མཐའི་དབང་དུ་བྱས་པའི་སྡང་ཞེན་གང་ཡང་བསྐྱེད་པར་མི་རིགས་སོ། །ལར་རྒྱ་གར་ན་ཕྱི་པ་ནང་པ། བོད་ན་མུ་སྟེགས་དངོས་སུ་མེད་ཀྱང་བཙི་བོན་པོ། རྒྱ་ནག་ན་ཧྭ་ཤང་ཧྭོ་ཤང་ཞེས་ལྟུང་དུ་བྱུང་བའང་རྟེན་འབྲེལ་གྱིས་ཡིན་པར་གསུངས་སོ། །དེས་ན་ལུགས་གཞན་དག་ཀྱང་། བསྟན་པ་ལ་མ་གནོད་ན་རང་གར་གཞག་པར་བྱ་སྟེ། ཟླ་བ་སྒྲོན་མའི་མདོ་ལས། འཇིག་རྟེན་དག་ན་མུ་སྟེགས་ཅན་གཞན་གང་། །འཕོད་པ་དེ་དག་རྣམས་ལ་ཡིད་མི་སྡང་། །དེ་དག་རྣམས་ལ་སྙིང་རྗེ་ཉེར་འཇོག་པ། །འདི་ནི་བཟོད་པ་དང་པོའི་ཁྱད་པར་ཡིན། །ཞེས་གསུངས་པ་ལྟར་ལ། འོན་ཀྱང་དགའ་བར་ནི་མི་བྱ་སྟེ། ཀློ་ངན་ལྟའི་བདུད་རྩི་བོར་ནས་བ་ཚྭའི་ཆུ་བོ་ལ་རེ་བ་བཞིན་ནོ།

Non-dual Tantra. Similarly, in Tibet, the Bön possess imitations of everything found in the Bandhe-Dharma—the scriptures of the Middle Way, the Transcendent Knowledge, the Vinaya, the [Abhidharma] Treasury, and the tantras, and deities such as Cakrasaṃvara, Bhairava, and Kīlaya, plus [instructions, such as those on] the Fierce Lady, the Great Seal, and the Great Perfection. None of these existed originally, so what is the use of refuting such insubstantial and temporary artifice?

Nevertheless, their methods for divination, mantras, and so forth, which appear to bring immediate benefit, could still possibly be the kind activity of the Buddhas and Bodhisattvas, revealed by emanations. The range of the skillful activity of the Victorious Ones and their offspring cannot, as [shown in] the life-story of Parivrājaka, be framed by thought. Yet, if the [Bönpos] would either acknowledge the authentic Teacher and the teachings of this Dharma as refuge, or else uphold some self-sufficient teaching of their own, they would deserve to be challenged in logical argumentation by Bandhe scholars. [As it is now,] when looking into [what Bön is, one] ends up with nothing at all. Therefore, it's unreasonable to become agitated in any way, treating childish deceptions as if they were philosophy.

Although there are no actual extremist [schools in Tibet], it has been taught that the non-Buddhist and the Buddhist [schools] in India, the Bandhe and the Bönpo in Tibet, and the Hashang and Hoshang[66] in China arose in pairs due to [particular] links of dependency. If they are of no harm to the Teaching [of the Buddha], other traditions should be left alone. As the *Moonlamp Sūtra* teaches:

> Do not have any anger at
> What is put forward in the world by extremist outsiders.
> Setting [the mind] compassionately on them
> Is the hallmark of the first forbearance.

On the other hand, one should not delight in [it] either, for [the extremists] are like a mentally impaired person who throws away a divine elixir and puts his hopes in a river of salty water. In particular, those who uphold the tradition of the Great Preceptor and the teaching of the Śākya

།ཁྱད་པར་དུ་མཁན་ཆེན་གྱི་རིང་ལུགས་ཤཱནྟའི་བསྟན་པ་གཙང་མར་འཛིན་པ་རྣམས་ནི་མཁན་ཆེན་གྱི་བཀའ་རྟགས་ཕྱག་རྒྱས་བཅད་པ་བཞིན་བོན་པོ་ལ་དགའ་བར་མི་བྱ་སྟེ་བོན་པོ་རྣམས་ཀྱང་མཁན་པོ་འདི་དགྲ་བོའི་དང་མར་བལྟ་བ་ཡིན་ནོ། །གཉིས་པ་ཐུན་མོང་དུ་མཇུག་བསྡུ་བ་ལ། ཕྱི་རོལ་ལ་གཅིག་བདེན་དུ་ཞེན་པ་དགག་པ། ཤེས་པ་ལ་གཅིག་བདེན་དགག་པ། དེ་གཉིས་ཀྱི་དོན་བསྡུ་བ་གསུམ། དང་པོ། ནམ་མཁའ་ལ་སོགས་ཞེས་པ་དག །མིང་ཙམ་དུ་ནི་སྣང་བ་རྣམས། །ཡི་གེ་དུ་མ་སྣང་བའི་ཕྱིར། །སྣ་ཚོགས་སྣང་བར་གསལ་བ་ཡིན། །ཞེས་གསུངས་ཏེ། དེའང་ཕྱི་རོལ་གྱི་ཡུལ་ནམ་མཁའ་ལ་སོགས་པ་ཆ་མེད་པས་ན་དེ་ལ་དམིགས་པའི་རྣམ་ཤེས་གཅིག་པུར་འགྱུར་སྙམ་ན་མ་ཡིན་ཏེ། འདི་ལྟར་**ནམ་མཁའ་ལ་སོགས**་པ་དངོས་མེད་ཤེས་པའི་**ཤེས་པ**་གང་**དག**་ཡུལ་རྗེན་ཅེར་དུ་སྤྱོད་བ་ནམ་ཡང་མེད་པས་དེ་དང་དེའི་**མིང**་གི་རྣམ་པ་དང་འབྲེལ་བའི་རྟོག་པའི་གཟུགས་བརྙན་**ཙམ**་ཞིག་**ཏུ་ནི་སྣང་བ་རྣམས**། **ཡི་གེ་དུ་མ་སྣང་བའི་ཕྱིར**་ན། **སྣ་ཚོགས**་པའི་བདག་ཉིད་ཅན་དུ་**སྣང་བར་གསལ་བ་ཡིན**་ནོ། །དེ་ལ་གཟུགས་སོགས་རིག་གི་རྣམ་པ་མེད་ཙམ་ལ་ནམ་མཁའ་ཞེས་སྒྲོ་བཏགས་པ་ཡིན་ལ་ནམ་དེ་དྲན་པ་ན་མིང་དང་བཅས་ཏེ་དྲན་པར་བྱེད་ཀྱི། བུམ་སོགས་བཞིན་དུ་མིང་དང་མ་འདྲེས་བར་དེ་ལ་དམིགས་པ་མེད་དེ། དེ་རང་མཚན་དང་བྲལ་བའི་ཕྱིར་ན་དབང་པོས་མངོན་སུམ་དུ་རྣམ་པ་ཀུན་ཏུ་ཚུང་བ་མིན་ཏེ། དཔེར་ན་རི་བོང་གི་རྭ་ཞེས་པ་མིང་དང་བྲལ་ཏེ་ཡིད་ངོར་འཆར་རྒྱུ་ནམ་ཡང་མེད་པ་བཞིན་ནོ།། །།དེ་ལ་མིང་ནི་དོན་རང་གི་སྙིང་ནས་གྲུབ་པའི་བཏགས་པ་བློ་བུར་བ་ཡིན་ལ།

purely should, as they accept the Great Preceptor's seal that designates the teachings, not have any fondness for Bön. The Bönpos themselves perceive this preceptor as their bitter enemy.

Concluding by Showing How Any True Singularity of Cognition Is Impossible

Second, the general conclusion includes: 1) refuting the concept of external true singularity, 2) refuting true singularity within cognition, and 3) condensing the meaning of those two.

Refuting the Concept of External True Singularity

First, it is said:

> *Cognitions of space, for instance,*
> *Are appearances of mere names.*
> *Since multiple syllables appear,*
> *The appearance is clearly diverse. [41]*

It might then be thought that since an external object such as space does not have parts, the consciousness observing it must be singular. Yet that is not so. ***Cognitions of*** non-entities such as ***space, for instance,*** are in no way naked experiences of objects. They ***are appearances of*** the ***mere*** conceptual reflections that are related to their respective ***names. Since multiple syllables appear, the appearance is clearly*** one of ***diverse*** identities.

So-called space is a superimposition based on the mere absence of the obstructive and tangible features of form. Whenever one conceives of it, the concept will involve the name. [Space] cannot be observed apart from its name in the same way that a vase can, for instance. Since there is nothing specifically characterized, [it] will never be suited for direct perception, just as the likes of the rabbit horn has no way of occurring to the mind without that name.

Names are temporary designations that are not established in terms of the objects themselves, while the objects of expression are suited to be

བརྗོད་བྱ་དེ་དག་མིང་དང་ཡི་གེ་སྒྲ་ཚོགས་པ་དག་གིས་གདགས་སུ་རུང་བ་ཡིན་ནོ། །དངོས་མེད་ཐམས་ཅད་ཀྱང་རི་ར་ལ་སོགས་པ་དེ་བཞིན་དུ་དངོས་པོ་བཅད་པའི་སེལ་ཆ་ཞིག་ཡིན་པར་འདྲའང་མདུན་གྱི་རྩིག་པ་སོགས་ཀྱི་ཐོགས་རེག་མེད་པའི་བར་སྟོང་སང་ངེ་བ་དེ་ནི་ཕྱི་རོལ་གྱི་རྩིག་པ་སོགས་ཀྱི་དབང་གིས་དབྱིབས་ལྟ་བུར་དམིགས་པར་སྣང་བ་ནི་ནམ་མཁའ་ཡོད་པར་འདོད་པའི་འཁྲུལ་གཞིའོ། །དེ་ལ་ལེགས་པར་དཔྱད་ན་གཟུགས་མ་མཐོང་བ་ཙམ་ཡིན་གྱི་དེ་ནམ་མཁའ་ཡོད་པ་མིན་པའི་བུ་གའི་ནམ་མཁའ་ནམ་མཁའི་སྐབས་བྱེད་དུ་མི་རུང་ལ། སྟེང་གི་གནམ་སྔོ་སེང་ངེ་བ་རྒྱན་གྱི་ནམ་མཁའ་ཞེས་གྲགས་པ་ནི་རི་རབ་ལ་ཉི་འོད་ཕོག་པའི་གཟུགས་ཡིན་པས་ནམ་མཁའ་མ་ཡིན་ནོ། །གཉིས་པ།

རྣམ་ཤེས་སྒྲ་ཚོགས་མིན་སྣང་བ། །འགའ་ཞིག་ཡོད་པར་གཞུགས་ན་ཡང་། །འོན་ཀྱང་ཡང་དག་གཞག་མི་རུང་། །མཚན་ཉིད་བཅས་ལ་གནོད་མཐོང་ཕྱིར། །

ཞེས་**རྣམ་**པར་**ཤེས་**པ་གང་ཞིག་ཡུལ་**སྒྲ་ཚོགས་མིན་**པར་**སྣང་བ་འགའ་ཞིག་**ཡོད་དོ་ཟེར་ན། གལ་ཏེ་དེ་ལྟར་**ཡོད་པར་གཞུགས་**པའམ་ཡོད་དུ་ཆུག་**ན་ཡང་**། **འོན་ཀྱང་**དེ་ལྟར་བཏགས་པ་ཙམ་ལས་**ཡང་དག་**པར་གཅིག་བདེན་དུ་**གཞག་མི་རུང་**སྟེ། རྣམ་ཤེས་གཅིག་བདེན་གྱི་མཚན་ཉིད་ཅན་ནམ། **མཚན་ཉིད་**དང་**བཅས་**པ་**ལ་**རིགས་པས་**གནོད་**པ་བཟློག་མེད་དུ་**མཐོང་**བའི་**ཕྱིར**། ཞེས་གཅིག་བདེན་གྱི་རྣམ་ཤེས་ཞིག་ཡོད་ན། རྟག་དངོས་ལ་ཇི་སྐད་བརྗོད་པ་སོགས་དོན་བྱེད་ཀྱི་ནུས་པས་སྟོང་པ་འབའ་ཞིག་ཏུ་འགྱུར་བས་དེ་རྣམ་ཤེས་སུའང་མི་རུང་ངོ་། །དེས་ན་གྲུབ་མཐས་ཇི་ལྟར་བརྟགས་ཇི་ལྟར་བརྗོད་ཀྱང་ཡུལ་དུས་ཐམས་ཅད་དུ་ཤེས་པ་གཅིག་བདེན་ཞིག་བསྒྲུབ་མི་ནུས་པས། དེ་སྒྲུབ་མཁན་ལ་གྲུབ་འབྲས་མཐོང་བའི་དབུགས་ནམ་ཡང་མི་ཕྱིན་ཏོ།

designated by the various names and syllables. All non-entities are just like rabbit horns in being an aspect of exclusion, an elimination of entity. The transparency of, for example, the gap in the wall ahead [of one] in which there is no obstruction and nothing tangible appears as an observable shape because of the outer walls and so forth. That is the basis for the delusion of existent space. When closely investigated, this is merely seeing absence of form rather than a visual experience of existent space. The space within an aperture is, therefore, not suitable to prove [the substantial existence of] space. The clear blue sky above is called the space of adornment. Yet, because it is the form of sunlight being repelled by Mt. Sumeru, it is not space.

Refuting True Singularity within Cognition

Second, it is said:

Existence of some consciousnesses
That do not appear as diversity may be allowed for,
Yet they cannot be posited authentically,
For their having such characteristics is seen to be flawed. [42]

One could claim the *existence of some consciousnesses that do not appear* individually *as* a *diversity* of objects. Such existence *may be allowed for*, or may be assumed. *Yet*, except for being mere imputations, *they cannot be posited authentically* as true singularities, *for* with respect to these consciousnesses, *their* possessing or *having such characteristics* of a true singularity *is seen*, by reasoning, *to be* hopelessly *flawed.* If there were some consciousness of true singularity, it would, just as stated in [the section on] permanent entities, turn out to be entirely devoid of any ability to perform a function, and it would therefore not be suited to be a cognition.

Accordingly, no matter how they construct [their assertions] and no matter what they may say, no philosophies will ever be able to establish a cognition of true singularity. The one who [tries to] establish this [singularity] will never be able to rest in the knowledge of a successful result.

།གསུམ་པ། དེ་ཕྱིར་སྣ་ཚོགས་སྣང་བ་ཡི། །ཞེས་པ་རྣམ་པ་ཀུན་ཏུ་གནས། །དེ་ནི་རྣམ་པ་ཐ་དད་ལྟར། །གཅིག་པུའི་རང་བཞིན་མི་རིགས་སོ། །ཞེས་གོང་དུ་ཇི་སྐད་བཤད་པ་དེ་ལྟར་དཔྱད་ན། ཡུལ་གཅིག་བདེན་མི་སྲིད་པའི་གནད་**དེ་ཡི་ཕྱིར**ན་རྣམ་པ་**སྣ་ཚོགས**སུ་**སྣང་བ་ཡི་རྣམ་**པར་**ཤེས་**པ་འདི་ནི་དུས་**རྣམ་པ་ཀུན་ཏུ།** **གནས**སམ་དམིགས་ཡུལ་**དེ་ནི་རྣམ་པ་ཐ་དད་**པ་**ལྟར་**ཞེས་པ་རང་ཡང་**གཅིག་པུའི་རང་བཞིན་**དུ་བདེན་པར་**མི་རིགས་སོ།** །ཡང་ན་གནས་ཞེས་གནས་སྐབས་ཀྱི་དོན་ཏོ། །ཞེས་མཇུག་བསྡུས་པའོ། །གཉིས་པ་ཕྱི་དོན་མི་འདོད་པ་རྣམ་རིག་པའི་ལུགས་དགག་པ་ལ་ཕྱོགས་སྔ་བརྗོད་པ་དང་། ཚུལ་དེ་ལ་བརྟག་པ་གཉིས། དང་པོ། ཇི་སྲིད་ཐོག་མ་མེད་རྒྱུད་ཀྱི། །བག་ཆགས་སྨིན་པས་སྤྲུལ་པ་ཡི། །རྣམ་པ་དག་ནི་སྣང་བ་ཡང་། །ནོར་བས་སྒྱུ་མའི་རང་བཞིན་འདྲ། །ཞེས་གསུངས་ཏེ། དེ་ལ་རང་སྡེ་སེམས་ཙམ་གྱི་ཚུལ་ལ་བརྟེན་ནས་བློ་གྲོས་དཀར་པོ་མངའ་བ་རྣམས་ཀྱིས་ཕྱི་རོལ་གྱི་སྣང་བ་སྣ་ཚོགས་པ་འདི་དག །རྡུལ་ཕྲ་རབ་ཏུ་འདོད་པ་ཉན་ཐོས་དང་། རྫས་དང་ཡོན་ཏན་ལས་སུ་འདོད་པ་བྱེ་བྲག་པ་སོགས་མཆོག་དང་མཆོག་མིན་གྱི་ལྷ་པའི་རྗེས་སུ་འབྲངས་པ་རྣམས་ཀྱི་བརྗོད་པ་མི་རིགས་པར་སྒྲུབ་པ་སྟེ།

Conclusion of the Previous Two Topics

Third, it is said in conclusion:

> *Therefore, cognitions that appear diverse*
> *Will, just as there are different*
> *Features of the abodes,*
> *Never reasonably be singular natures. [43]*

Therefore (because of the key point that a truly singular object is impossible), when investigated as explained above, the *cognitions that appear* as *diverse* features *will, just as there are different features of the abodes* (or the observed objects) *never* themselves *reasonably be singular natures.* Alternatively, abodes could imply occasions.

Refuting the True Singularity of Cognition When No External Objects Are Asserted

Second, the refutation of the system of the Proponents of Awareness that does not assert outer objects includes: 1) stating [the view of] the opposition, and 2) analyzing the [philosophical] system.

Stating the Opponent's View

First, it is said:

> *Without beginning, the ripening of*
> *The habitual tendencies of the mind-stream*
> *Creates the appearance of features.*
> *Yet, they are due to a mistake and are similar to the nature of illusion. [44]*

The Listeners assert that these various appearances of external objects are most subtle particles, and the Differentialists hold them to be substances, qualities, and actions. [Yet] based upon the Mind Only system of our own group, masters of sublime intellect will disprove the statements of those

དེའང་ཕྱི་རོལ་གྱི་དོན་མེད་པར་སྒྲུབ་པའམ། གཟུང་འཛིན་རྫས་གཞན་དུ་འདོད་པ་འགོག་པ་ལ། སེམས་ཙམ་པ་རྣམས་ཀྱིས་སྐྱེས་ལ་འདྲ་བ་འགོག་པའི་རིགས་པ་ཞེས་བྱ་སྟེ། དེའང་མངོན་སུམ་གྱི་སྣང་བ་དེ་ཕྱི་རོལ་གྱི་དོན་ལས་སྐྱེས་ཤིང་དེ་དང་འདྲ་བར་འདོད་པ་ལ་དེ་མི་འཐད་པའི་རིགས་པས་འགོག་པ་ལ་དེ་སྐད་དུ་བཏགས་པ་ཡིན་ལ། དེའང་ཐེག་བསྡུས་སོགས་སུ་རིགས་པའི་རྣམ་གྲངས་དུ་མ་གསུངས་ཀྱང་། གཙོ་བོར་དེ་དང་འདྲ་བར་སྐྱེས་ཙམ་གྱི་ཕྱི་དོན་ཡོད་པར་མི་འགྲུབ་སྟེ། ཟླ་བ་གཉིས་སྣང་ལ་སོགས་པ་བཞིན་དུ་མ་ངེས་པར་བསྟན་པ་དང་། ཕྱི་དོན་ཕྲ་རགས་གང་ཡང་མི་འགྲུབ་བའི་ཕྱིར་དང་། ཆ་མེད་ཀྱི་ཕྲ་བ་དབང་ཤེས་ཀྱི་ཡུལ་དུ་མངོན་སུམ་མི་དམིགས། རགས་པ་མི་འགྲུབ་པས་ཕྱི་དོན་མེད་པར་བསྒྲུབ་ལ། གཟུང་འཛིན་རྫས་ཐ་དད་མ་ཡིན་པར་བསྒྲུབ་པའི་གཙོ་བོ་སྣང་བ་ཐམས་ཅད་ཤེས་པ་གསལ་རིག་གི་ངོ་བོར་སྐྱེས་པའི་གཏན་ཚིགས་དང་། ལྷན་ཅིག་དམིགས་ངེས་ཀྱིས་སྒྲུབ་པར་བྱེད་པ་ཡིན་ཏེ། དེ་ལ་ཡུལ་སྔོན་པོ་དང་སྔོ་འཛིན་གྱི་ཤེས་པ་གཉིས་དུས་ལྷན་ཅིག་ཏུ་ཚད་མས་དམིགས་པ་དང་། དེའང་རེས་འགའ་བ་མ་ཡིན་པར་གཏན་ཏུ་ཁྱབ་པའམ་ངེས་པ་སྟེ་འདི་ལྟར། ཡུལ་སྔོན་པོ་དང་སྔོ་འཛིན་གྱི་བློ་ཆོས་ཅན། རྫས་གཞན་མ་ཡིན་ཏེ། ལྷན་ཅིག་དམིགས་པ་ངེས་པའི་ཕྱིར། ཟླ་བ་གཉིས་སྣང་བཞིན། །ཞེས་འགོད་པའོ། །དེ་ལ་ལྷན་ཅིག་དམིགས་པར་ངེས་ན་ཅིའི་ཕྱིར་རྫས་གཅིག་ཡིན་དགོས་སོ་སྙམ་ན། གང་རྫས་གཅིག་མ་ཡིན་ན་རྫས་ཐ་དད་ཡིན་དགོས་ལ། རྫས་ཐ་དད་ལ་རྟགས་དེ་ཞུགས་པ་མི་སྲིད་དེ་སྔོ་སེར་ལ་སོགས་པ་བཞིན་ནོ། ཐ་དད་པ་གང་དག་རེས་འགའ་ལྷན་ཅིག་དམིགས་ནའང་།

who assume such views that are either supreme, [i.e. Buddhist,] or not supreme, [i.e. non-Buddhist].

The proof of the absence of external objects, or the refutation of the assertion that the apprehended and apprehender are of different substances, is termed by the proponents of the Mind Only the *reasoning that refutes the resembling product.* It is called this because it is a logical refutation of the irrational assertion that the directly perceived appearance is the product of an external object that it resembles.

In [scriptures] such as the *Condensation of the Great Vehicle* many kinds of reasoning are taught. Still, [they] primarily [show] that the mere production [of something] that resembles [an external object] does not establish the existence of the external object. The lack of certainty is demonstrated by the appearance of a double moon and other such [examples]. No external object is established, whether subtle or coarse. Partless subtlety is not observed as an object of the sense cognitions, and the coarse is not established. Absence of an external object is thereby proven.

Chief among the proofs that the apprehended and the apprehender are not separate is the logical argument that the manifestation of all appearances is within the essence of clear and aware cognition, and the logical argument that simultaneous observation is certain. Regarding the [latter argument], it is a fact that valid cognition observes the object, blue, simultaneously with the cognition apprehending blue. This is not only sometimes—the pervasion, or the certainty [of it being so] is constant. [The logical argument is] arranged as follows.

The subject, the object blue and the cognition of blue, is not [composed of two] different [things], for those two are certain to be observed simultaneously, as in the case of [the appearance of] the double moon [and the cognition aware of it].

One might now wonder why [the two] must be of the same substance if a simultaneity of their observation is certain. [Phenomena] that are not of the same substance must be of separate substances. [Phenomena] that are of separate substances are not necessarily engaged in [simultaneously]. For instance, the colors blue and yellow [are sometimes apprehended together and sometimes not]. [Two] different [phenomena] may at times

དུས་རྟག་ཏུ་གཅིག་དམིགས་ན་ཅིག་ཤོས་ཀྱང་དེ་དང་ལྷན་ཅིག་དམིགས་པར་ངེས་པའི་ཁྱབ་པ་མ་ཡིན་ལ། སྔོན་པོ་དང་དེ་འཛིན་གྱི་བློ་གཉིས་ནི་ནམ་ཡང་ཅིག་ཤོས་མ་དམིགས་པར་གཅིག་ཡན་གར་དུ་དམིགས་པ་མི་སྲིད་ཅིང་ །གལ་ཏེ་དེ་གཉིས་རྫས་ཐ་དད་ན་དུས་རེས་འགའ་སོ་སོར་དམིགས་པའང་སྲིད་དགོས་པའི་ཕྱིར་རོ། །འདི་སྐབས་རྟགས་འདི་ལ་མ་གྲུབ་པ་སོགས་ཀྱི་སྐྱོན་གསུམ་སྤོང་བའི་རྒྱུ་སོགས་ཞིབ་པར་བཤད་ན་གོ་བ་ལ་ཕན་པར་འོང་ཡང་རྒྱ་བའི་གནད་ཙམ་བསྟན་པ་ཡིན་ནོ། །མདོར་ན་ལྷན་ཅིག་དམིགས་ངེས་ལ་སོགས་པ་གཟུང་འཛིན་རྫས་གཅིག་ཏུ་སྒྲུབ་པའི་རིགས་པ་ཐམས་ཅད་ཀྱི་ཕུག་གཏུགས་ནས་ཁོ་ཐག་གཅོད་ས་ནི། ཤེས་པ་ལ་སྣང་བ་ཡིན་ན་ཤེས་པ་ཡིན་དགོས་ཏེ། མ་ཤེས་ན་རང་གིས་སྒྲོང་བར་ཡང་མི་རུང་བའི་གནད་གཅིག་པུ་དེ་ཟིན་ན་ལྷན་ཅིག་དམིགས་ངེས་སོགས་རིགས་པ་བརྒྱ་ཕྲག་གི་གྲོས་ཐག་ནང་ནས་ཆོད་པ་ཡིན་པས་ན། གཞུང་འདིར། རང་གིས་གྲུབ་པ་གང་ཡིན་པ། །ཞེས་གསུངས་པ་དེ་ཙམ་ཞིག་ལ་ཟད་པར་འདུ་བས་དེར་བཤད་པར་བྱའོ། །དེ་ལྟར་ན་རང་གི་རྣམ་པར་ཤེས་པ་གསལ་རིག་ཙམ་འཇུག་ཤེས་སོ་སོ་བའི་ཕྱོགས་སུམ་ལྷུངས་པ་ཞིག་ལ་བག་ཆགས་ཀྱི་རྟེན་དུ་གྱུར་པའི་ཀུན་གཞིའི་རྣམ་པར་ཤེས་པ་ཞེས་གདགས་པ་སྟེ། དེའང་ངོ་བོ་ལུང་མ་བསྟན་ཡུལ་གྱི་དོན་ཙམ་རིག་པ་རྒྱུན་སྐད་ཅིག་མར་འབྱུང་བ། འཁོར་རེག་སོགས་ཀུན་འགྲོ་ལྔ་ཙམ་དང་ལྡན་པ། དམིགས་པ་མི་གསལ་བ། སྣོད་བཅུད་རྒྱ་ཆེན་པོ་ལ་དམིགས་པ་ཡིན་པར་འདོད་ལ། དབྱེ་ན་རྣམ་སྨིན་གྱི་ཆ་དང་ས་བོན་གྱི་ཆ་གཉིས་ཡོད་དོ། །དེ་དག་གི་ངོ་བོ་འཁོར་དམིགས་ཡུལ་སོགས་དེ་ལྟར་ཡིན་པའི་རྒྱུ་མཚན་ཡང་འཇུག་ཤེས་སོ་སོའི་ཕྱོགས་སུམ་ལྷུངས་པའི་ཤེས་པ་གསལ་རིག་གི་ངོ་བོ་ཙམ་ལ་གཟུང་བའི་གནད་ཟིན་ན་ཀུན་གཞིའི་ཁྱད་པར་ཐམས་ཅད་བདེ་བླག་ཏུ་ཤེས་ནུས་ཀྱི། གཞན་ལོགས་ཤིག་ཏུ་ཀུན་གཞི་ཞེས་པ་ནི་དམིགས་པ་དང་ངོ་བོ་འདི་འདྲའོ་ཞེས་འཆད་ཅིང་བསམས་ན་བསྐལ་པར་བརྟགས་ནའང་གནད་ཐིགས་དཀའོ།

be observed together, yet it does not always follow with certainty that whenever one is observed, the other will be observed simultaneously. However, in terms of [the color] blue and the mind apprehending it, there can never be an observation of one without an observation of the other as well. If the two were of different substances, it would have to be possible to observe them individually at some point. A detailed explanation of how this evidence is free from the three faults of lack of establishment and so forth would further the understanding at this point. Here, however, [I am] simply showing the fundamental key point.

Many reasonings, such as that of the certainty of simultaneous observation, establish that the apprehended and the apprehender are of the same substance. In short, the way to reach the innermost of all of these and so make a decisive conclusion is this: if [something] is apparent to cognition, then [it] has to be cognition. [That which] is not cognized cannot be experienced either.

Hundreds of reasonings, such as the certainty of simultaneous observation, are resolved from within when one seizes this single key point. This scripture[, the *Ornament of the Middle Way*,] fully includes everything [in a later verse] by simply saying: *That which is established by itself*... Therefore, I shall explain [this further] when [I comment on] this.

The term *all-ground consciousness* is applied to [that aspect of] one's consciousness that, as mere aware clarity, is not confined to any of the engaged cognitions, but which functions as the support for habitual tendencies. It is neutral in essence, a mere awareness of the actuality of objects, and arises momentarily. It is merely endowed with the retinue of the five ever-present [mental states] of contact and so forth, and what it observes is held to be unclear, since it vastly observes the world and beings. In terms of divisions, there are the two aspects of ripening and seeds.

The reason that its essence, retinue, observed object and so forth are what they are is [that it itself is] simply the essence of clear and aware cognition, unconfined to any of the engaged cognitions. Having seized this key point, one will understand all particularities of the all-ground with ease. If one explains and conceives of some different so-called all-ground that observes such and such and has such and such an essence, it will be

།དེ་དག་གི་རྣམ་གཞག་ཞིབ་པར་གཞུང་གཞན་ལས་ཤེས་པར་བྱ་ལ། དེ་ལྟ་བུའི་ཀུན་གཞིའི་རྣམ་པར་ཤེས་པ་རྒྱ་མཚོ་ཆེན་པོ་དང་འདྲ་བ་ལས། རླབས་བཞིན་དུ་ཚོགས་བདུན་འཁོར་དང་བཅས་སྐྱེ་ཞིང་འགག་པའི་ནུས་པའམ་བག་ཆགས་ཏེ། མདོར་ན་རང་འབྲས་ཕྱི་མ་སྐྱེད་ནུས་ཞིག་ཀུན་གཞི་ལ་བཞག་པ་དེ་ཉིད་མ་སྨིན་པ་ན་ས་བོན་གྱི་ཚུལ་དུ་གནས་ལ། སྨིན་པ་ན་ལུས་གནས་ལོངས་སྤྱོད་སྣ་ཚོགས་པར་སྣང་བ་སྟེ། ཡུལ་མེད་བཞིན་དུའང་གོམས་པའི་བག་ཆགས་ཀྱིས་སྣང་བ་སྣ་ཚོགས་ཉམས་སུ་མྱོང་བ་ནི་རྨི་ལམ་གྱི་ཤེས་པ་དང་མི་སྡུག་པ་ལ་སོགས་པ་གོམས་པའི་བློ་བཞིན་ནོ་ཞེས་འདོད་དོ། །དེ་ལ་སྣང་བ་སེམས་སུ་མི་འདོད་ན་མ་གཏོགས། འདོད་ཕན་ཆད་ཀུན་གཞི་ངེས་པར་ཁས་བླང་དགོས་ཏེ། འཇུག་ཤེས་རྣམས་སོ་སོ་བ་ཕྱོགས་སུ་ལྷུང་བ་ཅན་ཡིན་པས། དེ་རེ་རེ་ནས་ཕྱི་ནང་གི་དངོས་པོ་གནས་ལུས་ལོངས་སྤྱོད་ཐམས་ཅད་ཀུན་གྱི་གཞིར་མི་རུང་ལ་སྣང་བ་སྣ་ཚོགས་པ་སེམས་ཙམ་མོ་ཞེས་པའི་སེམས་དེ་ཡུལ་ཤེས་ལུས་ཀུན་གྱི་གཞི་ཡིན་དགོས་པས་སེམས་གསལ་རིག་ཙམ་ལས་འདའ་བ་མེད་དོ། །དེ་ལྟ་བུའི་ལུགས་དེ་དག་མདོར་བསྡུས་སུ་བརྗོད་པར་དགོངས་ནས། **ཨེ་ཧོ་ཐོག་མ་མེད་**པ་ནས་གནས་པའི་རང་གི་སེམས་ཀྱི་**རྒྱུད་ཀྱི།** དངོས་ཞེན་གྱི་**བག་ཆགས**་སྣ་ཚོགས་ཡོངས་སུ་**སྨིན་པས་སྤྲུལ་པ་ཡི་**ཡུལ་གཟུགས་ལ་སོགས་པའི་**རྣམ་པ་དག་ནི་སྣང་བ་འདི་ཡང་།** ཚོར་བ་པོ་དང་ཚོར་བར་བྱ་བའི་ཡུལ་གཉིས་སུ་རྒྱུང་ཆད་དུ་གྲུབ་པ་ཙུང་ཟད་མེད་ཀྱང་ཡུལ་དང་ཡུལ་ཅན་ལྟ་བུར་སྣང་བ་ནི། སེམས་འཁྲུལ་པའམ་**ནོར་བས**་མེད་བཞིན་སྣང་བ། **སྒྱུ་མའི་རང་བཞིན**་དང་། དེ་བཞིན་དུ་རྨི་ལམ་དྲི་ཟའི་གྲོང་ཁྱེར་མགལ་མེའི་འཁོར་ལོ་སྤྲུལ་པ་ཆུ་ཟླ་རྣམས་དང་**འདྲ**འོ་ཞེས་སེམས་ཙམ་པ་རྣམས་འདོད་དོ་ཞེས་སོ། །གཉིས་པ་ཚུལ་དེ་ལ་བརྟག་པ་ལ། དེ་དག་གི་སྐྱོན་ཡོན་ལ་བརྟག་པ་དང་། སྐྱོན་གྱི་ཆ་དགག་པའོ།

hard to comprehend the crucial point even if one were to analyze for an eon. The details of the principles of the [all-ground] are to be learned from other scriptures.

The all-ground consciousness is like a great ocean, in which the seven collections, along with their retinues, arise and disintegrate like waves, [creating a particular] energy or habitual tendency. In short, something capable of producing its own future result is left in the all-ground, and as long as it has not ripened, it remains as a seed. Once ripened, body, abode, and enjoyments will appear. Therefore, although there are no objects, diverse appearances are still experienced due to one's accustomed habitual tendencies, as in the case of the cognition of a dream, or a mind accustomed to repulsiveness and so forth. These are their assertions.

Unless one asserts that appearances are not mind, it will always be necessary to accept the all-ground. The engaged cognitions are all separately confined, so none of them are suited to be the ground of all inner and outer entities, abode, body, and enjoyments. The mind that one speaks of when saying that "the diverse appearances are all mind only" must be the ground of any object, cognition, and body. Accordingly, [that] mind cannot be [anything] beyond mere clear awareness. With the intent to concisely express this system, it is said:

"Since time *without beginning, the* complete *ripening of the* various *habitual tendencies of* attachment to entities [present in] *the mind-stream creates the appearance of features* of objects such as form. *Yet,* although [they] appear as subject and object, the one who feels and the object that is felt do not have the slightest bit of separate and distinct establishment apart from one another. That *they are* apparent while not existent *is due to a* delusion or a *mistake and similar to the nature of illusion,* or a dream, a city of the gandharvas, a fire brand wheel, an illusion, the moon in water, and so forth." This is how the assertions of the Mind Only School are explained.

Analyzing the Mind Only System

Second, the analysis of the [Mind Only] system includes: 1) analyzing its faults and good qualities, and 2) refuting the faulty aspect.

།དང་པོ། །དེ་དགེ་འོན་ཀྱང་དེ་དག་གི། །དངོས་དེ་ཡང་དག་ཉིད་དམ་ཅི། །འོན་ཏེ་མ་བརྟགས་གཅིག་པུ་ན། །དགའ་བར་ཁས་ལེན་འདི་བསམ་མོ། །ཞེས་དེ་ལྷ་བུའི་ལུགས་**དེ**་ཐ་སྙད་ཀྱི་རིགས་པས་གྲུབ་པ་ཡིན་ལ། གཟུང་འཛིན་ཐ་དད་དུ་ཞེན་པའི་ལྟ་བ་ངན་པ་རྣམས་སེལ་བའི་གཉེན་པོ་རྣམ་པར་དཀར་བ་ཡིན་ཞིང་། ལང་ཀར་གཤེགས་པ་ལ་སོགས་པའི་ལུང་ཡང་དག་དང་ལྡན་པ་ཡིན་པས་ན་**དགེ**་བའམ་ལེགས་པ་ཡིན་མོད་ཀྱི། **འོན་ཀྱང་**ཞེས་པ་ཉིད་རྣམ་པ་སྣ་ཚོགས་པར་སྣང་བ་**དེ་དག་གི་དངོས་པོ་དེ་ཡང་དག་པ་ཉིད་དམ་ཅི།** **འོན་ཏེ་མ་བརྟགས་གཅིག་པུ**་ཡི་དབང་དུ་**ན**་ཉམས་**དགའ་བར་**བྱེད་པའི་བདག་ཉིད་དུ་**ཁས་ལེན**་པ་གང་ཡིན་པའི་ཚུལ་**འདི་བསམས**་པའམ་བརྟག་པར་བརྩམ་**མོ**། །དེ་ལ་སེམས་ཙམ་པ་དག་མ་བརྟགས་སྣང་ཙམ་གྱི་ཐ་སྙད་ཀྱི་འཇོག་ཚུལ་ཁོ་ནའི་དབང་དུ་མ་ཡིན་པར་དོན་དམ་པ་ལའང་རྣམ་ཤེས་དེ་ནི་ངོ་བོས་གྲུབ་པར་འདོད་པས་ཡང་དག་པར་ཁས་ལེན་པ་ཡིན་ནོ། །དེས་ན། གཉིས་པ་སྐྱོན་གྱི་ཆ་རྣམ་ཤེས་བདེན་གྲུབ་དགག་པ་ལ། རྣམ་བདེན་པའི་ལུགས་དང་། རྣམ་བརྫུན་པའི་ལུགས་དགག་པ་གཉིས། དང་པོ་ལ་སྒྲོ་ང་ཕྱེད་ཚལ་བ། རྣམ་ཤེས་གྲངས་མཉམ་པ། སྣ་ཚོགས་གཉིས་མེད་པའི་ལུགས་དགག་པ་གསུམ། དང་པོ་ལ་འགལ་བ་སྟོན་པ་དང་། འགལ་སྤོང་མི་ནུས་པའི་ཚུལ་བཤད་པ་གཉིས། དང་པོ།

Analyzing the Faults and Good Qualities of the System

First, it is said:

This is virtuous,
But is the nature of those authentic,
Or only accepted as delightful
When not investigated? [45]

This system is established by conventional reasoning. It is the sublime antidote that dispels the inferior views that conceive of a difference between subject and object, and it possesses the [authority of] authentic scriptures such as the *Ascent onto Laṅkā*. It *is*, therefore, certainly *virtuous* and excellent. *But is the nature of those* appearances of cognition itself, [manifest] as manifold features, *authentic*? *Or*, are they *only accepted as delightful* in terms of [how they appear] *when not investigated*? Think about and examine it. Which is the case? The proponents of Mind Only do not assert this only in terms of a conventional classification of what is merely apparent [to one who] has not investigated. They hold that consciousness, in essence, is also established ultimately, and so they claim it to be authentically real. Therefore, let us proceed.

Refuting the Faulty Aspect

Second, refuting the faulty aspect, [the assertion of] a true establishment of cognition, includes refuting: 1) the System of True Features,[67] and 2) the System of False Features.[68] Refuting the System of True Features includes refuting: 1) the Split Egg System, 2) the Equal Number of Features and Cognitions, and 3) the Non-dual Diversity. Refuting the Split Egg system includes: 1) demonstrating the contradiction, and 2) explaining how [that system] cannot avoid contradiction.

Demonstrating the Contradiction

First, it is said:

གལ་ཏེ་ཡང་དག་རྣམ་པར་ཤེས། །དུ་མར་འགྱུར་རོ་ཡང་ན་ནི། །དེ་དག་གཅིག་འགྱུར་འགལ་ལྡན་པས། །གདོན་མི་ཟ་བར་སོ་སོར་འགྱུར། །ཞེས་གོང་ལྟར་ཐ་སྙད་ཙམ་དུ་འམ། དོན་དམ་པར་ཡང་ཁས་ལེན་པ་གང་ཡིན་བརྟག་པའི་ཚེ་ན། **གལ་ཏེ་ཡང་དག་**པའི་དོན་དུའང་རྣམ་ཤེས་ནི་ཡོད་དོ་ཞེ་ན། ཞེས་སེམས་ཙམ་སྤྱིའི་འདོད་པ་སྐབས་ཀྱི་དགག་བྱ་བསྟན་ནས། སེམས་དོན་དམ་དུ་གྲུབ་པར་འདྲ་ཡང་། སྣང་བའི་རྣམ་པ་འདི་དག་སེམས་སུ་བདེན་པར་ཁས་ལེན་པ་རྣམ་བདེན་པ་དང་། དེ་སེམས་སུ་བདེན་པར་ཁས་མི་ལེན་པའི་རྣམ་བརྫུན་པ་གཉིས་སུ་ཡོད་ལ་དེ་གཉིས་ལས་རྟོགས་ཚུལ་གཞན་པ་མི་སྲིད་དོ། །རྣམ་བདེན་པ་ལའང་རྣམ་པ་དང་ཤེས་པ་གཉིས་མང་ཉུང་ལ་འདོད་ཚུལ་སྣ་གསུམ་བྱུང་བ་ནི་མདོ་སྡེ་པ་དང་འདྲ་བ་ལ། མདོ་སྡེ་པས་རྣམ་པ་གཏོད་བྱེད་ཀྱི་ཕྱི་དོན་ལོགས་སུ་ཡོད་པར་ཁས་ལེན་ལ། སེམས་ཙམ་པས་རྣམ་པ་སྣང་བ་དེ་ཉིད་ཡུལ་དུ་བཏགས་ཀྱི། དེ་ལས་ཕ་རོལ་ན་ལོགས་སུ་ཕྱི་དོན་མི་འདོད་པ་ཙམ་གྱི་ཁྱད་པར་རོ། །དེས་ན་དེ་གསུམ་གྱི་འདོད་ལུགས་སྔར་མདོ་སྡེ་པའི་སྐབས་སུ་བཤད་པ་བཞིན་ཡིན་པས་འདིར་ལོགས་སུ་སྨོས་མ་དགོས་ལ། དེ་གསུམ་གྱི་ནང་གི་སྒོ་ང་ཕྱེད་ཚལ་བའི་ལུགས་ལྟར་ན་མི་འཐད་དེ། སེམས་དང་རྣམ་པ་གཅིག་ཡིན་ན་ཆ་མེད་གཅིག་པུའི་རྣམ་པ་ཁོ་ན་སྣང་བར་མི་རིགས་པས་རྣམ་པ་ལ་སྣ་ཚོགས་ཡོད་པ་བཞིན་དུ་**རྣམ་པར་ཤེས**་པའང་**དུ་མར་འགྱུར་རོ**། །**ཡང་ན་ནི**་རྣམ་ཤེས་གཅིག་ཏུ་འདོད་པ་དེ་བཞིན་རྣམ་པ་**དེ་དག་ཀྱང་གཅིག་ཏུ་འགྱུར**་གྱི། དུ་མར་སྣང་མི་རིགས་ལ། དེ་ལྟ་བུར་མི་འགྱུར་ན་གཅིག་ནི་དུ་མ་དང་ཅིག་ཤོས་དུ་མ་མ་ཡིན་པའི་དེ་གཉིས་**འགལ**་བ་དང་**ལྡན་པས་གདོན་མི་ཟ་བར་སོ་སོར་འགྱུར**་དགོས་པས་གཅིག་ཡིན་པར་ཁས་བླངས་པའང་དོན་མེད་དོ།

If authentic,
Consciousness would become multiple,
Or else those would become one.
If incompatible, they will undoubtedly be different. [46]

One may, in accordance with the above, examine whether this is a conventional or an ultimate claim. [The first line of the stanza,] "*If* it is held that consciousness also exists in the *authentic* sense," shows the common assertion of Mind Only as the negandum in this context. Although alike in [asserting] mind as ultimately existent, there are two groups [of Mind Only proponents]: those who hold the apparent features to be true as mind—the Proponents of True Features—and those who do not hold them true as mind—the Proponents of False Features. [In terms of the view of Mind Only,] no other understandings [with respect to the nature of the features] are possible other than these two.

In terms of the Proponents of True Features, three alternative assertions have come about regarding the numbers of features and cognitions, just as in the case of the Sūtra Followers. The difference is merely that the Sūtra Followers claim the separate existence of an external object that transmits the features, whereas the Mind Only proponents consider the appearing feature itself to be the object, and do not assert a separate external object beyond that. The three ways of asserting have already been explained in the context of the Sūtra Followers, and therefore need not be reviewed here.

Among the three, [the assertion of] the Split Egg System is not rational. If [both] mind and features are one, what appears would have to be a partless solitary feature, and that is not reasonable. Therefore, just as there are various features, *consciousness would become multiple* too. *Or else those* features *would*, in accordance with the asserted singular consciousness, *become one* as well. It would not be reasonable for them to appear as multiple. Otherwise, *if* one is multiple while the other is not, the two, [cognition and apparent feature], will be *incompatible*, and *they will* hence *undoubtedly* have to *be different* from each other. It is then pointless to claim that they are one.

།དེ་ལ་རྣམ་པ་རྣམས་ནི་ཕྱིར་གཅིག །ཁོ་ན་མ་ཡིན་པར་དུས་སྣ་ཚོགས་སུ་སྣང་བ་ལ་བསྙོན་དུ་མེད་ཅིང་གྲོལ་བ་རང་ཡང་ཁས་ལེན་མོད། དོན་ཀྱང་རྣམ་ཤེས་བདེན་པར་འདོད་པ་ཡིན་ལ། བདེན་ན་གཅིག་དུ་མ་གང་རུང་དུ་བདེན་དགོས་ལ། དུ་མར་བདེན་པའང་གཅིག་བདེན་ལ་བརྟེན་ནས་ཡོད་དགོས་པས། གལ་ཏེ་བདེན་པ་ཡོད་ན་གཅིག་བདེན་ལས་འདའ་མི་སྲིད་པ་ནི་ཕྱིར་བཏང་ཡིན་པས། འདིར་ཕྱིར་རྣམ་ཤེས་གཅིག་བདེན་འགོག་པ་ལ་རྣམ་པ་དུ་མ་ཡིན་པ་ཙམ་གྱིས་ཆོག་གི་དུས་རིམ་ཅིག་ཅར་གྱི་ཁྱད་པར་ཕྱེ་ནས་དགག་དགོས་པ་མ་ཡིན་པས། ཤེས་པ་གཅིག་གིས་རྣམ་པ་གཅིག་དུས་རིམ་ཅན་དུ་ཤེས་ཀྱང་རུང་། རྣམ་པ་སྔ་ཕྱི་གཅིག་མིན་པས་དེ་གཉིས་འཛིན་པའི་ཤེས་པ་གཅིག་བདེན་མི་འགྲུབ་པ་ཡིན་ཞིང་། སྐབས་འདིར་སྐད་ཅིག་མའི་རྣམ་ཤེས་གཅིག་བདེན་དོན་དམ་པར་དགག་པ་ལ་ནི་མདོ་སྡེ་པའི་སྐབས་སུ་བཤད་པ་བཞིན་རྣམ་པ་རེ་རེ་བ་ཐ་སྙད་དུའང་མི་འཐད་པར་བསྟན་ཟིན་པ་ཡིན་ཏེ། དེའང་དོན་སྨྲ་བས་ཕྱི་དོན་ཁྲ་བོའི་སྟེང་ན་སྔོ་སེར་སོགས་དུས་མཉམ་དུ་ཡོད་ཀྱང་བློ་རིམ་ཅན་དུ་འཇུག་པ་ཡིན་ནོ་སྙམ་པ་བཀག་ཟིན་ལ། འདིར་ཕྱི་དོན་མི་འདོད་པས་ཀུན་གཞིའི་བག་ཆགས་སྨིན་ཟིན་གྱི་སྣང་བ་ཁྲ་བོའི་རྣམ་པ་ལ་སྔོ་སོགས་དུས་མཉམ་དུ་ཡོད་དགོས་པར་གྲུབ་པས་དེ་རྣམ་པ་དུ་མ་ཡིན་པ་ཙམ་གྱིས་ཆོག་གོ་དེས་ན་སེམས་ཙམ་པ་སྒོང་ཕྱེད་ཚལ་བའི་ལུགས་འདིར་ཁྲ་བོའི་རྣམ་པའི་གཟུང་རྣམ་དེའང་ཁྲ་ཙམ་གཅིག་ཡིན་པར་འདོད་པ་ནི་ཁྱད་པར་ཡིན་ལ། དེར་གཅིག་མིན་པའི་སྐྱོན་ནི་དེ་མ་ཐག་ཏུ་འཆད་པར་འགྱུར་རོ། །ཕྱིར་ཐ་སྙད་དུའང་མ་གྲུབ་ན་དོན་དམ་པར་ལྟ་ཅི་སྨོས་ཏེ། མའི་མངལ་ནས་ཤི་ཟིན་པ་ལ་བཙས་པའི་ཚེ་གསོད་མི་དགོས་པ་བཞིན་ནོ།

Generally, features are not entirely singular. They undeniably appear to be multiple, and [that] is accepted by the adversary as well. Nevertheless, [the adversary] asserts consciousness to be real. If real, [consciousness] will have to be real as either one or many, and [any] true multiplicity will have to exist based on a true singularity. Accordingly, there cannot possibly be any truth beyond true singularity. That is the general [condition].

The simple multiplicity of features is, therefore, generally sufficient for refuting the true singularity of cognition, and it is not necessary to refute by distinguishing sequential and simultaneous [cognitions]. Even [if] single cognitions sequentially cognize single features, the previous and subsequent features are not one, and the cognition apprehending them is, therefore, not established as a true singularity. In this context, the ultimate refutation of a true singularity of the momentary consciousness is as was explained when [examining the positions held by] the Sūtra Followers. It was shown [in those sections] how unitary features are not feasible even conventionally. The idea that blue, yellow, and so forth are simultaneously present in the multicolored outer object, while the mind's engagement in them is sequential, as it is held by proponents of [external] objects, has thus by now been refuted.

According to the [philosophy being discussed here], no external object is asserted, and it is therefore established that in the multicolored feature, which is an appearance of the ripened habitual tendencies of the all-ground, blue and so forth must be present simultaneously. Alone, the multiplicity of the features is, therefore, sufficient [for the refutation of singular consciousness]. Regarding the multicolored feature, the assertion that the apprehended feature is a single 'mere multicolor', is particular to the Split Egg System of the Mind Only. How this is faulty, [since the feature is] not singular, will be explained next. Generally, when [something is] not even conventionally established, [it is] unnecessary to state [that it is not] ultimately [so either]. What has died in its mother's womb need not be slain at birth.

།གཉིས་པ་ལ་ཐལ་བ་འགོད་པ་དང་། སྐྱོན་དེ་ཕྱི་དོན་ཁས་ལེན་པའི་རྣམ་བཅས་པ་ལའང་མཚུངས་པར་སྟོན་པའོ། །དང་པོ་འགལ་བ་དེ་ནམ་ཡང་སྤོང་མི་ནུས་པའི་རྒྱུ་མཚན། རྣམ་པ་ཐ་དད་མ་ཡིན་ན། །གཡོ་དང་མི་གཡོ་ལ་སོགས་པ། །གཅིག་གིས་ཐམས་ཅད་གཡོ་ལ་སོགས། །ཐལ་བར་འགྱུར་ཏེ་ལན་གདབ་དཀའ། །ཞེས་གསུངས་ཏེ། གོང་དུ་ཤེས་རྣམ་ལ་བརྗོད་པའི་སྐྱོན་བཤད་མ་ཐག་པ་དེ་རྣམ་ཤེས་བདེན་གྲུབ་ཏུ་སྨྲ་ཞིང་རྣམ་པ་གཅིག་ཤེས་པ་གཅིག་གིས་ཤེས་པར་འདོད་པའི་ལུགས་ལ་བཟློག་མེད་དུ་འཇུག་སྟེ། འདི་ལྟར་དེ་དག་གི་ཡང་**རྣམ་པ**་དུ་མ་ཡོད་པ་རྣམས་**ཐ་དད་མ་ཡིན**་པར་བསྒོམས་ཏེ་གཅིག་གི་ངོ་བོར་འདོད་**ན**་ནི། **གཡོ**་བ་**དང་མི་གཡོ**་བ་དང་ཚོན་གྱིས་བསྒྱུར་བ་དང་མ་བསྒྱུར་བ་**ལ་སོགས་པ་གཅིག་གིས**། གཞན་ལྷག་མ་**ཐམས་ཅད**་ཀྱང་**གཡོ**་བ་མི་གཡོ་བ་**ལ་སོགས**་སུ་འགྱུར་དགོས་ཏེ། མདོར་ན་རྣམ་པ་གཅིག་ལ་ཅི་མཐོང་བ་གཞན་ཀུན་ལའང་མཐོང་བར་**ཐལ་བར་འགྱུར་ཏེ**། རང་གི་རྣམ་པ་ཐ་དད་མིན་ནོ་ཞེས་ཁས་བླངས་ཟིན་པས་ད་ལྟ་དེ་ལྟར་མི་འགྱུར་བར་ཁ་ཅིག་ནི་གཡོ་ཡང་ཁ་ཅིག་ནི་མི་གཡོ་བའི་ཐ་དད་པར་སྨྲ་མི་ནུས་པས། ཐལ་བ་འདི་ལ་**ལན་གདབ**་པར་**དཀའ**འོ། །དེ་ལྟར་རྣམ་པའི་ཁྲ་བོ་ལའང་གཅིག་བཏགས་ཙམ་མིན་པར་བདེན་གཅིག་ཡིན་ན་གཅིག་པུ་ཆ་མེད་ཡིན་པའི་ཕྱིར། དེའི་ནང་གི་དཀར་པོ་ལྟ་བུ་གཅིག་ཚོན་གྱིས་བསྒྱུར་ན་ཆ་ཤས་གཞན་རྣམས་ཀྱང་བསྒྱུར་བར་ཐལ་བ་སོགས་སུ་མཐོང་དགོས་ན་དེ་ལྟར་ཡིན་པར་ཁས་ལེན་སུས་ཀྱང་མི་ནུས་ལ། དེ་ལྟར་རྣམ་པ་རྣམས་ཐ་དད་པ་ཡིན་ཕན་ཆད་གོང་གི་ཐལ་བ་དེ་བཟློག་མེད་དུ་འབབ་པ་ཡིན་གྱི། ད་རུང་དེ་ལ་གྲོགས་སུ་དགོས་པ་ཅུང་ཟད་ཀྱང་མེད་དོ།

Contradiction is Unavoidable

Second, there is: 1) the arrangement of the consequence, and 2) the demonstration of how the fault will be equally [present for] those proponents of features who affirm external objects.

Arrangement of the Consequence

Showing why contradiction is utterly unavoidable, it is first said:

> *If the features are not different,*
> *One that is in movement or is not in movement, for example,*
> *Will cause all to be moving, and so forth.*
> *Such is the consequence—it is hard to reply. [47]*

The fault in [terms of] cognition and features stated above will inevitably apply to a system that posits a true establishment of consciousness and asserts that singular cognitions cognize singular features. That is, *if* such [a system] confines *the* multiple *features*, asserting that they *are not different*, but a single essence, then *one* [feature] *that is in movement or* [one] that *is not in movement*, or one [feature] that has been colored or [one] that has not, *for example, will* necessarily *cause all* the other [features] *to be* the same way—either *moving*, not moving, *and so forth*. In short, whatever is seen in one feature will be seen in all the others as well; *such is the consequence*. Having set forth the claim that one's features are not separate, it is not possible now to say that they are different, in that some are moving while others are not. *It is hard to* give any *reply* when faced with this [absurd] consequence.

Therefore, if the singularity of the feature of multicolor is not just an imputation, but a true singularity, then [such] a singularity is partless, so that if, for instance, some white in the [multicolored spectrum] is given a color, all the other parts will also, in consequence, have to undergo the same change. No one will be able to claim that this is the case. As long as the features are [held to be] different, the above [absurd] consequence will inevitably occur. No attendant [reasoning] is required.

།གཉིས་པ། ཕྱི་རོལ་དོན་གྱི་ཚུལ་ལ་ཡང་། །དེ་ལྟར་རྣམ་པ་མ་བྲལ་ན། །གཅིག་གི་ཆོས་སུ་ཐམས་ཅད་ཀྱང་། །འཇུག་པར་འགྱུར་ཏེ་བཟློག་པ་མེད། །ཅེས་དེ་འདྲ་བའི་ཐལ་བ་དེ་ཕྱི་དོན་མི་འདོད་པའི་སེམས་ཙམ་གྱིས་འདོད་པའི་རྣམ་པ་ཁོ་ན་ལ་འཇུག་གི །གཞན་དོན་སྨྲ་བས་འདོད་པའི་ཕྱི་དོན་དངོས་ལ་མི་འཇུག་པའང་མ་ཡིན་ཏེ། སེམས་ལས་གུད་ན་ཡོད་པར་འདོད་པ་**ཕྱི་རོལ་དོན་གྱི་ཚུལ་**ལམ་དངོས་པོ་**ལ་ཡང་**། སེམས་ཙམ་པའི་འདོད་པ་**དེ་ལྟར་རྣམ་པ་**དུ་མ་དང་ལྡན་ཅིག་པའི་རང་བཞིན་དང་**མ་བྲལ་བར་**རྣམ་བཅས་སུ་ཁས་ལེན་ན། རྣམ་པ་རྣམས་གཅིག་པར་འདོད་པ་དེའི་ཕྱིར། རྣམ་པའི་རྒྱུ་ཕྱི་རོལ་གྱི་དོན་རྣམས་ཀྱང་། དེའི་ནང་གི་ཆ་ཤས་གང་ཡང་རུང་བ་**གཅིག་གི་ཆོས་སུ་**གཞན་**ཐམས་ཅད་ཀྱང་འཇུག་པར་འགྱུར་ཏེ་**ཐལ་བ་དེ་**བཟློག་ཏུ་མེད་དོ**། །རྣམ་པ་རྣམས་ནི་ཕྱི་དོན་ཇི་འདྲ་བ་ཡིན་ན་རྣམ་པ་གཅིག་པ་དེ་བཞིན་ཕྱི་དོན་ཡང་དེ་ལྟར་ཅིས་མི་འགྱུར་ཏེ་ཕྱི་དོན་ཁྲ་བོའི་ནང་གི་དཀར་པོ་ལྟ་བུ་གཅིག་ལ་ཚོན་བྱུགས་ན་གཞན་སྔོ་སོགས་ཐམས་ཅད་ལའང་དེ་ཁོ་ན་ལྟར་ཡོད་དགོས་པར་འགྱུར་རོ། །ཞེས་སོ། །དེ་ལྟར་རྣམ་པ་དེ་དག་གཅིག་བདེན་ཡིན་མི་སྲིད་པའི་གོ་བ་སྐྱེར་བཏང་བ་གལ་ཆེའོ། །དུ་མ་ལ་གཅིག་ཏུ་ཞེན་པས་སྒྲོ་འདོགས་པ་ཅི་འང་སྲིད་ཀྱང་རིགས་པའི་ཚུལ་གྱིས་གཅིག་བདེན་ལ་ཐ་དད་དུ་སྣང་མི་སྲིད་པ་དང་། གཅིག་ཏུ་བཏགས་པ་ལ་དེ་ལྟར་རུང་བ་དང་། དེ་བཞིན་དུ་དུ་མར་བདེན་པ་ལ་གཅིག་ཏུ་གཞག་མི་རུང་བ་དང་། དུ་མར་བཏགས་པ་ལ་གཅིག་ཏུ་གདགས་རུང་བ་སྟེ་དངོས་བཏགས་ཀྱིས་ཁྱད་ཕྱེ་ཞིང་བཏགས་པ་ལ་ཐ་སྙད་འཐད་པར་ཡིད་ཆེས་པ་འདིའི་དབུ་ཞབས་བར་གྱི་སྐབས་ཐམས་ཅད་དུ་གལ་ཆེ་ཤོས་ཡིན་ནོ།

The Fault Is Equally Present for the Proponents of Features Who Affirm External Objects

Second, it is said:

Also, in a system of external objects,
If there is not a lack of features,
Everything will become just like one phenomenon.
This is unavoidable. [48]

It is not the case that the consequence [just described] applies only to the features asserted by the Mind Only school, which does not posit external objects. It also applies to entities that are external objects as asserted by the object proponents. *Also, in a system of external objects* or entities, *if,* as it is asserted by the proponents of Mind Only, *there is not a lack of features* [of cognition] but rather a presence of [such] features, *everything* else *will* also, in consequence, *become just like* any *one phenomenon* that constitutes a part of the external object that is the cause of the features. *This is unavoidable,* because it is asserted that the features are one.

If the features correspond perfectly with the external object, why wouldn't the external object be just as singular as the features? When the white that is part of an external multicolored object is given a color, then all the other [parts of the multicolored object]—the blue and so forth—will have to be exactly the same [color] too. This is what is being said here.

In general, therefore, it is important to understand how the features cannot be a true singularity. All kinds of superimposition become possible by conceiving of many as one, but according to reasoning, there cannot possibly be separate appearances of that which is a true singularity. Such [appearances] are possible [only] where the singularity is imputed. Likewise, what is truly multiple cannot be appropriately posited as singular, but what is imputed as many can be designated as one. Thus, to distinguish between actuality and imputation and to gain confidence in the conventional feasibility of imputation is of primary importance throughout all sections of this [scripture], from beginning to end.

།གཉིས་པ་རྣམ་ཤེས་གྲངས་མཉམ་པའི་ལུགས་དགག་པ། །ཇི་སྙེད་རྣམ་པའི་གྲངས་བཞིན་དུ། །རྣམ་པར་ཤེས་པ་ཁས་ལེན་ན། །དེ་ཚེ་རྡུལ་ཕྲན་འདྲར་འགྱུར་བ། །དཔྱད་པ་འདི་ལས་བཟློག་པར་དཀའ། །ཞེས་གསུངས་ཏེ། སྐབས་འདིར་སྔོན་གྱི་རྣམ་རིག་སྨྲ་བའི་སློབ་དཔོན་ཁ་ཅིག་དུས་ཅིག་ཅར་རིགས་མཐུན་པའི་ཤེས་པ་དུ་མ་སྐྱེ་བར་འདོད་པ་ནི་ཐ་སྙད་དུའང་མི་འཐད་ལ། རང་ལུགས་ལ་རྣམ་པའི་གྲངས་བཞིན་ཤེས་པ་དུ་མ་སྐྱེ་ཡང་རིགས་མཐུན་དུ་མི་འགྱུར་བས་རིགས་མཐུན་དུ་མ་ལྷན་ཅིག་མི་སྐྱེ་བའི་ཚུལ། རྟོག་དང་རྟོག་མེད་ཀྱི་བྱེད་པ་ཤན་ཕྱེས་ཏེ་སྔར་ཅུང་ཟད་བཀོད་པ་ལྟར་ཡིན་ལ། དེ་ལྟར་རང་ལུགས་ཀྱི་ཁས་ལེན་ཐུན་མོང་མིན་པ་དེ་ལྟར་ན་བཏགས་པའི་ཐ་སྙད་དུ་མི་འཐད་པ་ཅུང་ཟད་ཀྱང་མེད་པའི་ལུགས་འདི་དཔྱམ་ལ་མཛེས་པ་ཡིན་ནོ། །འོན་ཀྱང་སེམས་ཙམ་པའི་ལུགས་ལ་**ཇི་སྙེད་རྣམ་པའི་གྲངས་བཞིན་དུ་རྣམ་པར་ཤེས་པ**་ཡང་དུ་མར་**ཁས་ལེན་ན**་ཡང་། ཁོ་རང་གི་རྣམ་ཤེས་བདེན་གྲུབ་ནི་མི་འགྲུབ་སྟེ། དེ་ལྟར་དུ་མར་སྣང་བ་**དེ་ཡི་ཚེ**་ན། དུ་མའི་ནང་གི་གཅིག་ལའང་མཐའ་དབུས་ཕྱོགས་ཀྱི་ཆར་སྣང་བའི་རྣམ་པ་དུ་མ་ཡོད་པ་དཔེར་ན། **རྡུལ་ཕྲན**་ལ་བརྟག་པ་ཇི་འདྲ་དེ་**འདྲར་འགྱུར་བ**་ཁོན་ཡིན་ཏེ། བརྟགས་པ་དེ་རྡུལ་ལ་འཇུག་ཀྱང་ཤེས་པ་ལ་མི་འཇུག་ཅེས་པ་སོགས་ལན་གྱི་གོ་སྐབས་ཀྱང་མེད་དེ། དེ་གཉིས་སྣང་ལུགས་ལ་ཁྱད་མེད་པའི་ཕྱིར་ན་**དཔྱད་པ་འདི་ལས་བཟློག་པར་དཀའ**་སྟེ་བཟློག་མི་ནུས་སོ་ཞེས་སོ། །དེ་ལ་རང་ལུགས་རྣམ་པའི་གྲངས་བཞིན་ཤེས་པ་དུ་མ་ཡོད་པར་འདོད་པའི་དུ་མ་ནི་བཏགས་པ་ཡིན་ཀྱང་རྣམ་པ་དུ་མར་སྣང་བ་མི་འགོག་པར་རྟེན་འབྲེལ་ཙམ་དུ་ཡོད་དེ། དཔེར་ན་བུམ་པ་ལྷ་བུ་གཅིག་ལའང་ཆ་དུ་མ་དང་།

Refuting the Equal Number of Objective and Subjective Features

Second, when refuting the Equal Number of Features and Cognitions, it is said:

> *What if consciousness is claimed to be*
> *Of the same number as the features?*
> *The context is then like that of the particle—*
> *It is hard to resist such investigation. [49]*

Some past masters who were Proponents of Awareness have, in the current context, asserted the simultaneous occurrence of multiple cognitions of the same type. Yet that is not even conventionally feasible. According to our system, cognitions arise in a number equaling the features, yet since [the cognitions] are not of the same type, they are not coemerging as a multiplicity of the same type. This, along with [an explanation of how to] distinguish in terms of conceptual and non-conceptual engagement, has already been described briefly. Therefore, the extraordinary position taken by our own system is, as an imputed convention, not the least bit unreasonable. [On the contrary,] it embellishes the Middle Way.

Nevertheless, *what if*, in this system of the Mind Only, *consciousness is claimed to be of the same* multiple *number as the features*? Consciousness is not truly established. Hence, in *the context* of their appearing as a multiplicity, a single [feature] among the many will itself possess multiple features, which appear as central and peripheral parts. This context *is then* entirely *like that of* examining *the particle*. It will not be possible to reply that such an examination only applies to matter and not to cognition, for there is no difference between these two [qualities] in the way they appear. Therefore, *it is hard to resist such* an *investigation*—in fact, it is impossible.

When our own system asserts an equal number of cognitions and features, that multiplicity [of cognition] is an imputation, yet the undeniable appearances of multiple features exist as mere dependent origination. For instance, a single vase also possesses multiple parts, and each of those

ཆ་ལ་རྟུལ་ཕྲན་དུ་མ། རྟུལ་ལ་གཅིག་བདེན་གང་ཡང་མེད་བཞིན་སྣང་བཏགས་ཀྱི་བྱ་བྱེད་བསླུ་མེད་བསྙོན་མེད་དུ་འཇོག་ནུས་པ་སོགས་ཞེས་བྱ་རབ་འབྱམས་ཀུན་ཀྱང་དེ་ཁོན་འདྲ་བ་ཡིན་ནོ། །དེ་ལ་ཁྲ་བོ་འཛིན་པའི་རྣམ་པ་དུ་མའི་ནང་གི་སྔོན་པོ་ལྟ་བུ་གཅིག་ལའང་དབུས་ཀྱི་ཆ་ན་སྣང་བའི་རྣམ་པ་དེ་ལ་བར་མེད་དུ་བསྐོར་བར་སྣང་བའི་ཕྱོགས་ཆ་སོ་སོར་གཏད་པའི་ངོས་གཅིག་ཡིན་ན་ཕྱོགས་ཆར་སྣང་བའི་རྣམ་པ་རྣམས་གཅིག་ཏུ་ཐལ་བ་དང་། ངོས་སོ་སོར་ཡོད་ན་དབུས་ཀྱི་རྣམ་པའི་རང་བཞིན་གྱི་རྣམ་ཞེས་དུ་མར་ཐལ་ལོ། །བར་མེད་རིགས་གཅིག་པའི་རྟུལ་དུ་མ་བརྒྱུད་བ་ན་རགས་པ་ལ་གོང་བུ་གཅིག་ཏུ་འཁྲུལ་བ་དང་། བར་མེད་པར་དུ་མ་སྦྱངས་པའི་སྔོན་པོ་ལ་སོགས་པའི་རིག་པ་ལ་རྣམ་པ་གཅིག་ཏུ་འཁྲུལ་ཞེས་བྱ་བ་འདི་ལ་བྱེ་བྲག་ཟེ་ཡོད་དེ། སྔོན་པོ་སོགས་བར་མེད་དུ་སྣང་བ་དེ་ཉིད་ཁ་ཅིག་གིས་རྟུལ་ཕྲ་རབ་ཀྱི་བདག་ཉིད་དུ་ཁས་བླངས་ལ། གཞན་རིག་པའི་ངོ་བོར་འདོད་པ་ཙམ་ལས་ཕྱོགས་ཀྱི་ཆ་དང་བཅས་པར་སྣང་ཞིང་ཕྱོགས་སོ་སོ་བ་གཅིག་ཡིན་པར་ནི་སུས་འདོད་མི་ནུས་པས་དཔྱད་པ་འཇུག་པའི་སྐྱོན་མཚུངས་པ་ཉིད་ལས་མི་འདའོ། །རིགས་མཐུན་ནམ་མི་མཐུན་པ་གང་ཡིན་ཀྱང་བར་མེད་དུ་སྣང་བའི་དོན་སྣང་གི་རྣམ་པ་ཐམས་ཅད་ལ་བརྟག་པ་འདི་འདྲ་གོ། །གསུམ་པ་སྣ་ཚོགས་གཉིས་མེད་པ་དགག་པ་ལ། སྤུན་འབྲིན་གྱི་དམ་བཅའ་འགོད་པ་དང་། དེའི་འཐད་པ་སྒྲུབ་པའོ། །དང་པོ།

parts has multiple particles. Although the particles do not possess the least bit of true singularity, the unfailing and undeniable functionings of the apparent and the designated can still be set forth. And so on, by extension—the boundless objects of cognition are all exclusively like that.

In terms of a single [feature] such as blue among the many features of a perception of multicolor, particular sides of the feature that appears in the central part will face the appearances of surrounding parts without an interstice. If [those sides] are the same, then all the features that appear as the surrounding parts must in consequence become the same. If the sides are different, then the consciousness that is the nature of the central feature will, in consequence, become multiple.

What difference does it make here whether we say that because of apprehending multiple particles of the same type without an interstice, the coarse is mistakenly taken to be a single mass, or that blue and so forth are an awareness of multiple experiences without interstice, which is mistakenly taken to be a single feature? Some hold that what appears as uninterrupted blue and so forth is an identity of the most subtle particles, while others assert [them to be] an essence of cognition. Apart from that, [everyone agrees that] what appears has divisions in terms of the directions, while no one can maintain that the separate sides are one. The investigation is, therefore, equally applicable [to both assertions], and no one will avoid error. This examination applies to all features of objects manifest without interstice—whether of the same or different type.

Refuting the Non-Dual Diversity

Third, the refutation of the Non-dual Diversity includes: 1) constructing the discrediting thesis, and 2) establishing its rationale.

Constructing the Discrediting Thesis

First, it is said:

གལ་ཏེ་སྣ་ཚོགས་དེ་གཅིག་ན། །ནམ་མཁའི་གོས་ཅན་ལུགས་སམ་ཅི། །སྣ་ཚོགས་གཅིག་པའི་རང་བཞིན་མིན། །རིན་ཆེན་སྣ་ཚོགས་ལ་སོགས་འདྲ། །ཞེས་གསུངས་ཏེ། གང་དག་ནོར་བུ་གཟི་བཞིན་དུ་རྣམ་པར་ཤེས་པ་གཅིག་པོ་ནས་སྣ་ཚོགས་ཀྱི་ངོ་བོ་བཟུང་ངོ་ཞེས། **གལ་ཏེ་**རྣམ་པ་**སྣ་ཚོགས་**ཡོད་ཀྱང་**དེ་**ཀུན་ཤེས་པ་**གཅིག་**གི་རང་བཞིན་ཡིན་**ན་**དངོས་ཀུན་གཅིག་ཡིན་ནོ་ཞེས་དུམ་གཅིག་པར་སྨྲ་བ། གོས་མེད་པས་ན་**ནམ་མཁའི་གོས་ཅན་**ཞེས་བཏགས་པ་གཅེར་བུ་པའི་**ལུགས་སམ་ཅི་**ཞིག་སྙེ། སྣ་ཚོགས་པའི་དངོས་པོ་ནི་དུམ་ཡོད་པའི་དབང་གིས་ཡིན་ན་དེ་གཅིག་ཏུ་ག་ལ་རུང་སྙེ། དེས་ན་**སྣ་ཚོགས་**པ་དག་**གཅིག་པའི་རང་བཞིན་**དུ་བདེན་པ་**མིན་**ཏེ། དཔེར་ན། གསེར་དངུལ་བྱི་རུ་མུ་མེན་ལ་སོགས་པ་**རིན་ཆེན་སྣ་ཚོགས་**པ་དང་**ལ་སོགས་**པའི་སྐྱེས་སེམས་རྒྱུད་སྣ་ཚོགས་ལ་ཡོད་པའི་ཤེས་པའི་རང་བཞིན་དང་**འདྲ**འོ། །ཞེས་སོ། །དེ་ལ་གཅེར་བུ་པ་དང་འདི་གཉིས་སྣ་ཚོགས་ལ་གཅིག་ཏུ་བཟུང་བར་འདྲ་བ་དང་། དེ་བཞིན་གསང་བ་པས་ཀྱང་ཐམས་ཅད་ཤེས་པའི་རང་བཞིན་དུ་སྨྲ་ཡང་འདིས་རྣམ་ཤེས་གཅིག་པུ་མི་འདོད་པར་ཚོགས་བརྒྱུད་འདོད་ལ། དེའང་འགྲོ་བ་སོ་སོའི་རྒྱུད་ལ་རེ་རེ་བཞིན་ཡོད་པ་དང་དེའང་སྐད་ཅིག་མར་འདོད་ལ། གསང་བ་པས་རྣམ་ཤེས་གཅིག་པུ་རྟག་པ་འགྲོ་བ་ཐམས་ཅད་ལ་ཐ་དད་དུ་མེད་པར་འདོད་པའི་ཁྱད་པར་ཙམ་མོ། །དེས་ན་སྤྱན་འབྱེན་འདི་ཐུན་མོང་དུ་ཡིན་པར་བཤད་དོ། །དེའང་རྩོད་ངག་ཡན་ལག་གཉིས་ལྡན་དུ་འགོད་ན། གང་སྣ་ཚོགས་སུ་སྣང་བ་དེ་གཅིག་པུར་བདེན་པ་མ་ཡིན་པས་ཁྱབ། དཔེར་ན། རིན་ཆེན་སྣ་ཚོགས་ལ་སོགས་པ་བཞིན། རྣམ་པར་ཤེས་པ་འདིའང་སྣ་ཚོགས་པ་ཡིན་ནོ། །ཞེས་སོ། །དེ་ལ་རྟགས་འདི་རང་བཞིན་འགལ་བ་དམིགས་པ་ཡིན་ཏེ། གཅིག་པུའི་རང་བཞིན་དང་འགལ་བ་སྣ་ཚོགས་པ་དག་ཉེ་བར་དམིགས་པ་རྟགས་སུ་བཀོད་པ་ཡིན་ནོ། །དཔེ་འདི་གཅེར་བུ་པའི་ལུགས་ལ་ཡིན་གྱི། སེམས་ཙམ་པ་ལ་རིན་པོ་ཆེ་མ་གྲུབ་པའི་དཔེ་སེམས་རྒྱུད་སྣ་ཚོགས་ལ་ཡོད་པའི་ཤེས་པ་བཞིན་ནོ་ཞེས་འགོད་པར་ཀ་མ་ལ་ཤཱི་ལས་གསུངས་སོ།

If the diverse are one,
Would this then be the Way of the Sky-clad?
The diverse are not of the same nature,
As is the case with diverse riches and so forth. [50]

What is addressed here is the claim that it is exclusively a single consciousness that apprehends the various essences similarly to the [apprehension of a] precious agate stone. *If there* are *diverse* features, which nevertheless *are* all of the nature of *one* consciousness, *would this then be the Way of* the Nude, *the Sky-clad* ones (so called since they do not wear any clothes), who maintain that all entities are one? Entities are diverse because they have multiple [features]. How could they appropriately be singular? *The diverse are,* therefore, *not* truly *of the same nature,* just *as is the case with,* for instance, *diverse riches* like gold, silver, red coral, sapphire, *and so forth* (thereby also alluding to the cognitive nature present in diverse mind-streams).

The Nude and the present [Mind Only proponents of Non-dual Diversity] are similar in this regard, for they believe in a unity of the diverse. The Secretists similarly hold that everything is the nature of consciousness, yet the present [system] does not assert one sole consciousness, but eight collections, which furthermore are momentary and exist separately in the individual mind-stream of each wandering being. The Secretists posit a singular and permanent consciousness that pervades all beings without distinction. That is the entire difference. Therefore, this is taught as a common [way of] discrediting [all such systems].

Let us arrange the argument further by means of two factors: it follows that what appears as diversity cannot truly be singular, as is the case with, for example, diverse riches and so forth. And this consciousness is also diverse. This evidence is one of 'observation of incompatible natures', for what is arranged as evidence is the observation of diversity, which is incompatible with a singular nature.

Kamalaśīla explains that this example is applicable to the system of the Nude, while one must argue against the Mind Only proponents for whom [material] riches are not established by saying, "As is the case with

།འོན་ཀྱང་སྣང་ཚུལ་གྱི་དབང་དུ་ན་རིན་ཆེན་སྣ་ཚོགས་བཀོད་ཀྱང་མི་འགལ་ལོ། །གཉིས་པ་འཐད་པ་ནི། སྣ་ཚོགས་གཅིག་པའི་རང་བཞིན་ན། །སྣ་ཚོགས་ངོ་བོར་སྣང་བ་དང་། །བསྒྲིབས་དང་མ་བསྒྲིབས་ལ་སོགས་པ། །ཐ་དད་འདི་ནི་ཇི་ལྟར་འགྱུར། །ཞེས་**སྣ་ཚོགས**་པའི་རྣམ་པ་ཐམས་ཅད་ངོ་བོ་**གཅིག་པའི་རང་བཞིན**་ཡིན་ན། འདི་ལྟར་རང་བཞིན་མི་མཐུངས་པ་**སྣ་ཚོགས**་ཀྱི་**ངོ་བོར་སྣང་བ་དང་**། ལ་ལ་ནི་**བསྒྲིབས**་པ་**དང་**། ལ་ལ་**མ་བསྒྲིབས**་པ་དང་། ལ་ལ་སྐྱེ་བ་དང་། ལ་ལ་འགག་པ་**ལ་སོགས་པ**་མངོན་ན་མི་འདྲ་བའམ། **ཐ་དད**་པ་དག་ཏུ་སྣང་བ་**འདི་ནི་ཇི་ལྟར་འགྱུར**་ཏེ། དཔེ་རིན་པོ་ཆེ་གཟི་ལ་སོགས་པ་ལ་ལའང་ཐ་དད་པའི་ངོ་བོ་གཅིག་ཏུ་འདྲེས་པ་ལྟ་བུར་གྱུར་ན་ཐ་དད་པའི་ཆ་ཡང་དམིགས་པར་ག་ལ་རུང་། གང་གནོད་མེད་ཀྱིཿཞེས་ངོར་ཐ་དད་དུ་སྣང་བ་དེ་དག་ཐ་དད་དུ་གྲུབ་པ་ལ་འགྲུལ་པ་མེད་དེ། རིན་ཆེན་ཐ་དད་པ་དང་མཚུངས་སོ། །ཐ་དད་མིན་ན་གཅིག་རྟོག་པས་ཐམས་ཅད་རྟོག་པར་ཐལ་བ་དང་། གཅིག་གཡོ་བས་ཐམས་ཅད་གཡོ་བ། གཅིག་སྐྱེ་བས་ཐམས་ཅད་སྐྱེ་བ་སོགས་སུ་འགྱུར་བ་ཡིན་ནོ། །གཉིས་པ་རྣམ་བརྫུན་པའི་ལུགས་དགག་པ་ལ། འདོད་པ་བརྗོད་པ་དང་། དེ་དགག་པ་གཉིས། དང་པོ། ཅི་སྟེ་ངོ་བོ་ཉིད་དུ་དེའི། །རྣམ་པ་འདི་དག་མེད་པ་སྟེ། །ཡང་དག་ཏུ་ན་རྣམ་མེད་པའི། །རྣམ་པར་ཤེས་ལ་ནོར་བས་སྣང་།

the cognitions present in diverse mind-streams." Nevertheless, when considering the apparent way, it is not contradictory to speak of diverse riches [in terms of the Mind Only either].

Establishing the Rationale

Second, concerning the rationale:

If the diverse are of the same nature,
Then how does what appears as diverse essences,
Veiled and unveiled and so forth,
Become this distinct? [51]

If all *the diverse* features *are of the same* essential *nature, then how does what appears as diverse essences* of different natures—some *veiled and* some *unveiled,* some arising and some ceasing, *and so forth—become,* in short, *this* different and *distinct*? Also, in terms of the example of the agate stone and so forth, if as it were, distinct essences had mingled as one, then how could someone ever feasibly observe distinct aspects? When things appear distinct to an unimpaired cognition, their being distinct is no delusion, just as [in the example of] distinct riches. If there were no distinctions, then the concept of one would in consequence be the concept of all, the movement of one the movement of all, and the arising of one the arising of all. This would be the outcome.

Refuting the System of False Features

Second, refuting the System of False Features includes: 1) stating the assertion, and 2) refuting it.

Stating the Assertion

However, within the very essence
These, its features, do not exist,
But are apparent by mistake to a consciousness
That in reality is devoid of features. [52]

།ཞེས་**ཅི་སྟེ་**ཞེས་པ་རང་གི་གཞིས་སམ་**ངོ་བོ་ཉིད་དུ་**ནི་ཞེས་པ་**དེའི་རྣམ་པ་འདི་དག་**ཀྱང་**མེད་པ་སྟེ།** རྣམ་པར་ཤེས་པ་རང་གི་ངོ་བོ་རྣམ་པ་ཀུན་དང་བྲལ་བ་ཤེལ་སྒོང་དག་པ་ལྟ་བུ་ཞིག་ཏུ་འདོད་ལ། འོ་ན་སྣ་ཚོགས་པ་རྣམ་པའི་འདི་སེམས་ལ་སྣང་བ་མ་ཡིན་ནམ་ཞེ་ན། སྣང་མོད་ཀྱི་**ཡང་དག་**པའི་དོན་**དུ་ན་རྣམ་**པ་**མེད་པའི་རྣམ་པར་ཤེས་**པ་**ལ་**འཁྲུལ་པའམ་**ནོར་བས་སྣང་**བ་ཡིན་ཏེ། དཔེར་ན། སྔགས་ལ་སོགས་པས་དཀྲུགས་པའི་མིག་ཅན་རྣམས་ཀྱིས་འཇིམ་དུམ་སོགས་ལ་རྟ་གླང་དུ་སྣང་བ་བཞིན་ནོ། །དེས་ན་རྣམ་པ་དེ་དག་སེམས་ཀྱི་རང་བཞིན་དུ་ཁས་མ་བླངས་པར་མཁའ་ལ་སྐྲ་ཤད་ཀྱི་སྣང་བ་ལྟ་བུ་བརྫུན་པ་ཡིན་པས་ན་སེམས་དེ་སྙིད་ཀྱི་གྲངས་སུ་འགྱུར་བ་མ་ཡིན་ཏེ། རྣམ་པ་རྣམས་བདེན་ན་གཅིག་ཏུ་འགལ་ཡང་། བརྫུན་པ་ལ་གཅིག་ཐ་དད་སོགས་ཀྱི་འགལ་བ་མེད་པ་དེས་ན་གོང་གི་རྣམ་བདེན་པ་ལ་བརྗོད་པའི་སྐྱོན་ཐམས་ཅད་མེད་པར་གསལ་རིག་གི་ཤེས་པ་བདེན་གྲུབ་ཏུ་ཁས་བླང་བས་ཆོག་གོ་སྙམ་ན། །གཉིས་པ་དེ་དགག་པ་ལ། དགག་པ་མདོར་བསྟན། དེའི་དོན་རྒྱས་པར་བཤད། །དེ་ལ་སྐྱོན་སྤོང་གི་ལན་དགག་པ་གསུམ། དང་པོ། གལ་ཏེ་མེད་ན་ཇི་ལྟ་བུར། །དེ་དག་འདི་ལྟར་གསལ་བར་ཚོར། །དེ་ཡི་དངོས་ལས་ཐ་དད་པའི། །ཤེས་པ་དེ་འདྲ་མ་ཡིན་ནོ། །ཞེས་གསུངས་ཏེ། **གལ་ཏེ་**རྣམ་པ་དེ་དག་**མེད་ན་**ཚུལ་**ཇི་ལྟ་བུར་**རྣམ་པ་**དེ་དག་**བྲིས་ནས་མཁས་པའི་བར་གྱིས་**འདི་ལྟར་**མངོན་སུམ་བསླུ་མེད་བསྙོན་མེད་དུ་**གསལ་བར་**ཉམས་སུ་མྱོང་ཞིང་**ཚོར་**བ་འདི་འཐད་པར་འགྱུར་རམ། གང་མེད་པ་དེ་དག་ཉམས་སུ་མྱོང་བ་མེད་པས་ཁྱབ་སྟེ།

It may then be thought: "*However, within the very essence* or basic nature of cognition itself, even *these, its features, do not exist,* for it is held that the essence of consciousness is free from all features, like a pure crystal sphere. Were someone to ask whether, in that case, these diverse features do not appear to the mind, [it would be replied that they] indeed do appear. *But* they *are apparent* due to delusion, or *by mistake, to a consciousness that in* actual *reality is devoid of features,* just as, for instance, a clay ball may appear as horses and elephants to those whose vision has been distorted by a spell or the like. Hence, we do not hold that the features are of a mental nature. They are as false as hair tufts in space, and accordingly, the mind does not turn out to be of a number equaling the [features]. If the features were true, the oneness [of cognition] would be contradicted, yet that which is false is beyond incompatibility in terms of oneness, distinctions, and so forth. None of the faults expressed above against the Proponents of True Features are relevant here, and one may, therefore, safely claim the true establishment of clear and aware cognition."

Refuting the False-Feature Assertion

Second, refuting this includes: 1) briefly presenting the refutation, 2) elaborating on its implications, and 3) refuting the defense.

Brief Presentation of the Refutation

First, it is said:

> *If these do not exist,*
> *Why are they felt this clearly?*
> *Cognition is not*
> *Something separate from the entity. [53]*

If these features *do not exist,* then *why,* in this way, *are they felt* and experienced *this clearly*—unfailingly and undeniably in the direct perception of everyone from the infant to the scholar? Could this be feasible? It follows that when something does not exist, it cannot be experienced—just as the

རི་བོང་རྭས་ཕུག་པའི་རིག་བྱ་དང་། ནམ་མཁའི་མེ་ཏོག་གི་དྲི་དང་། མོ་གཤམ་གྱི་བུའི་གཟུགས་ཉམས་སུ་མྱོང་མི་སྲིད་པ་བཞིན་ནོ། །དེ་ལ་རྣམ་བརྫུན་པ་དག་གིས་སྣང་ངོའི་རྣམ་པ་འདི་གཏན་ནས་མི་འཆར་བར་ཁས་བླང་མི་ནུས་པས་དེ་སྣང་དོན་མེད་ཟེར་བ་མ་ཡིན་པས། མེད་ཀྱང་ཉམས་སུ་མྱོང་བ་ཙམ་ཡོད་པར་འཐད་དེ་སྐྲ་ཤད་མེད་ཀྱང་དེ་བློ་ངོར་འཆར་རྒྱུ་ཡོད་པ་བཞིན་ནོ་སྙམ་པའོ། །དེ་མི་འཐད་དེ་འདི་ལྟར་ཞིབ་པར་དཔྱད་ན་གང་སྣང་ཐམས་ཅད་སེམས་ལ་སྣང་བ་ཙམ་ལས་གཞན་དུ་འོས་མེད་པས། ཞེས་རྣམ་གཉིས་ཀ་སེམས་ཡིན་པར་འདྲ་མོད། ལྟོས་ནས་ཕྱི་ནང་འཛིན་པའི་ཞེས་པ་དང་། གཟུང་བའི་རྣམ་པ་གཉིས་སུ་ཐ་སྙད་གདགས་རུང་ནའང་། དེ་གཉིས་ལྟོས་ནས་བློས་ཕྱེ་བ་ཙམ་མ་གཏོགས་ངོ་བོ་གཅིག་པས་བཟང་ངན་བདེན་བརྫུན་ཡོད་མེད་ལ་སོགས་པའི་ཁྱད་པར་ཅིའང་མེད་དེ་གཅིག་མེད་ན་གཅིག་མེད་དགོས་པ་ཡིན་པ་ལ། རྣམ་བརྫུན་པས་ཤེས་པ་ནི་ཡོད་ལ། རྣམ་པ་ནི་མེད་དོ་ཞེས་ཡོད་མེད་ཀྱི་ཁྱད་ཕྱེས་པ་ཡིན་ཏེ། དེའང་སེམས་ཙམ་སྤྱིའི་ལུགས་ལ་ཤེས་པ་ལས་རྫས་གཞན་དུ་གྲུབ་པའི་དངོས་པོ་ཞིག་ཁས་བླངས་ན་སེམས་ཙམ་གྱི་རབ་ལས་འདའ་བས་དེ་འདྲ་སུས་ཀྱང་ཁས་མི་ལེན་པས། ཆོས་གང་ཡོད་ན་ཤེས་པའི་བདག་ཉིད་དུ་ཡོད་དགོས་པ་ཡིན་ཀྱང་། རྣམ་བརྫུན་པ་འདིས་རྣམ་པ་དེ་ཤེས་པའི་རང་བཞིན་དུ་མི་འཐད་པར་བལྟས་ནས་དེ་མེད་ཅེས་སྨྲ་བ་ཡིན་ཏེ། དེ་མེད་ཅེས་མ་བཞག་ན་ཡོད་ན་ཤེས་པ་ལས་རྫས་གཞན་དུ་ཡོད་པར་མི་རིགས་ལ། ཤེས་པ་དང་རྫས་གཅིག་ཏུ་ཡོད་ན་རྣམ་བདེན་པ་དང་ཁྱད་པར་མེད་པར་འགྱུར་བའི་ཕྱིར། རྣམ་པ་མེད་པའམ། རྣམ་པ་ཤེས་པའི་རང་བཞིན་དུ་མི་བདེན་པའམ། རྣམ་པ་བརྫུན་ལ་ཤེས་པ་བདེན་པར་ཁས་ལེན་པའོ། །དེ་ལ་རྣམ་བརྫུན་པ་ཁྲོད་ཀྱིས་རྣམ་པ་མེད་ཅེས་ཟེར་བ་ལྟར་རྣམ་པ་དེ་མེད་དུ་ཆུག་ནའང་།

texture of a piercing rabbit horn, the smell of a sky flower, or the body of the barren woman's son cannot possibly be experienced. Since the Proponents of False Features cannot claim that the perceived features do not arise at all, they now argue: "We do not say that there are no features apparent from the cognitive perspective. It is still feasible to experience something that does not exist, just as hair tufts can appear from the mind's perspective, even though they do not exist."

That is unreasonable. Once one undertakes a subtle investigation, all that may appear is simply mental appearance, and cannot appropriately be anything else. Cognition and the features are certainly alike in both being mind. When mutually differentiated, the conventions of apprehending cognition and apprehended feature may appropriately be applied, yet the two are merely distinguished interdependently by conceptual mind. Since they are of a single essence, they are not the least different in terms of good and bad, true and false, existence and nonexistence, and so forth. When one does not exist, the other cannot exist either.

The Proponents of False Features make a distinction in terms of existence and nonexistence, contending that while cognitions exist, the features do not. Since asserting any entity of a substance other than cognition would be transgressing the confines of Mind Only, no one within the general system of Mind Only would make such an assertion. Accordingly, any existent phenomenon must exist as an identity of cognition. Yet, considering it infeasible for the features to be the nature of cognition, the Proponents of False Features will claim the [features] to be nonexistent. If they did not classify them as nonexistent, but as existent instead, such existence of a substance other than cognition would be untenable. Moreover, if [they held that the features were] of the same substance as cognition, then [the position] would be no different from [that of] the Proponents of True Features. They therefore claim that the features are nonexistent, or that the features are not true as the nature of cognition, or that the features are false while cognition is true.

To such [a claim it is replied]: You, Proponents of False Features, let us, in accordance with your contention of no features, assume that the

འོན་ཀྱང་ཡོད་པར་འདོད་པའི་ཤེས་པ་ཤེལ་སྒོང་འདྲ་བ་དེ་ག་རང་གྲོགས་མེད་གཅིག་པུ་འབའ་ཞིག་ལས་རྣམ་པ་སྣ་ཚོགས་ཀྱི་རྣམ་པ་གསལ་ཞིང་ཉམས་སུ་མྱོང་བ་ག་ལ་སྲིད་དེ། རྣམ་པ་མེད་ན་ཤེས་པ་དེ་གང་ལ་དམིགས་ནས་དེའི་བདག་ཉིད་ཅན་དུ་སྐྱེ་བར་འཐད་དམ་སོམས་ཤིག །དཔེར་ན། མཁའ་ལ་སྐྲ་ཤད་སྣང་བའི་ཚེ། སྐྲ་ཤད་མེད་ཀྱང་སྐྲ་ཤད་དུ་སྣང་བ་དེ་ཤེས་པ་ཉིད་སྐྲ་ཤད་ཀྱི་རྣམ་པར་སྣང་བ་ཡིན་ནོ་ཞེས་སྨྲས་ན། སྐྲ་ཤད་མེད་ཀྱང་དེར་སྣང་གི་མྱོང་བ་ཙམ་ཡོད་པ་མི་འགལ་ཡང་། སྐྲ་ཤད་དུ་སྣང་པའི་རྣམ་པ་དེའང་མེད་ཟེར་ན། རང་བློ་སྐྲ་ཤད་ཀྱི་རྣམ་པ་ཅན་དུ་སྐྱེས་པའི་མྱོང་བ་དེའང་གཏན་ནས་མེད་དགོས་པ་དང་འདྲ་བ་ཡིན་ནོ། །དེས་ན་རྣམ་པ་མེད་ཟེར་བ་དང་། རྣམ་པ་ཅིའང་འཆར་མི་སྲིད་པར་ཁས་བླངས་པ་གཉིས་སྐབས་འདིར་མགོ་མཉམ་སྙམ། ཅིའང་མ་ཤར་ན་རྣམ་པ་མེད་པ་ཡིན་གྱི། གལ་ཏེ་རྣམ་པ་ཞིག་ཤར་ཕན་ཆད་དེ་ཉིད་རྣམ་པ་ཡིན་ལ་ཤེས་པའང་ཡིན་གྱི། ཤེས་པ་མ་ཡིན་ཞེས་གཞག་མི་རུང་ངོ་། །ཤེས་པ་མ་ཡིན་ན་ཤེས་པའི་ངོ་བ་ལས་འདས་པའི་མོ་གཤམ་གྱི་བུའི་ཁ་དོག་བཞིན་དུ་ཤེས་པ་གང་གི་ཡང་ཡུལ་དུ་འགྱུར་མི་སྲིད་པ་ནི་སྨྲ་བཏང་ངོ་། །དེས་ན་འདི་ལྟར་ཤིན་ཏུ་གསལ་པོར་མྱོང་བ་གང་ཡིན་པ་དེ་ནི་རྫུན་ལ་ཉམས་སུ་མྱོང་བ་མེད་པ་གང་ཡིན་པ་དེ་ནི་བདེན་ནོ་ཞེས་པ་འདི་ལ་ལེགས་པར་སྨྲས་པ་ཅི་ཞིག་ཡོད་དེ་མེད་དོ། །མདོར་ན་ཤེས་རྣམ་ཐ་དད་དུ་ལྟོས་ནས་ཕྱེ་བ་ཙམ་ཡིན་གྱི། དངོས་སུ་ཁྲུད་ཕྱེས་ན་ཡོད་མེད་ཅིག་རྣམ་པ་ཀུན་ཏུ་འཛོག་མི་ནུས་ཏེ། རྣམ་པ་ཞེས་པ་ཤེས་པས་ཡུལ་སོ་སོར་རིག་པའི་གསལ་རིག་གི་ཆ་ཙམ་ལས་ལོགས་སུ་དབྱེ་བ་མེད་པས་ན། རྣམ་པ་**དེ་ཡི་དངོས་ལས་ཐ་དད་པའི་ཤེས་པ**་ཡན་གར་བ་**དེ་འདྲ**་ཞིག་རྣམ་པ་ཀུན་ཏུ་སྲིད་པ་**མ་ཡིན་ནོ**། །དེས་ན་མེད་པ་མི་སྣང་བའི་ཐལ་བ་འཛུག་ཚུལ་འདི་ཤན་ཕྱེད་ནས་ཞིབ་མོར་བསམ་པ་གལ་ཆེ་སྙམ། གཞན་དུ་ངོ་བོ་མེད་པ་ཙམ་ལ་བཟུང་ནས་གཏོལ་མེད་དུ་འདུག་པ་གང་དག་མཐར་རང་ལའང་མཚུངས་པའི་ལྟག་ཆོད་སླ་བ་རྣམས་ནི་ཕྲ་ཞིང་ཞིབ་པ་དབུ་མའི་ལམ་ལས་རྒྱང་རིང་བ་ཡིན་ནོ། །དེ་ལྟར་ན་སེམས་ཙམ་མཚན་ཉིད་པ་ནི་རྣམ་བདེན་པ་ཡིན་པས་རྣམ་བདེན་པ་འདི་གཞུང་བསྐྱིང་ཞིང་།

features do not exist. Still, how could the cognition that is similar to a crystal sphere, unaccompanied and utterly solitary, and which you assert does exist, possibly cognize and experience such a diversity of features? If there are no features, is it then feasible that the cognition arises with the identity of what it observes? Think about that.

When, for instance, a strand of hair appears in space, it may be held that although there is no hair strand, its appearance is cognition itself appearing with the features of that. In that case the hair strand's lack of existence will not contradict the existence of a mere experience of such. Yet, if it is said that not even the features of the appearance of the hair strand exist, then the experience that arises [in] one's mind with the features of a strand of hair cannot have any existence whatsoever. Similarly, saying that no features exist and claiming that no features manifest at all will, at this point, amount to the same thing. If nothing whatsoever has manifested, no features exist. Yet once some feature has arisen, that feature will, by being a feature, be cognition just as well. It cannot suitably be classified as anything else. It is generally [understood] that just as the complexion of the barren woman's son lies beyond the confines of cognition, something that is not cognition will not become the object of any cognition whatsoever. Therefore, tell me what good there is in calling that which we experience with such utter clarity false, while maintaining that what is not experienced is true? There is nothing [of value to that claim].

In short, separate features and cognitions are merely distinguished in dependency. One will never succeed in setting forth any actual distinction in terms of existence and nonexistence. The so-called feature is nothing other than simply the clear and aware aspect of cognition's receptivity to various objects. *Cognition is not,* under any circumstances, *something* that is isolated and *separate from the entity* that is the feature.

Therefore, it is important to examine and carefully contemplate the applicability of this consequence of the non-appearance of the nonexistent. The incapable ones who, thinking in terms of simply an absence of essence, will voice illogical objections that in the end [apply] equally to themselves are far from the fine and subtle path of the Middle Way. Therefore, since the genuine proponents of Mind Only are the Proponents of True

རྣམ་བརྟེན་པ་ཕྱི་དོན་སེམས་སྣང་མི་བདེན་པར་འདོད་པས་བདེན་སྟོང་ལ་ཅུང་ཉེ་བས་དབུ་མ་དང་། མཚམས་སྦྱོར་ལྟ་བུ་ཡིན་པས་གོ་རིམ་གྱིས་འདི་གོང་མར་བཞག་ཀྱང་། ཐ་སྙད་ལ་མི་འཐད་པ་ཆེན་པོ་འོང་བས་ཐ་སྙད་རྣམ་བདེན་པ་ཁོ་ན་ལྟར་ཁས་བླང་བར་བྱ་བ་ཡིན་ནོ། །དེ་ལྟར་རྟ་བའི་གནད་ཟིན་ན་དགག་པ་འོག་མ་རྣམས་སྣང་དེའི་ཚུལ་གྱིས་བདེ་བླག་ཏུ་ཤེས་ནུས་སོ། །གཉིས་པ་རྒྱས་བཤད་ལ་རྣམ་པ་མེད་པ་མི་འཐད། འཛིན་རྣམ་རྐྱང་པ་མི་འཐད་པའོ། །དང་པོ་ལ་ཡུལ་ཤེས་ཚུལ་ལ་བརྟགས་ན་མི་འཐད། འབྲེལ་པ་ལ་བརྟགས་ན་མི་འཐད། རྒྱུ་ལ་བརྟགས་ན་མི་འཐད་པའོ། །དང་པོ་ལ་སྤྱི་དང་བྱེ་བྲག་གཉིས། དང་པོ། འདི་ལྟར་གང་ལ་དངོས་གང་མེད། །དེ་ལ་དེ་ཤེས་ཡོད་མ་ཡིན། །བདེ་བ་མིན་ལ་བདེ་སོགས་དང་། །དཀར་བ་རྣམས་ལའང་མི་དཀར་བཞིན། །ཞེས་གསུངས་ཏེ། **འདི་ལྟར**ཡུལ་དང་ཡུལ་ཅན་གཉིས་སུ་ཕྱེ་བའི་ཡུལ་**གང་ལ་དངོས**་པོ་**གང་**ཞིག་**མེད**་པར་གྱུར་པ་ན། ཡུལ་ཅན་གྱིས་ཤེས་པས་ཀྱང་རང་སྟོབས་ཀྱི་ཡུལ་**དེ་ལ**་མེད་པའི་དངོས་པོ་**དེ་ཤེས**་པར་བྱར་**ཡོད**་པ་**མ་ཡིན**་ཏེ། དཔེར་ན་**བདེ་བ་མིན**་པ་སྡུག་བསྔལ་**ལ་བདེ**་བ་དང་**སོགས**་པའི་སྐྱུས་བདེ་བ་ལ་སྡུག་བསྔལ་དུ་ཤེས་པར་བྱར་མེད་པ་**དང**།

Features, their position is of solid bearing. [Yet,] by not holding external objects to be true as mind, the Proponents of False Features are a bit closer to the emptiness of truth, and so they form, as it were, a connecting link to the Middle Way. For that reason they are classified as a higher stage in the progression. Nevertheless, since in terms of conventions, great irrationality is evident [in the false-feature system], one must exclusively make conventional claims in accordance with the true-feature proponents. In this way, once the fundamental key point has been comprehended, the refutations below can easily be understood in the same way.

Elaborating on the Implication of the Refutation

Second, the elaborate explanation includes: 1) the irrationality in terms of nonexistent features, and 2) the irrationality in terms of subjective features alone. The first includes: 1) the irrationality when examining how objects are cognized, 2) the irrationality when examining the relationship, and 3) the irrationality when examining the cause. The first is divided into: 1) general, and 2) particular [demonstrations].

General Demonstration

First, it is said:

> *Thus, where there is no entity,*
> *There will not be any cognition of such.*
> *Just as not pleasure as pleasure, and so forth,*
> *Or white as not white. [54]*

Thus, where, concerning an object as distinguished in the subject-object dichotomy, *there is no entity, there will* likewise *not be any* subjective *cognition of such* an entity, for there is nothing there that could [produce that cognition]. *Just as*, for example, that which is *not pleasure* but pain is not cognized *as pleasure*; and (as implied by the words '*and so forth*') just as pleasure is not cognized as pain. *Or*, likewise, just as objects that

དེ་བཞིན་དུ་ཡུལ་**དཀར་བ་རྣམས་ལའང་མི་དཀར་བ**་ནག་པོར་ཤེས་སུ་མི་རུང་བ་**བཞིན**་ནོ་ཞེས་སྦྱོར་བསྟན་ནས། །གཉིས་པ་བྱེ་བྲག་ལ། དངོས་སུ་ཤེས་པ་མི་འཐད། །བཏགས་ཙམ་དུའང་ཤེས་པ་མི་འཐད་པའོ། །དང་པོ། རྣམ་པ་འདི་ལ་ཤེས་པའི་དོན། །དངོས་སུ་འཐད་པ་མ་ཡིན་ཏེ། །ཤེས་པའི་བདག་དང་བྲལ་བའི་ཕྱིར། །ནམ་མཁའི་མེ་ཏོག་ལ་སོགས་བཞིན། །ཞེས་གསུངས་ཏེ་དེ་ལ་ཤེས་པས་ཡུལ་ཤེས་ཚུལ་ལ་དངོས་སུ་ཤེས་པའམ། བཏགས་པའི་ཚུལ་གྱིས་ཤེས་པ་གང་རུང་ལས་འདའ་མི་སྲིད་ལ། དངོས་སུ་ཤེས་པ་ནི་རྣམ་ཤེས་བེམ་པོའི་རང་བཞིན་ལས་ལོག་པའི་བདག་ཉིད་ཡུལ་གང་གི་རྣམ་པར་གསལ་ཞིང་རིག་པར་སྐྱེས་པ་ལ་དངོས་སུ་རིག་པ་ཞེས་བྱ་ཞིང་། དོན་སྨྲ་བའི་འདོད་པ་ལྟར་ཡུལ་བུམ་པ་ལྟ་བུ་དངོས་སུ་མ་རིག་ཀྱང་ཕྱི་དོན་གྱི་སྟོབས་ཀྱིས་དེ་དང་འདྲ་བར་དེར་སྣང་གི་ཤེས་པ་སྐྱེས་པ་ལ་ཡུལ་རིག་པར་ཐ་སྙད་བཏགས་པ་ཡིན་ནའང་། རྣམ་མེད་པའི་ལུགས་ལ་དེ་གཉིས་གང་ཡང་མི་སྲིད་དེ། དང་པོ་འདི་ལྟར་མངོན་སུམ་གསལ་པོར་སྣང་བ་སྔོ་སེར་སོགས་ཀྱི་**རྣམ་པ་འདི་ལ**། འདི་དང་འདིའོ་ཞེས་མངོན་སུམ་རིག་ཅིང་**ཤེས་པའི་དོན་དངོས་སུ་འཐད་པ་མ་ཡིན་ཏེ**། དངོས་སུ་ཤེས་པ་ནི་ཤེས་པའི་རང་བཞིན་དང་གཅིག་པའི་ཚུལ་གྱིས་ཤེས་དགོས་ན། ཁྱོད་ཀྱི་ལུགས་ལ་རྣམ་པ་དེ་ཤེས་པ་མ་ཡིན་པར་ཁས་ལེན་པས་**ཤེས་པའི་བདག་ཉིད་དང་བྲལ་བའི་ཕྱིར**་ན་ནམ་ཡང་དངོས་སུ་སྣང་བ་ག་ལ་འཐད་དེ།

are *white* are not suited to be cognized *as not white*, or black. This is a general demonstration of [the irrationality].

Particular Demonstrations

Second, the particular [demonstrations] include: 1) the irrationality with respect to actual cognition, and 2) the irrationality with respect to nominal cognition.

The Irrationality with Respect to Actual Cognition

First, it is said:

> *As for these features,*
> *Any cognition in the actual sense is illogical.*
> *Devoid of the identity of cognition,*
> *They are like the sky flower and so forth. [55]*

There can only be two ways for cognition to cognize objects: either actually or nominally. As for actual cognition, this means that consciousness, whose identity is the reverse of matter, has arisen clear and aware as the features of the object. [Some] proponents of [external] objects assert [nominal cognition]. That is to say, an object such as a vase is not actually cognized, yet by the power of the external object a cognition resembling it arises, and that is what the convention of object awareness refers to. Nevertheless, in the system of no features, neither of these two is possible.

First, *as for these features* of blue, yellow, and so forth that are [otherwise] clearly experienced by direct perception, *any* direct awareness and *cognition* of this or that *in the actual sense is* [in this system] *illogical.* Actual cognition will have to occur by means of a sameness [of subject and object] within the nature of cognition. In your system, you[, the Proponents of False Features,] do not accept the features as being cognition. Since they are therefore *devoid of the identity of cognition*, how could they ever reasonably be actually experienced? *They are like*, for

དཔེར་ན་**ནམ་མཁའི་མེ་ཏོག**་དང་མོ་གཤམ་གྱི་བུ་**ལ་སོགས**་པའི་ཁ་དོག་མངོན་སུམ་དུ་སྤྱོང་མི་སྲིད་པ་**བཞིན**་ནོ། །གཉིས་པ་བཏགས་ཙམ་དུའང་སྤྱོང་མི་སྲིད་དེ། མེད་ལ་ནུས་པ་མེད་པས་ན། །གདགས་པའང་མི་རུང་རྟ་རྭ་བཞིན། །མེད་པ་བདག་སྣང་ཤེས་སྐྱེད་པར། །ནུས་པ་རུང་བམ་ཡིན་ནོ། །ཞེས་གལ་ཏེ་ཆོས་གང་ཡོད་པར་གྱུར་ན་དངོས་སུམ་སྤྱོངས་པར་འདོད་ཀྱང་རུང་། རྣམ་པ་གཏོང་བྱེད་ཀྱི་ཡུལ་བདག་ཉིད་སྣང་བའི་ཤེས་པ་བསྐྱེད་པའི་ནུས་པ་ཡོད་པས། ཤེས་པ་དོན་དང་འདྲ་བར་སྐྱེས་པ་ལ་ཡུལ་དེ་མཐོང་ངམ་ཞེས་ཞེས་རུང་ནའང་། གང་**མེད་པ**་ལ་ནི་བདག་སྣང་གི་ཤེས་པ་བསྐྱེད་པའི་**ནུས་པ་མེད་པས་ན**། །**གདགས་པ**་ཙམ་དུ**འང**་འདི་དང་འདི་སྤྱོང་བའམ་ཞེས་ཞེས་བྱར་**མི་རུང་སྟེ**། དཔེར་ན་**རྟ་རྭ་བཞིན**་ནོ། །དེའང་རྟའི་རྭ་ཅོ་ལ་ཁོ་རང་སྣང་བའི་ཤེས་པ་བསྐྱེད་པའི་ནུས་པ་མེད་པས། དེའི་རྣམ་པ་འདི་ལྷ་བྱིན་ཞེས་རང་མཚན་འཛིན་པའི་ཤེས་པ་ཞིག་ཐ་སྙད་དུའང་མི་སྲིད་པ་བཞིན་ནོ། །དཔེ་དེ་དང་འདྲ་བར་རྣམ་པའང་**མེད་པ**་ཡིན་ན་དེ་ལ་སྔོ་སེར་སོགས་འདི་དང་འདི་ལྷ་བྱིན་ཞེས་**བདག**་ཉིད་**སྣང**་བའི་**ཤེས**་པ་**སྐྱེད་པར**་བྱེད་པའི་**ནུས**་པ་ཡོད་པར་**རུང་བམ་ཡིན་ནོ**། །དེ་ལ་སེམས་ཙམ་རྣམ་བརྫུན་པས་དོན་ལོགས་སུ་ཡོད་ཅིང་ཤེས་པས་འདྲ་བ་ཉམས་སུ་སྤྱོང་བའི་བཏགས་པས་སྤྱོང་བ་ཁས་ལེན་པ་མ་ཡིན་མོད་ཀྱི་འདིར་དངོས་བཏགས་གང་གི་ཚུལ་དུའང་སྤྱོང་བ་མི་སྲིད་ན་སྤྱོང་ཚུལ་གཞན་མེད་པས་རྣམ་པ་སྤྱོང་བའི་ཤེས་པ་གཏན་མེད་དུ་ཐལ་བ་འཇུག་པའི་ཆེད་དུ་མཐའ་བཀག་པ་ཡིན་ནོ། །གཉིས་པ་འབྲེལ་བ་མི་འཐད་པ།

example, the colors of *the sky flower*, the barren woman's son, *and so forth*, which cannot possibly be experienced directly.

The Irrationality with Respect to Nominal Cognition

Second, a merely nominal experience is not possible either.

> *Since the nonexistent is incapable,*
> *It is not even nominally suitable—as with the horns of a horse.*
> *The nonexistent cannot be capable*
> *Of producing a cognition apparent as identity. [56]*

Regarding an existent phenomenon, one may not have to assert that it is directly experienced. The feature-transmitting object is capable of producing a cognition of its apparent identity, and it is hence still suitable to speak of "seeing the object" or "cognizing [the object]," because a cognition resembling the object has arisen. Yet, *since the nonexistent is incapable* of producing a cognition of its apparent identity, *it is not even nominally suitable* to speak of experiencing or cognizing this or that. Just *as with*, for instance, *the horns of a horse*, which are not capable of producing a cognition of their appearance. A cognition that could determine their features and apprehend something specifically characterized is not even conventionally possible. As in this example, if even *the* features are *non-existent*, then they *cannot be capable of producing a cognition* that is *apparent as* the clearly determined *identity* of blue, yellow, and so forth.

The False-Feature Proponents of Mind Only certainly do not accept a nominal experience in which the object exists separately while cognition experiences its resemblance. Yet, experience is not possible [in the System of False Features] either actually or nominally. There are no other ways of experiencing except these two. [Nominal experience] has here been specifically refuted for the purpose of bringing forth the [absurd] consequence of an absolute absence of the experience of features.

The Irrationality When Examining the Relationship

Second, concerning the irrationality with respect to relationship, it is said:

གང་ཕྱིར་དེ་ཡོད་ངེས་ཚོར་བ། །ཤེས་དང་འབྲེལ་བ་ཅི་ཞིག་ཡོད། །བདག་མེད་དེ་ཡི་བདག་ཉིད་དང་། དེ་ལས་བྱུང་བ་མ་ཡིན་ནོ། །ཞེས་གསུངས་ཏེ། ཡུལ་གང་ཉམས་སུ་མྱོང་བ་ཐམས་ཅད་ལ་འབྲེལ་བ་ཡོད་དགོས་ཀྱི། འབྲེལ་མེད་དུ་ཚོར་མི་སྲིད་པ་ཡིན་ལ། **གང་གི་ཕྱིར་**སྔོ་སེར་སོགས་ཀྱི་རྣམ་པ་**དེ་ཡོད་**པ་དང་། ཡུལ་ཅན་ཤེས་པ་དེས་**ངེས་**པར་**ཚོར་བ་**འགག་མེད་དུ་སྣང་བ་འདི་ལ་ཁྱོད་ལྟར་ན། **ཤེས་པ་དང་འབྲེལ་བ་ཅི་ཞིག་ཡོད་**དེ་ཡོད་པར་མི་འཐད་དོ། །དེ་གང་གི་ཕྱིར་ཞེ་ན། འདི་ལྟར་རྣམ་པ་**བདག་**རང་ཉིད་**མེད་**པ་ཡིན་པར་འདོད་ལ་ཤེས་པ་ཡོད་པར་འདོད་པས། ཤེས་པ་**དེ་ཡི་བདག་ཉིད་**དུ་གྱུར་པའི་འབྲེལ་བ་མི་འཐད་དེ། གལ་ཏེ་བདག་གཅིག་ཏུ་གྱུར་ན་ནི། རྣམ་པ་བཞིན་དུ་ཤེས་པ་མེད་པའམ། ཤེས་པ་བཞིན་དུ་རྣམ་པ་ཡོད་པར་འགྱུར་བར་གནོད་མི་ཟ་བ་**དང་**། ཤེས་པ་དེ་ལས་བྱུང་བའང་མ་ཡིན་ཏེ་མེད་པ་ནི་ཆོས་གང་གི་འབྲས་བུར་མི་རུང་ངོ་། །**དེ་ལས་བྱུང་བ་**ཡིན་དུ་ཆུག་ནའང་སྔ་ཕྱི་ཡོད་པས་ཅིག་ཅར་དུ་རིག་པ་མེད་པའི་སྐྱོན་དུ་འགྱུར་བ་སོགས་མཐའ་ཡས་པ་ཡོད་ཀྱང་། དེ་བྱུང་གི་འབྲེལ་བ་ཙམ་གྱིས་ཡུལ་མི་མྱོང་བའི་སྐབས་སྤྱི་ལ་དེ་དག་དཔྱད་དགོས་ཀྱི་སྐབས་འདིར་ནི་རྣམ་བརྟེན་པས་དེ་བྱུང་དུ་ཁས་ལེན་པར་མི་རིགས་པས་དཔྱད་པ་དེ་འདིར་དགོས་པ་**མ་ཡིན་ནོ**། །དེས་ན་རྣམ་པ་ཉམས་སུ་མྱོང་ཡང་འབྲེལ་མེད་དུ་ཁས་ལེན་དགོས་པས་འགལ་བ་ཆེས་ལྷེ་བ་ཡིན་ནོ། །དེ་ལ་ཆོས་གང་ཞིག་ཆོས་གཞན་མི་འདོར་བ་ལ་འབྲེལ་བ་ཞེས་བཏགས་ལ། ཕྱི་རོལ་པའི་ལྡན་འབྲེལ་འདུ་འབྲེལ་སོགས་གསལ་བའི་དབྱེ་བ་བྱས་པའི་སྤྱི་རིགས་ཀྱི་མཐའ་མ་ཚོད་ལ། དཔལ་ཆོས་ཀྱི་གྲགས་པ་ནི། ཆོས་གང་ལ་ངོ་བོ་གཅིག་དང་ཐ་དད་གང་རུང་གིས་ཁྱབ་པའི་ཕྱིར་ན། དང་པོ་ལ་བདག་གཅིག་འབྲེལ་དང་།

Therefore, how is that which is certainly felt as existent
Related to cognition?
Devoid of identity, it is not the identity of that,
And has not arisen because of that. [57]

There must be a relationship with any object that is experienced, for without a relationship nothing can be felt. ***Therefore***, according to you, ***how is*** this undeniable appearance ***that*** is the feature of, for example, blue or yellow, ***which is certainly felt as existent*** by the cognition of the subject, ***related to cognition***? It is not feasible.

Why is that? Well, while cognition is asserted to be existent, the feature is asserted to be ***devoid of*** any ***identity*** at all. Hence, ***it is not*** feasibly related to cognition by being ***the identity of that***. Undoubtedly, if [the two] were of the same identity, the cognition would either have to be as nonexistent as the feature, or the feature as existent as the cognition. ***And*** furthermore, [the feature] ***has not arisen because of that*** cognition either, for what has no existence cannot appropriately be the effect of anything.

Even if we assume that [the feature] has originated from the [cognition, the two] will then have to exist at different times and so there cannot reasonably be a simultaneous awareness [of both]. Such flaws are limitless, but they are to be investigated under the general topic of how there can be no object experience through a relationship that is merely causal. Since the Proponents of False Features cannot reasonably claim a causal relationship exists, such [investigations] serve no purpose in the present context. Since it has now become necessary to claim the experience of features without any relationship, the contradiction has become severe.

The term relationship is applicable here whenever one phenomenon does not reject another. [Concepts] such as the non-Buddhists' ***relationship of endowment*** and ***relationship of inherence*** [show] an incomplete understanding of the types of universals and their divisions into instances. Glorious Dharmakīrti definitively divides [the types of relationship] into two: the essence of a given phenomenon must either be identical with or distinct from [something else]. In the first case, the relationship is that of

ཐ་དད་འབྲེལ་བ་ལ་དེ་བྱུང་གི་འབྲེལ་བ་སྟེ་གྲངས་གཉིས་སུ་ངེས་པར་མཛད་དེ། དེའང་གཞི་བུམ་པ་ལྟ་བུ་གཅིག་ལ་རྟག་པ་ཡིན་པ་བསལ་བའི་ལྡོག་ཆ་ནས་མི་རྟག་པ། མ་བྱས་པ་བསལ་བའི་ཆ་ནས་བྱས་པ། དངོས་མེད་བསལ་ཆ་ནས་དངོས་པོ་ཞེས་གཞན་སེལ་གྱིས་ལྡོག་ཕྱོགས་སུ་སྒྲོ་འདོགས་པ་བསལ་བའི་ཆ་སོ་སོར་ཡོད་པ་རང་རང་གི་མིང་གིས་གོ་བར་ནུས་པ་དེ་གཞན་གྱིས་གོ་མི་ནུས་པས་སྒྲ་རྟོག་གི་ཡུལ་དུ་སོ་སོར་བཞག་པ་དེ་ཉིད་དོན་བུམ་པ་ཙམ་གྱི་ངོ་བོར་གཅིག་པས་བྱས་པ་དང་མི་རྟག་པ་བུམ་པའི་སྟེང་ན་བདག་གཅིག་གི་འབྲེལ་བར་བཞག་སྟེ། གཞན་སེལ་གྱི་རྟོག་ངོར་དབྱེ་བསྡུའི་དབང་གིས་ཡིན་གྱི། དོན་ལ་བདག་གཅིག་ཡིན་པས་རང་ལ་རང་འབྲེལ་མི་སྲིད་དེ། སོར་མོའི་རྩེ་མོས་རང་མི་གཟུང་བ་ལ་སོགས་པ་བཞིན་ནོ། །དེ་བྱུང་ནི་རྒྱུ་འབྲས་ཀྱི་ཚུལ་ཡིན་ཏེ། དེ་ལ་ཉེར་ལེན་གྱི་རྒྱུ་དང་། ལྷན་ཅིག་བྱེད་པའི་རྒྱུ་གཉིས་ཡོད་ཅིང་། གཞུང་གཞན་དུ་རྒྱུ་དྲུག་དང་རྐྱེན་བཞི་ལ་སོགས་པའི་ཚུལ་དུ་འབྲས་བུ་བསྐྱེད་ཚུལ་སོགས་ཡོད་པའང་ཤེས་པར་བྱ་ཞིང་། སྤྱིར་རྒྱུ་ལ་རྣམ་པ་ལྔ་སོགས་སུ་བཤད་ཀྱང་དངོས་ནི། རྣམ་པར་བཞག་འཇོག་གི་རྒྱུ་དང་། སྐྱེད་བྱེད་ཀྱི་རྒྱུ་གཉིས་སུ་འདུ་ལ། གང་མེད་ན་འབྲས་བུ་མི་འབྱུང་བ་ཞིག་ལ་རྒྱུ་ཞེས་གདགས་སོ། །ཞར་བྱུང་འགལ་བ་ལའང་དངོས་པོ་གཉིས་ཕན་ཚུན་གནོད་བྱ་གནོད་བྱེད་དུ་གྱུར་ཏེ། རྒྱུན་ནུས་མཚུངས་སུ་འགྲོགས་སུ་མི་རུང་བ་ལ་ལྷན་ཅིག་མི་གནས་འགལ་ཞེས་གྲགས་པ་དང་། འགལ་ཟླ་དངོས་མེད་ཡིན་པ་སྒོ་དང་སྒོ་མིན་ལྟ་བུ་ཕན་ཚུན་སྤང་འགལ་གཉིས་སུ་ངེས་ཤིང་། དང་པོ་ལ་སྣང་མུན་ལྟ་བུ་དོན་འགལ་དང་། བདག་འཛིན་དང་བདག་མེད་རྟོགས་པ་ལྟ་བུ་བློ་འགལ་གཉིས་ཡོད། ཕན་ཚུན་སྤངས་འགལ་ལ་དངོས་འགལ་དང་བརྒྱུད་འགལ་གཉིས་ཡོད་དེ།

single identity, and [in the second,] where there is relationship between distinct [phenomena], the relationship is *causal.*

A basis, such as a vase, has separate aspects. These are the exclusions of the superimposition of their opposites by means of other-exclusion: *impermanence* is perceived by excluding permanence, *produced* is perceived by excluding unproduced, and *entity* is perceived by excluding non-entity. They cannot be understood in any way other than by means of their respective names. They are, therefore, posited separately as the objects of word and thought, [but] are the same with regard to the essence of the object, the mere vase. *Produced* and *impermanent* are related in terms of single identity when posited upon the vase. However, this is due to classifying from the conceptual perspective of other-exclusion. In actuality [they are] a single essence, and nothing can be related to itself, just as the finger tips cannot hold themselves and so forth.

Causal [relationship] is [explained] in terms of cause and effect. For that, there are perpetuating causes and cooperating causes, although one must be aware that other scriptures [explain] how effects are produced through the system of six causes and four conditions and so forth. In general, one may also say that causes are of five types and so forth, yet in fact, [all types of cause are] included in the two of the cause of categorization and the productive cause. *Cause* means that which is indispensable for the manifestation of an effect

In addition, incompatibility (referring to two entities that are, [respectively,] one that impairs and one that is impaired) can also be definitively divided into two: *incompatibility of non-coexistence*, which is when continuities cannot accompany one another with equal energy, and *incompatibility of mutual exclusion*, which is when the opposite [of a property] is a non-entity—as in the case of blue and not blue.

For the first [type of incompatibility] there are two [subcategories]: *object incompatibility*, such as [that between] light and darkness, and *mental incompatibility*, such as [that between] the apprehension of self and the realization of selflessness.

For the incompatibility of mutual exclusion, there are the two [subcategories] of *direct incompatibility* and *indirect incompatibility*. The first is

དང་པོ་གཉིས་ཀ་དངོས་སུ་འགལ་བ་རྟག་མི་རྟག་ལྟ་བུ། གཉིས་པ་ཕན་ཚུན་དངོས་སུ་ལྡོག་ཕྱོགས་སུ་གྱུར་པ་མིན་ཀྱང་ཅིག་ཤོས་ཀྱི་ལྡོག་ཕྱོགས་ཅིག་ཤོས་ཀྱི་ཁྱབ་བྱེད་དུ་གྱུར་པས་གཉིས་ཀ་ཡིན་པ་མི་སྲིད་པ། བྱས་པ་རྟག་པ་ལྟ་བུ་སྟེ། རྟག་པའི་ཁྱབ་བྱེད་མ་བྱས་པ་ཡིན་པ་ལྟ་བུའོ། །འདི་ཐད་འགལ་འབྲེལ་གྱི་གོ་བ་གཏིང་ཡོང་བ་གལ་ཆེ་ཡང་། ཡི་གེས་འཇིགས་ནས་བཞག་ལ་འགལ་འབྲེལ་འདི་གཏན་ཚིགས་ཐམས་ཅད་ལ་ཁྱབ་བྱེད་དུ་འགྲོ་དགོས་པས། སྐབས་འདིར་མཚོན་ཙམ་བཤད་པ་ཡིན་ནོ། །གསུམ་པ་རྒྱུ་ལ་བརྟག་ན། རྒྱུ་མེད་ན་ནི་གང་ཞིག་གིས། །རེས་འགའ་འབྱུང་བ་འདི་རུང་འགྱུར། །རྒྱུ་དང་ལྡན་ན་གང་ཞིག་གིས། །གཞན་གྱི་དབང་ལས་ལྡོག་པར་འགྱུར། །ཞེས་གསུངས་ཏེ། །སྔོ་སེར་སོགས་ཀྱི་རྣམ་པ་འདི་ལ་རྒྱུ་ཡོད་དམ་མེད་ཅེས་དྲིས་ན། དེ་གཉིས་གང་རུང་ཁས་ལེན་པ་ལས་འོས་མེད་པ་ཡིན་ལ། རྣམ་པ་ལ་**རྒྱུ་མེད་**དོ་ཞེ་**ན་ནི་**རྒྱུ་མཚན་**གང་ཞིག་གིས་**རྟག་ཏུ་ཡོད་པའམ་མེད་པ་གང་རུང་མ་ཡིན་པར་སྐབས་ལ་ལ་ན་ཡོད་ཅིང་ལ་ལར་མེད་པའི་དུས། **།རེས་འགའ་འབྱུང་བ་འདི་**ལྟ་བུ་**རུང་**བར་ག་ལ་**འགྱུར་**ཏེ། རྒྱུ་ལ་མི་ལྟོས་ན་རེས་འགའ་བ་མི་རུང་བར་གོང་དུ་བཤད་ཟིན་ཏོ། །གལ་ཏེ་རྣམ་པ་འདི་**རྒྱུ་དང་ལྡན་**པར་གྱུར་**ན་**འང་རྐྱེན་ལས་སྐྱེས་པའི་ཕྱིར། རྟེན་ཅིང་འབྲེལ་བར་འབྱུང་བ་གཞན་གྱི་དབང་ཉིད་དུ་འགྱུར་ཏེ། རྒྱུ་མཚན་**གང་ཞིག་གིས་གཞན་གྱི་དབང་**ཡིན་པ་**ལས་ལྡོག་པར་འགྱུར་**ཏེ་ལྡོག་ཏུ་མེད་དོ། །དེ་ལ་རྐྱེན་ལས་བྱུང་ན་ཡོད་པ་ཡིན་ཅིང་། དེའང་སེམས་ཙམ་པས་ཤེས་པ་ལས་གཞན་གྱི་རྒྱུ་ནི་ཁས་མི་ལེན་པས་འདིའང་ཀུན་བརྟགས་སུ་མི་འགྱུར་བར་གཞན་དབང་དུ་ཐལ་བོ་བཟློག་པར་མི་ནུས་སོ།

where both are directly incompatible, such as permanence and impermanence. In the second case, the two are not direct opposites, yet since what is the opposite of one is a pervader of the other, nothing can possibly be both. This is the case, for example, with produced and permanent, where unproduced pervades permanence.

At this point, it is important to arrive at a profound understanding of relationship and incompatibility, yet fearing [an excess of] words I shall leave [the discussion] here. This [issue of] relationship and incompatibility is something that must permeate all logical argumentation, and this has simply been an introduction.

The Irrationality When Examining the Cause

Third, when examining the cause, it is said:

If there is no cause, then why
Can things occur only sometimes?
If there is a cause, then how
Do you avoid the dependent? [58]

If asked whether there is a cause for a feature of blue or yellow, it will be inappropriate to claim anything other than that there is or that there is not. *If* it is said that *there is no cause* for such a feature, *then why can things occur only sometimes*? [The features] are neither permanently present nor absent. At times [they] manifest while at other [times they] do not, and it has been explained above how it is not feasible that what does not depend on causes would only [occur] sometimes. Otherwise, *if there is a cause* for the feature, it has arisen because of conditions and is thereby a reliant and interrelated occurrence—indeed, the dependent [nature]. *Then how do you avoid* it being *the dependent*? It irrefutably is. That is to say, that which comes about because of conditions is existent, and the Mind Only proponent, moreover, does not accept any cause other than cognition. The [feature] will, therefore, not be an imputation, but, in irrefutable consequence, become the dependent [nature] as well.

།གཉིས་པ་འཛིན་རྣམ་རྐྱང་པ་མི་འཐད་པར་བསྟན་པ། དེ་མེད་ན་ནི་ཤེས་དེ་ཡང་། །རྣམ་པ་མེད་པ་ཉིད་ཀྱིས་འགྱུར། །ཤེལ་སྒོང་དག་པ་འདྲ་བ་ཡི། །ཤེས་པ་རབ་ཏུ་ཚོར་བ་མེད། །ཅེས་གསུངས་ཏེ། གལ་ཏེ་ཡུལ་རྣམ་པ་**དེ་མེད་ན་ནི་**ཡུལ་ཅན་འབའ་ཞིག་པའི་**ཤེས་པ་དེ་ཡང་།** གཉིས་སྟོང་རང་གསལ་གྱི་རྣམ་པ་ཅན་དུ་འདོད་པ་ཁོ་རང་**རྣམ་པ་མེད་པ་**ཡི་ཚུལ་**ཉིད་ཀྱིས་**སྟོང་བར་**འགྱུར་**རིགས་ནའང་། ཡུལ་གྱི་ཚོན་གྱིས་ཁ་བསྒྱུར་བ་དང་བྲལ་བ་ཡུལ་ཅན་རྐྱང་པའི་རང་བཞིན་**ཤེལ་སྒོང་དག་པ་འདྲ་བ་ཡི་ཤེས་པ་**ཞིག་དམིགས་རུང་ནའང་མ་དམིགས་ཏེ་ཉམས་སུ་མྱོང་བའམ་**རབ་ཏུ་ཚོར་བ་མེད་**དོ། །དེ་ལ་སྔོར་ཡུལ་གང་དང་གང་སོ་སོར་རྣམ་པར་རིག་པ་ལ་རྣམ་ཤེས་ཞེས་གདགས་པ་སྟེ། དེའང་མིག་ཤེས་ལྟ་བུ་ལའང་གཟུགས་ཀྱི་རྣམ་པ་མཐའ་དག་མ་དམིགས་ན་མིག་ཤེས་ཁོ་རང་འདིའོ་ཞེས་གཟུང་བར་མི་ནུས་པ་དེ་བཞིན་རྣམ་པ་མེད་པའི་ཤེས་པ་རྐྱང་པ་ཉམས་སུ་མྱོང་བ་མེད་དེ། དེ་ལ་གསལ་རིག་ཙམ་ཤེལ་སྒོང་འདྲ་བ་ཞེས་ཟེར་བའང་ཤེས་པ་ཉིད་ཡུལ་དུ་བྱས་པའི་རྣམ་པ་ལ་དམིགས་པ་ཡིན་ནོ། །དེས་ན་འདི་དང་འདི་འདྲའོ་ཞེས་གང་དམིགས་ན་དེ་དང་དེའི་རྣམ་པར་འཆར་དགོས་ཀྱི། རྣམ་པ་མ་ཤར་བར་དེ་དང་དེར་བཞག་པ་ནི་དམ་བཅའ་ཙམ་སྟེ། མོ་གཤམ་གྱི་བུ་མདོག་དཀར་པོ་ཡིན་ནོ་ཟེར་བ་དང་འདྲའོ། དེས་ན་རྣམ་པ་མེད་པའི་རང་བཞིན་དེ་འདྲ་བ་ཉམས་སུ་མྱོང་རིགས་པ་ལ་མ་མྱོང་བས་དེ་འདྲ་བ་མེད་པར་ཤེས་སོ། །དེ་ལ་དེ་འདྲ་བ་ད་ལྟ་དམིགས་སུ་མི་རུང་བའི་རྒྱུ་མཚན་ཅིའང་མེད་དེ། ཁྱོད་ཀྱི་ལུགས་ལ་རྣམ་པ་ནི་གང་ཙུང་ཟད་ཅིག་ཕྱི་ནའང་མེད་ནང་ནའང་མེད་པར་འདོད་ན། ཁ་བསྒྱུར་ཞིང་བསྒྲད་པ་ལྟ་བུའི་རྣམ་པ་དེ་མེད་ན་ཤེལ་སྒོང་དག་པ་འདྲ་བའི་ཤེས་པ་གཉིས་སུ་མེད་པ་རང་ཅིའི་ཕྱིར་མི་མྱོང་།

The Irrationality with Respect to Subjective Features Alone

Second, when demonstrating the irrationality with respect to subjective features alone, it is said:

> *Without that, cognition will thereby*
> *Take place without any features.*
> *Cognition like a pure crystal sphere*
> *Has never been sensed at all. [59]*

We may assume that *without that* feature of the object, the experience of an exclusively subjective *cognition* that is held to feature self-clarity empty of duality *will thereby take place without any features.* Yet a *cognition* that is an exclusive and subjective nature, *like a pure crystal sphere* unaltered by any coloring of objects, *has never been* experienced or *sensed at all.* Although suitable for observation, it has never been observed.

The term *consciousness* is generally applied to an awareness of the different features of various objects. Let us consider, for example, the eye consciousness. Without observing any features of form, one will not be able to identify exactly what the eye consciousness is. Likewise, a solitary cognition without any features cannot be experienced. What is called mere clear awareness, like a pure crystal sphere, is [but] an observation of the features that are observed when consciousness itself is taken as the object. If one says that [something] is similar to something, it must be that the first is observed to be manifest with the features of the second. If no features have manifested, then any classifications will be merely [empty] claims, like saying that the barren woman's son has a fair complexion.

There is no reason whatsoever why such a [featureless cognition] would not be suited to be observed in the present. Therefore, since from the perspective of reasoning there is no experience of a [cognitive] nature that has no features, it is understood that it does not exist. Your system[, the System of False Features,] asserts that there are no external or internal features whatsoever. Therefore, since you are free from those features, which are like an alteration or a contamination, why don't you experience the nondual cognition that is like a pure crystal sphere? And while experiencing

སྟོང་བཞིན་དུ་སྒོམས་མ་ངེས་པའང་གལ་སྲིད་དེ་མི་ངེས་པའི་བསླད་རྒྱུ་གཞན་མེད་པའི་ཕྱིར་རོ། །ཡང་དེ་དག་ན་རེ། ཇི་ལྟར་སྒྲིག་རྒྱུ་སོགས་ལ་རྒྱུའི་རྣམ་པ་མེད་བཞིན་དུ་སྟོང་བས་གཏན་ཚིགས་དེ་མ་ངེས་སོ་སྙམ་ན། སྒྲིག་རྒྱུ་སོགས་ལའང་བརྒྱལ་ཞིང་བརྟག་པ་དེ་མཚུངས་པས་ན་མ་ངེས་པ་མ་ཡིན་ཏེ། འདི་ལྟར་སྒྲིག་རྒྱུ་སོགས་ལའང་རྒྱུ་སོགས་ཀྱི་རྣམ་པ་ཕྱི་ནང་མེད་དུ་རྒྱུག་ནའང་ནང་ཤེས་པ་ལ་དེའི་རྣམ་པར་འཁྲུལ་པའི་རྣམ་པ་ཙམ་ཞིག་མེད་ན་ཤིན་ཏུ་མེད་པ་ཉིད་ཇི་ལྟར་སྟོང་སྣེ་སྟོང་བར་མི་རིགས་སོ། །གསུམ་པ་སྐྱོན་སྤོང་གི་ལན་དགག་པ། འདི་ནི་འཁྲུལ་པས་ཤེས་ཞེ་ན། །དེ་ཅི་འཁྲུལ་ལ་རག་ལས་སམ། །དེ་ཡི་མཐུ་ཡིས་བྱུང་ན་ནི། །དེ་ཡང་གཞན་གྱི་དབང་ཉིད་དོ། །ཞེས་གསུངས་ཏེ། དེ་ལ་དེ་ལྟར་རྣམ་པ་མེད་ན་སྟོང་བར་མི་འཐད་པར་བསྟན་པ་ལ་རྣམ་བརྟན་པ་རྣམས་ན་རེ། དེ་ལྟར་རྣམ་པ་མེད་ཀྱང་ཤེས་སྟོང་གི་ཐ་སྙད་ཙམ་རྒྱུན་ཆད་མི་དགོས་ཏེ། རྣམ་པ་**འདི་ནི་**མེད་ཀྱང་སྒྲོ་ཉོར་བའི་བག་ཆགས་ཀྱི་སྟོབས་ཀྱིས་སམ་**འཁྲུལ་པས་**དེ་ལྟར་**ཤེས་**པ་ཡིན་ཏེ། དཔེར་ན། མིག་སེར་གྱི་ནད་ཀྱིས་བཏབ་པའི་ཚེ་མེད་བཞིན་དུ་དུང་ལ་གསེར་གྱི་རྣམ་པར་རིག་པ་དེ་བཞིན་དུ་འཁྲུལ་པའི་བག་ཆགས་ཀྱི་དབང་གིས་མེད་ཀྱང་སེར་པོ་ལ་སོགས་པའི་རྣམ་པ་བདེན་པ་ལྟར་སྣང་བར་འདོད་དོ་**ཞེ་ན**། རྣམ་པ་**དེ་ནི་ཅི་སྟེ་འཁྲུལ་**པ་**ལ་**བདག་ཉིད་གཅིག་ཏུ་འབྲེལ་བའི་ཚུལ་གྱིས་**རག་ལས་**པ་ཡིན་པར་ངེས་**སམ**། འོན་ཀྱང་འཁྲུལ་པ་**དེ་ཡི་མཐུ་ཡིས་བྱུང་**བ་དེ་བྱུང་གི་འབྲེལ་བ་ཡིན།

[this], how could you possibly fail to ascertain [it], since there are no other contaminating factors that could prevent the ascertainment?

Again, they may say: "While there are no features of water with respect to a mirage, there is still experience. Therefore, your argument is indeterminate."

If this is the idea, [it must be said that this] examination and analysis [applies] equally to mirages and so forth. Therefore, [the argument is] not indeterminate. One may even accept that, with respect to mirages and so forth, there are no features of water within or without. Nevertheless, how could such complete nonexistence be experienced if the internal cognition did not possess at least a feature of an illusion of [water]? It could not reasonably be [experienced].

Refuting Their Defense

Third, when refuting their defense, it is said:

It may be said: "This is cognized through delusion."
Yet if that is then contingent upon delusion,
Or if it originates by the power of that,
It is still indeed the dependent. [60]

In response to having been shown the irrationality with respect to an experience without features, ***it may*** here ***be said*** by the Proponents of False Features: "Although no feature exists, this does not [mean] that the merely conventional cognitive experience is interrupted. Although ***this*** feature has no existence, it ***is cognized*** the way it is ***through delusion,*** or by the force of the habitual tendencies of the mistaken mind. For example, when suffering from jaundice, one perceives yellow features when perceiving a [white] conch, when [in fact] there is nothing [yellow]. Likewise, we assert that because of the habitual tendencies of delusion, the features of yellow and so forth appear as if true, although they have no existence." ***Yet, if that*** feature ***is then*** definitively ***contingent upon delusion*** through a relationship of single identity, ***or if it originates*** in a causal relationship ***by the power of that*** delusion, because it is related

དེ་གཉིས་པོ་གང་ཡིན་ཀྱང་རུང་དེ་ལྟར་འབྲེལ་བ་ཡོད་**ན་ནི**། རྣམ་པ་**དེ་ཡང་གཞན་གྱི་དབང་ཉིད**་དུ་འགྱུར་བ་ཁོ་ན་ཉིད་**དོ**། །དེ་ལ་འཁྲུལ་པ་ཞེས་པ་འཁྲུལ་པའི་རྒྱུ་བག་ཆགས་དང་། འབྲས་བུ་འཁྲུལ་པ་རང་གི་ངོ་བོ་དང་གཉིས་སུ་ཡོད་པ་ལས། རྒྱུ་བག་ཆགས་དང་རྣམ་པ་གཉིས་བདག་ཉིད་གཅིག་འབྲེལ་མི་རིགས་ཏེ། བག་ཆགས་ནི་འབྲས་བུ་མ་བྱུང་བ་ཡིན་པས་དེས་རྣམ་པ་སྐྱོང་བར་མི་འཐད་ལ། འབྲས་བུ་འཁྲུལ་པ་དང་ནི་དེ་བྱུང་གི་འབྲེལ་མི་རིགས་ཏེ་རྣམ་པ་དང་འཁྲུལ་པ་གཉིས་དུས་མི་མཉམ་པར་འགྱུར་བའི་སྐྱོན་ཡོད་པར་ཐལ་བའི་ཕྱིར་རོ། །དེས་ན་གལ་ཏེ་འཁྲུལ་པའི་དབང་གིས་སྣང་ན་རྣམ་པ་དེ་བག་ཆགས་དང་དེ་བྱུང་དང་འཁྲུལ་པ་དང་བདག་གཅིག་གིས་འབྲེལ་དགོས་པར་ཟེར་ན། དེ་ལྟར་འབྲེལ་ཕན་ཆད་རྣམ་པ་དེའང་གཞན་དབང་ཉིད་དུ་འགྱུར་ཏེ། འདི་ལྟར་གཞན་དབང་གཞན་དབང་ཞེས་བྱ་བ་དག་དང་མ་དག་གི་རྟེན་འབྲེལ་འདི་ལས་གུད་ན་ཙུང་ཟད་ཙམ་ཡང་ཡོད་པ་མ་ཡིན་པའི་ཕྱིར་རོ། །དེས་ན་འཁྲུལ་པས་ཤེས་ཞེས་པ་དེའང་རྣམ་པ་མེད་པ་ལ་མི་རུང་སྟེ། རུང་ན་འབྲེལ་བ་ཡོད་དགོས་པས་རྣམ་པ་མེད་པར་ཡང་མི་རུང་ཞིང་གཞན་དབང་དུ་འགྱུར་ལ། འབྲེལ་བ་ཅིའང་མེད་ན་འཁྲུལ་པས་ཀྱང་ཤེས་པར་བྱར་མི་རུང་སྟེ་མོ་གཤམ་གྱི་བུའི་ཁ་དོག་བཞིན་ནོ། །དེས་ཐག་རིང་ན་ཆུང་དུ་ཆེན་པོར་སྣང་བ་ལྟ་བུའི་དཔེ་སོགས་ཀྱི་ལན་ཡང་བཏབ་ཟིན་ཏོ། །གཞན་ཡང་སློབ་དཔོན་དགེ་སྲུང་ན་རེ། རྣམ་ཤེས་རིག་པ་ཙམ་ཉིད་དེ། །བག་ཆགས་ཉེས་པས་དཀྲུགས་པས་ན། །སྔོན་པོ་ལ་སོགས་ཚོར་བ་ཡི། །རྣམ་པ་འབའ་ཞིག་འབྱུང་བར་འགྱུར། །དེ་ནི་སྔོ་སོགས་རྟོགས་པ་དེ། །སྔོ་ལ་སོགས་པའི་མཚན་ཉིད་མིན། །དེ་ཡི་མཐུག་ལ་རྨོངས་པའི་བདག །ཕྱི་རོལ་སྔོ་ལ་སོགས་པར་སེམས།

in either one of the two ways, *it is* therefore *still indeed* exclusively *the dependent* [nature].

Regarding the so-called delusion, there are two [factors]: the cause for delusion (habitual tendency) plus its effect (the essence of delusion itself). The causal habitual tendency and the feature cannot reasonably be related by single identity, for [when] the habitual tendency [occurs], the effect has not occurred. Therefore, the experience of a feature cannot be feasible by means of [the feature and the habitual tendency having the same identity]. Also, the resulting delusion and [the feature] cannot reasonably be related causally, for the consequence of that is the flaw that the feature and the delusion are separated in time. Now, if it appears because of delusion, the feature will have to be related to habitual tendency in terms of causality, and to delusion in terms of single identity. But as soon as it is related, the feature will indeed be of the dependent [nature], for there is not even a bit of something that could be called dependent [nature] apart from these pure and impure dependent originations. Therefore, to maintain that [the feature] is cognized by delusion is not feasible without the feature's existence. For such [cognition of the feature] to be feasible, there must be a relationship, and then again the nonexistence of the feature will not be feasible. [The feature] will become the dependent [nature]. [Finally,] if there is no relationship whatsoever, it also cannot feasibly be an object of cognition by delusion, just like the complexion of the barren woman's son.

With this, we have also replied to [arguments] such as [the one that takes] the manner in which small [things] appear large from a distance as an example. Furthermore, this also replies to the position of those who assert similarly to the master Śubhagupta's[69] statements:

> Consciousness is mere awareness.
> When [it is] stirred by the faults of habitual tendencies,
> The mere features
> Of the sensations of blue and so forth appear.
>
> These are the thoughts of blue and so forth,
> Not the characteristics of blue and so forth.
> The one deluded with regard to such perceptions
> Believes [them to be] external blue and so forth.

།ཞེས་སྨྲ་བ་དེ་དག་གི་ལན་ཡང་བཏབ་པ་ཡིན་ཏེ། དེ་དག་གིས་སྔོ་སོགས་ཀྱི་རྣམ་པ་ནི་ཡུལ་མེད་ཀྱང་འཛིན་པའི་རྣམ་པ་ཙམ་ཁོ་ན་ཡིན་གྱི། དམིགས་པའི་རྣམ་པ་མ་ཡིན་ནོ། །དེས་ན་སོ་སྐྱེའི་ཤེས་པ་ཐམས་ཅད་ཀྱང་དམིགས་པ་སྔོ་སོགས་ཀྱིས་རྣམ་པར་བསྒྱུར་བ་མ་ཡིན་པས་ན་རྣམ་མེད་ཀྱི་ཤེས་པ་གཅིག་ཡིན་ནོ་ཞེས་རྣམ་པར་གཞག་པ་ཉམས་པར་མི་འགྱུར་རོ་སྙམ་པའོ། །དེ་ལ་སྔོ་སོགས་ཀྱི་རྣམ་པ་བཟུང་ཕན་ཆད་སྣང་ངོར་ཡུལ་ཡོད་ལ་ཡུལ་དེ་ཕྱི་དོན་དང་ནང་གི་ཤེས་པ་གང་དུའང་གྲུབ་པ་མེད་ན་དངོས་བཏགས་གང་གི་ཚུལ་དུའང་སྤྱོང་བ་མེད་པ་དང་། འཁྲུལ་པའི་དབང་གིས་སྣང་ནའང་དེ་གཉིས་ཀྱི་འབྲེལ་བ་ལ་བརྟགས་པ་འདིས་སྨྲ་བ་དེ་དག་བསལ་ཟིན་ཏེ་ཆོལ་བ་དེ་དག་གིས་བརྗོད་ཚུལ་ལ་ཁྱད་ཡོད་ཀྱང་དོན་ལ་ཁྱད་ཕྱེས་ནས་རྣམ་མེད་དུ་སྒྲུབ་མི་ནུས་སོ། །དེའང་རྣམ་མེད་དུ་འདོད་པ་རྣམས་ལ་རྨི་ལམ་དང་དོན་སྤྱིའི་སྔོ་སྣང་ལྟ་བུས་མ་ངེས་པར་བསྟན་པའི་ཚེ། དེ་དག་གིས་རྣམ་པ་མེད་ཀྱང་འཁྲུལ་པའི་དབང་གིས་ངེར་སྣང་བར་ལན་འདེབས་པ་ཀུན་གོང་གི་རིགས་པའི་ཚུལ་དེས་སེལ་བར་ཤེས་པར་བྱའོ། །ཡང་ཁ་ཅིག་ཡོངས་སུ་མ་དག་པའི་སྐབས་ན་ཤེས་པ་སྣ་ཚོགས་སུ་སྣང་བ་འདི་བརྫུན་པ་ཡིན་དུ་ཆུག་ནའང་། དག་པའི་སྐབས་ན་རང་བཞིན་གཅིག་པ་གཉིས་སུ་མེད་པའི་ངོ་བོར་འགྱུར་བས་ན་ཤེས་པ་གཅིག་བདེན་འགོག་པའི་གཏན་ཚིགས་ལ་ཐེ་ཚོམ་ཟ་བས་མ་གྲུབ་པ་ཡིན་ནོ། སྙམ་ན། གལ་ཏེ་དག་པའི་སྐབས་ན་རྣམ་པ་ཐམས་ཅད་ལྡོག་པར་སྲིད་ན་དེ་ཚེ་ཁྱོད་ལྟར་ན་འདིའང་སྲིད་དགོས་ཏེ། འཁྲུལ་པ་ལོག་ཀྱང་རྣམ་པ་རྣམས་ལྡོག་པར་མི་སྲིད་དེ། རྣམ་པ་རྣམས་ནི་མེད་པར་འདོད་པས་ན་འཁྲུལ་པ་དང་དེའི་བག་ཆགས་དང་ཡང་འབྲེལ་བ་མེད་པའི་ཕྱིར་ཏེ། དཔེར་ན། རྟ་མེད་པས་བ་ལང་ལྡོག་པར་མ་ངེས་པ་བཞིན་ནོ།

Here, it is held that no object exists in connection with the feature of blue and so forth. [What is experienced] is exclusively the mere features of the apprehender, not the features of an observed [object]. Moreover, since even the cognitions of ordinary individuals are not transformed by the observations of blue and so forth, cognition is singular without any features. [The proponents of this school] in this way believe that their principles will remain intact [in the face of objections]. Yet as long as there is an apprehension of the features of, for example, blue, there is an experienced object. If that object has no establishment either as an external object or as an internal cognition then it cannot be experienced, either actually or nominally.

It may be [held] that [the feature] appears because of delusion, yet by examining the relationship between [feature and delusion] we have eliminated [the claims of] those who take this type of position. The opposition may express themselves in different ways, yet making distinctions with regard to the objects will not make them able to establish the nonexistence of features. The proponents of the nonexistence of features explain, by using [examples] such as the dream and the object universal of the blue appearance, that the [critique of their system] is not definitive. They respond by saying that although the feature has no existence, it does, because of delusion, nevertheless appear as if it has. It should be understood that any such reply will be dismissed by the reasonings above.

Again, others may believe: "The appearance of various cognitions during the occasion of thorough impurity may well be classified as false. But during the occasion of purity, they are transformed into the same nature as non-duality. Therefore, the logical argument refuting true singularity is indeterminate and thus not established."

[It will] then [be replied] that if, during the occasion of purity, it is possible that all features can be reversed, then at that point your system says it must also be possible that even when delusion has receded the features cannot possibly be reversed. This must follow because you assert that the features do not exist. Given that, they cannot be related to delusion and its habitual tendencies, just as, for instance, an absence of horses does not certify the disappearance of cows.

།སྐྱོན་གཞན་ཡང་མ་དག་པའི་སྐབས་ན་ཤེས་པ་བརྟན་པ་ཁོ་ན་ཡིན་ཀྱང་། དག་པའི་སྐབས་ན་རྣམ་པ་སྣ་ཚོགས་མེད་པས་གཅིག་པུར་བདེན་པར་གྲུབ་པ་ཁོ་ནའོ། །ཞེས་འདོད་ན། སྔར་མེད་པའི་བདེན་པའི་ཤེས་པ་དེ་རྒྱུ་གང་ལས་སྐྱེ་བ་བརྗོད་དགོས་སོ། །དེ་ལ་སྔར་གྱི་བརྟན་པའི་ཤེས་པ་ལས་མ་ཡིན་ཏེ། བདེན་པའི་ལྡོག་ཕྱོགས་སུ་གྱུར་པ་དེ་ལ་བདེན་པ་སྐྱེད་པའི་ནུས་པ་མེད་པས་སོ། །ནུས་ན་དེ་བརྟན་པར་ཡང་མི་འགྱུར་ལ། ནུས་བཞིན་དུ་བདེན་པ་མིན་ན་བདེན་པར་འདོད་པ་དེའང་བདེན་པར་མི་འགྱུར་རོ། །དག་པའི་སྐབས་ཀྱི་བདེན་པར་གྲུབ་པའི་ཤེས་པ་དེ་རྒྱུ་མེད་པ་ཅན་ནི་མ་ཡིན་ཏེ། རྟག་ཏུ་ཡོད་མེད་དུ་ཐལ་པའི་ཕྱིར་རོ། །ཤེས་པ་དེ་རང་བཞིན་གྱིས་བདེན་པའི་གནས་སྐབས་གཅིག་པུར་གྲུབ་པ་ནི་མི་སྲིད་དེ། །དབང་ཕྱུག་རྟག་དངོས་སོགས་འགོག་པའི་རིགས་པའི་གནོད་པ་སྔ་ཕྱི་ཁྱད་མེད་དུ་ཐལ་བ་དེ་འདི་ལའང་མཚུངས་པའི་ཕྱིར་རོ། །སྐད་ཅིག་སྔ་མའི་མཐུ་ཡིས་སྐྱེ་བར་ཁས་ལེན་ནའང་། བདེན་པའི་ཤེས་པ་དོན་དམ་པར་གྲུབ་པ་ལ་དེ་མི་རུང་སྟེ། དོན་དམ་པར་རྒྱུ་འབྲས་འབྲེལ་བའི་དངོས་པོ་མ་གྲུབ་པའི་ཕྱིར་ཏེ། འདི་ལྟར་དུས་མཉམ་པ་ལ་ནི་རྒྱུ་འབྲས་སུ་མི་འཐད་དེ། འབྲས་བུ་སྐྱེ་བའི་སྔ་རོལ་ན་རྒྱུ་མེད་པས་ནུས་པ་མེད་ཅིང་རང་གྲུབ་ནས་ནུས་ཚེ་འབྲས་བུའང་གྲུབ་ཟིན་པས་དེ་གཉིས་རྒྱུ་འབྲས་སུ་འཇོག་མི་རུང་ངོ་། །དུས་སྔ་ཕྱི་བ་དང་ཀྱང་རྒྱུ་འབྲས་བདེན་གྲུབ་ཏུ་འཐད་པ་མ་ཡིན་ཏེ། དུས་གཞན་གྱིས་བར་ཆོད་པ་དང་མ་ཆོད་པ་གང་ལས་ཀྱང་མི་སྐྱེ་སྟེ། འདི་ལྟར་དུས་གཞན་གྱིས་བར་ཆོད་ན་རྒྱུ་དང་འབྲས་བུ་གཉིས་ཀྱི་བར་དུ་ཞིག་པ་ཡོད་དགོས་ཏེ་རྒྱུ་མ་ཞིག་ན་བར་ཆོད་པའང་མི་སྲིད་པའི་ཕྱིར་རོ། །དེས་ན་རྒྱུ་ཞིག་ཟིན་པའི་ཞིག་པ་ཁོ་ན་ལས་སྐྱེ་དགོས་ན་དེའང་མི་རིགས་ཏེ། ཞིག་པ་ནི་མེད་པ་ཡིན་ལ་མེད་པ་ནི་ནུས་པ་ཐམས་ཅད་དང་བྲལ་བའི་ཕྱིར་རོ།

Another fault is the assertion that during the occasion of impurity, cognition is exclusively false, while during the occasion of purity it is, in the absence of the various features, established exclusively as singular and true. [The one who asserts this] must state here what the cause would be for a true cognition that did not exist before to arise.

The [cause] cannot be anything other than the earlier false cognition. Yet, that which is the opposite of true is incapable of producing the true. If it would be capable of such [a production], it would not be false. If while possessing such a capacity it would [still] not be true, then that which is held true would also no longer be true! The cognition that is [held to be] truly established during the occasion of purity could not lack a cause [either], for then it would be permanently present or absent.

Cognition cannot possibly be established as singular during an occasion of natural reality. The flaw that ensues from the reasonings that refute permanent entities such as the Almighty—the consequence of an absence of distinctions throughout previous and subsequent [moments]—is equally valid with regard to this [claim]. It could be asserted that the arising of the [true cognition] is due to the power of the previous instant. Yet this does not apply to a true cognition of ultimate establishment, since causally related entities are not ultimately established.

Simultaneous [factors] are not feasible as cause and effect. Before the manifestation of the effect, there would then be no cause, and so no capacity [to produce the effect]. Likewise, once the [cause] was established and [that] capacity existed, the effect would already have been established too. Therefore, such a pair [of simultaneous factors] is not suited to be posited as cause and effect. Truly established cause and effect is also not feasible if [the cause and effect exist at] separate, successive times. Nothing will be produced, regardless of whether there is an interruption by some interval of time. If separated by a time interval, there is a disintegratedness between the cause and the effect, for unless the cause has disintegrated, an interruption will not be possible. Therefore, it is also not reasonable that a manifestation is exclusively due to the disintegratedness that is the cause's having disintegrated. Disintegratedness is an absence, and absence is deprived of all capacity. If disintegratedness is not characterized by absence,

།ཞིག་པ་མེད་པའི་མཚན་ཉིད་ཅན་དེ་ལྟ་མ་ཡིན་ན་རྒྱུ་ཇི་ལྟར་ཞིག་པར་འགྱུར་ཏེ་མ་ཞིག་པར་འགྱུར་རོ། །གལ་ཏེ་ཞིག་པ་དངོས་པོ་ཡིན་ན། བསྒྲིགས་ཟིན་པའི་ཤིང་ལ་སོགས་པ་སྔར་གྱི་དངོས་པོ་རྣམས་ད་ལྟ་ཡོད་པར་ཅིས་མི་འགྱུར་ཏེ། ཞིག་པ་ལས་མ་གཏོགས་པར་དེ་དག་ད་ལྟ་དངོས་མེད་དུ་འཇོག་པའི་རྒྱུ་མཚན་གཞན་མེད་པས་ན་དངོས་པོ་ཐམས་ཅད་རྟག་པར་འགྱུར་ཞིང་། རྒྱུ་མ་འགགས་ན་འབྲས་བུ་སྐྱེ་བ་མི་འཐད་པས་འབྲས་བུ་རྒྱུན་ཆད་ཅིང་། ཞིག་པ་ཁོ་རང་རྒྱུ་ལས་མ་བྱུང་བའི་དངོས་པོ་འགྱུར་བ་སོགས་གནོད་པ་མཐའ་ཡས་པ་དེས་ན་རྒྱུ་ཞིག་ནས་མེད་པའི་ཆ་ལ་ཞིག་པ་ཞེས་བཏགས་པ་ཡིན་གྱི། ཞིག་པ་རང་གི་ངོ་བོ་ལ་དངོས་པོ་ཙུང་ཟད་ཀྱང་མེད་དོ། །གལ་ཏེ་ཡོད་ན་དངོས་མེད་ཤེས་བྱ་ལ་མི་སྲིད་པར་འགྱུར་ཏེ། དངོས་པོ་དགག་པའི་ཆ་ལ་དངོས་མེད་དུ་བཏགས་པ་ཙམ་ལས་དངོས་མེད་ཅེས་གང་ཡང་ལོགས་སུ་ཡོད་པ་མ་ཡིན་ནོ། །དེ་ལྟར་དངོས་མེད་དངོས་མེད་མ་ཡིན་ན། མཐར་དགག་པ་དང་སྒྲུབ་པ། དངོས་དང་དངོས་མེད། ཡོད་པ་དང་མེད་པ་སོགས་ཐམས་ཅད་ཕན་ཚུན་སྤང་བའི་ཆོས་ཉིད་དུ་མི་འགྱུར་བར་འགྲུབ་ནས་ཤེས་བྱའི་རྣམ་གཞག་མ་ལུས་པ་ནུབ་པར་འགྱུར་རོ། །དེས་ན་ཞིག་པ་ཞེས་བྱ་བ་རྒྱུ་ཞིག་པའི་ཆ་མེད་དགག་ཙམ་ཡིན་པས་དེ་རང་ལ་ནུས་པ་གང་ཡང་མེད་ཅིང་། རྒྱུ་ནི་ད་ལྟ་ཡོད་པ་མ་ཡིན་པས་བར་དུ་ཆོད་པ་ལས་ཀྱང་སྐྱེ་བར་མི་འཐད་དོ། །གནོད་པ་འདི་དང་རྒྱུ་འབྲས་མ་ཕྲད་ནས་སྐྱེ་བ་མི་འཐད་པར་བསྟན་པ་གཉིས་དོན་འདྲ་ལ། གལ་ཏེ་ཞིག་པ་ལས་སྐྱེ་བར་འདོད་པ་ལྟར་ན་མ་ཕྲད་ནས་སྐྱེ་ཞེས་ཁས་བླང་བ་ཡིན་ནོ། །གལ་ཏེ་རྒྱུ་འབྲས་ཀྱི་བར་དུ་དུས་གཞན་གྱིས་མ་ཆོད་ན་དུས་མཉམ་པར་འགྱུར་ཏེ་སྐད་ཅིག་པ་ཡན་ལག་མེད་པ་གཉིས་བར་མ་ཆད་པ་ལ་དུས་མཉམ་པ་ལས་གཞན་མི་སྲིད་ལ། དེ་ལྟར་བར་ཙུང་ཟད་ཀྱང་མེད་ན་གཅིག་ཏུ་འགྱུར་ཏེ། དེ་ལྟར་ན་རང་ལ་རང་བསྐྱེད་པར་ཡང་མི་འཐད་ལ། དུས་ཀྱང་བསྐལ་པའང་སྐད་ཅིག་ཙམ་དུ་འགྱུར་རོ། །འོན་ན་རྒྱུ་འབྲས་ཡི་འབྲེལ་བ་མི་འཐད་པ་འདིས་ཀུན་རྫོབ་ཀྱི་རྒྱུ་འབྲས་ལའང་མི་འཐད་པར་བསྟན་པ་མ་ཡིན་ནམ་ཞེས་ན་མ་ཡིན་ཏེ།

then the cause could not have disintegrated—it would remain intact. If disintegratedness is an entity, then why doesn't the wood that was burned and [all other past entities] exist right now? Except for the fact that they have disintegrated, there is no other reason for classifying them as non-entities in the present. Thus, all entities would end up as permanent.

Furthermore, since origination of the effect is not feasible without cessation of the cause, the continuity of effects would be broken. Disintegratedness [itself] would turn out to be an entity that has not occurred from causes. In these ways, the flaws are endless. Therefore, so-called disintegratedness is a designation for the aspect of absence after the cause has disintegrated. There is not the slightest bit of entity in the essence of disintegratedness itself. If there were, non-entity would not be a possible object of cognition. Therefore, it is merely the aspect of the negation of entity that is designated non-entity. There is no non-entity apart from that. Otherwise, if the non-entity is not a non-entity, we will end up with affirmation and negation, entity and non-entity, existence and nonexistence, and so forth all no longer being mutually exclusive natures. With [everything] having become mixed up, the categories of cognizable objects will all, without exception, fade away. Therefore, so-called disintegratedness is the mere existential negation that is the disintegration of a cause, so it possesses no capacity of its own whatsoever. Origination through a moment of interruption of the cause is not reasonable.

The [logical] flaw [in this argument] is similar in meaning to the flaw shown with respect to how origination is not feasible when cause and effect are not in contact. If one asserts that origination is due to disintegratedness, one will [in effect] be claiming that origination occurs without contact. If cause and effect are not separated by some time interval, they become simultaneous. When two moments without parts are not separated, they can only be simultaneous. If there is not even the slightest interruption, they will become one, and yet it is also not feasible for something to produce itself. The [length of] time may as well be an eon, yet it still cannot be more than an instant.

One may then wonder whether this irrationality in the relationships between cause and effect would also demonstrate irrationality in terms of

འདི་ལྟར་རྒྱུ་དང་འབྲས་བུར་སྣང་ཡང་དེ་ལྟར་བརྟག་མི་བཟོད་པ་ཡིན་པའི་ཕྱིར་ཀུན་རྫོབ་ཏུ་བཞག་གི རྒྱུ་འབྲས་དཔྱད་བཟོད་ཀྱི་དངོས་པོ་ཡིན་ན་དོན་དམ་དུ་འགྱུར་གྱི་ཀུན་རྫོབ་ཏུ་ག་ལ་འགྱུར། དེ་ལྟ་བས་ན་ཀུན་རྫོབ་ལ་ནི་བརྒྱལ་ཞིང་བརྟགས་པ་མཚུངས་པ་མ་ཡིན་ནོ། །ཞེས་དེ་དག་ཀ་མ་ལ་ཤཱི་ལའི་དཀའ་འགྲེལ་ལས་ཇི་སྐད་བཤད་པ་བཞིན་གསལ་བར་བསྡུས་ཏེ་བསྟན་པའོ། །འོ་ན་དེ་ལྟར་རྒྱུ་འབྲས་ཕྲད་མ་ཕྲད་གང་ལས་ཀྱང་མི་སྐྱེ་ན་རྒྱུ་དང་འབྲས་བུ་རྣམ་པར་གཞག་པ་དོན་མེད་པར་མི་འགྱུར་རམ་ཞེ་ན་མི་འགྱུར་ཏེ། དེའི་རྒྱུ་མཚན་རྒྱུ་འབྲས་གཉིས་བདེན་གྲུབ་ཏུ་ཁས་ལེན་པའི་ཕྱོགས་ལ་བདེན་པར་གྲུབ་ན་རིགས་པས་དཔྱད་བཟོད་དགོས་ལ། དེ་ལྟར་ན་ཕྲད་མ་ཕྲད་དམ་བར་ཆོད་མ་ཆོད་གཉིས་ལས་མཐའ་གཞན་མི་སྲིད་པས་དེ་གཉིས་གང་རུང་གི་ཚུལ་དུ་བསྐྱེད་དགོས་པ་ཡིན་ཞིང་། དེ་གཉིས་དང་བྲལ་ན་རྒྱུ་འབྲས་བསྐྱེད་ཚུལ་གཞན་མེད་པས་རྒྱུ་འབྲས་ཀྱང་མི་འཐད་པ་ཡིན་ནའང་། གང་རྒྱུ་འབྲས་བདེན་པར་ཁས་མི་ལེན་པའི་ཕྱོགས་ལ་རྒྱུ་དེ་ཉིད་འབྲས་བུ་དེའི་མེད་ན་མི་འབྱུང་གི་རྒྱུར་གྱུར་པ་དངོས་པོའི་ཆོས་ཉིད་ཡིན་པ་ཙམ་གྱིས་ཆོག་གི ཕྲད་མ་ཕྲད་ཀྱི་བསྐྱེད་ཚུལ་གཉིས་གང་དུའང་ཁས་ལེན་མི་དགོས་ལ། དེ་ལྟར་ཁས་མ་བླངས་ཀྱང་རྒྱུ་འབྲས་མི་འཐད་པར་འགྱུར་བ་མ་ཡིན་པར་མ་ཟད་རྒྱུ་འབྲས་ཆེས་འཐད་པའང་ཡིན་ཏེ་འོག་ཏུ་ཀུན་རྫོབ་ཀྱི་རྣམ་གཞག་སྟོན་པ། བདག་རྒྱུ་སྤུམ་སྤུམ་ལ། །ཞེས་སོགས་ཀྱི་སྐབས་སུ་བཤད་པར་བྱའོ། །དེ་ལྟར་རྣམ་བརྟན་པ་འགོག་པའི་རིགས་པ་འདི་རྣམས་ཤིན་ཏུ་སྟོབས་དང་ལྡན་ཅིང་། ཐུན་མོང་མིན་པའི་ཟབ་གནད་ཡོད་པ་ལེགས་པར་སྦྱོང་ནུས་ན་སེམས་ཙམ་གྱི་གྲུབ་མཐའི་ཕུ་ཐག་ཆོད་ཅིང་དབུ་མའི་གནད་གསང་སྟོན་པར་བྱེད་པ་ཡིན་པས་ཚུལ་གཉིས་ཀྱི་ལུགས་ལ་འདི་ལས་དོན་ཆེ་བ་མེད་དོ།

relative cause and effect as well, but it does not. There appear to be causes and effects, although they cannot retain their status in the face of investigation, which is why they are classified as relative. If they were capable of withstanding examination, they would be ultimate and not in any way relative. [This examination of cause and effect] is therefore not equivalent with the examinations and investigations of the relative [principles of causality]. This was taught as a clarifying summary of the explanations found in Kamalaśīla's *Commentary on Difficult Points.*

Again, one may wonder: "Well then, if causal origination occurs neither through contact nor through absence of contact, nor through interruption or absence of interruption, then don't the principles of cause and effect turn out to be meaningless?"

They do not, and as to why that it so, [it must be explained that the present argument goes] against the side that holds cause and effect to be truly established. If an establishment is true, it must withstand reason's investigation. Therefore, since there cannot possibly be any other option apart from contact or no contact, or interruption or no interruption, origination in either of these ways will be refuted. Aside from these two, there is no other mode of causal production, and therefore causality is not reasonable. Still, for the side that does not hold cause and effect to be truly established, it suffices that the intrinsic nature of entities is simply such that certain causes are indispensable for the manifestation of certain effects. It is not necessary to claim that origination occurs by way of either contact or no contact. Not making any such claim does not make it unreasonable [to speak of] causes and effects. On the contrary, causality is highly reasonable, as will be explained below, when, during the demonstration of the relative principles, [the scripture] reads: "*based on their own successive previous causes...*"

The reasoning that refutes the Proponents of False Features is extremely powerful. It has extraordinarily profound key points, and if one is capable of the full experience of them, one will fully comprehend the philosophy of the Mind Only. As these will also reveal the secret point of the Middle Way, nothing in this system of the two approaches is more significant than this.

།གཉིས་པ་བདེན་པའི་དུ་བྲལ་སྒྲུབ་པ་ནི། དངོས་པོ་གང་གང་རྣམ་དཔྱད་པ། །དེ་དང་དེ་ལ་གཅིག་ཉིད་མེད། །གང་ལ་གཅིག་ཉིད་ཡོད་མིན་པ། །དེ་ལ་དུ་མ་ཉིད་ཀྱང་མེད། །ཞེས་གསུངས་ཏེ། དེ་ལྟར་བདག་གཞན་གྱི་སྡེ་པས་ཁས་བླངས་པ་རྟག་མི་རྟག་ཁྱབ་མ་ཁྱབ་རྡུལ་རགས་པ་ཤེས་དང་ཤེས་བྱ་ལ་སོགས་པ་**དངོས་པོ་གང་**དང་**གང་**ཡིན་པ་ཐམས་ཅད་ལ་གཅིག་པུར་གྲུབ་པ་ཡོད་མེད་དེ་ལྟར་**རྣམ་**པར་**དཔྱད་པ་**དེའི་ཚེ་ན། མ་དཔྱད་པའི་ངོར་གཅིག་པུ་ལྟར་སྣང་བའི་དངོས་པོ་ལྷུབ་རྫོས་པ་ལྟ་བུ་རྣམས་ལ། བརྟག་པའི་ཁུར་རྡོ་རྗེའི་རི་བོ་འབུམ་ལས་ལྗི་ཞིང་བརླིང་བ་དེ་བཟོད་ནུས་པ་རྡུལ་ཕྲ་རབ་ཙམ་ཡང་མེད་པས་དུམ་བུ་དུམ་བུ་བརྒྱ་ཚལ་དུ་ཞིག་ཅིང་འཐོར་བ་ཁོ་ན་ལས། དངོས་པོ་**དེ་དང་དེ་ལ་གཅིག་ཉིད་**དུ་གྲུབ་པ་གང་ཡང་**མེད་**དོ། **།གང་ལ་གཅིག་པ་ཉིད་ཡོད་པ་མིན་པ་དེ་ལ་དུ་མ་ཉིད་ཀྱང་མེད་**དེ། དུ་མ་ནི་གཅིག་ལས་རྩོམ་དགོས་ན་གཅིག་མེད་པའི་དུམ་ག་ལ་སྲིད་དེ། ཤིང་མེད་ན་ནགས་མེད་པ་ལ་སོགས་པ་བཞིན་ནོ། །དེ་ལྟར་ཡང་ལཀྐ་ར་གཤེགས་པ་ལས། བློ་ཡིས་རྣམ་པར་གཞིག་ན་ནི། །ངོ་བོ་ཉིད་ནི་གཟུང་དུ་མེད། །དེ་ཕྱིར་དེ་དག་བརྗོད་མེད་དང་། །ངོ་བོ་ཉིད་ཀྱང་མེད་པར་བཤད། །བློ་ཡིས་རྣམ་པར་གཞིག་ན་ནི། །གཞན་དབང་མེད་ཅིང་བརྟག་པ་མེད། །གྲུབ་པའི་དངོས་པོ་ཡོངས་མེད་ན། །བློ་ཡིས་ཇི་ལྟར་རྣམ་པར་བརྟག །རང་བཞིན་མེད་ཅིང་རྣམ་རིག་མེད། །དངོས་པོ་མེད་ཅིང་ཀུན་གཞི་མེད།

ESTABLISHING THE ABSENCE OF TRUE MULTIPLICITY

Second, when establishing the absence of true multiplicity, it is said:

Any entity that is examined
Does not possess singularity.
That which does not possess singularity
Is not multiple either. [61]

One may examine *any entity*—permanent or impermanent, pervasive or not pervasive, particle or coarse [matter], cognition or object of cognition, and so forth—*that* is accepted by our own groups or others, to see whether it is established as singular. Whenever any of those entities—which are similar to bursting water bubbles, yet apparently singular in the perspective of someone who has not investigated—*is examined*, not even a most subtle particle will be capable of withstanding the impact of the examinations. These [investigations] are more weighty and ponderous than a hundred thousand vajra mountains, and so everything without exception will be crushed to pieces and scattered. Thus, whatever the entity may be, it *does not possess* the slightest bit of established *singularity. That which does not possess singularity is not multiple either.* A multiplicity must be formed by singularities. How could there possibly be many where one does not exist? Similarly, there will be no forest without the existence of trees. Regarding this, the *Ascent onto Laṅkā* teaches:

When demolished by the mind,
[Their] very essences cannot be apprehended.
Hence they are taught to be inexpressible,
Lacking even an essence [of their own].

When demolished by the mind,
There are no dependent or imputed [natures].
Without any established entity at all,
How then could mind impute?

There are no natures and no awareness,
No entities and no all-ground.

།རོ་མཚུངས་བྲིས་པའི་རྟོག་གེ་པ། །ངན་པ་རྣམས་ཀྱིས་འདི་དག་བརྟག །མཚན་མ་དངོས་པོ་རྣམ་རིག་དང་། །ཡིད་ཀྱི་གཡོ་བ་གང་ཡིན་ལས། །ང་ཡི་སྲས་རྣམས་རབ་འདས་ནས། །དེ་དག་རྣམ་པར་མི་རྟོག་སྤྱོད། །ཅེས་གསུངས་ཏེ། བློས་བརྟགས་ཤིང་དཔྱད་ན་གཅིག་དང་དུ་མའི་ངོ་བོ་ཉིད་གཟུང་དུའམ་རྙེད་པ་མེད་ལ། དེའི་ཕྱིར་ན་དངོས་པོ་དེ་དག་ངག་གིས་འདི་དང་འདིའོ་ཞེས་གཅིག་དང་དུ་མར་བདེན་པ་བརྗོད་དུ་མེད་པ་དང་། ཡིད་ཀྱིས་དེ་དང་དེར་བཟུང་བའི་ངོ་བོ་ཉིད་ཀྱང་མེད་པ་ཡིན་ནོ་ཞེས་ཕྱི་དོན་མེད་པར་བསྟན་ནས། ཡང་ཤེས་བྱ་ནང་གི་ཡིན་པར་བལྟ་བ་ལའང་དོན་དེ་བསྟན་པའི་ཕྱིར། བློས་གཞིག་ན་གཞན་དབང་དང་ཀུན་བརྟགས་ཡོངས་གྲུབ་ཀྱི་དངོས་པོ་གསུམ་ཡང་ཡོངས་སུ་མེད་ན། དེ་ཡོད་པར་བློས་ཇི་ལྟར་བརྟག་པར་བྱ་ཞེས་པ་དང་། ཡང་དེ་ལྟར་མེད་ན་ཕྱི་ནང་གི་དངོས་པོ་འདི་དག་འཇིག་རྟེན་ལ་ཇི་ལྟར་གྲགས་པ་ཡིན་སྙམ་ན། ཕྱི་རོལ་གྱི་གཟུགས་ལ་སོགས་པའི་རང་བཞིན་མེད་ཅིང་། ཡུལ་ཅན་མིག་གི་ཤེས་པ་ལ་སོགས་པའི་རྣམ་རིག་ཀྱང་མེད་ལ། ཕྱི་ནང་གནས་ལུས་ལོངས་སྤྱོད་དུ་སྣང་བའི་དངོས་པོ་མེད་ཅིང་། དེ་དག་གི་ས་བོན་འཛིན་པའི་ཀུན་གཞིའང་མེད་མོད་ཀྱི། ཡང་དག་པའི་དོན་ལ་རྟོག་པའི་རིག་པ་ཡེ་ཤེས་དང་བྲལ་བས་སམ། ཆོས་ཡང་དག་པ་ཇི་ལྟ་བ་བཞིན་དུ་རྣམ་པར་འབྱེད་པའི་ཤེས་རབ་ཀྱི་གཡོ་བ་དང་བྲལ་བས་ཤི་ཟིན་པའི་རོ་དང་འདྲ་བ། བྲིས་པ་ལ་རྟོག་གེ་ངན་པའི་དབང་གིས་གྲགས་ཏེ། དེ་དག་གིས་དེ་ལྟར་བདེན་པར་རྣམ་པར་བརྟག་པ་ཡིན་གྱི་ཡང་དག་པར་ནི་མ་ཡིན་ནོ་ཞེས་སོ། །ཡང་། འོ་ན་ཆོས་ཀྱི་ཚུལ་ཡང་དག་པ་ལ་མཁས་པ་རྣམས་ཇི་ལྟ་བུའི་གནས་པ་ལ་གནས་པར་འགྱུར་སྙམ་ན། སྒོ་སེར་སོགས་ཀྱི་མཚན་མ་དང་། ཕྱི་ནང་གི་སྐྱེ་མཆེད་ཡི་དངོས་པོ་དང་།

These are the imputations
Of the corpse-like, childish, unwholesome intellectuals.

Attributes, entities, and awareness of features,
All the movements of the mind, whatever they may be,
Are transcended by my children,
And so they engage in non-conceptuality.

That is to say, when the mind examines and investigates, no singular or multiple essences can be apprehended or found. Therefore, words cannot determine [the nature of] entities, classifying them in terms of being truly singular or multiple, and there are no specific essences for the mind to apprehend.

Having taught the absence of external objectivity in this way, it must then be shown how the same [lack of establishment] is seen with respect to the view that [regards] the objects of cognition as internal. Once demolished by the mind, the three entities of the dependent, the imputed, and the thoroughly established [natures] do not exist at all, and therefore one must ask how the mind could impute their existence.

Here, one may wonder: "How can it be that these external and internal entities are renowned in the world, given that they don't exist?" The answer is as follows. External form and so forth have no nature, and the [types of] awareness, the subjective eye-cognition and so forth, do not exist either. The externally and internally apparent entities that are the abode, body, and enjoyments do not exist, and no all-ground that retains the seeds for those exists either. Because of miserable reasonings, all of that has become renowned among childish individuals, who are similar to corpses because they lack the awareness [of] the wakefulness that understands the authentic meaning, or because they lack the dynamics of the knowledge that authentically and exactly discerns phenomena. They have imputed that such [phenomena] are true, yet in reality it is not so.

Here, one may wonder: "Then what sort of abiding is actualized by those who are experts regarding the authentic condition of phenomena?" The answer is as follows. The attributes of blue, yellow and so forth, the entities that are the external and internal sources, the awareness of the

མིག་ཤེས་སོགས་ཀྱི་རྣམ་པར་རིག་པ་དང་། གཞན་དབང་གི་ཡིད་ཀྱི་གཡོ་བ་ལ་སོགས་པ་རྣམ་པར་རྟོག་པ་ཡིན་ནོ་ཅོག་གི་སྤྲོས་པ་ཀུན་ལས་ངའི་སྲས་རྣམས་འདས་ནས་མཁས་པ་དེ་དག་གང་ལའང་རྣམ་པར་མི་རྟོག་པར་སྤྱོད་དོ། །ཞེས་སོ། གཞན་ཡང་བློ་གྲོས་རྣམ་པར་དཀར་བ་སློབ་དཔོན་ཆོས་ཀྱི་གྲགས་པས་ཀྱང་། གང་གིས་དངོས་རྣམས་ངེས་བརྟགས་ན། །ཡང་དག་ཏུ་ན་དངོས་དེ་མེད། །འདི་ལྟར་དེ་དག་གཅིག་པ་དང་། །དུ་མའི་རང་བཞིན་ཡོད་མ་ཡིན། །སྣ་ཚོགས་དངོས་པོའི་དོན་རྣམས་ལ། །གལ་ཏེ་གཅིག་ཉིད་མི་རིགས་ན། །དེ་བློ་སྣ་ཚོགས་སྣང་བ་ཡང་། །ཇི་ལྟ་བུར་ན་གཅིག་པུར་འགྱུར། །ཇི་ལྟ་ཇི་ལྟར་དོན་བསམས་ན། །དེ་ལྟ་དེ་ལྟར་རྣམ་པར་བྲལ། །དེ་བས་མཚན་ཉིད་སྟོང་པའི་ཕྱིར། །རང་བཞིན་མེད་པར་རབ་ཕྱེད་ཅེས། །མཁས་པ་རྣམས་ཀྱིས་གང་གསུང་བ། །དེ་ནི་གསལ་བར་འོང་བ་ཡིན། །ཞེས་གསུངས་པའང་རྒྱལ་དེ་དང་འདྲའོ། །གཉིས་པ་ཁྱབ་པ་སྒྲུབ་པ་ནི། གཅིག་དང་དུ་མ་མ་གཏོགས་པར། །རྣམ་པ་གཞན་དང་ལྡན་པ་ཡི། །དངོས་པོ་མི་སྲིད་འདི་གཉིས་ནི། ཕན་ཚུན་སྤངས་ཏེ་གནས་ཕྱིར་རོ། །ཞེས་གསུངས་ཏེ། །དེའང་རང་གཞན་གྱི་སྡེ་པས་གང་སྨྲས་པའི་ཕྱོགས་ཤེས་འདོད་ཆོས་ཅན་གྱི་སྟེང་དུ་རྟགས་དེ་གྲུབ་ཅིང་མཐུན་དཔེ་ལ་རྗེས་སུ་འགྲོ་བ་ཡིན་པར་གྲུབ་ཀྱང་།

eye cognition and so forth, the movement of the dependent mind and so forth—these are all conceptualizations. My children go beyond all such constructs, and thus the experts engage in utter non-conceptuality. Furthermore, the master of sublime intelligence, Dharmakīrti, explains in a similar way:

> When entities are definitively examined,
> They do not exist in reality.
> In this way they have no nature,
> Neither as one nor as many.
>
> If the objects, the various entities,
> Cannot reasonably be singular,
> The appearances of the mind may be diverse,
> Yet how could they be singular?
>
> However one may think of an object,
> It is not the way it is thought.
> Since, rather, the characteristics are empty,
> The absence of nature is widely explained.
>
> Thus, what the experts have stated
> Is clearly justified.

Establishing the Pervasion

Second, when establishing the pervasion, it is said:

> *An entity possessing any feature other*
> *Than singularity and multiplicity*
> *Is not feasible because*
> *These two remain mutually exclusive. [62]*

Now, the evidence has been established regarding the subject about which knowledge is sought—everything that is spoken of by the representatives of our own and other groups—and it has been established how [that evidence] is concomitant with the resembling example.

ད་རུང་གཅིག་དང་དུ་མ་དང་བྲལ་ཡང་བདེན་པ་ཞིག་སྲིད་དམ་སྙམ་ནས། རྟགས་མི་མཐུན་ཕྱོགས་ལས་ལྡོག་པའི་ལྡོག་ཁྱབ་ལ་ཐེ་ཚོམ་ཟ་བས་རྟགས་འདིའི་ཁྱབ་པ་མ་ངེས་པར་ལན་ཐེབས་སྙམ་པའི་རེ་བ་བྲེད་པ་ནི་རེ་བ་འབྲས་མེད་བརྟེན་པ་བསླུ་བ་པོ་ན་ཡིན་ཏེ། གལ་ཏེ་གཅིག་དང་དུ་མ་གང་ཡང་མ་ཡིན་པའི་དངོས་པོ་ཞིག་ཡོད་སྲིད་ན་ནི། གཅིག་དང་དུ་མ་གཉིས་ཀར་བདེན་པ་མེད་ཀྱང་། ད་རུང་ཞེས་བྱ་ཐམས་ཅད་བདེན་མེད་ཡིན་དགོས་པའི་ཁྱབ་པ་མེད་ནའང་། གང་ཕྱིར་**གཅིག་དང་དུ་མ་**གཉིས་**མ་གཏོགས་པར།** **རྣམ་པ་གཞན་དང་ལྡན་པ་**གཅིག་དུ་མ་གང་ཡང་མིན་པ**ཡི་དངོས་པོ་**ཞིག་ཡོད་པར་**མི་རུང་**བ་ཡིན་ཏེ། རྒྱུ་མཚན་གཅིག་དང་དུ་མ་**འདི་གཉིས་ནི།** **ཕན་ཚུན་སྤངས་ཏེ་གནས་**པའི་མཚན་ཉིད་ཡིན་པས་ཕུང་པོ་གཞན་མི་སྲིད་པ་ཡིན་པའི་**ཕྱིར་རོ།** །དེ་ལྟར་ན་ཞེས་བྱའི་ཆོས་རང་གཞན་གྱི་སྡེ་པས་གང་སྨྲས་པ་དེ་དག་ལ་བདེན་པའི་གཅིག་དང་དུ་བྲལ་གྱི་རྟགས་དེ། ཕྱོགས་ཀྱི་ཆོས་སུ་གྲུབ་ཅིང་ཁྱབ་པ་ངེས་པས་ན་ཆོས་ཐམས་ཅད་རང་བཞིན་མེད་པར་གྲུབ་པ་ཡིན་ནོ། །དེ་ལ་ཁ་ཅིག་གཅིག་དང་དུ་མ་གཉིས་ནི་དངོས་པོའི་རྣམ་གྲངས་ཡིན་ཞིང་། དེ་ལས་བཟློག་པའི་གཅིག་དུ་བྲལ་ནི་དངོས་པོ་མེད་པ་ཡིན་ལ། དེ་ལྟར་ན་བསྒྲུབ་བྱ་དང་སྒྲུབ་པ་གཉིས་ཀ་དངོས་པོ་མེད་པར་ཐ་མི་དད་ཡིན་པས། ཆོས་ཅན་རིའི་སྟེང་དུ་བསྒྲུབ་བྱ་རང་བཞིན་མེད་པ་མ་གྲུབ་ན་ནི་དེ་དང་ངོ་བོ་ཐ་མི་དད་པའི་གཏན་ཚིགས་ཀྱང་མ་འགྲུབ་ལ། གཏན་ཚིགས་གྲུབ་ན་ནི་བསྒྲུབ་བྱ་དངོས་པོ་རྣམས་ཀྱི་རང་བཞིན་མེད་པའང་གྲུབ་ཟིན་ཏེ། དཔེར་ན། གཅིག་དང་དུ་མ་བྲལ་བ་ཉིད་ངེས་ནས་རི་བོང་གི་རྭ་ལ་སོགས་པ་ལ་དངོས་པོ་ཡོད་པར་སུ་ཡང་ཁས་མི་ལེན་པ་བཞིན་ནོ་སྙམ་ནས་གཏན་ཚིགས་འདི་དམ་བཅའ་བའི་དོན་གྱི་ཕྱོགས་གཅིག་པ་ཉིད་དུ་འགྱུར་རོ་ཞེ་ན། དེ་ལྟ་མ་ཡིན་ཏེ། དངོས་པོ་རྣམས་རང་བཞིན་མེད་པར་གནས་སུ་ཟིན་ཀྱང་། ཐོག་མེད་ཀྱི་སྦྱོངས་པས་དེ་ལྟར་མི་ཞེས་པ་ལ་གཏན་ཚིགས་གཅིག་དུ་བྲལ་ལ་བརྟེན་ནས་དེ་ལྟར་ཞེས་སུ་གཞུག་པ་སྟེ།

Yet someone may still think that there may be something that, despite being neither one nor many, is nevertheless true. Such a person may thus doubt the reverse pervasion, which is the evidence being in opposition to the properties discordant [with the property of the probandum]. That person may therefore hope to present a reply [to the argument] by saying that the pervasion is not ascertained. Yet such hope will achieve nothing, [for] it is false and deceptive. Let us assume that there is an entity that is neither one nor many. In that case, both one and many could be devoid of truth without that necessarily implying that all objects of cognition are likewise devoid of truth. Yet, the existence of *an entity possessing any feature other than singularity and multiplicity*—something that is neither one nor many—*is not feasible, because these two*, one and many, are characteristics that *remain mutually exclusive*. Thus, any other category is impossible. The evidence of absence of true singularity and multiplicity is thus established as the property of the position with respect to the topic to be understood—that which is spoken of by our own and other groups—and the pervasion is certified. Therefore, it has been proven that all phenomena are devoid of nature.

Some may now wonder: "One and many are equivalent to entity, and the opposite, absence of one and many, is non-entity. The probandum and the proof are, therefore, indistinguishable, in that both are non-entity. If the probandum, absence of nature, is not established regarding the subject, then the logical argument, which is essentially indistinguishable from it, will not be established either. Yet if the argument is established, the probandum, entities having no nature, will already have been established. Likewise, once the very absence of one and many has been ascertained, no one would claim, for example, that something like a rabbit horn exists as an entity." In this way, they may argue that the logical argument turns out to be the very same position as the meaning of the thesis.

Yet this is not so. While it is a fact that entities have no nature, some [individuals], because of beginningless delusion, do not understand this. Based on the logical argument of absence of one and many, they can be lead to an understanding that accords [with the real condition]. Likewise,

རྟོག་སོགས་འདུས་པ་ལ་བ་ལང་དུམ་ཞེས་པ་ལ་རྟོག་ཀློག་ཤལ་དང་ལྡན་པའི་ཕྱིར་འདི་ནི་བ་ལང་ངོ་ཞེས་པ་ལྟ་བུའམ། མདུན་འདིར་དམིགས་པའི་རིག་བྱར་གྱུར་པའི་བུམ་པ་མེད་དེ། ཡོད་ན་དམིགས་དགོས་པ་ལ་དེ་མ་དམིགས་པའི་ཕྱིར་རོ་ཞེས་པ་ལྟ་བུ་སྟེ། གང་རང་བཞིན་མེད་པར་མ་རྟོགས་པའི་ཞེས་དོར་སྣང་བའི་ཆོས་ཅན་དེ་ཉིད་ལ། ཤིང་ལོག་པས་ཤ་པ་ལྡོག་པ་ལྟ་བུར་བདེན་པའི་ཁྱབ་བྱེད་གཅིག་བདེན་དང་དུ་མར་བདེན་པ་ལོག་པས་ཁྱབ་བྱ་བདེན་པར་ལྡོག་པ་ཡིན་པས་ན། བསྒྲུབ་བྱ་དང་གཏན་ཚིགས་གཉིས་རྟོགས་ཚུལ་ལ་ཁྱད་མེད་པ་མ་ཡིན་པས་རྟགས་དེས་ཆོས་ཅན་ལ་བདེན་མེད་སྒྲུབ་པ་ཡིན་གྱི། ཇི་ལྟར་བུམ་པ་རང་བཞིན་མེད་པ། བུམ་པ་བདེན་མེད་ཡིན་པའི་རྟགས་ཀྱིས་སྒྲུབ་པ་ལྟ་བུར་རྟགས་དང་བསྒྲུབ་བྱ་འདྲ་བའི་རྣམ་གྲངས་སུ་འགྱུར་བ་མ་ཡིན་ཏེ། གཏན་ཚིགས་དེས་མ་ཤེས་པ་ལ་ཤེས་པར་བྱེད་ཅིང་ཤེས་ཟིན་གསལ་འདེབས་ཡིན་པས་རང་བཞིན་མེད་པའི་ལྡོག་ཕྱོགས་ཀྱི་སྒྲོ་འདོགས་སེལ་བའི་ནུས་པ་ཡོད་པའི་ཕྱིར་རོ།

one may say to those who do not know the assembly of hump and so forth to be an ox that since this is endowed with the hump and the dewlap, it is indeed an ox! Or one may similarly say that here before me there is no vase to qualify as an observed object of awareness. If there were, it would have to be observed, and it isn't!

Accordingly, given the subject, that which appears in the cognitive perspective of one who has not realized the absence of nature, it follows that once the pervaders of truth (true singularity and true multiplicity) have receded, then the pervaded (truth) will have been annulled [as well], just as the receding of [the presence of] tree annuls [the presence of] juniper.

Therefore, it is not the case that there is no difference in the way that the probandum and the argument are realized, and the evidence thus establishes that the subject [of our argument] is devoid of truth. Evidence and probandum do not turn out to be equivalent, as would be the case if a vase's absence of nature were established by the evidence of its lack of truth. The argument functions to engender understanding where there was none, and to remind and clarify where understanding has already taken place. It thus possesses the power to dispel the superimposition that is the opposite of absence of nature.

།གཉིས་པ་ཀུན་རྫོབ་ཏུ་དངོས་པོ་ཡོད་པར་བསྟན་པ་ལ། སྣང་ཙམ་བདེན་སྟོང་གི་ཀུན་རྫོབ་ངོས་གཟུང་། དེའི་རང་བཞིན་ཕྱེ་སྟེ་བཤད་པ་གཉིས། དང་པོ། དེ་ཕྱིར་དངོས་པོ་འདི་དག་ནི། །ཀུན་རྫོབ་ཁོ་ནའི་མཚན་ཉིད་འཛིན། །གལ་ཏེ་འདི་བདག་དོན་འདོད་ན། །དེ་ལ་བདག་གིས་ཅི་ཞིག་བྱ། །ཞེས་གསུངས་ཏེ། དེ་ལྟར་གཅིག་དང་དུ་མ་གང་དུའང་བརྟག་མི་བཟོད་པ་**དེ་ཡི་ཕྱིར་ན་དངོས་པོ་འདི་དག་**ཐམས་ཅད་**ནི།** སྒྱུ་མའི་རྟ་གླང་དང་མི་ལ་སོགས་པ་བཞིན་དུ་མ་བརྟགས་ཉམས་དགའ་བའི་**ཀུན་རྫོབ་ཁོ་ནའི་མཚན་ཉིད་འཛིན་**པ་ཡིན་ནོ། **།གལ་ཏེ་**དངོས་པོ་**འདི་**ཀུན་ཀྱང་བརྟེན་པ་ཀུན་རྫོབ་ཀྱི་མཚན་ཉིད་མ་བཟུང་བར་སྣང་བ་ལྟར་གྱི་**བདག་**གམ་ངོ་བོ་ཞིག་**དོན་**དུ་ཡོད་པར་**འདོད་ན།** **དེ་ལ་བདག་གིས་**དགག་པས་**ཅི་ཞིག་བྱ་**སྟེ། དངོས་པོའི་ཆོས་ཉིད་ནི་ཁོ་རང་གི་ཡིན་ལུགས་ཡིན་གྱི། གཞན་དག་གིས་འདོད་པས་དེ་ལ་ཅུང་ཟད་ཀྱང་བཅོས་སུ་ཡོད་པ་མིན་ཏེ། དཔེར་ན། སྒྱུ་མའི་རྟ་གླ་སྣང་བ་དེ་སྣང་བ་ལྟར་རྟ་གླང་དུ་གྲུབ་པར་གྱུར་ན་དེ་བསྟན་པའི་ཞེས་གཞག་པར་མི་རུང་བ་དང་འདྲའོ། །དེས་ན་སངས་རྒྱས་བཅོམ་ལྡན་འདས་རྣམས་འཇིག་རྟེན་དུ་བྱུང་ཡང་རུང་། མ་བྱུང་ཡང་རུང་སྟེ་ཆོས་རྣམས་ཀྱི་ཆོས་ཉིད་འདི་ནི་གནས་པའོ། །ཞེས་གསུངས་པ་ལྟར། དངོས་པོ་རྣམས་ཀྱི་ཡིན་ལུགས་ལ་བློས་བཞག་པས་བཅོས་སུ་མེད་དེ། དངོས་པོའི་ཡིན་ལུགས་དང་བློ་མཐུན་པར་གྱུར་ན་བློ་དོན་མཐུན་ཡང་དག་པ་ཡིན་ལ།

DEMONSTRATING RELATIVE EXISTENCE

Second, demonstrating the relative existence of entities includes: 1) identifying the relative, which is mere appearance without true establishment, and 2) an analytical explanation of its nature.

Identifying the Relative, Which is Mere Appearance Without True Establishment

First, it is said:

> *These entities therefore*
> *Possess relative characteristics exclusively.*
> *If these are held to be actual selves,*
> *Then what can I do? [63]*

Hence, none of *these entities* can withstand examination in any way, either as singular or as multiple. They *therefore possess relative characteristics exclusively*—those which, like illusory horses, elephants, and humans, [appear] delightful [only when] not examined. *If these* entities are not understood to be characteristically false and relative, and if they *are held to be*, just as they appear, *actual selves* or essences, *then what can I do* in terms of refutation? The intrinsic nature of an entity is its way of being—this cannot be altered in the slightest by the assertions of others. For instance, if the illusory horses and elephants were established as horses and elephants just as they appeared, then classifying them as false would not be appropriate. Therefore, as it is said:

> Whether the Buddha, the Transcendent Conqueror, appears in the world or not, the intrinsic nature of phenomena indeed remains.

The way entities are cannot be altered by the mind's categorizations, but when the mind comes to accord with the way entities are, then that is the authentic mind in accordance with fact. Whatever is imputed that

གལ་ཏེ་དངོས་པོའི་ཡིན་ལུགས་དང་མི་མཐུན་པར་ཅི་བརྟགས་ཀྱང་རང་གི་བློ་ཡུལ་ལ་ཕྱིན་ཅི་ལོག་ཏུ་
རྟོག་པའི་སྒྲོ་འདོགས་པར་འགྱུར་གྱི། ཡུལ་དེ་ནི་དེས་འདོད་པས་བཞག་པའི་རྗེས་སུ་འབྲང་བ་མ་
ཡིན་ནོ། །དེས་ན་གཞན་གྱིས་མ་བཅོས་པར་རང་གི་ངོ་བོའི་ཡིན་ལུགས་ཡིན་ན་དངོས་པོ་དེའི་
ཆོས་ཉིད་དམ། ཁོ་རང་གི་ཡིན་ལུགས་སམ། རང་བཞིན་དེ་འདྲ་བ་ཁོ་རང་གི་རང་གིར་གྲུབ་པ་
ཡིན་པས། སུ་དག་གིས་ཀྱང་དེ་ལས་གཞན་དུ་དྲང་བར་མི་ནུས་པས་ལྟུགས་ཀྱུ་མེད་པའམ་ལྟུགས་
ཀྱུ་དང་བྲལ་བ་ཞེས་བྱ་སྟེ། ལྟུགས་ཀྱུ་ནི་འཛིན་བྱེད་ཡིན་ལ་རང་འདོད་ཀྱིས་བཞག་པའི་ལྟུགས་
ཀྱུས་བཟུང་མི་ནུས་ཞེས་པའི་དོན་ཏེ། དཔེར་ན། མེ་ཚ་བ་ཡིན་པ་ལ་སུས་ཀྱང་དེ་ཚ་བ་མིན་པར་
བསྒྲུབ་མི་ནུས་པ་ལྟ་བུའོ། །དེ་ལ་ཀུན་རྫོབ་ཁོ་ནའི་ཞེས་པའི་སྒྲས་ཡང་དག་པ་ཡིན་མིན་གཉིས་
སུ་ཕྱེ་བའི་ཡང་དག་མིན་པ་བརྫུན་པའི་ངོ་བོ་འཛིན་གྱི། ཡང་དག་པའི་ངོ་བོ་བདེན་པར་གྲུབ་པ་
ནམ་ཡང་མེད་ཅེས་ཡང་དག་པ་གཅོད་པ་ཡིན་ནོ། །གལ་ཏེ་འདི་དག་ཅེས་གཉིས་ཚིག་བྱས་པ་
དཔེ་ལ་ལར་སྣང་ཡང་བ་འཕྲུལ་ཆད་ནས་ཡི་གེ་མ་དག་པ་སྟེ། དཔེ་རྙིང་ཤིན་ཏུ་དག་པ་རྣམས་
ནས་འདི་བདག་ཅེས་ཡོད་པ་དེ་ཁོ་ནར་གཟུང་དགོས་སོ། །ཚིག་རྐང་ཕྱི་མ་གཉིས་ཀུན་རྫོབ་ཚད་
གྲུབ་མི་བཀག་པ་ལ་ཐ་ཤད་མཁན་འདུག་ཀྱང་། ཕྱིར་རྣམ་གྲངས་པའི་དོན་དམ་འཆད་པའི་
སྐབས་སུ་ཀུན་རྫོབ་ཀྱི་རང་མཚན་ཐ་སྙད་ཀྱི་ཚད་མས་གྲུབ་པ་དང་། དོན་དམ་བདེན་གྲུབ་མེད་
པར་དགག་པ་ལ་བྱེད་པ་རང་རྒྱུད་པའི་བསྒྲུབ་བྱའི་གཙོ་བོ་ཡིན་པས་ཐ་སྙད་ཚད་གྲུབ་མི་དགག་པ་
ནི་བདེན་ཀྱང་། སྐབས་འདིའི་ཚིགས་སུ་བཅད་པའི་དོན་དེ་ལྟར་འགྲེལ་བ་མི་འཐད་དེ་རྒྱུས་པར་
མ་སྨྲོས་སོ། །ཚིགས་སུ་བཅད་པ་འདི་ནི་དོན་ཆེ་ཞིང་ཤིན་ཏུ་བསྙིང་བ་ཡིན་པས་ཐ་ཤད་དགོས་
པ་མང་དུ་འདུག་ཀྱང་མཚོན་ཙམ་བརྗོད་ན། དེ་ཕྱིར་ཞེས་པ་དང་། ཁོ་ན་ཞེས་པ་དང་།
དཔེ་ལ་ལར་འགྱུར་གྱི་དབང་གིས་ཀུན་རྫོབ་པ་ཉིད་ཅེས་ངེས་གཟུང་བྱས་པ་དེ་གཉིས་དོན་དུ་འདྲ་ལ།
ཡང་། གལ་ཏེ་ཞེས་པ་རྣམས་ལ་ཟུར་སྨྲོང་རྒྱ་ཆེན་པོ་ཡོད་པ་ཡིན་ཞིང་། དོན་དམ་པའི་
དཔྱད་པས་དགག་པ་ཇི་སྙེད་པ་ཀུན་ཀྱང་ཀུན་རྫོབ་ཀྱི་མཚན་ཉིད་ཤེས་པའི་ཐབས་སུ་འགྲོ་བ་དང་།

discords with the way of being of entities is a superimposition—a misconception of one's mind with respect to its object. It is not that [the nature of] the object follows the categorization of the asserting [mind]. Therefore, when something is [an entity's] essential way of being, unaltered by anything extraneous, it is then that entity's intrinsic nature, its way of being, its very nature. Since this is how [the entity] is, by itself, no one will be able to modify it. This is called the "absence of hooks" or "freedom from hooks." Hooks catch things, and here the sense is that the hooks set forth by selfish assertions have no means for catching [anything]. For instance, fire is hot, and nobody will be able to establish it differently.

The words "exclusively relative" preclude [these entities being] authentic by expressing how, in terms of the dichotomy between authentic and inauthentic, [they are] inauthentic and their essence is false. Under no circumstances do they possess any truly established, authentic essence.

Here, some editions, using the dual particle *dag*, read: "If these [are held to be actual]." Yet this is an inaccuracy that results from omitting the prefix *ba*.[70] Old and highly accurate editions read: "If [these are held to be actual] selves," so one should exclusively take that to be [the original wording]. Some explain that the latter two lines of the stanza [imply] unrefuted, relative, valid establishment. Generally, when explaining the categorized ultimate, the main issues to be established by the Autonomists are indeed the affirmation of relative, specific characteristics by conventional valid cognition, and the existential negation of ultimate true establishment. It is, therefore, true that conventional valid establishment is not negated. Although I shall not elaborate here, such an explanation is, nevertheless, not justified in the context of the present stanza. This stanza holds great meaning and is extremely profound. Therefore, much ought to be said, but here let me just indicate its meaning briefly.

"Therefore" and "exclusively" carry a meaning similar to what, in some editions, has been translated with the emphatic "relative indeed." Moreover, the expression, "If [these are held to be actual selves]..." can lead to a profound experience. Without exception, all of the refutations made through ultimate investigations turn out to be a means for understanding the characteristics of the relative, while similarly, all of the various relative appearances

ཀུན་རྫོབ་སྣ་ཚོགས་པའི་སྣང་བ་ཐམས་ཅད་དོན་དམ་པ་རྟོགས་པའི་ཐབས་སུ་གྱུར་པ་སྟེ། དེ་གཉིས་གཅིག་གྲོགས་སུ་གཅིག་འཆར་བ་ཞིག་གི་གོ་བ་འདི་ལ་ལེན་རྒྱུ་ཡོད་པ་ཡིན་ནོ། །དེ་ལ་སྣང་ཙམ་བདེན་པས་སྟོང་པ་འདི་ཀུན་རྫོབ་ཀྱི་ངོ་བོ་ཡིན་ལ། གལ་ཏེ་འདི་སྣང་བ་ལྟར་གྲུབ་པ་ཞིག་ན་ནི་འདི་ཀུན་རྫོབ་མ་ཡིན་ལ། དེ་ལྟར་ན་དོན་དམ་ཡང་མེད་པར་འགྱུར་ཞིང་། འདིར་སྣང་ཡང་དེ་ལྟར་མ་གྲུབ་པ་ཁོ་ན་ཡིན་པས་འདི་ཀུན་རྫོབ་ཡིན་ལ་དེ་ལྟར་ན་དོན་དམ་པའང་དེ་ཉིད་ཀྱིས་གྲུབ་པ་ཡིན་པ་དང་། ཆོས་ཐམས་ཅད་གཅིག་དང་དུ་མར་བྲལ་བའི་དོན་དམ་པར་རང་བཞིན་མེད་པ་དེའི་ཕྱིར། སྣང་ཙམ་འདི་ལ་ཀུན་རྫོབ་ཀྱི་མཚན་ཉིད་ཐོབ་པར་གྱུར་པ་ཡིན་པས། བདེན་པ་གཉིས་པོ་འདི་དག་གཅིག་གིས་གཅིག་གསལ་བར་བྱས་པ་ཡིན་གྱི། ཕན་ཚུན་གནོད་པ་ཅན་ག་ལ་ཡིན་ཏེ། ཞིབ་ཏུ་གོང་འོག་ཏུ་བཤད་པ་ཐམས་ཅད་བསྒྲིགས་ནས་སྟོང་དང་རྟེན་འབྱུང་གཅིག་གྲོགས་སུ་གཅིག་འཆར་ཞིང་གཅིག་མེད་ན་གཅིག་ཤོས་ཀྱང་མི་སྲིད་པའི་གོ་བ་ལ་སྙོ་ཀུན་ནས་འབད་པ་ལས་ལྷག་པའི་དོན་ཆེན་པོ་ཤེས་བྱའི་ཁོངས་ན་ཡོད་པ་མ་ཡིན་ནོ། །དེས་ན་དངོས་པོ་འདི་དག་གི་ཡིན་ལུགས་ཅི་འདྲ་ཞིག་ཡིན་སྙམ་ན། རྣམ་པ་སྣ་ཚོགས་སུ་སྣང་ཡང་རང་བཞིན་མེད་པ་ཞིག་ཡིན་ནོ། །དེས་ན་རང་བཞིན་མེད་པར་དཔྱད་པ་དེས་ཀྱང་ཀུན་རྫོབ་ཀྱི་ཡིན་ལུགས་ལ་རྨོག་ཕྱོགས་སུ་སྒྲོ་འདོགས་པ་སེལ་བ་ཡིན་པས་ཀུན་རྫོབ་ཀྱི་ཡིན་ལུགས་གསལ་བར་བྱས་པ་ཡིན་ཏེ། སྣང་བ་དང་སྟོང་པ་ཟུང་དུ་མ་འབྲེལ་ན་དངོས་པོའི་ཡིན་ལུགས་མ་ཤེས་པ་ཡིན་ལ་དེ་གཉིས་འདུ་འབྲལ་མེད་པར་ཤེས་ན་དངོས་པོའི་ཡིན་ལུགས་ཤེས་པ་སྟེ། སྒྱུ་མའི་རྟ་གླང་གི་རང་བཞིན་རྟ་གླང་དུ་སྣང་ནི་སྣང་བ་དང་། བདེན་ནི་མི་བདེན་པའི་བརྫུན་པ་ཡིན་པ་ཟུང་དུ་ཚོགས་པ་བཞིན་ནོ། །དེས་ན་ཇི་སྙེད་གནས་པའི་དངོས་པོའི་དེ་ཁོ་ན་ལ་མཁས་པའི་སངས་རྒྱས་བཅོམ་ལྡན་འདས་རྣམས་ཀྱིས་དེ་དང་དེ་དག་ཏུ་རབ་ཏུ་བཤད་དེ། ཇི་སྐད་དུ་ཆོས་ཡང་དག་པར་སྡུད་པ་ལས། བྱང་ཆུབ་སེམས་དཔས་དེ་བཞིན་གཤེགས་པ་དགྲ་བཅོམ་པ་ཡང་དག་པར་རྫོགས་པའི་སངས་རྒྱས་ཀྱིས་ཐ་སྙད་དུ་སྟོན་པ་རྣམ་པ་བཅུར་ཁོང་དུ་ཆུད་པར་བྱ་སྟེ། བཅུ་གང་ཞེ་ན། འདི་ལྟ་སྟེ། ཕུང་པོ་སྟོན་པ་དང་། ཁམས་སྟོན་པ་དང་། སྐྱེ་མཆེད་སྟོན་པ་ལ་སོགས་པ་གསུངས་པ་དང་།

end up as the means for realizing the ultimate. What is to be comprehended here, therefore, is the understanding of how the two [truths] can be seen to mutually enhance one another.

The essence of the relative is mere appearance, empty of truth. If it were something established the way it appears, it would not be relative, and neither would there be anything ultimate. Here, the relative is exclusively that which appears without being established in the way it appears, and by this very [definition] the ultimate has been established as well. All phenomena do not possess any nature in terms of the ultimate that is beyond one and many, and for that reason, these mere appearances display the characteristics of the relative.

Therefore, these two truths clarify one another and can obviously never be in conflict. If one carefully combines all that is explained above and below, one will realize that emptiness and dependent origination are mutually enhancing, and that one is impossible without the other. Such an understanding is to be sought by any means. Among all that can be known, there is no insight more significant than this. Therefore, if one wonders what the way of being of these entities might be, it is one of diverse appearance without any nature.

Investigations into the absence of nature dispel superimpositions with regard to the relative's way of being, and thereby clarify the way the relative is. If the apparent and the empty are not united, one has not understood what entities in fact are. Yet, if it is understood how the two are beyond meeting and parting, then the way of being of [all] entities has been understood. Similarly, the nature of illusory horses and elephants is also a union in the sense that the horses and elephants undeniably appear, while just as undeniably, they are unreal and false. This has been taught extensively by the Buddhas, the Transcendent Conquerors who are the experts in this abiding thatness of entities. From the *Authentically Compiling Phenomena*:

> The Bodhisattva must comprehend 10 conventional teachings given by the Thus Gone One, the Foe Destroyer, the truly and completely Enlightened One, the Buddha. What are these 10? These are the teaching of the aggregates, the teaching of the elements, the teaching of the sources...

དཀོན་མཆོག་སྤྲིན་ལས་ཀྱང་། རིགས་ཀྱི་བུ་ཆོས་བཅུ་དང་ལྡན་ན་བྱང་ཆུབ་སེམས་དཔའ་ཀུན་རྫོབ་ལ་མཁས་པ་རྣམས་ཡིན་ནོ། །བཅུ་གང་ཞེ་ན། འདི་ལྟ་སྟེ། གཟུགས་སུ་འདོགས་ལ་དོན་དམ་པར་ན་གཟུགས་སུ་འང་མི་དམིགས་ཤིང་མངོན་པར་ཞེན་པ་མེད་དོ། །དེ་བཞིན་དུ་ཚོར་བ་སོགས་ལ་སྦྱར་ཏེ་རྒྱས་པར་གསུངས་སོ། །འཕགས་པ་བློ་གྲོས་མི་ཟད་པས་བསྟན་པ་ལས་ཀྱང་། ཚུལ་བཞིན་ཞེས་བྱ་བ་ནི་ཆོས་ཐམས་ཅད་བདག་མེད་པ་སྟེ། དེ་བཞིན་དུ་ཆོས་ཐམས་ཅད་རིགས་པས་མཐོང་བའོ། །ཞེས་པ་ལ་སོགས་པ་དང་། རྒྱལ་བ་སྐྱེད་མ་ཡུམ་ཆེན་མོ་ལས་ཀྱང་། མཚན་ཉིད་སྟོང་པ་ཉིད་ཀྱི་ཕྱིར་རྣམ་པར་ཤེས་པའི་བར་དུ་རྣམ་པར་ཤེས་པའི་ངོ་བོ་ཉིད་ཀྱིས་སྟོང་ངོ་། །ཞེས་གསུངས་པ་ལྟ་བུའོ། །དེ་ལ་སེམས་ཙམ་པ་ན་རེ། སྟོང་པར་གསུངས་པ་འདི་ནི་ཀུན་བརྟགས་པའི་ངོ་བོས་སྟོང་པར་གསུངས་པ་ཡིན་ནོ་ཞེ་ན། དེ་བདེན་ཏེ་ཡང་དག་པར་ན་ཤེས་པ་རང་བཞིན་ཡོད་དོ་ཞེས་བྱ་བ་དེའང་ཀུན་བརྟགས་ཡིན་པར་བདག་ཅག་འདོད་དོ། །གཞན་དབང་གི་ངོ་བོ་བདེན་པར་གྲུབ་ན་གཟུང་འཛིན་གཉིས་སུ་སྣང་བ་ཕྱིན་ཀུན་བརྟགས་སོ་ཞེས་བྱ་བ་དེ་འགྲུབ་ནའང་སྔར་ཇི་སྐད་བཤད་པའི་ཚད་མས་གནོད་པ་ཡོད་པས་དེའང་ཀུན་བརྟགས་ཉིད་དུ་གྲུབ་པ་ཡིན་ནོ། །གླང་པོའི་རྩལ་གྱི་མདོ་ལས་ཀྱང་། ཤཱ་རིའི་བུ་འདི་ཇི་སྙམ་དུ་སེམས། གང་ཆོས་རྣམས་ཀྱི་ངོ་བོ་ཉིད་ཤེས་པ་དེ་ཡོད་པ་ཡིན་ནམ་འོན་ཏེ་མེད་པ་ཡིན། གསོལ་བ། བཅོམ་ལྡན་འདས་གང་ཆོས་ཐམས་ཅད་ཀྱི་ངོ་བོ་ཉིད་འཚལ་བ་དེ་ནི་འཚལ་བ་མ་མཆིས་པའོ། །དེ་ཅིའི་སླད་དུ་ཞེ་ན། བཅོམ་ལྡན་འདས་ཀྱིས་ཆོས་ཐམས་ཅད་ནི་སྒྱུ་མའི་ངོ་བོ་ཉིད་དོ་ཞེས་བསྟན་པའི་སླད་དུ་སྟེ། སྒྱུ་མ་ལྟ་བུ་གང་ལགས་པ་དེ་ནི་མ་མཆིས་པའོ། །འདི་ལྟ་སྟེ། ཆོས་ཐམས་ཅད་ཀྱི་ངོ་བོ་ཉིད་འཚལ་བ་དེ་ནི་འཚལ་བ་མ་མཆིས་པའོ། །དེ་ཅིའི་སླད་དུ་ཞེ་ན། འདི་ལ་གང་ཡང་ཡང་དག་པར་ཆོས་གང་ཡང་མི་དམིགས་པའི་སླད་དུའོ། །ཞེས་བྱ་བ་ལ་སོགས་པ་གསུངས་པ་ལྟར་རོ།

Also, the *Precious Cloud* states:

> Son of noble family, the Bodhisattva who possesses 10 Dharmas is expert in the relative. What are these 10? Although designated 'form', it is not ultimately observed as such, and there is no attachment to its reality.

Treating sensation and so forth in the same way, [the sūtra] continues to explain elaborately. Furthermore, the *Noble* [*Sūtra*] *Taught by Akṣayamati* teaches:

> Here, 'correct' implies that all phenomena are devoid of self, and in that way, all phenomena are seen by reason.

Likewise, the *Great Mother Who Gives Birth to the Victorious Ones* explains:

> Since the characteristics are emptiness, [everything] up to [and including] consciousness is empty of the very essence of [everything up to and including] consciousness.

Here, proponents of Mind Only may say that this teaching of emptiness implies an essential emptiness of the imputed. Admittedly, that is true. Yet, what we maintain is that the claim that "the nature of mind exists!" is also, in reality, an imputation. Some may say: "Since the essence of the dependent [nature] is truly established, the imputed is exclusively the dualistic appearances of apprehended and apprehender." But because [the authenticity of the dependent nature] is impaired by the valid cognitions explained earlier, that is also proven to be imputation indeed. For example, this is as it is explained in the *Sūtra of the Elephant's Strength*:

> "Śāriputra, what do you think—is the knowing of phenomena's essential nature an existence, or rather, is it a nonexistence?"
> [Śāriputra] offered [his reply]: "Transcendent Conqueror, the knowing of all phenomena's essential nature does not exist as knowing. If asked why that is, it is so because the Transcendent Conqueror has revealed how all phenomena are the very essence of illusion—and that which is like an illusion does not exist. That is how it is—the knowing of all phenomena's essential nature does not exist as knowing. If asked why that is, it is so because no phenomenon whatsoever is observed authentically."

།དེས་ན་རང་བཞིན་མེད་པ་དང་རྟེན་འབྱུང་གི་སྣང་བ་གཉིས་པོ་ངོ་བོ་དབྱེར་མེད་པ་ཆུ་ཟླ་ལྟར་སྟོང་བཞིན་སྣང་བའི་ངེས་པ་ཁྱད་པར་ཅན་སྐྱེས་ནས་དེ་ལྟ་བུར་འཛིན་སྟངས་ཀྱི་སྒོ་ནས་ཡིད་ལ་བྱེད་པ་ནི་སྣང་བ་དང་བཅས་པའི་སྤྱོད་ཡུལ་ཅན་གྱི་སྒྱུ་མ་ལྟ་བུའི་ངེས་ཤེས་ཞེས་བྱ་བ་ཡིན་ལ། དེའང་གནས་ཚུལ་དང་མཐུན་པར་བཟུང་བ་ཡིན་མོད། སྟོང་པའི་གཞི་ཉིད་དང་དེའི་རང་བཞིན་མེད་པ་བློས་སྦྱར་ནས་བཟུང་བ་ཙམ་སྟེ། དགག་སྒྲུབ་ཀྱི་རྟོག་པ་གཉིས་པོའི་ཞེན་ཡུལ་རིགས་པས་སུན་ཕྱུང་ནུས་ཤིང་འོག་དབྱུང་དུ་ཡོད་པ་ཡིན་པས་རྣམ་པར་རྟོག་པ་ལ་བརྟེན་པས་ན་ཀུན་རྫོབ་ཅེས་བྱ་བ་ཡིན་ནོ། །གནས་ལུགས་ཇི་བཞིན་བསྒོམ་པ་ནི་དགག་སྒྲུབ་ཀྱི་རྟོག་པའི་སྤྲོས་པ་ཀུན་དང་བྲལ་བ་ཉིད་དེ། སྣང་བ་མེད་པའི་སྤྱོད་ཡུལ་ཅན་གྱི་མཉམ་གཞག་ནམ་མཁའ་ལྟ་བུ་ཞེས་སོ། །མཉམ་གཞག་སྣང་བཅས་སུ་འདོད་པའི་ལུགས་ལྟར་ནའང་སྤྲོས་བྲལ་ཡིན་ཚུལ་ལ་ནི་ཁྱད་ཅིའང་མེད་དོ། །གཉིས་པ་ཀུན་རྫོབ་དེའི་རང་བཞིན་ཕྱེ་སྟེ་བཤད་པ་ལ། སྣང་ཙམ་བསླུ་མེད་དུ་ཡོད་པ་དང་། སྣང་གཞི་བདེན་སྟོང་དུ་ངེས་པ་གཉིས། དང་པོ་ལ་ཚུལ་ཇི་ལྟར་སྣང་བ་དང་། རྒྱུ་གང་གིས་སྣང་བའི་ཚུལ་གཉིས། དང་པོ། མ་བརྟགས་གཅིག་པུ་ཉམས་དགའ་ཞིང་། །སྐྱེད་དང་འཇིག་པའི་ཆོས་ཅན་པ། །དོན་བྱེད་པ་དག་ནུས་རྣམས་ཀྱི། །རང་བཞིན་ཀུན་རྫོབ་པ་ཡིན་རྟོགས།

Accordingly, a definitive certainty will emerge: the absence of nature and the appearances of dependent origination are in essence inseparable —just like the moon in water, which appears while being empty. The mental activity that manifests by apprehending in this way is called the "illusory certainty of the activity sphere with appearance." Although it is indeed a way of apprehending that accords with the abiding way, it is still only an apprehending that ensues from the mental joining of the basis for being empty with its absence of nature. The conceived objects that pertain to both the negating and the affirming thought can be disproved through reasoning, and so [the realization] can be improved. Since this [understanding] is based on concept, it must be classified by the term relative.

The meditation that is in perfect accord with the abiding way is indeed free from all the constructs of negating and affirming thought, and is therefore given the name "space-like equipoise of the activity sphere without appearance." The system asserting that the equipoise involves appearance is not different in the least in terms of also asserting that [the equipoise] is beyond constructs.

Analytical Explanation of the Nature of the Relative

Second, the analytical explanation of the relative includes: 1) [showing] how mere appearance is undeceiving, and 2) ascertaining how the basis for appearance is empty of truth. Showing how mere appearance is undeceiving includes [explaining]: 1) the mode of the appearances, and 2) their causes.

The Mode of Appearances

First, it is said:

> *Delightful only when not examined,*
> *Subject to origination and destruction,*
> *And capable of performing function—*
> *The nature of this is realized to be relative. [64]*

།ཞེས་གསུངས་ཏེ། ཀུན་རྫོབ་ཅེས་བྱ་བ་དེ་རི་བོང་གི་རྭ་ལ་སོགས་པ་དང་། རྟག་པའི་དབང་ཕྱུག་ལ་སོགས་པ་བཞིན་དུ་མིང་ཙམ་ཞིག་ཡིན་ནམ། འོན་ཏེ་རྟེན་ཅིང་འབྲེལ་བ་བྱ་བྱེད་བསླུ་མེད་དུ་ནུས་པ་གནག་རྫི་ཡན་ཆད་ལ་ཤིན་ཏུ་གྲགས་པའི་དོན་དེ་ལ་བརྡའི་དབང་གིས་ཀུན་རྫོབ་ཅེས་བཞག་པ་གང་ཡིན་སྙམ་ན། ཀུན་རྫོབ་འདི་ནི་རི་བོང་གི་རྭ་ལ་སོགས་པ་བཞིན་དུ་སྒྲ་ཙམ་གྱིས་བཞག་པའི་དངོས་མེད་མཐོང་བ་དང་འདོད་པའི་དོན་མི་བྱེད་པ་མ་ཡིན་ཏེ། འདི་ལྟར་རྟེན་ཅིང་འབྲེལ་བར་འབྱུང་བའི་ངོ་བོ་བརྟགས་ན་དཔྱད་མི་བཟོད་ཀྱང་**མ་བརྟགས་གཅིག་པུ**འམ་ཁོ་ནའི་དབང་དུ་ན་**ཉམས་དགའ**དགའ་ལྟར་མངོན་སུམ་དུ་སྣང་**ཞིང་།** རྒྱུ་དང་འབྲས་བུའི་ངོ་བོ་སྐད་ཅིག་གིས་**སྐྱེ་བ་དང་འཇིག་པའི་ཆོས་ཅན**་ཡིན་**པ**་དང་མཐོང་བ་དང་འདོད་པའི་**དོན**་བསླུ་མེད་དུ་**བྱེད་པ་དག་ནུས**་པའི་དངོས་པོ་འདི་**རྣམས་ཀྱི་རང་བཞིན་ནི་ཀུན་རྫོབ་པ**་ཞེས་བྱ་བ་**ཡིན**་པར་**རྟོགས**་པའམ་ཤེས་དགོས་པ་ཡིན་ནོ། །དེ་ལ་ཀུན་རྫོབ་ཀྱི་མཚན་ཉིད་ལ་རྣམ་བཅད་ཀྱི་དབང་དུ་གསུམ་བསྟན་པ། ཡོངས་གཅོད་ཀྱི་དབང་དུ་གཅིག་ཏུ་བསྒྲུབ་པ་ཡིན་ཏེ། འདི་ལྟར་ཀུན་རྫོབ་འདི་དག་བདེན་པས་སྟོང་བཞིན་དུ་སྣང་བ་མ་ཡིན་པ་བསལ་བའི་ཆ་ནས་མ་བརྟགས་ཉམས་དགའ་ཞེས་གསུངས་ཏེ། བརྟགས་ན་མི་རྙེད་ཀྱང་མ་དཔྱད་པའི་ངོར་འགོག་མེད་དུ་སྣང་བ་ཆུ་ནང་གི་ཟླ་བ་ལྟ་བུའོ། །དེ་དག་ནི་སྣང་བ་བསླུ་མེད་འདི་ལ་བདེན་སྟོང་སྒྲུབ་པའི་རིགས་པ་གོང་དུ་ཇི་སྐད་བཤད་པ་དེ་དག་གིས་ངེས་སོ། །སྐད་ཅིག་མ་མ་ཡིན་པ་རྣམ་པར་གཅོད་པའི་དོན་དུ་སྐྱེ་འཇིག་གི་ཆོས་ཅན་ཡིན་པ་བསྟན་ཏེ། དེ་དག་ནི་རྟག་དངོས་འགོག་པའི་རིགས་པ་ལ་སོགས་པས་གསལ་བར་གྲུབ་ཀྱང་། འདིར་ཅུང་ཟད་སྤྲོས་ཏེ་བཤད་ན། སྐད་ཅིག་མར་བསྒྲུབ་པའི་རིགས་པ་ལ། ལྟོས་མེད་དང་། གནོད་པ་ཅན་གཉིས་སུ་ཡོད་ལ། དང་པོ། གང་དངོས་པོར་ཡོད་པ་དེ་འཇིག་རྒྱུ་གཞན་ལ་མི་ལྟོས་པར་རང་སྐད་ཅིག་གིས་འཇིག་པས་ཁྱབ། དཔེར་ན། གློག་དང་མེ་ལྕེ་ལ་སོགས་པ་བཞིན། །སྒྲའང་དངོས་པོར་ཡོད་པས་སོ། །ཞེས་པ་ལྟ་བུ་སྟེ། དེ་ལ་ཁ་ཅིག་བུམ་པ་ལྟ་བུ་འཇིག་རྒྱུ་དང་མ་ཕྲད་ཀྱི་བར་དུ་རྟག་པ་ཡིན་ཏེ།

One may wonder: "Does 'the relative' refer to what is merely nominal, such as the horn of the rabbit, the permanent Almighty, and so forth? Or, is it those interdependent objects that are undeceivingly capable of functional performance and that are recognized, even by cattle herders, which are to be classified as the relative?"

Non-entities such as the rabbit horn, which posited merely nominally, can neither be seen nor perform their intended function, are [here] not the relative. Rather, those dependently originating entities which, incapable of withstanding examination, appear *delightful* to direct perception *only* and exclusively *when* they are *not examined*—those causal essences that are *subject to* instantaneous *origination and destruction, and* that are unfailingly *capable of performing* a perceptible and intended *function* – it is *the nature of this* that *is realized to be*, or must be understood to be, the so-called *relative*. In this [stanza], the defining characteristic of the relative is expressed in three ways in terms of elimination, and established once in terms of determination.

1) To preclude their non-appearance, [the scripture] speaks of these relative [phenomena] being, although empty of truth, delightful when not examined. Although nothing is found upon examination, from the perspective of someone who has not investigated they undeniably still appear, like the moon in water. That was ascertained by the reasonings above, which establish that these unfailing appearances are empty of truth.

2) To preclude their not being momentary, it is taught that they are subject to origination and destruction. Although that [momentary character] has been clearly established by reasonings such as those that refute permanent entities, one could still elaborate a bit more here. The reasoning that establishes momentariness has two [aspects]: absence of reliance and presence of flaw.

The first [may be illustrated] like this: "Given anything that exists as an entity, it follows that it disintegrates by itself in an instant, without relying on any other cause for destruction, like, for example, a flash of lightning or a spark. [Note that] sound also exists as an entity." Here, some will think that [an entity] such as a vase is permanent until it meets with the cause for its destruction. [They believe] that until a hammer or

ཇི་སྲིད་ཐོབ་པ་སོགས་ཀྱིས་གྲོ་མོ་རམ་བྲུས་པ་དེ་སྲིད་ཁར་སང་གི་བུམ་པ་དེ་རིང་གི་འདི་འང་ཡིན། དེ་རིང་གི་འདི་སང་གི་དེ་འང་ཡིན་སྙམ་པའོ། །དེ་ལ་འཇིག་པར་བྱ་རྒྱུའི་དངོས་པོ་དང་། ཞིག་པ་དངོས་མེད་གཉིས་ཀ་ལ་འཇིག་ཅེས་པའི་སྒྲ་འཇུག་མོད་ཀྱི། གང་ལྟར་ཡང་རྒྱུ་གཞན་མི་དགོས་ཏེ། དང་པོ་ལྟར་ན་རང་སྐྱེད་བྱེད་ལས་གཞན་མི་དགོས་ལ། ཕྱི་མ་ལྟར་ན་རྒྱུ་གཏན་མི་སྲིད་པས་སོ། །བུམ་པ་གཅིག་སྐྱེས་ནས་སྐད་ཅིག་བརྒྱའི་བར་དུ་འཇིག་རྒྱུ་དང་མ་ཕྲད། དེ་ནས་ཕྲད་དེ་ཞིག་པ་ལ་དཔེར་མཚོན་ན། སྐད་ཅིག་དང་པོ་སྐྱེས་མ་ཐག་པའི་སྐབས་དང་། དེ་ནས་རིམ་བཞིན་སྐད་ཅིག་གཉིས་པ་སོགས་ཀྱི་སྐབས་ཡོད་དགོས་ཏེ། གལ་ཏེ་དེ་ལྟར་མེད་པར་སྐད་ཅིག་དེ་དག་གི་གནས་སྐབས་ཀྱི་བུམ་པ་གཅིག་ཡིན་ན། སྐྱེས་མ་ཐག་པའི་སྐད་ཅིག་དང་རྒྱུན་འགག་ཁ་མའི་སྐད་ཅིག་གི་དུས་ཀྱི་བུམ་པ་གཉིས་གཅིག་ཡིན་དགོས་ལ། དེ་ལྟར་ན་བུམ་པ་དེ་སྐད་ཅིག་གཅིག་གིས་ཞིག་པར་གྱུར་པ་ལས་སྐད་ཅིག་བརྒྱར་མི་གནས་པར་འགྱུར་ལ། དེ་བཞིན་དུ་བར་གྱི་སྐད་ཅིག་གཅིག་སོ་སོ་བ་དང་མ་ཡིན་པར་སོང་ན་སྐད་ཅིག་དེ་མི་ཚང་བར་འགྱུར་བ་ཡིན་ཏེ། སྐད་ཅིག་ཅེས་པ་དེའང་བུམ་པ་དང་ངོ་བོ་ཐ་དད་པར་བུམ་པ་རྟག་ནས་སྐད་ཅིག་ལོགས་སུ་བགྲང་རྒྱུ་ཡོད་པ་ལྟ་བུ་མི་སྲིད་དོ། །དེ་བཞིན་དུ་ཞག་ལོ་བསྐལ་པ་ཇི་ཙམ་གནས་ཀྱང་དེ་སྐད་ཅིག་མར་གྲུབ་སྟེ། སྐད་ཅིག་མ་མ་བསགས་པའི་ལོ་སོགས་གྲུབ་མི་ནུས་པ་བཞིན་ནོ། །མི་ལོ་བརྒྱར་སྡོད་དོ་ཞེས་པའང་ལོ་རེ་རེ་བ་བརྒྱ་བསྡོམས་པ་ཡིན་ལ། ལོ་ལའང་ཟླ་བ་བཅུ་གཉིས་མ་ཚང་ན་ལོར་མི་རུང་ལ། ཟླ་བ་ལའང་ཞག་སུམ་ཅུ། ཞག་ལ་དབྱུ་གུ་དྲུག་ཅུ། དབྱུ་གུ་རེ་ལ་སྲང་དྲུག་ཅུ། སྲང་རེ་ལ་དབུགས་དྲུག །དབུགས་རེ་ལ་འབྲིན་ཐུབ་གཉིས། དེའི་རེ་རེ་ལའང་སྐད་ཅིག་དུ་མ་ཡོད་དེ། ཨུཏྤ་ལའི་འདབ་མ་བརྒྱ་བརྩེགས་པ་ཁབ་ཀྱིས་སྐྱེན་པར་ཕུག་པ་བཞིན་དུ་སྐད་ཅིག་རྣམས་རིམ་པས་འབྱུང་བ་མ་གཏོགས། གོ་རིམ་འཆོལ་བར་འབྱུང་མི་ནུས་ལ། དེའི་ནང་གི་སྐད་ཅིག་གཅིག་ལྟ་བུ་མ་ཚང་ཡང་། དེའི་གྲངས་ཀྱིས་སྡོད་ཡུན་ཐུང་མི་འགྲོ་བ་མི་སྲིད་ཅིང་། སྐད་ཅིག་དང་པོ་དང་གཉིས་པའི་དུས་ཀྱི་དངོས་པོ་དེ་གཅིག་ཡིན་པར་གྱུར་ན། སྐད་ཅིག་དང་པོ་ཁོན་བཞིན་ལས་གཉིས་པ་དོན་མེད་པར་འགྱུར་ལ།

the like has turned it into shards, the vase is the same today as it was yesterday, and tomorrow's [vase] will be the same as today's. Now, the word *destruction* may indeed apply to both the entity that is to be destroyed and the non-entity that is its having disintegrated. Yet whichever is the case, no outside cause is required [for destruction]. In the first case, nothing other than what produced [the entity] is necessary, and in the second, no cause is possible at all.

Let us illustrate this with an example. A vase arises, and for one hundred instants it does not come into contact with a cause for destruction. Then it meets one, and is destroyed. In this example there must be one occasion [of vase] in its first instant upon arising, as well as subsequent occasions [of vase] in the second instant, and so forth. Otherwise, if there were a single vase throughout all those momentary occasions, both the vase at the time of the first instant of arising and the vase at the instant the continuity is just about to cease would have to be one, so the vase would then disintegrate instantaneously, and would not have remained for a hundred instants. Likewise, if one of the instants in between were no longer separate and distinct, then that [instant] would be missing.

Moreover, the so-called instant cannot be something essentially different from the vase. It is not possible to, as it were, separately count instants while the vase remains permanent. No matter how many days, years, or eons [the vase] remains, its establishment will, in the same way, still be momentary, for there cannot be any years or other time spans that are not composed of a compilation of instants. When we say "it lasted for a hundred human years," then we are counting one hundred single years. Likewise, unless the year has a complete 12 months, it will not be considered a year. The month, too, has 30 days, the day 60 sticks, a stick 60 measures, a measure six breaths, a breath an inhalation and an exhalation, and for each breath there are multiple instants. Just as when a needle swiftly pierces a stack of one hundred utpala petals, these instants occur progressively and their sequence cannot become mixed up. If, for example, one instant among them is missing, then the entire duration will be correspondingly shorter. If the entity remained the same at the time of the first and the second instants, then there would be no meaning to the second instant,

དེ་སྐད་ཅིག་དང་པོ་དེ་ལས་གཡོ་བ་མེད་ཅིང་མི་འཇིག་ན་མཐར་འགྱུར་བའང་མི་སྲིད་ཅིང་། མདོར་ན་སྐད་ཅིག་དང་པོ་ལ་ཆོས་ཅི་དམིགས་པ་དེ་ལས་གཞན་དུ་དམིགས་ཀྱང་མི་རུང་སྟེ། སོ་ཀླེང་དང་སྤུ་ཡོད་ད་ཡོད་ཀྱི་ཁྱད་པར། ཕྱིའི་དབང་པོའི་ཡུལ་དུ་གྱུར་མ་གྱུར། བྱ་བ་བྱེད་པ་དང་མི་བྱེད་པའི་དངོས་པོ་ཐ་དད་མེད་པར་འགྱུར་དགོས་ན། དེ་ལྟར་མ་ཡིན་པས་སྔ་མ་ཞིག་ནས་ཕྱི་མའི་གནས་སྐབས་སྐྱེ་བར་ངེས་ཏེ། གང་བུམ་པ་ལྟ་བུ་ལའང་སྔ་མ་རྒྱུ་མེད་པའི་དུས་དང་། ད་ལྟ་རྒྱུ་ཡོད་པའི་དུས་ཀྱི་བུམ་པ་གཅིག་ཡིན་ན། རྒྱུ་མེད་པའི་གནས་སྐབས་ཡིན་བཞིན་རྒྱུ་ཡོད་པ་ཡིན་དགོས་ལ་དེ་མི་སྲིད་པའི་སྔ་མ་རྒྱུ་མེད་ཀྱི་སྐབས་ཀྱི་བུམ་པ་དེ་འགགས་པར་ཤེས་པར་བྱ་སྟེ། དེ་མ་འགགས་ན་རྒྱུ་ཡོད་འབྱུང་བའི་གོ་སྐབས་མི་སྲིད་པ་ཡིན་ནོ། །དེ་བཞིན་དུ་དངོས་པོའི་ཆོས་གང་ཞིག་དོན་བྱེད་པར་སྣང་བ་ཐམས་ཅད་སྐད་ཅིག་སྔ་མ་མ་འགགས་ན་ཕྱི་མ་མི་སྐྱེ་བས་དངོས་པོ་རང་གི་སྐྱེ་འགག་གཉིས་རྒྱུ་གཅིག་གིས་འཕེན་པ་ལས། འགག་པ་ལ་རྒྱུ་གཞན་མི་དགོས་པར་ཤེས་པར་བྱའོ། །དེ་ལྟར་སྐད་ཅིག་གིས་སྐྱེ་ཞིང་འགག་པ་ཡིན་མོད་ཀྱི། འདྲ་བ་བར་མ་ཆད་དུ་བྱུང་བ་ལ་འཁྲུལ་པའི་རྒྱུ་བྱས་ཏེ་གཅིག་པུར་བཟུང་བ་ཡིན་པ། དཔེར་ན། ན་ནིང་བདག་ཆུ་འདིར་བརྒལ། སང་ཡང་བརྒལ་ལོ་སྙམ་དུ་ན་ནིང་དང་ད་ལོ་སང་ཕོད་ཀྱི་ཆུ་བོ་དེ་གཅིག་རྟག་ལྟ་བུར་སེམས་ཀྱང་། བརྟགས་ན་ན་ནིང་དང་སང་ཕོད་ཕར་ཞོག །ད་ནང་གི་ཆུ་ཡི་ཤུལ་ན་ཐེལ་པ་ཙམ་ཡང་མེད་པར་རྒྱུ་གསར་པ་ཞིག་བྱུང་བ་ཡིན་པ་བཞིན་ནོ། །དེས་ན་བུམ་པ་ལྟ་བུ་ཐོ་བས་འཇིག་གོ་ཞེས་སེམས་པ་ནི། བུམ་པའི་སྐད་ཅིག་མ་འོངས་པ་རྒྱུན་མཐུད་དེ་སྐྱེ་བ་བཀག་སོང་བ་ལ་བུམ་པ་ཞིག་ཅེས་བརྗོད་ཀྱི། དངོས་སུ་བུམ་འཇིག་གི་རྒྱུ་ནི་མ་ཡིན་ཏེ། ཐོ་བས་ཐོ་བ་རང་ངམ། གྱོ་མོའམ། དེ་ལས་གཞན་ཞིག་བྱེད་པ་ཡིན་ཞེས་བརྟགས་ན། རང་བྱེད་མི་སྲིད་ལ།

for it would be just like the first. Without any movement away from the first instant or without its destruction, change would finally become impossible. In short, observing any property other than whatever was observed in the first instant would become unfeasible. There would be no difference between the new and the old, or between what existed in the past and what exists in the present. There could be no distinctions in terms of something being a sense object to one person while not to someone else, and functional and nonfunctional entities would become indistinguishable. Since none of these are the case, we can be certain that a subsequent occasion will follow the disintegration of the previous one.

If, for example, a vase were the identical, single vase that it is when empty as it is when full, the occasion of being empty and the occasion of being full would have to be simultaneous. Since that is not possible, it must be understood that [when full], the vase that existed at the occasion of being empty has ceased. If it had not ceased to exist, no occasion of being full could occur. Likewise, with regard to any of the phenomena that are entities appearing to perform their function, if the previous instant has not ceased, the next cannot occur. Both the origination and the cessation of an entity are therefore impelled by the same cause, and it should be understood that no other cause for cessation is necessary. Although [entities] do indeed arise and cease from instant to instant, an uninterrupted likeness occurs that functions as a cause for delusion. This is the basis for apprehending a singularity. When, for instance, one thinks "Last year I crossed this river, and next year I will do so again," one has an idea of some river that is singular and permanent throughout last year, this year, and the next. Yet, leave aside last year and the next. Upon examination [one realizes that] there is not even a drop of the river there now that was also there in the morning. A new river has come into being. Therefore, regarding the idea that a hammer destroys a vase, it is the interruption of the successively originating moments of vase that is called the destruction of the vase. In actuality, [the hammer] is not the cause for the vase's destruction.

We may then examine whether the hammer creates itself, the shards, or something else. While it is not possible that [the hammer] creates itself, it may indeed be the case that the perpetuation of the vase and the

བུམ་པའི་ཉེར་ལེན་དང་ཐོ་བས་ལྷན་ཅིག་བྱེད་རྐྱེན་བྱས་ནས་གྲོ་མོ་སྐྱེ་བར་བྱེད་མོད། འོན་ཀྱང་གྲོ་མོ་བྱས་པ་ཡིན་གྱི་བུམ་པ་ཅི་ཞིག་ཞིག །ཐོ་བ་གཅིག་གིས་བུམ་པ་དངོས་མེད་དུ་འཇིག་པ་དང་། གྲོ་མོ་དངོས་པོ་གཉིས་ཅིག་ཅར་བསྐྱེད་དོ་སྙམ་ན། དངོས་དངོས་མེད་གཉིས་བྱ་བའི་ཡུལ་དུ་མི་རུང་ལ། གྲོ་མོ་ལས་གཞན་བྱས་པས་བུམ་པ་མི་འཇིག་སྟེ། ཀ་བ་བྱས་པས་བུམ་པ་མི་འཇིག་པ་བཞིན་ནོ། །གང་ཐོ་བས་བུམ་པ་ཞིག་གི་གྲོ་མོ་མི་བུས་པའི་ཐལ་བ་ལྟར་ཤུགས་ལས་འོང་ངོ་སྙམ་ན། རྫ་མཁན་གྱིས་ཀྱང་འཇིམ་པ་ཞིག་པར་འགྱུར་གྱི་བུམ་པ་བྱས་པར་མི་འགྱུར་བ་སོགས་ཧ་ཅང་ཐལ་ལོ། །དེས་ན་འཇིག་པ་དངོས་མེད་རྒྱུ་ཡིས་བྱེད་དོ་ཞེས་གང་སྨྲ་བ་དེས་དོན་ལ་རྒྱུ་ཡིས་ཅི་ཡང་མི་བྱེད་པར་ཁས་བླངས་པ་སྟེ། མེད་པར་བལྟ་ཟེར་བ་དང་། ལྟ་རྒྱུ་མེད་ཟེར་བ་གཉིས་དོན་དུ་འདྲ་བ་བཞིན་ནོ། །གཉིས་པ་གནོད་པ་ཅན་གྱི་གཏན་ཚིགས་ནི། ཁ་ཅིག་གིས་བྱ་རོག་ཕལ་ཆེར་ནག་པོ་ཡིན་ཀྱང་དཀར་པོ་ཡོད་སྲིད་པ་ལྟར་དངོས་པོ་ཕལ་ཆེར་མི་རྟག་ཀྱང་། དབང་ཕྱུག་ལ་སོགས་པ་འགའ་ཞིག་དངོས་པོ་ཡིན་ཀྱང་རྟག་པའང་ཡིན་སྲིད་དོ་ཟེར་ན། གང་རིམ་དང་ཅིག་ཅར་དུ་དོན་བྱེད་ནུས་པས་སྟོང་པའི་རྟག་པ་ཡིན་ན་དངོས་པོ་མ་ཡིན་པས་ཁྱབ། དཔེར་ན་ནམ་མཁའ་བཞིན། དབང་ཕྱུག་རྟག་པའང་དོན་བྱེད་པས་སྟོང་ངོ་། །ཞེས་གང་དོན་བྱེད་ན་ནི་རིམ་ཅན་དང་སྐད་ཅིག་མ་ཉིད་ཡིན་དགོས་ལ། རྟག་པ་ལ་འགྱུར་བ་མི་འཐད་པས་དོན་བྱེད་པས་སྟོང་ཞིང་གང་དོན་བྱེད་པས་སྟོང་པ་དེ་ལ་དངོས་པོ་མི་སྲིད་དེ། མདོར་ན་རྟག་ན་དངོས་པོ་ཡིན་པ་འགལ། དངོས་པོ་ཡིན་ན་རྟག་པ་འགལ་ཏེ། དེ་གཉིས་ཀྱི་གཞི་མཐུན་ཤེས་བྱ་ལ་མི་སྲིད་པར་ཤེས་པར་བྱའོ། །དེ་ལྟར་ན་རྟག་པའི་དངོས་པོ་མི་སྲིད་ཅིང་དངོས་པོ་གང་ཡོད་འཇིག་པ་རྒྱུ་གཞན་ལ་མི་ལྟོས་པར་གྲུབ་པས་ཤེས་བྱའི་ཁྱོན་གང་ནའང་དངོས་པོ་རྟག་པ་ཞིག་མེད་པར་ཤེས་པར་བྱ་སྟེ། གང་དོན་བྱེད་མི་ནུས་པ་ནམ་མཁའ་ལ་སོགས་པ་ནི་དོན་དུ་ཡོད་པ་མ་ཡིན་ཏེ། དངོས་པོ་གཞན་བསལ་བའི་ཆ་ལ་སྒྲོ་བཏགས་པ་ཙམ་ཡིན་ལ།

cooperating condition of the hammer create the shards. Yet what is produced [then] is the shards, and certainly not the destruction of the vase. It might be thought that the single hammer simultaneously creates both the vase's destruction into a non-entity and the entities of the shards. Yet, entity and non-entity cannot both be the object of [the same] action. Also, the creation of something other than the shards will not be the destruction of the vase, just as the creation of a pillar will not destroy the vase.

Someone may think that the hammer destroys the vase, while the shards come about indirectly, just as ashes do when a fire is lit. Yet the potter would then be destroying clay rather than making a vase, and so on—the consequences here are extremely [absurd]. Therefore, the assertion that "the non-entity, destruction, is causally created" will in fact imply the claim that "nothing whatsoever is causally produced," just as "looking at nothing" and "not looking at anything" are similar in meaning.

Second, regarding the logical argument of the presence of flaw, some may claim: "Although most crows are black, there may still be white ones. Likewise, most entities are impermanent, yet, for example, the Almighty may, although an entity, still be permanent."

[The reply to that] is as follows. If something is permanent, neither progressively nor instantaneously capable of functional performance, then it follows that it is a non-entity just like space, and so the permanent Almighty is also incapable of functional performance. If something is functional, it must indeed be sequential and momentary. Since it cannot reasonably change, the permanent is devoid of the capacity for functional performance, and there can be no entity without functional performance. In short, permanence is incompatible with entity, and entity is incompatible with permanence. It must be understood that among objects of cognition, there is not one that is a common locus for both. It has thereby been established that permanent entities are impossible, and that what exists as an entity does not depend on any outside cause for destruction.

Therefore, one must understand that no permanent entity exists within the realm of objects of cognition. Something like space that cannot perform functionally does not exist in actuality but is merely a superimposition—the quality of exclusion of entity. By using an example such as permanent

ནམ་མཁའ་རྟག་པ་སོགས་ཀྱི་དཔེར་བྱས་པ་ནི་མི་རྟག་པ་མ་ཡིན་པ་ཙམ་ལ་བཞག་པ་ཡིན་གྱི། རྟག་པའི་རང་བཞིན་དུ་གྲུབ་པ་ནི་ཅིའང་མེད་དོ། །དེ་ལྟ་བུའི་ཚུལ་གྱིས་སྐྱེས་པ་ཉིད་འཇིག་པའི་དོན་དུ་གོ་བ་འདི་ཐ་སྙད་ཀྱི་ཚད་མའི་ནང་ན་དོན་ཤུལ་དུ་བྱུང་བ་ཡིན་ཏེ། འདི་ལ་བརྟེན་ནས་བྱ་བྱེད་རྒྱུ་འབྲས་ཀྱི་རྣམ་གཞག་འཁྲུལ་མེད་དང་ཐ་སྙད་ཀྱི་ཡིན་ལུགས་ཞེས། སྲིད་ལ་ཞེན་པ་དང་རྟག་དངོས་སོགས་ཕྱིན་ཅི་ལོག་གི་རྟོག་པ་མ་ལུས་པ་བཟློག །དངོས་པོ་མེད་པའི་སྟོང་ཉིད་ལ་བདེ་བླག་ཏུ་འཇུག་ནུས་པ་སོགས་རྣམ་བྱང་གི་ཆོས་དཀར་ཐམས་ཅད་ཀྱི་རྩ་བ་ཡིན་པས། བཅོམ་ལྡན་འདས་ཀྱིས་ཀྱང་། རྗེས་ཐམས་ཅད་ཀྱི་ནང་ནས་གླང་པོ་ཆེའི་རྗེས་མཆོག་ཡིན་པ་བཞིན་དུ། འདུ་ཤེས་ཐམས་ཅད་ཀྱི་ནང་ནས་མི་རྟག་པའི་འདུ་ཤེས་མཆོག་ཡིན་ནོ། །ཞེས་གསུངས་སོ། །གསུམ་པ་དོན་བྱེད་ནུས་པའི་ཚུལ་ཡང་། རི་བོང་གི་རྭ་ལ་སོགས་པ་དག་མིང་ཙམ་ལས་རང་གི་ངོ་བོ་ཅུང་ཟད་མེད་པ་བཞིན་དུ་དངོས་མེད་ཐམས་ཅད་ཀྱང་དོན་དུ་དེ་དང་འདྲ་སྟེ་དངོས་པོ་གང་དགག་པ་ཙམ་ཡིན་གྱི། རང་དབང་དུ་གྲུབ་པ་ཅུང་ཟད་ཀྱང་མེད་དོ། །དེས་ན་དོན་བྱེད་མི་ནུས་པ་ནམ་མཁའ་ལ་སོགས་པ་ནི་ཐ་སྙད་ཀྱི་ཚད་མས་ཡོད་པར་མི་འགྲུབ་པས་ན་དོན་དུ་མེད་པར་ཞེས་པར་བྱ་སྟེ། དེས་ན་སྐྱེས་བུས་འཇུག་ལྡོག་གི་ཡུལ་ནི་ཐ་སྙད་དུ་རང་མཚན་ཡོད་པའི་དངོས་པོ་དོན་བྱེད་ནུས་པ་ཁོ་ན་ཡིན་པས་འདིར་དེ་ཀུན་རྫོབ་ཏུ་གཟུང་བར་བྱ་བ་ཡིན་ཏེ། ཇི་སྐད་དུ། གཅིག་བསྒྲུབ་པ་ན་དེ་ཉིད་དང་། །གཞན་རྣམས་བཏང་སྙོམས་ལྟ་བུ་དང་། །ཞེས་གསུངས་པ་ལྟར། སྐབས་འདིར་ཤེས་པར་བྱ་བའི་གཞིར་གྱུར་པ་མཁས་པ་པཎྜི་ཏ་ནས་བླུན་པོ་བ་ལང་རྫི་ཡན་ཆད་ལ་གྲགས་པ་དོན་བྱེད་ནུས་པའི་དངོས་པོ་གནོད་མེད་ཀྱི་དབང་པོ་ལ་རང་མཚན་སྣང་ནས་ཞིང་རང་འབྲས་ཕྱི་མ་བསྐྱེད་ནུས་པ་རྣམས་ནི་ཐ་སྙད་ཀྱི་ཚད་མས་གཞལ་བྱ་དངོས་ཡིན་ལ། དེ་ལ་བརྟེན་ནས་དངོས་དངོས་མེད། དགག་དང་སྒྲུབ་པ། སྤྱི་དང་བྱེ་བྲག །འགལ་དང་འབྲེལ་བ། རྫས་དང་ལྡོག་པ། བརྗོད་བྱ་རྗོད་བྱེད།

space, one posits mere non-impermanence, because there is nothing at all that exists by virtue of having a permanent nature.

To understand, in this way, how origination itself means destruction is the most sublime meaning among all that is conventionally valid. Based on this, one will unmistakenly comprehend the principles of action and agency, cause and effect, and the conventional mode of being. Attachment to existence and the mistaken conception of permanent entities and the like will all, without exception, be reversed. This is the root of all the unblemished qualities of complete purification, such as the ability to easily access the emptiness devoid of entity. The Transcendent Conqueror said:

> Just as among all footprints that of the elephant is supreme, so among all perceptions, that of impermanence is supreme.

3) Third, regarding the capacity for functional performance, rabbit horns and so forth are all mere names and possess no essence of their own whatsoever. All non-entities are in fact similar to them, for they are merely the negations of certain entities and have no self-reliant establishment at all. The nonfunctional, such as space, is therefore not established by conventional valid cognition and one must understand that it does not actually exist. Therefore, the objects that a person engages in and disengages from are exclusively these functional entities that exist conventionally with specific characteristics. That is why they are identified here as the relative. As has been stated:

> When one is established, then that is supported
> And anything else is of no concern.

In the present context, the actual objects for evaluation by conventional valid cognition are those bases for cognition that are recognized [by everyone] from the learned paṇḍita to the unschooled cattle herder—that is, the functional entities that appear with specific characteristics to unimpaired [sense] faculties and are capable of producing their own future effects. Based on these, all the limitless categories—entity and non-entity, negation and affirmation, universal and particular, incompatibility and relationship, substance and contradistinction, expressed and expresser,

སྣང་དང་སེལ་འཇུག་ལ་སོགས་པའི་རྣམ་པར་དབྱེ་བ་མཐའ་ཡས་པ་འཇུག་ཅིང་ཐ་སྙད་བྱེད་པ་ཡིན་པས་ཀུན་རྫོབ་ཅེས་བྱ་བའི་སྒྲའི་དངོས་ཡུལ་ནི་དོན་བྱེད་པ་ཁོ་ནའོ། །འོ་ན་རྒྱུན་འགག་ཁའི་སྐད་ཅིག་ཐམ་ལ་དོན་བྱེད་ནུས་པའི་མཚན་ཉིད་མ་ཞུགས་སྙམ་ན། རྐྱེན་དང་ཕྲད་ན་ནུས་པས་ན་སྐྱོན་དེ་མེད་པར་གསུངས་ཀྱང་། རྐྱེན་དང་མ་ཕྲད་ནའང་རང་འབྲས་ཕྱི་མ་མི་བསྐྱེད་མོད་ཀྱི། ཕྱིར་དོན་མི་བྱེད་པར་ཡང་མི་འགྱུར་རོ། དེ་ལ་གཞུང་གཞན་དུ་ཀུན་རྫོབ་ལ་ཡང་ལོག་གི་ཐ་སྙད་མཛད་ལ། སྣང་ཚུལ་གྱི་དབང་དུ་ན་འདིར་ཡང་དེའི་ཐ་སྙད་ཙམ་བྱས་པ་ལ་འགལ་བ་མེད་མོད་ཀྱི། འོན་ཀྱང་གཞུང་འདི་ཡིས་ཐ་སྙད་ཀྱི་གནས་ཚུལ་ལ་ཚད་མས་དཔྱད་ནས་འཇོག་ཚུལ་རྣམ་པ་ཀུན་ཏུ་ཚད་མའི་གཞུང་ཁོ་ན་ལྟར་བྱ་དགོས་པས། ཐ་སྙད་དུའང་དོན་བྱེད་པ་མེད་པ་རྣམས་ལ་ཐ་སྙད་ཚད་མའི་འཇུག་ཡུལ་དུ་གཞག་པའང་མི་རུང་བས་དོན་བྱེད་ནུས་པ་ཁོ་ན་ཀུན་རྫོབ་ཏུ་འཛིན་དགོས་པ་ཡིན་ཏེ། ལོག་པའི་ཞེན་སྣང་གི་ཡུལ་ཟླ་གཉིས་ལ་སོགས་པ་ལྟ་བུ་ལ། དེར་སྣང་བ་ནི་ཤེས་པ་ཉིད་དེར་སྣང་བ་ཙམ་ཡིན་པས་ཀུན་རྫོབ་ཏུ་མ་འདུས་པའི་སྐྱོན་མེད་ལ། སྣང་བ་ལྟར་གྱི་དོན་ཁོ་རང་གི་ངོ་བོ་གྲུབ་མ་གྲུབ་ལ་བསམས་ན་ནི་མེད་པ་ཙམ་ཡིན་གྱི། གལ་ཏེ་དེ་དོན་དུ་ཡོད་པར་བཟུང་ནས་དེ་ལ་ཀུན་རྫོབ་ཀྱི་མཚན་ཉིད་མ་ཞུགས་པས་བདེན་པ་གཉིས་སུ་མ་འདུས་པའི་ཤེས་བྱ་ཕུང་གསུམ་པར་འགྱུར་རོ་སྙམ་ན། དེ་ཡོད་ཅིང་སྐད་ཅིག་མ་མིན་པར་ཁས་ལེན་ན་དེ་རྟག་པའི་སྣང་བ་ཉིད་དུ་འགྱུར་ཞིང་བརྟེན་པ་ཉིད་དུའང་མི་འགྱུར་ཏེ། དེ་ལྟར་ན་བདེན་མེད་སྒྲུབ་པའི་དཔེ་མཐུན་སྣང་བ་མི་སྲིད་པ་སོགས་སུ་ཐལ་བས། འཇིག་རྟེན་ཐ་མལ་པ་ལས་ཀྱང་ཤིན་ཏུ་བླུན་པ་ཕྱུགས་ཀྱི་ངང་ཚུལ་བཟུང་ནས།

engagement through appearance and through exclusion, and so forth—become applicable and conventionally workable. Therefore, the term 'the relative' actually refers exclusively to the functional.

It might be thought: "Well, in the final moment when the continuity is about to end, at that point [the entity] is not characterized by the capacity for functional performance."

Here it is taught that there is no such flaw [in the definition of entities as the functional], since the capacity is present when there is contact with a condition. Nevertheless, although [the entity] will [admittedly] not produce its own future effect without contact with a condition, that does not render it generally nonfunctional.

Now, other scriptures use the conventions of an authentic and a mistaken relative, and in terms of the apparent condition, there is certainly nothing wrong with using them as mere conventions. Yet, since this scripture investigates the conventional abiding way using valid cognition, it must always and exclusively follow the scriptures on valid cognition in its presentations. Therefore, that which cannot perform its function even conventionally is not suited to be posited as an object of engagement through conventional valid cognition. Hence, it is exclusively that which can perform functionally that is to be taken as the relative.

Regarding an object such as the double moon that is a mistakenly conceived appearance, in this case it is merely cognition itself that appears as such, so the flaw of failing to include it within the relative is not present. Still, if we think in terms of whether such objects are essentially established the way they appear, then they are simply nonexistent. Otherwise, one might hold that the [double moon] is actually existent while not possessing the characteristics of the relative, and so believe that we have ended up with a third category of objects of cognition not included in either of the two truths. If, in that way, one claims that the [double moon] exists and is not momentary, [the double moon] would have to be a permanent appearance, and then it could not be false either. One of the consequences would then be that any commonly apparent example that could establish the absence of truth would become impossible. One might then assume the demeanor of cattle, and, immensely more stupid than any ordinary worldly

དངོས་པོའི་དེ་ཉིད་ལ་མཁས་པ་ལས་ཀྱང་ཤིན་ཏུ་མཁས་པ་རྣམས་ལ་རྩོད་པ་སླ་བར་བྱེད་པ་ནི་བཞད་གད་ཀྱི་རྒྱུ་ཕུན་སུམ་ཚོགས་པ་ཞིག་གོ །དེ་བཞིན་སེལ་བའི་སྟོབས་ཀྱིས་དངོས་མེད་ཀྱི་རྣམ་པར་བཟུང་བ་ལའང་སྦྱར་བར་བྱ་སྟེ། དངོས་པོ་མེད་པའི་ངོ་བོ་ཉིད་སྟོང་པ་ཞེས་པ་ལ་སོགས་པ་བཞིན་ནོ། །དེ་ལ་ཚད་མ་གཞུང་གི་གོ་བ་བྱུང་མ་ཆུབ་པ་རྣམས་ལ་ཀུན་རྫོབ་ཡང་ལོག་ཕྱེ་བ་དེ་བློ་ལ་བཟུང་བདེ་ཡང་སྐབས་འདིར་ཀུན་རྫོབ་ལ་དོན་བྱེད་ནུས་པས་ཁྱབ་པར་འདོད་པ་ལ་ཐ་སྙད་ཚད་མའི་གནད་ཤིན་ཏུ་ཟབ་པ་ཡོད་པ་ནི་ཆོས་ཀྱི་གྲགས་པའི་རིང་ལུགས་ལ་ཡུན་རིང་དུ་གོམས་པ་དག་གི་སྤྱོད་ཡུལ་ལོ། །དེ་ལྟར་རྣམ་བཅད་ཀྱི་དབང་དུ་མཚན་ཉིད་གསུམ་དུ་བསྟན་ཀྱང་། ཡོངས་གཅོད་དུ་ཀུན་རྫོབ་གཅིག་གི་ངོ་བོ་ལ་དེ་གསུམ་ཀ་ཚང་དགོས་ཏེ། ཐ་སྙད་ཀྱི་ཚད་མས་རྙེད་དོན་ནམ། རང་མཚན་སྣང་རུང་གི་དངོས་པོ་ཐམས་ཅད་ལ་གྲགས་པའམ། སྣང་ཡང་གྲུབ་པ་མེད་པ་འདི་ཀུན་རྫོབ་ཀྱི་ངོ་བོ་ཡིན་ནོ་ཞེས་ཡང་ཡང་བཤད་པ་དེའོ། །དེ་ལ་རྣམ་བཅད་ཡོངས་གཅོད་ཀྱི་ཚུལ་མདོར་བསྡུས་སུ་བརྗོད་ན། དེ་མིན་བསལ་བའམ་གཞན་སེལ་བའི་ཚུལ་གྱིས་འདི་དག་གི་ཐ་སྙད་བྱེད་པ་སྟེ། སེལ་ཚུལ་ལ་བུམ་མེད་ལྟ་བུ་མེད་དགག་གི་གཞན་སེལ་དང་། བུམ་མིན་ལྟ་བུ་མ་ཡིན་དགག་གི་གཞན་སེལ་གཉིས་ཡོད་ལ། དེའང་རང་མིན་པ་བསལ་བའི་ཚུལ་གྱིས་དེའི་ངོ་བོ་ཤེས་པར་བྱ་བ་རྣམ་བཅད་དང་། རང་གི་ངོ་བོ་སྒྲུབ་པའི་ཚུལ་གྱིས་རང་མིན་མཐའ་དག་བསལ་བ་ཡོངས་གཅོད་དེ། དེས་ན་དེ་མ་ཡིན་པ་རྣམ་བཅད་ཀྱིས་ཁེགས་ན། དེའི་ངོ་བོ་ཡོངས་གཅོད་དུ་གྲུབ་པ་དང་། དེ་བཞིན་བཟློག་སྟེ་གྲུབ་ཚུལ་ཀྱང་ཤེས་པར་བྱ་བ་སྦྱོར་བཏང་ནས། བྱེ་བྲག་ཏུ་དབྱེ་ན་སྒྲ་དང་དོན་གྱི་རྣམ་བཅད་གཉིས་སུ་ཡོད་དེ། འདི་ལྟར་སྒྲ་ཐམས་ཅད་ནི་གཞན་སེལ་བའི་ཡུལ་ཅན་ཡིན་པས།

individual, argue against those who, regarding the essential nature of entities, are the experts among experts—what a perfect joke! This [understanding] is also relevant in terms of apprehending the features of non-entities by means of exclusion. Accordingly, [topics] such as the so-called essential emptiness of non-entity have also been taught.

For those who have not gained a truly mature understanding of the scriptures of valid cognition, the division of the relative into authentic and mistaken is more readily understandable. Yet this assertion, that the relative entails the capacity for functional performance, contains deeply profound key points with respect to valid cognition. Those [key points] are to be enjoyed by the ones who have, in a sustained manner, gained familiarity with the way of Dharmakīrti.

In this way, although three defining characteristics have been taught in terms of elimination, all three must, in terms of determination, be established as the essence of a single relative. That [relative] is then what is renowned as "the meanings discovered by conventional valid cognition," or as "all specifically characterized entities suited for appearance." It is also what has been repeatedly pointed out when saying, "These unestablished appearances are the essence of the relative."

Here one could briefly describe the modes of elimination and determination. These are conventions that refer to the exclusion of what is not [a property itself] or what is other [than the property itself]. In terms of the manner of exclusion, there is 'absence of vase', which is an other-exclusion in the form of existential negation, and 'not being vase', which is an other-exclusion as a predicative negation. Now, elimination comes about when the exclusion of what is not the [property] itself is instrumental for the cognition of its essence, and determination comes about when the establishment of the essence of the [property] excludes all that is not itself. Therefore, when all that is not itself has been invalidated through elimination, the [property's] essence has been established with determination, and vice versa. This is how one must generally understand the mode of establishment.

More specifically, there is a twofold division into *word* and *meaning* elimination. All words are subjects of other-exclusion. It appears as if the

སྒྲ་དེས་རང་གི་བརྗོད་བྱ་མིན་པ་རྣམ་པར་བཅད་པའི་སྟོབས་ཀྱིས། བརྗོད་བྱའི་ངོ་བོ་ཡོངས་གཅོད་དུ་གྲུབ་པ་ཉིད་གོ་བ་ལྟ་བུར་སྣང་བ་ཡིན་ཏེ། དོན་ལྡན་གྱི་རྗོད་བྱེད་རྣམས་ལྟ་ཅི་སྨོས། དོན་མི་མཐུན་རི་བོང་གི་རྭ་ཞེས་བརྗོད་པ་ལྟ་བུ་ལའང་། རི་བོང་མིན་པ་དང་རྭ་མིན་བཅད་ནས་བརྗོད་བྱའི་ངོ་བོ་སྒྲུབ་པ་ལྟ་བུ་མེད་ན། ཡུལ་དེའི་སྒྲ་བློ་མི་སྐྱེ་ལ། དེ་མ་སྐྱེས་ན་དེ་གཏན་མེད་དུ་འཛིན་པའི་སྒྲ་བློའང་མི་སྲིད་པ་ལྟ་བུ་ཡིན་ཀྱང་། སྒྲའི་སྟོབས་ཙམ་ལས་བློ་ཡུལ་དུ་འཕང་བ་མ་གཏོགས་རི་བོང་རྭའི་ངོ་བོ་ལ་ནི། བཅད་གཉིས་ཀས་གྲུབ་པ་གཞན་མེད་པས་དོན་ལ་ཐ་སྙད་དུའང་མེད་དོ། །དོན་གྱི་རྣམ་བཅད་ལ་ནི། ཡོངས་གཅོད་དང་རྣམ་བཅད་ཀྱིས་གྲུབ་པ་གཉིས་ཡོད་དེ། དེའང་དངོས་མེད་རྣམས་དངོས་པོ་རྣམ་པར་བཅད་པ་ཙམ་གྱི་རྩ་བ་ཅན་ཏེ། དགག་བྱ་བཅད་པ་ལ་ལྟོས་ནས་ཐ་སྙད་དུ་དེའི་ངོ་བོ་ཡོངས་གཅོད་དུ་གྲུབ་པ་ལྟ་བུར་སྣང་ཡང་། དོན་ལ་རྣམ་བཅད་ཀྱི་སྟོབས་ཀྱིས་གྲུབ་པ་མ་གཏོགས་རང་གི་ངོ་བོ་ཡོངས་གཅོད་དུ་གྲུབ་པ་ཙུང་ཟད་ཀྱང་མེད་དོ། །དངོས་པོ་རྣམས་ནི་རང་གི་ངོ་བོ་ཡོངས་གཅོད་དུ་གྲུབ་པའི་ཤུགས་ཀྱིས། རང་མིན་ཐམས་ཅད་རྣམ་བཅད་དུ་ཁེགས་པས་བཅད་གཉིས་ཀའི་གྲུབ་ཀྱང་། གཙོ་བོར་ཡོངས་སུ་གཅོད་པའི་སྟོབས་ཀྱིས་རྣམ་པར་བཅད་པ་ཤུགས་ལ་གྲུབ་པར་འགྱུར་རོ། དེས་ན་སྒྲ་དང་དོན་གྱི་རྣམ་བཅད་ཁྱད་མ་ཕྱེད་ན། མིང་གིས་བརྗོད་པའི་དོན་དག་ལ་ཐ་སྙད་དུ་ཡོད་མེད་ཀྱི་ཁྱད་མི་ཕྱེད་ལ། དོན་གྱི་ངོ་བོ་ལ་རྣམ་བཅད་ཀྱིས་གྲུབ་པ་དང་། ཡོངས་གཅོད་ཀྱིས་གྲུབ་པའི་ཁྱད་མ་ཕྱེད་ན། དངོས་དངོས་མེད་ཀྱི་ཁྱད་མི་ཕྱེད་པས་དེ་གཉིས་ཤན་འབྱེད་ཚུལ་འདི་ལྟ་བུ་ཤིན་ཏུ་གལ་ཆེའོ། །དེ་ལ་ཁྱད་གཞི་ཞིག་གི་སྟེང་དུ་ཁྱད་པར་གྱི་ཆོས་གང་ཡང་རུང་བ་བསྒྲུབ་པ་ན། ཆོས་དེ་གཞི་དེ་ལ་མི་ལྡན་པ་བཅད་ནས་ལྡན་པར་སྒྲུབ་པ་དང་།

word eliminates everything that is not its referent, and that one thereby understands the essence of the referent to indeed be established with determination. It is unnecessary to mention expressions that have a bearing on reality—even an expression such as 'rabbit horn', which does not accord with any object, establishes, as it were, the essence of its referent through the elimination of what is not rabbit and what is not horn. Otherwise the word-concept of the object would not arise, and without that, the word-concept of apprehending it to be absolutely nonexistent would not be possible either. Nevertheless, it is only the power of the word that inserts rabbit horn as an object of mind. In its essence, there is nothing else [that can be] established by elimination and determination, and therefore it is, in actuality, even conventionally nonexistent.

As for meaning elimination, there are two [types]: establishment with elimination and with determination. Non-entities are rooted in the elimination of entity. In dependency upon the elimination of objects of negation, the essences [of non-entities] appear to be established with determination, but in fact their establishment is due only to elimination. Nothing at all is established with determination. Because of their essential establishment with determination, entities automatically invalidate, by elimination, all that is not themselves. Therefore, although they are established with both determination and elimination, it is still primarily the force of determination that automatically establishes [them] through elimination.

Unless one makes distinctions with respect to *word* and *meaning* elimination, one will not [be able to] distinguish whether the objects expressed by names are conventionally existent or not. Likewise, unless one distinguishes between establishment with elimination and establishment with determination with respect to the essence of an object, one will not [be able to] distinguish between entity and non-entity. Such a discernment is therefore extremely important.

Furthermore, there are two [principles] regarding the establishment of any distinctive quality upon a basis for distinctions: 1) establishing the possession [of that quality] with respect to the basis by means of eliminating the non-endowment of the basis with that quality, and 2) establishing the

དེ་ལས་གཞན་ལ་ལྡན་པ་བཅད་ནས་དེ་ཉིད་ལ་ལྡན་པའི་ཚུལ་དུ་སྒྲུབ་པ་གཉིས་ཡོད་ཅིང་། དེའང་མཚན་ཉིད་ལྟ་བུ་ལ་སྦྱར་ན། གཞི་དེར་ལྡན་ཚུལ་ཡང་། གཏན་ནས་མི་སྲིད་པ་ཞེས་པའི་མཚན་ཉིད་དུ་རྟུལ་དུ་གྲུབ་པ་བཀོད་པ་ལྟ་བུ་བཅད་ནས། དེ་ལ་སྲིད་པར་གྱུར་པ་བཀོད་པ་ལ་མི་སྲིད་རྣམ་གཅོད་ཟེར་ཞིང་། གཞི་དེའི་ཕྱོགས་གཅིག་ལ་སྲིད་ཀྱང་གཞིའི་ཕྱོགས་གཞན་ལ་མ་ཁྱབ་པ་ཞེས་པ་ཙམ་གྱི་མཚན་ཉིད་དུ་མིག་དབང་ལ་བརྟེན་ནས་སྐྱེས་པའི་ཡུལ་རིག་པ་བཀོད་པ་ལྟ་བུ། གཞིའི་ཕྱོགས་མཐའ་དག་ལ་མི་ལྡན་པ་བཅད་ནས་ཀུན་ཏུ་ཁྱབ་པར་གྱུར་པ་བཀོད་པ་ལ་མི་ལྡན་རྣམ་གཅོད་དང་། གཞི་ལ་ཁྱབ་ཀྱང་མཚོན་འདོད་མེད་པའི་ཆོས་གཞན་ཡང་ཁྱབ་ཆེས་པ་ཞེས་པའི་མཚན་ཉིད་དུ་བློའི་ཡུལ་དུ་བྱར་རུང་བཀོད་པ་ལྟ་བུ། གཞན་ལ་ལྡན་པ་བཅད་ནས། དེ་ཁོ་ན་ལ་ལྡན་པར་གྱུར་པ་བཀོད་པ་ལ་གཞན་ལྡན་རྣམ་གཅོད་ཅེས་བྱ་སྟེ། རྣམ་གཅོད་རྣམ་པ་གསུམ་གྱིས་སྐྱོན་གསུམ་སྤངས་པའི་མཚན་ཉིད་ནི་སྐྱོན་མེད་པར་འདོད་དོ། །དེ་ལྟར་ཁྱད་གཞི་ལ་ཁྱད་ཆོས་སྒྲུབ་པ་ཐམས་ཅད་དེ་ཁོ་ན་ལ་ལྡན་པའམ། གཞན་ཡང་ལྡན་པ་སྟེ་རྣམ་གཅོད་རྣམ་པ་གཉིས་ཀྱི་ཚུལ་གྱིས་བརྗོད་པར་འདོད་པའི་དོན་བཞིན་སྒྲུབ་པར་བྱེད་དོ། །དེས་ན་གཞི་གང་ལ་ཁྱད་པར་གྱི་ཆོས་གང་དག་ཅི་མཆིས་པའི་ལྡོག་ཆ་ནས་རྣམ་བཅད་དེ་སྙེད་དུ་ཕྱེ་རུང་ལ། རང་མིན་མཐའ་དག་བཅད་པའི་ངོ་བོ་ནི་ཡོངས་གཅོད་དང་གཅིག་གོ །དེའང་ཁྱད་གཞི་དང་ཁྱད་ཆོས་སུ་ཕྱེ་བའི་དབང་དུ་ན། ཁྱད་གཞི་སྔོན་པོ་ཙམ་གྱི་ལྡོག་པ་དང་། སྔོན་པོའི་སྟེང་གི་བྱས་མི་རྟག་སོགས་ཁྱད་ཆོས་ཀྱི་ལྡོག་པར་འགྱུར་ཞིང་།

possession [of that quality] with respect to the basis by means of eliminating its possession anywhere else. We could apply this, for example, to a defining characteristic. What is called the *preclusion of impossibility* is then as follows: by the basis's possession [of the defining characteristic], the [defining characteristic] is set forth as something possible by means of eliminating that which is entirely impossible, such as *establishment by particles* being the defining characteristic of cognition.

Preclusion of lack of possession means to posit what fully pervades the basis by means of eliminating what is not present in all of its aspects. [Therefore what is eliminated is,] for instance, the proposition that the *object awareness that originates based on the eye faculty* is the defining characteristic of mere cognition. Although that is possible with respect to one aspect of the basis, it does not pervade the rest.

Preclusion of possession elsewhere means to posit what is exclusively the possession of the [basis] by means of eliminating possession elsewhere. [Therefore, the eliminated is,] for instance, the proposition that *being suited to be an object of the mind* is the defining characteristic of cognition. Although it pervades the basis, it also extensively pervades other phenomena that were not intended to be specified.

A defining characteristic is asserted to be flawless if, by virtue of the presence of these three preclusions, it is free from the three flaws. All establishment of distinctive properties upon bases for distinctions may thereby be [undertaken] either so that [the property] is exclusively the possession of that [particular basis], or so that it is the possession of other [bases] as well. These two modes of preclusion then establish [properties] in accordance with the meaning intended to be expressed. Therefore, with respect to a given basis, one may, in terms of contradistinction, specify as many eliminations as there are distinctive properties [of the basis]. The essence that is the elimination of all that is not itself is the same as the determination.

Regarding a basis for distinctions and its distinctive qualities, as a basis for distinctions there is, [for example,] the contradistinction that is mere blue, and as its distinctive qualities there are then the contradistinctions of being produced, impermanent, and so forth, [which are

མཚན་མཚོན་གཞི་གསུམ་དུ་ཕྱེ་ན། དེ་གསུམ་གྱི་ལྡོག་པ་ལ་དོན་ལྡོག །རང་ལྡོག །གཞི་ལྡོག་ཅེས་གྲགས་པ་ལ་སོགས་པ་ལྟ་བུ་སྟེ། མདོར་ན་ལྡོག་པ་ཐམས་ཅད་དེ་མིན་གཞན་རྣམ་པར་བཅད་པའམ་སེལ་བའི་ཆ་ནས་འཇོག་པ་ཡིན་ནོ། །བཅད་གཉིས་ཀྱི་ཚུལ་ཤིན་ཏུ་གསལ་བར་འདི་ར་བསྟན་པའོ། །དེ་ལ་ཀུན་རྫོབ་ཡིན་ན་གོང་གི་ཆོས་གསུམ་པོ་དེ་གཞི་གཅིག་ལ་འབྲལ་མི་རུང་དུ་ཚང་དགོས་བྱས་པ་ལ། ཁ་ཅིག་ན་རེ། དེ་མི་འཐད་དེ། གལ་ཏེ་འཐད་ན། ཚོར་བ་ཡིད་མི་འོང་གི་དངོས་པོ་ཆོས་ཅན། མ་བརྟགས་ཉམས་དགའ་བ་ཡིན་པར་ཐལ། ཀུན་རྫོབ་ཡིན་པའི་ཕྱིར། འདོད་མི་ནུས་ཏེ། ཉམས་མི་དགའ་བ་ཡིན་པའི་ཕྱིར་ཞེ་ན། ཚངས་དབང་འཁོར་སྒྱུར་གྱི་སྲིད་པའི་བདེ་བ་ཆོས་ཅན། སྡུག་བསྔལ་ཡིན་པར་ཐལ། ཟག་བཅས་ཐམས་ཅད་སྡུག་བསྔལ་གྱི་རང་བཞིན་ཡིན་པའི་ཕྱིར། འདོད་མི་ནུས་ཏེ། བདེ་བ་ཡིན་པའི་ཕྱིར། གཞན་ཡང་དེ་འདྲ་མང་ངོ་། །དགོངས་པ་ཕྱེ་ན་གཅིག་ཤོས་ཀྱང་ཕྱིའོ། །ཡང་ཁོ་ན་རེ། མེད་པར་དགག་པ་ཙམ་གྱི་སྟོང་ཉིད་ཆོས་ཅན། སྣང་ཅིག་མར་ཐལ། ཀུན་རྫོབ་ཡིན་པའི་ཕྱིར། རྟགས་གྲུབ་སྟེ། རང་འགྲེལ་ལས། ཀུན་རྫོབ་ཅེས་བྱ་བའི་རྣམ་པ་རྟོག་པའི་བློ་ལ་བརྟེན་པའི་ཕྱིར་མི་སྐྱེ་བ་ལ་སོགས་པ་ནི་ཀུན་རྫོབ་པར་འགྱུར་གྱི། དོན་དམ་པ་ནི་མ་ཡིན་ཏེ། ཤིང་ལ་སོགས་པའི་སྒྲའི་དོན་བཞིན་ནོ། །ཞེས་དང་། སྐྱེ་བ་མེད་པ་ལ་སོགས་པའང་ཡང་དག་པའི་ཀུན་རྫོབ་ཏུ་གཏོགས་པ་ཡིན་དུ་ཟིན་ཀྱང་ཞེས་གསུངས་པའི་ཕྱིར། འདོད་མི་ནུས་ཏེ། དངོས་མེད་ཡིན་པའི་ཕྱིར་ཞེ་ན།

relevant] with respect to that blue. When distinguishing between defining characteristic, definiendum, and illustration, the contradistinctions of the three are what are generally known as the meaning contradistinction, the self contradistinction, and the basis contradistinction, [respectively]. There are those and other [classifications], yet all contradistinctions are, in short, posited in terms of the quality that is the elimination or the exclusion of whatever is not [the contradistinctive property] itself. The modes of elimination and determination have now been explained with the utmost clarity.

It has been posited that when something is relative, the three qualities described above must all be inseparably present on that single basis. Here, some may argue that is unreasonable, and say: "The consequence is then that the subject, the entity of unpleasant sensation, would be delightful when not examined because it is relative. This cannot be asserted, for it is not delightful."

[The reply might] then [be] that the subject, the pleasures of existence experienced by Lord Indra and the universal emperor, are in consequence suffering, because all that is defiling is the nature of suffering. That cannot be asserted, for those are pleasures. There are many other such [arguments]. An examination of the implications [of the first argument] will also serve as an examination of those of the second.

Again it may be argued: "The subject, the emptiness that is mere existential negation, is in consequence momentary, because it is relative. The evidence is established, for the *Auto-commentary* states both that:

> The so-called 'relative' is based on the conceptual mind. Unborn and so forth will therefore be the relative and not the ultimate, just like the meaning of a word such as 'tree'.

And also that:

> Absence of origination and so forth have also been included in the authentic relative.

One cannot assert that [emptiness as an existential negation is momentary] because it is a non-entity."

སྟོང་ཉིད་མེད་དགག་ཆོས་ཅན། ཁྱོད་བསམ་ཞིང་བརྗོད་དུ་མི་རུང་བར་ཐལ། ཁྱོད་དོན་དམ་ཡིན་པའི་ཕྱིར། ཁྱབ་པ་ཡོད་དེ། དོན་དམ་པའི་བདེན་པ་ནི་གང་ལ་སེམས་ཀྱི་རྒྱུ་བའང་མེད་ན་ཡི་གེ་རྣམས་ལྟ་སྨོས་ཀྱང་ཅི་དགོས་ཞེས་གསུངས་པའི་ཕྱིར། འདོད་མི་ནུས་ཏེ་མངོན་སུམ་དང་འགལ་ལོ། །ཡང་ཁོ་ན་རེ། ནམ་མཁའ་སོགས་འདུས་མ་བྱས་ཆོས་ཅན། དོན་བྱེད་ནུས་པར་ཐལ། ཀུན་རྫོབ་ཡིན་པའི་ཕྱིར། རྟགས་གྲུབ་སྟེ། ཤེས་བྱ་ལ་བདེན་གཉིས་སུ་གྲངས་ངེས་པ་གང་ཞིག །མཁའ་སོགས་དོན་དམ་མ་ཡིན་པའི་ཕྱིར། འདོད་མི་ནུས་ཏེ་དོན་བྱེད་ནུས་སྟོང་ཡིན་པའི་ཕྱིར་ཞེ་ན། འདི་ལ་རྟགས་དོན་གྱིས་གོ་བ་ལས་ཚིག་ཟུགས་དོན་ཅན་དུ་སོང་བ་ཡིན་ནའང་། དེ་ལྟར་ན་འཇིག་རྟེན་ཐ་སྙད་དུའང་མེད་པ་མོ་གཤམ་གྱི་བུ་དང་མགོ་བསྒྲིས་ན། ཁོ་རང་ལའང་དེ་གཏན་མེད་དུ་ཤེས་པར་བྱ་བ་ཡིན་པའི་ཕྱིར། ཚིག་གིས་མཚུངས་ཤིང་དོན་གྱི་ངོ་བོ་མེད་པ་དངོས་མེད་ཀུན་ལ་འདྲ་བས། ཞེ་འདོད་སོགས་ཀྱི་ཁྱད་པར་ཕྱེ་ན་ཅིག་ཤོས་ལའང་ཕྱི་བས་ཚོག་གོ །དེ་གཉིས་མི་མཚུངས་ཏེ་ཐ་སྙད་དུ་ཡོད་མེད་ལ་ཁྱད་ཡོད་པས་སོ་སྙམ་ན། དོན་རང་མཚན་གྱི་སྟེང་ནས་ཁྱད་ཡོད་དུ་སྒྲུབ་མ་ནུས་ན། རྣམ་བཅད་ཀྱིས་གྲུབ་པ་ཙམ་ནི་དོན་ལ་དཔྱོད་པའི་སྐབས་སུ་དཔྱད་གཞིར་མཚུངས་པར་འགྱུར་རོ། །དེ་ལྟར་མཚར་སྐྱིད་ཙམ་དུ་ཐལ་ཕྲེང་ཙུང་ཟད་བཀོད་ནས་དོན་ནི་འདི་ཡིན་ཏེ། མ་བརྟགས་ཉམས་དགའ་ཞེས་པའང་སྒྱུ་མའི་སྣང་བ་ལྟར་མ་བརྟགས་བག་ཡངས་སུ་བཞག་ན་ཡིན་ཡིན་ལྟར་འདུག་པ་ལ་ཉམས་དགའ་ཞེས་བཤད་རུང་གི །སྒྱུ་མའི་སྣང་བ་ཡིན་ཚད་ཉམས་དགའ་བ་ཡིན་པས་མ་ཁྱབ་སྟེ།

[The reply might] then [be] that the subject, the emptiness that is existential negation, is in consequence unsuited to be conceived of or expressed, because it is the ultimate. The pervasion is present, for it is stated that:

> As for the ultimate truth, there is no movement of the conceptual mind whatsoever, so it is needless to mention syllables.

One cannot assert that [emptiness as existential negation is inconceivable and inexpressible], because that conflicts with direct perception.

Again it may be argued: "The subject, an uncompounded phenomenon such as space, is in consequence functional, for the reason that it is the relative. The evidence is established, for in terms of the two truths, which are definitive enumerations of the objects of cognition, space and so forth are not ultimate. One cannot assert that [the uncompounded is functional] because the [uncompounded] is devoid of the capacity for functional performance."

In this case, understanding based on the evidence has made the expression meaningful. Nevertheless, [space] is comparable to that which doesn't even exist on [the level of] mundane convention, such as the son of the barren woman. Therefore, we can show the [opponent] how [space is also] absolutely nonexistent. All non-entities are therefore nominally equal and lack any objective essence. If one can discern the criteria and so forth [in the first argument], one can also do so in the second. It might be thought that the two[, space and the barren woman's son,] are not equal, since conventionally one is existent while the other is not. Yet if it is not possible to establish any difference based on specifically characterized objectivity, [the difference] is then merely in terms of elimination. When investigating the actual, [they] are therefore equal as bases for investigation. This little garland of consequences was arranged this way merely to startle. I will now present its implications.

As for *Delightful only when not examined*, this should be explained as referring to that which is freely accepted and seems perfectly real when not examined, like the appearances in an illusion. [This does] not [mean] that being an illusory appearance necessarily entails being delightful, for

འཇིག་སྐྱག་གི་སྣང་བའང་འཆར་བ་ཡོད་པ་ལྟར། འདིར་ཡང་མ་བརྟགས་ན་གྲུབ་གྲུབ་ལྟ་བུའི་རང་འཛིན་གྱིས་ཞེས་པ་འདྲིད་པའམ་ཉམས་དགའ་བར་བྱེད་པ་ལ་བརྫ་དེ་ལྟ་བུ་སྦྱོར་གྱི། ལུས་སེམས་ཚོར་བ་བདེ་བའི་ཉམས་དགའ་བ་ཁོ་ན་ལ་གཟུང་བར་མི་བྱའོ། །དེས་ན་རྩོད་པ་དང་པོ་དེ་འདྲ་བ་ཚིག་འཁྲི་ཙམ་ལས་དོན་ཆེར་མེད་ཀྱང་། ཕྱི་མ་གཉིས་ལ་གོ་བ་ཆེན་པོ་སློང་རྒྱུ་ཡོད་དེ། སྟོང་ཉིད་མེད་དགག་ནི་ཐ་སྙད་ཀུན་བྲལ་གྱི་དོན་དམ་མཚན་ཉིད་པ་ལ་ལྟོས་ཏེ་ཀུན་རྫོབ་ཏུ་བཞག་གི །རྣམ་གྲངས་པའི་དོན་དམ་གྱི་རྒྱ་བོ་ཀུན་རྫོབ་དེ་ག་ལ་ཡིན་ཏེ་དེའི་དབང་དུ་ན་དོན་དམ་ཡིན་ནོ། །དེས་ན་ཐ་སྙད་དང་དོན་དམ་ལ་རྣམ་གྲངས་ཕྱེ་དགོས་པ་འདི་གཞུང་འཆད་པ་ལ་མིག་དང་འདྲ་སྟེ་དེ་མེད་ན་གར་ཡང་མི་ཕྱིན་ཏོ། །རྩོད་པ་གསུམ་པའི་བསྟན་དོན་ལྟར། མཁའ་སོགས་ནི་དངོས་མེད་ཡིན་ལ་དེ་ཡོད་པའི་ཐ་སྙད་ཙམ་ནི་གང་གཅད་བྱ་རྒྱ་བོ་དངོས་པོ་དེའི་མཐུ་ལས་བྱུང་བས་ན། སྤྱིར་ཞེས་བྱ་མིན་པ་དང་དེ་དག་གི་ཐ་སྙད་མེད་པར་མི་འགྱུར་བས་དེ་ལྟར་རྣམ་པ་ཀུན་ཏུ་ཁས་མི་ལེན་ཀྱང་། ཀུན་རྫོབ་ཏུ་མ་བསྡུས་པས་བདེན་གཉིས་གང་ཡང་མིན་པར་ཡང་མི་འགྱུར་ཏེ། ཞེས་བྱ་རྟག་མི་རྟག་གཉིས་སུ་ཁ་ཚོན་བཅད་པ་ལ་བསམ་གྱིས་མི་ཁྱབ་པའི་བདག་གང་རུང་དུ་མ་འདུས་ཞེས་གླགས་བཙལ་དུ་མེད་པ་ལྟར། འདིར་ཀུན་རྫོབ་དང་དོན་དམ་གཉིས་སུ་ནམ་མཁའ་སོགས་མ་འདུས་པར་སྙོམ་པའང་དེ་དང་འདྲ་བར་ཞེས་པར་བྱ་སྟེ། ནམ་མཁའ་ནི་གཟུགས་ཐོགས་རེག་མེད་པའི་ཆ་ལ་བཏགས་པ་ཙམ་ཡིན་པས། ནམ་མཁའ་དང་མོ་གཤམ་གྱི་བུ་གཉིས་ལ་ཐ་སྙད་ཙམ་གྱིས་ཡོད་མེད་ཀྱི་ཁྱད་པར་བྱས་ནའང་དོན་ལ་དཔྱད་ན་རང་མཚན་ཡོད་མེད་ཁྱད་པར་གང་ཡང་མེད་དོ། །དེས་ན་རི་བོང་རྭ་ཞེས་བརྗོད་པའི་ཚེ། སྒྲ་ཡིས་རི་བོང་རྭ་མེད་བཅད་པ་ལྟར་བློས་ཀྱང་དེ་ལྟར་དམིགས་པ་ལྟར་སྣང་ནའང་།

obviously, frightening appearances can also arise. Here, such a designation is used with reference to the deceived, or delighted, consciousness which, when having not examined, apprehends an apparently perfect reality. [Delightful] must not be taken to imply delight only in terms of the sensations of physical and mental pleasure. A dispute such as the first one is merely a nominal entanglement and has no significant impact. Yet the latter two [disputes] can clear the way for great insight.

Regarding the emptiness of existential negation, it is posited as the relative only in consideration of the genuine ultimate beyond all convention. How could it be the relative that pairs with the categorized ultimate, since compared to that it is the ultimate? [This understanding of] the necessity for categories of the conventional and of the ultimate constitutes, as it were, the eyes for explaining the scriptures. Without that, one won't make any progress.

Space and so forth are, as conveyed by the third dispute, non-entity. The mere convention of the existence of such [non-entity] has come about by the power of its counterpart, the object of elimination, which is entity. Nevertheless, this does not mean that [they] are not objects of cognition or that their conventions do not exist; that, therefore, is not claimed under any circumstances. Also, [the fact] that [the *Ornament of the Middle Way*] does not include them in the relative does not mean that they are neither of the two truths. Similarly, the two definitive [categories of] objects of cognition—the permanent and the impermanent—cannot be successfully disputed [as a definitive categorization] by positing a so-called 'inexpressible self' that is not included in either [category]. One must understand that, here, the assumption that space and so forth are not included within the dichotomy of the relative and the ultimate is of a similar character.

Space is the mere designation for the quality of absence of physical obstruction and contact. Although one may, on a merely conventional level, ontologically distinguish space from the son of the barren woman, upon actual investigation one will not find any difference whatsoever in terms of the existence or lack of existence of a specifically characterized phenomenon. If [someone] says "rabbit horns," then it will appear as if the mind, in accordance with the term's elimination of the nonexistence of

རི་བོང་རྭའི་རང་མཚན་ཞེས་བྱ་ལ་མི་སྲིད་པས་ཞེས་བྱ་མ་ཡིན་ཞེས་སྨྲ་བར་ཟད་ཀྱི། དེ་ལྟར་མིན་པར་མིང་ཙམ་ལ་དམིགས་པས་དེ་ཞེས་བྱར་སོང་ན་རི་བོང་རྭའང་ཞེས་བྱར་འགྱུར་ཞིང་། མཐར་ཞེས་བྱ་མ་ཡིན་པ་གཞི་མ་གྲུབ་ལ། དེ་ལྟར་ན་མི་སྲིད་པའི་དངོས་པོ་ཅིའང་མེད་པར་འགྱུར་རོ། །དེ་བཞིན་དུ་མཁའ་སོགས་དངོས་མེད་རྣམས་མིང་ཙམ་ལ་དམིགས་པར་ཟད་ཀྱི། དོན་དུ་མི་འགྲུབ་པས་དོན་གྱི་དབང་དུ་བྱས་པའི་རྣམ་གཞག་དེ་ལྟར་འཐད་དེ། གཞུང་གཞན་ནས་ཀྱང་། ནམ་མཁའ་མོ་གཤམ་བུ་དང་མཚུངས། །ཞེས་གྲགས་སོ། །འོ་ན་ནམ་མཁའ་མེད་ན་འཇིག་རྟེན་ན་འབྱུང་བ་ལྔའི་ཡ་གྲལ་གཅིག་ཏུ་བགྲང་ཞིང་། བསྟན་བཅོས་ལས་ཀྱང་དཔེར་མཛད་པ་སོགས་དང་མི་འགལ་ལམ་ཞེ་ན། གོང་བཤད་ལྟར་ཐོགས་རེག་མེད་པའི་ཆ་ལ་བཏགས་པ་དེ་ཙམ་ལ་མ་བརྟགས་པར་ཟློམ་པའི་ངོར་བྱས་ནས་དེ་ལྟར་བརྗོད་པར་ཟད་ཀྱི། བརྟགས་ཤིང་དཔྱད་ན་ནམ་མཁའ་ཡོད་པར་སྒྲུབ་པར་བྱེད་པ་ལ་ཚད་མ་མེད་དེ། ནམ་མཁའ་ལ་རང་མཚན་མེད་པས་མིག་ཤེས་སོགས་དོན་རིག་གི་མངོན་སུམ་ཚད་མས་མི་འགྲུབ་སྟེ། འགྲུབ་ན་གཟུགས་སོགས་སུ་འགྱུར་ལ། རང་རིག་གིས་གྲུབ་ན་ཤེས་པར་འགྱུར་རོ། །སྟོང་བའི་ཕྱིར་གྲུབ་སྙམ་ན་ཐོགས་རེག་མ་དམིགས་པ་ཙམ་ཡིན་གྱི། ངོ་བོ་དམིགས་རྒྱུ་ཡོད་ན་ནམ་མཁར་ཡང་མི་རུང་ངོ་། །རང་གི་ངོ་བོ་མེད་པ་དེ་ལ་འབྲེལ་བ་གཉིས་པོ་གང་ཡང་མི་སྲིད་པས་རྗེས་དཔགས་ཀྱིས་འགྲུབ་པ་མ་ཡིན་ནོ། །དེས་ན་ནམ་མཁའ་ཞེས་པ་ཚིག་ཙམ་ལྟག་མར་ལུས་པར་འགྱུར་རོ། །དེ་ལྟར་ཤེས་ན་ཆོས་ཀུན་རྟོག་པའི་དབང་གིས་བཞག་པ་ཙམ་ལས་ངོ་བོ་ཉིད་མེད་པའི་དཔེ་ཉིད་ཤེས་པར་འགྱུར་ཏེ།

rabbit horns, observes such [horns] as well. Yet since a specifically characterized rabbit horn is not possible as an object of cognition, what is said is, in the end, simply "no object of cognition." Otherwise, if the mere observation of a name would suffice as an object of cognition, rabbit horn would also become a cognizable object. In the end, given that there would be no established basis for that which is no object of cognition, there would be no entity at all that would not be possible.

Non-entities such as space also come down to being observations of a mere name. They are not established in actuality, and this classification, which considers the actual, is rational in that regard. In another scripture it is also proclaimed that:

> Space is equal to the barren woman's son.

It might then be asked: "Well, if space does not exist, wouldn't that conflict with how it is ordinarily counted as one among the five elements, and how it is also used as an example in the treatises and so forth?" These [uses of the word space] simply consider the uncritical perspective of assumptions and, as described above, refer only to the quality that is the absence of obstruction and contact. Upon examination and investigation, there is no valid cognition that can establish the existence of space. Since there is nothing about space that is specifically characterized, it is not established by the eye cognition or by any other valid cognition of direct perception that is aware of objects. If it were, [space] would have become form or any of the other [particular objects of those cognitions], and if it were established by self-awareness, it would have become cognition.

Next, the idea may be [presented] that [space] is established because it is experienced. Yet what is observed is merely no obstruction and no contact. If there were an observable essence, it could not reasonably be space. Neither of the two relationships, [causal or same identity,] will be possible for something that is devoid of its own essence. Therefore, space is not established by inference either. Space, therefore, turns out to be nothing but a word. Knowing this, one will understand the primary example illustrating that all phenomena are merely set forth by the power of thought, while lacking any essence. As it has been said:

ནམ་མཁའ་མཐོང་ཞེས་སེམས་ཅན་ཚིག་ཏུ་རབ་བརྗོད་པ། །ནམ་མཁའ་ཇི་ལྟར་མཐོང་སྟེ་དོན་འདི་བརྟག་པར་གྱིས། །ཞེས་གསུངས་པ་བཞིན་ནོ། །ཀྲུན་དང་བུ་གའི་ནམ་མཁའ་ནམ་མཁའ་ཡོད་པའི་སྒྲུབ་བྱེད་དུ་མི་རུང་བ་ནི་གོང་དུ་སྨོས་ཟིན་ཏོ། །དེས་ན་ཐ་སྙད་ཀྱི་ཚད་མས་ངོ་བོ་ཉིད་མེད་པར་ཐ་སྙད་བཏགས་པ་ཙམ་དུ་རྟོགས་ཟིན་ན་ནི་དོན་དམ་པའི་ཚད་མས་སླར་ཡང་བརྟན་ཏེ་སྒྲུབ་མི་དགོས་སོ། །གྲུབ་མཐའ་གོང་འོག་གི་ཚུལ་ཡང་དེ་འདྲའོ། །དེས་ན་དོན་བྱེད་ནུས་པའི་དངོས་པོ་རྣམས་ལ་དགག་སྒྲུབ་ཕྱིན་ཅི་མ་ལོག་པར་བསྒྲུབ་ཅིང་། ཕྱིན་ཅི་ལོག་ཏུ་སྒྲོ་འདོགས་པའི་བདག་གཉིས་ཀྱང་སེལ་བ་ཡིན་ཏེ། སྐྱེས་བུ་ལང་ཚོ་ཅན་གྱི་གཟུགས་ལ་མིག་དང་ལྡན་པས་དཔྱོད་པ་བཞིན་ནོ། །དེ་ལ་དངོས་པོ་བཀག་པས་དངོས་མེད་ཉིད་བློ་ཡུལ་དུ་གྲུབ་ཀྱི། དངོས་མེད་ཅེས་དགག་སྒྲུབ་ཀྱི་གཞིར་གྱུར་པ་གཞན་མེད་དོ། །འོན་ཀྱང་དེའི་སྒྲ་དོན་ཙམ་ལ་ཐ་སྙད་སྣ་ཚོགས་བྱེད་ཀྱང་དེ་ལྟ་བུ་ནི་ནམ་མཁའི་མེ་ཏོག་ལ་འང་འཇུག་པ་བཞིན་ནོ། །དེའང་ཀུན་རྫོབ་དེའི་མཚན་གཞིར་གྱུར་པ་ནི། གཟུགས་ལ་སོགས་པ་སྐྱེ་མཆེད་བཅུ་གཉིས་ཏེ་ཤེས་བྱ་ཐམས་ཅད་དེ་ཙམ་དུ་འདུ་བས་སོ། །དེ་ལ་སྤྱིར་བཏང་དུ་ནང་གི་སྐྱེ་མཆེད་དྲུག་དང་། ཕྱིའི་སྐྱེ་མཆེད་དྲུག་ཡོད་ལ། མཚན་ཉིད་ནི་རིམ་པ་ལྟར་གཟུགས་འཛིན་གྱི་ཤེས་པའི་བདག་རྐྱེན་ཐུན་མོང་མིན་པ་དང་། མིག་ཤེས་ཀྱི་དམིགས་རྐྱེན་དུ་གྱུར་པ་སོགས་ཡིད་ཤེས་ཁོ་ནའི་དམིགས་རྐྱེན་དུ་གྱུར་པའི་བར་དུའོ། །གསལ་ཞིང་རིག་པ་ཤེས་པའི་མཚན་ཉིད། དེ་ལ་དབྱེ་ན་ཚོགས་བརྒྱད་དེ། བདག་རྐྱེན་མིག་དབང་ལ་བརྟེན་ནས་སྐྱེས་པའི་རིག་པ་སོགས་མཚན་ཉིད་ཡིན་ལ།

> Sentient beings widely proclaim that they see space.
> But examine the meaning here—how does one see space?

It has been explained above how ornamental space and the space of cavities are not applicable for establishing the existence of space. Therefore, if conventional valid cognition has realized something to be essentially nonexistent and merely an imputed verbal convention, then there is no need for ultimate valid cognition to repeatedly and persistently establish [that too]. The case is similar with regard to the progression of philosophical systems, [where when something has been refuted by the lower schools, it need not be negated again by the higher ones]. Therefore, negation and affirmation can be practiced unerringly when dealing with functional entities, and [proper investigation based on functional entities] can also dispel the mistaken superimposition of the two selves. This can be compared to the body of a youth being investigated by someone with healthy eyesight.

Non-entity is established as an object of mind by the negation of entity. There is no other so-called non-entity that can be the basis for negation and affirmation. Various conventions are used regarding the mere word-object [that pertains to non-entity], yet this is also the case in terms of the sky flower.

The illustrations for the relative are the 12 sources of form and so forth, since all objects of cognition are included in these 12. Generally, this refers to the six internal and six external sources, and their defining characteristics are successively included in the *extraordinary ruling condition for the cognition that apprehends form* and the *observed condition for the eye cognition* up to and including the [*extraordinary ruling condition for the cognition that apprehends mental objects*] and the *observed condition for exclusively the mental cognition.*

Clarity and awareness defines cognition and, when divided, contains eight collections. The defining characteristic [of the six collections] is an *awareness that has arisen based on the ruling condition of the eye faculty* and so forth, while the defining characteristics of the all-ground and the afflicted mental consciousness are, respectively, *mere clear awareness that is the*

བག་ཆགས་སྨྲ་ཚོགས་པའི་རྟེན་གཞིར་གྱུར་པའི་གསལ་རིག་ཙམ་དང་། ཞེས་པའི་རྒྱུད་ལ་ངར་འཛིན་པ་གཉིས་ནི་ཀུན་གཞི་དང་ཉོན་ཡིད་ཀྱི་མཚན་ཉིད་དོ། །སྤྱིར་མཚན་ཉིད་ཅེས་བྱ་བ་དངོས་པོ་དེའི་ཐ་སྙད་མཚོན་བྱ་རྣམ་འཇོག་གི་རྒྱུ་ཡིན་པས་དོན་ལྡོག་དང་རང་ལྡོག་དབྱེ་ཞིང་དོན་དང་ཐ་སྙད་ལ་མི་རྨོངས་པའི་སྐད་དུ་ལྟོ་ལྡིར་བ་བུམ་པའི་མཚན་ཉིད་དུ་གསུངས་པ་ལྟར་ཡིན་གྱི། མཚན་ཉིད་དེ་དང་ཚིག་གི་རྣམ་པ་མཚུངས་པའི་སྒོ་ནས་མཐའ་གཞན་དུ་སྒྲོ་འདོགས་པའི་སྐྱེས་བུའི་བློའི་འཁྲུག་པ་མཐའ་དག་བཀྲོལ་བ་ངག་རྒྱུན་གཅིག་གིས་ཁྱབ་དགོས་པར་བསམས་ནས་ཚིག་ཟི་མང་གི་སྦྱོར་བ་ལྟར་ལེན་པ་ལས། མདོ་དང་བསྟན་བཅོས་ཆེན་པོ་རྣམས་ཀྱི་གཞུང་ཚིག་གི་སྦྱོར་བཞིན་དོན་གྱི་གནད་ཟིན་པ་ཤིན་ཏུ་གལ་ཆེའོ། །ཀྱེ་མ། དེང་དུས་བླུན་པོ་གང་དག་རང་གིས་དོན་དང་ཐ་སྙད་ཀྱི་ཚུལ་ཡང་དག་མ་ངེས་པའི་དབང་གིས་ཟུར་ཚོད་མ་ཚོད་ཅེས་སངས་རྒྱས་ཀྱི་བཀའ་ལའང་སྐྱོན་འདོགས་པར་ཉེ་ནའང་། མཚན་ཉིད་འདི་ལ་དོན་ལྡོག་གི་གནད་ཟིན་ཚུལ་ལ་ཁྱད་ཡོད་ཀྱི། ཚིག་གི་ཆ་ནས་མཐའ་གཞན་དུ་བརྟགས་པའི་སྒྲོ་བཏགས་སྤྱོས་རྒྱུའི་རི་མོ་འབྲི་བ་ཐལ་ཆེར་ལ་སྙིང་པོའི་ཅིའང་མེད་ཀྱང་། གཞན་ཟེར་གྱི་ཚིག་འབྲུ་ཁ་ཤས་བྲམ་ཟེ་རྣམས་ཀྱིས་སྤྱགས་གློ་ལ་བཟུང་བ་ལྟ་བུས་ཆེམ་པར་བྱས་ནས། སྟོན་གྱི་དམ་པ་མཆོག་དག་གི་གཞུང་ལའང་བཀླས་པར་བྱེད་པ་ནི་ཤིན་ཏུ་ཡ་མཚན་ནོ། །ཁྱད་པར་སྦྱར་མ་སྦྱར་སོགས་གོ་བའི་གནད་རྣམས་ཀྱང་དེ་བཞིན་དུ་ངེས་པར་བྱའོ། །དེས་ན་གང་ལ་དོན་གྱི་ཉེས་པ་ཡོད་པ་ནི་ཚིག་གང་གིས་ཀྱང་བཀྲོལ་བར་མི་ནུས་ལ། ཚིག་གི་བརྗོད་ཚུལ་ཙམ་ནི་བདག་ཉིད་ཀྱི་ལག་ན་ཐོགས་པའི་ཞགས་པ་ལ་སོགས་པ་བཞིན་དུ། ཞེས་རབ་ཀྱི་ནུས་པ་དང་བསྟུན་ཏེ་བརྗོད་པར་འདོད་པའི་རྗེས་སུ་བྱེད་པའི་ཕྱིར། མཁས་པ་རྣམས་དངོས་སྟོབས་ཀྱིས་རྩོད་པ་དག་དོན་ལ་ཉོན་གྱི། ཚིག་གི་བརྗོད་ཚུལ་ཙམ་གཙོ་བོ་མ་ཡིན་ཀྱང་།

supportive ground for the various habitual tendencies, and *apprehending the continuum of cognition as an 'I'*.

The so-called 'defining characteristic' is generally the cause for positing the definiendum, the convention of the particular entity. One thereby distinguishes between meaning contradistinction and self contradistinction, and it is for the sake of being free from delusion with regard to meaning and convention that, for example, the defining characteristic of vase is taught to be round-belliedness. Nevertheless, one may persist in contributing to the proliferation of verbal complexity by having the idea that a single line of words is required: one that, by means of a complete concordance between the features of the defining characteristic and the words [that describe it], is capable of reversing everything that has been mistakenly superimposed by any individual through mental engagement. Instead, what is of vital importance is comprehending the key points of the meaning as they are literally taught in the sūtras and the great treatises.

Alas, because of having failed to authentically ascertain for themselves the nature of meanings and conventions, certain fools these days are close to seeing faults even in the words of the Buddha, wondering whether they are conclusive. A defining characteristic is distinguished by the way that the key point of the meaning contradistinction is comprehended, and for the most part, there is no point at all to the meandering patterns of nominally modified [definitions]. It is indeed very bizarre how [some], satisfied by a few syllables of hearsay similar to the memorized verses of the Brahmins, will despise the scriptures of the supremely holy ones of old. Also, all the key points for understanding issues such as when and when not to apply distinctions are to be ascertained in this way.

Something flawed in meaning cannot be corrected no matter what words are used. The way that one expresses oneself verbally is similar to, for example, a lasso held in one's hand: depending on the power of one's knowledge, [one's words] may or may not capture what one intends to refer to.

When the learned debate with the power of fact, they rely upon the meaning. Mere words are not the primary issue. The childish, on the

བྲིས་པ་རྣམས་ཚིག་ལམ་གྱིས་རྩོད་པ་ལ་ནི། བློ་ཡི་ནུས་པའི་ལྷུགས་ཀྱུ་དང་བྲལ་བར་གྱུར་ན། ཚིག་རྣམས་ཀྱང་གླང་ཆེན་སྨྱོས་པ་བཞིན་དུ་རང་དབང་དུ་མ་གྱུར་ཞིང་འཇིགས་པའི་གནས་སུ་ལྟ་དགོས་པས་རྟག་ཏུ་དེ་འབབ་ཞིག་མིག་རས་ཀྱིས་བཙའ་བ་རྣམས་ལ་ཤེས་རབ་ཀྱི་ལྕུས་སྟོབས་མཆོག་ཏུ་གྱུར་པ་དེ་སྲིད་དུ་རེ་ཞིག་གཞན་གྱིས་དབུགས་འབྱིན་མི་ནུས་མོད་ཀྱི། འོན་ཀྱང་ཚིག་གི་འཇུག་པ་གཙོ་བོར་བྱེད་པའི་འཆད་པ་དང་། རྩོད་པ་དང་། རྩོམ་པ་ཐམས་ཅད་བརྗོད་པ་མང་ལ་དོན་ཆུང་གནད་ཀྱི་རྟོགས་པ་སྐྱེ་བ་བྲལ་བས་ན། བློ་ལྡན་རྣམས་ཀྱིས་དོན་ལ་རྟོན་པའི་སྒོ་ནས་གཞུང་ལུགས་རྣམས་ཀྱི་གོ་བ་རྣལ་མ་གཙོ་བོར་བྱས་ཏེ་ཟབ་མོའི་ཤེས་རབ་ལ་དབང་འབྱོར་བར་གྱུར་པས། ངག་གི་རྗོད་པ་རྣམས་ལ་རང་དབང་ཤུགས་ཀྱིས་ཐོབ་པའི་སྒོ་ནས་གཞུང་གི་གནད་རྣམས་ཐལ་འགྱུར་གྱི་ངག་གི་ཕྲེང་བར་སྤེལ་ཏེ་ཕས་རྒོལ་གྱི་སྤོབས་པ་འཇོམས་པའི་རྩལ་སོགས་ལའང་མཁས་པར་བྱའོ། །དེས་ན་མཚན་ཉིད་སོགས་ཀྱི་ཟུར་ཚོད་ཚུལ་ཙུང་ཟད་བརྗོད་ན། གང་མཚོན་བྱ་རྒྱུ་མཚན་ཅན་གྱི་སྒྲ་བློའི་ཐ་སྙད། བུམ་པ་ལ་སོགས་པ་དེ་དག་གང་ལ་གདགས་པའི་དོན་གྱི་ལྡོག་པ་དེ་ནི་བུམ་སོགས་སུ་འཇོག་པའི་རྒྱུ་མཚན་ཡིན་ལ། དེས་ན་ལྟོ་ལྡིར་བ་བུམ་པའི་མཚན་ཉིད་དུ་བཞག་ན། དེ་བུམ་པའི་འཇོག་བྱེད་ཡིན་ལ། གདུང་འདེགས་ཀྱི་དོན་བྱེད་པ་སོགས་ནི་དེའི་མཚན་ཉིད་མ་ཡིན་པ་བཞིན་ནོ། གཞི་ལྡོག་རང་ལྡོག་གཉིས་དང་མ་འདྲེས་པ་མཚན་ཉིད་རང་གི་ངོ་བོ་རྗེན་ཅེར་དུ་ངེས་པ་སྐྱོན་མེད་ཅིག་ཟིན་ཆེ། མ་ཁྱབ་ཁྱབ་ཆེས་མི་སྲིད་པ་གསུམ་བྲལ་བའམ། མི་ལྡན་གཞན་ལྡན་མི་སྲིད་རྣམ་གཅོད་གསུམ་ཚང་བ་ཡིན་ཏེ། དེའི་ཚེ་ན་མཚན་ཉིད་དང་མཚོན་བྱའི་འབྲེལ་བ་ནམ་ངེས་པ་ན་དོན་གྱི་རྣམ་བཅད་ཀྱི་སྟོབས་ཀྱིས་ཟུར་ཐམས་ཅད་ལྷག་མ་མ་ལུས་པ་དེར་ཆོད་པ་ཡིན་ལ། ཚིག་གི་སྤྲོས་པ་མང་པོ་མེད་ཀྱང་གནད་ཟིན་པ་ལ་ངེས་ཆོག་གོ །དཔེར་ན། ཤིང་འོན་ཅིག་ཅེས་པས་དོན་གྱི་རྣམ་བཅད་ཀྱིས་མདུན་གནས་ཀྱི་ཤིང་གོ་ནུས་ཀྱི།

other hand, debate by using the path of words. Lacking intelligent capacity, which is the hook [whereby the master controls his elephant], they have to look at words as if they were a mad elephant, something uncontrollable and terrifying, and so [words] are all they ever keep their eyes on. Until the body of their intelligence has fully developed its strength, no one will be able to bring them a moment of relief. Although any exposition, debate, or composition that makes the exercise of words the primary [activity may] involve a lot of talking, it will be of little avail. The realization of the key point will have a slow birth. Therefore, by relying on the meaning, the intelligent should see that genuine understanding of the scriptural traditions is [of] primary [importance]. They will master the profound knowledge, and a command of verbal expressions will thereby be achieved automatically. With this, they will also become expert in arranging key points of the scriptures in verbal presentations of consequences that will overpower the adversary's confidence.

We may now speak a bit on the conclusiveness of such things as defining characteristics. 'Vase' and so forth are definienda, verbal conventions of reasonable word-concepts, and the meaning contradistinctions to which they refer are the reasons for positing vase and so forth. Therefore, when being round-bellied is posited as the defining characteristic of vase, then this is what sets forth vase, and the capacity to perform the function of upholding beams, for example, is not what defines it. Likewise, without being mixed with definiendum and illustration, the very essence of the defining characteristic may be nakedly, directly, and faultlessly ascertained. At that point there will be an absence of lack of pervasion, over-pervasion, and impossibility, or [in other words,] a completeness of the preclusions of lack of endowment, endowment elsewhere, and impossibility. Therefore, whenever the relationship between defining characteristic and definiendum has been ascertained, that is when a perfect conclusion has been reached, using the power of meaning elimination. There [may] not be much elaboration with words, but if the key point is comprehended, that will suffice. For example, when [someone] says "Go get the wood," meaning elimination allows you to understand that this [refers to] the wood in front of you. [The

ཞིང་གི་བྲེ་བྲག་དང་དེའི་ཡུལ་དུས་རང་བཞིན་མ་འདྲེས་པའི་རྣམ་པ་ཐམས་ཅད་བརྗོད་མི་དགོས་པ་བཞིན་ནོ། །མཚན་མཚོན་འབྲེལ་བར་རྟོགས་མ་ནུས་ན། མཚན་ཉིད་རྗོད་པའི་ཚིག་གི་སྟེང་ནས་ངག་མང་བ་ཙམ་ཞིག་གིས་ཕན་དཀའ་སྟེ། དཔེར་ན། རིན་པོ་ཆེ་ཤེལ་དང་བ་ལ་བལྟས་ནས་མི་ཞིག་ན་རེ། འདི་ཨིནྡྲ་ནཱི་ལ་ཡིན་ནམ་ཞེས་དྲིས་ན། གཞན་ཞིག་གིས་དེ་མ་ཡིན་ཏེ། ཨིནྡྲ་ནཱི་ལ་ནི་ཁ་དོག་སྔོན་པོ་ཡིན་ནོ་ཞེས་སྨྲས་ན། ངེས་ཚིག་ཙམ་ལ་བརྟགས་ནས། འོ་ན་རས་སྔོན་པོའང་ཨིནྡྲ་ནཱི་ལ་ཡིན་ནམ་ཞེས་དྲིས་ན། དེ་ནི་མ་ཡིན་ཏེ། རིན་པོ་ཆེ་སྔོན་པོ་ཡིན་ནོ། །འོ་ན་ནོར་བུ་མཐིང་ཀ་འང་དེ་ཡིན་ནམ། དེ་ནི་མ་ཡིན་ཏེ། ཨིནྡྲ་ནཱི་ལ་ནི་དེ་ལས་རིན་ཐང་ཆུང་ངོ་། །འོ་ན་ཤེལ་སྔོན་པོ་ཡིན་ནམ། དེ་ནི་མ་ཡིན་ཏེ། ཤེལ་ཕལ་པ་ལས་རིན་ཆེའོ། །ཞེས་པ་ལ་སོགས་པ་ཇི་བརྗོད་ཀྱང་ཨིནྡྲ་ནཱི་ལའི་ཐུན་མོང་མ་ཡིན་པའི་ཆོས་ཀུན་རྫོགས་པར་བརྗོད་ནས་དེ་ངོས་ཟིན་པ་མི་འོང་སྟེ། དམུས་ལོང་ལ་གླང་ཆེན་གྱི་ཚུལ་བཤད་པ་དང་འདྲ་ལ། སྔོན་པོ་ཞེས་བརྗོད་པའི་དུས་ན་ཡུལ་དོན་གྱི་སྟེང་གི་ཆོས་སྔོན་པོ་དང་ཨིནྡྲ་ནཱི་ལ་འབྲེལ་བར་རྟོགས་ན་དེ་ཉིད་དུ་སློ་འདོགས་ཆོད་པ་དང་འདྲ་བར་མཚན་ཉིད་ཀྱི་གནད་ཟིན་པས་ཐུན་མོང་མིན་པའི་ཡིན་ལུགས་ཀུན་ངེས་ཤུགས་ཀྱིས་ངེས་ཤིང་སློ་འདོགས་གཞན་འགོག་ཐུབ་པ་ནི་སྒྲོག་འགགས་པས་དབང་པོ་གཞན་འགག་པ་ལྟ་བུ་ཡིན་པས་གནད་ཟིན་པར་བྱ་བ་ལ་མཁས་པར་བྱ་སྟེ། རྣམ་པ་ཀུན་ཏུ་དོན་གྱིས་རྣམ་པར་བཅད་པའི་གོ་བ་རྣལ་མ་ཞིག་ལ་བློ་གཞག་པ་གལ་ཆེའོ། །དཔེར་ན། བུམ་པ་ཞེས་བརྗོད་པའི་ཚེ་ལྟོ་ལྡིར་བའི་རྣམ་པར་ཡིད་ལ་ཤར་ཀྱང་། ལྟོ་ལྡིར་བ་གཞན་ཡོད་ཚད་ལ་འཁྲུལ་མི་སྲིད་པ་དང་འདྲའོ། །དེས་ན་མཚན་ཉིད་དེས་བཞག་པའི་མཚོན་བྱ་བུམ་པ་ལྟ་བུ་དེ་གཞི་གང་གི་སྟེང་དུ་བསྒྲུབ་ན། གསེར་བུམ་ལྟ་བུ་སོགས་མཚོན་བྱའི་བྱེ་བྲག་གང་རུང་གཅིག་ལ་དམིགས་ཀྱིས་མ་བཀར་ན།

person] does not need to describe the particular wood with all its features, its distinct location, time, and nature.

If one is not capable of realizing the relationship between the defining characteristic and the definiendum, hardly anything will be achieved by merely adding to the number of words used to express the defining characteristic. For example, a person looking at a clear crystal stone may ask:

"Is this lapis lazuli?"

Someone answers:

"No, the color of lapis lazuli is blue."

Merely judging by the words, the [first person] may then ask:

"Well then, is blue cotton also lapis lazuli?"

"No, it isn't. Lapis lazuli is a blue stone."

"All right, then might that dark blue jewel be lapis lazuli?"

"No, lapis lazuli isn't as precious as that."

"Well then, is it a blue crystal?"

"No, it's not. It is more valuable than an ordinary crystal," and so on.

No matter how much is said, it will be impossible to identify lapis lazuli by expressing all of its uncommon properties. It would be like explaining an elephant to someone blind. If, when the word 'blue' is said, [the person] realizes the relationship between the blue property of the object and lapis lazuli, then erroneous ideas are cut through at that very moment. As in the example, if one comprehends the key point of a defining characteristic, the [entity's] entire unique mode of being can be ascertained automatically, and the superimposition of anything else can cease, just as when the cessation of the life force causes the other faculties to cease. Therefore, one must gain skill in comprehending the key points. It is always important to rely on a natural understanding of meaning elimination. When, for example, the word 'vase' is said, the features of the round belly occur to the mind, yet no one could possibly confuse that with everything else that has a round belly!

Therefore, when, having been posited by a defining characteristic, a definiendum such as 'vase' is established upon a given basis, this [basis] must be distinctly observed as a certain particular of the definiendum, as

མཚོན་བྱ་དང་མཚན་གཞི་སྦྲ་དོན་གྱི་རྣམ་པ་ཐ་དད་དུ་མི་འཆར་བས་གཞི་ལྡོག་ངོས་མི་ཟིན། མཚན་གཞི་གསེར་བུམ་དེ་ཡིན་ན་མཚན་མཚོན་གཉིས་ཀྱི་རྟེན་གཞིར་འགྱུར་དགོས་པས་ལྡོ་ལྡིར་དང་བུམ་པ་གཉིས་ཀ་ཡིན་པས་ཁྱབ་ཀྱང་། གདགས་གཞི་ལ་དེ་མི་དགོས་ཏེ། བུམ་པའི་ཁ་ཁྱིར་ལྡོ་བ་ཞབས་ཀྱི་ཆ་དང་གཟུགས་རྟུལ་སོགས་བུམ་པའི་གདགས་གཞི་ཡིན་ཀྱང་དེ་རེ་རེ་ནས་བུམ་པ་ཡིན་མི་དགོས་པ་བཞིན་ནོ། །འོན་ཀྱང་མཚན་གཞིའི་སྐབས་སུ། བུམ་པའི་དོན་མཐོང་ཡང་ཐ་སྙད་མི་ཤེས་པ་ལ། ཐ་སྙད་སྦྲུབ་པའི་མཚོན་སྦྱོར་རྣམ་དག་འགོད་པ་ལྟ་བུ་ལ། གསེར་བུམ་དང་བུམ་པ་གཉིས་ཀ་བུམ་པ་ཙམ་ལྡོག་ཏུ་སྦྲ་སློ་མཐུན་པས། དེའི་ཚེ་གསེར་གྱི་ལྡོ་ལྡིར་ཞབས་ཞུམ་ཆུ་སྐྱོར་གྱི་དོན་བྱེད་ནུས་པ་མཚན་གཞིར་འཛིན་པ་བདེ་ཞིང་། དེ་དང་རིགས་མཐུན་ཀུན་དེས་འགྲེས་ཏེ། ཀ་བའི་མཚན་གཞིར་ཤར་གྱི་གདུངས་འདེགས་ཀྱི་དོན་བྱེད་ནུས་པ་འཛིན་པ་ལྟ་བུའོ། །མི་རྟག་པའི་མཚན་གཞིར་སྒྲ་ལྟ་བུ་ནི་མིང་ཐ་དད་པས་སོར་གཞག་བྱས་པས་ཆོག་གོ །རྟོག་གེའི་གསང་ཚིག་རྣམས་གཞན་དུ་ཤེས་པར་བྱའོ། །དེ་ལྟར་ཀུན་རྫོབ་ཅེས་པ་རྣམ་བཅད་ཀྱི་སྒོ་ནས་བསྟན་པའི་མཚན་ཉིད་གསུམ་ལྡན་ཐ་སྙད་པའི་ཚད་མའི་ངོར་བསླུ་མེད་བསྙོན་མེད་དུ་སྣང་ཡང་རང་བཞིན་བདེན་པར་གྲུབ་པ་ཙུང་ཟད་ཀྱང་མེད་པ། དེའི་སྣང་ཆ་ཀུན་རྫོབ། སྟོང་ཆ་དོན་དམ་སྟེ་དེ་ལྟར་རྟེན་ཅིང་འབྲེལ་བར་འབྱུང་བའི་མཚན་ཉིད་ཅན་ནོ། །དེ་སྐད་དུ་འཕགས་པ་ཀླུས། རྟེན་ཅིང་འབྲེལ་བར་གང་འབྱུང་བ། །དེ་ནི་སྟོང་པ་ཉིད་དུ་བཤད། །དེ་ནི་བརྒྱུར་བྱས་གདགས་པ་སྟེ། །དེ་ནི་དབུ་མའི་ལམ་ཡིན་ནོ། །ཞེས་གསུངས་སོ།

in the case of a golden vase. If, on the other hand, the word-objects of the definiendum and illustration are not perceived to be separate, the basis contradistinction cannot be identified. Given that the golden vase is the illustration, it must be the basis for both the defining characteristic and the definiendum, and it therefore follows that it is both round-bellied and a vase. On the other hand, this is not required for the basis for designation. The aspects of the vase's top, belly, and foot, as well as the particles of form and so forth, are bases for the designation of vase, but individually, they do not all have to be vase.

Nevertheless, in the context of the illustrations, the authentic argument that establishes, for example, the verbal convention 'vase' will be arranged in consideration of those who, despite seeing the object (the vase) do not know its nominal convention. Here, the word-concepts 'golden vase' and 'vase' are both alike as the contradistinction of mere vase, and it is therefore convenient to take the illustration to be the golden [entity] with round belly and narrow foot that functions to retain water. This applies in all similar cases, as when, for instance, an illustration, pillar, is taken to be the eastern [entity] that functions to support beams. When considering an illustration of impermanence such as sound, the name [of the illustration] is distinct [from the definiendum], so it is therefore sufficient to leave it as it is. Further spells of the dialecticians are to be learned elsewhere.

Accordingly, the so-called relative is endowed with three defining characteristics, taught by way of elimination. This [relative] appears unfailingly and undeniably to conventional valid cognition, yet does not possess the slightest bit of truly established nature. Its appearing quality is relative and its empty quality ultimate, and it thus possesses the defining characteristic of dependent origination. As noble Nāgārjuna states:

> Whatever originates in dependency
> Is taught to be emptiness indeed.
> This is dependent imputation,
> And the Middle Way indeed.

།གཉིས་པ་རྒྱུ་གང་གིས་སྣང་ན། བརྟག་པ་མ་བྱས་ཉམས་དགའ་བའང་། །བདག་རྒྱུ་སྒྱུ་མ་སྒྱུ་མ་ལ། །བརྟེན་ནས་ཕྱི་མ་ཕྱི་མ་ཡི། །འབྲས་བུ་དེ་འདྲ་འབྱུང་བ་ཡིན། །ཞེས་གསུངས་ཏེ། འོ་ན་དེ་ལྟ་བུའི་མཚན་ཉིད་ཅན་གྱི་ཀུན་རྫོབ་འདི་རྣམས་འགོག་མེད་དུ་སྣང་བ་དེ་རྒྱུ་ཅི་ཞིག་གི་དབང་གིས་སྣང་སྙམ་ན་འདི་ལ་རྒྱུ་གཞན་ཅིའང་མེད་དེ། རྟེན་ཅིང་འབྲེལ་བར་འབྱུང་བ་ཁོ་ནའི་ཚུལ་དུ་སྣང་ངོ་ཞེས་སྟོན་པའི་ཕྱིར། **བརྟག་པ་མ་བྱས**་ན་**ཉམས་དགའ་བ**་ཙམ་གྱི་སྣང་བ་འདི**འང**། སྣང་བའི་རྒྱུ་ལོགས་སུ་མེད་ཀྱི་དེ་ལྟར་སྣང་བ་དེ་**བདག**་ཉིད་ཀྱི་**རྒྱུ་སྒྱུ་མ་སྒྱུ་མ་ལ་བརྟེན་ནས་ཕྱི་མ་ཕྱི་མ་ཡི་འབྲས་བུ་དེ་འདྲ་བ་འབྱུང་བ**་ཁོ་ན་**ཡིན**་ནོ། ཞེས་སོ། །དེ་ལ་གང་ལྟོས་པ་མེད་པ་དེ་ནི་ནམ་མཁའི་མེ་ཏོག་བཞིན་དུ་སྣང་མི་རིགས་ལ། གང་ཞིག་བྱུར་གྱུར་ན་ལྟོས་པས་ཁྱབ་སྟེ་དངོས་པོ་རྣམས་ལྟོས་ཏེ་སྐྱེས་པ་ཁོ་ན་ཡིན་ལ། དངོས་མེད་རྣམས་ལྟོས་ཏེ་བཏགས་པ་ཁོ་ན་ཡིན་ནོ། །དེ་ལ་ཇི་ལྟར་བརྟེན་ནས་འབྱུང་ན། ཕྱི་དང་ནང་གི་ཆོས་གཉིས་ལས། ཕྱིའི་ཆོས་ནི་ས་བོན་ལས་མྱུ་གུ་ལ་སོགས་པའི་ཚུལ་དུ་རྟེན་ཅིང་འབྲེལ་ཏེ་འབྱུང་ལ། ནང་གི་ཆོས་རྣམས་ནི་རྟེན་འབྲེལ་ཡན་ལག་བཅུ་གཉིས་ཀྱི་ཚུལ་དུ་རྒྱུ་འབྲས་བར་མ་ཆད་དུ་འབྱུང་སྟེ། དེ་ལ་གང་ཆོས་རྣམས་ཀྱི་རང་བཞིན་ཇི་ལྟ་བ་བཞིན་དུ་མ་ཤེས་པ་ནི་རྨོངས་པ་སྟེ། དེའང་ཤེས་པ་མེད་ཙམ་མ་ཡིན་པར། དངོས་སུ་རིག་པ་ཡེ་ཤེས་ཀྱི་འགལ་ཟླ་མི་མཐུན་ཕྱོགས་སུ་གྱུར་པའི་སེམས་བྱུང་རྨོངས་པའོ། །དེ་ལྟར་རྨོངས་ནས་བདག་གཞན་ལ་སོགས་པ་ཕྱིན་ཅི་ལོག་གི་རྟོག་པ་དེས་ལས་བསགས་པ་ནི་འདུ་བྱེད་པ་དང་། འདུ་བྱེད་པ་དེས་བག་ཆགས་རྣམ་པར་ཤེས་པ་ལ་བགོ་ཞིང་ནམ་ཞིག་མངོན་དུ་གྱུར་པ་ན་འཕང་འབྲས་ཀྱི་ཤེས་པ་གྲུབ་པར་བྱེད་དོ། །རྣམ་ཤེས་དེ་ཉིད་ལ་བརྟེན་ནས་མིང་བཞི་དང་མངལ་གྱི་གནས་སྐབས་ཀྱི་མེར་མེར་པོ་ལ་སོགས་པ་གཟུགས་ཏེ་ཕུང་པོ་ལྔ་གྲུབ་ལ།

The Causes of Appearances

Second, with regard to the causes of appearances, it is said:

Delightful only when not examined,
Yet based on their own successive previous causes,
The subsequent effects
Manifest the way they do. [65]

If one asks, "What is the cause for these relative [phenomena] which, possessing such characteristics, irrefutably appear?" [this stanza] is the reply. It explains that without any further cause whatsoever, these [phenomena] appear exclusively in the manner of dependent origination. "These appearances that are ***delightful only when not examined*** do not possess any outside cause for their appearance. ***Yet*** their way of appearing is ***based*** exclusively ***on their own successive previous causes***. Thus ***the subsequent effects manifest the way they do***." Just like the sky flower, something that does not rely on anything cannot reasonably appear. If something is an object of cognition, it follows that it relies [on causes and conditions]. All entities originate exclusively through reliance, and all non-entities are imputed exclusively through reliance.

In terms of how [phenomena] originate dependently, there are two [principles]: the external and the internal. External phenomena originate dependently and in relation, like a sprout from the seed and so forth. Internal phenomena originate as uninterrupted causality, following the 12 links of dependent origination.

Delusion is what fails to understand the nature of all phenomena as it is. It is not just a lack of knowledge, but rather the stupefied mental state that is the factor that directly conflicts with and is opposed to the awareness of wakefulness. *Formation* is when, being thus stupefied, one erroneously conceives of self and other, and so forth, and thereby accumulates karmic action. Formation infuses the consciousness with habitual tendencies. Whenever these manifest, the *consciousness* of the impelled effect will be established. Based on that consciousness, the four types of ***name and the form*** such as the 'oval shape' within the womb (that is, the five aggregates)

མིང་གཟུགས་ལ་བརྟེན་ནས་མིག་སོགས་ནང་གི་སྐྱེ་མཆེད་དྲུག་འབྱུང་ཞིང་། སྐྱེ་མཆེད་དེ་ཡོད་ན་ཡུལ་དྲུག་པོ་དང་ཕྲད་པའི་རེག་པ་འབྱུང་ངེས་ལ། རེག་པ་ན་སིམ་གདུང་བར་མའི་ཚོར་བ་ངེས་པར་སྐྱེ་ཞིང་། ཚོར་ན་ཇི་མི་སྙམ་དུ་འཇོག་པ་མི་སྲིད་པར་བསྲིད་པ་འབྱུང་བ་དང་། སྲིད་པ་སྐྱེས་པ་ན་དེ་ཙམ་དུ་མི་བཞག་པར་གང་སྲིད་པའི་ཡུལ་དོན་དུ་གཉེར་ནས་དང་དུ་བླང་བའི་ལེན་པ་འབྱུང་ལ། དེ་ལྟར་དང་དུ་བླང་ཕན་ཆོད་ལས་བསགས་པ་ཡིན་པ་དེ་ལ་སྲིད་པ་ཞེས་བྱ་ལ། ལས་དེ་ནམ་ཡང་བར་མ་དོར་ཆུད་ཟ་བ་མེད་པས་དཀར་ནག་གི་རྒྱུ་དང་མཐུན་པར་མཐོ་རིས་དང་ངན་སོང་དུ་སྐྱེ་བ་ནི་སྐྱེ་བ་ཞེས་བྱ་ཞིང་། དེ་ལྟར་སྐྱེས་ནས་བརྩམས་ཏེ་རིམ་པས་རྒྱུན་འགྱུར་བའི་རྒ་བ་དང་། རྒྱུན་འགགས་པའི་འཆི་བ་གཉིས་ཡོད་པ་ནི་མི་རྟག་པའི་ཆ་ནས་འདྲ་བས་རྒ་ཤི་ཞེས་བྱ་ཞིང་། དེ་རྣམས་ཀུན་ཉོན་མོངས་ལས་དང་སྡུག་བསྔལ་གསུམ་དུ་འདུ་ལ། དེ་དག་ཕན་ཚུན་རྒྱུ་འབྲས་སུ་གྱུར་ནས་སྲིད་པ་མགལ་མེའི་འཁོར་ལོ་ལྟར་རྒྱུན་མི་ཆད་དུ་འཁོར་བ་ཡིན་ནོ། །དེ་དག་སྣང་དུ་རུང་བ་ཡང་མི་སྟོང་བའི་རྒྱུ་ཞིག་ལ་བརྟེན་ནས་སྣང་བ་མ་ཡིན་ཏེ། ཇི་སྐད་དུ། སྟོང་པ་ཁོ་ནའི་ཆོས་རྣམས་ལས། །སྟོང་པའི་ཆོས་རྣམས་འབྱུང་བར་ཟད། །ཁ་ཏོན་མར་མེ་མེ་ལོང་རྒྱ། །མེ་ཤེལ་ས་བོན་སྐྱུར་དང་སྒྲས། །ཕུང་པོ་ཉིང་མཚམས་སྦྱོར་བ་ཡང་། །མི་འཕོ་བར་ཡང་མཁས་རྟོགས་བྱ། །ཞེས་གསུངས་པ་ལྟར། གང་གིས་ཁ་ཏོན་སློག་པ་གཞན་ཞིག་གི་ཡང་ཡིད་ལ་འཛག་པར་གྱུར་ན། ཕ་རོལ་པོའི་ཡིད་ལ་ཡོད་རྒྱུའི་མདོ་སྡེ་ལ་སོགས་པ་དེ་ཅིག་ཤོས་ཀྱི་ཡིད་ལ་འཕོས་པ་མ་ཡིན་ལ། ཚུ་རོལ་གྱི་རྒྱུད་ཀྱི་ཁ་ཏོན་དེ་ཤེས་པའི་བློ་ཅིག་ཤོས་ཀྱི་ཁ་ཏོན་གྱི་སྒྲ་ལ་བརྟེན་ནས་འབྱུང་བ་ཡིན་གྱི། རྒྱུ་མེད་མ་ཡིན་པ་དེ་བཞིན་དུ་ཕུང་པོ་སྔ་མ་ཕྱི་མར་འཕོས་པ་མ་ཡིན་ཏེ་རྟག་པར་ཐལ་བའི་ཕྱིར་རོ།

will be established. Based on name and form, the *six inner sources* of the eye and so forth will manifest. With the presence of those sources it is certain that the *contact* of meeting the six objects will occur. If there is contact, satisfying, agonizing, and neutral *sensations* are certain to arise. When there is sensation it will be impossible to rest indifferently, and thus *craving* will occur. When craving has arisen, it will not be left at just that. As one pursues the objects of craving, there will be the *grasping* of engaging in them. With such an engagement, there will be an accumulation of karmic action. That is called *becoming*. This karma does not dissipate in the intermediate state, and will, in accordance with the virtuous or unvirtuous quality of its cause, lead to birth in the higher or lower realms. That is *birth*. Once born, there will gradually be aging, which is the continuity undergoing change, and death, which is the continuity coming to an end. As the two are alike in terms of the quality of impermanence, this [link] is called *aging and death*.

All of these [links] are included in the three [principles] of affliction, karma, and suffering. As they are each other's mutual causes and effects, existence revolves uninterruptedly, like a firebrand wheel. Although this [existence] is suited to appear, its appearance is not based on any cause that is not empty. As it has been stated:

> This is simply phenomena that are, without exception, empty
> Giving rise to phenomena that are empty.
> Like a recitation, a lamp, a mirror, and a mold,
> Like a magnifying glass, a seed, sourness, and sound,
> So too in terms of the continuation of the aggregates,
> The learned should understand that there is no transference.

If someone's recitation of a text is memorized by someone else, then the sūtra, for instance, that the first person knew has not been transferred into the mind of the other. Yet the second person's mind-stream has come to know the recitation based on the sound of the first person's recitation. It is not uncaused. Likewise, the previous aggregates have not been transferred into the subsequent, since, in consequence, they would be permanent. The subsequent [aggregates] have not occurred without

།ཕྱི་མ་སྔ་མ་ལས་བརྟེན་པར་བྱུང་བ་མ་ཡིན་ཏེ་རྒྱུ་མེད་དུ་ཐལ་བའི་ཕྱིར་རོ། །དེ་བཞིན་མར་མེ་ལས་མར་མེ་མཆེད་པ། མེ་ལོང་ལ་གཟུགས་བརྙན་ཤར་བ། རྒྱ་ལས་རྒྱ་ཡི་འབུར་གཞོང་གི་རྣམ་པ་འབྱུང་བ། མེ་ཤེལ་ལས་མེ་མཆེད་པ། ས་བོན་ལས་མྱུ་གུ་སྐྱེ་བ། སྐྱུར་བའི་རོ་ལས་འགྲམ་ཆུ་ལྡང་བ། སྒྲ་ལས་སྒྲ་བརྙན་འབྱུང་བའི་དཔེ་རྣམས་བཞིན་དུ། རྒྱུ་འབྲས་བུར་འཕོས་ཏེ་ངོ་བོ་གཅིག་པ་མ་ཡིན་ཞིང་། འབྲས་བུ་རྒྱུ་སྔ་མ་ལས་བརྟེན་པར་བྱུང་བ་མ་ཡིན་པར། རྒྱུ་མེད་ན་འབྲས་བུ་སྐྱེ་བ་མི་སྲིད་ཅིང་། རྒྱུ་ཚང་ན་འབྲས་བུ་ལྡོག་པའི་མི་སྲིད་པའི་རྟེན་ཅིང་འབྲེལ་བར་འབྱུང་བ་ཡིན་ལ། དེ་ལྟ་བུའི་དངོས་པོའི་ཡིན་ལུགས་ཇི་ལྟ་བ་བཞིན་དུ་མ་ནོར་བ་སྨྲ་བ་ནི་དགེ་སློང་ཆེན་པོ་སངས་རྒྱས་བཅོམ་ལྡན་འདས་ཁོ་ནའི་ཁྱད་ཆོས་བླ་ན་མེད་པ་ཡིན་ནོ། །རྒྱུ་དེ་དག་གིས་འབྲས་བུ་བསྐྱེད་ཚུལ་ཡང་དངོས་པོའི་ནུས་པའི་ཆོས་ཉིད་བསམ་གྱིས་མི་ཁྱབ་པས་རྒྱུ་སོ་སོས་འབྲས་བུ་སོ་སོ་བསླུ་མེད་དུ་བསྐྱེད་ནའང་། དོན་བསྐྱེད་བྱ་སྐྱེད་བྱེད་དང་བྲལ་བའི་སྣང་སྟོང་ཉིས་ཚོགས་ཞིག་ཡིན་ཏེ། འདི་ལྟར་རྒྱུ་དང་འབྲས་བུ་ཕྲད་ནའང་བསྐྱེད་པར་མི་འཐད། མ་ཕྲད་ནའང་བསྐྱེད་པར་མི་འཐད་ལ་དེ་གཉིས་ལས་གཞན་པའི་བསྐྱེད་ཚུལ་མི་སྲིད་མོད་ཀྱི། འོན་ཀྱང་རྒྱུ་འབྲས་བསླུ་མེད་དུ་སྣང་བ་ཆེས་འཐད་པའི་ཚུལ་ནི། རྒྱུ་འདི་ལས་འབྲས་བུ་འདི་བསླུ་མེད་དུ་འབྱུང་ངོ་ཞེས་པ་དེ་ཙམ་གྱིས་ཆོག་པ་ལས། འབྱུང་ན་ཇི་ལྟར་འབྱུང་། འབྱུང་བའི་རྒྱུ་མཚན་ཅི་ཡིན་ལ་སོགས་པའི་འཐད་པ་རྙེད་དགོས་པ་མ་ཡིན་ཏེ། །མེ་ཚ་བ་ཡིན་པ་དངོས་པོའི་ཆོས་ཉིད་ཡིན་གྱི། དེ་ཚ་བའི་རྒྱུ་མཚན་ཅི་ཞེས་འཐད་པ་ལོགས་སུ་ཚོལ་དགོས་པ་མིན་པ་བཞིན་ནོ། །དེས་ན་དངོས་པོ་རྣམས་ཀྱི་ཡིན་ཚུལ་གཞལ་བྱ་ཡིན་ལ། དེ་དང་མཐུན་པར་གཞལ་བ་ནི་ཚད་མའམ་རིགས་པ་ཡིན་ནོ། །རིགས་པ་དེ་ལའང་ཡུལ་རྒྱུ་འབྲས་ངོ་བོ་ཉིད་གསུམ་ལ་གཞལ་བའི་ཆ་ནས་བྱ་བ་བྱེད་པ་ལྟོས་པ་ཆོས་ཉིད་ཀྱི་རིགས་པ་གསུམ་གསུངས་ལ། གཞལ་བྱ་དེ་དག་ལ་སྒྲོ་འདོགས་པ་བཅད་ནས་དགག་པ་དང་སྒྲུབ་པའི་ཚུལ་ཕྱིན་ཅི་མ་ལོག་པར་བྱེད་པ་ལ་འཐད་པ་སྒྲུབ་པའི་རིགས་པ་ཞེས་གསུངས་ཞིང་།

depending on the previous [either], since, in consequence, they would be uncaused.

Similarly, with the examples of one lamp lighting another, a reflection appearing in a mirror, a figure emerging from a mold, a fire being lit by a magnifying glass, saliva being produced by sour taste, and an echo resounding because of a sound, the [causes and the effects] are not of the same essence in the sense that the cause is transferred into the effect, but the effects do not occur independently of their previous causes [either]. Without the causes, the effects cannot possibly take place, and once the causes are complete, the effects cannot possibly be halted. Hence, these are dependent originations. It is an unsurpassable and unique feature of the Great Mendicant, the Transcendent Conqueror, the Buddha, that he exclusively and unerringly expresses this actual condition of entities just as it is.

As for how causes produce effects, distinct causes unfailingly give rise to distinct effects, because of the inconceivable intrinsic nature of entities. However, this is in fact the union of appearance and emptiness beyond produced and producer. If there is contact between cause and effect, production is not feasible. Without any contact, production is not feasible either, and by any means other than those two, production is indeed impossible. Yet, the appearances arising from unfailing causality are still eminently feasible. Regarding those, it suffices just to say: "This cause unfailingly gives rise to that effect." One does not need to search for feasibility, wondering that if something does occur, how does it occur, and what are the reasons for the occurrence, and so forth. Likewise, fire is hot because of the intrinsic nature of entities. Apart from that, one need not search for any feasibility, wondering, "why is this hot?"

The actual condition of entities is the object of evaluation, and what evaluates in accordance with that is valid cognition or reasoning. In terms of reasoning and from the perspective of an evaluation of an object's cause, effect, and essence, the three reasonings of *performance*, *dependency*, and *intrinsic nature* have been taught. The *reasoning establishing feasibility* is what negates and affirms correctly, by eliminating superimposition regarding the objects of evaluation.

དེ་ལ་ཡུལ་མངོན་སུམ་དུ་གྱུར་པ་འཇལ་བྱེད་མངོན་སུམ་ཚད་མ་དང་། ལྐོག་ཏུ་གྱུར་པ་འཇལ་བྱེད་རྗེས་དཔག་ཚད་མ་གཉིས་སུ་ཡོད་ལ། རྗེས་དཔག་ཀྱང་ཡུལ་ལྐོག་གྱུར་དེ་དཔོགས་ནུས་ཀྱི་རྒྱུ་མཚན་ཅན་གྱི་ཆོས་ཚད་མས་བཟུང་བ་ཡིན་པས་མཐར་མངོན་སུམ་ལ་གཏུགས་ཤིང་། མངོན་སུམ་དེའང་ཆོས་ཉིད་འབའ་ཞིག་ལ་གཏུགས་དགོས་ཏེ་འདི་ལྟར་བྱ་བྱེད་ལྟོས་པ་གཉིས་ཀྱང་དངོས་པོའི་ཆོས་ཉིད་ཡིན་པས་ཆོས་ཉིད་ཀྱི་རིགས་པ་ཁོ་ནར་འདུ་ཞིང་། དེས་ན་རིགས་པ་ཐམས་ཅད་ཀྱི་གྲོས་ཐག་གཅོད་ཅིང་ཟད་སར་སྐྱོལ་བ་ནི་ཆོས་ཉིད་ཀྱི་རིགས་པ་ཡིན་ལ། དེར་ཐུག་ནས་དེ་ཕན་ཆད་འཐད་པ་གཞན་སྒྲུབ་དགོས་པ་མ་ཡིན་ཏེ། མེ་ཚ་བའི་རྒྱུ་མཚན་བཤད་དུ་མེད་པ་བཞིན་ནོ། །དེས་ན་དངོས་པོའི་ཆོས་ཉིད་དང་མཐུན་པ་དེ་ལ་དངོས་པོ་སྟོབས་ཞུགས་ཀྱི་རིགས་པ་ཞེས་བྱ་སྟེ། དངོས་པོའི་ཡིན་ལུགས་མ་ནོར་བར་གཞལ་བ་ཡིན་པས་དེ་རིགས་པ་གཞན་གྱིས་འཕྲོག་ཏུ་མེད་པའི་དོན་ཡིན་ལ། ཐ་སྙད་དང་དོན་དམ་པའི་ཚད་མ་གཉིས་ཀ་ལ་དངོས་པོ་སྟོབས་ཞུགས་ཞེས་བྱའོ། །དེ་ལ་མེའི་རང་བཞིན་ཚ་བ་ལྟ་བུ་ཀུན་རྫོབ་ཀྱི་ཆོས་ཉིད་དམ་ཡིན་ལུགས་དང་། མེ་རང་བཞིན་མེད་པ་ལྟ་བུ་དོན་དམ་གྱི་ཆོས་ཉིད་དམ་ཡིན་ལུགས་ཡིན་ནོ། །དེས་ན་ཚད་མ་གཉིས་པོ་འདི་ཟུང་དུ་ཚོགས་པས་དངོས་པོའི་ཡིན་ལུགས་མ་ནོར་བ་གཏན་ལ་འབེབས་པ་ཡིན་གྱི། ཚིག་རྐྱང་རེ་རེས་ནི་མ་ཡིན་ནོ། །སངས་རྒྱས་བཅོམ་ལྡན་འདས་ཀྱིས་ཇི་སྐད་གསུངས་པའང་བདེན་པ་གཉིས་པོ་འདི་ལས་བརྩམས་ཏེ་དངོས་པོའི་གནས་ཚུལ་མ་ནོར་བར་དོན་བཞིན་བསྟན་པ་ཡིན་ལ། རྗེས་འཇུག་རྣམས་ཀྱིས་ཀྱང་དེ་བཞིན་རིགས་པས་གཏན་ལ་ཕབ་དགོས་པ་ནི་ཤཱཀྱའི་རིང་ལུགས་མ་ནོར་བ་ཡིན་གྱི། སྤྱིར་རིགས་པས་དཔྱད་པ་དང་། ཁྱད་པར་དུ་ཚད་མ་སོགས་ནང་རིག་པ་ལ་མི་མཁོ་ཞེས་ཟེར་བ་ནི། དཔྱད་གསུམ་གྱིས་དག་པའི་སངས་རྒྱས་ཀྱི་བཀའ་ཚད་མའི་མྱུང་བྱ་ཕུན་སུམ་ཚོགས་པ་ཉམས་སུ་བསྒྲུར་བ་ལ་བར་དུ་གཅོད་པའི་བདུད་ཀྱི་གསང་ཚིག་ཧམ་ཆེན་པོ་སྟེ། སངས་རྒྱ་བཅོམ་ལྡན་འདས་ཀྱིས་དངོས་པོའི་གནས་ལུགས་མ་ནོར་བར་གཟིགས་ནས་བརྩེ་བས་གཞན་ལ་རྗེས་སུ་བསྟན་པའི་དོན་ལ་ངེས་ཤེས་སྐྱེ་བའི་སྒོ་རིགས་པ་ལ་སྨད་པའི་ཚིག་འདི་ལ་བདེན་ཆ་ཞིག་ཡོད་ན་ཕྱིན་ཅི་ལོག་གི་ཚིག་གཏན་ནས་མི་སྲིད་པར་འགྱུར་རོ།

Moreover, there are two valid cognitions: direct perception, which evaluates objects that are evident, and inference, which evaluates objects that are hidden. Inference involves apprehending, by valid cognition, phenomena that are the reasons it becomes possible to draw inference about hidden objects. Therefore, in the end, [inference] comes down to direct perception. Moreover, such direct perception must also come down to nothing but the intrinsic nature. Since performance and dependency are both the intrinsic nature of entities, they are contained in the reasoning of the intrinsic nature alone.

Therefore, that which decisively ascertains the way of all reasonings and brings them to exhaustion is the reasoning of the intrinsic nature. Having arrived there, one need not further establish any feasibility, just like the reason that fire is hot need not be explained. Accordance with the intrinsic nature of entities is termed reasoning by the power of fact, meaning that because it is the unmistaken evaluation of the actual condition of entities, it cannot be overcome by other reasonings. Both the conventional and the ultimate valid cognitions are said to be the power of fact. For example, heat being the nature of fire is the intrinsic nature, or the actual condition, of the relative, while nonexistence and so forth being the nature of fire are the intrinsic nature, or actual condition, of the ultimate. The unmistaken actual condition of entities is therefore resolved through a coming together of these two valid cognitions, and not by either one of them alone.

What the Buddha, the Transcendent Conqueror, precisely proclaimed from these two truths onward was a teaching that accords unmistakenly with the actual abiding mode of entities, and it is the unmistaken Śākya tradition that the followers must also ascertain this by means of reasoning. Nevertheless, some will maintain that logical investigations, and in particular valid cognition, serve no purpose in the inner science. This is a terrifying spell of the demons. It [may] prevent one from gaining the perfect experience that is to be arrived at by [relying on] the validity of the word of the Buddha, verified by triple investigation. The Buddha, the Transcendent Conqueror, saw the unmistaken abiding mode of entities and revealed it to others out of love. Reasoning is the means for gaining certainty about

།དེས་ན་རིགས་པའི་གྲོས་ཐག་གཅོད་ཚུལ་དེ་ལྟར་ཞེས་དགོས་པ་ཚད་མ་གཉིས་ཀའི་སྐབས་སུ་གལ་ཆེ་བ་ཡིན་ལ། དེ་འདྲ་སྤྱིར་བཏང་དུ་ཞེས་པ་བྱས་ནས་སྐབས་འདིར་རྒྱུ་འབྲས་ལ་དཔྱད་པའི་ཚེ་ན། ལས་འགགས་པ་དང་། ལས་ཀྱི་འབྲས་བུ་གཉིས་ཀྱི་བར་དུ་དུས་ཡུན་རིང་པོས་ཆོད་པས་རྒྱུ་དང་འབྲས་བུ་ཇི་ལྟར་འབྲེལ་སྙམ་པའི་འདོགས་པ་སྐྱེས་ནས་དངོས་སྨྲ་བ་རྣམས་ཀྱིས་དེ་གཉིས་བར་འབྲེལ་བར་བྱེད་པ་ཐོབ་པ་དང་ཆུད་མི་ཟ་བའི་རྫས་ལ་སོགས་པ་ཁས་ལེན་ཀྱང་། དབུ་མ་པ་རྟེན་འབྲེལ་ཙམ་དུ་སྨྲ་བ་ལ་དེ་གཉིས་བར་འབྲེལ་བའི་རྫས་གཞན་ཅིའང་མི་དགོས་པར་ལས་སྔོན་སོང་གིས་གང་དུ་ཚོགས་པ་ཚང་བའི་རྒྱུད་དེར་འབྲས་བུ་སྨིན་པ་ཆུད་མི་ཟ་བས་རྒྱུ་འབྲས་སུ་ཆེས་འཐད་དེ། འདི་ལྟར་རྒྱུན་བར་མ་ཆད་དུ་སྣང་བ་ས་བོན་དང་མྱུ་གུ་ལྟ་བུ་ཡིན་ཀྱང་རུང་སྟེ། ཕྲད་ནས་ནི་བསྐྱེད་མི་ཞེས་པས་ན་ས་བོན་དང་མྱུ་གུ་ལྟར་རྒྱུན་བར་མ་ཆད་པ་ཡིན་པས་རྒྱུ་འབྲས་སུ་རུང་བ་དང་། ལས་དང་འབྲས་བུ་ལྟ་བུ་རྒྱུན་བར་མ་ཆད་དུ་མ་བྱུང་བ་ཡིན་པས་རྒྱུ་འབྲས་སུ་མི་རུང་བ་ཙུང་ཟད་ཀྱང་མེད་པར་དེ་གཉིས་མགོ་མཉམ་པར་ཞེས་པ་ནི་གོ་བ་འགག་ཆེ་ཤོས་ཞིག་ཡིན་ནོ། །དེས་ན་ས་བོན་དེ་ཉིད་ཀྱིས་མྱུ་གུ་བསྐྱེད་པར་རྟོགས་པ་ནི་བྱ་བ་བྱེད་པའི་རིགས་པ་ཡིན་ལ། དེ་ས་བོན་གྱི་ཆོས་ཉིད་ཀྱང་ཡིན་ཏེ། མེའི་རང་བཞིན་ཚ་བ་བཞིན་ནོ། །དེས་ན་རྒྱུ་ནུས་པ་ཐོགས་མེད་དེས་རང་འབྲས་མི་བསྐྱེད་པའམ། འཚོལ་བར་བསྐྱེད་པའམ། ཐུག་མེད་དུ་བསྐྱེད་པ་སོགས་མིན་པ་ནི་དངོས་པོའི་ཆོས་ཉིད་དོ། །དེས་ན་མྱུ་གུ་དེ་ས་བོན་ཞིག་པ་ལས་སྐྱེའམ། འོན་ཏེ་མ་ཞིག་པ་ལས་སྐྱེ་བརྟགས་ན་གཉིས་ཀའང་མི་འཐད་མོད་ཀྱི། འོན་ཀྱང་རྒྱུ་ས་བོན་གྱི་སྐད་ཅིག་ཕྲུམ་སྔོན་དུ་སོང་བ་ལས་སྐྱེ་བ་ཙམ་ཡིན་ལ། དེའང་རྒྱུ་སྔོན་སོང་གི་ས་བོན་དེ་མྱུ་གུ་སྐྱེད་པའི་རྒྱུར་གདགས་པ་ཡིན་གྱི། དེའི་སྟེང་གི་དངོས་པོ་མ་ཞིག་པ་དང་། དངོས་མེད་ཞིག་པ་གཉིས་ཀ་སོ་སོར་ཕྱེ་ནས་གང་རུང་གིས་བསྐྱེད་པར་མི་རིགས་ཏེ། མྱུ་གུའི་རྒྱུ་ས་བོན་ཙམ་ཡིན་གྱི།

that, and yet it is reviled by the words above—if there is any truth to that [statement], then false words are no longer possible! This way of decisively ascertaining the mode of reasoning is important in the context of both of the valid cognitions. Having generally understood this, [let us continue with] our investigation of cause and effect.

One may feel concerned, wondering how cause and effect can relate to one another when there is a long period between the cessation of a karmic action and its effect. Responding to such a concern, the proponents of entities will claim that it is acquisition or the substance of no dissipation that establishes the relationship between the two. Yet for those who proclaim the Middle Way of simple dependent origination, no outside substance whatsoever is needed to connect them. Since, without dissipating, a past karmic action will ripen its effect in the stream of being when the accumulation [of causes and conditions] is complete, causality is completely feasible. In the case of, for instance, a seed and a sprout, there is apparently no interruption, yet production is not possible through contact [between cause and effect]. Therefore, there is no [reason] at all [why] causality should be feasible where, as with a seed and a sprout, there is uninterrupted continuity, and not feasible where, as with karmic actions and their effects, there is no uninterrupted continuity. Understanding the equal status of those two [cases] is a tremendously significant insight.

Now, it is the reasoning of performance that makes one realize that the seed produces the sprout, and this [production] is also the intrinsic nature of the seed, just like the heat of fire. Hence, the fact that a cause with unimpeded power will not fail to produce, will not produce deviantly, will not produce endlessly, and so forth is the intrinsic nature of entities. If we examine whether the sprout grows from a disintegrated seed or whether it grows from one that has not disintegrated, [we will find that] neither is feasible. Yet there is still the mere origination that is due to the cause that is a preceding past instant of seed. It is the preceding causal seed that is designated as the cause for the production of sprout. We may, with regard to such a [cause], distinguish between the non-disintegrated entity and the non-entity that is disintegratedness, but production will not be reasonable based on either of those. Likewise, it is simply the seed

དེའི་སྟེང་གི་གཟུགས་ཀྱི་ཆའམ་དངོས་མེད་ལས་ལྡོག་པའི་ལྡོག་ཆ་ལྟ་བུ་རེ་རེ་རྐྱང་པ་རྒྱུ་རུ་མི་གཞག་པ་བཞིན་ནོ། །ཕྱོགས་དུས་ཀྱི་ཆ་ཕྲ་སྟེ་རྒྱུར་བཞག་ན་དམིགས་སུ་བཀར་བ་དེ་ལས་གཞན་རྒྱུར་མི་རུང་བའི་ཐ་སྙད་ཀྱི་རྣམ་གཞག་འཇིག་སྟེ། བུམ་པ་ཞེས་པ་གཟུགས་རྡུལ་ཕྲན་ཡིན་ཟེར་བ་ལྟ་བུ་དང་འདྲ་ལ། དེས་ན་རྒྱུ་འབྲས་ཕྲད་མ་ཕྲད་གང་དུའང་མི་རུང་མོད། རྒྱུ་ཡིས་འབྲས་བུ་འཕེན་པ་མི་བསླུ་བ་ཆོས་ཉིད་དེ། དཔེར་ན། ཉི་ཟླའི་གཟུགས་བརྙན་ཆུ་ལ་ཤར་བ་ལ་ཉི་ཟླ་དངོས་ལ་ཡོད་པའི་རྣམ་པ་རྣམས་སྣང་ཞིང་། གཟུགས་དང་གཟུགས་བརྙན་ཕྲད་མ་ཕྲད་ཀྱི་འཐད་པ་བྲལ་ཡང་མངོན་སུམ་སྣང་བ་དེ་དཔེར་བྱས་ནས་རྒྱུ་འབྲས་ཀྱི་ཚུལ་ཡང་བརྟེན་ནས་འབྱུང་བ་དེ་འདྲའོ། །ཞེས་བསྟན་པ་བཞིན་དུ་རྒྱུ་ཉིད་ཀྱི་ནུས་པས་འབྲས་བུ་འབྱུང་བ་རྟེན་འབྱུང་གི་ཆོས་ཉིད་ཡིན་པ་ཙམ་ལས་འདས་ནས་ཇི་ལྟར་ཁས་བླངས་ཀྱང་མི་རུང་སྟེ། ས་བོན་ལས་མྱུ་གུ་སྐྱེ། ལས་ལས་འབྲས་བུ་འབྱུང་ཞེས་པ་ཙམ་ལས་ཞིག་མ་ཞིག་ཆ་ཕྲེ་ན། མ་ཞིག་པ་ལ་རྒྱུ་འབྲས་དུས་མཉམ་གྱི་སྐྱོན་སྔར་བཤད་ལྟར་དང་། ཞིག་པ་ལས་སྐྱེ་ན་ས་མྱུག་གི་བར་དུ་ཞིག་པ་སྐད་ཅིག་མས་ཆོད་པས་རྒྱུ་འབྲས་རྒྱུན་མི་ཆད་དུ་མི་འབྱུང་བའི་སྐྱོན་ཡོད་ལ། བར་དེར་ཞིག་པ་སྐད་ཅིག་མས་མ་ཆོད་ན་རྒྱུ་ཞིག་པར་ཡང་ག་ལ་རུང་། ཡང་ཞིག་པ་སྐད་ཅིག་དང་པོ་དེ་མ་ཞིག་བཞིན་དུ་མྱུ་གུ་སྐྱེད་དམ་ཞིག་ནས་སྐྱེད། དང་པོ་ལྟར་ན་རྒྱུ་ཞིག་པ་དང་འབྲས་བུ་མྱུ་གུ་གཉིས་དུས་མཉམ་པས་མི་འཐད་ལ། གཉིས་པ་ལྟར་ན་ཞིག་པ་སྐད་ཅིག་དང་པོ་འགགས་ནས། ཡང་ཞིག་པ་སྐད་ཅིག་གཉིས་པ་འབྱུང་ལ།

that is the cause of the sprout, rather than just factors such as its form aspect or its contradistinction aspect of being contra distinct from non-entity that are posited as the sole cause. We may distinguish [various] aspects in terms of directions and time and classify them as the causes, but then nothing other than those particular [properties] could appropriately be causes, and the principles of convention would thereby collapse. This would be similar to saying that what we speak of as 'vase' is exclusively form particles.

Therefore, although it is certain that neither contact nor absence of contact between cause and effect is feasible, it is still the undeceiving intrinsic nature that causes impel effects. For instance, when the reflections of the sun and moon appear in water, the features of the actual sun and moon are apparent. This is beyond any feasibility in terms of a contact or an absence of contact between the forms and their reflections, yet from one's own perspective the [reflections] are nevertheless directly apparent. We can take that as an example of how cause and effect also originate in dependence. Accordingly, it is the intrinsic nature of dependent origination that the effect occurs by the energy of the cause itself. Beyond that, no claim whatsoever will be suitable.

Other than just saying that the sprout grows from the seed and the effect is produced by karmic action, we may [instead] distinguish between the factors of disintegration and no disintegration. [Yet] without disintegration there is, as explained before, the fault that cause and effect become simultaneous. If origination is due to disintegratedness, the cause and the effect are intercepted by the momentary disintegratedness, and then there is the fault that causality is not occurring in continuity. If, within that gap, there is no interruption by momentary disintegratedness, then how, reasonably, could the cause have disintegrated at all?

Moreover, does the first instant of disintegratedness produce the effect while it itself remains intact, or does it do so after having disintegrated? The first is not feasible, since the cause, disintegratedness, and the effect, sprout, would then be simultaneous. In the second case, the first instant of disintegratedness would cease and a second instant of disintegratedness would follow. If that and the sprout are then simultaneous, cause and

དེ་དང་སྦྱུ་གུ་དུས་མཉམ་ན་རྒྱུ་འབྲས་དུས་མཉམ་དུ་འགྱུར་བས་མི་འཐད་པས། དེ་ལྟར་ན་མཐར་ཞིག་པ་གང་ལས་ཀྱང་སྐྱེ་བ་མི་འཐད་ལ། ཞིག་པ་སྐད་ཅིག་མ་མིན་ན་ནི་རྟག་དངོས་ཀྱི་གཞི་མཐུན་ནམ། ཡང་ན་ནི་དོན་བྱེད་ནུས་པས་སྟོང་པའི་ཕྱིར་འབྲས་བུ་སྐྱེད་པའི་རྒྱུར་ཡང་ག་ལ་རུང་ངོ་། །དེ་ལྟར་ན་ས་བོན་འགགས་སུ་ཆུག་ནའང་ཞིག་པ་དག་གིས་གོ་བཀག་ནས་སྦྱུ་གུ་ནམ་ཡང་མི་སྐྱེ་བར་ཞིག་པ་སྲིད་མཐར་ཐུག་པར་སྐྱེ་བ་ལ་སོགས་པ་དང་། གཞན་ཡང་རྒྱུ་འབྲས་ཡིན་ནོ་ཅོག་རྒྱུན་ཆད་དེ་ཤེས་བྱ་ཐམས་ཅད་གཏན་མེད་དུ་འགྱུར་རོ། །དེས་ན་དགའ་འགྲེལ་ལས་ཇི་སྐད་བཤད་པ་ལྟར། ས་བོན་ཞིག་པ་དང་མ་ཞིག་པའི་ཆ་གཉིས་ཀ་ལས་སྐྱེ་བར་མི་རིགས་པས་རྒྱུ་ལས་འབྲས་བུ་འབྱུང་བ་ཆོས་ཉིད་ཀྱི་རིགས་པ་འདི་ཙམ་ལ་ཡིད་ཆེས་པར་བྱ་སྟེ། འདི་ལྟར་ས་སྨྱུག་ལྟ་བུ་ལ་ཐ་སྙད་དུ་རྒྱུ་ཞིག་ནས་སམ་འགགས་ནས་འབྲས་བུ་བསྐྱེད་ཅེས་ཁས་ལེན་པ་ནི་རྒྱུ་ཉིད་འབྲས་བུའི་དུས་ན་མ་འགགས་པར་ཡོད་པ་བསལ་བའི་ཆ་ནས་བཞག་པ་ཙམ་སྟེ། རྒྱུའི་སྐད་ཅིག་ལོག་པ་དང་འབྲས་བུའི་སྐད་ཅིག་སྐྱེ་བ་གཉིས་ཀྱི་བར་གཞན་གྱིས་མ་ཆོད་པར་སྐྱེ་འགག་བྱེད་པ་བརྟགས་ན་དབེན་པ་ཡིན་གྱི། སྣང་གྱི་རྒྱུ་ཉིད་མ་གཏོགས་པར་འབྲས་བུ་སྐྱེད་ནུས་ཀྱི་ཞིག་པ་ཞེས་རྒྱུ་འགགས་པའི་ཤུལ་ན་དངོས་པོར་གྱུར་པ་ཅིའང་མེད་དེ། འབྲས་བུ་རྣམས་རྒྱུ་སྔོན་སོང་ལས་སྐྱེ་ཡང་སྔོན་སོང་ཞེས་རྒྱུ་ལས་གཞན་པའི་འབྲས་བུ་སྐྱེས་ནུས་ཀྱི་དངོས་པོ་ཅིའང་མེད་པ་ལྟར་ཤེས་པར་བྱའོ། །གཉིས་པ་སྣང་གཞི་བདེན་སྟོང་དུ་ངེས་པ་བསྟན་པ་ནི།

effect will have become simultaneous, and again this would not be feasible. In that way, origination by means of any type of disintegratednesss will eventually become infeasible.

If the disintegratedness were not momentary, it would either have to be a common locus for the permanent and for entity, or else it would have to be empty of the ability to perform functionally. How could it ever be a cause that produces an effect? In that case, even if we assume that the seed has ceased, the origination of the sprout could never occur, as it would be prevented by the various [types of] disintegratedness. Disintegratednesses would [on the other hand] originate [continuously] until the end of existence. Furthermore, the continuity of all aspects of causality would be broken, and there would be an absolute absence of any object of cognition. Therefore, just as it is explained in the *Commentary on Difficult Points*, origination is not reasonable through the quality of the seed's either having or not having disintegrated, and one must therefore trust in simply this reasoning of the intrinsic nature as it applies to the manifestation of effects due to causes.

When, with respect to things such as seed and sprout, it is maintained that the effect is produced upon the disintegration or cessation of the cause, then this is merely posited from the perspective that excludes the unbroken existence of the cause itself at the time of the effect. Origination and cessation occur without the receding of the causal instant and the origination of the resultant instant being interrupted by anything else, and upon examination, [all of this] is empty. Except for the past cause itself, there is absolutely no sort of entity of 'disintegratedness' that, in the wake of the cessation of the cause, would be capable of producing the effect. It is said that effects are born from their preceding causes, and accordingly, it ought to be understood how, apart from the cause, no other entity whatsoever is capable of producing the effect.

Ascertaining the Basis for Appearance to be Empty of Truth

Second, when ascertaining that the basis for appearance is empty of truth, it is said:

དེ་ཕྱིར་ཀུན་རྫོབ་རྒྱུ་མེད་ན། །རུང་མིན་ཞེས་པའང་ལེགས་མ་ཡིན། །གལ་ཏེ་འདི་ཡི་ཉེར་ལེན་པ། །ཡང་དག་ཡིན་ན་དེ་སྨྲོས་ཤིག །ཅེས་གསུངས་ཏེ། དེ་ལྟར་རང་བཞིན་ཅུང་ཟད་མེད་བཞིན་རྒྱུ་དང་འབྲས་བུའི་ཚུལ་དུ་འགོག་མེད་དུ་སྣང་བ་**དེ་ཕྱིར་**ཆོས་འདི་དག་རང་བཞིན་མ་གྲུབ་བཞིན་དུ་སྣང་བ་ཁོ་ན་ཡིན་གྱི། དངོས་སྨྲ་བ་རྣམས་ཀྱིས་འདི་ལྟར་མངོན་སུམ་ཉམས་སུ་མྱོང་བའི་**ཀུན་རྫོབ་**འདི་དག་ལ་སྣང་གཞིའམ་**རྒྱུ་**བདེན་པ་ཞིག་**མེད་ན།** འདི་ལྟར་སྣང་དུ་**རུང་**བ་**མིན་ཞེས་**བརྗོད་**པའང་ལེགས་**པ་**མ་ཡིན་**ཏེ། **གལ་ཏེ་**ཀུན་རྫོབ་**འདི་ཡི་**སྣང་གཞིའམ་རྒྱུ་**ཉེར་ལེན་**དུ་གྱུར་**པ་**ཞིག་**ཡང་དག་**པར་ཡོད་པ་**ཡིན་ན་དེ་སྨྲོས་ཤིག་**དང་རིགས་པས་གནོད་པ་མེད་པར་གྲུབ་ན་དེ་རྒྱུ་ཡིན་པར་བདག་ཀྱང་ཁས་ལེན་མོད། གོང་དུ་ཇི་སྐད་བཤད་པའི་རིགས་པས་ཤེས་བྱ་ཡིན་ནོ་ཅོག་བདེན་གྲུབ་མེད་པར་གྲུབ་ཟིན་པ་དེས་ན་རྒྱུ་བདེན་པ་གཞག་པར་མི་ནུས་སོ། །དེའང་འཕགས་པ་ཀླུས། སྔགས་དང་སྨན་དང་སྒྱུ་མའི་དཔེའི་ཚུལ་གྱིས་རྟེན་འབྲེལ་གྲུབ་པའི་ཚིགས་སུ་བཅད་པ། ཡི་གེ་གཅིག་སྔགས་གང་ཡང་མེད། །ཅེས་པ་ལ་སོགས་པ་ཐ་སྙད་གྲུབ་པ་ལས་བསྟན་པ་བཞིན་ནོ། །དེ་ལ་དངོས་སྨྲ་བ་དག་ནི་སྒྱུ་མ་མེད་པའི་སྒྱུ་མ་བུ་ལྟར་ཀུན་རྫོབ་སྣང་བ་སྣ་ཚོགས་ལ་སྣང་བའི་རྒྱུ་མེད་ན་སྣང་མི་རུང་བར་བསམས་ནས། རྡུལ་དང་ཤེས་པ་ཆ་མེད་དམ། གཉིས་སྟོང་གི་ཤེས་པ་སོགས་སྣང་གཞིའམ་རྒྱུ་ཉིད་དུ་ཁས་ལེན་ཅིང་། སངས་རྒྱས་བཅོམ་ལྡན་འདས་ཀྱིས་ཤིང་རྟའི་ཡན་ལག་ལ་བརྟེན་ནས་ཤིང་རྟར་བཏགས་པ་བཞིན། ཕུང་པོ་རྒྱུར་བྱས་ནས་སེམས་ཅན་དུ་གདགས་པར་གསུངས་པ་ཡིན་ནོ་ཞེས་ཟེར་ལ། དབུ་མ་པ་ནི་སྣང་བའི་གཞིར་གྱུར་པའི་བདེན་པ་ཞིག་མེད་པ་དེ་ཉིད་ཀྱིས་སྣང་བ་མི་འགག་པར་ཤར་བར་མཁྱེན་ནས་ཆོས་ཐམས་ཅད་སྟོང་པ་ལས་རང་སྣང་བར་འདོད་དེ། གཟུགས་བརྙན་སྟོང་བཞིན་དབང་པོའི་སྤྱོད་ཡུལ་དུ་འགྱུར་བ་ལ་སོགས་པ་བཞིན་དུ་སྟོན་པར་བྱེད་དོ།

Therefore, neither is it appropriate to say that
Without a cause for the relative, there is no feasibility.
If that which perpetuates this is authentic,
Then say what it is! [66]

Without possessing the slightest bit of nature, appearances arise undeniably as causes and effects. *Therefore,* these phenomena are only apparent, without any established nature. *Neither is it appropriate to say,* as the proponents of entities do, *that without* a basis for the appearances, or *a cause for the relative* that is experienced in this way by direct perception, *there is no feasibility* of such appearances. *If that which* is the basis for the appearance of, or is the cause that *perpetuates, this* relativity *is* something that exists *authentic*ally, *then say what it is,* for if [your assertion] is not impaired by reasoning, I too shall certainly accept it. However, since the reasonings explained above have already proven the lack of true establishment with respect to any object of cognition, no one will succeed in positing a true cause, no matter what that might be. This is as demonstrated by noble Nāgārjuna in his *Establishment of the Conventional* where, beginning with: "One syllable is no mantra at all," he establishes dependent origination, in verse, by means of the examples of a mantra, a medicine, and an illusion.

The proponents of entities think that without a cause for the arising of the varied appearances of the relative, these appearances would not be feasible, just like woolen garments without yarn. Therefore, they assert partless matter and cognition, or the cognition empty of duality, to be the very cause or basis for appearance. They will say that the Buddha, the Transcendent Conqueror, has taught that just as the designation of chariot is based on the chariot's parts, so the designation of sentient being is due to the cause that is the aggregates.

Those of the Middle Way understand that appearances unfold unceasingly precisely because there is no true basis for appearance. Hence they hold all phenomena to be the natural manifestation of emptiness, and they will explain this by making comparisons with reflections and so forth, which, while empty, are nevertheless objects of the senses.

།དེའང་བྲིས་པ་ལས་དང་པོ་པའི་བློར་སྟོང་པ་དང་སྣང་བའམ། ཡོད་པ་མེད་པ་འདི་གཉིས་ཕན་ཚུན་སྤྱངས་པའི་ཚུལ་གྱིས་གཅིག་གིས་གཅིག་བཀག་པ་ལྟ་བུ་ལས་འཆར་མི་སྲིད་པས་ཟུང་དུ་ཆུད་པར་རྟོགས་དཀའ་ནའང་། ངོ་བོ་ནི་མདུན་དུ་བཞག་པའི་བུམ་པ་ལྟ་བུ་གཅིག་ལ་གཅིག་དུ་བྲལ་གྱི་རིགས་པས་དཔྱད་ཚེ་རང་བཞིན་གྲུབ་པ་རྡུལ་ཙམ་ཡང་མེད་པར་མཐོང་ན། སྟོང་པ་དེ་ད་ལྟ་དཔྱད་པའི་དུས་ན་བྱུང་གི་སྔ་ན་མེད་པ་ལྟ་བུམ་ཡིན་པས་བུམ་པ་དེ་སྐྱེ་འགག་གནས་གསུམ་དུ་སྣང་བའི་སྐབས་ནའང་རང་བཞིན་མེད་པའི་ངང་ཚུལ་ལས་ཙུང་ཟད་གཡོ་བ་མེད་པ་ཡིན་པས་སྟོང་བཞིན་དུ་དེ་ལྟར་སྣང་བ་སྟེ་ཡིན་ལུགས་སྣང་སྟོང་ཟུང་དུ་འཇུག་པ་ཞིག་ཡིན་པར་ངེས་ཤེས་བསྐྱེད་དགོས་ཏེ། སྤྱིར་བདེན་མེད་ཀྱི་རིགས་པས་སྟོང་པར་རྟོགས་པ་སླ་ཡང་། སྟོང་པ་རྟེན་འབྱུང་དུ་འཆར་བ་ལ་ཡིད་ཆེས་ཐོན་དཀའ་བ་ཡིན། དེ་ཐོན་ནས་མདོ་སྔགས་ཐམས་ཅད་ཀྱི་ལྟ་བའི་རྨང་འགྲིགས་པ་ཡིན་ནོ། །དེས་ན་སྣང་གཞི་ཐད་ཀར་བདེན་མེད་ཟང་ཐལ་དུ་ངེས་པའི་ངེས་ཤེས་ཀྱི་ངང་ནས་སྣང་བ་རྟེན་འབྲེལ་བསླུ་མེད་དུ་འཆར་ཚུལ་མཐོང་བ་འདི་རྨད་བྱུང་བས་ཀྱང་རྨད་དུ་བྱུང་བ་ཡིན་ལ། དེ་རྟོགས་ཚུལ་ཡང་ཚིགས་སུ་བཅད་པ་འདིས་རྫོགས་པར་སྟོན་ཏོ།

To the minds of immature beginners, emptiness and appearance or existence and nonexistence inevitably seem as if they were mutually exclusive, with one being the negation of the other. It is hard to realize how these form a union. Nevertheless, when the vase placed in front [of us] is investigated with the reasoning of the absence of one and many, it is seen to be, in essence, devoid of even a particle of established nature. That emptiness is not something that did not exist before and has only now occurred at the time of investigating. Therefore, although it appears to arise, cease, and disintegrate, the vase has not moved in the slightest from the state empty of nature. While being empty, it appears as it does, and so one must develop certainty that the actual condition is one of appearance and emptiness united.

Generally, emptiness is easily realized through the reasoning of absence of truth, but trust in the way that emptiness arises as dependent origination is hard to arrive at. Once that has been reached, the foundation of the view for all Sūtra and Mantra has been laid down. Therefore, when from within the state of certainty that directly ascertains that the basis of appearance is unobstructed, unimpeded, and devoid of truth, it is seen how appearances arise without deception, then that is the wonder of all wonders. As for the way to realize that, it is as shown, perfectly, by the stanza above.

།གཉིས་པ་རྩོད་སྤོང་ལ། ཀླན་ཀ་མེད་པའི་ཚུལ་མདོར་བསྟན། དེའི་དོན་རྒྱས་པར་བཤད་པ་གཉིས། དང་པོ་ལ་ཕས་རྒོལ་འཇོམས་ནུས་པ་དང་། ཚུར་ལ་གང་གིས་མི་ཚུགས་པའི་ཚུལ་གཉིས། དང་པོ། དངོས་པོ་ཀུན་གྱི་རང་བཞིན་ནི། །རིགས་པའི་ལམ་གྱི་རྗེས་འབྲངས་པར། །གཞན་དག་འདོད་པ་སེལ་བར་བྱེད། །དེ་ཕྱིར་རྒོལ་ངན་གནས་མེད་དོ། །ཞེས་འདི་ལྟར་ཤེས་བྱའི་**དངོས་པོ་ཀུན་གྱི་རང་བཞིན་**མ་ནོར་བ་ཡི་ཚུལ་**ནི།** དངོས་སྟོབས་ཀྱི་**རིགས་པའི་ལམ་གྱི་རྗེས་**སུ་**འབྲངས་པར་**བྱས་ནས། **གཞན་**སེར་སྐྱ་པ་ལ་སོགས་པ་དངོས་པོའི་རང་བཞིན་ཕྱིན་ཅི་ལོག་ཏུ་རྟོག་པ་**དག་**གིས་འབྲས་བུ་ཡོད་པ་དང་མེད་པ་སོགས་སུ་**འདོད་པ་**རྣམས་**སེལ་བར་བྱེད་**པ་ཡིན་པས་**དེ་**ཡི་**ཕྱིར་**ན་ཕ་རོལ་གྱི་**རྒོལ་**བ་རྣམས་ཀྱི་སྨྲ་བ་**ངན་**པ་དག་འཇུག་པའི་**གནས་མེད་**ཅིང་གོ་སྐབས་མེད་པར་འཇོམས་ནུས་ཏེ། སྤྲིན་མེད་པའི་མཁའ་ལ་ཉི་མའི་དཀྱིལ་འཁོར་ཤར་བའི་མདུན་ན་མུན་པ་བཞིན་དུ་བྱེད་**དོ།** །དེ་ལ་འབྲས་བུ་རང་བཞིན་གྱིས་ཡོད་པར་སྨྲ་བ་སེར་སྐྱ་པ། མེད་པར་སྨྲ་བ་བྱེ་བྲག་པ། གཉིས་ཀར་སྨྲ་བ་གཅེར་བུ་པ་ལ་སོགས་པའོ། །དེ་དག་གི་འདོད་པ་དངོས་པོའི་གནས་ཚུལ་དང་མི་མཐུན་པས་ཚད་མ་མེད་ལ། དབུ་མ་པའི་ལུགས་ནི་དངོས་པོ་སྟོབས་ཞུགས་ཀྱི་རིགས་པ་དང་ལྡན་པས་ན་དེ་དག་གི་འདོད་པ་སེལ་བ་ལ་ཐོགས་མེད་ཅིང་ཤིན་ཏུ་སྟོབས་དང་ལྡན་པ་ཡིན་ནོ།

OVERCOMING DISPUTE

Second, overcoming dispute includes: 1) a brief demonstration of the absence of faults, and 2) an elaborate explanation of the meaning of that [absence]. The brief demonstration includes: 1) the capacity for vanquishing the adversary, and 2) the unassailability under any circumstances.

THE CAPACITY FOR VANQUISHING THE ADVERSARY

First, it is said:

> *As for the nature of all entities,*
> *The path of reasoning is followed.*
> *The assertions of others are thus dispelled*
> *Leaving no place for dispute. [67]*

As for the unmistaken way of the *nature of all* cognizable *entities, the path of reasoning* by the power of fact *is followed. The assertions* of existent and nonexistent effects and so forth—the erroneous conceptions *of others,* such as the Followers of Kapila, regarding the nature of entities—*are thus dispelled, leaving no place* or occasion *for* the adversary to engage in any malicious *dispute.* They can [all] be vanquished, like darkness before the circle of the sun when it has risen in a cloudless sky.

[With respect to this,] there are those, such as the Followers of Kapila, who posit that effects are naturally existent; the Differentialists, who posit that they are nonexistent; and the Nude, who posit them to be both. Their assertions have no validity, for they are not in accord with the abiding way of entities. Those of the Middle Way reason with the power of fact, and can therefore dispel such assertions without any difficulty and in an extremely powerful way.

THE UNASSAILABILITY UNDER ANY CIRCUMSTANCES

Second, it is said:

།གཉིས་པ། ཡོད་དང་མེད་དང་ཡོད་མེད་ཅེས། །ཁས་མི་ལེན་པ་གང་ཡིན་པ། །དེ་ལ་ནན་ཏན་ལྡན་པས་ཀྱང་། །ཅིར་ཡང་ཀླན་ཀ་བྱར་མི་ནུས། །ཞེས་གསུངས་ཏེ། གང་ཟིས་པའི་གནས་སྐབས་ནས་བཟུང་སྤྲོ་ཐམས་ཅད་མཁྱེན་པའི་ཡེ་ཤེས་ཀྱི་བར་དུ་སྦྱོང་བ་སྣང་ཚམ་བསླུ་མེད་ཀྱི་རྟེན་འབྲེལ་ནི་བཀག་པ་མེད་ལ། དེ་དག་ལ་རང་བཞིན་གྱིས་གྲུབ་པ་ཅིའང་མེད་པ་ཡིན་པས། མཐའ་གཅིག་ཏུ་**ཡོད**་པར་སྨྲ་བ་**དང**། **མེད**་པར་སྨྲ་བ་**དང**། **ཡོད་མེད**་གཉིས་ཀ་ཡིན་**པ**་དང་། གཉིས་ཀ་མ་ཡིན་པའི་གཞི་ཞིག་ཡོད་ཅེས་མཐའ་བཞིའི་ཕྱོགས་གང་ཡང་**ཁས་མི་ལེན་པ་གང་ཡིན་པ་དེ་ལ**་གླགས་བཙལ་བའི་བསམ་པ་དྲག་པོས་ཀུན་ནས་བསླངས་ཏེ་འབད་པ་**ནན་ཏན**་ཆེན་པོ་དང་**ལྡན་པས་ཀྱང**། **ཅིར་ཡང་ཀླན་ཀ་བྱར་མི་ནུས**་ཏེ་ནམ་མཁའ་འབིགས་པར་འདོད་པ་དང་འདྲའོ། །དེ་ལྟར་དམིགས་པ་ཅན་གྱི་ལྟ་བ་རྣམས་པར་བཟློག་ནས་རང་ཉིད་ལྟ་ཀུན་རབ་ཏུ་བྲལ་བའི་དབུ་མའི་ལམ་ལ་གནས་པ་དེ་ལ་ཆོས་ཐམས་ཅད་དངོས་པོ་མེད་ན་ནམ་མཁའི་མེ་ཏོག་ལྟ་བུ་ལས་མཐོང་ཐོས་བྱེ་བྲག་ཕྱེད་པ་འཕགས་འཕགས་མིན་སོགས་ཀྱི་ཐ་སྙད་དང་གྲུབ་པའི་མཐའ་རྣམ་པར་གཞག་པ་དང་འགལ་སྙམ་པའི་ཀླན་ཀ་བྱེད་པ་ནི་སྙིང་པོ་ཅིའང་མེད་པའི་ཚིག་ཙམ་དུ་འགྱུར་རོ། །དེ་སྐད་དུའང་འཕགས་པ་ལྷས། གང་གི་ཕྱོགས་ལ་ཡོད་པ་དང་། །མེད་དང་ཡོད་མེད་ཡོད་མིན་པ། །དེ་ལ་ཀླན་ཀ་བྱ་བར་ནི། །ཡུན་རིང་དུ་ཡང་བརྗོད་མི་ནུས། །ཞེས་གསུངས་སོ།

།གཉིས་པ་རྒྱས་པར་བཤད་པ་ལ། དོན་དམ་ལ་རྩོད་སྤོང་དང་། ཀུན་རྫོབ་རྩོད་སྤོང་གཉིས། དང་པོ་ལ་མཐའ་བཞིའི་སྤྲོས་བྲལ་གྱི་དོན་དམ་ལ་ཁས་ལེན་མེད་ཚུལ་དང་། དེ་ལ་རྩོད་པ་སྤོང་བའོ།

The one who does not accept
Existence, nonexistence, or existence and nonexistence,
Will even when persistently confronted
Be utterly unassailable. [68]

The mere appearances of unfailing dependent origination are undeniable and experienced in all contexts, from childishness to omniscient wakefulness. Yet none of them possesses the slightest bit of natural establishment. Therefore, *the one who does not accept* any of the positions [that assert] the four extremes—the one who does not one-sidedly posit *existence* or *nonexistence, or* does not maintain that there is a basis that is both *existence and nonexistence,* nor claims that there is one which is neither—*will, even when* most *persistently confronted* by those who endeavor intensely to get their way, still *be utterly unassailable,* like the sky would be if someone were to stab it.

It might be thought, "If there were no entities, [everything] would be like the sky flower. But this conflicts with the conventional and philosophical principles of seeing, hearing, and discerning, of the Noble Ones and the ordinary, and so forth." Yet for the one who has vanquished all the views that involve observations, and who remains within the Middle Way free from all views, such criticisms will be utterly pointless and mere words. As expressed by Āryadeva:

> Against a side for whom there is not
> Existence, nonexistence, or both existence and nonexistence,
> One may try to dispute at length,
> Yet without any success at all.

Elaborate Explanation

Second, the elaborate explanation includes: 1) overcoming dispute regarding the ultimate, and 2) overcoming dispute regarding the relative. The first includes: 1) how the ultimate, free from the constructs of the four extremes, transcends claim, and 2) how dispute is overcome with regard to the

།དང་པོ་ལ་ཁས་ལེན་དང་བཅས་པ་རྣམ་གྲངས་པའི་དོན་དམ་བཤད་པ་དང་། ཁས་ལེན་ཀུན་བྲལ་རྣམ་གྲངས་མ་ཡིན་པའི་དོན་དམ་བཤད་པ་གཉིས། དང་པོ་ལ་རིགས་པ་དང་ལུང་གིས་གྲུབ་ཚུལ། དེའི་སྒྲ་དོན་གཉིས། དང་པོ། དེ་ཕྱིར་ཡང་དག་ཉིད་དུ་ན། །དངོས་པོ་གང་ཡང་གྲུབ་པ་མེད། །དེ་ཕྱིར་དེ་བཞིན་གཤེགས་རྣམས་ཀྱིས། །ཆོས་རྣམས་ཐམས་ཅད་མ་སྐྱེས་གསུངས། །ཞེས་གསུངས་ཏེ། གོང་དུ་ཇི་སྐད་བཤད་པའི་རིགས་པས་གཅིག་དུ་མར་མེད་པ་**དེ་ཡི་ཕྱིར་ན་ཡང་དག་**པའི་དོན་**ཉིད་**ཀྱི་དབང་**དུ་ན་དངོས་པོ་གང་ཡང་གྲུབ་པ་མེད་**པ་**དེ་ཕྱིར་དེ་བཞིན་གཤེགས་**པ་རྫོགས་པའི་སངས་རྒྱས་**རྣམས་ཀྱིས་ཆོས་རྣམས་ཐམས་ཅད་མ་སྐྱེས་**པའོ་ཞེས་དངོས་པོའི་ཡིན་ལུགས་ཇི་ལྟ་བ་བཞིན་དུ་**གསུངས་**པ་ཡིན་ཏེ། བློ་གྲོས་རྒྱ་མཚོས་བསྟན་པ་ལས། གང་དག་རྟེན་ཅིང་འབྲེལ་འབྱུང་བ། །དེ་དག་དངོས་ཉིད་ཅི་ཡང་མེད། །གང་དག་ངོ་བོ་ཉིད་མེད་པ། །དེ་དག་གང་དུའང་འབྱུང་བ་མེད། །ཅེས་དང་། གླང་པོའི་རྩལ་གྱི་མདོ་ལས། གང་ཞིག་སྐྱེ་བར་འགྱུར་བ་ཡི། །ཆོས་དེ་གང་ཡང་མི་དམིགས་ན། །འབྱུང་བ་མེད་པའི་ཆོས་རྣམས་ལ། །བྱིས་པ་དག་ནི་འབྱུང་བར་འདོད། །ཅེས་དང་། དཀོན་མཆོག་འབྱུང་གནས་ཀྱི་མདོ་ལས་ཀྱང་། གང་ལ་རང་བཞིན་ཡོད་པ་མ་ཡིན་ཏེ། །རང་བཞིན་མེད་པས་གཞན་རྐྱེན་ཇི་ལྟར་འགྱུར། །རང་བཞིན་མེད་པས་གཞན་གྱིས་ཇི་ལྟར་བསྐྱེད། །རྒྱུ་འདི་བདེ་བར་གཤེགས་པས་བསྟན་པ་ཡིན། །ཞེས་དང་།

[ultimate]. The first includes: 1) explaining the categorized ultimate, which involves claims, and 2) explaining the uncategorized ultimate, which is beyond all claims. The first includes: 1) how this is established by reasoning and scripture, and 2) the meaning of the term.

Establishment through Reasoning and Scripture

First, it is said:

> *Authentically, there are hence*
> *No established entities at all.*
> *Therefore, the Thus Gone Ones have proclaimed:*
> *"All phenomena are unborn." [69]*

The reasonings explained above [have proven] the absence of one and many, and in terms of what is ***authentically*** fact, ***there are hence no established entities at all. Therefore, the Thus Gone Ones***, the perfect Buddhas, ***have proclaimed***: "***All phenomena are unborn,***" and thus they have expressed the actual condition of entities just as it is. From the [*Sūtra*] *Requested by Sāgaramati*:

> Whatever arises in dependency and relation
> Does not exist in any way as entity.
> Whatever has no essence
> Does not in any way arise.

The *Sūtra of the Elephant's Strength* also states:

> An originating phenomenon
> Has never been observed.
> Hence phenomena that do not occur
> Are believed to occur by the childish.

From the *Sūtra of the Source of the Rare and Supreme*:

> That which does not possess a nature
> Does not have any nature, so how could there be other conditions?
> Since it has no nature, how could it be produced by that which is other?
> This cause has been taught by the Bliss Gone One.

ཡབ་སྲས་མཇལ་བ་ལས། རྟེན་ཅིང་འབྲེལ་བར་འབྱུང་བ་ལ་འཇུག་པས་ཆོས་ཀྱི་དབྱིངས་ལ་འཇུག་པ་སྟོན་པས་བསྟན་ཏེ། བཅོམ་ལྡན་འདས་དེ་ལ་མ་རིག་པ་ནི་མ་རིག་པ་ཉིད་ཀྱིས་མ་མཆིས་སོ། །ཞེས་པ་ལ་སོགས་པས་རྒྱ་ཆེར་བསྟན་པ་དང་། ཡང་། ཆོས་འདི་དག་ཐམས་ཅད་ནི་དུས་གསུམ་དུ་མཉམ་པ་ཉིད་ཀྱིས་མཉམ་པ་སྟེ། འདས་པའི་དུས་ནའང་ཆོས་ཐམས་ཅད་རང་བཞིན་དང་བྲལ་བའོ། །ཞེས་སོགས་དང་། ཡང་། ཆོས་ཐམས་ཅད་ནི་ངོ་བོ་ཉིད་ཀྱིས་སྟོང་པ་སྟེ། ཆོས་གང་ལ་རང་བཞིན་མ་མཆིས་པ་དེ་ནི་འདས་པ་མ་ལགས། མ་འོངས་པ་མ་ལགས་པ་སོགས་པ་ཇི་སྐད་གསུངས་པ་ལྟ་བུའོ། །དེ་ལྟར་རྟེན་ཅིང་འབྲེལ་བར་འབྱུང་བ་དུས་གསུམ་དུ་བདེན་པའི་སྐྱེ་བ་མེད་པ་དེ་ལྟར་ན། ཆོས་ཀྱི་འཁོར་ལོ་བསྐོར་བ་ན། །གཟོད་ནས་ཞི་ཞིང་མ་སྐྱེས་ལ། །རང་བཞིན་མྱ་ངན་འདས་པ་ཞེས། །མགོན་པོ་ཁྱོད་ཀྱིས་ཆོས་རྣམས་བཤད། །ཅེས་པའི་ཚིགས་སུ་བཅད་པ་འདི་ཉིད་ལེགས་པར་བཤད་པར་འགྱུར་ཏེ། རང་བཞིན་དང་བྲལ་བའི་ཕྱིར་གཟོད་མ་མ་འོངས་པའི་དུས་ན་ཞི་ཞིང་། ད་ལྟ་བྱུང་བའི་དུས་ན་མ་སྐྱེས་ཏེ་ངོ་བོ་ཉིད་དང་བྲལ་བའི་ཕྱིར་རོ། །འདས་པའི་དུས་ནའང་རང་བཞིན་གྱིས་མྱ་ངན་ལས་འདས་པ་སྟེ་ངོ་བོ་མེད་པའི་སྐད་དུའོ། །འདིས་ནི་ཆོས་ཐམས་ཅད་དུས་གསུམ་མཉམ་པ་ཉིད་དུ་བསྟན་པ་ཡིན་ནོ། །དེ་ལྟར་རིགས་པས་གང་གྲུབ་པ་དེ་ནི་དོན་བཞིན་ཡང་དག་པར་སྟོན་པ་སངས་རྒྱས་རྣམས་ཀྱིས་གསུངས་ལ། གང་སངས་རྒྱས་རྣམས་ཀྱིས་གསུངས་པ་དེ་ནི་དེ་ལྟར་ཡང་དག་པའི་རིགས་པས་གྲུབ་པ་ཡིན་ནོ། །གཉིས་པ་སྒྲ་དོན། དམ་པའི་དོན་དང་མཐུན་པའི་ཕྱིར། །འདི་ནི་དམ་པའི་དོན་ཞེས་བྱ།

Also, the *Meeting of Father and Son* teaches this extensively. For instance:

> The Teacher has taught that when engaging in dependent origination, one engages in the basic space of phenomena. Transcendent Conqueror, ignorance does not exist here as ignorance....

Moreover:

> All these phenomena are equal, for they are equality in the three times. Also in the past all phenomena were devoid of nature....

Moreover:

> All phenomena are empty by their very essence. A phenomenon that has no nature is not past, is not future....

Accordingly, originations are interdependent, and there is no true origination in the three times. Just as has been said:

> Turning the wheel of Dharma, [you] proclaimed:
> "Primordially at peace and unborn,
> The natural transcendence of suffering."
> Protector, so you explained all phenomena.

This stanza is excellent. Lacking a nature, in the future [all will] be primordially at peace. [Phenomena] occurring in the present are unborn, lacking a very essence. In the past, [all] was the natural transcendence of suffering, for no essences ever existed. This explains all phenomena as the equality of the three times. What is established by reasoning is thus proclaimed by the Buddhas, those who teach in authentic accordance with fact. And that which is proclaimed by the Buddhas is likewise established by authentic reasoning.

The Meaning of the Term

Second, it is said:

> *Because it accords with the ultimate,*
> *This is termed the ultimate. [70ab]*

།ཞེས་གསུངས་ཏེ་དེ་ལྟར་ཡོད་མེད་ཀྱི་རྣམ་ཕྱེ་བའི་དགག་བྱ་བདེན་གྲུབ་བཀག་པའི་མེད་རྐྱང་འདི་ནི་ངེས་པའི་དོན་དུ་ཐ་སྙད་དམ་ཀུན་རྫོབ་ཏུ་གཏོགས་པ་ཡིན་གྱི། གནས་ལུགས་མཐར་ཐུག་པ་མ་ཡིན་ཀྱང་། **དམ་པའི་དོན**་ནམ་གནས་ལུགས་མཐར་ཐུག་པའི་དོན་དམ་མཚན་ཉིད་པ་དེ་**དང་མཐུན་པའི་ཕྱིར།** འབྲས་མིང་རྒྱུ་ལ་བཏགས་པའི་ཚུལ་དུ་བདེན་ཡོད་ཀྱི་ལྡོག་ཕྱོགས་བདེན་མེད་རྐྱང་པ་**འདི**་ལའང་**ནི་དམ་པའི་དོན་ཞེས་བྱ**་བར་བརྗོད་ནའང་རྣམ་གྲངས་པའི་དོན་དམ་མམ་བཏགས་པ་བ་ཡིན་ནོ། །དེ་ལ་དོན་དམ་པ་མཚན་ཉིད་པ་ནི་མེད་རྐྱང་ཙམ་མ་ཡིན་ཏེ། མཐའ་བཞིའི་སྤྲོས་བྲལ་ཡིན་ནའང་གཞན་སེལ་གྱི་རྟོག་པའི་བློ་ཡུལ་ན་གནས་པའི་དངོས་པོའི་བདེན་མེད་ཙམ་པོ་བ་རྣམ་གྲངས་པའི་དོན་དམ་འདི་མེད་ན་དོན་དམ་ཆེན་པོ་རྟོགས་པའི་ཐབས་མེད་ལ། དེ་རྟོགས་བྱེད་ཀྱི་ཐབས་སམ་རྒྱུ་ཡིན་ཅིང་དེ་ལ་གཏོགས་པ་ཡིན་པས་དོན་དམ་ཞེས་བརྡ་སྦྱར་བ་ཡིན་ཏེ། དབུ་མ་སྙིང་པོ་ལས། ཡང་དག་ཀུན་རྫོབ་རྣམས་ཀྱི་སྐས། །མེད་པར་ཡང་དག་ཁང་ཆེན་གྱི། །སྟེང་དུ་འགྲོ་བར་བྱ་བ་ནི། །མཁས་ལ་རུང་བ་མ་ཡིན་ནོ། །ཞེས་གསུངས་པ་བཞིན་ནོ། །དེས་ན་དགག་བྱ་བཅད་ཙམ་གྱི་བདེན་སྟོང་མེད་དགག་གི་ཆ་དང་། རྟེན་འབྱུང་གི་ཆ་སོ་སོར་རང་ས་ནམ་འདྲེས་པར་ཡོད་པ་ལྟ་བུའི་ཕྱིར་ན་ལུགས་དེ་ལ་འཛིན་པའང་ཡོད་ཁས་ལེན་ཀྱང་ཡོད་ལ། དེའི་ནང་གི་བདེན་མེད་ཀྱི་ཆ་དེ་གནས་ལུགས་མཐར་ཐུག་ཡིན་ཞིང་། དེ་ལ་དམིགས་པའི་བློའང་དོན་དམ་མཐར་ཐུག་གི་རྗེས་སུ་ཞུགས་པ་ཡིན་ན་གཞིའམ་གནས་ལུགས་སྣང་སྟོང་ཟུང་འཇུག་མིན་ཞིང་སྟོང་ཆ་ཁོ་ནའི་ཕྱོགས་སུ་ལྷུང་ཞིང་དེའི་ཡུལ་ཅན་ཡང་འཛིན་པའམ། རྣམ་པར་རྟོག་པ་ལས་འདའ་བ་མི་སྲིད་ལ། རིགས་པས་བདེན་གྲུབ་ཙམ་བཀག་པའི་བདེན་སྟོང་གི་ཤུལ་ན་མི་འགོག་རྒྱུའི་ཆོས་ཅན་དེ་ལ་རང་མཚན་མེད་པ་གཞག་ཏུ་མི་རུང་བས། རང་མཚན་གྱིས་གྲུབ་པའི་ཆོས་ཅན་དེ་མི་འགོག་ན།

Plain nonexistence, which, when operating with the dichotomy of existence and nonexistence, is the negation of that negandum that is true establishment, is, from the perspective of the definitive meaning, included in the conventional or the relative and is not the final abiding way. Still, *because it accords with the ultimate,* or the final way of abiding of the genuine ultimate, *this* plain absence of truth, which *is* the opposite of true existence, is also, by giving the name of the effect to the cause, *termed the ultimate.* This is the categorized or nominal ultimate.

The genuine ultimate is not just plain nonexistence, but freedom from the constructs of the four extremes. Yet, without this categorized ultimate, which, as the mere absence of truth with regard to entities, remains within the domain of a mind that conceives by other-exclusion, there is no means for realizing the great ultimate. Since it pertains to this and since it is the method, or the cause, for realizing it, it is given the name ultimate. As expressed in *The Core of the Middle Way*:

> Without the staircase of the authentic relative,
> Ascending to the top
> Of the mansion of authenticity
> Would not be feasible for the learned.

When the aspect of existential negation (emptiness of truth as a mere elimination of the negandum) and the aspect of dependent origination appear as if they were naturally confined and distinct from one another, then this is a condition that involves apprehension just as it involves claims. If, given these [two] aspects, absence of truth were the final abiding mode and the mind observing it were the one that engages in the final ultimate as well, then the basic condition, or abiding way, would not be emptiness and appearance as unity. This [understanding of the ultimate] is exclusively confined to the quality of being empty, and its subject cannot possibly go beyond apprehensions or concepts.

The unrefuted subject, which [remains] in the wake of the emptiness of truth when reasoning has refuted true establishment, cannot feasibly be posited as not having specific characteristics. Therefore, when the subject established by specific characteristics is not refuted, the following flaws,

ཐ་སྙད་བདེན་པ་རིགས་པས་དཔྱད་བཟོད་དུ་ཐལ་བ། དོན་དམ་པའི་སྐྱེ་བ་མི་ཁེགས་པར་ཐལ་བ། འཕགས་པའི་མཉམ་གཞག་དངོས་པོའི་འཇིག་རྒྱུར་ཐལ་བ་གསུམ་གྱིས་གནོད་པས་ན་རང་མཚན་གྱིས་གྲུབ་པ་དང་། བདེན་སྟོང་དུ་བཞག་པའང་ཐ་སྙད་ཙམ་སྐྱེ་གནས་ལུགས་ལ་སྣང་སྟོང་དབྱེར་མེད་དུ་གྲུབ་བོ། །དེས་ན་མཉམ་གཞག་ཡེ་ཤེས་ཀྱི་དབུ་མ་དཔལ་ལྡན་ཟླ་བའི་དགོངས་པ་ཟབ་མོ་དེ། ཚུལ་འདི་ལྟ་བུའི་ལམ་ལམ་བརྟེན་པར་རྟོགས་དཀའ་བ་མིན་ནམ་བློ་ལྡན་རྣམས་ཀྱིས་ལེགས་པར་སོམས་ཤིག །གཉིས་པ་རྣམ་གྲངས་མིན་པ་ལ་མདོར་བསྟན། རྒྱས་བཤད་གཉིས། དང་པོ། ཡང་དག་ཏུ་ན་སྤྲོས་པ་ཡི། །ཚོགས་རྣམས་ཀུན་ལས་དེ་གྲོལ་ཡིན། །ཞེས་གསུངས་ཏེ། དངོས་པོ་ཡོད་པ་དགག་པའི་དོན་དམ་དེ་ཅིའི་ཕྱིར་དོན་དམ་དངོས་མ་ཡིན། མཐར་ཐུག་པའི་དོན་དམ་མཚན་ཉིད་པ་དེ་ལས་བོགས་དབྱུང་དུ་མི་སྲིད་པ་གང་ཡིན་སྙམ་ན། དངོས་པོ་དགག་བྱ་རྣམ་པར་བཅད་པ་འདི་ནི་ཡོད་པ་བསལ་བའི་གཞན་སེལ་རྟོག་པའི་གཟུགས་བརྙན་ཙམ་ཡིན་པས་སྤྲོས་པ་ལས་མ་འདས་ལ། **ཡང་དག་**པ་མཐར་ཐུག་གི་དོན་**དུ་ན་**ཡོད་མེད་ཡིན་མིན་ལ་སོགས་པའི་མཐར་འཛིན་གྱི་**སྤྲོས་པ་ཡི་ཚོགས་རྣམས་ཀུན་ལས་**ཀྱང་། དོན་དམ་མཚན་ཉིད་པ་**དེ་**ནི་རྣམ་པར་**གྲོལ་བ་ཡིན་**ནོ་ཞེས་མདོར་བསྟན་ནས། གཉིས་པ་དེའི་ཚུལ་རྒྱས་པར་བཤད་པ་ལ། དོན་དམ་སྒྲ་རྟོག་གི་ཡུལ་ལས་འདས་པར་བསྟན་པ། སྒྲ་རྟོག་ཀུན་རྫོབ་ཀྱི་སྤྱོད་ཡུལ་ཡིན་པར་བསྟན་པ་གཉིས།

the three consequences, will ensue: 1) conventional truth will withstand reasoning, 2) ultimate origination will not be invalidated, and 3) the equipoise of the noble ones will be the cause for the destruction of entities. Therefore, both establishment by specific characteristics and emptiness of truth are merely posited conventionally. In the abiding mode, appearance and emptiness are established inseparably. Everyone of sincere mind should now consider well whether the profound intent of Candrakīrti—the Middle Way of wakefulness in the equipoise—would not be hard to realize without relying on a path such as this one.

Explaining the Uncategorized Ultimate beyond All Claim

For the uncategorized ultimate there is: 1) a brief presentation and 2) an elaborate explanation.

Brief Presentation

First, it is said:

> *Authentically, that is free*
> *From the entire accumulation of constructs. [70cd]*

One might wonder: "Why isn't the ultimate that is the existential negation of entities the actual ultimate?" or "Why is it impossible to improve upon the final and fully qualified ultimate?" This elimination of the negandum, entity, is merely a conceptual reflection, the other-exclusion that excludes existence. Therefore, it does not go beyond constructs. ***Authentically***, in terms of the final meaning, ***that*** which is the fully qualified ultimate ***is*** perfectly ***free from the entire accumulation of*** the ***constructs*** that apprehend extremes such as existence and nonexistence, and being and not being. Thus [the uncategorized ultimate] has been presented in brief.

Elaborate Explanation

Second, the elaborate explanation includes demonstrating: 1) how the ultimate transcends the domain of word and thought, and 2) how word and thought are the activity sphere of the relative.

དང་པོ། སྐྱེ་ལ་སོགས་པ་མེད་པའི་ཕྱིར། །སྐྱེ་བ་མེད་ལ་སོགས་མི་སྲིད། །དེ་ཡི་ངོ་བོ་
བཀག་པའི་ཕྱིར། །དེ་ཡི་ཚིག་གི་སྒྲ་མི་སྲིད། །ཡུལ་མེད་པ་ལ་དགག་པ་ཡི། །སྦྱོར་བ་
ལེགས་པ་ཡོད་མ་ཡིན། །ཞེས་གསུངས་ཏེ། དོན་དམ་པར་དངོས་དངོས་མེད། སྐྱེ་མི་སྐྱེ།
སྟོང་མི་སྟོང་ལ་སོགས་པ་སྤྲོས་པའི་དྲྭ་བ་མཐའ་དག་སྤངས་པ་སྟེ། འདི་ལྟར་**སྐྱེ་བ**་དང་གནས་
པ་འགག་པ་**ལ་སོགས་པ་མེད་པའི་ཕྱིར**་ན། དེ་དག་གི་ལྡོག་ཕྱོགས་**སྐྱེ་བ་མེད**་གནས་པ་
མེད་ཅེས་པ་**ལ་སོགས་པ་མི་སྲིད**་ལ། སྐྱེ་བ་ཡོད་པ་དང་མེད་པ་ལ་སོགས་པ་**དེ་ཡི་ངོ་བོ་
བཀག་པའི་ཕྱིར**་ན། བརྗོད་བྱ་དེ་དང་**དེ་ཡི**་རྗོད་བྱེད་**ཚིག་གི་སྒྲ**་ཡང་**མི་སྲིད**་ལ། དགག་
བྱའི་**ཡུལ་མེད་པ**་ཡིན་པ་**ལ**། དེ་**དགག་པ་ཡི**་གཏན་ཚིགས་**སྦྱོར་བ**་འང་བརྫུན་པ་ཙམ་
ལས་**ལེགས་པ**་འམ་དོན་དུ་གནས་པ་**ཡོད་པ་མ་ཡིན**་ཏེ། དགག་བྱ་ཡོད་པ་དགག་པའམ།
མེད་པ་དགག་པའམ། གཉིས་ཡིན་གཉིས་བྲལ་ཅི་དགག་ཀྱང་དགག་བྱ་དེ་དག་གི་ངོ་བོ་གནོད་
ནས་མ་སྐྱེས་པ་ཡིན་པས། དེ་དགག་པའི་གཏན་ཚིགས་དང་། དེ་རྗོད་པའི་སྒྲ་དང་། དེ་
ལྟར་ཡིད་ཀྱིས་སེམས་པ་གང་ཡིན་པ་ཐམས་ཅད་མོ་གཤམ་གྱི་བུ་བསད་པར་རློམ་པའི་སྒྲ་དང་ཚིག་
ལ་སོགས་པ་དང་འདྲ་བར་རྣམ་པར་རྟོག་པ་ཙམ་གྱི་འཁྲུལ་འཁོར་དུ་ཟད་ཀྱི། དངོས་པོའི་ཆོས་
ཉིད་འབའ་ཞིག་ལ་རེག་པ་མ་ཡིན་ནོ། །དེས་ན་མེད་པར་དགག་པའི་གཏན་ཚིགས་ཐམས་ཅད་
ཀྱང་རྨི་ལམ་ན་བུ་བྱུང་ཞིང་ཤི་བ་ལ་མྱ་ངན་བྱེད་པའི་ཚེ། བུ་མེད་དོ་ཞེས་རྟོག་པ་བཞིན་དུ། དངོས་
པོའི་གནས་ལུགས་ལ་ཕྱིན་ཅི་ལོག་ཏུ་རྟོག་པའི་ཡོད་དོ་སྙམ་པའི་ཞེན་པ་ཞིག་བྱུང་བ་ལ། དེ་
དོན་དུ་ངེས་པ་མ་ཡིན་པར་བསྟན་པའི་མེད་དགག་ཏུ་འཛིན་པ་དེས་རྟོག་པས་རྟོག་པ་ཞིག་པ་ཙམ་
ཡིན་གྱི། མེད་པ་རང་ཡང་རྟོག་པས་ཕར་བཞག་པ་ལས་མ་འདས་པས་གནས་ལུགས་ལ་མེད་
པ་ཞེས་སུའང་གྲུབ་པ་མེད་དེ། ཞི་བ་ལྟོས།

How the Ultimate Transcends Word and Thought

First, it is said:

Since origination and so forth do not exist,
Absence of origination and so forth are impossible.
Since the essences of these have been refuted,
Verbal statements are impossible. [71]

Refutation where there is no object
Is not a proper application. [72ab]

The ultimate evades the entire net of constructs: entity and non-entity, origination and absence of origination, empty and not empty, and so forth. ***Since origination***, abidance, cessation, ***and so forth do not exist***, the opposites—***absence of origination***, absence of abidance, ***and so forth—are impossible. Since the essences of these***, existent origination, nonexistent origination, and so forth ***have been refuted***, not only the referents but also the expressers—the ***verbal statements—are impossible. Refutation where there is no object*** of refutation is simply false. It ***is not a proper*** or meaningful ***application*** of logical argumentation. One may refute that the object of refutation is existent, nonexistent, both, or neither. Yet, since the essences of the objects of refutation are unborn from the beginning, all aspects of logical refutations, words that express them, and thoughts that conceive of them are similar to the words, statements, and so forth [of someone] who arrogantly assumes [he] has slain the barren woman's son. In the end, they are all just the machinery of mere concept; they do not touch what is exclusively the intrinsic nature of entities. If one dreams of having a child, and in that dream the child dies, one may suffer thinking, "It is no more." All logical arguments that negate existentially are similar to that. A thought of existence, which goes against the abiding way of entities, has occurred, and subsequently one then conceives of an existential negation that shows how that [existence] cannot in fact be ascertained. This is simply one thought destroying another thought, for the nonexistence is also nothing other than a conceptual categorization. Hence, so-called nonexistence does not have the slightest bearing on the abiding way either. Śāntideva explains:

བརྟག་པའི་དངོས་ལ་མ་རེག་པར། །དེ་ཡི་དངོས་མེད་འཛིན་མ་ཡིན། །དེ་ཕྱིར་བརྟེན་པའི་དངོས་གང་ཡིན། །དེ་ཡི་དངོས་མེད་གསལ་བར་བརྟེན། །དེས་ན་རྨི་ལམ་བུ་ཤི་ལ། །དེ་མེད་སྙམ་པའི་རྣམ་རྟོག་ནི། །དེ་ཡོད་རྣམ་པར་རྟོག་པ་ཡི། །གེགས་ཡིན་དེ་ཡང་བརྟེན་པ་ཡིན། །ཞེས་དང་། དཔྱད་བྱ་རྣམ་པར་དཔྱད་བྱས་ན། །རྣམ་དཔྱོད་ལ་ནི་རྟེན་ཡོད་མིན། །རྟེན་མེད་ཕྱིར་ན་མི་སྐྱེ་སྟེ། །དེ་ཡང་མྱ་ངན་འདས་པར་བརྗོད། །ཅེས་གསུངས་པ་བཞིན་ནོ། །དེས་ན་སྒྲ་དང་རྟོག་པའི་སྤྱོད་ཡུལ་གྱི་གཡོ་བ་ཇི་སྲིད་པ་དེ་སྲིད་དུ་ཀུན་རྫོབ་དང་ཐ་སྙད་ལས་མ་འདས་ཀྱང་། རྣམ་པར་རྟོག་པ་ལ་བརྟེན་ནས་མི་རྟོག་པའི་ཡེ་ཤེས་འབྱུང་བ་དང་། ཐ་སྙད་ལ་བརྟེན་ནས་དོན་དམ་པ། གཉིས་སུ་འབྱེད་པའི་ཤེས་རབ་ལ་བརྟེན་ནས་གཉིས་སུ་མེད་པའི་ཡེ་ཤེས་འཐོབ་དགོས་པ་ཡིན་ནོ། །དེས་ན་ཆོས་ཉིད་མཐར་ཐུག་པའི་ངོ་བོ་ནི་མཐའ་བཞིའི་སྤྲོས་པ་ཀུན་དང་བྲལ་བའི་ཕྱིར། འདི་ཞེས་ཚིག་གིས་བརྗོད་པ་དང་། འདི་ཞེས་བློས་དམིགས་པར་མི་ནུས་ཏེ། སྨྲ་བསམ་བརྗོད་མེད་ཤེས་རབ་ཕ་རོལ་ཕྱིན། །ཞེས་གསུངས་པ་ལྟ་བུའོ། །ངོ་བོ་ནི་སྣང་སྟོང་ཕྱོགས་སུ་མ་ལྷུང་བ་སྐྱེ་འགག་སྤྲོས་པ་ཐམས་ཅད་བྲལ་བའི་རང་བཞིན་རབ་ཏུ་ཞི་ཞིང་འོད་གསལ་བ་སྟེ། མ་སྐྱེས་མི་འགག་ནམ་མཁའི་ངོ་བོ་ཉིད། །ཅེས་གསུངས་པ་བཞིན་ནོ། །དེ་ལྟར་ཀུན་རྫོབ་སྒྲ་དང་རྟོག་པ་བློའི་སྤྱོད་ཡུལ་ཐམས་ཅད་ལས་འདས་ཀྱང་མཐར་འཛིན་གྱི་ལྟ་བ་དན་པའི་སྨག་ཐམས་ཅད་སེལ་ནུས་པའི་རང་བཞིན་ཆོས་ཀྱི་དབྱིངས་རྣལ་འབྱོར་པའི་སོ་སོ་རང་རིག་པའི་ཡེ་ཤེས་ཀྱིས་མཐོང་བ་མེད་པའི་ཚུལ་གྱིས་མཐོང་ཞིང་། གནས་པ་མེད་པའི་ཚུལ་གྱིས་གནས་པ་ཡོད་ཀྱི། གཉིད་འཐུག་དང་བརྒྱལ་བ་ལ་སོགས་པ་ལྟ་བུམ་ཡིན་པས། སོ་སོ་རང་རིག་ཡེ་ཤེས་སྤྱོད་ཡུལ་བ། །ཞེས་གསུངས་པ་ལྟ་བུའོ།

> Without finding an entity for analysis,
> An absence of such entity will not be apprehended.
> Therefore, when an entity is false,
> The absence of that entity is obviously false.
>
> Hence, when in a dream a child has died,
> The thought that it is no more
> Will be what hinders the thought of its existence,
> Yet also that [thought] is false.

Likewise, it is taught:

> Having investigated the objects of investigation,
> No basis is left for investigation.
> Without any basis there is no arising—
> That too is named transcendence of suffering.

Therefore, for as long as the movements of verbal and conceptual activity continue, there will be no transcendence of the relative or the conventional. Nevertheless, the wakefulness of non-thought arises based on thought. Based on the conventional, the ultimate is achieved, and it is based on dualistic knowledge that non-dual wakefulness must be achieved.

Since the essence of the final intrinsic nature is free from the constructs of the four extremes, words cannot precisely express how it is, and the mind can find no way to observe it definitively. As it has been taught: "Inconceivable and inexpressible—the transcendent knowledge." The essence does not fall to the side of nothingness, because by transcending all constructs of arising and ceasing, it is by nature utterly peaceful and luminous. As it has been taught: "Unborn and unceasing—the essence of space." Thus it transcends the relative, the domain of word and thought.

Yet, the nature of the basic space of phenomena that has the power to dispel all the darkness of inferior view is still seen, in the manner of nothing being seen, with the yogi's wakefulness of individual self-awareness, and there is abidance in the manner of no abidance. This is not like deep sleep or a faint, and thus it has been taught as: "The domain of the wakefulness of individual self-awareness."

།དེ་ལ་དོན་དམ་བློ་ཡི་སྤྱོད་ཡུལ་མིན་པར་བསྟན་པ་འདི་ལ་གོ་དགོས་པ་འདི་ཡོད་དེ། དོན་དམ་རྣམ་གྲངས་པ་བདེན་གྲུབ་མེད་པར་དགག་པ་ཙམ་ནི་བློའི་ཡུལ་ཡིན་སྒྲའི་ཡུལ་ཡིན། རྣམ་གྲངས་མིན་པ་ལ་ནི་སྣང་སྟོང་རེ་རེའི་ཕྱོགས་སུ་མ་ལྷུང་བའི་སྣང་སྟོང་ཟུང་འཇུག་བདེན་གཉིས་ཟུང་འཇུག་སྤྲོས་བྲལ་དབུ་མ་སོགས་མིང་བཏགས་པ་ནི་མཚོན་བྱེད་ཙམ་སྟེ་མཇུབ་མོས་ཟླ་བ་བསྟན་པ་དང་འདྲ་བ་ལས་དོན་དུ་སྒྲ་རྟོག་གི་ཡུལ་ལས་ཤིན་ཏུ་འདས་པ་ཡིན་ནོ། །འོན་ཀྱང་མཐར་འཛིན་གྱི་ཞེན་ཡུལ་ཐམས་ཅད་རིགས་པས་རྣམ་པར་དཔྱད་པས་སུན་ཕྱུང་བའི་འབྲས་བུ་རྟོག་པའི་དྲྭ་བ་མཐའ་དག་ལོག་པའི་ཚུལ་གྱིས་དགག་སྒྲུབ་ལས་འདས་པའི་ཆོས་ཉིད་ལ་བསམ་གཞག་མེད་པར་འཇུག་པ་ནི་ཤེས་རབ་ཀྱི་ཕ་རོལ་ཏུ་ཕྱིན་པའི་ཉམས་ལེན་དངོས་གཞི་སྟེ། འདི་ལ་བསལ་བྱ་ཅི་ཡང་མེད། །གཞག་པར་བྱ་བ་ཅུང་ཟད་མེད། །ཡང་དག་ཉིད་ལ་ཡང་དག་ལྟ། །ཡང་དག་མཐོང་ནས་རྣམ་པར་གྲོལ། །ཞེས་གསུངས་པ་བཞིན་ནོ། །དེའང་དཔེར་ན། ཅིའང་མ་མཐོང་ཞེས་མཐོང་བ་དགག་པའི་ཚུལ་གྱིས་བརྗོད་པ་དང་། ཅིའང་མེད་པར་མཐོང་ཞེས་མཐོང་བ་སྒྲུབ་པ་ལྟ་བུའི་ཚིག་གཉིས་ལ་དོན་ལ་ཁྱད་པར་མེད་དེ། ཕྱི་མས་ཀྱང་མཐོང་རྒྱུ་ཡོད་པར་མི་སྟོན་པ་བཞིན་དུ། དོན་དམ་བློ་འདས་སམ། བློའི་སྤྱོད་ཡུལ་མིན་ཞེས་འདོད་པ་དང་། རྣམ་པར་མི་རྟོག་པའི་ཡུལ་ཡིན་ཞེས་འདོད་པ་ལ་དོན་ལ་ཁྱད་མེད་དེ། རྣམ་པར་མི་རྟོག་པ་ནི་སྤྲོས་པ་ཐམས་ཅད་ལོག་ཅིང་གཟུང་འཛིན་མེད་པས་རབ་ཏུ་ཕྱེ་བ་ཡིན་པས་ན། དེའི་སྤྱོད་ཡུལ་དུ་དམིགས་པར་བྱར་ཡོད་པར་མི་སྟོན་ཏེ། གང་ཚེ་སྐྱེ་མེད་དེ་ཉིད་ཡིན་ཅིང་བློ་ཡང་སྐྱེ་བ་དང་བྲལ་བ། །ཞེས་པ་ལ་སོགས་པའི་ཚིགས་སུ་བཅད་པའི་དོན་བཞིན་དུ་བལྟའོ། །གལ་ཏེ་གཟུགས་རྣ་ཤེས་ཀྱི་སྤྱོད་ཡུལ་མིན་ཀྱང་མིག་ཤེས་ཀྱི་ཡིན་པ་བཞིན་དུ། རྣམ་པར་མི་རྟོག་པའི་ཡུལ་དུ་དོན་དམ་དམིགས་པའི་ཚུལ་གྱིས་བསྒྲུབས་ན།

When it is taught that the ultimate is no object of mind, the following must be understood: the categorized ultimate, which is merely an existential negation of true establishment, is an object of both mind and verbal expression. The [ultimate] that is no categorization may be designated as the unity of appearance and emptiness that doesn't fall to either side of appearance or emptiness, or as the unity of the two truths, or as the Middle Way beyond constructs, and so forth. Yet these are all mere indications, like a finger pointing at the moon. In actuality the [uncategorized ultimate] remains totally beyond the reach of word and thought. Nevertheless, when logical investigation has disproved the conceived objects that pertain to apprehending extremes, the result is that the entire net of concepts withdraws. Without excluding or retaining, one then merges with the inherent condition beyond rejection or acceptance. In terms of practical experience with transcendent knowledge, this is the main part. As it is said:

> Here there is nothing whatsoever to exclude,
> And not a bit to retain.
> Look authentically into the authentic—
> When authenticity is seen, [you are] perfectly free.

For example, whether one negates seeing by saying, "I didn't see anything at all," or affirms seeing by saying, "I saw there wasn't anything at all," the two are not different in meaning, for the latter statement does not imply that there was anything to be seen. Likewise, it may be held that the ultimate transcends, or is no object of, the mind, or it may be held that the ultimate is the object of non-conceptuality, but there is no difference in the meaning. Non-conceptuality is distinguished as the reversal of all constructs and the absence of apprehended and apprehender, and so does not imply that its object exists as something observable. Understand this in the same way as the meaning of the stanza that begins: "When there is no birth it is thatness, and also, mind is free from birth."

Form is not the object of the ear cognition but the object of the eye cognition. Similarly, if the ultimate were established as the object of non-conceptuality in the manner of something observable, then that would

རྣམ་པར་མི་རྟོག་པ་དང་གཟུང་འཛིན་མེད་པའི་ཚུལ་ཡང་འཇིག་པར་འགྱུར་བས་ན་དོན་དམ་བློ་འདས་སུ་སྨྲ་བ་ལ་རྣམ་ཀུན་ཏུ་གནོད་པ་མེད་དེ། མདོ་ལས་རྣམ་ཀུན་མཆོག་ལྡན་གྱི་ཡེ་ཤེས་ཀྱི་བར་གྱི་ཤེས་པའི་སྤྱོད་ཡུལ་ལས་འདས་པའི་ཚུལ་རྒྱ་ཆེར་གསུངས་པ་ལྟ་བུའོ། །དེས་ན་ཐ་སྙད་ཐམས་ཅད་དང་བྲལ་བ་མཐར་ཐུག་གི་དོན་དམ་དངོས་སུ་གཞལ་བ་ལ་ཀུན་རྫོབ་ཀྱི་ཡུལ་ཅན་འཇིག་རྟེན་པའི་ཤེས་པ་ཚད་མ་མིན་ཞིང་། དེ་ནི་རྟེན་ཅན་ཞིག་མ་གཏོགས་ཅི་ལའང་མི་བརྟེན་པ་ཆོས་ཀྱི་དབྱིངས་འཇིག་རྟེན་ལས་འདས་པའི་ཡེ་ཤེས་ཀྱི་སྤྱོད་ཡུལ་ལ་དམིགས་མི་ནུས་ཏེ། བཙས་པའི་བུ་ཆུང་གིས་ཉི་མ་ལ་ལྟ་བ་དང་། དམུས་ལོང་གིས་གཟུགས་ལ་ལྟ་བ་ལྟ་བུར་གསུངས་ལ། རྟེན་ཅན་ཡོད་དོ་སྙམ་པའམ། མེད་དོ་སྙམ་པ་ཞིག་དམིགས་ཡུལ་དུ་བྱས་ཏེ་འཛིན་སྟངས་ཀྱིས་ཡུལ་དེ་གནས་ལུགས་སོ་སྙམ་ན་མ་ཡིན་ཏེ། བློས་རྟེན་འཆའ་བའི་ཡུལ་གང་ཡིན་པ་དབུ་མའི་རིགས་པས་སུན་ཕྱུང་མི་ནུས་པ་མི་སྲིད་དེ། ཆོས་ཉིད་ཀྱི་རིགས་པ་ལ་ཉེ་རིང་མི་མངའ་བའི་རྒྱུ་མཚན་གྱིས། གང་གི་ངོར་བྱས་ནས་མཚན་མ་ལ་དགའ་བ་རྣམས་ཀྱིས་དམིགས་པའི་ཡུལ་ཉིད་དུ་གཟུང་བའང་གཞག་པར་མི་བྱེད་ལ། དེ་ལྟར་ན་སྟོང་ཉིད་མཐའ་བྲལ་གྱི་རྒྱ་མཚོ་ཆེན་པོར་དངོས་ཞེན་གྱི་གྲུ་གཟིངས་འཇིག་པའི་ཚེ། དམིགས་པ་སྣ་ཚོགས་ཀྱི་མཚན་མའི་གཟེབ་ལ་ཆགས་པའི་སྲིད་པའི་ཡིད་ཀྱི་ཚོང་པ་རྣམས་སྐྲག་ཅིང་རྟབ་རྟབ་པོར་གྱུར་ནས་ཡུལ་གྱི་རྟེན་ཞིག་ལ་འཇུ་བར་བརྩམས་ཀྱང་། རྟེན་ཉིད་ཀྱང་མི་བརྟེན་པ་ཆོས་ཉིད་ཡིན་ནོ། །ཆོས་དབྱིངས་ཕ་མཐའ་དང་བྲལ་བའི་རྒྱ་མཚོ་ཆེན་པོར། ཐོག་མེད་ནས་འཁོར་བར་འཆིང་བྱེད་རྣམ་པར་རྟོག་པ་མཐའ་དག་ཤི་ཡང་སུ་དག་ལ་མི་དགའ་བ་ཅི་ཞིག་ཡོད་དེ། མི་གནས་པའི་མྱང་འདས་ཀྱི་རྒྱལ་ཐབས་ལ་དབང་འབྱོར་བའི་རྣམ་པར་མི་རྟོག་པའི་ཡེ་ཤེས་སྐྱེས་པ་ཡིན་པས་ན་ཟབ་མོ་ལ་མོས་པ་རྣམས་ནི་ཚུལ་དེ་ལ་མི་སྐྲག་ཅིང་ཤིན་ཏུ་དགའ་བར་འགྱུར་རོ། །དེ་ལ་དབུ་མའི་གཞུང་ཀུན་གྱིས་དངོས་པོ་རང་བཞིན་མེད་པར་སྟོན་པ་ཡིན་ཀྱང་། རང་བཞིན་མེད་པ་དང་སྟོང་པ་ཉིད་ལ་རྣམ་གྲངས་དང་རྣམ་གྲངས་མིན་པའི་གོ་བའི་དབང་གིས་ཕྱིམ་ལྟར་ན་སྤྲོས་ཀུན་ལོག་པ་སྟེ།

mean both the destruction of the mode of non-conceptuality and the destruction of the absence of apprehended and apprehender. The statement that the ultimate is beyond the mind can therefore never be impaired, and the sūtras have likewise explained extensively how the [ultimate] transcends the domain of all cognitions up to the wakefulness endowed with all supreme aspects.

Accordingly, for the actual evaluation of the final ultimate free from all convention, the mundane cognition of the relative subject is not valid. This [cognition] is merely something supported, and it is not capable of observing the utterly unsupported basic space of phenomena, the domain of supramundane wakefulness. This has been taught by making comparisons with a newborn baby looking at the sun, or a blind man looking at forms. The supported [cognition] may have the idea of existence or of nonexistence, and so take them as objects for observation. But one would be wrong in believing that such objects of the modes of apprehension are the natural condition. It is unavoidable that the reasonings of the Middle Way will disprove any object the mind can take as support.

The reasoning of the intrinsic nature is beyond bias, and from that perspective, none of the objects apprehended by those fond of characteristics are posited. When the ship of attachment to entity is crushed in the ocean of emptiness beyond extremes, the merchants of the mind of [the realm of] existence, obsessed with the net of the characteristics of various observations, may, shocked and confounded with fear, try to grasp for the support of some object. Yet the support itself is unsupported—this is the intrinsic nature.

The thoughts that have bound [us] in beginningless cyclic existence are pacified in the great ocean of the endless basic space of phenomena—how can anyone be displeased with that? The non-conceptual wakefulness that rules the kingdom of non-abiding transcendence of suffering has arisen, and those aspiring toward the profound will not be frightened but utterly joyful.

All scriptures of the Middle Way teach that entities have no nature, but one type of understanding categorizes absence of nature and emptiness, whereas another one doesn't. When [the mind] is in accord with the

སྟོང་པ་ཉིད་ཅེས་བྱ་བ་ནི་ཅིའང་མ་མཐོང་བའི་ཚིག་བླ་དྭགས་སོ། །ཞེས་གསུངས་པ་ལྟར་ངེས་པར་བྱས་ནས་རང་བཞིན་མེད་པའི་ཚིག་གིས་དེར་ཞེན་པར་མི་བྱ་སྟེ། དེ་ནི་སྤྲོས་པ་ལྡོག་པའི་དོན་དུ་བསྟན་པའི་ཕྱིར་ཏེ། ཚིག་གསལ་ལས། ཁྱོད་ལ་སྟེར་བའི་ཟོང་ཅིའང་མེད་ཅེས་སྨྲས་པ་ལ། ཀྱི་བདག་ལ་ཅིའང་མེད་པ་ཞེས་བྱ་བའི་ཟོང་དེ་བྱིན་ཅིག་ཟེར་ན། དེ་ལ་ཟོང་མེད་པར་འཛིན་དུ་གཞུག་པར་ཐབས་གང་གིས་ནུས། སྟོང་པ་ཉིད་དུ་ཞེན་པའང་དེ་དང་འདྲ་བར་གསུངས་པ་ལྟར་ཤེས་པར་བྱ་སྟེ། མདོར་ན་དངོས་པོ་རང་བཞིན་མེད་པའི་འཛིན་སྟངས་དང་བཅས་པ་རྣམ་གྲངས་པའི་དོན་དམ་གྱི་ཡུལ་ཅན་དང་། ཕྱི་མ་ལྟར་ཁས་ལེན་དང་སྤྲོས་པ་བྲལ་བ་གང་ཡིན་ལས་དོན་གྱི་གནད་ཤན་ཕྱེད་དགོས་ཀྱི། རང་བཞིན་མེད་པ་སོགས་ཀྱི་ཚིག་རིས་ཙམ་ལས་ངོས་མི་ཟིན་ནོ། །དེས་ན་ཐལ་རང་གི་འཆད་ཚུལ་ལྟོ་སྦྱར་ཏེ། མཐར་ཐུག་གི་དགོངས་གནད་སྤྲོས་བྲལ་དུ་གཅིག་ཀྱང་། ཇེས་ཐོབ་ཤན་འབྱེད་ཆེ་རང་རྒྱུད་པ་ལྟར་དོན་དམ་ལ་གཉིས་སུ་ཕྱེ་བ་བདེ་ཞིང་། མཉམ་གཞག་མི་རྟོག་པའི་ཡེ་ཤེས་ལ་འཇུག་པ་ན་ཕྱེ་མི་དགོས་པར་སྤྲོས་བྲལ་ཆེན་པོར་བསྒྲུབ་པ་ཉིད་ཡིན་པར་ཤེས་ན་དབུ་མའི་གནད་མཐར་ཐུག་ཟིན་ནུས་ཀྱི་གཞན་དུ་དཀའོ། །དེའང་རྣམ་གྲངས་པའི་དབང་དུ་ན་སྐྱེ་བ་དང་སྐྱེ་མེད་ཅེས་པ་དེ་དག་ཕན་ཚུན་ལྟོས་ནས་བཞག་པ་ཙམ་སྟེ། གཉིས་ཀའང་རིགས་པས་དཔྱད་ན་མ་གྲུབ་པར་མཚུངས་པ་ལ། ཞེན་ཡུལ་སུན་ཕྱུང་ནས་བཞིན་དུ་སྐྱེ་མེད་ལ་དེར་འཛིན་མཐར་ཡང་མི་གཏོང་ན་དངོས་པོའི་ཆོས་ཉིད་དབང་བཙན་པར་མ་སོང་བས་སྐྱེ་སོགས་ཀྱི་ཞེན་པའང་སྤོང་བར་མི་འགྱུར་རོ། །དེ་ལ་འདི་སྐམ་དུ། བུམ་མེད་དུ་འཛིན་པ་ལྟ་བུ་ལའང་དགག་བྱ་བུམ་པའི་རྣམ་པ་དང་། དེ་བསལ་བའི་རྟོག་པ་གཉིས་མེད་པར་དེར་འཛིན་མི་ཤེས་ཀྱང་། དེའི་རྟོག་པ་ནི་དགག་རྐྱང་གི་ཡུལ་ཅན་ཡིན་ཏེ།

latter, all constructs are dissolved. Emptiness has been explained as a designation used when nothing whatsoever is seen. Therefore, once certain about that, one should not let the words 'absence of nature' produce any attachment, for they have been taught for the purpose of countering constructs. Understand this in the way of the *Lucid Words,* which compares the following example with the attachment to emptiness:

> If someone tells a person, "I have absolutely no merchandise to give you," and that person answers, "Oh, then give me that merchandise called Absolutely No," how then will it be possible to get that person to understand that there isn't any merchandise?

In short, the subjective apprehension that entities are without nature, the categorized ultimate, must be distinguished from the latter freedom from claims and constructs by means of the key point of the meaning. Merely the pattern of words—absence of nature and so forth—is not sufficient for an identification. As a result, the explanations of the Consequence and the Autonomy embrace one another, and the final key points of their realizations are one within simplicity. Nevertheless, during the ensuing attainment when discernments are being made, it is convenient to divide the ultimate into two as the Autonomy does. When entering into the non-conceptual wakefulness of the equipoise, there is no need for division, for [it] is indeed established as the great freedom from constructs. Knowing this, one will be able to seize the final key point of the Middle Way, and that would be difficult any other way.

As categorizations, origination and absence of origination are merely posited in mutual reliance, and when investigated by reasoning, both are equally unestablished. If, despite being able to disprove it, one does not eventually dispose of the fixation on absence of origination, then [the experience of] the intrinsic nature of entities will not gain impetus and the attachment to origination will not be relinquished either.

It might be thought: "Let us consider, for instance, the apprehension of absence of vase. Apprehending that will not be possible without both the negandum—the vase's features—and the thought that excludes those. That which conceives of the [absence of vase] is a subject making a plain

བྱམས་པས་དབེན་པའི་ཕྱོགས་སུ་བྱམས་པ་ཐ་སྙད་དུའང་མེད་པས་སྟོང་ཉིད་འབྱུང་ཟུང་འཇུག་གི་དོན་མེད་ལ། སྐྱེ་སོགས་ཐ་སྙད་དུ་ཡོད་ཀྱང་བདེན་པའི་སྐྱེ་མེད་ཡིན་པ་དེ་ནི་སྟོང་ཉིད་འབྱུང་གི་གནས་ལུགས་ཡིན་ལ། དེ་དང་མཐུན་པའི་བློ་ཡིན་པས་སྐྱེ་མེད་དུ་འཛིན་པ་ནམ་ཡང་བཟློག་པར་མི་རུང་སྙམ་པའང་ལེགས་པ་མིན་ཏེ། ཟུང་འཇུག་ཡིན་པས་ན་དེའི་ངོ་བོ་ཇི་ལྟ་བ་ནི་སྨྲ་བརྗོད་དང་བྲལ་བར་གནས་ཀྱི། གཞན་དུ་ན་དམིགས་པར་བྱར་ཡོད་པར་ཡང་ཅིས་མི་འགྱུར། འོན་ཀྱང་རྣམ་པར་རྟོག་པས་སྣང་སྟོང་སྦྱར་ཏེ་བཟུང་བ་ཙམ་ནི་གནས་ལུགས་མཐར་ཐུག་དང་མཐུན་པའི་བློར་མི་འགྱུར་རོ། །དེའང་དོན་དམ་ལ་དཔྱོད་པའི་རིགས་པས་དཔྱད་ན་མི་བཟློག་པའི་ཐ་སྙད་ཀྱི་སྐྱེ་བ་དང་། དེའི་སྟེང་གི་སྐྱེ་མེད་གཉིས་གང་ཡང་མི་རྙེད་པར་མགོ་མཉམ་པའི་ཕྱིར་རྣམ་གྲངས་མིན་པའི་དོན་དམ་གྱི་སྐབས་འདིར་ཐལ་རང་དགོངས་པ་གཅིག་ཏུ་གྱུར་པ་ཡིན་ནོ། །གལ་ཏེ་སྒྲ་དོན་གྱི་རྣམ་པར་རྟོག་པས་རང་བཞིན་མེད་ཅེས་འཛིན་པ་སོགས་ལོག་པས་གནས་ལུགས་མི་མཐོང་ན་འཕགས་པ་རྣམས་ཀྱིས་ཀྱང་རྟོག་པ་དང་བྲལ་བའི་མངོན་སུམ་གྱིས་གནས་ལུགས་གཟིགས་པར་དཀའ་འོ། །འོན་ཏེ་སོ་སྐྱེའི་ས་ན་བསྒོམ་པ་དེ་ལས་འོས་མེད་སྙམ་ནའང་རྣམ་པར་མི་རྟོག་པ་རྗེས་མཐུན་བསྐྱེད་དུ་ཅིའི་ཕྱིར་མེད། དེ་ལྟར་མི་ནུས་པས་རེ་ཞིག་འཛིན་སྟངས་མི་འདོར་སྙམ་ན། བཙན་ཐབས་ཀྱིས་དེ་འདོར་དུ་འཇུག་པ་སུ་ཞིག་ཡོད་དེ། འོན་ཀྱང་ཆོས་ཉིད་བསམ་གྱིས་མི་ཁྱབ་པའི་ཚུལ་ལ་ཡིད་ཆེས་བསྐྱེད་དགོས་ཀྱི། ཟབ་མོ་ཅིའི་ཕྱིར་ན་རྟོག་གེའི་ཡུལ་མ་ཡིན་སྙམ་དུ། ཡེ་ཤེས་དམ་པའི་སྤྱོད་ཡུལ་རྣམ་ཤེས་ཀྱི་ཡུལ་དུ་ཁྲིད་ན་དེ་བཞིན་གཤེགས་པའི་བསྟན་པའི་སྙིང་པོའི་གནད་ཉམས་པར་འགྱུར་བས་ན་རང་གི་བློ་ལ་སྦྱར་བདེ་བའི་ཕྱོགས་བཟུང་ནས་ཟབ་མོའི་ཆོས་སྤོང་བར་མི་བྱ་སྟེ།

negation. At a location devoid of vase, no vase exists even conventionally, so [this] is not the meaning of the unity of emptiness and dependent origination. Although origination and so forth exist conventionally, there is no true origination—that is the abiding condition of emptiness and dependent origination. Since when apprehending the absence of origination the mind is in accord with the [abiding condition], a reversal of that [way of apprehending] could never be suitable."

But that is not right either. Since [emptiness and dependent origination] are a unity, the essential nature cannot be described exactly as it is. If it could, why wouldn't it be observable as well? In any case, the apprehension that results from a thought that joins appearance and emptiness is not a mind in harmony with the final abiding way. Investigations using the reasoning examining the ultimate find no sort of unrefuted conventional origination whatsoever, just as they do not find any sort of absence of origination that is based on that either. In the context of the uncategorized ultimate, the realizations of the Consequence and the Autonomy have therefore become identical. If the abiding way could not be seen in the reversal of such apprehensions as absence of nature, which are due to the concepts of words and meanings, then that vision would also be unlikely to arise through the non-conceptual direct perception of the noble ones.

It might then be thought: "Nevertheless, on the level of an ordinary individual, anything other than the meditation [on ultimate nonexistence and relative existence described before] would be inappropriate." Yet why shouldn't it be possible to give rise to an approximation of nonconceptuality? It might be argued that for as long as one is not capable of such [an approximation], the modes of apprehending [must] be temporarily retained. However, although it's obvious that no one will force someone to abandon [apprehensions], one must nevertheless, develop trust in the inconceivable way of the intrinsic nature.

Some might then wonder why the profound is not an object of dialectics. Treating the domain of the sacred wakefulness as an object of consciousness will be violating the essential key point of the teaching of the Thus Gone One. Therefore, one should not abandon the profound Dharma by holding onto a convenient position that is compatible with one's

བདེན་གཉིས་ཀྱི་ཚུལ་ལ་རིང་དུ་འདྲིས་པར་བྱས་ན་ཡེ་ཤེས་དང་རྗེས་སུ་མཐུན་པའི་བཟོད་པ་སྐྱེ་ལ། དེའི་ཚེ་བློ་འདས་ལ་ཡིད་ཙུང་ཟད་ཅེས་ནས་གོམས་པའི་དབང་གིས་གདོང་མངོན་དུ་འགྱུར་རོ་ཞེས་རྒྱལ་བ་སྲས་བཅས་ཀྱིས་དབུགས་དབྱུང་བའི་གསུང་གི་ཚུལ་ལ་བསམས་ཏེ་ཚུར་མཐོང་ཙམ་ལ་རེ་བའི་བློས་ཨུ་ཚུགས་དང་ཞུམ་པ་གཉིས་ཀ་སྤོངས་ལ་བསམ་གྱིས་མི་ཁྱབ་པའི་ཡེ་ཤེས་ཀྱི་ཚུལ་ལ་རིམ་བཞིན་འཇུག་པར་འཚལ་ལོ། །ལང་ཀར་གཤེགས་པ་ལས་ཀྱང་། ཡོད་པའི་རྣམ་དྲངས་མེད་པ་སྟེ། །ཡོད་པའང་མེད་པའི་རྣམ་དྲངས་སོ། །དེ་བས་མེད་པར་བརྗོད་མི་བྱ། །ཡོད་པ་ཉིད་དུའང་མི་བརྟག་གོ །གང་ལ་ཅི་ཡང་མི་སྐྱེ་བ། །ཅི་ཡང་འགག་པར་མི་འགྱུར་ཏེ། །འཇིག་རྟེན་རྣམ་པར་དབེན་མཐོང་བ། །དེ་ལ་ཡོད་དང་མེད་པ་མེད། །ཅེས་གསུངས་ཤིང་། གཞན་སྡེ་གཞོན་ནུ་མ་ལེན་ལ་སོགས་པ་དག་ཀྱང་། འོ་མ་ལ་ཞོ་མེད་པ་སྔ་ན་མེད་པ། ཞོ་ལ་འོ་མ་མེད་པ་ཞིག་ནས་མེད་པ། རི་བོང་གི་མགོ་ལ་རྭ་མེད་པ་གཏན་ནས་མེད་པ། བ་ལང་ལ་རྟ་མེད་པ་ཕན་ཚུན་གཅིག་ལ་མེད་པའོ། །ཞེས་མེད་པ་བཞི་པོ་དེ་དངོས་པོ་གཞན་འགྱུར་དུ་འདོད་པ་ཡིན་ནོ། །དེ་ལ་ཡོད་པའི་རྣམ་དྲངས་ནས་མེད་པ་བཞག་སྟེ་ཞིག་ནས་མེད་པ་ལ་སོགས་པ་གསུམ་ལྟ་བུའོ། །དེས་ན་དངོས་མེད་ཀྱང་དངོས་པོའི་རྣམ་དྲངས་ནས་བཞག་པ་ཡིན་ལ། གལ་ཏེ་མོ་གཤམ་དང་། སྤྱིར་བུ་ཡོད་པར་མ་ངེས་ན་མོ་གཤམ་གྱི་བུ་ཞེས་པའི་སྒྲ་བློ་ཙམ་པོ་དེའང་མེད་ལ་སྒྲ་བློ་ཙམ་ལ་བརྟེན་ནས་དེ་མེད་པའི་ཐ་སྙད་ཀྱང་བྱེད་དོ། །རི་བོང་རྭ་ལ་སོགས་པའང་དེ་དང་འདྲའོ། །མེད་པའི་རྣམ་དྲངས་ནས་ཡོད་པ་སྟེ། དཔེར་ན། སྐྱེ་བ་ཞེས་བྱ་བ་སྔ་ན་མེད་པའི་དབང་གིས་གྲགས་སོ།

concepts. Acceptance in accord with wakefulness arises from a long process of acquaintance with the character of the two truths. At that time, some small amount of trust in [the abiding way] beyond the mind will have occurred, and thus through familiarization the [natural condition] will become evident. This is what the Victorious Ones and their children have assured us. Please consider this, and give up both the stubbornness and the faintheartedness of the mind that puts its hopes in mere confined perception. I beseech you to gradually enter the way of inconceivable wakefulness. As is said in the *Ascent onto Laṅkā*:

> Nonexistence is derived in dichotomy with existence,
> And existence is derived in dichotomy with nonexistence as well.
> Therefore, do not speak of nonexistence,
> Or designate anything as existent.
> Where nothing whatsoever arises,
> Nothing whatsoever will cease.
> To the vision completely beyond the world,
> Nothing is, and nothing is not.

Other schools, such as that of Kumārila, speak of four types of nonexistence that are all asserted to be transformations of entities: the preceding nonexistence of yogurt in milk; the nonexistence, upon disintegration, of milk in yogurt; the absolute nonexistence of horns on the rabbit's head; and the mutual nonexistence of cow in horse and horse in cow. The [latter] three, of nonexistence upon disintegration and so forth, are examples of how nonexistence is set forth in dichotomy with existence. Therefore, non-entity is also set forth dichotomously in relation to entity. Unless the barren woman and the general existence of sons have been ascertained, the mere word-concept 'barren woman's son' will not be present. The convention of the nonexistence of such [a son] is based on that mere word-concept. The case is similar with respect to the rabbit's horns and other [such examples of the completely nonexistent].

Regarding existence being derived dichotomously from nonexistence, [consider this] example. So-called 'origination' is known as such because

།སྔོན་ཡོད་ན་ནི་སྐྱེ་བ་འགལ་ཏེ། ཡོད་པ་སྐྱེ་ན་སྐྱེས་པ་དེའང་སླར་སྐྱེ་བས་ཐུག་མེད་དུ་འགྱུར་རོ། །དེས་ན་ཡོད་མེད་བདེན་མི་བདེན་སྟོང་མི་སྟོང་སོགས་དེ་དག་ཐམས་ཅད་རྟོག་པའི་དབང་གིས་བཞག་པ་ཙམ་ལས་ཆོས་ཉིད་སྤྲོས་པ་བྲལ་བའི་གནས་ལུགས་མ་ཡིན་ལ། ནམ་རྣམ་པར་མི་རྟོག་པའི་ཡེ་ཤེས་ཐོབ་ནས་སྤྲོས་བྲལ་ལ་གནས་པ་ན། ཀུན་རྟོག་གཡོ་བའི་བདུད་ཀྱིས་ལས་རིང་དུ་འདས་ཤིང་རྒྱལ་བ་དགྱེས་པའི་ལམ་ལ་ཞུགས་པར་ཤེས་པར་བྱའོ། །དེ་སྐད་དུ་ཡང་ཕལ་པོ་ཆེ་ལས། ཕྲ་ལ་ཤེས་དཀའ་དྲང་སྲོང་ཆེན་པོའི་ལམ། །མི་རྟོག་རྟོག་ཡུལ་མ་ཡིན་བལྟ་བར་དཀའ། །རང་བཞིན་ཞི་ཞིང་འགག་མེད་འབྱུང་བ་མེད། །མཁས་གསལ་ཤེས་པས་ཁོང་དུ་ཆུད་པ་ཡིན། །ངོ་བོ་ཉིད་སྟོང་ཞི་ཞིང་སྡུག་བསྔལ་ཟད། །རྒྱུད་ལས་རྣམ་གྲོལ་མཉམ་པར་མྱ་ངན་འདས། །མཐའ་དང་དབུས་མེད་ཚིག་གིས་བརྗོད་དུ་མེད། །དུས་གསུམ་གྲོལ་བ་ནམ་མཁའ་འདྲ་ཞིང་མཚུངས། །ཞེས་དང་། དཀོན་མཆོག་བརྩེགས་པ་ལས། དོན་དམ་པར་ན་འཕགས་པའི་ཤེས་རབ་དང་ཡེ་ཤེས་ཀྱི་མདུན་ན་ཆོས་གང་ཡང་ཡོངས་སུ་ཤེས་པའམ། སྤང་བའམ། བསྒོམ་པའམ། མངོན་དུ་བྱ་བར་འགྱུར་བའི་ཆོས་གང་ཡང་མི་འདུག་གོ །ཞེས་དང་། ཀླུའི་རྒྱལ་པོ་རྒྱ་མཚོས་ཞུས་པ་ལས། སྔོན་མཐའ་སྟོང་ཞིང་ཕྱི་མའི་མཐའ་ཡང་སྟོང་། །སྐྱེ་དང་འཇིག་དང་གནས་པའི་དངོས་པོས་སྟོང་། །འདི་ནི་དངོས་པོ་ཡོད་མིན་དངོས་མེད་མིན། །གང་ཕྱིར་ཆོས་ཀུན་ངོ་བོ་ཉིད་ཀྱིས་སྟོང་། །ཞེས་དང་། བློ་གྲོས་རྒྱ་མཚོས་བསྟན་པའི་མདོ་ལས། ཚངས་པ་ཆོས་གང་ཡང་ཡོངས་སུ་མ་གྲུབ་པ་དེ་ཡོད་པ་ཉིད་དོ་ཞེའམ། མེད་པ་ཉིད་དོ་ཞེས་ཁས་མི་ལེན་ཏོ། །ཞེས་དང་།

of a preceding nonexistence. Preceding existence is incompatible with origination, for if what exists were to be born, whatever had already been born could be reborn ad infinitum. Existent and nonexistent, true and untrue, empty and not empty, and so forth—these are all merely posited due to concepts, and are not the abiding way of the intrinsic nature free from constructs. It should be understood that once the non-conceptual wakefulness has been achieved, there will be abidance in the freedom from constructs. Having gone far beyond the level of the demon of conceptual movement, one will have entered the path that delights the Victorious Ones. The *Great Host* states:

> The path of the Great Sage is subtle and difficult to comprehend.
> It is non-conceptual, no object of thought—difficult to see.
> Peaceful by nature, unceasing and unoccurring,
> It is realized by the mind of the lucid expert.
>
> Empty by its very essence, peace and the end of pain,
> Liberation from the mind-stream, suffering transcended within equality,
> Without extremes or center, inexpressible in words,
> The liberation of the three times resembles, and is equal to, space.

Moreover from the *Jewel Mound*:

> Ultimately, no property to be understood, given up, trained in, or actualized remains in any way whatsoever within the knowledge and the wakefulness of the noble one.

From the [*Sūtra*] *Requested by the Nāga King Sāgara*:

> All that was before is empty, and so is all that will be.
> Empty of entities that arise, remain, and cease,
> This does not exist as entity and it is not non-entity.
> Why? Because all phenomena are empty by their very essence.

From the *Sūtra Requested by Sāgaramati*:

> Brahmā, this total lack of establishment of any phenomena at all is not held to be existent or nonexistent.

ཡི་ཞེས་སྣང་བརྒྱན་གྱི་མདོ་ལས། དོན་འཚོལ་རྣམས་ཀྱིས་མཆིས་མི་བརྗོད། །མ་མཆིས་ཞེས་ཀྱང་བརྗོད་མི་བགྱི། །ལན་མེད་ཚིག་ལམ་མ་མཆིས་པ། །མི་བརྟེན་ཁྱོད་ལ་ཕྱག་འཚལ་ལོ། །ཞེས་དང་། ཡོན་ཏན་རིན་པོ་ཆེ་སྡུད་པ་ལས། གལ་ཏེ་མི་ཤེས་བཞིན་དུ་གཟུགས་སུ་འདུ་ཤེས་ཤིང་། །ཚོར་བ་སེམས་པ་རྣམ་ཤེས་ཕུང་པོར་སྤྱོད་བྱེད་ཅིང་། །ཕུང་འདི་སྟོང་ཞེས་རྟོག་ནའང་བྱང་ཆུབ་སེམས་དཔའ་ནི། །མཚན་མ་ལ་སྤྱོད་སྐྱེ་མེད་གནས་ལ་དད་མ་ཡིན། །ཞེས་དངོས་དངོས་མེད་གང་དུ་ཞེན་ཀྱང་མི་རུང་བར་བསྟན་པ་དང་། གང་ཞིག་ཡོད་པ་མ་ཡིན་དེ་ནི་མེད་ཅེས་བྱ། །བྱིས་པ་རྣམས་ཀྱིས་དེ་བརྟག་ཡོད་དང་མེད་པར་བྱེད། །ཡོད་དང་མེད་པ་འདི་གཉིས་མེད་པའི་ཆོས་ཡིན་ཏེ། །བྱང་ཆུབ་སེམས་དཔའ་གང་གིས་འདི་ཤེས་ངེས་པར་འབྱུང་། །ཞེས་མཐའ་གཉིས་སྤངས་པའི་ཤེར་ཕྱིན་གྱིས་ལྟ་ཀུན་ལས་ངེས་པར་འབྱུང་བ་བསྟན་པ་དང་། སྐྱེ་བ་མེད་དང་སྐྱེ་བ་གཉིས་ཀར་མི་རྟོག་པ། །འདི་ནི་ཤེས་རབ་ཕ་རོལ་ཕྱིན་མཆོག་སྤྱོད་པ་ཡིན། །ཞེས་གསུངས་ཤིང་། རྒྱན་སྟུག་པོ་བཀོད་པ་ལས། ལྟ་བ་ཇི་སྙེད་གང་ཡང་རུང་། །ལུས་ཅན་རྣམས་ལ་ཡོད་པ་ཡི། །ལྟ་བ་རྣམ་པར་སྤང་བའི་ཕྱིར། །སྟོང་པ་ཉིད་ཀྱི་ཚུལ་བསྟན་ཏོ། །སྟོང་པ་ཉིད་ཀྱི་ལྟ་ཐོས་ཀྱང་། །ལ་ལའི་ལྟ་བ་མ་ཞིག་ན།

From the *Sūtra of the Ornament of the Appearances of Wakefulness*:

Those mastering the meaning speak not of being,
Nor of any absence of being.
There is no answer; [this] is not the path of words.
I prostrate to you, the unsupported.

From the *Gathering of Precious Qualities*:

While ignorantly conceiving of form
And engaging in the aggregates of sensation, attention, and consciousness,
The Bodhisattva may think, "These aggregates are empty,"
Yet he is engaged in attributes and does not have faith in the way of no origination.

Thus it teaches that [all] attachment is inappropriate, regardless of whether it is to entity or non-entity. Moreover:

"That which does not exist is nonexistent."
So the childish will say, operating with existence and nonexistence.
Existence and nonexistence are both phenomena of no existence.
The Bodhisattva who understands this emerges definitively.

Thus it teaches that through the transcendent knowledge in which the two extremes are abandoned, one emerges definitively, beyond all views. Furthermore, it proclaims:

Not conceiving of origination or absence of origination—
This is the supreme transcendent knowledge.

From the *Array of Dense Ornamentation*:

In order for any sort of view—
[Any] view held by corporeal beings—
To be entirely abandoned,
The way of emptiness was taught.

If, despite the investigation of emptiness,
The view of some is not destroyed,

།གསོར་མི་རུང་བའི་ལྟ་ཅན་ཏེ། །སྨན་པས་བཏང་བའི་ནད་པ་བཞིན། །ཇི་ལྟར་བསྲེག་པ་ཅིག་པའི་མེ། །བསྲེག་པ་མེད་པས་མི་གནས་སོ། །དེ་བཞིན་བསྲེག་བྱ་ལྟ་ཅིག་ན། །སྟོང་ཉིད་མེ་ཡང་འགག་པར་འགྱུར། །ལྟ་བ་འགོག་པའི་དུས་སུ་ཡང་། །ཡེ་ཤེས་ཡང་དག་མི་འབྱུང་སྟེ། །ཉོན་མོངས་ཐམས་ཅད་སྲེག་པར་བྱེད། །ཉོན་མོངས་བསྲེགས་པས་རྣམ་པར་མཛེས། །ཞེས་དང་། འཕགས་པ་བློ་གྲོས་མི་ཟད་པས་བསྟན་པ་ལས། དེ་ལ་ཀུན་རྫོབ་ཀྱི་བདེན་པ་གང་ཞེ་ན། འཇིག་རྟེན་གྱི་ཐ་སྙད་ཇི་སྙེད་པ་དང་ཡི་གེ་དང་སྐད་དང་བརྡ་བསྟན་པའོ། །དོན་དམ་པའི་བདེན་པ་ནི། གང་ལ་སེམས་ཀྱི་རྒྱུ་བའང་མེད་ན་ཡི་གེ་རྣམས་ལྟ་སྨོས་ཀྱང་ཅི་དགོས། ཞེས་གསུངས་ཏེ། འདིར་བྱེད་པའི་སྒྲུབ་པ་ཡོངས་སུ་གཟུང་སྟེ། འདི་ལྟར་སྣོད་བཅུད་ཀྱི་འཇིག་རྟེན་སྣང་བྱའམ་ཤེས་བྱ་གཟུགས་ལ་སོགས་པ་དང་། སྒྲོང་བའི་ངོ་བོའམ་ཤེས་པ་སྐྱེ་བདེ་བ་ལ་སོགས་པ་མདོར་ན་འཇིག་རྟེན་པའམ་ལུང་ལས་འབྱུང་བའང་རུང་སྟེ། འདི་ནི་ཤེས་པའོ། །འདི་ནི་ཤེས་བྱའོ། །འདི་ཡོད་དོ། །འདི་མེད་དོ་ལ་སོགས་པ་ཐ་སྙད་དུ་གདགས་ཏེ་སྐད་དང་ཡི་གེ་བརྗས་བརྗོད་དུ་རུང་བ་ཇི་སྙེད་པ་ཐམས་ཅད་ཀུན་རྫོབ་ཡིན་ལ། དོན་དམ་ལ་ནང་གི་ཡིད་ཀྱིས་རྗོད་པ་དང་། ཕྱི་རོལ་ཏུ་ངག་གི་རྗོད་པ་གཉིས་དང་བྲལ་བའོ། །ཇི་ལྟར་ཡིད་ཀྱིས་རྗོད་པ་ཡིན་སྙམ་ན། ཡིད་ཀྱིས་བརྒྱ་བྱིན་ལ་ཆོས་མངོན་པར་བཤད་པ་དང་། ཡིད་ཀྱིས་ཚིགས་སུ་བཅད་པའི་ལན་བཏབ་པ་མདོ་ལས་འབྱུང་བ་ལྟ་བུའོ། །ཡང་། མདོ་སྡུང་འདུས་ཆེན་པོ་ལས།

Then their view is incurable—
They resemble those whom medicine has made sick.

The fires that burn what is to be burned
Do not remain when there is nothing left to burn.
Just so, once the views to be burned have been consumed,
The fires of emptiness will come to an end as well.

Still, at the time when views are brought to cessation
The fire of authentic wakefulness will arise,
Consuming all afflictions.
With afflictions consumed, there is perfect beauty.

From the *Noble [Sūtra] Taught by Akṣayamati*:

> If it is asked what the relative truth is, then it has been taught to be all that is mundane convention, as well as syllables, language, and indications.
>
> As for the ultimate truth, there is no movement of the conceptual mind whatsoever, so it is needless to mention syllables.

Here, the relative includes anything achieved by action. It is the world of the vessel and the world of [the beings who are its] contents; it is all that can be experienced or cognized—form and so forth—as well as the essences of experience or cognition—pleasure and so forth. In short, this implies, regardless of whether the source is the mundane or an authoritative statement, [the inclusion of] all that is thought to be and is conventionally designated as cognition or objects of cognition, existence or nonexistence, and so forth. [It] is, without exception, all that is suited for expression by means of language, syllables, or indications.

As for the ultimate, there are neither internal expressions of mind, nor external expressions of voice. One may wonder what is meant by the expressions of mind. It refers to, for instance, the teaching of the Abhidharma given to Indra through the mind, and to the stanzas given in reply by means of the mind, as it is described in the sūtras. From the *Sūtra of the Great Transcendence of Suffering*:

རིགས་ཀྱི་བུ་བྱམས་པ། གང་ཞིག་ཡོད་པ་དང་མེད་པ་དང་། ཡོད་པའང་མ་ཡིན་མེད་པའང་མ་ཡིན་པ་དང་བཅས་དེ་ནི་ཉན་ཐོས་དང་རང་སངས་རྒྱས་ཐམས་ཅད་ཀྱིས་དཔག་ནུས་པ་མ་ཡིན་ནོ། ཞེས་དང་། མདོ་ཏིང་ངེ་འཛིན་དམ་པ་ནས། སྔོན་སྟོན་པ་མང་དུ་ཐོས་པའི་སྐྱེ་བོར་གྱུར་ཆེ་འཛམ་དཔལ་དང་བརྩད་དེ། འཛམ་དཔལ་གྱིས་ཡོད་པ་དང་། སྟོན་པས་མེད་ཅེས་སྨྲས་ཏེ་ཡོད་མེད་ཀྱི་བདེན་པ་ལ་རྩོད་པར་གྱུར་ཏེ་གཅིག་ཏུ་མ་ཆད་དེ། །མཐའ་མ་ཆེ་འཕོས་ནས་བསྐལ་པ་གྲངས་མེད་ཀྱི་བར་དུ་ལྕགས་ཀྱི་ཐོ་ལུམ་ཟ་བའི་དམྱལ་བར་སྐྱེས། དེ་ལས་ཐར་ཏེ་སངས་རྒྱས་འོད་སྲུངས་དང་ཕྲད་ནས་འོད་སྲུངས་ཀྱིས་ཡོད་པ་དང་མེད་པའི་བདེན་པ་གཉིས་འདི་སྐད་དུ་བཤད་དོ། །ཆོས་ཐམས་ཅད་ཀྱི་རང་བཞིན་ནི་གཅིག་ཏུ་ངེས་ཤིང་ཆད་པ་མེད་དེ། ཁྱོད་ཡོད་པ་དང་མེད་པར་སྨྲ་བ་ནི་དོན་དེ་ལྟ་བུ་ནི་མ་ཡིན་ནོ། །དེ་ཅིའི་ཕྱིར་ཞེ་ན། ཆོས་ཐམས་ཅད་སྟོང་པ་ཉིད་ཀྱིས་ཞི་བ་སྟེ། བདེན་པ་འདི་གཉིས་ནི་ཡོད་པའང་མ་ཡིན་ལ་མེད་པའང་མ་ཡིན་ཏེ། ཁྱོད་ཤེས་པ་ནི་ཡི་གེའི་དོན་ཤེས་པར་ཟད་ཀྱི། དོན་ཟབ་མོ་མི་ཤེས་པས་དོན་འདི་ལྟ་བུ་ལ་ཁྱོད་དམུས་ལོང་ངམ་འོན་པ་ལྟ་བུ་ཡིན་ན། དོན་ཟབ་མོ་འདི་ལྟ་བུ་ཇི་ལྟར་ཤེས་ཤིང་རྟོགས་པར་འགྱུར་ཞེས་བཤད་པ་ཐོས་ནས། དབེན་པར་ཞག་བདུན་ཏིང་འཛིན་བྱས་པས་སྟོང་པ་ཉིད་ཁོང་དུ་ཆུད་པར་གསུངས་པ་ལྟར། སྣང་སྟོང་རིས་སུ་མ་ཆད་པའི་དབུ་མ་མཐའ་བྲལ་ལ་མཉམ་པར་བཞག་ན་ལེགས་ཀྱི། ཆོས་དབྱིངས་སྟོང་པ་ཉིད་མཐའ་ཐམས་ཅད་དང་བྲལ་བར་ཡོད་མེད་ཀྱི་སྤྲོས་པའི་ཕྱོགས་བཟུང་ནས། ཕན་ཚུན་དགྲ་བཞིན་ལྟ་བའི་རྩོད་པ་ཅན་བོད་ན་མང་ཡང་ཕྱོགས་ལྷུང་དང་བྲལ་བར་བདེ་བར་གཤེགས་པའི་གཞུང་ལམ་སྲོང་བ་དག་ཨེ་མ་སྐལ་པ་བཟང་ངོ་། །དེ་ལྟར་མདོ་སྡེ་རྣམས་ཀྱིས་བསྟན་པའི་དོན་དེ་ཉིད་ཀློ་གྲོས་བཟང་པོ་འཕགས་པ་ཀླུས་ཀྱང་གསུངས་པ། གལ་ཏེ་དངོས་པོ་མ་གྲུབ་ན། །དངོས་པོ་མེད་པ་འགྲུབ་མི་འགྱུར།

> Maitreya, son of noble family, that which is neither existent nor nonexistent and that which is neither both nor neither cannot be deduced by the Listeners or the Self-realized Buddhas.

The *Sūtra of the Sacred Absorption* relates the following: In the past, when the Teacher had been born as a [monk of] vast learning, he debated with Mañjuśrī. Mañjuśrī claimed existence and the Teacher claimed nonexistence, so they debated about the truths of existence and nonexistence but failed to resolve [their argument]. When [the coming Buddha's] life had finally run out, he was born in a hell where iron balls are eaten [and lived there] for countless eons. Once free from that he met the Buddha Kāśyapa, and Kāśyapa explained the two truths of existence and nonexistence like this: "The intrinsic nature of all phenomena cannot be ascertained and determined to be one thing or the other. You hold existence and nonexistence, but reality is not like that. Why not? Because, due to emptiness, all phenomena are peace. These two truths are not existence and they are not nonexistence either. What you know is but the knowledge of letters; you have not understood the profound meaning. To such a meaning you are as if blind or deaf. How will you ever understand and realize a meaning so profound?" Having heard this, he took to a place of solitude, and after training in absorption for seven days he realized emptiness.

As it is so explained, it is good to let go in the equipoise of the Middle Way that is beyond extremes and does not separate appearance from emptiness. There are many in Tibet who, with regard to the basic space of phenomena free from extremes, will take a position that supports the constructs of existence and nonexistence, and then argue, perceiving each other as enemies. Yet, those who straightforwardly proceed on the path of the Bliss Gone One without bias possess the most wondrous, excellent fortune indeed.

The very meaning that is taught by the sūtras is also explained by Excellent Intelligence, noble Nāgārjuna:

> If entity is not established,
> Non-entity will not be established either.

།དངོས་པོ་གཞན་དུ་གྱུར་པ་ནི། །དངོས་པོ་མེད་ཅེས་སྐྱེ་བོ་སྨྲ། །ཞེས་དངོས་པོ་གཞན་གྱུར་ལ་འཇིག་རྟེན་ན་མེད་པར་གྲགས་པ་སྟེ་ན་མེད་པ་སོགས་གོང་དུ་བཤད་པ་བཞིན་ནོ། །ཡང་སློབ་དཔོན་དེ་ཉིད་ཀྱིས། བློ་ཆུང་གང་དག་དངོས་རྣམས་ལ། །ཡོད་པ་ཉིད་དང་མེད་ཉིད་དུ། །ལྟ་བ་དེ་ནི་བལྟ་བྱ་བ། །ཉེ་བར་ཞི་བ་ཞི་མི་མཐོང་། །ཞེས་དང་། ཡོད་ཅེས་བྱ་བ་རྟག་པར་འཛིན། །མེད་ཅེས་བྱ་བ་ཆད་པར་ལྟ། །དེ་ཕྱིར་ཡོད་དང་མེད་པ་ལ། །མཁས་པས་གནས་པར་མི་བྱའོ། །ཞེས་དང་། ཐམས་ཅད་ཡང་དག་ཡང་དག་མིན། །ཡང་དག་ཡང་དག་མ་ཡིན་ཉིད། །ཡང་དག་མིན་མིན་ཡང་དག་མིན། །དེ་ནི་སངས་རྒྱས་རྗེས་བསྟན་པའོ། །ཞེས་དང་། གང་དག་བདག་དངོས་གཞན་དངོས་དང་། །དངོས་དང་དངོས་པོ་མེད་མཐོང་བ། །དེ་དག་སངས་རྒྱས་བསྟན་པ་ལ། །ཡང་དག་མཐོང་བ་མ་ཡིན་ནོ། །ཞེས་དང་། གང་དག་བརྟེན་ནས་དངོས་པོ་རྣམས། །ཆུ་ཡི་ཟླ་བ་ལྟ་བུར་ནི། །ཡང་དག་མ་ཡིན་ལོག་མིན་པར། །འདོད་པ་དེ་དག་ལྟས་མི་འཕྲོག །ཅེས་དང་།

The transformation of an entity
Is what people call absence of entity.

Transformations of entities become known to the world as nonexistence, as was explained above in the context of the preceding nonexistence and so forth. The same master explains further:

The feeble-minded look at entities
As existing and not existing.
They do not see the complete pacification
Of any view that could be had.

Also:

'Existence' is the apprehension of permanence,
'Nonexistence' is the view of annihilation.
Therefore, the one who is skilled does not
Remain within existence or nonexistence.

And:

All is authentic and inauthentic,
Authentic and indeed not authentic,
Neither inauthentic nor authentic—
That is the teaching of the Buddha.

Also:

Those who see entities in the form of self and other,
And who see entities and non-entities,
Do not authentically see
The teaching of the Buddha.

Furthermore:

All dependent entities
Are like the moon in water—
Not authentic and not wrong.
Those who so assert will not be ruined by views.

ཐམས་ཅད་རྟག་མིན་མི་རྟག་པའང་། །ཅི་ཡང་མེད་དེ་དེ་རྟག་ན། །དངོས་ཡོད་རྟག་དང་མི་རྟག་པར། །འགྱུར་ན་དེ་ནི་ག་ལ་ཡོད། །གང་ཅི་བརྗོད་པ་ཐམས་ཅད་ནི། །ངོ་བོ་ཉིད་ཀྱིས་སྟོང་རིག་བྱ། །སྟོང་ཞེས་བྱ་བ་དེ་ཡང་སྟོང་། །འདི་ལྟར་མི་སྟོང་ཡོད་མ་ཡིན། །ཞེས་དང་། སུ་ལ་སྟོང་ཉིད་འདི་འབྱུང་བ། །དེ་ལ་དོན་རྣམས་ཐམས་ཅད་འབྱུང་། །སུ་ལ་སྟོང་ཉིད་མི་འབྱུང་བ། །དེ་ལ་ཅི་ཡང་འབྱུང་བ་མེད། །ཅེས་དང་། རྒྱལ་བ་ཀུན་གྱིས་སྟོང་པ་ཉིད། །ལྟ་ཀུན་ངེས་པར་འབྱིན་པར་གསུངས། །གང་དག་སྟོང་པ་ཉིད་ལྟ་བ། །དེ་དག་བསྒྲུབ་ཏུ་མེད་པར་གསུངས། །ཞེས་དང་། ལས་དང་ཉོན་མོངས་རྣམ་རྟོག་ལས། །དེ་དག་སྤྲོས་ལས་སྤྲོས་པ་ནི། །སྟོང་པ་ཉིད་ཀྱིས་འགག་པར་འགྱུར། །ཞེས་དང་། བརྗོད་པར་བྱ་བ་ལྡོག་པ་སྟེ། །སེམས་ཀྱི་སྤྱོད་ཡུལ་ལྡོག་པས་སོ། །མ་སྐྱེས་པ་དང་མ་འགགས་པ། །ཆོས་ཉིད་མྱ་ངན་འདས་དང་མཚུངས། །ཞེས་དང་།

In addition:

Nothing is permanent, and likewise,
Nothing whatsoever is impermanent.
If permanent, entities that were permanent and impermanent would exist,
And how could that ever be the case?
Be aware that whatever is expressed
Is empty by its very essence.
The so-called empty is also empty,
And hence there is nothing that is not empty.

Moreover:

For whoever achieves this emptiness,
All purposes are achieved.
For whoever does not achieve this emptiness,
Nothing whatsoever is achieved.

And:

All the Victorious Ones have taught emptiness
As deliverance from all views.
They have explained that nothing can be accomplished
For those whose view is emptiness.

Furthermore:

Karmic actions and afflictions are due to thoughts.
They proliferate due to constructs,
And are brought to an end by emptiness.

Also:

The objects of expression are reversed,
For the objects of mental engagement are reversed.
Unborn and unceasing,
The intrinsic nature equals the transcendence of suffering.

And:

གཞན་ལས་ཤེས་མིན་ཞི་བ་དང་། །སྤྲོས་པ་རྣམས་ཀྱིས་མ་སྤྲོས་པ། །རྣམ་རྟོག་མེད་དོན་ཐ་དད་མེད། །དེ་ནི་དེ་ཉིད་མཚན་ཉིད་དོ། །ཞེས་གསུངས་སོ། །གཉིས་པ་སྒྲ་རྟོག་ཀུན་རྫོབ་ཀྱི་སྤྱོད་ཡུལ་ཡིན་པར་བསྟན་པ། རྣམ་པར་རྟོག་ལ་བརྟེན་ན་ཡང་། །ཀུན་རྫོབ་པར་འགྱུར་ཡང་དག་མིན། །ཞེས་གསུངས་ཏེ། གལ་ཏེ་དོན་དམ་པ་རང་གི་ངོ་བོ་སྒྲ་རྟོག་གི་ཡུལ་ལས་འདས་ཀྱང་། ཐོག་མེད་གོམས་པའི་དབང་གིས་སྣང་བ་བསླུ་མེད་དུ་འཆར་བ་འདི་དག་དགག་སྒྲུབ་ཀྱི་ཡུལ་ཉིད་དུ་བཟུང་ནས། **རྣམ་པར་རྟོག**་པ་**ལ་བློ་བརྟེན**་པར་བྱས་ཏེ་ཡོད་མེད་ལ་སོགས་པ་ཉིད་དུ་སེམས་པས་ན། དོན་དེ་ཉིད་བློ་ལ་བསྐྱེད་པའི་ཕྱིར་སྐྱེ་མེད་ལ་སོགས་པའི་སྒྲ་སྦྱོར་བ་ཡོད་དོ་ཞེ་**ན་ཡང་**། དེ་ལྟར་ཡོད་མེད་ཀྱི་རྣམ་པར་རྟོག་པ་ཙམ་ནི་ཡུལ་གྱི་ངོ་བོ་མ་ཡིན་པ་རྟོག་པའི་གཟུགས་བརྙན་ཙམ་ཡིན་པས་ཤེས་པ་ལས་ལོགས་སུ་མེད་ལ་ཤེས་པ་ཉིད་ཡང་དག་པམ་ཡིན་པར་དཔྱད་མ་ཟིན་ནམ། གཞན་ཡང་ཡུལ་གྱི་གནས་ལུགས་མ་མཐོང་བའི་བློ་ནི་ཀུན་རྫོབ་ཀྱི་ངོ་བོ་ཡིན་ལ། དེའི་སྤྱོད་ཡུལ་སྒྲོ་བཏགས་པའི་ངོ་བོ་ཀུན་རྫོབ་པ་ཡིན་པས་མི་སྐྱེ་བ་ལ་སོགས་པ་ནི་**ཀུན་རྫོབ་པར་འགྱུར་གྱི**། **ཡང་དག**་པ་**མིན**་ཏེ་ཤིང་ལ་སོགས་པའི་སྒྲ་དོན་བཞིན་ནོ། །དེའང་ཆོས་འདི་ཀུན་བརྟེན་ནས་འབྱུང་བ་ཡིན། བདེན་མེད་ཡིན། དེ་གཉིས་ཟུང་འཇུག་ཡིན། སྤྲོས་བྲལ་ཡིན་ཡང་དེ་དག་གི་སྒྲ་དོན་ཙམ་ལ་དམིགས་པའི་འཛིན་སྟངས་བསྐྱེད་པས་གནས་ལུགས་རྟོགས་པའི་གོ་མི་ཆོད་དེ། མིང་དེས་བརྗོད་པར་བྱ་བའི་དོན་དངོས་སམ་རྗེས་མཐུན་པ་མྱོང་ནས་སྤྲོས་པ་འགགས་པའི་རྣམ་པར་མི་རྟོག་པའི་ཡེ་ཤེས་བསྐྱེད་དགོས་པའི་ཕྱིར་རོ། །དེའི་ཕྱིར་ན།

Not known from elsewhere,
Peaceful and beyond the proliferation of constructs,
Non-conceptual and not a different meaning—
These are the characteristics of thatness.

How Word and Thought Are the Activity Sphere of the Relative

Second, when teaching how word and thought are the activity sphere of the relative, it is said:

When based on concept, it is still
Relative and not authentic. [72cd]

It may be said: "In the very essence of the ultimate, word and concept are transcended. Nevertheless, because of beginningless habituation, appearances unfailingly arise, and these can be taken as objects of negation and affirmation. Thus, ***when, based on*** and relying upon ***concept***, one thinks in terms of existence and nonexistence, words such as 'absence of origination' have their relevance in order that the meaning itself may be brought forth in the mind." Yet such mere thoughts of existence and nonexistence are not actual objects, but mere conceptual reflections. They are nothing other than cognition, and hasn't it already been determined that cognition is not authentic? Moreover, the mind that fails to see the abiding way of the object is in essence relative, and the object of its activity is a superimposition [that is also] relative in essence. Unborn and so forth, ***it is*** therefore ***still*** all ***relative and not authentic***, just like, for instance, the word-object 'tree'.

Although all phenomena may originate dependently, may be devoid of truth, may be the unity of the two truths, and may be simplicity, focusing on the mere word-objects of these [qualities] through a type of apprehension does not qualify as realization of the abiding way. Rather, the words must, either directly or through approximation, bring about the experience of their intended meaning, and thus give rise to the non-conceptual wakefulness that ends the constructs. This is why it is said:

དོན་དམ་བློ་ཡི་སྤྱོད་ཡུལ་མིན། །བློ་ནི་ཀུན་རྫོབ་ཡིན་པར་འདོད། །ཅེས་སྨྲོས། །དེ་ལ་དངོས་པོ་རང་བཞིན་མེད་པར་བསྟན་པ་ནི་མེད་པར་དགག་པ་སྟེ། མ་ཡིན་དགག་ནི་ཆོས་གཞན་གྱི་ངོ་བོ་སྒྲུབ་པས་དེ་འདྲ་ལ་ཟུང་འཇུག་གི་དོན་མེད་ལ། སྣང་བ་རང་བཞིན་མེད་པར་གདགས་པའང་། སྣང་བ་ལས་ལོགས་ན་སྟོང་རྒྱུ་ཡོད་པ་ལྟ་བུར་གོ་ན་མེད་དགག་ཟེར་ཡང་མ་ཡིན་དགག་ཏུ་སོང་བ་ཡིན་ལ། སྣང་བ་ཉིད་མེད་བཞིན་སྣང་བ་ནི་ཟུང་འཇུག་སྐྱེ་ངོ་མཚར་ཆེ་ཞིང་། དེ་ལྟར་སྣང་སྟོང་དབྱེར་མེད་བརྗོད་བྲལ་དུ་གནས་པས་ན་མཐར་ཐུག་གི་དོན་ལ་དགག་སྒྲུབ་དང་བྲལ་བས་བློ་ལས་འདས་པ་ཡིན་ནོ། །མདོ་ལས། དོན་དམ་པ་ལུས་ངག་ཡིད་ཀྱི་སྤྱོད་ཡུལ་དུ་འགྱུར་ན་དེ་ཀུན་རྫོབ་ཏུ་འགྱུར་གྱི། དོན་དམ་པར་མི་འགྱུར་བའི་ཚུལ་རྒྱ་ཆེར་གསུངས་སོ། །དེའི་ཕྱིར་ན་སྤྲོས་པའི་སྤྱོད་ཡུལ་དུ་དགག་བྱ་ཆོས་ཅན་སོ་སོ་ལ་ལྟོས་པའི་ཆོས་ཉིད་ཐ་དད་པ་ལྟ་བུའི་ཉི་ཚེ་བ་ནི། ཕྱོགས་དུས་ཀྱི་དབྱེ་བ་སོགས་རྣམ་པ་ཐ་དད་པའི་ཚུལ་དུ་གྲུབ་པ་ཡིན་ཞིང་བློས་བཏགས་པ་ཙམ་སྟེ། དེ་དག་ཀུན་རྫོབ་དང་གཉིས་ཆོས་ཀྱི་རང་བཞིན་ལས་མ་འདས་པས་ཆོས་དབྱིངས་མཉམ་པ་ཉིད་ཀྱི་དོན་མེད་ལ། ཆོས་ཐམས་ཅད་ཡེ་ནས་སྐྱེ་འགག་ལ་སོགས་པ་མེད་པའི་ཕྱིར་སྤྲོས་པ་ཐམས་ཅད་ལས་འདས་པའི་དབྱིངས་སུ་ཚུལ་གཅིག་ཅིང་། ཐ་དད་དང་གཉིས་སུ་བྱར་མེད་པར་རོ་མཉམ་པ་ཉིད་ནི་ཆོས་ཀྱི་དབྱིངས་ཞེས་བྱ་སྟེ། དེ་ཁོ་ན་ཉིད་ཉག་གཅིག་ཅེས་ཀྱང་བྱའོ། །གཉིས་པ་རྩོད་སྤོང་ལ། རང་བཞིན་སྟོང་པ་ཡིན་ན་ཀུན་གྱིས་མངོན་སུམ་རྟོགས་པར་ཐལ་བ། སྟོང་ཡང་མི་སྣང་ན་དེ་སུས་ཀྱང་མི་རྟོགས་པས་གདན་ཚིགས་དོན་མེད་དུ་ཐལ་བ།

The ultimate is not the domain of mind.
Mind is asserted to be relative.

The teaching of the absence of nature with regard to entities is an existential negation. A predicative negation establishes the essence of another property, and that can't be the meaning of the unity [of appearance and emptiness]. If one understands the expression "appearances possess no nature" to imply, as it were, that there is something apart from appearances that is empty, then although one may speak of existential negation, it has become predicative. The appearance itself does not exist, but it is still apparent all the while. That is unity, and a great wonder. Such an inseparability of appearance and emptiness remains inexpressible, and as the final meaning is thus free from negation and affirmation it transcends the mind.

The sūtras have explained elaborately how the ultimate would become relative and would no longer be ultimate if it were the object of physical, verbal, or mental activity. The separate intrinsic nature that is within the domain of constructs and that depends on it individual subject for negation is therefore limited. The features [of such separate intrinsic natures] differ in that they, for instance, pertain to separate times and locations, and they are merely imputed by the mind. Not transcending the relative and the nature of duality, they are not the meaning of equality within the basic space of phenomena. Primordially, all phenomena are beyond origination, cessation, and so forth, so they are of a single condition within the basic space that transcends all constructs. That equal taste in which no distinctions or divisions can be made is what is called the basic space of phenomena, or the single sphere of thatness.

Overcoming Dispute

Second, when overcoming dispute, three disputes are [treated]: 1) the consequence that there must be universal direct realization if emptiness is natural, 2) the consequence that the argument becomes pointless, since what is empty but not apparent cannot be realized by anyone, and 3) the

རང་བཞིན་མེད་པ་ལ་ཕྱོགས་ཆོས་སོགས་མི་འགྲུབ་པས་བསྒྲུབ་བྱ་དང་གཏན་ཚིགས་ཀྱི་ཐ་སྙད་མི་སྲིད་པར་རྩོད་པ་གསུམ། དང་པོ་ལ་རྩོད་པ་དང་། ལན་གཉིས། དང་པོ། །འོ་ན་དེ་ནི་རྟོགས་གྱུར་པས། །དེ་ཡི་རང་བཞིན་མངོན་སུམ་ཕྱིར། །མི་མཁས་རྣམས་ཀྱང་དངོས་རྣམས་ཀྱི། །དངོས་པོ་འདི་འདྲ་ཅེས་མི་རྟོགས། །ཞེས་དཔེར་ན་བུམ་མེད་ཀྱི་ས་གཞི་མངོན་སུམ་དམིགས་ན། གཞི་དེར་བུམ་པ་མེད་པ་རྟོགས་པ་བཞིན་དུ། ཆོས་ཐམས་ཅད་ཀྱི་རང་བཞིན་སྤྲོ་འདོགས་ཐམས་ཅད་དང་བྲལ་བའི་སྟོང་པ་ཉིད་ཡིན་པ་དེ་ལྟར་ན། **འོ་ན་**ཆོས་ཅན་བུམ་པ་ལ་སོགས་པ་**དེ་ནི་**མངོན་སུམ་དུ་**རྟོགས་**པར་**གྱུར་པས་**ཀྱང་། ཆོས་ཅན་**དེ་ཡི་རང་བཞིན་**ཁོ་རང་ལས་ལོགས་སུ་གྲུབ་མི་ཤེས་པ་དེའང་**མངོན་སུམ་**ཡིན་དགོས་པའི་**ཕྱིར་**ན། ལྟ་བ་དཀར་པོ་མ་ཡིན་པ་བྱིས་པ་སོ་སོའི་སྐྱེ་བོ་གཏན་ཚིགས་སོགས་མི་ཤེས་པའི་**མི་མཁས་**པ་**རྣམས་**ཀྱིས་**ཀྱང་**། **དངོས་པོ་རྣམས་ཀྱི་དངོས་པོ་**འམ་ངོ་བོ་ཡིན་ལུགས་**འདི་འདྲ་ཅེས་མི་རྟོགས་**ཏེ། མ་རྟོགས་ན་དེའི་རང་བཞིན་མ་ཡིན་པར་འགྱུར་ལ། རང་བཞིན་ཡིན་ན་མི་རྟོགས་པ་མི་སྲིད་དོ། །ཞེས་རྩོད་པའོ། །གཉིས་པ་ལན་ནི། མ་ཡིན་ཐོག་མེད་རྒྱུད་ལྡི་བར། །དངོས་པོར་སྒྲོ་བཏགས་དབང་བྱས་པ། །དེ་ཕྱིར་སྲོག་ཆགས་ཐམས་ཅད་ཀྱིས། །མངོན་སུམ་རྟོགས་པར་མི་འགྱུར་རོ། །ཞེས་གསུངས་ཏེ།

impossibility of the conventions of probandum and logical argument, since the property of the position and so forth are not established with respect to that which has no nature.

The Consequence of Universal Direct Realization If Emptiness Is Natural

For the first, there is: 1) dispute, and 2) reply.

Dispute

First, it is said in dispute:

> *Well then, when such is realized,*
> *The nature of that must be directly perceived.*
> *Then why don't those who are unskilled also*
> *Realize this nature of entities? [73]*

For example, when direct perception observes a surface devoid of vase, it realizes that there is no vase on that surface. Let us assume that the nature of all phenomena is emptiness free from all superimposition. *Well then*, in that case, *when* a subject *such* as a vase *is realized* by direct perception, *the nature of that* subject, since it cannot possibly be established as anything apart from [the subject] itself, *must* also *be directly perceived. Then why don't those* whose view is unwholesome, the childish, ordinary individuals *who are unskilled* in logical argument and so forth, *also realize this nature* or essential mode of being *of* all *entities*? If it is not realized, it cannot be the nature [of entities], and if it is the nature [of entities], it must unavoidably be realized.

Reply to the Dispute

Second, the reply is as follows:

> *This is not the case, for lacking a beginning,*
> *The mind-stream has become solid,*
> *Governed by the superimposition of entity.*
> *Therefore, living beings do not all realize through direct perception. [74]*

དངོས་པོའི་རང་བཞིན་དེ་ལྟ་ཡིན་མོད་ཀྱི། ཐམས་ཅད་ཀྱིས་རྟོགས་པར་འགྱུར་བ་**མ་ཡིན**་ཏེ། གང་གི་ཕྱིར་ན་དུས་འདི་ཙམ་ནས་བྱུང་། འདི་ཕན་ཆད་མེད་ཅེས་པའི་མཐའ་མི་རྟེན་པའི་**ཐོག**་མ་**མེད**་པའི་སྲིད་པར་ཡང་ནས་ཡང་དུ་སྐྱེས་པའི་སེམས་ཀྱི་**རྒྱུད**། དངོས་པོ་ལ་མངོན་པར་ཞེན་པའི་དུག་གིས་སྤྲུགས་ཤིང་ཡང་ནས་ཡང་དུ་གོམས་པའི་བག་ཆགས་ཤིན་ཏུ་བརྟན་ཞིང་**ལྕི་བར**་གྱུར་པས་སྤང་དཀའ་བ་ཡོད་པས་ན་བུམ་སོགས་མངོན་སུམ་མཐོང་ཡང་དེའི་རང་བཞིན་ཡིན་ལུགས་ཀྱི་རྣམ་པ་ངེས་པར་མི་ནུས་ཏེ། ཡུལ་དེ་ཉིད་ལ་**དངོས་པོར་སྒྲོ་བཏགས**་པའི་ཕྱིན་ཅི་ལོག་གི་རྟོག་པས་**དབང་**དུ་**བྱས་པ་དེ་ཡི་ཕྱིར་ན་སྲོག་ཆགས་ཐམས་ཅད་ཀྱིས**་དངོས་པོའི་རང་བཞིན་སྟོང་པ་ཉིད་**མངོན་སུམ་རྟོགས་པར་མི་འགྱུར་རོ**། །དེའང་དཔེར་ན་འདྲ་བ་གཅིག་ནས་གཅིག་ཏུ་བརྒྱུད་པར་དམིགས་པས་བློ་བསླད་པ་དག་གིས་སྐད་ཅིག་མ་མི་རྟོགས་པ་བཞིན་ནོ། །དེས་ན་ཡུལ་གྱི་རང་བཞིན་སྟོང་པ་དང་འགལ་བའི་མི་སྟོང་པ་ཞིག་མངོན་སུམ་གྱུར་པ་མ་ཡིན་ཀྱང་ཕྱིན་ཅི་ལོག་གི་རྟོག་པས་བསླད་པས་ཕྱིན་ཅི་ལོག་ཏུ་བཟུང་བ་ཡིན་ནོ། །དེས་ན་མངོན་སུམ་གྱིས་གནོད་པ་མ་ཡིན་ནོ། །གཞན་ཡང་མངོན་སུམ་སྣང་བ་ལ་ཕྱིན་ཅི་ལོག་ཏུ་བཟུང་སྟེ། དངོས་པོར་ཞེན་པ་འདི་མེད་བཞིན་བཟུང་བ་ཡིན་པས་འགལ་བ་ལྟར་སྣང་བ་ལ་ཡ་མཚན་ཡོད་མོད་ཀྱི། འོན་ཀྱང་མངོན་སུམ་སྣང་བ་ཙམ་ལ་ཞེན་པས་དེ་ཙམ་ངོ་མཚར་མི་ཆེ་སྟེ། འདི་ལྟར་བ་ལང་ཉིད་དང་། བུམ་པ་ཉིད་དམ། དེ་གཉིས་ཀྱི་སྤྱི་ཡིས་དབེན་པའི་བ་ལང་སོགས་ཀྱི་དབྱིབས་གསལ་པོར་མཐོང་བ་ན། སེར་སྐྱ་དང་གཟེགས་ཟན་པ་སྤྱོད་པའི་ལུགས་ཀྱི་བློ་གྲོས་ཕྱིན་ཅི་ལོག་ཏུ་གྱུར་པ་དག་མཐོང་བ་དེ་ལྟར་རྟོག་པར་མི་བྱེད་ཀྱི། མ་མཐོང་བའི་སྤྱི་ཉིད་དེ་ལ་ཡོད་དོ་ཞེས་རྟོག་པ་འདི་ནི་ཡ་མཚན་ཆེའོ། །རྩོད་པ་གཉིས་པའི་ལན་ནི།

Although *this* is indeed the nature of entities, it *is not the case* that everyone will realize it, *for lacking a beginning* (we can find no point at which we can say, "It began here, and before this point there was nothing"), *the mind-stream* has been born repeatedly in [cyclic] existence. Polluted by and continuously habituated to the poison of attachment to entity, it *has become* habituated in a most rigid and *solid* way, and thus [this habituation] is difficult to give up. Although a vase is seen directly, [the mind] is not capable of ascertaining the features of its nature and way of being because it is *governed by* mistaken concepts that create *the superimposition of* an *entity* upon that very object. *Therefore, living beings do not all realize* the emptiness that is the nature of entities *through direct perception.*

For example, this is similar to those whose perceptions are defective because of observing a continuous similarity, and who then fail to realize momentary impermanence. Although there is no direct perception of anything not empty—anything incompatible with emptiness—the misapprehension comes about because of the contaminating factor of mistaken concepts. Therefore, [the teaching of emptiness] is not impaired by direct perception.

The concept of entity is a mistaken apprehension of what is apparent to direct perception, and so one apprehends something that has no existence. Such an apparent conflict may indeed be bizarre, yet on the other hand, concepts that are based simply on what is apparent to direct perception are not that strange. Those such as the Followers of Kapila and the Followers of Kaṇāda, whose intelligence has become distorted, will, when clearly seeing the shape of a cow or a vase (which is devoid of any 'cowness' or 'vaseness'—that is, [devoid of] their universals), not [merely] conceive of what they see. They will [also] believe that what they do not see—the universal—does indeed exist. That is certainly bizarre.

The Consequence That the Argument Becomes Pointless

In reply to the second dispute, it is said:

དེ་ལ་སྒྲོ་བཏགས་གཅོད་བྱེད་པ། །ཤེས་པར་བྱེད་པའི་གཏན་ཚིགས་ཀྱིས། །རྗེས་སུ་དཔོགས་རྣམས་ཤེས་པར་བྱེད། །རྣལ་འབྱོར་དབང་རྣམས་མངོན་སུམ་གསལ། །ཞེས་གསུངས་ཏེ། ཚིགས་སུ་བཅད་པ་འདི་ཉིད་ཀྱིས་ཕྱོགས་སྔའི་རྩོད་པ་ཤུགས་ལ་འཕར་སྟེ། དེའང་དེ་ལྟར་ཆོས་ཀུན་གྱི་རང་བཞིན་སྟོང་པ་ཡིན་ཀྱང་། རང་བཞིན་དེ་རང་བཞིན་ཅན་གྱི་ཆོས་སུ་ངེས་པ་མེད་ན་དེ་རང་བཞིན་ཡིན་ཀྱང་རུང་ཅི་ཞིག་ཕན་དེ་སུས་ཀྱང་རྟོགས་པ་མི་སྲིད་དོ་སྙམ་ན། དེ་ལྟ་མ་ཡིན་ཏེ། དངོས་པོའི་རང་བཞིན་**དེ་ལ**་ཕྱིན་ཅི་ལོག་ཏུ་**སྒྲོ་བཏགས**་པ་**གཅོད**་པའམ་སེལ་བར་**བྱེད་པ**་དང་། དངོས་པོའི་རང་བཞིན་ཉིད་མ་ནོར་བར་**ཤེས་པར་བྱེད་པའི་གཏན་ཚིགས**་གཅིག་དང་དུ་བྲལ་གོང་དུ་ཇི་སྐད་བཤད་པ་དེ་ལྟ་བུ་ཐོས་ནས་དེ་དག་གི་དོན་ཚུལ་བཞིན་བསམ་པའི་ཤེས་རབ་**ཀྱིས་རྗེས་སུ་དཔོགས**་པར་བྱེད་པའི་ཚོགས་སྦྱོར་བ་**རྣམས**་ཀྱིས་དངོས་པོའི་རང་བཞིན་སྟོང་པ་ཉིད་དོན་སྤྱིའི་ཚུལ་དུ་**ཤེས་པར་བྱེད**་ལ། དེའི་དོན་ལ་རབ་ཏུ་གོམས་པའི་**རྣལ་འབྱོར་གྱི་དབང་པོ་རྣམས**་ཀྱིས་ཕྱིན་ཅི་མ་ལོག་པའི་ཡེ་ཤེས་ཀྱི་སྤྱན་གྱིས་ཆོས་ཐམས་ཅད་རང་བཞིན་མཐར་ཐུག་པ་མཉམ་པ་ཉིད་དུ་**མངོན་སུམ་དུ་གསལ**་པོར་གཟིགས་པ་ཡིན་ཏེ། དེའང་འཇིག་རྟེན་ལས་འདས་པའི་ཡེ་ཤེས་ཀྱིས་མཉམ་པ་ཉིད་མངོན་སུམ་དུ་མཐོང་བ་ས་དང་པོ། དེ་ནས་ཆོས་ཀྱི་དབྱིངས་ལ་གསལ་སྣང་ཇེ་ཆེར་མཆེད་དེ། མཐར་གནས་ལུགས་ཇི་ལྟ་བ་བཞིན་རྫོགས་པར་མངོན་དུ་གྱུར་པ་ནི་དེ་བཞིན་གཤེགས་པ་ཉིད་དོ། །དེ་ལྟར་ཡང་ཆོས་ཐམས་ཅད་མཉམ་ཉིད་དུ་རྣམ་པར་འབྱེད་པའི་ཏིང་ངེ་འཛིན་ལ་སོགས་པ་ལས་བྱུང་བའི་ཡེ་ཤེས་གང་ཞིག་རྣམ་རྟོག་གི་དྲི་མ་དང་བྲལ་བ་ཉིད་ཀྱིས། ཕྱི་ནང་གི་དངོས་པོ་མ་བརྟགས་ཉམས་དགའ་བ་སྙིང་པོ་མེད་པ་ཆུ་ཤིང་གི་སྡོང་པོ་ལྟར་ཐམས་ཅད་ཇི་ལྟར་སྒྲོ་བཏགས་པའི་ས་བོན་ཡང་མི་སྐྱེ་བ་དེ་ལྟར་ཐུགས་སུ་ཆུད་དེ། སྙིང་རྗེ་ཆེན་པོ་ལ་འཇུག་པའི་མདོ་ལས། ཇི་ལྟར་ཆུ་ཤིང་སྙིན་པའི་སྡོང་པོ་ལ། །སྙིང་པོ་འདོད་མིས་རིམ་པར་བཤིག་བྱས་ཀྱང་། །ཕྱི་དང་ནང་ན་སྙིང་པོ་མེད་པ་ལྟར། །ཆོས་རྣམས་ཐམས་ཅད་དེ་བཞིན་ཤེས་པར་གྱིས། །ཞེས་པ་ལ་སོགས་པ་ཇི་སྐད་གསུངས་པ་ལྟ་བུའོ།

Cutting through superimpositions with regard to that,
The logical arguments produce understanding.
Those who infer will understand;
Yogic masters perceive directly and with clarity. [75]

This stanza suggests the adversary's dispute indirectly. He might think, "The nature of all phenomena may be emptiness. Yet if that nature is not identified in the phenomena that possess it, how does it help that it is their nature, since no one can possibly realize it?"

This is not so. By *cutting through* or dispelling mistaken *superimpositions with regard to that* (the nature of entities), *the logical arguments*, such as the absence of one and many explained above, *produce* an unmistaken *understanding* of what is, in fact, the nature of entities. *Those who* are on [the paths of] accumulation and joining will learn such [arguments] and *infer* by means of the knowledge that correctly contemplates their meaning. They *will* hence *understand*—in the manner of an object universal—the emptiness that is the nature of all entities. The *yogic masters* who have gained full familiarity with this meaning see with the eye of unerring wakefulness. Hence they *perceive directly and with clarity* that the final nature of all phenomena is equality.

In relation to this, the supramundane wakefulness directly sees equality on the first ground. From there, the clarity of the appearance of the basic space of phenomena continues to unfold, and at last, when the abiding way is perfectly evident exactly as it is, it is [the level of] the Thus Gone One. The wakefulness that has arisen from the absorption that discerns all phenomena as equality is utterly free from the stains of concept. It understands that all of these outer and inner entities that are delightful when not examined lack any core, just like the trunk of the plantain, and that no seed of any type of superimposition can therefore grow. For example, this is how it is expressed in the *Sūtra of Entry into Great Compassion*:

> The fresh trunk of the plantain
> May be broken to pieces by the man who seeks its core.
> There is no core either within or without.
> Understand that all phenomena are similar to that.

།ཆེད་དུ་བརྗོད་པ་ལས་ཀྱང་། གང་ཞིག་ཨུ་དུམ་ཝ་ར་དག་ལ་མེ་ཏོག་ལྟར། །སྲིད་པ་དག་ལ་སྙིང་པོ་ཡོད་པར་མ་རྟོགས་པ། །དགེ་སློང་དེ་ནི་ཕ་རོལ་མིན་པའི་ཕ་རོལ་སོང་། །སྦྲུལ་གྱིས་པ་ཡི་པགས་པ་རྙིང་པ་བརྗེ་བ་བཞིན། །ཞེས་གསུངས་ཏེ། ཨུ་དུམ་ཝ་ར་ལ་མེ་ཏོག་ནམ་ཡིན་དུ་མི་སྐྱེ་བས་མེ་ཏོག་མེད་པའི་དུས་ན་ཡོད་ཀྱང་ཕྲ་བ་སོགས་ཀྱི་ཕྱིར་མ་མཐོང་བ་ནི་མ་ཡིན་གྱི། མེད་ནས་མ་མཐོང་བ་ཡིན་པ་ལྟར་སྲིད་པ་ལའང་སྙིང་པོ་གཏན་ནས་མེད་པར་མཐོང་ན་ཕ་རོལ་མིན་པའམ་ཚུ་རོལ་འཁོར་བའི་འཇིག་རྟེན་འདིའི་ཕ་རོལ་མྱང་འདས་ལ་སོན་ཏེ་འཁོར་བ་འདོར་ཞེས་སོ། །དེ་ལྟར་གཞུང་གི་རྩོད་ལན་གྱི་ཤོ་ལོ་ཀ་འདི་གཉིས་ཀྱིས་ཐོག་མེད་གོམས་པའི་དངོས་ཞེན་བཟློག་དཀའ་བ་དང་། དེ་དག་གི་གཉེན་པོར་རིགས་པའི་དཔྱད་པ་བྱས་པ་ཕོན་ཡིན་པ་དང་། དེ་གོམས་པས་ཉོན་མོངས་པ་སྤོང་ནུས་ཀྱང་། མ་གོམས་ན་སྤོང་མི་ནུས་པས་ནན་ཏན་ལ་སྙིང་པོར་གྱིས་ཤིག་ཅེས་པ་ལ་སོགས་པ་དོན་གྱིས་བསྟན་པ་ཡིན་ཏེ། འདི་ལྟར་གློ་བུར་དུ་ཆགས་པའི་ཡུལ་ལྟ་བུ་ལ་བློ་ཞུགས་ནས་ཡིད་ལ་ལན་ཁ་ཡར་བྱས་པའང་འཕྲལ་དུ་སྤོང་དཀའ་ན་ཐོག་མེད་ནས་གོམས་པའི་ཉོན་མོངས་ལྟ་ཅི་སྨོས། དེས་ན་ཆོས་ཞེས་པའི་འབྲས་བུ་འཇིགས་དང་སྡུག་བསྔལ་ཉོན་མོངས་ལ་སྨན་དུ་འགྲོ་བ་ཞིག་མ་བྱུང་ན་དགོས་པ་སྟོར་བ་སྟེ། དཔེར་ན། བཀྲེས་པ་སེལ་བའི་ཆེད་དུ་ཁ་ཟས་ཕུན་སུམ་ཚོགས་པ་སྦྱར་ནས་མ་ཟོས་པར་ལྟོག་གྲིར་ཤི་བ་བཞིན་ནོ། །དེས་ན་ཆོས་རྣམས་ཀྱི་རང་བཞིན་སྟོང་པ་ལ་རིགས་པའི་དཔྱད་པས་གོ་བ་སྐམ་པོ་ཙམ་གྱིས་གར་ཡང་མི་ཕྱིན་པས་རྒྱུ་གཅིག་ཏུ་མཉམ་པར་བཞག་ནས་སྦྱོང་བ་བརྟན་པར་བྱ་བ་ནི་ཆོས་ཞེས་པ་རྣམས་ཀྱིས་བགྱི་བར་འོས་པ་གཅིག་པུ་ཡིན་ནོ། །དེ་སྐད་དུའང་ཆེད་དུ་བརྗོད་པའི་ཚོམས་ལས།

Moreover, from the *Purposeful Expressions*:

> As with the flowers of the udumbara,
> The master of virtue who does not perceive any core of existence
> Goes beyond what is not beyond,
> As when an aging snake sheds its skin.

The udumbara does not always produce flowers. When it has no flowers, the reason we do not see any is not because they are very delicate or hard to see for some other reason, but because they do not exist. [This verse] explains that, likewise, when seeing how existence has absolutely no core, one will leave behind what is not the beyond—namely this side, this world of cyclic existence—and, by discarding cyclic existence, will reach the beyond—the transcendence of suffering.

Now, what the last two ṣlokas of the scripture's overcoming of dispute have in fact been expressing is this: attachment to entity is something one has been accustomed to since beginningless [time], and it is hard to reverse. The exclusive remedy against this [attachment] is investigation through reasoning. By becoming accustomed to that, one will be able to relinquish the afflictions. Without this kind of familiarization, one cannot successfully relinquish them. Therefore, be persistent as you apply [this]. For example, it is hard for the mind to abandon even an incidental object of attachment once it has become an object of concern, and once the mind has related to it a few times. Thus there is no need to mention [that it will be difficult to relinquish] the afflictions [the mind] has been accustomed to since beginningless [time].

If the effect of knowing the Dharma does not manifest as a cure for fear, suffering, and affliction, then its purpose has been lost. It would be as if one had prepared a sumptuous meal to satisfy one's hunger, yet died from starvation leaving it untouched. Therefore, since mere dry understanding does not help a bit, one must, by means of the logical investigations into the empty nature of all phenomena, come to rest one-pointedly in the equipoise and so bring forth experience. This is the only worthy pursuit for those who know the Dharma. As it is said in the *Purposeful Expressions* as well:

གལ་ཏེ་རིགས་བཙས་མང་དུ་སྨྲས་ཀྱང་ནི། །བག་མེད་མི་དག་དེ་ལྟར་བྱེད་མི་འགྱུར། །དཔེར་ན་ཕྱུགས་རྗེས་གཞན་གྱི་ཕྱུགས་བགྲང་ལྟར། །དེ་དག་དགེ་སྦྱོང་སྐལ་པ་ཐོབ་མ་ཡིན། །གལ་ཏེ་རིགས་བཙས་ཉུང་དུ་སྨྲ་བྱེད་ཀྱང་། །ཆོས་ཀྱི་རྗེས་སུ་ཆོས་ལ་སྤྱོད་པ་དག །འདོད་ཆགས་ཞེ་སྡང་གཏི་མུག་སྤོང་བྱེད་པ། །དེ་དག་དགེ་སྦྱོང་སྐལ་པ་ཐོབ་པ་ཡིན། །ཞེས་གསུངས་པ་ལྟ་བུའོ། །དེའང་ཕྲ་ཞིང་ཟབ་པ་སངས་རྒྱས་ཉིད་ཀྱི་ལམ་རྣམས་ལ་ཐབས་ཚུལ་དང་རིགས་པ་བརྒྱ་དག་གིས་མ་འབད་ན་ཡང་དག་པའི་གནས་ལུགས་དང་མཐུན་པའི་ངེས་པ་མི་སྐྱེ་བས་ཐོས་བསམ་གྱི་ཤེས་རབ་ནགས་ལ་མེ་མཆེད་པ་ལྟ་བུ་བརྩོན་པའི་རླུང་གིས་སྦར་ཞིང་དངོས་སྟོབས་ཀྱི་རིགས་པ་ཁོ་ནས་སྒྲོ་འདོགས་པའི་ཚང་ཚིང་ལྷག་མེད་དུ་བསྲེག་དགོས་པ་ཡིན་ནོ། །དེ་ལྟར་ན་བླུན་སྒོམ་མུན་པའི་རུམ་དུ་གཉིད་ལ་མ་ཡུར་ཞིང་། ཐོས་པ་ཁ་ཁྱེར་གྱི་རླུང་གིས་གཡེངས་ཏེ་རང་གར་མ་འཁྱམས་པར། ཐེག་པ་མཆོག་གི་ཁང་བཟངས་ཀྱི་ནང་དུ་སྣ་ཚོགས་པའི་ཆོས་ཀྱི་རོ་མྱོང་ཞིང་། ཡང་དག་པའི་དགེ་བའི་བཤེས་གཉེན་ལ་མཉེས་པའི་སྒོ་ནས་བསྟེན་ཞིང་དམ་པའི་གྲོགས་བཟང་པོ་དུ་མས་མདུན་བལྟས་ཏེ། ལྷག་པའི་ལྷ་ལ་བཟོད་མེད་ཀྱི་གདུང་ཤུགས་དང་འགྲོ་བ་ཀུན་ལ་བརྩེ་བའི་སེམས་ཀྱིས་སྲིད་པ་ཆེར་འཕེལ་བས། སྣང་སྲིད་སྒྱུ་མ་ལྟ་བུའི་གཟིགས་མོ་ལ་རྟེན་པའི་དགའ་བ་ཉམས་སུ་མྱོང་བ་ཞིག་བྱུང་ན་ཆོས་ལ་ཐོས་བསམ་བྱས་པའི་འབྲས་བུའང་སྨིན་པ་ཡིན་པས། དེ་ལྟ་བུའི་དམ་པ་མཆོག་རྣམས་ཀྱི་རྗེས་སུ་བདག་ཅག་རྣམས་ཀྱིས་ཡང་སློན་ཞིང་འཇུག་པར་འཚལ་ལོ། །དེ་སྐད་དུའང་རང་འགྲེལ་གྱི་མཇུག་སྡོམ་དུ། བདག་ཀྱང་ཡུལ་གྱི་ལོངས་སྤྱོད་སྤངས་པས་བརྒྱལ་བའི་མུན་བསལ་ཞིང་། །ཡང་དག་དམ་པ་རིག་ལ་ཡང་དག་རིག་དང་འགྲོགས་པ་དང་།

They may have made many proclamations of logic,
Yet careless people do not act accordingly.
Comparable to a cowherd who counts someone else's cattle,
They have not gained the fortune of virtuous training.

They may have made few proclamations of logic,
Yet those who follow Dharma and engage in Dharma
Will abandon desire, anger, and stupidity.
They have gained the fortune of virtuous training.

The paths to complete Buddhahood are subtle and profound. Unless one follows them skillfully and uses hundreds of reasonings, a certainty that accords with the abiding way will not arise. When knowledge through learning and reflection has, as it were, set fire to the forest, [the flames] must be fanned by the winds of diligence, so that what is exclusively reasoning by the power of fact can burn the wilderness of superimposition to the ground.

Therefore, without falling into the stupor of a meditation of stupidity and by avoiding becoming an inconsiderate rambler distracted by insincere studies, [we must] experience the taste of the multifaceted Dharma within the excellent mansion of the supreme vehicle. Attending to the authentic spiritual friend in pleasing ways and contemplating the example of many excellent, true companions, [we must] give rise to a powerful yearning for the supreme deity and a loving affection for all wandering beings. We will thereby come to experience the joy of joining the celebration of the spectacle that is illusion-like appearance and existence. When that happens, the fruition of study and reflection will have come to maturation as well. I therefore suggest that we request the inspiration of these sacred beings and follow in their footsteps. As is said in the concluding stanzas of the *Auto-commentary*:

May also I experience the enjoyments of the realm, and so awake from the darkness of oblivion;
Become aware of the genuinely sacred, and keep company with those of genuine awareness.

།གཞན་གྱི་དོན་ལ་གཅིག་ཏུ་གཞོལ་ཞིང་འཇམ་པའི་དབྱངས་ཀྱི་ཞབས། གཙང་མ་པཎྜར་བརྟེན་ཅིང་ཤིན་ཏུ་བརྟན་པར་གྱུར་པར་ཤོག །ཅེས་གསུངས་པ་བཞིན་ནོ། །དེ་ལ་སྐབས་འདིར་བདག་མེད་གསལ་བར་རྟོགས་པའི་རྣལ་འབྱོར་མངོན་སུམ་དེ་ལ་ཅུང་ཟད་དཔྱད་ན། ངོ་བོ། དབྱེ་བ། སྒྲ་དོན། རྩོད་སྤོང་བཞི་ལས། དང་པོ་སྐབས་འདིའི་རྣལ་མངོན་གྱི་ངོ་བོ་ནི། ཡུལ་བདག་མེད་གསལ་པོར་སྣང་བ་ཡིན་ལ། དེའང་སྔར་བསྒོམས་པ་ལ་བརྟེན་ནས་སྐྱེས་པའི་རྟོག་བྲལ་འཁྲུལ་མེད་ཀྱི་ཤེས་པ་རྣལ་འབྱོར་མངོན་སུམ་གྱི་མཚན་ཉིད་ཅེས་བྱའོ། །གཉིས་པ་སྤྱི་རིགས་ཙམ་དུ་དབྱེ་ན། ཉན་རང་ཐེག་ཆེན་འཕགས་པ་གསུམ་གྱི་མངོན་སུམ་གསུམ་མམ། ཉན་ཐོས་དང་ཐེག་ཆེན་ལ་སློབ་མི་སློབ་གཉིས་སུ་དབྱེ་བའི་ལྟར་ཡང་འགྱུར་ཏེ། རང་རྒྱལ་ནི། བསམ་གཏན་མཐའ་བརྟེན་གཅིག་ལ་ཀུན། །ཞེས་གསུངས་པ་ལྟར་ཡིན་པས་སློབ་པ་ལོགས་སུ་མི་བརྩི་ལ། གྲུབ་མཐའ་འགའ་ཞིག་ན་ཡོད་པར་འདོད་པ་དེའང་ཉན་ཐོས་དང་ཐེག་ཆེན་གང་རུང་ལས་མི་འདའ་བས། འདིར་རང་རྒྱལ་ལ་མི་སློབ་པ་གཅིག་ཏུ་བརྩིའོ། །དེ་ལྟ་ལའང་རྗེས་ཐོབ་སྣང་བཅས་ཀྱི་རྣལ་འབྱོར་མངོན་སུམ་དང་། མཉམ་གཞག་སྣང་མེད་ཀྱི་དབྱེ་བས་བཅུར་འགྱུར་རོ། །དེའང་སངས་རྒྱས་ལ་མཉམ་རྗེས་ཐ་དད་མེད་ཀྱང་ཇི་ལྟ་ཇི་སྙེད་གཟིགས་པའི་ཕྱོགས་ཆ་ནས་ཕྱེ་པའོ།

> May I pursue wholeheartedly the welfare of others, while following and revering, with perfect stability,
> The lotuses of the immaculate feet of Mañjughoṣa.

Yogic Direct Perception

Here, one could briefly investigate the yogic direct perceptions that clearly realize the absence of self. There are four topics: 1) essence, 2) divisions, 3) meaning of the term, and 4) overcoming dispute.

Essence

In this context, the essence of yogic direct perception is the clear appearance of the object, selflessness. Moreover, the defining characteristic of yogic direct perception is generally said to be undeluded cognition that has arisen based on meditation.

Divisions

When dividing direct perception into general classes, there are three: that of the Listeners, the Self-realized Buddhas, and the noble ones of the Great Vehicle. When further dividing the Listeners and those of the Great Vehicle into those who train and those who do not train, there are five [classes]. Self-realized Victors who train are not considered separately, for as it is said: "Supported by the last concentration, all are included in one." Although some tenets state that there is [a separate path of training for the Self-realized Buddhas], it can't be any path other than either that of the Listeners or the Great Vehicle. Therefore, the Self-realized Victors are considered here to be a single [group] that does not train. Those five [classes] may also be divided in terms of the yogic direct perception of the ensuing attainment with appearance, and [the yogic direct perception] of the equipoise without appearance. In this way, there are 10 [classes].

For the Buddhas, there is no distinction between equipoise and ensuing attainment, yet [such principles may] be differentiated by contradistinction in terms of [the knowledge of the intrinsic nature] as it is and [the knowledge] of all possible [objects of cognition]. [Ensuing attainment]

།དེ་ལ་སྣང་བཅས་ཉི་མངོན་པར་ཞེས་པས་མཐོང་བ་སྟེ། དགྲ་བཅོམ་བསེ་རུ་སྟོན་རྣམས་ཀྱིས། །སྟོང་གཉིས་གསུམ་དང་གྲངས་མེད་མཐོང་། །ཞེས་པ་ལ་སོགས་པ་བཞིན་ནོ། །སྣང་མེད་ནི། ཉན་ཐོས་གང་ཟག་གི་བདག་མེད་གཅིག་དང་། རང་རྒྱལ་གཟུགས་རང་བཞིན་མེད་པར་རྟོགས་པའི་བདག་མེད་ཕྱེད་གཉིས་དང་། ཐེག་ཆེན་བདག་མེད་གཉིས་ཀ་རྫོགས་པ་དང་། སངས་རྒྱས་བག་ཆགས་ཀུན་སྤྱངས་པའི་ཡེ་ཤེས་སོ། །གསུམ་པ་ངེས་པའི་ཚིག་གི་དབང་དུ་བྱས་ན། བོད་སྐད་ལྟར། དོན་རྣལ་མ་ལ་བློ་གནས་པའམ་འཁོར་པ་ལ་བྱ་ཞིང་། མངོན་སུམ་ནི་གསལ་བར་སྣང་བ་ཙམ་མོ། །རྒྱ་གར་གྱི་སྐད་ལ། མངོན་སུམ་གྱི་སྐད་དོད་པྲ་ཏི་དང་ཨཀྵ་མཆམས་སྦྱར་བས་པྲ་ཏྱཀྵ་ཞེས་ཡོད་དེ། དེ་ལ་པྲ་ཏི་ནི་ཉེར་བསྒྱུར་ཏེ་སོ་སོ་སོགས་དོན་མང་པོ་ལ་འཇུག །ཨཀྵ་དབང་པོའི་སྐད་དོད་ཡིན་པས་དོན་དུ་དབང་པོ་སོ་སོ་ལ་བརྟེན་པའམ། དབང་པོ་བརྟེན་ཞེས་བྱ་བ་ཡིན་ལ། དེའང་སྒྲ་བཤད་འཇུག་གི་མུའི་དབང་དུ་བྱས་ཏེ། དཔེར་ན་མཚོ་སྐྱེས་ཞེས་པའི་སྒྲ། མཚོ་ལས་སྐྱེས་པའི་པདྨ་ལ་བཤད་འཇུག་གཉིས་ཀ་ཡོད། སྐམ་ལས་སྐྱེས་པའི་པདྨ་ལ་འཇུག་པ་ཁོན། མཚོ་ལས་སྐྱེས་པའི་སྲོག་ཆགས་ལ་བཤད་པ་ཁོན་ཡོད་ཀྱི། འཇུག་པ་མེད་པ་བཞིན་དུ་འདིར་པྲ་ཏྱཀྵ་ཞེས་པའི་སྒྲ་དེ་བཤད་ན་དབང་པོ་ལ་བརྟེན་པ་ཡིན་ཀྱང་། འཇུག་རང་མཚན་འཛིན་པའི་ཤེས་པ་ཐམས་ཅད་ལ་འཇུག་སྟེ། དེའང་དབང་ཡིད་ཀྱི་མངོན་སུམ་གཉིས་ལ་བཤད་འཇུག་གཉིས་ཀ་ཡོད། རང་རིག་དང་རྣལ་འབྱོར་མངོན་སུམ་གཉིས་ལ་འཇུག་པ་ཁོན་ཡོད་ཀྱི་སྒྲ་བཤད་དུ་མེད།

with appearance implies seeing by means of superknowledges. For instance, it is stated:

> The foe destroyers, the rhinoceros[-like], and the teachers
> See a million-fold [universe], a billion-fold [universe], and [universes] beyond count, [respectively].

As for [equipoise] without appearance, the Listeners [realize] the single absence of self of the person. The Self-realized Victors who understand form to be devoid of nature [realize] the one-and-a-half absences of self, and those of the Great Vehicle realize both absences of self completely. The Buddha is wakefulness that has abandoned all habitual tendencies.

Etymology

In terms of etymology, the Tibetan term [for yogic][71] implies that the mind rests in or reaches the natural meaning, while direct perception simply means that the appearance is clear. "Pratyakṣa," the original Sanskrit term [for direct perception], comes from the joining of prati and akṣa. Prati is a prefix that has many meanings, one of which is "individual." Akṣa is the original word for faculty. [Pratyakṣa] hence means "based on individual faculties," or "based on faculty." We can consider this in light of the alternatives associated with the explicability and applicability of words. For instance, the name "lake-born," when used for a lotus growing in a lake, is both explicable and [generally] applied. Yet with respect to a lotus that grows on land, that name is applied, [but cannot be explained]. Regarding living beings born in a lake, [the name] is only explicable [since it is typically applied only to the lotus flower and not to other creatures born in lakes].

While not applied like that, the word "pratyakṣa," when explained, implies something that is based on the faculties. It is applied, on the other hand, to all cognitions that apprehend the specifically characterized. Regarding the direct perception of the senses and the mental direct perception, it is both explicable and applicable, while in terms of the direct perception of self-awareness and the yogic direct perception, it is merely

དབང་ཤེས་འཁྲུལ་པ་ལ་ཆཤད་པ་ཡོད་ཀྱང་འཇུག་པ་མེད་དོ། །བཞི་པ་རྩོད་སྤོང་ལ་སྤྱི་དང་བྱེ་བྲག་གཉིས། དང་པོ་ལ་རྒྱུ་ལ་རྩོད་པ་དང་། འབྲས་བུ་ལ་རྩོད་པ་གཉིས། དང་པོ་ལ་ངོ་བོ་དང་བྱེད་པ་ལ་རྩོད་པ་གཉིས་ལས། དང་པོ། ཕྱི་རོལ་པ་ཁ་ཅིག་གོམས་ཀྱང་གསལ་སྣང་རབ་ཀྱི་མཐར་ཐུག་པ་མི་སྲིད་དོ་ཞེ་ན། བདེན་སྟོང་རྟོགས་པའི་ཡེ་ཤེས་གོམས་བྱེད་ཀྱི་ཐབས་དང་མ་བྲལ་བར་བསྒོམ་པ་ཆོས་ཅན། ནམ་ཞིག་གསལ་བ་རབ་ཀྱི་མཐར་ཐུག་པ་འབྱུང་རུང་སྟེ། རང་གི་རྟེན་བརྟེན་ཅིང་གོམས་པ་ངང་གིས་ཁྱད་པར་དུ་གྱུར་པའི་བསྒོམ་པ་ཡིན་པའི་ཕྱིར། དཔེར་ན་འདོད་འཇིགས་གོམས་པའི་བློ་བཞིན་ཞེས་བྱ་སྟེ། དེ་ལ་རྟེན་བརྟེན་པ་ཞེས་བྱ་བ་སྔ་མའི་ནུས་པ་ཕྱི་མར་བགོས་ནས་སྔ་མ་ལས་ཕྱི་མ་ཁྱད་པར་དུ་གྱུར་ཏེ་རྒྱུན་མི་འཆད་པའི་དོན་ཡིན་ཏེ། སྔ་མས་ཕྱི་མ་ལ་ཕན་མི་གདགས་པ་ལྟ་བུ་མིན་པ་ལ་བྱའོ། །དེ་ལ་རྒྱང་འཕེན་སོགས་རྟགས་དེ་མ་གྲུབ་སྟེ། སྐྱེ་བ་སྔ་ཕྱི་མེད་པས་རྟེན་བརྟེན་པ་མི་འགྲུབ་སྙམ་པའི་ཚུལ་ནི་འོག་ཏུ་འགོག་ལ། རྟེན་བརྟེན་ཕན་ཚད་གོམས་པ་ཇེ་གསལ་དུ་འགྲོ་རྒྱུ་ཡོད་པ་འདོད་འཇིགས་གོམས་པའི་བློ་བཞིན་དུ་སྟོང་བས་གྲུབ་བོ། །གཉིས་པ། གོམས་པ་ཡོད་དུ་ཆུག་ཀྱང་བདག་མེད་ངེས་བྱེད་ལས་སྲིད་པ་ལ་གནོད་མི་ནུས་སྙམ་ན་ནུས་ཏེ། འདི་ལྟར་འབྲས་བུ་རྣམས་ནི་རྒྱུ་མེད་ན་རྣམ་པ་ཀུན་ཏུ་འབྱུང་མི་སྲིད་པ་ཡིན་ནོ།

applied, for the term is not explicable. Regarding deluded sense cognition, it is explicable but does not apply.

Overcoming Dispute

Overcoming dispute includes the general and the particular. The first includes: 1) dispute with regard to the cause, and 2) dispute with regard to the effect. The first includes: 1) dispute with regard to the essence, and 2) dispute with regard to the function.

Overcoming Dispute with Regard to the Essence

Certain non-Buddhists may say that regardless of [the process of] familiarization, the final perfection of clear appearance will not be possible. One can then reply that the subject, the meditation that does not lack the methods for familiarization with the wakefulness that realizes the absence of truth, is suited to reach the final perfection of clarity at some point. This is so because it is a meditation in the form of familiarization that has a stable basis and that is developed automatically, which is also true, for instance, of the mind accustomed to desire or to fear. Stable basis implies that the energy of the previous [moment] suffuses the next, so that the next [moment] becomes a development of the previous. It means an unbroken continuity, in the sense that the previous [moment] does not fail to enrich the next.

The Far Throwers and others will believe that this evidence is unestablished, because without past and future lives, no stable basis can be established. That [objection] will be refuted below. As long as there is a stable basis, however, the familiarization will become increasingly clear, as is the case with familiarization with desire or fear. This can be proven through experience.

Overcoming Dispute with Regard to the Function

Second, it might be thought: "Even if we assume that it is possible to become familiar with the absence of self, that [familiarization] still can't function to harm existence." Yet it can, for effects will never be possible when their causes are absent.

།དེ་ལ་འཁོར་བའི་རྒྱུ་གང་ཡིན་སྙམ་ན། གཞན་ཕྱི་རོལ་པ་ཐལ་ཆེ་བ་དག་ན་རེ། ལས་དང་ལུས་དང་སེམས་གསུམ་ག་ཚོགས་པ་འཁོར་བའི་རྒྱུ་ཡིན་པས། གང་རུང་ལ་གནོད་པ་བྱས་ན་འབྲས་བུ་མི་བསྐྱེད་དེ་ཆུ་ལྷུད་མེད་པའི་ས་བོན་བཞིན་ནོ། །དེ་ཕྱིར་ལས་དང་ལུས་གཉིས་པོ་འཛད་པར་བྱ་བའི་ཕྱིར་དཀའ་བ་སྤྱོད་དོ་ཞེས་འཛེར་རོ། །དེ་ལ་ལས་སྤང་མི་ནུས་ཏེ་མཐའ་ཡས་པའི་ཕྱིར་དང་། བདག་སྲིད་མ་སྤངས་ན་དེ་སྤངས་ཀྱང་སླར་སྐྱེ་བ་ཡིན་ཏེ། རྩ་བ་མ་བཅད་པའི་ཡལ་ག་བྲེགས་པ་ལྟར་ཅིའང་མི་ཕན་པའི་ཕྱིར་དང་། བདག་སྲིད་སྤངས་ན་བུད་ཤིང་ཟད་པའི་མེ་ལྟར་དེ་ངང་གིས་འགགས་པ་ལས་ལོགས་སུ་སྤང་མི་དགོས་པས་དེ་ལྟ་བུའི་ལམ་ནི་སྲིད་པ་ལྡོག་པའི་ལམ་མ་ཡིན་ནོ། །དེས་ན་འཁོར་བའི་རྒྱུ་ནི་ཆོས་རྣམས་ཀྱི་རང་བཞིན་མི་ཤེས་པའི་མ་རིག་པ་ཡིན་ལ། དེ་ལས་ཀྱང་ཁྱད་པར་དུ་འཇིག་ལྟ་ལྷན་སྐྱེས་ཉིད་ཡིན་ཏེ། དེ་ཡོད་ཐན་ཆད་དེ་ལ་བརྟེན་ནས་ཉོན་མོངས་པ་དང་ལས་དང་སྡུག་བསྔལ་འབྱུང་བ་ཡོད་ལ། དེ་ལྡོག་ན་དེ་ཀུན་ཀྱང་མི་འབྱུང་བར་དངོས་སྟོབས་ཀྱི་རིགས་པས་འགྲུབ་པ་ཡིན་ནོ། །དེས་ན་ལས་དང་སྡུག་བསྔལ་གྱི་རྩ་བ་ཉོན་མོངས་པ་ཡིན་ཏེ། འདིར་ནི་ཉོན་མོངས་ས་བོན་བཞིན། །ཀླུ་བཞིན་རྩྭ་བཞིན་ལྗོན་ཤིང་བཞིན། །ཞེས་གསུངས་པ་དང་། ཉོན་མོངས་པ་ཀུན་གྱི་རྩ་བ་འཇིག་ལྟ་ཡིན་ཏེ། ཉེས་ཀུན་དེ་ཡི་རྩ་བ་ཅན། །ཞེས་གསུངས་པ་བཞིན་ནོ། །དེས་ན་རྩ་བ་དེ་སྤོང་ནུས་སམ་སྙམ་ན་ནུས་ཏེ། དེ་སྒྲོ་བཏགས་པ་ཙམ་ཡིན་པའི་ཕྱིར་རོ། །དེས་ན་དེ་སྤོང་བའི་གཉེན་པོའང་། བྱམས་པ་དང་མི་སྡུག་པ་སོགས་བདག་འཛིན་དང་མཚུངས་ལྡན་དུ་གནས་ཚོག་པས་འགལ་བ་མ་ཡིན་ལ། །བདག་མེད་རྟོགས་པའི་ཤེས་རབ་ནི་དེ་དང་རྣམ་པ་ཀུན་ཏུ་འགལ་ཏེ་སྣང་མུན་བཞིན་ནོ།

Here one may wonder what the cause for cyclic existence is. Most of the non-Buddhists will say: "Karmic action, body, and mind together are the causes for cyclic existence. If any one of them becomes impaired, the effect will not be produced, as when a seed is deprived of water or fertilizer. Therefore, undertake austerities, that you may bring karmic action and the body to exhaustion!"

Karmic action cannot be relinquished this way, for it is limitless. It may be [temporarily] relinquished, yet unless selfish craving has been given up, it will reappear. Chopping off branches while the root remains intact will not help a bit. Once selfish craving has been relinquished, [karmic action] will come to an end, just like fire without fuel. It need not be relinquished in any other way, and a path such as [the one just described above] is therefore not a path of disengagement from existence.

The cause for cyclic existence is the ignorance that fails to understand the nature of phenomena. In particular, it is the coemergent view of the transitory [collection]. As long as that is present, affliction, karmic action, and suffering will be based on it, while once it has been reversed, none of these will occur. This is established through reasoning by the power of fact. Therefore, affliction is the root of karmic action and suffering. As it has been said:

> Affliction is like a seed,
> Like a nāga, like a plant, like a great tree.[72]

Along with:

> The root of all affliction is the view of the transitory—
> All faults are rooted in that.

Therefore, if one wonders whether such a root can be relinquished, it can, for it is mere superimposition. Regarding the remedy that relinquishes it, it is true that loving kindness, the [perception of] repulsiveness, and so forth may coincide with the apprehension of self. There is no incompatibility. Yet, [apprehending a self] and the knowledge that realizes absence of self are incompatible under all circumstances, just like darkness and light. Therefore, since truth is capable of dispelling falsity, reasoning by

།དེས་ན་བདེན་པས་བརྟེན་པ་སེལ་ནུས་པས་ན་འཁོར་བའི་རྩ་བ་གཅོད་པའི་ལམ་དངོས་སྟོབས་ཀྱི་རིགས་པས་གྲུབ་པ་ཡིན་པས་ས་བོན་ལ་ཐོག་མ་མེད་ཀྱང་མེ་ལ་བསྲེགས་ན་ཕྱི་མཐའ་མཐོང་བ་ལྟར། འཁོར་བ་ཐོག་མ་མེད་ཀྱང་། འཁོར་བར་སྐྱེ་བའི་གེགས་བདག་མེད་རྟོགས་ན་ཕྱི་མཐའ་འགྲུབ་པ་ཡིན་ནོ། །གཉིས་པ་འབྲས་བུ་སྤྱོང་བ་དང་། རྟོགས་པ་ལ་རྩོད་པ་གཉིས་ལས། དང་པོ། སྨྲ་སྐྱེགས་པ་ཁ་ཅིག་ན་རེ། དྲི་མ་སེམས་ཀྱི་རང་བཞིན་ཡིན་པས་སྤྱོང་མི་ནུས་པ་དང་། གལ་ཏེ་ནུས་སུ་ཆུག་ཀྱང་སོ་སྐྱེས་སྤྱོང་བའི་ཐབས་མི་ཤེས་པ་དང་། གལ་ཏེ་ཤེས་ནས་སྤྱངས་ཀྱང་ལུས་ཀྱི་དྲི་མ་ལྟར་སླར་འགྱུར་བས་མི་བརྟན་པའི་ཕྱིར། དྲི་མ་སྤྱངས་པའི་རྣམ་གྲོལ་གཏན་དུ་བ་མི་སྲིད་ཅེས་ཟེར་རོ། དྲི་མ་སེམས་ཀྱི་རང་བཞིན་མ་ཡིན་ཏེ། དེ་ཀུན་རྟོག་གློ་བུར་བ་ཡིན་ལ་སེམས་ཀྱི་རང་བཞིན་འོད་གསལ་བ་ཡིན་པའི་ཕྱིར་དང་། དྲི་མ་སྤྱོང་བའི་ཐབས་བདག་མེད་རྟོགས་པ་ཡོད་པ་ཤེས་པའི་ཕྱིར་དང་། རྒྱུ་རྩད་ནས་སྤྱངས་པ་ལ་སླར་ལྡོག་པ་མེད་དེ་བུད་ཤིང་ཟད་པའི་མེ་དང་འདྲ་བས་རྣམ་པར་གྲོལ་བ་འཐད་པ་ཡིན་ནོ། །གཉིས་པ་རྟོགས་པ་ཡེ་ཤེས་ལ་རྩོད་པ་ནི། ཕྱི་རོལ་པ་ཁ་ཅིག་ན་རེ། སྟོང་ཉིད་དང་སྙིང་རྗེ་སོགས་ལ་བློ་ཇི་ལྟར་གོམས་ཀྱང་ཚད་མེད་པར་འགྱུར་ནས་དེའི་ངང་དུ་འགྱུར་མི་སྲིད་དེ། མཆོངས་པ་ཇི་ལྟར་གོམས་ཀྱང་མཐའ་མེད་དུ་མཆོངས་མི་ནུས་པ་དང་། ཆུ་ཇི་ལྟར་བསྐོལ་ཡང་མེའི་རང་བཞིན་དུ་འགྱུར་མི་སྲིད་པ་དང་། གསེར་ཇི་ལྟར་བཞུས་ཀྱང་རྐྱེན་མེ་དང་བྲལ་ན་སླར་འཁྱགས་པ་བཞིན་ནོ། །ཞེས་ཟེར། །དཔེ་དེ་རྣམས་དང་མི་མཚུངས་ཏེ། མཆོངས་གོམས་པ་ཐད་ཀའི་འབད་པར་ལྟོས་པས་རྒྱུན་བར་མ་ཆད་དུ་འཕེལ་མི་ནུས་ཤིང་ལུས་ཀྱི་སྟོབས་ཐུག་བཅས་སུ་གནས་པ་དང་།

the power of fact establishes the path that cuts the root of cyclic existence. The seed has no beginning, but once it has been burned by fire, it will have an end. Likewise, cyclic existence has no beginning, but through the realization of the absence of self, which prevents birth within cyclic existence, its end will be reached.

Overcoming Dispute with Regard to the Effect

Second, overcoming dispute with regard to [the effect] includes both the effect and the realization. Some of the extremists will say: "Since the stains are the nature of mind, they cannot be relinquished. Even if one assumes they could, ordinary people still wouldn't know the methods for relinquishing them. And even if [they] knew those [methods], the stains would reappear, like the body's shadow,[73] and [the relinquishment] would not last. Liberation through relinquishing stains is therefore absolutely impossible."

The stains are not the nature of mind, but passing concepts. The nature of mind is luminosity, and the existence of the realization of absence of self as the method for relinquishing stains is [well] known. Moreover, once the cause has been completely relinquished there can be no recurrence, just like fire once the fuel has been consumed. Therefore, liberation is a rational [principle].

Overcoming Dispute with Regard to the Realization

Overcoming dispute with regard to the realization of wakefulness is second. Some non-Buddhists will say: "No matter how the mind may familiarize itself with emptiness, compassion, and so forth, they can never become unlimited, and therefore cannot entirely transform the mind. No matter how adept you are at jumping, you cannot start a jump that never ends. No matter how [well] you boil water, it will not turn into fire, and no matter how [well] you melt gold, once the condition of fire is lacking, it will solidify again."

These examples don't apply. The ability to jump depends upon immediate efforts. Not only are we unable to develop [the ability to jump] uninterruptedly, jumping is also based on the body's limited strength.

སེམས་ནི་བརྩེ་སོགས་ཀྱི་ངོ་བོར་རྒྱུན་བར་མ་ཆད་དུ་གོམས་པས་འཕེལ་བ་ཡོད་པ་ས་བོན་ལས་ས་བོན་བཞིན་ཡིན་ཅིང་བློའི་རང་བཞིན་ཚད་མེད་པའི་ཕྱིར་དང་། ཆུ་བསྐོལ་བ་སྣུམ་བསྐམས་ནས་རྟེན་བརྟེན་པ་མིན་ཡང་སེམས་སྔ་མའི་ནུས་པས་ཕྱི་མ་ཁྱད་པར་དུ་འཕེལ་ཞིང་དེའི་ངང་དུ་འགྱུར་བ་བུད་ཤིང་མེའི་རང་བཞིན་དུ་གྱུར་པ་ལྟ་བུ་ཡིན་པས་ཕྱིར་དང་། གསེར་སྔ་བར་སླར་ལྡོག་པའི་རྒྱུ་གསེར་ཉིད་ཡོད་པ་ཡིན་ནའང་། སེམས་དྲི་མར་སླར་ལྡོག་པའི་རྒྱུ་མེད་པའི་ཕྱིར་མི་ལྡོག་སྟེ། གཉེན་པོས་སྤངས་ཟིན་པའི་ཕྱིར་ཞིང་བསྲེགས་པ་བཞིན་ནོ། །གཉིས་པ་ཐེ་བྲག་ཏུ་རྣལ་འབྱོར་མངོན་སུམ་ཐམས་ཅད་ཀྱི་རྒྱལ་པོ་མཐར་ཐུག་པ་རྣམ་མཁྱེན་གྱི་ཡེ་ཤེས་ལ་སྟོད་པ་ལ། རྒྱུ་ལ་སྟོད་པ་དང་། འབྲས་བུ་ལ་སྟོད་པ་གཉིས། དང་པོ། ཕྱི་རོལ་པ་དག་ན་རེ། རྟག་པ་རང་བྱུང་གི་ཐམས་ཅད་མཁྱེན་པ་མ་གཏོགས་པ་རྣམ་པ་ཐམས་ཅད་མཁྱེན་པའི་ཡེ་ཤེས་དེ་གསར་དུ་བསྒྲུབ་པར་མི་ནུས་ཏེ་དེའི་རྒྱུ་མེད་པའི་ཕྱིར་ཞེ་ན། བསམ་གཏན་དང་སྙིང་རྗེ་ལ་སོགས་པའི་ཐབས་དང་། ཤེས་རབ་དམིགས་པ་མེད་པ་གཉིས་ཕན་ཚུན་རྒྱུ་རྐྱེན་དུ་གྱུར་པས་མཁྱེན་པ་གཉིས་འགྲུབ་པ་སྟེ། ཐབས་སྙིང་རྗེ་ཆེན་པོ་གསལ་བའི་ཡེ་ཤེས་ཀྱིས་ཉེར་ལེན་གྱི་རྒྱུ་བྱས། ཤེས་རབ་སྟོང་པ་ཉིད་ཀྱིས་ལྷན་ཅིག་བྱེད་པའི་རྐྱེན་བྱས་ནས་ཇི་སྙེད་མཁྱེན་པའི་ཡེ་ཤེས་དང་། ཤེས་རབ་སྟོང་པ་ཉིད་ཀྱི་ཡུལ་ཅན་གྱིས་ཉེར་ལེན་གྱི་རྒྱུ་བྱས་ཤིང་། ཐབས་སྙིང་རྗེ་ཆེན་པོས་ལྷན་ཅིག་བྱེད་རྐྱེན་བྱས་ནས་ཇི་ལྟ་བ་གཟིགས་པའི་ཡེ་ཤེས་འགྲུབ་ལ། གང་ཤེས་བྱའི་རང་བཞིན་ཇི་ལྟ་བ་བཞིན་དུ་མི་ཤེས་པ་ནི་ཤེས་བྱའི་སྒྲིབ་པ་ཡིན་ལ་དེའི་ངོ་བོ་ནི་སྤྱོངས་པའོ། །དེ་དང་འགལ་བ་ཆོས་བདག་མེད་དུ་རྟོགས་པའི་ཤེས་རབ་བསྟེན་དུ་ཡོད་པ་སོགས་གོང་གི་སྐབས་ལྟར་དཔྱད་པས་རྣམ་མཁྱེན་གྱི་ཡེ་ཤེས་རྒྱུ་ལས་བྱུང་བར་གྲུབ་ཅིང་།

The mind develops by continuosly becoming familiar with the essence of compassion and so forth, as when a seed produces [more] seeds. Moreover, the nature of the mind is limitless. When water that was previously boiling has dried up, there is no support and nothing supported. But the energy of the previous [moment of] mind develops the quality of the subsequent [moment]. It is hence entirely transformed, as when fuel becomes the nature of fire. The very existence of the gold constitutes the cause for the recurrence of solidity, but since no cause exists for the recurrence of the stains of mind, they do not occur again later. They have been relinquished by means of the remedy, and so are similar to burned wood.

Overcoming the Particular Dispute Regarding Omniscience

Next follows the particular dispute that is concerned with the king of all yogic direct perceptions, the final wakefulness of omniscience. This will entail: 1) dispute regarding the cause, and 2) dispute regarding the effect.

Overcoming Dispute with Regard to the Cause

Non-Buddhists say: "Omniscience is permanent and self-existing. Omniscient wakefulness cannot be accomplished anew, for it has no cause."

The twofold wisdom is achieved by the mutual causal and conditional relationships between the methods of concentration, compassion, and so forth and the knowledge beyond observation. The wakefulness that illuminates the method of great compassion functions as the perpetuating cause, and the knowledge of emptiness functions as the cooperating condition. [Together they] accomplish the wakefulness that knows all possible [objects of cognition]. Also, the subject, the knowledge of emptiness, functions as the perpetuating cause, while the method of great compassion functions as the cooperating condition, and [together they] accomplish the wakefulness that sees [the intrinsic nature] just as it is.

The cognitive obscuration is what prevents the nature of the objects of cognition from being known as it is. Its essence is stupor. The property that is incompatible with that [obscuration] is the knowledge that realizes the absence of self, and the investigations above have, among other things, shown how one may rely on the support of that [knowledge]. It has therefore

རྒྱུ་དང་འབྲས་བུ་མི་འཁྲུལ་བའི་བདག་ཉིད་ཀྱིས་སྟོན་པ་ཚད་མའི་སྐྱེས་བུར་དངོས་སྟོབས་ཀྱི་རིགས་པས་འགྲུབ་སྟེ། ཚད་མར་གྱུར་པ་འགྲོ་ལ་ཕན་བཞེད་པ། །སྟོན་པ་བདེ་གཤེགས་སྐྱོབ་ལ་ཕྱག་འཚལ། ཞེས་གསུངས་པ་བཞིན་ནོ། །གཉིས་པ་འབྲས་བུ་རྣམ་པ་ཐམས་ཅད་མཁྱེན་པ་མི་སྲིད་དེ། ཤེས་བྱ་ཀུན་ལ་མཐའ་མེད་པ་ཡིན་པས་མཐའ་མེད་པ་ཤེས་ན་མཐའ་རྙེད་པར་འགྱུར་བས་དེའང་ལོག་ཤེས་སུ་འགྱུར་ལ། མཐའ་མེད་པ་ལ་ཤེས་པའི་བློ་མི་སྲིད་དེ་ནམ་མཁའ་ཚད་ལ་གཞལ་བས་ཤེས་མི་ནུས་པ་བཞིན་ནོ་ཟེར། དེ་ལ་མཐའ་མེད་པ་ལ་མཐའ་འདིའོ་ཞེས་ཚད་གཟུང་བའི་ཚུལ་གྱིས་གཟིགས་པ་མ་ཡིན་ཏེ། ནམ་མཁའ་ཀུན་ལ་ཁྱབ་ཅེས་པའང་མཐའ་མེད་ལ་ཁྱབ་པ་སྲིད་པ་བཞིན་དུ་ཤེས་བྱ་ཐམས་ཅད་འབད་མེད་རྗེས་མཉམ་དུ་མཁྱེན་པ་ཡིན་གྱི། མཁྱེན་ཚུལ་མཐའ་དག་ཚུར་མཐོང་གི་རབ་ལས་བརྒལ་བ་ཡིན་ལ། མི་རྟོག་བཞིན་དུ་མཁྱེན་པ་དང་། དུས་གསུམ་མཁྱེན་ཚུལ་ལ་ངེས་པ་སྐྱེ་བའི་ཚུལ་ཙུང་ཟད་གཞན་དུ་བཤད་དོ། །འདིར་ཚུར་མཐོང་གིས་ཐམས་ཅད་མཁྱེན་པ་ཡིན་པ་ཙམ་སྒྲུབ་ན། གང་ཟག་གང་གིས་དོན་དུ་གཉེར་བྱའི་གཙོ་བོ་ལམ་བདེན་བཞིའི་འཇུག་ལྡོག་མ་ནོར་བར་སྟོན་པ་དེ་ལ་ཐམས་ཅད་མཁྱེན་ཞེས་བྱ་སྟེ། སྨན་ཀུན་ཚོགས་དང་མི་ཀུན་ཚོགས་ཞེས་པ་བཞིན་ནོ། །གཞན་དགོས་མེད་ཀྱི་སྲིན་བུའི་གྲངས་ལ་སོགས་པ་ནི་ཐར་པ་དོན་དུ་གཉེར་བ་ལ་ཉེར་མཁོ་ཅིའང་མེད་པས་སྟོན་པས་མཁྱེན་དུ་ཟིན་ཀྱང་གདུལ་བྱ་ལ་དེ་ཀུན་བསྟན་པས་ཅི་ཞིག་བྱ། བསྟན་ཀྱང་དེ་སྙེད་གཟུང་ནུས་པ་མ་ཡིན་ནོ། །དེས་ན་ལམ་དངོས་སྟོབས་ཀྱི་རིགས་པས་གྲུབ་པ་འདི་འདྲ་སྟོན་པ་དེ་ནི་སྐྱེས་བུའི་དོན་ཐམས་ཅད་མཁྱེན་པའི་སྟོན་པ་ཡིན་པར་བདག་ཅག་གིས་ཁས་ལེན་ལ།

been proven that the wakefulness of omniscience is causally arisen. By [reference to] the undeluded identity of the cause [knowledge that completely realizes absence of self], and the effect[, Buddhahood], reasoning by the power of fact establishes that the Teacher is a being of validity. As it is said:

> Valid one who is intent on the welfare of beings,
> Teacher and Bliss Gone One—to you I prostrate.

Overcoming Dispute with Regard to the Effect

Second, it is said: "The effect—complete omniscience—is impossible. There is no end to what can be known, and if [omniscience] knew the endless, it would have found an end, and would therefore be a mistaken cognition. The endless cannot be known by any mind, just as the extents of space cannot be known through measurement."

To this [we can reply that] this [omniscient] seeing does not confine the endless to a particular extent. Endless pervasion is possible with regard to what we speak of as all-pervasive space, and the enlightened wisdom likewise knows all objects of cognition effortlessly and as equal taste. Yet this mode of knowledge goes beyond the boundaries of confined perception, for it cognizes without thinking. Elsewhere I have spoken briefly on how to ascertain the enlightened knowledge of the three times. Here, in order to establish the presence of omniscience through mere confined perception, one may say that the Omniscient One refers to the person who unmistakenly explains the primary pursuit—what to adopt and what to reject as it pertains to the path of the four truths. The sense here is the same as when one says that "all medicines have been gathered" or "everyone is gathered."

Futile [information], such as the number of germs and so forth, is in no way necessary for the pursuit of liberation, so even though the Teacher knows that, what point would there be in teaching it? Even if he did, people would not be able to accommodate such numbers. Therefore, the one who teaches a path such as the one described here, which is established with reasoning by the power of fact, is one whom we assert to be a teacher

དེ་ལ་རྗེས་སུ་དཔགས་ན། གཞན་ཤེས་བྱ་ཐམས་ཅད་ཀྱང་མཁྱེན་པར་ངེས་ཏེ། གང་ཟབ་ཅིང་ཕྲ་བའི་དོན་མཐར་ཐུག་པ་མཁྱེན་པ་དེས་རགས་པ་རྟོགས་ནུས་པར་གདོན་མི་ཟ་སྟེ། རིང་བའི་རྡུལ་ཕྲ་མོ་མཐོང་བའི་མིག་གིས་ཉེ་བའི་བུམ་པ་མཐོང་བ་ལ་ཐེ་ཚོམ་མེད་པ་བཞིན་ནོ། །དེ་དག་གིས་ཐར་པ་དང་ཐམས་ཅད་མཁྱེན་པའི་ལམ་དང་འབྲས་བུ་སྒྲུབ་པའི་ཚུལ་རིགས་པའི་དབང་ཕྱུག་ཆོས་ཀྱི་གྲགས་པའི་རྗེས་སུ་འབྲངས་ནས་སྔོན་གྱི་མཁས་པ་རྣམས་ཀྱིས་བསྒྲུབས་པ་བཞིན་ཅུང་ཟད་བཀོད་པ་ཡིན་ལ། སྤྱིར་ཕྱོགས་སྔ་སྨྲ་སྔགས་སོགས་འགོག་པ་ཐམས་ཅད་ཁ་ཕྱིར་བལྟས་ཀྱི་ཤག་བཀྱི་བའི་ཆེད་ཙམ་མ་ཡིན་ཏེ། སྨྲ་སྔགས་ལ་སོགས་པ་འདི་དག་གི་ཞེ་འདོད་འདི་བཞིན་ཕྱིན་ཅི་ལོག་གི་རྟོག་པ་ངན་པ། རང་ལའང་ཚུལ་དེ་དང་མཚུངས་པར་གནས་པ་དེ་ཉིད་ངེས་བཟུང་ནས། དགག་སྒྲུབ་ཀྱི་རིགས་པ་དྲི་མ་མེད་པས་རང་རྒྱུད་ཀྱི་བག་ཆགས་དང་ཀུན་རྟོག་ངན་པ་རྣམས་སྤུན་ཕྱུང་ན། བློ་ནོར་ལྡན་པས་ལུགས་གཞན་ལ། །ཞེས་སོགས་ཀྱི་ཚིགས་སུ་བཅད་པའི་དོན་བཞིན། རང་གི་ལམ་དང་སྟོན་པ་ལ་མི་འཕྲོག་པའི་ཡིད་ཆེས་སྐྱེ་བ་ཡིན་པས་བསམ་པར་བྱ་བ་གལ་པོ་ཆེ་ཡིན་ནོ། །དེ་ལྟར་མདོར་ན་སྲིད་པའི་རྩ་བ་གཅོད་པ་དང་། ཐར་པ་དང་ཐམས་ཅད་མཁྱེན་པ་སྒྲུབ་པའི་རྒྱུ་ནི་བདེན་གཉིས་དབྱེད་པའི་ཤེས་རབ་དྲི་མེད་ཡིན་ལ། ཤེས་རབ་དེའང་སྦྱངས་པ་སོགས་ལ་ལྟོས་མེད་དུ་གནམ་ལས་བབས་པའམ། ས་རུམ་ནས་འཐོན་པ་ལྟར་འབྱུང་བ་མི་སྲིད་པས་འདི་ལྟར་ལམ་དོན་གཉེར་གྱི་གང་ཟག་རྣམས་ཀྱིས་བསམ་པ་བྱང་ཆུབ་ཀྱི་སེམས་དང་ལྡན་པས། ཐོག་མ་ཁོ་ནར་ཕྱི་ནང་གི་དངོས་པོ་ཐམས་ཅད་གཅིག་དང་དུ་མ་བྲལ་བའི་རིགས་པ་དེ་དག་གི་ཚུལ་གྱིས་ལེགས་པར་བརྟགས་པའི་རྗེས་དཔགས་ཚད་མ་ལས་རང་བཞིན་མེད་པ་ཡིན་པར་ངེས་སྙམ་པའི་ངེས་ཤེས་སྐྱེ་བ་ཡིན་ལ། ངེས་ཤེས་དེ་དང་དངོས་པོ་ལ་ཕྱིན་ཅི་ལོག་ཏུ་རྟོག་པའི་སྒྲོ་འདོགས་གཉིས་སྣང་མུན་ལྟར་འགལ་བ་ཡིན་པས་ངེས་ཤེས་དེས་སྤང་བྱ་སྒྲོ་འདོགས་རྣམས་གཅོད་པ་ཡིན་ལ། ངེས་ཤེས་དང་བྲལ་བའི་སྒོམ་ནི་དམུས་ལོང་གིས་གཟུགས་གཞལ་བ་ལྟར་དོན་ལ་མི་གནས་པས་སྒོམ་པ་ངེས་ཤེས་དང་མ་བྲལ་བ་ཞིག་དགོས་སོ་ཞེས་ཕྱོགས་བཅུ་ཀུན་ན་གནས་པ་ལ་དུས་ཀུན་ཏུ་ཐལ་མོ་སྦྱར་ཏེ་ཞུ་ཞིང་

who knows all that is meaningful to mankind. Furthermore, by inference, one will become certain that [such a teacher] also knows any possible object of cognition, for the one who knows the profound and subtle final meaning will undoubtedly be capable of understanding the coarse, just as an eye that sees subtle particles far away will undoubtedly see the vase nearby. This brief section showing how to establish the path to liberation and omniscience was written by following Dharmakīrti, the Lord of Reasoning, and it accords with the summaries made by the scholars of the past.

Generally, one never refutes adversaries such as the extremists simply for the sake of ambition or competition. [Instead, one should] realize how oneself conceives in mistaken and unwholesome ways that resemble the positions taken by, for instance, the extremists. Then, by means of stainless reasonings for refutation and affirmation, one must reverse the unwholesome concepts and habitual tendencies of one's own stream of being. Thus, as is also conveyed by the [root] verses, an inalienable trust in one's path and one's teacher will manifest. As it is said: "*When those who possess the wealth of mind...*"

This is important to keep in mind. In short, it is the stainless knowledge that investigates the two truths that cuts the root of existence and forms the cause for liberation and enlightenment. Moreover, this knowledge cannot, as if it fell from the sky or emerged from the ground, arise independently of training and other activities. Individuals pursuing the path must possess the mind of enlightenment, and so in the beginning must exclusively examine all external and internal entities thoroughly, using reasonings such as the absence of one and many. Through this inferential valid cognition, a feeling of certainty—"definitely, no natures exist!"—will arise. Since that certainty and the mistaken superimpositions made about entities are as incompatible as light and darkness, certainty cuts through all the discards that are superimposition.

A meditation lacking certainty is like a man who is born blind [trying to] estimate objects [visually]. His estimation is not founded in fact. Therefore, with palms joined, I continuously appeal to all who abide in the 10 directions to [realize that] meditation must possess certainty. I

ངེས་པའི་ཤེས་པ་ཐེ་ཚོམ་དང་བྲལ་བར་གྱུར་ཅིག་ཅེས་སྨོན་ལམ་དུ་འང་བྱེད་པ་ཡིན་ནོ། །ངེས་པའི་ཤེས་པ་དང་བྲལ་ན་ཡང་དག་པའི་དོན་རྟོགས་དཀའ་ཞིང་། རིགས་པ་ཚད་མ་དང་བྲལ་ན་ངེས་པ་མི་སྐྱེ་བ་འདི་ཁོན་ལམ་དོན་གཉེར་རྣམས་ཀྱིས་སྙིང་ལ་གཞག་པའི་མན་ངག་གོ །དེས་ན་ཐེ་ཚོམ་ཆོད་པ་ཐོས་བསམ་གྱི་འབྲས་བུ། གདིང་དང་ལྡན་པ་བསྒོམས་པའི་འབྲས་བུ་ཡིན་པ་ལ། འབྲས་བུ་དེ་གཉིས་མེད་པའི་ཆཕད་སྐྱུབ་ནི་གཟུགས་བརྙན་ཙམ་མོ། །ཞར་བྱུང་དུ་ངེས་པ་དང་སྒྲོ་འདོགས་ལ་དཔྱད་པ་ཅུང་ཟད་དམ་པ་རྣམས་ཀྱི་གསུང་བཞིན། འདི་ན། འདི་ལྟར་བུམ་པ་ལྟ་བུ་གཅིག་ལ་དངོས་པོ་མེད་པའི་ངེས་ཤེས་དང་། དངོས་པོ་ཡོད་རྟོག་གི་སྒྲོ་འདོགས་གཉིས་ཡུལ་མི་གཅིག་ན་བས་ལ་བྱ་བསལ་བྱེད་དུ་མི་འཐད་དེ། ཕྱི་ནང་གི་སྣང་སྲུན་བཞིན། གཅིག་ན་ནི་ཡུལ་དེ་གྲུབ་བམ་མ་གྲུབ། ཡུལ་དེ་གྲུབ་ན་ནི་བསལ་བྱ་མ་འབྲེལ་བར་ཐལ། ཡུལ་བདེན་པའི་ཕྱིར་ཚད་མ་བཞིན། མ་གྲུབ་ན་སེལ་བྱེད་ཚད་མར་མི་འགྱུར་ཏེ་གཞལ་བྱ་མེད་པའི་སྒྲོ་འདོགས་བཞིན་ནོ་ཞེས་དང་། གཞན་ཡང་། ཡུལ་གཅིག་ན་ཡུལ་དེ་བདེན་ནམ་བརྫུན། བདེན་ན་སྒྲོ་འདོགས་བདེན་ལ། བརྫུན་ན་ཚད་མ་བརྫུན་ནོ་ཞེས་ཟེར་ན། དངོས་དངོས་མེད་ཀྱི་ཁྱད་པ་ར་དུ་མ་བྱས་པའི་གཞན་སེལ་གྱི་བློས་བཟུང་བའི་བུམ་པ་ཙམ་ཞིག་ཡུལ་གཞལ་བྱ་ཡིན་པས་ཞེན་ཡུལ་གཅིག་པས་སེལ་བྱ་སེལ་བྱེད་དུ་མི་འཐད་པའི་སྐྱོན་མེད་ལ། ཞེན་སྣང་ས་ཐ་དད་དེ་སོ་སོར་ཡོད་པས་ཚད་མ་དང་ཚད་མིན་དུ་འཇོག་པ་འཐད་དོ། །དེས་ན་ངེས་སྒྲོ་འདོགས་གཉིས་ཀྱི་བདེན་བརྫུན་ཀྱང་ཞེན་སྣང་དོན་ལ་མཐུན་མི་མཐུན་གྱིས་འཇོག་གི་ཡུལ་རང་དབང་བ་གཅིག་ཏུ་མི་གཟུང་ངོ་། །དེ་ལ་མི་གཉིས་ཀྱི་ཉན་ཤེས་ལ་དུང་གི་སྒྲ་གཅིག་སྣང་བ་ན། གཅིག་གིས་རྟག་གཅིག་གིས་མི་རྟག་སྙམ་ན།

likewise offer the prayer that there be certainty free from doubt. Without a mind that's certain, the authentic meaning can hardly be realized, and without valid reasoning, there will be no certainty—this alone is the crucial instruction to be carried in the hearts of those who pursue the path. Therefore, severance of doubt is the result of learning and reflection, and the achievement of confidence is the result of meditation. Without these two results, all study and practice will be only mirrored reflections.

Investigation of Certainty and Superimposition

As an aside, [I shall] now briefly investigate certainty and superimposition, according to the explanations of the sacred ones. It might be said: "If, regarding a single [phenomenon] such as a vase, the certainty that there is no entity and the superimposition that there is an entity [do] not [share] the same object, one cannot feasibly dispel the other, just as light outside [does not dispel] darkness inside. If, [on the other hand, their] object is the same, then is that object established or not? If the object is established, then in consequence, that which was to be dispelled is not delusion, just as a cognition is valid when its object is true. If [the object] is not established, then the dispelling [certainty] will be invalid, for it is equal to the superimposition of an object of evaluation that does not exist." Moreover, "If it is one single object, then is that object true or false? If true, the superimposition is true, and if false, the valid cognition is false."

[However, in reply it is said that] the object of evaluation is not distinguished in terms of entity or non-entity, but is the mere vase that is apprehended by mental other-exclusion. Therefore, since their conceived object is the same, one [cognition] feasibly dispels the other without fault, and since the modes of conceiving are distinct and separate, it is feasible to posit one as valid and the other as invalid. The truth or falsity of the certainty and the superimposition are hence posited in terms of whether the ways of conceiving accord with fact. They are not apprehensions of a single, autonomous object.

If a single sound from a conch appears to the auditory cognition of two people, one may believe that it is permanent while the other believes

གཉིས་ཀ་རང་གིས་བཟུང་བའི་ཞེན་པའི་འཛིན་སྟངས་དང་། ཡུལ་དུང་སྦྲ་སྔོ་བཏགས་གཅིག་ཏུ་བསྲེས་ཏེ་བཟུང་བ་ཡིན་པས་ཚད་མ་དང་ཚད་མིན་གྱི་ཡུལ་གཅིག་ཐ་དད་བརྟགས་པའི་སྐྱོན་མེད་པ་ཡིན་ནོ། །འདི་ལེགས་པར་རྟོགས་ན་ཚད་མའི་གནད་མང་པོ་ཞིག་ཀྱང་འགྲོལ་ལོ། །ཡང་དེས་སྒྲོ་འདོགས་གཉིས་བློའི་ངོ་བོར་གཅིག་གམ་མི་གཅིག །གཅིག་ན་རལ་གྲིས་རང་མི་གཅོད་པ་ལྟར་བསལ་བྱ་བསལ་བྱེད་དུ་མི་འཐད་ལ། ཐ་དད་ན་སངས་རྒྱས་ཀྱི་ཡེ་ཤེས་ཀྱིས་སེམས་ཅན་གཞན་རྒྱུད་ཀྱི་མི་ཤེས་པ་མ་བསལ་བ་བཞིན་དུ་ཡང་སེལ་བྱ་སེལ་བྱེད་དུ་མི་འཐད་དོ་ཞེ་ན། བློའི་རྒྱུན་ཙམ་དུ་གཅིག་པས་རྒྱུད་ཐ་དད་ལྟར་མི་འགྱུར་ལ། རྣམ་པ་ཐ་དད་པས་རང་ལ་རང་གིས་བྱ་བ་ལྟར་ཡང་མི་འགྱུར་རོ། །ཡང་དེ་གཉིས་དུས་གཅིག་གམ་མི་གཅིག །དུས་གཅིག་ནི་མི་སྲིད་དེ་སྣང་གཉེན་གྱི་རྟོག་པ་གཉིས་ཅིག་ཅར་ཡོད་པར་ཐལ་བས་གནོད་ལ། མི་གཅིག་ན་གནོད་བྱ་གནོད་བྱེད་དུ་མི་འཐད་དེ། ཉི་ཟེར་དང་མཚན་མོའི་མུན་པ་བཞིན་ནོ་ཟེར་ན། དེ་གཉིས་དུས་མི་གཅིག་པས་ཕྲད་མི་སྲིད་ཀྱང་། བློའི་རྒྱུན་གཅིག་ལ་དང་པོ་སྒྲོ་འདོགས་སྐྱེས། ཕྱིས་ངེས་ཤེས་སྐྱེས་པས་སྒྲོ་འདོགས་ཀྱི་རྒྱུན་སྐྱེ་མ་ནུས་པ་ལ་སྒྲོ་འདོགས་བསལ་ཞེས་ཐ་སྙད་བཏགས་པ་སྟེ། བློའི་ངོ་བོར་གྱུར་བའི་སྣང་གཉེན་ཐམས་ཅད་དེ་དང་འདྲ་སྟེ། འདས་པ་འགགས་ཟིན་པ་དང་། ད་ལྟ་གྲུབ་ཟིན་པས་དེ་ལ་གནོད་པར་བྱར་མི་རུང་ལ། མ་འོངས་པ་མ་སྐྱེས་པ་ལའང་གནོད་པ་བྱར་མེད་པས་དོན་དུ་སྐད་ཅིག་མ་ལ་བསལ་བྱ་བསལ་བྱེད་མ་གྲུབ་ཀྱང་། སྣང་བྱའི་རྒྱུན་མ་འོངས་པ་འཕྲོ་མཐུད་དུ་སྐྱེ་བའི་གེགས་བྱས་སོང་བ་ལ་བསལ་བྱ་བསལ་བྱེད་དུ་བཏགས་པའོ།

that it is impermanent. Both apprehend by mixing up the apparent (their individual way of conceptually grasping the apprehended), and the designated (the object that is the sound of the conch). None of the faults [posited in the] examinations [above] of the sameness or separateness of the object of valid and invalid cognitions therefore [apply]. Once this has been thoroughly understood, a great many of the key points for valid cog-nition will have been comprehended.

Furthermore, [one may wonder]: "Are certainty and superimposition the same in being essentially mind, or are they not? If they are the same, it is not feasible for one to dispel the other, just like a sword cannot cut itself. If they are distinct, one does not feasibly dispel the other either, just as the wakefulness of the Buddha cannot dispel the ignorance present in other mind-streams, [for instance,] those of sentient beings."

Since [certainty and superimposition] are the same in being the mere continuity of mind, it is not as if they were distinct, yet since their features are distinct, it is not as if something is engaging in itself.

"Are the two then simultaneous or not? They cannot possibly be simultaneous, for such [an assertion] is flawed. The consequence would be that the concepts of both the discard and the remedy would be present at the same time. If they are not simultaneous, one cannot feasibly dispel the other, just as is the case with daylight and the darkness of night."

Indeed, if the two are not simultaneous, they cannot be in contact. Nevertheless, in a single continuity of mind, the superimposition occurs first, and when the certainty occurs later, it prevents a continuity of the superimposition from arising. That is what is meant by the verbal convention 'exclusion of superimposition'. Here, all mental discards and remedies are alike. Since the past [property] has already ceased and the present is already established, one cannot damage the other, and since the future [property] has not happened yet, that cannot be damaged either. Therefore, in actuality, with regard to that which is momentary, there is no establishment of any dispeller or anything dispelled. Yet since [the remedy] will function as the obstacle to the future endurance of the continuity of the discard, one speaks of dispeller and that which is dispelled.

།འདི་ལ་ཁ་ཅིག་སྤང་གཉེན་ལྷན་ཅིག་ཏུ་བསྐལ་པ་གྲངས་མེད་དུ་མར་འགྲོགས་པ་ཡོད་དེ། བྱང་སེམས་འཕགས་པའི་རྒྱུད་ཀྱི་ཡེ་ཤེས་དང་། སྒྲིབ་པའི་བག་ཆགས་གཉིས་ཡུན་རིང་དུ་འགྲོགས་པའི་ཕྱིར་ཟེར་ཡང་། མིང་ཙམ་ལ་བསམས་ན་མ་གཏོགས་དོན་དུ་ལྷན་ཅིག་གནས་ན། དེས་དེ་བསལ་ག་ལ་ནུས་ཏེ། དེས་ན་བྱང་འཕགས་ཀྱི་རྒྱུད་ཀྱི་སྒྲིབ་པ་རང་རང་གི་གཉེན་པོ་དང་སྤང་བྱ་ནི་འགྲོགས་པ་མེད་ལ། གཟུང་འཛིན་འཁྲུལ་པའི་བག་ཆགས་ཕྲ་མོ་ནི་འཕགས་པ་སློབ་པའི་ཡེ་ཤེས་གཞན་གྱི་སྤང་བྱ་ག་ལ་ཡིན་ཏེ། རྡོར་ཏིང་གི་སྤང་བྱ་ཡིན་ནོ། །དེ་ལྟར་རིགས་ཤེས་དང་སྒྲོ་འདོགས་གཉིས། ཡུལ་དང་ངོ་བོ་དུས་གསུམ་ལ་བརྟགས་པ་འདིའང་དོགས་སློང་ལེགས་པོ་ཡིན་པས། རྗེས་སུ་དཔོགས་རྣམས་ཤེས་པར་བྱེད། །ཅེས་པའི་མཐའ་དཔྱོད་དུ་བཀོད་པ་ཡིན་ནོ། །རྩོད་པ་གསུམ་པའི་ལན་ལ། ལན་དངོས་དང་། །དེ་ལྟ་མིན་ན་མི་འཐད་པར་བསྟན་པའོ། །དང་པོ། །གཞུང་གིས་བསྐྱེད་པའི་བྱེ་བྲག་གི །ཆོས་ཅན་སྤྱངས་ནས་མཁས་པ་དང་། །བུད་མེད་བྱིས་པའི་བར་དག་ལ། །གྲགས་པར་གྱུར་པའི་དངོས་རྣམས་ལ། །བསྒྲུབ་དང་སྒྲུབ་པའི་དངོས་པོ་འདི། །མ་ལུས་ཡང་དག་འཇུག་པར་འགྱུར། །ཞེས་གསུངས་ཏེ། འོ་ན་ཁྲོད་ཀྱིས་ཆོས་ཐམས་ཅད་རང་བཞིན་མེད་པར་ཁས་བླངས་ནས་མེད་དོ་ཞེས་བརྗོད་པ་དེ་ལྟར་ན་བསྒྲུབ་བྱ་ཆོས་ཅན་དང་། དེ་སྒྲུབ་པ་གཏན་ཚིགས་སྦྱོར་བའང་དོན་མེད་དུ་འགྱུར་ཏེ།

Here, some will claim: "Discard and remedy can accompany each other for several incalculable eons, since the wakefulness of a noble Bodhisattva is long accompanied by the obscuring habitual tendencies."

This [can] only [be said] from a merely nominal perspective. How could one ever dispel the other, if in actuality they coexisted? Therefore, the obscurations in the stream of being of a noble Bodhisattva are not accompanied by their respective remedies. How could the subtle habitual tendency for deluded dualistic apprehension ever be the discard of the wakefulness of a noble one [on the path of] training? Rather, it is the discard of the vajra-like absorption. These examinations of certainty and superimposition in terms of object, essence, and occasion are excellent ways to raise doubts. Thus I have arranged them here as an in-depth investigation of [the words from the root text,] "*those who infer will understand*".

The Impossibility of the Conventions of Probandum and Logical Argument

The reply to the third dispute includes: 1) the actual reply, and 2) demonstrating how otherwise there would be no feasibility.

Actual Reply

First, it is said:

> *The particular subjects*
> *Ensuing from scripture are omitted.*
> *That which is recognized by all,*
> *From scholars to women and children— [76]*
>
> *To such entities, these entities, probandum and proof,*
> *Apply authentically without exception. [77ab]*

It might be thought: "Well then, by holding that no phenomena possess a nature, what you are saying is that nothing exists. In that case, arranging the subject of a probandum and an argument that will prove it will be

ཆོས་ཅན་གཞི་མ་གྲུབ་པ་སོགས་ཀྱི་ཕྱིར་རོ། །གལ་ཏེ་སྒྲུབ་པ་གཏན་ཚིགས་མི་བརྗོད་དོ་སྙམ་ན། དམ་བཅས་པ་ཙམ་གྱིས་དོན་མི་འགྲུབ་པའི་ཕྱིར་རོ། །གཏན་ཚིགས་བརྗོད་ན་ནི་གཏན་ཚིགས་ཡོད་པས་ཐམས་ཅད་རང་བཞིན་མེད་པ་ཉིད་དུ་མི་འགྱུར་ལ། དེ་ལྟར་ན་འགལ་བར་འགྱུར་རོ་སྙམ་ན། དེ་འདྲ་བའི་རྩོད་པ་འདི་ནི་གྱི་ན་སྟེ། འདི་ལྟར་བསྒྲུབ་བྱ་ཆོས་ཅན་དུ་བཞག་པ་གང་ཡིན་པ་དེ་ནི། གྲུབ་མཐའི་**གཞུང་གིས་**བཞག་པའམ་**བསྐྱེད་པའི་བྱེ་བྲག་གི་ཆོས་ཅན་སྤངས་ནས་**ཏེ་དེ་ཤེས་འདོད་དུ་མ་བཟུང་བར། **མཁས་པ་དང་**མི་མཁས་པ་ཐམས་ཅད་ཀྱི་**ཐུན་མོང་དང་ཕྱིས་པའི་བར་དག་ལ།** མཐུན་པར་སྣང་ཞིང་ཡོངས་སུ་**གྲགས་པར་གྱུར་པའི་དངོས་**པོ་**རྣམས་**ཆོས་ཅན་དུ་བཟུང་བ་**ལ།** **བསྒྲུབ་བྱ་དང་དེ་སྒྲུབ་པའི་**གཏན་ཚིགས་དག་གི་ཐ་སྙད་ཀྱི་**དངོས་པོ་འདི།** **མ་ལུས་**པ་གནོད་མེད་**ཡང་དག་**པར་**འཇུག་པར་འགྱུར་**བ་ཡིན་ནོ། །དེ་ལ་གཞུང་གི་འདོད་པ་མི་མཐུན་པ་ལས་བྱུང་བའི་ཆོས་ཅན་རྩོད་གཞིར་བཟུང་ན་ཐུན་མོང་མཐུན་སྣང་གི་ཆོས་ཅན་མི་འགྲུབ་པས་གཏན་ཚིགས་ཐམས་ཅད་ཆོས་ཅན་གཞི་མ་གྲུབ་པར་འགྱུར་ལ། དེ་ལྟར་ན་བསྒྲུབ་བྱ་དང་སྒྲུབ་པའི་ཆོས་གཉིས་ལྡན་གྱི་དཔེ་ཡང་མི་སྲིད་པས་རྟགས་ཐམས་ཅད་ནུབ་པར་འགྱུར་རོ། །གལ་ཏེ་གཞུང་གིས་བསྐྱེད་པའི་བྱེ་བྲག་ལ་ཁས་ལེན་མཐུན་པར་གྱུར་ན་ནི་ཅི་ཞིག་རྩོད་དེ་རྩོད་པའང་མེད་དོ། །མཐུན་བཞིན་དུའང་རྩོད་ན་ནི་རང་གི་ཕྱོགས་ལ་མི་ལྟ་བར་སུན་ཅི་ཕྱིན་དུ་འགྱུར་རོ། །གཉིས་པ་དེ་ལས་བཟློག་ན་མི་འཐད་པ། དེ་ལྟ་མིན་ན་གཞི་མ་གྲུབ། །ལ་སོགས་ལན་ནི་ཇི་སྐད་གདང་བ། །ཇི་སྐད་བཤད་པ་འདོད་པ་མི་མཐུན་པ་དངོས་པོ་ཡོད་པ་དང་མེད་པ་ལྟ་བུས་ཁྱད་པར་དུ་མ་བྱས་པར་སྣང་ཙམ་གྱི་ཤེས་འདོད་ལ་ཆོས་ཅན་དུ་བཟུང་བ་**དེ་ལྟ་མིན་ན་**ཁྱོད་ཀྱི་གཏན་ཚིགས་ཀྱི་**གཞི་མ་གྲུབ་**པ་དང་།

meaningless, for the subject is not an established basis, and so forth. You may believe that no proof in the form of an argument is expressed, but then mere thesis will not prove any point. If, [on the other hand,] an argument is expressed, then that argument exists and all phenomena are then no longer without nature, and [emptiness] will have been contradicted."

Such a dispute is pointless. In the subject posited for the probandum, *the particular subjects ensuing from*, or posited by, philosophical *scripture are omitted*—these are not taken as the subject about which knowledge is sought. Rather, what is taken as the subject is *that which is* commonly apparent and *recognized by all, from scholars to* unscholarly, ordinary *women and children. To such entities, these* conventional *entities*, the *probandum and* the argument that is its *proof, apply authentically* and flawlessly *without exception.*

If a subject that stems from an uncommon scriptural assertion is taken as the basis for debate, there will be no establishment of an ordinary, commonly appearing subject. Any argument will therefore be lacking a subject with basic establishment, and an example endowed with the properties of both the probandum and the proof will not be possible either, so all evidence will fade away. If there is common agreement with regard to a particular [subject] ensuing from scripture, then what would be the point of debate? There can be no debate. If while agreeing one nevertheless debates, one has no consideration for one's own position, and [any] refutation will be inauthentic.

How the Alternative is Unreasonable

Second, anything else will be unreasonable.

> *How else to reply*
> *To something like, "There is no established basis?" [77cd]*

Just as explained, what must be taken as the subject are those topics of knowledge that are simply apparent, rather than those that are individually asserted [by a particular philosophical viewpoint], such as existent or

དཔེ་མི་འགྲུབ་པོ་ཞེས་པ་**ལ་སོགས**་པའི་**ལན་ནི་ཟེ་སྐད་གདབ**་སྟེ་གདབ་པར་མི་ནུས་ཏེ། དཔེར་ན་སངས་རྒྱས་པས་ཕ་རོལ་པོའི་ངོར་སྒྲ་ཆོས་ཅན། མི་རྟག་སྟེ། དངོས་པོར་ཡོད་པའི་ཕྱིར། ཞེའམ། ལ་ལ་ཆོས་ཅན། མེ་ཡོད་དེ། དུ་བ་ཡོད་པའི་ཕྱིར། ཞེས་བཀོད་པ་ལྟ་བུ་ལ། ཕ་རོལ་མུ་སྟེགས་ཀྱི་གཞུང་གིས་བསྐྱེད་པའི་ཆོས་ཅན་བྱེ་བྲག་པ་བཟུང་ན། ཡན་ལག་ཅན་གྱི་ལ་དང་། ནམ་མཁའི་ཡོན་ཏན་གྱི་སྒྲ་གཟུང་དགོས་ན། དེ་མི་སྲིད་པས་ཆོས་ཅན་གཞི་མི་འགྲུབ་ལ། དེ་མ་གྲུབ་པའི་དེ་ལ་བརྟེན་པའི་རྟགས་ཀྱང་མི་སྲིད་དེ་རི་བོང་རྭའི་གཉེར་མ་བཞིན་ནོ། །དེས་ན་ཆོས་ཅན་དང་མཐུན་པའི་ཕྱོགས་སུ་སྦྱོར་བའི་དཔེ་ཡང་མི་སྲིད་པས་མཐར་རྗེས་སུ་དཔགས་པར་བྱ་བ་ཆོས་ཅན་དང་། རྗེས་སུ་དཔགས་པའི་རྟེན་ནམ་སྒྲུབ་བྱེད་གཏན་ཚིགས་ཐམས་ཅད་མི་འགྲུབ་བོ། །དེས་ན་ཐུན་མོང་མཐུན་སྣང་གི་དངོས་པོ་ཙམ་དང་། དེ་ལའང་འཛིན་སྟངས་ཞིབ་ཏུ་བྱེད་ནས་ཐ་སྙད་བསྒྲུབ་པའི་ཚེ་ན། གོང་གི་ངེས་ཤེས་དང་སྒྲོ་འདོགས་ཀྱི་ཡུལ་ལ་ཇི་སྐད་དཔྱད་པ་ལྟར་བྱས་ན་རིགས་པའི་མཐིང་ལོན་པ་ཡིན་ནོ། །གཉིས་པ་ཀུན་རྫོབ་ཏུ་རྟོད་སྤྱོང་ལ། སྒྲུབ་དང་བསྒྲུབ་བྱའི་རྣམ་གཞག་སྤྱིར་འཐད་པ། ཚེ་སྔ་ཕྱིའི་རྒྱུ་འབྲས་རྟེན་འབྲེལ་གྱི་རྣམ་གཞག་འཐད་ཚུལ་བྱེ་བྲག་ཏུ་བཤད་པ། དེ་ལྟར་རྟག་ཆད་དང་བྲལ་བར་བསྟུགས་པས་མཇུག་བསྡུ་བ་གསུམ། དང་པོ།

nonexistent entities. *How else* would it be possible *to reply to something like*, "*There is no established basis* for your argument" and "There is no established example?" One would not be able to reply.

A Buddhist may, for instance, argue against an adversary saying: "The subject, sound, is impermanent, because it exists as an entity," or "The subject, the hillside, possesses fire, because there is smoke." If he were to take as the subject a particular that ensued from the adversary's extremist scriptures, he would have to take as subjects [such things as] the "hillside whole" and "that sound which is the quality of space." Since those are impossible [entities], the subject would have no basic establishment. Without that establishment, the evidence that is founded on it would be as impossible as the branches of the rabbit's horns, and it would also become impossible to apply an example that is of the same type as the subject. In the end, the subject of the inference, as well as the basis for the inference—the arguments used as proof—would all be unestablished. [Therefore, we are concerned with] just those ordinary entities that are commonly apparent, and it is with regard to these that conventional proofs are presented by means of subtle modes of apprehending. If one considers this [process] as explained above during the examination of the objects of certainty and superimposition, one will reach the depths of reasoning.

Overcoming Dispute With Regard to the Relative

Second, overcoming dispute with regard to the relative includes: 1) the general feasibility of the proof and the probandum, 2) specific explanation of the feasibility of the principles of causality and dependent origination in terms of past and future lives, and 3) concluding by praising this freedom from permanence and annihilation.

The General Feasibility of the Proof and the Probandum

First, it is said:

བདག་ནི་སྣང་བའི་ངང་ཅན་གྱི། །དངོས་པོ་དགག་པར་མི་བྱེད་དེ། །དེ་ལྟ་བས་ན་སྒྲུབ་པ་དང་། །བསྒྲུབ་བྱ་གཞག་པ་འཁྲུགས་པ་མེད། །ཅེས་གསུངས་ཏེ། **བདག་ནི་**མཁས་ནས་བྱིས་པའི་བར་གྱི་འགྲོ་བ་རྣམས་ལ་ཐུན་མོང་དུ་མིག་དང་རྣ་བ་སོགས་ལ་**སྣང་བའི་ངང་**ཚུལ་**ཅན་གྱི་དངོས་པོ་**རྟེན་ཅིང་འབྲེལ་བར་འབྱུང་བ་ཙམ་འདི་ནི་**དགག་པར་མི་བྱེད་དེ།** འདི་ལ་ཤེས་རབ་དང་ཡེ་ཤེས་ཀྱིས་དཔྱད་ན་ཆུ་ཤིང་གི་སྡོང་པོ་བཞིན་དུ་སྙིང་པོའི་བག་ཙམ་ཡང་མི་སྣང་བས་དོན་དམ་པར་གྲུབ་པར་མི་འདོད་དོ། །སྣང་བའི་དོན་མ་བཀག་པ་**དེ་ལྟ་བས་ན་**དངོས་པོ་ལ་ཕྱིན་ཅི་ལོག་ཏུ་སྒྲོ་འདོགས་པ་སེལ་ཞིང་ཕྱིན་ཅི་མ་ལོག་པར་**སྒྲུབ་པ་**རྗེས་སུ་དཔོག་པ་གཏན་ཚིགས་**དང་།** གཏན་ཚིགས་དེས་**བསྒྲུབ་**པར་**བྱ་**བའམ་རྗེས་སུ་དཔོག་པར་བྱ་བ་ཉིད་ཀྱི་རྣམ་པར་**གཞག་པ་**ལ། རྣམ་གཞག་**འཁྲུགས་**ཤིང་རྙོག་པར་གྱུར་པའི་སྐྱོན་གྱི་ཆ་ཙུང་ཟད་ཀྱང་གནས་**པ་མེད་**པའི་ཕྱིར་རང་བཞིན་མེད་པ་ཉིད་དུ་འགྲུབ་བོ། །འདིའི་ལྡོག་ཕྱོགས་ཀྱི་ཕྱོགས་སྔ་ནི་ཤུགས་ཀྱིས་གསལ་བས་སྤྲོས་མི་དགོས་ཏེ། རང་བཞིན་མེད་ཅེས་པས་སྣང་བ་འདིའང་འགོག་པའི་དོན་དུ་གོ་ནས་དེ་ལྟར་ན་སྒྲུབ་པ་དང་བསྒྲུབ་བྱའི་རྣམ་གཞག་ཐམས་ཅད་མི་འཐད་སྙམ་དུ་སེམས་པ་གང་ཡིན་པའོ། །དེ་ལྟར་ན་འདིའི་སྐབས་དང་སྦྱོར་དབུ་མ་ཐམས་ཅད་མཚུངས་པར་སྣང་བ་མི་འགོག་ཅེས་པའི་དུས་སུ་རང་བཞིན་སྟོང་པས་མ་ཁྱབ་པའི་སྣང་བ་ལོགས་སུ་ཡོད་པ་ལྟ་བུར་གོ་བར་མི་བྱ་སྟེ། དཔེར་ན་ཆུ་ཟླ་ཉིད་སྣང་བཞིན་པ་དེ་སྟོང་གི །སྣང་བ་དེ་བཞག་ནས་ལོགས་སུ་སྟོང་རྒྱུ་ཞིག་མེད་པ་བཞིན་དུ། སྟོང་ཡང་དེས་སྣང་ཙམ་ཡང་མེད་མི་དགོས་ཏེ། གལ་ཏེ་སྣང་བའང་མེད་ན་དེའི་སྟོང་པའང་མེད་པས། སྟོང་པ་དང་སྣང་བ་གཉིས་པོ་ཕན་ཚུན་གཅིག་མེད་ན་གཅིག་མི་སྲིད་ལ། གཅིག་ཡོད་ན་གཅིག་ཡོད་པས་ཁྱབ་ཅིང་། ཡོད་ཚུལ་ཡང་སྲད་བུ་དཀར་ནག་བསྒྲིམས་པ་ལྟ་བུ་སོ་སོར་ཡོད་པའམ། གཅིག་བསལ་རྗེས་གཅིག་འོང་བ་ལྟ་བུའི་རེས་འཇོག་མིན་པར་སྟོང་པ་ལ་སྣང་བས་ཁྱབ།

I do not refute
Entities that appear.
Therefore, proof as well as probandum
Are set forth without confusion. [78]

I do not refute the *entities* that are merely originated dependently and *that* commonly *appear* to the eyes, ears, and so forth of all wandering beings, from the scholar to the child. Yet when these are investigated with knowledge and wakefulness, not even a trace of a core appears, just as with the trunk of the plantain, and so I do not accept that they are ultimately established. *Therefore*, since apparent objects are not negated, the *proof* of the inferential argument that dispels superimposition with regard to entities and establishes what is correct, *as well as* the *probandum* that is to be inferred by means of the argument, *are* [both] *set forth without* any flaw whatsoever. Therefore, since there is absolutely no *confusion* or lack of clarity with regard to these principles, it is indeed established that [entities] possess no nature.

Here, since the position of the opposing party is shown indirectly, it does not need to be expressed, but it is, in any case, the belief that all principles of proof and probandum are not feasible—a conclusion that is drawn because of having understood the expression "absence of nature" to imply a negation of the present appearances too.

When here, as in Middle Way [philosophy] in general, it is said that appearance is not refuted, one must not understand this to mean that appearances somehow exist separately, defying the pervasiveness of the empty nature. When, for instance, the moon in the water is apparent, it is still empty at the same time, and just as there is nothing empty apart from its appearance, being empty does not imply an absence of even mere appearance. If there were no appearances, there would not be any emptiness of those appearances either. Therefore, emptiness and appearance are related in such a way that one cannot be without the other. When one is present, it follows that the other is present too. Moreover, the way they are present is not as distinct existences, like intertwined white and black yarn. Nor do they alternate, with one of them appearing once the other has been

སྣང་བ་ལ་སྟོང་པས་ཁྱབ། དེ་གཉིས་ནམ་ཡང་འདུ་འབྲལ་མི་ཤེས་པའི་ཡིན་ལུགས་ལ་ཡིད་ཆེས་པས་སངས་རྒྱས་སྟོང་གིས་བཀག་ཀྱང་ཡིད་ཕྱིར་མི་ལྡོག་པ་ཞིག་བྱུང་ན་དབུ་མའི་གཞུང་ལ་ཐོས་བསམ་གྱི་དཔྱད་པ་གཏིང་སླེབས་པ་ཡིན་ཏེ། དེ་ནས་མདོ་སྔགས་གང་གི་ལམ་ལ་ནན་ཏན་བྱས་ཀྱང་སྲོག་རྩ་ཚུགས་པ་ཡིན་ནོ། །དེ་ལྟར་སྐབས་འདིར་སྣང་བ་མི་འགོག་ཅེས་པ་མཐུན་སྣང་ཆོས་ཅན་ཁས་ལེན་པ་ཙམ་ཞིག་གི་དོན་དུ་བསྟན་ཀྱང་གནད་བསླངས་ཏེ་ཅི་ཕྱིར་སྣང་བ་མི་འགོག་སྙམ་ན་རྩོད་པ་ཙམ་གྱི་ཆེད་དུ་ཁས་བླངས་པ་ནི་མིན་གྱི། རང་གི་གྲུབ་པའི་མཐའ་དང་མི་འགལ་བར་སྣང་བ་མི་འགོག་ཅེས་གོ་བའི་ཕུ་ཐག་གཅོད་དགོས་པ་ཡིན་ནོ། །དེ་ལྟ་བུའི་ཚུལ་རྟོགས་ན་ཐ་སྙད་དུའང་ཁས་ལེན་ཤིན་ཏུ་བདེ་སྟེ། གྲུབ་མཐའ་སྣ་ཚོགས་པའི་འཛིན་པ་སྟུག་པོ་ལ་མ་བརྟེན་པས་འཇིག་རྟེན་གྲགས་པའི་ཚད་མ་གནོད་མེད་དུ་འཇུག་སྟེ། ཇི་སྐད་དུ། འཛིན་པ་སྟུག་ལ་མི་བརྟེན་ན། །ཐ་སྙད་རབ་ཏུ་འགྲུབ་པར་འགྱུར། །ཐ་སྙད་རྣམས་ལ་མཁས་གྱུར་ན། །བསྟན་བཅོས་དོན་ལ་རྨོངས་པ་མེད། །ཅེས་བཤད་པ་བཞིན་ནོ། །དེའང་རྣམ་པར་མི་རྟོག་པའི་དོན་ལ་རིམ་གྱིས་འཇུག་པ་དག་གིས་དབུ་མའི་གནད་ངེས་པའི་ཚུལ་ནི། ལས་དང་པོ་པས་གཅིག་དུ་བྲལ་སོགས་ཀྱིས་བརྟགས་ཆེ་བུམ་སོགས་མི་རྙེད་པའི་དོན་ལ་བསམས་ན། མ་དཔྱད་པའི་ངོར་ཡོད་པ་འདི་ཡི། དཔྱད་ན་མེད་པ་ཉིད་གནས་ལུགས་སོ་སྙམ་པའི་སྣང་སྟོང་རེས་འཇོག་གི་ཚུལ་དུ་སྟོང་པའི་རྣམ་པ་ཞིག་འཆར་ཞིང་། །དེའི་ཚེ་དེའི་མེད་པ་ཉིད་ཀྱང་མ་གྲུབ་པའམ། ཡེ་ནས་སྟོང་བཞིན་དུ་སྣང་བ་ཡིན་པའི་ཚུལ་ལ་བསམས་པས་ཆུ་ཟླ་ལྟར་སྣང་བཞིན་སྟོང་ལ་སྟོང་བཞིན་སྣང་བའི་ངེས་པ་ཁྱད་པར་ཅན་སྐྱེ་སྟེ།

excluded. Appearance entails emptiness, and emptiness entails appearance. Their way of being is such that the two will never know either meeting or parting.

When one's trust in this has become irreversible, even in the face of the repudiations of a thousand Buddhas, one's investigation of the scriptures of the Middle Way through learning and reflection will have become profound. Regardless of whether one endeavors on the path of Sūtra or Mantra, the vital artery is alive from then on.

On this occasion, unrefuted appearance has been taught to simply imply an acceptance of commonly apparent subjects [for debate]. Yet if we take up this key point and wonder why appearance is not refuted, then [we should understand that] this acceptance is not given merely for the sake of debate. Rather, one must come to a decisive understanding that unrefuted appearance is not in conflict with one's philosophy. With this type of realization, conventional assertions become extremely convenient as well, for without relying on the dense apprehensions of various philosophies, [one may then] flawlessly work with the validity that is renowned in the world. As it has been said:

> When not relying on thick apprehensions,
> Conventions will be thoroughly established.
> Once skilled with regard to conventions,
> One is undeluded regarding the meaning of treatises.

Let us consider how the key points of the Middle Way are ascertained by those who gradually approach the meaning of non-conceptuality. When a beginner examines by using an argument such as the absence of one and many, he finds no vase and so forth. As he reflects on the meaning, he will think: "That which appears to exist when not examined is, upon examination, seen to be nonexistent. This is indeed the abiding way!" Thus, features of emptiness arise by an alternation of appearance and emptiness. At that point, when reflecting on how the very nonexistence of [phenomena] is also unestablished, or how, while primordially empty, [phenomena still] appear, he will feel a special certainty in the way that the apparent is empty and the empty appears, just like the moon in water.

དེའི་ཚེ་རང་བཞིན་མེད་པ་དང་རྟེན་འབྱུང་འགལ་མེད་དུ་ཤར་བའམ། ཟུང་འཇུག་ཏུ་གོ་བ་ཞེས་བྱ་ཞིང་། དེ་དུས་དེ་གཉིས་ཚིག་གིས་བརྗོད་ཚུལ་ལ་ཐ་དད་ཡོད་ཀྱང་། ངོ་བོ་ལ་ཐ་དད་ཙུང་ཟད་མེད་པར་དབྱེར་མེད་པའི་ཚུལ་ལ་ངེས་ཤེས་བསྐྱེད་པས། དགག་གཞི་སྣང་བ་དང་། དགག་བྱ་བཙད་པ་སྦྲུར་ནས་འཛིན་པའི་རྣམ་རྟོག་རང་སར་ཞིག་སྟེ། དགག་སྒྲུབ་བསལ་གཞག་མེད་པར་སོར་གཞག་ཏུ་ནུས་པ་ལྟ་བུའི་སྤྲོས་བྲལ་གྱི་རྣམ་པར་འཆར་ཞིང་། དེ་འདྲའི་སྤྲོས་བྲལ་ལ་གོམས་པས་ཆོས་ཅན་ལ་ལྟོས་པའི་ཆོས་ཉིད་སོ་སོ་བ་ལྟ་བུའི་བློ་རིས་ཆད་ཀྱི་དམིགས་པའི་སྤྱོད་ཡུལ་དག་ནས། ཆོས་ཐམས་ཅད་རང་བཞིན་མཉམ་པ་ཉིད་ལ་ངེས་ཤེས་ཁྱད་པར་ཅན་སྐྱེ་བས་མཐར་ཕྱིན་ཏོ། །དེ་ལྟར་སྟོང་པ་དང་། ཟུང་འཇུག་དང་། སྤྲོས་བྲལ་དང་། མཉམ་པ་ཉིད་དེ། དབུ་མའི་འཆར་རིམ་བཞི་པོ་དེ་དག་སྔ་མ་སྔ་མ་རིམ་བཞིན་གོམས་པ་ལ་བརྟེན་ནས། ཕྱི་མ་ཕྱི་མའི་ཚུལ་ལ་ངེས་པ་སྐྱེ་པ་ཉིད་དེ། འདི་དག་ནི་ཤིན་ཏུ་གལ་ཆེ་བའི་མན་ངག་གི་གནད་དམ་པའོ། །གཉིས་པ་ལ་དམ་བཅའ་མདོར་བསྟན། རིགས་པས་རྒྱས་པར་སྒྲུབ་པ་གཉིས། དང་པོ། དེ་ཕྱིར་ཐོག་མེད་སྲིད་རྒྱུད་ནས། །དངོས་དང་དངོས་མེད་རྟོག་སོགས་ཀྱི། །རིགས་དང་མཐུན་པའི་ས་བོན་ཉིད། །རྗེས་སུ་དཔགས་པར་བྱ་བ་ཡིན། །ཞེས་གསུངས་ཏེ། དེ་ལྟར་གོང་དུ་ཇི་སྐད་བརྗོད་པ་བཞིན་དུ་དངོས་པོ་རང་བཞིན་གྱིས་གྲུབ་པ་ཙུང་ཟད་མི་སྲིད་ཀྱང་། སྲིད་པའི་སྣང་བ་སྣ་ཚོགས་འགོག་མེད་དུ་བཀྲ་ལ་**དེ་ཡི་ཕྱིར་ན**། **ཐོག**་མ་**མེད**་པའི་**སྲིད**་པའི་སེམས་ཀྱི་**རྒྱུད་ནས**་ཀྱང་།

That is when absence of nature and dependent origination arise without conflict, or are understood as unity. A certainty is produced with regard to the way that, although verbally expressed as if different, [emptiness and appearance] remain essentially inseparable and beyond any difference whatsoever. The thoughts that join the appearance (the basis for negation) with the elimination of the negandum are thus brought to a natural collapse. What arise are the features of a simplicity that implies, for instance, the capacity for letting go without negating or affirming, excluding or retaining. Familiarization with that type of simplicity will purify the objects observed by the confined conceptual mind, such as a distinct intrinsic nature that is reliant on that which possesses it, and a special certainty in the natural equality of all phenomena will arise. Through this, one reaches perfection. These are the four stages in the arising of the Middle Way: emptiness, unity, simplicity, and equality. The certainties of the subsequent [stages] arise based on familiarity with the previous ones. These are the sacred key points of the crucial pith instructions.

Specific Explanation of the Principles of Causality and Dependent Origination

Second, there is: 1) a brief presentation of the thesis, and 2) an elaborate proof through reasoning.

Brief Presentation of the Thesis

First, it is said:

> *It is therefore to be inferred*
> *That throughout the beginningless continuum of existence*
> *There are seeds that are concordant in type*
> *With the thoughts of entity and non-entity, and so forth. [79]*

Although, just as expressed above, any naturally established entity is entirely impossible, the various appearances of existence are nevertheless irrefutably vivid. *It is therefore to be inferred* by means of logical argumen-

དངོས་དང་དངོས་མེད་བདག་དང་གཞན་དུ་**རྟོག་**པ་**སོགས་**རང་ཉིད་**ཀྱི་རིགས་དང་མཐུན་པའི་ས་བོན་ཉིད་**ཡོད་པར་གཏན་ཚིགས་ལ་བརྟེན་ནས་**རྗེས་སུ་དཔག་པར་བྱ་བ་ཡིན་**ཏེ། ཞེས་སོ། །འདི་ལ་སྡེབ་སྦྱོར་གོ་བདེ་བར་བསྡེབས་ན། དངོས་དངོས་མེད་ཀ་བ་དང་བུམ་པ་ནམ་མཁའ་སོགས་སྣང་རྟོག་སྣ་ཚོགས་པ་འདི་དག་སྣང་བའི་རྒྱུ། རང་རང་གི་རིགས་དང་མཐུན་པའི་རྟོག་པའི་ས་བོན་ནམ་བག་ཆགས་ཐོག་མ་མེད་པའི་རྒྱུད་ནས་ཀྱང་རྗེས་སུ་ཞུགས་པ་ཞིག་ཡོད་པར་རིགས་པས་དཔག་ནུས་སོ། །ཞེས་གསུངས་པ་ཡིན་ནོ། །དེའང་དོན་དམ་པར་ཆོས་ཐམས་ཅད་སྤྲོས་པ་དང་བྲལ་བ་ཡིན་ནའང་དངོས་དང་དངོས་མེད་ཀྱི་འདུ་ཤེས་སྤྲོས་པ་སྣ་ཚོགས་པས་བློ་གྲོས་མི་དཀར་བ་རྣམས་ཀྱི་སེམས་ཡོངས་སུ་བསླད་དེ་དེ་དང་དེ་དག་ཏུ་སྣང་བ་ཕ་མཐའ་མེད་པ་འདི་ལ། རྒྱུ་མེད་པ་མི་སྲིད་པས་རྒྱུ་ཡོད་དགོས་ལ། རང་རང་གི་རིགས་མཐུན་གྱི་ས་བོན་བར་ནས་རྒྱུ་གཞན་རིགས་པས་མི་འགྲུབ་པ་དེའི་ཕྱིར་ན་རིགས་མཐུན་གྱི་ས་བོན་ཙམ་སྣང་བ་སྣ་ཚོགས་པ་འདིའི་རྒྱུ་ཡིན་པར་གྲུབ། ཅེས་སོ། །གཉིས་པ་དེ་རིགས་པས་སྒྲུབ་པ་ལ། མི་འཐད་པ་དགག །འཐད་པ་སྒྲུབ་པའོ། །དང་པོ། འདི་ནི་དངོས་པོའི་མཐུ་སྟོབས་ཀྱིས། །འབྱུང་བ་མ་ཡིན་དེ་མེད་ཕྱིར། །དངོས་པོ་རྣམས་ཀྱི་བདག་ཉིད་དེ། །རྒྱུ་ཆེར་རབ་ཏུ་བཀག་པ་ཡིན། །རིམ་གྱིས་འབྱུང་ཕྱིར་གློ་བུར་མིན། །རྟག་འབྱུང་མ་ཡིན་རྟག་མ་ཡིན། །ཞེས་གསུངས་ཏེ།

tation *that throughout the beginningless* mind-*continuum of existence, there are seeds* present *that are concordant in type with the thoughts of entity and non-entity*, self and other, and *so forth*.

Or, if [the argument is] arranged for the sake of ease of understanding, it is as follows. Entity and non-entity (the pillar, the vase, space, and so forth—all the various appearances and conceptions) have causes for their manifestation. [Their causes] are those conceptual seeds or habitual tendencies that are of a concordant type with the [manifestations], and that have followed each other in a beginningless continuum. That this is the case can be inferred through reasoning.

Although all phenomena are ultimately beyond construction, the various constructs that relate to the perceptions of entities and non-entities utterly pollute the minds of those whose intelligence is contaminated, and thus the appearances of this and that manifest endlessly. Since such [appearances] cannot be uncaused, they must have a cause. Apart from having individual seeds of a type concordant [with themselves], no other cause can be established through reasoning, and it is therefore proven that the causes for these various appearances are merely the seeds of concordant type. That is what is explained here.

Elaborate Proof through Reasoning

Second, proof through reasoning includes: 1) refuting the irrational, and 2) establishing what is rational.

Refuting the Irrational

First, it is said:

> *These do not occur by the power of entities,*
> *For such do not exist.*
> *Any identity of entities*
> *Has been completely refuted. [80]*
>
> *Arising over time, they are not accidental.*
> *Not permanently present, they are not permanent. [81ab]*

སྣང་བ་སྣ་ཚོགས་པ་འདི་ལ་རིགས་མཐུན་གྱིས་བོན་མ་ཡིན་པའི་རྒྱུ་གཞན་ཅིའི་ཕྱིར་མེད་སྙམ་ན། དེ་མེད་པའི་རྒྱུ་མཚན་ནི། གལ་ཏེ་བུམ་པ་སོགས་དངོས་པོ་རྣམས་རང་དབང་དུ་གྲུབ་ན་དེ་ལ་བརྟེན་ཏེ་དེ་དང་དེར་རྟོག་པ་འབྱུང་དུ་ཆུག་ནའང་། བུམ་སོགས་རྟོག་པའམ་སྣང་བ་**འདི་ནི་**སེམས་ལ་སྣང་ཙམ་ལས་ལོགས་སུ་ཐ་དད་པར་ཡོད་པའི་**དངོས་པོའི་མཐུ་སྟོབས་ཀྱིས་འབྱུང་བ་མ་ཡིན་**ཏེ། **དེ་མེད་**པའི་**ཕྱིར་**རྟགས་མ་གྲུབ་སྙམ་ན། གོང་དུ་ཧ་སྐད་བཤད་པའི་རིགས་པས་ཤེས་བྱའི་**དངོས་པོ་རྣམས་ཀྱི་བདག་ཉིད་དེ་**དག་**རྒྱ་ཆེར་རབ་ཏུ་བཀག་**ཟིན་**པ་ཡིན་**པས་ན་རྟགས་ཅི་ཕྱིར་མི་འགྲུབ་སྟེ་གྲུབ་བོ། །དེས་ན་དངོས་པོ་རྣམས་རང་ངོར་སྣང་ཙམ་འདི་ལས་རང་དབང་གིས་མ་གྲུབ་པས་ཡང་དག་པར་ན་དེ་དག་གིས་བཞག་པའི་སྣང་བའང་མི་སྲིད་དེ་རྒྱུ་མེད་པའི་འབྱུར་བཞིན་ནོ། །འོ་ན་དངོས་པོ་མེད་ཀྱང་རྒྱུ་མེད་དུ་སྣང་བའམ། དངོས་པོ་རང་ཉིད་མ་ཡིན་པའི་རྒྱུ་གཞན་ཞིག་གིས་དེར་སྣང་བ་ཡིན་ནམ་སྙམ་ན་མ་ཡིན་ཏེ། སྣང་བ་འདི་དག་ནི་**རིམ་གྱིས་འབྱུང་**བའི་**ཕྱིར་**ན་རྒྱུ་མེད་པར་**གློ་བུར་**རང་གར་བྱུང་བའང་**མིན་**ཏེ། རྒྱུ་མེད་གློ་བུར་དུ་འབྱུང་ན་རེས་འགའ་འབྱུང་བའམ། རིམ་གྱིས་འབྱུང་བ་མི་འཐད་དེ། རྟག་ཏུ་ཡོད་པའམ། རྟག་ཏུ་མེད་པར་འགྱུར་དགོས་པ་གོང་དུ་ཧ་སྐད་བཤད་པ་ལྟར་ཡིན་པའི་ཕྱིར་རོ། །འོ་ན་བུམ་སོགས་སྣང་བ་ལ་རྒྱུ་གཞན་དབང་ཕྱུག་སོགས་ཀྱིས་བྱས་པའམ། བདག་དང་ཤེས་པ་སོགས་རྟག་པ་ལས་སྐྱེ་ན་ཅི་འགལ་སྙམ་ན་འགལ་ཏེ། སྣང་རྟོག་འདི་དག་སྐད་ཅིག་གིས་སྐྱེ་འགག་ཅན་ཡིན་གྱི། མི་འགག་མི་འགྱུར་བར་**རྟག་ཏུ་འབྱུང་བ་མ་ཡིན་**པའི་ཕྱིར་ན། **རྒྱུ་རྟག་**པ་ཞིག་ལས་བྱུང་བ་**མ་ཡིན་**ནོ། །དེས་ན་སྣང་རྟོག་སྣ་ཚོགས་པ་སྣང་བ་ཙམ་ལ་བསྙོན་དུ་མེད་པ་འདི་ལ་རྒྱུ་མེད་པ་མི་སྲིད་ཅིང་། རྒྱུ་ཡོད་པའང་ཕྱི་དོན་གྱི་དངོས་པོ་རང་གི་མཐུའམ། དངོས་པོ་ལས་གཞན་པའི་རྒྱུ་གཉིས་གང་ལས་ཀྱང་འབྱུང་མི་སྲིད་པས་སེམས་ལ་གནས་པའི་བག་ཆགས་ཀྱི་ཁམས་ཡོངས་སུ་སྨིན་པ་ལས་བྱུང་བར་རིགས་པས་ཆེས་གསལ་པོར་གྲུབ་པ་ཡིན་ནོ།

One may wonder: "Why is there no other cause for these various appearances than the seeds of concordant types?" The reason is as follows. If entities such as vases and so forth were established autonomously, it might be permissible [to say] that the concepts of this and that occur based on those [entities]. Yet *these* concepts, or the appearances of vases and so forth, are merely mental appearances. They *do not occur by the power of entities* that remain separate and apart [from the mind], *for such* [entities] *do not exist.* It might be thought that no evidence has been established, yet *any identity of entities has been completely refuted* by the reasonings explained above, so why wouldn't the evidence be established? It is. Therefore, since entities have no autonomous establishment apart from what is merely apparent to an individual, their [ability] to bring forth any kind of appearance will, in reality, be impossible, just as [there will be no] imprint without a seal.

One might wonder: "Well then, although [entities] are not existent, do they appear uncaused, or do they appear the way they do because of some outside cause other than themselves?" Neither is the case. Since these appearances are *arising over time, they are not* uncaused, *accidental* incidents. Without a cause, they could not reasonably occur occasionally and gradually, for then, just as explained above, they would either have to exist forever or never. One might then wonder whether there would be any conflict if these appearances of vases and so forth were to be produced by an extraneous cause such as the Almighty, or if they were to arise from some permanent self, cognition, or some other [permanent] cause. There would [indeed] be a conflict, for these appearances and conceptions arise and cease from instant to instant, and since they are *not permanently present* beyond disintegration or change *they are not* the outcome of any *permanent* cause.

These various appearances and conceptions whose mere appearance is undeniable cannot possibly be uncaused. Yet although they have their causes, they cannot possibly manifest by the power of external, objective entities, nor can they possibly occur due to anything other than entities. Therefore, reasoning has, with the greatest clarity, established how [appearances] ensue from the ripening of the elements of habitual tendencies that are present within the mind.

།གཉིས་པ། དེ་བས་གོམས་འདྲ་དེ་ཉིད་ཕྱིར། །དང་པོ་རང་གི་རིགས་ལས་སྐྱེས། །ཞེས་གསུངས་ཏེ། ཚད་མ་ཐག་པའི་རྒྱུ་མཚན་**དེ་ལྟ་བས**་ན་ཕྱི་ནང་གི་སྣང་བ་སྣ་ཚོགས་པའང་གོམས་པའི་བག་ཆགས་ཀྱི་དབང་གིས་བྱུང་བ། དཔེར་ན་འདོད་པ་དང་འཇིགས་པ་ཀློ་ལ་**གོམས**་པ་དང་**འདྲ**འོ། །དེ་ལྟ་ཡིན་པ་**དེ་ཉིད་ཀྱི་ཕྱིར**་ན་སྐྱེ་བ་སྔ་ཕྱི་ཡོད་པར་ཡང་འགྲུབ་སྟེ། འདི་ལྟར་སྐྱེས་མ་ཐག་པའི་སེམས་སྐད་ཅིག་**དང་པོ**་དེའང་**རང་གི་རིགས**་མཐུན་གྱི་སེམས་སྔ་མ་**ལས་སྐྱེས**་པར་ཡང་དག་པའི་རིགས་པ་དེ་ཉིད་ཀྱིས་གྲུབ་ཅིང་། དེའི་ཚུལ་གྱིས་ཆགས་བཅས་ལ་ཡང་སྲིད་ཕྱི་མའང་ཡོད་པར་གྲུབ་པ་ཡིན་ནོ། །དེའང་སྐྱེ་བ་འདི་ཉིད་ལ་མཚོན་ན། སྔར་ཡུལ་གཞོན་ནུ་མའི་རིག་པ་ཉམས་སུ་མྱོང་བའི་སེམས་ཀྱིས་བག་ཆགས་རྒྱུད་ལ་གནས་པའི་ད་ལྟའང་ཡུལ་རིག་པ་དེ་ལྟ་བུ་དོན་དུ་གཉེར་བའི་སེམས་ཀུན་ནས་སློང་ནུས་པ་དང་། ད་ལྟ་དེ་ལྟ་བུའི་འཁྲིག་པ་ཉམས་སུ་མྱོང་བའི་སེམས་ཀྱིས་དུས་ཕྱིས་ཀྱི་ཆགས་སེམས་སློང་ནུས་ལ། དེ་བཞིན་དུ་གང་དང་གང་ལ་གོམས་པ་དེ་ཇི་ལྟར་གོམས་པའི་ཤུགས་དང་མཐུན་པར་ཕྱིས་གསལ་བ་དང་མི་གསལ་བའི་རྣམ་པར་སྣང་སྟེ། ཀློག་སོགས་བསླབས་པ་བཞིན་ནོ། །དེས་ན་གང་འདོད་ལྡན་དག་གིས་ཡུལ་བུད་མེད་བཟང་མོ་ཡང་ནས་ཡང་དུ་ཡིད་ལ་བྱས་པ་དང་། སྔར་མ་དག་གིས་སྦྲུལ་ལ་སོགས་པ་འཇིགས་པ་དག་ཡང་ཡང་ཡིད་ལ་བྱས་ནས་གོམས་པའི་ཤུགས་ཀྱིས་མཐར་མངོན་ན་གནས་པ་ལྟ་བུའི་གསལ་སྣང་འབྱུང་བ་བཞིན་དུ། བསམ་གཏན་དང་མི་སྡུག་པ་སྒོམ་པ་སོགས་བློ་འདུ་བྱེད་ཀྱི་འཇུག་པ་ཐམས་ཅད་ཀྱང་དེ་དང་འདྲ་བ་ཡིན་ནོ། །དེ་ཉིད་ཀྱི་ཕྱིར་སྐྱེས་སེམས་སྐད་ཅིག་དང་པོའང་ཕྱི་རོལ་གྱི་དངོས་པོའི་མཐུ་ལས་མི་འབྱུང་།

Establishing What Is Rational

Second, it is said:

> *Therefore, resembling conditioning, it is indeed the case*
> *That the first has arisen from its own type. [81cd]*

Therefore, for the reasons just explained, the various appearances of the external and the internal occur because of the conditioning of the habitual tendencies and in a manner *resembling*, for example, the mind's *conditioning* by desire or fear. The existence of successive lives is thereby established, for *it is* then *indeed the case that the first* moment of the mind just born *has arisen from its own* concordant *type* of past mind. This authentic reasoning establishes that, and in the same way, it also establishes that there is future existence for the one who is attached.

We may illustrate this in terms of the present life. The mind that experienced an object [such as] the feel of a young woman in the past will have created a habitual tendency that resides in the mind-stream now. [That habitual tendency] is capable of motivating the mind to pursue an object with a similar feel, and when the mind encounters an experience of intercourse in the present, it will make [it easier for] a desirous mind to be aroused in the future. Hence, in accordance with the force of conditioning, the features of the conditioning factor—whatever it may be—will appear in the future with a corresponding degree of clarity, as when, for instance, one learns to read [and becomes able to bring the letters, sounds and meanings to mind with increasing speed and clarity].

Accordingly, when a desirous man repeatedly brings to mind an object [such as] an exquisite young woman, or when a fainthearted person repeatedly brings to mind what frightens [him] (snakes and so forth), then the force of the conditioning will, in the end, produce an appearance as vivid as if they were present right in front of him. [The process] is the same when one, for instance, trains in concentrations or develops [the perception of] the repulsive. All mental conditioning is alike in this way.

For these very [reasons], the first moment of a mind [just] born has not occurred by the power of external entities. It has not been produced

རྟག་པའི་རྒྱུ་ལས་མི་འབྱུང་། རྒྱུ་མེད་དུ་མི་འབྱུང་བར་རང་གི་རིགས་འདྲ་སྔ་མ་དངོས་པོ་སོགས་སུ་རྣམ་པར་རྟོག་པ་ལས་བྱུང་བ་ཡིན་ཏེ། ད་ལྟའི་ཤེས་པ་འདི་དངོས་པོ་སོགས་སུ་རྣམ་པར་རྟོག་པ་ཡིན་པའི་ཕྱིར་ནའོ། །འདི་ལ་ཚད་མ་གྲུབ་པ་ལས་རིགས་པའི་རྣམ་གྲངས་མང་དུ་གསུངས་པ་བྲིས་ན་ཡི་གེ་མང་བར་འགྱུར་བས་བཞག་ལ་དོན་གྱི་སྙིང་པོ་གསལ་ཞིང་རིག་པ་ཤེས་པའི་ཉེར་ལེན་གྱི་རྒྱུ་ནི་རིག་པ་ཉིད་ལས་གཞན་བེམ་པོ་སོགས་འཐད་པ་མ་ཡིན་པས་སེམས་ལས་གཞན་ལ་ལྟོས་པ་མེད་པའི་རྟགས་ཀྱིས་སྔ་མཐའ་ཐུག་མེད་དུ་བསྒྲུབ་པའི་གནད་དེ་དག་འདིར་གསུངས་པའི་རིགས་པ་འདིས་ཚར་ཕྱིན་པ་ཡིན་ནོ། །དེ་ལྟར་སྔོན་མཐའ་ཐུག་མེད་དུ་གྲུབ་པ་དེ་བཞིན་དུ། འདོད་ཆགས་དང་མ་བྲལ་བ་འཆི་བའི་སེམས་ཀྱང་བདག་དང་བདག་གི་ལ་ཆགས་པ་ཕྱིན་ཅི་ལོག་གི་བག་ཆགས་དང་འབྲེལ་བའི་ཕྱིར་སེམས་གཞན་གྱི་མཚམས་སྦྱོར་ནུས་ཏེ་སྔ་མ་བཞིན་ནོ། །དེ་ལ་རྒྱུ་ཚང་ཞིང་གེགས་མེད་ན་འབྲས་བུ་སྐྱེ་བ་ལ་ཐེ་ཚོམ་མེད་པས། ད་ལྟའི་ཤེས་པ་སྔ་མས་ཕྱི་མ་བསྐྱེད་བཞིན་དུ་འཆི་བའི་ཚེ་ནའང་རྒྱུ་རྩ་བ་བདག་འཛིན་དང་དེས་བྱས་པའི་ལས་ཉོན་གཉིས་ཀ་ཚང་ཞིང་གེགས་བདག་མེད་རྟོགས་པ་མེད་པའི་ཕྱིར་སྲིད་པར་མཚམས་ཅིའི་ཕྱིར་མི་སྦྱོར། དེས་ན་བདག་མེད་པ་མ་རྟོགས་བར་དུ་སྲིད་པ་མི་ལྡོག་ལ། སེམས་གསལ་བ་ཙམ་ནི་བདག་འཛིན་སོགས་ལ་མི་ལྟོས་པར་རང་གི་རིགས་འདྲ་སྔ་མ་ལས་སྐྱེ་བ་ཡིན་པས་བདག་མེད་གཉིས་ཀ་རྟོགས་ཀྱང་གེགས་མེད་ལ་རྒྱུ་ཚང་བས་ལྡོག་པ་མེད་དོ་ཞེས་རིགས་པའི་བདག་ཉིད་རྣམས་བཞེད་ལ། ཚུར་མཐོང་ཚད་མའི་ལུགས་ལྟར་ན། མ་དག་པའི་སེམས་འགགས་ཀྱང་ཡེ་ཤེས་རྒྱུན་མི་འཆད་པའི་ཚུལ་འདི་ལྟ་བུས་བསྒྲུབ་དགོས་པ་ཡིན་ནོ། །དེ་དག་འཕྲོས་དོན་དུ་སྨོས་པ་ཡིན་ལ། དེ་ལྟར་ཐ་སྙད་ཀྱི་རྣམ་གཞག་སྦྱོར་འཐབ་ཙམ་དུ་མ་ཟད།

by a permanent cause, and it is not uncaused either. It has occurred because of the previous concepts of entities and so forth that are of a type similar to its own, because it is exclusively the present cognition that we conceive of as entity and so forth. The *Establishment of Validity* explains numerous principles of reasoning in relation to this, but including them here would make this text rather large, so I have left them out. The core of the matter is that the perpetuating cause for clear and aware cognition cannot be anything other than cognition itself: matter and so forth are not feasible. Thus there is no reliance on anything other than mind, and the key points that, by means of that evidence, establish how a beginning [of mind] cannot be found are all perfected by this reasoning.

Just as it is established that the beginning of mind cannot be found, so too it is [established that] the dying mind that is not free of attachment is capable of connecting with another mind in the same way as before, because it is under the influence of the habitual tendencies for mistaken attachment to 'I' and 'mine'. Once a cause is complete and unobstructed, its effect will undoubtedly occur. Hence, just as a present cognition gives rise to a future one, why wouldn't there be a connection to a [future] existence at the time of death, since the root cause, apprehension of self, along with the karmic action and affliction produced by that, remains complete and has not been obstructed by a realization of the absence of self?

As long as the absence of self is not realized, existence cannot be reversed. Yet the mind of only clarity does not rely on an apprehension of self and so forth when it originates from its previous concordant type. Therefore, not even the realization of the absence of both selves is an obstruction for it, and due to the completeness of its cause, its arising will not be halted. That is how the masters of reasoning assert, and this is how, when following the system of valid cognition of confined perception, one must establish the uninterrupted continuity of wakefulness despite the cessation of impure mind.

What has been spoken of here in this supplementary explanation are not just general, rational principles of convention. These conventions, set forth by the system that maintains that the objects of cognition are internal,

ཞེས་བྱ་ནང་གིར་སྨྲ་བའི་ཚུལ་གྱི་ཐ་སྙད་འཇོག་པ་འདི་དངོས་སྟོབས་ཀྱི་རིགས་པས་གྲུབ་ཅིང་དེ་ཉིད་
ཀྱི་ཕྱིར་རྟེན་ཅིང་འབྲེལ་བར་འབྱུང་བའི་དངོས་པོའི་གནས་ཚུལ་དང་མི་མཐུན་པ་རྒྱུ་འབྲས་ཀྱི་ལམ་ལ་
སྐུར་བ་འདེབས་པ་ཐམས་ཅད་ལྷག་མེད་དུ་བཅོམ་ནས་རྒྱུ་འབྲས་ཀྱི་ཚུལ་ལ་ལམ་གཞན་ལས་འཕགས་
པའི་ངེས་པ་གཉིང་ཚུགས་པ་སྐྱེ་བ་ཡིན་ནོ། །བྱེ་སྨྲ་སོགས་དོན་དམ་པའི་ཚུལ་ལ་སྦྱང་བས་དབང་
སྒྱུར་བ་དག་ན་རེ། ཆོས་ཐམས་ཅད་རང་བཞིན་མེད་པ་ཉིད་དུ་ལྟ་བ་འདི་ནི་རྒྱུ་འབྲས་སོགས་དངོས་
པོ་ཐམས་ཅད་འགོག་པ་ལ་སྟོབས་མཆོག་ཏུ་གྱུར་པ་ཡིན་པས་མེད་པར་སྨྲ་བོ་ནས་དབང་བསྒྱུར་བའོ་
ཞེས་ཟེར་ཞིང་། ཇི་སྐད་དུ། དེ་ལྟས་རྒྱུ་དང་འབྲས་བུར་སྐུར་འདེབས་པ། །ལོག་ལྟས་དཀར་
ཕྱོགས་དྲུང་འབྱིན་དམ་ཆོས་ཀྱི། །ལོ་ཏོག་སེར་བ་ནམ་མཁའི་མེ་ཏོག་འདི། །ལེགས་འདོད་
རྣམས་ཀྱིས་རྒྱང་བསྲིང་སྤྱང་བར་བྱ། །ཞེས་རྗོད་པར་བྱེད་པ་དེ་དག་དངོས་པོ་རང་བཞིན་ཡོད་པ་
ཞིག་ན་རྒྱུ་འབྲས་མི་འཐད་ལ། མེད་ན་རྒྱུ་འབྲས་ཆེས་འཐད་པའི་གནད་མ་རྟོགས་པ་ཡིན་པས་
དེ་དག་གི་སྨྲ་བ་ངན་པའང་ཚུལ་འདི་ཉིད་ཀྱིས་སེལ་བ་ཡིན་ནོ། །གསུམ་པ་བསྡུགས་པའི་ཚུལ་
གྱིས་མཇུག་བསྡུ་བ། དེ་ཕྱིར་རྟག་ཆད་ལྟ་བ་རྣམས། །གཞུང་འདི་ལ་ནི་རིང་དུ་གནས།
།ལྡོག་དང་རྗེས་སུ་འཇུག་པ་ཡང་། ས་བོན་མྱུ་གུ་ལྕུགས་སོགས་བཞིན། །ཞེས་གསུངས་ཏེ།
གང་རྒྱུ་མེད་ན་འབྲས་བུ་མི་འབྱུང་ལ། རྒྱུ་ཚང་ན་འབྲས་བུ་མི་ལྡོག་པའི་རྒྱུ་འབྲས་རྟེན་འབྲེལ་
བསླུ་བ་མེད་པའི་སྣང་ཚུལ་དེ་ལྟ་ཡིན་པ་དེའི་ཕྱིར་ན། དངོས་པོ་སྐད་ཅིག་མ་མ་ཡིན་པའི་རྟག་
པར་ལྟ་བ་དང་།

are established with reasoning by the power of fact. Therefore, [they are capable of] completely dissolving everything that does not accord with the abiding way of dependently originating entities, or that deprecates the path of causality. Hence, [in a way that] surpasses other paths, [one] will come to experience a deep certainty regarding the workings of cause and effect.

The Proponents of Differences and others who are caught up in railing against the nature of the ultimate will say: "This view of the absence of nature in any phenomenon is the supreme force for refuting all causal entities and so forth. It is [what we] call the empowerment of nothingness." As it has been said:

> That view is the deprecation of cause and effect,
> A perverted view that eradicates all that is good.
> It is hail to the crops of the sacred Dharma,
> And this sky flower must thus be shunned by all who wish for goodness.

They assert this because they haven't understood the key point that causality would not be feasible if entities had any nature, whereas it is eminently feasible when entities don't have any nature. These unfortunate assertions are also dispelled by the system described here.

Concluding by Praising the Freedom from Views of Permanence and Annihilation

Third, as praise, it is said in conclusion:

> *Therefore, views of permanence and annihilation*
> *Remain far from this scripture.*
> *There is disintegration as well as adherence,*
> *As with seed, sprout, and shoot. [82]*

Without causes, effects cannot occur, but once the causes are complete, the effects cannot be halted. *Therefore,* as this is the undeceiving apparent mode of dependent origination of cause and effect, it must be understood that the *views of* a non-momentary *permanence* of entities *and* of an

དངོས་པོ་རྒྱུ་འབྲས་སུ་མི་འབྲེལ་བར་རྒྱུན་**ཆད་པར་ལྟ་བ་རྣམས།** ཚུལ་གཉིས་རྣམ་པར་གཞག་པའི་དབུ་མའི་**གཞུང་འདི་ལ་ནི་**ལྷན་ཅིག་ཏུ་མི་གནས་པར་རྒྱུད་**རིང་དུ་གནས་**པ་ཞེས་པར་བྱ་སྟེ། དཔེར་ན། སྣང་བའི་མདུན་ན་མུན་པ་སྐབས་མི་ཐོབ་པ་བཞིན་ནོ། །དེའང་རྟག་ཆད་ནི་དངོས་པོ་ལ་བརྟེན་ཏེ་འབྱུང་བ་ཡིན་པའི་ཕྱིར། དོན་དམ་པར་དངོས་པོ་མེད་ན་རྟག་ཆད་དུ་ལྟ་བའང་ག་ལ་ཡོད་ཀྱང་། ཀུན་རྫོབ་རང་ལ་ལྟོས་པའི་རྟག་ཆད་ཀྱང་མི་སྲིད་པའི་ཚུལ་རྒྱུ་ཐུ་མ་ཐུ་མ་སྐད་ཅིག་གིས་**ལྡོག་པ་དང་།** འབྲས་བུ་ཕྱི་མ་ཕྱི་མ་དག་རྒྱུའི་**རྗེས་སུ་འཇུག་**ཅིང་། རྒྱུ་ཚོགས་པ་ཚང་ན་འབྲས་བུ་ངེས་པར་སྐྱེ་བའི་རྒྱུ་འབྲས་བར་མ་ཆད་**པ་ཡང་།** དཔེར་ན་**ས་བོན་**ལས་**སྨྱུ་གུ་**དང་། དེ་ལས་**ལྕུགས་**ཕྲན་སྐྱེ་བ་**སོགས་བཞིན་**ཡིན་ནོ། །དེ་སྐད་དུའང་དཀོན་མཆོག་སྤྲིན་ལས། ཇི་ལྟར་ན་བྱང་ཆུབ་སེམས་དཔའ་ཐེག་པ་ཆེན་པོ་ལ་མཁས་པ་ཡིན་ཞེ་ན། འདི་ལ་བྱང་ཆུབ་སེམས་དཔའ་བསླབ་པ་ཐམས་ཅད་ལ་ཡང་སློབ་ལ། སློབ་པའང་མི་དམིགས། བསླབ་པའི་ལམ་ཡང་མི་དམིགས། གང་སློབ་པ་དེའང་མི་དམིགས་ཏེ། རྒྱུ་དེ་དང་རྐྱེན་དེ་དང་གཞི་དེས་ཆད་པར་ལྟ་བར་ཡང་མི་ལྟུང་། ཞེས་གསུངས་པ་དང་། ཡང་མདོ་དེ་ལས། རིགས་ཀྱི་བུ་འདི་ལ་བྱང་ཆུབ་སེམས་དཔའ་ཡང་དག་པའི་ཤེས་རབ་ཀྱིས་གཟུགས་ལ་རྟོག ཚོར་བ་དང་འདུ་ཤེས་དང་འདུ་བྱེད་དང་རྣམ་པར་ཤེས་པ་ལ་རྟོག་སྟེ། དེ་གཟུགས་ལ་རྟོག་པ་ན་གཟུགས་ཀྱི་སྐྱེ་བ་མི་དམིགས། ཀུན་འབྱུང་བ་མི་དམིགས་སོ། །ཚོར་བ་དང་འདུ་ཤེས་དང་འདུ་བྱེད་དང་རྣམ་པར་ཤེས་པའི་སྐྱེ་བ་མི་དམིགས། ཀུན་འབྱུང་བ་མི་དམིགས། འགག་པ་མི་དམིགས་སོ། །དེའང་དོན་དམ་པར་སྐྱེ་བ་མེད་པར་དཔྱོད་པའི་ཤེས་རབ་ཀྱིས་ཡིན་གྱི། ཐ་སྙད་ཀྱི་རང་བཞིན་དུ་ནི་མ་ཡིན་ནོ། །ཞེས་གསུངས་པ་ལ་སོགས་པ་བཞིན་ནོ། །དེ་ལ་རྟག་ཆད་རགས་པ་ནི། དངོས་པོ་སྐད་ཅིག་མ་མ་ཡིན་པའི་རྟག་པ་དང་། ད་ལྟའི་ཕུང་པོ་ལས་ཕྱི་མའི་ཕུང་པོ་མི་སྐྱེ་བའམ། ལས་ལས་འབྲས་བུ་མི་འབྱུང་བ་ལྟ་བུར། དངོས་པོའི་རྒྱུ་ཡོད་ཀྱང་དེས་རང་འབྲས་མི་བསྐྱེད་པར་འཛིན་པའི་ཆད་ལྟ་སྟེ།

annihilation of the continuity of entities beyond causal relationships cannot coexist with, and thus *remain far* apart *from, this scripture* of the Middle Way, which is set forth by means of the two approaches. This resembles, for example, the way that darkness has no chance [of remaining] in the face of light.

Permanence and annihilation come about because of [the apprehension of] entities, so when no entities ultimately exist, how could there possibly be any views of permanence or annihilation? Moreover, even in terms of the relative itself, permanence and annihilation will not be possible, [for here] *there is* a momentary *disintegration* of the successive preceding causes, *as well as* an *adherence* to those causes by the subsequent effects. Once the causes are complete, the effects are certain to arise in unbroken causality, just *as* is the case *with*, for instance, the *seed* giving rise to the *sprout, and* that [sprout] then giving rise to the young *shoot*, and so forth. As explained in the *Cloud of the Rare and Supreme*:

> You may ask in what way the Bodhisattva masters the Great Vehicle. The Bodhisattva indeed trains in the trainings, yet he does not perceive any training, he does not perceive any path to train upon, and he does not perceive anyone training either. Still, by that cause, that condition, and that basis he does not fall into the view of annihilation either.

Similarly, the same sūtra reads:

> Son of noble family, at this [point] the Bodhisattva, by means of authentic knowledge, conceives of form. He conceives of sensation, perception, formation, and consciousness. When conceiving of form he does not observe any birth or origination of form. Nor does he observe any birth, origination, or cessation of sensation, perception, formation, and consciousness. This is due to the knowledge that investigates the ultimate absence of birth, rather than the nature of the conventional.

As for the coarse [views of] permanence and annihilation, permanence here has the sense of entities not being momentary. The view of annihilation is the belief that although the substances that make up entities exist, they do not produce any effects, so that, for instance, the

ཤིན་ཏུ་གཡང་ས་ལྟ་བུར་གྱུར་པའི་ཕྱི་རོལ་པའི་ལྟ་བ་ངན་པ་སེལ་བའི་གཉེན་པོར། དངོས་པོ་རྣམས་སྣང་ཙམ་གྱིས་འགགས་ཤིང་། རྒྱུ་ཚང་ན་འབྲས་བུ་ངེས་པར་སྐྱེ་བའི་ཚུལ་དུ་འཛིན་པ་སྟེ། དེའང་རྒྱུ་སྔ་མའི་སྣང་ཙམ་འགགས་པར་འཛིན་པ་ནི་ཆད་ལྟ་མིན་ལ་རྟག་མཐའ་སེལ་བའི་གཉེན་པོ་ཡིན་ཞིང་། རྒྱུ་ལས་སྣང་ཙམ་ཕྱི་མའི་དངོས་པོ་སྐྱེ་བར་འཛིན་པ་ནི་རྟག་མཐའ་མིན་ལ་ཆད་པའི་གཉེན་པོ་ཡིན་ཞིང་། དེ་གཉིས་ཐ་སྙད་ཀྱི་གནས་ཚུལ་དང་མཐུན་པར་འཛིན་པའི་བློ་ཡིན་ཀྱང་། དེ་ཙམ་གྱིས་འཇིག་རྟེན་ལས་འདས་པའི་ལྟ་བ་ཚུལ་བཞིན་བསྐྱེད་མི་ནུས་པས། དངོས་པོ་རང་བཞིན་མེད་པར་ཤེས་དགོས་ལ། དེའི་ཚེ་དེ་ལ་ལྟོས་པའི་རྟག་ཆད་ནི། དངོས་པོ་བདེན་པར་ཡོད་པ་དང་ཐ་སྙད་དུའང་མེད་པར་འཛིན་པ་ཡིན་ལ། དེའི་གཉེན་པོར། ཐ་སྙད་ཀྱིས་ཡོད་པ་ནི་མེད་མཐའ་སེལ་བའི་གཉེན་པོ་སྟེ། དེ་ཡོད་མཐའ་དང་རྟག་མཐའ་མིན་ལ། རང་བཞིན་མེད་པ་ནི་ཡོད་མཐའ་སེལ་བའི་གཉེན་པོ་སྟེ། མེད་མཐའ་དང་ཆད་མཐའ་མིན་ཡང་། དེར་འཛིན་པ་དེ་དག་གཟུང་འཛིན་གྱི་རྣམ་པར་རྟོག་པའི་རང་བཞིན་ཙམ་སྟེ། ད་རུང་མཉམ་གཞག་རྣམ་པར་མི་རྟོག་པའི་ཡེ་ཤེས་བསྐྱེད་དགོས་པས། དེ་ལྟར་ཡོད་མེད་ཀྱི་རྣམ་པར་རྟོག་པ་ལས་འདས་པའི་མི་རྟོག་སྤྲོས་བྲལ་མཉམ་པ་ཉིད་དུ་འཛིན་སྣངས་ཐམས་ཅད་ཞིག་པའི་ཚེ་ན། ཐ་སྙད་ཀྱིས་ཡོད་པ་དང་། རང་བཞིན་མེད་པར་འཛིན་པའི་སྤྲོས་པའི་མཐའ་གཉིས་པོ་དང་ཡང་བྲལ་ནས། དེའི་ཚེ་མཐར་འཛིན་པའི་ལྟ་བ་མ་ལུས་པ་ཞིག་ནས། ལྟ་ཀུན་ངེས་པར་འབྱིན་པར་གྱུར་པ་ཡིན་ཏེ། དེས་ན་མཐའ་རགས་པ་དང་། ཕྲ་བ། ཤིན་ཏུ་ཕྲ་བ་དེ་དག་སེལ་བའི་ལྟ་བ་སྔ་མ་སྔ་མ་ཕྱི་མ་ཕྱི་མའི་རྟེན་དུ་གྱུར་ཅིང་སྤྲོས་བྲལ་དུ་མཐར་ཕྱིན་ནས་དེ་ལས་གོང་ན་དབྱུང་དུ་མེད་པའི་གནས་ལུགས་དང་མཐུན་པའི་ལྟ་བའོ།

present aggregates do not give rise to the future ones, or karmic actions do not produce effects. The miserable views of the non-Buddhists are, as it were, an absolute abyss. They are remedied and dispelled by understanding that entities cease from one moment to the next, while effects occur with certainty whenever their causes are complete. Understanding that there is a cessation of momentary preceding causes is not a view of annihilation, but the antidote for the view of permanence, and understanding that momentary subsequent effects ensue from such causes is not a view of permanence, but the antidote for the view of annihilation. Both are mental perspectives that accord with the abiding way of the conventional.

Nevertheless, that alone cannot give rise to the genuine view that transcends the world, and so one must also understand that entities possess no nature. At that point, and in terms of such [an understanding], [the views of] permanence and annihilation imply[, respectively,] the apprehension of entities as truly existent and as nonexistent, even conventionally. As for the antidotes to those [views], conventional existence is the antidote that dispels the extreme [view] of nonexistence, and this is neither an extreme [view] of existence nor a view of permanence. Absence of nature is likewise the antidote that dispels the extreme [view] of nonexistence, and this is neither an extreme [view] of nonexistence nor a view of annihilation.

Nevertheless, these apprehensions are by nature mere dualistic concepts, and the non-conceptual wakefulness of the equipoise must still be brought forth. With that, all modes of apprehension will collapse within the equality of the non-conceptual simplicity that transcends all conceptions of existence or nonexistence. Accordingly, at that point, there is even freedom from the two constructed extremes that are involved when apprehending conventional existence and when apprehending the absence of nature. All views that are apprehensions of an extreme will have collapsed by then, and this is thus deliverance beyond all views.

The views that dispel such coarse, subtle, and extremely subtle [apprehensions of extremes] are in that way progressively based on each other, and are finally perfected within simplicity. Beyond that, there is

དེས་ན། ཡོད་དང་མེད་པ་འདི་གཉིས་མཐའ་ཡིན་ཏེ། །ཞེས་གསུངས་པ་སོགས་མཉམ་གཞག་གཉིས་སུ་མེད་པའི་ཡེ་ཤེས་དང་། རྗེས་ཐོབ་རྣམ་པར་འབྱེད་པའི་ཤེས་རབ་ཀྱིས་བསལ་བྱའི་མཐའ་ཕྲ་རགས་གཉིས་ལ་སྦྱོར་ཚུལ་ཤེས་པར་བྱའོ།

nothing to improve, [for this, then,] is the view that accords with the abiding way. When it is said that "Existence and nonexistence are both extremes," one must understand that this can be applied to both subtle and coarse extremes, as dispelled by both the non-dual wakefulness of the equipoise and the discriminating knowledge of the ensuing attainment.

།གསུམ་པ་དེ་ལྟར་རྟོགས་པའི་ཕན་ཡོན་ལ། དོན་དམ་རང་བཞིན་མེད་རྟོགས་ཀྱི་ཕན་ཡོན། ཀུན་རྫོབ་དོན་བྱེད་ནུས་སྣང་གི་ཕན་ཡོན། དེ་གཉིས་ཟུང་འཇུག་ཏུ་གོམས་པའི་ཕན་ཡོན་གསུམ། དང་པོ། ཆོས་ལ་བདག་མེད་མཁས་པ་ནི། །རང་བཞིན་མེད་པ་གོམས་བྱས་པས། །ཕྱིན་ཅི་ལོག་ལས་བྱུང་བ་ཡི། །ཉོན་མོངས་བསྒྲིམས་པ་མེད་པར་སྤོང་། །ཞེས་གསུངས་ཏེ། གང་ཟག་དང་ཕུང་སོགས་ཞེས་བྱའི་**ཆོས**་རྣམས་**ལ་བདག་མེད**་པའི་ཚུལ་ཡང་དག་པའི་རིགས་པས་གཏན་ལ་ཕབ་ནས་ངེས་པའི་ཤེས་པ་ཟབ་མོ་དང་ལྡན་པའི་**མཁས་པ**་རྣམས་**ནི**། **རང་བཞིན་མེད་པ**་དེ་ཉིད་ལ་**གོམས**་ཤིང་འདྲིས་པར་**བྱས་པས**། དངོས་པོའི་གནས་ཚུལ་ལ་**ཕྱིན་ཅི་ལོག**་ཏུ་སྒྲོ་བཏགས་པའི་བདག་གཉིས་ཀྱི་ཡུལ་ཅན་གྱི་རྟོག་པ་**ལས་བྱུང་བ་ཡི**། སེམས་སྒྲིབ་ཅིང་འཆིང་བར་བྱེད་པའི་**ཉོན་མོངས**་པ་རྣམས་ནམ་ཞིག་ཆེད་དུ་**བསྒྲིམས་པ་མེད་པར**་ཡང་ཉི་མའི་མདུན་ན་མུན་པ་ལྟར་ངང་གིས་**སྤོང**་བར་འགྱུར་རོ། །ཞེས་སོ། །དེའང་ལས་དང་པོ་པ་དངོས་ཞེན་གོམས་པ་ཤུགས་དྲག་ལ། གཉེན་པོ་སྟོང་མ་འདྲིས་པ་ཡིན་པས་ཆེད་དུ་བསྒྲིམས་ཀྱང་སྤོང་མི་ནུས་པ་ལྟ་བུར་གནས་ཀྱང་ནམ་ཞིག་གཉེན་པོ་གོམས་པ་ཤུགས་དྲག་པའི་ཚེ་ན་བསྒྲིམ་མི་དགོས་པར་གཉེན་པོ་སྐྱེ་ཞིང་སྤང་བྱ་འགག་ལ། མཐར་སྤང་བྱ་ཡོངས་སུ་ཟད་ནས་ཤེས་བྱའི་རྣམ་པ་མ་ལུས་པའི་རང་བཞིན་ལག་མཐིལ་དུ་སྐྱུ་རུ་ར་སྟོན་པའི་འབྲས་བུ་བཞག་ན་ཕྱི་ནང་མི་སྒྲིབ་པར་མཐོང་བ་བཞིན་དུ་འགྱུར་བར་དངོས་སྟོབས་ཀྱི་རིགས་པས་འགྲུབ་སྟེ།

BENEFITS OF REALIZATION

Third, in terms of the benefits of this realization, there are: 1) the benefits of realizing the ultimate absence of nature, 2) the benefits of the relative appearing as the functional, and 3) the benefits of familiarization with the unity of these two.

Benefits of Realizing the Ultimate Absence of Nature

First, it is said:

> *Experts with regard to the selflessness of phenomena*
> *Familiarize themselves with the absence of nature.*
> *The afflictions that ensue from error*
> *Are thereby relinquished without effort. [83]*

The ***experts*** who have come to a conclusion by means of authentic reasoning, and so gained certainty free from doubt ***with regard to the selflessness of*** persons, vases, and so forth—that is, all cognizable ***phenomena***—will ***familiarize themselves with the absence of nature*** and accustom themselves to it. ***The afflictions*** that obscure and tie the mind, and ***that ensue from*** the subject's ***error*** of conceptually superimposing two selves in conflict with the abiding way of entities, ***are thereby*** spontaneously ***relinquished without*** willful ***effort***—just like darkness in the face of light.

For the beginner, the strength of the habituation of being attached to entities is powerful, and the beginner isn't familiar with its antidote. Therefore, [being attached to entities] seems impossible to relinquish, even through willful efforts. Nevertheless, when familiarity with the antidote has gained momentum, the antidote will arise and the discard will be relinquished without any need for effort. When all discards have finally been brought to complete exhaustion, the nature of the features of all cognizable objects is seen without exception and free from any obscuration, as when the fresh amala fruit placed in one's palm reveals both its outside and its inside. This is established with reasoning by the power of fact, for when

ཡུལ་ཅན་གྱི་ཡེ་ཤེས་ཡོད་པ་གང་ཞིག །དེ་ལ་ཡུལ་ཤེས་བྱ་ཐམས་ཅད་ལ་སྒྲིབ་པའི་སྒྲིབ་པ་ཕྲ་མོ་འང་མེད་པས་གེགས་མེད་ཅིང་མཁྱེན་པའི་རྒྱུ་ཚང་བའི་ཕྱིར་རོ། །དེ་ལ་ལམ་རྣམས་ནི་སྤང་བྱའི་གཉེན་པོར་རིགས་པས་འགྲུབ་སྟེ། ཇི་སྐད་དུ་འཕགས་པ་ཀླུས། དངོས་པོར་ཁས་ལེན་ཡོད་ན་ནི། །འདོད་ཆགས་ཞེ་སྡང་མི་བཟད་འབྱུང་། །ལྟ་བ་མ་རུངས་ཡོངས་སུ་འཛིན། །དེ་ལས་བྱུང་བའི་རྩོད་པར་འགྱུར། །དེ་ནི་ལྟ་བ་ཀུན་གྱི་རྒྱུ། །དེ་མེད་ཉོན་མོངས་མི་འབྱུང་སྟེ། །དེ་བས་དེ་ནི་ཡོངས་ཤེས་ན། །ལྟ་དང་ཉོན་མོངས་ཡོངས་སུ་འབྱོངས། །གང་གིས་དེ་ཤེས་འགྱུར་ཞེ་ན། །རྟེན་ཅིང་འབྱུང་བ་མཐོང་བས་ཏེ། །བརྟེན་ནས་སྐྱེས་པ་མ་སྐྱེས་ཞེས། །ཡང་དག་མཁྱེན་པ་མཆོག་གིས་གསུངས། །ཞེས་དང་། ཟླ་བ་སྒྲོན་མེ་ལས། དེས་གང་ཆགས་པ་དང་། གང་ལ་ཆགས་པ་དང་། གང་གིས་ཆགས་པའི་ཆོས་དེ་ཡང་དག་པར་རྗེས་སུ་མི་མཐོང་། ཞེས་གསུངས་པ་ལ་སོགས་པ་ལྟ་བུའོ། །གཉེན་པོ་ལ་སྤང་བྱས་སྣར་ཚུགས་པའི་སྐབས་ཀྱང་མི་སྲིད་དེ། རྣམ་འགྲེལ་ལས། འཆི་བ་མེད་དང་ཡང་དག་དོན། །རང་བཞིན་ཉིད་ལ་ཕྱིན་ལོག་གིས། །འབད་དུ་ཟིན་ཀྱང་མི་བཟློག་སྟེ། །བློ་ནི་དེ་ཕྱོགས་འཛིན་ཕྱིར་རོ། །ཞེས་པ་ལ་སོགས་པ་བཞིན་ནོ། །འདིར་ས་ལམ་གྱི་རྣམ་གཞག་ནི་སྤྱིར་གྲགས་པ་ལྟར་གཞན་དུ་ཤེས་པར་བྱ་ལ། སྤང་བྱ་སྤོང་ཚུལ་གྱི་འཕྲོས་དོན་ཙུང་ཟད་སྨོས་ན།

the subject that is wakefulness is present, the objects of cognition are not veiled by even subtle obscurations. Therefore, there is no obstacle to their being cognized, and there is a completeness of the causes for that instead. Reasoning establishes how the path is the remedy against the discards. As explained by noble Nāgārjuna:

> If entity is claimed,
> There will be no end to desire and anger.
> There will be clinging to malignant views,
> And, thereby, dispute.
>
> This is what causes all views,
> And without that there will be no afflictions.
> Therefore, when this is thoroughly understood,
> Views and afflictions will be thoroughly purified.
>
> If you wonder how this is understood,
> Then it is through seeing dependent origination.
> "That which originates dependently does not originate."
> Thus is it expressed by supreme, authentic wisdom.

Moreover, as explained in the *Moonlamp* [*Sūtra*]:

> Therefore, there is no authentic perception of the properties of attachment, the object of attachment, and the one attached...

[Once disposed of,] the discards can never again harm the antidote. For instance, as taught in the *Commentary* [*on Valid Cognition*]:

> Absence of harm and authentic meaning
> Will, even by persistently erring against the actual nature,
> Not be reversed,
> For the mind has assumed that perspective.

The generally renowned principles of the grounds and paths are to be learned from elsewhere. However, a few additional remarks on the relinquishment of the discards can be presented. The wakefulness that realizes the absence of the two selves relinquishes the discards. The realizations of

བདག་མེད་རྣམ་གཉིས་རྟོགས་པའི་ཡེ་ཤེས་ཀྱིས་སྤང་བྱ་སྤོང་ཚུལ་གྱི་གནད་ལ་ནི་ཐེག་ཆེན་གྱི་ཤིང་རྟ་ཆེན་པོ་རྣམས་དགོངས་པ་འགལ་མེད་དུ་འཇུག་པ་ཁོ་ན་ཡིན་པས་དེ་དག་གི་ཚུལ་ཅུང་ཟད་བཤད་ན། སྤྱིར་ས་བཅུའི་ཡེ་ཤེས་ནི་བསམ་གྱིས་མི་ཁྱབ་ཅིང་། དེ་དག་གི་སྤང་བྱ་ཕྱིན་ཅི་ལོག་གི་སྒྱུ་འཕྲུལ་ཡང་ཚད་མེད་པ་ཡོད་པས། མདོ་རྣམས་ནའང་ཚུལ་མང་དུ་བཀའ་སྩལ་ཀྱང་། སྤྱི་རིགས་ནས་ཉོན་མོངས་པ་དང་ཤེས་བྱའི་སྒྲིབ་པ་གཉིས་སུ་གྲངས་ངེས་པར་དངོས་སྟོབས་ཀྱི་རིགས་པས་འགྲུབ་སྟེ། སྐྱེས་བུས་དོན་དུ་གཉེར་བྱའི་མཆོག་ཐར་པ་དང་ཐམས་ཅད་མཁྱེན་པ་གཉིས་ཡིན་པས་ན། དེ་དག་ལ་བར་དུ་གཅོད་པའི་ཆ་ནས་བཞག་པའི་ཕྱིར་སྒྲིབ་པའང་སྤྱི་རིགས་ལ་གཉིས་སུ་གྲངས་ངེས་པ་ལས་གཞན་པ་ཞིག་བཞག་དགོས་པ་མ་ཡིན་ནོ། །དེ་སྐད་དུའང་དབུས་དང་མཐའ་རྣམ་པར་འབྱེད་པ་ལས། ཉོན་མོངས་པ་ཡི་སྒྲིབ་པ་དང་། །ཤེས་བྱའི་སྒྲིབ་པ་ཉིད་དུ་བསྟན། །དེར་ནི་སྒྲིབ་པ་ཐམས་ཅད་དེ། །དེ་ཟད་ནས་ནི་གྲོལ་བར་འདོད། །ཅེས་པ་ལ་སོགས་པ་མདོ་བསྟན་བཅོས་ཐམས་ཅད་ཞལ་འཆམ་པར་འདི་གཉིས་ལས་དོན་གྱིས་གཞན་པའི་སྒྲིབ་པ་ཕུང་གསུམ་པ་ཞིག་གསུངས་པ་མེད་དོ། །བག་ཆགས་ཀྱི་སྒྲིབ་པ་ཤིན་ཏུ་ཕྲ་མོ་རྣམས་ཀྱང་དོན་ཤེས་བྱའི་རང་བཞིན་ཇི་ལྟ་བ་བཞིན་མངོན་དུ་འགྱུར་བ་ལ་གེགས་བྱེད་པ་ཡིན་པས་ཤེས་སྒྲིབ་ལས་མ་འདས་སོ། །དེའང་ཐར་པ་ལ་གང་གིས་བསྒྲིབས་ན། བདག་དང་བདག་གིར་འཛིན་པ་སོགས་ཉོན་མོངས་པ་དག་གིས་བསྒྲིབས་ལ། ཆོས་ཐམས་ཅད་ཤེས་པ་ལ་གང་གིས་བསྒྲིབས་ན། ཆོས་རྣམས་ཀྱི་རང་བཞིན་མངོན་དུ་མ་གྱུར་པའི་རྨོངས་པས་བསྒྲིབས་སོ། །དེ་ལ་ཉོན་ཤེས་ཀྱི་སྒྲིབ་པ་གཉིས་ཀྱི་ཁྱད་པར་རྒྱུ་དང་ངོ་བོ་བྱེད་ལས་ལ་སོགས་པའི་བྱེད་ཚུལ་དུ་མ་ཞིག་གཞུང་སོ་སོར་བྱུང་ཡང་དོན་དུ་གནད་གཅིག་ལ། མདོ་དོན་སྙིང་པོར་དྲིལ་ན་འདི་ལྟ་སྟེ། འཁོར་བར་འཁྲུམས་པའི་རྒྱུའི་གཙོ་བོ་ཆགས་སོགས་ཉོན་མོངས་པ་རྣམས་ཡིན་ལ།

the great chariots of the Great Vehicle are, in terms of the key points for how this [relinquishment] takes place, applicable at all times without any conflict, so let us briefly address this topic. All in all, the wakefulnesses of the 10 grounds are inconceivable, and the illusory displays of their flawed discards are immeasurable too. Hence, the sūtras also teach numerous categories [of wakefulness and discards]. Nevertheless, in terms of general types, reasoning by the power of fact establishes two as the definitive number with respect to obscurations, [for all aspects of obscuration are contained in the categories of] afflictive and cognitive [obscurations]. An individual's supreme pursuits are liberation and enlightenment, and since the obscurations are posited in terms of what obstructs those [pursuits], there is a definitive number of two general types. Other classifications are unnecessary. As, for instance, it appears in *Discerning the Middle and the Extremes*:

> [They are] taught indeed as the obscuration of affliction
> And the obscuration of cognition.
> In those, all obscurations are [contained],
> For liberation is held to follow their exhaustion.

All the sūtras and treatises are in agreement here, for none of them teach any third category that is anything other than these two. Even the extremely subtle obscurations of habitual tendencies are not beyond being the obscuration of cognition, for they prevent the genuine nature of the objects of cognition from becoming evident. If you were to ask what obscures liberation, it is obscured by the afflictions—the apprehension of 'I', 'mine', and so forth. If you were to ask what obscures the knowledge of all phenomena, it is obscured by the stupor in which the nature of phenomena is not evident. In the individual scriptures, several systems that divide the particularities of the afflictive and cognitive obscurations in terms of their causes, essences, functions, and so forth appear. Yet in actuality, [they all present] the same key point. Hence, when condensing the meaning of the sūtras to their core, it is as follows.

The main cause for wandering in cyclic existence is the afflictions of attachment and so forth. The indispensable cause for those is the coemergent

དེ་རྣམས་ཀྱི་མེད་ན་མི་འབྱུང་གི་རྩ་བ་ནི་འཇིག་ལྟ་ལྷན་སྐྱེས་ཡིན་པར་གསུངས་ཤིང་དེ་ལྟར་རིགས་པས་ཀྱང་འགྲུབ་པ་བཞིན། གང་ཟག་གི་བདག་ཏུ་འཛིན་པའི་རྩ་བ་ཅན་གྱི་ཉོན་མོངས་པ་ཐམས་ཅད་ཉོན་མོངས་པའི་སྒྲིབ་པ་ཡིན་ལ། ཇི་ལྟ་ཇི་སྙེད་ཀྱི་ཆོས་ཐམས་ཅད་ཇི་བཞིན་དུ་མི་ཤེས་པ་ནི། ཆོས་རྣམས་ཀྱི་རང་བཞིན་ལ་རྨོངས་པའི་མ་རིག་པ་ཡིན་པས། ཆོས་ཀྱི་བདག་འཛིན་གྱི་རྩ་བ་ཅན་གྱི་རྨོངས་པ་ཕྲ་རགས་ཐམས་ཅད་ཤེས་བྱའི་སྒྲིབ་པ་ཡིན་ནོ། །དེ་ལྟ་ཡིན་པའི་གོ་བ་གཏིང་སླེབས་ནས་ལམ་ཉམས་ལེན་གྱི་སྐབས་དང་སྦྱར་ན། བདག་ཏུ་འཛིན་པ་ལས་བྱུང་བའི་སེར་སྣ་སོགས་ཕྱིན་དྲུག་རང་རང་གི་མི་མཐུན་ཕྱོགས་སུ་གྱུར་པ་གང་ཞིག་དེ་ཡོད་ན་གཉེན་པོའི་ཕར་ཕྱིན་སོ་སོ་ལ་མི་འཇུག་པ་ནི་ཉོན་མོངས་པའི་སྒྲིབ་པ་ཡིན་ལ། ཞུགས་ཀྱང་ཆོས་བདག་མེད་དུ་མ་རྟོགས་པའི་ཆོས་བདག་གི་རྩ་བ་ཅན་གྱི་འཁོར་གསུམ་དུ་བདེན་པར་རྣམ་པར་རྟོག་པ་ནི་ཤེས་བྱའི་སྒྲིབ་པ་སྟེ། དེ་སྐད་དུ་འང་རྒྱུད་བླ་མ་ལས། འཁོར་གསུམ་རྣམ་པར་རྟོག་པ་གང་། །དེ་ནི་ཤེས་བྱའི་སྒྲིབ་པར་འདོད། །སེར་སྣ་ལ་སོགས་རྣམ་རྟོག་གང་། །དེ་ནི་ཉོན་མོངས་སྒྲིབ་པར་འདོད། །ཅེས་གསུངས་པ་བཞིན་ནོ། །དེས་ན་གང་ཟག་གི་བདག་མེད་རྟོགས་ན། བདག་འཛིན་དེ་ཡི་རྩ་བ་ཅན་གྱི་ཉོན་མོངས་པ་ཐམས་ཅད་ལྡོག་པར་རིགས་པས་འགྲུབ་སྟེ། གང་བདག་མེད་པར་མཐོང་ན་དེར་འཛིན་པའི་དབང་གིས་ཆགས་པ་དང་སྡང་བ་ང་རྒྱལ་ལ་སོགས་པ་མི་སྲིད་ལ་བདག་འཛིན་ཡོད་ན་དེ་དག་ཀྱང་ཡོད་པར་ངེས་སོ། །དེ་སྐད་དུ་འང་རིན་ཆེན་ཕྲེང་བ་ལས། ཇི་སྲིད་ཕུང་པོར་འཛིན་ཡོད་པ། །དེ་སྲིད་དེ་ལ་ངར་འཛིན་ཡོད། །ངར་འཛིན་ཡོད་ན་ཡང་ལས་ཏེ། །ལས་ལས་ཀྱང་ནི་སྐྱེ་བ་ཡིན། །ཞེས་དང་།

view of the transitory [collection]. That is how it is taught, and how it is also established by reasoning. All afflictions rooted in apprehending a personal self constitute the obscuration of affliction. Failure to know all phenomena just as they are and in whatever form they may take is the ignorance of being deluded with regard to the nature of phenomena. Hence, all coarse and subtle levels of delusion rooted in apprehending a self in phenomena constitute the obscuration of cognition.

Having gained a profound understanding of this, the [insight] may be applied with respect to gaining experience on the path. The obscuration of affliction is thus any aspect of stinginess and so forth: the factors that originate in the apprehension of self and are discordant with each of the six transcendences in the sense that the presence of any one of them will prevent [a person] from engaging in the respective, remedying transcendence. The obscuration of cognition is any concept of the three spheres that, while [not preventing] one from engaging [in the six transcendences], still fails to realize the absence of self in phenomena and is therefore rooted in [apprehending] self in phenomena. As taught in the *Supreme Continuity*:

> All thoughts of the three spheres
> Are asserted to be the obscuration of cognition.
> Thoughts such as stinginess
> Are asserted to be the obscuration of affliction.

Reasoning establishes that when the absence of personal self is realized, all afflictions that are rooted in grasping at that self will be reversed. Whoever sees the absence of self cannot possibly possess any of the attachments, aggressions, prides, and so forth that are due to such grasping. On the other hand, it is certain that all of these will exist for the one who apprehends a self. As said in the *Jewel Garland*:

> For as long as there is an apprehension of aggregates,
> There is ego apprehension.
> When there is ego apprehension, there is karma as well,
> And through karma there will also be birth.

རྣམ་འགྲེལ་ལས། བདག་ཡོད་ན་ནི་གཞན་དུ་ཤེས། །བདག་གཞན་ཆ་ལས་འཛིན་དང་སྡང་། །དེ་དག་དང་ནི་ཡོངས་འབྲེལ་ལས། །ཉེས་པ་ཐམས་ཅད་འབྱུང་བར་འགྱུར། །ཞེས་དང་། དེས་ན་བདག་ལ་མངོན་ཆགས་པ། །དེ་སྲིད་དེ་ནི་འཁོར་བར་འགྱུར། ཞེས་དང་། དབུ་མ་ལ་འཇུག་པ་ལས། ཉོན་མོངས་སྐྱོན་རྣམས་མ་ལུས་འཇིག་ཚོགས་ལ། །ལྟ་ལས་བྱུང་བར་བློ་ཡིས་མཐོང་གྱུར་ནས། །ཞེས་པ་ལ་སོགས་པ་བཞིན་ནོ། །དེ་ལྟ་བུའི་བདག་འཛིན་དེ་ནི་གཉེན་པོ་བདག་མེད་རྟོགས་པའི་ཤེས་རབ་ཀྱིས་སྤོང་བ་ཡིན་ལ། དེའང་མཐོང་ལམ་དུ་བདེན་པའི་ཆོས་ཉིད་མངོན་སུམ་དུ་གཟིགས་ཏེ་བདེན་དོན་ལ་ཕྱིན་ཅི་ལོག་པར་ཀུན་ཏུ་བཏགས་པ་ཐམས་ཅད་སྤོང་ལ། དེ་ཕན་ཆད་སྒོམ་ལམ་དུ་ལྷན་སྐྱེས་སྤོང་ངོ་། །ཀུན་བཏགས་ལྷན་སྐྱེས་འདི་གཉིས་ཀྱི་གོ་བའི་གནད་རྣམས་གཞན་དུ་ཤེས་པར་བྱའོ། །དེས་ན་ཉན་རང་གིས་ཉོན་སྒྲིབ་ཀྱི་གཉེན་པོ་གང་ཟག་གི་བདག་མེད་འབའ་ཞིག་བསྒོམས་པས་ཉོན་མོངས་ཐམས་ཅད་ཟད་ནས་ཏེ་བུད་ཤིང་ཟད་པའི་མེ་བཞིན་སྲིད་པའི་རྒྱུ་མེད་པས་འཁོར་བར་སླར་ལྡོག་པ་ནམ་ཡང་མི་སྲིད་ཀྱང་། ཆོས་ཀྱི་བདག་མེད་བསྒོམ་པ་མ་རྫོགས་པས་ཤེས་སྒྲིབ་སྤོང་བར་མི་འགྱུར་རོ། །སྤྱིར་ཤེས་བྱའི་རང་བཞིན་ལ་བསྒྲིབས་པའི་རྨོངས་པ་ཐམས་ཅད་ཀྱང་ཉོན་མོངས་པའི་མིང་གིས་བསྙད་རུང་བ་ཡིན་མོད་ཀྱི། ཉོན་ཤེས་གཉིས་ཀྱི་རྣམ་ཕྱེ་བའི་ཉོན་མོངས་མ་ཡིན་པ་སོགས་སྐབས་ཐོབ་ཤན་ཕྱེད་པ་རྣམ་པ་ཀུན་ཏུ་གལ་ཆེའོ།

Moreover, from the *Commentary* [*on Valid Cognition*]:

> If there is self, one will know of other,
> And through the aspects of self and other, there will be grasping as well as aversion.
> By the combinations of these,
> All faults will occur.

Likewise:

> Therefore, for as long as there is attachment to self,
> There will be cyclic existence.

Moreover, from *Entering the Middle Way*:

> Once mind comes to see how all the faults of the afflictions
> Come about, without exception, due to the view of the transitory collection...

There are many such citations—that is how it is. This apprehension of self is relinquished by the antidote: knowledge that realizes the absence of self. On the path of seeing, one beholds the intrinsic nature of the truths directly, and so the mistaken imputations regarding the meaning of the truths are all relinquished. After that, the coemergent [discards] will be relinquished on the path of cultivation. The key points for understanding imputation and coemergence are to be learned elsewhere.

The Listeners and the Self-realized Buddhas only cultivate the antidote to the obscuration of affliction, [the knowledge of] the absence of personal self, and through this they are able to exhaust all afflictions. Just like fire when the fuel is exhausted, there will be no cause of existence for them, and so it will never be possible for them to fall back into cyclic existence. Yet, because their cultivation of the [knowledge of] absence of self in phenomena is incomplete, they do not relinquish the obscuration of cognition.

Generally, any delusion that obscures the nature of the objects of cognition may appropriately be termed affliction. Nevertheless, non-affliction may also be differentiated by means of the dichotomy of the afflictive and

།ཐེག་ཆེན་འཕགས་པས་ནི་མཐོང་ལམ་ནས་བརྩམས་ཏེ་ཉོན་ཤེས་གཉིས་ཀ་མཉམ་དུ་སྤོང་བར་བྱེད་ལ། ས་བརྒྱད་པའི་སྐབས་སུ་ཡུལ་ཆོས་ཉིད་ལ་འབད་མེད་དུ་ཞུགས་པའི་ཚུལ་གྱིས་ངར་འཛིན་གྱི་རྒྱུ་བ་ཕྲ་མོའང་ཟད་པ་ན་ཉོན་མོངས་ཐམས་ཅད་ཟད་ནས་དེ་ཕན་ཆད་དག་ས་གསུམ་དུ་གཉིས་སྣང་གི་བག་ཆགས་སམ། ཤེས་སྒྲིབ་འབའ་ཞིག་སྤོང་བ་ཡིན་ནོ། །འོན་ཀྱང་ཡུལ་ཆོས་ཀྱི་དབྱིངས་ལ་སྒྲིབ་པ་ཕྲ་མོས་ཀྱང་བར་ཆོད་པ་མེད་པས་མཉམ་པ་ཉིད་ནི་སངས་རྒྱས་ཁོ་ན་མ་གཏོགས་སློབ་པ་ལ་མི་སྲིད་དོ། །དེ་སྐད་དུ་འང་འཇུག་པ་ལས། ཆགས་པ་མེད་པའི་བློ་ནི་སྐྱོན་རྣམས་དག་དང་ལྷན་ཅིག་མི་གནས་ཕྱིར། །ས་བརྒྱད་པ་ལ་དྲི་མ་དེ་དག་རྩ་བཅས་ཉེ་བར་ཞི་འགྱུར་ཞིང་། །ཉོན་མོངས་ཟད་ཅིང་ས་གསུམ་བླ་མར་གྱུར་ཀྱང་སངས་རྒྱས་རྣམས་ཀྱི་ནི། །འབྱོར་པ་མཁའ་ལྟར་མཐའ་བྲལ་མ་ལུས་འཐོབ་པར་ནུས་མ་ཡིན། །ཞེས་གསུངས་པ་སྟེ། ཚུལ་འདི་ཐལ་འགྱུར་པ་ཁོ་ནའི་ལུགས་ནི་མ་ཡིན་ཏེ། ཐེག་ཆེན་གྱི་མདོ་སྡེ་རྣམས་ནས་འབྱུང་བ་ཤིང་རྟ་ཆེན་པོ་རྣམས་ཀྱི་བཞེད་པ་ཡིན་ནོ། །དེ་ལ་མ་དག་ས་བདུན་དུ་ཉོན་སྒྲིབ་འབའ་ཞིག་སྤངས་པར་འདོད་པའི་ལུགས་ཀྱང་བོད་འདིར་བྱུང་མོད། གཉེན་པོ་བདག་མེད་གཉིས་རྟོགས་ཀྱི་ཡེ་ཤེས་ཡོད་པས་ན་ཤེས་སྒྲིབ་ཀྱང་ཅིའི་ཕྱིར་མི་སྤོང་སྟེ། དབུས་མཐའ་ལས། ཆོས་ཀྱི་དབྱིངས་ལ་མ་རིག་པ། །ཉོན་མོངས་ཅན་མིན་སྒྲིབ་པ་བཅུ། །ས་བཅུའི་མི་མཐུན་ཕྱོགས་རྣམས་ཀྱི། །གཉེན་པོ་དག་ནི་ས་ཡིན་ནོ།

cognitive [obscurations]. Therefore, it is always important to differentiate according to the context.

Beginning on the path of seeing, the noble ones of the Great Vehicle simultaneously relinquish both the afflictive and cognitive obscurations. Upon reaching the eighth ground, they engage in the object, the intrinsic nature, without effort, because even subtle movements of ego-apprehension have been exhausted. On the remaining three pure grounds, after all afflictions have been exhausted, they relinquish the habitual tendencies of dualistic appearance, or in other words, just the obscurations of cognition. Still, equality without obstruction, in the form of even a subtle obscuration when regarding the object, the basic space of phenomena, is [the level of] Buddhahood alone. This is not possible on [the path of] training. As stated in *Entering the Middle Way*:

> Since the mind that is unattached has purified the faults and does not coincide with them,
> These stains, including their roots, are pacified upon the eighth ground.
> Afflictions are exhausted and [the Bodhisattva] has become the guru of the three worlds,
> Yet he cannot completely achieve all the riches of the Buddha, limitless like space.

This presentation doesn't only belong to the approach of the Consequence, for it originates in the sūtras of the Great Vehicle and is set forth by all the great chariots. A tradition of asserting that only the afflictive obscurations are relinquished on the seven impure grounds has indeed manifested here in Tibet. Yet since the antidote, the wakefulness that realizes the twofold absence of self, is present [on these grounds], why wouldn't the cognitive obscuration also be relinquished? As, for instance, is taught in *Discerning the Middle and the Extremes*:

> Ten obscurations, ignorances of the basic space of phenomena,
> Are not of [the nature of] affliction.
> Those factors discordant with the 10 grounds
> Are remedied by the grounds.

།ཞེས་གསུངས་པ་སོགས་བཀའ་དང་བསྟན་བཅོས་ཐམས་ཅད་ནས་ས་བཅུའི་ངོ་སྐལ་གྱི་སྤང་བྱ་ཞེས་སྒྲིབ་ཇི་སྙེད་གསུངས་པ་བཞིན་ཞེས་པར་བྱའོ། །དེར་ཡང་ལུགས་དེས་ཞེས་སྒྲིབ་སྤོང་བའི་མགོ་ས་བརྒྱད་པ་ནས་རྩོམ་ཞིང་། ཉན་རང་དགྲ་བཅོམ་པ་ཆོས་ཀྱི་བདག་མེད་རྫོགས་པར་རྟོགས་ཤིང་ཉོན་སྒྲིབ་མཐའ་དག་སྤོང་ཟིན་པར་འདོད་པས་ན། དེ་ལ་མཁས་པ་གཞན་དག་གིས་བརྒལ་བ། དེ་ལྟར་ན་ཉན་རང་དགྲ་བཅོམ་ཐེག་ཆེན་ལ་ཞུགས་ཆེ་མ་དག་ས་བདུན་དུ་གཉེན་པོའི་ཡེ་ཤེས་ཐོབ་པ་ན་སྤང་བྱ་མེད་པར་འགྱུར་ཞིང་། ས་དེའི་བར་ཆད་མེད་ལམ་གང་གི་གཉེན་པོ་ཡིན་པ་དང་། རྣམ་གྲོལ་ལམ་ཅི་ལས་གྲོལ་བར་ཡང་གཞག་ཏུ་མེད་ལ། གཞན་ཡང་། བྱང་ཆུབ་སེམས་དཔས་སྙིང་རྗེ་ཆེན་པོའི་ཐབས་མཐའ་ཡས་པ་དང་བཅས་པས་གྲངས་མེད་གཉིས་ཀྱི་ཡུན་དུ་བདག་མེད་གོམས་པས་སྤང་བྱ་གང་ཡིན་པ། ཉན་རང་གིས་ཐབས་དང་བྲལ་ཏེ་བསྒོམས་པས་ཚེ་གསུམ་ལ་སོགས་པས་སྤོང་ནུས་ན་འཚང་རྒྱ་བ་ལ་ཐེག་ཆེན་ལས་ཐེག་དམན་མྱུར་བར་འགྱུར་བ་སོགས་རྣམ་དཔྱད་མང་པོ་མཛད་པ། ཕྱོགས་སྔ་ཕྱི་ཐམས་ཅད་དཔྱོད་ལྡན་ཡིན་པས་རིགས་པའི་སྒྱུ་རྩལ་འགྲན་པའི་ཚུལ་ལ་ཕྱོགས་ལྷུང་བྲལ་བའི་བློས་ཉམས་མཚར་གྱི་ཚུལ་དུ་ལྟད་མོར་བྱའོ། །དེ་ལྟར་ཉོན་ཤེས་ཀྱི་སྒྲིབ་པ་གཉིས་པོའང་རྒྱང་ཆད་དུ་འཇུག་པ་མིན་ཞིང་། གཉེན་པོ་བདག་མེད་གཉིས་ཀྱང་འདྲེ་མི་རུང་བ་མ་ཡིན་ནོ། །དེ་ལ་དཔལ་རོང་ཟོམ་པ་ཆེན་པོས་འདི་སྐད་དུ་གསུངས་ཏེ། སྡུག་ཀུན་གྱི་སྤང་བྱའི་ཉོན་མོངས་པ་དེ་དག་གཅིག་གམ་ཐ་དད་གང་ཡིན་བརྟགས་ན། གལ་ཏེ་གཅིག་ན་གཉེན་པོ་ཕྱི་མ་དོན་མེད་ལ།

One must therefore gain an understanding that accords with the Buddha's statements and the treatises, which mention on numerous occasions that the cognitive obscurations correlate with the 10 grounds. The [aforementioned] system [asserting that only afflictions are relinquished on the impure grounds] holds that the relinquishment of cognitive obscurations begins on the eighth ground, and that, moreover, the foe destroyers among the Listeners and the Self-realized Buddhas have perfectly realized the absence of self in phenomena and have relinquished all aspects of afflicting obscurations. Other scholars will object to this, [arguing that] if this were the case, once the foe destroyers [who arise from] among the Listeners and the Self-realized Buddhas have entered the Great Vehicle, they would have [already] achieved the remedying wakefulnesses of the seven impure grounds and would therefore have nothing to discard [on those seven]. It then becomes impossible to explain what the [various] paths of no impediment of [each of] those grounds would be remedying, and what their paths of liberation would be liberating them from.

Moreover, if what the Bodhisattva relinquishes by means of unlimited methods of great compassion over two incalculable [eons] of familiarization with the absence of self could be relinquished by the Listeners and Self-realized Buddhas over, for instance, [just] three lifetimes of training without those methods, then enlightenment would be attained more swiftly by the Inferior Vehicle than by the Great. This is investigated in many different ways. Both sides possess discernment, so, as if it were an amazing show, let us watch with impartial minds their dextrous use of logic as they debate.

Now, engaging in the obscurations of affliction and cognition is not strictly separate, nor is it the case that their antidotes, the two [types of knowledge of] absence of self, are unsuited to mingle. As it has been explained by glorious Rongzompa the Great:

> When examining whether these afflictions, the discards that pertain to suffering and origination, are the same or distinct, it might be thought: "If they were the same, there would be no purpose to the later antidotes. Yet if they were

ཐ་དད་ན། ཁམས་དང་འགྲོ་བ་ཆོས་ཇི་སྙེད་ལ་དམིགས་པའི་ཉོན་མོངས་པ་ཐ་དད་པ་དག་ཀྱང་སྤོང་དགོས་པས་སྤོང་བར་མི་ནུས་སོ་སྙམ་ན། འདི་ལྟར་བསྟན་པར་འགྱུར་ཏེ། ཉོན་མོངས་པ་རྣམས་ནི་བདག་ཏུ་ལྟ་བའི་གནས་ནས་དངོས་པོ་དང་མཚན་མར་འཛིན་པའི་ཡུལ་ལ་འབྱུང་སྟེ། དེ་དག་ལྟན་ཀྱི་བར་དུ་དམིགས་པ་ཇི་སྙེད་པ་དེ་སྲིད་དུ་ཉོན་མོངས་པ་དེ་སྙེད་འབྱུང་བར་འགྱུར་རོ། །བདག་ལྟའི་གནས་ཞིག་ན་སྒྱུ་མ་མཁན་མེད་པས་དེའི་སྒྱུ་འཕྲུལ་ཉོན་མོངས་རྣམས་ཀྱང་འབྱུང་བར་མི་འགྱུར་རོ། །དེས་ན་ཉོན་མོངས་དེ་དག་གཅིག་ཐ་དད་ལས་གྲོལ་བ་ཡིན་ཏེ། དེས་ན་ཉན་ཐོས་རྣམས་ཆོས་རང་དང་སྤྱིའི་མཚན་ཉིད་ལ་ཞེན་པ་དག་གདུལ་བའི་ཕྱིར། འཁོར་བ་རྒྱུ་འབྲས་དང་མྱང་འདས་རྒྱུ་འབྲས་སུ་ཕྱེ་བའི་བྱེ་བྲག་གིས་བསྡུས་ནས་བདེན་བཞིར་ཕྱེ་སྟེ་བསྟན་པའི་བྱེ་བྲག་ལ་དམིགས་ནས་ཡེ་ཤེས་དང་ཉོན་མོངས་པ་གཉིས་ཀ་ཐ་དད་དུ་རྣམ་པར་ཕྱེ་བར་ཟད་དེ། དངོས་སུ་ཡེ་ཤེས་ཐམས་ཅད་ཀྱང་གཅིག་ཡིན་ཏེ། ཆོས་ཐམས་ཅད་ལ་བདག་མེད་པར་རྟོགས་པའི་ཤེས་རབ་བོ། །ཉོན་མོངས་པ་ཐམས་ཅད་ཀྱང་གཅིག་ཡིན་ཏེ། འདི་ལྟར་བདག་ཏུ་རློམས་པའི་རྟོག་པའོ། །དེས་ན་གང་ཟག་ལ་དམིགས་པའི་ཤེས་རབ་ཀྱིས་ཉོན་མོངས་པ་མི་སྤོང་ལ། ཆོས་ལ་དམིགས་པའི་ཤེས་རབ་ཀྱང་ཕྱིན་ཅི་ལོག་གི་སྦྱོར་བ་བཅད་པའི་ཕྱོགས་ཀྱི་མཐུས་སྤོང་བར་འགྱུར་གྱི། དངོས་པོར་ལྟ་བའི་ཕྱོགས་ཀྱིས་སྤོང་བར་མི་འགྱུར་རོ། །འོ་ན་ཉན་ཐོས་དམིགས་པ་དང་བཅས་པའི་ས་ལ་གནས་པའི་དངོས་པོར་ལྟ་བ་དང་མ་བྲལ་བ་ཡིན་ན། དེ་དག་གིས་ཉོན་མོངས་ཟད་ཅིང་བྱང་ཆུབ་ཇི་ལྟར་འཐོབ་ཅེ་ན། དེ་ལ་འདི་སྐད་དུ་བསྟན་པར་འགྱུར་ཏེ། ཉན་ཐོས་རྣམས་རང་གི་གྲུབ་མཐའ་ལས་ཉན་མོངས་ཟད་ཅིང་འདུས་མ་བྱས་ཐོབ་པར་འདོད་ཀྱང་། ཐེག་པ་ཆེན་པོ་ལས། ཉོན་མོངས་ཀྱི་དངོས་པོ་ཟད་པ། བག་ལ་ཉལ་མ་ཟད་པ། རྣམ་སྨིན་གྱི་ཕུང་པོ་ལས་མ་འདས་པའི་གང་ཟག །ཁམས་གསུམ་ཀུན་ཏུ་སྦྱོར་བ་རྣམས་སྤངས་པས་སེམས་ཅན་ལས་ཀྱི་ཚེ་བཀག་པ་ཞེས་བྱ་བར་འདོད་དེ།

distinct, they couldn't possibly be relinquished, for one would have to relinquish a distinct affliction for each of the observed properties of the realms and the wanderers."

It is then taught that the afflictions arise from the abode of the view of self and [relate] to the objects, the apprehensions of entities, and attributes. As long as one possesses those [apprehensions], there will be as many afflictions as there are observations. Once the abode of the view of self has collapsed, the magician is gone, and so his magic (the afflictions) will not occur either. The afflictions are therefore beyond sameness and distinctness.

In order to tame the Listeners who are attached to the general and specific characteristics of phenomena, the four truths were revealed as a compilation of the particularities that unfold as the causes and effects of cyclic existence and the causes and effects of the transcendence of suffering. The differentiation into separate types of wakefulness and separate afflictions is simply due to focusing on the particularities of this teaching. In actuality, all types of wakefulness are the same. They are the knowledge that realizes how all phenomena are devoid of self. Likewise, all afflictions are the same. They are the delusion of not realizing that.

Therefore, the knowledge that focuses on the person does not relinquish affliction. It is relinquished by the knowledge that focuses on phenomena, through the elimination of mistaken constructs. [Affliction] is not relinquished by those who believe in entities.

Now it may be asked: "Well, how will the Listeners exhaust the afflictions and attain enlightenment, given that they are not free from the view of entity that is present on the level that involves observation?"

It is then taught that according to their own philosophy, the Listeners have exhausted affliction and accomplished the uncompounded. Nevertheless, the Great Vehicle asserts that they have exhausted the afflictive entities, [but] not their latent tendencies. [They] are persons who have not transcended the aggregates of ripening, [but] who have relinquished the fetters of the three realms. [Their accomplishment is] therefore termed "the cessation

ཇི་སྐད་དུ་རྣམ་སྣང་སྒྱུ་འཕྲུལ་དྲྭ་བ་ལས། ཐབས་དང་ཤེས་རབ་རྣམས་སྦྱངས་ཤིང་། །ཕྱི་རོལ་དངོས་ལ་མངོན་ཞེན་པའི། །ཐིག་པ་དམན་པ་བ་རྣམས་ཀྱིས། །བླ་མེད་བྱང་ཆུབ་ཇི་ལྟར་འཐོབ། །ཅེས་པའི་ལན་དུ། བྱང་ཆུབ་རྣམ་པ་གཉིས་གསུངས་ཏེ། །ལྷག་མ་དང་བཅས་ལྷག་མ་མེད། །ལྷག་བཅས་ཕུང་པོའི་ངོ་བོ་སྟེ། །ཉོན་མོངས་པ་རྣམས་ཡོངས་སུ་བསྲིགས། །ལྷག་མེད་བག་ཆགས་མེད་པ་སྟེ། །མཁའ་ལྟར་དྲི་མེད་དག་པ་ཡིན། བྱང་ཆུབ་རྣམ་པ་འདི་ལྟ་བུར། །རྒྱལ་བ་རྣམས་ཀྱིས་ཐབས་ཀྱིས་བསྟན། །ཞེས་གསུངས་པ་ལྟ་བུར་རིགས་པར་བྱའོ། །གཞན་ཡང་བྱང་ཆུབ་ནི་ཟད་མི་སྐྱེ་ཤེས་པ་ཞེས་གསུངས་ལ། འདུས་མ་བྱས་ཀྱིས་ཕྱེ་བ་ནི་འཕགས་པའི་གང་ཟག་གོ །ཞེས་ཀྱང་འབྱུང་ན། །བྱང་ཆུབ་རྣམ་པ་གསུམ་དུ་བསྟན་པ་རྣམས། ཅི་ཞིག་ཟད་ཅིང་མི་སྐྱེ་བ་ཤེས་ཞེ་ན། དེ་ལ་འདི་སྐད་དུ། ཁམས་གསུམ་ཀུན་ཏུ་སྦྱོར་བའི་ཉོན་མོངས་པ་རྣམས་སྤངས་པས་དགྲ་བཅོམ་པའོ། །གང་ཅིའང་རུང་སྟེ་ཀུན་འབྱུང་གི་ཆོས་དེ་དག་འགོག་པའི་ཆོས་སུ་ཤེས་པས་རང་བྱང་ཆུབ་བོ། །བག་ཆགས་ཀྱི་མཚམས་སྦྱོར་བའི་ཉོན་མོངས་ཐམས་ཅད་སྤངས་པས་བླ་ན་མེད་པ་ཡང་དག་པར་རྫོགས་པའི་བྱང་ཆུབ་བོ། །ཞེས་གསུངས་པ་ལྟ་བུའོ། །ཞེས་པ་ལ་སོགས་པ་རོང་ཟོམ་པས་གསུངས་པ་དེ་བཞིན་དུ་མགོན་པོ་ཀླུ་སྒྲུབ་དང་ཟླ་བའི་ཞབས་ལ་སོགས་པ་དགོངས་པ་གཅིག་དང་དབྱངས་གཅིག་ཏུ་གྱུར་པ་ཡིན་ཏེ། ཉོན་མོངས་པ་ཐམས་ཅད་ཀྱི་རྩ་བ་མཐར་ཐུག་ནི་རྨོངས་པ་ཙམ་ཡིན་ལ།

of the karmic life of a sentient being." In the Magical Net of Vairocana, it is asked:

> Deprived of means and knowledge,
> And thoroughly attached to external entities,
> How will those of the Inferior Vehicle
> Achieve unsurpassable enlightenment?

The answer given is this:

> Enlightenment is taught to be twofold—
> With remainder and without remainder.
> [Enlightenment] with remainder is in essence the aggregates
> In which the afflictions have completely burned up.
> [Enlightenment] without remainder possesses no habitual tendencies.
> It is space-like, stainless purity.
> These features of enlightenment
> Have been taught with skill by the Victorious Ones.

This is how it should be understood.

Next, one may say: "Enlightenment is taught to be knowledge of exhaustion and non-arising, and it also appears that the noble person is the one distinguished by [realizing] the uncompounded. What [types of] exhaustion and what [types of] non-arising are known at [the level of] what has been taught as the three types of enlightenment?"

To that, it may be said that being a foe destroyer is due to having relinquished all fettering afflictions of the three realms. [Being] a Self-realized Buddha is due to knowing all the properties of origination, whatever they may be, as properties of cessation. Unsurpassable, true and complete enlightenment is due to having relinquished all connective, habitual tendencies of the afflictions.

What is taught by Rongzompa is in intent and resonance identical with [the teachings of] the protector Nāgārjuna, venerable Candra, and so forth. The final root of all affliction is simply delusion, and in its

དེའི་ཕྲ་བ་ནི་རྒྱུན་མཐའི་རྡོར་ཏིང་གི་སྐྱང་བྲ་གཅིག་པུ་ལ་ཐུག་པ་ཡིན་ཅིང་། ཆོས་ཐམས་ཅད་ཀྱི་གནས་ལུགས་མཐར་ཐུག་པའང་དེ་ཁོ་ན་ཉིད་སངས་རྒྱས་ཀྱི་ཡེ་ཤེས་ཀྱི་ཡུལ་གཅིག་ལས་མི་སྲིད་ལ། དེ་ཇི་ལྟ་བ་བཞིན་དུ་གཟིགས་པའི་ཡེ་ཤེས་ཀྱང་གཅིག་སྟེ་རྣམ་པ་ཐམས་ཅད་མཁྱེན་པ་ཁོ་ནའོ། །དེ་ལྟ་བུའི་ཕྱིར་ན་རྡོ་རྗེ་ཐེག་པ་ལས། སངས་རྒྱས་དང་སེམས་ཅན་ནི་རིག་དང་མ་རིག་པ་ཙམ་གྱི་ཁྱད་པར་རོ། །ཞེས་གསུངས་པའང་ཟབ་པར་ཤེས་ནུས་ལ། དེ་ལྟར་ཡིན་པའི་གནད་ཀྱིས་ཉན་རང་བྱང་སེམས་རྣམས་གོང་ནས་གོང་དུ་གནས་ལུགས་ལ་གཟིགས་པའི་སྒྲིབ་པ་དག་ཅིང་། བྱང་སེམས་རྣམས་ལའང་སའི་ཁྱད་པར་གྱིས་གོང་ནས་གོང་དུ་འཕགས་ལ། མཐར་གནས་ལུགས་ཇི་ལྟ་བ་བཞིན་དུ་མངོན་དུ་གྱུར་པ་སྤང་རྟོགས་མཐར་ཕྱིན་པའི་སངས་རྒྱས་སོ། །དེས་ན་གནས་ལུགས་ཀྱི་དོན་རྟོགས་པ་དེ་ཉིད་ཡེ་ཤེས་ཡིན་ལ། དེས་གནས་ལུགས་ལ་སྒྲིབ་པའི་ཆ་སྤངས་པའི་སྒོ་ནས་ཡུལ་ཆོས་ཀྱི་དབྱིངས་ཉིད་ལ་གཟིགས་པ་རྣམ་པར་དག་ཚུལ་གྱིས་ཁྱད་ཞུགས་པར་ཤེས་པར་བྱའོ། །དེ་ལྟར་ཡིན་པ་དེའི་གནད་ཀྱིས་མཐར་ཐུག་ཐེག་པ་གཅིག་ཏུ་འགྲུབ་པ་ཡིན་པའི་ཚུལ་མདོ་དང་བསྟན་བཅོས་རྣམས་ནས་ཡང་ཡང་གསུངས་པ་དོན་བསྡུས་ན་འདི་ལྟ་སྟེ། དཔལ་ལྡན་ཟླ་བའི་ཞབས་ཀྱིས། གང་ཕྱིར་འདི་ན་དེ་ཉིད་ཤེས་ལས་དྲི་མ་མཐའ་དག་སེལ་བ་ནི། །ལྷུར་བྱེད་གཞན་མེད་ཆོས་རྣམས་དེ་ཉིད་རྣམ་འགྱུར་དབྱེ་ལའང་བརྟེན་མིན་ཞིང་། །དེ་ཉིད་ཡུལ་ཅན་བློ་གྲོས་འདི་ཡང་ཐ་དད་འགྱུར་བ་མ་ཡིན་པ། །དེ་ཡི་ཕྱིར་ན་ཁྱོད་ཀྱིས་འགྲོ་ལ་ཐེག་པ་མི་མཉམ་དབྱེར་མེད་བསྟན། །ཅེས་པ་ལ་སོགས་པ་མཐར་ཐུག་ཐེག་པ་གཅིག་ཏུ་འགྲུབ་པའི་རིགས་པ་རྣམས་གྲུབ་ཀྱི། གཞན་དུ་ཐེག་པ་གཅིག་ཏུ་འགྲུབ་པའི་ཐབས་མེད་དོ། །དེས་ན་ཉན་ཐོས་དགྲ་བཅོམ་པ་རྣམས་སྤང་རྟོགས་མཐར་ཕྱིན་པའི་བྱང་ཆུབ་མ་ཡིན་པར་ཐམས་ཅད་ཀྱང་འདོད་དེ། མཐར་ཐུག་གི་ཐར་པ་མྱང་འདས་སངས་རྒྱས་ཁོ་ན་ཡིན་པའང་། རྒྱུད་བླ་མ་ལས།

subtle form, it comes down to what is the sole discard of the vajra-like absorption at the end of the continuity [of the 10th Bodhisattva ground]. Moreover, the final abiding way of all phenomena cannot be other than thatness, the single object of the Buddha's wakefulness. The wakefulness that beholds it just as it is will be singular too, for it is exclusively omniscience.

Given these reasons, one can understand, in great depth, why the Vajra Vehicle teaches that Buddhas and sentient beings are distinguished merely by awareness and lack of awareness. Furthermore, these key points [show how] the Listeners, the Self-realized Buddhas, and the Bodhisattvas have increasingly purified what obscures the vision of the abiding way, [how] Bodhisattvas are also increasingly exalted upon [reaching] the different grounds, and [how] the Buddhahood of perfect relinquishment and realization finally [occurs when] the way of abiding is evident just as it is. Therefore, what realizes the meaning of the abiding way is wakefulness, and as it relinquishes the aspects that obscure the abiding way, it becomes distinguished in terms of the purity of the vision of the object, the basic space of phenomena. This must be understood. These key points establish that the vehicles, in the end, are one. This is repeatedly taught in the sūtras and the treatises, yet when condensed, the meaning is as expressed here by venerable Candra:

> Here the knowledge of thatness dispels all stains.
> Therefore, there is nothing else to persist in; the divisions that modify the thatness of phenomena are unfounded,
> And the intelligence of the subjects of thatness does not differ either
> Hence you have taught wandering beigns the unequaled vehicle of inseparability.

The reasonings that prove the final oneness of the vehicles are thereby established, and there is no other way to establish that the vehicles are one. Accordingly, everyone asserts that the Listener's state of a foe destroyer is not the enlightenment of perfect relinquishment and realization. The final liberation and transcendence of suffering is exclusively Buddhahood. As taught in the *Supreme Continuity*:

དེས་ན་སངས་རྒྱས་མ་ཐོབ་པར། །མྱ་ངན་འདས་པ་མི་འཐོབ་སྟེ། །འོད་དང་འོད་ཟེར་སྤངས་ནས་ནི། །ཉི་མ་བལྟ་བར་མི་ནུས་བཞིན། །ཞེས་གསུངས་པ་བཞིན་ནོ། །དེས་ན་ཉན་རང་གིས་ཉོན་མོངས་པ་སྤངས་པའང་འཕགས་པའི་ཡེ་ཤེས་ཀྱིས་སྤངས་པ་ཡིན་པས་སླར་ལྡོག་པ་དང་འཁོར་བར་ལས་ཉོན་གྱིས་སྐྱེ་བ་མེད་དེ་ལས་ཀྱི་ཚེ་བཀག་པ་ཡིན་པའི་ཕྱིར་རོ། །དེར་མ་ཟད་སྤང་བྱའི་ས་བོན་མ་ཟད་ཀྱང་བཟོད་པ་ཐོབ་ནས་ངན་སོང་དུ་མི་འགྲོ་བ་སོགས་ཀྱང་དེ་ལྟར་འཐད་པ་ཡིན་ནོ། །དེས་ན་ས་དང་པོར་ཐེག་ཆེན་འཕགས་པས་བདེན་དོན་མངོན་སུམ་གཟིགས་པས་ཕྱིན་ཅི་ལོག་གི་སྒྲོ་འདོགས་ནམ་ཡང་མི་སྲིད་ལ། གོམས་པ་ལྷན་སྐྱེས་ཀྱི་སྤང་བྱ་ཕྲ་མོ་མ་སྤངས་ཀྱང་། སྦྲུལ་སྙེད་པ་བཅད་པ་ལྡང་མི་ནུས་པ་ལྟར་ལས་ཉོན་གྱིས་སྲིད་པར་སྐྱེ་བ་སོགས་རང་དབང་མེད་པ་ནམ་ཡང་མི་སྲིད་དེ། ཇི་སྐད་དུ། འཕགས་པའི་ལམ་དང་འབྲེལ་བ་ལས། །འཇིག་ཚོགས་སྙིང་པོ་བཅོམ་རྣམས་ཀྱིས། །སྒོམ་ལམ་ཡེ་ཤེས་སྤང་བྱ་རྣམས། །གོས་རྒྱལ་དག་དང་མཚུངས་པར་བསྟན། །ཞེས་གསུངས་པ་བཞིན་ནོ། །དེས་ན་འཕགས་ས་ཐོབ་ནས་ལས་ཉོན་གྱི་གཞན་དབང་གིས་མ་དག་པའི་འཇིག་རྟེན་དུ་སྐྱེ་བ་སོགས་ལེན་དགོས་པ་མ་ཡིན་ཀྱང་། སྙིང་རྗེའི་དབང་གིས་མ་དག་པའི་འཇིག་རྟེན་དུ་སྐྱེ་གནས་བཞིར་སྐྱེ་བ་ལེན་པ་སོགས་འཇིག་རྟེན་ཐ་མལ་པ་དང་མཐུན་པར་བསྟན་ནས་འགྲོ་བའི་དོན་བྱེད་པ་སྟེ།

Therefore, as long as Buddhahood is not attained,
Transcendence of suffering is not attained.
If one leaves aside its light and rays,
One will similarly fail to behold the sun.

In the case of the relinquishment of afflictions as accomplished by the Listeners and the Self-realized Buddhas, these afflictions are also relinquished by means of noble wakefulness. Therefore they will not reemerge, and [the Listeners and the Self-realized Buddhas who have attained the level of a foe destroyer] will not be born due to karmic action and affliction, for their karmic lives have ceased. This is reasonable in the same way that someone, despite not having exhausted the seeds of the discards, no [longer] need go to the lower realms once acceptance has been achieved.

Therefore, when the noble ones of the Great Vehicle behold the meaning of the truths directly on the first ground, mistaken superimpositions are not possible under any circumstances. Although the subtle coemergent discards [abandoned through] familiarization have not been relinquished, [they are] similar to a snake with a broken back that is unable to rise up. Helpless birth within existence and so forth that are due to karmic action and affliction will therefore no longer be possible at all. As it has been taught:

Those who, by relating with the noble path,
Have crushed the core of the transitory collections,
Will, by wakefulness on the path of training, render the discards
Equal to tattered clothes—thus it has been taught.

Accordingly, once the grounds of the noble ones have been reached, one is no longer impelled by karmic action and affliction to take birth and so forth in impure worlds. Nevertheless, due to compassion, [Bodhisattvas,] for instance, in accordance with [the perceptions of] ordinary mundane individuals, demonstrate birth into impure worlds by any of the four means and thereby accomplish the welfare of wandering beings. As it has been said:

ཇི་བཞིན་ཡང་དག་མཐོང་བའི་ཕྱིར། །སྐྱེ་སོགས་རྣམས་ལས་འདས་གྱུར་ཀྱང་། །སྙིང་རྗེའི་བདག་ཉིད་སྐྱེ་བ་དང་། །འཆི་དང་རྒ་དང་ན་བར་སྟོན། །ཞེས་གསུངས་པ་བཞིན་ནོ། །དེ་ལ་སྐྱེ་བ་ལེན་པའི་རྒྱུ་ནི། མ་དག་ས་བདུན་ལ་གནས་པ་རྣམས་ནི་གཙོ་བོར་ཐབས་མཁས་དང་སྙིང་རྗེ་དང་སྨོན་ལམ་གྱི་དབང་གིས་སྐྱེ་བ་ལེན་ལ། དག་ས་ལ་གནས་པ་རྣམས་ནི་དབང་འབྱོར་བའི་ཡེ་ཤེས་ཀྱིས་སྐྱེ་བ་སོགས་སུ་སྟོན་ཏོ། །འོ་ན་དེ་ལྟར་གཞན་དོན་དུ་སྐྱེ་བ་སོགས་སུ་སྟོན་ན་དེའི་ཚེ་ལུས་སེམས་ལ་སྡུག་བསྔལ་གྱི་ཚོར་བ་རང་མཚན་པ་ཡོད་དམ་སྙམ་ན་མེད་དེ། མདོ་སྡེ་རྒྱན་ལས། དེ་ཡིས་ཆོས་ཀུན་སྒྱུ་མ་ལྟ་བུ་དང་། །སྐྱེ་བ་སྐྱེད་མོས་ཚལ་འགྲོ་ལྟར་རྟོགས་ནས། །འཁོར་བའི་དུས་དང་རྒུད་པའི་དུས་ནའང་འདི། །ཉོན་མོངས་སྡུག་བསྔལ་དག་གིས་འཇིགས་པ་མེད། །རང་གི་ཡོན་ཏན་སེམས་ཅན་ཕན་འདོགས་དགའ། །བསམ་བཞིན་སྐྱེ་བ་རྫུ་འཕྲུལ་རྣམ་པར་འཕྲུལ། །རྒྱན་དང་སྟོན་མོ་ས་མཆོག་རྩེ་དགའ་བ། །སྙིང་རྗེའི་བདག་ཉིད་མིན་པ་རྣམས་ལ་མེད། །གཞན་དོན་བརྩོན་ལྡན་སྙིང་རྗེའི་བདག་ཉིད་འདི། །གང་ཚེ་མནར་མེད་པ་ལའང་དགར་འཛིན་པ། །དེ་འདྲ་བ་དག་སྲིད་ན་གཞན་རྟེན་ཕྱིར། །སྡུག་བསྔལ་འབྱུང་བ་རྣམས་ཀྱིས་ག་ལ་འཇིགས། །ཞེས་པ་ལ་སོགས་པ་བཞིན་ནོ། །འོ་ན་སའི་སྤྱང་བྱ་དེ་ལྟར་ཡིན་དུ་ཆུག་ནའང་གཉེན་པོའི་ཡེ་ཤེས་ཀྱི་དབང་དུ་ན་ཉན་རང་དགྲ་བཅོམ་ལ་ཆོས་ཀྱི་བདག་མེད་རྟོགས་པ་ཡོད་དམ་མེད་ཅེ་ན། ཆོས་ཀྱི་རྒྱལ་པོ་དྲི་མེད་འོད་ཟེར་གྱི་ཞལ་ནས་འདི་སྐད་དུ་གསུངས་ཏེ། ཉན་རང་ལ་ཆོས་ཀྱི་བདག་མེད་རྟོགས་པ་ཡོད་མེད་ལ་སྔོན་གྱི་སློབ་དཔོན་རྣམས་རྩོད་པར་གྱུར་ནའང་།

Just as they, by authentic seeing,
Have transcended birth and so forth,
So do those whose identity is compassion
Demonstrate birth, death, aging, and disease.

In terms of the causes for such birth, [Bodhisattvas] abiding on the seven impure grounds primarily take birth due to skill in means, compassion, and aspiration, while those abiding on the three pure grounds demonstrate birth and so forth through the mastery of wakefulness. One might wonder whether the Bodhisattvas, when demonstrating birth and so forth for the welfare of others, experience any specifically characterized sensations of physical or mental pain. No, they don't. For instance, as explained in the *Ornament of the Sūtras*:

Having realized that all phenomena are like illusions,
And that birth is like walking through a pleasure grove,
Throughout prosperity and decline they do
Not harbor any fear of afflictions or suffering.

Joyfully benefiting others with their own qualities,
Knowingly taking birth and performing miraculous feats,
[Their] ornaments and celebrations and [their] supreme levels of joy and love
Are not the possession of those whose identity is not compassion.

Those whose identity is compassion, who persevere for the welfare of others,
Hold even [the hell of] Incessant Pain to be delightful.
How then could they, when serving others within existence,
Ever have fear of painful events?

It may be asked: "Well, even if we assume that this is how the discards of the grounds are, has the Listener who is a foe destroyer realized the absence of self in phenomena in terms of the remedying wakefulness, or has he not?" As pronounced by the Dharma king, Drime Özer:[74]

The masters of the past have argued about whether the Listeners and the Self-realized Buddhas have realized the absence of self in phenomena. As for

རང་ལུགས་ལ་ཉན་ཐོས་སྡེ་པ་ལ་སྟོན་ཡང་བདག་ཡོད་མེད་དུ་སྨྲ་བ་གཉིས་བྱུང་བ་ལྟར་ཅི་རིགས་སྣང་ཡང་། དགྲ་བཅོམ་པ་ཐོབ་པ་ལ་ནི་ཕུང་པོའི་འཛིན་པའི་བདག་མེད་མ་རྟོགས་པར་འགྲུབ་བྱ་འཐོབ་མི་སྲིད་མོད། འོན་ཀྱང་དེ་དག་གི་བདག་མེད་ནི་ཡུངས་འབྲུ་སྲིན་གྱིས་ཟོས་པའི་ནང་གི་ནམ་མཁའ་བཞིན་དུ་རྒྱ་ཆུང་བར་མདོ་སྡེ་རྣམས་ནས་གསུངས་པ་ལྟར་བདག་མེད་རྫོགས་པ་མ་ཡིན་ནོ། །ཞེས་གསུངས། འདི་ལྟ་བུའི་ལེགས་བཤད་སྨྲ་མཁན་སུའང་གངས་ཅན་ན་མ་བྱུང་ངོ་། །དེ་ལ་དེ་དག་གི་དོན་ཅུང་ཟད་བཤད་ན། དབུ་མའི་རིགས་པས་ཕྱི་ཐག་བཅད་ཚེ་ཆོས་དང་གང་ཟག་གཉིས་ལ་སྟོང་གཞི་ཆོས་ཅན་གྱི་དབྱེ་བ་ཙམ་མ་གཏོགས་སྟོང་ཚུལ་ལ་ཁྱད་པར་གང་ཡང་མེད་པས། ཕུང་པོར་བཟུང་བ་ལ་བརྟེན་ནས་བཏགས་པའི་ངའོ་སྙམ་པའི་ངར་འཛིན་ལྷན་སྐྱེས་ཀྱི་ཞེན་ཡུལ་སུན་མ་ཕྱུང་ན། རྟག་བདག་ཙམ་སྤངས་པས་ཉོན་མོངས་སྤོང་མི་ནུས་པར་རིགས་པས་གྲུབ་པ་ཡིན་ལ། དེའི་ཕྱིར་ན་ཆོས་ཀྱི་བྱེ་བྲག་ང་ཙམ་པོ་སྟོང་པར་མཐོང་བ་ལ་ཆོས་ཀྱི་བདག་མེད་རྟོགས་པའི་ཐ་སྙད་རུང་སྟེ། རྒྱ་མཚོ་ཧུབ་གང་འཕྱུངས་པ་ལ་རྒྱ་མཚོ་འཕྱུངས་ཞེས་བརྗོད་དུ་རུང་བ་ལྟར། ཉན་རང་ལའང་ཆོས་ཀྱི་བདག་མེད་རྟོགས་པ་ཡོད་དོ་ཞེས་གསུངས་ཏེ། ཉན་རང་སྟོང་ཉིད་ལ་སྐྲག་ཅིང་གང་ཟག་གི་བདག་མེད་ལ་འཇུག་པ་དག་ལ་སྟོང་པ་ཉིད་སྤོང་ན་རང་ལམ་གྱི་འབྲས་བུའང་ཐོབ་མི་ནུས་ཏེ། བྱང་ཆུབ་གསུམ་པོ་སྟོང་ཉིད་རྟོགས་པ་ལ་བརྟེན་ནས་འབྱུང་བ་ཡིན་པའི་ཚུལ་བསྟན་པ་ཡིན་ལ། འོན་ཀྱང་ཉན་རང་དགྲ་བཅོམ་པ་དེ་དག་ཤེས་བྱའི་ཆོས་ཐམས་ཅད་ལ་བདག་མེད་རྫོགས་པ་མ་ཡིན་ཏེ། ཧུབ་གཅིག་འཕྱུངས་ཀྱང་རྒྱ་མཚོ་ཆེན་པོའི་ཆུ་རྫོགས་པར་ཁོང་དུ་སོང་བ་མིན་པ་ལྟར། དམན་པ་ལ་དགག་པའི་སྨྲ་སྒྲུར་ཏེ་ཆོས་ཀྱི་བདག་མེད་མ་རྟོགས་ཞེས་མདོ་བསྟན་བཅོས་ཀུན་ནས་གསུངས་པ་ཡིན་ལ།

> our own tradition, [it acknowledges that] all sorts [of assertions] are apparent, in the same way that there have been both proponents of the existence and the nonexistence of the self among the Listeners in the past. In any case, regarding the achievement of the foe destroyer, such a result cannot possibly be achieved without realizing that there is no self in the apprehension of the aggregates. Yet, the absence of self [that is realized] by the [Listeners and Self-realized Buddhas] is as confined as the space made by a worm in a mustard seed. It is, as taught in the sūtras, an incomplete absence of self.

This voice of such excellent explanations is absolutely unique in the Land of Snow. To comment here a bit on the implications: phenomena and the person are, once the reasonings of the Middle Way have reached the decisive point, merely divisions in terms of the subjects, the bases of emptiness. There is not the slightest difference in their way of being empty. Moreover, unless the conceived object that is imputed based on the apprehension of the aggregates and [held] by the coemergent ego apprehension that feels 'I [am]' is disproved, a mere relinquishment of the imputed self will not succeed in relinquishing the afflictions. That is established by reasoning. Seeing the emptiness of simply the I that is one instance [of the larger category,] phenomena, can therefore appropriately be termed the realization of the absence of self in phenomena. Just as it is suitable to say after having had a gulp of the ocean that one has drunk the ocean, it is likewise taught that the Listeners and the Self-realized Buddhas have realized the absence of self in phenomena. If those Listeners and Self-realized Buddhas who are afraid of emptiness yet relate to the personal absence of self were to abandon emptiness, they would not be able to achieve the results of their respective paths. It has therefore been shown how the three enlightenments manifest based on the realization of emptiness. Nevertheless, [in the case of] such Listeners and Self-realized Buddhas, the absence of the self in all cognizable phenomena is incomplete, just as, by having drunk a gulp, one has not completely swallowed up all the waters of the great ocean. Using a negation to imply inferiority, it is therefore universally taught in the sūtras and the treatises that [the Listeners and Self-realized Buddhas] have not realized the absence of self in phenomena.

ཆོས་བདག་མེད་ཡོངས་སུ་རྫོགས་པ་ཇི་ལྟ་བུ་ཞིག་ཡིན་ན། ཆོས་ཤེས་པ་དོན་བཅུ་ལ་འཇུག་ཀྱང་
འདི་སྐབས་ཤེས་བྱ་ཡིན་ཏེ། དངོས་པོ་དང་དངོས་པོ་མེད་པ་འདུས་བྱས་དང་འདུས་མ་བྱས་ལ་
སོགས་པ་ཐམས་ཅད་ཡིན་ནོ། །དེ་ཐམས་ཅད་སྟོང་པར་ཤེས་ན་ཆོས་བདག་མེད་རྫོགས་པ་སྟེ།
འཇུག་པ་ལས། སྤྲོས་དང་བཅས་པར་སྟོང་པ་ཉིད། །བཅུ་དྲུག་བཤད་ནས་མདོར་བསྡུས་ཏེ།
།སླར་ཡང་བཞི་བཤད་དེ་དག་ནི། །ཐེག་ཆེན་དུ་ཡང་བཞེད་པ་ཡིན། །ཞེས་དེ་ཐེག་ཆེན་གྱི་
ལམ་ཡིན་པར་བསྟན་ཏོ། །འོ་ན་ཉན་རང་གིས་ཆོས་གཅིག་གི་སྟོང་པ་ཉིད་ཤེས་ན་ཐམས་ཅད་སྟོང་
པར་ཅིའི་ཕྱིར་མི་ཤེས་སྙམ་པ་ནི་དྲི་ན་སྟེ། དོན་ལ་ཆོས་ཐམས་ཅད་ཀྱི་རང་བཞིན་སྟོང་པ་ཉིད་དུ་
གནས་སུ་ཟིན་ཀྱང་། གཅིག་སྟོང་པར་ཤེས་ན་ཐམས་ཅད་དེ་ལྟར་མཐོང་ངེས་པའི་ཁྱབ་པ་མེད་དེ།
གང་ཟག་གི་བདག་མེད་ཙམ་ལ་ཞེན་ནས་ཆོས་བདག་མེད་དོན་དུ་མི་གཉེར་བ་དང་། ཕྱི་ནང་གི་
ཡོངས་འཛིན་དང་། སྤྱོད་པ་དང་། ཡོངས་བསྔོའི་རྐྱེན་མ་ཚང་བས་རྟོགས་པ་བྱུལ་བ་ཡིན་
པའི་ཕྱིར་རོ། །ཐེག་ཆེན་གྱི་ལུང་རིགས་འཛིན་པ་དག་ཀྱང་བློའི་རྩལ་འཕང་གིས་ཆོས་བདག་
མེད་ཡོངས་སུ་རྫོགས་པར་གཏན་ལ་ཕེབས་མ་ཕེབས་དང་། སྒོམ་པའི་སྐབས་ན་སྤྲོས་བྲལ་ཇི་
ལྟ་བ་བཞིན་དུ་བསྒོམ་ནུས་མི་ནུས་ཡོད་པ་བཞིན་ནོ། །གང་གིས་དངོས་པོ་གཅིག་གི་དེ་བཞིན་
ཉིད་མཐོང་ན་ཐམས་ཅད་དེ་བཞིན་དུ་མཐོང་བར་གསུངས་པ་ནི་ཉི་ཚེ་བ་མ་ཡིན་པའི་རང་བཞིན་མཉམ་
པ་ཉིད་ཐམས་ཅད་ལ་འདྲ་བར་གནས་པ་ཉིད་མཐོང་ནུས་པའི་གང་ཟག་གི་དབང་དུ་བྱས་པ་ཡིན་ནོ། །གཞན་
ཡང་གང་ཟག་ཐམས་ཅད་ཀྱིས་ཆོས་གཅིག་སྟོང་པར་ཤེས་ན་ཆོས་ཀུན་སྟོང་པར་དེ་མ་ཐག་ཏུ་ཤེས་དགོས་
ན། ཕྱི་དོན་རྡུལ་ཕྲན་སྟོང་པར་རྟོགས་པའི་བློ་དེས་ཀྱང་ཆོས་ཐམས་ཅད་སྟོང་པར་གཏན་ལ་
ཕེབས་དགོས་ཤིང་། དེ་ལྟར་ན་དབུ་མའི་གཞུང་གི་རིགས་པ་རྒྱས་པ་ཀུན་དོན་མེད་དུ་འགྱུར་
རོ།

What then is the perfectly complete absence of self in phenomena? 'Dharma'[75] has ten meanings, but in the present context it means object of cognition, and therefore implies all entities and non-entities, compounds and non-compounds, and so forth. If all of these are understood to be empty, the absence of self in phenomena is complete. *Entering* [*the Middle Way*] demonstrates how this is the path of the Great Vehicle:

> Sixteen emptinesses are set forth elaborately
> And then again condensed and
> Explained as four.
> These, moreover, are asserted to be the Great Vehicle.

One might wonder why, if the Listeners and Self-realized Buddhas have understood the emptiness of one phenomenon, they haven't understood the emptiness of all. Yet that [reasoning] is pathetic, for although in actuality the nature of all phenomena already abides as emptiness, when someone understands that one [phenomenon] is empty, it doesn't necessarily follow that this person sees everything else as being empty too. The [Listener's] realization is slow, for due to the attachment to mere personal absence of self, the absence of self in phenomena is not pursued, and the conditions of the outer and inner master, the activity, and the full dedication are also incomplete. Likewise, among those who possess the scriptures and reasonings of the Great Vehicle, their [level of] mental strength dictates [differences in terms of] having or not having fully and completely resolved the absence of self in phenomena, or when training, being or not being able to train in authentic simplicity. It is said that the one who sees the suchness of one entity sees everything in that same way. But this refers to the person who is capable of seeing that the unlimited natural equality indeed remains the same everywhere.

Otherwise, if a person would immediately have to understand that all phenomena are empty whenever he saw that one phenomenon was empty, then the mind that has realized that the particle is empty would necessarily have had to resolve that all phenomena are empty. In that case, all the elaborate reasonings of Middle Way scriptures would serve no purpose. Therefore, when even the noble ones of the Great Vehicle (who pursue the

།དེས་ན་ཐེག་ཆེན་འཕགས་པ་ཆོས་བདག་མེད་ལ་དོན་དུ་གཉེར་ཞིང་ཕྱི་ནང་གི་ཡོངས་སུ་འཛིན་པས་བཟུང་བ་རྣམས་ཀྱིས་ཀྱང་གྲངས་མེད་གཅིག་ལ་མངོན་སུམ་མཐོང་མི་ནུས་ན། ཉན་རང་དེ་ལས་ལྡོག་པས་ལྟ་ཅི་སྨོས་ཏེ། ཆོས་གཅིག་སྟོང་ཉིད་དུ་མཐོང་ན་ཀུན་ཀྱང་མཐོང་སྙམ་པའི་ཁྱབ་མཐའ་འཆའ་ན། གྲུབ་མཐའ་བཞི་པོ་ཐམས་ཅད་དབུ་མ་འབའ་ཞིག་ཏུ་འགྱུར་བས་དེ་ལྟར་ཡིན་ན་ལས་སླ་བར་འདུག་གོ །དེའང་ཉན་རང་དགྲ་བཅོམ་པས་ཀྱང་ནམ་ཞིག་རྟོགས་དགོས་ཏེ། བསྐལ་པ་སྟོང་ཕྲག་བཅུའི་མཐར་འགོག་པའི་དབྱིངས་ནས་སངས་རྒྱས་ཀྱི་མཐུས་བསྐུལ་ཏེ་ཐེག་ཆེན་ལ་འཇུག་པ་ཡིན་ནོ། །ཆོས་བདག་མེད་ཅེས་པའང་ཆོས་ཡིན་ནོ་ཅོག་ལ་བདག་མེད་པར་རྟོགས་པ་ཡིན་གྱི། གང་རུང་རེ་རེ་ཙམ་ལ་རྟོགས་པས་ཆོས་བདག་མེད་རྫོགས་པ་མ་ཡིན་ནོ། །དེས་ན་དངོས་དངོས་མེད་གཉིས་ཀའམ། བདེན་བདེན་མེད་གཉིས་ཀའང་བློས་ཡུལ་དུ་བྱར་རུང་གི་ཆོས་ཡིན་པས་ཐམས་ཅད་རང་བཞིན་མེད་པར་རྟོགས་ནས་སྟོང་ཉིད་བཅུ་དྲུག་ཡོངས་སུ་རྫོགས་པའི་ཡུལ་ཅན་འཛིན་པའི་མཐའ་ཐམས་ཅད་དང་བྲལ་བའི་འཕགས་པའི་མཉམ་གཞག་ཡེ་ཤེས་ཀྱི་ཡུལ་དེ་ལ་ཆོས་བདག་མེད་པ་ཅེས་བྱ་ལ། དེ་ནི་དངོས་དངོས་མེད་གཉིས་ཀ་ལས་འདས་པའི་སྟོང་ཉིད་སྤྲོས་བྲལ་མཉམ་པ་ཉིད་ཡིན་གྱི། དངོས་པོ་བདེན་པ་བཀག་ཀྱང་དངོས་པོ་བདེན་མེད་རང་ལ་བློ་ཡི་རྟེན་བཅས་ནས་དེ་ལས་འདའམ་ནུས་པ་རྣམ་བཅད་དགག་རྟོག་གི་ཡུལ་དུ་གྱུར་པའི་སྟོང་ཉིད་ཙམ་མ་ཡིན་ཏེ། དེའི་ཕྱིར་ན་ཉན་ཐོས་ཀྱིས་གང་ཟག་གི་བདག་སྟོང་པར་ཕུ་ཐག་ཆོད་མོད། དེའི་ཡུལ་ཅན་ཉི་ཚེ་བའི་མཁྱེན་པ་དེ་ལྟ་བུ་ནི་ཐེག་ཆེན་གྱི་མཐའ་ཐམས་ཅད་དང་བྲལ་བའི་མཉམ་གཞག་ཡེ་ཤེས་ལ་བསྒྲུན་ན་རྒྱ་མཚོ་དང་བ་ལང་གི་རྨིགས་རྗེས་ཀྱི་ཆུའམ། ནམ་མཁའ་དང་ཡུངས་འབྲུ་སྲིན་གྱིས་ཟོས་པའི་ནང་གི་ནམ་མཁའ་ལྟ་བུའི་ཁྱད་ཡོད་པར་གསུངས་ཤིང་། ཡེ་ཤེས་ལ་དེ་ལྟར་ཁྱད་ཡོད་པ་དེ་ཉིད་ཀྱིས་ལམ་མཐོ་དམན་དུའང་གྱུར་པ་ཡིན་གྱི། རྟོགས་པ་ལ་ཁྱད་མེད་ན་སྤོང་བ་ལའང་ཁྱད་ཡོད་པར་མི་རིགས་ཏེ། སྤོང་རྟོགས་རྗེས་སུ་འགྲོ་ལྡོག་མི་མཚུངས་ན།

absence of self in phenomena and are accepted by the outer and inner master) are incapable of seeing [this twofold absence of self] directly for an incalculable eon, there is no need to mention that the Listeners and Self-realized Buddhas haven't seen it either. If we take the idea to its fullest extent—that seeing one phenomenon as emptiness means seeing everything [as empty]—all four philosophical schools will become nothing but the Middle Way. Then [things] would indeed be easy.

Still, the Listeners and the Self-realized Buddhas must realize [the absence of self in phenomena] at some point. Having [remained within] the basic space of cessation for 10000 eons, they will be inspired by the power of the Buddhas and enter the Great Vehicle. "Absence of self in phenomena" implies the realization of absence of self in whatever is a phenomenon. If the realization only concerns some [phenomena], it is not the complete absence of self in phenomena. Both entities and non-entities, or both the real and the unreal, are phenomena suited to be taken as objects by the mind. When all of these are realized to possess no nature, the 16 emptinesses are perfectly complete. The subject that is liberated from all extremes of apprehension is the wakefulness of the noble equipoise, and it is the object of that [subject] that is called the absence of self in phenomena. This is the emptiness of simplicity and equality that transcends both entity and non-entity, rather than merely the emptiness that is the object of a negating thought of elimination. That [thought] may have negated true entities, but it is then incapable of transcending the very absence of true entities that it has made into a mental support.

The Listeners may have indeed fully resolved the absence of personal self. Yet when the limited wisdom of such subjective [minds] is compared with the Great Vehicle's wakefulness during the equipoise free from all extremes, it has been taught that the difference is like that between the water in the imprint of a cow's hoof and the ocean or like that between the space left by a worm in a mustard seed and space [itself].

Just as there are differences in terms of wakefulness, there are [differences] in terms of the level of the path. If there were no differences regarding realization, there could not reasonably be any differences in terms of relinquishment either. If relinquishment and realization were not

སྤང་བྱ་དང་གཉེན་པོའི་ཡེ་ཤེས་འགལ་བར་སྒྲུབ་པའི་ཚད་མ་མེད་པར་འགྱུར་ལ། དེ་ལྟར་ན་ལམ་དང་འབྲས་བུའི་རྣམ་པར་གཞག་པ་ལ་ཡང་དག་པའི་རིགས་པས་བསྒྲུབ་ཏུ་མེད་པར་འགྱུར་བས་ཤིན་ཏུ་སྐུར་པ་བཏབ་པ་ལྟ་བུར་དོན་གྱིས་འགྲོ་བས་ན་ཅིས་ཀྱང་ཁས་ལེན་དཀའ་འོ། །དེས་ན་སྤང་བྱ་སྒྲིབ་པ་དང་བཅས་བཞིན་དུ་མ་བསྒྲིབས་པ་ལྟར་རྟོགས་པའམ། སྤང་བྱ་སྒྲིབ་པ་མེད་ཀྱང་བསྒྲིབས་པ་ལྟར་མ་རྟོགས་པ་གཉིས་ཀ་གང་ཡང་མི་འཐད་དེ། སྨུན་པ་དང་བཅས་བཞིན་དུ་ཉི་མ་ཤར་བའམ། ཉི་མ་ཤར་ཡང་གཟུགས་མི་མཐོང་བར་ཁས་བླངས་པ་དང་འདྲ་བས་རིགས་པ་སྨྲ་བ་ལ་མི་འོས་པ་ཞིག་གོ། །འོ་ན་ཟླ་བས་ས་དང་པོར་ཉན་རང་བློས་ཟིལ་གྱིས་མི་གནོན་པ་མདོ་ལས་གསུངས་པ་ཉིད་ཉན་རང་ལ་སྟོང་ཉིད་རྟོགས་པ་ཡོད་པའི་ཤེས་བྱེད་དུ་མཛད་པ་ཅི་ཞེ་ན། དེ་ནི་ཉན་རང་གིས་ཀྱང་བདག་རྐྱེན་ཉིད་འདི་བ་ཙམ་དུ་མ་མཐོང་ན་ཕྱི་རོལ་པ་བཞིན་དུ་འཕགས་པར་ཡང་མི་འགྱུར་བས་དེ་ཟིལ་གྱིས་ནོན་པར་རིགས་ལ། བདག་མེད་མཐོང་བའི་འཕགས་པ་དེ་དག་སེམས་སེམས་བྱུང་གི་རྒྱུ་བ་འགོག་པའི་དབྱིངས་ལ་དམིགས་པའི་འདུ་བྱེད་དང་བཅས་པར་འཇུག་པ་ལ་ས་དྲུག་པ་མན་དང་ཉན་རང་དགྲ་བཅོམ་ལ་ཁྱད་མེད་པས་ཡིན་ལ། ས་བདུན་པར་འགོག་པ་ཡང་དག་པའི་མཐའ་ལ་འདུ་བྱེད་མེད་པར་འཇུག་པའི་ཚུལ་གྱིས་བློས་ཀྱང་ལྷག་པར་འཕགས་པའི་ཕྱིར་རོ། །དེ་ལ་བློས་ཟིལ་གྱིས་གནོན་ཚུལ་འདི་འགོག་པ་ལ་སྐད་ཅིག་གིས་འཇུག་ལྡང་ནུས་མི་ནུས་ཀྱི་ཁྱད་ཡིན་ཞེས་དེའི་རྒྱུ་མཚན་དང་བཅས་ཏེ་རིང་མདའ་བ་སོགས་བཞེད་ལ། མཁས་པ་བསོད་ནམས་སེང་གེ་སོགས་ཀྱིས་དེ་ཚེས་མི་འཐད་པའི་རིགས་པའི་གནོད་པ་བསྟན་ནས། རང་ལུགས་མཚན་འཛིན་སླར་མི་སྐྱེ་བའི་ཆོས་ཅན་ས་བདུན་པ་ན་ཐོབ་པ་ལ་བཤད་ཀྱང་། བདག་ནི་འདི་ལྟར་སེམས་ཏེ། འཕགས་པ་ལང་ཀར་གཤེགས་པ་ལས།

mutually concomitant, there could be no valid cognition establishing the incompatibility of discard and remedying wakefulness. Then the principles of the path and fruition could not be established by authentic reasoning, and since this would in fact become an extreme denigration [of the apparent reality], it would be hard to accept, no matter what. Therefore, unobscured realization is not feasible while the obscuring discards are present, nor is an obscured lack of realization feasible when the obscuring discards are absent. [Holding the opposite] would be like claiming the sun has arisen in darkness, or that even after the sun has arisen, forms are not visible. Therefore, this is inappropriate for proponents of reason.

It might then be argued: "Well, the sūtras state that the Listeners and the Self-realized Buddhas are not outshone in terms of insight on the first ground, and Candra treats this as an indication that they have realized emptiness. Why is that?"

If the Listeners and Self-realized Buddhas did not also see the self as mere conditionality, they would, like the non-Buddhists, not become noble ones, and in that case would reasonably be outshone [by the Bodhisattvas on the lower grounds]. Now these are noble ones who have seen the absence of self, and who engage in the basic space of the cessation of the movements of mind and mental states while [still] retaining the conditioning of [object] observation. In that regard, there is no difference between the Listener and Self-realized foe destroyers and the [Bodhisattvas] below the seventh ground. It is taught that upon the seventh ground [the Bodhisattvas] outshine [the foe destroyers] mentally as well, for they engage without conditioning in the cessation that is the authentic limit.

In their arguments, Rendawa[76] and others have asserted that this mental outshining is distinguished by the [seventh-ground Bodhisattva's] ability to engage in and disengage from cessation in an instant. Scholars such as Sönam Senge have shown that this is highly illogical [and] flawed in reasoning. Their tradition explains that on the seventh ground, [Bodhisattvas] achieve the [level at which] apprehension of attributes can no longer reemerge. Personally, I believe what is taught here in the *Noble Ascent onto Laṅkā*:

བློ་གྲོས་ཆེན་པོ། ས་དྲུག་པ་ནས་བཟུང་སྟེ་བྱང་ཆུབ་སེམས་དཔའ་སེམས་དཔའ་ཆེན་པོ་རྣམས་དང་། ཉན་ཐོས་དང་། རང་སངས་རྒྱས་རྣམས་འགོག་པ་ལ་སྙོམས་པར་འཇུག་སྟེ། ས་བདུན་པ་ལ་ནི་སེམས་སྐད་ཅིག་སྐད་ཅིག་ལ། བྱང་ཆུབ་སེམས་དཔའ་སེམས་དཔའ་ཆེན་པོ་རྣམས་དངོས་པོ་ཐམས་ཅད་ཀྱི་ངོ་བོ་ཉིད་ཀྱི་མཚན་ཉིད་བསལ་བས་སྙོམས་པར་འཇུག་སྟེ། ཉན་ཐོས་དང་རང་སངས་རྒྱས་རྣམས་ནི་མ་ཡིན་ནོ། །ཉན་ཐོས་དང་རང་སངས་རྒྱས་དེ་དག་འགོག་པ་ལ་སྙོམས་པར་འཇུག་པ་མངོན་པ་འདུ་བྱེད་པ་ཅན་གྱི་གཟུང་བ་དང་འཛིན་པའི་མཚན་ཉིད་དུ་ལྟུང་བའོ། །ཞེས་གསུངས་པ་དེ་སངས་རྒྱས་ཉིད་ཀྱི་དགོངས་པ་ཉིད་ཀྱིས་བཤད་པ་འདི་མཐོང་ནས་ཐེ་ཚོམ་ཆོད་དོ། །དེའང་ཉན་རང་དགྲ་བཅོམ་པ་སྤྱིར་འགོག་པ་ལ་སྙོམས་པར་འཇུག་པ་དང་། བྱང་སེམས་ས་དྲུག་པ་ནས་འཇུག་པར་གསུངས་པའོ། །སྐབས་འདིར་བརྗོད་དགོས་པ་མང་ཡང་མདོ་ཙམ་མོ། །མདོར་ན་ཆོས་བདག་མེད་ཀྱི་ཁོངས་སུ་གང་ཟག་གི་བདག་མེད་འདུས་པ་ཡིན་གྱི། གང་ཟག་ཆོས་སུ་མ་འདུས་པ་ཞིག་མ་ཡིན་ཀྱང་། གཙོ་བོར་འཁོར་བར་སྐྱེ་བའི་རྒྱུ་གང་ཟག་གི་བདག་ཏུ་འཛིན་པ་ཡིན་པས་དེ་ཁེགས་ན་ལས་ཉོན་གྱིས་སྲིད་པར་སྐྱེ་བ་ཁེགས་ཤིང་། ལམ་གང་གིས་ཁེགས་ན་གང་ཟག་དེ་སྟོང་པར་ཤེས་པས་འགོག་དགོས་ལ། ཚུལ་ཇི་ལྟར་འགོག་ན་ཕུང་པོར་འཛིན་པའམ། དམིགས་ཡུལ་གྱི་ཕུང་པོ་ལ་བརྟེན་ནས་བཏགས་པའི་ང་ཙམ་ངར་འཛིན་ལྷན་སྐྱེས་ཀྱི་ཡུལ་དུ་གྱུར་པ་དེ་བརྟེན་ནས་བཏགས་པའམ། བརྟེན་ནས་འབྱུང་བའམ། རྐྱེན་ཉིད་འདི་པ་ཙམ་ལས་རང་གི་ངོ་བོ་གྲུབ་པ་ཙུང་ཟད་ཀྱང་མེད་པར་ཤེས་པས། ཐག་པ་ལ་སྦྲུལ་འཛིན་ལྡོག་པ་བཞིན་དུ་བདག་འཛིན་ལྡོག་སྟེ། རྡུལ་དང་སྐད་ཅིག་དུ་མའི་ཆ་ནི་བདག་འཛིན་ལྷན་སྐྱེས་ཀྱི་འཛིན་སྟངས་ཀྱི་ཞེན་ཡུལ་དང་དངོས་སུ་འགལ་བས་དེ་རྣམས་བདག་གིས་སྟོང་པ་ཡིན་པར་ཤེས་ཤིང་གོམས་པས་བདག་འཛིན་རྩ་བ་ནས་ལྡོག་ལ། དེས་ཉོན་མོངས་པ་རྣམས་ཀྱང་ལྡོག་པ་དེ་ཙམ་གྱིས་འཁོར་བ་ལས་ཐར་བར་མཐོང་ནས་ཐེག་དམན་པ་དག་གཞན་ཆོས་ཐམས་ཅད་ལ་བདག་མེད་དོན་དུ་མི་གཉེར་མི་བསྒོམ་པ་དེས་ན་མངོན་དུ་གྱུར་པའང་མེད་ལ།

> Mahāmati, at the sixth ground, the Bodhisattvas, the great heroic minds, the Listeners, and the Self-realized Buddhas all engage in the serenity of cessation. Upon the seventh ground, from one moment of mind to the next, the Bodhisattvas, the great heroic minds, engage in serenity by dispelling the essential characteristics of all entities. This is unlike the Listeners and the Self-realized Buddhas. The Listeners and the Self-realized Buddhas fall into a serenity of cessation characterized by dualistic apprehension through actual conditioning.

When seeing how the realization of the Buddha is explained above by [the Buddha] himself, [my] doubts were resolved.

It is taught that the foe destroyers who are Listeners or Self-realized Buddhas generally engage in the serenity of cessation, and that the Bodhisattvas engage [in the cessation that is the authentic limit] from the sixth ground. Although much ought to be said in this context, this is merely a concise account. In short, the absence of personal self is included in the absence of self in phenomena, and the person is not something that is not included within phenomena. Nevertheless, the primary cause for birth within cyclic existence is the apprehension of personal self, so once that is invalidated, birth within existence due to karmic action and affliction is also hindered. And by what path is that hindered? It must be brought to cessation through understanding that the person is empty. How is it brought to cessation? The mere I that is imputed based on the apprehension of the aggregates (that is, based on the observed objects that are the aggregates) is the object of the coemergent ego apprehension. This [mere I] is a dependent imputation, a dependent occurrence, and a mere conditionality. It has no essential establishment whatsoever. The apprehension of self will, through this understanding, be reversed at its root, just as when the apprehension of a rope as a snake is reversed. This is because multiple particles and instants are directly incompatible with the object conceived by the coemergent apprehension of self. Therefore, by understanding and becoming familiar with the way these [aggregates] are empty of self, the apprehension of self will be reversed at its root.

When the practitioners of the Lesser Vehicle see how merely reversing the afflictions liberates one from cyclic existence, they do not pursue the

དེ་མེད་པས་སྤང་བྱ་ཞེས་སྒྲིབ་སྤངས་པའང་མེད་དོ། །དེས་ན་ཇི་སྲིད་རང་རྒྱུད་ཀྱི་ཕུང་པོ་རྒྱུན་དང་ཚོགས་པ་བློས་མ་ཕྱེ་བ་ཙམ་ལ་ང་ཞེས་གདགས་གཞིར་འཛིན་པས་ན། ཕུང་པོ་དེ་དག་དུ་མར་བསིལ་ཞིང་བློས་ཤིགས་པར་མ་གྱུར་པ་ཞིག་ན། གང་ཟག་གི་བདག་མེད་ཀྱང་རྟོགས་ཐབས་མེད་དེ། བདག་ཏུ་གདགས་པའི་རྒྱུ་ཕུང་པོ་ལ་དམིགས་པས་ན། རིན་ཆེན་ཕྲེང་བ་ལས། ཉན་ཐོས་ཀྱི་དབང་དུ་བྱས་ནས་ཕུང་པོ་ནི་དུམ་འདུས་པའི་རང་བཞིན་ཉིད་ཀྱི་ཕྱིར་དོན་དམ་པར་དོན་དུ་མེད་ཚུལ་གྱི་རིགས་པ་གསུངས་ཏེ། ཉན་ཐོས་ལ་བསྟན་པའི་མདོ་ལས། གཟུགས་ནི་ལྦུ་བ་རྡོས་པ་འདྲ། །ཞེས་པ་ལ་སོགས་པའི་དོན་བཞིན་ཕུང་པོ་ཉིད་དུམའི་ཆ་ལ་བཏགས་པའི་ཚུལ་རྟོགས་པ་དེས་གང་ཟག་གི་བདག་མེད་པ་ཡོངས་སུ་རྫོགས་པར་འགྱུར་རོ། །དེའང་འཇུག་པ་རང་འགྲེལ་དུ། བདག་མེད་འདི་ནི་འགྲོ་བ་རྣམས་གྲོལ་ཕྱིར། །ཞེས་པའི་ཐད་དུ། དེ་ལ་གང་ཟག་གི་བདག་མེད་ནི་ཉན་ཐོས་རྣམས་གྲོལ་བའི་ཕྱིར་བསྟན་ལ། བྱང་སེམས་རྣམས་ཐམས་ཅད་མཁྱེན་པ་འཐོབ་པའི་ཕྱིར་གཉིས་ཀ་བསྟན་ཏོ། །ཉན་རང་གིས་ཀྱང་རྟེན་ཅིང་འབྲེལ་བར་འབྱུང་བ་རྐྱེན་ཉིད་འདི་པ་ཙམ་མཐོང་མོད་ཀྱི། དེ་ལྟ་ནའང་དེ་དག་ལ་ཆོས་ཀྱི་བདག་མེད་པ་ཡོངས་སུ་རྫོགས་པར་སྒོམ་པ་མེད་དེ། ཁམས་གསུམ་ན་སྤྱོད་པའི་ཉོན་མོངས་སྤོང་བའི་ཐབས་ཙམ་ཞིག་ནི་ཡོད་དོ། །དེ་དག་ལ་གང་ཟག་གི་བདག་མེད་པ་མ་ལུས་པར་སྒོམ་པ་ནི་ཡོད་པར་རྣམ་པར་བཞག་གོ །ཞེས་གསུངས་པའི་ལུང་འདིས་ཉན་རང་ལ་ཆོས་བདག་མེད་རྫོགས་པར་རྟོགས་པ་མེད་པའང་ངེས་ནུས་ཏེ། ཆོས་བདག་མེད་རྫོགས་པར་རྟོགས་པ་མིན་ཆེ་ཉོན་མོངས་མི་སྤོང་ན། ཉན་ཐོས་ཀྱིས་ཀྱང་དེ་རྫོགས་པར་མ་བསྒོམས་ན་ཉོན་མོངས་ག་ལ་སྤོང་སྟེ། དེ་གཉིས་འགྲོ་ལྡོག་མཚུངས་སོ། །རིགས་པའང་གང་ཟག་གི་བདག་མེད་པ་ཙམ་གོ་ནས་ཉོན་མོངས་སྤོང་ཚུལ་རྣམ་འགྲེལ་དང་རིགས་ཚོགས་ཀྱིས་བསྟན་པ་ལྟར་རྒྱ་ཆེ་ཞིང་།

absence of self in all other phenomena, nor do they train in it. Because this is not evident to them, they have also not relinquished the discards that pertain to the obscuration of cognition. The imputation and apprehension of 'I' is based on simply not having mentally dismantled the continuity and the assembly of the aggregates belonging to one's stream of being. As long as the aggregates are not divided into many and demolished by the mind, there is no way of realizing the absence of self of the person. The cause for the imputation of self is hence the observation of the aggregates. Considering the Listeners, the *Jewel Garland* therefore teaches the reasoning that the aggregates ultimately have no actual existence, since they are by nature conglomerations of multiple [factors]. Furthermore, a sūtra taught to the Listeners explains: "Forms are like bursting bubbles."

As is implied by such a statement, the realization that the aggregates themselves are imputations based on multiple factors perfectly completes [the knowledge of] the absence of personal self. Moreover, when explaining [the line], "this absence of self is, in order to free all wandering beings," the *Auto-commentary to Entering* [*the Middle Way*] states the following:

> The absence of personal self is taught in order to free the Listeners. The Bodhisattvas are taught both [types of absence of self], in order [that they may] achieve omniscience.
>
> The Listeners and the Self-realized Buddhas do indeed see dependent origination and mere conditionality, yet they do not train in the perfectly complete absence of self in phenomena. [Their training] is merely a means for relinquishing the afflictions of engagement in the three realms, and so it is posited that they possess the training of the full absence of personal self.

With this citation, it can be ascertained that the Listeners and the Self-realized Buddhas have not realized the complete absence of self in phenomena. If they cannot relinquish the afflictions without realizing the complete absence of self in phenomena, how could the Listeners ever relinquish the afflictions as long as their training in that is incomplete? One entails the other.

In terms of reasoning, the *Commentary* [*on Valid Cognition*] and the *Collections of* [*Middle Way*] *Reasoning* also offer vast teachings on how the

ཆོས་བདག་མེད་མ་རྫོགས་ནའང་དེ་རྟོགས་པ་ཡོད་པར་རྣམ་བདུན་ཞིང་རྟའི་རིགས་པ་སོགས་ཀྱིས་གྲུབ་ཅིང༌། དེ་གོམས་པས་གསལ་སྣང་རབ་ཀྱང་འབྱུང་བར་གྲུབ་བོ། །དེའང་ཚོགས་མཐའ་ཡས་པ་སོགས་མངོར་ན་ཐབས་ཁྱད་པར་ཅན་གྱི་རྒྱུ་མ་ཚང་ན་རྟོགས་པ་ཁྱད་པར་ཅན་མི་སྐྱེ་བར་ངེས་ཞིང༌། གང་དུ་རྒྱུ་ཚང་བ་ལ་ས་དང་པོའི་ཡེ་ཤེས་སོགས་རྟོགས་པ་ཁྱད་པར་ཅན་སྐྱེ་ཞིང༌། དེ་སྐྱེས་པའི་ཚེ་དེའི་ངོས་སྐལ་གྱི་སྤང་བྱའང་མེད་པར་ཤེས་པར་བྱ་ལ། སྤང་བྱ་དང་བྲལ་ན་དེའི་ངོས་སྐལ་གྱི་ཡོན་ཏན་ཀྱང་རྫོགས་པ་སྟེ། དེ་གསུམ་རྣམ་པ་ཀུན་ཏུ་རྗེས་སུ་འགྲོ་ལྡོག་མཚུངས་པ་ཡིན་ངེས་ཀྱི། དེ་ལྟར་མིན་ན་དེའི་ནང་གི་གང་རུང་ཡོད་ལ་གང་རུང་མེད་པ་སོགས་སྨུ་རྗེ་སྙེད་པ་སྲིད་པར་འགྱུར་ལ། དེ་ལྟར་ན་སྤང་བྱ་ཐམས་ཅད་སྤངས་ལ་རྟོགས་བྱ་མཐའ་དག་མ་རྟོགས་པ་སོགས་སྨུ་རྣམས་སོ་སོ་ནས་སྲིད་པར་སྨྲ་བའི་གྲོལ་བ་ལ། དངོས་སྟོབས་ཀྱི་རིགས་པའི་ལམ་ནས་དགག་པ་ཡང་དག་བསྟན་དུ་མེད་པར་འགྱུར་བས་ན་དེ་ལྟར་ཁས་ལེན་པ་དཀའོ། །མདོར་ན་ཉན་རང་ལ་ཆོས་བདག་མེད་རྫོགས་པར་རྟོགས་པ་ཡོད་ན་བཀའ་དང་དགོངས་འགྲེལ་མཐའ་དག་གི་ལུང་དང༌། རིགས་པ་བརྒྱ་ཕྲག་གིས་གནོད་པ་འདའ་དཀའ་ཞིང༌། ཐེག་པ་ཆེ་ཆུང་གི་མཐོང་ལམ་སོགས་ལམ་དང་འབྲས་བུའི་ཡོན་ཏན་ནི་ཉི་མ་དང་མེ་ཁྱེར་ལ་གསལ་མི་གསལ་གྱི་ཁྱད་བཞིན་དུ་མཆིས་ན། དེ་དག་གང་ལ་བརྟེན་པ་རྟོགས་པ་ཡེ་ཤེས་འོད་ལྟ་བུ་ལ་ཁྱད་ཞུགས་པ་ཞེས་པར་བྱའོ། །དེ་ལྟར་རིགས་པའི་གནད་ཙམ་བསྟན་པས་བློ་ལྡན་རྣམས་ལ་ཆོག་གི །ཞེན་ལྟ་ཅན་ནི་འཁྲུད་དཀའོ།

mere [realization of] absence of personal self alone relinquishes the afflictions. Also, [reasonings] such as the seven-fold [reasoning of] the chariot establish the realization of the [absence of personal self] without [any realization of] the complete absence of self in phenomena. It is established that, by familiarity with this [absence of self], clear appearance will manifest.

Furthermore, it is certain that unless the causes of the limitless accumulations and so forth (which, in short, are the distinctive means) are complete, a distinctive realization will not arise. Whenever these causes are complete, the distinctive realizations of the first ground and so forth arise, and it must be understood that when they do arise, none of the discards with which they are directly incompatible will be present. When there is freedom from the discards, the qualities that are directly incompatible with them will also be complete, for it is certain that these three [(realization, relinquishment of discard, and quality)] are equally concomitant on all occasions. If this were not the case, all sorts of alternatives would be [possible], for then any one of them could be individually present or absent. Were someone then to attack by claiming that each of these alternatives is possible—for instance, the relinquishment of all the discards without the realization of all the objects of realization—it would be impossible to demonstrate an authentic refutation through the path of reasoning by the power of fact. Therefore, such [a position] is hard to accept.

In short, if [one asserts that] the Listeners and the Self-realized Buddhas have realized the complete absence of self in phenomena, it will be hard to avoid being hurt by the scriptural statements of the words of the Buddha and the commentaries on their intent, as well as by hundreds of reasonings. [When comparing] the qualities of the paths and fruitions of the Great Vehicle and the Lesser Vehicle—such as their paths of seeing—[it appears that] the difference, in terms of clarity, is like that between the sun and a firefly. It must therefore be understood that their bases, the light-like realizations of wakefulness, are different [too]. Such a demonstration of the mere key points of the reasonings will suffice for those of sound intelligence. Yet those who harbor attached views will barely be cleansed.

།སྤྱིར་འདི་རིགས་སྔོར་ཐེག་གསུམ་ལམ་གྱི་འགྲོས་ཆེ་བ་ཡིན་ཅིང་། ཚུལ་དེ་ལ་ཤིང་རྟ་ཆེན་པོ་
གཉིས་ལ་སོགས་པའི་དགོངས་པ་འགལ་བ་ལྟ་བུར་འཛིན་དགོས་ན་ཡིད་ལ་ཟུག་རྔུ་ལྟར་མཆི་ཞིང་།
གང་ཅི་ལའང་ཤིང་རྟ་ཆེན་པོ་རྣམས་ཀྱི་དགོངས་པའི་གནད་འབྲས་ཆན་ལ་མངར་གསུམ་གྱི་ཕྱེ་བཏབ་
པ་བཞིན་ལྷན་ཅིག་ཡི་གས་བདེ་བར་འཇུ་བ་བྱུང་ཞིང་། གཞན་ལ་ཟེར་འདོད་ཀྱི་འགྲམ་ཆུ་མི་ལྷུང་
ལ། གཞན་མཐོང་གི་ཡིད་སྨོན་ཡང་མི་དགོས་པར། རང་མལ་ན་རང་གློ་བདེ་བ་ཞིག་བྱུང་ན་
ཐོས་བསམ་པ་དག་ལ་རྙེད་པའི་མཆོག་ཞིག་སྟེ། གཞན་དག་སུ་མ་མགུ་ཡང་ཞེ་གློ་བདེ། །ཞེས་
པ་བཞིན་ནོ། །ཀ་ཡེ། མཁས་སློབ་ཆོས་གསུམ་གྱི་རྗེས་འཇུག་སྤྱི་འགྱུར་པ་རྣམས། རྒྱལ་
བའི་བཀའ་དྲི་མེད་དང་། རྒྱན་དྲུག་རྗེས་འབྲངས་དང་བཅས་པའི་གཞུང་བཟང་པོ་སྤྱི་འགྱུར་འདི་
ཙམ་གདའ་བས། ཐོས་བསམ་དེ་ལ་བྱས་པས་ཆོག་གི །གཞན་ཟེར་རྗེས་བརྗོད་ལ་དགའ་བ་
ཙམ་གྱིས་ཅི་བྱ་སྟེ། བླ་མ་དང་ལྷག་པའི་ལྷ་དང་དམ་པའི་གཞུང་གི་སྣང་བ་དང་རྟག་ཏུ་འགྲོགས་
པར་མཛོད་ཅིག །གཉིས་པ་ཀུན་རྫོབ་དོན་བྱེད་ནུས་སྣང་དུ་ཁས་བླངས་པའི་ཕན་ཡོན། རྒྱུ་དང་
འབྲས་བུའི་དངོས་པོ་ནི། །ཀུན་རྫོབ་ཏུ་ནི་མ་བཀག་པས། །ཀུན་ནས་ཉོན་མོངས་རྣམ་བྱང་
སོགས། །རྣམ་པར་གཞག་པ་འཁྲུགས་པ་མེད། །ཅེས་གསུངས་ཏེ། དེ་ལ་དངོས་སྨྲ་བ་
རྣམས་ན་རེ། རང་བཞིན་མེད་ན། ཀུན་ནས་ཉོན་མོངས་པ་དང་། རྣམ་པར་བྱང་བའི་ཁྱད་
པར་དང་། དེ་བཞིན་དུ་དགེ་མི་དགེ །ལས་རྒྱུ་འབྲས། རྟེན་ཅིང་འབྲེལ་བར་འབྱུང་བ་
ལུགས་འབྱུང་ལྡོག །རྗེས་སུ་དཔགས་བྱ་དང་དཔོགས་བྱེད་དང་།

Generally, this topic is the greater mode of the paths of the three vehicles, and it seems it would be painful for the mind if, while considering these principles, one would have to hold that the realizations of [masters such as] the two great chariots were incompatible. In all respects, the key points of the realizations of the great chariots are, like the distinctive three sweets [traditionally] added to cooked rice, relished and digested well when taken in together.

The supreme gain of those who study and reflect is that one neither drools for what is said elsewhere nor needs to put one's hopes in what is seen elsewhere, but [instead] finds ease of mind in one's natural repose. One is then, as it has been said; "delightfully at ease, even if no one else appreciates it."

Oh, all you followers of the Preceptor, the Master, and the Dharma King,[77] you of the School of the Early Translations! The Early Translations are nothing but the stainless words of the Victorious One and the excellent scriptures of the Six Ornaments and their followers. Studying and reflecting on them is therefore sufficient—why only take pleasure in repeating what others say? Therefore, always keep company with the light of the guru, the supreme deity, and the sacred scriptures.

Benefits of the Relative Appearing as the Functional

Second, regarding the benefits of asserting the relative to be what appears as the functional, it is said:

The entities, causes and effects,
Are, as the relative, not refuted.
The principles of thorough affliction, complete purification, and so forth
Are therefore undisturbed. [84]

The proponents of entities say: "The distinctions between thorough affliction and complete purification, good and evil, cause and effect of karmic action, engaging in and disengaging from [the links of] dependent origination, the produced and the producer (as in the topic to be inferred and the provider of inference, the evidence and the ensuing mind that

རྟགས་ལས་རྟགས་ཅན་གྱི་བློ་འབྱུང་བ་ལྟ་བུ་བསྐྱེད་བྱ་སྐྱེད་བྱེད་སོགས་ཞེས་བྱ་རྒྱུ་འབྲས་སོ་སོའི་མཚན་ཉིད་མ་འདྲེས་པར་གཞག་ཏུ་མི་རུང་ངོ་སྙམ་པ་ལ་སོགས་པའི་ཀླན་ཀ་ངན་པའི་ཡིད་དང་སྨྲ་བ་ཐམས་ཅད་བསལ་ནས་རྒྱུ་འབྲས་འཐད་པར་བསྟན་པའི་ཚིགས་སུ་བཅད་པ་འདི་གསུངས་སོ། །དེའང་སྐྱེད་བྱེད་**རྒྱུ་དང་**བསྐྱེད་བྱ་**འབྲས་བུའི་དངོས་པོ**་དོན་བྱེད་ནུས་ཀྱི་སྣང་བ་འགོག་མེད་འདི་**ནི**། **ཀུན་རྫོབ་**ཙམ་**དུ་**ཡོད་པ་**ནི་མ་བཀག་**པར་ཐ་སྙད་ཀྱི་ཚད་མས་དེ་ལྟར་གཞལ་ནས་འཇོག་པ་ཡིན་**པས**ན། **ཀུན་ནས་ཉོན་མོངས**་པ་དང་**རྣམ**་པར་**བྱང་བ**་**སོགས**་ཀྱི་རྒྱུ་འབྲས་རྟེན་སུ་འགྲོ་ལྡོག་གི་ཚུལ་**རྣམ་པར་གཞག་པ**་ཀུན་སོ་སོ་རང་གི་མཚན་ཉིད་མ་ཉམས་པར་གནས་ཀྱི་རང་བཞིན་མེད་པར་བསྟན་པས་ཀུན་རྫོབ་ཀྱི་མཚན་ཉིད་དེ་དག་**འཁྲུགས**་ཤིང་འཚོལ་བར་འགྱུར་**བ**་ནི་ཅུང་ཟད་ཀྱང་**མེད**་དོ་ཞེས་སོ། །འོན་དངོས་པོ་རྣམས་ཀྱི་མཚན་ཉིད་སྙམ་ཉམས་པར་འཇོག་ནུས་ན་ཁོ་བོ་ཅག་དང་འདོད་པ་གཅིག་པར་འགྱུར་རོ་སྙམ་ན། ཁྱེད་ཅག་འདི་ལྟར་སྣང་བ་ལྟར་དོན་དམ་པར་གྲུབ་པར་འདོད་པས། དེ་ལྟར་ན་རྡུལ་ཕྲ་རབ་ནས་རྣམ་པར་ཤེས་པ་ལ་ཐུག་གི་བར་གཅིག་པའམ་དུ་མའི་རང་བཞིན་དུ་སྒྲུབས་ལ། སྔར་བརྗོད་པ་རྣམས་ཀྱི་ལན་ཐེབས་ཤིག་དང་དེ་ཚེ་རིགས་པས་གནོད་མེད་དུ་འགྲུབ་ནུས་ན། ཁོ་བོ་ཅག་དང་ཁྱོད་མཐུན་པར་འགྱུར་ཏེ། དངོས་པོ་འདི་དག་དོན་དམ་པར་ཡང་བརྫུན་པ་མ་ཡིན་པ་མི་བསླུ་བའི་ཆོས་ཅན་ནོ། །ཞེས་བདག་ཅག་ཀྱང་ཁས་ལེན་ཏོ། །ཡང་ན། ཁོ་བོ་ཅག་གིས་ཇི་སྐད་བསྟན་པའི་རིགས་པའི་རྗེས་སུ་ཞུགས་ལ་འདི་སྣང་ཡང་བརྫུན་པར་ཁས་ལོངས་དང་ཁྱུ་བུ་ཅག་མཐུན་ནོ། །གཞན་དུ་ཇི་ལྟར་དོན་གཅིག་པ་ཡིན་ཞེས་སྨྲ་བར་ནུས་པ་མ་ཡིན་ནོ། །དེ་ལྟར་རང་བཞིན་སྟོང་པ་ལ་ངེས་པ་རྣལ་མ་ཞིག་འཁྲུངས་ན་རྒྱུ་དང་འབྲས་བུ་ལ་ཡིད་ཆེས་མི་ལྡོག་པ་ཞིག་སྐྱེ་ངེས་པ་ཡིན་ནོ། །དེ་ལྟར་མ་ཡིན་པར་རྒྱུ་དང་འབྲས་བུ་མི་འཐད་པ་འདྲ་བའི་ཚུལ་དུ་གོ་ན། དེ་དབུ་མ་ནས་བཤད་པའི་སྟོང་པ་ཉིད་ནི་མ་ཡིན་ཏེ། ཆད་ལྟ་ལ་སྟོང་པའི་མིང་གིས་བཏགས་པའི་ལམ་ཡིན་པར་ཤེས་ནས་རིང་དུ་སྤང་བར་བྱའོ། །ཇི་སྐད་དུ་སློབ་དཔོན་ཀླུས།

perceives the evidence, and so forth)—all these cognizable causes and effects could not appropriately be set forth with individual and distinct characteristics if nothing had a nature."

Dispelling all the ideas and statements behind such an inferior criticism, this stanza was spoken to demonstrate the feasibility of cause and effect. Hence, *the* functional *entities* whose appearance is unrefuted (productive *causes and* produced *effects*) *are, as the* mere *relative, not refuted* as nonexistent, but posited as evaluated by conventional valid cognition. *The principles of* the ways of causal engagement and disengagement in terms of *thorough affliction, complete purification, and so forth are, therefore*, all present with their individual characteristics undamaged. The characteristics of the relative are entirely *undisturbed* and are not muddled in the least by the teaching of the absence of nature.

[A proponent of entities] may then think: "Well, if it is possible to posit entities in that way with their characteristics intact, then these assertions are no different than ours."

You assert that [phenomena] are ultimately established the way they appear. Therefore, you must prove that everything from particles to cognition may be of singular or multiple nature. You must give a reply to everything that has been said above! If, by means of reasoning, you succeed in proving [singular or multiple natures] beyond dispute, then we [who are proponents of the Middle Way] will agree with you. We too will accept that these entities are also ultimately true and undeceiving subjects. Otherwise, follow the reasonings we have demonstrated, and agree with us in accepting that these [entities] are apparent yet false. There is no other way to successfully maintain that what we mean is the same.

Therefore, when genuine certainty in the empty nature has been achieved, it is certain that one will feel irreversible trust in causality. If causality instead does not seem feasible, it is not the emptiness explained by the Middle Way. One must know [that one has instead arrived at] the path of the view of annihilation to which the name of emptiness has been attached, and one must give it up completely. As taught by the master Nāgārjuna:

རྣམ་པར་དབེན་དོན་མི་ཤེས་ལ། །ཐོས་པ་ཙམ་ལ་འཇུག་བྱེད་ཅིང་། །གང་དག་བསོད་ནམས་མི་བྱེད་པ། །སྐྱེས་བུ་ཐ་ཤལ་དེ་དག་བརྟག །ལས་ཀྱི་འབྲས་བུ་ཡོད་པ་དང་། །འགྲོ་བ་དག་ཀྱང་ཤིན་ཏུ་བརྗོད། །དེ་ཡི་རང་བཞིན་ཡོངས་ཤེས་དང་། །སྐྱེ་བ་མེད་པ་དག་ཀྱང་བསྟན། །འཇིག་རྟེན་དབང་དུ་རྒྱལ་བ་རྣམས། །ང་དང་ང་ཡི་ཞེས་གསུངས་ལྟར། །ཕུང་པོ་ཁམས་དང་སྐྱེ་མཆེད་རྣམས། །དེ་བཞིན་དགོངས་པའི་དབང་གིས་གསུངས། །ཞེས་སོ། །གཞན་ཡང་སྟོང་པ་ཉིད་ཤིན་ཏུ་ཟབ་པས་བལྟ་དཀའ་ཞིང་། བློ་གྲོས་ཆུང་བ་རྣམས་གོ་བ་ཕྱིན་ཅི་ལོག་ཏུ་གྱུར་ན་ཕུང་བར་འགྱུར་བའི་ཚུལ་མང་དུ་གསུངས་པ་བཞིན་ནོ། །གསུམ་པ་ལ། ཚོགས་རྣམ་དག་འབྱུང་བར་མངོན་བསྟན། དེའི་ཚུལ་རྒྱས་པར་བཤད་པ་གཉིས། དང་པོ། འདི་ལྟར་རྒྱུ་དང་འབྲས་བུ་ཡི། །ཆོས་འདི་རྣམ་པར་བཞག་པས་ན། །ཚོགས་རྣམས་དྲི་མ་མེད་པ་ཡང་། །གཞུང་འདི་ཉིད་ལ་རྟེན་བ་ཡིན། ཞེས་གསུངས་ཏེ། **འདི་ལྟར་རང་བཞིན་མེད་པའི་ཚུལ་གྱི་རྒྱུ་དང་འབྲས་བུ་ཡི། ཆོས་འདི་རྣམ་པར་བཞག་པས་ན།**

Those who, without knowing the meaning of voidness,
Only engage in studying
And do not cultivate virtue,
Those miserable people will be destroyed.

The existence of karmic effects
And wandering beings is widely proclaimed.
Likewise, the complete knowledge of the nature of these,
As well as their absence of origination, has been taught.

Just as the Victorious Ones, in consideration of the world,
Have said 'I' and 'mine',
Likewise, so have the aggregates and sources
Been taught with an intent.

There are many other statements about how emptiness, because of its extreme profundity, is hard to see, and about how those of lesser intelligence will be ruined if they misunderstand.

Benefits of Familiarization with the Unity of Ultimate Absence of Nature and Relative Functionality

Third, there is: 1) a brief presentation of the manifestation of pure accumulations, and 2) an elaborate explanation of that.

Brief Presentation of the Manifestation of Pure Accumulations

First, it is said:

Because these phenomena, causes and effects,
Are set forth in this way,
The accumulations free from stains
Befit this scriptural tradition. [85]

Because these phenomena, causes and effects that are devoid of nature, *are set forth in this way, the accumulations* of the merit of generosity and so

སྦྱིན་སོགས་བསོད་ནམས་ཀྱི་**ཚོགས་རྣམས་**ཀྱང་ཀུན་རྨོངས་ཀྱི་**དྲི་མ་མེད་**པའི་ཡེ་ཤེས་ཀྱི་ཚོགས་དང་ཟུང་དུ་འབྲེལ་བའི་ལམ་རྣམ་པར་དག་**པ་ཡང་།** **གཞུང་འདི་ལྟ་བུ་ཉིད་ལ་རྟེན་བ་ཡིན་**གྱི། གཞན་དངོས་པོར་སྨྲ་བ་སོགས་ལ་ནི་མ་ཡིན་ནོ། །དེའང་དོན་དམ་པར་རང་བཞིན་མེད་ཀྱང་ཀུན་རྫོབ་སྣང་ཆའི་རྟེན་འབྲེལ་བསླུ་བ་མེད་པའི་ཡིན་ཚུལ་ཤེས་ནས་ལམ་ལ་སློབ་པ་ནི་དངོས་པོའི་གནས་ལུགས་ལ་ཕྱིན་ཅི་ལོག་གིས་བློ་བསླད་པ་མེད་པས་ན་རྣམ་པར་དག་པ་ཉིད་དུ་འགྱུར་བ་ཡིན་ནོ། །དེ་ལ་དམིགས་པ་ཅན་རྣམས་ན་རེ། སྦྱིན་པ་གང་ཞིག་ཕན་གདགས་དང་། །མཆོད་པའི་ཕྱིར་ཡང་སྦྱིན་བྱེད་པ། །དེ་ནི་ཤིན་ཏུ་དད་པར་བྱེད། །མཐོང་མེད་གནས་པས་མ་ཡིན་ནོ། །མེད་པའི་ཕྱིར་ནི་མི་དམིགས་སམ། །འོན་ཏེ་ཡུལ་མིན་ཕྱིར་རམ་ཅི། །མེད་ན་བསོད་ནམས་འཇིག་པར་འགྱུར། །ངལ་བའི་དོན་ཡང་མེད་པར་འགྱུར། །གསུམ་ཆར་རྒྱལ་བས་གཟིགས་པས་ན། །དེ་བས་ཡུལ་མིན་མ་ཡིན་ནོ། །རང་གི་སེམས་དང་སེམས་བྱུང་གང་། །དེ་དག་རང་གིས་རིག་པར་བྱེད། །ཅེས་སྦྱིན་པ་ནི་ཕན་འདོགས་པའམ་མཆོད་པའི་སེམས་ཀྱིས་ཡུལ་དམིགས་ནས་སྦྱིན་པ་ནི་ཤིན་དུ་དྭང་བ་བསྐྱེད་ཀྱི། །ཡུལ་མ་དམིགས་པས་མ་ཡིན་ནོ། །དེ་ལ་ཡུལ་མེད་ནས་མ་དམིགས་ན་ནི་བྱང་སེམས་རྣམས་སེམས་ཅན་གྱི་དོན་དུ་ངལ་བའང་དོན་མེད་དེ་སེམས་ཅན་རྣམས་མེད་པའི་ཕྱིར་རོ། །ཡུལ་མ་ཡིན་པའང་མིན་ཏེ། སྦྱིན་པོ་སྦྱིན་བྱ་ལེན་པོ་གསུམ་ཆར་དེ་བཞིན་གཤེགས་པས་གཟིགས་པའི་ཕྱིར་རོ། །གཞན་ཡང་སྦྱིན་བྱ་བུ་ལ་སོགས་པ་དང་། ལེན་པོ་དང་གཏོང་པོ་དག་གི་རང་གི་སེམས་དང་སེམས་བྱུང་དག་རང་གིས་རིག་པར་བྱེད་ན་དེ་ཇི་ལྟར་ཡུལ་མིན་ཞེས་རྒོལ་བ་དེ་དག་ལ་སྨྲིང་པོ་ཅིའང་མེད་དེ། ཀུན་རྫོབ་ཏུ་རྒྱུ་འབྲས་ཀྱི་རྟེན་འབྲེལ་མེད་ཅེས་དགག་པ་མ་ཡིན་ན། གསུམ་ཆར་རྒྱལ་བས་གཟིགས་པ་དང་། རང་རིག་ཅེས་པའང་ཀུན་རྫོབ་ཏུ་ཡིན་གྱི།

forth, and the accumulations of wakefulness *free from* the *stains* of delusion, *befit this scriptural tradition* as the pure path of unity. This is unlike [the systems of] the proponents of entities and others. While ultimately there are no natures, the relative factors of appearance originate in unfailing dependency. Having understood that this is so, the training on the path will be pure, because then the mind is not contaminated by errors about the abiding way of entities. Those involved in observation may say:

> The generosity that is brought forth
> In order to benefit or to offer.
> Will create the utmost faith.
> This is not the case when nothing is seen.
>
> Whether nothing is observed because of nothing
> Or because of non-objects,
> Nonexistence will in any case destroy merit,
> And the hardships will be meaningless.
>
> Since the Victorious One has seen all three,
> They are not non-objects.
> One's mind and mental states
> Are aware by themselves.

[In other words,] "The generosity that while focusing on its object is brought forth with the wish to benefit or to offer produces the utmost brightness. This is not the case when no object is observed. If nothing is observed because nothing exists, the hardships undertaken by the Bodhisattvas for the benefit of beings will be meaningless, because in that case there are no sentient beings. Nor is it the case that [the three spheres are] non-objects, since the Thus Gone One has seen all three—the giver, the given, and the recipient. Moreover, as the minds and mental states of, for example, the given son, the recipient, and the giver are all aware of themselves, how can they not be objects?"

Those objections are entirely pointless, for no [representative of the Middle Way] will negate the relative interdependence of causes and effects. The three, as seen by the Victorious One, as well as the so-called self-

དོན་དམ་པར་གཅིག་དང་དུ་མའི་རང་བཞིན་དང་བྲལ་བས་དེ་དག་ག་ལ་ཡོད་དོ། །གཉིས་པ་ལ། རྒྱུ་འབྲས་རྗེས་སུ་འགྲོ་ལྡོག་ཡིན་པའི་དཔེ་སྦྱོར་བསྟན་པ། ལྟ་བ་རྣམ་དག་གིས་ཟིན་མ་ཟིན་གྱི་རྒྱུ་འབྲས་བྱེ་བྲག་ཏུ་ཕྱེད་པ་གཉིས། དང་པོ། རྣམ་པར་དག་པའི་རྒྱུ་ལས་ནི། །འབྲས་བུ་རྣམ་པར་དག་པ་འབྱུང་། །ཡང་དག་ལྟས་བྱུང་ཚུལ་ཁྲིམས་ཀྱི། །ཡན་ལག་ལ་སོགས་རྣམ་དག་བཞིན། །དེ་བཞིན་རྣམ་དག་མ་ཡིན་ལས། །འབྲས་བུ་རྣམ་དག་མ་ཡིན་འབྱུང་། །ལོག་ལྟའི་སྟོབས་ལས་བྱུང་བ་ཡི། །ལོག་པར་གཡེམས་ལ་སོགས་པ་བཞིན། །ཞེས་གསུངས་ཏེ། །འབྲས་བུ་ཐམས་ཅད་ནི་རྒྱུའི་རྗེས་སུ་འགྲོ་བ་དང་། ལྡོག་པ་དང་། མཐུན་པར་བྱེད་པས་ན། རྒྱུ་རྣམ་པར་དག་མ་དག་གི་འབྲས་བུའང་རྣམ་པར་དག་མ་དག་ཏུ་འགྱུར་བ་ཡིན་ཏེ། དེའང་**རྣམ་པར་དག་པའི་རྒྱུ་ལས་ནི།** **འབྲས་བུའང་རྣམ་པར་དག་པ་འབྱུང་**སྟེ། དཔེར་ན་ལེགས་སྤྱད་པ་དང་ཉེས་པར་སྤྱད་པའི་ལས་རྣམས་ཀྱི་འབྲས་བུ་ཡོད་པར་ལྟ་བ་འཇིག་རྟེན་པའི་**ཡང་དག་**པར་**ལྟ་**བ་**ལས་བྱུང་**བའི་སྲོག་མི་གཅོད་པ་སོགས་**ཚུལ་ཁྲིམས་ཀྱི་ཡན་ལག་**དང་། དེ་བཞིན་དུ་བག་ཡོད་ཀྱི་ཡན་ལག་ལ་སོགས་པའང་**རྣམ་**པར་**དག་**པ་ཉིད་དུ་འགྱུར་བ་**བཞིན་**དང་། རྒྱུ་ལྟ་བའི་རྗེས་སུ་འབྲས་བུ་ཚུལ་ཁྲིམས་ཀྱི་ཡན་ལག་སོགས་ཀྱང་འབྲངས་ནས་རྣམ་པར་དག་པ་**དེ་བཞིན་**དུ། གལ་ཏེ་རྒྱུ་**རྣམ་དག་མ་ཡིན་**པ་ཞིག་ན་དེ་**ལས།** **འབྲས་བུ་**དག་ཀྱང་**རྣམ་དག་མ་ཡིན་**པ་**འབྱུང་**སྟེ། དཔེར་ན་ལས་འབྲས་མེད་པར་ལྟ་བ་**ལོག་ལྟའི་སྟོབས་ལས་བྱུང་བ་ཡི་ལོག་པར་གཡེམས་**པ་**ལ་སོགས་**པའི་མི་དགེ་བ་སྤྱོད་**པ་བཞིན་**ནོ།

awareness, are hence the relative, but since in terms of the ultimate there are neither singular nor multiple natures, how could all this have any existence?

Elaborate Explanation

Second, there is: 1) a general presentation of the examples of the concomitance between causes and effects, and 2) a particular explanation of causality, both when embraced by and when not embraced by the pure view.

General Presentation of the Concomitance Between Causes and Effects

First, it is said:

> *From pure causes*
> *Arise pure effects,*
> *Just like the pure factors of discipline and so forth,*
> *Which occur due to correct view. [86]*
>
> *Likewise, from impure causes*
> *Arise impure effects,*
> *Just like sexual misconduct and so forth,*
> *Which occur due to the force of incorrect view. [87]*

All effects are concomitant with and determined by their causes, and the quality of an effect corresponds to the quality of its cause. *From pure causes arise pure effects, just like,* for instance, *the pure factors of* the *discipline* of refraining from killing and so forth, and the pure factor of carefulness *and so forth, which occur* in their pure manner *due to* the mundane *correct view* that believes in the karmic effect of good and bad deeds. Moreover, just as the effects (the factors of discipline and so forth) will be pure in accordance with their cause (the view), *likewise, from impure causes arise impure effects. Just like,* for instance, the engagements in non-virtue (*sexual misconduct and so forth*), *which occur due to the force of* the *incorrect view* that believes karmic actions produce no effect.

།གཉིས་པ། ཚད་མའི་གནོད་པ་ཡོད་པས་ན། །དངོས་པོར་དམིགས་པ་ཡོད་པ་ནི། །སྒྲིག་རྒྱུ་ལ་སོགས་ཞེས་པ་བཞིན། །ཕྱིན་ཅི་ལོག་པར་ཡོངས་སུ་རྟོག །དེ་ཕྱིར་དེ་མཐུས་བྱུང་བ་ཡི། །ཕྱི་རོལ་ཕྱིན་པ་སྒྲུབ་པ་ཀུན། །བདག་དང་བདག་གིར་ལོག་པ་ལས། །བྱུང་བ་བཞིན་དུ་སྟོབས་ཆུང་ངོ་། །དངོས་པོར་དམིགས་པ་མེད་པ་ལས། །བྱུང་བ་འབྲས་བུ་ཆེན་པོ་སྟེ། །རྒྱུས་པའི་རྒྱུ་ལས་བྱུང་བའི་ཕྱིར། །ས་བོན་གྲུང་པོའི་མྱུག་སོགས་བཞིན། །ཞེས་གསུངས་ཏེ།

གོང་དུ་འབྲས་བུ་རྣམ་པར་དག་མི་དག་རྒྱུ་ལ་རག་ལས་པའི་ཚུལ་སྦྱོར་བསྟན་ནས། སྐབས་སུ་བབས་པ་དངོས་པོར་དམིགས་པ་ཅན་གྱི་སྦྱིན་སོགས་ཚོགས་རྣམ་དག་མ་ཡིན་ཞིང་། དངོས་པོར་དམིགས་པ་མེད་པའི་སྦྱིན་སོགས་ལ་སྤྱོད་པ་ཚོགས་རྣམ་དག་ཡིན་པར་སྟོན་ལ། དེའང་ཅིའི་ཕྱིར་དངོས་པོར་དམིགས་པས་ཚོགས་མི་དག་སྙམ་ན། འདི་ལྟར་ཡང་དག་པའི་རིགས་པས་དཔྱད་ན། **ཚད་མའི་གནོད་པ་ཡོད་པས་ན**་དངོས་པོར་ཡོད་པ་མ་ཡིན་ལ། དངོས་པོ་མེད་བཞིན་དུ་**དངོས་པོར་དམིགས་པ་ཡོད་པ**་ཅན་**ནི**། ཕྱིན་ཅི་ལོག་གི་རྟོག་པས་བསྐྱེད་པ་སྟེ། དཔེར་ན་**སྒྲིག་རྒྱུ**་ལ་རྒྱུར་ཞེས་པ་དང་མགལ་མེ་ལ་འཁོར་ལོར་འཛིན་པ་**ལ་སོགས**་པའི་**ཞེས་པ་བཞིན**་དུ་ཡུལ་གྱི་གནས་ཚུལ་**ཕྱིན་ཅི་ལོག་པར་ཡོངས་སུ་རྟོག**་པ་ཡིན་ནོ། །དེ་ལྟར་དངོས་པོར་འཛིན་པ་ལོག་ཞེས་ཡིན་པ་**དེ**་ཡི་**ཕྱིར་ན**། དངོས་འཛིན་གྱི་ལྟ་བ་**དེ**་ཡི་**མཐུ**་ལ**ས་བྱུང་བ་ཡི**་སྦྱིན་སོགས་**ཕ་རོལ་ཕྱིན་པ་སྒྲུབ་པ་ཀུན**་ཀྱང་དངོས་པོའི་རང་བཞིན་ལ་སྦྱིབ་པར་བྱེད་པ་ཕྱིན་ཅི་ལོག་གི་རྟོག་པས་བསྐྱེད་པས།

PARTICULAR EXPLANATION OF CAUSALITY WHEN EMBRACED BY AND WHEN NOT EMBRACED BY THE PURE VIEW

Second, it is said:

> *Because it is impaired by valid cognition,*
> *Everything that involves an observation of entity is,*
> *Like the cognition of a mirage and so forth,*
> *A mistaken conception. [88]*
>
> *Hence, any practice of the transcendences*
> *That occurs by the power of this is,*
> *Like occurrences due to the mistake of 'I' and 'mine',*
> *Of limited strength. [89]*
>
> *Through the absence of observation of entity,*
> *The great results occur.*
> *Manifesting from enriching causes,*
> *They are like the sprouts and so forth of live seeds. [90]*

Previously it was explained how in general, the quality of an effect depends on its cause. Here it is explained how the accumulations of generosity and so forth that involve the observation of entity are impure, while the generosity and so forth that are practiced without any observation of entity are pure. One may wonder why an accumulation becomes impure if there is an observation of entities.

[The reply is then] that when investigating with authentic reasoning, [it is seen that] *because it is impaired by valid cognition*, there is no existence of entities. Therefore, *everything that*, despite the nonexistence of entities, *involves an observation of entity* is contaminated by mistaken conception. This *is like*, for instance, *the cognition of a mirage* as water, the apprehension of a firebrand as a wheel, *and so forth*. It is *a mistaken conception* with respect to the abiding mode of the object.

Hence, since the apprehension of an entity is a mistaken cognition, *any practice of the transcendences* of generosity and so forth *that occurs by the power of this* apprehension of entity *is* also contaminated by a conception

དཔེར་ན་སྲུ་སྐྱེགས་རྣམས་ཀྱིས་བདག་མེད་པ་ལ་**བདག་དང་བདག་གིར་**བཟུང་སྟེ་**ལོག་**པར་ཞེན་པའི་འཇིག་ཚོགས་ལྟ་བ་ལ་གནས་བཞིན་**པ་ལས་བྱུང་**བའི་དཀའ་ཐུབ་ལ་སོགས་པ་རྫོགས་བྱང་གི་ཡན་ལག་ཡང་དག་པའི་ལམ་དུ་མི་རུང་**བ་བཞིན་དུ།** དངོས་ཞེན་ཅན་གྱིས་ལམ་བསྒྲུབས་པ་འདི་འང་ནོར་བའི་བློ་ཡི་དབང་དུ་སོང་ནས་**སྤྱོམས་ཀྱང་ངོ་།** །དེས་ལས་བཟློག་སྟེ་**དངོས་པོར་དམིགས་པ་མེད་པ་ལས་བྱུང་བ་**སྦྱིན་སོགས་ནི་མཐར་ཐུག་གི་**འབྲས་བུ་ཆེན་པོ་**སངས་རྒྱས་ཉིད་སྦྱིན་པར་བྱེད་པ་**སྟེ།** དངོས་པོའི་ཡིན་ཚུལ་མ་ནོར་བའི་ཡེ་ཤེས་ཀྱི་དབང་དུ་བྱས་པས་ན། འབྲས་བུ་སྨིན་དུ་རུང་བའམ། **རྒྱས་**པར་བྱེད་**པའི་རྒྱུ་**རྣམ་དག་**ལས་བྱུང་བའི་ཕྱིར།** དཔེར་ན་**ས་བོན་བཟང་པོ་སྟེ།** སྐྱོན་མ་ཞུགས་**པའི་མྱུ་**གུ་དང་སྨེ་མ་ལ་**སོགས་པ་བཞིན་ནོ།** །ཞེས་སོ། །དེ་ལ་བདག་ཏུ་དམིགས་བཞིན་དུ་རྫོགས་བྱང་དོན་གཉེར་གྱི་དགེ་བ་རྣམས་ཀྱང་རྣམ་མཁྱེན་གྱི་རྒྱུར་འགྱུར་བ་སྲིད་ཀྱང་། བརྒྱུད་ནས་འགྱུར་བ་ཙམ་ཡིན་གྱི་དངོས་སུ་ནི་མ་ཡིན་ཏེ། དངོས་སུ་བདག་ལྟ་དང་མ་བྲལ་བཞིན་དུ་ཐར་ལམ་རྣལ་མ་མི་འབྱུང་བ་ཡིན་ལ། དེ་མི་འབྱུང་བའི་གནད་ཀྱང་ཕྱིན་ཅི་ལོག་གི་ལྟ་བས་བསླད་པའི་ཕྱིར་རོ། །དེས་ན་རང་འགྲེལ་ལས། དེ་མ་ཐག་ཏུ་ཡང་དག་པར་རྫོགས་པའི་བྱང་ཆུབ་ཀྱི་ཡན་ལག་ཏུ་མི་འགྱུར་ཞེས་དེ་མ་ཐག་པའི་དོན་བར་དུ་གཞན་བརྒྱུད་དགོས་པའི་དོན་ཏོ། །དེས་ན་མཆོད་དང་ཕན་གདགས་པར་འདོད་པས་གང་སྦྱིན་པ་དེའང་འཁོར་གསུམ་དག་པར་བྱིན་ན་དེ་ཉིད་བློ་གྲོས་དང་ལྡན་པ་རྣམས་ཀྱིས་ཡི་རང་བའི་གནས་སུ་འགྱུར་ཏེ། ཕྱིན་ཅི་མ་ལོག་པར་ཤེས་ཤིང་ཚུལ་བཞིན་ཞུགས་པ་གཏི་མུག་མེད་པའི་དགེ་བའི་རྩ་བ་ཡིན་པའི་ཕྱིར་རོ། །དེ་ཡང་། ཆོས་ཡང་དག་པར་སྡུད་པ་ལས། བཅོམ་ལྡན་འདས་ཆོས་ཐམས་ཅད་མི་མཐོང་བ་ནི་ཡང་དག་པར་མཐོང་བའོ། །ཞེས་དང་། རྒྱལ་བའི་ཡུམ་སུམ་བརྒྱ་པ་ལས། རབ་འབྱོར་འདི་ཇི་སྙམ་དུ་སེམས། ཤར་ཕྱོགས་ཀྱི་ནམ་མཁའ་ཚད་གཟུང་བར་སླའམ། རབ་འབྱོར་གྱིས་གསོལ་པ། བཅོམ་ལྡན་འདས་དེ་ནི་མ་ལགས་སོ།

that obscures the nature of entities. This is, for instance, similar to the ascetic practices that are undertaken by the extremists and are unsuited to become the factors of the authentic path of complete enlightenment. *Like* the *occurrences* that are *due to* keeping *the* view of the transitory collection—the conceptual *mistake of* apprehending *'I' and 'mine'* where there is no self—any practice of the path that is undertaken with attachment to entity will similarly be *of limited strength*, for it is governed by a mind in error.

Now *through the* opposite of this—through the *absence of observation of entity*—a type of generosity and so forth, which grant *the* final *great results* that are Buddhahood itself, will *occur*. The reason is that these [transcendences] are governed by the wakefulness [that realizes] the unmistaken actual condition of entities. Therefore, *manifesting from enriching causes* (causes fit to ripen their results), *they are like*, for example, *the sprouts*, grains, *and so forth of live*, undamaged *seeds*.

The virtues of pursuing complete enlightenment while retaining the apprehension of self may possibly become causes for omniscience, but only indirectly. They don't actually exist as such. The natural path of liberation does not occur without actual freedom from the view of self, and the key reason it is otherwise prevented is the contamination by mistaken views. When the *Auto-commentary* states "these do not immediately become factors for true and complete enlightenment," the word "immediately" implies the necessity of an indirect process. Therefore, if that which is given with the wish to offer or benefit is also given within the purity of the three spheres, then it will be worthy of the rejoicing of everyone with intelligence. It will be a root of virtue that is free from delusion, unerringly cognized, and properly engaged in. Moreover, from the *Authentically Compiling Phenomena*:

> Transcendent Conqueror, not seeing any phenomena is the authentic seeing.

Regarding this, the *Three Hundred Stanzas of the Mother of the Victorious Ones* relates:

> "Subhūti, consider this: Is it easy to measure the sky to the East?"
> Subhūti offered his reply: "Transcendent Conqueror, no it is not."

།ཞེས་བྱ་བ་ནས། རབ་འབྱོར་དེ་བཞིན་དུ་བྱང་ཆུབ་སེམས་དཔའ་གང་མི་གནས་པར་ཡོངས་སུ་མི་གནས་པར་སྦྱིན་པ་གཏོང་བ་དེའི་བསོད་ནམས་ཀྱི་ཕུང་པོའང་ཚད་གཟུང་བར་སླ་བམ་ཡིན་ནོ། །ཞེས་བྱ་བའི་བར་དུ་གསུངས་སོ། །ཡང་དེ་ཉིད་ལས། རབ་འབྱོར་འདི་ལྟ་སྟེ། དཔེར་ན་མིག་དང་ལྡན་པའི་མི་ཞིག་མུན་པར་ཞུགས་ན་ཅིའང་མི་མཐོང་བ་དེ་བཞིན་དུ་གང་དངོས་པོར་ལྷུངས་པའི་སྦྱིན་པ་ཡོངས་སུ་གཏོང་བའི་བྱང་ཆུབ་སེམས་དཔར་བལྟའོ། །རབ་འབྱོར་འདི་ལྟ་སྟེ། དཔེར་ན་ནམ་ལངས་ཏེ་ཉི་མ་ཤར་ནས་མིག་དང་ལྡན་པའི་མིས་གཟུགས་རྣམ་པ་སྣ་ཚོགས་དག་མཐོང་བ་དེ་བཞིན་དུ་གང་དངོས་པོར་མ་ལྷུངས་པས་སྦྱིན་པ་ཡོངས་སུ་གཏོང་བའི་བྱང་ཆུབ་སེམས་དཔར་བལྟའོ། །ཞེས་གསུངས་སོ།

And so on, until:

> Likewise, Subhūti, it is not easy to measure the gathering of merit that is the possession of a Bodhisattva who practices generosity within non-abiding, within utter non-abiding.

Moreover, from the same [sūtra]:

> Subhūti, this is how it is: the Bodhisattva who fully engages in generosity while having fallen into [the view of] entities is like, for example, a man with eyesight who has entered darkness and so sees nothing.
>
> Subhūti, this is how it is: the Bodhisattva who fully engages in generosity by not falling into [the view of] entities is like, for instance, that man with eyesight after dawn has broken, the sun has risen, and he sees many different forms.

།གཉིས་པ་བདེན་གཉིས་དེ་འདྲ་བའི་ཚུལ་ལ་བསྟུགས་པའི་དོན་བསྡུ་བ་ལ། ཚུལ་གཉིས་ཤིང་རྟའི་སྲོལ་རྣམ་པར་གཞག་པ་དང་། དེ་ལ་བསྟུགས་པ་གཉིས། དང་པོ་ལ་ཐ་སྙད་ཀྱི་དེ་ཁོ་ན་ཉིད་རྣམ་པར་གཞག་པ་དང་། ཚུལ་གཉིས་ཟུང་དུ་འབྲེལ་བའི་ལམ་རྣམ་པར་གཞག་པ་གཉིས། དང་པོ། རྒྱུ་དང་འབྲས་བུར་གྱུར་པ་ཡང་། །ཤེས་པ་འབའ་ཞིག་ཁོ་ན་སྟེ། །རང་གིས་གྲུབ་པ་གང་ཡིན་པ། །དེ་ནི་ཤེས་པར་གནས་པ་ཡིན། །ཞེས་གསུངས་ཏེ། འོ་ན་དེ་ལྟར་རྒྱུ་དང་འབྲས་བུར་གྱུར་པ་རྟེན་ཅིང་འབྲེལ་བར་འབྱུང་བའི་སྣང་ཚུལ་དེ་དག་སེམས་དང་སེམས་བྱུང་ཙམ་གྱི་བདག་ཉིད་ཁོ་ནའམ། ཅི་སྟེ་ཕྱིའི་བདག་ཉིད་ཡིན་ཞེ་ན། །དེ་ལ་སློབ་དཔོན་ལེགས་ལྡན་བྱེད་ལ་སོགས་པ་ནི་ཕྱིའི་བདག་ཉིད་དུ་བཞེད་དེ། མདོ་ལས་སེམས་ཙམ་ཞེས་གསུངས་པ་བྱེད་པ་པོ་དང་ཟ་བ་པོ་དགག་པའི་ཆེད་ཡིན་ནོ། །ཞེས་གསུངས་ཀྱང་། དེ་ལས་གཞན་པ་གཞུང་འདིར་ནི། **རྒྱུ་དང་འབྲས་བུར་གྱུར་པ་ཡང་།** **ཤེས་པ་འབའ་ཞིག་ཁོ་ན**་མ་གཏོགས་ཕྱི་རོལ་གྱི་དོན་གུད་ན་མེད་པར་འདོད་པ་**སྟེ**། ཤེས་པ་**རང་གིས**་གསལ་པོར་ཉམས་སུ་མྱོངས་པས་**གྲུབ་པ་གང་ཡིན་པ་དེ་ནི་ཤེས་པར་གནས་པ་ཡིན**་གྱི་གཞན་དུ་མི་འཐད་དོ། །དེ་ལ་གང་སྣང་ཞིང་ཤེས་པ་དེ་དག་ཤེས་པ་རང་གིས་མྱོང་བ་དང་ཐ་མི་དད་ཀྱི། རང་གིས་གསལ་པོར་མྱོངས་བས་གྲུབ་པའི་ངོ་བོ་དེ་སྤངས་ནས། དོན་གཞན་དེ་ཉིད་རྟོག་པའི་ཚུལ་ནམ་ཡང་མི་སྲིད་དེ། གལ་ཏེ་སྲིད་ན་གསལ་རིག་དང་བྲལ་བཞིན་རྟོག་དགོས་ལ། གསལ་རིག་དང་བྲལ་ན་ཤེས་པ་ཉིད་དུ་མི་རུང་ཞིང་། དེ་ལྟ་བས་ན་ཤེས་པ་ནི་མེད་ལ་དོན་གསལ་བ་ནི་ཡོད་པ་ཞིག་མི་རུང་བས། གང་མྱོང་བ་ཐམས་ཅད་ཤེས་པ་ཉིད་ཡིན་པར་གྲུབ་སྟེ། རྨི་ལམ་དང་སྒྱུ་མ་ལ་སོགས་པའི་གཟུགས་བཞིན་ནོ།

CONCLUSION

Second, concluding by praising the way of these two truths includes: 1) setting forth the chariot tradition of the two approaches, and 2) praising it. The first includes: 1) setting forth the essential nature of the conventional and 2) setting forth the path of the unity of the two approaches.

Setting Forth the Essential Nature of the Conventional

First, it is said:

What are causes and effects
Are exclusively nothing but cognition—
That which is established by itself
Indeed remains cognition. [91]

It may be asked: "Well, are the causes and effects that are now apparent in dependent origination exclusively identical to mind and mental states, or are they external instead?" The master Bhāvaviveka and others assert they are external and explain that the sūtras have proclaimed "mind only" in terms of a refutation of the doer and the consumer.

This scripture is different, for here, ***what are causes and effects are exclusively nothing but cognition***, and it is held that apart from that no external objects exist. ***That which is established by*** the clear experience of cognition ***itself indeed remains cognition***—it cannot feasibly be anything else. Nothing that appears and is cognized can be different from the experience of the cognizing mind, for beyond the essences established by the mind's own clear experience of them, there is no possible way of knowing an object that is anything other [than cognition]. If this were possible, the knowing would have to take place without the clarity of awareness. Something that lacks the clarity of awareness cannot reasonably be cognition, and therefore the appearance of objects without the presence of cognition cannot feasibly occur. It is therefore established that, just like the forms in dreams, illusions, and so forth, all that appears is cognition itself.

།གལ་ཏེ་གཟུགས་ལ་སོགས་པའི་ཕྱི་རོལ་གྱི་དོན་རྣམས་རྣམ་ཤེས་ལས་གུད་དུ་ཡོད་པར་རུང་ན་འང་། མིག་ལ་སོགས་པ་བཞིན་དུ་དུས་མཉམ་པ་དང་མ་མཉམ་པའི་ཚེ་ན་འང་འབྲེལ་བའི་རྒྱུ་མེད་པས་མངོན་སུམ་གྱིས་གྲུབ་པར་མི་འགྱུར་རོ། །དེ་བས་ན་སྔོ་སོགས་སྣང་བ་ནི་ཤེས་པ་དང་ཐ་དད་མ་ཡིན་པའི་ངོ་བོ་སྣང་སྟེ། རྨི་ལམ་ལ་སོགས་པའི་གཟུགས་སྣང་བ་བཞིན་ནོ། །གལ་ཏེ་རྣམ་པ་སྣང་བ་ནི་ཤེས་པ་ཡིན་དགོས་ཀྱང་། རྣམ་པ་དེ་གཏོད་བྱེད་ཀྱི་ཕྱི་དོན་ཡོད་དགོས་པར་རྗེས་སུ་དཔག་སོ་སྙམ་ན། དེ་ལྟར་ན་ཕྱི་དོན་རྡུལ་ཕྲ་མོ་ལ་སོགས་པ་མེད་པར་ཡང་རྗེས་སུ་དཔག་པའི་ཕྱིར་དེ་ཡོད་པར་མི་འཐད་དེ། ཡོད་པར་དཔག་པའི་ལུགས་ལའང་མངོན་སུམ་དུ་ནི་མི་འགྲུབ་པའི་ལྐོག་གྱུར་ལ་རྗེས་དཔག་ཙམ་ཡིན་ལ། ཕྱི་དོན་མེད་པའི་རྗེས་དཔག་དང་མངོན་སུམ་སྣང་བ་སེམས་རང་གིས་གྲུབ་པ་ཙམ་ནི་ཤིན་ཏུ་སྟོབས་དང་ལྡན་པས་ཕྱོགས་གཞན་གྱིས་འཕྲོག་པར་མི་ནུས་སོ། །དེ་ལྟར་བྱས་ན་རྒྱན་སྟུག་པོ་བཀོད་པ་དང་། དགོངས་པ་ངེས་འགྲེལ། ལང་ཀར་གཤེགས་པ་ལ་སོགས་པའི་མདོ་རྣམས་དང་ཡང་མཐུན་པ་ཡིན་ནོ། །དེས་ན་རྗེས་ཐོབ་ཤན་འབྱེད་པའི་ཚེ་དཔྱད་པ་ལ་ཐ་སྙད་དུ་ཕྱི་དོན་འདོད་པ་དང་མི་འདོད་པ་གཉིས་ལས་མཐའ་གཞན་སེལ་བ་ཡིན་ནོ། །གཉིས་པ། སེམས་ཙམ་ལ་ནི་བརྟེན་ནས་སུ། །ཕྱི་རོལ་དངོས་མེད་ཤེས་པར་བྱ། །ཚུལ་འདིར་བརྟེན་ནས་དེ་ལ་ཡང་། །ཤིན་ཏུ་བདག་མེད་ཤེས་པར་བྱ། །ཞེས་གསུངས་ཏེ། སྣང་ཆོད་པ་འདི་ཀུན་**སེམས་ཙམ་**ལས་ཕྱི་རོལ་དོན་དུ་མེད་པར་ཤེས་པའི་ཚུལ་**ལ་ནི་བརྟེན་ནས་སུ།**

Even if we assume that external objects such as form and so forth exist apart from consciousness, there would be, as in the case of the eye and so forth, no cause for a relationship between them, regardless of whether they were simultaneous or not. Therefore, [external objects] are not established by direct perception. Rather, the experiences of blue and so forth are experiences of essences that are not different from the cognition, like the experience of form in dreams and so forth.

It may be thought: "Given that the experience of a feature must be cognition, an external object that transmits the feature must still, of necessity, exist. That can be inferred." Yet the existence of such [an external object] is not feasible, for it can also be inferred that external objects such as subtle particles and so forth have no existence. Moreover, in the system that infers the existence [of external objects], what is inferred is merely [something] hidden, [something] that is not established to direct perception. [On the other hand,] the inference of the nonexistence of the external object and the direct perception that experience is established simply by mind itself are extremely powerful. They cannot be conquered by other positions. Furthermore, [assertions] along these lines are in accordance with sūtras such as the *Dense Ornamentation*, the *Definitive Explanation of the Intent*, and the *Ascent onto Laṅkā*. Therefore, when discriminating during the ensuing attainment with regard to the conventional, those of the Middle Way either assert the existence of external objects or do not assert it. There are no other alternatives.

Setting Forth the Path of the Unity of the Two Approaches

Second, it is said:

Based on mind only, it must be understood
That no external entities exist.
Based on this approach, it must also be understood
How that is utterly devoid of self. [92]

Based on the approach that recognizes how, apart from being the *mind only*, all these various appearances have no existence as external objects, *it*

ཕྱི་རོལ་གྱི་དོན་**དངོས་མེད་དུ་ཤེས་པར་བྱ**་ཞིང་། དེ་ནས་**ཚུལ་འདིར་**ཇི་སྐད་བཤད་པའི་གཅིག་དང་དུ་མར་བྲལ་བའི་གཏན་ཚིགས་ལ་**བརྟེན་ནས་**སེམས་**དེ་ལ་ཡང་། ཤིན་ཏུ་བདག་མེད་**པ་མཐའ་ཐམས་ཅད་སྤངས་པ་སྤྲོས་བྲལ་དབུ་མའི་ཚུལ་ཉིད་དུ་**ཤེས་པར་བྱའོ**། །དེ་ལྟར་ན་འཇིག་རྟེན་ལས་འདས་པའི་ལེའུ་ལས། ཀྱེ། རྒྱལ་བའི་སྲས་ཁམས་གསུམ་པོ་ནི་སེམས་ཙམ་དུ་རྟོགས་ཏེ། དུས་གསུམ་ཡང་སེམས་དང་མཚུངས་པར་རྟོགས་སོ། །སེམས་དེའང་མཐའ་དང་དབུས་མེད་པར་ཁོང་དུ་ཆུད་དོ། །ཞེས་བསྟན་པ་འདི་ལེགས་པར་བཤད་པར་འགྱུར་ཏེ། ཕྱོགས་དུས་ཀྱི་སྣང་བ་ཐམས་ཅད་སེམས་སུ་ཤེས་ཤིང་། སེམས་དེའང་སྐྱེ་བ་དང་འཇིག་པའི་མཐའ་དང་། ད་ལྟ་གནས་པའི་མཚན་ཉིད་དབུས་མེད་པར་མཐའ་བྲལ་དུ་ཤེས་པའི་ཕྱིར་རོ། །ཆོས་ཡང་དག་པར་སྡུད་པ་ལས་ཀྱང་། བཅོམ་ལྡན་འདས་ཆོས་ཐམས་ཅད་ནི་ཀུན་བརྟགས་པའི་སྙིང་པོ་སྟེ། སེམས་ཙམ་དུ་བས་པ། རྫས་མ་མཆིས་པ། སྒྱུ་མ་ལྟ་བུ་རྩ་བ་མ་མཆིས་པའོ། །ཞེས་དང་། ཤེས་རབ་ཀྱི་ཕ་རོལ་ཏུ་ཕྱིན་པ་ལས། འདི་ལྟར་སེམས་དེ་ནི་སེམས་མ་མཆིས་པ་སྟེ། སེམས་ཀྱི་རང་བཞིན་ནི་འོད་གསལ་བ་ལགས་སོ། །ཞེས་གསུངས་སོ། །གཉིས་པ་དེ་ལ་བསྡུགས་པ་ལ། མདོར་བསྟན་རྒྱས་བཤད་གཉིས། དང་པོ། ཚུལ་གཉིས་ཤིང་རྟ་ཞོན་ནས་སུ། །རིགས་པའི་སྲབ་སྐྱོགས་འཇུ་བྱེད་པ། །དེ་དག་དེ་ཕྱིར་ཇི་བཞིན་དོན། །ཐེག་པ་ཆེན་པོ་པ་ཉིད་འཐོབ། ཅེས་གསུངས་ཏེ།

must be understood that no objective *external entities exist. Based on* the logical arguments that explain the absence of one and many in *this approach* [of the *Ornament of the Middle Way*], *it must also be understood*, in the manner of the Middle Way, *how that* mind *is utterly devoid of self*, how it defies all extremes, and how it is free from constructs. As taught in the *Chapter on What Transcends the World*:

> Oh children of the Victorious One, the three realms are realized to be mind only, and the three times are also realized to be equal to mind.
> Such mind is, moreover, fully understood to be beyond extremes and center.

These statements are excellent, because [through them] all appearances within directions and time are understood to be mind, a mind that is beyond the extremes of origination and destruction, that has no center (in the sense of having no characteristics related to a present way of abiding), and that is therefore understood to be free from extremes. Moreover, from the *Authentically Compiling Phenomena*:

> Transcendent Conqueror, all phenomena are, at their core, imputation. [All phenomena] are contained within mind only. Therefore, no substances exist. [All] are like illusions and have no root.

Furthermore, as taught in the *Transcendent Knowledge*:

> In this way, the mind does not exist as mind. The nature of mind is luminosity.

Praising the Chariot Tradition of the Two Approaches

Second, the praise of this [chariot tradition] entails: 1) a brief presentation, and 2) an elaborate explanation.

Brief Presentation

First, it is said:

> *Those who, while riding the chariot of the two approaches,*
> *Hold on to the reins of reasoning*
> *Will therefore, in accordance with the genuine meaning,*
> *Indeed qualify as representatives of the Great Vehicle. [93]*

དེ་ལྟར་ཐ་སྙད་སེམས་ཙམ་གྱི་ཚུལ་དང་། དོན་དམ་དབུ་མའི་ཚུལ་ཏེ། **ཚུལ་དེ་གཉིས་**ཟུང་དུ་འབྲེལ་བའི་ལམ་**ཤིང་རྟ་**ཆེན་པོ་ལ་**ཞོན་ནས་སུ།** བདེན་གཉིས་དཔྱོད་པའི་ཚད་མ་ཤེས་རབ་དྲི་མེད་ཀྱི་**རིགས་པའི་སྲབ་སྐྱོགས་**མི་གཏོང་བར་**འཆང་བར་བྱེད་པ་དེ་དག** །མདོ་དུ་བྱུང་བའི་ཚུལ་བཟང་པོ་ལ་གནས་པ་**དེ་ཉིད་ཀྱི་ཕྱིར།** **ཇི་བཞིན་དོན་**དང་ལྡན་པའི་**ཐེག་པ་ཆེན་པོ་པ་**ཞེས་པའི་མིང་**ཉིད་འཐོབ་**པ་ཡིན་ནོ། །དེ་ལ་སངས་རྒྱས་ཀྱི་ཐེག་པ་ཆེན་པོ་ནི་གཉིས་ཏེ། ཟབ་པ་དང་རྒྱ་ཆེ་བའོ། །དེ་དག་སྟོན་པར་བྱེད་པའང་དབུ་སེམས་ཀྱི་གཞུང་ལུགས་སྟོན་པར་བྱེད་པའི་བཀའ་རྣམས་སོ། །དེ་དག་གི་དགོངས་པ་འགྲེལ་པའང་ཀླུ་སྒྲུབ་དང་ཐོགས་མེད་དེ་ཤིང་རྟ་རྣམ་པ་གཉིས་ཀྱི་ལམ་སྲོལ་དྲི་མ་མེད་པའོ། །ལམ་དེ་དག་ཀྱང་རང་རང་གིས་གང་འདོད་པ་ཉིད་རྩལ་དུ་བཏོན་ཏེ་ཕྱོགས་བཅད་པ་ལྟ་བུ་ནི་མ་ཡིན་ཏེ། སངས་རྒྱས་ཀྱི་བཀའ་ཟབ་མོའི་ཆ་དང་། རྒྱ་ཆེ་བའི་ཆ་གཉིས་གསལ་བར་བྱས་པ་ཙམ་མོ། དེས་ན་དེ་དག་གི་དགོངས་པ་ཟུང་གཅིག་ཏུ་རྟོགས་ན། བཅོམ་ལྡན་འདས་ཀྱིས་ཐ་སྙད་ཀུན་རྫོབ་བདེན་པའི་རྣམ་གཞག་ཀུན་ཉོན་དང་རྣམ་བྱང་གིས་བསྡུས་པ་ཇི་སྙེད་བཀའ་སྩལ་བའི་མཐར་ཐུག་པ་སེམས་ཙམ་གྱི་ཚུལ་རྟོགས་པ་ལ་རག་ལས་ཤིང་། གཟུགས་ནས་རྣམ་མཁྱེན་བར་གྱི་ཆོས་ཐམས་ཅད་རང་བཞིན་སྤྲོས་བྲལ་ཆེན་པོར་གཏན་ལ་འབེབས་པ་མཐར་ཐུག་དབུ་མ་ལ་ཐུག་པའི་ཕྱིར་ན། ཟབ་པ་དང་རྒྱ་ཆེ་བའི་ཕྱོགས་རིས་སུ་ཆད་པ་མེད་པའི་ཐེག་པ་ཆེན་པོ་ལ་ཞུགས་པ་ཡིན་ནོ། །དེས་ན་ཚུལ་གཉིས་ཤིང་རྟ་ཆེན་པོའི་གཞུང་མཁའ་དང་མཚོ་ལྟར་ཟབ་ཅིང་རྒྱ་ཆེ་བ་ཉིད་ཕྱོགས་རིས་སུ་མ་ཆད་པར་རྟོགས་པར་འོང་དུ་བསྐྱིལ་བ་ནི་རྒྱ་གར་དུའང་དཀོན་ན་བོད་དུ་ལྟ་ཅི་སྨོས། དེས་ན་འཕགས་ཡུལ་ཉིད་ན་ཤིང་རྟའི་ལུགས་སྲོལ་སོ་སོ་བ་སྐྱོང་བ་དེའི་ཚེ་ན། སློབ་དཔོན་འདི་ཉིད་ཀྱིས་ཟབ་པ་དང་རྒྱ་ཆེ་བ་གཉིས་ཀ་ཐེག་པ་ཆེན་པོའི་ཁྱད་ཆོས་མེད་དུ་མི་རུང་བ་ཡིན་པས་ཚུལ་གཉིས་ཤིང་རྟའི་ལམ་སྲོལ་གཞུང་གཅིག་ཏུ་བསྐྱིལ་བ་འདི་ནི་གཞན་ལས་ཆེས་ཁྱད་པར་དུ་འཕགས་པ་ཡིན་ཏེ། དེ་བས་ན་ཚུལ་འདི་ལྟ་བུའི་གཞུང་བཟུང་བ་ནི། དཔེར་ན་ཤིང་རྟ་བཟང་པོ་ལ་ཞོན་པ་ལྟ་བུའོ། །དེའང་ཤིང་རྟ་དང་ཇི་ལྟར་འདྲ་ན། སྤྱིར་ཐེག་པ་ནི་བཞོན་པ་དང་འདྲ་སྟེ། དེ་ལ་གནས་ན་རང་འདོད་པའི་འབྲས་བུ་ལ་ཕྱིན་པར་བྱེད་པ་ཡིན་ལ།

Those who, while riding the chariot of the unity *of the two approaches*, the Mind Only approach for the conventional and the Middle Way approach for the ultimate, *hold on to* and do not let go of *the reins of* the *reasoning* of the two stainless valid cognitions that investigates the two truths, *will therefore* (since they abide by the wondrous approach of excellence) *in accordance with the genuine meaning* of the term, *indeed qualify as representatives of the Great Vehicle.*

The Great Vehicle of the Buddha is twofold: it is the profound and the vast. This [twofold vehicle] is revealed by the Buddha through teaching the Middle Way and Mind Only philosophical approaches, while the stainless traditions of Nāgārjuna and Asaṅga, the two chariots, are the explanations of the intent of these [teachings of the Buddha]. The paths [of the profound and the vast] are not, as it were, partial presentations that highlight private assertions. They are simply elucidations of the profound and vast aspects of the Buddha's words. The final [meaning] of all the principles of conventional relative truth—as contained within [the processes of] thorough affliction and complete purification and as taught by the Transcendent Conqueror—depends on the realization of the way of Mind Only. Moreover, resolving that the nature of all phenomena from the aggregate of form up to omniscience is the great freedom from constructs leads to the final Middle Way. Therefore, having unified the intents of these [two approaches], one will have entered the Great Vehicle within which the aspects of the profound and the vast are treated impartially.

Since a perfect merging of the scriptures of the chariots of the two approaches—profound and vast like space and the ocean—was rare even in India, there is no need to mention [that it has been rare] in Tibet. At a time in the Noble Land when the traditions of the chariots were upheld separately, the master [Śāntarakṣita acknowledged that] both the profound and the vast are indispensable and distinctive qualities of the Great Vehicle, and therefore merged the traditions of the two chariots in a single scripture. This is indeed greatly superior to anything else. Comprehending such a scripture is similar to, for example, riding a chariot. How does it resemble a chariot? A vehicle is similar to a carriage: remaining in it, one is delivered to the desired fruition. As for the Great Vehicle, it is said:

དེ་ལས་ཐེག་པ་ཆེན་པོ་ནི། ཇི་སྐད་དུ། ཐེག་ལ་འདི་ནི་མཁའ་འདྲ་གཞལ་མེད་ཁང་ཆེན་ཏེ། །དགའ་སྐྱིད་བདེ་བ་མངོན་པར་ཐོབ་བྱེད་ཐེག་པའི་མཆོག །དེ་གང་ཞོན་ནས་སེམས་ཅན་ཐམས་ཅད་མྱ་ངན་འདའ། །ཞེས་གསུངས་པ་ལྟར། མཁའ་འདྲ་ཟབ་པ་སྟོང་ཉིད་ཉི་ཤུ་དང་། གཞལ་མེད་ཁང་འདྲ་བ་རྒྱ་ཆེ་བའི་བཀོད་པས་མངོན་པར་མཛེས་པ་ནི་ཐེག་པ་ཆེན་པོ་ཞེས་གསུངས་པ་དེ་བཞིན་དུ་འདིར་ཡང་བཞོན་པ་གཞན་ལས་འཕགས་ཤིང་། ཆེན་པོ་ལ་འོས་པ། དཀའ་བ་མེད་པ། འཁོར་བའི་ཁྱད་པར་དུ་མ་དང་བཅས་ཏེ་འགྲོ་བ་སོགས་ཀྱིས་ཤིང་རྟའི་ཚུལ་དང་འདྲ་བར། ཕྱོགས་རེ་རེ་འཛིན་པ་ལས་འཕགས་ཤིང་། ཟབ་ཅིང་རྒྱ་ཆེ་བ་གཉིས་ཀའི་བློ་ལྡན་ཆེན་པོ་ལ་འོས་པ། བདེན་གཉིས་ཀྱི་དེ་ཁོ་ན་ཉིད་ཟུང་དུ་ཆུད་པས་སངས་རྒྱས་ཀྱི་གོ་འཕང་སྒྲུབ་པ་ལ་དཀའ་བ་མེད་ལ། ཐ་སྙད་ཀྱི་ཚད་མ་དང་དོན་དམ་པའི་ཚད་མ་སྟེ་རིགས་པའི་རྣམ་པ་ཚད་མེད་པའི་དགའ་བདེའི་འཁོར་བ་ཆེན་པོ་དང་བཅས་ཏེ་གནས་པ་སོགས་ཡིན་པའི་ཕྱིར་ན་ཤིང་རྟ་དང་འདྲའོ། །དེ་འདྲ་བའི་གཞུང་ལ་གནས་པའི་ཚེ་ནའང་རིགས་པ་ཚད་མས་གཞུང་གི་དོན་ཉམས་སུ་བསྒྱུར་དགོས་པ་ཡིན་ཏེ། རང་འགྲེལ་ལས། དེ་ལ་ལུང་དངོས་པོའི་སྟོབས་ཀྱིས་ཞུགས་པའི་རྗེས་སུ་དཔག་པ་དང་བྲལ་བ་ནི་དད་པས་རྗེས་སུ་འབྲངས་པ་དག་ཀྱང་ཤིན་ཏུ་ཡོངས་སུ་ཚིམ་པར་མི་འགྱུར་ཞེས། གཞུང་དེ་ཉིད་ལ་དད་པས་མི་མོས་པ་དག་ལྟ་ཅི་སྨོས། དད་པའི་སྒོ་ནས་ལུང་དེ་ལ་རྗེས་སུ་ཞུགས་ཀྱང་རིགས་པ་དང་བྲལ་ན་དེའི་དོན་རང་གི་ཉམས་སུ་བསྒྱུར་བའི་ངེས་པ་སྐྱེད་ནས་ཡོངས་སུ་ཚིམ་པར་མི་འགྱུར་ཏེ། ཟས་དང་རིན་པོ་ཆེ་སྣ་ཚོགས་པ་ཞེན་པས་བཅིངས་ཀྱང་དེ་དག་ལོངས་སྤྱོད་མ་ཤེས་པ་ལྟ་བུའོ། །དེས་ན་ཤིང་རྟ་འདྲེན་པའི་རྟ་དེ་ཉིད་ཁ་ལོ་གང་དུ་སྒྱུར་བ་སྲབ་སྐྱོགས་ལ་རག་ལས་པ་བཞིན་དུ། དངོས་སྟོབས་ཀྱི་རིགས་པས་གང་གྲུབ་པ་དེ་ཉིད་ལས་གཞན་དུ་དྲང་མི་ནུས་པར་ལམ་དེ་དང་དེར་ངེས་ཤེས་ཀྱིས་འཇུག་པས་ན། ཐ་སྙད་དང་དོན་དམ་ལ་དཔྱོད་པའི་རིགས་པའི་སྲབ་སྐྱོགས་གཡས་གཡོན་གཉིས་ལ་འཇུ་བར་བྱེད་པ་དེ་ནི། ཟབ་ཅིང་རྒྱ་ཆེ་བའི་དོན་ལ་ཚད་མ་གཉིས་ཀྱི་ངེས་པས་འཇུག་པ་ཡིན་པས་ཐེག་པ་ཆེན་པོ་པ་ཞེས་པའི་མིང་དོན་དང་ལྡན་པ་ཐོབ་སྟེ།

> This vehicle is a great palace resembling space,
> The supreme vehicle that fully achieves the bliss of joyous happiness.
> Whoever rides it delivers all sentient beings from suffering.

In this way, the Great Vehicle is taught to be the 20 space-like and profound emptinesses and the palace-like full beauty of the vast arrays. Now, a chariot is superior to other carriages and it befits the great [and powerful]. Journeying [with it] involves no hardship, while a wealth of special means and techniques can be employed. Likewise, [this approach] is superior to a partial understanding, and it befits the great ones who possess the mental capacity for both the profound and the vast. It unites the essential natures of the two truths so that the level of Buddhahood is achieved without hardship, and it contains the great joyous wealth of limitless conventionally and ultimately valid reasonings. In these ways, it resembles a chariot.

When abiding by such a scripture, its meaning must be experienced using the reasonings of valid cognition. As explained in the *Auto-commentary*:

> Authoritative statements may be followed through faith and without inference by the power of fact. Yet those who do so will not be entirely and completely satisfied.

In this regard, it is unnecessary to mention those without faithful interest in this scripture. But even if one follows the authoritative statements with faith yet lacks reasoning, one will not find certainty in their meaning through one's own practical experience. Therefore, one will not be completely satisfied. The [situation] will resemble being shackled by attachment to food and precious substances without knowing how to enjoy them. Just as the ability to steer the horse that pulls the chariot depends on the reins, so it is through the unswayable certainty in what is established with reasoning by the power of fact that one is able to proceed upon the path of one's wishes. When holding the right and left reins of the reasonings that investigate the conventional and the ultimate, one will, by means of the certainty of the two valid cognitions, proceed to the meaning of the profound and the vast. One will thereby qualify as

ཐེག་པ་ཆེན་པོ་ནི་ཟབ་ཅིང་རྒྱ་ཆེ་བ་གཉིས་ལྡན་ཡིན་ལ། དེ་ལ་མོས་པ་ཙམ་མིན་པར་ཚད་མ་གཉིས་ཀྱི་སྒོ་ནས་ངེས་པའི་གང་ཟག་ཡིན་པའི་ཕྱིར་ན། གང་ཐེག་ཆེན་དེ་དང་ལྡན་པ་ལ་བདག་སྨྲ་སྨྲར་ཏེ་ཐེག་ཆེན་པ་ཞེས་སོ། །དེས་ན་འཐད་པ་དང་བྲལ་བའི་ལུགས་ཀྱང་ཞེན་ལྷས་འཛིན་པ་དང་། འཐད་ལྡན་གཞན་གྱི་ལུགས་ལ་སུན་ཅི་ཕྱིན་བྱས་ན་བསྟན་པ་ཉིད་ལ་ཕངས་པའི་སེམས་སུ་མ་བྱས་པར་གྱུར་པས་ན་དངོས་སྟོབས་ཀྱི་རིགས་པ་དྲི་མེད་དང་ལྡན་པའི་སྒོ་ནས་བསྟན་པའི་རྗེས་སུ་ཞུགས་པའི་བློ་ལྡན་རྣམས་ཀྱིས་ནི། བསྟན་པ་ཉིད་ཀྱི་དབང་དུ་བྱས་ཏེ་རྣམ་པར་དཔྱོད་པ་དྲང་པོས་ཚུལ་བཞིན་དཔྱད་པར་བྱ་སྟེ། དེ་ལྟར་ན། བསྟན་བཅོས་ལས་དཔྱད་རྩོད་ལ་ཆགས་པའི་ཕྱིར། །མ་མཛད་རྣམ་གྲོལ་ཕྱིར་ར་ནི་དེ་ཉིད་བསྟན། །གལ་ཏེ་དེ་ཉིད་རྣམ་པར་བཤད་པ་ན། །གཞན་གཞུང་འཇིག་པར་འགྱུར་ན་ཉེས་པ་མེད། །ཅེས་པ་ལ་སོགས་པ་བཞིན་ཡིན་ཞིང་ཆོས་སྤོང་བ་དང་གཟུང་བའི་མཆོག་དམ་པར་འགྱུར་རོ། །གཉིས་པ་ཚུལ་གཉིས་ཀྱི་ལམ་དེ་ལ་བསྔགས་པ་ལ། ཀུན་གྱི་ཐུན་མོང་མིན་པའི་ཡོན་ཏན་དང་། དེ་ལ་བརྟེན་ནས་དཀར་ཆོས་གཞན་སྐྱེ་བའི་ཡོན་ཏན་གཉིས། དང་པོ། ཁྱབ་དང་དབང་ལ་སོགས་མ་མྱུངས། །དཔག་ཏུ་མེད་པར་གནས་པའི་རྒྱུ། འཇིག་རྟེན་སྲི་པོར་གྱུར་པས་ཀྱང་། །ཤིན་ཏུ་མྱངས་པ་མ་ཡིན་པ། །ཡང་དག་བདུད་རྩི་དག་པ་འདི། །ཐུགས་རྗེ་དག་པའི་རྒྱུ་ཅན་གྱི། །དེ་བཞིན་གཤེགས་པ་མ་གཏོགས་པ། །གཞན་གྱི་ལོངས་སྤྱོད་མ་ཡིན་ནོ། །ཞེས་གསུངས་ཏེ།

representative of the Great Vehicle in accordance with the meaning of the term. The Great Vehicle contains both the profound and the vast, and the person who is not just devoted to that but who has also ascertained it by means of the two valid cognitions is said to be upholding the Great Vehicle. Such a person may therefore be called a representative of the Great Vehicle.

If one upholds unreasonable systems out of attachment, or wrongfully disproves the reasonable systems of others, one is showing disregard for the teachings themselves. The intelligent ones who follow the teachings through possessing stainless reasoning by the power of fact must therefore, with regard to these very teachings, investigate properly through honest examination. As it has been said:

> The treatise does not investigate out of attachment to debate.
> Thatness is taught for the sake of liberation.
> If teaching this makes the scriptures of others disintegrate,
> There will be no fault.

That is how it is. This is protecting and upholding the Dharma in a supreme and sacred way.

Elaborate Explanation

Second, the praise to the path of the two approaches includes: 1) the entirely unique qualities, and 2) the qualities of the further properties of goodness that manifest from them.

The Entirely Unique Qualities

First, it is said:

> *Not experienced by Viṣṇu, Īśvara, and so forth,*
> *This cause for abiding within the immeasurable*
> *Is not even fully experienced*
> *By those who have become superior to the world. [94]*

དེ་ལྟ་བུའི་ཚུལ་གཉིས་པོ་དེ་ནི་གཞན་གྱི་སྤྱོད་ཡུལ་ཐུན་མོང་བ་མ་ཡིན་ཏེ། འདི་ལྟར་འཇིག་རྟེན་ཆེ་ཞིང་བློ་གྲོས་གསལ་བར་གྱུར་པ། **ཁྱབ་འཇུག་དང་དབང་**ཕྱུག་དང་། ཚངས་པ་དང་སེར་སྐྱ་**ལ་སོགས་**པས་ཕྱོགས་ཙམ་ཡང་**མ་སྦྱངས་**པ་ཡིན་ལ། དེར་མ་ཟད་ཡོན་ཏན་གྱི་མཐའ་ཀློས་**དཔག་ཏུ་མེད་པར་གནས་**པར་བྱེད་**པའི་རྒྱུ་**འདི་ནི། **འཇིག་རྟེན་**པ་ཀུན་གྱི་**སྤྱི་བོར་ཁྱུར་**པ་འཇིག་རྟེན་འདས་**པའི་**ལམ་ཅན་ཉན་རང་འཕགས་པ་རྣམས་ཀྱིས་**ཀྱང་**། **ཤིན་ཏུ་སྦྱངས་པ་མ་ཡིན་པ**། **ཡང་དག་**པའི་གནས་ལུགས་མ་ནོར་བ་བདེན་པ་གཉིས་ཀྱི་**བདུད་རྩི་**སྐྱོན་མཐའ་དག་གིས་**དག་པ་འདི་**ནི། འགྲོ་བ་ཀུན་ལ་བརྩེ་བའི་**ཐུགས་རྗེ་**ཆེན་པོ་སྒྲིབ་གཉིས་ཀྱི་དྲི་མས་ཡོངས་སུ་**དག་པའི་རྒྱུ་ཅན་གྱི**། །**དེ་བཞིན་གཤེགས་པ་**འབའ་ཞིག་**མ་གཏོགས་པ**། **གཞན་གྱི་ཡོངས་སྤྱོད་**དུ་འགྱུར་བ་**མ་ཡིན་ནོ**། །ཞེས་སོ། །དེ་ལ་རྣམ་དོར་ཏེ་ཚངས་པ་དང་། ཁྱབ་འཇུག་གམ་ནོར་ལྷའི་བུ་དང་། མིག་མི་བཟང་ངམ་དབང་ཕྱུག་ལ་སོགས་པས་ཚུལ་གཉིས་ཀྱང་བཤད་པའི་ཕྱིར་འདི་དང་འདྲའོ་སྙམ་ན་མ་ཡིན་ཏེ། དེ་དག་གིས་བཤད་པ་ཉི་ཚེ་བའི་སྟོང་པ་ཡིན་པའི་ཕྱིར་རོ། །འདི་ལྟར་རྣམ་འདོར་གྱིས་བཤད་པ་རྣམ་རིག་ཙམ་གྱི་ཚུལ་ནི། བདུད་རྩིའི་ཐིགས་པ་གསང་བ་ལས་བསྟན་པ། རྣམ་རིག་ཙམ་ནི་རྟག་ཏུ་རྣམ་པར་དག །འདི་ལྟར་སངས་རྒྱས་རྟག་ཏུ་གྲོལ་བ་ཡིན། །སྣང་དང་དོར་བ་མེད་ཅེས་རབ་བརྟགས་ལ། །ཚངས་པ་སྨྲ་ངན་མེད་པར་རྟག་གནས་ཐོས། །ཞེས་དོན་གྱི་རྣམ་རིག་ཙམ་གྱི་རང་བཞིན་གྱི་བདག་ཚངས་པ་སྨྲ་ངན་མེད་པའམ། རྣམ་པར་གྲོལ་བ་རྟག་པའི་འབྲས་བུ་དེ་དོན་དུ་གཉེར་བྱ་ཡིན་ལ། ལམ་ནི། རྣམ་རིག་ཙམ་གྱི་རང་བཞིན་དེ་ནི་རྟག་ཏུ་རང་བཞིན་གྱིས་དག་པ་དང་། མ་རིག་པའི་གཉིད་དང་བྲལ་བའི་སངས་རྒྱས་པ་དང་། འདོད་ཆགས་སོགས་ཀྱི་འཆིང་བ་ལས་གྲོལ་བ་ཡིན་ཏེ། དེ་དག་ནི་དོན་དམ་ཡིན་ལ། མ་རིག་པ་དང་ཆགས་སོགས་གློ་བུར་བ་ཡིན་པའི་ཕྱིར་རོ། །དེས་ན་འདི་ལས་མ་གཏོགས་པའི་སྣང་དོར་ཅིའང་མེད་པར་བརྟགས་པའམ་ཤེས་པར་བྱས་ནས་བསྒོམ་པར་བྱའོ། །ཞེས་བཤད་དོ།

This pure elixir of the authentic
Is, except for the Thus Gone One,
Who is the result of the compassion that is pure,
Never enjoyed by anyone else. [95]

This path of the two approaches is not an object that is shared with others. It is *not* even partially *experienced by* those who, in this world, are great and brightly intelligent: *Viṣṇu*, *Īśvara*, Brahmā, Kapila, *and so forth*. Not only that, *this cause for abiding within the* qualities that are *immeasurable* to the mind *is not even fully experienced by those* noble Listeners and Self-realized Buddhas *who*, possessing the supramundane path, *have become superior to the world. This* faultlessly *pure elixir of the authentic* abiding way of the unmistaken two truths *is, except for the Thus Gone One—who is the result of the* great loving *compassion* for all wandering beings *that*, in the absence of the stains of the two obscurations, *is* utterly *pure—never enjoyed by anyone else*.

It may be thought the Purifier (Brahmā), Viṣṇu (the Son of the God of Wealth), the Odd-eyed One (Īśvara), and so forth teach two approaches as well, so [their teachings] are similar to this [system]. Yet this is not the case, for what they teach is a limited emptiness. As for the way of mere awareness declared by the Purifier, it is taught like this in the *Secret Drop of Elixir*:

> Mere awareness is forever thoroughly pure.
> In this way, Buddhahood is permanent liberation.
> Examine well the statement "beyond accepting and rejecting,"
> And experience the permanent abidance in Brahmā, free from suffering.

In this way, what is pursued is the ultimate nature of awareness that is the self of Brahmā free from suffering, or the fruition of permanent liberation. As for the path, it is the nature of mere awareness, which is permanently and naturally pure. Once free from the sleep of ignorance, there is enlightenment and liberation from the ties of attachment and so forth. These are the ultimate truth, for ignorance, attachment, and so forth are temporary. One must therefore meditate, having examined and determined that apart from this there is nothing whatsoever to accept or reject.

།གཞན་ཡང་དེའི་ཕྱོགས་སུ་གཏོགས་པ་སེར་སྐྱའི་གཞུང་ནི། ཡོན་ཏན་རྣམས་ཀྱི་རང་བཞིན་མཆོག །མཐོང་བའི་ལམ་དུ་འགྲོར་མ་ཡིན། །མཐོང་བའི་ལམ་དུ་གང་གྱུར་དེ། །སྒྱུ་མ་ལྟ་བུར་ཤིན་ཏུ་གསོག ། ཅེས་རྟུལ་སྨུན་སླིང་སྟོབས་མཉམ་པའི་གཙོ་བོ་ནི་མིག་སོགས་ཀྱིས་མཐོང་བའི་ལམ་དུ་མི་འགྱུར་བའི་རང་བཞིན་ནམ་གཙོ་བོ་དོན་དམ། མཐོང་བའི་ལམ་དུ་འགྱུར་བའི་གཟུགས་ལ་སོགས་པ་རྣམ་འགྱུར་ཐམས་ཅད་བརྫུན་པ་སྒྱུ་མ་ལྟ་བུའོ། །ཞེས་དང་། བདག་ཤེས་རིག་གི་སྐྱེས་བུ་ཙམ་མཐར་ཐུག་གི་འབྲས་བུར་འདོད་དོ། །གསང་བ་པ་དག་ནི། ཕྱི་ནང་གི་དངོས་པོ་ཐམས་ཅད་ཤེས་པ་རྟག་པ་གཅིག་པོ་ནའི་རང་བཞིན་དུ་བལྟ་སྟེ། དེ་དག་གི་གཞུང་ལས། བུམ་པ་ལ་སོགས་ཞིག་པ་ན། །བུམ་པའི་ནམ་མཁའ་ལ་སོགས་པ། །ཇི་ལྟར་ནམ་མཁར་འདུ་འགྱུར་བ། །དེ་བཞིན་སྲོག་ཀྱང་བདག་འདིར་འདུ། །གཟུགས་དང་འབྲས་བུར་རབ་བརྗོད་པ། །དེ་དང་དེར་ནི་ཐ་དད་ཀྱང་། །ནམ་མཁའ་ལ་ནི་ཐ་དད་མེད། །དེ་བཞིན་སྲོག་ཀྱང་ངེས་པ་ཡིན། །ཞེས་པ་ལ་སོགས་པ་ལྟར། གཟུགས་ཞེས་པ་ཕྱིའི་གཟུགས་ལ་སོགས་པ་དང་། འབྲས་བུ་ནི་ནང་གི་ལུས་ཏེ། དེ་ལྟར་ཕྱི་ནང་གི་སྣང་བ་སྣ་ཚོགས་པ་དག་ཀྱང་ནམ་མཁའི་ངང་དུ་མ་འདུས་པ་མི་སྲིད་ཅིང་། ནམ་མཁའ་ལ་ཐ་དད་མེད་པ་ལྟར། སྲོག་གམ་བདག་ཆེན་པོ་དེའི་ངང་དུ་གཅིག་པར་འདོད་ཅིང་། དག་དང་མ་དག་སྣ་ཚོགས་སུ་སྣང་བ་ནི་མེད་བཞིན་འཁྲུལ་པ་ཐག་པ་ལ་སྦྲུལ་འཛིན་དང་། རྨི་ལམ་ལྟ་བུའོ་ཞེས་ཟེར་ཞིང་།

The scriptures of Kapila are also included in this category. They teach as follows:

> The supreme nature of the qualities
> Will not be [encountered] on the path of seeing.
> Whatever is [encountered] on the path of seeing
> Is, like illusions and so forth, extremely deceptive.

Thus, they proclaim the main [principle] that is the equality of matter, darkness, and courage to be the nature, or main [principle], of the ultimate that is beyond the path of seeing with the eyes and so forth. Everything that is [encountered] on the path of seeing, forms and so forth, is false and resembles illusions. Moreover, the final fruition is [according to this system] held to be nothing but the self of the cognizant and aware being.

The Secretists consider all external and internal entities to be the single nature of permanent cognition, exclusively. Their scriptures make statements such as these:

> When vases and so forth are destroyed,
> The space of the vases and so forth
> Is absorbed into space.
> Thus too is the life force absorbed into this self.
>
> All that is widely renowned as forms and effects
> Are, as such, distinct [phenomena],
> Yet they are beyond distinction within space.
> This accurately illustrates the life force.

That is to say, *forms* in the sense of external forms and so forth, and *effects*, meaning the internal body—anything whatsoever that appears as external or internal—are necessarily contained within space, and within space [everything is] beyond distinction. Similarly, everything is held to be one within the state of the life force, or the great self. As for the various appearances of purity and impurity, they maintain that these are illusions that lack any existence, just like the apprehension of a rope as a snake, or [the appearances in] a dream. As it is said:

བདག་ནི་བདེན་པ་རྟོག་གྱུར་པས། །གང་ཚེ་ཀུན་ཏུ་མི་རྟོག་པ། །དེ་ཚེ་ཡིད་ནི་མེད་འགྱུར་ཏེ། གཟུང་བ་མེད་པས་དེ་འཛིན་མེད། །ཅེས་དང་། རིག་བྱེད་མཐའ་ལ་ངེས་རྣམས་ཀྱིས། །རྨི་ལམ་སྒྱུ་མ་ཇི་འདྲ་དང་། །དྲི་ཟའི་གྲོང་ཁྱེར་ཇི་འདྲ་མཐོང་། །དེ་ལྟར་འཇིག་རྟེན་འདི་དག་མཐོང་། །འགོག་པ་མེད་ཅིང་སྐྱེ་བ་མེད། །བཅིང་བ་མེད་ཅིང་སྒྲུབ་པ་མེད། །ཐར་འདོད་མེད་ཅིང་ཐར་པ་མེད། །འདི་ནི་དོན་དམ་ཉིད་ཡིན་ནོ། །ཆགས་དང་འཇིགས་དང་ཁྲོ་བྲལ་བ། །རིག་བྱེད་མཐར་ཕྱིན་ཐུབ་རྣམས་ཀྱིས། །སྤྲོས་པ་ཉེར་ཞི་གཉིས་མེད་པའི། །རྣམ་པར་མི་རྟོག་འདི་མཐོང་ངོ་། །ཞེས་ཟེར་ལ། འདི་དག་ཐམས་ཅད་ནི་མདོར་བསྡུས་ན་རྣམ་པར་རིག་པ་ཙམ་གྱི་རང་བཞིན་གྱི་རྟག་བདག་སྨྲ་བ་ལས་མ་འདས་པས་མི་འཐད་པར་གོང་དུ་བསྟན་ཟིན་ལ། སྒྱུ་མ་ལྟ་བུ་དང་། རྣམ་པར་མི་རྟོག་པ་ལ་སོགས་པ་ཇི་སྐད་བརྗོད་པ་དེ་བདེ་བར་གཤེགས་པའི་གསུང་རབ་སྤྲོས་པའི་དྲི་མ་ཐམས་ཅད་དང་བྲལ་བ་ལ་དེ་ལྟར་འོང་བ་འཐད་ཀྱི། དེ་དག་གི་ལུགས་ལ་དེ་ལྟར་བརྗོད་ཀྱང་རང་གི་གྲུབ་མཐའ་སུན་འབྱིན་པ་ཙམ་དུ་ཟད་དོ། །ཡང་ཁྱབ་འཇུག་གིས་བཤད་པ་དབུ་མའི་ལུགས་ནི། ཞག་ལྔ་པ་ལས། མིང་ཙམ་ལས་ནི་རབ་འདས་ཤིང་། །དངོས་དང་དངོས་མེད་རྣམ་པར་སྤངས། །འབྱུང་དང་བསྡུ་ལས་ངེས་གྲོལ་བ། །དེ་ནི་ནོར་ལྟའི་བུ་ཞེས་བྱ།

When it is realized that the self is true,
There are no concepts.
At that point mind disappears,
And without the apprehended there is no apprehender.

Moreover:

Those certain in the Vedānta
See the world in the same way
As one sees a dream, an illusion,
Or a city of the smell-eaters.

No cessation and no origination,
No bondage and no accomplishment,
No wish for liberation and no liberation—
This is indeed the ultimate.

Free from attachment, fear, and anger,
Those capable ones who have gone to the end of the Vedas
See this non-conceptuality,
The non-dual, complete pacification of constructs.

Since all of these are, in short, not beyond positing a permanent self that is the nature of mere awareness, the infeasibility [of their assertions] has already been demonstrated above.

The use of words such as *illusion-like* and *non-conceptual* is appropriate in the Bliss Gone One's teachings, which are free from all stains of constructs. The [schools mentioned above] may use such words in their systems, yet in the end they will thereby simply disprove their own tenets. Furthermore, the Middle Way system taught by Viṣṇu is as expressed here in the *Five Days*:

Utterly beyond what are mere names
And wholly transcending entities and non-entities,
Definitive liberation from occurrence and absorption
Is what is known as "The Son of the Wealth God."

།དངོས་ལ་དངོས་ཉིད་ཡོད་མ་ཡིན། །དངོས་མེད་ལ་ཡང་དངོས་ཉིད་མེད། །དངོས་དང་དངོས་མེད་རྣམ་གྲོལ་བ། །གང་དེ་ཤེས་དེ་རིག་བྱེད་རིག །ཅེས་རིག་བྱེད་དམ་ཚངས་པའམ་ནོར་ལྷའི་བུ་བདག་དམ་པ་དེ་ནི་ཐ་སྙད་ཀྱི་མིང་ཙམ་ལས་ཀྱང་འདས་ཤིང་། གཟུགས་ལ་སོགས་པའི་དངོས་དང་། དེ་མེད་པའི་དངོས་མེད་གཉིས་ཀ་སྤངས་པ། འབྱུང་བ་སྐྱེ་བ་དང་བསྡུ་བ་སྡེ་འཇིག་པ་ལས་གྲོལ་བའི་རྟག་པ་ཡིན་ནོ། །དེས་ན་ཐ་སྙད་ལས་འདས་པ་དེའི་རང་བཞིན་ལས་མ་གཏོགས་པའི་གཟུགས་ལ་སོགས་པའི་དངོས་པོ་ལ་དངོས་ཉིད་མེད་དེ་དེ་བརྟེན་པའི་ཕྱིར་རོ། །དངོས་པོ་མ་གྲུབ་ན་དེ་ལ་ལྟོས་པའི་དངོས་མེད་ཀྱང་མེད་ལ། དེ་ལྟར་དངོས་དངོས་མེད་གཉིས་དང་བྲལ་བའི་བདག་དམ་པ་དེ་ཤེས་པ་ནི་རིག་བྱེད་དམ་ཚངས་པ་ཤེས་པ་ཡིན་ནོ་ཞེའོ། །ཡང་མིག་མི་བཟང་གིས་བཤད་པ་དགུ་མའི་ཚུལ་ནི། ཞི་བའི་མཛེས་པ་སྒྲུར་བའི་གཞུང་གི་ཕ་དང་བུའི་སྒྲུར་བ་ལས། བུ་གཅིག་ཚངས་པ་མཆོག་ཏུ་བདེན། །རིག་པའི་དབང་ཕྱུག་སྨྲ་མཐའ་ཡས། །འབའ་ཞིག་ཡོད་པ་ཉིད་སྨྲ་བ། །དེ་ཡང་ཞགས་པར་རབ་ཏུ་བརྗོད། །ཅེས་བུ་གཅིག་ཅེས་པོས་ནས། །ཚངས་པ་དེ་ཁོ་ན་མཆོག་ཏུ་བདེན་གྱི་གཞན་ཐམས་ཅད་བརྫུན་པའོ། །གང་དེ་ནི་རིག་པའི་དབང་ཕྱུག་ཡིན་ཅིང་ཐམས་ཅད་ལ་ཁྱབ་པའི་སྨྲ་མཐའ་ཡས་པའོ། །དེ་ལྟ་མོད་ཀྱི་སྐྱེ་བོ་གང་གིས་དེ་འབའ་ཞིག་ཡོད་པ་ཉིད་དུ་སྨྲ་ཞིང་། དེ་ལ་ཇི་ཙམ་ཡོད་དོ་སྙམ་དུ་མངོན་པར་ཞེན་པ་དེ་ཙམ་དུ་དེའང་འཆིང་བའི་རྒྱུ་ཡིན་པའི་ཕྱིར་ཞགས་པ་དང་འདྲ་བས་ཞགས་པར་རབ་ཏུ་བརྗོད་དོ། །ཞེས་སོ། །ལུགས་དེ་དག་ཀྱང་མཐའ་དང་བྲལ་བ་སྐད་དུ་འཆད་ཀྱང་། མཐར་གཏུགས་ན་བདག་གམ་ཚངས་པ་སོགས་བློ་ཡི་གཏད་སོ་ཞིག་ལ་སྨྲ་བརྟེན་ནས་ཡོད་པས་དགུ་མའི་ཚུལ་ག་ལ་ཡིན་ཏེ་རྒྱས་པར་བཀག་ཟིན་ཏོ།

In entity there is no actual presence of entity,
And in non-entity there is no entity either.
Liberation from entities and non-entities—
The one who knows this has understood the Vedas.

The sacred self of the Vedas, of Brahmā, or of the Son of the Wealth God is thus beyond the conventionality of mere words and transcends both the entities that are forms and so forth, and the non-entities that are the absence of those. It is the permanent liberation from the occurrence of birth and the absorption of death. Apart from the nature of that transcendence of the conventional, the entities (forms and so forth) do not exist as actual entities because they are false. Without the establishment of entities, the non-entities that are reliant upon them cannot exist either. Knowledge of that sacred self, which is thereby free from entity and non-entity, means understanding the Vedas or Brahmā.

Moreover, regarding the Middle Way system as taught by the Odd-eyed One, it is as described here in the *Application of the Father and Son,* from the scripture of the *Applications of the Beauty of Peace*:

Only son, Brahmā is supremely true,
The limitless lord of awareness.
Also, professing the existence of only that
Is widely taught to be shackles.

Having called upon the only son, Brahmā alone is thus [extolled here as] supremely true, while everything else is false. The lord of awareness, he is limitlessly pervasive in everything. Nevertheless, the man who professes the existence of only [Brahmā] and conceives of [his qualities] as being limited to a certain [extent] will, to the same extent, be [creating] the causes for bondage. Such [verbal and mental expressions] are similar to shackles, and so this [image] is used.

These schools speak of freedom from extremes, yet since in the end, they are based on some mental reference point of the self, Brahmā, and so forth, how could they ever be the approach of the Middle Way? They have already been elaborately refuted.

།དེས་ན་རྫོགས་པ་ཆེན་པོ་ཤིན་ཏུ་ཟབ་མོའི་མཐར་ཐུག་པ་ཡིན་སྐད་རྟོགས་དཀའ་བས་ན། ཐོས་བསམ་གྱི་གནས་ལུགས་ལ་སྒྲོ་འདོགས་ཆོད་པ་མཐར་ཕྱིན་པའམ། ཟབ་མོའི་མན་ངག་གི་གནད་དང་ལྡན་པར་མ་གྱུར་པའི་བླུན་སྒོམ་གྱིས་བསྒོམས་པ་ཕལ་ཆེ་བ་འདི་དང་འདྲ་བར་འགྱུར་ཉེ་སྟེ། ཀ་དག་ལ་ངེས་པ་མ་རྙེད་པར་ཡོད་པའང་མིན་ལ་མེད་པའང་མིན་པའི་གཞི་ཞིག་སྙིང་ལ་བརྟག་པ་ཙམ་གྱིས་ནི་གར་ཡང་མི་ཕྱིན་ཏེ། །དེ་འདྲ་བའི་ཡོད་མེད་གཉིས་ཀྱིས་སྟོང་པའི་སྟོང་གཞི་ལོགས་སུ་ངོ་བོས་གྲུབ་པར་བཟུང་ན། དེའི་མིང་ལ་བསམ་མི་ཁྱབ་པའི་བདག་གམ། ཚངས་པའམ། ཁྱབ་འཇུག་གམ། དབང་ཕྱུག་གམ། ཡེ་ཤེས་སོགས་ཇི་བཏགས་ཀྱང་མིང་ཙམ་ལས་དོན་འདྲ་བ་ཡིན་ནོ། །མཐའ་བཞིའི་སྤྲོས་བྲལ་གྱི་གནས་ལུགས་སོ་སོ་རང་གིས་རིག་པར་བྱ་བའི་འོད་གསལ་རྫོགས་པ་ཆེན་པོ་ནི་དེ་འདྲ་བ་ཞིག་ཡིན་ཚོད་མི་གདའ་བས་ཡང་དག་པའི་ལམ་དང་སྟོན་པ་ལ་བརྟེན་པ་གལ་ཆེའོ། །དེས་ན་ཚིག་ཙམ་ལ་སྒྱུ་མ་ལྟ་བུ་དང་། དངོས་པོ་མེད་པ་དང་། སྤྲོས་བྲལ་སོགས་ཟེར་ཡང་། རིགས་པས་དྲངས་པའི་ངེས་ཤེས་ཕུ་ཐག་ཆོད་པའི་སྒོ་ནས་ཉེ་ཚེ་བའི་སྟོང་པ་མུ་སྟེགས་རྣམས་ཀྱི་བླ་ན་འཕགས་པའི་དེ་བཞིན་གཤེགས་པའི་སྟོང་པ་ཉིད་ཀྱི་རྩལ་མ་ཤེས་ན་ཅིའང་མི་ཕན་ལ། ཤེས་ན་སངས་རྒྱས་ཀྱིས་གང་གསུངས་པ་འདི་ནི་ཁྱབ་འཇུག་ལ་སོགས་པ་དེ་དག་གིས་ཅུང་ཟད་ཀྱང་མ་སྨྲས་ཏེ། དེ་དག་གིས་རྣམ་རིག་དང་དབུ་མའི་ལུགས་བཤད་པ་ནི་མིང་ཙམ་དུ་ཞེས་པར་འགྱུར་རོ། །དེ་ལྟར་ཕྱི་ནང་གི་གྲུབ་མཐའ་འདི་ཚིག་ཙམ་གྱིས་ཕྱེ་མི་ནུས་པར་ཟབ་མོའི་གནད་གནམ་ས་ལྟར་མི་མཚུངས་པ་ཡོད་པས། ཇོ་བོ་རྗེས་ཀྱང་ཁོང་བོད་དུ་བྱོན་རྗེས་ད་ལྟ་རྒྱ་གར་ན་ཕྱི་ནང་གི་གྲུབ་མཐའ་ཕྱེ་ནུས་པ་དཀའ་གསུངས་པ་ལྟར། བོད་དུའང་བཙེ་དང་བོན་པོ་ཡང་དེ་དང་འདྲའོ། །དེ་ལྟར་ཕྱི་རོལ་པའི་འདོད་པའི་གཞུང་གི་ཚིགས་བཅད་ཅུང་ཟད་རང་བགྲོལ་ན་བཀོད་པ་ཀ་མ་ལ་ཤཱི་ལའི་དཀའ་འགྲེལ་གྱིས་བཤད་པ་ལྟར་འདིར་མདོར་བསྡུས་སུ་བཀོད་པའོ།

The Great Perfection is of ultimate, extreme profundity and is therefore hard to realize. Those who meditate with stupidity and have either not completed their studies and reflections so that they can cut through superimpositions regarding the abiding way, or who do not possess the key points of the profound oral instructions, generally train in a way that turns out to be similar to these [systems]. If one has not gained certainty in primordial purity but merely hankers after some basis that neither exists nor is nonexistent, it will not yield anything at all. If such a basis for emptiness, devoid of both existence and nonexistence, is held to be of a separate, essential establishment, it may be called the inconceivable self, Brahmā, Viṣṇu, Īśvara, or wakefulness, yet [the difference] is only in name. In terms of the meaning, [they] are [all] alike. The abiding way beyond the constructs of the four extremes, the luminous Great Perfection to be individually cognized, is unlike anything of this sort, and so it is important to rely on the authentic path and teacher.

Nominally we may use words such as *illusion-like*, *absence of entities*, and *freedom from constructs*. Yet that is of no avail whatsoever unless we, by means of decisive certainty brought forth by reasoning, come to understand the way of emptiness of the Thus Gone One, which is superior to the limited emptiness of the extremists. Once that [genuine emptiness] has been understood, one will understand that what the Buddha has expressed is not experienced in the least by Viṣṇu and others, and that the systems of Awareness and Middle Way that have been taught by them are only nominal. While these non-Buddhist and Buddhist philosophies cannot be distinguished merely by their wording, they are, with respect to the profound key point, as unequal as the sky and the earth.

Even the Noble Lord [Atiśa] said that after he had [left India] and gone to Tibet it was difficult to [find someone] in India [who could] distinguish successfully between non-Buddhist and Buddhist philosophies. In Tibet it is similarly [hard to differentiate between] the Bandhe and the Bönpo.

What I have written here is a summary of Kamalaśīla's explanations found in his *Commentary on Difficult Points*, regarding those few stanzas from scriptures that are accepted by the non-Buddhists and included in

།དེ་དག་གིས། ཁྱབ་དང་དབང་ལ་སོགས་མ་སྨྲངས། །ཞེས་པའི་དོན་བཤད་ཟིན་ཏོ། །དེ་ནས་དཔག་ཏུ་མེད་པར་གནས་པའི་རྒྱུ་ཞེས་པ་ཐ་སྙད་ཀྱི་དཔག་ཏུ་མེད་པ་སྟེ། ཇི་ལྟར་དཔག་ཏུ་མེད་ན་དེ་བཞིན་གཤེགས་པའི་འོད་ཟེར་གཅིག་དང་། བ་སྤུའི་བུ་ག་གཅིག་ལའང་ཕྱོགས་འདི་ཙམ་ཞེས་པའི་ཚད་དང་། དུས་འདི་ཙམ་དུའོ་ཞེས་པའི་ཚད་གཟུང་མི་ནུས་པ་ཆོས་ཀྱི་དབྱིངས་དང་མཉམ་པར་འཇུག་པའོ། །དེ་ལྟ་བུའི་དཔག་ཏུ་མེད་པའི་ཆོས་ཉིད་དེ་ལྟ་བུ་ལ་གནས་པར་བྱེད་པའི་རྒྱུ་ནི་ཆོས་ཀྱི་དབྱིངས་དང་རྗེས་སུ་མཐུན་པ་བདེན་གཉིས་ཟུང་དུ་འཇུག་པའི་དབུ་མའི་ཚུལ་ལ་གནས་པས་སོ། །དེའང་དཔེར་ན་ཕྱོགས་གཅིག་གི་དབང་དུ་བྱས་ན། དེ་བཞིན་གཤེགས་པ་དུས་དཔག་ཏུ་མེད་པ་འཁོར་བ་ཇི་སྲིད་དུ་བཞུགས་པར་བྱེད་པའི་རྒྱུ་ནི། སྲིད་ཞི་མཉམ་ཉིད་དུ་རྟོགས་པའི་ཤེར་ཕྱིན་འདི་ཡིན་པ་བཞིན་ནོ། །དེས་ན་ཟླ་བའི་འོད་ཟེར་ལྟར་དག་པ་བདག་མེད་པ་གཉིས་ཀྱི་རང་བཞིན་ཉི་ཚེ་བ་མ་ཡིན་པའི་སྟོང་པ་ཉིད་ཀྱི་བདུད་རྩི་འདི་སྟོན་གྱི་ཚེ་སྐྱོབ་པ་བཅོམ་ལྡན་འདས་ཉིད་ཀྱིས་ཤིན་ཏུ་གསོལ་ཏེ། རྒྱུ་དེས་རྣམ་པ་ཐམས་ཅད་ཀྱི་མཆོག་དང་ལྡན་པའི་ཤེས་རབ་དང་ཐུགས་རྗེའི་རྩལ་ཕྲ་རབ་འདུས་པའི་སྐུ། སྒྲིབ་པ་གཉིས་ཀྱི་ཕུང་པོ་མ་ལུས་པ་དང་བྲལ་བ། སེམས་ཅན་ཐམས་ཅད་ཀྱི་མཆོག་ཉིད་དུ་འཁོར་བ་ཇི་སྲིད་དུ་བཞུགས་པ་སྟེ། སེམས་ཅན་ཀུན་མཆོག་ཉིད་སེམས་དང་། །སྤང་དང་རྟོགས་དང་གསུམ་པོ་ལ། །ཆེན་པོ་གསུམ་གྱི་རང་བྱུང་གི །ཆེད་དུ་བྱ་བ་འདི་ཤེས་བྱ། །ཞེས་གསུངས་པ་བཞིན་ནོ། །དེའང་ཉོན་མོངས་པའི་བག་ཆགས་དེ་ལས་ཕྲ་བ་མེད་པའི་མཐར་ཐུག་པ་ལྟ་བུ་མ་རིག་བག་ཆགས་ཀྱི་ས་དང་། ལས་དང་ཕུང་པོ་སྡུག་བསྔལ་གྱི་རྩ་བ་གཏན་ནས་ཡོངས་ཟད་དུ་བྱེད་པ་ལ། ཟག་མེད་ཀྱི་ལས་དང་། ཡིད་ཀྱི་རང་བཞིན་གྱི་ལུས་དང་། བསམ་གྱིས་མི་ཁྱབ་པའི་འཆི་འཕོ་བ་དག་ཀྱང་ལོག་པས་ཕྱོགས་དུས་མཉམ་པ་ཉིད་ཡེ་ཤེས་ཀྱི་སྐུ་སྐྱེ་འགག་དང་རྟག་མི་རྟག་ཡོད་མེད་ལ་སོགས་པའི་མཐའ་ཐམས་ཅད་སྤངས་པའི་སངས་རྒྱས་འབའ་ཞིག་འགྲུབ་པའོ།

the *Auto-commentary*. This completes the explanation regarding: "*Not experienced by Viṣṇu, Īśvara, and so forth.*"

Now regarding: "*This cause for abiding within the immeasurable,*" we may investigate the sense of the word *immeasurable*. Not even a single light ray from the Thus Gone One or a single pore of his body can be gauged and assessed in terms of directions and time, for they extend as far as the basic space of phenomena. Abiding within that approach of the Middle Way of the Two Truths as Unity, which accords with the basic space of phenomena, is the cause that brings about the abidance in such an immeasurable intrinsic nature. This transcendent knowledge, the realization of the equality of existence and peace, is, in terms of, for example, any single location, also the cause that makes the Thus Gone One remain throughout immeasurable time, for as long as cyclic existence continues. This elixir, pure like moonbeams, of the nature of the twofold absence of self, the unlimited emptiness, is what the Protector, the Transcendent Conqueror, consumed fully in the past. Due to that cause, the body composed of the most subtle particles of compassion and knowledge, endowed with all supreme aspects, and totally free from the aggregates of the two obscurations remains as the supreme [excellence] among all sentient beings for as long as there is cyclic existence. As it has been said:

> The mind that is supreme among all sentient beings,
> The relinquishment, and the realization—
> These three are the three greatnesses.
> Know that these are the three self-existing pursuits.

The ground of ignorant habitual tendencies, which may be explained as the ultimately most subtle form of the habitual tendencies for affliction, is, along with karma and the aggregates that are the roots of suffering, brought to lasting and complete exhaustion [in the attainment of Buddhahood]. Also, the undefiling karma, the body of mental nature, and the inconceivable transference of death are neutralized, and the body of the wakefulness of the equality of directions and times is thereby accomplished. This relinquishment of all extremes such as origination and

།ཅིའི་ཕྱིར་ཡང་དག་པའི་ལམ་ལ་འདུད་རྩི་ཞེས་བརྗོད་སྙམ་ན། གཏན་དུ་འཆི་བ་མེད་པའི་རང་བཞིན་དུ་བྱེད་པས་དེ་སྐད་དུ་བརྗོད་དེ། དེའང་བདུད་རྩི་འབའ་ཞིག་མ་གཏོགས་སྐྱག་མའི་བསྲེ་བསླད་མེད་པས་ཡོངས་སུ་དག་པ་ལ་བདུད་རྩི་དག་པ་ཞེས་བྱའོ། །དེ་ལ་ཁ་ཅིག་འདི་སྙམ་དུ། དཔག་ཏུ་མེད་པར་གནས་པའི་རྒྱུ། །ཞེས་པའི་ཚིག་རྐང་འདི། ཡང་དག་བདུད་རྩི་ཞེས་སོགས་ཀྱི་ཚིག་རྐང་འདིའི་གོང་དུ་བཀོད་ན་འགྱུར་མི་བདེའམ་སྙམ་ན། སྔོན་གྱི་ལོ་པཎ་ཆེན་པོ་རྣམས་ནི་བསམ་བཞིན་སྤྲུལ་པའི་གང་ཟག་ཡེ་ཤེས་ཀྱི་སྤྱན་དང་ལྡན་པ་ཡིན་པས་ཚིག་འདི་དག་གི་གོ་རིམ་ཙམ་ལའང་ནུས་པ་ཞིག་འདོན་རྒྱུ་ཡོད་པས་དེ་ལྟར་བསྒྱུར་བ་སྟེ། དེའང་དུས་ལྟ་བུ་ལ་མཚོན་ན་སངས་རྒྱས་ནི་སྲིད་པ་ཇི་སྲིད་པར་འཁོར་བར་བཞུགས་ལ། ཉན་རང་གིས་དེ་མི་ནུས་ཏེ། མི་ནུས་པའི་རྒྱུ་མཚན་ཡང་སྲིད་ཞི་མཉམ་ཉིད་དུ་རྟོགས་པའི་ཤེས་རབ་མེད་པས་འཁོར་བ་ལ་འཇིགས་པ་དང་། ཞི་བ་ལ་དགའ་བའི་ཡིད་དང་ལྡན་པས་ཡིན་ལ། གཞན་ཡང་བསམ་མི་ཁྱབ་པའི་སངས་རྒྱས་ཀྱི་ཆོས་རྫོགས་པར་བརྙེས་མི་ནུས་པ་ཐམས་ཅད་བདེན་གཉིས་ཟུང་འཇུག་དབུ་མའི་ཚུལ་འདི་ལྟ་བུ་མ་ཤེས་པས་ལེན་པ་ཡིན་ནོ། །ཞེས་པ་སོགས་ཀྱི་ཚིག་གི་ནུས་པ་ཁོངས་ནས་འདོན་པའི་ཆེད་ཡིན་ནོ། །དེ་ལྟར་ན་འཇིག་རྟེན་པའི་སྤྱི་བོར་གྱུར་པ་ཉན་རང་དག་གིས་ཀྱང་མ་སྨྱུངས་ན། འཇིག་རྟེན་པ་ཚངས་དབང་ཁྱབ་འཇུག་ལ་སོགས་པས་ལྟ་ཅི་སྨོས་ཞེས། འདིར་ཤིན་ཏུ་རབ་ཏུ་སོགས་བསྡུགས་པའི་ཡུལ་ཁོ་ན་ལ་སྦྱོར་དགོས་པ་མ་ཡིན་ཏེ། བརྗོད་བྱ་གང་ལ་སྦྱར་བ་དེ་ཉིད་ལྷག་པར་བསྟན་པའི་དོན་ཡིན་ནོ། །ཐུགས་རྗེ་དག་པ་ཞེས་སོགས་ཀྱི་ཐུགས་རྗེ་ནི་འགྲོ་བ་ཀུན་ལ་བརྩེ་བ་ཆེན་པོས་ཉིད་ཀྱིས་ཇི་ལྟར་གཟིགས་པའི་ལམ་སྟོན་པ་ཡིན་ལ། །ཐུགས་རྗེ་ཆེན་པོ་དེའང་གཟིགས་པ་རབ་རིབ་ཀྱི་དྲི་མ་མཐའ་དག་དང་བྲལ་བ་ནི་དག་པའོ། །དེ་ལྟ་བུའི་ཐུགས་རྗེ་ཆེན་པོ་ཡོངས་སུ་དག་པའི་རྒྱུ་སྔོན་དུ་སོང་བ་ཅན་ནམ་འབྲས་བུ་ནི་དེ་བཞིན་གཤེགས་པ་ཡིན་ལ་དེ་ཁོ་ནས་བདེན་གཉིས་ཀྱི་བདུད་རྩི་འདི་གསོལ་ཏེ། །ཞེས་སོ།

disintegration, permanence and impermanence, and existence and non-existence is exclusively the accomplishment of Buddhahood.

One might wonder why the authentic path is spoken of as a pure elixir. These words are used because this is what brings about the nature that is forever deathless. Moreover, because this is nothing but elixir—uncontaminated by any turbidity and utterly pure—it is spoken of as pure elixir. Some have thought that placing the verse that begins, "*This cause for abiding within the immeasurable,*" above the verse that begins "*This pure elixir...*," might provide a smoother translation. Yet the great lotsawas and paṇḍitas of the past were beings who had knowingly emanated and who were endowed with the eye of wakefulness. They translated the way they did [knowing] that the mere sequence of verses also brings forth a certain energy. For instance, this may be illustrated in terms of time. The Buddha remains within cyclic existence for as long as there is such existence, while the Listeners and the Self-realized Buddhas are not capable of that, because lacking the knowledge that realizes the equality of existence and peace, their minds are fearful of existence and fond of peace. Moreover, any failure to discover the inconceivable properties of the Buddha is due to the stupefaction that comes from not knowing an approach such as this one, the Middle Way of the Unity of the Two Truths. [The verses were arranged] in order to bring forth the power of words such as these.

Therefore, since those who have become superior to the world, the Listeners and the Self-realized Buddhas, have not experienced [this], there is no need to mention mundane beings such as Brahmā, Viṣṇu, or Īśvara. In this [context, it should also be mentioned that words] such as "fully" or "thoroughly" must not be attached only to objects of praise. They function to emphasize the meaning of whatever they are applied to.

Now, regarding the verse: "*Who is the result of the compassion that is pure,*" it is due to great love for all wandering beings that [the Transcendent Conqueror] teaches the path exactly as he has seen it himself. Moreover, because such compassion is free from all stains of impaired vision, it is pure. The Thus Gone One is preceded by, or is the result of, the cause, which is this utterly pure great compassion. It is exclusively he who partakes of this elixir of the two truths. This is [what is] expressed [by this verse].

།དེ་ལ་མཁས་པ་རྣམས་ཀྱིས་གང་བཤད་པ་དངོས་སྟོབས་ཀྱི་རིགས་པ་དང་འབྲེལ་བ་ཁོ་ན་ཡིན་པས། འདིར་ཡང་ཚིག་འདི་ཉིད་ཀྱི་ནུས་པས་དེ་བཞིན་གཤེགས་པ་ཉིད་ཀྱིས་གཞན་ལ་ལམ་སྟོན་པའི་བརྩེ་བ་འདི་དང་། གཟིགས་པ་རྣམ་པར་དག་པའི་ཡེ་ཤེས་ཀྱིས་བསྟན་པའི་ལམ་དྲི་མ་མེད་པ་འདི་ལྟ་བུ་ནི། བདེན་གཉིས་མ་ནོར་བའི་ཚུལ་ལ་ཡང་དག་པར་ཞུགས་པའི་རྒྱུ་སྟོན་དུ་སོང་བ་ཡིན་པས། ཡང་དག་པའི་ཚུལ་གཉིས་པོ་འདི་སངས་རྒྱས་ཉིད་ལས་གཞན་གྱི་ཡུལ་མིན་པར་འབྲས་བུའི་རྟགས་ཀྱིས་རྗེས་སུ་དཔོགས་པ་ལ་སོགས་པའི་དོན་ཆེས་མང་པོ་ཞིག་བསྟན་པ་ཡིན་མོད་ཀྱི། ཚིག་འདི་རྣམས་སྒྲོམས་ཆེ་བས་ཞིབ་ཏུ་ནུས་པ་བརྗོད་ཏེ་བཤད་ན་ཡིག་ཚོགས་ལྕི་བར་འགྱུར་བས་མ་སྤྲོས་སོ། །གཉིས་པ་ལ། སེམས་ཅན་ལ་སྙིང་རྗེ་དང་། སྟོན་པ་ལ་གུས་པ་སྐྱེ་བའི་ཕན་ཡོན་གཉིས། དང་པོ། དེ་ཕྱིར་ལོག་པར་བསྟན་པ་ཡི། །གྲུབ་མཐར་འཆེལ་བའི་བློ་ཅན་ལ། །དེ་ལུགས་རྗེས་འཇུག་བློ་ཅན་རྣམས། །སྙིང་རྗེ་ཉིད་ནི་རབ་ཏུ་སྐྱེ། །ཞེས་གསུངས་ཏེ། དེ་ལྟར་དེ་བཞིན་གཤེགས་པ་ལས་གཞན་གྱིས་ལམ་འདི་སྟོན་མི་ནུས་པ་**དེ་ཡི་ཕྱིར་**ཕྱི་རོལ་པའི་སྟོན་པ་རྣམས་ཀྱིས་ལམ་ཡང་དག་པ་མ་ཡིན་པ་**ལོག་པར་བསྟན་པ་ཡི་གྲུབ་མཐར་**ཞེན་པའམ་**འཆེལ་བའི་བློ་ཅན་**རྣམས་**ལ།** དེ་བཞིན་གཤེགས་པ་**དེ་ཡི་ལུགས་**དམ་པའི་**རྗེས་**སུ་**འཇུག་**པའི་**བློ་ཅན་རྣམས་**ནི། ཀྱི་མ་ལམ་འདོད་པ་གང་དག་ལམ་ལོག་པར་ཞུགས་པ་འདི་དག་སྙིང་རེ་རྗེ་སྙམ་དུ་**སྙིང་རྗེ་**ཤུགས་དྲག་པོ་**ཉིད་ནི་རབ་ཏུ་སྐྱེ་**བ་ཡིན་ནོ། །དེ་ལ་འདི་ལྟར་གཞན་གྱི་ལུགས་ལ་བརྟགས་ན། ཉི་མའི་འོད་ཟེར་ཤིན་ཏུ་རྣོ་བ་དག །ཁ་བའི་དུམ་བུ་ལ་སྐྱིབ་པ་མེད་པར་བབས་པ་བཞིན་དུ། ཕ་རོལ་པོའི་འདོད་པ་གཏིང་མི་ཚུགས་པར་མཐོང་ཞིང་། ལྟ་བ་དེས་དེ་དག་བསླུས་པར་ཤེས་ནས་བརྩེ་བ་འཕེལ་ཞིང་།

What the experts teach is, without exception, related to reasoning by the power of fact. Hence, the power of this verse also conveys a multitude of meanings. For instance, the love of the Thus Gone One that reveals the path to others, and the stainless path revealed through the completely pure vision of wakefulness are [both] preceded by a cause—the authentic entry into the unmistaken way of the two truths. Therefore, it is inferred by means of evidence of effect that this twofold authentic way is the domain of no one other than the Buddha. These verses are extremely rich. Were one to extract their power by explaining them in great detail, the sentences would become rather weighty, so I have refrained from that.

Manifesting Further Properties of Goodness

Second, there are: 1) the benefits of compassion for sentient beings, and 2) the benefits of devotion to the Teacher.

The Benefits of Compassion for Sentient Beings

First, it is said:

> *Therefore, regarding those whose minds*
> *Give credit to the philosophy of false teachings,*
> *Those whose minds follow the way*
> *Will indeed feel intense compassion. [96]*

No-one but the Thus Gone One is capable of showing the way. *Therefore, regarding those whose minds* are attached to or *give credit to the philosophy of false* and inauthentic *teachings* of non-Buddhist teachers, *those whose minds follow the* sacred *way* of the Thus Gone One *will indeed feel intense compassion*, thinking "Alas, how miserable, they wish for a path, but have gone wrong."

When the assertions of others are examined, it is like the piercing rays of the sun falling unobscured on a lump of snow. When it is seen that the assertions of the adversaries are unfounded, and when it is understood

ངེས་མཆོན་ཏེ་རང་གིས་དེ་ཁོ་ན་ཉིད་གཏན་ལ་ཕེབས་པ་ན་གཞན་ཡང་དག་པའི་ལམ་དང་བྲལ་བས་
སྲིད་པ་ན་ཡང་ཡང་སྐྱེ་ཞིང་མགོན་མེད་པ་རྣམས་ལའང་སྙིང་རྗེ་ཆེན་པོ་མི་མཐུན་པའི་ཕྱོགས་ཆུང་ངུ་
དང་ཡང་མ་འདྲེས་པ་དང་གིས་སྐྱེ་ཞིང་ཚད་མེད་པར་འཕེལ་བར་འགྱུར་ཏེ། སྙིང་རྗེ་ཆེན་པོའི་རྒྱུ་
བདག་གཞན་མཉམ་པ་ཉིད་དུ་རྟོག་ཅིང་གཞན་རྨོངས་པའི་སྡུག་བསྔལ་ལ་གནས་པ་མཐོང་བ་དང་།
སྙིང་རྗེའི་གེགས་ཀུན་ནས་མནར་སེམས་སོགས་ཀྱི་གཞིར་གྱུར་པ་བདག་རྟོག་གི་དྲི་མ་བྲལ་བའི་ཕྱིར།
རྒྱུ་ཚང་ཞིང་གེགས་མེད་པའི་རིགས་པས་ཀྱང་གྲུབ་བོ། །དེ་ལ་སྙིང་རྗེའི་རིགས་ཀྱི་གཞི་བཟུང་
ནས་འགྲོ་བ་རྣམས་ཁྱུར་དུ་ཁྲིར་བ། རང་དོན་ཡིད་བྱེད་དང་མཚན་མའི་དམིགས་པའི་དྲི་དང་བྲལ་
བ་ལ། དེ་བཞིན་གཤེགས་པའི་བསྟན་པ་སྙིང་རྗེའི་རིགས་ཀྱི་ཁྲིམ་ཁས་ལེན་པ། སྐྱེས་བུའི་
ལྡིད་ཁྲིར་བ་ཡང་དག་པའི་བརྩེ་བ་ཅན་ཞེས་བྱའོ། །དེ་ལྟར་ན་གཞན་སྡུག་བསྔལ་དང་བྲལ་བར་
འདོད་པའི་སྙིང་རྗེ་ལྡན་པ་གང་གིས། སྡུག་བསྔལ་དང་དེའི་རྒྱུ་འཕེལ་བར་མཐོང་ན་སྙིང་རྗེ་ལྷག་
པར་འཕེལ་ཏེ་བུད་ཤིང་བསྣན་པའི་མེ་བཞིན་នོ། །དེའང་དོན་དམ་པའི་ཆོས་ལ་སྐུར་བ་རྣམས་ནི་
སྡུག་བསྔལ་གྱི་རྒྱུའི་མཆོག་ལ་གནས་པ་སྟེ། འདི་ལྟར་ཀ་དང་བྲེ་ལ་སོགས་པ་གསོད་པ་སོགས་
ནི་བདག་དང་གཞན་གྱི་དགྲ་ཆེན་པོ་མ་ཡིན་ཏེ། དེ་དག་ནི་མ་བསད་ཀྱང་རླུང་གིས་བསྐྱོད་ནས་
ཆུའི་ཆུ་བུར་ལྟར་ཤིན་ཏུ་མི་རྟག་པ། བདག་ལ་ཕན་པ་ཙུང་ཟད་ཀྱང་མི་ནུས་པའི་ལུས་རྣག་ཅན།
གྲངས་ཡོད་པ་ཞིག་གསོད་པར་ཟད་ལ། དོན་དམ་པའི་ཆོས་ལ་སྐུར་བ་དག་ནི། འཁོར་བ་ཇི་
སྲིད་བར་བཞུགས་པ། བདག་གཞན་གྱི་དོན་ཕུན་སུམ་ཚོགས་པས་མཛེས་པ། །གྲངས་ལས་
འདས་པའི་རྒྱལ་བ་དང་འབྲེལ་བའི་ཆོས་ཀྱི་སྐུ་ལ་གནོད་པ་སྟེ། ཆོས་སྐུ་དེའི་ས་བོན་དེ་ཁོ་ན་ཉིད་
ལ་མོས་པ་ལ་གནོད་པར་ཞུགས་པའི་ཕྱིར་རོ། །དེ་ཉིད་ཀྱི་ཕྱིར་དམ་པའི་ཆོས་སྤངས་པའི་རྣམ་
སྨིན་ཤིན་ཏུ་མི་བཟད་པ་རྣམ་པ་མང་དུ་མདོ་སྡེ་ལས་བརྗོད་དོ། །དེ་སྐད་དུའང་སློབ་དཔོན་ཀླུས།

that the [opponents] are deceived by their views, love will increase. That is to say, having resolved thatness oneself, one will, since others are deprived of the authentic path, be born again and again within existence. Toward the unprotected, a great compassion that is not corrupted even slightly by unfavorable conditions occurs spontaneously and increases until it becomes boundless. Within the realization of the equality of self and others, one understands the cause of great compassion and sees how others continue to suffer from delusion. There is freedom from the stains of the concepts of self that form the basis for the impediments to compassion (spite and so forth) and thus it is also established by reasoning that the cause [for compassion] is complete and unimpeded.

This may be known as "carrying wandering beings as one's load, after having established the foundation of the family of compassion;" "accepting the house of the family of compassion, the teaching of the Thus Gone One, while for one's own benefit being free from the stains of mental doing and the observation of attributes;" or "carrying the burden of beings by being endowed with authentic love." Therefore, the one who possesses the compassion of wanting to free others from suffering will, when seeing an increase in suffering and its causes, develop tremendous compassion, as when fuel is added to fire.

Moreover, those who are hostile to the ultimate Dharma bear the supreme cause of suffering. Killing fish, birds, and so on is not the great enemy of oneself and others. Even if they aren't killed, they are as impermanent as the froth on water moved by the wind. Such a [killing] would be but a slaying of impure bodies that bring no benefit to their owners at all, and whose number can be counted. Hostility toward the ultimate Dharma means to harm the body of qualities that remains as long as cyclic existence, is beautified by perfect benefit for oneself and others, and is connected to Victorious Ones beyond count. One would have ventured to harm the longing for thatness, which is the seed of the body of qualities. It is for this reason that the sūtras have taught in many different ways that the [karmic] ripening of abandoning the sacred Dharma is utterly inexhaustible. For example, as is also said by the master Nāgārjuna:

ཤིན་ཏུ་རྒྱ་ཆེ་རབ་ཟབ་ལ། །སྙིང་ལུག་ཤིན་ཏུ་མ་སྦྱངས་པ། །བདག་གཞན་དགྲ་དག་གཏི་མུག་གིས། །ད་ལྟར་ཐེག་པ་ཆེ་ལ་སྨོད། །ཅེས་གསུངས་པ་ལ་སོགས་པ་བཞིན་ནོ། །དེས་ན་རིགས་དང་བློ་མ་སྦྱངས་པའི་གང་ཟག་རྣམས་ཇི་ལྟ་ཇི་ལྟར་ཟབ་པའི་ཐེག་པ་ཆེན་པོ་ལ་དེ་ལྟ་དེ་ལྟར་སྐྲག་ཅིང་སྨོད་པ་ཡིན་ཏེ། མདོ་ལས། རང་ཉིད་ཀྱི་ཉམས་དང་སྦྱར་བའི་ཞེར་ཕྱིར་ལྟར་སྣང་ལ་བརྟེན་ནས། ཟབ་ཅིང་དཔགས་པར་དཀའ་བའི་ཞེར་ཕྱིན་ལ་འདི་སངས་རྒྱས་ཀྱི་བསྟན་པ་མིན་ནོ་ཞེས་སོགས་སྐུན་འབྱིན་པ་མང་དུ་འབྱུང་བར་གསུངས་ལ། མདོ་སྡེ་རྒྱན་ལས། དམན་པར་མོས་ཤིང་ཁམས་ཀྱང་ཤིན་ཏུ་དམན། །གྲོགས་པོ་དམན་པ་དག་གིས་ཡོངས་བསྐོར་བ། །ཟབ་ཅིང་རྒྱ་ཆེ་ལེགས་པར་བཤད་པའི་ཆོས། །འདི་ལ་གལ་ཏེ་མོས་མེད་གྲུབ་པ་ཡིན། །ཞེས་གསུངས་པ་ལྟར་ཟབ་པའི་རྒྱུ་མཚན་ཉིད་ཀྱིས་བློ་ཡུལ་དུ་མ་གྱུར་ནས་ཐེག་ཆེན་ལ་སྡང་བ་རྣམས་ལ་སྙིང་རྗེ་ཆེན་པོས་རྗེས་སུ་བཟུང་བའི་ཐབས་མི་འདོར་བར་བྱའོ། །གཉིས་པ། བློ་ནོར་ལྡན་པས་ལུགས་གཞན་ལ། །ཇི་ལྟར་སྙིང་པོ་མེད་མཐོང་བ། །དེ་ལྟར་དེ་དག་སྐྱོབ་པ་ལ། །གུས་པ་ཤིན་ཏུ་སྐྱེ་བར་འགྱུར། །ཞེས་གསུངས་ཏེ། འཕགས་ནོར་གྱི་ཡུལ་དུ་གྱུར་པ་**བློ་**ཤེས་རབ་ཀྱི་**ནོར་**དང་**ལྡན་པས་**བསྟན་པ་འདི་ལས་ཕྱི་རོལ་ཏུ་གྱུར་པའི་**ལུགས་གཞན་ལ་ཇི་ལྟར་སྙིང་པོ་མེད་པ་མཐོང་བ་དེ་ལྟར་**བློ་ལྡན་སྐལ་བཟང་**དེ་དག** །ལམ་འདི་ནི་བཅོམ་ལྡན་འདས་ཁོ་ནས་བསྟན་ཏོ་སྙམ་དུ། བདག་ཅག་གི་སྟོན་པ་ཡང་དག་པར་རྫོགས་པའི་སངས་རྒྱས་**སྐྱོབ་པ་**ཉིད་**ལ།** **གུས་པ་ཤིན་ཏུ་སྐྱེ་བར་འགྱུར་**ཏེ། ཚ་བས་ཇི་ལྟ་ཇི་ལྟར་གདུང་བ་དེ་ཙམ་དུ་བསིལ་བའི་ཆུ་ལ་དགའ་བ་འཕེལ་བ་བཞིན་ནོ།

Those who, due to lack of courage, have not trained at all
In the extremely vast and the utterly profound—
Those enemies of self and others do now,
Because of stupidity, disparage the Great Vehicle.

Those whose potential and mind have not been trained will thus fear and disparage [the Great Vehicle] to exactly the same degree that the Great Vehicle is profound. The sūtras have explained how [these teachings] will often be discredited. For instance, based on an artificial transcendent knowledge that fits their own experience, people may proclaim that this profound and barely fathomable transcendent knowledge is not the teaching of the Buddha. The *Ornament of the Sūtras* teaches:

Being devoted to the inferior, being of extremely inferior constitution,
And being fully surrounded by inferior friends
Establishes the absence of devotion
To this excellently taught Dharma of the profound and the vast.

Thus, some become hostile to the Great Vehicle, since due to its profundity, it surpasses the scope of their minds. They must not be abandoned, but skillfully cared for with great compassion.

The Benefits of Devotion to the Teacher

Second, it is said:

When those who possess the wealth of mind
See how other ways are pointless,
They will come to feel, to the same degree,
Extreme devotion for the Protector. [97]

When those who possess the most eminent of the riches of the noble ones, *the wealth of* the *mind* of knowledge, *see how* the *other ways* that are outside these teachings *are pointless, they will,* thinking "This path is exclusively taught by the Transcendent Conqueror!" *come to feel, to the same degree, extreme devotion for* the Teacher, the truly and completely Enlightened One, *the Protector.* This will happen in the same way that the appreciation

།དེའང་འདི་ལྟར་གཞན་གྱི་ལུགས་ནི་རིགས་ངན་གླུན་པོའི་སྐྱེ་བོ་ལའང་གྲགས་པའི་ཡུལ་རགས་པ་ལའང་འཁྲུལ་པར་མཐོང་ལ། དེ་བཞིན་གཤེགས་པའི་གསུང་རབ་ཐོག་མ་དང་བར་དང་ཐ་མར་དགེ་བ། གསེར་བཟང་པོ་ལྟ་བུར་བསྲེགས་པ་དང་བཅད་པ་དང་བདར་བ་དང་འདྲ་བའི་མངོན་སུམ་དང་རྗེས་དཔགས་དང་། རང་གི་ཚིག་རྣམས་ཀྱིས་གནོད་པར་མ་གྱུར་པའི་དཔྱད་གསུམ་གྱིས་དག་པ་དེ་ནི་ཤིན་ཏུ་ཟབ་པོ་དང་ལྡན་པའི་འཁོར་བ་ན་མ་འདྲིས་པའི་ཡེ་ཤེས་ཀྱིས་དེ་ཁོ་ན་ཉིད་ལ་ཅུང་ཟད་ཀྱང་འཁྲུགས་པའམ་ཀློག་པ་མེད་པར་མཐོང་ནས། མི་དང་ལྷ་ཡུལ་བའི་གཙོ་བོ་མཐའ་དག་གི་ཅོད་པན་གྱི་ཕྲེང་བས། ཞབས་པདྨ་གཉིས་མཛེས་པར་བྱས་པ་དང་ལྡན་པའི་འཇིག་རྟེན་གྱི་བླ་མ་སངས་རྒྱས་བཅོམ་ལྡན་འདས་ལ་བདག་ཤེས་པ་སུ་ཞིག་དོན་དམ་པར་མངོན་པར་མ་ཞེན་པའི་ཚུལ་གྱིས་སྐྱབ་པ་སྙིང་པོར་བྱེད་པའི་དད་པ་ཅི་ཕྱིར་མི་བསྐྱེད་དེ་བསྐྱེད་པར་རིགས་སོ། །དེ་ལྟར་ན་ཡང་དག་པའི་ལྟ་བ་དེ་ལས་སེམས་ཅན་ལ་སྙིང་རྗེ་སྐྱེ་ཞིང་། སྙིང་རྗེ་དེ་ལའང་སེམས་ཅན་ཙམ་ལ་དམིགས་པ་དང་། ཆོས་ལ་དམིགས་པ་དང་། དམིགས་པ་མེད་པའི་སྙིང་རྗེ་གསུམ་གྱི་ནང་ནས་གཙོ་བོར་གྱུར་པ་དམིགས་པ་མེད་པའི་སྙིང་རྗེ་འབྱུང་བ་ཡིན་ཞིང་། ལམ་དེ་ཉིད་སྟོན་པའི་སངས་རྒྱས་ལ་གུས་པ་སྐྱེས་པ་དེ་ལའང་། དང་འདོད་ཡིད་ཆེས་གསུམ་ཡོད་པའི་ནང་ནས་རྒྱལ་པོ་ལྟ་བུ་ཡིད་ཆེས་ཀྱི་དད་པ་སྐྱེ་བས་གཞན་གཉིས་ཀྱང་འཁོར་གྱི་ཚུལ་དུ་འབྱུང་ངོ་། །མི་ལྡོག་པའི་དད་པ་ནི་ཡིད་ཆེས་པ་མི་མཐུན་ཕྱོགས་ཀྱིས་འཕྲོག་མི་ནུས་པའི་ཁྱད་པར་ཙམ་ཡིན་ནོ། །དེ་ལྟར་ན་དཀར་པོའི་ཆོས་ཐམས་ཅད་ཀྱི་རྩ་བ་ནི་དད་པ་དང་སྙིང་རྗེ་ཡིན་པས། དེ་རེ་རེ་ཡོད་ན་རྣམ་བྱང་གི་ཆོས་ཐམས་ཅད་ཀྱང་འབྱུང་བར་གསུངས་པ་ཡིན་ཏེ། ཤེས་བྱ་སྲིད་ཞིག་གཉིས་ལ་དམིགས་པའི་བློ་ཡིན་ནོ་ཅོག་གི་ནང་ན། སྲིད་པ་ལ་དམིགས་པ་ལ་སྙིང་རྗེ་ལས་བཟང་བ་གཞན་མེད་ཅིང་། ཞི་བ་ལ་དམིགས་པའི་བློ་ལ་དད་པ་ལས་བཟང་བ་མེད་ལ། དེ་གཉིས་ཡོད་པར་གྱུར་ན། དེ་གཉིས་ཟུང་དུ་འབྲེལ་བ་བྱང་ཆུབ་ཀྱི་སེམས་རིན་པོ་ཆེ་འབྱུང་སྟེ། བྱང་ཆུབ་ཀྱི་སེམས་ནི་སངས་རྒྱས་ཀྱི་ཆོས་གཅིག་མ་ཞེས་གྲགས་པ་ཡིན་ནོ།

for cool water develops to the extent that one is tormented by heat.

It has been seen that even when considering the coarse objects that are also known among barbarians and fools, the systems of others are deluded. All of the teachings of the Thus Gone One are virtuous in the beginning, the middle, and the end. They are, as it were, the excellent gold which, unflawed in the face of the cutting, burning, and rubbing of direct perception, inference, and [comparisons] of the words, has been verified by triple investigation. Through the wakefulness that remains unpolluted within the extremely dense darkness of cyclic existence, it will be seen that the essential nature of these [teachings] is not in the least upset or corrupted. Having seen that, who would not, regarding this Buddha, the Transcendent Conqueror, the Master of the World, whose lotus feet are embellished by garlands of the crowns of all leaders of the human and divine abodes, give rise to the faith [that manifests] as the essential practice of non-conception within the ultimate? Giving rise to this is reasonable.

Thus compassion arises from the authentic view. Moreover, in terms of the three [types]—compassion that focuses on sentient beings, compassion that focuses on phenomena, and compassion beyond focus—the compassion that occurs [here] is the compassion beyond focus, the principal among them. As for the devotion that is present for the Buddha who teaches this very path, there are three [types] as well: inspired faith, aspiring faith, and the faith of confidence. When the king-like faith of confidence arises, the other two will manifest in the manner of a retinue. Irreversible faith is simply distinguished as the confidence that cannot be removed by adverse circumstances.

Therefore, faith and compassion are the root of all wholesome qualities. It is taught that whenever either of them is present, all the other qualities of complete purification will manifest. If we consider all possible forms of mind that observe the two topics of knowledge—existence and peace—there is, regarding the observation of existence, nothing more excellent than compassion, and regarding the mind observing peace, nothing more excellent than faith. Once these two are present, the precious mind of enlightenment in which the two are united will manifest. This mind of enlightenment is renowned as "the single quality of the Buddhas."

དེ་ལྟ་བུའི་ཀུན་རྫོབ་བྱང་ཆུབ་ཀྱི་སེམས་དེ་ཉིད་ན། དོན་དམ་བྱང་ཆུབ་ཀྱི་སེམས་མཚན་ཉིད་པ་རྟོགས་པའི་གང་ཟག་ལ་ནམ་ཡང་འབྲལ་མི་ཤེས་སུ་འབྱུང་སྟེ། དེས་དངོས་པོའི་གནས་ཚུལ་མ་ནོར་བ་མཐོང་བ་ན། རང་དོན་ཡིད་བྱེད་ཀྱི་དྲི་མ་དང་བྲལ་ཏེ། གནས་ཚུལ་ལ་རྨོངས་པའི་འགྲོ་བ་རྣམས་ཀྱི་དོན་དུ་གནས་ལུགས་མངོན་སུམ་མཛད་པའི་སངས་རྒྱས་འཐོབ་འདོད་ཀྱི་བསམ་པ་ནམ་ཡང་ལྡོག་པ་མི་སྲིད་ལ། དོན་དམ་པར་ནི་ཀུན་རྫོབ་དང་དོན་དམ་པའི་བྱང་ཆུབ་ཀྱི་སེམས་གཉིས་པོ་ངོ་བོ་འདུ་འབྲལ་མེད་པར་གནས་པ་ཉིད་གཏན་ལ་འབེབས་པ་ནི་སྔགས་ཀྱི་རྒྱུད་སྡེ་རྣམས་ནས་འབྱུང་ངོ་། །དེ་ལྟར་ན་སྟོང་པ་ཉིད་དང་སྙིང་རྗེ་ཟུང་དུ་འཇུག་པས་ས་དང་ལམ་གྱི་བགྲོད་པ་མཐར་ཕྱིན་ཏེ། རང་དོན་དུ་ཆོས་ཀྱི་སྐུ་དང་། གཞན་དོན་དུ་གཟུགས་ཀྱི་སྐུ་སྟེ། སྐུ་གཉིས་ཟུང་དུ་འཇུག་པ་བརྙེས་ནས། ནམ་མཁའ་ཇི་སྲིད་དུ་ཕྱིན་ལས་རྒྱུན་མི་འཆད་པ་འབད་རྩོལ་མེད་བཞིན་པར་ཡིད་བཞིན་གྱི་ནོར་བུ་དང་། དཔག་བསམ་གྱི་ཤིང་བཞིན་དུ་འགྲོ་བ་རྣམས་ཀྱི་གནས་སྐབས་དང་མཐར་ཐུག་གི་དགོས་པ་ཡིད་བཞིན་དུ་སྐྱོལ་བ་ཡིན་ནོ། །དེའང་སྐུ་གཉིས་པོ་གཙོ་ཆེ་ཆུང་གི་སྒོ་ནས་རང་དོན་གཞན་དོན་ཞེས་བཞག་ཀྱང་། དོན་དུ་ངོ་བོ་ཟུང་འཇུག་འབྲལ་མི་ཤེས་པའི་ཡེ་ཤེས་ཀྱི་སྐུ་ཡིན་ནོ། །དེའང་རང་འགྲེལ་ལས། ཡང་དག་ཤེས་ཚོལ་སྟོན་བཏང་སྟེ། །དོན་དམ་རྣམ་པར་ངེས་གྱུར་ནས། །ལྷ་ངན་ཐེབ་གནས་འཇིག་རྟེན་ལ། །སྙིང་རྗེ་ཀུན་ཏུ་བསྐྱེད་ནས་སུ། །འགྲོ་དོན་བྱེད་པར་དཔའ་གྱུར་པ། །བྱང་ཆུབ་བློ་རྒྱས་མཁས་པ་ནི། །བློ་དང་སྙིང་རྗེས་བརྒྱན་པ་ཡིས། །ཐུབ་པའི་བརྟུལ་ཞུགས་ཡང་དག་སྤྱོད། །ཅེས་སྟོན་དུ་དེ་ཁོ་ན་ཉིད་གཏན་ལ་ཕེབས་ནས་དེས་སྙིང་རྗེ་ཆེན་པོ་དྲངས་ཏེ་རྫོགས་བྱང་ལ་འཇུག་པ་དང་། ཡང་།

The relative mind of enlightenment will, for the person who has realized the fully qualified ultimate mind of enlightenment, manifest in such a way that it can never be lost. Therefore, when the unmistaken abiding way of entities is perceived, there is, for one's own benefit, freedom from mental doing, while for the benefit of all wanderers stupefied regarding the actual condition, there is the intent to achieve Buddhahood through the direct perception of the abiding way, which is present to a degree that it can never be reversed. The tantras of Mantra show how, ultimately, the relative and ultimate minds of enlightenment are indeed, in essence, resolved to be beyond meeting and parting.

Therefore, having fully traversed the paths and grounds through the unity of emptiness and compassion, the body of qualities for the benefit of oneself and the body of form for the benefit of others will be discovered as the unity of the two bodies of enlightenment. To the extent of space, uninterrupted enlightened activity will, in the manner of the wish-fulfilling jewel and the wish-granting tree, effortlessly bestow all that wandering beings temporarily and ultimately require, in accordance with their wishes. The two bodies of enlightenment are, in terms of their primary [functions], set forth as the benefit for self and the benefit for others, yet in actuality they are the essential, inseparable unity of the body of wakefulness. The *Auto-commentary* states:

> Prepared by the pursuit of the knowledge of the authentic,
> One becomes entirely certain regarding the ultimate,
> And brings forth compassion at all times
> For the world that remains in the dense darkness of evil view.
> Such a hero, who brings about the welfare of wandering beings,
> Is an expert in whom the mind of enlightenment has come to bloom.
> Ornamented by intelligence and compassion,
> This one authentically engages in the discipline of the Capable One.

Accordingly, one may resolve the essential nature and thereby bring forth great compassion, and thus achieve complete enlightenment. Moreover:

གང་དག་དད་པས་རྗེས་འབྲང་བ། །རྫོགས་པའི་བྱང་ཆུབ་སེམས་བསྐྱེད་ནས། །ཐུབ་པའི་བརྟུལ་ཞུགས་མངོན་བྱས་ཏེ། །དེ་ནི་ཡང་དག་ཤེས་ཚོལ་བརྩོན། །ཞེས་གསུངས་པ་ལྟར་སྔོན་དུ་སྙིང་རྗེ་དྲངས་པས་བྱང་ཆུབ་ཀྱི་སེམས་བསྐྱེད་ནས། བྱང་ཆུབ་དོན་གཉེར་ལ་མེད་དུ་མི་རུང་བ་ཡང་དག་པའི་དེ་ཁོ་ན་ཉིད་ཚོལ་བར་ཞུགས་པའི་ཚུལ་གཉིས་ཡོད་ལ། གང་ལྟར་ཡང་ཀུན་རྫོབ་དང་དོན་དམ་པའི་བྱང་ཆུབ་ཀྱི་སེམས་རིན་པོ་ཆེ་རྣམ་པ་གཉིས་ནི་དངོས་པོའི་ཆོས་ཉིད་ཀྱིས་ཕན་ཚུན་གཅིག་གྲོགས་སུ་གཅིག་འོང་ཞིང་མི་འབྲལ་བ་ཡིན་ནོ། །བཞི་པ་མཇུག་དོན་ལ། སློབ་དཔོན་གང་གིས་མཛད་པའི་མཛད་བྱང་དང་། ལོ་པཎ་གང་གིས་བསྒྱུར་བའི་འགྱུར་བྱང་གཉིས། དང་པོ། དབུ་མ་རྒྱན་གྱི་ཚིག་ལེའུར་བྱས་པ། སློབ་དཔོན་ཞི་བ་འཚོ་བདག་དང་གཞན་གྱི་གྲུབ་པའི་མཐའ་རྒྱ་མཚོའི་ཕ་རོལ་ཏུ་སོན་པ། འཕགས་པ་ངག་གི་དབང་ཕྱུག་གི་ཞབས་ཀྱི་པདྨ་རྟོག་པ་མེད་པའི་ཟེའུ་འབྲུ་སྤྱི་བོས་ལེན་པས་མཛད་པ། ཞེས་འཇིག་རྟེན་དང་འཇིག་རྟེན་ལས་འདས་པའི་གྲུབ་པའི་མཐའ་དང་། དེས་མཚོན་ཏེ་རིག་བྱེད་ཀྱི་གནས་རྒྱ་མཚོ་ལྟ་བུ་ཚད་མེད་པ་དག་ལ་ལྷག་མ་ཙམ་ཟད་ཀྱང་མེད་པར་མཁྱེན་པ་དང་། རྗེ་བཙུན་འཇམ་པའི་དབྱངས་དངོས་ལས་ཆོས་གསན་པར་བསྟན་པའོ། །རྫོགས་སོ་ཞེས་པ་གཞུང་མ་ཚང་བ་མེད་པའི་དོན་ཏོ། །གཉིས་པ།

> The one who, guided by faith,
> Gives rise to the mind of complete enlightenment,
> Will manifest the discipline of the Capable One
> And persist in the search for the authentic knowledge.

Therefore one may initially give rise to the mind of enlightenment through compassion, and then start the search for the authentic essential nature, which is indispensable for the one who pursues enlightenment. Thus there are two ways. Still, due to the intrinsic nature of entities, the relative and ultimate minds of enlightenment do not separate in any case, but arise as mutual enhancers.

The Meaning of the Conclusion

Fourth, the meaning of the conclusion includes: 1) the colophon of the authoring master, and 2) the colophon of the translating lotsawa and paṇḍita.

The Author's Colophon

First, it is said:

> This completes the *Ornament of the Middle Way in Stanzas*, composed by the master Śāntarakṣita, who has gone beyond the ocean of our philosophies and those of others, and has placed, on the top of his head, the anthers of the stainless lotus flowers of the feet of the Noble Lord of Speech.

Hence, within the entirety of mundane and supramundane philosophies, and, also, as indicated, within any of the infinite, ocean-like disciplines of knowledge, there is nothing whatsoever of which [Śāntarakṣita] is not aware. He has received the Dharma directly from the noble lord Mañjuśrī himself. That is what is explained here. "This completes" conveys that nothing is lacking.

The Colophon of the Translating Lotsawa and Paṇḍita

Second, it is said:

རྒྱ་གར་གྱི་མཁན་པོ་སུ་རེནྡྲ་བོ་དྷི་སྡེ་ལྷ་དབང་བྱང་ཆུབ་དང་། ཞུ་ཆེན་གྱི་ལོ་ཙྪ་བ་བནྡེ་ཡེ་ཤེས་སྡེ་ཚིག་རྒྱ་སྐད་ལས་བོད་སྐད་དུ་བསྒྱུར་ཞིང་། སླར་ཡང་ཚིག་དོན་གྱི་ཆ་ལ་དག་ཐེར་མཛད་ནས་ཞུས་ཏེ་འཆད་ཉན་གྱི་སྒྲོ་ནས་གཏན་ལ་ཕབ་པའོ། །ཞེས་སོ། །འདི་ལ་རྗེ་ཙོང་ཁ་པས་ཚིགས་བཅད་ལྷུག་གཉིས་ཀ་རྩ་བར་བཞེད་པ་ནི། འགྲེལ་པ་འདིའང་ཤིང་རྟ་ཆེན་པོ་རང་གི་གསུང་ཞིག་ཏུ་དོན་གྱི་སྦྱང་བྲ་ཕུལ་དུ་བྱུང་བ་ཞིག་ཡོད་པས་རྩ་འགྲེལ་ལྷན་དུ་འཆད་ཉན་བྱུང་ན་ལེགས་པས་རྩ་བ་ཡིན་ནོ་ཞེས་གསུངས་ནའང་དོན་གྱི་འགལ་བ་མེད་པ་སོགས་བདག་ཉིད་ཆེན་པོ་དེས་བསྟན་པ་ཐུགས་ལ་གཞག་པའི་དགོས་པ་ཁྱད་པར་བ་ཡོད་པར་གདོན་མི་ཟ་ཡང་། སྤྱིར་ནི་དོན་རེས་འགའ་ཚིགས་བཅད་ཀྱིས་བསྟན་པའམ། རེས་འགའ་ཚིག་ལྷུག་པས་བསྟན་པ་ལྟ་བུའི་སྤྱོལ་མ་མ་ཡིན་པར། རྩ་བ་ཚིགས་བཅད་ཀྱི་དོན་དེ་སླར་ཡང་འགྲེལ་པས་བཀྲོལ་ཏེ་བཤད་པ་ཁོན་ཡིན་པ་འདི་ལྟར་ལགས་སོ། །དེས་ན་འདིར་རང་འགྲེལ་ཉིད་འགྲེལ་བའི་ལུགས་སུ་བྱས་ན་ཚིག་ཤིན་ཏུ་མང་བས་གཞན་དག་འཇུག་དཀའ་བའི་ཕྱིར་འགྲེལ་པའི་ཚིག་འབྲུ་གཉེར་བ་མ་ཡིན་ཀྱང་། དོན་དུ་འགྲེལ་བའི་གནད་ཀུན་གསལ་པོར་བཀྲོལ་ཡོད་པས། འདི་ལ་བརྟེན་ཏེ་འགྲེལ་པ་ཉིད་ཀྱི་ཚིག་གི་ནུས་པ་རྣམས་ཀྱང་སྦྱོང་ནུས་པས། སླར་ཡང་རང་འགྲེལ་དང་དཀའ་འགྲེལ་གཉིས་ལའང་བལྟ་བར་བྱས་ན་ལེགས་སོ། །ད་ནི་གོང་གིས་བཅད་གཉིས་པ་ནི། དེ་ལྟར་ཡོན་ཏན་གྱི་ཁྱད་པར་དུ་མས་འཕགས་པའི་གཞུང་འདི་ཆོས་ཅན། རྣམ་པར་འགྲེལ་ཞིང་བཤད་ལ་དགོས་པ་ཡོད་དེ། ཐུན་མོང་དང་ཐུན་མོང་མིན་པའི་ཕན་ཡོན་གྱི་ཁྱད་པར་འཐོབ་པའི་ཕྱིར། དཔེར་ན་ཡིད་བཞིན་གྱི་ནོར་བུ་བྱི་དོར་བྱས་པ་བཞིན་ནོ།

> His verses were translated from the Sanskrit to Tibetan by the Indian preceptor Surendrabodhi (Enlightenment of the Lord of the Gods) and the great lotsawa editor, the bandhe Yeshe De. Having done so, they once more revised all aspects of word and meaning. Thus they refined [the translation] and established it through teaching and study.

In this context, Lord Tsongkhapa asserts that both the verses and the prose are the root text. As he states:

> This commentary is also the voice of the great chariot himself, and the meanings it contains provide for the most exquisite experience. Since it is beneficial to teach and study the root text and commentary jointly, [both] are therefore the root text.

When so teaching, this great being undoubtedly had special purposes in mind—absence of conflict regarding the meaning and so forth. Yet it is generally not the case that the meaning [of the two texts] is taught through alternation, at times in verse and at times in prose. Rather, it appears that it is exclusively the meaning of the root verses that is elucidated again by the [*Auto-*]*commentary*. If one were to take the approach of commenting on the *Auto-commentary* itself, [the text] would become extremely long and hard to access, and so I have not followed its statements word for word. Nevertheless, all the key points of the commentary have in fact been clearly elucidated [here], and therefore, based on this it will be possible to experience the power of the statements of the [*Auto-*]*commentary* itself as well. Accordingly, it will be beneficial as well to consult both the *Auto-commentary* and the *Commentary on Difficult Point*.

The Purpose of the Explanation

Now, regarding the second of the divisions above, it is meaningful to comment upon and explain the subject, this exalted scripture that possesses numerous special qualities, because distinctive common and uncommon benefits will thereby be achieved, as when, for example, a wish-fulfilling jewel is cleansed. Regarding the common [benefits], one may, by

།དེ་ལ་ཐུན་མོང་དུ་འདི་ལྟར་སངས་རྒྱས་ཀྱི་བཀའི་དགོངས་པ་དྲི་མ་མེད་པ་དེ་དག་རིགས་པའི་ལམ་ནས་དྲངས་ཏེ་ངེས་པ་སྐྱེ་བའི་ཚུལ་འདི་ལྟ་བུས་བཟུང་ན། ཚུལ་གཉིས་ཀྱིས་བསྡུས་པའི་ཐེག་པ་ཆེན་པོ་མཐའ་དག་བཟུང་བའི་ཕན་ཡོན་ལ་རེ་བ་ཡང་དག་བྱུར་ཡོད་དེ། ཆོས་གཟུང་བའི་མཆོག་ནི་རྟོགས་པའི་ཆོས་ཡིན་ལ། དེ་འཛིན་པ་ནི་ཇི་ལྟ་བ་བཞིན་དུ་རང་གིས་རྟོགས་ནས་ཉམས་སུ་ལེན་པ་ཁོ་ན་ཡིན་པའི་ཕྱིར་རོ། །དེ་ལྟར་ཆོས་ཀྱི་དབྱིངས་རྣམ་པར་དག་པ་ལ་ཕྱིན་ཅི་ལོག་ཏུ་རྟོག་པ་ཐམས་ཅད་རིགས་པ་དྲི་མ་མེད་པས་བསལ་ནས། རང་གིས་རྟོགས་པ་ལྟར་གཞན་ལ་སྟོན་པར་བྱེད་པ་དེའི་ཕན་ཡོན་ཀྱང་། ཏིང་འཛིན་རྒྱལ་པོ་ལས། ཏིང་འཛིན་འདི་ནི་སུ་དག་སྟོན་བྱེད་པ། །དེ་ནི་ནམ་ཡང་བྱང་ཆུབ་ཐེ་ཚོམ་མེད། །བསོད་ནམས་ཕུང་པོ་མཆོག་དང་གང་ལྡན་ཞིང་། །གང་ལ་ཚད་མེད་བསམ་གྱིས་མི་ཁྱབ་པ། །འཇིག་རྟེན་སྐྱོབ་དཔོན་སངས་རྒྱས་རྣམ་པར་འདྲེན། །རང་བྱུང་ཐུགས་རྗེ་ཆེན་པོ་མ་གཏོགས་པ། །དེ་ཡི་འོག་ཏུ་སེམས་ཅན་སུ་དག་ཀྱང་། །སྟོང་ཆེན་འདི་ན་བསོད་ནམས་ཕུང་པོ་དང་། །མཚུངས་མེད་བསམ་གྱིས་མི་ཁྱབ་ཡེ་ཤེས་ཀྱིས། །མཉམ་པར་གྱུར་པ་ནམ་ཡང་ཡོད་མེད་དོ། །ཞེས་པ་ལ་སོགས་པས་མཚོན་ཏེ་ཤེས་པར་བྱའོ། །ཐུན་མོང་མ་ཡིན་པའི་དབང་དུ་ན། །རྗེ་བཙུན་འཇམ་པའི་དབྱངས་དང་ངོ་བོ་ཐ་མི་དད་པའི་ཤིང་རྟ་ཆེན་པོ་འདིས། །ལུས་ཀྱང་གདུལ་བར་དཀའ་བའི་རང་རེ་བོད་ཡུལ་རྒྱལ་བསྟན་གྱི་སྣང་བ་དཀར་པོས་ཁྱབ་པར་མཛད་པའི་སྨོན་ལམ་དང་། ཐུགས་རྗེའི་རྟེན་འབྲེལ་གྱིས་རང་ཅག་རྣམས་ལ་ལྷག་པར་བྱིན་རླབས་འཇུག་པ་དང་། ཁྱད་པར་དུ་གཞུང་ཚིག་ཚོགས་ཉུང་ཡང་རིགས་པ་རྣོ་ལ་ཆོད་ཆེ་བ་ཕྱོགས་གཅིག་ཏུ་སྣང་བ་འདི་འདྲ་རྒྱ་གཞུང་གཞན་ནའང་དཀོན་པར་འདུག་པ་ནི་མང་དུ་བརྗོད་པས་ཅི་བྱ་སྟེ། གསེར་གྱི་མདངས་དང་བུ་རམ་གྱི་རོ་བཞིན་དུ་གཞུང་མང་ཐོས་ཟབ་རྒྱས་ཀྱི་བློ་ཅན་རྣམས་ལ་མངོན་སུམ་གྲུབ་པ་འདི་ལྟར་ལགས་པས་བློ་གྲོས་ཀྱི་སྙོ་སྒྱུར་དུ་འབྱེད་པའི་ཕྱིར་དང་།

comprehending the stainless intent of the words of the Buddha through an approach like this one (which derives and ascertains that intent by following the path of reasoning), authentically hope for the benefits [that manifest] from upholding the entire Great Vehicle, composed of the two approaches. The supreme way to uphold the Dharma is by means of the Dharma of realization, and that is exclusively held through practical experience, based on having gained an exact understanding for oneself. Thus, when stainless reasoning has dispelled all mistaken concepts within the utterly pure basic space of phenomena, one will reveal to others what one has realized for oneself. Regarding the benefits of this, they are to be understood by, for example, the following indications from the *King of Absorption*:

> For whoever reveals this absorption,
> There will never be any doubt about enlightenment.
>
> The one who possesses the supreme and abundant aggregates of merit
> And is endowed with inconceivable immeasurables
> Is the master of the world, the Buddha, the Great Guide,
> The Self-Existing Great Compassion.
>
> No sentient being below,
> Within this billion-fold universe,
> Can compare in terms of aggregates of merit
> And unequaled inconceivable wakefulness.

In terms of the uncommon [benefits], this great chariot is indistinguishable in essence from the noble lord Mañjughoṣa. His aspiration was to pervade our land, Tibet (which almost no one could gentle) with the salutary light of the Victorious One's teachings. By the power of that [aspiration] and by the dependent link of his compassion we will fully receive his blessings. In particular, it is rare to find a self-contained [scripture] so concise and endowed with such sharp and conclusive reasoning, even among other Indian scriptures. Why then say much? To the learned ones who possess a mind for the profound and the vast, [its qualities] will, like the radiance of gold and the taste of molasses, be proven through direct

མགོན་པོ་དེའི་བཀའ་དྲིན་རྗེས་སུ་དྲན་ནས་དྲིན་གཟོ་བ་ལ་སོགས་པའི་དགོས་པའང་ཡོད་དོ། །དེ་སྐད་དུའང་དཔལ་ས་སྐྱ་པཎྜི་ཏས། སྡོམ་བརྩོན་དམ་པ་དཔལ་ལྡན་ཞི་བ་འཚོ། །བརྟུལ་ཞུགས་གྲུབ་པ་པདྨ་སཾ་བྷ་ཝ། །བློ་གསལ་དབང་པོ་པདྨའི་དང་རྩལ་སོགས། །སྙིགས་མའི་དུས་ཀྱི་རྒྱལ་བ་གཉིས་པ་ཡིན། །ཞེས་དང་། རྗེ་ཙོང་ཁ་པ་ཆེན་པོས། འཇམ་དཔལ་དབྱངས་ཀྱིས་རྗེས་བཟུང་བས། །རང་གཞན་གྲུབ་མཐའི་ཕ་རོལ་སོན། །ཟབ་མོའི་དོན་ལ་མངའ་བརྙེས་པ། །དཔལ་ལྡན་ཞི་བ་འཚོ་ལ་འདུད། །མགོན་དེས་གངས་ཅན་ཁྲོད་འདིར་རྒྱལ་བའི་བསྟན། །ཐོག་མར་ལེགས་པར་བཙུགས་ཚེ་ཀླུ་སྒྲུབ་ལུགས། །ཕྱོགས་འདིར་དང་བའི་རྟེན་འབྲེལ་ལེགས་བསྒྲིགས་པས། །ད་དུང་དུ་ཡང་ཟབ་མོ་དབུ་མ་ལ། །མོས་པའི་ཕྱོགས་འཛིན་རྒྱུན་མི་ཆད་པར་བྱུང་། །དེ་ཕྱིར་མཁས་པའི་དབང་པོ་དེ་ཡི་གཞུང་། །བདག་ཅག་རྣམས་ཀྱིས་མི་ཉམས་སྤེལ་བ་ནི། །བཀའ་དྲིན་གཟོ་བའི་མཆོད་པ་བླ་མེད་ཡིན། །རྣམ་དཔྱོད་ནམ་མཁའི་ཁྱོན་ལྟར་མཐའ་ཡས་ཤིང་། །དམིགས་མེད་བརྩེ་བའི་སྟོབས་ནི་ཤུགས་དྲག་པས། །ཡོངས་སུ་དྲངས་པའི་གཞུང་མཆོག་དབུ་མའི་རྒྱན། །འདི་ཡི་རིགས་པའི་དགའ་སྟོན་སྦྱངས་པ་ན། །སྐྱེ་བ་མང་པོར་རིགས་པའི་ལམ་དུ་ནི། །ངལ་བ་མང་བྱས་སྒྲུབ་དང་སུན་འབྱིན་ལ། །ལེགས་པར་བྱུང་བའི་རྩོལ་བ་མཁས་མང་གི

perception. Therefore, among the purposes [for composing this commentary] there were these [three]: swiftly opening the gates of intelligence, acknowledging this protector's kindness, and repaying it. As it has been said by the glorious Sakya Paṇḍita:

> The sacred one who perseveres in the vows, glorious Śāntarakṣita,
> The master of yogic discipline, Padmasambhava,
> And the lotus-natured lord[78] of those whose minds are clear—
> These, and those like them, qualify to be a second [wave of] Victorious Ones in the age of degeneration.

Moreover, the great lord Tsongkhapa says, as praise:

> Accepted by Mañjuśrī,
> You have gone beyond our philosophies and those of others
> And gained mastery over the profound meaning;
> Homage to glorious Śāntarakṣita.
>
> Originally, when in this Land of Snow,
> He fully established the teachings of the Victorious One,
> He arranged the dependent links propitiously
> For the spread of Nāgārjuna's way within this realm.
>
> Thus, even now, there continually appear
> Adherents of the profound Middle Way.
> Therefore, preserving and furthering
> The scripture of this lord of scholars
>
> Is the unsurpassable offering that repays his kindness.
> His discernment is as limitless as the extents of space,
> The power of his love, free from focus, intensely strong—
> As the condensation of such [qualities], this supreme scripture, the *Ornament of the Middle Way*,
>
> Contains a feast of reasoning.
> Once this has been enjoyed, one will, among scholarly disputants
> Who throughout numerous lives have undertaken myriad hardships
> And thereby gained proficiency regarding proof and disproof,

།གཙུག་ན་གཙུག་རྒྱན་ནོར་བུ་ལྟར་མཐོ་བས། །སྨྲ་བ་ངན་པའི་ཚོགས་རྣམས་མཐར་མཛད་པ། །འཕགས་པའི་ཡུལ་ནའང་ཆེས་དཀོན་འདི་འདྲ་ནི། །བོད་ཀྱི་རྗེ་རྒྱལ་བཙན་པོས་སྤྱན་འདྲེངས་པ། །ཨོ་མ་བདག་ཅག་བོད་འབངས་སྐལ་བཟང་ཞེས། །ཡིད་ནི་རྨད་བྱུང་བདེ་ལ་རོལ་པ་ཡིས། །ཡོངས་སུ་བསྐྱོད་པས་གཞན་གྱི་དབང་གྱུར་པས། །ཞེས་སོགས་བསྔགས་པ་རྣམས་ནི་བསྔགས་པའི་ཡུལ་མཆོག་གི་ཡོན་ཏན་མཁྱེན་པ་ནི་བསྔགས་པ་པོ་རང་ཉིད་རྣམ་ཐར་མཆོག་ལ་གནས་པའི་འབྲས་རྟགས་ཡིན་ཏེ། །རིན་པོ་ཆེའི་རིན་ཐང་ནི་འབྱོར་ལྡན་ཤེས་རབ་དང་ལྡན་པ་འབའ་ཞིག་གིས་ཤེས་པ་བཞིན་ནོ། །གཞན་ཡང་བཀའ་ཆེམས་ཀྱི་ཡི་གེ་སྙིང་པ་རྣམས་ནས་མཁན་ཆེན་གྱི་ལུགས་ལ་ཡིད་ཆེས་ཤིང་འཛིན་པ་ཡོད་པ་དེ་སྲིད་དུ་གང་ཅན་ན་བསྟན་པའི་སྣང་བ་མི་ནུབ་པར་གསུངས་པ་དང་། མཁྱེན་བརྩེ་ནུས་པའི་བདག་ཉིད་མཁན་ཆེན་བྱང་ཆུབ་སེམས་དཔའ་རང་ཉིད་ཀྱི་ཞལ་གདམས་མཆོག་གླིང་གཏེར་བྱོན་ལས་ཀྱང་། སྟོན་པའི་བསྟན་པ་རིན་ཆེན་འདི༔ གངས་ཅན་ལྗོངས་སུ་ངས་གསལ་བས༔ བདག་གི་རྗེས་སུ་ཞུགས་ནས་ཀྱང༔ སྟོན་པའི་བསྟན་པ་མཆོག་ཏུ་བཟུང༔ ལྷ་ཅིག་ཁྲི་སྲོང་ལྡེའུ་བཙན་དང༔ རྗེ་བཙུན་པདྨ་སཾ་བྷ་ཝ༔ ཁོ་བོ་བོ་དྷི་སཏྭ་ཡིས༔ བཀའ་ཁྲིམས་བཅས་པ་ཇི་བཞིན་དུ༔ ཆོ་དང་ལྡན་རྣམས་བྱ་དགོས་སོ༔ རྒྱལ་བའི་བསྟན་པ་ཉམས་དམའ་ཞིང༔ ཆོ་དང་ལྡན་པ་ཉམ་ཐག་ན༔ སྟོན་པའི་ཐུགས་རྗེ་བསྐུལ་བར་གྱིས༔ ང་ལ་གསོལ་བ་ཡང་ཡང་ཐོབ༔ ཕྱི་ལྟར་འདུལ་ཁྲིམས་ལེགས་པར་བསྲུང༔ ནང་ལྟར་བྱང་ཆུབ་སེམས་འབྱོངས་ནས༔ གསང་བ་སྔགས་ཀྱི་གྲུབ་པ་བརྙེས༔ ལྗང་ལོ་ཅན་དུ་མངོན་འཚང་རྒྱ༔

Become exalted as the jewel of their crowns.
Fully liberating [those who study it] from the hosts of ill-speakers,
[A scripture] such as this was extremely rare even in the Noble Land,
Yet it was beckoned to Tibet by his majesty the King.

Thinking of the wondrous fortune for us, the citizens of Tibet,
My mind is moved and swept away,
Reveling in amazing joys.

This knowledge of the qualities of this supreme object of praise proves, by authentic evidence of effect, that the one who praises also abides in supreme liberation. Likewise, the value of a jewel is known only by someone who is [both] wealthy and intelligent. Moreover, the ancient testaments teach that the light of the teachings will not fade in the Land of Snow for as long as there are [people] who trust in and uphold the tradition of the Great Preceptor. In a treasure brought forth by Chokgyur Lingpa,[79] the Great Preceptor Bodhisattva himself—this personification of wisdom, love and capacity—gives the following guidance:

I have made this jewel of the Teacher's teaching, ༔
Shine in the Abode of Snow, ༔
So, as my followers, ༔
Uphold as supreme the teaching of our Teacher. ༔
The venerable ones must abide ༔
By the commands of the single god, Trisong Deutsen, ༔
The noble lord, Padmasambhava, ༔
And myself, Bodhisattva. ༔
If the teachings of the Victorious Ones decline ༔
And the venerable ones are miserable, ༔
Invoke the compassion of the Teacher ༔
And supplicate me repeatedly. ༔
Outwardly observing well the rules of monastic discipline, ༔
And inwardly training in the mind of enlightenment, ༔
I have accomplished secret Mantra, ༔
And in Alakāvatī[80] achieved manifest enlightenment. ༔
Inseparable from the Lord of Secrets, ༔

གསང་བའི་བདག་པོར་དབྱེར་མེད་ཅིང་༔ སྤྲུལ་པས་བོད་ཀྱི་བསྟན་པ་སྐྱོང་༔ དེ་ཕྱིར་བྱིན་བརླབས་ངེས་པར་འཇུག་༔ སྤྱིར་ནི་རྒྱལ་བའི་སྐུ་གསུང་ཐུགས༔ ལེགས་པར་བཞེངས་ལ་བཀུར་སྟི་བྱ༔ རྟེན་འབྲེལ་བདག་གི་སྐུ་བཞེངས་ནས༔ བཀའ་ཆེམས་བསྒྲགས་ལ་སེམས་བསྐྱེད་བྱ༔ མདུན་གྱི་ནམ་མཁར་སྤྲིན་དྲངས་ལ༔ ཕྱག་འཚལ་མཆོད་བསྟོད་གསོལ་འདེབས་ན༔ རྣམ་དག་ཚུལ་ཁྲིམས་ལེགས་པར་འགྱུར༔ རང་གི་སྙིང་གར་གསལ་བསྒོམས་པས༔ བྱང་ཆུབ་སེམས་མཆོག་འབྱོངས་པར་འགྱུར༔ དབྱེར་མེད་སྐུ་ཡི་ང་རྒྱལ་བཟུང་༔ དངོས་གྲུབ་ཐོབ་ཅིང་དགེ་འདུན་འདུ༔ ཞེས་པ་ལ་སོགས་པ་བཞིན་དུ་དུས་མཐར་རྒྱལ་བསྟན་པ་ཕན་པའི་རྟེན་འབྲེལ་སོགས་དགོས་པའི་མཆོག་དུ་མ་ཡོད་པ་ཡིན་ནོ། །འདིར་སྨྲས་པ། ཐེག་མཆོག་ཁང་བཟངས་ཡངས་པར་ཟབ་གསལ་སྒྲོ་ཡི་སྒྲིན་ལེགས་མ། །གཞུང་མང་རྒྱན་གྱིས་ཉེར་མཛེས་ལྷུག་བསམ་ཟུར་མིག་གཡོ་བཞིན་དུ། །བདེན་གཉིས་རིགས་པའི་རྒྱུད་མངས་རྣམ་དབྱོད་སོར་མོས་བསྟུན་ནས་ཀྱང་། །ལེགས་བཤད་མགྲིན་པའི་གླུ་དབྱངས་འཇམ་མགོན་དགྱེས་པའི་ཆེད་དུ་སྤེལ། །ཀྱེ་མ་བོད་གཞུང་ཚིག་མང་དོན་ཆུང་ཚོགས་ཆེ་ཐེ་ཙམ་སྤྲངས་ཀྱང་ཐེ་ཚོམ་རྒྱ། །བགྲོལ་ལ་ནུས་པ་མི་རྗེ་རྣམས་ཁ་ཡུན་རིང་འབད་ནས་གཞུང་མཆོག་འདི་ལྟ་བུ། །སྤོབས་པའི་མཆོག་སྦྱིན་ཡིད་གཉིས་གཅོད་ལ་འཇམ་དབྱངས་ཕྱག་གི་རལ་གྲི་ལྟར་རྣོ་བ། །གུས་པས་མི་འཛིན་དེ་དག་སྐལ་བ་ཅི་ཞིག་སྒྱུར་སྙམ་བདག་ནི་ཡིད་སྐྱོ་འཕེལ།

I sustain Tibet with emanations. ༔
Hence the blessings will enter with certainty. ༔
In general, construct for veneration ༔
[Supports for] the Victorious One's body, speech, and mind. ༔
Erect images of me, the link of dependency. ༔
Let my testament resound, and give rise to the mind of enlightenment. ༔
If you invite me into the space before you and ༔
Prostrate, offer, praise, and supplicate, ༔
You will be successful in pure discipline. ༔
Visualizing me in your heart center, ༔
You will perfect the mind of enlightenment, ༔
Achieve the pride of the body of inseparability, ༔
Attain the accomplishments, and gather the Saṅgha. ༔

Thus, there are many supreme purposes, such as [creating] links of dependency to serve the teaching of the Victorious One to the ends of time. Some concluding verses:

Within the palace of the supreme vehicle, the lovely-eyebrowed lady of profound and vast mind,
Embellished by the ornaments of numerous scriptures, casts sidelong glances, superior intent,
As she strikes the sitar of the reasoning of the two truths with her fingers of discernment,
And brings forth the melodious song of her voice, excellent statements, to delight the loving protector.

Alas, regardless of how much they may have studied the wordy Tibetan scriptures that are highly troublesome yet of little meaning, there are some who still lack the sharpness it takes to free themselves from the snare of doubt.
Why don't those who have endeavored for so long seize, with devotion, a scripture such as this,
One that bestows the supreme level of eloquent courage and cuts through hesitation, one that is as sharp as the sword of Mañjuśrī?
Perplexed by their lack of fortune, my mind is filled with sadness.

།དེ་ཕྱིར་རྙེད་དང་གྲགས་པའི་བློ་མེད་པར། །བླ་མའི་བཀའ་དང་ལྷག་བསམ་བཟང་པོ་དང༌། མཆོག་
དང་མཆོག་གི་བསྟན་ལ་གུས་པ་ཡིས། །རིགས་པའི་ལམ་མཆོག་རིགས་པའི་ཚུལ་གྱིས་བཀྲལ།
།རྒྱལ་བའི་ཆོས་ཚུལ་ནམ་མཁའི་མཐའ་ལྟ་བུ། །སློབ་པའི་འཕགས་རྣམས་ཀྱིས་ཀྱང་གཞལ་
དཀའ་ན། །བྱིས་པའི་བློ་ཅན་བདག་གིས་སྨོས་ཅི་འཚལ། །དེ་ཕྱིར་ཉོངས་པར་གྱུར་ན་མཐོལ་
ཞིང་བཤགས། །ལུང་བཟང་རིན་ཆེན་སྣང་བ་ལ་བརྟེན་ནས། །རིགས་པའི་འདྲེན་བྱེད་གསལ་
པོར་བགྲད་བྱས་པས། །ཚུལ་ལུགས་བཟང་པོ་མཐོང་ནས་གང་སྤྲུར་བའི། །ལེགས་བྱས་
སྟོན་ཀའི་ཟླ་འདྲ་དྲི་མེད་དེས། །སོ་སོ་ཡང་དག་རིག་པ་བཞི་ཡི་སྒོ། །རིགས་པའི་གཞུང་
བཟང་ཟབ་མོ་འདི་ལྟ་བུ། །རང་གིས་རྟོགས་ནས་གཞན་ལ་འདོམས་པ་ལ། །སྨྲ་བའི་སེང་
གེའི་བརྟུལ་ཞུགས་འགྲུབ་གྱུར་ཅིག །གང་གིས་གཞུང་འདི་འཆད་ཉན་སྒྲོག་པ་ཡི། །སྙིང་ལ་
འཇམ་དཔལ་དགྱེས་པའི་འོད་ཞུགས་ནས། །མཁྱེན་ཆེན་ཆོས་ཀྱི་རྒྱལ་པོའི་རིང་ལུགས་གང༌།
།མི་ཉམས་ཕྱོགས་དུས་ཀུན་ཏུ་སྤེལ་གྱུར་ཅིག །གྲུབ་མཐའ་ཀུན་གྱི་གནད་གསང་འབྱེད་བྱེད་
ཅིང༌། །ཕྲ་ཞིང་ཟབ་མོའི་དོན་ཀུན་རྗེན་པར་སྟོན། །རིགས་ལམ་འདི་འདྲའི་ཚུལ་དང་གང་གི་
བློ། །མཚུངས་པར་སྦྱོར་པ་སྨྲ་བའི་སེང་གེ་ཡིན། །གཞུང་བཟང་ནོར་བུའི་རྒྱན་མཆོག་འདི་
མཐོང་ན། །རྣམ་མང་བསྟོད་པའི་ཅུད་ལྡན་གཞན་གྱི་གཞུང༌། །བྱིས་པའི་སྙེམས་པ་སྤེལ་བྱེད་
མཆིང་བུའི་རྒྱན། །བཟང་པོར་སྙེམས་པའི་ཞེ་འདོད་ཅིས་མི་ལྡོད།

Therefore, without thinking of gain and fame,
I have, by the command of my guru, through wholesome superior intent,
And in devotion to the supreme and the teaching of the supreme,
Elucidated, through reasoning, the supreme path of reasoning.

The ways of the Victorious One's Dharma resemble the extents of space.
As this is hard to fathom even for nobles who are training,
Why mention an infantile being like me?
I therefore confess and regret whatever errors may have occurred.

Those who, supported by the precious light of excellent scriptural authority,
Open wide the guiding eyes of reasoning
To see and reach this excellent way,
Do well, and are stainless like the autumn moon.

Having gained realization themselves, may they impart to others
A scripture of reasoning which, like this one,
Is beneficial and profound and a gate to fourfold correct discrimination.
May they thus accomplish the discipline of the Lord of Speech.

May the light of the joyful Mañjuśrī
Enter the hearts of those who teach, study, and read this scripture,
And may the tradition of the Great Preceptor, the King of Dharma,
Not decline, but develop throughout all directions and times.

Such a path of reasoning bestows the secret key point of all philosophy,
And directly reveals all meanings subtle and profound.
When the mind of someone joins with this way of reasoning within equality,
Then that one is the Lion of Speech.

Having seen this excellent scripture, this supreme jeweled ornament,
Why wouldn't one let go of the propositions that claim as excellent
Those highly praised and widely touted scriptures of others,
Which are trinkets that increase the arrogance of the childish?

Within the fully blossomed lotus of [our] heart[s], may the billion-fold splendors of the countenance
Of the supreme Great Preceptor, inseparable from Mañjughoṣa, liberate us from the darkness of delusion,

།སྙིང་གི་པདྨོ་རབ་ཏུ་བཞད་པར་མཁན་ཆེན་མཆོག་དང་འཇམ་པའི་དབྱངས། །དབྱེར་མེད་ཞལ་གྱི་གཟི་བྱིན་བྱེ་བས་རྒྱོངས་པའི་སྨུན་པ་མཐར་བྱས་ཏེ། །མཁའ་ཁྱབ་འགྲོ་ལ་གཅིག་ཏུ་བརྩེ་བས་མཁའ་བཞིན་རྟག་ཏུ་སྲིད་པ་འདིར། །མཁའ་འདྲ་དྲི་མེད་ཟབ་མོའི་ཆོས་ཀྱི་རྒྱལ་ཛ་མཆོག་ཏུ་བརྟུང་གྱུར་ཅིག །མི་བཟད་དུས་ཀྱི་སྙིགས་མ་ཉི་འོད་ཐུབ་པའི་སྨུག་བཞིན་ཆེས་ཆེར་འཕྲིགས་ན་ཡང་། རྒྱལ་དང་རྒྱལ་སྲས་ཐུགས་བསྐྱེད་སྤྲིན་མེད་མཁའ་ལ་ཟླ་བ་བྱེ་བ་ལྷར་གསལ་ནས། །བཀའ་དང་བཀའ་ཡི་དགོངས་འགྲེལ་དྲི་མ་མེད་རྣམས་བཤད་དང་སྒྲུབ་པའི་ཕྲིན་ལས་ཀྱིས། །བསྟན་དང་འགྲོ་བའི་དགེ་ལེགས་སྣང་བ་གོང་ནས་གོང་དུ་འཕེལ་ཞིང་རྒྱས་གྱུར་ཅིག །ཅེས་དབུ་མ་རྒྱན་གྱི་གཞུང་རྣམ་པར་བཤད་པ་འདིའང་གོང་དུ་ཇི་སྐད་སྨོས་པ་ལྟ་བུས་མཚོན་ཏེ་དགོས་པའི་དབང་དུ་མ་གཟིགས་ནས། མཁན་སློབ་ཆོས་གསུམ་གྱི་ཐུགས་རྗེ་གཅིག་ཏུ་བསྡུས་པ་མཁས་ཞིང་གྲུབ་བརྙེས་ཐམས་ཅད་ཀྱི་རྒྱལ་པོ། །མཁྱེན་མཆོག་ཟུར་ཕུད་ལྔ་པ་ཉིད་དུར་སྨྲིག་འཛིན་པའི་དགེ་སློང་གི་གཟུགས་སུ་རྣམ་པར་རོལ་པ། བདག་ཅག་གི་འདྲེན་མཆོག་མཚུངས་མེད་ཚད་མེད་པའི་བཀའ་དྲིན་གྱི་མངའ་བདག་མཆན་བརྗོད་པར་དཀའ་བ། །འཇམ་དབྱངས་མཁྱེན་བརྩེའི་དབང་པོ་ཞེས་སྙན་པའི་བ་དན་སྲིད་པར་ཡོངས་སུ་གྲགས་པ་དེ་ཉིད་ཀྱིས། རྒྱ་བོད་ཀྱི་འགྲེལ་བའི་ཡིག་ཆ་རྣམས་གནང་ནས་ཞིབ་ཏུ་ལྟོས་ལ་འགྲེལ་བཤད་ཅིག་གྱིས་ཞེས་པའི་རྡོ་རྗེའི་བཀའ་ལུང་སྤྱི་བོར་ཐེབས་པ་གྲུས་པས་དང་དུ་བླངས་པའི་མོད། ཤིན་ཏུ་ཕྲ་བའི་གཞུང་ལུགས་འདི་ལྟ་བུ་ལ་འགྲེལ་བ་རྩོམ་པའི་ནུས་པ་ནི་དམན་པ་བདག་ལྟ་བུ་ལ་མེད་ནའང་། རྗེ་བཙུན་བླ་མའི་བྱིན་རླབས་ཀྱིས་ཅུང་ཟད་འདྲི་བའི་སྤོབས་པ་སྐྱེས་པའི་ཚེ། ཕྱི་འགྱུར་གྱི་རིང་ལུགས་པ་ཆེན་པོ་པདྨའི་མཚན་གྱིས་ཀྱང་ནན་ཏན་དུ་བྲིས་ཤིག་པའི་གསུང་གནང་བས་ཀྱང་བརྩོན་པ་བསྐྱེད་དེ།

And here in existence, [may we], out of total love for the wandering beings pervading space,
Beat sublimely and permanently, like space, the victory drum of a Dharma that is space-like, stainless, and profound.

In this time of bitterness, the degenerations gather ever more, like darkness when the sun has set,
Yet the aspirations of the Victorious Ones and their heirs are as radiant as millions of moons in a cloudless sky.
Hence, for the teachings and wandering beings, may the activities of teaching and practicing the stainless words of the Buddha and the commentaries on their intent
Enrich and spread the light of propitious goodness.

Our supreme guide and lord of limitless kindness embodies the compassion of the Preceptor, the Master, and the Dharma King. He is the monarch of all learned and accomplished ones, and is the five-braided [master of] supreme wisdom playfully [manifest] in the form of a saffron-robed monk. Under the name that is difficult to express, Jamyang Khyentse Wangpo,[81] the banner of his renown flutters everywhere throughout existence.

As indicated by the examples above, he saw numerous reasons for composing this commentary on the *Ornament of the Middle Way*, and hence handed me the texts of the Indian and Tibetan commentaries, telling me: "Study them carefully, and do a commentary." Since the vajra command had descended upon the crown of my head, I indeed accepted without hesitation. Although someone as inferior as I has no power to compose a commentary on a scripture such as this extremely subtle one, I nevertheless, by the kindness of the noble lord, my guru, gained the courage [to pursue a commentary that comes] from a slight acquaintance [with the scritpure]. And since, at the same time, the great upholder of the tradition of the Early Translations who carries the name Padma[82] persistently demanded that I write, I mustered diligence. Having begun on the 3rd day of the black month of the newly arisen year of the

།རང་ལོ་སོ་གཅིག་པ་རབ་ཆོས་མེ་བྱིའི་བགྲང་བྱ་གསར་དུ་ཤར་བའི་ནག་པ་ཟླ་བའི་ཆོས་གསུམ་ལ་མགོ་བརྩམས་ནས། སྔ་ཕྱིན་རྣམས་སུ་བརྒྱུད་མར་བྲིས་ཏེ་ཟླ་བ་དེ་ཉིད་ཀྱི་ཆོས་ཉེར་བཞི་ལ་རྫོགས་པར་བགྱིད་པ་པོ་ནི། རྗེ་མཚུངས་མེད་མཁྱེན་བརྩེའི་དབང་པོ་དེ་ཉིད་ཀྱི་ཞབས་རྡུལ་ལ་སྤྱི་བོས་རེག་པའི་མཐུ་ལས་བློ་གྲོས་ཀྱི་འཇུག་པ་ཅུང་ཟད་ཐོབ་ཅིང་། གཞན་ཡང་ངེས་པ་དོན་གྱི་རྡོ་རྗེ་འཆང་ཆེན་པོ་དབང་ཆེན་དགྱེས་རབ་རྡོ་རྗེ་དང་། གནས་ལྔ་རིག་པའི་པཎྜི་ཏ་ཀརྨ་ངག་དབང་ཡོན་ཏན་རྒྱ་མཚོ་དང་། རྒྱལ་སྲས་མཁས་པའི་ཁྲུ་མཆོག་འཇིགས་མེད་ཆོས་ཀྱི་དབང་པོ་སོགས་དམ་པ་དུ་མའི་བཀའ་དྲིན་གྱིས་བསྐྱངས་པས་རྒྱལ་བསྟན་ལ་དད་པའི་སྣང་བ་ཅུང་ཟད་ཐོབ་པ། རིག་བྱེད་ཀྱི་བཏགས་མིང་དུ་འཇམ་དཔལ་དགྱེས་པའི་རང་མདངས་མཚོ་བྱུང་བཞད་པའི་གེ་སར་དུ་འབོད་པ་བདག་གིས་བྲིས་ཤིང་། སྐབས་ཡང་སྐྱབས་རྗེ་དམ་པ་ཉིད་ལས་དག་སྣང་ཉེ་བརྒྱུད་ཀྱི་ཞལ་ལུང་ཟབ་མོ་ལེགས་པར་ཐོས་ནས། དེ་མ་ཐག་སྒོམ་བརྩོན་སྨྱེ་སྤྱོད་འཛིན་པ་ཆེན་པོ་བཀྲ་ཤིས་ཀྱི་གྲངས་ལ་ཞག་ཉེར་གཅིག་གི་རིང་དུ་ཞལ་ཁྲིད་བགྱིས་པའི་སྐབས་སུ་ཅུང་ཟད་ཞུས་དག་ཏུ་བྱས་པ་འདིས། རྒྱལ་བ་ཉི་མའི་གཉེན་གྱི་རིང་ལུགས་ཡང་དག་པའི་རིགས་ལམ་སེང་གེའི་སྒྲ་བོ་ཆེ་འཇིག་རྟེན་གྱི་ཁམས་ཀུན་ན་རྟག་ཏུ་ཁྱབ་པར་བསྒྲགས་པས། བདུད་དང་། མུ་སྟེགས་དང་། ཀླ་ཀློ་ལ་སོགས་པ་ཕ་རོལ་གྱི་རྒོལ་བའི་སྤོབས་པ་མ་ལུས་པ་ལྷག་མེད་དུ་བཅོམ་ནས། སངས་རྒྱས་ཀྱི་བསྟན་པ་རིན་པོ་ཆེ་ཕྱོགས་དུས་ཀུན་ན་རྒྱལ་ཞིང་རྒྱས་པའི་རྟེན་འབྱུང་དུ་གྱུར་ཅིག །མངྒ་ལཾ།།

།།ཨོཾ་སྭ་སྟི། སྲས་བཅས་རྒྱལ་བའི་མཁྱེན་རབ་འཇམ་པའི་དབྱངས། །དུར་སྙིག་འཛིན་པའི་གཟུགས་སུ་རྣམ་རོལ་པས། །ཐུབ་བསྟན་ཆོས་ཀྱི་རྒྱལ་མཚན་ལེགས་འཛུགས་པ། །མཁན་ཆེན་ཆོས་ཀྱི་རྒྱལ་པོ་རྒྱལ་གྱུར་ཅིག ༡

fire bird, my own 31st year, I wrote continuously during the morning sessions, and so completed [this commentary] on the 24th day of that month.

As for me, the author, I am someone who has touched the dust of the feet of the incomparable lord, Khyentse Wangpo, with the crown of my head, and so gained some slight measure of intelligent ability. Having, moreover, been kindly nourished by numerous sacred ones—the great vajra holder of the definitive meaning, Wangchen Gyerab Dorje;[83] the paṇḍita possessing the knowledge of the five topics, Karma Ngawang Yönten Gyatso;[84] the son of the Victorious Ones and leader of experts, Jigme Chökyi Wangpo;[85] and so forth—I have achieved a slight experience of faith in the Victorious One's teachings. The poetic name that has been given to me is Jampal Gyepay Rangdang Tsojung Shepay Gesar—Self-radiance of Mañjuśrī, Anthers of the Blooming Lake-born One.

Furthermore, having fully received the profound explanatory text transmission of the close lineage of pure vision from the sacred lord of refuge himself, I later did a bit of editing, while teaching, for a period of 21 days, an auspicious number of those who persevere in the vows and are great holders of the vessels [of the Teachings].

May this cause the great lion's roar of the authentic path of reasoning, the tradition of the victorious Friend of the Sun, to resound forever and pervasively throughout all the realms of the world. May the adversaries—demons, extremists, barbarians, and so forth—hereby see their courage to attack entirely conquered, and may this then become a link of dependency for the victory and spread of the precious teachings of the Buddha throughout all directions and times. Maṅgalam.

Oṃ svasti

1) *Mañjuśrī, the wisdom of the Victorious Ones and their heirs,*
Reveled in the form of a saffron-robed monk,
And so planted well the victory banner of the Capable One's teachings.
Great Preceptor, king of Dharma, may you be victorious!

།གང་དེའི་རྣམ་དཔྱོད་མཚོ་ཆེན་ལས་འོངས་པ། །ལེགས་བཤད་ཉི་མ་བརྒྱ་པའི་སྣང་བ་ཡིས།
།སྲིད་པའི་སྨག་རུམ་གཏན་དུ་ཟད་བྱེད་པའི། །གཞུང་ལུགས་རྒྱལ་བསྟན་མཛེས་པའི་རྒྱན་གཅིག་
གང་། ༢ །མཁས་ཤིང་གྲུབ་བརྙེས་བྱེ་བའི་བློ་གྲོས་ཀྱིས། །ཡང་ཡང་བཟུང་བྱས་རིག་
ལམ་སེང་གེའི་སྒྲ། །རྒྱུན་མར་བསྒྲགས་པས་འཕགས་བོད་འཛིན་མའི་ཁྱོན། །ཀུན་དགའི་
དཔལ་དང་ལྡན་པར་གྱུར་མོད་ཀྱི། ༣ །དུས་ཀྱི་དབང་གིས་འཆད་དང་ཉན་པའི་སྒོ། །རི་
ཞིག་ངལ་བསོས་བཞིན་དུ་གྱུར་ན་ཡང་། །རིགས་གསུམ་སེམས་དཔའི་རྣམ་ཐར་གཅིག་བསྡུས་
པ། །སྙིགས་མའི་རྒྱུད་པ་ཀུན་སེལ་བསྟན་འགྲོའི་མགོན། ༤ །འཇམ་དབྱངས་མཁྱེན་
བརྩེའི་དབང་པོ་ཞེས་གྲགས་པའི། །སྐལ་པའི་བ་དན་སྲིད་ན་མངོན་མཐོ་བ། །གང་གི་ཐུགས་
བསྐྱེད་ཟབ་མོའི་བྱིན་རླབས་དང་། །དགྱེས་པའི་གསུངས་གི་སྣང་བ་ལ་བརྟེན་ནས། ༥
།མདོ་སྔགས་བསྟན་པ་ཡོངས་སུ་རྫོགས་པ་ཡི། །བཤད་དང་སྒྲུབ་པའི་ལམ་སྲོལ་དྲི་མེད་པ། །སྔོན་
གྱི་དུས་བཞིན་སླར་ཡང་གསལ་བ་ན། །ད་གདོད་ཐུབ་བསྟན་བདུད་རྩིའི་སྦྱོང་བ་ཤེས། ༦
།ཐེག་མཆོག་དབུ་མ་ཆེན་པོའི་རིགས་པའི་གནད། །གཞུང་བཟང་འདི་འདྲའི་ཚུལ་ལ་བརྟེན་ནས་
སུ། །ཐེ་ཚོམ་སྨག་དང་བྲལ་བར་ངེས་བྱེད་པའི། །བློ་ལྡན་བློ་ཡི་སྣང་བ་འཕེལ་བྱའི་ཕྱིར།
༧

2) *From the great ocean of your discernment,*
There appeared the light of the hundred suns of your excellent statements.
Forever ending the darkness of existence,
This is the single ornament that embellishes the scriptural traditions, the teachings of the Victorious One.

3) *Repeatedly upheld by the intelligence of millions of learned and accomplished ones,*
The lion's roar of this path of reasoning has resounded continuously,
And so the expanse of the field of the Noble Land and Tibet
Has been endowed with the glories of universal joy.

4) *Due to the times, the channels for teaching and study*
Appeared to be temporarily taking rest.
Yet the single embodiment of the liberation of the Bodhisattvas of the three families,
The dispeller of all misfortune of the degenerations, the protector of the teachings and of beings,

5) *Jamyang Khyentse Wangpo, whose banner of renown*
Is raised truly high within existence,
Has, by the blessings of his profound aspirations
And the light of his speech of delight,

6) *Made the stainless tradition for explaining and practicing*
The teachings of Sūtra and Mantra in their perfect completeness
Become once more as bright as it was in the past.
Thus we may still experience the taste of the elixir of the Capable One's teachings.

7) *The key points of the reasoning of the Supreme Vehicle, the great Middle Way,*
Can, based on the approach of an excellent scripture such as this,
Be ascertained beyond the darkness of doubt.
In order to enhance the light of the minds of the intelligent ones who do so,

།ཟབ་མོ་དབུ་མའི་རྒྱན་གྱི་གཞུང་ཉིད་ལ། །གསལ་ཞིང་གོ་བདེར་བཤད་པའི་འགྲེལ་བ་འདིའི།
།འཛད་མེད་ཆོས་ཚར་སྤྱར་གྱི་བཀོད་པ་ཡང་། །མཚུངས་མེད་དཔལ་ལྡན་བླ་མའི་ཕྲིན་ལས་ལགས།
༨ །འདི་ཡི་དགེ་བས་ས་གསུམ་འགྲོ་བ་ཀུན། །ཟབ་ཅིང་རྒྱ་ཆེའི་ཤེས་རབ་གཏེར་གྲོལ་ནས།
།བདེ་བར་གཤེགས་པའི་ཆོས་མཛོད་མ་ལུས་པ། །འཆད་ཉན་རྩོམ་པས་འཛིག་རྟེན་མཛེས་གྱུར་
ཅིག ༩ །ཐུབ་བསྟན་ཡོངས་སུ་རྫོགས་པའི་ལུས་སྟོབས་རྒྱས། །རིགས་ལམ་རྣོ་དཔལ་
འཁོར་ལོའི་སྣ་ཞགས་ཅན། །ལེགས་བཤད་འཆི་མེད་བཞིན་པ་འདིར་བརྟེན་ནས། །རྒྱལ་
བསྟན་ཕྱོགས་ལས་རྣམ་པར་རྒྱལ་གྱུར་ཅིག ༡༠ །ཅེས་པའང་སྤྱར་བྱང་སྨོན་ཚིག་བཅས་རྗེ་
བླ་མའི་བཀའ་ཡི་སྣང་བས་སྐྱོང་བ་འཇམ་དཔལ་དགྱེས་པས་བྲིས་པ་དགེའོ།། །།སརྦ་ད་ཀ་ལྱཱ་
ཎཾ་བྷ་བ་ཏུ།།

8) *The explanation of this clear and easily understood commentary*
On this scripture, the profound Ornament of the Middle Way,
Is published as an inexhaustible rain of Dharma—
This, too, is the activity of the incomparable glorious guru.

9) *By the virtue of this, may the wandering beings of the three realms*
Experience the opening of the treasury of profound and vast knowledge.
Thus may the world be resplendent with teachings, studies, and compositions
On the entire treasury of the Bliss Gone One's Dharma.

10) *Its body endowed with the full strength of the complete teachings of the Capable One,*
And its trunk brandishing the sharp disk of the glorious path of reasoning—
May this immortal elephant, this mount of excellent statements,
Be deployed for the universal triumph of the Victorious One's teachings!

This colophon for the publication, which contains verses of aspiration, was written by Jampal Gyepa, who is sustained by the light of the word of his lord guru. Virtue!

Sarvadā kalyāṇam bhavatu.

Ornament of the Middle Way in Stanzas

by

Śāntarakṣita

In the Indian Language: *Madhyamakālaṃkārakārikā*
In the Tibetan Language: *dbu ma rgyan gyi tshig le'ur byas pa*

Homage to the youthful Mañjuśrī!

These entities spoken of by ourselves and others
Possess in reality
Neither a nature as one nor as many.
Hence they have no nature and are like reflections. [1]

Since the effects are achieved gradually,
The permanent ones are not singular identities.
If different for each of the results,
They lose their permanence. [2]

Regarding the system which posits
That cognition arising from meditation cognizes an unconditioned object,
This is not singular either,
For it is related to stages of cognition. [3]

If the nature
Of the former cognition's object follows,
The former cognition becomes the latter
And the latter becomes the former as well. [4]

If the essence of that does not occur
At all former and latter occasions,
It should be understood how, just like the cognition,
The unconditioned is a momentary occurrence. [5]

If they occur by the power
Of the former succession of instants
Then they are not unconditioned,
Just like mind and mental states. [6]

If it is asserted that throughout these,
The moments occur independently,
Since they are not reliant on anything else,
They will forever be either present or absent. [7]

Why examine that which is asserted
When it cannot perform any function?
The desirous may wonder whether the neuter is handsome or ugly,
Yet what purpose will their examination serve? [8]

Other than as the utterly momentary
The person cannot be demonstrated.
It is therefore clearly and thoroughly understood
That it possesses no nature as one or as many. [9]

Related to what has separate parts,
How could the pervasives be singular?
Because they are, for instance, entities that are veiled and unveiled,
The coarse are not singular either. [10]

Whether they join or surround,
Or remain without any space in between,
If it is said that the particular nature
Of the central particle that faces one particle [11]

Will be the very same
As that which faces other particles,
In that case, is it not so
That earth, water, and so forth will not develop? [12]

If the side facing another particle
Is asserted as another,
How can the most subtle particle then
Be singular and partless? [13]

The absence of nature in terms of the particle has been proven.
Therefore eyes, substance, and so forth—
An abundance spoken of by us and others—
Are clearly devoid of nature. [14]

The nature of these, that which is formed by these,
The qualities of these, the identity of the actions of these,
The universals of these and the particulars of these—
These are inherent in those. [15]

Consciousness arises entirely
As the opposite of the nature of matter.
Therefore, such an immaterial nature
Knows of itself. [16]

A nature that is singular and has no parts
Cannot reasonably be threefold.
Awareness of itself is, therefore, not in terms
Of entities that are object and agent. [17]

Therefore, since this is the nature of cognition,
Self cognition is appropriate.
How to know of
The natures of objects that are other? [18]

The nature of this is not in the other.
How could this, in addition to knowing itself, know other,
Since cognition and the object to be cognized
Are asserted to be different? [19]

As for the position that cognition is endowed with features,
The two are actually different.
Yet, since that resembles the reflection,
Sensing is nominally appropriate. [20]

Where no one asserts
That cognition is changed by the features of objects,
Even the known features of the external
Will not exist. [21]

Since the single cognition is not different,
There cannot be multiple features.
Accordingly, it cannot be posited
That objects are cognized because of them. [22]

When not free from features,
Consciousness will not be singular.
Otherwise how to explain
That these two are the same? [23]

Cognitions of white and so forth
Occur in sequence.
Yet, since they arise rapidly,
Fools cognize by believing them to be simultaneous. [24]

Given that the mind that hears a sound such as 'latā'
Arises most rapidly indeed,
Why, then, doesn't a simultaneity
Arise here as well? [25]

In terms of thoughts of the mental cognition alone,
There would also not be sequential cognition.
Since they do not remain long,
All minds are alike in occurring rapidly. [26]

Therefore, with respect to all objects,
They would not be apprehended sequentially.
Instead they would, like the separate features,
Appear to be apprehended simultaneously. [27]

Moreover, the simultaneity of the firebrand
That appears as a wheel is an occurrence of delusion.
Since it is clearly and vividly apparent,
Seeing has not created a connection. [28]

In this way, all connecting is
Definitely done by recall and
Not by seeing, for that is not
An apprehension of a past object. [29]

That which is the object of that
Has ceased and is hence not clear.
It is, therefore, reasonable that
The appearance of the wheel would not be clear. [30]

If someone asserts
That when a displayed painting is seen
There is an equal number of minds
Occurring simultaneously [31]

Then, in that case, the cognition
Of a single feature such as white will,
Since beginning, middle, and end are different,
Indeed become an observation of multiplicity as well. [32]

I have never felt at all
That something made of particles, such as white,
Was apparent to any cognition
As a singular identity beyond parts. [33]

The elements of the five cognitions
Have features that are based on observing agglomerations.
The observations of mind and mental states
Have been posited as the sixth. [34]

Also, according to the scriptures that are external,
Consciousness does not appear as one,
Because substances and so forth
Are observed to possess such things as qualities. [35]

"All entities are like the identity of the agate."
Also, according to that view,
The mind that apprehends those cannot
Reasonably appear as essentially one. [36]

Also, in the system of those
Who posit all objects and faculties
Based on the aggregation of earth and so forth,
Engagement in a single entity is not tenable. [37]

A cognition that has the appearance of a single object
Is also not reasonable according to the position
That sound and so forth are the identity of courage and so forth,
For those objects appear as an embodiment of the three. [38]

If the entity is essentially the three,
While this is a single feature
So that that indeed appears without conformity,
Then how can one assert that this is the apprehension of that? [39]

No external objects,
But apparent diversity and permanence—
The practicability of cognition will be extremely unlikely
Whether it is instantaneous or sequential. [40]

Cognitions of space, for instance,
Are appearances of mere names.
Since multiple syllables appear,
The appearance is clearly diverse. [41]

Existence of some consciousnesses
That do not appear as diversity may be allowed for,
Yet they cannot be posited authentically,
For their having such characteristics is seen to be flawed. [42]

Therefore, cognitions that appear diverse
Will, just as there are different
Features of the abodes,
Never reasonably be singular natures. [43]

Without beginning, the ripening of
The habitual tendencies of the mind-stream
Creates the appearance of features.
Yet, they are due to a mistake and are similar to the nature of illusion. [44]

This is virtuous,
But is the nature of those authentic,
Or only accepted as delightful
When not investigated? [45]

If authentic,
Consciousness would become multiple,
Or else those would become one.
If incompatible, they will undoubtedly be different. [46]

If the features are not different,
One that is in movement or is not in movement, for example,
Will cause all to be moving, and so forth.
Such is the consequence—it is hard to reply. [47]

Also, in a system of external objects,
If there is not a lack of features,
Everything will become just like one phenomenon.
This is unavoidable. [48]

What if consciousness is claimed to be
Of the same number as the features?
The context is then like that of the particle—
It is hard to resist such investigation. [49]

If the diverse are one,
Would this then be the Way of the Sky-clad?
The diverse are not of the same nature,
As is the case with diverse riches and so forth. [50]

If the diverse are of the same nature,
Then how does what appears as diverse essences,
Veiled and unveiled and so forth,
Become this distinct? [51]

However, within the very essence
These, its features, do not exist,
But are apparent by mistake to a consciousness
That in reality is devoid of features. [52]

If these do not exist,
Why are they felt this clearly?
Cognition is not
Something separate from the entity. [53]

Thus, where there is no entity,
There will not be any cognition of such.
Just as not pleasure as pleasure, and so forth,
Or white as not white. [54]

As for these features,
Any cognition in the actual sense is illogical.
Devoid of the identity of cognition,
They are like the sky flower and so forth. [55]

Since the nonexistent is incapable,
It is not even nominally suitable—as with the horns of a horse.
The nonexistent cannot be capable
Of producing a cognition apparent as identity. [56]

Therefore, how is that which is certainly felt as existent
Related to cognition?
Devoid of identity, it is not the identity of that,
And has not arisen because of that. [57]

If there is no cause, then why
Can things occur only sometimes?
If there is a cause, then how
Do you avoid the dependent? [58]

Without that, cognition will thereby
Take place without any features.
Cognition like a pure crystal sphere
Has never been sensed at all. [59]

It may be said: "This is cognized through delusion."
Yet if that is then contingent upon delusion,
Or if it originates by the power of that,
It is still indeed the dependent. [60]

Any entity that is examined
Does not possess singularity.
That which does not possess singularity
Is not multiple either. [61]

An entity possessing any feature other
Than singularity and multiplicity
Is not feasible because
These two remain mutually exclusive. [62]

These entities therefore
Possess relative characteristics exclusively.
If these are held to be actual selves,
Then what can I do? [63]

Delightful only when not examined,
Subject to origination and destruction,
And capable of performing function—
The nature of this is realized to be relative. [64]

Delightful only when not examined,
Yet based on their own successive previous causes,
The subsequent effects
Manifest the way they do. [65]

Therefore, neither is it appropriate to say that
Without a cause for the relative, there is no feasibility.
If that which perpetuates this is authentic,
Then say what it is! [66]

As for the nature of all entities,
The path of reasoning is followed.
The assertions of others are thus dispelled
Leaving no place for dispute. [67]

The one who does not accept
Existence, nonexistence, or existence and nonexistence,
Will even when persistently confronted
Be utterly unassailable. [68]

Authentically, there are hence
No established entities at all.
Therefore, the Thus Gone Ones have proclaimed:
"All phenomena are unborn." [69]

Because it accords with the ultimate,
This is termed the ultimate.
Authentically, that is free
From the entire accumulation of constructs. [70]

Since origination and so forth do not exist,
Absence of origination and so forth are impossible.
Since the essences of these have been refuted,
Verbal statements are impossible. [71]

Refutation where there is no object
Is not a proper application.
When based on concept, it is still
Relative and not authentic. [72]

Well then, when such is realized,
The nature of that must be directly perceived.
Then why don't those who are unskilled also
Realize this nature of entities? [73]

This is not the case, for lacking a beginning,
The mind-stream has become solid,
Governed by the superimposition of entity.
Therefore, living beings do not all realize through direct perception. [74]

Cutting through superimpositions with regard to that,
The logical arguments produce understanding.
Those who infer will understand;
Yogic masters perceive directly and with clarity. [75]

The particular subjects
Ensuing from scripture are omitted.
That which is recognized by all,
From scholars to women and children— [76]

To such entities, these entities, probandum and proof,
Apply authentically without exception.
How else to reply
To something like, "There is no established basis?" [77]

I do not refute
Entities that appear.
Therefore, proof as well as probandum
Are set forth without confusion. [78]

It is therefore to be inferred
That throughout the beginningless continuum of existence
There are seeds that are concordant in type
With the thoughts of entity and non-entity, and so forth. [79]

These do not occur by the power of entities,
For such do not exist.
Any identity of entities
Has been completely refuted. [80]

Arising over time, they are not accidental.
Not permanently present, they are not permanent.
Therefore, resembling conditioning, it is indeed the case
That the first has arisen from its own type. [81]

Therefore, views of permanence and annihilation
Remain far from this scripture.
There is disintegration as well as adherence,
As with seed, sprout and shoot. [82]

Experts with regard to the selflessness of phenomena
Familiarize themselves with the absence of nature.
The afflictions that ensue from error
Are thereby relinquished without effort. [83]

The entities, causes and effects,
Are, as the relative, not refuted.
The principles of thorough affliction, complete purification, and so forth
Are therefore undisturbed. [84]

Because these phenomena, causes and effects,
Are set forth in this way,
The accumulations free from stains
Befit this scriptural tradition. [85]

From pure causes
Arise pure effects,
Just like the pure factors of discipline and so forth,
Which occur due to correct view. [86]

Likewise, from impure causes
Arise impure effects,
Just like sexual misconduct and so forth,
Which occur due to the force of incorrect view. [87]

Because it is impaired by valid cognition,
Everything that involves an observation of entity is,
Like the cognition of a mirage and so forth,
A mistaken conception. [88]

Hence, any practice of the transcendences
That occurs by the power of this is,
Like occurrences due to the mistake of 'I' and 'mine',
Of limited strength. [89]

Through the absence of observation of entity,
The great results occur.
Manifesting from enriching causes,
They are like the sprouts and so forth of live seeds. [90]

What are causes and effects
Are exclusively nothing but cognition—
That which is established by itself
Indeed remains cognition. [91]

Based on mind only, it must be understood
That no external entities exist.
Based on this approach, it must also be understood
How that is utterly devoid of self. [92]

Those who, while riding the chariot of the two approaches,
Hold on to the reins of reasoning
Will therefore, in accordance with the genuine meaning,
Indeed qualify as representatives of the Great Vehicle. [93]

Not experienced by Viṣṇu, Īśvara, and so forth,
This cause for abiding within the immeasurable
Is not even fully experienced
By those who have become superior to the world. [94]

This pure elixir of the authentic
Is, except for the Thus Gone One,
Who is the result of the compassion that is pure,
Never enjoyed by anyone else. [95]

Therefore, regarding those whose minds
Give credit to the philosophy of false teachings,
Those whose minds follow the way
Will indeed feel intense compassion. [96]

When those who possess the wealth of mind
See how other ways are pointless,
They will come to feel, to the same degree,
Extreme devotion for the Protector. [97]

This completes the *Ornament of the Middle Way in Stanzas*, composed by the master Śāntarakṣita, who has gone beyond the ocean of our philosophies and those of others, and has placed, on the top of his head, the anthers of the stainless lotus flowers of the feet of the Noble Lord of Speech.

His verses were translated from the Sanskrit to Tibetan by the Indian preceptor Surendrabodhi (Enlightenment of the Lord of the Gods) and the great lotsawa editor, the bandhe Yeshe De. Having done so, they once more revised all aspects of word and meaning. Thus they refined [the translation] and established it through teaching and study.

Notes for the Translation

1. India.
2. Tibet.
3. A serpent-like class of beings that lives in lakes and the ocean. Nāgas are famed for their wealth and intelligence.
4. Skt. Sarvāstivāda. One of the four basic schools of the Hīnayāna.
5. Fl. 8th century. On Jñānagarbha, see RUEGG 1981, 68-71, and ECKEL 1987.
6. Renowned monastic university of ancient India located in present day Bihar. Constructed in the reign of the Gupta dynasty and destroyed by Muslim invaders in the late 12th and early 13th centruy.
7. Renowned commentator on the *Abhisamayālaṃkāra*, fl. late eighth century. See MAKRANSKY 1997.
8. Fl. c. 800. See RUEGG 1981, 102-103.
9. Disciple of Haribhadra. See RUEGG 1981, 102, 115.
10. Fl. c. 1100. See RUEGG 1981, 114-115.
11. Skt. Vijñānavāda.
12. Possibly 6th century. Instrumental in the Svātantrika/Prāsaṅgika split, see p.xx, n. 5 and RUEGG 1981, 61-66.
13. On rNgog blo ldan shes rab, see p. xx n. 4.
14. On Phya pa chos kyi seng ge, see p. xx n. 4.
15. Rong ston shes bya kun rig (1367-1449). Prolific philosopher of the Sa skya tradition. On Rong ston's Madhyamaka, see Ruegg 2000, 66-68 and TAUSCHER 1995.
16. Sa skya Paṇḍita Kun dga' rgyal mtshan (1182-1251). One among the traditionally enumerated five forefathers of the Sa skya school. See, e.g., STEARNS 2000 and GYALTSHEN 2002.
17. The continent to the South of Mount Sumeru according to Abhidharma cosmology (see KONGTRUL 1995). Seems here to refer to "our world."
18. Khri srong lde'u btsan. Eighth century monarch under whom Buddhism was established as the state religion in Tibet. See DUDJOM RINPOCHE 1991.
19. Considered to be the first Buddhist monastery constructed in Tibet. See DUDJOM RINPOCHE 1991.
20. Form of Mañjuśrī, the embodiment of enlightened wisdom.
21. See TSOGYAL 2003 and DUDJOM RINPOCHE 1991.

22. 982-1054. Indian master instrumental in the "later dissemination" (phyi dar) of Buddhism in Tibet. See RUEGG 1981, 84-86, 109-113.
23. The bodhisattvas Mañjuśrī, Vajrapāṇi, Avalokiteśvara, Kṣitigarbha, Sarvanivāraṇaviṣkambhin, Ākāśagarbha, Maitreya, and Samantabhadra.
24. The sixteen sthaviras who vowed before the Buddha to remain in the world, without passing beyond, to protect and sustain the teachings.
25. A traditional way of enumerating these six is as follows: the two ornaments of the Madhyamaka, Nāgārjuna and Āryadeva, the two ornaments of the Abhidharma, Asaṅga and Vasubandhu, and the two ornaments of pramāṇa, Dignāga and Dharmakīrti.
26. Skt. Guhyapati, i.e. Vajrapāṇi.
27. Candrakīrti.
28. Skt. Śrāvaka. The practioners of the first among the three consecutive vehicles of Buddhism described as the Śrāvakayāna, Pratyekabuddhayāna, and Bodhisattvayāna.
29. Skt. Pratyekabuddha. The practitioners of the second among the three consecutive vehicles of Buddhism described as the Śrāvakayāna, Pratyekabuddhayāna, and Bodhisattvayāna.
30. The sage Kapila is traditionally listed as the founder of the school of the Enumerators (Skt. Sāṃkhya).
31. Skt. Guhyaka. Here synonymous with Vedānta.
32. Skt. Lokāyata.
33. Fl. eighth century. See RUEGG 1981, 82-86.
34. See Translator's Introduction.
35. The supreme ninth vehicle according to rNying ma doxography. See, e.g., PETTIT 1999.
36. According to most Tibetan historians Hashang was a Chinese master who, proposing a sudden, non-conceptual path to enlightenment, was defeated in debate by Kamalaśīla and thereafter banished from Tibet. See LANCASTER 1983.
37. A transparent fruit. When looking at its outside one sees the inside as well.
38. i.e. Go rams pa bsod nams seng ge. See p. x.
39. The rNying ma school.
40. Mar pa lo tsā ba (1012-1099). Tibetan disciple of the Indian mahāsiddha Naropa, forefather of the bKa' brgyud lineage. See NALANDA TRANSLATION COMMITTEE 1982.
41. Mi la ras pa (1040-1123). Illustrious yogin and poet of Tibet. Disciple of Mar pa. See LHALUNGPA 1982.
42. Sa chen kun dga' snying po (1092-1158). See STEARNS 2000.

43. Karma pa III, Rang 'byung rdo rje (1284-1339).
44. rJe btsun Tāranātha (1575-1635). Important historian and master of the Jo nang school. See STEARNS 1999.
45. The *Sūtras* foundational for the Mīṃāṃsā school are attributed to the Brahmin Jaimini. See DASGUPTA 1997.
46. Skt. Vaibhāṣika.
47. Skt. Sautrāntika.
48. Founder of the Bhaṭṭa Mīṃāṃsā. On his critique of Buddhist pramāṇa see DREYFUS 1997.
49. Skt. Anākāravāda.
50. Skt. Sākāravāda.
51. Tib: *sendha pa'i sgra*. I have been unable to find such a Sanskrit word.
52. Skt. Vātsīputrīya. Subschool of the Listeners.
53. Skt. Vaiśeṣika.
54. Thus, as Mipham implies, the term gzugs (*form*) is not, in itself, just a meaningless word applied to a specific meaning (i.e., a word that is only applicable, but not explicable) but a term that carries an explicit meaning that is relevant in the present context (i.e., the term is both applicable and explicable) for the Tibetan word gzugs has 'penetration' among its general connotations.
55. The Vaiśeṣikas. The foundational *Vaiśeṣika sūtras* are ascribed to Kaṇāda. See DASGUPTA 1997.
56. It is argued that this would not be possible if the eye itself were doing the seeing, for given that it is a material thing, it would be obstructed by other types of matter, such as the glass.
57. It is argued that if something simply being the cause of cognition would be sufficient for making it perceptible, one should expect a visual perception of the physical eye faculty to occur simultaneously with the perception of the seen object, for the faculty and the perceived object are both equally the cause of cognition.
58. Skt. Nyāya.
59. On these classifications see Klong chen rab 'jams's *Yid bzhin rin po che'i mdzod*.
60. The schools of the Sāṃkhya, Vaiśeṣika, Mīṃāṃsā, Jaina, and Lokāyata.
61. Tib: ka pi dza la. Monier-Williams' Sanskrit-English dictionary lists the francoline partridge and the heath cock as translations of kapiṅjala and its equivalent, kapiñjala.
62. Site of the great war between the Kauravas and Pāṇḍavas described in the Mahābhārata. The region of modern day Delhi.
63. A class of spirits who feed on smell. To humans these intangible beings may appear one moment, only to vanish in the next.

64. i.e. Buddhism
65. Although not found in the Tibetan text, one must, according to the late mKhan chen Padma tshe dbang, list the Middle Way after the Mind Only, thus bringing the number of copied systems up to 10.
66. i.e. Buddhism and Taoism.
67. Skt. Satyākāravāda.
68. Skt. Alīkāravāda.
69. 650-750 C.E. Critic of Dharmakīrti, see DREYFUSS 1997, 363-364.
70. Mipham is referring here to the difference in spelling between *dag*, which makes a noun dual, and *bdag*, which is the word for self.
71. Tib. *rnal 'byor*. The former syllable has the sense of natural while the latter means to reach.
72. Affliction is like a seed from which karma and suffering grow. Just like the presence of a nāga will prevent a lake from drying up, the presence of afflictions will perpetuate cyclic existence. Affliction is like a plant that, as long as it is not uprooted, will continue to grow; and affliction is like a great tree that will continue to yield its fruit of misfortune.
73. The example alluded to is that of a bird, which, when flying high up in the sky, casts no shadow on the ground. However, when it descends its shadow reemerges.
74. Klong chen rab 'byams
75. Tib. *chos*. Here otherwise translated as 'phenomena'.
76. Red mda ba gzhon nu blo gros (1349-1412). Prolific Madhyamaka philosopher. See RUEGG 2000, 60-64.
77. The Preceptor Śāntarakṣita, the Master Padmasambhava and King Khri srong lde'u btsan.
78. Kamalaśīla
79. See p. xi, and RINPOCHE 1988.
80. The abode of Vajrapāṇi.
81. See p. iv.
82. rDzogs chen mkhan po Padmavajra.
83. Lab skyab mgon dbang chen dgyes rab rdo rje from whom Mi pham received initiation of Mañjuśrī.
84. Kong sprul blo gros mtha' yas. See p. xi.
85. dPal sprul o rgyan 'jigs med chos kyi dbang po (1808-1887). Important master of the Ris med movement from whom Mi pham received instruction in Śāntideva's Bodhicaryāvatāra.

Topical Outline[1]

The Oral Transmission that Delights the Master of Gentle Melody
A commentary on the *Ornament of the Middle Way*

[1] Numbers in parentheses signify the number of primary subdivisions of the particular chapter. Titles in square brackets are not explicit in the original text.

213.111.211.221.11 (2) Refuting the systems of the two parties within our own group who assert external objects
213.111.211.221.111 (2) Refuting the No-Feature System of the Proponents of Differences
213.111.211.221.111.1 (2) Establishing the rationale of self-awareness
213.111.211.221.111.11 Identifying the essence of self-awareness
213.111.211.221.111.12 The rationale for designating self-awareness
213.111.211.221.111.2 Establishing that one cannot reasonably be aware of matter
213.111.211.221.111.3 (2) Establishing the irrationality of the No-Feature System
213.111.211.221.111.31 How, for the Proponents of Features, the mere conventional experience of matter is reasonable
213.111.211.221.111.32 How, for the Proponents of No Features, even the mere conventional experience of matter is not reasonable
213.111.211.221.112 (3) Refuting the feature system of the Sūtra Followers
213.111.211.221.112.1 (3) Refuting the Non-dual Diversity
213.111.211.221.112.11 A single feature as the consequence of positing singular cognition
213.111.211.221.112.12 Multiple cognitions as the consequence of positing multiple features
213.111.211.221.112.13 Difference between cognition and features as consequence
213.111.211.221.112.2 (2) Refuting the Split Egg System
213.111.211.221.112.21 Stating the assertion of the Split Egg System
213.111.211.221.112.22 (2) Refuting the assertion
213.111.211.221.112.221. (3) Refuting the meaning
213.111.211.221.112.221.1 Demonstrating the uncertainty with respect to how a mind observes syllables
213.111.211.221.112.221.2 Demonstrating the uncertainty with respect to how just thoughts of the mental cognition engage in objects
213.111.211.221.112.221.3 Demonstrating the uncertainty with respect to all [aspects of] mind
213.111.211.221.112.222 (2) Refuting the example
213.111.211.221.112.222.1 Arranging the evidence
213.111.211.221.112.222.2 (2) Establishing the pervasion of the evidence
213.111.211.221.112.222.21 Showing the incompatibility between seen and recalled objects
213.111.211.221.112.222.22 How joining cannot reasonably produce clear appearance
213.111.211.221.112.3 (2) Refuting the Equal Number of Features and Cognition

213.111.211.222.221.3 (2) Refuting the Non-dual Diversity
213.111.211.222.221.31 Constructing the discrediting thesis
213.111.211.222.221.32 Establishing the rationale
213.111.211.222.222 (2) Refuting the False Features System
213.111.211.222.222.1 Stating the assertion
213.111.211.222.222.2 (3) Refuting the false-feature assertion
213.111.211.222.222.21 Brief presentation of the refutation
213.111.211.222.222.22 (2) Elaborating on the implication of the refutation
213.111.211.222.222.221 (3) The irrationality of no features
213.111.211.222.222.221.1 (2) The irrationality when examining how objects are cognised
213.111.211.222.222.221.11 General demonstration
213.111.211.222.222.221.12 Particular demonstrations
213.111.211.222.222.221.121 The irrationality with respect to actual cognition
213.111.211.222.222.221.122 The irrationality with respect to nominal cognition
213.111.211.222.222.221.2 The irrationality when examining the relationship
213.111.211.222.222.221.3 The irrationality when examining the cause
213.111.211.222.222.222 The irrationality with respect to subjective features alone
213.111.211.222.222.23 Refuting their defense
213.111.212 Establishing the absence of true multiplicity
213.111.22 Establishing the pervasion
213.112 (2) Demonstrating the relative existence of entities
213.112.1 Identifying the relative, which is mere appearance without true establishment
213.112.2 (2) Analytical explanation of the nature of the relative
213.112.21 (2) Showing how mere appearance is undeceiving
213.112.211 The mode of appearances
213.112.212 The cause of appearances
213.112.22 Ascertaining the basis for appearance to be empty of truth
213.12 (2) Overcoming dispute
213.121 (2) Brief presentation of the absence of fault
213.121.1 The capacity for vanquishing the adversary
213.121.2 The unassailability under any circumstances
213.122 (2) Elaborate explanation
213.122.1 Overcoming dispute regarding the ultimate
213.122.11 (2) How the ultimate, free from the constructs of four extremes, transcends claims
213.122.111 (2) Explaining the categorized ultimate, which involves claims
213.122.111.1 Establishment through reasoning and scripture
213.122.111.2 The meaning of the term

213.122.112 (2) Explaining the uncategorized ultimate beyond all claims
213.122.112.1 Brief presentation
213.122.112.2 Elaborate explanation
213.122.112.21 How the ultimate transcends word and thought
213.122.112.22 How word and thought are the activity sphere of the relative
213.122.12 (3) Overcoming dispute
213.122.121 (2) The consequence of universal direct realization if emptiness is natural
213.122.121.1 Dispute
213.122.121.2 Reply to the dispute
213.122.122 (2) The consequence that the argument becomes pointless because what is empty but not apparent cannot be realized by anyone
213.122.122.1 (2) [General explanation]
213.122.122.2 (2) [Specific explanations]
213.122.122.21 (4) Yogic direct perception
213.122.122.211 Essence
213.122.122.212 Divisions
213.122.122.213 Etymology
213.122.122.214 (2) Overcoming dispute
213.122.122.214.1 (2) Overcoming the general dispute
213.122.122.214.11 (2) Overcoming dispute with regard to the cause
213.122.122.214.111 Overcoming dispute with regard to the essence
213.122.122.214.112 Overcoming dispute with regard to the function
213.122.122.214.12 (2) Overcoming dispute with regard to the effect
213.122.122.214.121 Overcoming dispute with regard to the effect
213.122.122.214.122 Overcoming dispute with regard to the realization
213.122.122.214.2 (2) Overcoming the particular dispute regarding omniscience
213.122.122.214.21 Overcoming dispute with regard to the cause
213.122.122.214.21 Overcoming dispute with regard to the effect
213.122.122.22 Investigation of certainty and superimposition
213.122.123 (2) The impossibility of the conventions of probandum and logical argument because the property of the position, and so forth, are not established with regard to that which has no nature
213.122.123.1 Actual reply
213.122.123.2 How the alternative is unreasonable
213.122.2 (3) Overcoming dispute with regard to the relative
213.122.21 The general feasibility of the proof and the probandum
213.122.22 (2) Specific explanation of the feasibility of the principles of causality and dependent origination in terms of past and future lives
213.122.221 Brief presentation of the thesis

ENGLISH - TIBETAN GLOSSARY

English:	Tibetan:
A	
abiding condition	gnas tshul
abiding mode	gnas tshul
abiding way	gnas lugs
absence	med pa
absence of nature	rang bzhin med pa
absence of origination	skye med
absolute	mthar thug
Absorption of Moon Lamp	zla ba sgron me'i ting nge 'dzin
accept	khas len pa
acceptance	bzod pa
accomplished	grub pa
accustomed	goms pa
acquisition	thob pa
action, agent, and object	bya byed las gsum
action	las
actual	dngos, mtshan nyid pa
actual condition	yin lugs
actualize	mngon du byed pa
adversary	rgol ba, pha rol po
affirm	bzhed pa, khas len pa
affliction	nyon mongs
agate	gzi
aggregation	'dus pa
Almighty	dbang phyug
alteration	kha bsgyur
alternating	res 'jog
alternative	mu
analysis	dpyad pa
analytical cessation	so sor brtags 'gogs

antidote	gnyen po
apparent condition	snang tshul
appearance	snang ba
appearing object	snang yul
Application of the Father and Son	yab dang bu'i sbyar ba
Applications of the Beauty of Peace	zhi ba'i mdzes pa'i sbyar ba
apprehend	gzung ba, 'dzin pa
apprehended and apprehender	gzung 'dzin
apprehended object	gzung yul
apprehension of entity	dngos 'dzin
approach	tshul, lugs
appropriate	'od pa, rung ba
approximation	rjes mthun
argument	gtan tshigs, rtsod pa
arrangement of the root evidence	rtsa ba'i rtags 'god pa
Array of Dense Ornamentation	rgyan stug po bkod pa
arrogant assumption	rlom pa
Ascent onto Laṅkā	lang kar gshegs pa
ascertain	nges pa, gtan la 'bebs pa
aspect	cha
aspiration	smon lam
aspiring faith	'dod pa'i dad pa
assemblage	tshogs pa
assert	khas len pa, 'dod pa, bzhed pa
assimilation	rjes mthun
assume	rlom pa
attachment	zhen pa
attack	rgol ba
attraction	sems pa
attribute	mtshan ma
authentic evidence	rtags yang dag
authentic limit	yang dag pa'i mtha
authentic relative	yang dag pa'i kun rdzob
authentic	dam pa, yang dag pa
authentically and perfectly Enlightened One	yang dag par rdzogs pa'i sangs rgyas
Authentically Compiling Phenomena	chos yang dag par sdud pa
Auto-commentary	rang 'grel
Auto-commentary to Entering the Middle Way	dbu ma la 'jug pa'i rang 'grel

Autonomist	rang rgyud pa
Autonomy	rang rgyud
autonomy	rang rgyud, rang dbang
awareness	rig pa

B

bare nonexistence	med rkyang
basic establishment	gzhi grub
basic space	chos kyi dbyings
basis contradistinction	gzhi ldog
basis for designation	gdags gzhi
basis for distinctions	khyad gzhi
basis for formation	rtsom gzhi
basis for imputation	gdags gzhi
become familiar	goms pa
befitting	rung ba
being	yod pa
belief	lta ba
belief in self	bdag tu lta ba
benefactor	sbyin bdag
blame	klan ka
block	'gog pa
Brahmin	bram ze
Branches that Improve Thought	rtog pa la phan pa'i yal ga
Buddha	sangs rgyas
Buddha's word	bka'

C

capable of performing a function	don byed nus pa
Capable One	thub pa
carefulness	bag yod
categorized ultimate	rnam grangs pa'i don dam
category	rnam grangs, rnam gzhag
causal relationship	de byung gi 'brel ba
causality	rgyu 'bras
causality of actions	las rgyu 'bras
cause	rgyu
cause of categorization	rnam 'jog gi rgyu
certainty	nges pa, nges shes
certified	nges pa

cessation	'gog pa
Chapa Chöseng	phya pa chos seng
Chapter on What Transcends the World	'jig rten las 'das pa'i le'u
character	tshul
characteristic	mtshan ma, mtshan nyid
chariot	shing rta
chariot way	shing rta'i srol
childish	byis pa
Chokgyur Lingpa	mchog gyur gling pa
circumstance	rkyen
claim	khas len pa
clarity	'od gsal
classification	rnam gzhag
classify	'jog pa
clear appearance	gsal snang
clear experience	gsal snang
coarse	rags pa
cognition	shes pa
collection	tshogs pa
comment	'grel ba
commentary	'grel ba
Commentary on Difficult Points	dka' 'grel
commentary on the intent	dgongs 'brel
Commentary on Valid Cognition	tshad ma rnam 'grel
common perception	mthun snang
compassion	snying rje
compassion beyond observation	dmigs pa med pa'i rnying rje
compassion observing phenomena	chos la dmigs pa'i rnying rje
compassion observing sentient beings	sems can la dmigs pa'i rnying rje
complete purification	rnam byang
conceived object	zhen yul
concept	rtog pa
conception	'du shes, zhen pa
conceptual mind	blo
conceptual reflection	rtog pa'i gzugs brnyan
conclude	mtha' dpyad pa
concomitance	rjes 'gro
concordant type	rigs mthun pa
condensation	'dus pa
condition	rkyen

conditioned	'dus byas
conditioning	goms pa, 'du byed
confidence	yid ches
confined perception	tshur mthong
confirmed by logical inquiry	rigs pas grub pa
conflict	'gal ba
confusion	'khrul pa
conglomeration	gsog pa, 'dus pa
Conquering, The	rgyal byed
consecration	rab gnas
Consequence	thal 'gyur
consequence	thal 'gyur
Consequentialist	thal 'gyur ba
constructs	spros pa
context	skabs
continuity	rgyun
continuum	rgyud
contradict	'gal ba
contradistinction	ldog pa
convention	tha snyad
conventionality of cognition, expression, and engagement	shes brjod 'jug gsum gyi tha snyad can
conventionally	tha snyad du
conviction	yid ches
co-operating cause	lhan cig byed rgyu
cooperating condition	lhan cig byed rkyen
Core of the Middle Way	dbu ma snying po
Core of the View	lta ba'i snying po
correct	tshul bzhin
crucial point	gnad
cultivation	sgom
cyclic existence	'khor ba

D

debate	rtsod pa
decisive resolving	la zla ba
defiling	zag bcas
definiendum	mtshon bya
defining characteristic	mtshan nyid
definition	mtshan nyid

definitive enumeration	grangs nges
delusion	'khrul pa, rmong pa
delusive appearance	'khrul snang
demon	bdud
denigration	skur 'debs
Dense Ornamentation	rgyan stug po
dependent	ltos pa
dependent imputation	rten nas btags pa
dependent [nature]	gzhan dbang
dependent origination	rten 'brel
deprecation	skur 'debs
derived in dichotomy	zlas drangs ba
determination	yongs gcod
determine	nges par gzung ba, dpyad pa
devoted interest	mos pa
Dharma	chos
dialectician	rtog ge
Differentialist	bye brag pa
differentiate	'byed pa
differentiated	phyed pa
different type	rigs mi thun pa
direct	dngos
direct incompatibility	ngos 'gal
direct perception	mngon sum
direct perception of self-awareness	rang rig mngon sum
direct perception of the senses	dbang po'i mngon sum
discard	spang bya
discern	rnam par 'byed pa, 'byed pa
Discerning the Middle and the Extremes	dbus dang mtha' rnam par 'byed pa
discernment	rnam dpyod
discipline of learning	rigs pa'i gnas
discordant type	rigs mi mthun pa
discredit	gnod pa, sun 'byin pa
discriminate	'byed pa
discriminating knowledge	so sor rtogs pa
disparage	skur 'debs
dispel	sel ba
disprove	sun 'byin pa
dispute	rgol ba, rtsod pa
distinction	khyad

distinctive	khyad par can
distinctive property	khyad chos
distinctive quality	khyad chos
distinguish	'byed pa, shan 'byed
distinguished	khyad par can
Distinguishing Between Phenomena and their Intrinsic Nature	chos dang chos nyid rnam par 'byed pa
distortion	kha bsgyur
Dolpopa	dol po pa
domain	spyod yul
Drolway Gönpo	sgrol ba'i mgon po
dualistic appearance	gnyis snang

E

effect	'bras bu
Elder	gnas brtan
Elephant's Strength	glang po che'i rtsal gyi mdo
elevated	'phags pa
eliminate	tshar gcod
elimination	rnam bcad
elimination of possession elsewhere	gzhan ldan rnam gcod
eloquent courage	spobs pa
emptiness	stong pa nyid
endowed with all supreme aspects	rnam kun mchog ldan
endowed with fortune	skal ldan
energy	nus pa
engagement and disengagement	'jug ldog
engagement and reversal	'jug ldog
enlightened activity	phrin las
Enlightened One	sangs rgyas
enlightenment	byang chub
ensuing attainment	rjes thob
entail	khyab pa
entity	dngos po
entity of disintegratedness	zhig pa dngos po
Entry into the Knowledge of the Middle Way	dbu ma'i shes rab la 'jug pa
Enumerator	grangs can pa
Equal Number of Objective and Subjective Features	gzung 'dzin grangs mnyam

erroneous	phyin ci log pa
essence	ngo bo
essential nature	de kho na nyid, de nyid
establish	sgrub pa
established	grub pa
established basis	gzhi grub
established by its specific characteristics	rang mtshan gyis grub pa
established by reasoning	rigs pas grub pa
established by scriptural authority	lung gis grub pa
established property	sgrub chos
established by valid cognition	tshad mas grub pa
established unimpaired	gnod med du grub pa
established with validity	tshad mas grub pa
Establishment of the Conventional	tha snyad grub pa
Establishment of Validity	tshad ma grub pa
evaluate	gzhal ba
evidence	rtags
evidence of effect	'bras rtags
evidence of non-observation	ma dmigs pa'i rtags
evident	mngon gyur
exalted	'phags pa
excellence	bzang [po'i yon tan]
excellent statement	legs bzhad
exclude	sel ba
excluding and retaining	gsal gzhag
existent	yod pa
existential negation	med dgag
experience	snang ba
experiential application	nyams len
expert	mkhas pa
expertise	mkhas [pa'i yon tan]
explain	'grel ba, 'chad pa
explicit	dngos
exposition and study	'chad nyan
expressed	brjod bya
expressing	rjod byed
expresser	rjod byed
external	phyi rol
external object	phyi don
[external] object	don

external objectivity	phyi don
extraneous group	gzhan sde
extreme	mtha'
extremist	mu stegs pa

F

factor	phyogs
factors of enlightenment	byang chub kyi yan lag
faculty	dbang po
faculty with support	dbang po rten bcas
faith	dad pa
faith of confidence	yid ches pa'i dad pa
familiarize oneself	goms pa
familiarity	goms pa
feasible	'thad pa, rung ba
feature	rnam pa
Fifty Characteristics	mtshan nyid lnga bcu pa
final	mthar thug
fire brand circle	mgal me'i khor lo
Five Days	zhag lnga pa
five principles	chos lnga
five topics	shes bya lnga
Five Stages	rim lnga
flawed	gnod pa
flawlessly established	gnod med du grub pa
foe destroyer	dgra bcom pa
Followers of Jaimini	rgyal dpogs pa
Followers of Kapila	ser skya pa
Followers of the Vedas	rig byed pa
forbearance	bzod pa
form	rtsom pa
formation	'du byed
found a tradition	srol 'byed pa
four reliances	rton pa bzhi
freedom from constructs	spros bral
fruition	'bras bu
fully qualified	mtshan nyid pa
functional	don byed nus pa, rung ba

G

gaining mastery over life	tshe la dbang thob
Gathering of Precious Qualities	yon tan rin po che sdud pa
general meaning	spyi don
general teachings of the Great Vehicle	theg chen gyi bka' spyi
genuine	dam pa, tshul bzhin, mtshan nyid pa
Glorious Rangjung	dpal rang 'byung zhabs
Gorampa	go ram pa
grasp	'dzin pa
grasping at entity	dngos 'dzin
great heroic mind	sems dpa' chen po
Great Host	phal po che
Great Mendicant	dge sbyong chen po
Great Vehicle	theg pa chen po
ground	sa
ground for infusion	bgo gzhi

H

habitual tendency	bag chags
halt	ldog pa
harm	gnod pa
Hashang	ha shang
hidden	lkog gyur
hidden external object	phyi don lkog na mo
hinder	kheg pa
hold	'dod pa, smra ba

I

identify	ngos 'dzin, ngos gzung ba
identity	bdag nyid
elucidate	'grel ba
illusion	sgyu ma
illustration	mtshan gzhi
immature	byis pa
immediately preceding condition	de ma thag rkyen
impair	gnod pa
impartial	ris su ma chad pa
impelled effect	'phang 'bras
implicitly	shugs kyis

import of the meaning	don gyi rnam bcad
imputation	kun brtags
impute	'dogs pa
imputed	btags pa
imputed [nature]	kun brtags
in actuality	don du
inalienable insight	mi 'phrogs pa'i shes rab
incompatibility	'gal ba
incompatibility of mutual exclusion	phan tshun spang 'gal
incompatibility of non coexistence	lhan cig mi gnas 'gal
independence	rang dbang
indeterminate evidence	ma nges pa'i rtags
indirect incompatibility	rgyud 'gal
indirectly	zur
in fact	don du
inference	rjes dpag
Inferior Vehicle	theg pa dman pa
inferior view	lta ngan
inherence	'du ba
insight	shes rab
inspire	skul ba
inspired faith	dang ba'i dad pa
instance	gsal ba
intellect	blo
intellectualist	rtog ge
intelligence	blo gros
intelligent	blo ldan
intent	dgongs pa
intrinsic nature	chos nyid
invalidated	kheg pa
investigation	dpyad pa
irrefutable	'gog du med pa
irreversible faith	mi ldog pa'i dad pa
Īśvara	dbang phyug

J

Jains	rgyal ba pa
Jamyang Khyentse Wangpo	'jam dbyangs mkhyen brtse dbang po
Jewel Cloud	dkon mchog sprin
Jewel Garland	rin chen phreng ba

Jewel Mound	dkon mchog brtsegs pa
Jigme Chökyi Wangpo	'jigs med chos kyi dbang po
justifiable	'thad pa
justified	'thad pa, 'od pa

K

karma	las
Karma Ngawang Yönten Gyatso	Karma ngag dbang yon tan rgya mtsho
karmic action	las
key point	gnad
King of Absorption	ting nge 'dzin rgyal po
knowable	shes bya
knowledge holder	rig 'dzin
knowledge	shes rab

L

Laughing Vajra	bzhad pa rdo rje
Leafy Spells	lo ma can gyi gsang tshig
learn	thos pa
Lesser Vehicle	theg pa dman pa
liberation	rnam par thar pa
life example	rnam par thar pa
Light of the Middle Way	dbu ma snang ba
limited	nyi tshe ba
lineage holder	brgyud 'dzin
lineage	brgyud pa
link of dependency	rten 'brel
listen	thos pa
Listener	nyan thos
logic	rigs pa
logical argument	gtan tshigs
Logicians	rigs pa can
Longchen Rabjam	klong chen rab 'byams
Lord	rje, dbang po, dbang phyug
Lucid Words	tshig gsal
luminosity	'od gsal

M

magical manifestation	rnam 'phrul
main [principle]	gtso bo

manifest	snang ba
mantra	sngags
malicious antagonism	rgol ngan
master	slob dpon
materiality	rdul
matter	bem po
meaning discovered	rnyed don
meaning elimination	don gyi rnam bcad
meaning contradistinction	don ldog
meaning	don
means	thabs
meditation	sgom
meditation of stupidity	blun sgom
meditative equipoise	mnyam gzhag
Meeting of Father and Son	yab sras mjal ba
mental direct perception	yid kyi mgon sum
mental incompatibility	blo 'gal
mental non-doing	yid la mi byed pa
mental state	sems byung
mere features	rnam pa tsam
method	thabs
Middle Way	dbu ma
Middle Way of Sūtra Reliance	mdo sde'i dbu ma
Middle Way of the Original Scriptures	gzhung phyi mo'i dbu ma
Middle Way of Yogic Action	dbu ma rnal 'byor spyod pa
Middle Way of Consequence	dbu ma thal 'gyur
mind	blo, yid
mind in accord with fact	blo don mthun
mind of enlightenment	byang chub kyi sems
mind set upon enlightenment	byang chub kyi sems
miraculous power	rdzu 'phrul
mistaken	phyin ci log pa
mistaken cognition	log shes
mistaken relative	log pa'i kun rdzob
mixing up the apparent and the designated as [if these were] one	snang btags gcig tu bsres pa
mode	tshul
mode of apprehension	'dzin stangs
mode of grasping	'dzin stangs
momentary	skad cig mar

monk	dge slong
Moon Lamp Sūtra	zla ba sgron me'i mdo
most subtle particle	rdul phra rab
Mother of the Victorious Ones	rgyal ba'i yum
mundane being	'jig rten pa

N

natural	rnal ma, rang bzhin gyis
natural clarity	rang bzhin 'od gsal
nature	rang bzhin
negandum	dgag bya
negate	'gog pa
negation of the object to be refuted	dgag bya bkag pa
neutrality	btang snyoms
noble	'phags pa
Noble Land	'phags yul
nominal	btags pa
non-analytical cessation	so sor brtags min gyi 'gogs pa
Non-Buddhist	phyi rol pa
non-conceptual	mi rtog pa
non-concurrent formation	ldan min 'du byed
non existence	med pa
nothing but thatness	de kho na nyid
Nude, the	cer pu pa

O

object	don, spyod yul, yul
object incompatibility	don 'gal
object of activity	spyod yul
object of application	'jug yul
object of cognition	shes bya
object of engagement	'jug yul
object of expression	brjod bya
object of negation	dgag bya
object of refutation	dgag bya
object transmitting features	rnam pa gtod byed kyi yul
object universal	don spyi
obscuration	sgrib pa
obscuration of affliction	nyon mongs pa'i sgrib pa
obscuration of cognition	shes bya sgrib pa

observation	dmigs pa
observed condition	dmigs rkyen
observed object	dmigs yul
occasion	skabs
omniscience	thams cad mkhyen pa, rnam mkhyen
one-sidedly	mtha' gcig tu
opponent	rgol ba, phyogs snga
ordinary being	so so skye bo
Ornament of the Sūtras	mdo sde rgyan
other-exclusion	gzhan sel
outcome of method	thabs byung
outer	phyi rol
outer object	phyi don

P

pain	sdug bsngal
part	cha
particle	rdul, rdul phran
particular	khyad par can, bye brag
Parting from the Four Attachments	zhen pa bzhi bral
partless instant of cognition	shes pa skad cig cha med
partless particle	rdul phran cha med
path of cultivation	sgom lam
path of reason	rigs pa'i lam
path of reasoning	rigs pa'i lam
path of seeing	mthong lam
patience	bzod pa
perception	'du shes
perpetuating cause	nyer len gyi rgyu
personal appearance	rang snang
personal experience	rang snang
personal self	gang zag gi bdag
pervaded, the	khyab bya
pervaded object	khyab bya
pervader	khyab byed
pervading	khyab byed
pervasion	khyab pa
phenomenon	chos, chos can
philosophy	grub mtha
plain absence	med rkyang

play	rol pa
Pleasing Lotsawa	dgye mdzad lo tsā ba
pleasure	bde ba
posit	'jog pa, smra ba, bzhed pa
posited in mutual dependency	ltos nas gzhag pa
position (noun)	phyogs
power	nus pa
practicable	rung ba
prayer	smon lam
preceptor	mkhan po
Precious Cloud	dkon mchog sprin
preclusion	rnam gcod
preclusion of impossibility	mi srid rnam gcod
preclusion of lack of possession	mi ldan rnam gcod
predicative negation	ma yin dgag
present	yod pa
presentation	rnam gzhag
presumption	rlom pa
prevent	'gog pa
primordial purity	ka dag
principle	rnam gzhag
probandum	sgrub bya
productive cause	skyed byed kyi rgyu
property	chos
property of the position	phyogs chos
property of the probandum	sgrub chos
property to be established	sgrub chos
prophesy	lung bstan
proponent	smra ba
Proponent for Permanence	rtag par smra ba
Proponent of Awareness	rnam rig smra ba
Proponent of Differences	bye brag smra ba
Proponent of Features	rnam bcas pa
Proponent of No Features	rnam med pa
Proponent of Objects	don smra ba
Proponent of the Middle Way	dbu ma smra ba
Proponent of Time Being the Cause	dus rgyur smra ba
propound	smra ba
prove	sgrub pa
purpose	dgos pa

Purposeful Expressions	ched du brjod pa
pursue	rjes su 'jug pa, don du gnyer ba

Q

quality	cha, yon tan

R

rational	'thad pa, rigs pa
reach certainty concerning	gtan la 'bebs pa
reach conclusion	gtan la 'bebs pa
reach decisive insight into	gtan la 'bebs pa
real	yang dag pa
realization	dgongs pa, rtogs pa
realm	khongs
realm of the knowable	shes bya'i khongs
realm of objects of cognition	shes bya'i khongs
reason	rigs pa
reasonable	'thad pa
reasoning	rigs pa
reasoning by the power of fact	dngos stobs kyi rigs pa
reasoning establishing feasibility	'thad pa sgrub pa'i rigs pa
reasoning into absence of one and many	gcig du bral gyi rigs pa
reasoning of dependency	ltos pa'i rigs pa
reasoning of the great dependent origination	rten 'brel chen mo'i rigs pa
reasoning of intrinsic nature	chos nyid kyi rigs pa
reasoning of performance	bya ba byed pa'i rigs pa
reasoning that refutes the resembling product	skye la 'dra ba 'gog pa'i rigs pa
recede	log pa
re-existence	yang srid
reference point	dmigs gtad
referent	brjod bya
refute	kheg pa, 'gog pa, tshar gcod
reject	'gog pa
relationship of single identity	bdag gcig gi 'brel ba, bdag nyid gcig 'brel
relationship	'brel ba
relative	kun rdzob
reliant	ltos pa
relinquishment and realization	spang rtogs

relinquishment of dispute	rtsod pa spong ba
remedy	gnyen po
reply against antagonism	brgal lan
Requested by Nāga King Sāgara	klu'i rgyal po rgya mtshos zhus pa
resolve	gtan la 'bebs pa
result	'bras bu
revel	rol pa
reverse pervasion	ldog khyab
reverse	ldog pa, lzog pa, log pa
Ritualist	spyod pa pa
Rongtön	rong ston
Rongzom	rong zom
Root Knowledge of the Middle Way	dbu ma rtsa ba shes rab
Root Tantra of Mañjuśrī	'jam dpal rtsa rgyud
round bellied	lto ldir
ruling condition	bdag rkyen

S

sacred	dam pa, tshul bzhin, mtshan nyid pa
Sakya Paṇḍita	sa skya paṇḍita
same type	rigs mthun pa
scholar	mkhas pa
science	rigs pa'i gnas
scriptural authority	lung
scriptural tradition	gzhung lugs
scripture	gzhung
[scriptural] vessel	sde snod
Secret Drop of Elixir	bdud rtsi'i thig pa gsang ba
Secretist	gsang ba pa
seeming	snang tshul
seeming evidence	rtags ltar snang
seize	'dzin pa
self-appearance	rang snang
self-aware self-clarity	rang rig rang gsal
self-aware[ness]	rang rig
self clarity	rang gsal
self contradistinction	rang ldog
self of phenomena	chos kyi bdag
self of the person	gang zag gi bdag
Self-realized Buddha	rang sangs rgyas

self-reliant	rang tshugs thub pa
self-sufficient	rang rkya thub pa
sensation	tshor ba
sensory direct perception	dbang po'i mngon sum
sentient being	sems can
serenity	snyom 'jug
set forth	'jog pa
seven men to be tested	sad mi bdun
side	phyogs
simplicity	spros bral
single whole	ril po gcig
singular	gcig pu
Six Tantras of Bṛhaspati	phur bu'i rgyud sde drug
six transcendences	phar phyin drug
Sixty Stanzas of Reasoning	rigs pa drug cu pa
Sixty-fold Tantra of Īśvarakṛṣṇa	dbang phyug nag po'i rgyud drug cu pa
sole option	mu
solitary	gcig pu
space in between	bar
special	khyad par can
special characteristic	khyad chos
special quality	khyad chos
specific characteristic	rang mtshan
specifically characterized phenomenon	rang mtshan
spell	gsang tshig
sphere	khongs
sphere of activity	spyod yul
spiritual friend	dge ba'i bshes gnyen
split	gsil ba
Split Egg System	sgo nga phyed tshal ba
spontaneous presence	lhun grub
stanza	tshig bcad
status	go sa
stream of being	rgyud
stupidity	rmong pa, gti mug
subject	chos can, yul can
subject concerning which knowledge is sought	shes 'dod chos can
subjugate	tshar gcod
substance of no dissipation	chud mi za ba'i rdzas

suffering	sdug bsngal
suitable	rung ba
superimposition	sgro 'dogs
superior intent	lhag bsam
super knowledge	mngon shes
supports and supported	rten dang brten pa
Supreme Continuity	rgyud bla ma
supreme deity	lhag pa'i lha
survey	spyi don
sūtra	mdo
Sūtra Follower	mdo sde pa
Sūtra of Entry into Great Compassion	snying rje chen po la 'jug pa'i mdo
Sūtra of the Definitive Explanation of the Intent	mdo dgongs pa nges 'grel
Sūtra of the Great Transcendence of Suffering	mdo myang 'das chen po
Sūtra of the Ornament of the Appearances of Wakefulness	ye shes snang ba rgyan gyi mdo
Sūtra of the Sacred Absorption	mdo ting nge 'dzin dam pa
Sūtra-section	mdo sde
system	tshul, lugs
Sönam Senge	bsod nams seng ge

T

tantra	rgyud
Tantra of Peace	zhi ba'i rgyud
Taught by Akṣayamati	blo gros mi zad pas stan pa
teach	'chad pa, smra ba
tenet	grub pa'i mtha
terminology	rnam gzhag
thatness	de nyid
thorough affliction	kun nyon
thoroughly established [nature]	yongs grub
thought	rtog pa
three bodies	sku gsum
three modes	tshul gsum
three spheres	'khor gsum
topic for debate	rtsod gzhi
topic heading	sa bcad
tradition	tshul, lugs

Tradition of the Vast Activity	rgya chen spyod pa'i srol
training	sgom
trait	rnam pa
transcendence	pha rol du phyin pa
transcendent knowledge	shes rab kyi pha rol du phyin pa
Transcendent Knowledge	shes rab kyi pha rol du phyin pa
transcendence of suffering	mya ngan las 'das pa
Treatise of the Middle Way	dbu ma'i bstan bcos
Trisong Deutsen	khri srong lde'u btsan
true	dam pa, bden pa, tshul bzhin, mtshan nyid pa
true singularity	gcig bden
trust	yid ches
Tsongkapa	tsong kha pa
turn back	zlog pa
Two Approaches	tshul gnyis
two truths	bden pa gnyis

U

ultimate [meaning]	don dam pa
unblemished	rnam par dkar ba
uncategorized ultimate	rnam grangs ma yin pa'i don dam
unconditioned	'dus ma byas
undeniable	'gog du med pa
understanding	rtogs pa
unequivocally	mtha' gcig tu
unfortunate belief	lta ngan
unimpeded	'gog du med pa
unimpededness	zang thal
unitary	gcig pu
unity	zung 'jug
universal	spyi
unmistaken	phyin ci ma log pa

V

valid cognition	tshad ma
validity	tshad ma
Vast Display	rgya cher rol pa
verified by threefold investigation	dpyad pa gsum gyis dag pa
verse	tshig rkang, tshig bcad
view of annihilation	chad lta

view of entities	dngos por lta ba
view of the transitory collection	'jig lta
view	lta ba

W

wakefulness of individual self-awareness	so so rang rig pa'i ye shes
wakefulness	ye shes
wanderer	'gro ba
wandering being	'gro ba
Wangchen Gyerab Dorje	dbang chen dgyes rab rdo rje
way	tshul, lugs
way of abiding	gnas lugs
way of being	yin lugs
Wheel of Training Producing Recall	dran pa byed pa bslob pa'i 'khor lo
whole	yan lag can
wish	'dod pa
Wish-fulfilling Precious Treasury	yid bzhin rin po che'i mdzod
withdraw	log pa
without nature	rang bzhin med pa
withstanding investigation	dpyad bzod
word	tha snyad, tshig
word concept	sgra blo
word object	sgra don
wrong view	lta ngan

Y

Yeshe De	ye shes sde
yogic discipline	brtul zhugs

TIBETAN - ENGLISH GLOSSARY

Tibetan:	**English:**
KA	
ka dag	primordial purity
kun nyon	thorough affliction
kun brtags	imputation, imputed [nature]
kun rdzob	relative
klan ka	blame, criticism
klu'i rgyal po rgya mtshos zhus pa	*Requested by thr Nāga King Sāgara*
dka' 'grel	*Commentary on Difficult Points*
dkon mchog sprin	*Precious Cloud*
dkon mchog brtsegs pa	*Jewel Mound*
bka'	Buddha's word
rkyen	circumstance, condition
lkog gyur	hidden
skad cig mar	momentary
skabs	context, occasion
skal ldan	endowed with fortune
sku gsum	three bodies
skur 'debs	denigration, deprecation, disparage
skul ba	inspire
skye mched	source
skye bu	being, person
skye med	absence of origination
skye la 'dra ba 'gog pa'i rigs pa	reasoning that refutes the resembling product
skyed byed kyi rgyu	productive cause
KHA	
kha bsgyur	alteration, distortion
khyad	distinction, specific

khams	element
khas len pa	accept, affirm, assert, claim
kheg pa	hinder, invalidate, refute
khongs	realm, sphere
khyad chos	distinctive quality/property, special characteristic, special quality
khyad par can	distinctive, distinguished, particular, special
khyad gzhi	basis for distinctions
khyab pa	entail, pervasion
khyab bya	pervaded, pervaded object,
khyab byed	pervader, pervading
mkhan po	preceptor
mkhas pa	expert, scholar
mkhas [pa'i yon tan]	expertise
'khor ba	cyclic existence
'khor gsum	three spheres
'khrul snang	delusive appearance
'khrul pa	confusion, delusion

GA

gang zag gi bdag	personal self, self of the person
go sa	status
grangs nges	definitive enumeration, definitive number
grangs can pa	Enumerator
grub pa	accomplished, established
grub pa'i mtha	philosophy, tenet
glang po che'i rtsal gyi mdo	*Elephant's Strength*
dgag bya	negandum, object of negation, object of refutation
dgag bya bkag pa	negation of the object to be refuted
dge ldan	Gelug
dge ba'i bshes gnyen	spiritual friend
dge sbyong chen po	Great Mendicant
dge slong	monk
dgongs pa	intent, realization
dgongs 'brel	commentary on the intent
dgos pa	purpose
dgra bcom pa	foe destroyer
bgo gzhi	ground for infusion
mgal me'i khor lo	fire brand circle

'gal ba	conflict, contradict, incompatibility
'grel ba	comment, commentary, explain
'gro ba	wanderer, wandering being
'gog pa	block, cessation, refute, negate, prevent
'gog du med pa	irrefutable, undeniable, unimpeded
rgol ngan	malicious antagonism
rgol ba	adversary, attack, dispute, opponent,
rgya chen spyod pa'i srol	Tradition of the Vast Activity
rgya cher rol pa	*Vast Display*
rgyan stug po	*Dense Ornamentation*
rgyan stug po bkod pa	*Array of Dense Ornamentation*
rgyal dpogs pa	Followers of Jaimini
rgyal ba pa	Jains
rgyal ba'i yum	*Mother of the Victorious Ones*
rgyal byed	*Conquering*
rgyu	cause
rgyu 'bras	causality
rgyun	continuity
rgyud	continuum, stream of being, tantra
rgyud 'gal	indirect incompatibility
rgyud bla ma	*Supreme Continuity*
sgo nga phyed tshal ba	Split Egg System
sgom	cultivation, meditation, training
sgom lam	path of cultivation
sgyu ma	illusion
sgra don	word object
sgra blo	word concept
sgrib pa	obscuration
sgrub pa	establish, prove
sgrub chos	property of the probandum, property to be established
sgrub bya	probandum
sgro 'dogs	superimposition
brgal lan	reply against antagonism
brgyud pa	lineage
brgyud 'dzin	lineage holder

NGA

nges pa	ascertain, certainty, certify
nges par gzung ba	determine

nges shes	certainty
ngo bo	essence
dngos	actual, direct, explicit
dngos 'gal	direct incompatibility
dngos stobs kyi rigs pa	reasoning by the power of fact
dngos po	entity
dngos por lta ba	view of entities
dngos 'dzin	apprehension of entity, grasping at entity, identify
dngos gzung ba	identify
mngon gyur	evident
mngon du byed pa	actualize
mngon shes	superknowledge
mngon sum	direct perception
sngags	mantra

CA

cer pu pa	Nude, the
gcig du bral gyi rigs pa	reasoning into absence of one and many
gcig bden	true singularity
gcig pu	singular, solitary, unitary

CHA

cha	aspect, part, quality
chad lta	view of annihilation
ched du brjod pa	*Purposeful Expressions*
chud mi za ba'i rdzas	substance of no dissipation
chos	Dharma, phenomena, property
chos lnga	five principles
chos kyi bdag	self of phenomena
chos kyi dbyings	basic space
chos can	phenomenon, subject
chos dang chos nyid rnam par 'byed pa	*Distinguishing Between Phenomena and their Intrinsic Nature*
chos nyid	intrinsic nature
chos nyid kyi rigs pa	reasoning of intrinsic nature
chos yang dag par sdud pa	*Authentically Compiling Phenomena*
chos la dmigs pa'i rnying rje	compassion observing phenomena
'chad nyan	exposition and study
'chad pa	explain, teach

JA

'jam dpal rtsa rgyud	*Root Tantra of Mañjuśrī*
'jig lta	view of the transitory collection
'jig rten pa	mundane being
'jig rten las 'das pa'i le'u	Chapter on What Transcends the World
'jug ldog	engagement and disengagement, engagement and reversal
'jug yul	object of application, object of engagement
'jog pa	classify, posit, set forth,
rje	lord
rjes 'gro	concomitance
rjes dpag	inference
rjes thob	ensuing attainment
rjes mthun	approximation, assimilation
rjes su 'jug pa	pursue
rjod byed	expresser, expressing
brjod bya	expressed, object of expression, referent

NYA

nyan thos	Listener
nyams len	experiential application
nyi tshe ba	limited
nyer len gyi rgyu	perpetuating cause
nyon mongs	affliction
nyon mongs pa'i sgrib pa	obscuration of affliction
gnyis snang	dualistic appearance
gnyen po	antidote, remedy
mnyam gzhag	meditative equipoise
snying rje	compassion
snying rje chen po la 'jug pa'i mdo	*Sūtra of Entry into Great Compassion*
rnyed don	the meaning discovered
snyom 'jug	serenity

TA

ting nge 'dzin rgyal po	*King of Absorption*
gtan tshig	argumentation, logical argument
gtan la 'bebs	ascertain, reach certainty concerning, reach conclusion, reach decisive insight into, resolve

btags pa ba	designated, imputed, nominal
btang snyoms	neutrality
rtag par smra ba	proponent for permanence
rtags	evidence
rtags 'god pa	arrangement of the evidence
rtags ltar snang	seeming evidence
rtags yang dag	authentic evidence
rten dang brten pa	the supports and the supported
rten nas btags pa	dependent imputation
rten 'brel	dependent origination, link of dependency
rten 'brel chen mo'i rigs pa	reasoning of the great dependent origination
rtog ge	dialectician, intellectualist
rtog pa	concept, examine, thought
rtog pa la phan pa'i yal ga	*Branches that Improve Thought*
rtog pa'i gzugs brnyan	conceptual reflection
rtogs pa	realization, understanding
rton pa bzhi	four reliances
stong pa nyid	emptiness
lta ngan	inferior view, unfortunate belief, wrong view
lta ba	belief, view
lta ba'i snying po	*Core of the View*
lto ldir	round bellied
ltos nas gzhag pa	posited in mutual dependency
ltos pa	dependent, reliant
ltos pa'i rigs pa	reasoning of dependency
brtul zhugs	yogic discipline

THA

tha snyad	convention, word
tha snyad grub pa	*Establishment of the Conventional*
tha snyad du	conventionally
thabs	means, method
thabs byung	outcome of method
thams cad mkhyen pa	omniscience
thal 'gyur	Consequence, consequence
thal 'gyur ba	Consequentialist
thub pa	Capable One
theg chen gyi bka' spyi	general teachings of the Great Vehicle
theg pa chen po	Great Vehicle
theg pa dman pa	Inferior Vehicle, Lesser Vehicle

thob pa	acquisition
thos pa	learn, listen
mthar thug	absolute, final
mtha'	extreme
mtha' gcig tu	one-sidedly, unequivocally
mtha' dpyad pa	conclude
mthun snang	common perception
mthong lam	path of seeing
'thad pa	feasible, justifiable, justified, of rationale, reasonable, rational
'thad pa sgrub pa'i rigs pa	reasoning establishing feasibility

DA

dang ba'i dad pa	inspired faith
dwangs pa	clear, subtle
dad pa	faith
dam pa	authentic, genuine, sacred, true
dus rgyur smra ba	Proponent of Time Being the Cause
de byung gi 'brel ba	causal relationship, relationship of origination
de kho na nyid	essential nature, nothing but thatness
de nyid	essential nature, thatness
de ma thag rkyen	immediately preceding condition
don	[external] object, meaning, object
don dam pa	ultimate
don du	in actuality, in fact
don gyi rnam bcad	import of the meaning, meaning elimination
don ldog	meaning contradistinction
don spyi	object universal
don byed nus pa	capable of performing a function, functional
don 'gal	object incompatibility
don smra ba	proponent of objects
dol po pa	Dolpopa
dran pa byed pa bslob pa'i 'khor lo	*Wheel of Training Producing Recall*
gdags gzhi	basis for designation, basis for imputation
bdag nyid	identity
bdag tu lta ba	belief in self
bdag rkyen	ruling condition
bdag gcig gi 'brel ba	relationship of single identity
bdud	demon

bdud rtsi'i thig pa gsang ba	*Secret Drop of Elixir*
bde ba	pleasure
bden pa gnyis	two truths
mdo	sūtra
mdo dgongs pa nges 'grel	*Sūtra of the Definitive Explanation of the Intent*
mdo ting nge 'dzin dam pa	*Sūtra of the Sacred Absorption*
mdo sde	Sūtra-section
mdo sde rgyan	*Ornament of the Sūtras*
mdo sde pa	Sūtra Follower
mdo sde'i dbu ma	Middle Way of Sūtra Reliance
mdo myang 'das chen po	*Sūtra of the Great Transcendence of Suffering*
rdul	materiality, particle
rdul phra rab	most subtle particle
rdul phran	particle
rdul phran cha med	partless particle
ldan min 'du byed	non-concurrent formation
ldog pa	contradistinction, halt, reverse
ldog khyab	reverse pervasion
'du ba	inherence
'du byed	conditioning, formation
'du shes	conception, perception
'dus pa	aggregation, condensation, conglomeration
'dus byas	conditioned
'dus ma byas	unconditioned
'dogs pa	call, designate, impute
'dod pa	assert, hold, wish
'dod pa'i dad pa	aspiring faith
sdug bsngal	pain, suffering
sde snod	[scriptural] vessel
sdom brtson	[someone] persevering in the vows

NA

nus pa	energy, power
gnad	crucial point, key point
gnas lugs	abiding way, way of abiding
gnas tshul	abiding condition, abiding mode
gnas brtan	Elder
gnod pa	discredit, flawed, harm, impair
gnod med du grub pa	established unimpaired, flawlessly

	established
rnam kun mchog ldan	endowed with all supreme aspects
rnam mkhyen	omniscience
rnam bcad	elimination
rnam bcas pa	Proponent of Features
rnam gcod	preclusion
rnam grangs pa'i don dam	categorized ultimate
rnam grangs ma yin pa'i don dam	uncategorized ultimate
rnam 'jog gi rgyu	cause of categorization
rnam pa	feature, trait
rnam pa gtod byed kyi yul	object transmitting features
rnam par dkar ba	unblemished
rnam par thar pa	liberation, life example
rnam par 'byed pa	discern
rnam rig smra ba	Proponent of Awareness
rnam byang	complete purification
rnam 'phrul	magical manifestation
rnam med pa	proponent of no features
rnam gzhag	category, classification, presentation, principle, terminology
rnam dpyod	discernment
rnal ma	natural
snang ba	appearance, experience, manifest
snang btags gcig tu bsres pa	mixing up the apparent and the designated as [if these were] one
snang tshul	apparent condition, seeming
snang yul	appearing object

PA

dpyad pa	analysis, determine, investigation
dpyad pa gsum gyis dag pa	verified by threefold investigation
dpyad bzod	withstanding investigation
spang rtogs	relinquishment and realization
spang bya	discard
spobs pa	eloquent courage
spyi	universal
spyi don	general meaning, survey
spyod pa pa	Ritualist
spyod yul	domain, object, object of activity, sphere of activity

spros pa	constructs
spros bral	freedom from constructs, simplicity

PHA

pha rol du phyin pa	transcendence
pha rol po	adversary
phan tshun spang 'gal	incompatibility of mutual exclusion
phar phyin drug	six transcendences
phal po che	*Great Host*
phur bu'i rgyud sde drug	*Six Tantras of Bṛhaspati*
phyi don	external object, external objectivity, outer object
phyi don lkog na mo	hidden external object,
phyin ci ma log pa	unmistaken
phyin ci log pa	mistaken
phyi rol	external, outer
phyi rol pa	Non-Buddhist
phyed pa	differentiated
phyogs	factor, position, side
phyogs snga	opponent
phyogs chos	property of the position
phrin las	enlightened activity
'phags pa	elevated, exalted, noble
'phags yul	Noble Land
'phang 'bras	impelled effect

BA

bag yod	carefulness
bag chags	habitual tendency
bar	interstice, space in between
bem po	matter
bya ba byed pa'i rigs pa	reasoning of performance
bya byed las gsum	action, agent, and object
byang chub	enlightenment
byang chub kyi yan lag	factors of enlightenment
byang chub kyi sems	mind of enlightenment, mind set upon enlightenment
byis pa	childish, immature
bye brag	particular
bye brag pa	Differentialist

bye brag smra ba	Proponent of Differences
bram ze	Brahmin
blun sgom	meditation of stupidity
blo	conceptual mind, intellect, mind
blo don mthun	mind in accord with fact
blo ldan	intelligent
blo gros	intelligence
blo gros rgya mtshos bstan pa	*Requested by Sāgaramati*
blo gros mi zad pas stan pa	*Taught by Akṣayamati*
blo 'gal	mental incompatibility
dbang chen dgyes rab rdo rje	Wangchen Gyerab Dorje
dbang po	faculty, lord
dbang po rten bcas	faculty with support
dbang po'i mngon sum	direct perception of the senses, sensory direct perception
dbang phyug	Almighty, Īśvara, lord,
dbang phyug nag po'i rgyud drug cu pa	*Sixty-fold Tantra of Īśvarakṛṣṇa*
dbu ma	Middle Way
dbu ma snying po	*Core of the Middle Way*
dbu ma thal 'gyur	Middle Way of Consequence
dbu ma rnal 'byor spyod pa	Middle Way of Yogic Action
dbu ma snang ba	*Light of the Middle Way*
dbu ma smra ba	proponent of the Middle Way
dbu ma rtsa ba shes rab	*Root Knowledge of the Middle Way*
dbu ma la 'jug pa'i rang 'grel	*Auto-commentary to Entering the Middle Way*
dbu ma'i bstan bcos	*Treatise of the Middle Way*
dbu ma'i shes rab la 'jug pa	*Entry into the Knowledge of the Middle Way*
dbus dang mtha' rnam par 'byed pa	*Discerning the Middle and the Extremes*
'byed pa	differentiate, discern, discriminate, distinguish
'bras rtag	evidence of effect
'bras bu	effect, fruition, result
'brel ba	relationship
sbyin bdag	benefactor

MA

ma nges pa'i rtags	indeterminate evidence
ma dmigs pa'i rtags	evidence of non-observation
ma yin dgag	predicative negation
mi rtog pa	non-conceptual

mi ldan rnam gcod	preclusion of lack of possession
mi ldog pa'i dad pa	irreversible faith
mi 'phrogs pa'i shes rab	inalienable insight
mi srid rnam gcod	preclusion of impossibility
mu	sole option, alternative
mu stegs pa	extremist
med pa	absence, non-existence
med rkyang	bare non existence, plain absence
med dgag	existential negation
mos pa	devoted interest
mya ngan las 'das pa	transcendence of suffering
dmigs rkyen	observed condition
dmigs pa	focus, observation
dmigs pa med pa'i rnying rje	compassion beyond observation
dmigs gtad	reference point
dmigs yul	observed object
rmong pa	delusion, stupidity, stupor
smon lam	aspiration, prayer
smra ba	explication, hold, posit, proponent, propound, speak, teach

TSA

gtso bo	main [principle], principal
btsun pa'i yon tan	purity
rtsod pa	argument, debate, dispute, objection
rtsod pa spong ba	relinquishment of dispute
rtsod gzhi	topic for debate
rtsom pa	form
rtsom gzhi	basis for formation

TSHA

tshad ma	valid cognition, validity,
tshad ma grub pa	*Establishment of Validity*
tshad ma rnam 'grel	*Commentary on Valid Cognition*
tshad mas grub pa	established by valid cognition, established with validity
tshe la dbang thob	gaining mastery over life
tshar gcod	eliminate, refute, subjugate
tshig rkang	verse
tshig bcad	stanza, verse

tshig gsal	*Lucid Words*
tshur mthong	confined perception
tshul	approach, character, mode, system, tradition, way
tshul gnyis	Two Approaches
tshul bzhin	correct, genuine
tshul gsum	three modes
tshogs pa	assemblage, collection
tshor ba	sensation
mtshan ma	attribute, characteristic
mtshan nyid	characteristic, defining characteristic, definition
mtshan nyid lnga bcu pa	*Fifty Characteristics*
mtshan nyid pa	actual, fully qualified, genuine
mtshan gzhi	illustration
mtshon bya	definiendum

DZA

rdzu 'phrul	miraculous power
'dzin pa	apprehend, grasp, seize
'dzin stangs	mode of apprehension, mode of grasping

ZHA

zhag lnga pa	*Five Days*
zhi ba'i rgyud	*Tantra of Peace*
zhi ba'i mdzes pa'i sbyar ba	*Applications of the Beauty of Peace*
zhig pa dngos po	entity of disintegratedness
zhen pa	attachment, conception
zhen pa bzhi bral	*Parting from the Four Attachments*
zhen yul	conceived object
gzhan sde	extraneous group
gzhan sel	other-exclusion
gzhan ldan rnam gcod	elimination of possession elsewhere
gzhan dbang	dependent [nature]
gzhal ba	evaluate
gzhi grub	basic establishment, established basis
gzhi ldog	basis contradistinction
bzhag pa	classified, posited, set forth
bzhad pa rdo rje	Laughing Vajra
bzhed pa	affirm, assert, posit

gzhung	scripture
gzhung phyi mo'i dbu ma	Middle Way of the Original Scriptures
gzhung lugs	scriptural tradition

ZA

zag bcas	defiling
zang thal	unimpededness
zung 'jug	unity
zur	indirectly
zla ba sgron me'i ting nge 'dzin	*Absorption of Moon Lamp*
zla ba sgron me'i mdo	*Moon Lamp Sūtra*
zlas drang ba	derive in dichotomy
zlog pa	reverse, turn back
gzi	agate
gzung yul	apprehended object
gzung 'dzin	apprehended and apprehender
gzung 'dzin grangs mnyam	Equal Number of Objective and Subjective Features
bzang po'i yon tan	excellence
bzod pa	acceptance, forbearance, patience

'A

'od pa	appropriate, justified
'od gsal	clarity, luminosity

YA

yang dag pa	authentic, real
yang dag pa'i kun rdzob	authentic relative
yang dag pa'i mtha	authentic limit
yang dag par rdzogs pa'i sangs rgyas	authentically and perfectly Enlightened One
yang srid	re-existence
yan lag can	whole
yab dang bu'i sbyar ba	*Application of the Father and Son*
yab sras mjal ba	*Meeting of Father and Son*
yin lugs	actual condition, way of being
yid kyi mgon sum	mental direct perception
yid ches	confidence, conviction, trust
yid ches pa'i dad pa	faith of confidence
yid bzhin rin po che'i mdzod	*Wish-fulfilling Precious Treasury*
yid la mi byed pa	mental non-doing

yul	object
yul can	subject
ye shes	wakefulness
ye shes snang ba rgyan gyi mdo	*Sūtra of the Ornament of the Appearances of Wakefulness*
yongs grub	thoroughly established [nature]
yod pa	being, existent, present
yon tan	quality
yon tan rin po che sdud pa	*Gathering of Precious Qualities*
yongs gcod	determination

RA

rags pa	coarse
rang rkya thub pa	self-sufficient
rang rgyud	Autonomy
rang rgyud pa	Autonomist
rang 'grel	*Auto-commentary*
rang ldog	self contradistinction
rang snang	personal appearance, personal experience, self-appearance
rang dbang	autonomy, independence
rang mtshan	specifically characterized phenomenon, specific characteristic
rang mtshan gyis grub pa	established by its specific characteristics
rang tshugs thub pa	self-reliant
rang rig	self-aware[ness]
rang bzhin	nature
rang bzhin med pa	absence of nature, without nature
rang bzhin 'od gsal	natural clarity
rang rig mngon sum	direct perception of self-awareness
rang rig rang gsal	self-aware self-clarity
rang sangs rgyas	Self-realized Buddha
rang gsal	self clarity
rab gnas	consecration
rig pa	awareness
rig byed pa	Followers of the Vedas
rig 'dzin	knowledge holder
rigs mthun pa	concordant type, same type
rigs pa	logic, rational, reason, reasoning
rigs pa drug cu pa	*Sixty Stanzas of Reasoning*

rigs pa'i gnas	discipline of learning, science
rigs pa'i lam	path of reason, path of reasoning,
rigs pas grub pa	confirmed by logical inquiry, established by reasoning,
rigs pa can	Logicians
rigs mi mthun pa	different type, discordant type
rin chen phreng ba	*Jewel Garland*
rim lnga	*The Five Stages*
ril po gcig	single whole
ris su ma chad pa	impartial
rung ba	appropriate, befitting, feasible, functional as, practicable, suitable
res 'jog	alternating
rol pa	play, revel
rlom pa	arrogant assumption, assume, presumption

LA

la zla ba	decisive resolving
lang kar gshegs pa	*Ascent onto Laṅkā*
las	action, karma, karmic action
las rgyu 'bras	causality of actions
lugs	approach, system, tradition, way
lung	scriptural authority
lung gis grub pa	established by scriptural authority
lung bstan	prophesy
legs bzhad	excellent statement
lo ma can gyi gsang tshig	*Leafy Spells*
log pa	neutralize, recede, reverse, withdraw
log pa'i kun rdzob	the mistaken relative
log shes	mistaken cognition

SHA

shan 'byed	distinguish
shing rta	chariot
shing rta'i srol	chariot way
shing rta'i srol 'byed pa	to open a chariot way
shugs kyis	implicitly
shes brjod 'jug gsum gyi tha snyad can	conventionality of cognition, expression, and engagement
shes 'dod chos can	subject concerning which knowledge is sought

shes pa	cognition
shes pa skad cig cha med	partless instant of cognition
shes bya	object of cognition, knowable
shes bya'i sgrib pa	obscuration of cognition
shes bya lnga	five topics
shes bya'i khongs	realm of objects of cognition, realm of the knowable
shes rab	insight, knowledge
shes rab kyi pha rol du phyin pa	transcendent knowledge, *Transcendent Knowledge*

SA

sa	ground
sa skya paṇḍita	Sakya Paṇḍita
sa bcad	headline, topic heading
sangs rgyas	Buddha, Enlightened One
sad mi bdun	seven men to be tested
sun 'byin pa	discredit, disprove
sems can	sentient being
sems can la dmigs pa'i rnying rje	compassion observing sentient beings
sems pa	attraction
sems byung	mental state
sems dpa' chen po	great heroic mind
ser skya pa	Followers of Kapila
sel ba	dispel, exclude
so so skye bo	ordinary being
so so rang rig pa'i ye shes	wakefulness of individual self-awareness
so sor brtags 'gogs	analytical cessation
so sor brtags min 'gogs pa	non-analytical cessation
so sor rtogs pa	discriminating knowledge
srol 'byed pa	found a tradition
slob dpon	master
gsang ba pa	Secretist
gsang tshig	spell
gsal ba	instance
gsal snang	clear appearance, clear experience
gsal gzhag	excluding and retaining
gsil ba	split
gsog pa	conglomeration

HA

lhag pa'i lha	supreme deity
lhag bsam	superior intent
lhan cig byed rkyen	cooperating condition
lhan cig byed rgyu	co-operating cause
lhan cig mi gnas 'gal	incompatibility of non coexistence
lhun grub	spontaneous presence

Bibliography for the Introductory Material and the Notes

CABEZON, JOSE IGNACIO 1992. *A Dose of Emptiness—An Annotated Translation of the* sTong thun chen mo *of mKhas grub dge legs dpal bzang.* New York: SUNY Press.

DASGUPTA, SURENDRANATH 1997. *A History of Indian Philosophy.* New Delhi: Motilal Banarsidas.

DELLA SANTINA, PETER 1986. *Madhyamaka Schools in India.* Delhi: Motilal Banarsidas.

DOCTOR, THOMAS 2003. *On the Value and Transcendence of Views—Two Central Chapters from Mi pham's Commentary on the Madhyamakalamkara.* Candidatus thesis, University of Copenhagen.

DUDJOM RINPOCHE 1991. *The Nyingma School of Tibetan Buddhism.* vol. I+II. Trans. and ed. DORJE, GYURME and KAPSTEIN, MATTHEW. Boston: Wisdom.

DREYFUS, GEORGES 1997. *Recognizing Reality—Dharmakīrti's Philosophy and Its Tibetan Interpretations.* New York: SUNY Press.

______ 2003. "Would the True Prāsaṅgika Please Stand? The Case and View of 'Ju Mi pham." In DREYFUS and MCCLINTOCK 2003. 317-347.

DREYFUS, GEORGES and MCCLINTOCK, SARAH (Ed.) 2003. *The Svātantrika-Prāsaṅgika Distinction—What Difference Does a Difference Make.* Boston: Wisdom.

ECKEL, MALCOM DAVID 1987. *Jñānagarbha's Commentary on the Distinction Between the Two Truths.* New York: SUNY Press.

GOODMAN, STEVEN 1981. "Mi-pham rgya-mtsho: An account of his life, the printing of his works, and the structure of his treatise entitled mkhas pa'i tshul la 'jug pa'i sgo". In *Windhorse: Proceedings of the North American Tibetological Society* vol. 1: 58-78.

GYALTSHEN, SAKYA PANDITA KUNGA 2002. *A Clear Differentiation of the Three Codes: Essential Differentiations among the Individual Liberation, Great Vehicle, and Tantric Systems.* New York: SUNY Press.

ICHIGO, MASAMICHI 1989. "Śāntarakṣita's Madhyamakālaṃkāra." *Studies in the Literature of the Great Vehicle: Three Mahayana Buddhist Texts.* Ed. GOMEZ, LUIS O. Collegiate Institute for the Study of Buddhist Literature and Center for South and Southeast Asian Studies. Ann Arbor: The University of Michigan.

KLONG CHEN RAB 'BYAMS 1983. *Yid bzhin rin po che'i mzod. — mDzod bdun: The Famed Seven Treasuries of Vajrayāna Buddhist Philosophy.* Gangtok: Sherab Gyaltsen and Khentse Labrang.

KONG SPRUL BLO GROS MTHA' YAS 1985. *Theg pa'i sgo kun las bdus pa gsung rab rin po che'i mdzod bslab pa gsum legs par ston pa'i bstan bcos shes bya kun khyab.* Beijing: Mi rigs dpe skrun khang.

KONGTRUL, JAMGON 1995. *Myriad Worlds: Buddhist Cosmology in Abhidharma, Kalacakra, and Dzog-Chen.* New York: Snow Lion.

KUN BZANG DPAL LDAN (undated). *gangs ri'i khrod kyi smra ba'i seng ge gcig pu 'jam mgon mi pham rgya mtsho'i rnam thar snying po bsdus pa dang gsung rab kyi dkar chag snga 'gyur bstan pa'i mdzod rgyan.* No publication data.

LHALUNGPA, LOBSANG P. 1982. *The Life of Milarepa.* Boulder: Prajña Press.

LANG, KAREN 1990. "Spa-tshab Nyi-ma grags and the introduction of Prāsaṅgika Madhyamaka into Tibet." *Reflections on Tibetan Culture. Essays in Memory of Turrell V. Wylie.* Ed. L. EPSTEIN & R. F. SHERBURNE. Lewiston/Queenston/Lampeter. 127-141.

LIPMAN, KENNARD 1981. "A Controversial Topic from Mi-pham's Analysis of Śāntarakṣita's Madhyamakālaṃkāra." *Wind Horse: Proceedings of North American Tibetological Society.* vol. I. Red. DAVIDSON R. M. Berkeley: Asian Humanities Press. 40-57.

MAKRANSKY, JOHN 1997. *Buddhahood Embodied.* New York: SUNY Press.

MDO SNGAGS BSTAN PA'I NYI MA 1996. *lTa grub shan 'byed gnad kyi sgron me'i rtsa 'grel.* Sichuan: Si Khron mi rigs dpe skrun khang. 1-61.

MIMAKI, KATSUMI 1983. "The *Blo gsal grub mtha',* and the Mādhyamika classification in the Tibetan *grub mtha'* literature." *Contributions on Tibetan and Buddhist Religion and Philosophy. Proceedings of the Csoma de Körös Symposium Held at Velm-Vienna, Austria, 13-19 September 1981, Vol. 2.* Ed. E. STEINKELLNER & H. TAUSHCER, Vienna. 161-167.

MI PHAM 'JAM DBYANGS RNAM RGYAL RGYA MTSHO 1984. *Gangs ri'i khrod kyi smra ba'i seng ge tham cad mkhyen gzigs mahā pandita mi pham 'jam dbyangs rnam rgyal rgya mtsho'i bka' 'bum spar gsar* (abbr. *mi pham bka' 'bum*), vol. 1-27. Paro, Bhutan: Lama Ngodrup and Sherab Drimey.

_______ 1984 (a). *dBu ma rgyan gyi rnam bshad 'jam dbyangs bla ma dgyes pa'i zhal lung.* In MI PHAM 1984, vol. 13. 1-180.

_______ 1984 (b). *Shes rab kyi le'u 'grel pa nor bu ke ta ka.* In MI PHAM 1984, vol. 14. 1-96.

LANCASTER, LEWIS R. 1983. *Early Ch'an in China and Tibet.* Berkely: Asian Humanities Press.

NALANDA TRANSLATION COMMITTEE 1982. *The Life of Marpa, the Translator.* Boulder: Prajña Press.

PETTIT, JOHN 1999. *Mipham's Beacon of Certainty Illuminating the View of Dzogchen, the Great Perfection.* Boston: Wisdom.

RINPOCHE, ORGYEN TOBGYAL 1988. *The Life and Teachings of Chokgyur Lingpa.* Hong Kong: Rangjung Yeshe Publications.

RONG ZOM CHOS KYI BZANG PO 1974. *lTa ba'i brjed byang chen mo.* In *Selected Writings of Rong-zom Chos-kyi bzang-po (Smanrtis shesrig spendzod Series,* vol. 73). Leh. 187-246.

RUEGG, DAVID SEYFORT 1981. *The Literature of the Madhyamaka School of Philosophy in India.* A History of Indian Literature. Ed. J. GONDA, vol.7, fasc. 1. Wiesbaden: Otto Harrassowitz.

_______ 2000. *Three Studies in the History of Indian and Tibetan Madhyamaka Philosophy.* Vienna: Arbeitskreis für Tibetische und Buddhistische Studien.

SCHUH, DIETER 1973. *Tibetische Handschriften und Blockdrücke,* Vol. 5. Wiesbaden: Franz Steiner.

sKA BA DPAL BRTSEGS. *lTa ba'i rim pa bshad pa.* sDe dge edition of the Tibetan Tripiṭaka, 4356.

SMITH, E. GENE 2001. Among Tibetan Texts—History and Literature of the Himalayan Plateau. Somerville: Wisdom Publications.

STEARNS, CYRUS 1999. *The Buddha from Dolpo—A Study of the Life and Thought of the Tibetan Master Dolpopa Sherab Gyaltsen.* New York: SUNY Press.

_______. 2000 *Luminous Lives: The Story of the Early Masters of the Lam 'bras Tradition in Tibet.* Boston: Wisdom Publications

TAUSCHER, HELMUTH 1995. *Die Lehre von den zwei Wirklichkeiten in Tsoṅ kha pa's Madhyamaka-Werken.* Vienna: Arbeitskreis für Tibetische und Buddhistische Studien.

TOYO BUNKO LIBRARY (undated). "Introduction to a Catalogue of 'ju-mi-pham". http://www.toyo-bunko.or.jp/Tibetan/tibetan_resouces/mipham_intro.pdf

TSOGYAL, YESHE 2003. *The Lotus Born—The Life Story of Padmasambhava.* Hong Kong: Rangjung Yeshe Publications.

YE SHES SDE. *lTa ba'i khyad par.*—sDe dge edition of the Tibetan Tripiṭaka, 4360.

INDEX

A

ambhala Publications
29 13th Street
;-CO, 80302
;
tps://www.shambhala.com
7-424-0030

e authorized representative in the EU for product safety and compliance is

comply OÜ
rnu mnt 139b-14
Z, 11317
:
tps://www.eucompliancepartner.com
llo@eucompliancepartner.com
72 536 865 02

3N: 9781645474937
elease ID: 153087375

www.ingramcontent.com/pod-product-compliance
Lightning Source LLC
Chambersburg PA
CBHW031537300426
44111CB00006BA/82